DICC

DE DUDAS Y PROBLEMAS

DEL IDIOMA ESPAÑOL

DICCIONARIO

DEL IDIOMA ESPAÑOL

DICCIONARIO

DE DUDAS Y PROBLEMAS

DEL IDIOMA ESPAÑOL

MANUEL RAFAEL ARAGÓ

LIBRERIA-EDITORIAL
EL ATENEO

806.0-3   Aragó, Manuel Rafael
ARA   Diccionario de dudas y problemas del idioma español. -
           1ª ed. - Buenos Aires: El Ateneo, 1995.
           XVI, 440 p.; 23 × 16 cm.

           ISBN 950-02-6331-9

           I. Título - 1. Diccionarios-Español

Queda hecho el depósito que establece la ley Nº 11.723.
© 1995, "EL ATENEO" Pedro García S. A.
Librería, Editorial e Inmobiliaria, Florida 340, Buenos Aires.
Fundada en 1912 por don Pedro García.

Impreso en COLOR EFE
Paso 192, Avellaneda, Bs. As.
el 31 de octubre de 1995.
TIRADA: 3.000 ejemplares.

IMPRESO EN LA ARGENTINA

A
Ana, Laura y Andrea.
Sin ellas nada me
es posible.

"—Una o dos veces —respondió Sancho—, si mal no me acuerdo, he suplicado a vuesa merced que no me emiende los vocablos, si es que entiende lo que quiero decir en ellos, y que cuando no los entienda, diga: 'Sancho, o diablo, no te entiendo'; y si yo no me declarare, entonces podrá emendarme, que yo soy tan fócil..."

M. de Cervantes
Quijote, II, VII

ÍNDICE

PRÓLOGO IX
INDICACIONES ACERCA DEL USO DE ESTE DICCIONARIO XI

Abreviaturas, siglas y signos empleados en este Diccionario XII
Abreviaturas empleadas por la Real Academia Española y que aparecen
    en las transcripciones de su Diccionario.. XIV

DICCIONARIO 1

APÉNDICES 417
Lista de abreviaturas más usuales... 419
Lista de siglas y acrónimos más frecuentes 422
Lista de símbolos más usuales.. 426

BIBLIOGRAFÍA 429

PRÓLOGO

Es verdad de Perogrullo afirmar que las lenguas están en permanente evolución. En determinado momento, se incorporan nuevas palabras o se olvidan otras; algunas construcciones o formas se apartan de la norma aceptada hasta entonces. Estas "incorrecciones" provocan la crítica de gramáticos y preceptistas, quienes predican el retorno al camino abandonado. Pero en numerosos casos, el uso general legitima la forma "incorrecta", que termina recibiendo, finalmente, la bendición de los sabios. No de otro modo se transformó el latín en las actuales lenguas romances.

Este proceso es lento y complicado. En un momento dado y en determinado territorio, la forma neológica es aceptada como normal en los niveles sociales más proclives a admitir los cambios, y luego se difunde en el resto de la población (piénsese en el voseo americano). En otros casos, ciertos usos reciben una clara sanción social: *haiga, estea, la calor, loj hombre* se siguen sintiendo como formas desprestigiadas cuyo empleo conviene evitar.

Debemos añadir la cuestión del dificilísimo equilibrio que, en una lengua tan difundida como el español, es preciso establecer entre dos tendencias antagónicas: el legítimo respeto por las peculiaridades regionales y el mantenimiento de la unidad del idioma.

Todo esto puede originar en el hablante cantidad de dudas y problemas acerca de si una forma es correcta o incorrecta, normal o anormal, conveniente o inconveniente, admitida o no por las instituciones y las personas —sobre todo escritores y gramáticos— a las que se suele considerar idóneas en estas cuestiones.

A aclarar estas dudas y problemas tiende el presente *Diccionario,* que puede resultar de interés y utilidad a profesionales, escritores, periodistas, docentes, estudiantes y, en general, a todas las personas preocupadas por la calidad de su lenguaje hablado y escrito.

Además de las cuestiones que atañen al español general, se presta en esta obra especial atención a las peculiaridades del español de América y, especialmente, de la Argentina. En ella encontrará el lector normas actualizadas de acentuación ortográfica y uso de mayúsculas, conjugación de verbos irregulares, empleo de los tiempos verbales, uso de las preposiciones, voseo, neologismos, barbarismos, expresiones extranjeras frecuentes en español, gentilicios y nombres propios (geográficos y de persona) que pueden presentar dificultades, indicaciones precisas y sencillas acerca del empleo adecuado de palabras y expresiones, principales dificultades gramaticales, etc.

Enriquecida con las incorporaciones y modificaciones que figuran en la 21a. edición (1992) del Diccionario de la Real Academia Española, esta obra se completa con un apéndice en el que figuran listas con las abreviaturas, siglas, acrónimos y símbolos más usuales.

Se ha intentado en este *Diccionario* orientar al lector acerca de la validez de la forma en cuestión: vulgar, rústica, popular, familiar, estándar, literaria, libresca, para que pueda elegir según sus intenciones e intereses.

De ningún modo pretendemos erigirnos en jueces del "buen hablar". Nuestro propósito es tan sólo informar al lector acerca del estado de una cuestión. En los temas en que ha sido preciso tomar posición, hemos tratado de alejarnos tanto del purismo trasnochado como de la permisividad demagógica.

Con respecto a las numerosas citas que aparecen en el cuerpo de este *Diccionario,* debe advertirse que tienen exclusivamente un valor testimonial: no implican de ninguna manera un juicio de valor y, en los casos en que contienen errores, queda claro que no son necesariamente imputables a los autores mencionados, sino que pueden deberse a otras personas (corrector, editor, etc.).

M.R.A.

INDICACIONES ACERCA DEL USO
DE ESTE DICCIONARIO

1. Siguiendo las normas de la Real Academia Española, la letra inicial de las entradas figura con minúscula, salvo que se trate de nombres propios.

2. Las expresiones formadas por varias palabras deben buscarse por la primera palabra, cualquiera que sea la categoría de ésta. Así, las expresiones *ad honórem, agua viva, a propósito de* se encontrarán en el lugar correspondiente de la *a; bicho de luz, breves minutos,* en la *b; ¿el qué?,* en la *e; largos años, lo que,* en la *l,* etc.

3. De acuerdo con lo establecido por la Real Academia Española en el X Congreso de Academias (Burgos, 1994), se incluye en este *Diccionario* la *ch* dentro de la letra *c* (entre *ce* y *ci*) y la *ll* dentro de la *l* (entre *li* y *lo*).

4. Las palabras o expresiones precedidas de asterisco (*) se consideran decididamente inapropiadas en el uso actual de la lengua.

5. Las divisiones internas de los artículos están indicadas con números arábigos y señalan distintos aspectos de la palabra en cuestión: fonético, morfológico, semántico, histórico, etc.

6. La flecha (→) ante una palabra indica que dicha palabra figura en este *Diccionario* como entrada independiente, adonde podrá recurrir el lector para mayor información.

7. La transcripción fonética de las palabras extranjeras se ha hecho utilizando exclusivamente las letras del alfabeto español. Se ha logrado así, en muchos casos, tan sólo una aproximación a la pronunciación original, pero accesible a toda persona. La utilización del alfabeto fonético internacional —o de cualquier otro alfabeto especializado— habría traído una dificultad innecesaria a quienes no conocen estos alfabetos.

ABREVIATURAS, SIGLAS Y SIGNOS EMPLEADOS EN ESTE DICCIONARIO

AAL	Academia Argentina de Letras
arg.	argentino
bol.	boliviano
BRAE	Boletín de la Real Academia Española
c.	cuaderno
ca.	*circa* (alrededor de)
cf.	*cónfer* o compárese
chil.	chileno
col.	colombiano
cond.	condicional
cost.	costarricense
cub.	cubano
DMI	Diccionario manual e ilustrado de la lengua española (Real Academia Española)
dom.	dominicano
DRAE	Diccionario de la Real Academia Española
DRAE/56	Diccionario de la Real Academia Española, 18ª ed., 1956
DRAE/70	íd. 19ª ed., 1970
DRAE/84	íd. 20ª ed., 1984
DRAE/92	íd. 21ª ed., 1992
ecuat.	ecuatoriano
ed.	edición
esp.	español
excep.	excepción, excepto
fig.	figurado
fr.	francés
fut.	futuro
ger.	gerundio
guat.	guatemalteco
hond.	hondureño
infinit.	infinitivo
ingl.	inglés
irreg.	irregular
it.	italiano
loc. cit.	*loco citato*
lat.	latín
mex.	mexicano
mod.	moderno
nicar.	nicaragüense
op. cit.	*ópere citato*
pág.	página
parag.	paraguayo
part.	participio
per.	peruano
pl.	plural
port.	portugués
pres.	presente
pret. imperf.	pretérito imperfecto
pret. perf. simple	pretérito perfecto simple
pron.	pronúnciase, pronunciación
RAE	Real Academia Española
s.	singular
salv.	salvadoreño
s. v.	*sub voce*
t.	tomo
urug.	uruguayo
v., vv.	verso, versos

v.	verbo
v. irreg.	verbo irregular
venez.	venezolano
→	véase
*	signo que precede a una forma considerada incorrecta o errónea
>	significa que la palabra siguiente proviene de la anterior: fazer > hacer
<	significa que la palabra que antecede proviene de la siguiente: hacer < fazer
§	parágrafo
[ ]	encierran transcripción fonética
/ /	encierran transcripción fonológica
[...]	señalan la omisión de palabras en una cita

ABREVIATURAS EMPLEADAS
POR LA REAL ACADEMIA ESPAÑOLA
Y QUE APARECEN EN LAS TRANSCRIPCIONES
DE SU DICCIONARIO

abrev.	abreviación
adj.	adjetivo
adv.	adverbio o adverbial
adv. m.	adverbio de modo
Aer.	*Aeronáutica*
al.	alemán
amb.	ambiguo
Amér.	*América*
Amér. Merid.	*América Meridional*
Anat.	*Anatomía*
Antrop.	*Antropología*
Apl. a pers. ú.t.c.s.	Aplicado a persona úsase también como sustantivo
aprox.	aproximadamente
Arg. o *Argent.*	*República Argentina*
Arq.	*Arquitectura*
Astron.	*Astronomía*
Biol.	*Biología*
Bol.	*Bolivia*
Bot.	*Botánica*
c.	como
Cinem.	*Cinematografía*
Cir.	*Cirugía*
Col.	*Colombia*
coloq.	coloquial
com.	sustantivo común de dos
Cosmogr.	*Cosmografía*
d.	diminutivo
Dep.	*Deportes*
despect.	despectivo o despectiva
Econ.	*Economía*
Ecuad.	*Ecuador*
Electr.	*Electricidad*
Electrón.	*Electrónica*
Encuad.	*Encuadernación*
expr.	expresión
f.	sustantivo femenino
fam.	familiar
Farm.	*Farmacia*
fig.	figurado o figurada
Fil.	*Filosofía*
Filol.	*Filología*
Fotogr.	*Fotografía*
fr.	francés
fr., frs.	frase, frases
fr. fig.	frase figurada
gall.	gallego
Gram.	*Gramática*
Guat.	*Guatemala*
Impr.	*Imprenta*
Inform.	*Informática*
ing.	inglés
interj.	interjección o interjectiva
intr.	verbo intransitivo
inus.	inusitado o inusitada
invar.	invariable

irón.	irónico o irónica
irreg.	irregular
lat.	latín o latina
Ling.	*Lingüística*
loc. adj.	locución adjetiva
loc. adv.	locución adverbial
m.	sustantivo masculino
m. y f.	sustantivo masculino y femenino
Mar.	*Marina*
Med.	*Medicina*
Méj.	*Méjico*
N.	Norte
or.	origen
Par.	*Paraguay*
Pat.	*Patología*
pl.	plural
Polít.	*Política*
Por ext.	Por extensión
port.	portugués
p. p.	participio pasivo
prep.	preposición
prnl.	verbo pronominal
Psicol.	*Psicología*
p. us.	poco usado o usada
Quím.	*Química*
R. de la Plata o *R. Plata*	*Río de la Plata*
rur.	rural
sent.	sentido
sing.	singular
Taurom.	*Tauromaquia*
Tecnol.	*Tecnología*
tr.	verbo transitivo
Ú. o ú.	Úsase
Ú. c. s. m.	Úsase como sustantivo masculino
Ú. m.	Úsase más
Ú. m. en pl.	Úsase más en plural
Urug.	*Uruguay*
Ú. t. c. m.	Úsase también como masculino
Ú. t. c. s.	Úsase también como sustantivo
Ú. t. c. s. amb.	Úsase también como sustantivo ambiguo
Ú. t. c. s. m.	Úsase también como sustantivo masculino
Ú. t. en sent. fig.	Úsase también en sentido figurado
V.	Véase
Venez.	*Venezuela*
vulg.	vulgar
Zool.	*Zoología*

A

a. Primera letra del alfabeto español. Plural: **aes**.

a-. 1. Prefijo que indica privación o negación: *acéfalo, anormal, arritmia, atípico*. Si se antepone a vocal, el prefijo toma la forma *an-*: *analfabeto, anarquía, anestesia, anónimo*.
2. Prefijo de significación poco precisa que forma verbos a partir de sustantivos y adjetivos: *acunar* (de cuna), *agremiar* (de gremio), *abaratar* (de barato), *asegurar* (de seguro). Forma también adjetivos, a partir de sustantivos, con el significado de 'parecido a': *aterciopelado* (de terciopelo), *afelpado* (de felpa), *aniñado* (de niño).

a. Preposición.

I. La preposición 'a' con complemento directo

El uso u omisión de la preposición **a** delante de complemento directo es un largo proceso que se inició en la época preliteraria del idioma y que aún no ha terminado. De allí las dificultades, las dudas y las vacilaciones que existen sobre el empleo de esta preposición.

Para comprender mejor el tema, conviene tener presente estas dos reglas generales: se construye con preposición **a** el complemento directo referido a persona (complemento directo personal): *saludo a mis amigos*; y sin preposición **a** el complemento directo referido a cosa (complemento directo no personal): *leo el diario*.

Hay verbos que, por su significación, reciben preferentemente un complemento directo personal (adular, agasajar, convidar, indultar, acusar, felicitar, etc.). Normalmente se adula, se convida o se acusa a personas, y no a cosas. Otros verbos, en cambio, reciben preferentemente un complemento directo no personal (afilar, firmar, arrendar, alquilar, falsificar, publicar, etc.). Normalmente, se afilan, se alquilan o se publican cosas y no personas.

Una tercera categoría de verbos está constituida por los que pueden recibir tanto un complemento directo personal como no personal (ver, mirar, fotografiar, acariciar, escuchar, saludar, traer, esperar, etc.). Se puede mirar o fotografiar a una persona o una cosa.

Teniendo en cuenta estas dos reglas básicas, se enumeran a continuación las principales normas a que se ajustan el uso y omisión de la preposición **a** ante complemento directo.

A. *Casos en que se usa la preposición* ***a*** *con el complemento directo*
1. Con sustantivo común o propio que nombra a persona o animal determinados, o bien una cosa personificada: *ama a Juan; esperaba a su hermano* (pero → **B, 2**); *llamó a su perro* (pero → **B, 2**); *respetan a la Justicia*.

La determinación la establece el artículo determinado (el, la) o un adjetivo determinativo: posesivo (mi, tu, su, etc.) o demostrativo (este, ese, aquel).
2. Con un nombre de ciudad sin artículo: "Dejé a Madrid en un día que amaneció de fuego [...]" (A. Capdevila, *Tierras nobles*, 166); "[...] de regreso conocieron a Barcelona." (G. García Márquez, *Doce cuentos*, 114). La omisión de la preposición **a** se consideraba → **galicismo**, pero es tan corriente escuchar o leer *visité Madrid; he conocido muy bien Buenos Aires*; "Lucas abandonó Montevideo [...]" (M. Benedetti, *Quién de nosotros*, 47), que la RAE la ha admitido: "En sus vacaciones visitó París" (DRAE/92, s. v. *visitar*)

Cuando el nombre de ciudad tiene artículo, no se emplea la preposición: *recorrió La Plata; abandonaron La Habana*. Con nombres de países y comarcas el uso es también vacilante, pero predominan los casos de omisión de la preposición: *recorrimos Francia; conozco Italia* es más frecuente que *recorrimos a Francia; conozco a Italia*. Igual que en el caso anterior, con artículo se omite la preposición: *visitamos la Argentina*.

3. Cuando se debe evitar la confusión entre sujeto y complemento directo, este último lleva preposición **a** aunque por norma general no le corresponda llevarla: *vence la voluntad al destino* (*vence la voluntad el destino* es anfibológico).

4. En el español americano se suele utilizar indebidamente la preposición **a** delante de un complemento directo no personal: **vio al libro sobre la mesa*.

El error es más frecuente e insidioso cuando el complemento directo encabeza la oración y está, además, reiterado por un pronombre personal: **a las islas no las pudimos visitar* (en lugar de: *las islas no las pudimos visitar*, o simplemente, *no pudimos visitar las islas*).

Inversamente, se suele omitir, también por error, la preposición **a** ante un complemento directo personal, tanto en el español americano como en el peninsular: "La vieja se la veía envejecer cada día más [...]" (E.M. Urricelqui, "El 'punga' ", en VCPA, 204).

B. *Casos en que el complemento directo no va precedido de la preposición **a***

1. Cuando el sustantivo complemento directo es un nombre de cosa (no personificada): *aprecio sus cualidades; he comprado varios libros*.

2. Cuando el sustantivo complemento directo nombra a una persona indeterminada: *busco una enfermera* (cualquiera, indeterminada), frente a: *busco a una enfermera* (entre las que prestan servicios en este lugar, o que conozco previamente); *trajeron muchos prisioneros*; *tengo un amigo en Chile* (desconocido para el interlocutor), frente a *tengo a mi amigo en Chile* (determinado por el posesivo).

Lo mismo sucede con los nombres de animales: si no están determinados, se omite la preposición: *trajo un caballo; vimos unas ovejas*. Pero este uso es vacilante: *trajeron mi caballo*, sin preposición aunque el animal está bien identificado.

Si el sustantivo que funciona como complemento directo está determinado por una proposición adjetiva, el uso de la preposición es optativo y depende del grado de determinación que el hablante atribuya a ese determinante: *conozco una persona que podría ayudarlo* o *conozco a una persona que podría ayudarlo*.

3. Si el verbo se construye con complemento indirecto y complemento directo al que le corresponde llevar **a**, se suprime la preposición del complemento directo, siempre que sea posible, para evitar la anfibología: *el director presentará al maestro a los alumnos*. ¿Quién es presentado a quién? La omisión de la preposición **a** que corresponde al complemento directo resuelve la ambigüe-

dad: *el director presentará el maestro a los alumnos*, o *el director presentará al maestro los alumnos*, según corresponda.

En muchos casos la ambigüedad no se puede solucionar tan fácilmente: *el vecino mencionó a Juan a un amigo*; en este caso es preciso rehacer la oración y convertirla, por ejemplo, en pasiva. Supongamos que *Juan* es el complemento directo, entonces diremos: *Juan fue mencionado por el vecino a un amigo*. Si en la oración original el complemento directo fuera *un amigo*, diríamos: *un amigo fue mencionado a Juan por el vecino*. Con el verbo *preferir* se suprime la preposición **a** ante complemento directo personal cuando a éste le sigue un segundo término con **a**: *prefiero Juan a Pedro*.

4. También se suprime la preposición cuando el complemento directo está acompañado por un complemento circunstancial que lleve la misma preposición: *enviaban los soldados al frente*; salvo que el complemento directo sea un nombre propio sin artículo: *enviaron a Pedro a Lima*; pero si ambos complementos son nombres propios de persona sin artículo, debe buscarse otra construcción, ya que, como dice Bello, ni *recomendaron Pedro a Juan*, ni *recomendaron a Pedro a Juan* son tolerables (*Gramática*, § 900).

5. Cuando el nombre propio está usado como tropo, se omite la preposición: *vi el Picasso que te regalaron; encontré un Soldi en la exposición*.

6. El verbo *tener* construye su complemento directo personal sin preposición: *tiene un hermano enfermo*. Reaparece la preposición **a** cuando el verbo *tener* atribuye al complemento directo una cualidad o un estado transitorio: *tiene a su hermano enfermo, tiene a los parientes en casa*.

C. *Casos dudosos*

No siempre es claro el uso de la preposición **a**.

1. A veces, cuando el sustantivo que funciona como complemento directo no nombra persona, pero el verbo de la oración indica una acción que normalmente realizan los seres humanos, se suele mantener la preposición **a**, aunque en algunos casos sea preferible su omisión: *combatió [a] la miseria; la aviación protege [a] los barcos en alta mar; el temporal azotó [a] la provincia; salvó [a] su casa de la destrucción*.

2. En algunas oportunidades, el régimen del primer elemento contagia al segundo elemento de una enumeración: *observan a los invitados y a los regalos* (aunque *regalos* por ser complemento directo no personal no debiera llevar preposición), o bien: *observaba los regalos y los invitados* (*invitados* es un complemento directo personal que se construye normalmente con **a**). "[...] constituían una estructura potente que iba cercándolos hasta aniquilarlos. A él, a sus hombres, a sus correrías, a sus fatigas." (F. Luna, *La última montonera*, 31).

3. Con los colectivos que designan personas, su uso vacila: *conozco [a] esta familia*; aunque en muchos casos sentimos necesaria la preposición: *engañan al pueblo* (nunca diríamos: *engañan el pueblo*).

4. El mayor o menor grado de personificación de los objetos inanimados es subjetivo y no está sujeto a ninguna regla. Ello se refleja en el uso u omisión de la preposición delante del complemento directo: *teme la pluma más que la espada* o *teme a la pluma más que a la espada*.

II. Sustantivo + a + infinitivo (asunto a tratar)

Estas construcciones han sido tradicionalmente censuradas por los gramáticos, quienes las tachan de galicismos (fr. *affaire à traiter*); proscriben el uso de, por ejemplo, *asunto a tratar* y preconizan su sustitución por *asunto que tratar, para tratar* o *por tratar*. Con el fin de lograr su erradicación, se han propuesto también otras soluciones: *ejemplo que debemos seguir*, en lugar de *ejemplo a seguir*; *trabajo pendiente*, y no *trabajo a realizar*; *programa que hay que cumplir*, en sustitución de *programa a cumplir*; *modelo que se debe desarrollar*, por *modelo a desarrollar*, etc.

Estudios más detenidos han establecido que esta construcción, tan vilipendiada, se remonta a los orígenes de nuestro idioma; caída en desuso, su reaparición puede deberse a influencia del francés y del inglés. Por otra parte, su uso está muy difundido en todo el ámbito del español y la han empleado, entre otros, Azorín, L. Cernuda, G. Díaz Plaja, J.M. Pereda en España, y E. Amorim, R. Arlt, F. Estrella Gutiérrez, L. Franco, M. Gálvez, C. Ibarguren, E. Mallea, H. Quiroga, J.B. Selva, F. Silva Valdés, en el Río de la Plata. Kany (*Sintaxis*, 400) recoge, además, ejemplos de Chile, Bolivia, Perú, Colombia, Panamá, Guatemala, México y Santo Domingo.

Actualmente, se ha modificado la actitud respecto de esta construcción. Según Balderrama y Sibemhart (*Curso*), "Este uso tiende a imponerse. No es incorrección grave". M. Moliner (*Diccionario*) no le opone ninguna objeción. M. Seco (*Diccionario*), si bien califica esta construcción de → **galicismo** sintáctico, relativiza su objeción al afirmar: "La construcción abunda especialmente en el estilo periodístico, y está muy extendida por América, sobre todo en la zona del Río de la Plata. [...] El éxito de esta construcción se debe, sin duda, a su

brevedad, frente a la relativa pesadez, en ocasiones, de sus equivalentes castizas [...]. Es probable que no tarde en ser acogida esta fórmula por todos, no sólo como consecuencia de su creciente auge, sino de la relativa necesidad que nuestra lengua siente de tal construcción. [...] Lo recomendable es utilizar los giros españoles siempre que sea posible, sin rechazar el extraño cuando la comodidad y la rapidez lo pidan y el buen gusto no se resienta por ello."

Para finalizar, la AAL expresaba en su acordada del 9 de abril de 1970: "[...] la Academia Argentina de Letras considera que no hay inconveniente en emplear esta construcción con mesura, sobre todo en el lenguaje técnico y en el científico. En cuanto a su uso en la lengua literaria y periodística, su reemplazo por giros como los señalados será cuestión del propósito y el gusto de cada autor [...]" (*Acuerdos*, IV, 206-10).

III. Uso de 'a' por 'de' (*avión a reacción)

Los gramáticos critican el uso de la preposición **a** para introducir un modificador de sustantivo que exprese medio o instrumento: **avión a reacción*. Califican esta expresión de galicada (fr. *avion à réaction*) y recomiendan sustituir **a** por *de: avión de reacción*. Esta construcción es objeto de una generalizada condena, sin embargo se va abriendo paso: el DRAE (s.v. *propulsión*) registra *propulsión a chorro* y M. Moliner incluye, en su *Diccionario, propulsión a reacción* y *olla a presión*. La RAE ha incorporado *olla a presión* en el DRAE/92. Sin duda, la construcción es cada día más frecuente: "[...] una poderosa lancha a motor transportaba oficiales y marineros [...]" (M. Benedetti, *La borra*, 100).

IV. Usos varios

1. Es correcto el uso de la preposición **a** para indicar estilo, manera, costumbre o usanza: *a la española, a la inglesa, bacalao a la vizcaína* (es decir, a la manera, a la usanza de los vizcaínos).

También es correcto decir *pollo a la sartén; huevos al plato*. Por extensión de este uso, y por influencia francesa, la jerga culinaria utiliza otras expresiones similares que, aunque muy extendidas, siguen siendo tachadas de incorrectas por algunas gramáticas: *tallarines a la manteca; pollo al limón; almejas a la vinagreta*. En estos casos, en los que el término de la preposición **a** indica uno de los ingredientes con que se sazona alguna comida, recomiendan utilizar la preposición *con: tallarines con manteca; pollo con limón; almejas con vinagreta*. Sin embargo, no son muy claras las razones por las que se objeta este tipo de construcciones y, además, la RAE admite *pintura a la aguada, al óleo, al temple*, etc.

2. Aunque tiene vieja tradición en la lengua, se considera hoy incorrecto omitir la preposición **a** después de un verbo de movimiento: **ya vas ver; *vinieron decirnos*, por *ya vas a ver; vinieron a decirnos*.
3. Se considera galicista la expresión **cien kilómetros a la hora* (fr. *cent kilomètres à l'heure*). Es más castizo: *cien kilómetros por hora*.
4. Para otros usos incorrectos o cuestionados de la preposición **a**, → **abdicar, 2; acá, 3; acostumbrar; adiestrar, 3; allá, 3; allí, 3; año a año; aprender; aquí, 4; arriba, 3; ataque; atrás, 3; cerca a; de acuerdo a; diferente; distinto; dolor; entrar; invitar** y **mandar + infinitivo**.

-aa- > -a-. La RAE admite la reducción de **-aa-** en **-a-** en *albaca* y *contralmirante*, aunque prefiere las formas *albahaca* y *contraalmirante*. En cambio, sólo acepta *contralmirantazgo* (y no **contraalmirantazgo*). No está admitida la contracción en *contraamura, contraaproches, contraarmadura, contraarmiños, contraatacar, contraataguía, contraataque, contraaviso, contrahacer* y *contrahaz*. Los compuestos con *porta-* tampoco reducen: *portaalmizcle, portaaviones*.
Antiguas contracciones como *contralto, guardagujas, paraguas* y las menos frecuentes *guardaguas, guardalmacén* y *guardamigo* ya están definitivamente consagradas.

*a abajo. → **abajo, 2**.

*a acá. → **acá, 3**.

Aachen. El nombre español de esta ciudad alemana es *Aquisgrán*. → **Aix-la-Chapelle**.

*a allá. → **allá, 3**.

*a allí. → **allí, 3**.

*a aquí. → **aquí, 4**.

Aargau. Nombre alemán de un cantón suizo; en español es *Argovia*.

*a arriba. → **arriba, 3**.

ab absurdo. Locución latina que significa 'por lo absurdo': *argumento, demostración ab absurdo*.

a babucha. Locución adverbial cuyo significado es 'a cuestas'. El DRAE/70, en su Suplemento, la incluye como propia de la Argentina y el Uruguay. En la Argentina, no obstante, es más frecuente oír *a babuchas*, sobre el modelo de otras locuciones como *a escondidas, a hurtadillas, a tontas y a locas, a sabiendas*, etc.: "[...] me encontraba literalmente a *babuchas* de Eyzaguirre [...]" (M. Cané, *Juvenilia*, 111).

abacora. El DRAE/92 admite ahora esta forma, propia de las Antillas y de Venezuela, para designar un tipo de pez. En el español general es *albacora*. Con el significado de 'breva', la RAE sólo acepta *albacora*.

abad. Femenino: *abadesa*.

abadesal. El DRAE no recoge esta voz, y sí *abacial*.

ab aeterno. Locución latina que significa 'desde la eternidad' o 'desde muy antiguo': *lo conocíamos ab aeterno*. Es de uso literario.

abajeño. En su acuerdo del 4 de noviembre de 1971, la AAL solicitó a la RAE que incluyera en su *Diccionario*, como argentinismo, la acepción 'sureño' de este término (*Acuerdos*, VI, 1-4). Fue incluida en el DRAE/84.

abajera. En su acuerdo del 4 de noviembre de 1971, la AAL solicitó a la RAE que incluyera este término en el DRAE como argentinismo (*Acuerdos*, VI, 4). El DRAE/84 recogió este sustantivo, cuya definición fue modificada en el DRAE/92: "f. *Argent*. **sudadero**, pieza del recado de montar que se pone inmediatamente sobre el lomo de la cabalgadura para protegerlo y absorber el sudor." También es conocido en la Argentina como *jerga*. → **bajera**.

abajo. 1. Según los preceptistas, este adverbio no admite modificador con la preposición *de* para indicar lugar: *abajo de la mesa*, construcción muy frecuente en la Argentina: "[...] me hubiera encantado pegarle una patada por abajo de la mesa [...]" (J. Cortázar, *Final del juego*, 38). Debe sustituirse, según los gramáticos, por *debajo de la mesa*. El DRAE/92 recoge la locución prepositiva *abajo de* como equivalente de *debajo de*, y la califica de desusada, aunque, contradictoriamente, señala que se usa en el habla coloquial de muchos países de América.
Tampoco admiten los preceptistas formas como *abajo de mí* o *abajo mío*, esta última habitual en el Río de la Plata: "[...] y, abajo nuestro, hacia la derecha, un enjambre de islotes blancos de espuma [...]" (J.S. Álvarez, *En el mar austral*, 97); y exigen que se diga *debajo de mí* (pero → **cerca mío**).
2. El adverbio **abajo** no admite la preposición *a* que expresa dirección; son incorrectas las construcciones **me voy a abajo* y **de arriba a abajo*, en lugar de *me voy abajo* y *de arriba abajo*.

abajo de. 1. Locución prepositiva que significa 'menos de': *perdió las elecciones por abajo de cien votos*. No es construcción académica.
2. En su uso para indicar lugar, → **abajo, 1**.

abalanzarse. 1. El DRAE/92 añade la siguiente acepción: "*Argent.* y *Urug.* Encabritarse un caballo."
2. Construcción: —*a* (indica llegada al objeto): *se abalanzó a la puerta*; —*contra, sobre* (con intención de atacar o tomar): *me abalancé contra el intruso; nos abalanzamos sobre la comida*; —*hacia* (indica dirección): *me abalancé hacia él*.

abalizamiento, balizamiento. La RAE admite las dos formas, pero prefiere la primera.

abandonado. Construcción: —*de, por todos*; —*en el vestir*.

abandonar. **1**. El DRAE/84 incorporó a las acepciones de este verbo, la de 'apoyar, reclinar con dejadez', y M. Moliner, en su *Diccionario*, recoge las de 'confiar o entregar', 'soltar' y 'renunciar', tradicionalmente consideradas galicistas.
2. Construcción: —*a alguien a su suerte*; —*en manos* (o *en brazos*) *del azar*.

abandonarse. Construcción: —*a la holgazanería*; —*en manos de la suerte*.

abandono. Es admisible la acepción de 'sencillez negligente' que suele tacharse de galicista: *el abandono de sus ademanes nos encantaba*.

abarajar. El DRAE/84 registra este término, cuya inclusión fue solicitada por la AAL en su acuerdo del 18 de noviembre de 1971 (*Acuerdos*, VI, 6) con la siguiente definición: "Recoger o recibir en el aire una cosa, parar en el aire un golpe. Ú. t. en sent. fig. refiriéndose a palabras o intenciones." Esta voz se usa en la Argentina, Paraguay y Uruguay. → **barajar**.

abarcativo. → **Neologismo** inexistente en el DRAE.

a base de. Locución prepositiva que los preceptistas rechazan por inelegante, y aun por incorrecta, y recomiendan sustituir por 'sobre la base de', 'basado en', 'basándose en'. Sin embargo, su uso es muy frecuente, y el DRAE/84 (s. v. *base*) la registra con el significado de: "Tomando como base, fundamento o componente principal." Construcciones como: *licor a base de frutas* o *escribió un informe a base de sus últimas investigaciones* adquieren, así, plena legitimidad académica. **A base de** y *sobre la base de* se sienten sinónimas: "[...] a base de los informes de [...]" (A. Cancela, *Tres relatos*, 35); "[...] sobre la base de los partes hebdomadarios [...]" (*op. cit.*, 36).

*abasida, *abásida. El DRAE sólo registra *abasí*, cuyo plural es *abasíes*.

abastecer. **1**. V. irreg.; se conjuga como → **parecer, 1**.
2. Construcción: —*con, de víveres*.

abasto. → **dar abasto**.

abatatamiento. El DRAE/84 registra esta voz con el significado de 'acción y efecto de abatatar o abatatarse'. Su difusión geográfica abarca la Argentina, Paraguay y Uruguay. La AAL (acuerdo del 27 de setiembre de 1973) afirma que este sustantivo está en desuso en el territorio argentino (*Acuerdos*, VI, 74-77).

abatatar(se). El DRAE/84 registra este verbo, cuya inclusión fue solicitada por la AAL

en su acuerdo del 27 de setiembre de 1973 (*Acuerdos*, VI, 74-77) con el significado de 'turbar, apocar'. Esta voz se usa en la Argentina, Paraguay y Uruguay.

abatí, avatí. **1**. La RAE admite ambas formas, pero prefiere la primera.
2. Plural: *abatíes, avatíes* o *abatís, avatís*. → **rubí**.

abatirse. Construcción: —*al suelo*; —*ante las amenazas de su contrincante*; —*con dificultad*; —*de ánimo*; —*en* o *por las dificultades*.

*abceso. Error ortográfico por *absceso*: "[...] hay ese abceso de desenfreno y vicio [...]" (M. Vargas Llosa, *Pantaleón*, 161).

abdicar. **1**. En la acepción 'ceder o renunciar a la soberanía de un pueblo; renunciar a otras dignidades o empleos', actualmente se lo utiliza sólo para indicar la renuncia de un monarca a su cargo.
2. Construcción: —*el trono*; —*sus derechos*; —*de sus creencias*; —*en su hijo*. Es incorrecto construir este verbo con la preposición *a*: **abdicar al trono*.

a beneficio de. **1**. Señala que el producto de una fiesta o espectáculo será destinado a determinada persona o entidad: *función de teatro a beneficio del hospital*.
2. Dígase *a beneficio de inventario* y no **con beneficio de inventario*.

aberración. El DRAE/92 añade las siguientes acepciones, que son de uso frecuente: "Grave error del entendimiento" y "Acto o conducta depravados, perversos o que se apartan de lo aceptado como lícito."

abertura. No es sinónimo de → **apertura**. Aunque el DRAE defina ambos términos como "acción de abrir", **abertura** se refiere al resultado de la acción de abrir, por ello es sinónimo de agujero, grieta, hendidura, brecha o boquete. *Apertura*, en cambio, señala con mayor precisión la acción de abrir y se utiliza para designar 'inauguración', 'jugadas iniciales de ajedrez' o 'comprensión de ideas políticas o filosóficas diferentes de las propias': *la ventana es una abertura*; *se procedió a la apertura de la exposición*.

abicharse. Por sugerencia de la AAL (*Acuerdos*, VI, 8), la RAE incluyó este verbo en el DRAE/84 con las siguientes acepciones: "agusanarse la fruta" y "criar gusanos las heridas de una persona o de un animal". El empleo de esta voz se extiende a la Argentina, Uruguay y en España, a Andalucía.

Abidos. **1**. Aunque etimológica, la pronunciación esdrújula de este nombre, que corresponde al de varias ciudades antiguas, es incorrecta.
2. Evítese la grafía *Abydos*.

Abigaíl. Es incorrecto acentuar la segunda -*a*- [abigáil]. Las vocales -*ai*- no forman diptongo (se acentúa la sílaba -*il*) y, por lo tanto, debe

llevar acento ortográfico la vocal *-i-*; →
acentuación ortográfica, II, B, 1.

abigarrado. Significa 'de muchos colores' y
'heterogéneo'. No es académica, por consiguiente, la acepción, muy difundida, de 'den-
so, apretado, tupido' que suele darse a este
adjetivo. *Una multitud abigarrada* es, entonces, *una multitud heterogénea, mezcla-
da*, y no *una multitud densa*; *una tela abigarrada* es *una tela de muchos colores*, no *una
tela tupida*.

ab illo témpore. Locución latina que significa 'desde aquel tiempo' y que se utiliza con
el valor de 'desde muy antiguo'.

ab imo péctore. Locución latina que significa 'desde lo profundo del pecho' y que se
utiliza con el valor de 'con absoluta franqueza': *te hablo ab imo péctore*.

ab initio. **1.** Locución adverbial latina que
significa 'desde el principio', 'desde tiempo
muy remoto': *se debe estudiar el problema
ab initio*.
2. Evítese decir *desde ab initio (la idea de
desde está contenida en la preposición latina *ab*).

ab intestato, abintestato. **1.** Locución adverbial latina que significa 'sin testamento':
morir ab intestato. En el lenguaje corriente
significa 'descuidadamente'.
2. Cuando se quiere indicar el procedimiento legal que debe seguirse para adjudicar los
bienes de quien muere sin testar, se escribe
abintestato.

ab irato. Locución adverbial latina que significa 'sin reflexión', 'a impulsos de la ira':
actuó ab irato y después se arrepintió.

abjurar. Construcción: —*el catolicismo* o *del
catolicismo*.

ablactación. El DMI recoge esta voz, que no
figura en el DRAE/92, con el significado de
'supresión de la lactación'.

ablandecer.1. V. irreg.; se conjuga como →
parecer, 1.
2. La RAE admite esta forma, pero prefiere
ablandar.

ablefaria. El DMI recoge esta voz, que no
figura en el DRAE/92, con el significado de
'falta congénita de los párpados'.

ablepsia. El DMI recoge esta voz, que no
figura en el DRAE/92, con el significado de
'pérdida de la vista, ceguera'.

abnegar. **1.** V. irreg.; se conjuga como →
acertar, 1.
2. Se usa muy poco, salvo el participio *abne-
gado*.

a boca de jarro, a bocajarro. Estas dos
locuciones adverbiales tienen, según la RAE,
distinta significación: **a boca de jarro** 'denota la acción de beber sin tasa', acepción
desconocida en la Argentina (el DRAE/92
añade que es también sinónimo de **a
bocajarro**). **A bocajarro**, en cambio, sig-

nifica *a quemarropa* y también 'de improviso, bruscamente, sin preparación'. Para M.
Moliner (*Diccionario*), ambas locuciones son
sinónimas, con los significados que la RAE
le atribuye a **a bocajarro**. En la Argentina,
se usa corrientemente **a boca de jarro**,
pero con los valores mencionados para **a
bocajarro**: "A lo que entendí solicitaba,
a boca de jarro y con esa voz que de pronto se
ahuyenta, textos de primer grado [...]" (A.
Bioy Casares, "El calamar opta por su tinta", en VCHA, 193).

abocarse. **1.** Significa 'reunirse una o más
personas con otras para tratar un negocio'.
En la Argentina está muy extendido su uso
como sinónimo de 'dedicarse': *el gerente se
abocó a la solución del problema*. En la
acepción académica, se sobrentiende que el
gerente se reunió con otras personas para
solucionar el problema. El DRAE/92 agrega
la siguiente acepción que se relaciona con lo
anterior: "Tratándose de proximidad en el
tiempo, hallarse en disposición, peligro o
esperanza de algo. Ú. especialmente el p. p.
con los verbos *estar, hallarse, quedar, verse* y
otros análogos y seguido de la preposición *a*."
2. Debe evitarse cuidadosamente confundir
este verbo con → **avocar**, que significa
'llamar a sí un superior un asunto que está
en manos de un inferior'. Es, por lo tanto,
incorrecto este texto: "A partir de ese momento, el Consejo Supremo se avocará al
estudio de las defensas [...]" (*Página / 12*,
20-12-90, pág. 3). El verbo *avocar*, por otra
parte, no es pronominal.
3. Construcción: —*con sus colaboradores*.

abocatero. → **Galicismo** (fr. *avocatier*) por
aguacate.

abochornar. El DRAE/92 no recoge la acepción, corriente en América, de 'avergonzar',
'sentir vergüenza', que sí incluye M. Moliner (*Diccionario*).

abochornarse. Construcción: —*de sus
palabras*; —*por alguien* o *por algo*.

abogada. → **abogado**.

abogadillo. No figura en el DRAE/92, pero sí
en el DMI. Aunque se lo ha considerado
argentinismo, M. Moliner lo registra en su
Diccionario como "despectivo frecuente de
abogado".

abogado. El femenino es *abogada*; no corresponde, entonces, decir *la abogado.

abogar. Construcción: —*a favor* o *en favor de
alguno*; —*por alguno*.

abolir. **1.** Verbo → **defectivo**; se usan las
formas cuyas desinencias comienzan por *i*:
INDICATIVO, presente: *abolimos, abolís*
(las demás formas no se usan); pretérito
imperfecto: *abolía, abolías*, etc.; pretérito
perfecto simple: *abolí, aboliste*, etc.; futuro:
aboliré, abolirás, etc.; condicional: *aboliría,
abolirías*, etc. SUBJUNTIVO, presente (no

se usa); pretérito imperfecto: *aboliera/ aboliese, abolieras/abolieses*, etc.; futuro: *aboliere, abolieres*, etc. IMPERATIVO, *abolid*. FORMAS NO PERSONALES, infinitivo: *abolir*; gerundio: *aboliendo*; participio: *abolido*.
2. Para la RAE, **abolir** es 'dejar sin efecto una norma o costumbre'. M. Moliner (*Diccionario*) registra la aplicación de este verbo, en la lengua familiar, a cosas de la vida corriente: *en la oficina abolimos la merienda*.

abombado. Voz que fue incorporada al DRAE/84 como americanismo con los significados de 'aturdido, atontado' y 'tonto, falto o escaso de entendimiento o razón'.

abominar. El DRAE sólo reconocía la forma transitiva de este verbo: *abominar la droga*. El DRAE/92 añade ahora que se usa también como intransitivo y con la preposición *de*. Es correcta, por tanto, la construcción más frecuente: *abominar de la droga*.

abordable. El DMI considera → **galicismo** la acepción de 'accesible, tratable' de esta voz.

abordar. El DRAE no registra para este verbo la acepción de 'subir a un buque, tren o avión', para indicar lo cual debe decirse *embarcar* o *subir a bordo*.

*abordo (de). **1.** La grafía correcta es *a bordo (de)*.
2. Esta locución adverbial significa 'embarcado', 'en la embarcación'; es incorrecto, aunque frecuente, usarla para automóviles: **estaba a bordo de su automóvil*.

*aborígena. Vocablo incorrecto; dígase *aborigen*.

ab orígine. **1.** Locución latina que significa 'desde el origen': *la sociedad es injusta ab orígine*.
2. Evítese la construcción **desde ab orígine*, ya que la preposición latina *ab* significa 'desde'.

aborrecer. **1.** V. irreg.; se conjuga como → **parecer, 1**.
2. Construcción: —*a sus enemigos*; —*de muerte*.

aborrecible. Construcción: —*a sus vecinos*; —*de por sí*.

aborrecido. Construcción: —*de* (poco frecuente) o *por el pueblo*.

aborregarse. El DRAE/92 ha ampliado la significación de este verbo con las siguientes acepciones: 'adquirir cualquier cosa caracteres o aspecto de vellones de lana' y 'adquirir las personas rasgos de borrego, especialmente mansedumbre, gregarismo, etc.'

aborto. El DRAE/92 añade la acepción figurada de 'engendro, monstruo'.

*abotagar, *abotargar. Este verbo es pronominal: *abotagarse, abotargarse*; ambas

formas son correctas, pero la RAE prefiere la primera.

abotargamiento. El DRAE sólo registra *abotagamiento*. No obstante, M. Moliner (*Diccionario*) admite también **abotargamiento**.

abotonadura, → **botonadura**.

ab ovo. **1.** Locución adverbial latina que significa literalmente 'desde el huevo'. Indica que se inicia una narración desde el origen mismo de los hechos narrados o desde un tiempo muy remoto: "¿Intentaría relatarle *ab ovo* los acontecimientos, es decir: desde su remoto origen?" (A. Cancela, *Historia*, II, 27). Suele aplicarse también a relatos excesivamente extensos y detallados.
2. No debe anteponerse *desde* a esta expresión: **desde ab ovo*, ya que *ab* expresa la idea de esa preposición.

abra. Es sustantivo femenino y en singular lleva los artículos *el, un*: *el abra, un abra*. → **agua, 2**.

Abraham, Abrahán. La RAE admite ambas formas, aunque prefiere la primera. M. Moliner (*Diccionario*) registra sólo la segunda.

abrasar, abrazar. Distíngase entre ambos verbos: **abrasar** significa 'quemar', en tanto que **abrazar** es 'rodear con los brazos'.

abrasarse. Construcción: —*de pasión*; —*en deseos*.

abravecer. **1.** V. irreg.; se conjuga como → **parecer, 1**.
2. El DRAE registra esta forma, pero prefiere → **embravecer**.

abrazar. → **abrasar**.

abreboca. **1.** El DRAE/84 incorpora este sustantivo como sinónimo de 'aperitivo', pero no con el valor de 'persona muy distraída' que tiene en la Argentina.
2. → **abriboca**.

abrecartas. Sustantivo invariable: *el abrecartas, los abrecartas*.

abrecoches. **1.** El DRAE/92 incorpora este sustantivo con la siguiente definición: "Persona que abre la puerta de los automóviles a sus usuarios para recibir una propina."
2. Es invariable en cuanto al número: *el abrecoches, los abrecoches*.

abrelatas. **1.** Sustantivo invariable: *el abrelatas, los abrelatas*.
2. En el español americano es frecuente el singular *abrelata*.

abreviar. Pertenece al grupo de verbos terminados en *-iar* que tienen átona la *-i-* de la raíz; el acento prosódico recae en la sílaba anterior en las tres personas del singular y en la tercera persona del plural del presente de indicativo y subjuntivo (*abrevio, abrevias, abrevia, abrevian; abrevie, abrevies, abrevie, abrevien*) y en el singular del imperativo (*abrevia*).

abreviatura. Es la representación por escrito de una palabra con sólo una o varias de sus letras.

No existen reglas estrictas para su formación, pero de cualquier modo se pueden mencionar algunas normas generales:

1. En textos impresos conviene prescindir de las abreviaturas (salvo en casos especiales, como diccionarios, citas, notas a pie de página, etc.).

2. Por lo general, se abrevia utilizando las primeras letras de la palabra, hasta consonante ante vocal: *cap.* (capítulo). En consecuencia, las abreviaturas no suelen terminar en vocal, excepto cuando esta vocal es la última de la palabra: *afmo.* (afectísimo); *Dra.* (doctora).

3. Algunas abreviaturas utilizan la letra o letras iniciales y la letra o letras finales: *Dr.* (doctor); *Bco.* (banco); *atte.* (atentamente); *Avda.* (avenida).

4. Otras abreviaturas no se ajustan a ninguna de estas reglas: *cf.* (confer); *ms.* (manuscrito).

5. Cuando la abreviatura consta de dos palabras, se utilizan, por lo general, las iniciales de ambas: *C. P.* (Código Postal); *E. M.* (Estado Mayor); *a. m.* (ante merídiem), aunque en algunos casos se utilizan varias letras iniciales: *loc. cit.* (loco citato), o las letras iniciales y finales: *Bs. As.* (Buenos Aires); pero: *ppdo.* (próximo pasado).

6. Las abreviaturas de fórmulas de tratamiento y de nombres propios se escriben con mayúscula inicial: *Ud., Lic., Ing., J.C.* (usted, licenciado, ingeniero, Juan Carlos). Las demás abreviaturas se suelen escribir con minúscula inicial, aunque esta regla no es absoluta.

7. Se mantiene en las abreviaturas el signo de plural: *sigs.* (siguientes); *págs.* (páginas). En otros casos, el plural se indica mediante la reduplicación de la letra inicial: *AA.* (altezas); *EE.UU.* (Estados Unidos); *vv.* (versos).

8. Todas las abreviaturas terminan en punto.

9. Las abreviaturas son convencionales y muchas de ellas tienen formas consagradas por el uso. En caso de duda, consúltese, en el Apéndice, la lista de abreviaturas más usuales.

10. Distíngase abreviatura de → **sigla**, **acrónimo** y **símbolo**.

abriboca. 1. El DRAE registra esta palabra como propia de la Argentina y Uruguay con la acepción de 'distraído, que está con la boca abierta' y, como argentinismo, 'planta tintórea'.

2. Plural: *abribocas*.

abrigar. *Abrigaba grandes proyectos*, *abrigo la esperanza de que venga*: este uso del verbo **abrigar**, tachado de galicista, está admitido por la RAE.

abrigarse. Construcción: —*de la lluvia*.

abrillantado. → **fruta abrillantada**.

abrir. El participio es irregular: *abierto*.

abrirse. 1. En su acuerdo del 12 de julio de 1973, la AAL solicitó a la RAE la inclusión en su *Diccionario* de las siguientes acepciones de este verbo en su forma pronominal: 'desviarse de la carrera un caballo'; 'desviarse, hacerse a un lado, apartarse' y 'desistir de algo, separarse de una empresa común' (*Acuerdos*, VI, 57-59). El DRAE/84 registra todas estas acepciones.

2. Construcción: —*a, con los amigos*; —*a, sobre el patio*; —*de su familia*.

abrir cancha. → **hacer cancha**.

*abrogarse. 1. No admite la forma reflexiva.

2. No debe confundirse este verbo con → **arrogarse, 2**.

abrogatorio. No lo registra el DRAE/92, pero sí el DMI: 'que abroga'.

abrojillo. La AAL (acuerdo del 23 de agosto de 1973) solicitó a la RAE la inclusión de este sustantivo en su *Diccionario* (*Acuerdos*, VI, 94-95). El DRAE/84 lo incorpora como argentinismo.

abroquelarse. Construcción: —*con, de, en, tras su inocencia*. La más corriente es la construcción con la preposición *en*: *se abroqueló en su autoridad para no dar razones*.

abscedarse. El DMI recoge esta voz, que no figura en el DRAE/92, con el significado de 'apostemarse'.

absentismo. 1. El DRAE/84 agrega las siguientes acepciones: "Costumbre de abandonar el desempeño de funciones y deberes anejos a un cargo" y "Abstención deliberada de acudir al trabajo."

2. → **ausentismo**.

ábside, ábsida. 1. La RAE admite ambas formas, pero prefiere la primera.

2. **Ábside** es indistintamente masculino o femenino: *los ábsides, las ábsides* (aunque es más usual el masculino), pero en singular debe decirse siempre *el ábside*, por comenzar por *a* acentuada (→ **agua, 2**). **Ábsida** es femenino.

absolutamente. 1. El DRAE/84 recoge el valor negativo de este adverbio: "No, de ningún modo", usual en América.

2. → **en absoluto**.

absolver. 1. V. irreg.; se conjuga como → **mover**; el participio es *absuelto*.

2. Construcción: —*al acusado de todos los cargos*.

absorber. Participios: *absorbido* y *absorto*. El primero forma los tiempos compuestos: *he absorbido, habían absorbido*, etc.; el segundo se usa exclusivamente como adjetivo con el significado de *admirado, pasmado*. → **participio**.

absorto. → **absorber.**

abstenerse. 1. V. irreg.; se conjuga como → **tener, 1.** El imperativo es *absténte (*voseo: *abstenéte),* pero nunca **abstiénete.*
2. Construcción: —*de fumar.*

abstracción. 1. El DMI advierte que, en la acepción de 'distracción' o 'turbación mental', es → **galicismo.**
2. → **hacer + sustantivo.**

abstracto. Participio irregular del verbo *abstraer.* Se usa sólo como adjetivo: *un problema abstracto, pintura abstracta.*

abstraer. V. irreg.; se conjuga como → **traer, 1.** Tiene dos participios: → **abstraído** y → **abstracto.**

abstraerse. Construcción: —*de los problemas.*

abstraído. Participio regular de → **abstraer.** Forma los tiempos compuestos de este verbo (*he abstraído, haya abstraído,* etc.) y se emplea, además, como adjetivo con los significados de 'retirado o apartado del trato de la gente' (DMI) y 'concentrado, ensimismado, absorto' (DRAE/92): *está siempre muy abstraído en sus pensamientos.*

***abuchonado. 1.** Forma incorrecta, en lugar de *abullonado,* que se oye en la Argentina (quizá por influencia de *buche).*
2. → **abullonar.**

abullonar. Verbo derivado del sustantivo *bullón,* que incorpora el DRAE/92 con el significado de 'adornar telas con bollos, plegados esféricos'. El participio *abullonado* es usual en la Argentina y México, posiblemente por influencia del francés *bouillonné:* "Su vestido color caqui, de mangas largas abullonadas y cuello volcado, parecía demasiado grueso para la estación [...]" (M. Denevi, *Música,* 15). En la Argentina es muy corriente la forma → ***abuchonado.**

abulonar. El DRAE/92 ha incorporado este argentinismo con el significado de 'sujetar con bulones'.

abultado. Construcción: —*de facciones.*

abundancia. El DRAE no registra las acepciones usuales de 'riqueza, prosperidad, bienestar' que algunos han considerado galicistas y que M. Moliner admite en su *Diccionario.*

abundar. Construcción: —*en* o (menos frecuente) *de metáforas.*

aburrir. Construcción: —*a todos,* —*con sus quejas.*

aburrirse. Construcción: —*con sus lamentos;* —*de todos los trabajos;* —*en la reunión;* —*por su culpa.*

abusar. Construcción: —*de los amigos;* —*en los precios.*

acá. 1. Este adverbio señala un lugar en forma más indeterminada que → **aquí:** *se me perdió acá* (lugar poco preciso); *lo encontré aquí* (en este mismo lugar). En el habla estándar del Río de la Plata y otras zonas de Hispanoamérica, **acá** ha remplazado a *aquí: acá está el libro que me prestaste.* Por esta misma razón, **acá** tomó el valor del pronombre demostrativo *éste, ésta* y del pronombre personal *él, ella:* "¿A que no sabés vieja con quién estoy? Pratto. Un compañero del nacional. [...] Acá te manda saludos." (I. Blaisten, *Cerrado,* 103); "Pero después aparecía, acá... la señorita..." (R. Fontanarrosa, *El mundo,* 144).
2. Acá admite grados de comparación: *estaba más acá de lo que yo creía; no lo pongas tan acá.*
3. No debe anteponerse la preposición *a* a este adverbio: **de una semana a acá;* dígase: *de una semana acá.*
4. Diminutivo popular en América: *acacito,* no registrado en el DRAE.

acabar. 1. Con la preposición *de + infinitivo,* indica que ha ocurrido poco antes lo que el infinitivo expresa: *el gerente acaba de salir.* Con *por + infinitivo,* indica que, como consecuencia de algo, sucede lo que el infinitivo expresa: *tras una larga conversación, acabaron por convencerlo.* Algunos preceptistas consideran que este uso es galicista y proponen sustituir la construcción *por + infinitivo* por el gerundio: *acabaron convenciéndolo.*
2. Por su significación, no académica y popular, de 'alcanzar el orgasmo', en la Argentina, Chile, Paraguay y Uruguay se evita el uso de este verbo sin complemento y se lo sustituye por *terminar: cuando termines, avísame,* se prefiere a *cuando acabes, avísame.*
3. Construcción: —*el trabajo;* —*con todo su dinero;* —*de contar una historia;* —*en punta.*

acabiray. 1. El DMI registra esta voz, que no figura en el DRAE, con el significado de "Especie de buitre de la Argentina, de color pardo obscuro." Es una variedad de *iribú.*
2. Plural: *acabirayes.* → **plural, I, B, 3, a.**

acabose. Escríbase sin tilde cuando es sustantivo: *fue el acabose.* Si, en cambio, mantiene su valor de forma verbal con pronombre enclítico, se escribe con tilde: *acabóse el vino.* El DRAE/84 y el DMI escriben con tilde la forma sustantivada, pero la RAE ha modificado su opinión y, en el DRAE/92, figura la forma **acabose,** sin tilde, siguiendo el mismo criterio que con → **sabelotodo** y otros compuestos similares.

***a cada cual más.** Sustitúyase esta locución por *a cual más: tenía tres hijos, a cual más travieso.*

a cada momento, cada momento. Las dos expresiones son correctas y significan lo mismo.

Academia de la lengua. Es el nombre con

que también se conoce la institución que, oficialmente, se llama *Real Academia Española* o *Academia Española*. Sus miembros son llamados *académicos de la Española*, aunque se los denomina comúnmente *académicos de la lengua*.

académico. Femenino: *académica*. No se justifica decir: **la académico* ni **la mujer académico*.

académico de la lengua. → **Academia de la lengua**.

academismo. Voz que no figura en el DRAE/92; los preceptistas indican que debe decirse *academicismo*. A. Alonso utiliza ambas con intención diferenciadora: "Los motivos son arcaísmo (sobre todo fuera de las grandes ciudades), academismo, academicismo y celo patriótico." (*Castellano*, 162). L. Schallman (*Coloquios*, 188) da ejemplos del uso de **academismo** en Guillermo de Torre y Miguel de Toro Gisbert.

academista. Según el DRAE es un sinónimo poco usado de *académico*. Para referirse a lo perteneciente o relativo al academicismo, dígase *academicista*.

academizar. El DRAE/92 incorpora este verbo con el significado de "Proporcionar o atribuir carácter académico a una obra o actuación. Ú. t. en sent. fig. y con frecuencia peyorativo".

acaecer. V. irreg.; se conjuga como → **parecer, 1**. Es unipersonal: se usan sólo las formas no personales (infinitivo, gerundio y participio) y las terceras personas del singular y del plural, por lo que las únicas formas irregulares son las del presente del subjuntivo: *acaezca, acaezcan*.

acalorarse. Construcción: *—con la discusión; —en la lucha; —por cualquier motivo*.

acampada. → **camping**.

acampado. El DMI recoge esta voz, que no figura en el DRAE/92, con el significado de "Instalado o residente en un campamento."

acampador. Sustantivo que no figura en el DRAE/92 y que designa al que practica el deporte del → **camping**. En la Argentina, la palabra usual para nombrar a quien acampa es *acampante*, voz que tampoco figura en el DRAE/92.

acampante. → **acampador**.

*a campo través. Dígase *a campo traviesa* (la forma *a campo travieso*, aunque correcta, es desusada). Puede servir de traducción a la expresión inglesa → **cross-country**.

acancerarse. El DMI recoge este verbo, que no figura en el DRAE/92, como sinónimo de *cancerarse*.

acantonarse. El DMI tacha de galicista el uso de este verbo en la acepción de 'limitarse a una ocupación determinada': *acantonarse en la política*.

acápite. Sinónimo de 'párrafo', duramente criticado por los preceptistas. Sin embargo, figura como americanismo en el DRAE. El DMI avanza aún más y suprime la mención de americanismo, con lo que sitúa este sustantivo en el nivel de la lengua general. En América también se usa *punto acápite* con el valor de 'punto y aparte'.

acariciar. Para su acentuación, → **abreviar**.

acarraladura. El DMI registra este sustantivo, que ya figura en el DRAE/92, como voz propia de Chile y Perú, con el significado de "Carrera o línea de puntos que se sueltan en un tejido, especialmente en las medias." No obstante, la RAE prefiere *acarralado*.

acarrear. Construcción: *—a lomo; —en ruedas; —por tierra*.

acarretear. Vulgarismo que registra el DMI como forma alternativa de *carretear*. No figura en el DRAE/92.

acaso. Este adverbio adquiere el valor de simple negación en interrogaciones retóricas: *¿acaso estaba yo allí cuando te golpearon?* equivale a *yo no estaba allí cuando te golpearon*.

acatanca. En su acordada del 25 de octubre de 1973, la AAL solicitó a la RAE que incluyera en su *Diccionario* este sustantivo (*Acuerdos*, VI, 60-63). Así lo hizo la Corporación española y en el DRAE/84 figura **acatanca** como sinónimo de *catanga* con las siguientes acepciones: 'escarabajo pelotero' y 'excremento'. La extensión geográfica de esta voz abarca la Argentina y Bolivia.

acatar. El DRAE/92 amplió la significación de este verbo con el siguiente agregado: "Aceptar con sumisión una autoridad o unas normas legales, una orden, etc.".

a causa mía. Los gramáticos aconsejan que se usen las formas *a causa de mí, a causa de ti, a causa de nosotros*, etc., en lugar de **a causa mía**, *a causa tuya, a causa nuestra*, etc. Pero → **cerca mío**.

a causa que, a causa de que. El *Esbozo* (3. 22. 2) incluye esta locución conjuntiva causal entre los encabezadores de proposiciones causales bajo la forma **a causa (de) que**, con lo que indica que tanto **a causa que**, como **a causa de que** son igualmente aceptables. No obstante, es preferible **a causa de que**. El DRAE/92 incorpora la locución prepositiva *a causa de*.

acceder. Construcción: *—a sus ruegos; —a la habitación; —a la propiedad de algo*.

accesible, asequible. El primer adjetivo significa 'que tiene acceso' y, referido a personas, 'que es de fácil acceso y trato'. **Asequible**, en cambio, denota 'que puede conseguirse o alcanzarse'. Los preceptistas insisten en que este último no se aplica a personas y consideran impropiedad decir que una persona es **asequible** en lugar de **accesible**. Sin embargo, M. Moliner admite este uso, frecuente, en su *Diccionario*, donde dice de **asequible**: "(aplicado a personas). Llano o amable." No se justifica, en cambio, la sustitución de **asequible** por **accesible**; es erróneo decir: *en la actualidad los artículos del hogar son accesibles aun para los más modestos*, en lugar de: *...son asequibles...* No obstante, en Buenos Aires se oye hablar muy frecuentemente de "precios accesibles".

accésit. Si bien no son infrecuentes los plurales *accésits* y *accesis*, la solución patrocinada por la RAE es dejar invariado el plural: *el accésit, los accésit* (DRAE/92).

accidentado. En el DRAE figura como tercera acepción de este adjetivo: "Dicho de terreno, escabroso o abrupto", con lo que quedan descartadas las objeciones de los puristas. El DRAE/84 agrega una cuarta acepción: "Dícese de quien ha sido víctima de un accidente."

accidente. No debe confundirse con → **incidente**. **Accidente** es un suceso que causa daño y, en tal acepción, es sinónimo de contratiempo, contrariedad, percance. *Incidente* es un acontecimiento imprevisto y de escasa importancia que puede ser desagradable o no: *en el viaje tuvimos varios incidentes graciosísimos*.

acechanza. Significa 'espionaje, persecución cautelosa' y debe distinguirse de *asechanza*, que es 'engaño, trampa para dañar a otro'. Igualmente evítese confundir *acechar* (espiar, aguardar cautelosamente con algún propósito) y *asechar* (poner asechanzas).

aceite. Es masculino: *el aceite fino*.

*****aceite de castor**. Denominación errónea por *aceite de ricino*.

*****aceite de olivo**. Dígase *aceite de oliva*.

*****aceite ricino**. Dígase *aceite de ricino*.

acendrado. No significa 'profundo, intenso', sino 'puro, sin mancha': *su acendrada honradez*.

acendrarse. Construcción: —*con, en el esfuerzo*.

acensuar. Para su acentuación, → **atenuar**.

acento. El DRAE/92 incorpora una nueva acepción por la que legitima el uso, muy frecuente, de esta voz como sinónimo de *énfasis*; *poner* o *cargar el acento* equivale a *enfatizar*: *puso el acento en (o sobre) el aspecto económico*.

acento ortográfico. Es la representación gráfica del → **acento prosódico** y consiste en una rayita oblicua, escrita de derecha a izquierda (´), denominada *tilde*, que se coloca sobre la vocal de la sílaba tónica, de acuerdo con lo que establecen las reglas de → **acentuación ortográfica**.

acento prosódico. Es la mayor fuerza espiratoria con que se pronuncia una sílaba en una palabra. La sílaba acentuada se llama *tónica* y las restantes, *átonas*. Por su acento, las palabras se dividen en:
agudas: las que llevan acento prosódico en la última sílaba: *fidelidad, tropezón*;
graves o *llanas*: las que llevan acento prosódico en la penúltima sílaba: *persona, alcázar*;
esdrújulas: las que llevan acento prosódico en la antepenúltima sílaba: *símbolo, énfasis*;
sobresdrújulas: las que llevan el acento prosódico principal en la sílaba anterior a la antepenúltima: *entrégaselo, advirtiéndomelo*.

acentuación ortográfica. El uso del acento ortográfico (tilde) se rige en español por las siguientes reglas generales y especiales.

I. REGLAS GENERALES

A. *Palabras agudas* (→ **acento prosódico**)

1. Llevan tilde las palabras agudas terminadas en **-n**, en **-s** (no precedidas por otra consonante) o en **vocal**: *harén, cortés, cebú*.

2. Las agudas terminadas en **-n**, en **-s** (precedidas por otra consonante) o en **-x** no llevan tilde: *Isern, Casals, carcax*.

3. Tampoco llevan tilde las terminadas en consonante que no sea **-n**, o **-s**: *vivac, ciudad, reloj, sutil, vivir, vejez*.

4. Las agudas terminadas en diptongo o triptongo con **-y** no llevan tilde: *caray, carey, convoy, cocuy, Paraguay*. La RAE considera la **-y** final como consonante para los efectos de la acentuación, aunque suena como semivocal.

5. Tampoco llevan tilde los patronímicos de origen catalán terminados en los diptongos **-au, -eu, -ou**: *Monlau, Abreu, Palou*.

B. *Palabras graves* (→ **acento prosódico**)

1. Las palabras graves que terminan en **-n**, **-s** o **vocal** no llevan tilde: *examen, tengas, mesa*.

2. Las terminadas en cualquier otra consonante reciben tilde: *césped, útil, tándem, carácter, tórax, López, póney* (→ **I, A, 4**).

3. Las graves terminadas en **-s** precedida por otra consonante llevan tilde: *bíceps, tríceps, fórceps*.

4. Las terminadas en **-oo** no llevan tilde: *Campoo, Feijoo*.

C. *Palabras esdrújulas y sobresdrújulas* (→ **acento prosódico**)
Todas estas palabras llevan tilde: *número, espécimen, efemérides, averíguamelo*.

D. Cuando la sílaba tónica contiene diptongo o triptongo, se cumplen las mismas reglas y la tilde se coloca sobre la vocal abierta (**a, e, o**):
agudas: *alivié, ejercitación, amáis, averigüéis, adecuáis*.

graves: *huésped, alféizar, Diéguez*.

esdrújulas: *láudano, luciérnaga, cuádruple*.

E. Los monosílabos no llevan tilde: *di, vi, ti, tren, vais, mes, luz, fe, pie* (pero → **II, A**). Los monosílabos *fue, fui, vio* y *dio* se ajustan a esta regla, por lo que no corresponde escribirlos con tilde.

F. *Tilde en las letras mayúsculas*

La RAE (*Ortografía*, § 6, 10º y *Esbozo*, 1. 8. 4, c, 10º) recomienda que se mantenga la tilde en las letras mayúsculas: *África, Álvarez*. Por consiguiente, el uso de la tilde en este caso no es obligatorio, pero conviene utilizarla para evitar errores de pronunciación al leer la palabra, y así lo hace la Academia en su *Diccionario* y en el *Boletín*.

II. REGLAS ESPECIALES

A. *Monosílabos*. Por regla general se escriben sin tilde (→ **I, E**); no obstante, cuando dos o más monosílabos son iguales en cuanto a la forma, pero cumplen distinta función gramatical, y hay entre ellos formas átonas y tónicas, estas últimas por lo general llevan tilde.

1. La regla anterior se aplica sólo a los siguientes monosílabos:

el (artículo): *el* vino.

él (pronombre personal): *él* vino.

mi (adjetivo posesivo): *mi* libro / *mi* (sustantivo): un *mi* bemol.

mí (pronombre personal): me lo dio a *mí*.

te (pronombre personal): *te* lo dará pronto / *te* (sustantivo): la *te* es una consonante.

té (sustantivo): tomaremos el *té*.

tu (adjetivo posesivo): *tu* libro.

tú (pronombre personal): *tú* te equivocaste.

si (conjunción condicional): *si* llega rápido, iremos / *si* (sustantivo): un *si* desafinado. (→ **II, A, 3**).

sí (adverbio de afirmación): *sí*, te lo daré / *sí* (pronombre personal): la atrajo hacia *sí*.

de (preposición): el libro *de* María / *de* (sustantivo): la *de* es una consonante.

dé (forma del verbo dar): no le *dé* su nombre.

se (pronombre personal): *se* vistió rápidamente.

sé (forma de los verbos *saber* y *ser*): no *sé* qué pasó; *sé* bueno.

mas (conjunción adversativa, sinónimo de *pero*): vino, *mas* no lo vi.

más (adverbio de cantidad o sustantivo): no quiero *más*; el *más* y el menos.

2. El monosílabo *ti* nunca lleva tilde: te lo dijeron a *ti*.

3. Algunos gramáticos y la AAL (*Acuerdos*, III, 23-25) se han pronunciado a favor de atildar también los sustantivos *la, mi* y *si* (nombres de notas musicales), que son palabras tónicas, pero hasta ahora la RAE no las ha incluido entre las que deben recibir acento diacrítico.

B. *Tilde que indica hiato*

1. Cuando en una palabra concurren una vocal abierta (**a, e, o**) y una vocal cerrada (**i, u**), desde el punto de vista ortográfico no se produce diptongo si está acentuada prosódicamente la cerrada. Para indicar la falta de diptongo (hiato), se coloca tilde sobre la vocal cerrada: *había, reúno, río, período, garúa, desleír, insinúa, Saúl, país*. Si entre ambas vocales hay **h**, igualmente se cumple esta regla: *búho, barahúnda, rehúyo, vehículo, ahíto, mohín*. → **infinitivos en -aír,-eír,-oír**.

2. Lo mismo sucede en el caso de concurrencia de dos vocales abiertas y una cerrada: si está acentuada la cerrada no se produce triptongo y, para indicarlo gráficamente, se le coloca tilde a la vocal cerrada: *traía, bahía, leían*.

C. *Grupos -ui-, -iu-*

1. Las palabras que contienen estos dos grupos de vocales no llevan tilde: *jesuita, construir, recluido, viudo, triunfo*, salvo que lo exijan las reglas generales de acentuación; en este caso la tilde se escribe sobre la segunda vocal: *jesuítico, porciúncula* (esdrújulas); *benjuí* (aguda terminada en vocal).

2. Los nombres catalanes terminados en **-iu** se escriben sin tilde: *Montoliu, Feliu, Rius* (llevan acento prosódico en la **-i-**).

D. Los pronombres demostrativos **este, ese, aquel**, con sus femeninos y plurales, suelen llevar tilde cuando se emplean como sustantivos: *éste me gusta; aquél, no*. La RAE considera lícito prescindir de la tilde cuando no hay riesgo de confusión. Estos pronombres no llevan nunca tilde cuando, al funcionar como adjetivos, acompañan a un sustantivo: *este hombre, aquella mujer, estos niños*. Las formas neutras (*esto, eso, aquello*), que son siempre sustantivos, nunca llevan tilde.

E. *Solo*. La palabra **solo** puede llevar tilde cuando funciona como adverbio si de esa manera se evita su confusión con el adjetivo: *fui sólo al cine* (únicamente); *fui solo al cine* (sin compañía). La RAE le da a esta tilde el carácter de optativa. De todos modos, y para evitar problemas de interpretación acerca de si hay o no peligro de anfibología, es útil poner siempre la tilde al adverbio **sólo** (y así se hace en este *Diccionario*). Por lo demás, en el DRAE, la Academia prefiere la forma con tilde.

F. *Conjunción disyuntiva* **o**

La RAE prescribe que debe llevar tilde cuando está entre cifras para evitar su confusión con el cero: *2 ó 3*, pero esta regla, de discutible utilidad en un manuscrito, es superflua tipográficamente ya que no es posible ninguna confusión entre un *0* y una *o*.

G. Los pronombres interrogativos y exclamativos **qué, cuál (cuáles), quién (quiénes), cuándo, cuán, cuánto (cuántos, cuánta, cuántas), cómo, dónde** y **adónde** llevan tilde: *¿Cuánto costó?*; *No sabía quién había venido*; *¡Qué barato!* Estos pronombres no llevan tilde, aunque estén en oración interrogativa o exclamativa, si no son ellos mismos interrogativos o exclamativos: *¿Será Juan quien vino? ¡Lo pagarás cuanto te pidan! ¿Qué dijiste que lo ofendió?* La entonación permite distinguir ambos casos.

H. *Formas verbales agudas con pronombre enclítico*
Los pronombres enclíticos son palabras inacentuadas que, al unirse al verbo, crean una nueva palabra de diferente naturaleza prosódica. Una forma verbal puede recibir uno o dos enclíticos.
1. Las formas verbales monosilábicas conservan su escritura originaria cuando se les agrega un enclítico: *dinos (di), dame (da), déle (dé)*. Si reciben dos enclíticos se convierten en esdrújulas, lo que exige que se les ponga tilde: *dámelo, vérselo*.
2. Las formas verbales agudas conservan la tilde originaria cuando se les agrega un enclítico: *entregó* conserva la tilde en *entregóme*; *durmió*, en *durmióse*. Si se les añaden dos enclíticos, se convierten en esdrújulas y, obviamente, siguen llevando tilde: *entregómelo*, o la agregan: *averiguárselo*.
3. Las formas verbales graves o llanas se escriben con tilde cuando reciben uno o dos enclíticos, ya que se convierten en esdrújulas o sobresdrújulas respectivamente: *mirándome, entrégaselo*.
4. Un caso especial son los imperativos plurales de las formas reflexivas de primera o segunda conjugación: *acordaos, moveos* (que han perdido la *d* de las antiguas formas *acordad-os, moved-os*). No llevan tilde, aunque la forma verbal originaria sea aguda. Los imperativos de los verbos de tercera conjugación reciben tilde para señalar el hiato: *vestíos*.
5. En el voseo americano, el imperativo de las tres conjugaciones es *tomá, tené, vení*; debe respetarse la norma dada en el apartado **2** y mantener la tilde de la forma originaria: *tomálo, tenéme, veníte*.
6. No llevan tilde → **acabose** y *cargareme* cuando funcionan como sustantivos: *¡esto es el acabose! Pésame* se escribe con tilde, sea sustantivo o verbo, por su condición de esdrújula.
I. *Palabras compuestas*
1. El primer elemento pierde su tilde cuando se escribe en una sola palabra con el segundo: *decimocuarto, rioplatense*.
2. Si el último componente es una palabra

que, por las reglas generales, no lleva tilde, deberá escribirse con tilde si así lo exigen las nuevas condiciones prosódicas del compuesto: *ganapán* (pan), *traspié* (pie), *veintitrés* (tres), *guardahúmo* (humo).
3. El último elemento nunca pierde la tilde que le corresponde según las reglas generales: *decimoséptimo, hazmerreír, francoalemán*.
4. Cuando los dos formantes están separados por un guión, conserva cada uno su independencia prosódica y, por tanto, la tilde que le corresponda: *teórico-práctico, cántabro-astur*.
5. Los compuestos *sabelotodo, curalotodo, metomentodo, sanalotodo* y *zampalopresto* se escriben sin tilde de acuerdo con las nuevas normas de ortografía de la RAE, que tienen carácter preceptivo desde el 1º de enero de 1959.
J. *Adverbios terminados en -mente*
Conservan la tilde del adjetivo del que derivan: *comúnmente, dócilmente, trágicamente*. Esta regla se explica porque estos adverbios son las únicas palabras en español que tienen dos acentos prosódicos, uno sobre el adjetivo y otro sobre el morfema *-mente*. (→ **-mente, adverbios en**).
K. *Aún* se escribe con tilde cuando es adverbio de tiempo (sinónimo de *todavía*): *no llegaron aún*, y sin tilde cuando equivale a *hasta, también, inclusive, aunque*: *aun los valientes sienten miedo (hasta los valientes...); aun sabiéndolo calló (aunque lo sabía...)*.

III. PALABRAS EXTRANJERAS
A. *Voces latinas*
Se acentúan según las reglas generales de acentuación española: *quórum, in péctore, ínter nos*. Se exceptúan de esta norma los nombres científicos que, por práctica internacional, se escriben sin ninguna tilde: *Dracunculus medinensis* (*dracunculus* es palabra esdrújula).
B. Las palabras procedentes de idiomas extranjeros que se escriben con caracteres latinos: francés, italiano, inglés, etc. se ajustan a las siguientes reglas:
1. Los sustantivos comunes conservan la grafía original: *prêt-à-porter*.
2. Los nombres propios (patronímicos y topónimos) se escriben, según establece la RAE, como en el idioma al que pertenecen, pero se pueden acentuar según las normas del español cuando lo permitan su pronunciación y grafía originales; así podrá escribirse indistintamente *Wagner* o *Wágner*, *Lyon* o *Lyón*, *Hurlingham* o *Húrlingham*, aunque en la actualidad se tiende a escribirlos sin acento alguno. De todos modos, se respetarán los acentos que los nombres propios extranjeros tengan en su forma original: *Molière, Chénier*.

3. Los topónimos castellanizados o incorporados ya al español se acentúan según las reglas generales: *Múnich* (alemán *München*), *Turín* (italiano *Torino*), *Támesis* (inglés *Thames*), *París* (francés *Paris*).

C. Las palabras provenientes de idiomas que no se escriben con caracteres latinos: griego, ruso, árabe, hebreo, etc. son todas formas castellanizadas, producto de una transliteración, y se han de acentuar, por consiguiente, según las reglas generales de acentuación ortográfica del español.

acentuado. Algunos preceptistas consideran erróneo su uso por 'prominente, abultado, exagerado'. Sin embargo, en la acepción 4 el DRAE dice de *acentuar*: "fig. Realzar, resaltar, abultar". En cuanto al valor de 'definido, visible', lo recoge M. Moliner en su *Diccionario*: "Haciéndose cada vez más perceptible: El tiempo muestra una acentuada tendencia a mejorar."

acentuar. 1. Para su acentuación, → **atenuar.**
2. → **acentuado.**

acepillar, cepillar. La RAE admite ambas formas, sin indicar preferencia para los valores propios de este verbo y para el figurado de 'quitar a alguien la rusticidad' (DRAE/92). En la Argentina se usa exclusivamente **cepillar.**

acequiar. Para su acentuación, → **abreviar.**

acera, hacera. La RAE admite ambas grafías, pero prefiere la primera, que es en realidad la única usada.

acerbo, acervo. No deben confundirse: **acerbo** significa 'áspero al gusto' y 'riguroso, cruel, intenso': *recibió una acerba represión; lo criticó con tono acerbo.* **Acervo** expresa 'montón de cosas' y 'conjunto de bienes materiales o espirituales que posee un grupo': *el cuantioso premio acrecentó el acervo familiar: el idioma es un elemento fundamental de nuestro acervo cultural.*

acerca. 1. Se construye siempre con la preposición *de: habló acerca de sus viajes a la India.*
2. La grafía **a cerca de* es incorrecta.

acerca mío. Los gramáticos aconsejan que se usen las formas *acerca de mí, acerca de ti, acerca de nosotros*, etc., en lugar de **acerca mío**, *acerca tuyo, acerca nuestro*, etc. Pero → **cerca mío.**

a cercén, a cercen. La RAE admite ambas acentuaciones, pero prefiere la primera.

acérrimo. Es superlativo absoluto de *acre*, pero en el lenguaje corriente ha perdido ese valor y se lo utiliza casi exclusivamente en el sentido figurado de 'tenaz, decidido, vigoroso', por lo cual se puede reforzar con el adverbio *más: era el más acérrimo defensor de los desheredados.* El DRAE/92 legitima este uso.

acertar. 1. V. irreg. Cuando la *-e-* de la raíz es tónica, diptonga en *-ie-* en los presentes. INDICATIVO: *acierto, aciertas, acierta, aciertan.* SUBJUNTIVO: *acierte, aciertes, acierte, acierten.* IMPERATIVO: *acierta.*
2. Construcción: —*al blanco;* —*la casa* o *con la casa;* —*en el pronóstico.*
3. *Acertó a ser verdad lo que dijo* significa que 'impensadamente o por casualidad resultó ser verdad lo que dijo'.

acervo. → **acerbo.**

acético, ascético. No deben confundirse: **acético** se refiere a lo perteneciente o relativo al vinagre. **Ascético**, en cambio, significa 'sumamente austero': *lleva una vida ascética.*

acetonemia. El DMI registra este sustantivo, que no figura en el DRAE /92, con el significado de: "Hecho de hallarse acetona en la sangre."

acetonuria. El DMI registra esta voz, que no figura en el DRAE/92, con el significado de: "Existencia de acetona en la orina."

achiguarse. Para su acentuación, → **averiguar.**

achinado. En su acuerdo del 4 de mayo de 1972, la AAL solicitó a la RAE la inclusión de este término, como argentinismo, en el léxico oficial (*Acuerdos*, VI, 22-23). Es de uso frecuente en la Argentina (también en otros países de América) y deriva de *chino*, en la acepción de 'persona aindiada cuyos rasgos físicos muestran su ascendencia indígena'. El DRAE/84 le dedicó un modesto artículo en el que remite a *mestizo*. El DRAE/92 remite a *chino*.

a chorro. → **propulsión a chorro.**

achuchar, -se. El DRAE incluye este verbo con la acepción de: "Tiritar, estremecerse a causa del frío o de la fiebre", propia de la Argentina y el Uruguay, pero no recoge el significado, frecuente también en ambos países, de 'asustarse'.

achumado. 1. En su acuerdo del 14 de junio de 1979, la AAL solicitó a la RAE la inclusión en el *Diccionario* oficial de este adjetivo, de uso corriente en varios países de América, entre ellos la Argentina, con el significado de 'embriagado, ebrio' (*Acuerdos*, VIII, 233-36). No figura en el DRAE/92.
2. → **chumar, -se.**

acidez. Se usa en la Argentina con el significado de 'acedía' o 'hiperclorhidria'. M. Moliner registra *acidez de estómago* como sinónimo de hiperclorhidria (*Diccionario*, s. v. *acidez*). El DRAE/92 añade la siguiente acepción: "Sabor agraz de boca, producido por exceso de ácido en el estómago."

acidificación. El DMI incluye este sustantivo, que no figura en el DRAE/92, aunque sí en el *Diccionario* de M. Moliner, con el significado de: "Acción de acidificar."

acidificante. El DMI registra este adjetivo, que no figura en el DRAE/92. Significa 'que acidifica'.

acidismo. El DMI incluye este sustantivo, que no figura en el DRAE/92, con el significado de: "Conjunto de alteraciones morbosas atribuidas a la acidez de los humores y tejidos del cuerpo."

a cierraojos. El DMI incluye esta locución adverbial, que no registra el DRAE/92, con el valor de "Sin pensar, sin reflexionar."

ácimo → **ázimo.**

acimut, azimut. 1. La RAE admite ambas formas, pero prefiere la primera. Lo mismo sucede con la alternancia *acimutal / azimutal.*
2. El plural de este sustantivo presenta tres variantes: *los acimut* (invariable); *los acimutes* y *los acimuts.* Esta última es la menos recomendable.
3. Es palabra aguda [asimút].

aclarar. Construcción: —*que no es posible.* El uso de la preposición *de* delante de la conjunción *que* es incorrecto: **le aclaro de que no es posible.* → **dequeísmo.**

aclarecer. V. irreg.; se conjuga como → **parecer, 1.**

*aclimatamiento. El DRAE no recoge este sustantivo; dígase *aclimatación.*

aclocar, → **enclocar.**

*acluecar, *acluecarse. Formas incorrectas por *aclocar, aclocarse.* → **enclocar.**

acmé. 1. Según la RAE es palabra aguda, que es su acentuación etimológica. Conviene evitar la forma grave **acme.*
2. Hay vacilación con respecto al género: el DRAE/84 registraba este sustantivo como femenino; el DRAE/92 lo considera → **ambiguo**: *el acmé, la acmé.* Su género etimológico es femenino.
3. En cuanto a su significado, el DRAE anota sólo la acepción médica: "Período de mayor intensidad de una enfermedad", pero se usa también en un sentido más general, como 'culminación de un proceso': *llegó a la acmé de su desesperación.* Es, entonces, sinónimo de *clímax.* En la literatura especializada significa 'la flor de la edad': "Anaxandrides se estrenó en 374, el año en que ponen la acmé de Eubulo" (F. Capello, *Lit. griega,* II, 178).

acné, acne. 1. El DRAE admite ambas acentuaciones, pero prefiere la primera, que es la más frecuente y la única que registra M. Moliner en su *Diccionario* (hasta 1970 la RAE sólo admitía **acné**).
2. Según el DRAE/92 es sustantivo masculino: *el acné, los acnés.* La RAE aclara, sin embargo, que se usa a veces como femenino (que es su género etimológico).

acodiciar. Para su acentuación, → **abreviar.**

acodillado. A pedido de la AAL (*Acuerdos,* VI, 64-65), la RAE incorporó este adjetivo en el DRAE/84, como argentinismo, con la siguiente definición: "Dícese del caballo con pequeñas manchas blancas en los codillos."

acodillar. 1. A pedido de la AAL (*Acuerdos,* VI, 64-65), la RAE incorporó en el DRAE/84, como argentinismo, la acepción: "Talonear al caballo en los codillos." El DRAE/92 le añadió la nota de *rural.*
2. El DMI registra la forma pronominal **acodillarse** con el valor de 'padecer cinchera una caballería'. Es chilenismo.

acogerse. Construcción: —*a los beneficios de la jubilación;* —*a, bajo la protección de la justicia.*

acolchado. El DRAE/84 incorporó, a pedido de la AAL (*Acuerdos,* VI, 65-67), como argentinismo, la acepción: "Cobertor relleno de plumón o de otras cosas, que se pone sobre la cama para adorno o abrigo." El BRAE (t. LXIV, c. CCXXXI-CCXXXII) extiende al Uruguay la difusión geográfica de esta voz, modificación que no registra, sin embargo, el DRAE/92.

acollar. V. irreg.; se conjuga como → **sonar.**

acomedirse. V. irreg.; se conjuga como → **pedir, 1.**

acometer. Construcción: —*una ardua empresa;* —*a, contra el enemigo.*

acomodar. El DRAE/92 incorpora, como argentinismo, la acepción de 'enchufar', es decir, 'proporcionar un beneficio o empleo por influencia'. No registra la forma pronominal, muy frecuente también en la Argentina, *acomodarse*: obtener un beneficio o empleo por influencia o en forma clandestina e ilegal.

acomodarse. Construcción: —*a las circunstancias.*

acomodo. La AAL en su dictamen del 9 de agosto de 1973 (*Acuerdos,* VI, 67-69) solicitó a la RAE la incorporación en el léxico oficial de este argentinismo, que figura en su *Diccionario Histórico* (1963), con el significado de 'beneficio que se obtiene en forma clandestina e ilegal, generalmente por influencia política'. Este vocablo, de uso frecuentísimo en la lengua oral de la Argentina, se lee también corrientemente en periódicos y libros. Fue incluido en el DRAE/92.

acompañante. Tiene un femenino *acompañanta* en dos de sus acepciones: 'mujer que acompaña a otra' y 'mujer que ejecuta el acompañamiento musical'. → **-ante, -ente.**

acompañar. Construcción: —*con, de pruebas.*

acompañarse. Construcción: —*al, con el piano;* —*con, de buenos amigos.*

acomplejado. El DRAE/92 incorpora este adjetivo con la siguiente definición: "Dícese

de la persona que padece complejos psíquicos. Ú. t. c. s."

Aconcagua. El gentilicio que se aplica a los
naturales de esta provincia chilena es
aconcagüino.

a condición de. Aunque no figura en el
DRAE, es lícita esta locución prepositiva:
aceptó a condición de salir temprano, lo
mismo que la locución conjuntiva *a condición de que*: *le comunicaron la novedad, a
condición de que mantuviera el secreto*. En
este último caso, conviene evitar la omisión
de la preposición *de*: **a condición que*. →
con la condición de que.

a condición de que. → **a condición de**.

aconsejar. Construcción: *le aconsejó que se
callase*. El uso de la preposición *de* delante
de la conjunción *que* es incorrecto: **le aconsejó de que se callase*. → **dequeísmo**.

aconsejarse. Construcción: —*con, de un
buen médico*.

acontecer. V. irreg.; se conjuga como →
parecer, 1. Es unipersonal: se usan sólo las
formas no personales (infinitivo, gerundio y
participio) y las terceras personas del singular y plural, por lo que las únicas formas
irregulares son las del presente de subjuntivo: *acontezca, acontezcan*.

a contrariis. Expresión latina que significa
'por los contrarios': *demostrar un argumento a contrariis*.

acopiar. Para su acentuación, → **abreviar**.

acordar. **1**. V. irreg.; se conjuga como →
sonar.
2. El DMI advierte que es → **galicismo**
emplear este verbo por 'conceder, otorgar',
uso muy frecuente en América: *le acorda-
ron el préstamo que había solicitado*.

acordarse. La construcción de este verbo
exige la preposición *de*: *siempre me acuerdo de ti*. Por consiguiente, corresponde
encabezar con dicha partícula una proposición sustantiva dependiente de este verbo:
*se acordó de que no había entregado la
carta; siempre se acuerda de cómo habían
viajado*.
El temor de incurrir en un falso → **dequeísmo** lleva al hablante a omitir la
preposición: *se acordó que no había entregado la carta; siempre se acuerda cómo
había viajado*.
Dada la extensión cada vez mayor de esta
construcción sin *de* y su empleo por buenos
escritores, tanto en América como en España, resulta difícil considerar incorrecta esta
omisión de la preposición. Kany (*Sintaxis*,
410), refiriéndose a América, dice: "[...] al
presente algunos verbos omiten el *de* en el
habla coloquial cuando dicho *de* es indispensable según las normas: *acordarse =
acordarse de* [...]".
Es razonable, sin embargo, evitar la omi-

sión de esta preposición en la lengua escrita
cuidada.
En lengua literaria no es infrecuente la
vacilación en el uso de *de*: "Me acuerdo que
mi hermana vio venir a tío Carlos [...]" (J.
Cortázar, *Final del juego*, 23); "Me acuerdo
de que en ese momento [...]" (*op. cit.*, 58).

acorde. Construcción: —*con los demás*.

acordeón. Es masculino: *el acordeón, los
acordeones*.

acornear, acornar. **1**. La RAE admite ambas formas, pero prefiere la primera.
2. El verbo **acornar** es irregular y se conjuga como → **sonar**.

acosado. Construcción: —*a preguntas*; —
de, por los perros.

acostar. Con el significado de 'echar, tender'
es irregular como → **sonar**. En la acepción
de 'arrimar el costado de una embarcación a
alguna parte' es regular.

*a costas de. Forma incorrecta por *a costa de*.

acostumbrar. Los preceptistas establecen
que cuando se emplea este verbo intransiti-
vamente como sinónimo de *soler*, precediendo a un infinitivo, se construye sin
preposición: *acostumbro salir temprano*. No
obstante, esta forma alterna con la construcción con *a*: *acostumbro a salir temprano*. M. Moliner, en su *Diccionario*, avala
ambas construcciones, y la AAL escribe:
"Dícese de la persona que acostumbra a
indagar [...]" (*Acuerdos*, X, 140). El DRAE/
92 se pronuncia a este respecto al poner
como ejemplo de uso intransitivo de este
verbo: *acostumbro a ir al cine*.

acostumbrarse. Construcción: —*al trabajo*.

acre. **1**. El superlativo literario es → **acérrimo**.
2. Construcción: —*al gusto*; —*de condición*.

acrecentar. V. irreg.; se conjuga como →
acertar, 1.

acrecer. V. irreg.; se conjuga como → **parecer, 1**.

acreditado. Construcción: —*en, para la función*.

acreditarse: Construcción: —*con, para con
alguien*, —*de loco*.

a crédito. Esta construcción no merece objeciones, aunque haya sido criticada por algunos gramáticos, que prefieren sustituirla
por *con crédito*: *lo compró con crédito*. M.
Moliner la avala en su *Diccionario* y los
buenos escritores la utilizan: "Fuera del
vino de Madrigal [...] no se hallaba provisión alguna en la casa, y, continuamente,
los criados salían a mercar a crédito en la
vecindad lo que se iba necesitando." (E.
Larreta, *La gloria*, 15).
El DMI (s. v. *comprar*) da como ejemplo del
uso intransitivo de este verbo: *comprar al
fiado*.

acreedor. Construcción: —*al cariño de*.

***acridio**. Denominación errónea por **acrídido**. Sin embargo, en la Argentina se usa casi exclusivamente la forma impugnada para designar la langosta común.

acrimonia. La pronunciación —y la escritura— con acento en la última -*i*-, **acrimonía*, es incorrecta.

***acrimonioso**. El DMI advierte que esta voz es un vulgarismo por *acre, áspero*. No figura en el DRAE/92.

***a criterio de**. Forma criticada; puede sustituirse por *según el criterio de*.

acrobacia. La pronunciación —y la escritura— con acento en la -*i*, **acrobacía*, es incorrecta.

acromial, acromiano. La RAE admite las dos formas, pero prefiere la primera.

acromion, acromio. 1. La RAE admite ambas formas, pero prefiere la primera.
2. La acentuación **acromión* es incorrecta.

acrónimo. Conjunto de las iniciales y otras letras de varias palabras que forman una nueva palabra legible.
1. Los acrónimos, lo mismo que las → **siglas**, se escriben sin punto alguno: *Arena* (Alianza Republicana Nacionalista).
2. Por lo general, se escriben con mayúscula inicial, pero hay acrónimos que han pasado a ser sustantivos comunes y se escriben como tales: *napalm*, *radar*. El uso ha consagrado que algunos acrónimos se escriban con mayúsculas: FORTRAN (formula translation).
3. Algunos acrónimos se utilizan ingenuamente sin tener noticias de que son tales: *Gestapo*, *Komintern*.
4. En el Apéndice figura la lista de los acrónimos más frecuentes.

acrópolis. 1. Es femenino y no varía en el plural: *la acrópolis, las acrópolis*. → **plural, I, A, 2**.
2. La acentuación grave, **acropolis*, es incorrecta.

acrotera. El DRAE registra esta voz como grave, aunque la acentuación esdrújula, *acrótera*, no es inusual.

acsu. El DMI registra esta voz, propia de Bolivia, con el significado de: "Saya de bayeta de las indias quichuas." No figura en el DRAE/92

acta. 1. Es femenino, pero en singular lleva el artículo *el, un* por comenzar por *a* acentuada: *el acta mencionada, las actas mencionadas*. → **agua, 2**.
2. Es→ **anglicismo** (ingl. *act*) usar este sustantivo por *ley, decreto o disposición*.

ACTH. Es la sigla en inglés del nombre de una hormona (hormona adrenocorticotrófica), por lo que corresponde anteponerle el artículo femenino: *la ACTH hipofisaria*.

actitud. Evítese confundirla con *aptitud*.

acto fallido. La AAL solicitó a la RAE (acuerdo del 28 de setiembre de 1972) que incluyera en el *Diccionario* esta expresión, de uso corriente en la lengua culta (*Acuerdos*, V, 90). No figura en el DRAE/92.

actor. Tiene dos femeninos: *actriz* (mujer que representa en el teatro o en el cine) y *actora*, que, como adjetivo, se emplea en la expresión *la parte actora* y, como sustantivo, significa 'mujer que demanda en juicio'.

actuar. Para su acentuación, → **atenuar**.

acuafortista. El DMI lo da como variante de *aguafuertista*, pero no figura en el DRAE/92.

a cual más. En esta expresión, *cual* se escribe sin tilde: *eran a cual más indeciso*.

acuanauta. → **Neologismo** no admitido por la RAE. No figura en el DRAE/92, ni en el DMI. Tampoco lo registra M. Moliner en su *Diccionario*.

acuantiar. Para su acentuación, → **enviar, 1**.

***acuárium**. Esta forma no es latina ni española: en latín es *aquarium* y en castellano, *acuario*.

acuático, acuátil. La RAE admite ambas formas, pero prefiere la primera, que es la más corriente.

acuatinta. El DMI recoge este sustantivo, que no figura en el DRAE/92, con el significado de: "Grabado que imita el dibujo a la aguada."

***acuchillear**. El DMI advierte que es una forma vulgar, empleada en Chile, en lugar de *acuchillar*.

acuciar. 1. Para su acentuación,→ **abreviar**.
2. El DRAE/92 recoge la acepción 'incitar, instigar', frecuente de esta voz.

acudir. Construcción: —*a su llamado*; —*a la justicia*; —*en tropel*.

***a cuesta**. Dígase *a cuestas*.

acuícola. El DRAE/92 ha admitido este sustantivo con el siguiente significado: "Dícese del animal o vegetal que vive en el agua."

acuidad. Significa 'agudeza, sutileza, perspicacia de la vista'. Es erróneo, pues, usar este sustantivo para indicar 'abundancia de agua' (acuosidad).

aculeiforme. El DMI registra esta voz, que no figura en el DRAE/92, con el siguiente significado: "Que tiene forma de aguijón."

acullico. El DRAE/84 incorpora este sustantivo, de origen quechua, que nombra el bocado de hojas de coca que se mastica durante largo tiempo. Es corriente en el NO de la Argentina, en Bolivia y en el Perú.

acusadamente. Es lícito su empleo como sinónimo de 'evidentemente, perceptiblemente'.

acusado. El DRAE/84 admite la acepción de

'perceptible, evidente, destacado, por encima de lo normal o corriente' tachada de galicista: *su acusado pesimismo nos apenó*.

acusar. 1. El DRAE/70 incorporó, entre las acepciones de este verbo, las de 'manifestar, revelar, descubrir', censuradas como galicistas. En el DRAE/84 la RAE da un paso más y añade los significados de: "En el ejercicio de los deportes, mostrar un atleta o jugador inferioridad o falta de preparación física" y "Reflejar la contundencia y efectos de un golpe recibido", con lo cual ha legitimado expresiones tan criticadas como: *el jugador acusó fatiga en su desempeño* y *sus adversarios acusaron el golpe*.
2. Construcción: —*ante el juez*; —*de ladrón*. La construcción con la preposición *con* es regional de América (sobre todo de México y Venezuela): *te voy a acusar con el profesor*.
acusarse. Construcción: —*de un delito*.

a cuyo efecto. → **cuyo**, 4.

A.D. Abreviatura de *anno Dómini* (en el año del Señor). Se suele usar, en inglés, para referirse a los años de la era cristiana. En español decimos *después de Cristo (d.C.)*.

adagio. La RAE ya ha incorporado al español esta palabra italiana del léxico musical; por lo tanto, corresponde pronunciarla a la española y no, como en italiano, [adáyio].

adaptar. Suele cometerse con esta palabra la incorrección fonética de pronunciar [adaktár]: así habla un personaje de I. Blaisten: "Como se ve todas las cosas se iban adactando perfectamente."; "Pero volvamos a esa comparación que se adacta mejor que nada [...]" (*Cerrado*, 51).

ad calendas graecas. Locución adverbial latina que significa 'para las calendas griegas' y que se usa, ya sea en latín o bien en castellano, para referirse a un plazo que no ha de cumplirse: *lo pagarán ad calendas graecas* (o simplemente *ad calendas*) señala que no lo pagarán nunca. Las calendas eran el primer día de cada mes en el almanaque latino; los griegos no contaban por calendas, de allí la expresión irónica.

addenda. Es el plural del adjetivo neutro latino *addendum* y significa, literalmente, 'cosas que deben ser agregadas'. Como es un plural neutro, debiera decirse, en sentido estricto, *los addenda*, pero la terminación -*a* y el olvido, o ignorancia, de su carácter de plural llevan a considerar esta palabra como un femenino singular: *la addenda*. Se utiliza para encabezar un texto breve que se añade, al final de una obra, para corregir algunos aspectos de ella o para agregar otros que han sido omitidos. La RAE la ha hispanizado bajo la forma *adenda* y la ha incorporado al DRAE/92 con la siguiente definición: "f. Apéndice, sobre todo de un libro. Ú. t. c. m."

addenda et corrigenda. Expresión latina que significa literalmente 'cosas que deben ser agregadas y corregidas', es decir, *adiciones y correcciones*.

adecuado. Construcción: —*a la cuestión*; —*para señoras*.

adecuar. De acuerdo con la regla académica según la cual los verbos cuyo infinitivo termina en -*cuar* o -*guar* tienen átona la -*u*- final de la raíz (→ **averiguar**), este verbo debe acentuarse: *adecuo, adecuas; adecue, adecues*, etc. (con acento prosódico sobre la sílaba -*de*-). Existe, sin embargo, la tendencia a regularizar los verbos terminados en -*cuar* y a asimilarlos a aquellos en los cuales la -*u*- no está precedida de *c* ni de *g* (→ **atenuar**); se oye así, con frecuencia, *adecúo, *evacúo, *licúo. Es conveniente, no obstante, mantener la acentuación académica.

adefagia. El DRAE/92 eliminó este sustantivo del vocabulario oficial. Dígase *voracidad*.

***a defecto de.** Dígase: → **en defecto de**.

***adefesiero.** El DMI califica de barbarismo este término, de uso en América meridional. Dígase *ridículamente, de modo extravagante*.

adelantarse. Construcción: —*a pagar*; —*en reconocer al culpable*.

adelante. 1. Expresa dirección o movimiento: *caminábamos hacia adelante*, por lo que se distingue de *delante*, que indica preferentemente situación: *estaba parado delante*.
2. En la lengua modélica, este adverbio no admite modificador encabezado por la preposición *de*: *caminaba adelante de los turistas*; los gramáticos insisten en que debe remplazarse por *caminaba delante de los turistas*, pero la forma objetada es muy frecuente en el español americano: "[...] con gran reja de fierro adelante del mostradorcito [...]" (R. J. Payró, *El casamiento*, 16), donde, además, se emplea **adelante** sin idea de dirección o movimiento.
3. Tampoco se admite *adelante mío* (forma usual en el Río de la Plata: "Y ella caminaba adelante mío..." (R. Fontanarrosa, *El mundo*, 146); la norma académica exige *delante de mí*. Pero, → **cerca mío**.

adenalgia. El DMI registra este sustantivo, que no figura en el DRAE/92, con la siguiente definición: "Dolor de las glándulas."

adenda. Hispanización de la voz latina → **addenda**.

adenoideo. Es palabra grave [adenoidéo]; evítese la acentuación esdrújula *adenóideo. → **-oideo**.

adentro. 1. En el español modélico alterna con → **dentro**: **adentro** se emplea principalmente con verbos de movimiento y para indicar dirección: *fuimos adentro*. Se usa también para indicar la parte interior de algún sitio: *te esperan adentro* (en este uso compite con *dentro*). *Dentro*, en cambio, expresa con preferencia situación: *están dentro*. En el español americano **adentro** ha desplazado a *dentro*: "Dalhmann, adentro, creyó reconocer al patrón [...]" (J.L. Borges, "El Sur", en VCAM, 265); "Sentirá adentro como un leve latido y, si aplica la oreja, detectará un lejano susurro." (H. Bustos Domecq, "Los ociosos", en VCHA, 135); "Su padre generalmente permanecía adentro, mateando con lentitud [...]" (E. Belgrano Rawson, *No se turbe*, 222).

2. Adentro no admite modificador encabezado por la preposición *de*: *estaban adentro de la casa* es forma criticada que los gramáticos recomiendan remplazar por *estaban dentro de la casa*, pero en América es muy corriente: "Las medias estaban una adentro de cada zapato [...]" (L. Heker, *Los bordes*, 94).

3. Tampoco se admite *adentro mío* (forma muy frecuente en el Río de la Plata): "Pero hoy no tengo ganas de andar haciendo turismo por adentro mío." (Quino, *Mafalda*, vol. 4); "[...] siento esta música adentro mío a cada momento." (I. Blaisten, "Mishiadura en Buenos Aires", en ECA, 24). La norma académica exige *dentro de mí*; pero → **cerca mío**.

4. Las grafías **adentro** y *a dentro* son correctas, aunque la RAE prefiere la primera que es, por otra parte, la más corriente.

adentro de. Es incorrecta la omisión de la preposición *de*: **se oían gritos adentro la casa*, corriente en el lenguaje rústico. → **adentro, 2**.

adepto. 1. Evítese la pronunciación errónea [adékto].

2. Construcción: —*a una secta*; —*de las ideas republicanas*.

a destajo. La RAE ha incluido en el DRAE/92 la siguiente acepción de esta locución adverbial: "*Argent.* y *Chile*. A ojo, a bulto."

adestrar. → **adiestrar**.

adherir. 1. V. irreg.; se conjuga como → **sentir, 1**.

2. Con el valor de 'suscribir, abrazar una idea o partido', se usa preferentemente la forma pronominal: *me adhiero a su opinión*.

3. Para su silabeo, → **adhesión**.

adhesión. Evítese el silabeo fonético [adesión], como también [ad-erír] de *adherir*. El silabeo y pronunciación correctos de estas palabras son [a-desión, a-derír], ya que la *h* no representa ningún sonido. Claro está que el silabeo ortográfico es, según la norma académica, *ad-he-sión* y *ad-he-rir*.

ad hoc. Locución adverbial latina que significa literalmente 'para esto'. Indica que algo está hecho o se aplica para un fin determinado: *hacía falta un hospital y este edificio fue construido ad hoc*. Es también locución adjetiva y, en tal caso, significa 'apropiado, adecuado': *un argumento ad hoc*.

ad hóminem. Locución latina que significa literalmente 'para el hombre'. Se emplea en la expresión *argumento ad hóminem*, que indica una argumentación basada en premisas que el adversario ha expuesto como verdaderas, aunque en opinión de quien las invoca no lo sean. Se opone a la argumentación *ad veritátem*, fundada en verdades consideradas indiscutibles.

ad honórem. En su sesión del 9 de octubre de 1975, la AAL sugiere a la RAE que incorpore al *Diccionario* oficial esta locución latina (*Acuerdos*, V, 242-44). El DRAE/84 la registra con las siguientes acepciones: "loc. adj. lat., que se aplica a lo que se hace sin retribución alguna. // 2. loc. adv. De manera honoraria; por solo la honra."

*adiáfano. El DMI califica este adjetivo de "neologismo inútil, por *opaco*".

adiar. Para su acentuación, → **enviar, 1**.

adicción. No debe confundirse con → **adición**, que significa 'suma'.

adición. 1. No debe confundirse con → **adicción**, que expresa el 'estado de dependencia de una droga'.

2. El DRAE/92 no registra la acepción: 'cuenta de lo que se consume en un restaurante, café, bar, etc.', tan corriente en el Río de la Plata y que se considera → **galicismo** (fr. *addition*).

adicto. 1. El DRAE/84 añadió la acepción: "Dícese de la persona dominada por el uso de ciertas drogas", considerada hasta entonces anglicista (ingl. *addict*). El DRAE/92 cambió esta definición por: "Drogadicto".

2. Construcción: —*a la cocaína* (no **de la cocaína*).

adiestrar, adestrar. 1. La RAE admite ambas formas, pero prefiere la primera, que es la más corriente.

2. Adestrar es irregular como → **acertar, 1**; **adiestrar**, en cambio, es regular.

3. Construcción: —*en la lucha*. No es normal el empleo de la preposición *a*: "Para hacer la cacería del carpincho y de la nutria es preciso tener perros adiestrados a la lucha [...]" (J.S. Álvarez, *Viaje*, 105).

a diestra y siniestra. Locución adverbial corriente en el Río de la Plata, incluso en la lengua literaria, en lugar de la forma académica *a diestro y siniestro*: "[...] se corrió suavemente en el pasillo, pidiendo disculpas a diestra y siniestra [...]" (Damocles, "Una encuesta popular", en AM, 2, 60); "[...] elevó su agresividad a diestra y siniestra." (*Página/ 12*, 28-8-93, pág. 4).

adifés. Significa 'adrede'. M. Moliner registra este adverbio en su *Diccionario* como americanismo. El DMI lo califica de → **barbarismo** y reduce su difusión geográfica a Venezuela. En la Argentina es desconocido.

ad infinítum. Locución latina que significa, literalmente, 'hasta el infinito'.

ad ínterim. Locución latina que significa 'de manera interina'. Puede sustituirse por 'interinamente', 'mientras tanto'.

adiós, a Dios. **1**. La RAE admite ambas formas, pero prefiere la primera, que es prácticamente la única usada.
2. Como sustantivo, significa 'despedida' (plural, *adioses*).
3. Diminutivo, frecuente en América, *adiosito*: "—No hay de qué darlas. Adiosito. Adiós, don Julio, y no se pierda." (R.J. Payró, *Veinte cuentos*, 125).

adir. Vocablo técnico de uso muy limitado; se emplea sólo en la expresión *adir la herencia*, que significa aceptarla.

a divinis (suspensión). Expresión latina que se emplea en español para designar la pena que impone la autoridad eclesiástica a un sacerdote que ha cometido una falta grave. Consiste en suspenderlo en el ejercicio de su ministerio.

adjetivo. → **apócope; cardinales; concordancia, I; ordinales; superlativo**.

adjetivos posesivos. → **pronombres posesivos**.

adjudicarse. La acepción de 'ganar, obtener, conquistar', criticada por impropia, figura ya en el DRAE/70: *el tenista francés se adjudicó el triunfo*.

adjunto. **1**. Es un adjetivo que tiene género y número. Parece más correcto hacerlo concordar con el sustantivo al que se refiere: *le envío adjuntas las facturas*. Pero el uso ha adverbializado este adjetivo, sobre todo cuando encabeza la oración: *adjunto le envío las facturas*. En el caso de *las facturas adjuntas* es tan evidente su función como adjetivo que es imposible decir **las facturas adjunto*.
2. Cuando se aplica a una persona que actúa como auxiliar de otra, debe respetarse la concordancia: *la profesora adjunta*, y, como sustantivo, *la adjunta* (y no *la adjunto).

adlátere. **1**. Se ha discutido mucho acerca de su grafía correcta: *a látere*, *alátere* o **adlátere**. La forma latina es *a latere* y significa 'los amigos', 'los compañeros', 'los allegados': "Un remolino de aire, que traía en suspensión tierra de la Pampa [...] envolvió al orador y a sus dos *a láteres* [...]" (A. Cancela, *Historia*, I, 20). La forma original (con la tilde que exigen las normas académicas) se ha mantenido en la expresión *legado a látere*, que es 'el cardenal que con amplias atribuciones representa al papa y ejerce por delegación alguna de sus facul-

tades'. Como se ve, *a látere* tiene aquí valor adjetivo.
La forma **adlátere**, rechazada como → **barbarismo** (*Esbozo*, 1. 6. 3, 10; M. Moliner, *Diccionario*), es la que, en definitiva, admitió la RAE para designar, con valor despectivo, a la "persona subordinada a otra, de la que parece inseparable" (DRAE/92). Es ésta, por otra parte, la forma más usada y la que sustituye a *alátere*, patrocinada por la *Academia* en el *Suplemento* al DRAE/70.
2. El plural del sustantivo **adlátere** es *adláteres*.

ad líbitum. Locución adverbial latina que significa 'a gusto', 'a elección', 'a voluntad'.

ad límina apostolorum. Expresión latina que significa, literalmente, 'a los umbrales de los apóstoles'. Se aplica sobre todo al viaje que los obispos deben realizar periódicamente a la Santa Sede para tributar obediencia al papa e informarle sobre el estado de sus diócesis.

ad lítteram. Expresión latina que significa 'a la letra': *las citas son ad lítteram*. Puede sustituirse por 'al pie de la letra' (también existe la forma latina → **ad pédem lítterae**).

administrar. El DMI califica de vulgarismo el uso de este verbo en lugar de *aplicar*: *le administró un sonoro bofetón*. En la Argentina, sin embargo, esta expresión no se considera vulgar, sino más bien humorística.

admiración, signos de. → **signos de exclamación**.

admirarse. En su uso pronominal, este verbo se construye con la preposición *de*: *me admiro de tu indiferencia*; dicha preposición no debe omitirse cuando el verbo está completado por una proposición: *me admiro de que hayas llegado tan temprano*.
Cuando el verbo no es pronominal, no admite la preposición *de*: *me admira tu indiferencia*; *me admira que hayas llegado tan temprano*. El uso de la preposición *de* en este último caso constituye → **dequeísmo**.

ad náuseam. Expresión latina que significa 'hasta las náuseas, hasta la repugnancia, hasta el hartazgo': *insistió ad náuseam*.

adobero. El DMI recoge este sustantivo, que no figura en el DRAE/92, con el significado de 'alfarero'. Es argentinismo.

adolecer. **1**. V. irreg.; se conjuga como → **parecer, 1**.
2. No debe usarse como sinónimo de *carecer*: **un poeta que adolece de originalidad*.
3. Construcción: —*de una grave enfermedad*; —*de inescrupulosidad* (sólo con malas cualidades).

Adonay, Adonaí. La RAE admite ambas formas, pero prefiere la primera. El DRAE no registra la forma *Adonái*.

adonde, a donde. 1. Ambas grafías están admitidas por la RAE. Bello (*Gramática*, § 396) propone que se escriba **adonde** cuando este relativo tiene un antecedente expreso: *éste es el lugar adonde llegaron*; y **a donde** cuando el antecedente está callado: *llegaron a donde se habían propuesto*. El *Esbozo* (3. 21. 2, c) recomienda respetar esta distinción y el DRAE (s. v. *donde*) reproduce la propuesta de Bello. Pero el uso moderno, aun el literario, deja de lado esta distinción puramente gráfica y un tanto bizantina.

2. "Dícese *adonde* con movimiento y *donde* sin él: *el lugar adonde nos encaminamos*; *donde residimos*" (Bello, *Gramática*, § 398). Tampoco esta distinción se ha mantenido y la Academia admite hoy la sustitución de uno por otro en este ejemplo que figura en el DRAE/92 (s. v. *donde*): *En el lugar donde voy os seré más provechoso.*

3. El uso de **adonde** en lugar de *donde: aquí es adonde nos aposentaremos*, ya era considerado arcaísmo por Bello (*Gramática*, § 398), pero es muy frecuente en el español americano: "[...] una selva impenetrable, secular, adonde abundan faisanes [...]" (R. Delgado, "El desertor", en HA, 76).

4. → **donde**.

adónde. 1. Cuando se usa este adverbio como interrogativo o exclamativo —directo o indirecto— lleva acento escrito: *¿adónde iremos esta noche?* (interrogativo directo); *te pregunté adónde iremos esta noche* (interrogativo indirecto); *¡adónde vinimos a parar!* (exclamativo directo); *mira adónde vinimos a parar* (exclamativo indirecto) → **acentuación ortográfica, II, G.**

2. Adónde se emplea preferentemente con verbos de movimiento: *¿adónde se dirigen?*, pero su sustitución por *dónde* en estos casos, aunque considerada incorrecta y vulgar por algunos preceptistas, está autorizada por la Academia, que da este ejemplo en el DRAE/92: "¿dónde vas con mantón de Manila?", y es usual en la lengua literaria: "Primorcito de su vecino, ¿dónde vas?" (F. García Lorca, *La zapatera*, I); "Esta sensación de viaje se produce porque no sé dónde me lleva [...]" (B. Kordon, *Sus mejores cuentos*, 55).

adondequiera. 1. La grafía *a dondequiera* es incorrecta: *adondequiera que iba, lo encontraba*.

2. Aunque considerada vulgar por M. Moliner (*Diccionario*), la RAE admite su sustitución por → **dondequiera**.

adoptar. Construcción: —*un hijo* (indeterminado); —*a un hijo* (determinado) (→ **a, I, B, 2**); —*por hijo*.

adormecer. V. irreg.; se conjuga como → **parecer, 1**.

adornar. Construcción: —*con, de flores*.

ad pédem lítterae. Locución adverbial latina que significa 'al pie de la letra, literalmente': *citar ad pédem lítterae*.

ad quem. Locución latina que se emplea para indicar la fecha hasta la que se cuenta. La locución *a quo* señala la fecha desde la cual se cuenta.

adquirir. 1. V. irregular. Cuando la -*i* - de la raíz es tónica, diptonga en -*ie*- en los presentes. INDICATIVO: *adquiero, adquieres, adquiere, adquieren*. SUBJUNTIVO: *adquiera, adquieras, adquiera, adquieran*. IMPERATIVO: *adquiere*.

2. Construcción: —*algo a, de alguien*; —*por herencia*.

ad referéndum. Locución adverbial latina que significa 'a condición de ser aprobado por el superior o mandante': *firmar un convenio ad referéndum*.

adscribir. Participio irregular *adscrito* o *adscripto*; la RAE admite las dos formas, pero prefiere la primera.

aducir. V. irreg.; se conjuga como → **conducir, 1**. Evítense formas como **aducí, *adució*, etc., en lugar de *aduje, adujo*, etc., y **aduciera* o **adujiera*, etc., por *adujera*, etc.

adulo. El DMI registra este chilenismo, que no figura en el DRAE, como vulgarismo por *adulación*.

adustez. El DMI consigna los siguientes valores que no figuran en el DRAE/92: 'ceño, aspereza, desabrimiento'.

ad úsum. Expresión latina que significa 'según el uso o costumbre': "Por arriba de esta figura, nuestra jerarquía ad úsum no pone a nadie [...]" (A. Bioy Casares, "El calamar opta por su tinta", en VCHA, 192).

ad úsum Delphini. Expresión latina que significa literalmente 'para uso del delfín'. Tiene su origen en la inscripción *Ad usum Serenissimi Delphini* que ostentaban las ediciones de los clásicos griegos y latinos expurgadas por Bossuet y Huet, por orden de Luis XIV de Francia y destinadas al uso de su hijo el delfín. Actualmente se utiliza para referirse a una obra modificada o alterada por razones didácticas, o, en general, a cualquier cosa que ha sido desnaturalizada para servir a determinados fines.

advenir. V. irreg.; se conjuga como → **venir, 1**.

adverbios de lugar. Acerca de su construcción con pronombres posesivos, → **cerca mío**.

*adversión. Evítese este arcaísmo; la forma moderna, y única en uso, es *aversión*.

adverso. Construcción: —*a mis intereses*.

advertir. 1. V. irreg.; se conjuga como → **sentir, 1**.

2. Es incorrecto **advertir de que* (→ **de-**

queísmo): *advirtió de que le habían roba-do los documentos*, dígase: *advirtió que*...
3. No es verbo pronominal, por lo tanto no corresponde decir: *la mujer se advirtió [de] que su hijo ya no estaba*, sino: *la mujer advirtió que*...

adyacencia. Este sustantivo, de uso frecuente en la Argentina y Uruguay, no figura en el DRAE/92, pero sí en el DMI. Significa 'contigüidad o proximidad', y se emplea preferentemente en plural: *lo encontraron en las adyacencias de la plaza*.

adyacente, circundante. No son exactamente sinónimos: **adyacente** es lo que está próximo o inmediato a otra cosa: *vive en una calle adyacente a la más importante de la ciudad*. **Circundante**, en cambio, es lo que circunda o rodea a otra cosa: *desde el pueblo veíamos las montañas circundantes*. Por cierto que lo **circundante** puede estar **adyacente**.

aedo, aeda. **1.** La RAE admite ambas formas; prefiere la primera, aunque es más frecuente la segunda.
2. Ambas formas son masculinas: *el aedo, el aeda*.

a el. → **al**.

***aerear**.→**Ultracorrección** por *airear*. Este verbo deriva del sustantivo *aire* y no del adjetivo *aéreo*.

***aereolito**. Dígase → **aerolito**.

***aereonauta**. Dígase *aeronauta*.

***aereopuerto**. Dígase *aeropuerto*.

***aereostático, -ca**. Dígase *aerostático, -ca*.

aerícola. El DMI incluye esta voz, que no figura en el DRAE/92, con la siguiente definición: "Dícese de las plantas y animales que viven en el aire".

aeróbic, aerobic. La RAE ha incorporado al DRAE/92 estas dos formas, de las que prefiere la primera, con la siguiente definición: "(Del ing. *aerobics*.) m. Técnica gimnástica acompañada de música y basada en el control del ritmo respiratorio."

aerobús. **1.** El DRAE/92 incorpora este sustantivo con la siguiente definición: "m. Avión comercial europeo que admite un gran número de pasajeros y realiza trayectos de corta y media distancia." Traduce así la voz inglesa o francesa *airbus*.
2. Plural: *aerobuses*.

aeroclub. **1.** El DRAE/92 incluye esta voz con la siguiente definición: "Sociedad recreativa interesada por el deporte aéreo."
2. Plural: *aeroclubes*.

aerodeslizador. El DRAE/92 incorpora este sustantivo con la siguiente definición: "Vehículo que puede circular por tierra, agua o aire deslizándose sobre el colchón de aire alimentado por los chorros que el mismo vehículo genera."

aeródromo. Es palabra esdrújula (como

autódromo, hipódromo, velódromo, etc.). La acentuación grave *aerodromo*, aunque frecuente, es incorrecta. → **-dromo**.

aerofagia. **1.** La pronunciación con acento en la *-i-*, *aerofagía*, es incorrecta. → **-fagia**.
2. Evítese también la pronunciación [aerofáguia].

aerolito. Es palabra grave; la acentuación esdrújula, *aerólito*, es incorrecta.

aeromancia, aeromancía. La RAE admite ambas formas, pero prefiere la primera. → **-mancia, -mancía**.

aerómetro. → **areómetro**.

aeromodelista. El DRAE/92 incorpora este vocablo, con las siguientes acepciones: "Relativo al aeromodelismo. // 2. Dícese del que por afición se dedica al aeromodelismo. Ú. t. c. s."

aeromodelo. El DRAE/92 incluye este sustantivo con la siguiente definición: "Avión reducido para vuelos deportivos o experimentales."

aeromotor. El DRAE/92 incorpora este sustantivo con la siguiente definición: "Motor accionado por aire en movimiento."

aeromoza. El DRAE/92 incorpora este sustantivo con la siguiente definición: "En algunos países americanos, azafata de aviación."

***Aerópago, *aeropagita**. Formas incorrectas por *Areópago* (colina de Ares) y *areopagita*: "[...] tiende a convertirse en el aerópago nacional [...]" (*Página/ 12*, 20-9-92, pág. 15).

aeroparque. La AAL (sesión del 8 de agosto de 1974) considera justificadamente que este término es de uso normal en la Argentina para designar un aeródromo pequeño, situado por lo general dentro de un área urbana. Se distingue así del *aeropuerto*, donde operan aviones de mayor tamaño en una zona alejada con frecuencia de los centros urbanos (*Acuerdos*, VI, 114-16). El DRAE/92 incluye este sustantivo con la siguiente definición: "*Argent*. Pequeño aeropuerto, especialmente el situado en área urbana."

aeropirata. La frecuencia de los apresamientos de aviones en vuelo, al modo de los antiguos piratas que asaltaban barcos en navegación, dio lugar a la creación de denominaciones como **aeropirata** y *pirata aéreo* para designar a quien comete tales delitos. El DRAE/92 (s. v. *pirata*) incorpora esta última voz con la siguiente definición: "Persona que, bajo amenazas, obliga a la tripulación de un avión a modificar su rumbo."

aeroportuario. El DRAE/92 incorpora este vocablo con la siguiente definición: "adj. Perteneciente o relativo al aeropuerto."

aeróscopo. El DMI recoge este sustantivo,

que no figura en el DRAE/92, con la siguiente definición: "Instrumento para recoger el polvo del aire y determinar su naturaleza, cantidad y composición."

aeróstato, aerostato. La RAE admite ambas formas, pero prefiere la primera, aunque es más usual la segunda.

aerotaxi. El DRAE/92 incorpora este sustantivo con la siguiente definición: "m. Avión o avioneta de alquiler, destinada al tráfico no regular."

aerotrén. El DRAE/92 incorpora este sustantivo con la siguiente definición: "Aerodeslizador que se desplaza a gran velocidad sostenido sobre una vía especial o suspendido de ella."

a escala. Locución de uso muy frecuente, aunque muchas veces no agrega nada: *la producción a escala mundial de trigo* es lo mismo que *la producción mundial de trigo*.

a eso de. Locución prepositiva. Significa 'alrededor de' y se utiliza refiriéndose a horas o partes del día: *a eso de la seis, a eso del amanecer*.

*****a excepción hecha de**. Este → **solecismo** debe evitarse; dígase *a excepción de, con excepción de* o *excepción hecha de*.

a expensas de. → **expensas, 2**

afable. **1**. Superlativo literario: *afabilísimo*. **2**. Construcción: —*con, para, para con sus subordinados*; —*en el trato*.

afanar. La RAE admite, como vulgarismo, la acepción de 'hurtar' que tiene este verbo en el habla informal rioplatense.

    afanarse. Construcción: —*en el estudio*; —*por conseguir algo*.

afano. El DMI incorpora este sustantivo, que no figura en el DRAE/92, con el significado de 'robo' y la calificación de germanía. Es vocablo de uso frecuente en el Río de la Plata.

a favor de, en favor de. **1**. Con el significado de 'en beneficio de' ambas expresiones son equivalentes: *actuó a favor* (o *en favor*) *de sus amigos*. Pero se usa exclusivamente la primera cuando se quiere significar 'en el mismo sentido que': *corre a favor del viento*; o 'con ayuda de': *prosperó a favor de la nueva política económica*. **2**. El español modélico rechaza las construcciones *a favor mío, en favor mío* (en lugar de *a favor de mí, en favor de mí*), pero → **contra mío**.

afeblecerse. V. irreg.; se conjuga como → **parecer, 1**.

afección. El uso de la preposición *a* (*afección al hígado*) es un americanismo criticado por los preceptistas, quienes prefieren *afección del hígado* o *afección hepática*. → **dolor**.

afeccionado. El DMI registra este vocablo con la acepción de 'querido, amado, aficionado', que sanciona como galicista. Sin embargo, según el DRAE, *afeccionarse* significa "Aficionarse, inclinarse" por lo que la tacha de → **galicismo** es discutible.

afeccionarse. El DMI registra este verbo con la significación de 'tener afecto, querer' y la sanciona como galicista. Sin embargo, según el DRAE, **afeccionarse** es sinónimo de 'aficionarse, inclinarse' y *aficionarse* significa 'prendarse de alguna cosa, gustar de alguna cosa', por lo que la tacha de → **galicismo** es discutible.

afectable. El DRAE/92 incorpora este adjetivo con el significado de "Impresionable, que puede afectarse."

afectación. Se considera galicista el uso de este sustantivo en la acepción, corriente en América, de 'designación para un puesto o función': *se estudia la afectación de personal a estos nuevos servicios*.

afectado. La RAE admite la acepción de 'aquejado, molestado' que fue criticada durante mucho tiempo por galicista: *afectado por la noticia, afectado de una grave enfermedad*. También es correcta la construcción: *este dinero está afectado al pago de los salarios*. → **afectar; afecto**.

afectar. La acepción de 'adoptar, tener, tomar, adquirir la forma de', criticada por galicista, es admitida por M. Moliner en su *Diccionario*: *la nube afecta la forma de una columna*; *la plaza afecta la forma de una estrella*. El DRAE/84 agrega a las diversas acepciones ya registradas anteriormente de este verbo la de "Destinar una suma a un gasto determinado". Ambos significados son de uso frecuente en el español americano. Pero la RAE no ha admitido aún otra acepción corriente de este verbo: 'designar para un puesto o función', que sigue siendo → **galicismo**: **fue afectado a la Tesorería*.

afecto. **1**. Con el significado de 'adscrito' (*personal afecto a la oficina de cobranzas*) no se usa en la Argentina, donde se emplea corrientemente *afectado*, aunque sin el visto bueno académico. **2**. Construcción: —*al presidente*; —*a, hacia, por los parientes*.

afeitada, afeitado. La RAE admite ambas formas. La primera predomina en América: *una rápida afeitada*; la segunda se usa en España: *un rápido afeitado*.

afer. **1**. Hispanización de la voz francesa → **affaire**, que el DRAE/92 incorpora con la siguiente definición: "Negocio, asunto o caso ilícito o escandaloso." No ha tenido demasiado éxito. **2**. Es masculino: *el afer*.

aferrar. En el uso actual, este verbo es regular. Sin embargo, en Venezuela se siguen empleando formas diptongadas (como → **acertar, 1**), corrientes en los siglos XVI y XVII en el español general.

aferrarse. Construcción: —*a sus opiniones*; —*con ambas manos*; —*en su decisión*. En la Argentina es frecuente la construcción con la preposición *de*: "[...] y él se aferró de esa debilidad y no la soltó nunca más." (M. Denevi, *Música*, 91).

affaire. **1**. Palabra francesa (pron. [afér]) con que se designa vagamente un escándalo (social, comercial o político) o hechos delictivos cometidos por personas conocidas públicamente. El término, muy frecuente hace algunos años, está cayendo en desuso, al menos en la Argentina, agobiado, quizá, por el número de equivalentes españoles que pueden emplearse en su lugar: *caso, asunto, cuestión, negocio, suceso, escándalo, negociado, chanchullo, peculado, componenda, enjuague,* etc. No obstante, el DRAE/92 lo hispaniza bajo la forma → **afer**. **2**. En español se usa como sustantivo masculino: *un affaire escandaloso*, aunque en francés es palabra femenina.

affiche. Palabra francesa usual en casi toda América y no desconocida en España. Ya ha sido hispanizada bajo la forma → **afiche**.

affidávit. Es masculino y, según el DMI, carece de plural: *los affidávit*.

afganí. → **Afganistán**.

Afganistán. El gentilicio es *afgano*, no *afganí*, que es el nombre de la moneda de ese país, dividida en 100 puls.

afianzarse. Construcción: —*en, sobre los estribos*.

afiche. Hispanización de la voz francesa *affiche*. Figura en el DRAE/92 con la siguiente definición: "m. **cartel**. Ú. m. en América." Es voz de uso frecuente: "Cuando entré por primera vez en este cuarto pensaba que poner afiches en las paredes me traería mala suerte [...]" (A.M. Shúa, *Soy paciente*, 120); "Su retrato había asumido el tamaño de un afiche de teatro." (G. Guerrero Estrella, "El dueño del incendio", en VCHA, 96); "[...] y como lo anunciaba un afiche que clavó en la pared de su cuarto." (I. Allende, *Cuentos*, 25).

afición. Construcción: —*a, hacia, por los deportes*.

aficionado. Construcción: —*a los espectáculos*.

aficionarse. Construcción: —*a jugar*, —*a sus alumnos*.

afiebrarse. Verbo que se usa en América en lugar de *acalenturarse*, y así figura en el DRAE.

afilador. El DRAE/84 incluye un segundo artículo con la siguiente definición: "Dícese de la persona aficionada a afilar o flirtear". La RAE localiza esta significación en la Argentina y Uruguay, países donde el uso de este sustantivo está en franca decadencia. El DRAE/92 eliminó la mención de la Argentina.

afilar. El DRAE/84 incorporó un segundo artículo con las siguientes acepciones: "*Argent., Par.* y *Urug.* **flirtear.** // 2. vulg. *Chile*. Realizar el acto sexual". La acepción de 'flirtear' está en vías de extinción en la Argentina y Uruguay. El DRAE/92 eliminó la mención de la Argentina.

afiliar. Este verbo vacila en su acentuación: *afilío* (según → **enviar, 1**) o *afilio* (según → **abreviar**). Para la RAE (*Esbozo*, 2. 13. 5), esta última forma es la más corriente.

afirmar. Es incorrecto el uso de la preposición *de* delante de una proposición sustantiva encabezada por *que*: **afirmó de que era inocente*, en lugar de: *afirmó que era inocente*. → **dequeísmo**.

afirmarse. Construcción: —*en sus opiniones*.

afligente. El DRAE registraba este vocablo como participio anticuado del verbo *afligir*. El DRAE/92 lo ha suprimido, pero es usual en América: *pasa por una situación afligente*. Los preceptistas recomiendan remplazarlo por *aflictivo*.

afligido. Construcción: —*con, por la noticia*.

aflogístico. El DMI registra esta voz, que no figura en el DRAE/92, con la siguiente definición: "Que se quema sin producir llama."

afluir. **1**. V. irreg.; se conjuga como → **huir, 1**. **2**. Construcción: *el Iguazú afluye al Paraná*.

afollar. V. irreg.; se conjuga como → **sonar**.

aforar. Es irregular, como → **sonar**, sólo en el significado de 'dar fueros'. En todas sus otras acepciones es regular.

a fortiori. **1**. Locución adverbial latina que significa 'con mayor razón'. Un argumento **a fortiori** es aquel que, aceptado como válido uno precedente, debe ser admitido con mayor razón. **2**. Es incorrecto usar esta locución con el significado de 'por fuerza mayor'.

afortunado. El DRAE/92 incorpora una nueva acepción de esta voz: 'oportuno, acertado, inspirado', que había sido criticada por los preceptistas. Son correctas, entonces, construcciones como: *tuvimos una ocurrencia afortunada, fue una expresión afortunada, tomó una decisión afortunada,* etc.

afrentar. Construcción: —*con insultos*.

afrentarse. Construcción: —*de la pobreza*.

África. Aunque es sustantivo femenino, si se emplea con artículo debe usarse *el, un*: *el África negra*. → **agua, 2**.

afrikaans. Lengua hablada en la República de África del Sur, donde es idioma oficial desde 1925. Es una variedad del neerlandés. El DRAE/92 ha incorporado esta voz al léxico español.

afrikáner. El DRAE/92 ha incorporado este adjetivo con la siguiente definición: "Dícese del descendiente de los colonos holandeses

de Suráfrica o de la persona integrada con
ellos. Ú. t. c. s."

afrodisíaco, afrodisiaco. La RAE admite
las dos formas, pero recomienda la primera.
→ **-íaco, -iaco**.

afronegrismo. En su sesión del 12 de setiembre de 1979, la AAL solicitó a la RAE
que incluyera este vocablo en la próxima
edición de su *Diccionario (Acuerdos*, V, 179-
81). El DRAE/84 lo incorpora con la siguiente definición: "Voz del español tomada en
préstamo de las lenguas de los negros afri-
canos" y el DRAE/92 agrega una segunda
acepción: "Actitud cultural, política, etc., de
defensa, adopción o recuperación de elementos afronegros, especialmente entre los
países hispánicos de América."

afronegro. El DRAE/84 incluye este vocablo
con la siguiente definición: "Dícese de rasgos, hábitos, costumbres, etc. que, provenientes de las regiones africanas, viven en
las colectividades hispánicas de América."

afuera. **1**. Se usa principalmente con verbos
que indican dirección o movimiento: *veni-
mos de afuera, salgamos afuera*. Compite
con → **fuera** para expresar situación: *dejé
el auto afuera* (o *fuera*); el español peninsular prefiere *fuera*, en tanto que el español
americano opta por **afuera**: "Policarpo
Mendoza se sentó afuera." (M. Booz, *Santa
Fe*, 91). Lo mismo sucede cuando el adverbio
está precedido de preposición: *por afuera*
(América), *por fuera* (España).
2. El adverbio **afuera** no admite modificador encabezado por la preposición *de*: *estaba afuera de la casa* debe remplazarse por
estaba fuera de la casa. No obstante, la
construcción criticada es muy frecuente en
América: "Se oye un ruido adentro o afuera
del galpón [...]" (Antonio Dal Masetto, en
Página / 12, 24-12-91, pág. 28).
3. La grafía *a fuera* es incorrecta.

afuera de. → **afuera, 2**.

afueras. Este sustantivo significa 'alrededo-
res de una población': *vive en las afueras de
Buenos Aires*. No corresponde, pues, usarlo
como sinónimo de *fuera, afuera*: **ya había
comenzado el partido y en las afueras del
estadio los hinchas todavía pugnaban por
entrar*; dígase *fuera del estadio*.

a fuer de. Locución adverbial que significa
'en razón de, en virtud de': *a fuer de valiente,
combatió con denuedo*. Es poco frecuente y
propia del lenguaje literario. Es incorrecto
usarla como sinónimo de 'a riesgo de': **apostó
una vez más, a fuer de perderlo todo*.

agá. **1**. Es masculino: el *agá*.
2. **Plural:** los *agaes* o *agás*. → **rubí**.

Agamemnón, Agamenón. Ambas formas
son correctas (es más usual la segunda):
"Agamemnón regresa victorioso del sitio de
Troya [...]" (C. M. Bowra, *Historia de la*

literatura griega, 70, trad. de Alfonso Reyes); "Agamenón se regocija al verlos ene-
mistarse" (F. Capello, *Historia de la literatura griega*, III, 261).

ágape. Es masculino: *el ágape, los ágapes*.

agarrar. Construcción: —*de* o *por la manija*.
agarrarse. Construcción: —*a* o *de una tabla*.

agarrársela con uno. Enojarse con alguien
o reprenderlo injustamente o por un motivo
nimio: *cada vez que discute con su mujer, se
la agarra conmigo*. Es un argentinismo que
no figura en el DRAE/92.

agarrar y. En muchos países americanos la
locución *coger y* fue remplazada por **agarrar y**, debido al sentido obsceno que tomó
el verbo → **coger**. **Agarrar y** indica una
acción repentina: *cuando lo vieron, agarró y
se escapó*, o bien fuera de lo común: "¡Miren
que agarro y me voy! ¿eh?" (Quino, *Mafalda*, vol. 7). A veces, el verbo *agarrar* toma el
sentido del otro verbo, al que desplaza: *ya
era muy tarde y agarré para mi casa* (por:
agarré y me fui para mi casa). Todos estos
usos son informales y conviene evitarlos en
lengua cuidada.

*a gata, *agata. Ambas formas son incorrectas; dígase, y escríbase, → **a gatas**.

ágata. **1**. Es sustantivo esdrújulo.
2. Es femenino, pero lleva el artículo *el, un*:
el ágata, un ágata (plural *las ágatas, unas
ágatas*). → **agua, 2**. Empleado como nombre propio, lleva el artículo *la: la Ágata*. →
Águeda.

a gatas. **1**. En la Argentina, además de los
valores que registra el DRAE, tiene el significado de 'apenas', y se escribe también
agatas: "cuando a gatas la puntita / del sol
comienza a asomar" (E. del Campo, *Fausto*,
vv. 435-36); "Villar, muerto de risa, a gatas
podía leer [...]" (R.J. Payró, *Pago Chico*,
207); "Un cuarto de hora a gatas, nena, y
vuelta a coser." (J. Cortázar, *Todos los fuegos*, 114).
2. Diminutivo: *a gatitas, agatitas*.

Agatocles, Agátocles. Siguiendo la acentuación etimológica latina, el nombre de
este tirano de Siracusa debiera pronunciarse como esdrújulo, pero es más frecuente la
acentuación grave: [agatókles].

agauchado. El DRAE/84 incorpora este adjetivo, usual en la Argentina, Chile, Paraguay y Uruguay, con la siguiente definición:
"Que imita o se parece en su porte o maneras al gaucho."

agauchar. El DRAE/84 incorpora este verbo, empleado en la Argentina, Chile, Paraguay y Uruguay, con la siguiente definición:
"Hacer que una persona tome el aspecto, los
modales y las costumbres propias del gaucho."

agencia. Se considera → **anglicismo** el uso
de esta voz para designar organismos gu-

bernamentales o internacionales en lugar de términos tales como *organización, institución, instituto, departamento, organismo* y otros. De todos modos, ya está consagrada por el uso la traducción anglicista de *Central Intelligence Agency (CIA)* por *Agencia Central de Inteligencia.*

agenciar. Para su acentuación, → **abreviar.**

agenciero. El DRAE/92 incorpora este vocablo con las siguientes definiciones: "adj. *Guat.* y *Perú.* **agencioso.** // 2. m. y f. *Cuba* y *Méj.* Agente de mudanzas. // 3. *Argent.* Lotero. // 4. vulg. *Chile.* Prestamista, prendero."

agenda. Desde la edición de 1970 de su *Diccionario*, la RAE admite la acepción de "Relación de los temas que han de tratarse en una junta", es decir, *orden del día* o *temario*, criticada hasta entonces como → **anglicismo.**

agendar. → **Neologismo** muy en boga en la Argentina. Significa 'anotar algo, real o figuradamente, en la agenda': "El Pontífice tiene agendado llegar a Paraguay el próximo lunes 16 desde Lima [...]" (*Clarín*, 13-11-89, pág. 10); "[...] el vocero del ministro comunicó que, si bien el encuentro no estaba agendado [...]" (*Página / 12*, 17-9-92, pág. 5). No ha sido recogido por el DRAE/92.

agente. Femenino: *la agente.* → **-ante, -ente.**

ageustia. El DMI incorpora este sustantivo, que no figura en el DRAE/92, con la definición siguiente: "Pérdida del sentido del gusto."

aggiornamento. Palabra italiana (pron. [ayornaménto]) que significa 'actualización, puesta al día, puesta al corriente'.

ágil. Construcción: *—de manos.*

agilizar, agilitar. La RAE admite ambas formas, pero prefiere la primera. **Agilitar** es más frecuente en el lenguaje administrativo y **agilizar** en la lengua corriente: "[...] agilizando los trámites de dichos viajeros [...]" (*Página / 12*, 18-7-93, pág. 2).

a giorno. Expresión italiana (pron. [ayórno]) que se usa en español con el sentido de 'como de día': "La cubierta iluminada *a giorno*, estaba repleta de pasajeros [...]" (E. Belgrano Rawson, *El náufrago*, 15).

agnellotti. 1. Palabra italiana (pron. [añellóti]) que designa un tipo de pasta alimenticia rellena. El olvido, o la ignorancia, de su carácter de plural, determina la formación del doble plural *agnellottis* (**agnellotti** es el plural de *agnellotto*).
2. La RAE no ha castellanizado esta palabra; podría ser *añeloti*.

agnusdéi. La grafía correcta de esta palabra es con tilde en la *-e-*.

agobiado. Construcción: *—de problemas, —por el peso de los años.*

agobiar. Para su acentuación, → **abreviar.**

agobiarse. Construcción: *—de fatiga; —por los años.*

a golpes de. Conviene evitar los circunloquios galicistas con **a golpes de**: *a golpes de garrote, a golpes de puño*, etc. Es preferible *a garrotazos, a puñetazos*, etc.

ágono. El DMI incluye este vocablo, que no figura en el DRAE/92, con la siguiente definición: "Que no tiene ángulos."

ágora. Es sustantivo femenino que, en singular, lleva el artículo *el, un*: *el ágora, un ágora* (plural *las ágoras*). → **agua, 2.**

agorar. V. irreg.; se conjuga como → **sonar.**

agraciar. 1. Para su acentuación, → **abreviar.**
2. Construcción: *—con el primer premio.*

agradable. Construcción: *—al o para el olfato; —con o para con sus vecinos; —de sabor.*

agradecer. V. irreg.; se conjuga como → **parecer, 1.**

agrafe. 1. → **Galicismo** (fr. *agrafe*) con que se designa una pequeña lámina de metal provista de dos puntas que sirve para suturar heridas. Es vocablo muy empleado en medicina. Puede sustituirse por → **grapa.**
2. Si bien la palabra francesa es femenina, en español se usa como masculina: *el agrafe.*

agrafia. Debe pronunciarse con diptongo. Es incorrecto acentuar la *-i-*: **agrafía.*

agravante. Existe vacilación en cuanto a su género cuando se lo usa como sustantivo, pero puede emplearse tanto el masculino como el femenino: *el agravante, la agravante*: "Con el agravante de que los conflictos siguen [...]" (M. Aguinis, *Profanación*, 227); "[...] la agravante del frío provoca el paro cardíaco." (*Página / 12*, 21-7-92, pág.13).

agraviar. 1. Para su acentuación, → **abreviar.**
2. Construcción: *—con sus dichos; —de palabra.*

agraviarse. Construcción: *—por una broma.*

agredir. La RAE incluye este verbo entre los → **defectivos** (*Esbozo*, 2.12.13, c; DMI y DRAE/92); los gramáticos, por lo general, también lo consideran defectivo, y así lo catalogan M. Seco (*Diccionario*) y M. Moliner (*Diccionario*). La AAL, en su junta del 6 de junio de 1961, afirma que "el verbo *agredir* es defectivo y sólo se emplea en las personas que, en su desinencia, tienen la vocal *i*, como *agredió, agrediera*, etc. Es incorrecto, en consecuencia, usar las formas *agredo, agrede, agreden*, etc., que aparecen frecuentemente en algunos diarios [...]" (*Acuerdos*, III, 172).

Ahora bien, ni Bello ni Cuervo mencionaron

a **agredir** como verbo defectivo y la AAL reconoce en su dictamen citado que las formas tachadas de incorrectas son de uso frecuente. Finalmente, la AAL vuelve sobre sus pasos y, en la sesión del 7 de diciembre de 1972, dice: "En consecuencia, la Academia Argentina de Letras considera que un uso culto de muchas décadas, reflejado en el periodismo y en los escritores actuales, ha concluido por hacer no defectiva la conjugación del verbo *agredir*, y que por ello no hay inconveniente en usar formas como el presente de indicativo *agrede* o el presente de subjuntivo *agreda*." (*Acuerdos*, V, 105).

agreement. Palabra inglesa que puede sustituirse por *acuerdo, pacto, convenio, aceptación* o *consentimiento*, según el caso.

agregarse. Construcción: —*a un grupo* (la RAE también admite *con*, pero es menos frecuente).

agremiar. Para su acentuación, → **abreviar**.

agresivo. Los preceptistas rechazan por anglicista (ingl. *aggressive*) la acepción de 'acometedor, emprendedor' y proponen equivalentes: *audaz, dinámico, activo, de empuje, de acción*.
La acepción criticada, que no carece de fuerza expresiva, es de uso ya consagrado, sobre todo en el campo de la publicidad: *esta agencia impuso el producto mediante una campaña muy agresiva*, pero no cuenta con el respaldo de la RAE.

agriar. Se vacila en la acentuación de este verbo: para algunos, se acentúa *agrio, agrias*, etc. (como → **abreviar**); para otros, lo correcto es *agrío, agrías*, etc. (como → **enviar, 1**). De hecho, ambas acentuaciones conviven y, según la RAE, "hoy es más frecuente *agrío* que *agrio*" (*Esbozo*, 2. 13. 5).

***agrícolo-ganadero**. No existe el adjetivo **agrícolo* (supuesto masculino de *agrícola*), sino sólo *agrícola* para ambos géneros: *un país agrícola, una región agrícola*. Por ello es incorrecto el compuesto **agrícolo-ganadero* en lugar de *agrícola-ganadero*: "[...] una potencia agrícolo-ganadera como la nuestra." (*Humor registrado*, nº 359, mayo de 1993, pág. 12). El femenino es *agrícola-ganadera* y los plurales *agrícola-ganaderos* y *agrícola-ganaderas*.

***agricultural**. → **Anglicismo** (ingl. *agricultural*) por *agrícola*.

agrimensor. Desde la edición de 1984 de su *Diccionario*, la RAE admite el femenino *agrimensora*.

agringado. El DRAE/92 incorpora este americanismo con la siguiente definición: "Que tiene aspecto o costumbres de gringo."

agringarse. El DRAE/92 incluye este verbo, usual en América, con la siguiente definición: "Tomar aspecto o costumbres de gringo."

agrio. **1**. Superlativo: *agriísimo* (literario), *muy agrio* (corriente).
**2. Construcción: —*al gusto; —de sabor.*

agriparse. No figura en el DRAE/92. En la Argentina se emplean casi exclusivamente *engriparse*, que tampoco figura en el DRAE/92, y el participio consiguiente *engripado*.

***agrísimo**. Formación incorrecta del superlativo literario de *agrio*, por *agriísimo*.

agrónomo. Desde la edición de 1984 de su *Diccionario*, la RAE admite la forma femenina *agrónoma* para designar a la mujer que ejerce la agronomía.

***a grosso modo**. Esta locución latina no va precedida por la preposición *a*; dígase → **grosso modo**.

agua. **1**. Es un sustantivo femenino que, en singular, lleva los artículos *el, un: el agua, un agua*; y en plural, *las, unas: las aguas, unas aguas*.
2. Los sustantivos comunes femeninos que comienzan por *a* o *ha* acentuadas toman, en singular, las formas *el, un* del artículo: *el ansia, el hacha, un ave, un hambre* (la RAE admite también la forma *una* delante de estos sustantivos, pero es una cuestión ortográfica, ya que en la lengua hablada ambas *aes* se embeben [un*á*gua]). Esta particularidad no debe hacer olvidar que se trata de sustantivos femeninos y, por consiguiente, el adjetivo que los modifica toma la forma femenina: *el agua clara*. Deben evitarse cuidadosamente construcciones como **muchísimo agua, *un agua puro*. Es error muy corriente usar la forma masculina del demostrativo: **este agua*, en lugar de la femenina *esta agua*, que es la que corresponde: "Estaba dejando mi imagen en este agua." (Quino, *Mafalda*, vol. 9). Cuando entre el artículo y el sustantivo se interpone cualquier palabra, el artículo retoma la forma *la: la cristalina agua*.
El artículo mantiene la forma *la* cuando precede a nombres de persona femeninos (*la Águeda, la Ángela*), a nombres de letras (*la a, la hache*) y a adjetivos, aunque estén sustantivados (*la amplia llanura, la árabe*). Es incorrecto el uso del artículo *el* en estos textos: "[...] sus grandes ojos verdes, que brillaban bajo el ancha ala del sombrero [...]" (J.S. Álvarez, *Viaje*, 86); "[...] aquel límite de la rada con el alta mar [...]" (A. Capdevila, *Vísperas*, 57). También se mantiene la forma *la* delante del sustantivo → **haz** en la acepción de 'cara, faz, superficie': *la haz de la Tierra*, y de algunos sustantivos de muy poco uso: *la haca, la harma, la haza*.
3. El plural de este sustantivo indica abundancia o extensión (plural enfático): *las aguas del mar*.
4. El diminutivo es *agüita*.

aguachirle. **1**. Es sustantivo femenino: *la*

aguachirle y no corresponde anteponerle el artículo *el* (→ **aguamarina, 2**), pero es muy frecuente su uso como masculino.

2. La grafía **agua chirle* es incorrecta.

aguacil, alguacil. 1. **Aguacil** es la forma anticuada (y hoy popular) por **alguacil**. La RAE admite ambas formas, aunque prefiere la segunda.

2. En la Argentina, Paraguay y Uruguay se llama también **aguacil** o **alguacil** a la libélula o caballito del diablo: "Un aguacil grande y rojo viene a despedirnos, pasa zumbando a nuestro lado [...]" (H. Costantini, "El cielo entre los durmientes", en VCBA, 46): "[...] con revoloteo de fatídicos aguaciles [...]" (M.E. Walsh, *Novios*, 7).

*agua Colonia. Dígase *agua de Colonia*. El DRAE registra la simplificación *colonia* para designar el perfume, aunque prefiere *agua de Colonia*.

agua de lavanda. → **lavanda.**

agua de mesa. Plural: *aguas de mesa*.

aguafiestas. 1. Género común de dos: *el aguafiestas, la aguafiestas*.

2. El plural es invariable: *los / las aguafiestas*.

agua florida, agua de Florida. Ambas formas son correctas, pero la RAE prefiere la primera. Es americanismo.

aguafortista. → **aguafuertista.**

agua fuerte. 1. Cuando significa 'ácido nítrico diluido en una pequeña cantidad de agua', se escribe en dos palabras.

2. Es femenino, pero en singular se le antepone el artículo *el*, *un*: *el agua fuerte fue inventada por un alquimista árabe*. → **agua, 2.**

3. Plural: *las aguas fuertes*.

4. No confundir con → **aguafuerte.**

aguafuerte. 1. Cuando significa 'grabado al → **agua fuerte**' se escribe en una sola palabra, según la RAE.

2. Es masculino o femenino, indistintamente: *el aguafuerte, la aguafuerte*.

3. Plural: *aguafuertes*.

aguafuertista. 1. Género común de dos: *el aguafuertista, la aguafuertista*.

2. El DRAE/92 no registra los sustantivos *aguafortista* y → **acuafortista** que también suelen usarse para nombrar a la persona que graba al agua fuerte.

aguagoma. Es femenino: *la aguagoma*. → **aguamarina, 2.**

aguaitar. El DRAE/92 incorpora las acepciones de 'mirar, ver', 'atisbar, espiar' y, como americanismo, 'aguardar, esperar': "Antes de tocar la puerta de su casa, aguaité por la ventana a ver si lo descubría [...]" (M. Vargas Llosa, *La ciudad*, 218).

aguamanos. Es masculino: *el aguamanos, los aguamanos*.

aguamarina. 1. Es femenino: *la aguamarina*.

2. Como es un sustantivo compuesto cuyo primer elemento ha perdido el acento, la *a*- inicial es átona; por lo tanto no corresponde el uso del artículo *el*: **el aguamarina*.

aguamiel. Es femenino: *la aguamiel*. → **aguamarina, 2.**

agua nieve, aguanieve. 1. La RAE admite las dos formas, pero prefiere la primera, aunque es más frecuente la segunda.

2. El plural de **aguanieve** es *aguanieves*.

3. **Aguanieve** es femenino: *la aguanieve*. Es incorrecto el empleo del artículo *el* en este texto: "Cada tanto sacaba la cabeza y dejaba que el aguanieve le refregara los párpados." (E. Belgrano Rawson, *Fuegia*, 67). → **aguamarina, 2.**

aguapié. Bello (*Gramática*, § 187) lo da como femenino, pero la RAE lo considera masculino.

aguar. Para su acentuación, → **averiguar.**

aguardar. Construcción: —*a otro día*; —*en casa*; —*por el remedio*.

aguardiente. Es masculino: *el aguardiente, los aguardientes*.

*aguardientoso. Forma incorrecta por *aguardentoso*.

aguaribay. Hay vacilación en cuanto a su plural: *aguaribáis, aguaribayes* y aun *aguaribays*: "¡Figurate que los únicos árboles que tiene la plaza son los tres aguaribays que plantaron los milicos en tiempo del Fuerte!" (R.J. Payró, *Pago Chico*, 110). Pero la mejor solución parece ser *aguaribayes*: "[...] bajo los gigantescos y coposos aguaribayes del parque de Córdoba." (A. Capdevila, *Córdoba*, 138). → **amancay.**

aguarrás. Es masculino: *el aguarrás, los aguarrases*.

*agua Seltz. Dígase *agua de Seltz*.

aguaverde. Es femenino: *la aguaverde*. → **aguamarina, 2.**

agua viento, aguaviento. 1. La RAE admite ambas formas, pero prefiere la primera.

2. **Aguaviento** es masculino: *el aguaviento, los aguavientos*.

agua viva. 1. Es, según la RAE, 'el agua que mana y corre naturalmente'. En la Argentina y Uruguay (y también en Andalucía) significa, además, 'medusa', acepción cuya incorporación al DRAE ha solicitado la AAL (*Acuerdos*, X, 58-60). No figura en el DRAE/92.

2. También se la ve escrita *aguaviva*: "[...] un enjambre de gaviotas [...] se acercó al cútter [...] para alzar una aguaviva que su vista perspicaz ha apercibido" (J.S. Álvarez, *En el mar austral*, 41).

aguazal. Es masculino: *el aguazal, los aguazales*.

*agudizamiento. El DRAE/92 no registra este sustantivo; dígase *agudización*.

agudo. 1. Superlativo literario: *acutísimo*.

2. Construcción: —*de ingenio*; —*en sus ocurrencias*.

Águeda. Si bien en lengua estándar los nombres propios de persona no llevan artículo, este uso es frecuente en lengua familiar. En este caso, los nombres femeninos que comienzan por *a* acentuada mantienen la forma *la* del artículo: *la Águeda* (y no **el Águeda*). → **agua, 2**.

aguerrido. Significa 'ejercitado en la guerra'. Se ha considerado impropiedad el empleo de este adjetivo en lugar de *avezado*: *un aguerrido periodista*. No obstante, tiene consagración literaria: "[...] notaba en mis compañeros, aguerridos ya a la vida de reclusión [...]" (M. Cané, *Juvenilia*, 16) y es admisible metafóricamente.

aguerrir. Verbo → **defectivo**, se conjuga como → **abolir, 1**. Si bien teóricamente pueden usarse las formas que tienen *i en* la desinencia (*aguerrimos, aguerriría*, etc.), en la realidad sólo se emplea de este verbo el participio → **aguerrido**.

águila. Es femenino, pero lleva en singular la forma *el, un* del artículo: *el águila, un águila* (plural *las águilas, unas águilas*). → **agua, 2**.

Aguion Oros. El nombre español de esta península griega es *Monte Santo*.

agujerear, agujerar. Ambas formas son correctas. Aunque el uso prefiere la primera, el DRAE/92 recomienda la segunda.

agujero negro. Expresión que la RAE ha incorporado al DRAE/92 con la siguiente definición: "*Astron.* Lugar hipotético e invisible del espacio cósmico que, según la teoría de la relatividad, absorbe por completo cualquier materia o energía situada en su campo gravitatorio." Es traducción del ingl. *black hole*.

agutí. Plural: *agutíes* o *agutís*. → **rubí**.

aguzanieves. Es femenino: *la aguzanieves, las aguzanieves*. → **aguamarina, 2**.

ahí. **1**. Señala un lugar en forma tanto determinada como indeterminada: *lo tienes ahí* (junto a ti); *tiene que estar ahí*.
2. Admite varias preposiciones (*de, desde, hasta, para, por*), pero nunca va precedido de *a*: *vamos ahí* (**vamos a ahí* es incorrecto).
3. En América es corriente el uso de **ahí** con el significado de 'en seguida': *ahí voy* (= en seguida voy).
4. En el español modélico, **ahí** designa un lugar próximo a la persona con quien se habla; mientras que → **allí** señala un lugar alejado de la persona que habla y de la persona a quien se habla. No obstante, ya Bello (*Gramática*, § 382) advertía: "Algunos confunden los dos adverbios *ahí* y *allí* [...]". Efectivamente, en el español americano, **ahí** y *allí* suelen emplearse indistintamente para indicar un lugar próximo a la persona a quien se habla: *tú tienes allí (ahí) el dinero que te presté*, como también para señalar un lugar alejado de la persona que habla y de la persona a quien se habla: *te digo que el almacén está ahí, a tres cuadras*. Para referirse a un lugar alejado igualmente de la persona que habla y de la persona a quien se habla se suele reservar → **allá**.
5. En pronunciación cuidada, es palabra bisílaba [*a-í*]; en pronunciación rápida se diptonga [*ái*]. La forma diptongada es muy frecuente, pero conviene evitarla, sobre todo después de verbo: *déjelo ahí* (**déjelo ahi* se siente vulgar).
6. Diminutivo popular en América: *ahicito*, no registrado en el DRAE. → **diminutivos, 2**.

ahijar. Para la acentuación de este verbo debe tenerse en cuenta que cuando la *-i-* de la raíz está acentuada prosódicamente, debe llevar tilde de acuerdo con las nuevas normas de prosodia y ortografía de la RAE: *ahíjo, ahíjen* (pero *ahijamos, ahijéis*).

ahilar. Presente *ahílo*. Para su acentuación, → **ahijar**.

ahincar. Presente *ahínco*. Para su acentuación, → **ahijar**.

ahitar. Presente *ahíto*. Para su acentuación, → **ahijar**.

ahíto. Debe escribirse con tilde en la *-i-*: *ya estaba ahíto de tanta comida*. → **acentuación ortográfica, II, B, 1**.

a hombros, en hombros. La RAE autoriza las dos formas de esta locución adverbial, con el mismo significado, pero prefiere la primera.

ahora. **1**. Las formas rústicas *agora* y *aura* se evitan cuidadosamente en lengua formal (el DRAE recoge la primera como adverbio anticuado y hoy vulgar).
2. Diminutivo popular: *ahorita*, usual en América. → **diminutivos, 2**.

ahora un año. Expresión corriente en el habla coloquial americana, en lugar de *hace un año*: "Ahora cuatro años, cuando se vino a establecer aquí, estuve también con él y andaba solo [...]" (J.S. Álvarez, *En el mar austral*, 147).

ahorcajarse. Construcción: —*en una rama*.

ahorcarse. Construcción: —*de, en una viga*.

ahorrador. → **ahorrista**.

ahorrativo. → **ahorrista**

ahorrista. El DRAE/92 incluye este sustantivo, como voz propia de la Argentina y Venezuela, con la siguiente definición: "com. Persona que tiene cuenta de ahorros en un establecimiento de crédito." Para referirse a la persona que tiene el hábito de ahorrar, la palabra adecuada es *ahorrador*. En la Argentina es más frecuente *ahorrativo*.

ahuchar. Presente *ahúcho*. Para su acentuación, → **ahumar**.

ahumar. Para la acentuación de este verbo debe tenerse en cuenta que cuando la -*u*- de la raíz está acentuada prosódicamente, debe llevar tilde de acuerdo con las nuevas normas de prosodia y ortografía de la RAE: *ahúmo, ahúmes*, etc., pero *ahumamos, ahumemos*, etc.

*****a hurtadilla**. La locución adverbial es *a hurtadillas*.

ahusar. Presente *ahúso*. Para su acentuación, → **ahumar**.

aigrette. **1**. Voz francesa (pron. [egrét]) que se utiliza en español para designar el adorno de plumas, generalmente de garza, en sombreros o tocados de las mujeres. Puede sustituirse por *penacho, airón* o *garzota*.
2. En francés es femenino, pero en español se emplea como masculino o femenino: "Y entonces me explicaron y describieron la forma como se caza [...] el interesante animalito con cuya pluma se confeccionan los graciosos *aigrettes* que hacen la delicia de nuestras damas [...]" (J.S. Álvarez, *Viaje*, 60); "[...] tenía gran criterio para aplicar los adornos: sabía ubicar una *aigrette* de modo que su caída fuese casi etérea [...]" (L. Heker, *Los bordes*, 71).

aimara, aimará. El DRAE/70 (Suplemento) sustituye **aimará**, que era la acentuación preconizada por la RAE, por **aimara**, criterio que subsiste en el DRAE/92. La RAE no admite las formas *aymara* ni *aymará*. Escriben **aimará**, entre otros, M. Morínigo y R. Ragucci. A pesar de la decisión académica, la forma *aymará* sigue teniendo vigencia: "[...] el aymará es una lengua en donde la posición de una palabra define la sintaxis." (*Página / 12*, 10-11-91, pág. 26).

a instancias de. El DRAE/92 incluye esta locución con la siguiente definición: "a ruegos de, a petición de".

-aír. → **infinitivos en -aír, -eír, -oír**.

airar. Presente *aíro*. Para su acentuación, → **ahijar**.

airarse. Construcción: —*con, contra alguien*; —*de, por lo que se ve*.

airbus. → **aerobús**.

aislar. Presente *aíslo*. Para su acentuación, → **ahijar**.

Aix-la-Chapelle. Nombre francés de la ciudad alemana de *Aquisgrán* (en alemán *Aachen*).

ajeno. Construcción: —*a los comentarios*; —*de todos los sucesos* (menos frecuente).

ají. Plural literario *ajíes*; coloquial, *ajís*. → **rubí**. El doble plural **ajises* se considera vulgar: habla un personaje de escasa cultura: "[...] mi primo el Chochi tiene una planta de ajises [...]" (I. Blaisten, *Cerrado*, 48).

ajuiciar. Para su acentuación, → **abreviar**.

ajustaje. → **Galicismo** (fr. *ajustage*) por *ajuste*.

ajustarse. Construcción: —*al tema*; —*con los proveedores*; —*en sus hábitos*.

ajusticiar. Para su acentuación, → **abreviar**.

al. **1**. Contracción de la preposición *a* y el artículo *el*: *acompañamos al niño*. Esta contracción suele no producirse, sobre todo en la escritura, cuando el artículo forma parte de un nombre propio: *fuimos a El Salvador*. Sin embargo, es correcto decir, y escribir, *al Salvador*.
2. Es frecuente en la lengua hablada, sobre todo de locutores y periodistas de la radio y la televisión, separar los dos elementos de la contracción ante sustantivos comunes: **los asaltantes se dirigieron luego a el auto, que los esperaba con el motor en marcha*. Debe evitarse cuidadosamente este defecto.
3. Las mismas observaciones pueden hacerse respecto de la contracción *del* (*de el*).

a la (española, francesa, etc.). → **a, IV, 1**.

ala. Es femenino, pero lleva, en singular, las formas *el, un* del artículo: *el ala, un ala* (plural: *las alas, unas alas*). → **agua, 2**.

alabar. Construcción: —*de sagaz* (poco frecuente); —*por su sagacidad*.

al abrigo de. Esta expresión no figura en el DRAE, y el DMI la tacha de galicista cuando equivale a 'estar libre de': *están al abrigo de las injurias*. M. Moliner (*Diccionario*) la registra, pero no aclara si la admite sólo en sentido propio (*estar al abrigo de los vientos*) o también en sentido figurado (*estar al abrigo de la maledicencia*), que rechaza el DMI. De todos modos, el uso metafórico no parece criticable.

a la broma. Se comete → **solecismo** al decir: **lo tomó a la broma*, en lugar de *lo tomó en broma*.

a la buena ventura. → **buenaventura**.

alacena, alhacena. La RAE admite ambas formas, pero prefiere la primera. La grafía **alhacena**, que es la etimológica, ha caído en desuso.

a la chita callando, a la chiticallando. → **chiticallando**.

a la disparada. Locución adverbial frecuente en el Río de la Plata, Chile, Paraguay y Perú con el significado de 'rápidamente'. En sentido figurado añade el matiz de 'atolondradamente, sin prestar atención'.

a la distancia. La forma académica de esta locución adverbial es *a distancia*, y así la registra el DRAE, pero en América se usa preferentemente **a la distancia**.

a la espera mía. Los gramáticos aconsejan que se usen las formas *a la espera de mí, a la espera de ti, a la espera de nosotros*, etc., en lugar de **a la espera mía**, *a la espera tuya, a la espera nuestra*, etc. Pero → **cerca mío**.

a la fija. Locución adverbial que el DRAE da

como propia de Chile y Uruguay; significa 'seguramente, con certeza': *a la fija que no vienen*. Fue corriente también en la Argentina, pero ha caído en desuso. Existe, con el mismo significado, la variante *en fija*.

a la final. Locución adverbial que suele oírse en la Argentina con el valor de 'finalmente': "[...] y a la final sólo quedó por las tribunas el eco polvoriento de los pasos [...]" (A. Rodríguez Muñoz, "Los murciélagos", en VCAM, 306). Se la considera vulgar.

a la hora. Se considera galicista la expresión **cien kilómetros a la hora* (fr. *cent kilomètres à l'heure*), en lugar de *cien kilómetros por hora*.

al almuerzo. Es incorrecto emplear esta construcción en lugar de *en el almuerzo*: **al almuerzo nos contó unas historias divertidas*.

a la marchanta. En su sesión del 14 de abril de 1983, la AAL solicitó a la RAE la inclusión, como argentinismo, de esta locución adverbial en el *Diccionario* oficial (*Acuerdos*, X, 97-102). El DRAE/92 la incorpora con las siguientes definiciones: "*Argent. y Bol.* **a la rebatiña**. // 2. *Argent.* De cualquier manera, descuidadamente." → **tirarse a la marchanta**.

a la mayor brevedad. Los preceptistas condenan este giro y recomiendan sustituirlo por *con la mayor brevedad*. No obstante, ya se ha impuesto como fórmula en el lenguaje comercial.

alambicado. El DRAE/92 incorpora la acepción figurada de 'complicado, rebuscado', frecuente de esta voz.

alambre. Es masculino: *el alambre, los alambres*.

a la medida. → **a medida**.

a la minuta. → **Galicismo** (fr. *à la minute*) para indicar una comida que se prepara en el momento. El DRAE/92 no registra esta locución.

a la miseria. Argentinismo, que no registra el DRAE/92; significa 'arruinado, deteriorado, en malas condiciones': *tiene la casa a la miseria*.

à la page. Locución francesa que significa 'al corriente, al día, informado' y también 'a la moda': *es un periodista muy à la page*.

a la par mía. Los gramáticos aconsejan que se usen las formas *a la par de mí*, *a la par de ti*, *a la par de nosotros*, etc., en lugar de **a la par mía**, *a la par tuya*, *a la par nuestra*, etc. Pero → **cerca mío**.

alarmista. Los preceptistas indican que se aplica sólo a personas. Pero el DRAE/92 incluye una segunda acepción: "Que causa alarma. *Noticia alarmista*."

a la sanfasón. Locución adverbial construida sobre el fr. → **sans-façon**. Suele emplearse con el significado de 'despreocupa-

damente, al descuido, sin prestar atención': *todo lo hace a la sanfasón*. No figura en el DRAE.

a las cansadas. Locución adverbial, frecuente en el Río de la Plata, que significa 'después de mucho tiempo, tardíamente, con lentitud': *llegó a las cansadas, cuando ya no lo esperábamos*. El DRAE/92 no la registra.

a látere, alátere. → **adlátere**.

Álava. Gentilicios *alavés* y *alavense*. La RAE admite ambos, pero prefiere el primero.

alba. Sustantivo femenino que se construye, en singular, con la forma *el*, *un* del artículo: *el alba, un alba* (plural *las albas, unas albas*). → **agua, 2**.

Alba. → **Águeda**.

albaca. → **albahaca**.

albaceato. El DRAE/92 no registra esta palabra; dígase *albaceazgo*.

albahaca, albaca. La RAE admite ambas formas, pero prefiere la primera.

albañal, albañar. La RAE admite ambas formas, pero prefiere la primera, que es la más usual.

al bies. Locución adverbial que significa 'en sesgo, en diagonal'. Fue admitida por la RAE en el Suplemento de la edición de 1970 de su *Diccionario*. → **bies**.

albóndiga, almóndiga. La RAE admite las dos formas, pero prefiere la primera, que es la más usual.

alborear. Es verbo impersonal y sólo metafóricamente puede emplearse en primera o segunda persona.

al botón. Locución adverbial que significa 'inútilmente, en vano': "Una vez entre otras muchas, / tanto salir al botón, / nos pegaron un malón / los indios y una lanciada" (J. Hernández, *Martín Fierro*, I, vv. 529-532). Suele reforzarse con los adjetivos *divino* y *santo*: "[...] ¿a qué santo andar con tapujos al divino botón?" (R.J. Payró, "Mientraiga", en *Teatro Completo*, 440). "[...] y sus árboles arrancados de cuajo al divinísimo botón." (M.E. Walsh, *Novios*, 259); "[...] después de una hora perdida al divino botón [...]" (M. Denevi, *Hierba*, 21); "Preguntas al santo botón." (M. Benedetti, *La tregua*, 92).

Es una expresión propia del Río de la Plata, que no figura en el DRAE/92.

albricia, albricias. Aunque Bello (*Gramática*, § 126) y otros gramáticos dicen que se emplea únicamente en plural, el DRAE registra un singular **albricia**, si bien con la nota de poco usado.

albriciar. Para su acentuación, → **abreviar**.

albufera. 1. Es palabra grave. Evítese por incorrecta la acentuación esdrújula **albúfera*.

2. Es femenino: *la albufera*.

álbum. Plural: *álbumes*; evítese el plural anómalo **álbums* y el decididamente incorrecto **álbunes*.

albuminoideo. Palabra grave [albuminoidéo]; es incorrecto convertirla en esdrújula: **albuminóideo*. → **-oideo**.

*alcahué. Forma incorrecta por → **cacahuete**.

alcahuete. Femenino: *alcahueta*.

alcaide. Femenino: *alcaidesa*, aunque limitado, según el DRAE/92, a la mujer del alcaide.

Alcalá de Henares. Gentilicios: *alcalaíno* y *complutense* (del antiguo nombre *Complutum* de esta ciudad española). Los gentilicios *alcalaeño* y *alcalareño* se refieren a otros pueblos españoles que tienen el sustantivo *Alcalá* en su denominación.

alcalde. El femenino *alcaldesa* designa tanto a la mujer del alcalde como a la mujer que ejerce tal cargo. No se justifica, entonces, el femenino **la alcalde*.

álcali. 1. Es palabra esdrújula. La acentuación aguda, **alcalí*, es incorrecta. 2. Plural: *los álcalis*.

alcalinización, alcalización. El DRAE/92 admite ambas formas, pero recomienda la primera.

alcalinizar, alcalizar. El DRAE/92 admite las dos formas, pero prefiere la primera.

alcaloideo. Es palabra grave [alkaloidéo]; evítese por incorrecta la acentuación esdrújula: **alcalóideo*. → **-oideo**.

alcanzar. Construcción: —*al techo*; —*(algo) de sus superiores*.

alcaucí, alcaucil. El DRAE/92 admite las dos formas, pero prefiere la primera, aunque la segunda es la más usada.

al centro. Es incorrecto cuando se emplea en lugar de *en el centro*: **póngase al centro*.

Alcibíades, Alcibiades. Los gramáticos consideran más correcta la acentuación esdrújula: **Alcibíades**. El *Esbozo* (1. 4. 7, c) admite las dos formas sin indicar preferencia ninguna.

al cohete. Locución adverbial que significa 'inútilmente, en vano'. La RAE la recoge en el Suplemento de su *Diccionario* (edición de 1970) como propia de la Argentina y Uruguay, países en los que se la considera vulgar. También se la emplea como locución adjetiva, con el valor de 'inútil': *es un trabajo al cohete*. → **al cuete**.

alcoholemia. El DRAE/92 ha incorporado esta voz con la siguiente definición: "Presencia de alcohol en la sangre, especialmente cuando excede de lo normal."

al contrario. → **por el contrario**.

Alcorán. El DRAE/84 recomienda la forma **Alcorán** sobre *Corán*. Pero la RAE ha modificado su criterio y, en el DRAE/92, prefiere esta última voz, que define así: "Libro en que se contienen las revelaciones de Dios a Mahoma y que es fundamento de la religión musulmana".

*al criterio de. Fórmula criticada; dígase mejor *según el criterio de*.

al cuete. Variante popular de la locución → **al cohete**: "[...] mientras la mejor del mundo seguía meta batidas al cuete en el puerto [...]" (J. Cortázar, *Final del juego*, 118).

aldea. Diminutivo: *aldehuela*; en la Argentina: *aldeíta*. → **diminutivos, 1**.

aldehído. Debe escribirse con tilde en la -*i*-, ya que en la pronunciación de esta palabra no hay diptongo. → **acentuación ortográfica, II, B, 1**.

alderredor. → **alrededor**.

al detalle. Locución adverbial que se consideraba galicista. El DRAE/92 la incluye con el significado de 'al por menor': *vender al detalle*.

álea jacta est. Expresión latina que significa 'la suerte está echada' y que se atribuye a Julio César en momentos de pasar el Rubicón. Se usa en español con el significado de 'tomar una decisión irrevocable que puede traer graves consecuencias'. Con el mismo sentido suele emplearse también → **pasar el Rubicón**.

alectomancia, alectomancía. La RAE admite ambas formas, pero prefiere la primera. → **-mancia, -mancía**.

alegar. Construcción: —*de bien probado*, —*en apoyo*.

alegrar. Construcción: *me alegró tener noticias tuyas; me alegra que estés bien. Tener noticias tuyas* y *que estés bien* son sujetos de sus respectivas oraciones; por consiguiente, es incorrecto anteponer a esas construcciones la preposición *de*: **me alegró de tener noticias tuyas; *me alegra de que estés bien*. → **dequeísmo**.

alegrarse. Construcción: —*con los obsequios*; —*de ver a un amigo*; —*por la noticia*. Aunque es frecuente, conviene no omitir, en lengua cuidada, la preposición *de* antes de *que* + proposición: *me alegro de que hayas ganado* es preferible a *me alegro que hayas ganado*. De todos modos, no se puede considerar incorrecta esta última oración. → **acordarse**.

alejarse. Construcción: —*de algo* o *de alguien*.

alelí. → **alhelí**.

aleluya. Es un sustantivo → **ambiguo**: *cantar el* o *la aleluya*. Pero en la acepción de 'estampa de asunto religioso que se arroja al pasar las procesiones', es exclusivamente femenino. Para señalar el tiempo de Pascua, en cambio, se usa sólo el masculino: *nos veremos por el aleluya* (poco usado).

alentar. V. irreg.; se conjuga como → **acertar, 1**.

Alepo. Evítese la grafía *Aleppo* para nombrar esta ciudad de Siria.

alergeno, alérgeno. El DRAE/92 admite las dos acentuaciones, pero recomienda la primera.

alergólogo, -ga. La RAE admite esta forma, pero prefiere *alergista*.

alerta. **1**. Cuando es adverbio, es invariable: *caminábamos alerta* (y no **alertas*).

2. El DRAE advierte que, como adjetivo, es poco usado; sin embargo, no son infrecuentes expresiones como: *una mirada alerta, un vigía alerta, con el oído alerta*, etc. En función adjetiva queda generalmente invariable respecto del número: "El modesto arqueólogo, que entonces tenía cuarenta y cinco años, una barba renegrida de meridional y los ojos alerta [...]" (A. Cancela, *Historia*, I, 11) (aunque podría haber dicho: *ojos alertas*).

3. Como sustantivo, cuando se emplea para excitar a la vigilancia, es masculino: *se oyó un alerta nervioso*. Cuando significa 'situación de vigilancia o atención' es femenino: *vivíamos en una alerta constante*. Pero la indecisión ante el género de este sustantivo puede observarse en el texto siguiente: "Estamos en alerta amarillo —se despachó Aráoz acerca de la amenaza de cólera en el país— no llegamos aún al riesgo máximo, a la alerta roja [...]" (*Página/12*, 12-12-91, pág. 3).

*alevino. Forma incorrecta. La palabra francesa *alevin* fue admitida por la RAE bajo la forma *alevín*.

¹alfa. Es femenino, como todos los nombres de las letras en español. Sin embargo, en singular lleva la forma *el, un* del artículo: *el alfa, un alfa*, porque comienza con *a* acentuada. → **agua, 2**.

²alfa. El DRAE/92 admite esta haplología de la voz *alfalfa*, como propia de la Argentina, Bolivia y Chile (además de Navarra, en España): "En el mistol del cuadro del alfa hay una víbora." (J. Ábalos, *Terciopelo*, 17).

alfajía, alfarjía. La RAE admite las dos formas, pero prefiere la segunda. En la Argentina es más usual la primera, igualmente correcta: "La mujer más bella del mundo estaba ahí, en el patio de alfajías." (M. Denevi, *Los locos*, 82), aunque no se desconoce la segunda: "El otro día lo pusieron preso a un carpintero por llevarse unas alfarjías [...]" (R. Arlt, "Pequeños propietarios", en VCHA, 147).

alfanumérico. El DRAE/92 recoge este adjetivo con la siguiente definición: "Perteneciente o relativo a cifras y letras. Dícese en particular de las combinaciones de cifras y letras —y también, a veces, de signos diversos— que se utilizan en informática como claves para las instrucciones del cálculo con ordenadores. // 2. Aplícase a los teclados de máquinas que contienen signos alfabéticos y cifras."

alfanúmero. El DRAE/92 recoge este sustantivo con la siguiente definición: "Serie de números y letras combinados que se emplea como clave para operar con el ordenador."

alfarjía. → **alfajía**.

alféizar. **1**. Plural: *los alféizares*.

2. La RAE admite también la forma *alféiza*, pero prefiere **alféizar**.

alférez. Plural: *los alféreces*.

alfil. Es palabra aguda; la acentuación grave, **álfil*, es incorrecta.

alfiler. **1**. Es masculino: *el alfiler, los alfileres*.

2. Diminutivo académico: *alfilerillo*, pero en la Argentina es más usual *alfilercito*, de formación correcta. → **diminutivos, 1**.

alfiler de gancho. El DRAE/84 incluye esta expresión, sinónimo de 'imperdible', como argentinismo, pero el DRAE/92 extiende su ámbito geográfico a Chile, Ecuador, Uruguay y Venezuela.

alfombrado, -da. El DRAE/92 recoge este vocablo, con las siguientes definiciones: "p. p. de **alfombrar**. // 2. m. Conjunto de alfombras. // 3. *Amér*. Alfombra que cubre el suelo de una habitación."

alfóncigo, alfónsigo. La RAE autoriza ambas grafías, pero prefiere la primera.

alga. Es femenino, pero en singular toma la forma *el, un* del artículo: *el alga, un alga filamentosa*. → **agua, 2**.

algarada. Significa 'motín de poca importancia', y no debe confundirse con *algazara*, que es 'ruido, vocerío'.

álgebra. Es sustantivo femenino, pero en singular lleva la forma *el, un* del artículo: *el álgebra, un álgebra*. → **agua, 2**.

álgido. Significa 'muy frío' y, como término médico 'acompañado de frío glacial'. El DRAE/84 añade una tercera acepción: "Dícese del momento o período crítico o culminante de algunos procesos orgánicos, físicos, políticos, sociales, etc.", con lo que autoriza un uso muy extendido de este adjetivo que fue duramente criticado por los preceptistas. Es lícito, entonces, decir: *la discusión llegó a su punto álgido*.

algo. En América se utiliza el diminutivo popular *alguito*.

algodonillo. Nombre con que se conoce en la Argentina la planta denominada *algodoncillo*.

algol. → **Acrónimo** de *algorithmic oriented language* que el DRAE/84 ha incorporado con la siguiente definición: "m. *Inform*. Lenguaje artificial, orientado a la resolución de problemas científicos que se pueden traducir directamente a los lenguajes utilizados por todas las computadoras electrónicas."

alguacil. → **aguacil.**

alguien. 1. Bello (*Gramática*, § 1038) y otros gramáticos rechazan la construcción de **alguien** con un modificador precedido por la preposición *de*: **alguien de los soldados*, **alguien de nosotros*, y recomiendan sustituirla por *alguno de los soldados, alguno de nosotros*. No obstante, la construcción criticada se emplea tanto en España como en América y no escasea tampoco en la lengua literaria.

2. Este pronombre indefinido no determina el sexo de la persona a la que alude. Carece de plural.

algunas ocasiones. No debe omitirse la preposición *en* cuando esta expresión significa 'algunas veces': *en algunas ocasiones, lo veíamos muy bien dispuesto*.

alguno. 1. Se apocopa en *algún* delante de sustantivo masculino singular, aunque entre ambos se intercale otro adjetivo: *algún motivo*, *algún increíble motivo*. Bello (*Gramática*, § 156) admite también la apócope ante sustantivo femenino que comience por *a* o *ha* acentuadas: *algún ave*.

2. Asociado a una palabra negativa, adquiere valor negativo cuando va colocado después del sustantivo: *no tiene escrúpulo alguno* (= no tiene ningún escrúpulo). Este uso es propio del lenguaje literario.

alguno que otro. Es preferible a la forma apocopada *algún que otro*, aunque puedan citarse ejemplos literarios de ambas.

alhacena. → **alacena.**

alhajero, -ra. El DRAE/92 incluye este sustantivo con la siguiente definición: "m. y f. *Amér.* Cajita para guardar alhajas."

alhajita. El DRAE/92 incorporó esta voz, como argentinismo, con la siguiente definición: "adj. Bonito, agradable. *Rostro alhajita*."

alhelí, alelí. 1. La RAE admite ambas formas, pero prefiere la primera. Sin embargo, es de desear que se abra paso la variante más sencilla: **alelí.**

2. Plural: *alhelíes* o *alelíes*, *alhelís* o *alelís*. El plural en *-es* es el más tradicional, pero modernamente se prefiere *alelís* (A. Alonso, P. Henríquez Ureña, *Gramática*, segundo curso, § 74, 3º). → **rubí.**

al humo. → **irse al humo.**

aliaje. El DMI advierte que es → **galicismo** (fr. *alliage*) por *mezcla, unión, liga*, según los casos.

aliarse. Para su acentuación, → **enviar, 1.**

alibi. 1. Adverbio latino que significa 'en otra parte' y que se emplea en francés con el significado de 'coartada'. El DMI condena, por galicista, su uso en español, pero M. Moliner lo registra en su *Diccionario* sin objeción alguna. No figura en el DRAE/92.

2 En latín es palabra esdrújula: *álibi*; en francés, aguda: [alibí] y la RAE y M. Moliner la consideran grave: *alibi*.

Alicante. El gentilicio correspondiente a esta ciudad y provincia de España es *alicantino*.

alicate. En el DRAE/84 la Academia ha sustituido la forma plural *alicates*, que figuraba en las ediciones anteriores de su *Diccionario*, por el singular **alicate**, con la aclaración de que se usa también en plural. Ambas formas son, pues, correctas.

aliciente. Construcción: —*a, de, para nuestras esperanzas*.

alícuota. Es palabra esdrújula; la acentuación grave, **alicuota*, es errónea.

alienismo. El DRAE/92 incluye este sustantivo con la siguiente definición: "Ciencia y profesión del alienista."

aligator. El DRAE/92 incorpora este sustantivo, que significa 'caimán'. Es masculino.

alii. → **et al.**

alimentario, alimenticio. Desde hace tiempo, se procura distinguir cuidadosamente ambos términos. **Alimentario** es lo relativo a los alimentos, en tanto que **alimenticio** significa 'que alimenta o tiene la propiedad de alimentar'. Por ello se insiste, por ejemplo, en que se hable de cadena alimentaria o de intoxicación alimentaria y no alimenticia, ya que ninguna de las dos tiene la propiedad de alimentar. Sin duda, la distinción es útil; convendría que el adjetivo **alimentario**, todavía de uso restringido, se empleara con mayor frecuencia, y se reservara **alimenticio** a lo que tiene carácter de nutritivo. Esta distinción semántica no se ve favorecida por la indefinición de la RAE, ya que en su *Diccionario* (ed. de 1984 y de 1992) equipara en parte ambos adjetivos al decir de **alimentario**: "Propio de la alimentación o referente a ella", y de **alimenticio**: "Referente a los alimentos o a la alimentación."

alimentarse. Construcción: —*con* o *de verduras*.

alimenticio. → **alimentario.**

alinear. Es verbo regular y se acentúa como → **pasear**: *alineo, alineas, alinea, alinean*; *alinee, alinees, alineéne*, etc., con acento prosódico (y ortográfico si corresponde), en la *-e* de la raíz. Es cada vez más frecuente la pronunciación viciosa **alíneo, *alíneas, *alínee*, etc., por influencia del sustantivo *línea*.

Evítense las formas doblemente incorrectas como **alinio, *alinie, *alíniense*. También deben desecharse, como en todos los verbos en *-ear*, formas como **aliniéé*, **aliniara*, etc., en lugar de *alineé, alineara*, etc.

aliquebrar. V. irreg.; se conjuga como → **acertar, 1.**

alíscafo, aliscafo. → **Neologismo** que sig-

nifica 'lancha veloz que se desplaza sobre el agua por medio de patines adosados a su casco'. Oscila entre la acentuación esdrújula, **alíscafo** (al modo de *piróscafo*) y la acentuación grave, **aliscafo** (como → **batiscafo**), que es la más usual en la Argentina: "Yo he cruzado más de una vez el canal de la Mancha en el aliscafo que llega a Dover [...]" (R. Fontanarrosa, *Nada del otro mundo*, 153).
Esta voz no figura en el DRAE/92.

alivianar, aliviar. La RAE admite ambas formas, pero recomienda la segunda. **Alivianar** es corriente en América, aunque desusado en España, según el DRAE/92.

aliviar. 1. Para su acentuación, → **abreviar**.
2. Construcción: —*del trabajo*; —*en el trabajo*.

allá. 1. Adverbio que señala un lugar o un tiempo alejados de la persona que habla y de la persona a quien se habla, en forma más indeterminada que → **allí.** Precedido de la preposición *por*, se realza esta vaguedad: *dejé el auto por allá*.
2. Allá admite grados de comparación: *llegó más allá de lo que esperaba*; *no lo lleves tan allá*.
3. No debe anteponerse a este adverbio la preposición *a*: **por un tiempo no podremos ir a allá*. Kany (*Sintaxis*, 393) lo considera un caso de → **ultracorrección**: "[...] tentativa por restablecer una *a* que erróneamente se considera absorbida en *allá* [...]".
4. Diminutivo popular en América: *allacito*, no registrado en el DRAE. → **diminutivos, 2.**

al lado de. 1. Locución prepositiva que significa 'junto a': *al lado de mi casa*.
2. En lengua cuidada conviene emplear *a mi [tu, etc.] lado*, en lugar de *al lado mío [tuyo, etc.]*. → **cerca mío.**

allanarse. Construcción: —*a las condiciones*.

allegretto, allegro. Palabras italianas del vocabulario musical que la RAE ha españolizado *alegreto* y *alegro*, respectivamente.

allí. 1. Este adverbio señala un lugar o un tiempo alejados de la persona que habla y de la persona a quien se habla, en una forma más determinada y precisa que → **allá:** *allí estaban encerrados los dos* (en un lugar preciso, conocido por los interlocutores). Entre **allí** y *allá* existe la misma relación que entre → **aquí** y → **acá.**
2. Debido a la determinación que expresa, **allí** no admite grados de comparación; son incorrectas, por tanto, expresiones como **más allí*; **muy allí* o **tan allí*.
3. No debe anteponerse la preposición *a* a este adverbio: **mañana iremos a allí* (→ **allá, 3**).

4. Diminutivo popular en América: *allicito*, no registrado en el DRAE. → **diminutivos, 2.**
5. → **ahí.**

allicito. → **allí, 4.**

allí fue que. Es un caso de → **que galicado**; dígase *allí fue donde*.

alma. Es sustantivo femenino, pero en singular lleva la forma *el, un* del artículo: *el alma, un alma piadosa*. → **agua, 2; alma máter.**

almacén. 1. Es masculino: *el almacén, los almacenes*.
2. El diminutivo académico es *almacenillo*, pero en la Argentina se prefiere *almacencito*, de formación correcta, → **diminutivos, 1.**

almacenaje. Es 'el derecho que se paga para poder guardar ciertas cosas en un depósito o almacén'. También significa 'acción y efecto de almacenar' y sólo en esta segunda acepción es sinónimo de *almacenamiento*.

almacenero. 1. La RAE admite este sustantivo, sin localización geográfica, como sinónimo de *almacenista*, pero prefiere este último término.
2. El DRAE/92 incluye la acepción 'persona que atiende un almacén' como propia de la Argentina, Paraguay y Uruguay.

almácigo, almáciga. Con la acepción de 'lugar en donde se siembran las semillas de las plantas para trasplantarlas después a otro sitio', la RAE admite ambas formas, pero prefiere la femenina: *la almáciga*. En la Argentina, en cambio, se emplea preferentemente la forma masculina: *el almácigo*.

alma máter. 1. El DRAE/92 incorpora esta expresión con la siguiente definición: "(Lat. *alma mater*, madre nutricia.) f. expr. lat. con que en lenguaje literario se designa la Universidad."
2. En esta expresión la voz *alma* funciona como adjetivo, por lo que no le concierne la regla que establece el uso de las formas *el, un* del artículo ante *a-* o *ha-* acentuadas (referida sólo a los sustantivos). → **agua, 2.** Deberá, entonces, decirse *la alma máter* y no **el alma máter*.

al menos, a lo menos, por lo menos. Son todas locuciones correctas y tienen el mismo significado.

almíbar. Es masculino: *el almíbar, los almíbares* (el femenino es anticuado).

almóndiga. → **albóndiga.**

*almorávid. El DRAE/92 no registra esta palabra; dígase *almorávide*. Se usa más en plural: *los almorávides*.

almorzar. V. irreg.; se conjuga como → **sonar.**

almuerzo. Designa, según las regiones, el desayuno o la comida del mediodía. En la Argentina y Uruguay, nombra exclusivamente la comida del mediodía. → **comida.**

al ñudo. Locución adverbial que significa

'inútilmente, en vano': "Y todo era alborotar / al ñudo y hacer papel" (J. Hernández, *Martín Fierro*, I, vv. 789-90). Es un argentinismo que no figura en el DRAE. Su uso actual en lenguaje cuidado es, por lo general, jocoso.

al objeto de. Expresión inelegante; es preferible *con objeto de*, o, simplemente, *para*.

alocución. Suele usarse como simple sinónimo de *discurso*, pero significa, en realidad, 'discurso generalmente breve que dirige un superior a sus subordinados'. Así, podrán pronunciar una **alocución** un jefe militar ante la tropa o el director de una escuela ante los alumnos, mas no un diputado ante sus pares.

a lo de. Es corriente en el Río de la Plata usar **a lo de** en lugar de *a casa de*: *fui a lo del médico, fui a lo de María*.
Los preceptistas suelen calificar de vulgar este empleo. Se puede prescindir de esta construcción cuando nos referimos a profesionales y decir, simplemente, *fui al médico*; en los demás casos es conveniente remplazarla por *a [la] casa de*: *fui a casa de María, fui a la casa de mis padres*.

áloe, aloe. La RAE admite ambas formas, pero prefiere la primera, que es la más usada.

a lo mejor. Locución adverbial que equivale a *quizá*. Se construye con el verbo en indicativo: *a lo mejor lo vemos; a lo mejor no viene*. A diferencia de *quizá*, señala una cierta esperanza o temor de que suceda o no lo que indica el verbo.

*a lo mejor de. Es incorrecto su uso en lugar de *en lo mejor de*: **a lo mejor de la fiesta comenzó a llover*.

a lo menos. → **al menos**.

alongar. V. irreg.; se conjuga como → **sonar**.

alopecia. Tiene diptongo final [alopésia]; la acentuación con hiato final [alopesía] es errónea.

a lo que. 1. El uso de esta locución conjuntiva en lugar de *cuando* es regional y se considera vulgarismo: *a lo que salí a la calle, me lo encontré*. → **lo que**.
2. También se suele emplear esta locución como sinónimo de *según*: *a lo que se ve no podremos salir*. Algunos preceptistas han criticado este uso, que, no obstante, está legitimado por la Academia: *a lo que parece* (DRAE, s. v. *a*).

a los piques. Locución adverbial que recoge el DRAE/84 (s. v. *pique*) como argentinismo. Significa 'con mucha prisa, apresuradamente'. Humorísticamente suele reforzarse con el adjetivo *santos*: *salió a los santos piques*.

alotropía. Evítese pronunciar esta palabra con diptongo: [alotrópia].

al pedo. Locución adverbial que significa 'inútilmente, en vano'. Es un argentinismo que no figura en el DRAE: "—Al pedo te llamás así —le dijeron a Carlos Monzón, cocinero del edificio [...]" (J. Lanata, *Polaroids*, 131). "El policía largó una risotada hasta que el Secretario le preguntó si pensaba que los funcionarios estaban al pedo y podían pasarse la tarde con una lista." (E. Belgrano Rawson, *Fuegia*, 112). "Se va a amargar al pedo si sabe que estás aquí y por ahí hasta interrumpe el viaje." (A.M. Shúa, *Soy paciente*, 55). Esta expresión es considerada malsonante.

Alpes. Se usa en plural: *los Alpes*. Su empleo en singular, *el Alpe*, pertenece exclusivamente al lenguaje poético.

alpinismo. → **andinismo**.

al precio de. Algunos preceptistas consideran galicista esta expresión y proponen sustituirla por *a costa de*. Sin embargo, la admiten la RAE: "al precio de su salud va fulano saliendo de apuros" (DRAE, s. v. *precio*) y M. Moliner: "tiene un magnífico sueldo, pero al precio de su independencia" (*Diccionario*, s. v. *precio*). En ambos ejemplos, **al precio de** equivale a *a costa de*.

al ralenti. → **Galicismo** (fr. *au ralenti*) usual en la Argentina (con sus variantes *al ralenti, en ralenti, en ralentí*) en los campos de la cinematografía y el automovilismo. Puede sustituirse por *en cámara lenta* y *motor a baja revolución*, respectivamente.

alrededor, alderredor. 1. La RAE admite ambas formas, aunque prefiere la primera, que es la más usual.
2. Si bien la RAE concede libertad para escribir *al rededor*, esta grafía es muy poco frecuente. La grafía **alrededor* es incorrecta.
3. → **alrededor mío**.

alrededor mío. Los gramáticos aconsejan que se usen las formas *alrededor de mí, alrededor de ti, alrededor de nosotros*, etc. en lugar de **alrededor mío**, *alrededor tuyo, alrededor nuestro*, etc., formas éstas muy frecuentes en el Río de la Plata: "Nosotros giramos aquí, y la luna alrededor nuestro." (Quino, *Mafalda*, vol.4). → **cerca mío**.

*al respecto de. Dígase *respecto a [de]* o *con respecto a [de]*: *no sabíamos nada respecto a [de] tu viaje*. *Al respecto* es una locución adverbial que se usa sin la preposición *de*: *no sabíamos nada al respecto*. → **respecto a**.

alta. Cuando funciona como sustantivo es femenino, pero lleva, en singular, la forma *el, un*, del artículo: *le dieron el alta, un alta prematura* (pero, *se conocieron las altas*). Cuando funciona como adjetivo, el artículo mantiene la forma *la*: *la alta torre*. → **agua, 2**.

alta costura. Expresión que ha sido largamente criticada por galicista (fr. *haute* *couture*) y que goza hoy del beneplácito de la RAE que la pone como ejemplo, junto con *alto tribunal,* de la acepción: "Aplicado a cosas, noble, elevado, santo, excelente" (DRAE/92, s. v. *alto, ta*).

alta fidelidad. Expresión que recoge ya el DRAE/70 (Suplemento) y que significa 'reproducción muy fiel del sonido".

alta mar. 1. En esta expresión, el sustantivo → **mar** conserva su antiguo género femenino: *la alta mar.* Sin embargo, no es totalmente inusual el empleo de esta expresión como masculina: "A sus tranquilas órdenes, las naves se lanzaron al peligro y al alto mar" (J.L. Borges, *Historia*, 44).
2. No corresponde usar, en singular, las formas *el, un* del artículo, porque delante de adjetivos no se aplica esta regla. Es, por tanto, incorrecto el empleo de *el* en el siguiente texto: "[...] aquel límite de la rada con el alta mar [...]" (A. Capdevila, *Vísperas*, 57). → **agua, 2.**
3. La RAE no autoriza la grafía *altamar.*

altavoz. Es masculino: *el altavoz, los altavoces.*

álter ego. Expresión latina que significa literalmente 'otro yo'. Se le llama así a la persona que goza de la absoluta confianza de otra y que puede sustituirla en sus funciones: "Se trabajaba allí de día y de noche, sin reposo, bajo la dirección inmediata de don Anselmo, el *alter ego* de don Eleazar." (L.V. López, *La gran aldea*, 121). El DRAE/92 añade una segunda acepción: "Persona real o ficticia en quien se reconoce, identifica o ve un trasunto de otra. *El protagonista de la obra es un álter ego del autor.*"

alternabilidad. El DMI incluye este sustantivo, que no registra el DRAE/92, con la siguiente definición: "Calidad de alternable."

alternable. El DMI registra este adjetivo, que no figura en el DRAE/92, con la siguiente definición: "Que puede alternarse."

alternar. Construcción: —*con los mejores;* —*el blanco con el negro* (—*el blanco y el negro*); —*entre unos y otros.*

alternativa. 1. Si bien es palabra correcta, cuídese de que no se convierta en muletilla. No deben dejarse de lado sus equivalentes *opción, disyuntiva, dilema, posibilidad*, etc. **2.** Construcción: *ante,* o *en la alternativa de irse o quedarse.*

alteza. → **concordancia, I, A, 1.**

*****altielocuencia, *altielocuente.** El DMI califica de → **barbarismos** ambos vocablos; dígase: *altilocuencia, altilocuente.*

altillo. El DRAE/84 le quita toda localización geográfica a este sustantivo, con lo que lo convierte en voz propia de la lengua general. No es sinónimo de *desván,* como sostuvo la RAE hasta la edición de 1970 de su *Diccionario,* ya que **altillo** es una habita-

ción, en tanto que *desván* es la parte más alta de la casa donde se guardan objetos inútiles o en desuso.

altiplanicie, altiplano. La RAE admite ambas formas, aunque prefiere la primera. Si bien el DRAE no indica ninguna localización geográfica, el sustantivo **altiplano** es americanismo.

al tiro. El DRAE registra esta locución adverbial con el significado de 'inmediatamente, en el acto' y con vigencia en Colombia, Costa Rica, Chile, Ecuador y Perú. También se la conoce en la Argentina: "[...] y le soltó / las bolas, con tal certeza, / que, al tiro, se las ató / en las manos al rocín" (H. Ascasubi, *Santos Vega*, vv. 3806-09). Según Kany (*Sintaxis*, 335), se emplea además en Bolivia y Honduras.

altivecer. V. irreg.; se conjuga como → **parecer, 1.**

alto. Construcción: —*de cuerpo.*

*****alto al fuego.** → **Solecismo** por *alto el fuego;* así figura esta locución en el DRAE.

alto mar. → **alta mar.**

altoparlante. Esta voz, criticada por los preceptistas, figura ya en el DRAE/70, aunque en el mismo texto se prefiere *altavoz.* El DRAE/92 añade que es americanismo.

alto relieve, altorrelieve. 1. La RAE admite ambas formas, pero prefiere la primera. **2.** Plurales: *altos relieves* y *altorrelieves,* respectivamente.

al través. No es sinónimo de *a través de.* Sólo se emplea adverbialmente sin la preposición *de: daba un paso hacia el frente y otro al través.*

aludir. Es verbo intransitivo y se construye siempre con la preposición *a: aludió a la situación de su mujer, aludió a mí* (no *me aludió), aludió a él* (no *lo aludió).*

*****al último.** Suele usarse, quizá por similitud con *al final, al cabo,* en lugar de *a lo último,* que es la forma que registra el DRAE.

*****alumaje.** El DMI condena por galicista (fr. *allumage*) este vocablo, inusual en la Argentina. Hablando de motores de explosión debe decirse *encendido.*

alumbre. Es masculino: *el alumbre, los alumbres.* Es una excepción, ya que los demás sustantivos acabados en *-umbre* son femeninos: *la costumbre, la certidumbre,* etc.

*****alunaje.** → **Neologismo** innecesario. El DRAE registra, desde el Suplemento a su edición de 1970, *alunizaje.*

*****alunar.** → **Neologismo** innecesario. El DRAE registra, desde el Suplemento a su edición de 1970, el verbo *alunizar.*

*****aluvional.** Vocablo que no figura en el DRAE, que registra, en cambio, *aluvial.* De todos modos, la forma cuestionada es la más usual en la Argentina: "[...] consignas que le permitieron conformar una alianza aluvional." (*Página / 12*, 15-9-91, pág. 3).

alveolo, alvéolo. Ambas formas son correctas; la RAE prefiere la primera.

alverja. → **arveja.**

*alvertencia, *alvertir. Formas erróneas por *advertencia, advertir.* Se las suele considerar vulgarismos.

alza. Es femenino, pero en singular lleva la forma *el, un* del artículo: *el alza, un alza.* → **agua, 2.**

alzaprima. El DRAE/92 ha incorporado las siguientes acepciones de este sustantivo: "*Argent.* y *Urug.* Cadena o cadenilla que sirve para levantar y fijar al talón las espuelas pesadas" y "*Argent.* y *Par.* Carro angosto, sin caja, de grandes ruedas empleado para transportar troncos y otros objetos de mucho peso."

alzarse. Construcción: —*con el dinero*; —*en rebelión.*

ama. Es sustantivo femenino, pero en singular se construye con las formas *el, un* del artículo: *el ama, un ama.* → **agua, 2.**

amable. 1. Superlativo: *amabilísimo* (incluso en lengua coloquial).
2. Construcción: —*con sus subordinados*; —*de trato*; —*en su trato*; —*para, para con todos.*

amagar. Construcción: —*un reproche*; —*con pegarle.*

amainar. 1. En todas las formas de este verbo, el grupo -*ai*- forma diptongo: *amaino, amainan, amaine,* etc.
2. Construcción: —*en sus pretensiones.*

amalaya. 1. El DRAE/92 modifica la definición de esta voz de la siguiente manera: "*Amér.* interj. que se usa para maldecir, expresar disgusto o conmiseración. También equivale a **ojalá.**"
2. El DRAE no registra la locución conjuntiva *amalaya que,* que significa *aunque.*

amancay. Se vacila, para formar el plural de los indigenismos terminados en -*ay,* entre los sufijos -*es* o -*s*: *amancayes* o *amancáis, amancays.* El habla coloquial prefiere dejar invariado el sustantivo: *los amancay.* La mejor solución parece ser *amancayes.* → **plural, I, B, 3.**

amanecer. 1. V. irreg.; se conjuga como → **parecer, 1.**
2. En su significado de 'comenzar o aparecer la luz del día' es impersonal. En la acepción de 'llegar o estar en un paraje, situación o condición determinados al comenzar el día' es personal y, por consiguiente, admite sujeto: *amanecimos en medio del campo; hoy amanecí descansado.* En el español americano, y en lenguaje coloquial, suele usarse como pronominal: *nos amanecimos bebiendo y cantando.*

a mano. 1. Significa 'con la mano, sin máqui-

nas': *ropa hecha a mano.* Para indicar que se lleva o se envía una carta o paquete personalmente, no por correo, dígase *a la mano: te envié un recado a la mano.* Para referirse a la entrega o recepción en las mismas condiciones, dígase *en mano: me entregaron una carta en mano.*
2. → **estar a mano.**

amansadora. Figura en el DRAE como voz propia de la Argentina y Uruguay, con el valor figurado de 'antesala, espera prolongada'. También nombra la sala de espera, generalmente de los funcionarios públicos, aunque esta acepción no figura en el DRAE/92.

amante. 1. Construcción: —*de la buena vida* (no *a la buena vida)
2. → **-ante, -ente.**

amañarse. 1. El DRAE/92 añade la siguiente acepción: "*N. Argent., Bol., Col. y Ecuad.* Unirse en concubinato."
2. Construcción: —*a escribir*; —*con todos*; —*para componer cualquier cosa.*

amar. 1. Es galicista el empleo de este verbo en lugar de *gustar, ser aficionado a, tener afición a*: **amo la literatura.*
2. Construcción: —*de corazón.*

amaraje, amarizaje. La RAE admite ambas formas, sin indicar preferencia; la segunda fue admitida en el DRAE/84.

amarar, amarizar. La RAE admite como sinónimas las dos voces, sin indicar preferencia; la segunda fue incorporada en el DRAE/84.

amargo. Construcción: —*al gusto,* —*de sabor.*

amaricado, amariconado. La RAE admite ambas formas sin señalar preferencia, pero es más frecuente la segunda.

amarillecer. V. irreg.; se conjuga como → **parecer, 1.**

amarillismo. Aplícase a las organizaciones sindicales cuyo objetivo, generalmente encubierto, es actuar en contra de los intereses de los sindicatos obreros. También se aplica a los periódicos que explotan el sensacionalismo. Este sustantivo fue incluido en el DRAE/92 con la siguiente definición: "Sensacionalismo, como lo practica la prensa amarilla."

amarillista. Este adjetivo fue incorporado en el DRAE/92 con la siguiente definición: "Dícese de la prensa amarilla."

amarillo. Como adjetivo, es sinónimo de → **amarillista**: *sindicato amarillo, periódico amarillo.*

amarrar. Construcción: —*a, de un poste.*

amarrete. 1. La RAE incorporó este adjetivo al DRAE/84, sin localización geográfica, con el significado de 'amarrado, avaro'.
2. El femenino es *amarreta.*

amarretear. Este verbo, derivado de →

amarrete, y muy usual en la Argentina, no figura en el DRAE/92.

amarrocar. Este verbo, frecuente en el habla coloquial de la Argentina, no figura en el DRAE/92. Significa 'ahorrar con mezquindad, con avaricia'.

amasar. El DRAE/92 ha incorporado la siguiente acepción de este verbo, tachada durante mucho tiempo de galicista: "fig. Reunir, acumular fortuna o bienes."

a mata caballo, a matacaballo. La RAE admite ambas variantes como correctas, pero recomienda la primera.

amateur. Voz francesa que significa 'aficionado', 'no profesional',→ **'diletante'**. La palabra francesa parece estar en retroceso, sobre todo en el lenguaje deportivo, en beneficio de las versiones castellanas que se han señalado y que son, sin duda, preferibles.

amateurismo. Es → **galicismo** (fr. *amateurisme*). Según la AAL, la palabra *afición* traduce correcta y fielmente la voz francesa (*Acuerdos*, II, 74). La solución *aficionismo*, que expresa mejor el significado del vocablo francés, y que usó E. Larreta en *Zogoibi*, no cuenta con el respaldo académico, ni el consenso general.

amatista. Es femenino: *la amatista, las amatistas*.

Amazonia. En el español estándar tiene diptongo final [amasónia]. No obstante, se emplea también la pronunciación Amazonía: "Toda la Amazonía está alborotada." (M. Vargas Llosa, *Pantaleón*, 14).

ambages. Es masculino: *los ambages*. Se usa sólo en plural; como señala el DMI, no existe la forma *ambage*.

Amberes. Gentilicios: *amberino* y *antuerpiense* (de Antuerpia, antiguo nombre de esta ciudad).

ambiciar. **1.** Para su acentuación, → **abreviar**.
2. La RAE admite este verbo, pero prefiere *ambicionar*.

ambidextro, ambidiestro. La RAE admite ambas formas, pero recomienda la primera.

ambiente. **1.** El DRAE/84 incorpora la acepción: 'habitación, aposento, cámara' que tiene este sustantivo en la Argentina, Chile, Perú y Uruguay: *un departamento de tres ambientes*.
2. → **medio ambiente**.

ambigú. **1.** El DRAE/92 mantiene este sustantivo, de poco uso, pero recomienda *bufé*.
2. Según el *Esbozo* (2. 3. 3, c), su plural casi exclusivo es *ambigús*. → **rubí**.

ambiguo. Se llama así en gramática al sustantivo que se usa, con el mismo significado, en masculino o femenino indistintamente: *el tilde, la tilde; el linde, la linde*. No deben considerarse **ambiguos** los sustantivos

que, como *el corte, la corte*, tienen distintas acepciones según el género.

ambliope. El DRAE/92 incluye este adjetivo con la siguiente definición: "Dícese del que tiene debilidad o disminución de la vista, sin lesión orgánica del ojo." También enmienda el artículo *ambliopía*: "Defecto o imperfección del ambliope." Como se ve, la RAE ha adoptado la acentuación grave, según *miope*. Sin embargo, la AAL, teniendo en cuenta la vacilación que existe en la acentuación de esta voz, había propuesto, en su sesión del 13 de marzo de 1975, que la RAE admitiera este vocablo con acentuación optativa: *ambliope, amblíope* (*Acuerdos*, V, 202-04). El Dorland acentúa *amblíope*.

ambo. El DRAE/70, en su Suplemento, incorporó, como tercera acepción de esta voz, la siguiente: "Traje masculino, que consta solamente de chaqueta y pantalón, que pueden ser de distinto color." El DRAE/92 añade su localización geográfica: Chile y Río de la Plata.

ambos. Significa 'el uno y el otro' y no 'uno de los dos'. Bello (*Gramática*, § 192, nota) critica por incorrecta la construcción **el primero de ambos*. En oraciones negativas, en cambio, "[...] la negación se refiere a uno de los dos y no al uno y al otro. *No era grande el talento en ambos* sólo quiere decir que en uno de ellos no era grande" (Bello, *loc. cit.*).

ambos a dos. Aunque poco usual, es correcto; la forma **ambos dos*, en cambio, no está registrada en el DRAE.

ambrosía, ambrosia. La RAE admite las dos formas, aunque prefiere la primera.

amebiasis, → **amibiasis**.

a medida. Es erróneo tachar de incorrecta esta locución adjetiva y sustituirla por **de medida* o **sobre medida: traje a medida*. También puede decirse *a la medida*.

*a medida de que. Forma incorrecta por *a medida que: los saludaba a medida que iban llegando*.

amedrentar, amedrantar. La RAE admite las dos formas, pero prefiere la primera.

amenazar. Construcción: —*con castigarlo*; —*con llover* (o *amenaza lluvia*); —*de muerte*.

amén de. Esta locución prepositiva tiene dos valores: *además de*: "[...] cumplen funciones complejas amén de trascendentales." (Grucho Marx, "Ruderico I de Borgoña", en AM, 2,11); "En cuanto al dibujo, que exige larga y paciente dedicación, amén del fuego sagrado [...]" (R.J. Payró, *Veinte cuentos*, 90), y *excepto*: "Si vuestra merced, señor caballero, busca posada, amén del lecho (porque en esta venta no hay ninguno), todo lo demás se hallará en ella en mucha abundancia." (*Quijote*, I, 30). Es poco usada, salvo en lenguaje literario.

amenguar. Para su acentuación, → **averiguar**.

ameno. Construcción: —*a la vista*.

*a menos de que. Es forma incorrecta; dígase *a menos que*: *iré, a menos que llueva*.

a menudo. Aunque Bello (*Gramática*, § 377) y F. Hanssen (*Gramática histórica*, § 630) escriben *amenudo*, la RAE admite hoy sólo la grafía **a menudo**.

a merced de. Significa 'sometido a la voluntad de': *quedó a merced de sus enemigos*, y no debe confundirse con *merced a*, que equivale a 'gracias a'. Es incorrecto su uso en: **podía sobrevivir a merced de las donaciones de sus amigos*, en lugar de *merced a las donaciones de sus amigos*.

América. Nombra un continente, y no un país, que se llama oficialmente *Estados Unidos de América*, y para referirse al cual conviene usar → **Estados Unidos** (preferible) o *Norteamérica*.

América Hispana. → **Hispanoamérica**.

América Latina. → **Hispanoamérica**.

americano. Conviene evitar, por poco preciso y abusivo, el gentilicio **americano** para referirse a los naturales de los Estados Unidos de América. El gentilicio menos ambiguo es *estadounidense*, ya que a los naturales de los Estados Unidos Mexicanos se los llama exclusivamente mexicanos. El otro gentilicio aceptable, *norteamericano*, es menos preciso, puesto que también lo son, además de los mexicanos, los canadienses, aunque ni a unos ni a otros se los llama corrientemente norteamericanos. En cuanto al tercer gentilicio, *yanqui*, debe tenerse en cuenta que se refiere, en rigor, al natural de Nueva Inglaterra y conlleva, además, un cierto matiz despectivo. Los tres gentilicios están admitidos por la RAE. → **Estados Unidos**.

ameritado. La RAE admite, desde 1970, este adjetivo como americanismo y con el significado de 'merecedor, benemérito'.

ameritar. La RAE admite, desde 1970, este verbo como americanismo y con los significados de 'dar méritos' y 'merecer'.

amerizaje, amerizar. Aunque criticadas, la Academia dio cabida en el DRAE/84 a las dos voces. **Amerizaje** es "acción y efecto de amerizar" y **amerizar**, "posarse en el mar un hidroavión o aparato astronáutico".

ametralladora. El DRAE/92 registra el significado de 'metralleta' que tiene este sustantivo en la Argentina, Guatemala y Perú.

amibiasis. El DMI registra esta voz, que no figura en el DRAE/92, con la siguiente definición: "Enfermedad producida por amebas". El Dorland trae *amebiasis*, que tampoco registra el DRAE/92.

amical. → **Galicismo** (fr. *amical*) por *amistoso*.

amicísimo, amiguísimo. → **amigo**.

Amiens. A pesar de que la RAE admite la opción *Amiéns* (*Ortografía*, § 41, b), no corresponde poner tilde a este sustantivo porque en francés no lo lleva y en español no se acentúan ortográficamente las palabras agudas terminadas en -*ns*, como enseña la propia *Ortografía* académica (§ 34, 1º, b).

amigo. 1. Superlativos: *amicísimo* (literario) y *amiguísimo* (coloquial).
2. Construcción: —*de bromas*; —*en la adversidad*.

amiguismo. Práctica política que consiste en beneficiar, desde los cargos públicos, a los amigos. El DRAE/92 incorpora esta voz sin indicar ninguna localización geográfica.

aminorar, minorar. La RAE admite las dos formas, pero en el DRAE/92 prefiere la primera.

*amiótico. Forma incorrecta por *amniótico* (derivado de → **amnios**).

a mi turno. A. Castro dice de esta expresión que es un → **galicismo** (fr. *à mon tour*) inútil por *a mi vez*.

amnios. Es masculino: *el amnios, los amnios*.

amnistiar. Para su acentuación, → **enviar, 1**.

amoblar. → **amueblar**.

amodorrecer. V. irreg.; se conjuga como → **parecer, 1**.

amohinar. Para la acentuación de este verbo téngase en cuenta que cuando la -*i*- de la raíz está acentuada prosódicamente, debe llevar tilde de acuerdo con las nuevas normas de prosodia y ortografía de la RAE: *amohíno, amohíne*, etc.

amolado. El DRAE/84 incorpora este adjetivo con la siguiente definición: "Dícese de la persona que importuna o molesta reiteradamente." Es un peruanismo, según la RAE. En la Argentina y Uruguay también se emplea este vocablo, pero con el sentido pasivo: "fastidiado, molesto por la impertinencia de otro" (M. Morínigo, *Diccionario*).

amolar. V. irreg.; se conjuga como → **sonar**.

amoníaco, amoniaco. La RAE admite las dos formas, pero recomienda la primera desde la edición de 1984 de su *Diccionario*. → **-íaco, -iaco**

amor. Construcción: —*a mis amigos*; —*de mis amigos*. Esta última construcción puede significar tanto el amor que tengo a mis amigos como el amor que mis amigos me tienen, pero, de hecho, este último valor es el más frecuente. → **temor**.

amoral. Es aquel que carece de sentido moral. No debe confundirse con *inmoral*, que es quien realiza a sabiendas actos opuestos a la moral.

amoroso. Construcción: —*con, para, para con sus hijos*.

amor seco. 1. Plural: *amores secos*.

2. La AAL escribe *amorseco*: "El nombre de amorseco está documentado desde antiguo por nuestros lexicógrafos" (*Acuerdos*, V, 69). En el DRAE/92 (s. v. *amor*) figura como **amor seco**.

amortecer. V. irreg.; se conjuga como → **parecer, 1**.

amortiguar. Para su acentuación, → **averiguar**.

ampalaba, ampalagua. La RAE admite las dos voces, pero prefiere la primera.

amparar. Construcción: —*con el paraguas*; —*contra el viento*; —*de la lluvia*; —*en sus derechos*.

ampararse. Construcción: —*con las ramas*; —*contra la tormenta*; —*de los perseguidores*.

ampère. Desde la edición de 1984, el DRAE registra esta voz sin tilde: *ampere*.

ampliar. Para su acentuación, → **enviar, 1**.

amputado. El DMI registra esta voz, que no figura en el DRAE/92, con la siguiente definición: "Que ha sufrido amputación."

amueblar, amoblar. 1. La RAE admite ambas formas, pero da preferencia a la primera, que es la más corriente.
2. Amueblar es regular y conserva en todas sus formas el diptongo -*ue*-; **amoblar**, en cambio, es irregular como → **sonar**.

a muerte. Expresiones como *perseguir a muerte*, *odiar a muerte*, etc. suelen ser criticadas por galicistas, y los preceptistas recomiendan sustituirlas por *perseguir de muerte*, *odiar de muerte*, etc. Pero las formas impugnadas son de uso corriente y acaban de recibir la aprobación de la RAE: en el DRAE/92 se amplía la significación de esta locución con la acepción de 'implacablemente, con ferocidad'. Además, la RAE considera ahora poco usada la locución adverbial *de muerte*.

amustiar. Para su acentuación, → **abreviar**.

Ana. → **Águeda**.

anacarado. → **nacarado**.

ánade. El DRAE lo registra como → **ambiguo**, pero el uso actual ha optado por el masculino: *el ánade, los ánades*. Aunque se use como femenino, en singular debe emplearse la forma *el, un* del artículo: *el ánade, las ánades*. → **agua, 2**. Según el *Esbozo*, (2. 6. 4, b) se usa el artículo *la* cuando se quiere distinguir el sexo: *la ánade*.

anafe, anafre. La RAE acepta ambas formas, pero prefiere la primera.

anafilaxia, anafilaxis. La RAE admite ambas formas, pero recomienda la primera.

anafrodisíaco, anafrodisiaco. La RAE autoriza ambas formas, pero la primera es la recomendada. → **-íaco, -iaco**.

anaglifo. El DRAE/92 sólo registra la forma grave, aunque admite *triglifo* y *tríglifo*.

anagrama. Es palabra llana; evítese la acentuación esdrújula: **anágrama*.

Anáhuac. Es palabra grave y se escribe con tilde en la segunda *a*.

analepsia. El DMI registra esta voz, que no figura en el DRAE/92, con la siguiente definición: "Restablecimiento de las fuerzas después de una enfermedad."

anales. Se usa sólo en plural: *los anales de la Universidad*.

analfabético. El DMI registra esta voz, que no figura en el DRAE/92, con la siguiente definición: "Perteneciente o relativo al analfabetismo."

*analis. Forma vulgar por → **análisis**, que debe evitarse cuidadosamente.

análisis. 1. Hasta la edición de 1970, la RAE consideraba → **ambiguo** este sustantivo, pero el DRAE/84 ya le señala el género masculino: *el análisis*, que es el que se emplea corrientemente.
2. El DRAE/92 incorpora la acepción 'tratamiento psicoanalítico', muy frecuente de esta voz.
3. No varía en plural: *los análisis*. → **plural, I, A, 2**.

analista. El DRAE/84 añade a las acepciones tradicionales de este sustantivo la de *psicoanalista*. Además, registra el término de la informática: 'persona que lleva a cabo análisis informáticos'. El DRAE/92 ha incorporado la siguiente acepción: "Observador habitual de un campo de la vida social o cultural. *Analista político, financiero, militar*."

análogo. Construcción: —*al caso anterior*.

anamnesia, anamnesis. 1. La RAE admite las dos formas, pero en el DRAE/92 prefiere la primera.
2. Ambas variantes son femeninas.

ananá, ananás. 1. La RAE admite ambas formas (en singular), aunque en el DRAE/92 prefiere la primera: *el ananá*. Pero se advierte cierta incoherencia en el uso académico: define la piña de América como **ananás** (en singular), que es la forma ahora no recomendada, y escribe, s. v. *piñal*: "Plantío de piñas o ananás", donde utiliza **ananá** en plural. En la Argentina, se usa exclusivamente, en singular, la forma **ananá**.
2. Plural de **ananá**: *ananás* o *ananaes* (→ **rubí**); de **ananás**: *ananases*.

anarco. El DRAE/92 incorpora esta voz como sinónimo familiar de *anarquista*.

anatema. Es sustantivo → **ambiguo**: *el anatema, la anatema*. Se usa preferentemente como masculino: "[...] fulminándolo con este anatema [...]" (L.V. López, "Don Polidoro", en VCHA, 37).

*anatematizar, anatemizar. El DRAE/92 admite las dos formas, pero prefiere la primera.

Anaxímenes. Es palabra esdrújula; evítese la acentuación grave *Anaximenes* (aunque es la que corresponde a la forma griega).

ancestral. Este adjetivo, criticado durante mucho tiempo por galicista (fr. *ancestral*), figura en el DRAE con los siguientes significados: "Perteneciente o relativo a los antepasados. // 2. Tradicional y de origen remoto" (esta segunda acepción fue añadida en 1984).

ancestro. El DRAE/92 ha incluido este sustantivo como sinónimo de *antepasado* y de *herencia* (rasgos que se trasmiten). Es de uso frecuente, sobre todo en América, y en plural.

anchoa, anchova. La RAE admite las dos formas, pero prefiere la primera, que es la más corriente.

anchura, anchor. La RAE admite ambas formas, pero recomienda la primera. El DRAE/92 califica a **anchor** de poco usado.

anciano. Es → galicismo (fr. *ancien*) usarlo en lugar de *antiguo* o *ex*.

Ancien Régime. Expresión francesa con que se alude a la monarquía absolutista anterior a 1789, en Francia.

ancla. Es sustantivo femenino, pero lleva, en singular, la forma *el*, *un* del artículo: *el ancla* (pero *las anclas*). → **agua, 2**.

anda, andas. La RAE admite las dos formas, pero prefiere la segunda. El singular **anda** es un americanismo que, según el DRAE, se emplea en Colombia, Chile, Guatemala y Perú.

andaderas. Se usa sólo en plural: *las andaderas*.

andamiaje. En su sesión del 26 de abril de 1983, la AAL solicitó a la RAE la inclusión en el *Diccionario* oficial de esta nueva acepción: "fig. Conjunto de presupuestos y factores que sustentan la exposición de una teoría" (*Acuerdos*, IX, 148). No figura en el DRAE/92.

andar. **1**. Verbo irregular; a las dos raíces regulares *and-* y *andar-*, agrega la irregular *anduv-*. Los tiempos irregulares son: INDICATIVO. Pretérito perfecto simple: *anduve, anduviste, anduvo, anduvimos, anduvisteis, anduvieron*. SUBJUNTIVO. Pretérito imperfecto: *anduviera/anduviese, anduvieras/-eses, anduviera/-ese, anduviéramos/-ésemos, anduvierais/-eseis, anduvieran/-esen*. Futuro imperfecto: *anduviere, anduvieres, anduviere, anduviéremos, anduviereis, anduvieren*.

Evítense formas criticables como *andé, *andaste, *andó, *andaron, *andara, *andaras*, etc., en lugar de *anduve, anduviste, anduvo, anduvieron, anduviera, anduvieras*, etc.: "¿Qué pasó para que de pronto andaran como yuntas para arriba y para abajo?" (M. Vargas Llosa, *La ciudad*, 227).

2. Construcción: —*al paso*; —*con los papeles de la sucesión*; —*de paso*; —*en problemas*.

andarse. Construcción: —*con vueltas*; —*por las ramas*.

andar a los apurones. → **apurón**.

andar al pelo. Significa, según el DRAE 'andar a golpes', pero en la Argentina significa 'andar a punto, con exactitud', que es el valor que el DRAE le da a la locución adverbial *al pelo*.

andar de florcita. Argentinismo que tiene el mismo significado que la expresión española *andarse a la flor del berro*: 'darse a diversiones y placeres', 'holgazanear': "Vos siempre andás de florcita, / no tenés renta ni oficio" (J. Hernández, *Martín Fierro*, II, vv. 3457-58).

andas. → **anda**.

Andes. **1**. La AAL, en su sesión del 29 de noviembre de 1962, dictaminó que debe escribirse *los Andes* y no *Los Andes* al referirse a esta cordillera de la América meridional (*Acuerdos*, III, 246-54). La RAE, por su parte, escribe en su *Diccionario* (s. v. *andino*) *cordillera de los Andes*. El artículo se escribe con mayúscula cuando, unido a *Andes*, forma un topónimo: *la ciudad de Los Andes*.

2. Se usa en plural; su empleo en singular, *el Ande*, es exclusivo del lenguaje literario: "y vibraron los bélicos clarines / del Ande gigantesco en los confines" (O.V. Andrade, "El nido de cóndores", en *Poesía*, 44); "Así se dispuso a enfrentar la terrible noche del Ande." (J. Draghi Lucero, *Las mil y una noches*, 243).

andinismo. El DRAE/92 registra este sustantivo, como propio de la América meridional, con el significado de "Deporte que consiste en la ascensión a los Andes y a otras montañas altas." *Andinista* es la persona que practica el **andinismo**. *Alpinismo*, en cambio, tiene una acepción algo menos precisa: "Deporte que consiste en la ascensión a las altas montañas." Así, no es incorrecto, aunque sí poco preciso, hablar de *alpinismo* refiriéndose a los Andes.

Androcles. Es palabra grave; evítese la acentuación esdrújula.

androfobia. El DRAE/92 ha incorporado este sustantivo con la siguiente definición: "Aversión morbosa hacia el sexo masculino."

andromanía. El DMI registra este vocablo, que no figura en el DRAE/92, como sinónimo de *ninfomanía*.

andurrial. **1**. La RAE admite el singular, aunque aclara que este sustantivo se usa más en plural: *los andurriales*.

2. El DRAE/92 no registra el significado de 'barrizal, lodazal' que este vocablo tiene en la Argentina, Ecuador y Perú (M. Morínigo, *Diccionario*).

anegar. 1. Es un verbo regular: *anego, anegas*, etc.: "[...] los ríos se desbordan, las riberas se anegan [...]" (J.L. Borges, *Historia*, 47). Quizá por influencia de *negar* (verbo con el cual no tiene ningún parentesco etimológico) o por supervivencia de un arcaísmo (hasta el siglo XVI este verbo era irregular: *aniego, aniegas*, etc.), se lo suele hacer irregular.
2. Construcción: —*en sangre*.

anémona, anemona, anemone. El DRAE/92 registra las tres variantes, pero recomienda la primera, que es la que se usa exclusivamente en la Argentina.

***anerobio.** Forma incorrecta por *anaerobio*.

anestesiar. Para su acentuación, → **abreviar**.

anestesiólogo. Tiene un femenino *anestesióloga*; evítese, por lo tanto, **la anestesióloga*.

aneurisma, neurisma. 1. La RAE admite ambas formas, pero prefiere la primera, que es la más usual.
2. Aneurisma es sustantivo → **ambiguo**: *el* o *la aneurisma*, pero se emplea más el masculino. **Neurisma** es femenino.

anexar, anexionar. La RAE admite ambas formas, pero recomienda la primera, aunque el DRAE/92 señala que **anexionar** se refiere principalmente a la incorporación de un territorio a otro.

***anexionamiento.** Sustantivo que no figura en el DRAE/92. El DMI advierte que debe decirse *anexión*.

anexionar. → **anexar**.

anfetamina. El DRAE/92 ha incorporado este sustantivo con la siguiente definición: "Droga estimulante del sistema nervioso central."

anfitrión. Es la persona que tiene invitados a su mesa o a su casa. Es incorrecto, entonces, usarlo en lugar de *convidado*.

angarillas. Sólo en plural: *las angarillas*.

Ángela. → **Águeda**.

angiografía. El DRAE/92 incorpora este sustantivo con las siguientes definiciones: "f. *Anat*. **angiología**. // 2. Imagen de los vasos sanguíneos obtenida por cualquier procedimiento."

anglicismo. → **galicismo**.

angloamericanismo. El DRAE/92 ha incorporado este vocablo con la siguiente definición: "m. Vocablo, giro o rasgo idiomático peculiar o procedente del inglés hablado en los Estados Unidos de América."

anglocanadiense. El DRAE/92 ha incluido esta voz con la siguiente definición: "Canadiense de ascendencia y lengua inglesas."

anglohablante, angloparlante. La RAE admite ambas formas, pero prefiere la primera.

Angola. Gentilicio: *angoleño*.

angurria. El DRAE/84 ha incorporado las siguientes acepciones de esta voz : 'deseo vehemente o insaciable'; 'avidez, codicia' y 'hambre', que el DRAE/92 califica de americanismos.

angurriento. El DRAE/84 ha incorporado este adjetivo con la siguiente definición: "Ávido, codicioso, hambriento." El DRAE/92 le añade la nota de americanismo. "¡Es tan angurriento y tan raspa este animal, que no te podés imaginar todo lo que hace para juntar plata!" (R. J. Payró, *Pago Chico*, 112).

angustiar. Para su acentuación, → **abreviar**.

anhelo. Evítese la pronunciación [annélo].

anhídrido. La acentuación esdrújula es la única que propicia la RAE, aunque la acentuación grave [anidrído] está también muy difundida.

ánima. Es sustantivo femenino, pero en singular lleva la forma *el, un*, del artículo: *el ánima* (pero, *las ánimas*). → **agua, 2**.

animista. El DRAE/92 registra esta voz con la siguiente definición: "Adepto al animismo. // 2. Perteneciente o relativo al animismo."

animoso. Construcción: —*para trabajar*.

a nivel de. El sustantivo *nivel* implica una idea de altura o de grado. Es lícita la construcción: *el tema fue tratado a nivel de ministros* (o *a nivel ministerial*), pues se quiere indicar qué categoría o nivel de funcionarios intervino. Pero esta locución, de la que se abusa ad náuseam, es incorrecta cuando no se cumple la condición indicada: **a nivel de error ortográfico, *a nivel de precios, *a nivel personal, *a nivel de experiencia* y tantas otras.

Anjou. Gentilicio: *angevino*.

anochecer. 1. V. irreg.; se conjuga como → **parecer, 1**.
2. En su acepción de 'venir la noche' es impersonal. Con el significado de 'llegar o estar en un paraje, situación o condición determinados al comenzar la noche' es personal y admite sujeto: *anochecí en el camino*. En el español americano, y en lenguaje coloquial, suele usarse como pronominal: *Juan se anocheció en el bodegón*.

anofeles. Es palabra grave; la acentuación esdrújula, **anófeles*, es incorrecta.

anonimato. Palabra que, criticada de → **galicismo** (fr. *anonymat*) y de → **neologismo** innecesario, igualmente se impuso: figura en el DRAE desde la edición de 1970.

anorak. 1. El DRAE/92 registra este vocablo con la siguiente definición: "(De or. esquimal a través del fr. *anorak*.) m. Chaqueta impermeable, con capucha, usada especialmente por los esquiadores."
2. Plural: *los anorak* (*anorakes* es inusitado y conviene prescindir del anómalo *anoraks*).

anosmia. El DRAE/92 ha incluido esta voz con la siguiente definición: "f. Pérdida completa del olfato."

ansa, anseático.→ **hansa, hanseático**.

ánsar. Es voz grave y lleva tilde; evítese la acentuación aguda **ansar*.

ansiar. Existe vacilación en cuanto a la acentuación de este verbo. Algunos autores prefieren *ansio* (como → **abreviar**); otros, en cambio, consideran más correcto *ansío* (como → **enviar, 1**), que es la forma más corriente en la actualidad.

ansiolítico. El DRAE/92 incluye este adjetivo con la siguiente definición: "*Farm.* Que disuelve o calma la ansiedad. Ú. t. c. s. m."

ansioso. Construcción: *—de trabajar*; *—por terminar*.

anta. Es femenino, pero lleva, en singular, las formas *el*, *un* del artículo: *el anta* (pero, *las antas*). → **agua, 2**.

*antagonístico. → **Anglicismo** (ingl. *antagonistic*) por antagónico.

antagonizar. El DRAE/92 no registra este verbo. El → **neologismo**, sin embargo, está bien formado (cf. *protagonizar*). Puede sustituirse por *luchar contra* (que es su valor etimológico) o *enfrentarse*.

antarca. El DRAE/92 ha incluido esta voz con la siguiente definición: "(Del quechua *hantarqa*.) adv. fam. *N. Argent.* De espaldas." También puede hallarse la forma *antarcas*: "Después se tiraba antarcas bajo el algarrobo [...]" (F. Luna, *La última montonera*, 37).

Antares. La RAE la considera palabra grave, con lo que da preferencia, en la acentuación, a la forma etimológica griega. "Antares brillaba discretamente, con destellos rojizos." (E. Belgrano Rawson, *El náufrago*, 16). La acentuación aguda, **Antarés*, es galicista (fr. *Antarès*).

antarquear. El DRAE/92 ha incorporado este verbo con las siguientes definiciones: "tr. *N. Argent.* Tirar de espaldas. // 2. prnl. fig. y fam. *N. Argent.* Envanecerse."

Antártida. Gentilicio: la AAL propone *antártico* (*Acuerdos*, V, 30-33).

-ante, -ente. Los adjetivos terminados en **-ante, -ente**, casi siempre sustantivados, son: a) participios activos de verbos españoles empleados actualmente (*amante < amar*); b) participios activos de verbos españoles de muy poco uso hoy o bien desaparecidos de la lengua actual (*farsante < farsar*); y c) formas que sobreviven de participios activos latinos (*pariente < parens, -entis*, del verbo *pario*).
En cuanto a la formación del femenino, presentan algunas dificultades, ya que es éste un proceso que se halla todavía en evolución. Cuervo (*Notas*, § 20) decía: "Hoy damos con más frecuencia que antes termi-

nación femenina a sustantivos en *ante*, *ente* de origen participial. *Sirviente*, por ejemplo, era invariable."
Estos sustantivos se pueden dividir en cuatro grupos: a) los que tienen un femenino ya consagrado por el uso y admitido por la RAE: *confidente*, *confidenta*; b) los que tienen una forma femenina reconocida por la RAE, pero con limitaciones en cuanto a su uso: *ayudanta* es el femenino de *ayudante*, pero sólo con el significado de "Mujer que realiza trabajos subalternos, por lo general en oficios manuales"; c) los que tienen una forma femenina que puede admitirse, pero que todavía no está generalizada ni aceptada por la RAE: *estudiante*, *estudianta*; y, finalmente, d) aquellos que no admiten de ninguna manera, por ahora, una forma femenina: *amante*. En los artículos correspondientes de este *Diccionario* se analizan los casos particulares que puedan presentar dudas.

anteanoche, antenoche, antes de anoche. Las tres formas son correctas; la RAE recomienda la primera.

anteayer, antes de ayer. La RAE admite ambas formas, pero recomienda la primera. La grafía **ante ayer* es errónea.

antecocina. **1**. Palabra que traduce correctamente la voz francesa *office*.
2. La grafía **ante cocina* es incorrecta.

anticristo, antecristo. La RAE autoriza las dos formas (con el mismo significado de 'contrario a Cristo'), pero recomienda la primera, que es la que se emplea corrientemente.

antedecir. V. irreg.; se conjuga como → **decir, 1**, salvo el imperativo singular, que es *antedice* (y no **antedí*).
De este verbo se usa casi exclusivamente el participio *antedicho*.

ante lítteram. Expresión latina que se emplea en español para referirse a aquel que manifiesta ciertas características que, posteriormente, llegarán a organizarse en una tendencia histórica, literaria, etc.: *Julio Verne es un autor de ciencia ficción ante lítteram*. Corresponde a la expresión francesa *avant la lettre* y podría traducirse por *anticipador*.

antemeridiano. **1**. Se usa en algunos países americanos, por influencia del inglés, para indicar las horas de la mañana: *iremos a las diez antemeridiano*. Es preferible: *iremos a las diez de la mañana*.
2. El DRAE no registra la grafía **ante meridiano*.

ante merídiem. Expresión latina que significa 'antes del mediodía'. Suele abreviarse *A.M.*

antenoche. → **anteanoche**.

antenunciar. El DMI registra este verbo,

que no figura en el DRAE/92, como sinónimo de 'predecir, pronosticar'.

anteojo largavista. La RAE registra en su *Diccionario* la forma *anteojo de larga vista*.

anteojudo. El DRAE/92 ha incorporado este vocablo con la siguiente definición: "adj. despect. *Argent., Chile* y *Guat.* Que usa anteojos. Ú. t. c. s."

anteponer. V. irreg.; se conjuga como → **poner, 1**. El imperativo es *antepón* (→ **voseo**: *anteponé*), pero nunca: **antepone*.

anterior. 1. Es incorrecto **más anterior* y **mucho anterior*, forma esta última corriente en la lengua coloquial de la Argentina y que debe remplazarse por *muy anterior*.
2. Construcción: —*a la guerra*. La construcción con *que* es incorrecta: **esta publicación es anterior que las otras*.

*anteriormente a. → **Solecismo** por *antes de*, con anterioridad a: **anteriormente a estos hechos*; dígase: *antes de estos hechos*.

antes. Para *más antes*. → **más, 4**.

antes de anoche, antes de ayer. → **anteanoche; anteayer**.

antes de que, antes que. Ambas formas son correctas y se encuentran tanto en la lengua literaria como en el habla coloquial: "Yo lo siento mucho, pero tengo que emprender mi camino antes que la noche se me eche encima" (F. García Lorca, *La zapatera*, II); "Antes de que éste pudiera levantarse, Jacques le asió del cuello de la camisa [...]" (M. Cané, *Juvenilia*, 55). En el lenguaje coloquial predomina la locución **antes que**.
La vacilación en el uso de una u otra de estas locuciones conjuntivas puede ejemplificarse con el texto citado de M. Cané, quien había escrito **antes que** (edición de 1884) y corrigió por **antes de que** (edición de 1901). Delante de infinitivo, cuando se expresa una opción, la construcción **antes que** es obligatoria: *antes que vivir así, prefiero morir*.

antes que. → **antes de que**.

anteúltimo. El DRAE/92 no registra este adjetivo, de uso frecuente. Puede sustituirse por *penúltimo*.

anti-. 1. Es un prefijo inseparable, por lo tanto debe escribirse unido a la palabra base: *antimilitarista*, y no **anti-militarista*.
2. Este prefijo unido a sustantivos forma sustantivos: *anticuerpo, antimateria*, y unido a adjetivos forma adjetivos: *antideportivo, antisocial*. Ha sido objetada la formación de adjetivos con **anti-** + sustantivos. Pero la RAE ha dado comienzo a la aceptación de estos compuestos al incorporar al *Diccionario* oficial *antigás, antitanque* y *antirrobo*. Otros casos, como *antimonopolio*, han adquirido así el derecho a ser reconocidos.

antiafrodisíaco, antiafrodisiaco. La RAE admite ambas formas, pero prefiere la primera. → **-íaco, -iaco**.

*antiayer, *antiyer. Formas incorrectas por *anteayer*.

anticipar. Su empleo con el significado de 'prever, conjeturar, anticiparse' es anglicista (ingl. *to anticipate*): **en el pueblo, todos anticiparon el regreso del forastero*.

anticiparse. Construcción: —*a otro*; —*en contar*.

anticoncepción, contraconcepción. El DRAE/92 ha incorporado estas dos palabras, con preferencia por la primera.

anticonceptivo, anticoncepcional. El DRAE/92 admite los dos vocablos para referirse a cualquier medio que tienda a evitar que la mujer quede embarazada, pero prefiere el primero.

anticuar. Para su acentuación, → **averiguar**. No obstante, es frecuente la acentuación *anticúo* (como → **atenuar**).

antideslizante. El DRAE/92 registra esta voz con la siguiente definición: "Que impide que algo se deslice o patine."

*antidiluviano. Error frecuente que conviene evitar; la forma correcta es *antediluviano* (no **ante-diluviano*)

antidoping. → **control antidoping**.

antier. El DRAE lo registra como forma familiar por *anteayer*. En la Argentina es forma rústica.

antiesclavismo, antiesclavista. Ninguna de las dos voces, bastante usuales en América, figura en el DRAE/92.

*antifebrífugo. Si se habla de un *antifebril* o *antipirético*, debe decirse *febrífugo (un *antifebrífugo* sería un original medicamento destinado a elevar la fiebre).

antigás. Es un adjetivo generalmente invariable: *las máscaras antigás* (aunque no es inusual oír *antigases*).

antiguo. 1. Es galicista (fr. *ancien*) el uso de este adjetivo cuando se quiere indicar que alguien o algo ya no es lo que era: **el antiguo decano*; dígase *el ex decano*.
2. Superlativo: *antiquísimo* (tanto en lengua literaria como estándar).

antihistamínico. En su sesión del 11 de octubre de 1973, la AAL sugirió a la RAE la inclusión de este vocablo en el *Diccionario* oficial. No figura en el DRAE/92.

antihumano. No figura este vocablo en el DRAE; dígase *inhumano*.

antilegal. El DMI recoge este adjetivo, que no figura en el DRAE/92, con el significado siguiente: "Que se opone a la ley."

antiliberal. El DRAE/92 registra este adjetivo con la siguiente definición: "Contrario a las ideas liberales o a quienes las defienden. Ú. t. c. s."

antimonárquico. El DMI registra este adjetivo, que no figura en el DRAE/92, con la siguiente definición: "Contrario a la monarquía."

antimonopolio. 1. Adjetivo invariable. Su formación es equivalente a la de los adjetivos *antigás, antitanque y antirrobo* (→ **-anti**).

2. Evítese la grafía *anti-monopolio*.

antineurálgico. Este vocablo no figura en el DRAE/92 pero está admitido en el DMI, con la siguiente definición: "Eficaz contra la neuralgia."

antinomia. Es ésta la única acentuación admitida por la RAE. La forma **antinomía* es incorrecta. → **-nomía, -nomia**.

Antíoco. La acentuación más difundida es la esdrújula.

Antioquía, Antioquia. 1. Se trata de dos ciudades distintas. **Antioquía** (con acento en la sílaba *-qui-*) es una ciudad de Turquía; **Antioquia** (con acento en la sílaba *-tio-*) es una ciudad (además de un departamento y un municipio) de Colombia.

2. Gentilicios: de **Antioquía** es *antioqueno*; de **Antioquia**, *antioqueño*.

antípoda. 1. Es un adjetivo: *hombre antípoda, mujer antípoda*, que se sustantiva frecuentemente y se emplea en plural. En este caso, su género es generalmente masculino: "A ver, Miguelito, ¿quiénes son nuestros antípodas?" (Quino, *Mafalda*, vol. 6). Pero podemos decir *ésas son nuestras antípodas* si nos referimos a *regiones*.

2. El DRAE/92 incorpora la locución *en los* o *en las antípodas* para referirse a un lugar o posición totalmente contraria.

antirracista. Es incorrecta la grafía **antiracista*: "[...] cientos de manifestantes antiracistas [...]" (*La Nación*, 1-2-93, pág. 2). → **r, 4**.

antirrobo. 1. El DRAE/92 incluye este adjetivo con la siguiente definición: "Dícese del sistema o artilugio destinado a prevenir el robo. *Alarma, cerradura antirrobo.* Ú. t. c. s. amb."

2. Es generalmente invariable: *trabas antirrobo*.

3. Evítense las grafías **anti-robo* y **antirobo*.

antisudoral, desodorante. No son sinónimos. El primero se refiere a la sustancia que evita o reduce el sudor, en tanto que el segundo se aplica a lo que destruye los olores molestos o nocivos.

antítesis. No varía en plural: *las antítesis*. → **plural, I, A, 2**.

antivarioloso. Adjetivo que no figura en el DRAE (aunque sí figura *varioloso*). La RAE sólo admite *antivariólico* (aunque *variólico* no figura en el DRAE).

*antivermífugo. Si se habla de un medicamento destinado a matar las lombrices intestinales, dígase *vermífugo* (un **antivermífugo* sería un extraño medicamento para favorecer a las lombrices).

antólogo. Para designar al colector de antologías, la RAE admite sólo **antólogo**, aunque *antologista* es de uso frecuente y no parece incorrecto (cf. fabulista, novelista, etc.).

Antonio. Diminutivos: *Antonito, Antoñico* y *Antoñuelo*.

*antonomásico. Forma incorrecta por *antonomástico*.

ántrax. No varía en plural: *los ántrax*. → **plural, I, A, 2**.

antropofagia. Es la única acentuación que autoriza la RAE, que, desde 1956 ha desechado la pronunciación **antropofagía*. → **-fagia**.

antropozoico. El DMI registra esta voz, que no figura en el DRAE/92, con la siguiente definición: "Dícese de la era cuaternaria, en que aparece el hombre."

anunciar. Para su acentuación, → **abreviar**.

Anvers. Nombre francés de la ciudad belga que, en español, se llama *Amberes*.

añadir. Construcción: *—agua a la leche*.

añares. En su sesión del 12 de agosto de 1982, la AAL resolvió sugerir a la RAE la inclusión, en el *Diccionario* oficial, de este vocablo, usual en el Río de la Plata, con el significado de 'mucho tiempo, muchos años' (*Acuerdos*, X, 60). Se usa generalmente con el verbo *hacer*: *hace añares que vive aquí*. El DRAE/92 lo incluye con la definición sugerida por la AAL.

*añas. 'Especie de zorra del Perú'. El DRAE/92 ha modificado la acentuación grave de esta palabra por *añás*.

añeloti. → **agnellotti**.

añicos. Se emplea solamente en plural: *el espejo se hizo añicos*.

añil. Como nombre de color se une en aposición a otro sustantivo y permanece invariable: *una flor añil, unas flores añil*. → **concordancia, I, D**.

año a año. Respecto de esta locución y de otras similares (*domingo a domingo, hora a hora, mañana a mañana, día a día, mes a mes, momento a momento, noche a noche, tarde a tarde, vuelta a vuelta* etc.), la lengua modélica exige *año por año* o *año tras año*, pero en América es habitual, y correcto, el uso de la preposición *a* en estas locuciones.

año luz, año de luz. 1. El DRAE/92 admite las dos formas, aunque prefiere la primera, para nombrar la medida astronómica equivalente a la distancia que recorre la luz en un año.

2. Plural: *años luz*.

3. La grafía **año-luz* es incorrecta.

años. 1. Para el empleo de la expresión *los años veinte, treinta*, etc., → **cardinales (numerales), 3**.

2. Siguiendo la costumbre inglesa, se ve a

menudo escrito, sobre todo en los periódicos, los *años '80*, uso que conviene evitar.

*a objeto de. → **Solecismo** por *con el objeto de*: "Como nos encamináramos al embarcadero [...] a objeto de arreglar lo necesario para el desembarque en la madrugada [...]" (J.S. Álvarez, *En el mar austral*, 170).

a ojos vistas. Esta locución adverbial es correcta; rechácese la corrección **a ojos vistos*. También es incorrecta la forma **a ojos vista*.

*a opinión de. Uso incorrecto de la preposición *a*; dígase *según la opinión de*.

*a oscura. La locución adverbial es *a oscuras*.

à outrance. Locución francesa; equivale al español *a ultranza*, *a todo trance*.

apacentar. V. irreg.: se conjuga como → **acertar**, 1.

apaciguar. Para su acentuación, → **averiguar**.

aparcacoches. El DRAE/92 incluye esta voz con la siguiente definición: "com. Persona que en hoteles, restaurantes y otros establecimientos públicos se encarga de aparcar los vehículos de los clientes y de devolvérselos a la salida."

aparcar. Este sinónimo de → **estacionar** no ha logrado arraigar en la Argentina, donde tampoco se llama *aparcamiento*, sino *estacionamiento*, al lugar público o privado destinado a estacionar automóviles.

aparcería. El DRAE/92 ha incorporado la acepción 'compañerismo, amistad', propia del Río de la Plata.

aparcero. El DRAE/92 ha incluido la acepción 'compañero, amigo', propia del Río de la Plata.

aparecer. 1. V. irreg.; se conjuga como → **parecer**, 1.
2. Aunque criticada por galicista, la frase 'aparecer un libro' es de uso corriente. M. Moliner (*Diccionario*) la admite cuando da como una de las acepciones de este verbo: "Empezar a existir cierta cosa; como un periódico, una moda o una enfermedad." Por lo demás, el DRAE/92 ha añadido la siguiente acepción: "Cobrar existencia o darse a conocer por primera vez. *Han aparecido casos de tifus en la región. El libro no apareció hasta después de su muerte*."

aparecerse. Construcción: —*a, ante alguien*; —*en, por casa*; —*entre sueños*.

aparente. Es → **anglicismo** (ingl. *apparent*) su uso por *indubitable, notorio, cierto*: **su desvergüenza se hizo aparente*.
Este adjetivo significa en español 'que parece y no lo es' y también, aunque menos frecuentemente, 'conveniente, oportuno, adecuado': "[...] busqué un lugar aparente para pasar la siesta fatigosa [...]" (J.S. Álvarez, *Viaje,* 31).

apartamento, departamento. La RAE admite ambas formas, pero prefiere la primera y en esa entrada da la definición: "Habitación, vivienda. // 2. Vivienda compuesta de uno o más aposentos, generalmente con cocina y servicios higiénicos, situada en un edificio donde existen otras viviendas análogas."
En **departamento**, en cambio, remite a **apartamento**, pero limitando su extensión geográfica a la Argentina, Bolivia, Chile, Ecuador, México, Perú y Uruguay. Sin embargo, la voz **departamento** es frecuente en España, de acuerdo con los ejemplos que cita la AAL (*Acuerdos*, III, 185-88) En la Argentina, la preferencia por **departamento** es evidente: el diario *Clarín* de Buenos Aires encabeza los avisos correspondientes con el título *"Departamentos"*.

apartar. Construcción: —*a un rincón*; —*de sí*.

apartarse. Construcción: —*a un lado*; —*de su familia*.

aparte. Como adverbio (*lo pusimos aparte*), sustantivo (*me lo dijo en un aparte*) o adjetivo (*busquemos un lugar aparte*) debe escribirse en una sola palabra.

aparte de. El DRAE/92 incorpora esta locución prepositiva, que hasta entonces había rechazado por incorrecta, con la siguiente definición: "Con omisión de, con preterición de. Ú. t. sin la prep. y pospuesto al nombre. *Aparte impuestos, impuestos aparte*."

apartheid. Palabra afrikaans que significa 'separación'; se aplica a la segregación racial en África del Sur. Puede sustituirse por *segregación*.

*a partir de un piñón. La frase es *a partir un piñón*.

apasionarse. Construcción: —*con la lectura*; —*por alguna persona*.

a pata tendida. Locución adverbial que corresponde a *a pierna suelta*. Se usa especialmente con los verbos *dormir* y *roncar*: "que ronca a pata tendida / aunque se dé güelta el mundo" (J. Hernández, *Martín Fierro*, II, vv. 311-12). También se dice *a pata suelta*. Ninguna de las dos locuciones, corrientes en la Argentina, figura en el DRAE/92, que registra, con el mismo significado, *a pata ancha*.

a pechadas. Locución adverbial que significa 'a empellones': "a pechadas con los pampas" (H. Ascasubi, *Santos Vega*, v. 4320). No figura en el DRAE/92, que registra los valores de 'atropello, empujón' del sustantivo → **pechada**.

apechugar. Construcción: —*con las consecuencias*.

apedarse. Significa 'emborracharse, embriagarse': "que alegre de verme entre ellos / esa noche me apedé" (J. Hernández,

Martín Fierro, I, vv. 1145-46). Es un argentinismo que no figura en el DRAE/92. Se lo considera vocablo grosero.

apegarse. Construcción: —*a alguien o algo*.

apelación. Construcción: —*a la buena voluntad*; —*del fallo*.

apelar. 1. Es verbo intransitivo (se considera incorrecto decir *apelar la sentencia*, en lugar de *apelar de la sentencia*), sin embargo, puede usarse en voz pasiva (característica de los verbos transitivos): *la sentencia fue apelada*. Bello advirtió esta particularidad (*Gramática*, § 735).
2. Construcción: —*a las amenazas*; —*de la sentencia*.

apelativo. El DRAE/92 ha incorporado la siguiente acepción de esta voz: "*Ling*. Dícese del lenguaje en cuanto pretende influir y producir un efecto en el oyente o receptor."

apellidos (plural de los). → **plural, II**.

apellidos extranjeros. 1. *Acentuación*: → **acentuación ortográfica, III, B, 2**.
2. *Traducción*. Cuando la traducción de nombres y apellidos es ya tradicional, deberá respetarse: *María Estuardo* (no Mary Stuart), *Martín Lutero* (no Martin Luther), *Julio Verne* (no Jules Verne), etc. En los demás casos se escribirán según su grafía original: *John Kennedy, Martin Luther King, Jean Paul Sartre, Giovanni Papini*, etc.

apenas, a penas. 1. La RAE admite las dos formas, pero prefiere la primera.
2. Diminutivo: *apenitas* (forma muy difundida en América): "[...] corté catorce tiritas de dúrex, las pegué apenitas a lo largo del lápiz [...]" (I. Blaisten, *Cerrado*, 113).

***apenas que**. Forma incorrecta por *apenas*: **apenas que los vimos, los saludamos*.

apenas si. Tachada de → **galicismo** (fr. *à peine si*) por los puristas y de vulgarismo por M. Moliner (*Diccionario*), esta locución adverbial ha sido admitida por la RAE que la incorporó al DRAE/92. Es sinónimo de *apenas, casi no: apenas si sabe leer*. Según la RAE, se emplea para evitar la posible confusión con *apenas* cuando ésta funciona como conjunción (= en cuanto): *apenas llega a su casa, prende el televisor* (= en cuanto llega); *apenas si llega a su casa porque lo golpearon en el camino* (= casi no llega).

apéndice. 1. Es masculino: el *apéndice, los apéndices*.
2. Construcción: —*a la obra*.

apendicitis. Es femenino: *la apendicitis, las apendicitis*.

apercibir. 1. En el DRAE/70 figura, como segunda acepción de este verbo, "Percibir, observar, caer en la cuenta". El DRAE/84 a esta misma definición le agrega, en forma inusual: "Este uso galicista se considera vulgar y descuidado". Pero el uso muy difundido de **apercibir** con estos valores

determinó que la RAE suprimiera esa tacha en el DRAE/92. En la Argentina, el empleo de *apercibirse* data del siglo pasado: "[...] recién me apercibo que en esta larga carta sólo me he detenido en Sarmiento [...]" (carta de Nicolás Avellaneda al doctor Benigno Vallejo, año 1859, en N. Avellaneda, *Escritos literarios*, 66).
2. Construcción: —*con una sanción*; —*del peligro*; —*por el descuido*.

apercibirse. Construcción: —*a, para la batalla*; —*contra el enemigo*; —*de su error*.

apereá. El nombre de este mamífero roedor de la Argentina y el Uruguay es masculino: "De repente, una víbora negra salta desde una rama de algodonillo en que estaba enroscada a la espera de algún apereá arrastrado por la corriente [...]" (J.S. Álvarez, *Viaje*, 95-96).

apertura. 1. Desde el DRAE/84, la RAE admite la acepción de 'tendencia o posición favorable a la comprensión de ideas políticas, sociales, etc., distintas de las que uno profesa'.
2. → **abertura**.

apesadumbrarse. Construcción: —*con, de o por lo sucedido*.

a pesar de. 1. Locución prepositiva concesiva que significa 'contra la voluntad o gusto de', 'contra la fuerza o resistencia de', 'no obstante'.
2. La grafía *apesar de es incorrecta.

a pesar + pronombre posesivo. Es correcta esta construcción (*a pesar mío, a pesar tuyo, a pesar nuestro*, etc.), y la respalda la RAE: "**a pesar** o **a pesar de** [...] Pide la preposición *de* cuando la voz que inmediatamente le sigue no es un pronombre posesivo. *Lo haré a pesar tuyo*." (DRAE/92, s. v. *pesar*): "Pensó que se veía involucrado a pesar suyo en una misión de naturaleza policial [...]" (E. Belgrano Rawson, *El náufrago*, 164).

a pesar mío. → **a pesar + pronombre posesivo**.

***a pesar que**. Locución conjuntiva que se construye siempre con la preposición *de*: *a pesar de que salimos tarde, llegamos a tiempo*.

apetecer. V. irreg.; se conjuga como → **parecer, 1**.

apetecible. Construcción: —*al paladar*; —*para las mujeres*.

apiadarse. Construcción: —*de los desvalidos*.

a pie. → **de a pie**.

a pie juntillas, a pie juntillo, a pies juntillas. Las tres formas son igualmente correctas; la primera es la más frecuente.

***a pies enjutos**. La forma correcta es *a pie enjuto*.

aplicación. Es → **anglicismo** (ingl. *ap-*

plication) usarlo en lugar de *petición*, *solicitud*.

aplicar. El empleo anglicista de este verbo en la expresión *aplicar una inyección* es muy frecuente en el español americano. Quien desee evitarlo podrá decir: *poner una inyección*.

aplicarse. Construcción: —*en el estudio*.

aplique. La RAE ya admitió este sustantivo que proviene del francés *applique*. Aunque en su idioma original es femenino, en español se usa como masculino: *el aplique*.

apocalipsis. Es masculino y no varía en plural: *el apocalipsis, los apocalipsis*. → **plural, I, A, 2**.

a poco. Significa 'breve espacio de tiempo después': *nos encontramos en el lugar de siempre y a poco llegó él*. Es incorrecto usarlo en lugar de *por poco, casi*: *a poco se cae debe sustituirse por *casi se cae* o *por poco se cae*.

a poco de. Significa 'poco tiempo después de': *a poco de salir comenzó a llover*.

apócope, apócopa. **1**. La RAE admite las dos formas, pero prefiere la primera, que es la más usual.

2. Ambas formas son femeninas: *la apócope, la apócopa*.

3. La **apócope** consiste en suprimir uno o más sonidos al fin de una palabra. En español apocopan los siguientes adjetivos: *bueno* (buen), *malo* (mal), *grande* (gran), *santo* (san), *uno* (un), *alguno* (algún), *ninguno* (ningún), *cualquiera* (cualquier), *ciento* (cien), *primero* (primer), *tercero*, (tercer), *postrero* (postrer), *mío* (mi/mis), *tuyo* (tu/tus) y *suyo* (su/sus). (Las condiciones particulares de la apócope de estos adjetivos pueden consultarse en las entradas correspondientes a cada uno de ellos en este *Diccionario*).

apófisis. Es femenino y no varía en plural: *la apófisis, las apófisis*. → **plural, I, A, 2**.

apolíneo. El DRAE/92 agrega las siguientes acepciones de este adjetivo: "Que posee alguna de las cualidades atribuidas a Apolo, en especial la hermosura" y "Según la antítesis entre **apolíneo** y dionisíaco, desarrollada por Nietzsche, aplícase a lo equilibrado, coherente, etc."

apoplejía. **1**. La RAE no admite la acentuación *apoplejia.

2. El adjetivo correspondiente es → **apopléjico** (admitido por el DRAE/92) o *apoplético*.

apopléjico, apoplético. La RAE admite las dos formas, pero prefiere la primera.

aporcar. V. irreg.; se conjuga como → **sonar**.

aportar. Construcción: —*a la causa común*, —*por aquí*.

aposición. La RAE admite como una forma de aposición la unión de dos sustantivos, el

segundo de los cuales tiene función adjetiva. Normalmente se pluraliza sólo el primero: *obras cumbre, hombres rana, pisos piloto* (DRAE/92, *s. v.*). → **carta poder**. La RAE escribe sin guión estas construcciones.

aposta. La grafía *a posta es incorrecta.

apostador. No figura en el DRAE/92, que sólo registra *apostante*. En la Argentina se usa casi exclusivamente **apostador**.

apostar. **1**. En la acepción de 'hacer apuestas' es irregular como → **sonar**. Cuando significa 'poner personas en un sitio para algún fin', es regular: *el capitán aposta rápidamente soldados*.

2. Construcción: *apuesto a que no gana*.

apostatar. Construcción: —*del cristianismo*.

apostema. → **postema**.

a posteriori. Locución adverbial latina que se emplea en castellano para indicar que algo ocurre con posterioridad a otra cosa conocida: "[...] había agregado él como justificación a posteriori [...]" (M. Benedetti, *Despistes*, 85). También significa 'después de estudiar el asunto en cuestión': *nos decidiremos a posteriori*.

apostrofar. La RAE da como único significado "Dirigir apóstrofes". Sin embargo, también se usa con el sentido de 'colocar apóstrofos' o 'suprimir sonidos': *en "m'hijo" la i de "mi" está apostrofada*. Dígase, mejor, *elidida*.

apóstrofe. **1**. Es → **ambiguo**: *el* o *la apóstrofe*, pero se usa más frecuentemente como masculino.

2. Es una increpación, una invocación y a veces un insulto o dicterio expresados en forma de → **vocativo**: "Pero de vosotros, soez y baja canalla, no hago caso alguno." (*Quijote*, I, cap. III).

3. No debe confundirse con → **apóstrofo**.

apóstrofo. **1**. Es un signo gráfico representado por una virgulilla (') que señala la supresión de uno o más sonidos finales (a veces, iniciales) de una palabra; generalmente son sonidos vocálicos. El **apóstrofo** se coloca en la parte superior de la consonante anterior (o posterior, según el caso) y representa los sonidos elididos. Se emplea en algunos idiomas, como el francés (*l'amour*, por *le amour*), el italiano (*d'un affare*, por *di un affare*), inglés *I'm, I've*, por *I am, I have*, etc.; tiene otros usos, como el genitivo sajón: *Peter's house*. En el español moderno no se emplea. Suele aparecer, sin embargo, en textos que reproducen el lenguaje hablado descuidado: "¡Que baile en l'oscuro el meritorio, si quiere..." (J.S. Álvarez, *Cuentos*, 41); "¿Y nuestra'buela de dond'era?" (*op. cit.*, 119).

2. No confundir con → **apóstrofe**.

apotema. Es femenino: *la apotema* (aunque

el DRAE/92 por error no lo indique). No confundir con *apotegma* que sí es masculino: *el apotegma*.

apoteósico, apoteótico. La RAE aprueba ambas formas, pero recomienda la primera.

apoteosis. Es femenino y no varía en plural: *la apoteosis, las apoteosis.* → **plural, I, A, 2**.

apoyar. Construcción: —*con buenos argumentos,* —*en la pared.*

apreciable. Según Alfaro (*Diccionario*) es → **anglicismo** (ingl. *appreciable*) emplearlo en lugar de *importante, cuantioso, significativo: había una apreciable cantidad de gente*. M. Moliner, sin embargo, da como acepción de este adjetivo: "Bastante grande, intenso o importante para ser notado" (*Diccionario*).

apreciar. 1. Para su acentuación, → **abreviar**.

2. El DRAE/92 incorporó estas nuevas acepciones: "Aumentar el valor o cotización de una moneda en el mercado de divisas. Ú. t. c. prnl." y "fig. Sentir afecto o estima hacia una persona".

3. Construcción: —*en mucho la colaboración;* —*por su integridad*.

aprehender. Es incorrecto emplear este verbo con el significado de 'temer', lo que sucede posiblemente por confusión con *aprensivo* o por → **galicismo** (fr. *appréhender*).

aprehensión. → **aprensión**.

aprehensivo, aprensivo. Distínganse bien sus diferentes significados: **aprehensivo** significa 'capaz de asir, de capturar'; **aprensivo** se dice de la persona pusilánime.

apremiar. Para su acentuación, → **abreviar**.

aprender. Construcción: —*a leer;* —*de un maestro*. La construcción con la preposición *a* en lugar de *de: *apréndale a su maestro*, en lugar de *aprenda de su maestro* es coloquial en algunas regiones de América (incluida la Argentina), pero debe evitarse por incorrecta.

aprendiz. El femenino es *aprendiza*; no corresponde, por tanto, decir **la aprendiz*.

aprensión. Si bien significa fundamentalmente 'recelo, escrúpulo, temor', la RAE autoriza su empleo como sinónimo de *aprehensión*.

aprensivo. → **aprehensivo**.

aprestarse. Construcción: —*a la batalla*.

apresurarse. Construcción: —*a traer* (no **en traer*); —*en la respuesta;* —*por llegar temprano*.

***apretalibros**. Forma incorrecta por *aprietalibros*. Es un argentinismo que no figura en el DRAE/92.

***apretapapeles**. Dígase *aprietapapeles*. Es un argentinismo que no figura en el DRAE/92.

apretar. V. irreg.; se conjuga como → **acer-**tar, **1**. La sílaba -*pre*- diptonga cuando el acento recae sobre ella: *aprietas, aprieten*, etc. El empleo de estas formas sin diptongo (**apreto, *apretas, *aprete, *apreten*, etc.) es considerado vulgarismo tanto en América como en España y conviene evitarlo cuidadosamente: "[...] se amontonan a dormir, se apretan sobre los yuyos [...]" (L. Gudiño Kramer, "Noche de Reyes", en VCAM, 219); "—Aprétele la nariz [...]" (P. O'Donnell, *Copsi*, 318).

a pretexto de. Locución censurada por incorrecta. M. Moliner dice respecto de expresiones encabezadas por *a*: "[...] los puristas y cazadores de galicismos se ceban en ellas a su gusto y condenan, por ejemplo, expresiones como [...] 'a pretexto de' sin más razón que la de parecerse a otras expresiones francesas y la de no figurar en el DRAE" (*Diccionario*, s. v. *a*).

Si bien **a pretexto de** no figura en el *Diccionario* académico, tampoco figuran las expresiones con que se la quiere sustituir: *con el pretexto de, bajo pretexto de, so pretexto de*.

***apreto**. Forma incorrecta por *aprieto: estoy en un aprieto*.

***a prima facie**. Forma incorrecta por → **prima facie**.

a priori. 1. Locución latina que se emplea en el lenguaje corriente para indicar un juicio que se afirma antes de confirmarlo con la experiencia: *éste es a priori el motivo de su decisión*.

También se usa con el significado de 'antes de, con anterioridad': *no podemos saber a priori lo que nos va a contestar*.

2. La grafía **apriori* es incorrecta. En cambio, sí se escriben en una sola palabra *apriorismo* y *apriorístico*.

apriorista. El DMI recoge esta voz, que no figura en el DRAE/92, con la siguiente definición: "Persona que sigue el apriorismo."

aprisa, a prisa. 1. La RAE admite ambas formas, pero prefiere la primera.

2. La forma *apriesa* figura en el DRAE/92 con la aclaración de que su uso es vulgar.

aprobar. V. irreg.; se conjuga como → **sonar**.

aproches. 1. Con el significado de 'acceso, cercanías, proximidades' ha sido censurada esta voz por anglicista (ingl. *approach*). Sin embargo, existiendo en español el vocablo **aproches** con la acepción de: "Conjunto de trabajos que van haciendo los que atacan una plaza para acercarse a batirla", no parece criticable ampliar su significación a las acepciones censuradas.

2. El DRAE/92 incluye la acepción 'cercanías, inmediaciones', pero limita su uso a Bolivia.

aprontes. Es muy frecuente en la Argentina,

Paraguay y Uruguay su empleo por 'preparativos'. No figura en el DRAE/92.

apropiar. Para su acentuación, → **abreviar.**

apropiarse. Puede construirse indistintamente con la preposición *de* (caso más frecuente) o sin preposición: *se apropió [de] mis bienes.*

apropincuar. Para su acentuación, → **averiguar.**

apropincuarse. Construcción: —*a algún lugar.*

a propósito. 1. El DRAE/84 admite esta locución adverbial como sinónimo de *de propósito,* aunque prefiere esta última: *lo hizo a* (o *de*) *propósito.* En la Argentina se usa casi exclusivamente **a propósito. 2. A propósito** significa también 'adecuado, oportuno': *esta herramienta es a propósito para lo que necesitas hacer.*

a propósito de. Esta locución prepositiva, rechazada como galicista (fr. *à propos de*) por algunos preceptistas, no figura en el DRAE/92. Significa 'sobre, acerca de': *me explicó todo a propósito de su decisión.*

aprovechar. Construcción —*las ofertas* (no *de las ofertas*); —*en el estudio.*

aprovecharse. Construcción: —*de las ofertas.*

aprovisionador. El DMI registra esta voz, que no figura en el DRAE/92, como sinónimo de *abastecedor.*

aprovisionar. 1. La RAE admite este verbo, pero recomienda *abastecer.* **2.** Construcción: —*con* o *de comestibles.*

***aproximamiento.** El DRAE/92 no registra este sustantivo; dígase *aproximación.*

aptitud. No confundir con *actitud.*

apto. Construcción: —*para todo servicio* (no debe emplearse la preposición *a* con este adjetivo).

a puchos. El DRAE/84 incorpora esta locución adverbial, usual en América meridional, con el significado de 'en pequeñas cantidades, poco a poco'.

apud. Preposición latina que se usa en español en las citas bibliográficas con el significado de 'en la obra de, en el libro de': *apud Menéndez Pidal*: en la obra de Menéndez Pidal.

***apuñalear.** El DRAE no registra esta forma y el DMI la califica de vulgarismo; dígase *apuñalar*: "[...] había apuñalado a su dama en el lecho [...]" (G. García Márquez, *Doce cuentos,* 130).

apurado. Construcción: —*de dinero; verse apurado para escapar.*

apurarse. 1. En el sentido de 'darse prisa' es corriente en América y poco frecuente en España. **2.** Construcción: —*a venir* (no *en venir*)

apurón. El DRAE/92 ha añadido las siguientes acepciones de este vocablo: "m. *Amér.*

Gran apresuramiento"; "*Chile.* Impaciencia" y "**andar a los apurones.** *Argent.* Obrar atropelladamente."

Esta última expresión también significa en la Argentina 'estar apurado'.

aquarium. Es palabra latina; en español dígase *acuario.*

aquel, aquella, -o, -os, -as. 1. Pronombre demostrativo. Señala que una cosa está alejada física o mentalmente de la persona que habla y de la persona a quien se habla: *¿ves aquellos árboles que apenas se dibujan en el horizonte?* En América suele sustituirse por → **ese. 2.** → **acentuación ortográfica, II, D.**

aquel de. La construcción **aquellos de los soldados que murieron en la batalla* es un → **galicismo** sintáctico. Debe decirse: *aquellos soldados que murieron en la batalla.* Cuando el término de la preposición es un pronombre, la construcción galicista es frecuente y menos chocante: *aquellos de ustedes que vayan al teatro podrán faltar a clase.*

aquello. No se acentúa en ningún caso. → **acentuación ortográfica, II, D.**

aquel que. Se discute si, en esta construcción, *aquel* debe llevar tilde o no. Sin entrar en el problema de la categoría gramatical del demostrativo *aquel,* se puede afirmar que en la mayoría de los casos se lo ve escrito sin tilde: "Yo soy aquel que ayer no más decía" (R. Darío, *Cantos,* 17); "aquellos que beben las dulces aguas" (S. Gili y Gaya, *Curso,* 279); "aquellos que le precedieron" (*Esbozo,* 2. 7. 4, a, 1º).

a quema ropa, a quemarropa. La RAE admite ambas formas con el siguiente significado: "Tratándose del disparo de un arma de fuego, desde muy cerca". Pero el sentido figurado: "De improviso, inopinadamente, sin preparación ni rodeo" lo reserva para **a quema ropa.** M. Moliner (*Diccionario*), con mejor criterio, registra ambas formas para las dos acepciones, aunque prefiere **a quema ropa.**

aquerenciarse. Para su acentuación, → **abreviar.**

aquí. 1. Adverbio que señala un lugar en forma más determinada y precisa que → **acá**: *el lápiz está aquí* (en este preciso lugar). **2.** En el lenguaje popular suele emplearse en lugar del pronombre demostrativo *éste, ésta* o del pronombre personal *él, ella*: *aquí dice que no puede venir*; "Aquí, un buen amigo; aquí, Martín, que es escritor." (C. J. Cela, *La colmena,* 178). **3. Aquí** no admite grados de comparación, ya que designa un lugar determinado; por tanto, no corresponde decir: **más aquí* o **muy aquí.*

4. No debe anteponerse la preposición *a* al adverbio **aquí**: **esta mañana lo trajeron a aquí.* Kany (*Sintaxis*, 393) lo considera un caso de → **ultracorrección**, "[...] tentativa por restaurar una *a* que erróneamente se considera absorbida en *aquí* [...]".

5. Diminutivo popular en América: *aquicito,* no registrado en el DRAE. → **diminutivos, 2.**

aquijotado. El DMI rechaza expresamente el uso de este adjetivo en lugar de *quijotesco.* En realidad expresan ideas distintas: *quijotesco* significa 'que actúa a la manera de don Quijote'; **aquijotado,** en cambio, se refiere a quien tiene el aspecto físico de don Quijote: se puede ser **aquijotado** sin ser quijotesco.

*aquinesia. El DRAE/92 no registra este vocablo. Dígase *acinesia.*

Aquisgrán. Nombre español de la ciudad alemana de *Aachen,* llamada en francés *Aix-la-Chapelle.*

Aquitania. Gentilicios: *aquitano* y *aquitánico.*

a quo. → **ad quem.**

ara. Es sustantivo femenino, pero lleva en singular las formas *el, un* del artículo: *el ara* (pero *las aras*). → **agua, 2.**

Arabia. Gentilicios: *árabe,* y *arábico* (poco usual) o → **arábigo.** Son sinónimos, pero su uso no es indistinto: algunos sustantivos, por ejemplo, caballo, idioma, año, arte, literatura, reciben el adjetivo *árabe;* otros, como goma, número, numeración, se unen a *arábigo.* El gentilicio *arabí* es desusado.

Arabia Saudita. → **saudita.**

arábigo, arábico. La RAE admite ambos, pero prefiere el primero.

a raíz de. Esta locución prepositiva tiene, según la RAE, únicamente valor temporal: 'inmediatamente después': *a raíz de sus expresiones, recibió una reprimenda.* En el uso corriente, se añadió una relación de causalidad; en el ejemplo dado, recibió una reprimenda no sólo inmediatamente después de formular sus expresiones, sino también debido a que las formuló. Esa relación de causalidad terminó imponiéndose y fue posible, entonces, una construcción como: *a raíz de su conducta, recibió una reprimenda* (por causa de su conducta ...), considerada incorrecta por los puristas.

a raja cincha. La AAL, en su sesión del 11 de diciembre de 1980, solicitó a la RAE la inclusión de esta locución adverbial en el *Diccionario* oficial (*Acuerdos,* VIII, 326-28). Fue incluida en el DRAE/92 como argentinismo y con los valores de 'a mata caballo' y 'con exceso, sin medida'.

a raja tabla, a rajatabla. La RAE acepta ambas grafías sin indicar preferencia.

arancelar. No figura en el DRAE/92; en la Argentina se usa como sinónimo de *tarifar.*

arbitrar. 1. El DRAE/92 ha añadido a las acepciones de este verbo la de: "Ejercer de árbitro en los deportes."

2. La RAE no recoge la acepción de 'allegar, reunir recursos para algo' que sí admite M. Moliner en su *Diccionario: arbitraron los fondos necesarios para terminar las obras.*

árbitro. Su femenino es *árbitra.* No se justifica, entonces, decir **la árbitro* (aunque es preciso admitir que la forma *árbitra* es muy poco usada).

arborecer, arbolecer. 1. La RAE admite ambas formas, pero prefiere la primera, que es más usual.

2. Los dos son verbos irregulares y se conjugan como → **parecer, 1.**

arca. Es sustantivo femenino, pero en singular exige la forma *el, un* del artículo: *el arca* (pero *las arcas*). → **agua, 2.**

Arcadia. Gentilicios: *arcadio* y *árcade* (es incorrecta la acentuación grave [arkáde] de este último).

arcaísmo. Es toda palabra o expresión que no tiene curso actual en la lengua general. Las formas arcaicas, no obstante, pueden sobrevivir en la lengua literaria o en la lengua coloquial o popular de algunas regiones.

arcaizar. Presente *arcaízo.* Para su acentuación, → **ahijar.**

archivolta. → **arquivolta.**

arco. En el DRAE/84 ya figura como sinónimo de 'meta, portería en algunos deportes', según había solicitado la AAL en su sesión del 27 de setiembre de 1973 (*Acuerdos,* VI, 72-74).

arco iris. 1. Son incorrectas las grafías **arcoiris* y **arco-iris.*

2. Plural: *los arcos iris.* No es correcto el plural **arco iris:* "[...] efímeros arco iris sucesivos [...]" (R.J. Payró, *Veinte cuentos,* 126). → **carta poder.**

arder. 1. Es correcto el uso del gerundio de este verbo como adjetivo: *una casa ardiendo* (→ **gerundio, I, 7**).

2. Construcción: —*de* o *en ira.*

ardiente. Superlativo literario *ardentísimo;* en lengua coloquial se emplea *muy ardiente.*

arduo. Único superlativo: *muy arduo.*

área. 1. Es sustantivo femenino, pero en singular se le antepone la forma *el, un* del artículo: *el área* (pero *las áreas*). Evítese el uso del demostrativo masculino: **este área,* en vez del femenino: *esta área.* → **agua, 2.**

2. El DRAE/84 recoge el valor de "terreno, campo o esfera de acción", que fue criticado como → **anglicismo.**

a reacción. Los puristas recomiendan *de reacción: avión de reacción,* pero → **a, III.**

a regañadientes, a regaña dientes. El DRAE/92 admite ambas grafías, pero prefiere la primera (aunque en el artículo *a* escribe **a regaña dientes**). En su *Diccionario*, M. Moliner registra sólo **a regañadientes**.

*areódromo. Forma errónea por *aeródromo*.

areola, aréola. La RAE admite ambas acentuaciones, pero prefiere la primera.

*areolito. Forma errónea por *aerolito*.

areómetro. No confundir con *aerómetro*, que es el instrumento que se usa para medir la densidad del aire o de otros gases. El **areómetro**, en cambio, es un instrumento que mide la densidad de los líquidos.

*areonauta. Forma errónea por *aeronauta*.

*areoplano. Evítese cuidadosamente este error, es *aeroplano*.

*areopuerto. Forma incorrecta por *aeropuerto*.

*areóstato. Dígase *aeróstato*.

*a resultas. Esta locución no figura en el DRAE; dígase *de resultas*.

a retropropulsión. Los puristas recomiendan *de retropropulsión*, pero → **a, III**.

Areúsa. No **Areusa*: "La más saliente es el intercambio de carácter entre Elicia y Areúsa" (M.R. Lida de Malkiel, *La originalidad artística de La Celestina*, 19, donde, en nota, afirma la autora: "Tal es la acentuación correcta").

Arezzo. Gentilicio: *aretino*.

arfil. Forma anticuada por *alfil*, que aún suele emplearse en América.

Argentina. República Argentina es, según la Constitución Nacional, una de las denominaciones oficiales de esta nación americana y, desde el decreto del presidente Santiago Derqui, de 1860, el nombre que se ha de utilizar en todos los actos administrativos. Elípticamente se la suele designar con el adjetivo sustantivado: *la Argentina*. Sin embargo, por influencia quizá del inglés norteamericano, se puso de moda el uso de **Argentina**, sin artículo. La AAL, en sucesivas oportunidades desde 1938 ha criticado este uso y recomendado que no se omita el artículo delante del nombre **Argentina**. (*Acuerdos*, I, 83-89; II, 241-42; III, 139-45 y VIII, 343-48). No obstante, la forma censurada es de uso frecuente y no molestó a don Julio Casares, Secretario Perpetuo de la Real Academia Española, quien en carta del 28 de mayo de 1956 a la AAL escribió: "Esta Academia desea saber si el caso se ha planteado ya en Argentina y cuál ha sido la solución adoptada." (*Acuerdos*, III, 12). En su *Diccionario*, la RAE utiliza la forma sin artículo: "Pelo de algunas telas, como el de la felpa. Ú. en Argentina y Chile." (DRAE/92, s.v. *frisa*).

Argólida. Gentilicio: *argivo*.

Argos. Gentilicio: *argivo*.

argot. **1**. El DRAE/84 incorpora esta voz francesa con las siguientes definiciones: "Jerga, jerigonza. // 2. Lenguaje especial entre personas de un mismo oficio o actividad." **2**. La RAE no indica el plural de este sustantivo, que puede ser *los argots* o *los argot* (invariable). Esta última solución parece preferible, ya que el plural regular, *argotes*, es desusado. → **plural (formación del), IV**.

argüir. V. irreg.; se conjuga como → **huir, 1**.

aria. Es sustantivo femenino, pero en singular exige la forma *el, un* del artículo: *el aria*, pero *las arias*. → **agua, 2**.

aridecer. V. irreg.; se conjuga como → **parecer, 1**.

Arístides, Aristides. Si bien en griego y en latín es palabra grave, el uso general la acentúa esdrújula. Bello opta por la forma grave.

aristofanesco, aristofánico. La RAE admite las dos formas, pero prefiere la primera.

aritnomancia, aritnomancía. El DMI incluye esta voz, que no figura en el DRAE/92, con la siguiente definición: "Superstición consistente en la adivinación por medio de los números."

aritnomanía. El DMI registra este vocablo, que no figura en el DRAE/92, con la siguiente definición: "Manía por el cálculo numérico."

arma. Es sustantivo femenino, pero en singular exige la forma *el, un del* artículo: *el arma* (pero *las armas*). Evítese usar el demostrativo masculino: **ese arma*, en lugar del femenino: *esa arma*. → **agua, 2**.

armado. Construcción: —*con* o *de un puñal*.

armamentismo. Aunque es de uso frecuente, este sustantivo no ha encontrado acogida todavía en el DRAE.

armamentista. El DRAE/92 ha incorporado este adjetivo con las siguientes definiciones: "Referente a la industria de armas de guerra. // 2. Partidario de la política de armamentos. Ú.t.c.s."

armar. Construcción: —*con* o *de puñales*.

armarse. Construcción: —*de coraje*.

armatoste. Es masculino: *el armatoste, los armatostes*.

armazón. Es sustantivo → **ambiguo**: *el* o *la armazón*, pero en general se prefiere el femenino: "Yo lo que necesito es una idea básica, una armazón [...]" (R. Fontanarrosa, *El mundo*, 67), aunque no falta el masculino: "[...] el armazón de automatismo [...]" (J. Ingenieros, *El hombre mediocre*, 75).

armonía, harmonía. La RAE autoriza ambas grafías, pero recomienda la primera, que es la más frecuente. Lo mismo sucede con los derivados *armónico, armonioso, armonizar,* etc., preferidos a las formas con *h-*, que son anticuadas.

armonio, harmonio. La RAE admite ambas grafías, pero prefiere la primera.

armónium, harmónium. Dígase *armonio*.

arna. Es sustantivo femenino, pero en singular exige la forma *el, un* del artículo: *el arna*. → **agua, 2**.

árnica. Es sustantivo femenino, pero en singular lleva la forma *el, un* del artículo: *el árnica aromática*. → **agua, 2**.

aro. Según el DRAE/92, con la acepción de 'arete, zarcillo' se usa en la Argentina, Colombia, Chile y Uruguay.

aroma. Es femenino cuando significa 'flor del aromo' y masculino en la acepción de 'perfume, olor agradable'.

arpa, harpa. **1**. La RAE admite las dos grafías, pero prefiere la primera, que es la única que está en uso en la actualidad. **2**. Es sustantivo femenino, pero en singular lleva las formas *el, un* del artículo: *el arpa* (pero *las arpas*). → **agua, 2**.

arpegiar. Para su acentuación, → **abreviar**.

arpía, harpía. La RAE autoriza ambas grafías, pero prefiere la primera, que es la más usual.

arpillera, harpillera. La RAE admite ambas grafías, pero recomienda la primera.

arponar, arponear. Según la RAE no son sinónimos: **arponar** es 'herir con arpón'; **arponear** significa 'cazar o pescar con arpón' y 'manejar el arpón con destreza'.

arqueólogo. Su femenino es *arqueóloga*; no se justifica, por lo tanto, decir **la arqueólogo*.

arquero. En el DRAE/84 ya figura como sinónimo de 'portero, jugador que, en algunos deportes, defiende la meta de su equipo', según había solicitado la AAL en su sesión del 27 de setiembre de 1973 (*Acuerdos*, VI, 72-74)

Arquímedes. **1**. La RAE y el uso general consideran esdrújulo este nombre, aunque etimológicamente, según la prosodia griega y latina, debiera ser grave [arkimédes]. **2**. Evítese cuidadosamente la forma errónea **Arquímides*.

arquitecto. El femenino es, regularmente, *arquitecta*; no se justifica, pues, decir **la arquitecto*.

arquivolta, archivolta. La RAE admite ambas formas, pero prefiere la primera.

arras. Sólo se usa en plural: *las arras*.

arrasarse. Construcción: —*los ojos de* o *en lágrimas*.

*arrayar. El DMI previene que es un vulgarismo por *rayar*.

arre, harre. La RAE autoriza las dos formas, sin indicar preferencia.

arrear, harrear. La RAE admite ambas

formas, pero prefiere la primera, que es la más empleada.

arrebatarse. Construcción: —*de ira*; —*por la ira*.

arreciar. Para su acentuación, → **abreviar**.

arrecir. Verbo → **defectivo**; se usa sólo el participio *arrecido*, que significa 'entorpecido o entumecido por exceso de frío', por lo que resulta pleonástica, aunque usual, la expresión *arrecido de frío*.

arredrar. Es verbo regular en el uso general, pero en Venezuela se usan todavía formas diptongadas: *arriedro, arriedren*, etc. (*Esbozo*, 2. 12. 3, nota 18)

arrejuntarse. No figura en el DRAE/92, pero lo registra M. Moliner en su *Diccionario* como popular y con el valor de 'amancebarse'.

*arrellenarse. Forma incorrecta por *arrellanarse*: *se arrellanó en su asiento*.

arremangar. → **remangar**.

arremeter. Construcción: —*contra los manifestantes*. El uso de las preposiciones *a, con* y *para* es también correcto, pero menos frecuente.

arrendar. V. irreg.; se conjuga como → **acertar, 1** en sus dos acepciones: 'dar o tomar en arriendo' y 'asegurar por las riendas una caballería'.

arrepentirse. **1**. V. irreg.; se conjuga como → **sentir, 1**. **2**. Construcción: —*de algo*.

arriada. Es el sustantivo correspondiente al verbo *arriar*: *las autoridades asistieron después a la arriada de la bandera*. También puede decirse *el arriamiento* o *el arriado*.

arriar. **1**. Para su acentuación, → **enviar, 1**. **2**. → **arriada**.

arriba. **1**. Según los preceptistas, este adverbio no admite modificador con la preposición *de* para indicar lugar: **arriba de la mesa* (construcción muy frecuente en el habla popular de España y en lengua estándar de la Argentina) debe sustituirse por *encima de la mesa* o *sobre la mesa*. **2**. Tampoco son admitidas formas como **arriba de mí* o **arriba mío* (esta última habitual en el Río de la Plata); la norma académica establece *encima de mí* (pero → **cerca mío**). **3**. Este adverbio no admite la preposición *a* que expresa dirección; son incorrectas las construcciones **me voy a arriba* y **de abajo a arriba* en lugar de *me voy arriba* y *de abajo arriba*. **4**. → **abajo; arriba de, 1**.

arriba de. **1**. Locución prepositiva que significa 'más allá de': *debe de tener arriba de cuarenta años*. **2**. En su uso para indicar lugar, → **arriba, 1**.

arribar. Construcción: —*a Buenos Aires*; —*con felicidad*.

arribista. 1. Voz de origen francés, admitida por la RAE para referirse a una persona ambiciosa y poco escrupulosa en la selección de los medios que utiliza para lograr sus fines.
2. Evítese la grafía **arrivista*.

arrière-pensée. Expresión francesa que se suele emplear en español con el significado de 'pensamiento o intención que se oculta'. Es femenino: *su sonrisa disimulaba una arrière-pensée maliciosa*. Puede sustituirse por *reticencia, reserva mental, segunda intención, pensamiento oculto*, según los casos.

arriero, harriero. La RAE admite las dos grafías, pero prefiere la primera para designar al que trajina con bestias de carga; el sustantivo **harriero** nombra, además, un ave trepadora de Cuba.

arriesgarse. Construcción: *—a pelear*; *—en el juego*.

*arrivista. Grafía errónea por → **arribista**.

arrogarse. 1. Significa 'apropiarse, atribuirse' y se refiere solamente a cosas inmateriales: *arrogarse una facultad, un derecho, una atribución*. No es correcto: **arrogarse una casa*.
2. Evítese confundir este verbo con *irrogar*, que significa 'causar un daño o perjuicio' y con *abrogar*, que significa 'abolir, revocar, derogar', y que, además, no admite la forma reflexiva.

arrojar la toalla. → **tirar la toalla**.

arrojarse. Construcción: *—a la lucha*; *—contra el adversario*; *—de* o *por el balcón*; *—sobre los enemigos*.

arrollado. El DRAE/92 añade las siguientes acepciones de este vocablo: "*Argent.* Fiambre, matambre envuelto en forma de rollo" y "*Argent.* **brazo de gitano**, pieza de repostería."

arroparse. Construcción: *—con la manta*.

arroz. Es masculino: *el arroz crudo*.

arrugarse. En España significa 'acobardarse, achicarse' (M. Moliner, *Diccionario*). En la Argentina también se usa con esta acepción, pero no en la forma pronominal: *cuando vio llegar a su contrincante, arrugó y se fue*. El DRAE registra la acepción de 'escaparse, huir' como propia de la germanía.

arte. Es sustantivo → **ambiguo** en singular, aunque se lo emplea preferentemente como masculino: *arte antiguo*. En singular lleva siempre la forma *el, un* del artículo, ya se lo considere masculino o femenino: *el arte griego, el arte poética*. (→ **agua, 2**). Su plural es siempre femenino: *las bellas artes, malas artes, las artes plásticas*. Puede usarse como masculino sólo en el poco frecuente caso de 'los artes de pesca', para designar los aparatos que sirven para pescar.

arteriola. Es la única acentuación que admite la RAE. Desde la edición de 1956 del *Diccionario* oficial se ha eliminado la forma **arteríola*.

arteriosclerosis, arterioesclerosis. 1. La RAE admite ambas formas, pero prefiere la primera.
2. No confundir con → **aterosclerosis**.

arteriosclerótico, arteriosclerósico. La RAE autoriza ambas formas, pero recomienda la primera.

artesano. Su femenino es, normalmente, *artesana*.

artículo. I. Clases.
En español existen dos clases: el artículo *determinante* (también llamado *determinado* o *definido*): *el, la, los, las*; y el artículo *indeterminante* (*indeterminado* o *indefinido*): *un, una, unos, unas*. Algunos gramáticos no reconocen, con buenas razones, esta segunda categoría y llaman a estas formas pronombres indefinidos.
Artículo neutro. El artículo neutro *lo* se une a adjetivos de cualquier género y número: *lo bueno; lo hermosa que es; lo audaces que estuvieron; lo mentirosas que parecían*: "Las tertulias de Gancedo eran todo lo amenas y agradables que podían serlo en Pago Chico" (R.J. Payró, *Pago Chico*, 12).

II. Usos del artículo.
A. *Con nombres propios de personas*:
1. Por regla general se omite el artículo: *llegó Juan; María no está; González salió*.
2. La regla anterior no se cumple:
a. Cuando el nombre de persona está acompañado de un adjetivo: *el heroico Quijote; la dulce María*;
b. en el habla familiar o popular: *el Pedro, la Lucía*. Aplicado a nombres femeninos no es incorrecto: "No creo hay motivo de reprobar el artículo definido que se junta con los nombres propios de mujer en algunas partes de la América: la Juanita, la Isabel, la Dolores". (A. Bello, *Gramática*, § 868, nota). Pero este uso se suele rechazar (excepto en Chile, donde incluso la lengua culta utiliza el artículo). En la Argentina está desprestigiado socialmente;
c. con apellidos (no nombres) de artistas italianos famosos: *el Tasso, el Petrarca*, pero no *el Dante*, aunque es frecuente: "El Dante me revienta." (J.C. Onetti, *Cuando entonces*, 17);
d. con sobrenombres: *el Coco, la Beba*;
e. con nombres de mujeres famosas: *la Mistral, la Lola Membrives*;
f. cuando los nombres se emplean en plural: *los Machado; esta noche vienen los Escudero; los Eduardos*;
g. cuando el nombre propio se toma en sentido genérico: *no abundan los Picasso* (= los buenos pintores).
B. *Con nombres geográficos*:
l. *Países y regiones*. Algunos nombres de

países y regiones lo llevan obligatoriamente: → **la Argentina**, *la India*, *la Patagonia* (la omisión del artículo en este caso suele considerarse → **anglicismo**); con algunos, es optativo: *(el) Japón, (la) Toscana*; con otros, finalmente, está proscrito: *Chile, Bolivia, España, Francia*. Se tacha de → **galicismo** anteponer el artículo a estos últimos, lo que era habitual en el siglo pasado: "Hamilton, encargado de Negocios de la Inglaterra, [...]" (D.F. Sarmiento, *Mi vida*, I, 111).

2. *Continentes. América* (poco frecuente), *Asia* y *África* pueden llevarlo: *(el) Asia*; *Europa* y *Oceanía*, no.

3. *Ciudades.* No llevan artículo, salvo algunos pocos nombres que lo tienen incorporado: *La Plata, La Habana, El Cairo, El Havre.*

4. *Ríos, mares, océanos y montañas.* Todos llevan artículo: *el Sena, el Paraná, el Mediterráneo, el Pacífico, los Andes, el Himalaya.*

5. Cuando el nombre geográfico tiene un modificador, lleva artículo: *el Buenos Aires colonial, la España del Cid.*

C. *Uso delante de infinitivos.* Suele ser innecesario, salvo que se quiera destacar el carácter sustantivo del infinitivo: *el saber no ocupa lugar*, pero, *caminar es sano y agradable.*

D. *Usos incorrectos del artículo indeterminante.* → **un, una, 3** y **4.**

E. *Artículo* **el**, *un delante de sustantivo femenino*: → **agua, 2**

arúspice, aurúspice. La RAE admite las dos formas, pero prefiere la primera, que es la más usual.

arveja, alverja. 1. El DRAE registra las dos formas, pero prefiere la primera, que es la más prestigiosa. En la Argentina se suele considerar incorrecta, aunque indebidamente como se ve, la segunda forma.

2. Según la definición académica, **arveja** es sinónimo de *algarroba*, pero el uso corriente en América la ha convertido en equivalente de *guisante*, acepción que la RAE ha incluido en el DRAE/92, aunque limita su extensión geográfica a la Argentina, Colombia y Chile.

arzobispo. Como todos los nombres de cargo o dignidad, se escribirá todo con minúsculas cuando acompañe al nombre propio: *el arzobispo Galán*, y con mayúscula inicial cuando se nombre con el cargo a la persona que lo ejerce: *el Arzobispo visitó la ciudad.*

asa. Es sustantivo femenino, pero en singular exige la forma *el, un* del artículo: *el asa* (pero *las asas*). → **agua, 2.**

asaetado. El DMI registra este adjetivo, que no figura en el DRAE/92, con la siguiente

definición: "De figura de flecha. Dícese de algunas hojas."

asaetear, asaetar. La RAE autoriza las dos formas, pero prefiere la primera.

asalariar. Para su acentuación, → **abreviar.**

*****asanderear.** Forma errónea por *asenderear* (proviene de *sendero*).

asar. Construcción: —*a la brasa*; —*en la parrilla.*

asarse. Construcción: —*al sol*; —*de calor.*

asca. Es sustantivo femenino, pero en singular exige la forma *el, un* del artículo: *el asca, las ascas.* → **agua, 2.**

*****ascari.** Forma incorrecta por *ascáride.*

ascendencia. Significa 'serie de antepasados de una persona'. Su empleo por *ascendiente, influencia, predominio moral* es muy frecuente en el español americano, pero se lo considera → **anglicismo** (ingl. *ascendancy*).

ascender. V. irreg.; se conjuga como → **tender, 1.**

ascético. → **acético.**

Asclepiades. Puede acentuarse **Asclepiades** (según la prosodia griega) o *Asclepíades* (según la prosodia latina).

ascua. Es vocablo femenino, pero en singular se le antepone la forma *el, un* del artículo: *el ascua, las ascuas.* → **agua, 2.**

asechanza, asechar. → **acechanza.**

a seco. → **limpieza a seco.**

asediar. Para su acentuación, → **abreviar.**

a seguida. Si bien la RAE admite esta locución adverbial como sinónimo de *en seguida*, es de uso infrecuente.

asegurar. 1. Este verbo rige una proposición completiva objeto directo y, por consiguiente, no admite la preposición *de*: **le aseguró de que vendría*; dígase *le aseguró que vendría.*

2. La forma reflexiva *asegurarse*, en cambio, debe construirse con la preposición *de*: *me aseguré de que la puerta estaba bien cerrada.* Sin embargo, por temor quizá a incurrir en → **dequeísmo**, se tiende a suprimir la preposición en este caso.

asentar. 1. V. irreg.; se conjuga como → **acertar, 1.**

2. En la Argentina se usa correctamente este verbo con el significado de 'inscribir a un nacido en el Registro Civil'.

asentir. 1. V. irreg.; se conjuga como → **sentir, 1.**

2. Construcción: —*a las palabras del director.*

aseptizar, aseptizante. En su sesión del 10 de abril de 1975, y ante una consulta, la AAL consideró correctamente formados y admisibles los neologismos **aseptizar** para denominar la acción de "hacer aséptica una cosa" y **aseptizante** para designar "al agente con que se la hace aséptica" (*Acuerdos*, V, 206). Ninguno de los dos términos figura en el DRAE/92.

asequible. → **accesible**.

aserrar. V. irreg.; se conjuga como → **acertar, 1**.

aserrín, serrín. La RAE admite ambas formas, pero prefiere la segunda, que es más frecuente en España: "El matrimonio y don Roberto charlan alrededor de una estufa de serrín [...]" (C.J. Cela, *La colmena*, 237). En la Argentina se oye casi exclusivamente la primera: "[...] en el taller envuelto en aserrín y polvo [...]" (R.J. Payró, *Veinte cuentos*, 14).

asertar. → **Neologismo** (derivado de *aserto*) por *afirmar, aseverar*. No figura en el DRAE/92.

asesorarse. Construcción: —*con* (más frecuente) o *de un especialista*.

asfixiar. Para su acentuación, → **abreviar**.

asgar. El DMI previene que es un → **barbarismo** por *asir, coger*.

así. 1. Es adverbio de modo: *lo debes hacer así*. No confundir con *a sí* (preposición y pronombre personal): *la atrajo a sí* (hacia sí) *y la besó*.

2. Funciona también como adjetivo invariable con el valor de 'semejante, tal': *trabajos así no pueden admitirse*.

Asia. Es sustantivo femenino, pero cuando deba emplearse el artículo, se le antepondrá la forma *el*: *el Asia exótica*. → **agua, 2**.

así como. 1. Locución conjuntiva temporal; indica posterioridad inmediata y significa 'enseguida, tan pronto como': *así como lo veas, salúdalo*. Esta locución es poco usada; se emplea más, aunque en lenguaje literario, *así que*. En lengua coloquial se oye corrientemente *en cuanto*.

2. Locución conjuntiva comparativa: *así como no me gusta molestar, no me gusta que me molesten*.

3. Esta locución puede adquirir un matiz copulativo (= *y*); en este caso, cuando el sujeto de una oración está formado por dos sustantivos en singular enlazados *inmediatamente* por ella, el verbo debe ir en plural: *el automóvil así como el camión quedaron destrozados*; pero: *el automóvil quedó destrozado, así como el camión*. (Bello, *Gramática*, § 838).

*así como también. Hay un abuso de términos; dígase *así como* o *como también*: *lo criticaron sus enemigos así como* (o *como también*) *algunos de sus amigos*.

así concebido. → **concebido**.

así es que. Caso de → **que galicado**, que se ha impuesto, aun en el habla cuidada: "Fue así que surgieron [...] poemas como [...]" (M.Benedetti, *Despistes*, 82). Si se desea evitarlo, dígase *así es como*.

asilamiento. El DMI incluye este sustantivo, que no figura en el DRAE/92, con el significado de "Acción de asilar."

así mismo, asimismo. **1**. La RAE admite ambas formas, pero recomienda la primera, que es efectivamente preferible ya que cada elemento tiene su acento propio.

2. No confundir con *a sí mismo: se lo reprochó a sí mismo*.

3. Asimismo no lleva acento ortográfico.

asincrónico. El DRAE/92 incluye este adjetivo con la siguiente definición: "Dícese de lo carente de sincronía."

asincronismo. El DRAE/92 recoge este vocablo con las siguientes definiciones: "Falta de coincidencia en los hechos. // 2. Falta de simultaneidad en el tiempo."

asíndeton. 1. Es sustantivo masculino: *el asíndeton*, a pesar de que S. Gili y Gaya lo haya empleado como femenino: "La asíndeton deja la enumeración indeterminada en su final." (*Curso*, § 209).

2. En plural queda invariado: *los asíndeton*.

así pues. Locución conjuntiva consecutiva; no debe ponerse coma entre los dos elementos: **no vendrá, así, pues, no podremos hablar con él*; escríbase: *no vendrá, así pues no podremos hablar con él*.

así que. → **así como, 1**.

asir. 1. Este verbo es irregular en la primera persona singular del presente de indicativo (*asgo*) y en todo el subjuntivo (*asga, asgas, asga, asgamos, asgáis, asgan*), formas que se usan muy raramente. Las formas regulares tampoco son de uso muy frecuente.

2. Construcción: —*de* o *por las solapas*.

asirse. Construcción: —*al balcón*; —*de una cuerda*.

asistenta dental. → **asistente**; **-ante, -ente**.

asistenta social. Aunque todavía es poco frecuente, se está abriendo paso el femenino *asistenta* en más acepciones que las que autoriza la RAE. → **asistente; -ante, -ente**.

asistente. 1. Tiene un femenino *asistenta* que está limitado a ciertas acepciones, especialmente la de 'mujer que realiza tareas en una casa sin residir en ella'. Respecto de una consulta acerca de si debe decirse *la asistente* o *la asistenta dental*, la AAL considera que "no hay inconveniente para extender el empleo de *asistenta* a todos los significados del verbo *asistir* y en especial al de 'cuidar o ayudar a cuidar a un enfermo'. [...] Por consiguiente, debe decirse 'curso de asistentas dentales' [...]" (*Acuerdos*, III, 168-69). → **-ante, -ente**.

2. Se considera → **anglicismo** usar *profesor asistente* (ingl. *assistant professor*), en vez de *profesor auxiliar*. En la Argentina se emplea preferentemente *profesor adjunto*.

asistir. Construcción: —*a una asamblea*; —*a los heridos*; —*en la necesidad*.

asma. Es sustantivo femenino, pero en singular se le antepone la forma *el, un* del artículo: *el asma crónica, las asmas crónicas*. Es incorrecto el siguiente texto: "Personalmente, me pronuncié por la opción tradicionalista: el asma clásico." (M. Benedetti, *La muerte*, 100). → **agua, 2**.

asociación. Se escribe con mayúscula inicial cuando forma parte del nombre de una institución: *Asociación del Fútbol Argentino*, y todo con minúsculas en los demás casos: *cuando se fundó dicha asociación...*

asociación libre. En su junta del 28 de setiembre de 1972, la AAL solicitó a la RAE la inclusión de esta expresión, propia del lenguaje del psicoanálisis, en el *Diccionario* oficial (*Acuerdos*, V, 91-92). No figura en el DRAE/92.

asocial. El DRAE/92 ha incluido este adjetivo con la siguiente definición: "Que no se integra o vincula al cuerpo social."

asociarse. **1**. Para su acentuación, → **abreviar**. **2**. Construcción: —*a o con varias personas*.

asolar. Con el significado de 'poner por el suelo, destruir, arrasar', deriva de *suelo* y es irregular como → **sonar**: *la tropa asuela la región*. En la acepción de 'secar los campos el calor o la sequía', proviene de *sol* y es regular: *el calor asola los campos*. No obstante, se tiende a usar este verbo como regular en todas sus acepciones, tanto en América como en España.

asomarse. Construcción: —*a o por la ventana*.

asombrarse. Construcción: —*con o de la respuesta*.

asonar. V. irreg.; se conjuga como → **sonar**.

asosegar. V. irreg.; se conjuga como → **acertar, 1**.

aspa. Es sustantivo femenino, pero en singular exige la forma *el, un* del artículo: *el aspa* (pero *las aspas*). → **agua, 2**.

*aspamento, *aspamentar, *aspamentero, *aspamentoso. Formas incorrectas usuales en la Argentina, por *aspaviento, aspaventar, aspaventero, aspaventoso*.

*aspamiento. El DMI aclara que es un → **barbarismo** por *aspaviento*.

aspaventar. V. irreg.; se conjuga como → **acertar, 1**.

aspaviento, espaviento. La RAE admite las dos formas, pero prefiere la primera, que es más usual.

asperjar, asperger, aspergear. La RAE admite las tres formas, pero recomienda la primera.

áspero. **1**. Superlativo: *aspérrimo* (literario), *asperísimo* o *muy áspero* (coloquial).

2. Construcción: —*al tacto*; —*con los vecinos*; —*en el trato*.

áspid. **1**. Es palabra grave; la acentuación aguda, **aspid*, es errónea. **2**. Es masculino: *el áspid, los áspides*.

aspiración. Construcción: —*a una vida mejor*.

aspirador, aspiradora. Para designar el electrodoméstico que sirve para absorber el polvo que se deposita en el piso, los muebles, las alfombras, etc., la RAE admite el masculino y el femenino: *el aspirador* y *la aspiradora*. En la Argentina se emplea casi exclusivamente el femenino.

aspirante. **1**. Aunque no es totalmente inusitado, el femenino *aspiranta* no tiene el beneplácito académico. → **-ante, -ente**. **2**. Construcción: —*a* (no *de*) *un empleo*.

aspirar. Construcción: —*a un premio*.

asqueroso. Construcción: —*al paladar*; —*de ver*; —*en su aspecto*; —*para comer*.

asta. Es sustantivo femenino, pero en singular exige la forma *el, un* del artículo: *el asta* (pero *las astas*). → **agua, 2**.

asterisco. Modernamente, el asterisco (*) se emplea: a) para remitir al lector a una nota al pie de la página o al final del texto; b) en lingüística, para indicar que una forma o palabra es hipotética; c) en diccionarios y enciclopedias, para sustituir a *véase* o bien para advertir que una palabra o una locución es incorrecta.

astil. Es voz aguda; la acentuación grave, **ástil*, es incorrecta.

*astrakán. Grafía incorrecta por *astracán*.

*astraza. Forma incorrecta por *estraza*: *papel de estraza*.

astreñir. V. irreg.; se conjuga como → **teñir, 1**.

astrólogo. Su femenino es *astróloga*; no corresponde, entonces, decir **la astrólogo*.

astronauta. El DRAE/92 ha enmendado este artículo de la siguiente manera: "com. Persona que tripula una astronave o que está entrenada para este trabajo."

astronáutica. El DRAE/92 ha enmendado así este artículo: "f. Ciencia o técnica de navegar más allá de la atmósfera terrestre."

astronáutico, -ca. El DRAE/92 ha enmendado este artículo de la siguiente manera: "adj. Perteneciente o relativo a la astronáutica."

astronave. El DRAE/92 ha enmendado así este artículo: "f. Vehículo capaz de navegar más allá de la atmósfera terrestre."

astroquímica. En su sesión del 30 de mayo de 1985, la AAL solicitó a la RAE la inclusión de este sustantivo en el *Diccionario* mayor con la siguiente definición: "Astron. Estudio de la composición química de los astros." (*Acuerdos*, IX, 185-87). No figura en el DRAE/92.

astur. Es palabra aguda; evítese la acentuación grave *ástur*.

asueto. Según el DRAE es "Vacación por un día o una tarde". No sería correcto, entonces, decir *tuve dos días de asueto*, ni *tuve asueto desde las diez de la mañana*. De todos modos, no corresponde hablar de asueto, sino de vacaciones, cuando se trata de períodos prolongados: *me tomaré un mes de vacaciones*.

asumir. Significa 'atraer a sí, tomar para sí, o sobre sí'. De esta definición que da la RAE se desprende que es impropiedad emplear este verbo con el valor de 'tomar, adquirir': *la catástrofe asumió un aspecto terrorífico*. Con el significado de 'presumir, suponer' es → **anglicismo** (ingl. *to assume*): "[...] el presupuesto se realizó asumiendo que el aumento en el índice de precios combinados [...] será del 5,3 por ciento [...]" (*Página / 12*, 8-10-92, pág. 3).

asunción. Su empleo en lugar de 'suposición, presunción' es anglicista: *en la asunción de que no vendrían, nos fuimos*. → **asumir**

Asunción del Paraguay. Gentilicio: *asunceno* o *asunceño*.

asunto. El DRAE/92 añade la siguiente acepción de este vocablo: "Aventura amorosa que por uno u otro motivo interesa mantener en secreto."

asunto a tratar. → **a, II**.

asustarse. Construcción: —*al verlo*; —*de, con* o *por las noticias*.

a su turno. → **a mi turno**.

atacar. Es → **galicismo** emplear este verbo con el valor de 'comenzar, comenzar a comer': "[...] un alumno trepaba a una especie de púlpito, y así que atacábamos la sopa, comenzaba con voz gangosa a leernos una vida de santo [...]" (M. Cané, *Juvenilia*, 20).

ataché. → **attaché**.

atado. El DRAE/92 ha añadido como cuarta acepción de esta palabra: "*Amér*. Cajetilla o paquete de cigarrillos", de uso muy frecuente en la Argentina.

atajo, hatajo. Con los valores de 'pequeño grupo de cabezas de ganado' y 'multitud de cosas o personas' (este último por lo general con sentido despectivo), puede escribirse indistintamente de las dos maneras. Con el significado de 'senda por donde se abrevia camino', sólo es correcta la grafía **atajo**.

atalaya. Es femenino: *la atalaya*. Sólo es masculino en la acepción desusada de 'vigía'.

atañer. Verbo → **defectivo**; se usa sólo en las terceras personas del singular y del plural. MODO INDICATIVO. Presente: *atañe, atañen*; pretérito imperfecto: *atañía, atañían*; perfecto simple: *atañó, atañeron*; futuro imperfecto: *atañerá, ata-*

ñerán; condicional: *atañería, atañerían*. MODO SUBJUNTIVO. Presente: *ataña, atañan*; pretérito imperfecto: *atañera / atañese, atañeran / atañesen*; futuro imperfecto: *atañere, atañeren*. IMPERATIVO. No tiene. FORMAS NO PERSONALES. Infinitivo: *atañer*; gerundio: *atañendo*; participio: *atañido*. Por razones que obedecen a principios fonológicos generales del español, ni Bello (*Gramática*, § 500), ni la RAE (*Esbozo*, 2.12.1) consideran irregular este verbo, a pesar de que en el pretérito perfecto simple, en el pretérito imperfecto y futuro imperfecto del subjuntivo y en el gerundio no aparece la *-i-* propia de las desinencias que corresponde a esta conjugación: *atañó* (y no *atañió* y menos aún *atanió*); *atañera* (y no *atañiera* y menos *ataniera*), etc.

ataque. Si bien con los sustantivos *afección, congestión, dolor* y *enfermedad*, el español modélico prefiere el uso de la preposición *de*: *afección del hígado, dolor de oídos*, en lugar de *afección al hígado, dolor a los oídos*, con la voz **ataque** se ha justificado el empleo de la preposición *a* por el grado de movimiento o dirección que implica este sustantivo: *ataque al corazón*.

atar. Construcción: —*a* (no *en*) *un árbol*; —*por el cuello*.

atarse: —*a una opinión*; —*en las dificultades*.

ataraxia. La RAE no admite la acentuación *ataraxía*.

atardecer, tardecer. 1. Verbo impersonal. Es irregular y se conjuga como → **parecer, 1**.
2. La RAE admite las dos formas, pero, en el DRAE/92, prefiere la primera.

atarearse. Construcción: —*con* o *en el trabajo*.

atascarse. Construcción: —*de comida*; —*en el barro*.

Ataúlfo. Debe escribirse con tilde. Es incorrecta la pronunciación [atáulfo].

ataviar. Para su acentuación, → **enviar, 1**.

ataviarse. Construcción: —*con lo ajeno*.

atediar. Para su acentuación, → **abreviar**.

atelier. Palabra francesa (pron. [atelié]) que significa 'taller, estudio' (de un artista).

atemorizar. Construcción: —*a alguien con algo*.

atemorizarse. Construcción: —*con, de* o *por algo*.

atenacear, atenazar. Son sinónimos en las acepciones de 'aplicar el suplicio consistente en arrancar a alguien con tenazas pedazos de carne' y, en sentido figurado, 'torturar, afligir cruelmente'. Pero con los valores de 'sujetar con tenazas' y 'apretar los dientes, por cólera o dolor' debe usarse exclusivamente **atenazar**.

atender. 1. V. irreg.; se conjuga como → **tender, 1**.

2. Construcción: —*a la explicación*; —*al teléfono* (con estas acepciones, en la Argentina se lo emplea preferentemente como transitivo: *atender la explicación, el teléfono*. Este uso es correcto).

atenerse. 1. V. irreg.; se conjuga como → **tener, 1**. El imperativo singular es *aténte* (→ **voseo** *atenéte*), pero nunca **atiénete*.

2. Construcción: —*a las órdenes*.

atentar. 1. Es irregular como → **acertar, 1** cuando significa 'actuar con moderación, contenerse', uso muy poco frecuente. En la acepción de 'cometer atentado' es regular.

2. Construcción: —*contra las autoridades*.

atento, atento a. 1. **Atento** es adjetivo y concuerda con la palabra a que se refiere: *atento el pedido, atenta la demanda, atentos los pedidos, atentas las demandas*. En cambio, **atento a** es locución adverbial y, por tanto, invariable: *atento al pedido* (o *a los pedidos*), *atento a la demanda* (o *a las demandas*). Ambas formas son sinónimas y significan 'teniendo en cuenta'.

2. Construcción: *atento a la explicación*; *atento con los mayores*.

atenuante. El DRAE establece que, cuando se usa como sustantivo, es femenino: *la atenuante*. → **agravante**.

atenuar. Pertenece al grupo de verbos terminados en *-uar* que tienen la *-u-* de la raíz acentuada prosódicamente (y ortográficamente) en las tres personas del singular y en la tercera persona plural del presente de los modos indicativo y subjuntivo: *atenúo, atenúas, atenúa, atenúan*; *atenúe, atenúes, atenúe, atenúen*, y en el singular del imperativo: *atenúa*. Tienen esta acentuación los verbos cuya terminación *-uar* está precedida por una consonante que no sea *c* ni *g*.

aterirse. 1. Verbo → **defectivo**; se usan sólo el infinitivo y el participio (*aterirse* y *aterido*).

2. *Aterirse de frío*. Es redundante, ya que **aterirse** significa 'pasmarse de frío'.

aterosclerosis, ateroesclerosis. 1. La RAE admite ambas formas, pero prefiere la primera.

2. No confundir con → **arteriosclerosis**.

aterrar. Con los significados de 'derribar', 'cubrir con tierra' y el más especializado de 'acercarse a tierra un buque', deriva de *tierra* y es irregular como → **acertar, 1**. Cuando es sinónimo de *aterrorizar*, procede de *terror* y es regular.

atestar. 1. Con el significado de 'testificar, atestiguar' es regular. Su uso se ha restringido en favor de estos sinónimos. En la acepción de 'llenar, henchir', antigua-mente era irregular como → **acertar, 1**, pero en la lengua actual es regular.

2. Construcción: —*de lana una almohada*.

atestiguar. Para su acentuación, → **averiguar**.

Ática. La precede la forma *el* del artículo: *el Ática*. → **agua, 2**.

a tientas. Es incorrecta la forma **a tienta*.

Atila. Aunque etimológicamente (lat. *Áttila*) es palabra esdrújula, el uso general la ha convertido en grave.

atildar, tildar. Con el significado de 'poner tilde a las letras', puede usarse uno u otro indistintamente.

atinar. Construcción: —*al blanco*; —*con la casa*; —*con, en la respuesta*; —*contestando con la verdad*.

atinente, atingente. La RAE admite ambos vocablos, pero prefiere el primero.

atingencia, atinencia. La RAE admite ambos términos, con preferencia por el primero.

atingir. El DRAE/92 recoge este verbo con las siguientes definiciones: "*Amér.* **atañer**. // 2. *Amér.* Afligir, oprimir, tiranizar. Ú. t. c. prnl."

atípico, -ca. En su sesión del 25 de octubre de 1979, la AAL solicitó a la RAE la inclusión de este adjetivo en el *Diccionario* mayor. La RAE lo incluyó en el DRAE/84 y modificó, en el DRAE/92, la definición de la siguiente manera: "Que por sus caracteres se aparta de los modelos representativos o de los tipos conocidos, insólito."

atlas, atleta, atlántico. → **-tl-**.

atmósfera, atmosfera. La RAE admite ambas acentuaciones, aunque recomienda la primera. La forma llana, **atmosfera**, que es desusada, fue incluida en el DRAE/56, sin duda para igualar esta palabra con las demás en → **sfera**.

*a todo momento. → **Galicismo** (fr. *à tout moment*); dígase: *a cada momento, continuamente*.

*a todo precio. → **Galicismo** (fr. *à tout prix*) por *a cualquier precio*: *quiere ser el primero a cualquier precio*.

atomicidad. El DMI incorpora este sustantivo, que no figura en el DRAE/92, con las siguientes definiciones: "Capacidad de los átomos para combinarse. // Propiedad de los átomos para atraer mayor o menor número de otros."

atónito. Construcción: —*con, de* o *por la noticia* (la preposición *de* es la menos usada).

atorrante. El DRAE/92 añadió a la acepción de 'vago, callejero' de este argentinismo la de 'desfachatado, desvergonzado'.

atrabilis. 1. Es palabra femenina: *la atrabilis*.

2. La acentuación esdrújula, **atrábilis*, es incorrecta.

atracarse. Construcción: —*de comida.*

atraer. V. irreg.; se conjuga como → **traer, 1.** Evítense incorrecciones como **atrayó, *atrayeron* (en lugar de *atrajo, atrajeron*) o **atrajieron, *atrajiera* (por *atrajeron, atrajera*), etc.

atragantamiento. El DMI registra este sustantivo, que no figura en el DRAE/92, aunque sí en el *Diccionario* de M. Moliner, con la siguiente definición: "Acción y efecto de atragantarse."

atragantarse. Construcción: —*con el pan.*

atraillar. Presente: *atraíllo.* Para su acentuación, → **ahijar.**

atrás. 1. Este adverbio no admite modificador con la preposición *de*: *atrás de la puerta* (forma corriente en la lengua estándar, y aun en la literaria, de la Argentina); según los preceptistas, debe sustituirse por *detrás de la puerta.*
2. Tampoco son admitidas formas como *atrás de mí* o *atrás mío* (esta última muy frecuente en el Río de la Plata); la norma académica establece *detrás de mí.* Pero, → **cerca mío.**
3. La preposición *a*, que expresa dirección, se omite; es incorrecto decir **dio un paso a atrás*, en lugar de *dio un paso atrás.* Es lícito, en cambio, anteponer otras preposiciones que indican dirección: *caminar para atrás* o *hacia atrás.*

atravesar. V. irreg.; se conjuga como → **acertar, 1.**

atravesarse. Construcción: —*en la calle.*

a través de. El DRAE/84 ha agregado a las acepciones de esta locución prepositiva la de 'por intermedio de', criticada por los preceptistas, con lo que la RAE ha legitimado construcciones como *el funcionario comunicó su decisión a través de su vocero.*

atreverse. Construcción: —*a criticar;* —*con el problema.*

atrezo. → **attrezzo.**

atribuir. V. irreg.; se conjuga como → **huir, 1.**

atribularse. Construcción: —*con, en* o *por los demás.*

*atricción. → **Ultracorrección** por *atrición.*

Atrida. Es palabra grave; la acentuación esdrújula [átrida] es errónea.

a trochemoche, a troche y moche. La RAE autoriza ambas formas, pero recomienda la primera. En la Argentina es más frecuente la segunda.

atrofiar. Para su acentuación, → **abreviar.**

atronar. V. irreg.; se conjuga como → **sonar.**

atropellar. Construcción: —*con, por todo.*

atropellarse. Construcción: —*en el hablar.*

Átropo. Es palabra esdrújula; la acentuación grave [atrópo] es incorrecta.

attaché. Voz francesa que suele emplearse en español con el valor de 'agregado': *el attaché comercial a la embajada de Brasil,* y para nombrar cierta clase de cartera de mano o portafolio.

attrezzo. Palabra italiana que la RAE ha hispanizado bajo la forma *atrezo* y ha incluido en el DRAE/92 con la siguiente definición: "Conjunto de útiles, como bastidores, decorados, etc., que se usan en la escena del teatro o en un plató."

aturrullar, aturullar. La RAE admite las dos formas, pero prefiere la primera. En la Argentina es más frecuente la segunda.

audiencia. El DRAE/84 añadió a las acepciones de esta palabra la de "Conjunto de personas que, en sus domicilios respectivos o en lugares diversos atienden en un momento dado un programa de radio o televisión", criticada hasta entonces por anglicista (ingl. *audience*).

audífono, audiófono. La RAE admite ambas formas como correctas, pero en el DRAE/92 prefiere la primera.

audímetro, audiómetro. La RAE admite las dos formas, pero prefiere la primera.

auditar. El DRAE/92 recoge este verbo con la siguiente definición: "Examinar la gestión económica de una entidad a fin de comprobar si se ajusta a lo establecido por la ley o costumbre." Las formas **auditorar* y **auditorizar* son incorrectas.

auditórium. Designa el recinto destinado a conciertos, conferencias, etc. Conviene emplear la forma castellanizada *auditorio*, que recoge el DRAE. En la Argentina se usa corrientemente *salón auditorio.*

augurar. Significa 'adivinar, presagiar'. Su uso con el valor de 'desear', 'felicitar' es → **italianismo** (it. *augurare*).

augurio. Significa 'presagio'. Su empleo con el valor de 'felicitación, pláceme' (generalmente en plural: augurios) es → **italianismo** (it. *auguri*).

*aúja. Forma incorrecta por *aguja*, más frecuente en la pronunciación que en la escritura.

*aujerear, *aujeriar. Formas incorrectas, más frecuentes en la pronunciación que en la grafía, por *agujerear.*

*aujero. Forma incorrecta, frecuente en la pronunciación y no tanto en la grafía, por *agujero.*

aula. Es sustantivo femenino, pero en singular exige la forma *el, un del* artículo: *el aula vacía.* Evítese el uso incorrecto de **este aula*, en lugar de *esta aula.* → **agua, 2.**

áulico. Significa 'cortesano, palaciego'. Es incorrecto emplearlo, como derivado de *aula*, en expresiones como **la labor áulica, *la actividad áulica.*

Aulida, Aulide. El nombre de esta ciudad de Beocia oscila entre **Aulida, Aulide** (grave, según la acentuación griega), *Áulida, Áulide* (esdrújula, según la acentuación latina) y *Aulis.*

aullar. Presente: *aúllo*. Para su acentuación, → **ahumar**.

aumentativos. 1. El español dispone de tres sufijos para formar aumentativos: *-azo, -aza*; *-on, -ona* y *-ote, -ota*. Estos sufijos se unen directamente a la palabra base cuando ésta termina en consonante: *golazo, paredón, pincelote*. Si la palabra base acaba en vocal, la pierde: *perrazo, cucharón, grandote*.
2. Hay aumentativos de aumentativos: *picarón* (aumentativo de *pícaro*) forma un aumentativo *picaronazo*. De algunos aumentativos se pueden formar diminutivos: *salón*, aumentativo de *sala*, tiene un diminutivo *saloncito*.

aún, aun. 1. Para la acentuación de estos vocablos, → **acentuación ortográfica, II, L**.
2. → **ni aun**.

aunar. Presente: *aúno*. Para su acentuación, → **ahumar**.

aunarse. Construcción: *—con otro*.

aun cuando. Cuando esta locución equivale a *aunque*, *aun* se escribe sin tilde: *aun cuando lleguemos tarde, lo podremos ver*. Pero: *no había entrado aún* (= todavía), *cuando ya se oían sus gritos*.

aunque, aún que. Aunque, conjunción concesiva, es una sola palabra: *aunque no quieran, lo tendrán que hacer*. **Aún que** (aún = todavía): *no había dicho aún que no estaba dispuesto a firmar*.

aun si. En esta expresión, *aun* se escribe sin tilde: *aun si me invitaras, no iría*.

aupar. Presente: *aúpo*. Para su acentuación, → **ahumar**.

aura. 1. Es sustantivo femenino, pero en singular exige la forma *el, un* del artículo: *el aura fresca*. → **agua, 2**.
2. Como reducción de la voz *ahora* es incorrecto.

aureola, auréola. La RAE autoriza las dos acentuaciones, pero prefiere la primera.

auriga. Es palabra grave; la acentuación esdrújula, **áuriga*, es viciosa.

aurúspice. → **arúspice**.

ausentismo. → **Neologismo** que no figura en el DRAE/92, pero sí en el DMI, que remite a → **absentismo**, forma ésta que la RAE prefiere.

auspiciar. 1. Para su acentuación, → **abreviar**.
2. El DRAE/92 quitó la nota de americanismo a este verbo, con lo que sus valores de 'patrocinar, favorecer' y 'adivinar, predecir' pertenecen al español general.

Austria. Si se requiere emplear el artículo, debe usarse la forma *el*: *el Austria moderna*. → **agua, 2**.

austriaco, austríaco. La RAE admite ambas acentuaciones, pero prefiere la primera. En América en general y en la Argentina en particular predomina la forma con hiato: **austríaco**: "La mayoría de los austríacos quieren ya la dimisión del presidente Kurt Waldheim" (*Clarín*, 20-2-88). → **-íaco, -iaco**.

autarquía, autarcía. 1. La RAE admite las dos (aunque prefiere la primera) con el significado de 'sistema económico por el cual un Estado procura bastarse a sí mismo sin recurrir a las importaciones de otros países'.
2. El adjetivo correspondiente a las dos formas es *autárquico*.

*autártico. Forma incorrecta por *autárquico*.

autenticar, autentificar. La RAE admite ambas formas, sin indicar preferencia, para la acepción "Autorizar o legalizar alguna cosa"; pero **autenticar** significa, además, 'acreditar, dar fe de algo'.

autentificación. Si bien el DRAE admite *autentificar*, no registra el sustantivo **autentificación**; dígase *autenticación*.

*autentizar. El DMI advierte que es un → **barbarismo** por *autenticar*.

auto-. En su junta del 28 de julio de 1983, la AAL sugirió a la RAE la inclusión, en el *Diccionario* mayor, del formante **auto-** con el valor de 'concerniente o relativo al automóvil', tal como aparece en vocablos como *autocine, autódromo, autopista*, etc. (*Acuerdos*, IX, 107-09). No figura en el DRAE/92.

auto. Abreviatura de *automóvil*, de uso más frecuente en la lengua oral, y aun en la literaria, que la forma plena. Figura en el DRAE.

autobomba. "Bomba de incendio que se monta sobre un chasis de automóvil, cuyo motor mueve el vehículo. Por lo común las autobombas pueden conducir también personal. Las más grandes suelen llevar mangueras". Así define la AAL la voz **autobomba**, → **neologismo** que no figura en el DRAE/92 (*Acuerdos*, III, 47).

autobús. 1. La RAE ha enmendado en el DRAE/92 la definición de esta voz que figura en el DRAE/84: "Vehículo automóvil de transporte público y trayecto fijo que se emplea habitualmente en el servicio urbano. // 2. **autocar**."
2. Este vocablo es poco habitual en la Argentina, donde se usa → **colectivo** u *ómnibus* para el transporte urbano y *microómnibus*, o simplemente *micro* para el transporte interurbano.

autocar. 1. Palabra admitida por la RAE. Ha sido definida así en el DRAE/92: "Vehículo automóvil de gran capacidad concebido para el transporte de personas, que generalmente realiza largos recorridos por carretera."
2. Plural: *autocares*.

autocine. En su junta del 10 de abril de 1975

(*Acuerdos*, V, 204-06), la AAL solicitó a la RAE que incluyera en su *Diccionario* este término con el que se designa el espacio al aire libre donde se puede asistir a la proyección de películas desde el interior de un automóvil. Fue incorporado al DRAE/84.

autoclave. Según el DRAE/92 es femenino: *la autoclave*; pero para M. Moliner (*Diccionario*) es masculino: *el autoclave*.

autoconfianza. Término que no figura en el DRAE/92; puede sustituirse por *confianza en sí mismo*.

autóctono. Su femenino es *autóctona*: *la flora autóctona*.

autodefensa. Voz que no figura en el DRAE/92; es aceptable para referirse a la defensa, judicial o literaria, que alguien hace de sí mismo. En los demás casos puede sustituirse por *defensa propia*.

*autodefinirse. Es pleonástico; la forma reflexiva del verbo ya indica 'definirse a sí mismo', por lo cual sobra el formante *auto-*.

autodidacto. Es el masculino; el femenino es *autodidacta*. Evítese emplear esta última forma como masculino: hablando de un hombre dice M. Benedetti: "[...] las virtudes serían, por un lado, una modesta cultura de autodidacta, y por otro, cierta capacidad para engendrar." (*Despistes*, 192).

autódromo. 1. En su junta del 24 de noviembre de 1977 (*Acuerdos*, VII, 141-45), la AAL sugirió a la RAE la inclusión de este vocablo en el *Diccionario* mayor. El DRAE/84 lo incluye con la siguiente definición: "Pista para ensayos y carreras de automóviles." **2.** Es palabra esdrújula. → **-dromo.**

autoescuela. La grafía **auto-escuela* es incorrecta.

autoestop, autoestopista. La RAE autoriza sólo la grafía → **autostop** y **autostopista.**

autogestión. El DRAE/92 ha incorporado esta voz con la siguiente definición: "*Econ.* Sistema de organización de una empresa según el cual los trabajadores participan activamente en todas las decisiones sobre su desarrollo, economía, funcionamiento, etc."

autogol. Americanismo para designar el gol que, en ciertos deportes, hace involuntariamente un jugador contra su propio equipo. En la Argentina se emplea también *gol en contra*. Ninguna de las dos denominaciones figura en el DRAE/92.

autografiar. Para su acentuación, → **enviar, 1.**

autoinfección. El DMI registra este sustantivo, que no figura en el DRAE/92, con la siguiente definición: "Infección del organismo o de una de sus partes, por productos sépticos del mismo."

*automación. Traducción servil del ingl. *automation*: "Y tomó el caso de Italia y su avasalladora industria de automación fabril" (*Página / 12*, 9-11-91, pág. 4). En español es *automatización*.

autómata. Es sustantivo masculino y como tal debe emplearse siempre: *esa persona es un autómata* (no **una autómata*).

automaticidad. El DRAE/92 ha incorporado este sustantivo con la siguiente definición: "Calidad de automático."

automotor. 1. Se critica como → **anglicismo** el empleo de este adjetivo con el significado de 'automóvil' o 'automovilístico'. Sin embargo, expresiones como *parque automotor* (*parque móvil*, según prohíja la RAE) o *industria automotriz* ya están consagradas por el uso. **2.** Femenino: *automotora* o → **automotriz.**

automotriz. Es femenino de *automotor*, por ello se atenta contra la concordancia al decir: **el desarrollo automotriz*, en lugar de: *el desarrollo automotor*.

automovilista. Es un sustantivo que significa 'persona que conduce un automóvil'. No debe usarse como adjetivo en remplazo de *automovilístico*: **una carrera automovilista*.

autopista. El DRAE/92 enmienda la definición que figura en el DRAE/84 de la siguiente manera: "Carretera con calzadas separadas para los dos sentidos de la circulación, cada una de ellas con dos o más carriles, sin cruces a nivel."

autorizar. Construcción: *—a* o *para salir*; *—con su firma*.

autorradio. 1. Vocablo frecuente en América para designar un aparato de radio para automóvil. No figura en el DRAE/92. **2.** Evítense las grafías **auto-radio* y **autoradio*.

autorregulable, autorregulación, autorregulador, autorregularse. El DRAE/92 incluyó estas voces con los significados que son fácilmente deducibles.

*autorruta. → **Galicismo** (fr. *autoroute*) en vez de → **autopista.**

autostop. 1. El DRAE/92 ha incluido este sustantivo con la siguiente definición: "Manera de viajar por carretera solicitando transporte gratuito a los automóviles que transitan." **2.** La grafía **auto-stop* es incorrecta.

autostopista. El DRAE/92 ha incluido este adjetivo con la siguiente definición: "Dícese del que practica el autostop. Ú. t. c. s."

autovacuna. El DMI incluye este vocablo, que no figura en el DRAE/92, con la siguiente definición: "Vacuna elaborada con gérmenes obtenidos del mismo enfermo que se ha de tratar."

autovía. El DRAE/92 ha agregado como segunda acepción de esta voz la de "Carretera con calzadas separadas para los dos sentidos de la circulación, cuyas entradas y salidas no se someten a las exigencias de seguridad de las autopistas."

Auvergne. El nombre español de esta región francesa es *Auvernia*.

auxiliar. Existe alguna vacilación en cuanto a la acentuación de este verbo. La RAE admite *auxilío* (como → **enviar, 1**) junto a *auxilio* (como → **abreviar**), pero en su *Diccionario* utiliza sólo esta última forma, que es hoy la más corriente.

avalancha. La RAE ha admitido este vocablo tan censurado por galicista, pero prefiere *alud*.

avaluar. **1**. Para su acentuación, → **atenuar**.
2. La RAE admite esta forma, pero prefiere *valuar*.

avant-garde. **1**. Expresión francesa que significa 'vanguardia'.
2. En francés es femenina.

avant la lettre. Expresión francesa que corresponde a la expresión latina → **ante lítteram** y que puede traducirse por *anticipador*: *Shakespeare fue un romántico avant la lettre*.

avant-scène. **1**. Palabra francesa (pron. [avansén]) que significa 'palco de proscenio'.
2. En francés es femenina.

avanzado. Construcción: —*de edad*; —*en sus estudios*.

avariosis. El DRAE/92 ha incluido este sustantivo como sinónimo de *sífilis*.

avaro. Construcción: —*de sus conocimientos*.

avatar. Con el significado de 'vicisitud, cambio' figura ya en el Suplemento del DRAE/70. Se usa preferentemente en plural: *los avatares de la fortuna*.

avatí. → **abatí**.

ave. Es sustantivo femenino, pero lleva en singular la forma *el, un* del artículo: *el ave canora*. Evítese el error de concordancia *este ave*, en lugar de *esta ave*. → **agua, 2**.

avemaría. **1**. Es sustantivo femenino, pero en singular se construye con la forma *el, un* del artículo: *el avemaría*. → **agua, 2**.
2. Plural: *las avemarías*.

avenida. **1**. Se escribe con minúscula inicial: "Íbamos camino al corso de la avenida de Mayo [...]" (M. Denevi, *Hierba*, 165), salvo cuando forma parte de un nombre: *Hotel Avenida*, y en abreviatura: *Avda. Alvear*.
2. → **calle, 2**.

avenirse. **1**. V. irreg.; se conjuga como → **venir, 1**.
2. El imperativo singular, poco usado, es *avénte* (→ **voseo**: *aveníte*).
3. Construcción: —*a las pretensiones de otro*; —*con el oponente*.

aventajar. Construcción: —*a alguien en algo*.
aventar. V. irreg.; se conjuga como → **acertar, 1**.

average. Palabra inglesa que significa 'promedio, término medio'. Existiendo una traducción precisa es innecesaria la castellanización *averaje*.

avergonzar. V. irreg.; se conjuga como → **sonar**. En las formas diptongadas debe usarse diéresis: *avergüenzo, avergüencen*, etc.
avergonzarse. Construcción: —*de* o *por sus actos*.

averiar. Para su acentuación, → **enviar, 1**.

averiguar. Pertenece al grupo de verbos terminados en -*uar* que tienen átona la -*u*- de la raíz en las tres personas del singular y en la tercera persona plural del presente de los modos indicativo y subjuntivo (*averiguo, averiguas, averigua, averiguan*; *averigüe, averigües, averigüe, averigüen*) y en el singular del imperativo (*averigua*). El acento prosódico recae en la sílaba -*ri*-. Tienen esta acentuación los verbos cuya terminación -*uar* está precedida por *c* o *g* (-*cuar, -guar*). Existe, sin embargo, la tendencia a asimilar algunos de estos verbos a aquellos en los que la -*u*- no está precedida de *c* ni de *g* (como → **atenuar**), por ejemplo, *agúo*, en lugar de *aguo*.

avestruz. **1**. Es masculino: *el avestruz, los avestruces*.
2. Al **avestruz** joven se lo llama en la Argentina → **charabón** o → **chulengo**.

avezado. Significa 'acostumbrado' y se construye con la misma preposición que éste: *avezado a los negocios*. No obstante, la construcción con *en* es más frecuente, por lo menos en la Argentina.

aviar. Para su acentuación, → **enviar, 1**.
aviarse. Construcción: —*de ropa*; —*para salir*.

Avignon. La grafía española del nombre de esta ciudad francesa es *Aviñón*.

Ávila. Gentilicios: *avilés* y *abulense* (de Abula, antiguo nombre de esta ciudad española).

avión a chorro. Uso criticado de la preposición *a*, en lugar de *avión de chorro*, pero → **a, III**.

aviónica. El DRAE/92 ha incorporado este vocablo con la siguiente definición: "(Del ing. *avionics*.) f. Electrónica aplicada a las técnicas aeronáuticas y espaciales".

avisar. Es verbo transitivo; por tanto, es incorrecto el uso de la preposición *de* en: *le aviso de que no podré ir*; dígase: *le aviso que...* → **dequeísmo**.

aviso. En el DRAE/70 (Suplemento) ya figura como sinónimo de 'anuncio'. Es americanismo.

-avo, -ava. **1**. Sufijo que, unido a un número

cardinal, forma numerales fraccionarios: *doceavo* (o *dozavo*) es cada una de las doce partes iguales en que se divide un todo: *se quedó con un doceavo de las ganancias.*
2. Es incorrecto emplear estos numerales fraccionarios como ordinales: **acaba de publicarse la doceava edición de esta novela.* Dígase: *duodécima edición.*

avocar. 1. No es verbo pronominal, por lo que no existe la forma **avocarse.* → **abocarse.**
2. Construcción: —*alguna cosa a sí.*

a vuela pluma, a vuelapluma. El DRAE admite ambas grafías, pero recomienda la primera.

*axfisia, *axfisiar. Error ortográfico y de pronunciación por *asfixia* y *asfixiar.*

axiología, axiológico. En su junta del 11 de setiembre de 1975, la AAL sugirió a la RAE la incorporación de estos términos en el *Diccionario* oficial (*Acuerdos,* V, 238-39). Se trata de voces de uso muy frecuente en el lenguaje filosófico, por lo que es de lamentar su ausencia del DRAE/92.

Ayacucho. El gentilicio correspondiente a esta ciudad peruana es *ayacuchano.* No figura en el DRAE/92.

ayatolá. 1. El DRAE/92 ha incorporado este sustantivo con las siguientes definiciones: "Entre los chiítas islámicos, título de una de las más altas autoridades religiosas. // 2. Religioso que ostenta este título." Como se ve, la RAE ha desechado la grafía **ayatollah.*
2. Plural: *ayatolás.*

Áyax. 1. Es palabra grave.
2. Evítese la grafía anglicista y galicista *Ájax.*
3. En plural, de acuerdo con las normas generales de la lengua, es invariable: *los Áyax* (como *los tórax*), aunque se haya propuesto también *los Ayaces* (grave).

ayer. Cuando se emplea como sustantivo, tiene un plural *ayeres:* "El color, la hora [...] tal vez me impongan evocar ayeres, cada vez menos expresivos [...]" (J.C. Onetti, *Cuando entonces,* 37).

ayer noche. Expresión censurada por los puristas, quienes sostienen que debe remplazarse por *anoche.* La RAE, sin embargo, admite las dos formas, aunque prefiere esta última.

aymara. → **aimara.**

ayuda memoria, 1. → **Galicismo** (fr. *aide-mémoire*) por → **memorándum.**
2. Es masculino: *el ayuda memoria.*
3. Queda invariable en plural: *los ayuda memoria.*

ayudanta. La RAE admite este femenino de *ayudante* sólo en la acepción de 'mujer que realiza trabajos subalternos': *la ayudanta de cocina.* → **-ante, -ente.**

ayudar. Construcción: —*a la naturaleza;* —*a bajar las escaleras;* —*en el infortunio;* —*a* o *en el feliz reencuentro.*

azahar, azar. No deben confundirse estas dos palabras, que tienen significados totalmente diferentes: **azahar** es una flor; **azar** es sinónimo de *casualidad.*

ázimo, ácimo. 1. La RAE admite ambas formas, pero prefiere la primera.
2. Se usa exclusivamente en la expresión *pan ázimo.*

azimut. → **acimut.**

-azo. → **superlativo, 1, c.**

ázoe. Es palabra esdrújula; la RAE no admite la forma grave **azoe.*

azotaina. 1. Se acentúa prosódicamente en la segunda *a;* la acentuación y la grafía **azotaína* son incorrectas.
2. La RAE admite también *azotina,* pero prefiere **azotaina.**

azotina. → **azotaina.**

azúcar. Es → **ambiguo** en cuanto al género: *el* o *la azúcar,* aunque es más frecuente el masculino cuando se emplea el artículo: "[...] el azúcar auténtico [...]" (A.M. Shúa, *Los amores,* 43). Sin artículo, es mayor la indefinición del adjetivo acompañante: *compré azúcar blanco* o *blanca.* En plural es siempre masculino: *los azúcares.*

azul. → **concordancia, I, D.**

Azul. Es propio del lenguaje coloquial, sobre todo de comienzos de siglo, anteponerle el artículo masculino al nombre de esta ciudad de la provincia de Buenos Aires (República Argentina), uso que ha pasado a la literatura de tipo costumbrista: "Se decía [...] que había sido tropero y hasta jugador con ventaja, allá por el Azul." (V. Barbieri, *El río,* 163).

azulejo. En su sesión del 9 de agosto de 1979, la AAL sugirió a la RAE que incorporara, en el *Diccionario* mayor, la acepción de este vocablo que se refiere a un pelaje del caballo (*Acuerdos,* VIII, 236-39). El DRAE/84 la incluyó con la siguiente definición: "*Argent., Urug.* Dicho de las caballerías de color blanco azulado", definición que el DRAE/92 enmienda de la siguiente manera: "*Argent.* Dícese del caballo de manchas blancas y negras con reflejos azulados. Ú. t. c. s."

azumbre. Es un sustantivo de género → **ambiguo:** *el azumbre, la azumbre;* es más frecuente como femenino.

B

b. I. Segunda letra del alfabeto español. Su nombre es *be*, plural *bes*. Representa un fonema bilabial oclusivo (o fricativo, según los casos) sonoro.
II. Ortografía. Se escriben con **b**:
A. Las palabras que comienzan por:
1. abo-, abu-: *abonar, abundante*. Excep.: *avocar* (y sus derivados), *avoceta, avolcanado, avucastro, avulsión* y *avutarda*;
2. bi-, bis-, biz- (con significado de *dos*): *bígamo, bisabuelo, bizcocho*;
3. biblio- (prefijo: libro): *biblioteca*;
4. bio- (prefijo: vida): *biografía*;
5. las sílabas **bu-, bui-, bur-, bus-**: *bufón, buitre, burgués, busto*. Excep.: *vudú*;
6. ceb-, cub-: *cebolla, cubilete*;
7. garb-: *garbanzo*. Excep.: *garvín* (que se puede escribir también *garbín*);
8. hab-: *hábil*. Excep.: *havar, havo*;
9. jab-, jib-: *jabón, jíbaro*. Excep.: *javanés, javo*;
10. nub-: *nube*;
11. rab-, rib-, rob-, rub-: *rabo, ribera* (orilla del mar o río), *robo, rubor*. Excep.: *ravenala, ravenés, ravioles, rival* (y sus derivados) y *rivera* (arroyo);
12. sab-, sib-, sob-, sub-: *sabio, sibarita, soborno, subir* y todas las palabras que contienen el prefijo *sub-*;
13. tab-, tib-, tub-: *tabaco, tiburón, tubo*. Excep.: formas del verbo *tener: tuve, tuvieras*, etc.
B. Las palabras que terminan en:
1. -aber (infinitivos): *saber, caber*. Excep.: *precaver*;
2. -bir, -buir (infinitivos): *recibir, contribuir*. Excep.: *hervir, servir* y *vivir*;
3. -bundo, -bunda, -bilidad: *vagabundo, abunda, habilidad*. Excep.: *civilidad, movilidad* y *servilidad*.
C. Además, se usa **b**:
1. delante de consonante (regla sin excepciones): *objeción, obtuso, obcecado*, y en los grupos *bl, br: blanco, amable, publicar, blo-*

que, blusa, bramar, lumbre, brillo, hombro, bruma;
2. en las terminaciones del pretérito imperfecto de los verbos de primera conjugación: *pasaba, entrabas, escuchábamos*;
3. en el pretérito imperfecto del verbo *ir: iba, íbamos*;
4. después de *m: rumbo, zamba*.
babel. Como sustantivo común es → **ambiguo**: *el* o *la babel* y se escribe con minúscula inicial: *la casa era una verdadera* (o *un verdadero*) *babel*. Cuando se nombra la ciudad en la que, según la Biblia, se construyó la famosa torre, se escribe obviamente con mayúscula inicial: *la torre de Babel*. Lo mismo cuando se emplea esta expresión en sentido figurado: "El día menos pensado se van a hacer saltar y esto se va a volver una torre de Babel [...]" (J.S. Álvarez, *En el mar austral*, 169).
Babia. Se escribe siempre con mayúscula inicial: *estar en Babia*.
Babilonia. El gentilicio es *babilonio: los babilonios emprendieron numerosas conquistas. Babilónico* se emplea sólo con el valor de 'perteneciente o relativo a Babilonia': *el imperio babilónico, el ejército babilónico*, y con la acepción de 'fastuoso, ostentoso': *el Gobierno inició obras babilónicas*.
babilonia. Como sustantivo común significa 'desorden, confusión' y se escribe todo en minúsculas: *el lugar era una babilonia*.
babilónico. → **Babilonia**.
babuino. El DMI advierte que este sustantivo, que significa 'zambo, mono americano', es → **galicismo** (fr. *babouin*).
baby. Voz inglesa (pron. [béibi]) que significa 'niño, nene'.
baby sitter. Expresión inglesa con que se designa a una niñera por horas. En España se la llama *canguro*, acepción que registra el DRAE/92, pero desconocida en la Argentina.
*bacalado. → **Ultracorrección** por *baca-*

lao: "El aceite de hígado de bacalado o bacalao, como aquí decimos [...]" (Chamico, *Sumarios*, 133).

bacalao, bacallao. La RAE autoriza ambas formas, pero prefiere la primera, que es la de uso general.

bacará, bacarrá. 1. El DRAE registra las dos formas para designar un juego de naipes, pero prefiere la primera.
2. Evítense las grafías **baccará*, **baccara* y **baccarat* (esta última designa, en francés, un tipo de cristales que se fabrican en la ciudad del mismo nombre).

baciliforme. El DMI incorpora esta voz, que no figura en el DRAE/92, con el siguiente significado: "En forma de bacilo."

back. Voz inglesa muy difundida en la jerga futbolística. Puede sustituirse por *defensa* o *zaguero*.

background. Palabra inglesa (pron. [bakgráund]) que puede traducirse por *antecedentes, conjunto de conocimientos, formación previa, historial*: *es notable su background científico*.

bacon. Palabra inglesa (pron. [béikon]) para designar el tocino.

bacterioterapia. El DMI incluye esta palabra, que no figura en el DRAE/92, con la siguiente definición: "Tratamiento de enfermedades por inoculación de microbios."

Badajoz. Gentilicios: *badajocense, badajoceño* y *pacense* (del antiguo nombre *Pax Augusta*).

badén. Es palabra aguda; la acentuación grave [báden] es viciosa.

baedeker. Palabra con que solían designarse las guías de viaje. Proviene del nombre del editor alemán Karl Baedeker. Ha caído en desuso: "[...] recuerdos de viaje: cartas, baedekers, fotografías de Carlos y suyas [...]" (A. Pérez Zelaschi, "El arpa enfundada", en VCBA, 131); "En La Coruña llueve y el Baedeker no lo advierte." (C.J. Cela, *El bonito crimen*, 19).

baffle. Voz inglesa que la RAE ha hispanizado bajo la forma *bafle* y ha introducido en el DRAE/92 con la siguiente definición: "m. Dispositivo que facilita la mejor difusión y calidad del sonido de un altavoz."

bafle. → **baffle**.

bagaje. El DRAE/84 admite su uso, criticado hasta entonces por galicista (fr. *bagage*), como sinónimo de *equipaje*. No da ninguna localización geográfica, por lo que considera que esta acepción pertenece al español general.

baguala. En su sesión del 18 de abril de 1974, la AAL solicitó a la RAE que incluyera en el léxico mayor el término **baguala** como argentinismo. Así figura en el DRAE/84 con la siguiente definición: "f. *Argent.* Canción popular argentina, que suele cantarse en co-

rro, con acompañamiento de caja o tambor. Se basa generalmente en tres notas similares a las de un acorde perfecto mayor y se caracteriza por el paso de la voz grave a la aguda y, sobre todo, el falsete."

bagualada. El DMI recoge una segunda acepción, que no figura en el DRAE/92, de esta voz: "*Argent.* Burrada, necedad."

bagueta. Castellanización no admitida por la RAE de la voz francesa *baguette*, con que se designan, en la Argentina, las molduras cromadas que se utilizan como adornos en los automóviles.

baguette. 1. Palabra francesa (pron. [baguét]) con que se designa un pan de forma muy alargada. Es un término que se está usando con bastante frecuencia en Buenos Aires.
2. → **bagueta**.

bahía. Se escribe con mayúscula inicial sólo cuando forma parte de un nombre propio: *la ciudad de Bahía Blanca*. Cuando designa el accidente geográfico, se escribe todo en minúsculas: *bahía Grande, bahía de Samborombón*.

bahut. Palabra francesa (pron. [baú]) que designa un mueble que se utiliza para guardar manteles, servilletas, vajilla, copas, vasos, etc. El término está perdiendo vigencia en la Argentina.

baicurú. El DMI recoge este sustantivo, que no figura en el DRAE/92. Es argentinismo, sinónimo de *guaicurú* (planta medicinal).

baignoire. Palabra francesa (pron. [beñuar]) que debe sustituirse por *palco de platea* o *bañera*, según el caso.

bailongo. El DRAE/92 recoge esta voz con las siguientes definiciones: "adj. coloq. Que incita al baile. // 2. m. y f. coloq. Persona a la que le gusta bailar. // 3. m. Baile de baja estimación." La RAE no indica ninguna localización geográfica de estas acepciones, por lo que se deduce que pertenecen al español general.

bajá. El plural *bajás* es de uso más frecuente que la forma culta *bajaes* (*Esbozo*, 2.3.3,c). → **rubí; pachá**.

bajamar. 1. Es femenino: *la bajamar*.
2. La grafía **baja mar* es incorrecta.

bajar abajo. Es un → **pleonasmo**. Salvo que se quiera enfatizar, sobre todo en una orden, dígase simplemente *bajar*.

bajera. En su sesión del 4 de noviembre de 1971, la AAL solicitó a la RAE que incorporara esta palabra como argentinismo en el *Diccionario* oficial. El DRAE/84 agrega esta acepción: "f. *Argent.* y *Urug.* **abajera**, pieza del recado de montar." → **abajera**.

bajo. Los gramáticos han señalado como incorrectas muchas construcciones encabezadas con esta preposición. Se indican las principales.

*****bajo cubierta de**. Dígase: *con el pretexto de*.

*****bajo el nombre de**. Dígase: *con el nombre de*: **un insecto conocido bajo el nombre de bichito de luz*. Se considera incorrección leve.

*****bajo el pretexto de**. Dígase: *con el pretexto de*. Es incorrección leve.

bajo el punto de vista. Los puristas insisten en que debe decirse *desde el punto de vista*. M. Moliner no lo condena expresamente: "A veces se emplea [bajo] en la expresión 'bajo el punto de vista' por 'desde el punto de vista'. La legitimidad de esta expresión es discutida". (*Diccionario*, s.v. *bajo*). M. Seco (*Diccionario*) no considera descabellada la construcción cuestionada y cita el siguiente texto del gramático A. Bello: "Clasificaremos pues los verbos bajo otro punto de vista más conveniente para señalar los diferentes modos de usarlos" (*Gramática*, § 770). Sin embargo, considera que la norma actual prefiere *desde el punto de vista*. Contra la opinión de Seco, el uso actual, por lo menos en América, se inclina por el empleo de **bajo**, que ha pasado a la lengua literaria: "Jamás había considerado el asunto bajo ese punto de vista [...]" (E. Belgrano Rawson, *Fuegia*, 19).

*****bajo encargo**. Dígase: *por encargo*.

bajo esta condición, bajo la condición. Censurado por los puristas, el empleo de **bajo** en estas construcciones es correcto y está avalado por la RAE, que utiliza **bajo esta condición** como sinónimo de *en esta conformidad* (DRAE/92, s.v. *conformidad*). Por su parte, M. Moliner dice en su *Diccionario* (s. v. *bajo*) que **bajo** sustituye a *con* en expresiones como *bajo la condición de que* o *bajo especie de*.

*****bajo esta premisa**. Dígase: *con esta premisa*.

*****bajo estas circunstancias**. Dígase: *en estas circunstancias*.

*****bajo este concepto**. Dígase: *en este concepto*.

*****bajo este respecto**. Dígase: *a este respecto*.

*****bajo este supuesto**. Dígase: *en este supuesto*.

*****bajo la aprobación de**. Dígase: *con la aprobación de*.

*****bajo la base de**. Dígase: *sobre la base de*. Es error grave que conviene evitar: "Así que bajo esa base hablamos [...]", F. Carrasco, "Las relaciones peligrosas", en VCPA, 20).

*****bajo un pie de igualdad**. Dígase: *sobre un pie de igualdad*.

bajo fondo. → **bajos fondos**.

bajo relieve, bajorrelieve. **1**. La RAE admite ambas formas, pero prefiere la prime-ra (aunque en el artículo *medallón* el DRAE emplea **bajorrelieve**).

2. Plurales: *bajos relieves* y *bajorrelieves*, respectivamente.

bajos fondos. Esta expresión traduce literalmente la voz francesa *bas-fonds*; fue incluida en el DRAE/92 con la siguiente definición: "Barrios o sectores marginales de las grandes ciudades donde abunda la gente del hampa." Se la suele equiparar con *hampa*, pero indebidamente, ya que esta voz da idea de un grupo de maleantes organizados, lo que no ocurre en los **bajos fondos**, donde la delincuencia suele ser ocasional. Esta expresión, sobre todo en singular, es usual en la Argentina desde hace muchos años: en 1915, Luis C. Villamayor publicaba en Buenos Aires su libro titulado *El lenguaje del bajo fondo*.

bajo vientre. La grafía **bajovientre* es incorrecta.

*****bakelita**. Grafía incorrecta por *baquelita*.

balacear. La RAE no ha admitido hasta ahora este verbo, que significa 'tirotear, balear'.

balacera. La RAE lo ha admitido como americanismo con el significado de 'tiroteo'. "Testimonio gráfico de la balacera suscitada en su intento de resistirse al atraco" (*Clarín*, 5-10-88, pág. 45); así en el título, pero en el texto de la nota el periodista utiliza los términos *tiroteo* e *intercambio de disparos*. En la Argentina, la voz **balacera** penetró gracias a las series de televisión, pero no se emplea en el lenguaje corriente.

baladí. Plural: *baladíes*. → **rubí**.

balance. No es sinónimo de *saldo* o de *resultado*; es incorrecto, entonces, su uso en: **tres heridos fue el balance del violento altercado*.

balance of power. Expresión inglesa que puede traducirse por *equilibrio de poder*.

*****balandrón**, **balandronada**, **balandronear**. Formas incorrectas por *baladrón*, *baladronada* y *baladronear*.

bálano, balano. La RAE admite ambas formas, pero prefiere la primera.

balasto, balastro. La RAE admite las dos formas, pero recomienda la primera.

balaustre, balaústre. La RAE autoriza las dos acentuaciones, pero recomienda la primera.

balbucear. → **balbucir**.

balbucir. Es verbo → **defectivo**. Según el DMI (s. v. *balbucir*) sólo se usa en el infinitivo y en algunas formas y personas que en su desinencia tienen la vocal *i*. La doctrina del *Esbozo* (2.12.13, d) difiere: no se emplean las formas fuertes (es decir, las acentuadas en la raíz), excepto *balbuce*, que aparece en Unamuno: "Balbuce Apolodoro sus buenos días" (*Amor*, 90), y que utiliza la misma Academia (DRAE/84, s. v. *balbuciente*). Con ello, sólo deja como inusitadas las formas *balbuzco, balbuces* y *balbucen* y todo el presente del subjuntivo, formas que se remplazan con las correspondientes del verbo *balbucear*, que es regular. En el uso actual, **balbucir** es raro y ha sido sustituido en todas sus formas por *balbucear*.

baldaquín, baldaquino. La RAE admite ambas formas, pero recomienda la primera.

baldonar, baldonear. La RAE acepta ambas formas, pero prefiere la primera.

***baldraga**. Forma incorrecta por *baldragas*.

Bâle. El nombre español de esta ciudad suiza es *Basilea*.

balero. El DRAE/92 registra la acepción *cabeza humana* como propia de la Argentina y Uruguay, y sustituye el calificativo de vulgar, que figuraba en el DRAE/84, por el de familiar.

***balización**. El DRAE no registra este término; dígase *balizamiento* o → **abalizamiento**.

balizamiento. → **abalizamiento**.

ballet. **1**. El DRAE/92 registra esta voz con las siguientes definiciones: "(Del fr. *ballet*.) m. Danza clásica de conjunto, representada sobre un escenario. // 2. Música de esta danza. // 3. Compañía que interpreta este tipo de danza."
2. El DRAE no indica su plural (el DMI registra *ballets*).
3. El término francés está universalmente aceptado y fracasaron los intentos de sustituirlo por *baile, danza, bailable* o *bailete*. Una posible castellanización *balé* (pl. *balés*) parece, por ahora, condenada también al fracaso.

ballottage. Palabra francesa que la RAE ha hispanizado bajo la forma *balotaje* y ha incluido en el DRAE/92 con la siguiente definición: "m. *Amér*. **escrutinio**, recuento de votos." No es éste el significado con que se emplea esta palabra, al menos en la Argentina, sino *segunda vuelta*, que se efectúa cuando, en elecciones por mayoría absoluta, ninguno de los candidatos obtiene el número de votos necesario (generalmente el cincuenta por ciento) para ser elegido.

balompié. La RAE admite este sustantivo, pero prefiere → **fútbol**. **Balompié** se usa solamente en las crónicas deportivas para evitar la excesiva reiteración de la voz *fútbol*.

baloncesto. Es la única voz que figura en el DRAE para nombrar el deporte que en inglés se llama → **basketball**. En la Argentina se la usa sólo como variante léxica de *básquetbol* o *básquet*.

balonmano. El DRAE/92 registra este sustantivo, que traduce la voz inglesa *handball*.

balonvolea, voleibol. La RAE admite las dos voces, pero, en el DRAE/84, prefiere la primera. En el DRAE/92, por evidente error, remite de una a otra, sin definir en ninguna de las dos. → **voleibol**.

balotaje. → **ballottage**.

***balustrada**. Forma errónea por *balaustrada*, debida quizá a influencia del fr. *balustrade*.

bambolear, bambalear. La RAE admite ambas formas, pero prefiere la primera. En la Argentina se prefiere también la primera: "Esto mismo era más nominal que positivo, pues como el diario, bamboleante en un principio, se sostenía a duras penas [...]" (R.J. Payró, *Pago Chico*, 141).

bambú. Plural: *bambúes* o *bambús* (*Esbozo*, 2. 3. 3, c). → **rubí**.

banal, banalidad. El DRAE/84 recoge estas dos voces, rechazadas durante mucho tiempo por galicismos. Significan 'trivial' y 'trivialidad' respectivamente.

bananero. El DRAE/92 añade las siguientes acepciones en el artículo correspondiente a esta voz: "Aplicado a países del Caribe, dependiente de los países y compañías compradoras de plátanos" y "**tercermundista**. En relación, principalmente, con ciertos países de Iberoamérica."

banco. **1**. Se escribe con mayúscula inicial cuando forma parte de un nombre: *Banco de la Nación Argentina*. En los demás casos, se escribe todo en minúsculas: *un banco de la Argentina*.
2. El DRAE/92 incorpora esta acepción: "Establecimiento médico donde se conservan y almacenan órganos, tejidos o líquidos fisiológicos humanos para cubrir necesidades quirúrgicas, de investigación, etc. *Banco de ojos, de sangre*."

banderola. La RAE admite, como propia de la Argentina, Paraguay y Uruguay, la acepción: "Montante, ventana sobre una puerta."

***bandoleón**. **1**. Nombre que se da a veces, indebidamente, al → **bandoneón**.
2. Nombre que se da en algunas regiones de América al *bandolón*.

bandolina, mandolina. La RAE admite las dos voces, para nombrar este instrumento musical de cuerdas, sin indicar preferencia alguna. En la Argentina es más frecuente **mandolina**.

bandoneón. Instrumento de viento, parecido al acordeón, creado por el fabricante de instrumentos alemán Heinrich Band hacia 1825 o 1835. Fue introducido en la Argentina pasada la primera mitad del siglo XIX (E. Stilman, *Historia del tango*, 23) y el bandoneonista Juan Maglio (Pacho) lo incorporó a las orquestas típicas de tango (J.S. Tallon, *El tango*, 61). En su sesión del

26 de octubre de 1978, la AAL sugirió a la RAE la inclusión de esta voz en el *Diccionario* oficial (*Acuerdos*, VIII, 142-45).
Fue incluida en el DRAE/92 con la siguiente definición: "(Del al. *Bandoneon*, del nombre de su inventor, H. Band, en el s. XIX.) m. Variedad de acordeón, de forma exagonal y escala cromática, muy popular en la Argentina."

banjo. **1**. El DRAE/84 incorporó el nombre de este instrumento musical.
2. Evítese la pronunciación inglesa [bányo].

bantú. Plural: *bantúes* o *bantús* (*Esbozo*, 2. 3. 3, c). → **rubí**.

banyo. → **banjo**.

bañadera. El DRAE/70 (Suplemento) incorporó este vocablo con dos acepciones: 'bañera' (americanismo) y 'ómnibus descubierto para paseos y excursiones' (argentinismo). Esta última acepción se ha venido haciendo cada vez más rara con la desaparición del tipo de vehículo que le dio origen. El DRAE/92 añade una tercera acepción: "*Urug*. Ómnibus viejo de alquiler."

bañador. Palabra no usada en la Argentina, donde se emplea *malla* (admitida por la RAE como propia del Río de la Plata y Perú) y *traje de baño* (que el DRAE/92 no registra).

bañar. Construcción: —*con oro*; —*en sangre*.

baño de asiento. El DRAE/92 ha incluido esta expresión con la siguiente definición: "*Med*. Aquel en el cual se sienta en la bañera quien lo toma, con objeto de no mojarse más que las piernas, las caderas y las nalgas. Hay bañeras especialmente construidas para este fin."

baño de María, baño María. **1**. La RAE admite las dos expresiones, aunque prefiere la primera.
2. El nombre de este sistema de recalentamiento se refiere a María, hermana de Moisés, a la que la tradición antigua y medieval atribuía artes de alquimista. Otros autores prefieren escribir *baño (de) maría*, porque consideran que esta voz deriva de *ma harí*, que significa 'agua caliente' en árabe.
3. Evítese la grafía *bañomaría*.

baobab. Según M. Seco (*Diccionario*), el plural es *baobabs*.

baquiano, baqueano. La RAE admite las dos formas, pero prefiere la primera, que es la que se emplea corrientemente en América: "El baquiano es un gaucho grave y reservado [...]" (D.F. Sarmiento, *Facundo*, 74); "Eran todos baquianos [...]" (F. Luna. *La última montonera*, 14); "Ofreciónos ser nuestro baquiano de ida y de regreso [...]" (J.E. Rivera, *La vorágine*, 20), aunque por → **ultracorrección** haya quienes crean que es incorrecto y que la única forma válida es **baqueano**.

La grafía *vaquiano* es decididamente incorrecta: "—Parece gente —decían los más vaquianos." (R.J. Payró, *Veinte cuentos*, 36).

barahúnda, baraúnda. La RAE autoriza las dos grafías, pero prefiere la primera; la segunda es también correcta: "El joven aguanta inmóvil toda esta baraúnda de caricias y de oratoria [...]" (B. Lynch, *Los caranchos*, 54).

barajar. El DRAE/84 incorpora las siguientes acepciones de este verbo: "En las reflexiones o hipótesis que preceden a una resolución, considerar las varias posibilidades o probabilidades que pueden darse"; "*Argent., Par.* y *Urug.* Tomar en el aire un objeto que se arroje" y "*Argent., Chile* y *Urug.* Parar los golpes del adversario." Es incorrecto su empleo por *manejar, considerar* cuando se refiere a una sola posibilidad o probabilidad: **barajamos la posibilidad de veranear en Mar del Plata*. → **abarajar**.

baratez. El DRAE/92 registra este término como sinónimo de *baratura*. Se emplea en Cuba y Uruguay.

baraúnda. → **barahúnda**.

barbarismo. "Vicio del lenguaje, que consiste en pronunciar o escribir mal las palabras, o en emplear vocablos impropios". El DRAE/92 ha añadido la siguiente acepción: "*Ling.* Extranjerismo no incorporado totalmente al idioma."

barbijo. En su sesión del 20 de julio de 1977, la AAL solicitó a la RAE la inclusión, en el *Diccionario* oficial, de dos nuevas acepciones de este término: "corte, herida o cicatriz de arma blanca que cruza el rostro, de modo más o menos semejante a la cinta de sujeción del sombrero" y "pieza de tela con la que médicos, enfermeros y quienes con ellos colaboran se cubren la boca y la nariz como medida aséptica" (*Acuerdos*, VIII, 72-76). En la edición de 1984, el DRAE incorpora como propia de la Argentina y Bolivia la acepción 'herida en la cara', y el DRAE/92 añade esta acepción: "*Argent*. Pieza de tela con que, por asepsia, los médicos y auxiliares se cubren la boca y la nariz". "Creí ver mucha gente, mucha más de la que yo consideraba necesaria para una operación; hombres y mujeres con las caras tapadas por los barbijos y los ojos brillantes." (A.M. Shúa, *Soy paciente*, 66).

barbotear, barbotar. La RAE admite ambas formas, pero recomienda la primera.

Barcelona. Gentilicio: *barcelonés*. El DMI agrega *barcelonense*.

barcino. El DMI registra esta acepción, que no figura en el DRAE/92: "*Argent*. Dícese del político que muda fácilmente de partido."

*barco a vela, *barco a vapor. Uso criticado de la preposición *a*; dígase *barco de vela*, *barco de vapor*. → **a, III**.

bargueño, vargueño. La RAE admite ambas grafías, pero prefiere la primera.

barisfera. Es palabra grave; la acentuación esdrújula, **barísfera*, es incorrecta. → **-sfera.**

barman, 1. Palabra inglesa que ha arraigado en español, pero que no figura en el DRAE/92. Su sustitución por *camarero* no parece adecuada: **barman** y *camarero* son dos oficios distintos. **2.** Se puede usar un plural *bármanes* si se considera castellanizada la palabra, o bien dejarla invariable: *los barman* (→ **plural, IV**). De ningún modo corresponde **barmans*, que no responde a la morfología española ni es el plural inglés (*barmen*).

barrabás. Cuando se emplea como sustantivo común, su plural es *barrabases*: *estos niños son unos barrabases.*

*barraje. → **Galicismo** (fr. *barrage*) por *barrera, empalizada.*

barreal. → **barrizal.**

barreminas. La RAE no ha admitido este → **anglicismo** (ingl. *mine-sweeper*) usual en América, y preconiza *dragaminas.*

barrial. El DRAE/84 le quitó la nota de anticuado. Es un sinónimo americano de *barrizal*. Suele emplearse en plural: "[...] se había puesto en camino por entre barriales espantosos, pues los últimos días había llovido copiosamente." (M. Cané, *Juvenilia*, 108).

barrida. El DMI censura el uso de este sustantivo en lugar de *barrido* o *barredura*, y lo considera chilenismo. En la Argentina también se usa **barrida** con preferencia a los sinónimos académicos. Se mantiene el masculino en la expresión *servir lo mismo para un barrido que para un fregado.*

barrilete. Según el DRAE, se emplea "en algunas provincias". Es la palabra que se usa en la Argentina, donde ha desplazado casi totalmente a *cometa*: "[...] íbamos a las lomas a remontar barriletes [...]" (A. Capdevila, *Córdoba*, 29).

barrizal, barreal. La RAE admite ambas voces, pero prefiere la primera. → **barrial.**

barullo. Para el DRAE es sólo 'confusión, desorden'. M. Moliner (*Diccionario*) le agrega la idea de 'ruido', con que usamos generalmente esta voz.

baseball. La RAE ha castellanizado esta palabra inglesa en *béisbol*. La acentuación aguda, *beisbol*, no figura en el DRAE, aunque es frecuente en varias regiones de América: "Qué patio más hermoso, para jugar beisbol." (S. Ramírez, "El centerfielder", en DCL, 147).

base fundamental. Es un → **pleonasmo.** *Base* es el fundamento o apoyo principal de una cosa. Evítese la redundancia, salvo que se quiera enfatizar.

Basel. Es el nombre alemán de la ciudad suiza que en español se llama → **Basilea.**

basicidad. El DMI incluye esta palabra, que no figura en el DRAE/92, con la siguiente definición: "Propiedad que tiene un cuerpo de poder ser base en una combinación."

básig. El DMI incorpora este sustantivo, que no figura en el DRAE/92, con la siguiente definición: "Licor alcohólico que los igorrotes obtienen de la fermentación imperfecta del jugo de la caña de azúcar."

Basilea. Gentilicios: *basiliense* y *basilense*; la RAE prefiere el primero.

basketball. El nombre inglés de este deporte ha sido traducido por → **baloncesto.** En el Río de la Plata se usa corrientemente la castellanización → **básquetbol** o *básquet*: "[...] cifras a las que podrían agregarse los seleccionados de voleibol y básquet [...]" (*Clarín*, 26-4-92, pág. 66).

basquetbol, básquet. Castellanización de la voz inglesa *basketball*, que ha sido admitida por la RAE en el DRAE/92: **basquetbol** como propia de la Argentina, México y Paraguay, y **básquet** de uso en la Argentina y Paraguay. En ambos casos se omite indebidamente al Uruguay. En el Río de la Plata, *básquetbol* se pronuncia esdrújula: "El hincha de básquetbol es otra cosa." (Damocles, "El hinchismo nacional", en AM, 2, 37).

basta. Construcción: *—con media docena*; *—de explicaciones*; *—para mí.*

bastante. Usado como adverbio, no admite plural: *escritores bastante ingeniosos* (no *bastantes*). Cuando funciona como adjetivo, concuerda en número con el sustantivo al que modifica: *tiene bastantes problemas, trajo bastante dinero.*

bastar. Construcción: *—a, para entretenerse, —con dos litros de agua*; *—con que lo vigilen* (es conveniente no omitir la preposición *con* delante de la conjunción *que*).

bastardar. → **bastardear.**

bastardear, bastardar. 1. La RAE admite las dos formas, aunque prefiere la primera. **2. Bastardear** no es pronominal; evítese, entonces, la forma **bastardearse.*

basto. → **vasto.**

bastoneo. El DMI registra este sustantivo, que no figura en el DRAE/92, con la siguiente definición: "Acción de bastonear."

basural. El DRAE/84 extiende a toda América la localización geográfica de esta voz, que el DRAE/70 limitaba a la Argentina y Chile.

basuriento. El DMI registra esta voz, que no figura en el DRAE/92, con la siguiente definición: "*Chile*. Neologismo por sucio, inmundo."

batacazo. El DRAE/84 añade las siguientes acepciones de esta voz: "*Argent., Chile, Par., Perú* y *Urug.* Triunfo inesperado de un caballo en unas carreras" y "*Argent., Chile,*

Par., *Perú* y *Urug.* Por ext. se dice de cualquier otro triunfo o suceso afortunado y sorprendente."

batahola, bataola. La RAE admite ambas grafías, pero recomienda la primera.

batallar. Construcción: —*con los enemigos*; —*por sus ideales.*

bataola. → **batahola.**

batarás, -sa; bataraz, -za. Se dice del gallo o gallina de color jaspeado de negro y blanco. La segunda forma es la más frecuente en la Argentina: "El bataraz fallaba en el pico, levemente quebrado hacia la punta [...]" (R. Güiraldes, *Don Segundo*, 83); "[...] un jubileo como nunca se vio en Pago Chico, tanto que el bataraz encerrado en un cajón, encrespó la pluma [...]" (R.J. Payró, *Pago Chico*, 97).

También se emplea este adjetivo aplicado a objetos: "Con un ademán característico, don Manuel se levantó el tirador que le ajustaba la bombacha color bataraz [...]" (V. Barbieri, *El río*, 153).

Ninguna de las dos formas figura en el DRAE/92.

batata. En su sesión del 27 de setiembre de 1973, la AAL solicitó a la RAE que incluyera en su *Diccionario* la acepción de 'timidez, vergüenza' que tiene, metafóricamente, este sustantivo en la Argentina (*Acuerdos*, VI, 74-77). El DRAE/84 registra esta voz y el DRAE/92 la define así: "p.us. *Argent.*, *Par.* y *Urug.* Apocamiento, falta de palabras o de reacción a causa de turbación, desconcierto o timidez."

batic. 1. En su sesión del 18 de abril de 1974 (*Acuerdos*, V, 165-66), la AAL solicitó a la RAE que incluyera en el *Diccionario* oficial este término, que designa un procedimiento de decoración de telas según una técnica javanesa, y la tela así tratada. No figura en el DRAE/92.

2. La AAL prefiere la forma **batic** sobre *batik*, usual en otros idiomas, como el francés, por ejemplo, por considerarla más apropiada a los hábitos gráficos del español.

3. Es palabra aguda en español, que respeta así la acentuación original javanesa.

batida. El DRAE/84 agregó la acepción, corriente en la Argentina: "Allanamiento, que por sorpresa realiza la policía, de locales donde supone que se reúnen maleantes u otras personas para efectuar actos prohibidos legalmente: juego, consumo de drogas, prostitución, etc.", sin ninguna localización geográfica.

¹batidor, -ra. 1. La RAE incorporó en el DRAE/84 la siguiente acepción: "m. y f. vulg. *Argent.* y *Urug.* Persona que delata o denuncia."

2. Es voz de origen lunfardo, y como tal la registran A. Dellepiane (*El idioma del deli-*

to) y L.C. Villamayor (*El lenguaje del bajo fondo*).

²batidor, -ra. Según el DRAE, el instrumento para batir los ingredientes de manjares, condimentos o bebidas se llama indistintamente **batidor** o **batidora**. En la Argentina se emplea casi exclusivamente la segunda forma.

batifondo. En su sesión del 22 de setiembre de 1976, la AAL sugirió a la RAE que incluyera este término en el *Diccionario* mayor (*Acuerdos*, VIII, 76-78). La RAE lo incorporó en el DRAE/92 con la siguiente definición: "m. fam. *Argent.* barullo, bochinche, desorden."

Proviene del it. *battifondo* y es muy usual en la Argentina, donde comenzó siendo voz lunfarda. Figura como tal en el primer diccionario lunfardo, aunque bajo la forma *batifondio*, con el significado de 'gresca, desorden' (A. Dellepiane, *El idioma del delito*). Con los valores de 'alboroto, algazara, ruidos estridentes, estrépito, escándalo, bochinche, batuque' lo registran casi todos los diccionarios lunfardos. Según M. Morínigo (*Diccionario*) se emplea también en Paraguay y Uruguay.

batir. 1. El significado de 'palpitar, latir el corazón', criticado por galicista, está admitido en el DRAE/84.

2. La RAE también acogió en su *Diccionario*, con la nota de vulgar, la acepción 'delatar, denunciar' de este verbo como propia de la Argentina y Uruguay. Es voz originalmente lunfarda y como tal la registran A. Dellepiane (*El idioma del delito*) y L.C. Villamayor (*El lenguaje del bajo fondo*).

batiscafo. En el DRAE/70 figuraba esta voz como esdrújula, *batíscafo*, pero el DRAE/84 optó por la acentuación grave. Como grave figura también en el *Diccionario* de M. Moliner.

batitú. 1. En su sesión del 22 de mayo de 1980 (*Acuerdos*, VIII, 307-08), la AAL sugirió a la RAE que incluyera en el *Diccionario* oficial el nombre de este pájaro (*Bartramia Longicauda*). No figura en el DRAE/92.

2. Plural: *batitúes* o *batitús*. → **rubí.**

*batráceo. → **Ultracorrección** por *batracio*.

batuque. El DMI registra este término, que no figura en el DRAE/92, con la siguiente definición: "(Voz brasileña.) *Argent.*, *Par.* y *Urug.* Mezcla, confusión o alboroto."

Bayona. Gentilicio: *bayonés* (preferible) o *bayonense*.

*bayonesa. El DMI advierte que es "barbarismo por mayonesa, y mejor mahonesa". → **mahonesa.**

bazooka. → **bazuca.**

bazuca. 1. Hispanización de la voz inglesa *bazooka*, forma esta última que no corresponde emplear.

2. Es sustantivo femenino: *la bazuca*.

bebe, bebé. La RAE admite ambas voces: **bebe**, como palabra usual en la Argentina, Perú y Uruguay; y **bebé**, que el DRAE/92 define: "niño de pecho", como perteneciente al español general.

beber. Construcción: —*a* o *por la salud*; —*de* o *en un manantial*; —*por el triunfo*.

bechamel. → **besamel**.

beefsteak. La RAE ha castellanizado esta voz inglesa bajo las formas → **bistec** y *bisté*. El DMI recoge → **biftec**. Una cuarta adaptación, *bisteque*, no ha recibido el beneplácito académico. En la Argentina se usa casi exclusivamente → **bife**.

*begoña. Forma incorrecta por *begonia*.

behaviorismo. La RAE admite, en el DRAE/92, este vocablo, pero prefiere *conductismo*.

behaviorista. El DRAE/92 no registra esta voz. Puede sustituirse por *conductista*.

beige. El DRAE/92 ha incorporado esta voz francesa con la siguiente definición: "Dícese del color castaño claro." Dado que ya está castellanizada, debe pronunciarse a la española [béije]. → **beis**.

beis. 1. El DRAE/92 incorpora esta forma como variante de → **beige**, aunque prefiere esta última.
2. No varía en plural.

béisbol. → **baseball**.

Belén. Gentilicios: → **betlemita** (forma preferida por la RAE y el uso) y *betlehemita*.

Belice. 1. Es voz grave, no esdrújula.
2. La grafía *Belize* es incorrecta en español.

belitre. Es voz grave; la acentuación esdrújula, **bélitre* es viciosa.

belle époque. Expresión francesa (pron. [bellepók]) con que se designan los primeros años del siglo XX: "Un café de la *belle époque*, dijo usted." (M. Denevi, *Hierba*, 148). Puede traducirse por *época dorada*.

belvedere. Palabra italiana que puede sustituirse por *mirador*.

bendecir. V. irreg.; se conjuga como → **decir, 1**, excepto en el imperativo singular: *bendice* (no **bendí*), el futuro imperfecto del indicativo: *bendeciré, bendecirás*, etc. y el condicional: *bendeciría, bendecirías*, etc. Tiene dos participios: uno regular, *bendecido*, y otro irregular, *bendito*. El primero se emplea para formar los tiempos compuestos con los auxiliares *haber* y *ser*: *había bendecido, será bendecido* etc. y también como adjetivo: *trajeron la imagen bendecida*. El participio irregular se emplea como adjetivo: *agua bendita*, y en exclamaciones: *¡bendita sea!* Evítense formas incorrectas como **bendecí, *bendeciste, *bendeció* (por *bendije, bendijiste, bendijo*); **bendiciera* (por *bendijera*), etc.

bendito. → **bendecir**.

beneficiar. Para su acentuación, → **abreviar**.

beneficiarse. Construcción: —*con, de los acuerdos*.

*beneficiencia. Forma incorrecta por *beneficencia*.

beneficioso. Construcción: —*para la población*.

benéfico. 1. Superlativo: *beneficentísimo* (literario), *muy benéfico* (coloquial).
2. Construcción: —*para los consumidores* (la construcción con la preposición *a* es desusada).

benevolente. 1. El DRAE/84 ha incorporado este adjetivo.
2. Superlativo: *benevolentísimo*, que hasta la edición de 1970 el DRAE daba como superlativo de *benévolo*.

Bengala. Gentilicio: → **bengalí**.

bengalí. Plural: *bengalíes*. → **rubí**.

benjuí, menjuí. 1. La RAE admite ambas formas, pero recomienda la primera, que es más usual.
2. Plural: *benjuís*. → **rubí**.

benteveo, bienteveo. La RAE admite ambas formas como propias de la Argentina y el Uruguay, aunque prefiere la segunda. En la Argentina se usa más la primera: "Para el otoño volverían mucho más gordos, con sus collares de huesos de benteveo." (E. Belgrano Rawson, *Fuegia*, 25).
La grafía **venteveo* no es aceptable: "Los jilgueros y venteveos, cansados, se ganaban a hacer noche en la espesura del monte" (E. Cambaceres, *Sin rumbo*, 7). → **bicho feo**.

béquico. El DRAE/92 registra esta voz con la siguiente definición: "Eficaz contra la tos."

berbiquí. Plural: *berbiquíes* o *berbiquís*. → **rubí**.

berceuse. Palabra francesa, que puede traducirse por *canción de cuna* o *mecedora*, según el caso.

beréber, bereber, berebere. La RAE admite estas tres formas, pero prefiere la primera; plural: *beréberes*: "[...] aseguraba la superioridad de la antigua nobleza andaluza sobre los incultos beréberes advenedizos" (R. Menéndez Pidal, *El Cid*, 70). M. Moliner (*Diccionario*) sostiene que la forma más usual es *bereber* (aguda), plural: *bereberes*.

beriberi. Las grafías **beri beri* y **beri-beri* son incorrectas.

berilio, berilo. Evítese confundir estas dos voces: **berilio** es un metal, conocido también como *glucinio*; **berilo**, en cambio, es una piedra preciosa, variedad de la esmeralda.

berkélium. El nombre, en español, de este elemento es *berquelio*. La grafía **berkelio* es incorrecta.

bermudas. El DRAE/92 incluye este término con que se designa un pantalón que cubre hasta las rodillas y que se usa a veces como bañador. Según la RAE, es masculino plural: *los bermudas*, aunque aclara que se emplea también como femenino plural.

Bern, Berne. Dígase en español *Berna*.

bersagliero. El DMI registra esta voz, que no figura en el DRAE/92, con la siguiente definición: "Soldado italiano de infantería. El pl. es bersaglieri." La palabra italiana es *bersagliere*.

beryllium. En español es → **berilio**.

besamel, besamela, bechamel. **1**. La RAE admite las tres formas, pero prefiere la primera.

2. Las tres voces son femeninas.

bestiezuela. Forma errónea por *bestezuela*.

best-séller. La RAE ha incorporado al DRAE/92 esta expresión inglesa, sin más modificación gráfica que la tilde y sin indicar su pronunciación (¿[bestsél-ler] o [bestséller]?) ni morfología (¿plural *best-séllers*?). La define así: "(Del inglés *best-seller*.) m. Obra literaria de gran éxito y de mucha venta." Puede sustituirse por *libro más vendido* o *éxito de venta*.

betlemita. Puede silabearse *bet-le-mi-ta* o *be-tle-mi-ta*. → **tl**.

***Bhoutan, *Bhutan**. En español es *Bután*.

bianual, bienal. No deben confundirse estas dos voces: **bianual** (admitida en el DRAE/84) significa 'que sucede dos veces por año'; **bienal**, en cambio, es lo que sucede cada dos años.

Biarritz. Gentilicio: *biarrota*.

bibelot. **1**. Palabra francesa (pron. [bibló]), muy empleada en español con el valor que tiene en francés: objeto pequeño, generalmente raro o curioso, que sirve de adorno en anaqueles, vitrinas, etc. No tiene traducción precisa: *adorno, figurilla, muñeco*.

2. Es masculino: *el bibelot* y su plural francés es *bibelots* (pron. [bibló]).

Biblia. Se escribe con mayúscula inicial, salvo cuando se emplea en sentido genérico: *el Martín Fierro es la biblia gaucha*, y en la expresión *papel biblia*.

bibliobús. **1**. La RAE ha incluido esta voz en el DRAE/92 con la siguiente definición: "Biblioteca pública móvil instalada en un autobús."

2. Es sustantivo masculino: *el bibliobús*.

bibliomancia, bibliomancía. **1**. El DRAE/92 registra estos términos con la siguiente definición: "Arte adivinatoria que consiste en abrir un libro por una página al azar e interpretar lo que allí se dice."

2. La RAE prefiere la pronunciación con diptongo final: *bibliomancia*. → **-mancia, -mancía**.

biblioteca. **1**. El DRAE/84 incorporó, sin localización geográfica alguna, la acepción "Mueble, estantería, etc., donde se colocan libros", que había sido rechazada hasta entonces.

2. Se escribe con mayúscula inicial cuando forma parte de un nombre: *la Biblioteca Nacional*; en los demás casos, se debe escribir todo en minúsculas: *la biblioteca de la Universidad de Buenos Aires*.

bicampeón. Forma incorrecta, aunque muy usual, para designar a quien ha sido dos veces campeón. El prefijo *bi-* significa 'dos', y no 'dos veces'. Dígase *doble campeón*.

bicarburo. El DMI recoge esta voz, que no figura en el DRAE/92, con la siguiente definición: "Carburo que contiene doble proporción de carbono."

bicentenario. El DRAE/92 ha incorporado esta voz con el significado fácilmente deducible.

bíceps. **1**. Se escribe con tilde en la *-i-*. → **acentuación ortográfica, I, B, 3**.

2. Es singular y carece de forma propia de plural: *el bíceps, los bíceps*. → **plural, I, A, 2**.

bichar. El DMI registra este verbo, que no figura en el DRAE/92, y remite a *bichear*, que define así: "Espiar, observar a escondidas. // Germ. Escamotear." La grafía **bichar** es menos frecuente que → **vichar**, pero la han usado algunos autores: "Además, Amadeo te está bichando, y hoy anda de mala veta" (R.J. Payró, "Mientraiga", en *Teatro Completo*, 452); "[...] los teros, de a dos, bichaban cuidando el nido [...]" (E. Cambaceres, *Sin rumbo*, 7).

bicho bolita. Plural: *bichos bolita*. → **carta poder**.

bicho canasto. Plural: *bichos canasto*. → **carta poder**.

bichoco. La RAE recoge en su *Diccionario* este vocablo, propio del Río de la Plata y Chile, con las siguientes definiciones: "Dícese del animal inútil para las carreras o que, por vejez o achaques, no puede moverse con rapidez. // 2. Por ext. se aplica a las personas que tienen achaques." Existe también la grafía, no académica, *vichoco*: "[...] hoy maridos vichocos o solterones embalsamados [...]" (L.V. López, *La gran aldea*, 73).

bicho de luz. Figura en el DRAE/84 como sinónimo, empleado en la Argentina y Uruguay, de *gusano de luz*, *luciérnaga*. En la Argentina es más frecuente el diminutivo *bichito de luz*.

bicho feo. Nombre con que también se conoce en la Argentina al → **benteveo**. No figura en el DRAE/92.

bicicleta, bici. La RAE admite las dos formas, aunque prefiere la primera.

bidet. Palabra francesa, que ha sido castellanizada como *bidé*, plural: *bidés*.

bien. **1**. *Comparativo:* → **mejor, 2**.

2. Su uso como modificador de adjetivos y adverbios con el valor de 'muy' ha sido criticado por galicista, pero lo autoriza la RAE: *bien tarde, bien rico, bien malo* son ejemplos que trae el *Diccionario* oficial.

3. El empleo como adjetivo invariable con el significado de 'distinguido, elegante' es también censurado por galicista: *gente bien, un hombre bien, niños bien*: "Martínez, que es tan pacienzudo, estaba haciendo una lista de todas las personas 'bien' cuyos nombres correspondiesen a las iniciales 'P.S.'" (A. Cancela, *Historia*, II, 91); "[...] para desconsuelo de la gente bien que vivía por la zona." (E. Belgrano Rawson, *No se turbe*, 67); "[...] tan concurridos por niños y viejos bien." (J.C. Onetti, *Cuando entonces*, 50); "[...] Ariel era muy bien." (J. Cortázar, *Final del juego*, 188).

La RAE no avala estas construcciones, pero son muy usuales y M. Seco (*Diccionario*) las admite.

bienal. → **bianual**.

bien haya. El DRAE no admite la grafía *bienhaya*.

bienquisto. La grafía *bien quisto* es incorrecta: "[...] hombre probo, vasco de origen, bien quisto en sociedad [...]" (R.J. Payró, *Veinte cuentos*, 152).

bienteveo. → **benteveo**.

bies. 1. Rechazado durante mucho tiempo por galicista (fr. *biais*), este sustantivo fue admitido por la RAE en el Suplemento del DRAE/70. El DRAE/92 lo define de la siguiente manera: "Trozo de tela cortado en sesgo respecto al hilo, que se aplica a los bordes de prendas de vestir. // **al bies**. loc. adv. En sesgo, en diagonal."

2. La RAE lo escribe sin tilde.

bife. La RAE ya había admitido este término como sinónimo de → **bistec**. El DRAE/84 recoge la acepción "Cachetada, bofetada", usual en la Argentina, Perú y Uruguay: "Entonces Jacques, despreciando los golpes artísticos, comenzó lisa y llanamente a hacer llover sobre Corrales una granizada de trompadas, bifes, reveses [...]" (M. Cané, *Juvenilia*, 54).

El DRAE/92 añade esta tercera acepción: "fig. y fam. *Argent*. Inflamación producida en la nalga al cabalgar."

biftec. El DMI recoge este → **anglicismo** (ingl. *beefsteak*), que no figura en el DRAE/92, como sinónimo de → **bistec**.

biguá. 1. En su acuerdo del 12 de mayo de 1977, la AAL sugirió a la RAE la inclusión de este término en el *Diccionario* oficial (*Acuerdos*, VIII, 49-52). No figura en el DRAE/92, pero sí en el DMI con la siguiente definición: "Ave palmípeda de la Argentina", aunque esta voz, y el animal, son conocidos también en Paraguay y Uruguay.

2. En los ejemplos que cita la AAL en su acuerdo mencionado, figuran como plurales *biguáes* (con tilde injustificada) y *biguás*. "Hacia la hora del crepúsculo los biguaes se reúnen en grandes grupos." (CEAL, *Aves*, t. 3, pág. 8). → **rubí**.

bigudí. Plural: *bigudíes* o *bigudís* (*Esbozo*, 2. 3. 3, c). → **rubí**.

bikini. → **biquini**.

bilbaíno. La pronunciación con diptongo [bilbáino] es errónea.

Bilbao. Gentilicio: → **bilbaíno**.

billetera, billetero. El DRAE/70 admitía las dos formas para designar la cartera que sirve para llevar billetes de banco, pero prefería la segunda. En el DRAE/84, la Academia cambia de opinión y registra las dos formas sin indicar ninguna preferencia. En la Argentina se usa exclusivamente la primera.

billón. Es un millón de millones. En los Estados Unidos, *billion* corresponde a mil millones. En el Reino Unido, en cambio, equivale, como en español, a un millón de millones. En francés, antiguamente correspondía a mil millones, pero en la actualidad la palabra *billion*, tiene el mismo valor que **billón**.

bimano, bímano. La RAE admite ambas formas, pero prefiere la primera.

bimensual. Significa que se 'produce dos veces al mes'. Evítese confundirlo con *bimestral*, que se aplica a lo que se repite cada dos meses.

bimensuario. Palabra que se emplea en América como sinónimo de *bimestral*. No figura en el DRAE/92.

bimestral. → **bimensual**.

bincha. → **vincha**.

biodegradación, biodegradable. En su sesión del 26 de abril de 1983, la AAL sugirió a la RAE la inclusión, en el *Diccionario* oficial, de estos dos términos (*Acuerdos*, IX, 145-48). Figuran en el DRAE/92 con las siguientes definiciones: "Proceso de descomposición de una sustancia mediante la acción de organismos vivientes" y "Dícese del compuesto químico que puede ser degradado por acción biológica", respectivamente.

biografiar. Para su acentuación, → **enviar, 1**.

biógrafo. 1. El femenino es *biógrafa*; no corresponde, por consiguiente, decir *la biógrafo*.

2. La única acepción que registra el DRAE es "Autor de una biografía". Es incorrecto su empleo, ya anticuado, como sinónimo de *cinematógrafo, cine*: "Siguen yendo juntas al cine Ramos no sólo a ver biógrafo [...]" (M.E. Walsh, *Novios*, 263. En esta obra evocativa, "memorias fantaseadas", la autora rememora el lenguaje del Buenos Aires de 1930-1940).

3. En la actualidad, sólo se emplea en lengua coloquial, metafóricamente, con los valores de 'simulación aparatosa', 'jactancia', 'mentira ostentosa', 'espectacularidad': "La cosa es que ahora sigue el biógrafo, porque yo y Barros hablamos toda una noche [...]" (J. Cortázar, *Final del juego*, 119). Se usa especialmente en las expresiones *puro biógrafo* y *hacer biógrafo*.

*biologista. → **Anglicismo** (ingl. *biologist*) por → **biólogo**.

biólogo. El femenino es *bióloga*, forma que se debe usar, y no **la biólogo*.

biónica. La AAL solicitó, en su sesión del 12 de julio de 1973, la inclusión de este término en el *Diccionario* oficial (*Acuerdos*, V, 138-40). No figura en el DRAE/92.

bioprótesis. El DRAE/92 ha incluido este término con la siguiente definición: "f. *Cir.* Pieza de tejido animal destinada a reparar o sustituir una parte del cuerpo humano; como la válvula cardiaca, etc."

biosfera. **1**. Es palabra grave; la acentuación esdrújula, **biósfera*, es errónea. → **-sfera**. **2**. Esta voz fue incluida en el DRAE/84.

biosíntesis. El DMI registra esta voz, que no figura en el DRAE/92, con la siguiente definición: "Síntesis de una substancia realizada por los seres vivos. Es un proceso fundamental del metabolismo, y es indispensable para la formación de la materia viva."

bipartidismo, bipartidista. El DRAE/92 ha incorporado estos vocablos con las siguientes definiciones: "Sistema político con predominio de dos partidos que compiten por el poder o se turnan en él" y "Perteneciente o relativo al bipartidismo", respectivamente.

biquini, bikini. La RAE admite ambas formas, pero prefiere la primera.

birome. Nombre con que se conoce en la Argentina y Uruguay el *bolígrafo*, y que deriva del apellido de su inventor, Ladislao José Biro. En su sesión del 8 de octubre de 1981, la AAL sugirió a la RAE que incluyera esta voz en el *Diccionario* oficial con nota de argentinismo (*Acuerdos*, X, 4-6). Figura en el DRAE/92 como sinónimo de *bolígrafo*.

birth control. Expresión inglesa que puede traducirse por *control de natalidad*.

bis. En función sustantiva tiene un plural *bises*: "Hacia los bises, rosas rojas fueron abriendo sus pétalos..." (*Página / 12*, 24-12-91, pág. 25).

bisbisar, bisbisear. La RAE admite las dos formas, pero prefiere la primera. M. Moliner (*Diccionario*) da como más usual **bisbisear**. "[...] y bisbisea una canción de ensueño..." (J. Burghi, "Cedro dorado", en *Textos*, 75).

biscocho. → **bizcocho**.

biscuit. Palabra francesa (pron. [biscuí]) con

que se designa una figurilla de porcelana blanca no esmaltada. La voz española correspondiente, *bizcocho*, es desusada en la Argentina con ese sentido.

*biseccionar. Vocablo incorrecto; el término geométrico es *bisecar*.

bisílabo, bisilábico. La RAE admite las dos formas, pero prefiere la primera.

bisnieto, biznieto. La RAE admite ambas grafías, pero prefiere la primera.

bistec, bisté (castellanización de la voz inglesa → **beefsteak**). **1**. La RAE admite ambas formas, pero prefiere la primera. **2**. Los plurales respectivos son *bisteques* (no se justifica **bistecs*) y *bistés*.

bistró. → **Galicismo** (fr. *bistro* o *bistrot*): "El hotelito está situado en un barrio de mala fama, [...] a la vuelta de un bistró donde se reúnen prostitutas, apaches y bohemios." (M. Denevi, *Hierba*, 139). Puede remplazarse por *café* o *bar*.

bisturí. "Se usa el plural irregular bisturís" (A. Bello, *Gramática*, § 110). "Modernamente se prefiere el plural bisturís" (A. Alonso, *Gramática*, segundo curso, 68). "Se emplea de modo casi exclusivo bisturís" (*Esbozo*, 2. 3. 3, c). De todos modos, existe también el plural *bisturíes*. → **rubí**.

bisutería. Palabra de origen francés (*bijouterie*) admitida por la RAE. En la Argentina se pronuncia corrientemente [biyutería].

bit. **1**. En su sesión del 24 de julio de 1980, la AAL sugirió a la RAE la conveniencia de incluir esta voz, (→ **acrónimo** de las palabras inglesas *BInary digiT*) en el *Diccionario* oficial (*Acuerdos*, VII, 284-87). Fue incorporada al DRAE/84. **2**. Es sustantivo masculino y su plural es *bites* (no se justifica en español el plural inglés *bits*).

bitter. **1**. La forma española de esta palabra inglesa es *bíter*, y así la ha incorporado el DRAE/84. **2**. Habiendo sido incluida en el vocabulario español, el plural que le corresponde es *bíteres*.

bizarría. Significa 'gallardía, valor' y 'generosidad, esplendor'. Es → **galicismo** en el sentido de 'extravagancia, capricho'.

bizarro. Significa 'valiente, esforzado' y 'generoso, espléndido'. Es → **galicismo** por 'extravagante, caprichoso': "[...] la institución le enseña a desprenderse de sus pensamientos bizarros sobre el sexo." (M. Aguinis, *Carta*, 104).

bizcocho, biscocho. La RAE admite las dos grafías, pero recomienda la primera.

biznieto. → **bisnieto**.

black hole. → **agujero negro**.

black power. Expresión inglesa que puede traducirse como *poder negro*.

blancuzco. La grafía *blancusco* es errónea. → **-usco, -uzco**.

blandir. Verbo → **defectivo**; se conjuga como → **abolir, 1**, pero ya advertía Bello que "modernamente han empezado a usarse *blande, blanden*" (*Gramática*, § 589).

blando. Construcción: —*al tacto*; —*de carácter*.

blanduzco. La grafía *blandusco* es incorrecta. → **-usco, -uzco**.

blanqueada. El DMI censura esta voz, en lugar de *blanqueo*, y la localiza como propia de México. También se emplea corrientemente en la Argentina. No figura en el DRAE/92.

blanqueado. El DMI censura este término, en lugar de *blanqueo*, y le agrega la nota de chilenismo.

blanquecer. V. irreg.; se conjuga como → **parecer, 1**.

blanqueo de capitales. En su sesión del 9 de octubre de 1975, la AAL se refiere a esta expresión, que se utiliza corrientemente para aludir a la declaración de bienes que se habían ocultado hasta ese momento, con el fin de acogerse a determinados beneficios impositivos. Observa la AAL que, dado el carácter ilícito de los bienes de que se trata (y, se podría agregar, la complicidad gubernamental), los textos oficiales eluden la denominación de *blanqueo* y utilizan expresiones como *justificación de patrimonio*, *regularización patrimonial*, *regularización impositiva* (*Acuerdos*, V, 244-45). La expresión **blanqueo de capitales** parece afianzarse en el uso corriente de la Argentina y ya goza del beneplácito académico: el DRAE/92 añade la siguiente acepción del verbo *blanquear*: "Ajustar a la legalidad fiscal el dinero procedente de negocios delictivos o injustificables."

Por lo demás, la palabra *blanqueo* se utiliza, por extensión, en el sentido de 'legalización o regularización de una situación ilegal que afecta a un grupo relativamente numeroso de personas': "[...] el Gobierno dispondrá en marzo próximo un nuevo blanqueo de los doscientos mil trabajadores indocumentados que provienen de los países limítrofes [...]" (*Página / 12*, 4-12-91, pág. 14).

blasfemar. Construcción: —*contra Dios*; —*de la religión*.

blasonar. Construcción: —*de audaz*.

blazer. Palabra inglesa (pron. [bléiser]) con que se designa un saco deportivo de franela, generalmente de color azul marino.

bleque. Designa, en la Argentina, Paraguay y Uruguay, un preparado de alquitrán (M. Morínigo, *Diccionario*). No figura en el DRAE/92.

blister. **1**. El DRAE/92 ha incorporado esta voz con la siguiente definición: "(Del ing.

blisterpack.) m. *Tecnol*. Envase para manufacturados pequeños que consiste en un soporte de cartón o cartulina sobre el que va pegada una lámina de plástico transparente con cavidades en las que se alojan los distintos artículos."

2. La RAE la considera palabra aguda [blistér]; en la Argentina se pronuncia corrientemente como llana [blíster].

bloc. **1**. El DRAE/92 incorpora esta voz, que significa 'conjunto de hojas de papel', aunque prefiere *bloque*.

2. Ya castellanizada esta palabra, no se justifica el plural anómalo *blocs*; es preferible la forma regular *bloques*, con cambio de la *-c* final para mantener el sonido oclusivo velar sordo (como *vivac*, plural *vivaques*), que coincide, además, con el plural de *bloque*.

***blocar**. No parece útil este → **galicismo** (fr. *bloquer*), puesto que el DRAE/92 registra para el verbo → **bloquear** la acepción: "Impedir [...] el desarrollo de un proceso con un obstáculo que lo paraliza." Entonces: *el arquero bloqueó la pelota* dice lo mismo que *el arquero blocó la pelota*. Por lo demás, también puede utilizarse el verbo *parar*.

block. Palabra inglesa que, con el valor de 'mazo de papel de escribir' puede sustituirse por *bloque* o → **bloc**.

blof. → **bluff, 4**.

blondo. Significa 'rubio'. Es error usarlo por *rizado, ondulado* o *sedoso* (referido al pelo). Es palabra de uso literario.

bloque. → **bloc**.

bloquear. La RAE ha enmendado la acepción "Detener, frenar un movimiento o un proceso con un obstáculo" de la siguiente manera: "Impedir el funcionamiento de un mecanismo o el desarrollo de un proceso con un obstáculo que lo paraliza", y así figura en el DRAE/92.

blue-jeans. **1**. Expresión inglesa que puede traducirse por *vaqueros* o *pantalones vaqueros*. La españolización *bluyín* (mejor que *bluyins*), admisible, no es infrecuente: "También tiene el pelo largo y morocho, enrulado, un *bluyín* y una remera." (*Página / 12*, 7-5-89, pág. 13); "[...] ese bigote tan informal que junto con los bluyins y esa voz débil de charla clandestina [...]" (P. O'Donnell, *Copsi*, 269); "[...] pantalón bluyín, sombrero de pita [...]" (S. Ramírez, "El centerfielder", en DCL, 151).

2. Si se admite la hispanización *bluyín*, sería indicado un plural *bluyines*.

blues. **1**. Palabra inglesa que incorpora el DRAE/92 con la siguiente definición: "(Del ing. *blues*.) m. Forma musical del folclore de los negros de EE.UU. de América. Se pronuncia aprox. /blus/. pl. invar."

2. → **freudiano, 2**.

bluff. 1. El DMI recoge esta voz, que no figura en el DRAE/92, con la siguiente definición: "Voz inglesa que significa fanfarronada, baladronada, faramalla."
2. M. Moliner (*Diccionario*) la españoliza *bluf*, sin indicar el plural, que se supone será *blufes*.
3. La RAE no ha españolizado esta palabra, por lo que, si se emplea la forma inglesa, el plural que corresponde es *bluffs*.
4. En la Argentina no se emplea la españolización *blof* que menciona M. Seco (*Diccionario*).

boa. Es femenino con el significado de 'serpiente americana': "[...] el famoso punto de apoyo sin el cual una poderosa boa se encuentra reducida a la más vergonzosa impotencia." (H. Quiroga, *Anaconda*, 20), y masculino con el valor de 'prenda femenina de piel o de pluma para abrigarse el cuello'.

bobeta. "*Argent.* bobalicón", así registra el DMI este sustantivo, que no figura en el DRAE/92.

*boca a abajo. Uso incorrecto de la preposición *a*; dígase → **boca abajo.** → **abajo, 2.**

*boca a arriba. 1. Uso incorrecto de la preposición *a*; dígase *boca arriba*. → **arriba, 3.**
2. La RAE no admite la grafía *bocarriba* (aunque el DRAE registra la forma *bocabajo*): "El mago había puesto su sombrero bocarriba en el piso [...]" (G. García Márquez, *Doce cuentos*, 163).

boca abajo, bocabajo. La RAE admite ambas grafías, pero prefiere la primera.

bocacalle. Algunos autores pluralizan ambos miembros: *bocascalles*; otros, sólo el segundo: *bocacalles*. Según R. Cuervo (*Notas*, § 13), se prefiere el plural *bocacalles*. El uso moderno también prefiere este último plural. → **plural, I, C.**

bocací. Plural: *bocacíes* o *bocacís*. → **rubí.**

boca de tormenta. Expresión que remplaza en la Argentina a la forma española *boca de alcantarilla* (AAL, *Acuerdos*, VII, 61-62).

bocamanga. Según R. Cuervo (*Notas*, § 13), se prefiere el plural *bocamangas*. → **plural, I, C.**

bocarriba. → ***boca a arriba, 2.**

bochar. En su sesión del 28 de julio de 1977, la AAL resolvió sugerir a la RAE la inclusión, en el *Diccionario* oficial, como argentinismo de uso familiar, de la acepción 'no aprobar a alguien en un examen' (*Acuerdos*, VII, 87-89). No figura en el DRAE/92.

bock. 1. El DRAE/92 incluye esta voz alemana con las siguientes definiciones: "m. Jarro de cerveza de un cuarto de litro de capacidad. // 2. El contenido de este jarro."
2. La RAE no indica el plural.

bocoy. Plural: *bocoyes*. → **plural, I, B, 3.**

bóer. Esta palabra holandesa ha sido incorporada al español y como tal figura en el DRAE. No corresponde, por lo tanto, admitir el plural anómalo **bóers*, pudiéndose formar un plural regular *bóeres*.

bofe, bofes. Se usan ambos sin diferencia de significado (Bello, *Gramática*, § 129).

bogie. → **boje.**

Bogotá. Gentilicio: *bogotano*.

bogue. El DMI registra esta voz, que no figura en el DRAE/92, con la siguiente definición: "Carruaje semejante a la victoria, usado en Chile."

bohardilla. → **buhardilla.**

boicot, boicoteo. 1. La RAE admite ambas formas, pero prefiere la segunda, que es la menos corriente.
2. Dado que **boicot** es castellanización de la palabra inglesa *boycott*, no se justifica el plural anómalo **boicots*. Correspondería formar un plural regular *boicotes* (como *fagot, fagotes*), pero no tiene el respaldo del uso. El plural puede quedar invariado: *los boicot*.
3. La voz inglesa es grave [bóikot], pero la palabra española es aguda [boikót].
4. La grafía **boycot* es incorrecta.

boicoteo. → **boicot, 1.**

boina. Evítese pronunciar esta palabra con → **hiato**: **boína*.

boîte. Palabra francesa (pron. [buát]), abreviación de la expresión *boîte de nuit*, que designa un lugar público donde los asistentes pueden beber, comer, bailar y presenciar números de variedades. Esta voz tuvo amplia difusión en español hace algunos años, pero está cayendo en desuso.

boj, boje. La RAE admite ambas formas para designar este arbusto, pero recomienda la primera.

boje. La RAE castellanizó así la palabra inglesa *bogie* y la incluyó en el DRAE/84 con la siguiente definición: "Conjunto de dos pares de ruedas montadas sobre sendos ejes próximos, paralelos y solidarios entre sí, que se utilizan en ambos extremos de los vehículos de gran longitud destinados a circular sobre carriles. El vehículo se apoya en cada **boje** por medio de un eje vertical, gracias a lo cual puede describir curvas muy cerradas."

boleada. El DMI registra este vocablo, que no figura en el DRAE/92 con la siguiente definición: "*Argent.* Partida de caza cuyo objeto es bolear gamos u otros animales."

boleado, -da. El DRAE/92 ha incorporado esta voz con la siguiente definición: "p. p. de bolear. // 2. adj. fig. *Argent.* Aturullado, confundido."

boletería. → **boleto, 1.**

boletero. → **boleto, 1.**

boleto. 1. El DRAE/84 suprime toda mención de localización geográfica de esta voz, en su acepción de *billete* (de tren, teatro, etc.), con

lo que la considera propia de la lengua general. No hace lo mismo con *boletería* y *boletero*, en las que mantiene la nota de americanismo.
2. En la Argentina no se llama **boleto** al billete de teatro o cinematógrafo, sino *entrada*, acepción admitida por la RAE.
boliche. La RAE ha incluido esta acepción en el DRAE/92: "*Argent*. Por ext., bar, discoteca."
bolichear. La RAE ha incluido esta acepción en el DRAE/92: "*Argent*. Frecuentar los bares o boliches."
Bolívar. 1. El gentilicio que corresponde al departamento colombiano de este nombre es *bolivarense*.
2. Lo relativo o perteneciente al general Simón Bolívar es *bolivariano*.
Bologna. El nombre español de esta ciudad italiana es → **Bolonia**.
Bolonia. Gentilicios: *boloñés* y el menos usado *bononiense* (del antiguo nombre *Bononia*).
bombacha, bombachas. Tanto en singular como en plural designa el mismo objeto.
bombasí. Plural: *bombasíes* o *bombasís*. → **rubí**.
bombear, bombero. En su sesión del 12 de abril de 1973, la AAL solicitó a la RAE la inclusión en el *Diccionario* mayor de las acepciones 'espiar, explorar el campo enemigo' y 'explorador, guía' que tienen, respectivamente, estas palabras en la Argentina, y que ya figuran en el *Diccionario manual* de 1950 (*Acuerdos*, VI, 43-46). El DRAE/92 no registra ninguna de estas acepciones, pero sí incorpora, como argentinismo, la de 'perjudicar deliberadamente a alguien' del verbo **bombear**.
bona fide. Expresión latina que significa 'de buena fe': *siempre actúa bona fide*. Evítese decir **de bona fide*.
bonazo. → **bueno, 3**.
bonetería. En español es el taller donde se fabrican bonetes, o la tienda donde se venden. Es → **galicismo** (fr. *bonneterie*) usar este vocablo en lugar de *mercería, camisería* o *géneros de punto*.
bóngalo. → **bungaló**.
bonhomía. 1. Es → **galicismo** (fr. *bonhomie*) en lugar de *bondad, hombría de bien, benevolencia, franqueza, candidez, simplicidad*. La AAL considera, con razón, que ninguna de las traducciones intentadas expresa todo el contenido de la palabra francesa: "bondad de corazón unida a la simplicidad de maneras" y, en su sesión del 13 de agosto de 1979, solicitó a la RAE que incluyera **bonhomía** en el *Diccionario* mayor (*Acuerdos*, VII, 239-41). No figura en el DRAE/92.
2. La acentuación [bonómia] es antietimológica y no refleja el uso general: "[...] respiraba la bonhomia de los grandes comi-

lones y bebedores [...]" (R.J. Payró, *Veinte cuentos*, 6).
boniato, buniato. La RAE admite ambas formas, pero prefiere la primera.
bonísimo. → **bueno, 1**.
bonsái. El DRAE/92 ha incorporado esta voz de origen japonés con la siguiente definición: "Planta ornamental sometida a una técnica de cultivo que impide su crecimiento mediante corte de raíces y poda de ramas. pl. **bonsáis**."
bon vivant. 1. Expresión francesa con que se designa al hombre de humor jovial que gusta de los placeres. Podría traducirse por *sibarita*, aunque este término contiene un matiz de refinamiento en los gustos que la locución francesa no posee necesariamente.
2. El plural es *bon vivants*.
boogie-woogie. El DMI registra esta expresión, que no figura en el DRAE/92, con la siguiente definición: "(Voz inglesa.) Baile moderno americano que se puso de moda en los años cuarenta."
boom. 1. El DMI registra esta voz (pron. [bum]), que no figura en el DRAE/92, con la siguiente definición: "(Voz inglesa.) Máximo en la evolución del ciclo económico, cuando la economía está escasamente desarrollada. // Expansión rápida en la actividad de los negocios y en los beneficios. // Por ext. aplícase a otras actividades."
boomerang. → **bumerán**
bórax, borra, borraj. 1. La RAE admite las tres formas, pero prefiere la primera, que es la que se emplea corrientemente.
2. Bórax no varía en plural: *los bórax*. → **plural, I, A, 2**.
borbollar, borbollear. La RAE admite ambas formas, pero prefiere la primera.
borbotar, borbotear. La RAE admite las dos formas, pero prefiere la primera.
borceguí. Plural *borceguíes* o *borceguís*. → **rubí**.
bordalesa. Forma que se emplea en la Argentina para designar la barrica de 150, 200 o 220 litros de vino. Según M. Morínigo (*Diccionario*), su uso se extiende a Paraguay y Uruguay. En el español modélico se dice *bordelesa* y se emplea sobre todo en la expresión *barrica bordelesa*, tonel de vino de 225 litros.
bordar. Construcción: —*a mano*; —*con* o *de oro*; —*en seda*.
Bordeaux. El nombre español de esta ciudad francesa es → **Burdeos**.
bordereau. Palabra francesa, que suele emplearse en el ámbito teatral con el significado de 'extracto de cuenta': "[...] hubiese examinado la planilla, o el *bordereau*, como se dice en la jerga de teatro [...]" (A. Cancela, *Historia*, II, 12). Su adaptación ortográfica *borderó* no figura en el DRAE/92.

bordona. En el español general se llama *bordón* a cualquiera de las cuerdas más gruesas que, en los instrumentos de cuerdas, hacen el bajo. En la Argentina, Paraguay y Uruguay se emplea el término **bordona**: "Con la guitarra en la mano / [...] hago gemir a la prima / y llorar a la bordona." (J. Hernández, *Martín Fierro*, I, vv. 55-60). Ha sido admitido por la Academia en el DRAE/84.

bóreas. **1**. Es palabra esdrújula; la acentuación grave [boréas] es incorrecta. **2**. Es masculino: *el bóreas*.

borgoña. Cuando designa el tipo de vino, es masculino: *sirvieron un exquisito borgoña*.

borní. Plural *borníes* o *bornís*. → **rubí**.

borra. → **bórax**.

borracho. Construcción: —*de vino*.

borraj. → **bórax**.

bosníaco, bosniaco. La RAE admite ambas acentuaciones, pero prefiere la segunda. → **-íaco, -iaco**.

bosquimán, bosquimano. El DRAE/92 admite las dos formas, pero prefiere la pimera.

***botada**. El DMI advierte que es un vulgarismo por *botadura*.

botamanga. Voz que no figura en el DRAE/92. En la Argentina se emplea para designar la abertura inferior de las perneras de los pantalones.

***botamiento**. Vocablo que no figura en el DRAE; dígase *botadura*.

***bote a vela**. Uso considerado galicista (fr. *canot à voile*) de la preposición *a* (→ **a, III**); es preferible *bote de vela*.

botín. Este argentinismo por *zapato* está cayendo en desuso.

botonadura, abotonadura. **1**. La RAE admite las dos formas, pero prefiere la primera. **2**. **Botonadura** (y **abotonadura**) no es la 'acción de abotonar', sino el 'juego de botones para una prenda de vestir'.

boudoir. Palabra francesa (pron. [buduar]) con que se designa un saloncito íntimo de las señoras: "Hay dentro de los muros del colegio, como en la penumbra del *boudoir*, coqueterías intelectuales exquisitas [...]" (M. Cané, *Juvenilia*, 11); "[...] la señora [...] lo miraba desde la ventana de su *boudoir*." (M. Denevi, *Hierba*, 130); "[...] una prensa alimentada por lo que el prójimo hace en el boudoir." (Susana Viau, en *Página / 12*, 11-7-93, pág. 5). Puede traducirse por *tocador, camarín, gabinete de señora*.

boulevard. Esta palabra francesa fue admitida por la RAE bajo la forma *bulevar*, plural *bulevares*, en el DRAE/70. Esta castellanización era empleada ya mucho antes: "[...] en París, por las aceras de los bulevares [...]" (A. Capdevila, *Tierras nobles*, 149).

No se justifica, entonces, el empleo de **boulevard**, plural *boulevards*: "El coche tomó por un boulevard mientras Ray contó, aburrido, que lo habían asaltado [...]" (J. Lanata, *Polaroids*, 101), y menos aún la extraña mezcla **boulevares*: "Los turistas ven y vienen despreocupados por los boulevares soleados [...]" (*Página / 12*, 22-8-90, pág. 2).

bouquet. → **buqué**.

boutade. Palabra francesa (pron. [butád]), que suele emplearse en español con el significado de 'salida, salida de tono, ocurrencia ingeniosa': "A partir de su lectura será difícil seguir sosteniendo que las opiniones políticas de Borges son meras *boutades*, salidas ingeniosas, arrogantes paradojas [...]" (M. Benedetti, *El recurso*, 94).

boutique. El DRAE/92 ha incorporado esta voz con la siguiente definición: "(Del fr. *boutique*.) f. Tienda de ropa de moda y de temporada. // 2. Por ext., tienda de productos selectos. Se pronuncia aprox. /butík/." → **freudiano, 2**.

bowling. Palabra inglesa (pron. [bóling o bóuling]), muy empleada en español. Puede sustituirse por *juego de bolos*.

box. **1**. Palabra inglesa. El verbo *to box* fue traducido al español como *boxear* y de este verbo se formó el sustantivo *boxeo*, que se debe emplear en lugar de **box**, forma que se mantiene todavía en el nombre de la *Federación Argentina de Box*, asociación deportiva de Buenos Aires, y en el uso corriente: "Él se ha mirado las manos y dice que el box es otra cosa." (L. Heker, *Los bordes*, 82); "El profesor Zapata había sido campeón de box [...]" (M. Vargas Llosa, *La ciudad*, 176). El DRAE/92 registra la forma **box** como sinónimo de *boxeo*, pero localiza su uso solamente en México, aunque, como se ve, está más extendido. **2**. Para el significado 'corral en que se aloja a los caballos de carrera' puede sustituirse por *cuadra*.

boxístico. El DRAE/92 incorpora este adjetivo con la siguiente definición: "Perteneciente o relativo al boxeo."

Boyacá. *Boyacense* es el gentilicio que corresponde a este departamento de Colombia.

***boycot**. Grafía incorrecta por → **boicot**.

boycott. La RAE la ha castellanizado → **boicot**.

boyero. En la sesión del 3 de mayo de 1973, la AAL solicitó a la RAE que incluyera el nombre de este pájaro en el *Diccionario* oficial (*Acuerdos*, VI, 47-49). El DRAE/84 lo registra con esta definición: "*Argent. y Urug.* Pájaro pequeño que acompaña a los animales vacunos o caballares cuando están pastando, se posa en sus lomos o se preserva del sol a la sombra de ellos."

boy scout. 1. Expresión inglesa (pron. [bói skáut]), que significa 'niño explorador'. Ha sido traducida como *explorador*, y así figura en el DRAE. Se han propuesto las españolizaciones *escaut* y *escutismo*, *escutista*, que hasta ahora no han sido admitidas por la RAE. **2.** Plural *boy scouts*: "[...] siete adolescentes boy scouts [...]" (*Página / 12*, 1-9-90, pág. 9). Obsérvese el valor de locución adjetiva que se le da aquí a esta expresión. **3.** Femenino *girl scout*, plural *girl scouts*.

boyuno, bueyuno. La RAE admite ambas grafías, pero prefiere la primera.

bracero, brasero. La primera voz significa 'jornalero no especializado'; la segunda, 'fogón'.

bractéola. Es palabra esdrújula; la acentuación grave, **bracteola*, es errónea.

braguetazo. Voz muy descriptiva, que pertenece al español general: "No amasó su fortuna en la curia: la obtuvo por vía de braguetazo al casarse con una Cascallares." (F. Luna, *Soy Roca*, 34).

Brahma, brahmán, brahmín, brahmanismo. La RAE no admite la omisión de la *h* en estas voces.

brahmánico. El DMI recoge esta voz, que no figura en el DRAE/92, aunque sí en el *Diccionario* de M. Moliner, con la siguiente definición: "Perteneciente o relativo al brahmanismo."

braille. El DRAE/92 incorpora esta voz con la siguiente definición: "(De *Braille*, nombre de su inventor.) m. Sistema de escritura para ciegos que consiste en signos dibujados en relieve para poder leer con los dedos."

brain storming. Expresión inglesa que significa, literalmente, 'tormenta de cerebros'. Puede sustituirse por *reunión creativa* o también *torbellino de ideas*.

*Brandemburgo, *Brandenburgo. Ambas formas son incorrectas; dígase *Brandeburgo*.

brandy. El DRAE/92 ha incorporado esta voz de origen inglés con la siguiente definición: "m. Nombre que, por razones legales, se da hoy comercialmente a los tipos de coñac elaborado fuera de Francia y otros aguardientes."

braquicefalia. Es erróneo acentuar prosódicamente, y ortográficamente, la -*i*-: **braquicefalía*. → **-cefalia.**

brasil. Se escribe todo en minúsculas cuando designa varios árboles tropicales de los que se obtiene la madera llamada *palo brasil*.

Brasil. Gentilicio → **brasileño, brasilero.**

brasileño, brasilero. El DRAE registra ambas formas, pero prefiere la primera. El gentilicio **brasilero**, rechazado durante mucho tiempo por los preceptistas, fue admitido por la RAE e incluido en el DRAE/70 (Suplemento). En la Argentina es más frecuente y popular que **brasileño**: "Es inexplicable, por fin, que no haya encontrado la manera de embarullar la navegación comercial de los brasileros en el Atlántico [...]" (F. Luna, *Soy Roca*, 53). **Brasilero** no es desconocido en España: "Lola y Roberto bailaban un desenfrenado ritmo brasilero." (C. Rico-Godoy, *Cómo ser una mujer*, 183).

*bravatear. El DMI censura esta forma y recomienda *bravear*.

brazal, brazalete. Los preceptistas critican el uso de **brazalete** —aro generalmente de metal que se lleva alrededor de la muñeca y sirve de adorno— por **brazal** —tira de tela que se ciñe al brazo izquierdo por encima del codo y se utiliza como distintivo—. No obstante, M. Moliner acepta en su *Diccionario* el uso, corriente, de **brazalete**, en el sentido que tiene **brazal**.

break. 1. El DMI registra esta palabra (pron. [brek]), que no figura en el DRAE/92, con la siguiente definición: "(Voz inglesa.) Coche de cuatro ruedas para excursiones". "Los capitanes de Liverpool daban pequeños paseos en *break* hasta Punta de los Apuros." (E. Belgrano Rawson, *Fuegia*, 28). **2.** También se usa en el lenguaje del boxeo para ordenar el árbitro a los púgiles que se separen. **3.** En el lenguaje del tenis significa 'ruptura', 'romper el servicio'.

breeches. Palabra inglesa (pron. [bríches]) con que se designan los pantalones de montar: "Otros detalles revelan al caballero chapado a la antigua: *breeches*, polainas de cuero, botín." (A. Bioy Casares, "El calamar opta por su tinta", en VCHA, 191).

bregar. Construcción: —*con los hijos*; —*en las tareas domésticas*.

bretel. 1. → **Galicismo** (fr. *bretelle*) muy empleado en la Argentina para designar las tiras de tela o cinta que se utilizan para suspender del hombro el corpiño, la enagua u otras prendas femeninas. **2.** En francés es femenino, pero en español se usa como masculino: *el bretel*, aunque no es desconocido su empleo como femenino: "Lo único que tenía era una medalla del colegio y se la iba a poner en la bretel." (Mónica, *Mónica por Mónica*, 33).

breve. 1. En español nunca es adverbio. Empleado como sinónimo de *en una palabra, en suma, en resumen* es → **galicismo** (fr. *bref*) que conviene evitar: **llegaron embajadores, prelados, funcionarios, breve, lo más distinguido de la ciudad*. **2.** Construcción: —*de explicar*; —*en su explicación*.

breves minutos. Algunos preceptistas consideran absurdo decir **breves minutos**, ya que los minutos tienen siempre la misma duración, pero lo absurdo es desconocer el valor subjetivo que tienen esta expresión y otras similares: *tras largas horas de sufrimiento, conoció breves minutos de felicidad.* Por lo demás, y en cuanto a su validez académica, el DRAE (s.v. *largo*) admite → **largos años**, locución análoga a la criticada.

brevet. Voz francesa (pron. [brevé]), que se emplea en español para significar 'patente, privilegio de inventor' y 'patente de aviador'. En la Argentina se usa preferentemente en esta segunda acepción.

brevete. El DRAE/92 ha incorporado la acepción 'permiso de conducir' propia del Perú.

bricolaje. El DRAE/92 ha incorporado esta voz con la siguiente definición: "(Del fr. *bricolage*.) m. Actividad manual que se manifiesta en obras de carpintería, fontanería, electricidad, etc., realizadas en la propia vivienda sin acudir a profesionales."

bridge. Voz inglesa (pron. [brich]) que designa un juego de naipes. Es un nombre extendido universalmente.

briefing. Palabra inglesa (pron. [brífing]) que significa 'breve reunión informativa'.

brillazón. 1. Argentinismo que significa 'espejismo': "las brillazones remedan / vastos oleajes que ruedan / sobre fantástico río" (R. Obligado, *Santos Vega*, I).
2. En su sesión del 11 de octubre de 1979, la AAL solicitó a la RAE que incluyera este sustantivo en el *Diccionario* oficial (*Acuerdos*, VIII, 239-42). Figura en el DRAE/92.

brilloso. Vocablo que no figura en el DRAE/92. Es de uso frecuente en la Argentina. Quien desee evitarlo puede sustituirlo por *brillante*.

brindar. Construcción: —*a la salud de los presentes*; —*por los novios*; —*con flores* (poco frecuente).

brindis. No varía en plural: *los brindis*. → **plural, I, A, 2**.

Bríndisi. En español, esta ciudad italiana se llama también *Brindis*.

brioche. Palabra francesa con que se designa un bollo hecho con harina, manteca, huevo y levadura.

broadcasting. Palabra inglesa que se usaba en español con el significado de 'radiodifusión, emisora de radio' que tiene en inglés. Actualmente se emplea muy poco.

brocheta. → **broqueta**.

brochette. Palabra francesa (pron. [broshét]), que puede sustituirse en español por → **broqueta**, *brocheta* o también *asador*.

*****brodequín**. → **Galicismo** (fr. *brodequin*) por *borceguí*.

broderí. 1. → **Galicismo** (fr. *broderie*). En su junta del 22 de agosto de 1957, la AAL rechazó como "barbarismo innecesario" este sustantivo (*Acuerdos*, III, 43). No obstante, sigue siendo de uso frecuente en el lenguaje

de la moda. Puede sustituirse por *tela bordada*.
2. Si bien en francés es femenino, en español se usa como masculino: *el broderí*.

bronca. El DRAE/84 incorpora esta voz, cuyo uso el DRAE/92 extiende a toda América, como sinónimo de *enojo, enfado, rabia*. Su empleo está muy extendido en la Argentina: "Entre el viernes y domingo pasados se fueron de la ciudad 131.976 veraneantes, seguramente con mucha bronca por el maltrato del tiempo." (*Clarín*, 16-2-88); "Yo estoy con un poco de bronca por la forma en que se resolvió todo." (Senador Luis León, en *Clarín*, 21-2-88). Puede decirse que, en la actualidad, es un vocablo de uso familiar.

broncear. El DRAE/92 ha incluido la acepción "Dar color moreno a la piel la acción del sol o de un agente artificial. Ú. t. c. prnl."

bronconeumonía. La acentuación [*bronkoneumónia*] es errónea.

bronquiolo, bronquíolo. La RAE acepta ambas acentuaciones, pero prefiere la primera.

broqueta, brocheta. La RAE admite las dos formas, pero recomienda la primera.

brucelosis. En junta del 25 de octubre de 1973, la AAL solicitó a la RAE la incorporación en el *Diccionario* oficial de este sustantivo (*Acuerdos*, V, 157-58). No figura en el DRAE/92, que registra *fiebre de Malta* y *fiebre mediterránea*.

brulote. Las acepciones 'dicho ofensivo, palabrota', que tiene esta voz en la Argentina, Bolivia y Chile, y 'escrito incendiario', con que se emplea en la Argentina y Uruguay, no figuran en el DRAE/92: "No había requiebro ni guasada que no hallara un lugar en mi cabeza, de modo que fui una especie de archivo que los mayores se entretenían en revolver con algún puyazo, para oírme largar el brulote." (R. Güiraldes, *Don Segundo*, 12).

Bruselas. Gentilicio *bruselense*.

Bruxelles. Esta ciudad de Bélgica se llama, en español, → **Bruselas**.

-bs-. Ante otra consonante es un grupo inestable, en el que la *b* tiende progresivamente a desaparecer. En algunos casos, el uso ha consagrado la caída de dicha consonante: *sustantivo, oscuro, sustancia* (y la RAE ya prefiere, en el DRAE/92, estas formas a *substantivo, obscuro, substancia*); en otros casos hay mayor indefinición entre los hablantes: *subscripción* o *suscripción*, *substituir* o *sustituir*.
Finalmente, en muchas palabras, generalmente de uso culto, la conservación de la *b* se impone con tal fuerza que su supresión se considera vulgarismo: *abstracto, no obstante, obsceno, obstáculo, obstruir*, etc.

bucolismo. El DMI registra este sustantivo,

que no figura en el DRAE/92, con la siguiente definición: "Afición a la poesía bucólica, modo de entenderla o escribirla."

budget. Palabra inglesa y francesa totalmente innecesaria en español, que posee la voz *presupuesto* con idéntico significado.

***Budha, budhismo**. Grafía errónea por *Buda, budismo*, etc.

budín, pudín. **1**. Así ha castellanizado la RAE la palabra inglesa *pudding*.
2. La RAE admite ambas formas, pero en el DRAE/92 prefiere la segunda, que es la menos usual.
3. Plurales *budines* y *pudines*, respectivamente.

buen. Apócope de → **bueno, 4**.

buenaventura, buena ventura. La RAE admite las dos grafías, pero prefiere la primera. En la locución adverbial *a la buena ventura*, la RAE escribe ambas palabras separadas.

buenazo. Aumentativo de → **bueno, 3**.

buen día. Fórmula de saludo que se considera coloquial, frente a *buenos días*, forma que prefiere el español modélico: "Buen día, mamá. ¿No sabés si proscribirán ya las armas nucleares?" (Quino, *Mafalda*, vol. 3).

bueno. **1**. Superlativos *bonísimo* (literario), *buenísimo* (coloquial y, reconocido por M. Moliner [*Diccionario*] como "superlativo muy frecuente", es, de hecho, el más usado) y *óptimo* (este último lo admiten Bello [*Gramática*, § 224] y la RAE, aunque lo objeta Cuervo [*Notas*, § 45]).
2. Comparativos *mejor* y *más bueno*. Para *más mejor*, → **más, 4**.
3. Aumentativos *bonazo* y *buenazo*; la RAE admite ambos, pero prefiere el segundo.
4. **Bueno** apocopa en *buen* delante de sustantivo masculino singular o palabra que haga sus veces: *buen ejemplo, es de buen comer*. Excepcionalmente apocopa ante el sustantivo femenino *hambre* en el refrán *a buen hambre no hay pan duro*. No apocopa cuando entre **bueno** y el sustantivo se intercalan otras palabras: *mi bueno y estimado amigo* (no **mi buen y estimado amigo*).

Buenos Aires. **1**. El gentilicio *bonaerense*, en el uso corriente de los argentinos, se aplica sólo a los naturales de la provincia de Buenos Aires y no, como dice el DRAE, también a los naturales de la ciudad de Buenos Aires, a quienes se llama porteños. L.V. López, aunque subtitula *Costumbres bonaerenses* su novela *La gran aldea*, emplea siempre el gentilicio *porteño* cuando se refiere a la ciudad de **Buenos Aires**: "[...] las porteñas ya no somos lo que éramos [...]" (p. 35); "[...] hombres y mujeres hervían en el puchero porteño [...]" (p. 72); "[...] para el viejo porteño que no ha salido nunca de Buenos Aires [...]" (p. 134); etc.

2. La grafía *Buenos-Aires* es errónea, y *Buenos Ayres*, anticuada y totalmente en desuso.

buey. Diminutivos *bueyecillo, bueyezuelo* o *boyezuelo*. En América se prefiere *bueyecito*, o *bueycito*, que no figuran en el DRAE. → **diminutivos, 1**.

buey corneta. Así se llama en el Río de la Plata (y también en Río Grande del Sur, Brasil) el buey al que le falta un cuerno. En sentido figurado, se le dice **buey corneta** al individuo entrometido y trapacero: "Dice el refrán que en la tropa / nunca falta un buey corneta" (J. Hernández, *Martín Fierro*, II, vv. 2451-52). Esta expresión no figura en el DRAE/92.

bueyuno. → **boyuno**.

bufarrón. Se emplea en algunos países americanos, entre ellos la Argentina, en lugar de *bujarrón*. No figura en el DRAE/92.

buffet. La RAE ha españolizado esta voz francesa en la forma *bufé*, con las acepciones de 'cena fría' y 'local donde se sirve esta refección'.

buhardilla, bohardilla. La RAE admite ambas formas, pero prefiere la primera.

búho. Se escribe con tilde en la *-u-*. → **acentuación ortográfica, II, B, l**).

buje. En sesión del 14 de julio de 1983, la AAL sugirió a la RAE la inclusión en el *Diccionario* mayor de una nueva acepción de esta voz: "*Argent.*, cojinete de una sola pieza." La RAE la incorporó al DRAE/92 con la definición sugerida por la AAL.

buldog. El DMI registra esta voz, que no figura en el DRAE/92, con la siguiente definición: "Anglicismo por perro alano o de presa." → **bulldog**.

buldozer. Españolización de la voz inglesa *bulldozer*. No figura en el DRAE y el DMI la registra como → **anglicismo** por *excavadora*. También se ha propuesto la traducción *tractor oruga*.

bulevar. → **boulevard**.

bulímico. El DMI registra este vocablo, que no figura en el DRAE/92, con la siguiente definición: "Perteneciente o relativo a la bulimia."

***bullanguería**. Forma incorrecta por *bullanga*.

bulldog. Palabra inglesa; según la RAE es el *perro alano*; según otros, corresponde al *perro dogo*. → **buldog**.

bulldozer. → **buldozer**.

bullir. Por razones que obedecen a principios fonológicos generales del español, ni Bello (*Gramática*, § 500) ni la RAE (*Esbozo*, 2. 12. 1, f) consideran irregular este verbo a pesar de que en el perfecto simple (terceras personas), en el pretérito imperfecto y el futuro imperfecto del subjuntivo, y en el gerundio no aparece la *i* semiconsonante propia de las desinencias que corresponden a esta conjugación: *bulló, bulleron* (y no **bullió, *bullieron*); *bullera* o *bullese,* etc. (y no **bulliera* o **bulliese,* etc.); *bullere,* etc. (y no **bulliere,* etc.); *bullendo* (y no **bulliendo*).

bulón. 1. En su sesión del 26 de setiembre de 1985, la AAL solicitó a la RAE la incorporación de este sustantivo, como argentinismo, en el *Diccionario* mayor, con la siguiente definición: "Tornillo grande de cabeza redondeada." (*Acuerdos,* X, 238-39). Figura en el DRAE/92 con la definición propuesta por la AAL.

2. Es la castellanización de la palabra francesa *boulon.*

bumerán. 1. Castellanización de la voz inglesa *boomerang.*

2. Su plural es, normalmente, *bumeranes.*

3. Se suele emplear en sentido figurado: "[...] pueden constituir un efecto bumerán sobre los deseos de recaudación [...]" (*Clarín,* 8-6-88, pág. 39).

bungaló. Así ha castellanizado la RAE la voz inglesa *bungalow,* y la ha incluido en el DRAE/92 con la siguiente definición: "(Del hindi *bangla,* bengalí, a través del ing. *bungalow.*) m. Casa pequeña de una sola planta que se suele construir en parajes destinados al descanso."

La forma *bóngalo,* corriente en varios países de América, es desconocida en la Argentina y no goza del reconocimiento académico.

bungalow. → **bungaló.**

buniato. → **boniato.**

búnker. El DRAE/92 registra este sustantivo con la siguiente definición: "(Del ing. *bunker,* carbonera de un barco, a través del al. *Bunker.*) m. Fortín, fuerte pequeño. // 2. Por ext., refugio, por lo general subterráneo, para protegerse de bombardeos. // 3. Grupos resistentes a cualquier cambio político."

buqué. 1. Españolización de la palabra francesa *bouquet,* con el significado de 'aroma del vino'.

2. Es → **galicismo** emplearla con el valor de 'manojo de flores, ramillete'.

*buque a vapor, a vela. Uso criticado de la preposición *a;* dígase *buque de vapor, de vela.* → **a, III.**

buque escuela. 1. Plural *buques escuela.* → **carta poder.**

2. Evítese la grafía *buque-escuela.*

buque tanque. 1. Plural *buques tanque.* → **carta poder.**

2. Evítese la grafía *buque-tanque.*

buraco. 1. Sinónimo de *agujero.* El DRAE lo

da como vulgarismo, pero M. Moliner (*Diccionario*) lo registra sin nota alguna.

2. No es americanismo, como se ha dicho.

Burdeos. Gentilicio *bordelés.*

bureau, → **buró.**

Burgos. Gentilicio *burgalés.*

burilar. Construcción: —*en cobre.*

Burma. El nombre en español de este país asiático es *Birmania.*

buró. 1. Castellanización de la voz francesa *bureau;* significa 'mesa de escribir, escritorio'.

2. El DRAE no registra los otros valores que tiene esta palabra en francés: *despacho, oficina, bufete, estudio* (de abogado), *comité, comisión.*

3. El DRAE/92 añade la acepción 'mesa de noche', propia de México.

burocratismo. El DMI registra esta voz, que no figura en el DRAE/92, con la siguiente definición: "Burocracia, influencia de los empleados."

burucuyá. 1. El DRAE/84 incorporó este vocablo, sinónimo de *pasionaria.* Es propio de la Argentina, Paraguay y Uruguay.

2. Plural *burucuyaes* o *burucuyás:* "Colgaban sandías y tases y burucuyás del techo [...]" (L. Gudiño Kramer, "Noche de Reyes", en VCAM, 218). → **rubí.**

bus. En algunos países de América, *autobús.* En la Argentina se emplea excepcionalmente.

buscapié, buscapiés. Según la RAE significan cosas distintas: **buscapié** es un recurso que se emplea en la conversación y que consiste en decir algo, sin darle aparentemente importancia, para hacer hablar al otro y sacar así determinada información. **Buscapiés,** en cambio, es un cohete sin varilla que, una vez encendido, corre por el suelo. M. Moliner (*Diccionario*) unifica ambas acepciones bajo la entrada **buscapié.**

businessman. Palabra inglesa que significa 'hombre de negocios'. No hay por qué emplearla, pero si se la emplea, recordar que el plural es *businessmen* y el femenino *businesswoman.*

busto. El DRAE/92 incluye una tercera acepción de esta palabra: "Pecho de la mujer."

bustrófedon, bustrofedon. La RAE admite las dos acentuaciones en el DRAE/92, con preferencia por la primera.

butirómetro. El DMI registra esta voz, que no figura en el DRAE/92, con la siguiente definición: "Instrumento que sirve para determinar la manteca o crema de la leche."

C

c. I. Tercera letra del alfabeto español. Su nombre es *ce*, plural *ces*, más empleado que *cees* (*Esbozo*, 2. 3. 3, d).

II. Ante *e, i* tiene dos sonidos: en las regiones donde existe el → **seseo** es, por lo general, fricativa predorsal sorda (sonido igual al de la *s*); en las otras regiones, es fricativa interdental sorda (como la *z* española). Delante de *a, o, u*, representa siempre un fonema oclusivo velar sordo /*k*/.

III. Se escriben con **c**:

1. Los sustantivos terminados en **-ancia**: *distancia, vagancia* (excepto *ansia*);

2. los sustantivos terminados en **-encia**: *reverencia, carencia* (excepto *hortensia*);

3. los sustantivos terminados en **-cimiento**: *reconocimiento, padecimiento*;

4. los infinitivos terminados en **-cer, -cir**: *conocer, padecer, traducir, conducir* (excepto *ser, coser* (de costura), *toser* y *asir*);

5. el plural de las voces terminadas en *-z*: *rapaces* (de rapaz), *felices* (de feliz), *perdices* (de perdiz);

6. el grupo **-cc-**: *seducción, atracción* (excepto *facsímil, fucsia*).

cabaña, cabañero. En su sesión del 12 de setiembre de 1985, la AAL sugirió a la RAE la incorporación, en el *Diccionario* oficial, de las siguientes acepciones: s. v. **cabaña**: "Establecimiento rural destinado a la cría de ganado de raza" y s. v. **cabañero**: "Propietario o encargado de una cabaña" (*Acuerdos*, X, 235-37). La RAE ha incluido ambas acepciones en el DRAE/92, como propias de la Argentina y Uruguay.

cabaré. Hispanización de la voz francesa *cabaret*. La RAE la ha incluido en el DRAE/92 con la siguiente definición: "m. Lugar de esparcimiento donde se bebe y se baila y en el que se ofrecen espectáculos de variedades, habitualmente de noche." Esta voz está cayendo en desuso, por lo menos en la Argentina.

cabaret. → **cabaré**.

cabe. Preposición anticuada, que significa 'junto a', 'cerca de': *cabe la lumbre* (no *cabe a la lumbre). Ha desaparecido de la lengua coloquial, aunque se mantiene en la lengua campesina de España y de algunas regiones de América. Su uso actual es exclusivamente literario, tanto en prosa como en verso, generalmente con intención arcaizante: "Yo me estuve encogida cabe la reja e no me catabas." (E. Larreta, *La gloria*, 74); "Cabe una rama en flor busqué tu arrimo." (L. Lugones, "Los doce gozos", en R. Bartholomew, *Cien poesías rioplatenses*, 148).

cabecera de playa. El DRAE no registra esta expresión, sino sólo *cabeza de playa*.

cabecera de puente. → **cabeza de puente**.

caber. Verbo irregular (ver cuadro). Tiene cuatro raíces: *cab-, quep-, cup-* y *cabr-*. Deben evitarse cuidadosamente formas como *cabo (por *quepo*), *cabió (por *cupo*), *cabimos (por *cupimos*), **caberé, caberás*, etc. (por *cabré, cabrás*, etc.), *cabería, etc. (por *cabría*, etc.), *cabiera, etc. (por *cupiera*, etc.).

cabeza de puente, cabecera de puente. La RAE admite ambas expresiones, pero prefiere la primera.

cabila. 1. Es palabra grave; la acentuación esdrújula, *cábila, es errónea.

2. La grafía *kabila es incorrecta.

cabina. Palabra que fue condenada por galicista (fr. *cabine*). La RAE la incorporó al vocabulario español desde la edición de 1970 del *Diccionario* oficial.

cableado. El DRAE/92 incluye esta voz con las siguientes definiciones: "*Electr.* Operación de establecer conexiones eléctricas mediante cables. // 2. *Electr.* Conjunto de los cables que forman parte de un sistema o aparato eléctrico."

cablear. El DRAE/92 ha incorporado este verbo con la siguiente definición: "tr. *Electr.* Unir mediante cables las diferentes partes de un dispositivo eléctrico."

C A B E R
(conjugación de los tiempos simples)

MODO INDICATIVO

Presente	Pret. imperf.	Pret. perf. simple	Futuro	Condicional
quepo	cabía	cupe	cabré	cabría
cabes	cabías	cupiste	cabrás	cabrías
cabe	cabía	cupo	cabrá	cabría
cabemos	cabíamos	cupimos	cabremos	cabríamos
cabéis	cabíais	cupisteis	cabréis	cabríais
caben	cabían	cupieron	cabrán	cabrían

MODO SUBJUNTIVO

Presente	Pret. imperf.	Futuro
quepa	cupiera/cupiese	cupiere
quepas	cupieras/cupieses	cupieres
quepa	cupiera/cupiese	cupiere
quepamos	cupiéramos/cupiésemos	cupiéremos
quepáis	cupierais/cupieseis	cupiereis
quepan	cupieran/cupiesen	cupieren

MODO IMPERATIVO

Presente

cabe
cabed

FORMAS NO PERSONALES

Infinitivo	Gerundio	Participio
caber	cabiendo	cabido

---

cablegrafiar. Para su acentuación, → **enviar, 1**.

cabo. Se escribe en minúsculas, como todos los nombres comunes geográficos, salvo cuando forma parte de un nombre propio: *el cabo Vírgenes está a la entrada del estrecho de Magallanes*; *la ciudad de Cabo Frío está situada a 168 kilómetros de Río de Janeiro*.

cabotaje. La RAE ha incluido la siguiente acepción en el DRAE/92: "*Argent*. Transporte aeronáutico mediante pago, entre puntos de un mismo Estado."

cabrahígo. Se acentúa ortográfica y prosódicamente en la *-i-*. → **acentuación ortográfica, II, B, 1**.

cabrestante, cabestrante. La RAE admite ambas formas, aunque recomienda la primera.

***cabrestrillo**. Forma errónea por *cabestrillo*, que deriva de *cabestro*.

***cabresto**. Forma incorrecta por *cabestro* (del lat. *capistrum*).

***cabretilla**. Forma incorrecta por *cabritilla* (derivado de *cabrito*).

cabriolar, cabriolear. La RAE admite las dos formas, pero prefiere la primera.

cabriolet. Palabra francesa que ha sido castellanizada *cabriolé*, plural *cabriolés*.

***cábula**. Forma incorrecta por *cábala*, y así lo señala el DMI.

***cabulista**. Forma errónea por *cabalista*, y así lo indica el DMI.

cacahuete, cacahuate, cacahué,

cacahuey. **1**. La RAE admite las cuatro formas, pero prefiere la primera, que es la más empleada. La forma *cacahuet* no figura en el DRAE.
2. En la América meridional se usa preferentemente *maní*.

cacán, cacana. La RAE admite ambas formas, pero recomienda la primera.

cacerolada. El DRAE/92 ha incorporado esta voz con la siguiente definición: "Protesta mediante una cencerrada de cacerolas."

cachaciento. Voz corriente en la Argentina, en lugar de *cachazudo*, que es la forma académica. El DMI rechaza **cachaciento**, que considera chilenismo.

cachafaz. El DRAE/92 registra este vocablo como sinónimo de 'pícaro, desvergonzado' y extiende su uso a toda la América meridional.

cachar. **1**. El DRAE/84 incorporó la acepción 'agarrar, asir, coger' como propia de la Argentina, Nicaragua y Uruguay, sin indicar etimología. Es palabra considerada vulgar.
2. El DRAE/84 incluye también otras dos acepciones de esta voz, corrientes en la Argentina: 'sorprender a alguien, descubrirle' (Argentina y Chile) y 'burlarse de una persona, hacerla objeto de una broma, tomarle el pelo' (Argentina, Costa Rica, Ecuador, Paraguay y Uruguay).

cacharpaya. En la sesión del 23 de octubre de 1980, la AAL sugirió a la RAE la incorporación de esta voz en el *Diccionario* oficial (*Acuerdos*, VIII, 331-35). Figura en el DRAE/92 con la siguiente definición: "f. *N*. de la *Argent*. Fiesta con que se despide al carnaval y, en ocasiones, al viajero." En la literatura costumbrista argentina se la ve también escrita *kacharpaya*.

cache. El DMI registra esta voz, que no figura en el DRAE/92, con nota de argentinismo y la siguiente definición: "Mal arreglado o ataviado." En realidad, significa 'arreglado o ataviado con mal gusto o cursilería'. Es palabra que está cayendo en desuso. Existe también la variante *cachi*.

cachemir, casimir. **1**. Aunque no indican el mismo tipo de tejido, la RAE los considera sinónimos y admite las dos formas; en el DRAE/92 recomienda la primera.
2. El DRAE/92 registra también la voz *cachemira* como sinónimo de **cachemir**.
3. M. Moliner no da como sinónimos estos vocablos. **Cachemir** es "Tela fabricada con el pelo de cierta cabra de Cachemira, región del Tibet", en tanto que **casimir** es simplemente "Tela de lana muy fina".

cachet. Palabra francesa (pron. aproximada [kashé]) que se emplea en español con los siguientes valores: a) carácter o sello distintivo, personalidad, toque de distinción, elegancia; b) honorarios de un artista por su actuación, y c) sello o cápsula medicinal (poco frecuente y prácticamente en desuso). Suele verse la castellanización *caché*, que no ha sido admitida hasta ahora por la RAE.

cachila. En junta del 26 de setiembre de 1974, la AAL sugirió a la RAE la inclusión del nombre de este pájaro en el *Diccionario* académico (*Acuerdos*, VI, 119-21). El DRAE/84 recoge esta voz como propia de la Argentina y Uruguay. También se lo conoce con el nombre de *cachirla*.

cachimba. La RAE la considera sinónimo de *cacimba* en la Argentina (y, habría que agregar, también en Uruguay).

cachirla. → **cachila**.

cachivachería. El DMI registra esta voz, que no figura en el DRAE/92, con la siguiente definición: "*Perú*. Conjunto de cachivaches y tienda en que se venden." En la Argentina es, despectivamente, el conjunto de cachivaches u objetos rotos o inútiles que, por supuesto, no se venden.

cachivachero. El DMI registra esta voz, que no figura en el DRAE/92, con la siguiente definición: "*Perú*. Que vende cachivaches." En la Argentina es la persona que amontona cachivaches u objetos rotos o inútiles.

cacho. En junta del 12 de diciembre de 1974, la AAL sugirió a la RAE que incorporara en el *Diccionario* mayor la acepción 'racimo de frutos que produce el banano' (*Acuerdos*, VI, 122-23). El DRAE/84 registra, s. v. *cacho*, la siguiente definición: "*Argent.*, *Par.* y *Urug.* Racimo de bananas."

cacicazgo, cacicato. La RAE acepta las dos formas, pero prefiere la primera.

cacique. Su femenino es *cacica*, tanto en la acepción de 'mujer del cacique', como en la de 'mujer que ejerce el cacicazgo'.

cacto, cactus. **1**. La RAE admite ambas formas, pero prefiere la primera.
2. Plurales: *los cactos* y *los cactus*, respectivamente.

cacumen. No lleva tilde; la forma *cacúmen* transgrede las reglas generales de acentuación. → **acentuación ortográfica, I, B, 1**. El plural *cacúmenes* sí lleva tilde porque es palabra esdrújula.

cacunda. El DMI recoge esta voz, que no figura en el DRAE/92, como argentinismo y con la siguiente definición: "Parte superior del espinazo cuando es algo abultado."

cacuy. **1**. El nombre de esta ave nocturna registra varias grafías: *caccuy*, *kakuy* (L. Flury, *Leyendas americanas*, 111) y *cacúi* (M. Morínigo, *Diccionario*), pero la RAE lo incorporó al DRAE/84 bajo la forma **cacuy**.
2. Plural: la mejor solución parece ser asimilar estos sustantivos a la regla general de las voces terminadas en -y (rey/reyes) y decir *cacuyes*.

cada. La doctrina académica considera incorrecto el uso, muy frecuente, de **cada** en *cada día, cada semana, cada mes*, etc. cuando este indefinido carece de valor distributivo: **¿vendrás cada día?* Según M. Seco (*Diccionario*), es catalanismo y estas expresiones deben sustituirse por *todos los días, todas las semanas, todos los meses*, etc. Es correcto, en cambio, el uso de **cada** "ante plurales inmediatamente precedidos de un numeral cardinal que no sea *un*: cada tres días" (*Esbozo*, 2. 8. 3, 9). La RAE también considera lícito el uso de **cada** cuando "precede a un nombre numerable singular individualizándolo dentro de la serie a que pertenece: *viene indefectiblemente cada lunes*" (DRAE/92).

cada momento. → **a cada momento**.

cada que. Locución adverbial que significa 'cada vez que, siempre que': *cada que sale, pierde algo*. Se ha mantenido en el habla popular de América (Kany, *Sintaxis*, 444, cita ejemplos de la Argentina, Paraguay, Chile, Bolivia, Perú, Ecuador, Colombia y México) y, en menor medida, de España. Figura en el DRAE/92.

cada quien. Se usa en algunos países de América con el valor de 'cada cual': *llegaron nuestros amigos, cada quien con su regalo*. En la Argentina su uso es infrecuente, pero no desconocido: "[...] los trabajadores iban enterándose de la situación de cada quien a medida que llegaban al edificio." (*Página / 12*, 17-12-91, pág. 21). El DRAE/92 la registra como americanismo.

caddie. Palabra inglesa con que se designa al muchacho que lleva los palos en el juego de golf. Es de uso universal. La RAE la ha hispanizado bajo la forma *cadi*, plural, *cadis*, y la ha incorporado al DRAE/92.

caderudo. El DMI recoge esta voz, que no figura en el DRAE/92, con la siguiente definición: "Que tiene gruesas caderas."

cadete. La acepción 'mandadero o aprendiz de una casa de comercio', usual en la Argentina, Paraguay y Uruguay, fue incluida en el DRAE/92 como americanismo.

cadi. → **caddie**.

cadí. Plural *cadíes* o *cadís*. → **rubí**.

Cádiz. Gentilicio: *gaditano* (del nombre latino *Gades*).

caer. 1. Verbo irregular (ver cuadro). En realidad este verbo es irregular sólo en la primera persona del singular del presente de indicativo (*caigo*) y en todo el presente de subjuntivo (*caiga, caigas*, etc.). Por razones que obedecen a principios fonológicos generales del español, ni Bello (*Gramática*, 499), ni la RAE (*Esbozo*, 2. 12. 1, f) consideran irregulares las formas *cayó, cayeron* (pretérito perfecto simple del indicativo); *cayera / cayese*, etc. y *cayere*, etc. (pretérito imperfecto y futuro del subjun-

tivo, respectivamente) y *cayendo* (gerundio).

2. Construcción: —*a* o *en el mar* (si se quiere destacar la idea de movimiento, se emplea *a: cayó al suelo*; si, en cambio, se desea enfatizar el lugar en que la cosa cae, se usa *en: cayó en el pozo*); —*a los pies de alguien*; —*de espaldas*; —*en la cama* (*caer a la cama* es un americanismo que los gramáticos rechazan); —*en viernes*; —*en la cuenta de que* (evítese omitir la preposición *de*); —*en la casa de un amigo*; —*sobre el adversario*.

caer de pie. La forma académica es *caer de pies* para indicar que se sale con felicidad de algún peligro, pero M. Moliner (*Diccionario*) admite también *caer de pie*, más usual en la Argentina.

caer en la cuenta (de) que. En lengua cuidada, sobre todo escrita, conviene no omitir la preposición *de*. La lengua coloquial admite su supresión: *caímos en la cuenta que no venía con nosotros*.

café. 1. Plural *cafés* (el doble signo de plural: **cafe-s-es* es incorrecto). → **rubí**.

2. Diminutivo: en el Río de la Plata el único usado es *cafecito*, que no figura en el DRAE, donde, por lo demás, no figura ningún otro (salvo *cafetín*): "[...] cuánto costará ese cafecito que hace tanto que no paga." (A.M. Shúa, *Los amores*, 139); "[...] contemplar cómo los funcionarios toman su cafecito [...]" (Damocles, "Verdades de mostrador", en AM, 2, 160); "—Acepto el cafecito, por supuesto." (M. Aguinis, *Profanación*, 36). En España se emplea corrientemente *cafetito*: "¡Ay, Pepe, qué bien vendría a estas horas un cafetito!" (C.J. Cela, *La colmena*, 129). En la novela de M. Aguinis citada precedentemente aparece el diminutivo *cafetito*: "Y me dan ganas de llevarles un cafetito [...]" (*op. cit.*, 272), pero es edición española.

3. Los preceptistas consideran → **galicismo** la expresión *café negro* (fr. *café noir*) y recomiendan decir *café puro* o *café solo*, pero la forma criticada es muy frecuente, tanto en América como en España.

4. La RAE ha admitido, como propia de Chile, Perú y Río de la Plata, la acepción 'reprimenda' de este vocablo.

café-cantante. El DRAE (s. v. *café*) lo escribe con guión, pero es preferible la grafía *café cantante*.

café cortado. El DMI registra esta expresión, que no figura en el DRAE/92, con la siguiente definición: "Café con pequeña cantidad de leche."

café exprés. El DMI recoge esta expresión, que no figura en el DRAE/92, y dice que "se obtiene al pasar el agua hirviendo a presión por el café molido."

café negro. → **café, 3**.

CAER
(conjugación de los tiempos simples)

MODO INDICATIVO

Presente	Pret. imperf.	Pret. perf. simple	Futuro	Condicional
caigo	caía	caí	caeré	caería
caes	caías	caíste	caerás	caerías
cae	caía	cayó	caerá	caería
caemos	caíamos	caímos	caeremos	caeríamos
caéis	caíais	caísteis	caeréis	caeríais
caen	caían	cayeron	caerán	caerían

MODO SUBJUNTIVO

Presente	Pret. imperf.	Futuro
caiga	cayera/cayese	cayere
caigas	cayeras/cayeses	cayeres
caiga	cayera/cayese	cayere
caigamos	cayéramos/cayésemos	cayéremos
caigáis	cayerais/cayeseis	cayereis
caigan	cayeran/cayesen	cayeren

MODO IMPERATIVO

Presente

cae
caed

FORMAS NO PERSONALES

Infinitivo	Gerundio	Participio
caer	cayendo	caído

cafetera. El DRAE/92 ha incorporado, como nueva acepción, en el artículo *cafetero, -ra*: "fig. y fam. Vehículo viejo que hace mucho ruido al andar."

cafetito. → café, 2.

cagatinta, cagatintas. La RAE admite ambas formas, pero prefiere la primera, con el significado de 'oficinista'.

Cairo. El nombre de esta ciudad va precedido del artículo, escrito con mayúscula inicial. → **El Cairo**.

cairota, cairino. La RAE admite ambos vocablos, pero, como gentilicio, prefiere el primero.

caja de hierro, caja fuerte. Para designar la caja para guardar dinero y objetos de valor, el DRAE registra solamente *caja de caudales*. En el DMI figura **caja fuerte**, pero remite a *caja de caudales*.

cajero automático. El DRAE/92 incluye esta expresión con que se designa la máquina accionada por el cliente que realiza algunas funciones del cajero.

cajetilla. El DRAE/92 incorpora una segunda acepción de esta voz: "m. fig. *Argent*. Hombre presumido y afectado." Es término despectivo.

cake. El DMI registra este vocablo, que no figura en el DRAE/92, con la siguiente definición: "(Voz inglesa.) Especie de bizcocho que contiene frutas."

cake walk. El DMI recoge esta expresión, que no figura en el DRAE/92, con la siguiente definición: "(Voz inglesa.) Danza popular estadounidense, que se puso de moda en Europa a principios del siglo XX. Su música es alegre, de ritmo entrecortado y acelerado al final."

*****caki**. Grafía errónea por *caqui*.

Calahorra. Gentilicios: *calagurritano* (del antiguo nombre *Calagurris*), *calahorrano* y *calahorreño*. La RAE prefiere el primero.

calambur. **1**. Así ha hispanizado la RAE la voz francesa *calembour* y la ha incluido en el DRAE/92. "Abandoné las carambolas por el calambur [...]" (O. Girondo, *Obras completas*, 163).
2. Es una especie de juego de palabras que consiste en modificar el corte silábico de las palabras de una frase para cambiar el sentido: *ató dos palos / a todos palos* (ejemplo de M. Moliner, *Diccionario*); *quiero a las blancas / quiero alas blancas*; "[...] mi primer alcahuete fue Petronio: me masturbaba con su *Satiricón* a los doce años: para lo que quedan los clásicos: ¡qué decadencias! o ¡qué de cadencias! [...]" (G. Cabrera Infante, "Delito por bailar el chachachá", en AEL, 166).

cálamo currente. Locución latina que significa literalmente 'al correr de la pluma'. Se usa en español, refiriéndose a escritos, con el valor de 'sin reflexión previa, sin preocuparse por la forma', 'espontáneamente': *redactó el informe cálamo currente*.

Calatayud. Gentilicio: *bilbilitano* (del antiguo nombre *Bílbilis*).

calcamonía. En el DRAE/92 no figura este vocablo, pero el DMI lo registra y remite a *calcomanía*.

calcañar, calcañal. La RAE admite las dos formas, pero prefiere la primera, que es la más usual.

calcografiar. Para su acentuación, → **enviar, 1**.

calculador, -ra. **1**. En la acepción de 'aparato para cálculos matemáticos' la RAE admite las dos formas: *calculador* y *calculadora*.
2. Como adjetivo, sinónimo de *interesado*, *egoísta*, fue tildado de → **galicismo** (fr. *calculateur*), y así figura en el DMI, pero la RAE lo ha admitido finalmente y el DRAE/92 registra la siguiente acepción: "Dícese a veces de la persona que realiza o impulsa determinados actos para obtener un provecho."

cálculo. Ni la RAE ni M. Moliner (*Diccionario*) admiten la acepción 'interés', 'egoísmo' de este vocablo, por lo cual se la sigue considerando galicista.

caldera. **1**. El DRAE/84 registra la acepción: "Pava, recipiente de metal con asa en la parte superior, tapa y pico, para calentar agua", usual en la provincia de Entre Ríos (Argentina) y, sobre todo, en el Uruguay.
2. El DRAE/92 ha incluido la siguiente

acepción: "Recipiente metálico dotado de una fuente de calor, donde se calienta el agua que circula por los tubos y radiadores de la calefacción de un edificio."

*****caldera a vapor**. Uso criticado de la preposición *a*; dígase *caldera de vapor*. → **a, III**.

*****calefacción a gas**. Uso criticado de la preposición *a*; dígase *calefacción de gas*. → **a, III**.

calefaccionar. → **Neologismo** que no figura en el DRAE/92 ni en el DMI. Es de uso frecuente y no se deja sustituir por *calentar*: *es un ambiente muy calefaccionado*.

calefactor. El DRAE/92 no registra la acepción 'aparato de calefacción' con que se emplea frecuentemente este vocablo. El sustantivo *estufa* no es sinónimo exacto de **calefactor**.

calefón. Es palabra de uso diario en la Argentina y Uruguay para designar el calentador instantáneo automático que funciona comúnmente con gas o electricidad y que sirve para calentar agua destinada a baños y cocinas. La difusión de este vocablo impulsó a la AAL a solicitar a la RAE, en junta del 27 de setiembre de 1979, su inclusión en el *Diccionario* oficial (*Acuerdos*, VII, 244-46). Figura en el DRAE/92 como argentinismo.

caleidoscópico. La RAE admite sólo la forma *calidoscópico*.

caleidoscopio. → **calidoscopio**.

calembour. → **calambur**.

calendas griegas. Expresión que se utiliza para referirse a un plazo que no ha de cumplirse: *te lo va a devolver para las calendas griegas*. → **ad calendas graecas**.

*****calentador a gas**. Uso criticado de la preposición *a*; dígase *calentador de gas*. → **a, III**.

calentarse. **1**. V. irreg.; se conjuga como → **acertar, 1**.
2. Además de los valores registrados en el DRAE, significa, en la Argentina, 'preocuparse': "Sus míseras ilusiones se habían hundido junto a su barco. Tan solo marchaba adelante, sin calentarse por nadie." (E. Belgrano Rawson, *Fuegia*, 75).
3. Construcción: —*al fuego*; —*con el ejercicio*; —*en la disputa*.

calentura. En América se emplean las siguientes acepciones de este sustantivo, que no figuran en el DRAE/92: 'cólera, rabia, enojo'; 'deseo vehemente de algo, entusiasmo' y 'estado de excitación sexual' (la RAE admite, para *calentar*, "Excitar el apetito venéreo", usado sobre todo en la forma pronominal *calentarse*). Teniendo en cuenta la amplia difusión de estas acepciones, la AAL sugirió a la RAE, en junta del 24 de marzo de 1977, su inclusión en el *Diccionario* oficial (*Acuerdos*, VIII, 52-56).

calesita. En la sesión del 24 de mayo de 1973,

la AAL solicitó a la RAE la inclusión, en el *Diccionario* oficial, de este vocablo (*Acuerdos*, VI, 50-52). Figura en el DRAE/84, como sinónimo de *tiovivo*. Su localización geográfica se extiende a la América meridional y a Andalucía, en España: "[...] que pasean y divierten sus amores en columpios y tiovivos (las *calesitas* nuestras y de los andaluces) [...]" (A. Capdevila, *Tierras nobles*, 90). Esta palabra se usó en plural, pero en la actualidad, por lo menos en la Argentina, se oye sólo en singular.

Cali. 1. Es palabra grave; la acentuación aguda [kalí] es errónea.
2. El gentilicio correspondiente a esta ciudad de Colombia es *caleño*.

calicanto. → **cal y canto**.

calicó. Plural: *calicós*. → **rubí**.

calidoscopio, caleidoscopio. La RAE admite ambas, pero prefiere la primera.

calientapiés. Es masculino, y no varía en plural: *el calientapiés, los calientapiés*.

caliente. 1. Superlativo: *calentísimo* (evítese *calientísimo*).
2. Diminutivo: *calentito* (evítese *calientito*): "[...] y abriendo el envoltorio, calentito aún [...]" (M. Rojas, "El vaso de leche", en CH, 2, 102); "Y ahora este cafecito calientito, hijito." (M. Vargas Llosa, *Pantaleón*, 35).

***calientísimo, *calientito**. → **caliente**.

calificar. 1. Construcción: —*a alguien de exagerado*.
2. → **clasificar**, 1.

calígine. Es impropiedad dar a este sustantivo, que significa 'oscuridad', el valor de 'calor excesivo, bochorno'.

caliginoso. Es incorrecto emplear este adjetivo, que significa 'oscuro', con el valor de 'caluroso, bochornoso'.

caligrafía. La RAE, de acuerdo con la etimología de esta palabra (*kalós*, hermoso, *grapho*, escribir), sólo admitía el significado 'hermosa escritura'. Pero el DRAE/84 trae una segunda acepción: "Conjunto de rasgos que caracterizan la escritura de una persona, un documento, etc." Así, es lícito, según lo había consagrado ya el uso, hablar de *mala caligrafía* o de la *caligrafía de Napoleón* (en el sentido de *la letra de Napoleón*).

caligrafiar. Para su acentuación, → **enviar**, 1.

Calíope, Caliope. El *Esbozo* (1. 5. 7, b) admite ambas acentuaciones.

callar. Construcción: —*de, por miedo*.

calle. 1. Se escribe con minúscula inicial: *calle Rivadavia*.
2. Se está extendiendo en el español general la omisión de la preposición *de* en los nombres de calles y avenidas: *calle Campoamor*, en lugar de la forma tradicional *calle de Campoamor*. En la Argentina con nombres

de calles se omite siempre: *calle Paraná, calle Lavalle*; con nombres de avenidas predomina la omisión, pero en algunos casos se ha mantenido la preposición: *avenida de Mayo, avenida de los Constituyentes*.
3. → ²**coma**, 10.

callicida. Según la RAE es de género → **ambiguo**: *el o la callicida*, pero en el uso general es sólo masculino.

calofriarse. Para su acentuación, → **enviar**, 1.

calofrío. → **escalofrío**.

calor. En la actualidad es masculino: *el calor*, aunque antiguamente era femenino: "Que por mayo era por mayo / cuando hace la calor." (Anónimo, "Romance del prisionero", en R. Menéndez Pidal, *Flor nueva*, 217). El uso moderno de *la calor* es vulgar o queda relegado al habla campesina de algunas regiones (*Esbozo*, 2. 2. 7, c): "Es verdá, don Juan Bautista, aunque anoche hizo mucha calor y hubo mosquitos." (V. Barbieri, *El río*, 125); "La calor es mucha y el cielo purito." (A. Uslar Pietri, "La lluvia", en CH, 2, 214). En la Argentina, el empleo del femenino, sin intención literaria, es considerado vulgarismo descalificante. Sin embargo, la RAE añade en el DRAE/92 que se usa a veces como femenino.

calosfriarse. → **escalofriarse**.

calosfrío. → **escalofrío**.

calota. El DRAE/92 no registra este → **galicismo** necesario (fr. *calotte*), que figura en el Dorland y es de uso frecuente en el lenguaje médico: "El cráneo se divide en un sector superior o calota y otro inferior o base." (J.C. Casiraghi, *Anatomía del cuerpo humano*, t. I, 201).

calote. El DRAE/92 registra esta voz con las siguientes definiciones: "m. *Argent*. Engaño, trampa. // **dar calote**. fr. *Argent*. Eludir un pago, estafar."

calotear. El DRAE/92 recoge este vocablo con la siguiente definición: "*Argent*. Engañar, timar."

calumniar. Para su acentuación, → **abreviar**.

cal y canto, calicanto. Para designar la obra de mampostería, la norma académica exige la grafía *calicanto*. Se escribe separado en la locución adverbial *a cal y canto* (encerrar a cal y canto) y en la expresión *de cal y canto* (muy firme, sólido).

calzón, calzones. "Úsanse sin diferencia de significado calzón y calzones." (Bello, *Gramática*, § 129).

calzoncillo, calzoncillos. Prenda interior masculina que puede designarse tanto en singular como en plural. Se usa más en plural.

calzonudo. El DRAE/92 ha incorporado este vocablo con las siguientes definiciones: "adj.

Argent. Torpe, timorato. // 2. m. *C. Rica* y *Méj.* Nombre con que las mujeres designan al varón."

En la Argentina, la voz **calzonudo** se emplea corrientemente para designar al hombre sometido por su mujer.

camandulear. El DRAE/92 ha añadido, como americanismo, la acepción de 'proceder con hipocresía'.

cámara. Se escribe con mayúscula inicial cuando se nombra un cuerpo legislativo determinado: *la Cámara alta tratará mañana el proyecto de ley.* Se escribe todo en minúsculas cuando se nombra en forma genérica esa institución: *el poder legislativo bicameral está compuesto de dos cámaras.*

cámara de apelaciones. El DRAE/92 ha incluido esta expresión, por sugerencia de la AAL (*Acuerdos*, X, 178-81), como argentinismo y con la siguiente definición: "Tribunal colegiado de segunda o última instancia."

camarín. → **camerino**.

camarista. **1**. Por sugerencia de la AAL (*Acuerdos*, X, 178-81), el DRAE/92 ha incorporado, como argentinismo, la siguiente acepción de esta voz: "Miembro de la cámara de apelaciones."
2. La misma forma se emplea para el masculino y el femenino: *el* o *la camarista.*

camarógrafo. El femenino es *camarógrafa*; no se justifica, entonces, decir **la camarógrafo.*

*Camberra. Grafía incorrecta; el nombre de esta ciudad australiana se escribe con *n*: *Canberra.*

cambiar. **1**. Para su acentuación, → **abreviar**.
2. Construcción: —*una cosa con* (o *por*) *otra.*

cámbium. **1**. Su plural es *cámbiumes* (según *álbum / álbumes*).
2. Es palabra técnica, que no figura en el DRAE/92.

*Cambodge, *cambodgiano. En español, el nombre de este país es *Camboya*, y su gentilicio, *camboyano.*

cambray. Plural: *cambrayes.*

camello. Femenino: *camella.*

cameraman. La RAE ha admitido *camarógrafo*, femenino *camarógrafa*, para traducir esta voz inglesa, pero prefiere *operador.* Si se desea emplear **cameraman**, recordar que su plural es *cameramen*: "[...] al tiempo que cameramen de televisión y reporteros gráficos debían abrir sus cámaras o dispararlas [...]" (*Clarín*, 3-8-88, pág. 16).

camerino, camarín. Con el significado de 'cuarto donde los actores se visten y maquillan para salir a escena', la RAE admite ambas formas, pero en el DRAE/92 indica su preferencia por la primera.

*camerógrafo. Forma incorrecta por *camarógrafo.*

Camerún. Gentilicios: *camerunés* y *camerunense.* Ninguno de los dos figura en el DRAE/92.

camicace. Así ha hispanizado la RAE la voz japonesa *kamikaze* y la ha incluido en el DRAE/92 con la siguiente definición: "(Del japonés *kamikaze*, viento divino.) m. Avión suicida empleado por los japoneses contra barcos norteamericanos en la II Guerra Mundial. // 2. Por ext., el piloto de este avión. // 3. Por ext., persona o acción temeraria. *Conductor, acto camicace.*"

caminar a pie. Evítese esta redundancia y dígase simplemente *caminar.*

camino. Construcción: —*a* o *de Santiago* (*camino a* es más frecuente en el Río de la Plata; *camino de* pertenece al español general).

camión tienda. Plural: *camiones tienda.* → **carta poder**.

camoatí. → **camuatí**.

Camoens. Es voz grave, lleva acento prosódico en la *o.* Evítese la pronunciación [kamoéns].

camouflage. → **camuflaje**.

campera. Nombre que se da en la Argentina, Paraguay y Uruguay a la prenda de vestir que en español general se llama *cazadora.* El DRAE/92 incorpora esta acepción, pero la localiza en la Argentina y Chile.

campero. El DRAE/92 ha incluido esta voz, como colombianismo, que traduce la palabra inglesa → **jeep**.

camping. El DMI registra este vocablo con la siguiente definición: "(Voz inglesa.) Nombre que, según los convenios internacionales, se da al terreno destinado a acampar los turistas, generalmente en tiendas de campaña, caravanas, etc." La palabra **camping**, de amplia difusión, puede sustituirse por *campamento*, para designar el lugar donde se acampa, y *acampada*, con el sentido de 'acción y efecto de acampar'. → **acampado, acampador; campismo; campista**.

campismo. Palabra, no registrada por el DRAE/92, con que suele designarse la actividad deportiva de acampar.

campista. La acepción 'persona que practica el deporte del → **campismo**' no figura en el DRAE/92. También suelen emplearse → **acampador** y, en la Argentina, *acampante.*

campo. Diminutivos *campillo* y *campecito*, pero en la Argentina se usa exclusivamente *campito.* → **diminutivos, 1**.

Campoo. Según las nuevas normas de ortografía, debe escribirse sin tilde.

campo santo, camposanto. La RAE admite ambas grafías, pero prefiere la primera.

campus. **1**. Por influencia norteamericana se

ha divulgado en español este vocablo, que designa el recinto de una universidad. Es uno de los tantos casos en que, por influjo del inglés, se ha actualizado en español una palabra latina. Fue incluido en el DRAE/92.

2. Queda invariable en plural: *los campus*.

camuatí, camoatí. **1**. Con las acepciones 'especie de avispa' y 'panal que fabrica este insecto', la RAE admite ambas formas, pero recomienda la segunda (en la Argentina se prefiere la primera). La voz **camuatí** designa además 'un rancho de leñadores y caleros en las barrancas del Paraná'.

2. Plural: *camuatíes, camoatíes* o *camuatís, camoatís*: "Le ha dolido la jugada del río al llevarse aguas abajo los árboles por los cuales trepó en busca de nidos y de camuatíes [...]" (E. Castro, *Los isleros*, 12); "[...] podíamos leer novelas libremente, dormir la siesta, salir en busca de camuatís [...]" (M. Cané, *Juvenilia*, 97).

camuflaje, camuflar. Censuradas como → **galicismos** por los puristas, ambas voces fueron admitidas por la RAE en el Suplemento del DRAE/70. No se justifica, entonces, emplear las formas francesas *camouflage* y *camoufler*.

can. → **kan**.

cana. El DRAE/92 ha extendido a Chile, Perú y Uruguay la acepción 'cárcel' de esta voz, que en el DRAE/84 figura como propia de Colombia. Resulta incomprensible la omisión de la Argentina, país donde esta acepción es conocida por lo menos desde principios de siglo: "Todo lugar que sirve de prisión, desde el modesto calabozo policial al más severo presidio." (L.C. Villamayor, *El lenguaje del bajo fondo*, s.v. *cana*).

Canaán. La grafía **Canaam* es incorrecta.

canal. **1**. Para la RAE es un sustantivo → **ambiguo** en todas sus acepciones: *el canal* o *la canal*, salvo en la acepción 'paso natural o artificial entre dos mares', en que es masculino. De hecho, en sus acepciones más corrientes se usa sólo como masculino.

2. Se escribe con minúscula inicial, como todos los nombres comunes geográficos, excepto cuando se aplica como nombre propio: el *canal de Panamá*, pero: Compañía Universal del Canal Interoceánico de Panamá.

canapé. La acepción 'rebanada de pan sobre la que se colocan otras viandas' fue admitida por la Academia e incluida en el DRAE/84.

canard. El DMI advierte que es un → **galicismo** por *bola, embuste, noticia falsa*. Es, en realidad, una palabra francesa que tiene originalmente, en sentido figurado, esos significados.

Canarias. Gentilicios: *canariense* y *canario*.

*canastra. Forma incorrecta por *canasta*, aunque el DRAE admite *canastro* como forma regional de *canasto*.

cancán. **1**. La grafía *can-can* es incorrecta, y tampoco refleja la forma francesa, que es *cancan*.

2. Plural: *cancanes*.

cancel. Es masculino: *el cancel*. Como sinónimo de *cancela* es argentinismo.

cancerbero. **1**. Es ésta la única forma que registra el DRAE para designar el perro de tres cabezas (Kérberos, en griego) que guardaba la puerta del Hades, según la mitología griega. En sentido figurado nombra al 'portero incorruptible o de modales groseros'. En este último sentido la grafía **cancerbero** es correcta, pero para llamar, por su nombre propio, al perro mitológico parece más adecuado *can Cerbero*, como hace el *Diccionario Enciclopédico El Ateneo* (s.v. *Hades*): "La puerta del Hades estaba vigilada por el can Cerbero."

2. G. García Márquez emplea un femenino *cancerbera*, no contemplado por la RAE: "La cancerbera, el único ser que parecía vivo en el silencio instantáneo, empezó a pasearse [...]" (*Doce cuentos*, 118).

cancha. **1**. El DRAE/84 admite, como propia del Río de la Plata, la acepción 'campo de fútbol' (el DRAE/92 extiende su localización a Chile y Perú).

2. → **tener cancha**.

canchar. Argentinismo que significa 'vistear', 'hacer regates': "Corrales *canchaba* maravillosamente. Un pie adelante, con el cuerpo encorvado, [...] ni los *grandes* conseguían tocarle el rostro [...]" (M. Cané, *Juvenilia*, 53). No figura en el DRAE/92.

canchero. En el DRAE/84 se extiende al Paraguay y Uruguay, además de la Argentina, la localización geográfica de la acepción "Ducho y experto en determinada actividad." El DRAE/92 incluye a Chile y Perú.

Candía. **1**. La RAE acentúa la *-i-*, aunque no faltan opiniones en favor de la acentuación [*kándia*].

2. Gentilicio: *candiota*.

candidato. **1**. Femenino: *candidata*.

2. El DRAE/92 ha incluido esta nueva acepción: "fam. *Argent*. Persona cándida, que se deja engañar."

canelón. El plural de esta voz, cuya acepción de 'pasta alimenticia' fue admitida por la RAE en el Suplemento del DRAE/70, es, regularmente, *canelones*, no **caneloni* ni, menos aún, **canelonis*.

Canelones. Los gentilicios correspondientes a esta ciudad y departamento del Uruguay son *canelonense* y *canario*. Ninguno de los dos figura en el DRAE/92.

canesú. Castellanización de la voz francesa *canezou*. Su plural es, casi exclusivamente, *canesús* (*Esbozo*, 2. 3. 3, c).

canevá. → **Galicismo** (fr. *canevas*) por *cañamazo*.

caney. Plural *caneyes*: "Cada empresario de caucherías tiene caneyes, que sirven de viviendas y bodegas." (J.E. Rivera, *La vorágine*, 173). → **plural, I, B, 3**.

canfinflero. La RAE ha incluido en el DRAE/92 este argentinismo, sinónimo de *rufián*.

cangrena, cangrenarse. → **gangrena, gangrenarse**.

canguro. El DRAE/92 incluye dos nuevas acepciones de esta voz: 'prenda de abrigo, corta, con capucha y un bolsillo grande en la parte delantera' y 'persona que cuida niños durante cortas ausencias de sus padres, generalmente a cambio de una determinada cantidad de dinero', lo que en inglés se llama *baby sitter*.

¹**canilla**. El DRAE admite la acepción 'pierna' de esta voz. El DRAE/92 le ha quitado la anterior localización geográfica (Argentina y Andalucía) y le ha agregado la aclaración: "especialmente si es muy delgada".

²**canilla**. Es académica la acepción 'grifo' que tiene esta palabra en la Argentina y Uruguay.

canillita. La RAE incorporó esta voz en el Suplemento del DRAE/70 con la siguiente definición: "Vendedor callejero de periódicos". Se emplea, según la Academia, en la Argentina, Bolivia, Ecuador, Paraguay, Perú, Santo Domingo y Uruguay.

canódromo. Es palabra esdrújula. → **-dromo**.

canónico, canónigo. El primero es adjetivo: *derecho canónico, libros canónicos*; el segundo es sustantivo y designa al eclesiástico que tiene un cargo en una iglesia catedral.

canotaje. En su sesión del 13 de diciembre de 1984, la AAL sugirió a la RAE la inclusión de este término en el *Diccionario* oficial con la siguiente definición: "Deporte o ejercicio recreativo realizado sobre canoa o kayac." (*Acuerdos*, IX, 173-75). No figura en el DRAE/92.

canotier. Palabra francesa que designa el sombrero de paja de ala plana: "[...] descolgó el canotier de la percha y lo hizo girar sobre el ala [...]" (A. Cancela, *Historia*, I, 19). Ni **canotier**, ni la castellanización *canotié* figuran en el DRAE/92. En la Argentina se lo llamó *rancho*.

cansarse. Construcción: —*de caminar*; —*de* (raramente *con*) *la tarea*.

cantante. Se usa tanto para masculino como para femenino: *el cantante, la cantante*: "Hacia el centro del saloncito se ubican la ex-cantante de ópera (así la he bautizado) y su madre." (M. Denevi, *Un pequeño café*, 28).

cantatriz. Femenino poco usual de → **cantor**: "[...] porque la ex-cantatriz y su madre se miran una con otra [...]" (M. Denevi, *Un*

pequeño café, 28). En la lengua corriente, se emplea casi exclusivamente la voz → **cantante**.

cantautor, -ra. **1**. El DRAE/92 ha incluido esta voz con la que se designa al cantor que compone las canciones que canta.
2. La grafía *canta-autor es incorrecta.

Canterbury. El gentilicio correspondiente a esta ciudad inglesa es *cantuariense*.

cantiga, cántiga. La RAE admite ambas formas, pero recomienda la primera.

cantilena. → **cantinela**.

cantina. El DRAE/92 incluye la acepción 'taberna' que tiene esta palabra en la Argentina, México, Paraguay y Uruguay.

cantinela, cantilena. La RAE admite las dos variantes, pero prefiere la segunda, que es la forma etimológica. En la Argentina se emplea más **cantinela**, aunque criticada indebidamente por incorrecta: "[...] entona una incomprensible cantinela de borracho." (R. Walsh, "Las fotos", en CAC, 106).

cantonearse. → **contonearse**.

cantor. Femeninos: → **cantora; cantante; cantatriz**.

cantora. Femenino de *cantor*, pero es más frecuente llamar → **cantante** a la mujer que canta.

Cantorbery. La RAE ha sustituido esta hispanización del nombre de la ciudad inglesa por la forma original inglesa *Canterbury* en el DRAE/92 (s. v. *cantuariense*).

canturrear, canturriar. El DRAE/92 admite ambas formas, aunque prefiere la primera, que es regular. **Canturriar** se conjuga, en cuanto al acento, como → **abreviar**: "Allí se canturriaba y se reía." (E. Larreta, *La gloria*, 5).

caño de escape. Expresión que se emplea en la Argentina y Paraguay como equivalente del modélico *tubo de escape*. Fue incluida en el DRAE/92.

Cápac. En idioma quechua significa 'grande', y forma parte del nombre de varios incas del antiguo Perú. Es palabra grave; la acentuación aguda [kapák] es incorrecta.

capanga. En junta del 13 de diciembre de 1984, la AAL sugirió a la RAE la incorporación de este vocablo al *Diccionario Histórico* con la siguiente definición: "m. *Argent*. Guardaespaldas, capataz, matón." (*Acuerdos*, X, 211-13). Tiene un fuerte matiz despectivo. Fue incorporado en el DRAE/92 con la única acepción de 'guardaespaldas'.

caparazón. Es masculino: *el caparazón*, pero en el uso general predomina el femenino: "Me aguarda una caparazón estúpida [...]" (C.J. Cela, *La colmena*, 52).

capataza. El DRAE/92 añade a la acepción

'mujer del capataz' la de 'mujer que desempeña el cargo de capataz'.

capaz. 1. *Son capaz en lugar de *son capaces* es frecuente en el habla popular americana. Las palabras terminadas en singular en -*z* (que suena como *s* en las regiones donde existe → **seseo**) aparecen ante hablantes poco ilustrados como plurales (cf. *los lápiz). Es uso incorrecto.
2. En la mayoría de los países americanos se emplea la expresión *(es) capaz (de) que* con el valor de 'es posible, quizás': *capaz que venga mañana.* Según Kany (*Sintaxis*, 488) se emplea con subjuntivo, pero es frecuente también el indicativo: "[...] son muy revoltosos, capaz que rompen algo." (L. Heker, *Los bordes*, 20); " 'Capaz', reflexioné, 'que es Juan' " (G. Gori, "La lata de sardinas", en TCAH, 157); "Al maestro le prohibieron tocar en las procesiones. Capaz que él mismo se cansó de redoblar para ese pueblo cada vez más vacío." (A. Roa Bastos, "Bajo el puente", en AEL, 147). Por lo demás, entre los ejemplos que cita Kany figura: "Capaz de que no van a llegar a tiempo" (de Ecuador). El indicativo en la subordinada expresa una posibilidad más firme que el subjuntivo.
Este uso de **capaz** es criticado por los preceptistas, pero la expresión *ser capaz que* ya figura en el DRAE/84, como americanismo, con el significado de: "Es posible, puede ser que."
3. No confundir **capaz** con *susceptible*. **Capaz** indica una capacidad activa: *es capaz de criticar a todo el mundo. Susceptible*, en cambio, expresa una capacidad pasiva: *este trabajo es susceptible de ser mejorado.*
4. Construcción: —*de hacerlo*; —*para este trabajo.*
capeleti. → **cappelletti.**
Cape Town. El nombre español de esta ciudad sudafricana es *Ciudad del Cabo* o *El Cabo.*
Cap Haïtien. El nombre en español de esta ciudad de Haití es *Cabo Haitiano.*
capitanejo. La RAE ha incorporado este sustantivo en el DRAE/92 con las siguientes definiciones: "*Argent.* Capitán, subalterno de un cacique, que guiaba una partida de indios. // 2. p. us. *Argent.* Caudillo local subordinado a otro. Ú. m. en sent. despect."
capitoné. → **Galicismo** (fr. *capitonné*) por 'acolchado'.
capitonear. → **Galicismo** (fr. *capitonner*) empleado en la Argentina por 'acolchar'.
capitoso. Es un adjetivo antiguo que significa 'caprichoso, terco'. Con el valor de 'que sube a la cabeza' es → **galicismo** (fr. *capiteux*): *un vino capitoso. Dígase *espiritoso.*

capitular. Construcción: —*ante, con el enemigo.*
capnomancia, capnomancía. La RAE admite ambas formas, pero prefiere la primera. → **-mancia, -mancía.**
capo. La RAE ha incorporado este sustantivo al DRAE/92 con las siguientes definiciones: "m. Jefe de una mafia, especialmente de narcotraficantes. // 2. *Argent.* y *Urug.* Jefe. // 3. *Argent.* y *Urug.* Persona muy competente."
capó. → **capot.**
capot. Palabra francesa que la RAE ha españolizado *capó*, plural *capós*, con el significado de 'cubierta del motor del automóvil'.
cappa. → **kappa.**
cappelletti. Palabra italiana que designa un tipo de pasta alimenticia con relleno. Es plural: *los cappelletti.* No figura castellanizada en el DRAE/92, pero el uso la ha convertido en *capeleti* y, con olvido de su condición de plural, se la pluraliza *capeletis.*
cappuccino. Palabra italiana, que significa 'café con una pequeña cantidad de leche servido en un vaso grande', que ha sido españolizada *capuchino* (DRAE/84).
capuchino. → **cappuccino.**
capuchón. El DRAE/92 ha añadido la siguiente acepción de esta voz: "Cubierta de la pluma estilográfica, bolígrafo, etc."
***caquéxico.** Vocablo incorrecto; dígase *caquéctico.*
caqui. La grafía *caki es errónea.
carabiniere. Palabra italiana que significa 'agente de policía' (no 'carabinero'). Su plural es *carabinieri* (debe evitarse el erróneo *carabinieris).
Caracas. Gentilicio: *caraqueño.*
carácter. El plural *carácteres*, empleado en los siglos de oro, ha cedido el lugar a *caracteres*, que es el único que se emplea actualmente.
caracú. Plural: *caracúes* o *caracús* (evítese el doble plural *caracuses). → **rubí.**
caradura, cara dura. 1. La RAE admite ambas formas, pero prefiere la primera.
2. Según la RAE, **caradura** es sustantivo. Sin embargo, el uso más frecuente lo ha convertido en adjetivo: *¡qué hombre caradura!; es más caradura que yo; eres muy caradura.*
3. La forma **cara dura** es forzosa en expresiones como: *tienes la cara dura*, como bien señala M. Moliner en su *Diccionario*. "¡Qué cara más dura!" (R. Nieto, "Frío de hogar", en URCE, 222).
caranday, carandaí. 1. La RAE admite las dos formas, pero prefiere la primera.
2. Plural: *carandayes* y *carandaís*, respectivamente. → **plural, I, B, 3.**
caraota. El DRAE/92 ha sustituido la acentuación esdrújula, *caráota, que por error

figuraba en el DRAE/84, por la forma grave, **caraota**, que es como llaman en Venezuela a la alubia o judía.

carapachay. Plural: *carapachayes*. → **plural, I, B, 3**.

*****carate**. → **kárate**.

carátula. El DRAE/92 ha introducido una nueva acepción de esta voz: "cubierta o portada de un libro o de los estuches de discos, casetes, etc.", con lo que se incorpora al vocabulario oficial este americanismo tan criticado por los preceptistas.

En la Argentina se emplea, además, este vocablo con el significado de 'cubierta de un legajo o expediente': "La carátula del expediente que abrió la CNV dice: Estrader S.A. s/información periodística." (*Página / 12*, 29-1-92, pág. 5), acepción que no registra el DRAE/92.

caratular. En su sesión del 9 de setiembre de 1982, la AAL sugirió a la RAE la inclusión de este verbo en el *Diccionario* mayor (*Acuerdos*, X, 64-67). Fue incluido en el DRAE/92 con las siguientes acepciones: "tr. Hacer carátulas para los libros. // 2. *Argent*. Poner a un libro la **carátula**, portada. // 3. *Argent*. Cubrir la cara con **carátula**, máscara. // 4. *Argent*. Calificar, describir, titular."

carbonarismo. El DRAE/92 registra este vocablo con la siguiente definición: "Movimiento de los carbonarios."

carbunco, carbunclo. Para designar esta enfermedad, la RAE admite ambas formas, pero prefiere la primera, que es la más usada.

carcaj, carcax. **1**. La RAE autoriza las dos formas, pero recomienda la primera, que es la más usada.

2. Ambas palabras son agudas.

3. El plural de **carcaj** es *carcajes*. En cuanto al plural de **carcax** hay discrepancias: para M. Seco (*Diccionario*) es también *carcajes*; según R. Ragucci (*Más cartas*, 219), es *carcaxes*, lo cual parece más adecuado.

carcamán. La RAE registra en el DRAE/92, como argentinismo, el uso de esta voz en lugar de *carcamal*: persona decrépita y achacosa.

carcasa. En su sesión del 28 de abril de 1983, la AAL sugirió a la RAE la inclusión, en el *Diccionario* académico, de la siguiente acepción de este vocablo: "Estructura que recubre y sostiene las piezas móviles de un mecanismo." (*Acuerdos*, IX, 95-97).

La acepción 'armazón, esqueleto' fue incorporada en el DRAE/92.

carcax. → **carcaj**.

cardán. **1**. El DRAE/84 incorporó esta voz, procedente del fr. *cardan*, que designa la articulación mecánica que trasmite un movimiento de rotación en direcciones distintas.

2. En la Argentina se suele pronunciar, indebidamente, como grave [kárdan].

cardíaco, cardiaco. La RAE admite las dos acentuaciones, pero recomienda la primera desde la edición de 1984 de su *Diccionario*. → **-íaco, -iaco**. No obstante, sigue prefiriendo la forma *cardiaca*, aunque considera correcta *cardíaca*, para designar la planta también llamada *agripalma*.

cárdigan. El nombre de esta prenda de vestir, especie de chaqueta de lana, de mangas largas, y abotonada por delante, fue incluido en el DRAE/92.

cardinales (numerales). **1**. Los numerales cardinales de 16 a 19 y de 21 a 29 se escriben en una sola palabra: *dieciséis, diecisiete, dieciocho, diecinueve, veintiún* (*veintiuno, veintiuna*), *veintidós, veintitrés, veinticuatro*, etc. A partir de 31, los diversos elementos se escriben por separado: *treinta y uno, treinta y dos*, etc.

2. Para el empleo del cardinal *uno* en las fechas, → **uno de enero**.

3. El *Esbozo* (2. 9. 2, 2º) condena el empleo de los cardinales *veinte* (o *veintes*), *treinta* (o *treintas*), etc. para designar los años del siglo comprendidos entre 20 y 29, 30 y 39, etc.: *la música de los veinte* (o *de los años veinte* o *veintes*). Sin embargo, el DMI (s. v. *boogie-woogie*) escribe: "Baile moderno americano que se puso de moda en los años cuarenta". Es un evidente → **anglicismo** (ingl. *twenties*) que se extiende cada día más. Quienes deseen evitarlo pueden recurrir a las formas más castizas *el segundo, tercer, etc., decenio* o *la segunda, tercera, etc., década*.

4. El género de los cardinales es generalmente masculino: *el dos, un seis*, por concordancia con el genérico *número*. Pero cuando la concordancia mental es con un genérico femenino, el cardinal toma este género: *salió la cinco* (la bolilla cinco); *a él le tocó leer la veintiocho* (la página veintiocho). Los numerales *doscientos, trescientos*, etc. tienen femenino: *doscientas, trescientas*, etc. y concuerdan en género con el sustantivo al que se refieren: *doscientos libros, trescientas revistas*. **Asistieron trescientos cincuenta mil personas* es un error de concordancia que cometen con frecuencia los locutores de radio y de televisión.

5. Los cardinales tienen plural cuando designan el guarismo: *los unos están borrosos, los cincos, en cambio, se leen claramente*; pero no cuando indican la cantidad de objetos de que consta un conjunto: *tengo cinco lápices rojos*. Los plurales de *dos* y *tres* (*doses* y *treses*) se evitan en América ya que, por → **seseo**, se confunden en la lengua hablada con los plurales de *doce* y *trece* (*doces* y *treces*). El plural de *seis* (*seises*) es poco usual en América, y en España suele evitarse, según el *Esbozo* (2. 9. 2, 1º) "acaso por su homonimia con la palabra del mismo origen seises" (niños de coro).

6. → **ciento; veintiuno.**

cardinales (puntos). → **mayúsculas (uso de), B, 14.**

cardumen de peces. Pleonasmo innecesario; dígase sólo *cardumen*, que significa 'banco de peces'.

carear. Por → **ultracorrección** se suele emplear incorrectamente por → **cariar** ('producir caries'): *tiene una muela cariada* (y no *careada). **Carear** significa 'poner frente a frente a dos o más personas para establecer la verdad de sus palabras o hechos'.

carecer. V. irreg.; se conjuga como → **parecer, 1.**

carenciado. → **Neologismo** no registrado por el DRAE/92 (participio de un inexistente verbo *carenciar*). La AAL lo considera un "eufemismo superfluo en la lengua, cuyo empleo abusivo conviene evitar." (*Acuerdos*, IX, 158-59). De todos modos, el término es bastante frecuente, en la Argentina, en el lenguaje político-social.

carey. Plural: *careyes.* → **plural, I, B, 3.**

cargar. Construcción: —*a* o *en los hombros*; —*con la responsabilidad*; —*un carro con* o *de paja*; —*de reproches*; —*sobre los manifestantes.*

cargazón. 1. El DRAE/92 modificó la quinta acepción de este sustantivo: "*Argent.* Recargamiento, exceso de adornos." **2.** Es femenino: *la cargazón.*

cariar. Se vacila en cuanto a la acentuación de este verbo. Para unos preceptistas es *caría* (como → **enviar, 1**) y para otros, *caria* (como → **abreviar**). El *Esbozo* (2. 13. 5) lo coloca entre los verbos que vacilan entre la acentuación -*ío* y la acentuación -*io*, aunque acota que "la forma caría es la recomendada por Cuervo". M. Moliner (*Diccionario*) prefiere *caria*, pero aclara que para algunos es *caría*. Finalmente, R. Ragucci (*Cartas*, 184) y M. Seco (*Diccionario*) se inclinan por *caria*. El uso restringido de este verbo contribuye a que no se afiance ninguna de las dos acentuaciones, y, mientras esto no suceda, pueden considerarse admisibles ambas.

caribú. Plural: *caribúes* o *caribús.* → **rubí.**

*caricatural. → **Galicismo** (fr. *caricatural*) por *caricaturesco.*

caries. 1. Aunque Bello usa *caríe (*Gramática*, § 171), evítese este falso singular: el DRAE sólo registra **caries. 2.** Esta palabra tiene la misma forma para singular y plural: *la caries, las caries.*

carillon. Esta voz francesa ha sido castellanizada *carillón* (evítese la forma *carrillón).

carioca. → **Río de Janeiro.**

carita. En su sesión del 12 de noviembre de 1981, la AAL solicitó a la RAE la inclusión de esta voz en el *Diccionario* oficial (*Acuerdos*, X, 7-10). La RAE la incorporó en el DRAE/92 con la siguiente definición: "f. *N. de la Argent.* **cromo**, estampa con que juegan los niños." También se llama *figurita.*

caritativo. Construcción: —*con, para, para con los menesterosos.*

cariz. 1. Es sustantivo masculino: *el cariz.* **2.** Es palabra aguda; evítese la acentuación grave [káris].

*Carlo Magno. La grafía correcta en español es *Carlomagno.*

Carlos. El diminutivo es *Carlitos*, no *Carlito.

carlovingio. → **carolingio.**

Carmen de Patagones. El gentilicio de esta ciudad de la provincia de Buenos Aires (Argentina) es *maragato.* No figura en el DRAE/92, que aplica el término sólo al natural de la Maragatería (España).

carmesí. 1. Plural: *carmesíes* o *carmesís.* → **rubí. 2.** Cuando funciona como sustantivo en aposición queda invariable en número: *unas telas carmesí.* → **concordancia, I, D.**

carmín. Empleado como nombre de color, puede unirse apositivamente a otro sustantivo y permanecer invariable en cuanto al número: *unos labios carmín.* → **concordancia, I, D.**

carnavalito. Nombre de una danza típica del noroeste argentino. En junta del 17 de julio de 1979, la AAL sugirió a la RAE la posibilidad de incorporar este término en el *Diccionario* oficial. Figura en el DRAE/92 como argentinismo.

carné. → **carnet.**

carnero, -ra. El DRAE/84 incluye la siguiente acepción: "m. y f. Dícese de la persona que no se adhiere a una huelga o protesta de sus compañeros o que desiste de ella. Ú. m. en m." Limita esta significación a la Argentina, Chile y Paraguay.

carnestolendas. Sólo en plural; no existe el singular *carnestolenda.

carnet. Palabra francesa que la RAE ha hispanizado *carné*, plural *carnés*: "[...] porque en su carné de identidad y en el de conducir pone otra dirección [...]" (C. Rico-Godoy, *Cómo ser una mujer*, 87).

carolingio, carlovingio. La RAE admite ambas formas, pero prefiere la primera.

carpe diem. Expresión latina que significa literalmente 'toma el día'. Son palabras del poeta Horacio (*Odas*, I, 11), por las que exhorta a Leuconoe a gozar del día presente, sin fiarse en absoluto del porvenir.

carpeta. El DRAE/92 incorpora la siguiente acepción de esta voz: "fig. *Argent.* y *Urug.* Habilidad, o experiencia en el trato con los demás. Ú. m. en la frase **tener carpeta**."

carqueja. En su sesión del 11 de setiembre de 1975, la AAL sugirió a la RAE la incorporación, en el *Diccionario* académico, del nombre de este arbusto, muy común en la Argentina (*Acuerdos*, VI, 169-72). Fue incluido en el DRAE/84, sin localización geográfica alguna, por lo que se debe considerar que es palabra del español general.

*****carrillón**. Forma incorrecta por *carillón*, hispanización de la voz francesa *carillon*.

carrindanga. En junta del 14 de junio de 1979, la AAL sugirió a la RAE la incorporación, en el *Diccionario* mayor, como argentinismo, de este sustantivo, que tiene el valor despectivo de 'coche o automóvil viejo' (*Acuerdos*, VIII, 250-51). También se emplea con valor de adjetivo: "Una hora después, el médico de policía —que llegó en un auto carrindanga acompañado de un oficial [...]" (V. Barbieri, *El río*, 154). La RAE lo incluyó en el DRAE/92.

carro. Palabra admitida por la RAE, como americanismo, para designar el automóvil. En la Argentina, su uso es totalmente esporádico.

carrousel. Palabra francesa que la RAE ha hispanizado *carrusel*.

carrusel. → **carrousel**.

carta de ciudadanía. En junta del 9 de mayo de 1985, la AAL sugirió a la RAE la conveniencia de incluir esta expresión en el *Diccionario* académico con la siguiente definición: "*Argent*. Carta de naturaleza. // 2. *Argent*. fr. fig. Con verbos como *dar* o *tener*, reconocer un hecho u objeto como existente y aceptado." (*Acuerdos*, X, 218-220). No figura en el DRAE/92.

Cartagena. Los gentilicios correspondientes a esta ciudad de España y a Cartagena de Indias (Colombia) son: *cartagenero, cartaginés, cartaginense* y *cartaginiense*. De todos ellos, la RAE recomienda el primero.

Cartago. *Cartaginés* y *cartaginense* son los gentilicios que corresponde a esta antigua ciudad de África y a la actual ciudad y provincia de Costa Rica. La RAE prefiere el primero.

carta poder. Los compuestos de dos sustantivos, de antigua tradición en el idioma, se escriben por lo general juntos: *casaquinta, bocamanga, aguanieve, bocacalle*; algunos, los menos, se escriben separados: *pájaro mosca, pez espada, arco iris*. Otros oscilan en su grafía: *campo santo* o *camposanto*. Los que se escriben juntos tienen un acento único, que recae en el último elemento. Además presentan algunas características especiales para la formación del plural (→ **plural, I, C**).

En las creaciones más recientes, la tendencia es mantener, en la escritura, la independencia de los elementos formantes: **carta poder,** *hombre rana, buque escuela*, escritos sin guión. Tienen, además, independencia prosódica —cada elemento conserva su acento— y pluralizan sólo el primer elemento: *cartas poder, hombres rana, buques escuela*. Muchas de estas construcciones tienen ya el acuerdo académico: *buque escuela, casa cuna, hombre rana, globo sonda, traje sastre, peso pluma*, etc.; otras no han sido reconocidas aún por la RAE: *hombre masa* (acuñada por Ortega y Gasset), *villa miseria* (argentinismo), *granja modelo, niño prodigio*, etc. → **aposición**.

carta postal → **Galicismo** (fr. *carte postale*) por *tarjeta postal*.

cartel, cártel. Con el significado de 'convenio entre varias empresas para evitar la competencia' y 'agrupación que persigue fines ilícitos', la RAE ha admitido esta palabra con las dos acentuaciones, aguda y grave, pero recomienda la primera.

cárter. Plural *cárteres*; evítese el plural anómalo *****cárters**.

cartero. Femenino: *la cartera*.

cartografiar. En cuanto a su acentuación, → **enviar, 1**.

cartomancia, cartomancía. La RAE admite ambas acentuaciones, pero prefiere la primera. → **-mancia, -mancía**.

cartuchera. Voz que se emplea en la Argentina para designar el estuche o bolso pequeño en el que los escolares guardan sus útiles: lápices, lapicera, goma, etc. No figura esta acepción en el DRAE/92, ni en el DMI.

cartucho. El DRAE/92 ha añadido la siguiente acepción de esta voz: "Dispositivo intercambiable, de forma, tamaño y material variables, provisto de lo necesario para que funcionen ciertas máquinas, aparatos e instrumentos. *Un cartucho fotográfico, de una estilográfica.*"

casa cuna. Plural: *casas cuna*. → **carta poder**.

casa habitación. Plural: *casas habitación*. → **carta poder**.

casaquinta. Plural: *casasquintas* (Bello, *Gramática*, § 119). → **plural, I, C** y **carta poder**.

casar. Construcción: —*una cosa con otra*.

casarse. Construcción: —*con una viuda*; —*en segundas nupcias*; —*por poderes*.

casas. El uso del plural por el singular *casa* es antiguo en la lengua. Desaparecido en el español general, se conservó en regiones rurales de América, especialmente en la Argentina, Chile y Uruguay, donde designa un pequeño poblado o, en una estancia, el conjunto formado por la casa principal y las construcciones contiguas. En la Argentina se suele emplear incluso para designar una casa aislada de toda otra vivienda: "Y engolosinado con tal pensamiento, Santos Telmo ensilló de prisa su caballo y partió en busca del amigo. La fortuna hizo que ni tuviera que allegarse a las casas." (B. Lynch, *El inglés*, 45).

casbah. Voz francesa que se suele emplear en español en lugar de *alcazaba*.

casco de estancia. En su sesión del 13 de diciembre de 1979, la AAL sugirió a la RAE la posibilidad de incorporar en el *Diccionario* mayor, s. v. *casco*, esta expresión con que se designa el espacio que ocupan las construcciones principales de una estancia (*Acuerdos*, VIII, 252-53). Fue incluida en el DRAE/92.

caserna. → **Galicismo** (fr. *caserne*) innecesario por *cuartel*. En español, **caserna** significa 'fortaleza subterránea'.

casete. **1**. Así ha hispanizado la RAE la voz francesa *cassette*, por lo que no hay razón para utilizar la grafía francesa ni para pronunciar [kasét]: "[...] había sido difundida a través de una cassette que se pasó en el programa Hora Clave." (*La Nación*, 19-10-92, pág. 17). **2**. Si bien la palabra francesa es femenina, **casete** figura en el DRAE/92 como → **ambiguo**. Aunque se usa más frecuentemente como masculino, también se oye, y es correcto, emplearlo como femenino: "[...] la industria no termina de ponerse de acuerdo sobre cuál tecnología digital reemplazará a los aún vigentes casetes acústicos analógicos." (*Página / 12*, 18-10-91, pág. 25); "Dispositivo donde se inserta la casete [...]" (DRAE/92, s. v. *casetera*); "[...] y nos pidieron que mostráramos las escenas de la casete original para aclarar la situación." (*Clarín*, 12-10-88, pág. 10). **3**. Evítese la grafía *casette*: "La *casette* impresora iba y venía, sin tomarse una tregua [...]" (M. Benedetti, *Despistes*, 83).

casetera. El DRAE/92 incluye este sustantivo, que designa el dispositivo donde se inserta el casete.

cash. Palabra inglesa que suele utilizarse en español, con los valores de 'dinero contante, efectivo, dinero en mano, al contado' que tiene en inglés: "[...] y que el pago cash coincidiría con la firma del contrato de transferencia [...]" (*Página / 12*, 12-9-90, pág. 7).

casi, casi. Empléese con coma, como preconiza la RAE: "casi, casi me caigo" (DRAE/92, s. v.).

casimir. → **cachemir**.

casín. En junta del 12 de julio de 1979, la AAL sugirió a la RAE la incorporación, en el *Diccionario* oficial, de este término, que designa una variante del juego del billar (*Acuerdos*, VII, 230-31). No figura en el DRAE/92 ni en el DMI.

casi que. Esta locución, considerada vulgar por los preceptistas, está avalada por la RAE: "casi que parece de ayer" (DRAE, s. v. *casi*).

caso, sucedido. En junta del 14 de mayo de 1981, la AAL sugirió a la RAE la posibilidad de incorporar, en el *Diccionario* oficial, con carácter de argentinismos, estas voces, consideradas sinónimas, que designan "el relato popular de una situación, propuesta como verosímil, que puede o no estar rodeada de circunstancias misteriosas" (*Acuerdos*, X, 10-14). "Recordó, por un momento, los 'casos' de muchos imprudentes: un tío suyo que se había lanzado al río después de comerla [una sandía] y no volvió a aparecer [...]" (B.V. Ayala Gauna, *Otros cuentos*, 116). El DRAE/92 admite **caso**, con el valor indicado, pero no, **sucedido**.

caso de. Locución conjuntiva condicional. Tiene el mismo valor que → **en caso de que**, pero se construye con infinitivo: *caso de llegar después de las ocho, se ruega llamar*.

caso (de) que. Locución conjuntiva condicional. Tiene el mismo valor que → **en caso de que**.

caso límite. Plural: *casos límite*. → **carta poder**.

cassette. → **casete**.

***castañeo**. Forma incorrecta por *castañeteo*.

castaño. Como nombre de color, ha sido desplazado casi totalmente por → **marrón**. Sin embargo, se sigue empleando en forma exclusiva aplicado al pelo y a los ojos: *pelo castaño*, *ojos castaños*.

castellano, español. Son nombres teóricamente sinónimos ya que **castellano** ha dejado de referirse al romance de Castilla para designar la lengua oficial de España y de los países de Hispanoamérica. No obstante ello, tanto en España como en América existen fuertes tendencias de carácter subjetivo para preferir uno u otro. En España se emplea más frecuentemente **español** en las ciudades y **castellano**, designación más tradicional, en los campos, como afirma A. Alonso (*Castellano*, 121). Por otra parte, las regiones bilingües —áreas catalana, gallega, vasca— rechazan la denominación de **español**, porque el catalán, el gallego y el vasco, dicen con razón, son también españoles, y prefieren el nombre **castellano**. La RAE, que había utilizado únicamente la denominación *lengua castellana*, modificó su actitud y llamó "de la lengua española" a su *Gramática* (desde 1924) y a su *Diccionario* (desde 1925). Con este mismo criterio publicó en 1973 su *Esbozo de una nueva gramática de la lengua española*.

En América alternan también los dos nombres, pero predomina netamente el de **caste-**

llano. Bello expresa la reacción americana ante el nombre **español** cuando dice en su *Gramática de la lengua castellana* (§ 3): "Se llama lengua *castellana* (y con menos propiedad *española*) la que se habla en Castilla y que con las armas y las leyes de los castellanos pasó a la América [...]". En esta preferencia influye sin duda un pronunciado sentimiento de nacionalidad que lleva a rechazar el nombre de **español** para designar la lengua hablada en América. Ese sentimiento llegó a crear en la Argentina la expresión *idioma nacional*, que nada significa, y, ya desbordado, forjó la denominación *idioma argentino*, cuya inconsistencia no es necesario demostrar. Ninguno de estos nombres prosperó y actualmente la opción vuelve a ser entre **castellano** y **español**.

Por último, cabe destacar que las principales lenguas de cultura llaman *espagnol, spanish, Spanisch, spagnuolo, espanhol* al idioma de España y de Hispanoamérica. La AAL considera que "las denominaciones 'castellano' y 'español' para aludir al idioma hablado en nuestro país son, en el uso general, equivalentes. No obstante estima preferible, en razón de una más adecuada precisión terminológica, reservar el tradicional nombre de 'castellano' para referirse al dialecto de Castilla con anterioridad a la unificación, y llamar 'español' (como internacionalmente se hace) a la lengua que desde entonces lleva en sí, junto al viejo tronco, los múltiples aportes que otros pueblos de España y de América han dado al castellano." (Sesión del 24 de marzo de 1983; *Acuerdos*, IX, 87-91).

castellanohablante. El DRAE/92 registra esta voz para referirse a quien tiene el castellano como lengua materna.

casting. Voz inglesa que se utiliza, en la jerga cinematográfica, con su significado original de 'reparto'.

casualmente. Adverbio que significa 'por casualidad', pero que en algunas regiones de América —Kany (*Sintaxis*, 341) trae ejemplos de la Argentina, Colombia, Chile, México, Uruguay y Venezuela— se emplea con el valor de 'precisamente': *casualmente* (= precisamente) *ayer firmamos el contrato*. Esta acepción no figura en el DRAE y es criticada por los gramáticos que la tildan de americanismo, pero M. Moliner la considera de uso popular y la registra en su *Diccionario* sin mencionar ninguna localización geográfica.

casus belli. Expresión latina que significa 'motivo de guerra': *Gran Bretaña notificó a Alemania que la invasión de Polonia será considerada casus belli*.

catamarán. En junta del 12 de diciembre de 1979, la AAL sugirió a la RAE que incluyera en el *Diccionario* oficial este término, que designa cierta clase de embarcaciones, con dos flotadores que sostienen su estructura, utilizadas para competencias deportivas y para recreo. (*Acuerdos*, V, 194-96). La RAE lo incorporó en el DRAE/92.

cataplexia. Aunque el segundo elemento de esta voz deriva del verbo griego *plésso*, lo mismo que en *apoplejía, hemiplejía, paraplejía*, en este caso la RAE adopta la grafía *-plexia* en lugar de *-plejía*.

catatonía. **1.** Sustantivo que no figura en el DRAE/92. Según el Dorland, es una "forma de esquizofrenia caracterizada por reacciones negativistas, fases de estupor o de excitación y comportamiento impulsivo o estereotipado."

2. La acentuación [katatónia] no parece correcta, no sigue a *atonía, sintonía*, etc. No obstante, no es infrecuente: "[...] por eso pude soportarla, en una especie de catatonia, de suspensión de todos mis sentidos [...]" (M. Deneví, *Un pequeño café*, 86).

catch. Palabra inglesa con que se designa un espectáculo supuestamente deportivo. Su nombre completo es *catch-as-catch-can* (agarra como puedas).

catecúmeno. Femenino: *catecúmena*.

catedrático. El femenino es *catedrática*, por lo que no se justifica decir *la catedrático.

catequista. Es sustantivo y no debe emplearse en lugar del adjetivo *catequístico*: no es **la acción catequista*, sino *la acción catequística*.

catéresis. En el DRAE/84 la RAE modifica la acentuación grave de este sustantivo (*cateresis*), que prohijaba anteriormente, y la convierte en esdrújula, de acuerdo con la etimología de esta voz (del gr. *katháiresis*).

catering. El DMI registra esta voz inglesa (del verbo *to cater*, abastecer) que se utiliza en la jerga aeronáutica para designar el servicio de suministro de comidas en los aviones.

caterpillar. Voz inglesa con que se designa el tractor oruga.

catgut. Voz inglesa que significa 'tripa de gato'. En la jerga médica nombra una cuerda de tripa que se utiliza para efectuar suturas.

cativí. Plural: *cativíes* o *cativís*. → **rubí**.

catoptromancia, catoptromancía. La RAE admite las dos acentuaciones, pero prefiere la primera. → **-mancia, -mancía**.

catorceavo, catorzavo. **1.** La RAE autoriza las dos formas, pero recomienda la primera, admitida en 1984.

2. Es un numeral fraccionario y designa cada una de las catorce partes iguales en que se divide un todo (1/14). No es correcto emplearlo como numeral ordinal: *ocupaba *el catorceavo lugar*; dígase: *el decimocuarto lugar*.

Catulo, Cátulo. Se trata de personajes distintos. El nombre del poeta lírico latino (Catúllus, en latín) es **Catulo** en español. **Cátulo** (Cátulus, en latín) es el nombre de un cónsul y de un orador romanos.

caucioso. → **Anglicismo** (ingl. *cautious*) por *cauto, prudente*.

caudimano, caudímano. La RAE autoriza las dos acentuaciones, pero prefiere la primera.

causerie. 1. Voz francesa, que significa 'charla, conversación amena', que tuvo gran difusión en la Argentina. Lucio V. Mansilla publicó en 1889-1890 una compilación de sus artículos periodísticos bajo el título de *Causeries del jueves*.
2. La castellanización *coserí* no figura en el DRAE/92.

causeur. Palabra francesa que suele emplearse en español con su valor original: persona que domina el arte de hablar.

cava. El DRAE/92 ha añadido estas dos acepciones: 'cueva donde se elabora cierto vino espumoso' y 'este mismo vino'.

caví. Plural: *cavíes* o *cavís*. → **rubí**.

cayarí. Plural: *cayaríes* o *cayarís*. → **rubí**.

cazabombardero. 1. El DRAE/92 ha incorporado este sustantivo que designa un tipo de avión de combate.
2. Evítese la grafía **caza-bombardero*.

caza de brujas. El DRAE/92 incluye esta expresión, traducción del inglés *witch-hunting*, con que se designa la persecución por prejuicios políticos o sociales.

cebarse. Construcción: —*con, en sus víctimas*.

cebellina, cibelina. La RAE admite ambas formas, pero prefiere la primera: *marta cebellina*.

cebra, zebra. La RAE admite ambas grafías, aunque en el DRAE/92 advierte que **zebra** es desusada.

ceca. En junta del 28 de octubre de 1982, la AAL solicitó a la RAE la inclusión, en el *Diccionario* académico, de una nueva acepción de esta voz: 'cruz, reverso de la moneda' (*Acuerdos*, X, 67-69). La RAE la ha incluido en el DRAE/92 como argentinismo.

Ceca. → **de Ceca en Meca**.

ceceo. Consiste en pronunciar la *s* con el mismo sonido interdental fricativo sordo con que se pronuncian en España la *c* ante *e, i* y la *z*. Salvo en algunas zonas de Andalucía, donde es característica regional, en el resto de España y en América el **ceceo** es un defecto individual de pronunciación.

ceda. → **zeta**.

ceder. Construcción: —*a razones*; —*a la autoridad*; —*ante la fuerza bruta*; —*de su derecho*; —*en sus exigencias*.

cedilla, zedilla. La RAE autoriza las dos grafías, pero recomienda la primera.

-cefalia. Formante que deriva del gr. *kephalé* (cabeza). Se pronuncia con diptongo (no lleva acento, ni prosódico ni ortográfico, en la *-i-*): *hidrocefalia, macrocefalia*. La única excepción es *acefalía*.

cegar. V. irreg.; se conjuga como → **acertar, 1**.

cegarse. Construcción: —*de ira*.

cegatón. Voz censurada por los preceptistas que ha sido admitida, sin embargo, por la RAE como sinónimo de *cegato*. El DRAE/92 le ha quitado la nota de americanismo.

Ceilán. El único gentilicio admitido por la RAE es *cingalés*.

celandés. → **zelandés**.

celebrar. No confundir con *conmemorar*: se celebran sólo hechos gratos; se conmemoran acontecimientos gratos o penosos: se puede conmemorar el aniversario de la muerte de un prócer, pero no sería correcto celebrarlo.

célebre. Superlativo: *celebérrimo* (literario), *celebrísimo* (coloquial) o, simplemente, *muy célebre*.

*celenterio. Forma incorrecta por *celentéreo*.

celíaco, celiaco. La RAE autoriza ambas acentuaciones, pero recomienda la primera. → **-íaco, -iaco**.

*celibatario. El DMI advierte que es → **galicismo** por *célibe*.

*cello, *cellista. → **chelo, chelista**.

celtíbero, celtibero. La RAE admite ambas acentuaciones, pero recomienda la primera, a pesar de que prefiere *ibero* a *íbero*. Por ello, M. Seco (*Diccionario*) dice que sería preferible **celtibero**, aunque reconoce que en el uso general predomina **celtíbero**.

celulitis. El DMI registra esta voz, que no figura en el DRAE/92, con la siguiente definición: "Inflamación del tejido celular."

celuloso. El DMI incorpora este adjetivo, que no figura en el DRAE/92, con la siguiente definición: "Abundante en células."

cemento Pórtland. 1. Aunque ésta es la forma que se emplea corrientemente, y así la registra M. Moliner en su *Diccionario*, la RAE mantiene *cemento de Pórtland*.
2. En la Argentina se suele emplear el vocablo *pórtland* como sustantivo común, equivalente de *cemento*: *a esta mezcla le falta pórtland*.

cemita. En junta del 23 de agosto de 1973, la AAL solicitó a la RAE que incluyera en el *Diccionario* mayor esta voz (escrita también *semita*) que designa, en varios países de América, un tipo de harina gruesa o con mezcla de afrecho, y el pan que con esta harina se hace. Esta voz está documentada en la Argentina, Bolivia, Ecuador, Guatemala, Honduras y México. La Academia la incluyó en el DRAE/84 con la siguiente definición: "Pastel formado por dos capas de pan de salvado, con relleno de dulce, hecho con alguna fruta tropical" y localiza el término en El Salvador y Nicaragua. El DRAE/92 incorpora una segunda acepción: "*NO. Argent.* Pan hecho de harina morena, grasa y otros ingredientes." Para esta última acepción admite también la grafía *semita*.

cena. Es la última comida del día. En algunas regiones se la llama → **comida**. Ambas denominaciones son académicas.

cenhegí. Plural: *cenhegíes*. → **rubí**.

cenit, zenit. 1. La RAE admite ambas grafías, aunque prefiere la primera. El DRAE/92 considera desusada la forma **zenit**.
2. Las dos palabras son agudas y se escriben sin tilde; la acentuación grave, **cénit*, **zénit*, es errónea.
3. Se usa solamente en singular (*Esbozo*, 2. 3. 4, a).

cenotafio. Recuérdese que se trata de un "monumento funerario en el cual no está el cadáver del personaje al que se dedica" (DRAE). No debe utilizarse como sinónimo de *sepultura, sepulcro, tumba, túmulo, panteón* o *mausoleo*.

censar, censista. El DRAE/84 extiende al español general la acepción "hacer el censo o empadronamiento de los habitantes de algún lugar" que el DRAE/70 adjudicaba indebidamente sólo a Costa Rica, e incluye además la voz **censista**.

censurar. Construcción: *—algo a* o *en alguien*.

centellear, centellar. La RAE admite ambas formas, pero prefiere la primera.

centígrado. Es palabra esdrújula; la acentuación grave, **centigrado*, es errónea.

centigramo. Es palabra grave; la acentuación esdrújula, **centígramo*, aunque frecuente, se considera errónea.

centilitro. Es palabra grave; la acentuación esdrújula, **centílitro*, aunque frecuente, se considera incorrecta.

centimano, centímano. La RAE autoriza ambas acentuaciones, pero prefiere la primera.

centrar. Construcción: *—sus estudios en la literatura medieval*.

centrifugado. El DRAE/92 registra este vocablo con el significado de 'acción y efecto de → **centrifugar**'.

centrifugar. El DRAE/92 registra este verbo con las siguientes definiciones: "tr. Aprovechar la fuerza centrífuga para secar ciertas sustancias o para separar los componentes de una masa o mezcla según sus distintas densidades. // 2. Escurrir la ropa por medio de la centrifugación."

centriolo. Voz incluida en el DMI, y que no figura en el DRAE/92. Es la parte central de un → **centrosoma**.

centrosoma. El DMI registra este sustantivo, que no figura en el DRAE/92, con la siguiente definición: "Corpúsculo próximo al núcleo de la célula, que desempeña un papel importante en la cariocinesis."

ceñir. 1. V. irreg.; se conjuga como → **teñir**. Evítense formas como **ciñió*, **ciñieron*, **ciñiera*, **ciñiendo* (por *ciñó, ciñeron, ciñera, ciñendo*).
2. Construcción: *—con* o *de lazos*.

ceñirse. Construcción: *—a lo necesario*.

cepillar. → **acepillar**.

cequí. 1. Plural: *cequíes* o *cequís* (*Esbozo*, 2. 3. 3, c). → **rubí**.
2. El DMI advierte que la forma **cequín* es → **barbarismo**.

ceraunomancia, ceraunomancía. La RAE autoriza ambas acentuaciones, pero prefiere la primera. → **-mancia, -mancía**.

cerca. 1. Actualmente es sólo adverbio; su uso como preposición es un → **arcaísmo** remplazado hoy por *cerca de*: en lugar de **llegó cerca las diez*, dígase *llegó cerca de las diez*.
2. En la lengua moderna sólo va precedido de las preposiciones *de* y *desde*.
3. Diminutivo familiar *cerquita* (no **cerquito*): "La muerte anduvo cerquita." (J.S. Álvarez, *En el mar austral*, 129); superlativo: *cerquísima* (no **cerquísimo*).
4. → **cerca a**; **cerca mío**.

cerca a. Si bien es usual en algunos países hispanoamericanos y no es desconocida en el español peninsular, conviene sustituir esta locución prepositiva por *cerca de*, considerada más correcta y general.

cerca de. Evítese la omisión de la preposición *de*: **eran cerca las diez*, corriente en el lenguaje rústico.

cerca mío. La construcción de adverbio de lugar + pronombre posesivo (**cerca mío**, *detrás nuestro*, etc.), en lugar de *cerca de* + pronombre personal (*cerca de mí, detrás de nosotros*, etc.) es muy criticada por gramáticos y preceptistas. No obstante, el uso de las formas impugnadas se ha impuesto en el Río de la Plata y se ha extendido también a Chile, Paraguay y Perú (en este último país, *delante suyo* alterna con el más frecuente *en su delante*).
En la Argentina y Uruguay, especialmente, aun las personas cultas emplean las formas criticadas, las que han pasado también a la lengua literaria y aparecen en autores tan cuidadosos como R. Güiraldes, E. Mallea o J. de Ibarbourou. En España, si bien son poco frecuentes los ejemplos literarios, no es inusual el empleo de esta construcción en el habla corriente.
Por ello, no parece prudente ya insistir en la

condena de estas formas en la lengua informal. En cuanto a la lengua escrita, quizá convenga respetar la norma académica, salvo que razones de estilo aconsejen lo contrario.

cercano. Construcción: —*a la plaza* (no *de la plaza); —*a nosotros* (no *nuestro).

cerciorarse. Construcción: —*de algo*; —*de que todos han regresado* (es preferible a *cerciorarse que todos han regresado*).

Cerdeña. Gentilicio: *sardo*.

cerner, cernir. 1. La RAE admite ambas formas con idéntica significación, pero recomienda la primera, aunque en el *Esbozo* (2. 12. 3, nota 37) afirma que **cernir** está "más extendido hoy que **cerner** en el habla y en la lengua escrita de varios territorios." **2. Cerner** se conjuga como → **tender, 1** y **cernir**, como → **discernir, 1**. Ambos verbos difieren en sus desinencias cuando así lo exigen los paradigmas de sus respectivas conjugaciones (ver cuadro). Es erróneo conjugar **cernir** como → **sentir, 1**, ya que "formas como *cirnió, cirnieron*, etc. deben considerarse aberrantes y poco recomendables" (*Esbozo*, 2. 12. 3, nota 39). Siguiendo esta norma, son también incorrectas las siguientes formas: **cirnamos,* *cirnáis (del presente de subjuntivo); *cirniera / *cirniese, etc. (pret. imperf. de subjuntivo); *cirniere, etc. (futuro de subjuntivo) y *cirniendo (gerundio).

ceromancia, ceromancía. La RAE autoriza las dos acentuaciones, pero prefiere la primera. → **-mancia, -mancía**.

cerrar. V. irreg.; se conjuga como → **acertar, 1**.

cerrazón. En su sesión del 25 de octubre de 1979, la AAL solicitó a la RAE que incluyera en el *Diccionario* oficial la siguiente acepción de esta voz: 'niebla espesa que dificulta la visibilidad', usual en la Argentina y Uruguay (*Acuerdos*, VIII, 253-55). La RAE la ha incorporado al DRAE/92 con esa misma definición, aunque omite la mención de Uruguay.

certeza. Conviene no omitir la preposición *de* ante una proposición sustantiva: *tengo la certeza de que verá cumplidos sus deseos* es preferible a *tengo la certeza que verá...*

cerúleo. Se refiere al color azul del cielo despejado: "[...] una nueva luz se levantó finalmente del seno de los mares cerúleos." (A. Capdevila, *Tierras nobles*, 33). Esta voz no tiene ninguna relación con *cera*.

cerviz. Es femenino: *la cerviz*.

cesación. → **cese**.

cesar. 1. Es verbo intransitivo, por lo tanto no debe construirse con complemento directo: **la gerencia cesó a diez empleados* es incorrecto; dígase: *dejó cesantes* u *ordenó el cese de diez empleados*. **2.** Construcción: —*de llover*; —*en el mando*.

Cesarea. La RAE patrocina, desde la edición de 1925 de su *Diccionario*, la acentuación grave de este sustantivo propio que nombra varias ciudades antiguas. La acentuación esdrújula, *Cesárea, es errónea.

cese. Académicamente, se refiere a la acción y efecto de cesar en un cargo o empleo: *quedó trastornado cuando le comunicaron su cese*. En los demás casos, debe utilizarse *cesación*: *la cesación* (no *el cese*) *de las hostilidades*; *la cesación de las actividades universitarias*.

ceta.→ **zeta**.

ceugma. → **zeugma**.

Ceuta. Gentilicio: *ceutí*. Plural: *ceutíes*. → **rubí**.

ch. 1. Combinación de letras cuyo nombre es *che*, plural *ches* (preferible a la denominación, más corriente, *ce hache*). Representa un fonema palatal africado sordo. **2.** Desde 1803, la RAE la consideraba una letra doble (dígrafo) independiente y la alfabetizaba entre la *c* y la *d*. Defendieron este criterio, entre otros, R.J. Cuervo y el argentino R. Ragucci. Pero importantes autoridades, entre las que sobresale R. Menéndez Pidal, criticaron este modo de alfabetización por estimar que no se ajusta al consagrado en las demás lenguas cultas, que consideran la **ch** un conjunto que forma parte de la *c*, y lo alfabetizan entre *ce-* y *ci-*. Así procede M. Moliner en su *Diccionario* y lo justifica diciendo que en la redacción del mismo "se han tenido siempre presentes los lectores extranjeros" (s. v. *che*). En el X Congreso de Academias (Burgos, 1994), la RAE revé su criterio anterior y reordena la **ch** y la *ll* dentro de la *c* y la *l* respectivamente, criterio que se adopta en la alfabetización de la presente obra. **3.** Cuando hubiere de escribirse con mayúscula la letra inicial de una palabra que comience por **ch**, sólo se formará de carácter mayúsculo la *c*: *Chile, Chaco*. **4.** Esta combinación se considera indivisible, por lo tanto no pueden separarse sus componentes en el silabeo al final de renglón: *cu-cha-ra*. **5.** En los nombres propios catalanes la **ch** representa la transcripción castellana del fonema /k/, en posición final: *Vich, Doménech* (pron. [vik, domének]), aunque en catalán la grafía con *c* es más moderna: *Vic, Doménec* (*Esbozo*, 1. 8. 1, 4º, b). **6.** La grafía antigua que utilizaba la **ch** con sonido de *k* para transcribir la letra *khi* de los vocablos griegos se ha dejado totalmente de lado: en el español moderno se la transcribe con *c* o *qu*, según los casos: *Antíoco* (no *Antíocho), *Arquelao* (no *Archelao).

chacarera. En junta del 25 de octubre de 1973, la AAL solicitó a la RAE la inclusión

---

CERNER - CERNIR
(conjugación de los tiempos simples con dificultades)

MODO INDICATIVO

Presente	Pret. perf. simple	Futuro	
cierno	cerní	cerneré	cerniré
ciernes	cerniste	cernerás	cernirás
cierne	cernió	cernerá	cernirá
cernemos cernimos	cernimos	cerneremos	cerniremos
cernéis cernís	cernisteis	cerneréis	cerniréis
ciernen	cernieron	cernerán	cernirán

Condicional

cernería	cerniría
cernerías	cernirías
cernería	cerniría
cerneríamos	cerniríamos
cerneríais	cerniríais
cernerían	cernirían

MODO SUBJUNTIVO

Presente	Pretérito imperfecto	Futuro imperfecto
cierna	cerniera/cerniese	cerniere
ciernas	cernieras/cernieses	cernieres
cierna	cerniera/cerniese	cerniere
cernamos	cerniéramos/cerniésemos	cerniéremos
cernáis	cernierais/cernieseis	cerniereis
ciernan	cernieran/cerniesen	cernieren

MODO IMPERATIVO

Presente

cierne
cerned cernid

FORMAS NO PERSONALES

Infinitivo	Gerundio	Participio
cerner cernir	cerniendo	cernido

---

de esta voz en el *Diccionario* oficial (*Acuerdos*, VI, 80-82). Figura en el DRAE/84 con la siguiente definición: "Baile popular argentino, de parejas sueltas, y cuyo ritmo, variable según la región de procedencia, es de tres por cuatro, alternando con seis por ocho." El DRAE/92 añadió esta segunda acepción: "Música y letra de este baile."

Chaco. Según la AAL (acordada del 31 de octubre de 1957) debe decirse *el Chaco* y *provincia del Chaco*, y no *Chaco, provincia de Chaco* (*Acuerdos*, III, 48-49). Por su parte, el DRAE (s. v. *chaqueño*) dice: "Perteneciente o relativo a la provincia argentina del Chaco."

chacó. Plural: *chacós*. → **plural, I, B, 2, b**.

chacolí. Su plural casi exclusivo es *chacolís* (*Esbozo*, 2. 3. 3, c). → **rubí**.

Chad. 1. Gentilicios: *chadiano* o *chadí*. Ninguno de los dos figura en el DRAE/92. 2. Evítese la grafía *Tchad*.

Chagas, enfermedad de. → **enfermedad de Chagas**.

chaise longue. Expresión francesa (pron. [sheslóng]) que designa cierto sofá sin brazos. En español puede decirse *meridiana, otomana* o *tumbona*.

chajá. 1. Plural: *chajaes* o *chajás*: "Bandadas de gaviotas, de gansos, de chajás [...]" (R.J. Payró, *Veinte cuentos*, 111). → **plural, I, B, 2**. 2. Por error muy difundido, suele escribirse *chajáes*, en contra de las reglas de acentuación ortográfica: "[...] para hacer volar los chajáes con el objeto de oír sus aspiraciones ruidosas [...]" (J.S. Álvarez, *Viaje*, 63).

chalet. 1. Esta voz francesa ha sido hispanizada por la RAE en las formas *chalé* y *chalet*. La RAE recomienda la primera. 2. Plural: *chalés* (de *chalé*) y el inusual *chaletes* (de *chalet*). No se justifica ya el plural anómalo *chalets*: "[...] que no protege a los propietarios de chalets ni a los poseedores de pasacasetes." (*Página/12*, 24-7-90, pág. 12). 3. Diminutivo: *chaletito*. En la Argentina se emplea exclusivamente *chalecito*. → **diminutivos, 1**.

challenger. Palabra inglesa (pron. [chálenyer]) que significa 'desafiador, retador'. Se usa en español, especialmente en la jerga del boxeo, para nombrar al púgil que reta a un campeón para disputarle su título.

chamán, chamanismo. Aunque muchos antropólogos y escritores adoptaron la grafía *shamán* y *shamanismo* por influencia inglesa, la AAL se inclina por las formas **chamán** y **chamanismo** (*Acuerdos*, V, 217-20), criterio que también sustenta la RAE.

chamarrita. En junta del 12 de junio de 1980, la AAL sugirió a la RAE la inclusión de este vocablo en el *Diccionario* oficial (*Acuerdos*, VIII, 317-20). Es el nombre de una danza que se baila en el noreste argentino. No figura en el DRAE/92.

Champagne. Esta región francesa se llama en español → **Champaña**.

champaña, champán. 1. La RAE admite ambos vocablos, aunque recomienda el primero. En la Argentina se usan los dos, pero en la lengua coloquial se prefiere el segundo: "A cada rato entrechocaremos las copas en un brindis con champán." (M. Denevi, *Hierba*, 83); "[...] donde se tomaban botellitas de cuarto litro de champán [...]" (J.C. Onetti, *Cuando entonces*, 20); "[...] los patri-

cios hacen destapar mucho vino espumante y un poco de champaña [...]" (R.J. Payró, *Pago Chico*, 72). No se justifica ya emplear la voz francesa *champagne* ni la pronunciación afrancesada de las palabras españolas [shampaña], [shampán]; la *ch* debe pronunciarse como en la palabra *chambergo*. 2. Ambos vocablos son masculinos: *el champaña, el champán*, pero es frecuente emplear el primero como femenino (por influencia de la terminación -*a*): "Cuando iban a la discoteca invitaban a sus amigos con botellas de cara champaña francesa." (*Clarín*, 28-2-88, pág. 32); "[...] el sobrecargo nos llevó la champaña de bienvenida." (G. García Márquez, *Doce cuentos*, 84); "Cuando se conserva la -*a* puede oírse *la champaña* [...]" (F. Marcos Marín, *Aproximación*, 116).

Champaña. Gentilicio: *champañés*. No figura en el DRAE/92.

champiñón. 1. Así ha hispanizado la RAE la voz francesa *champignon*. 2. Evítese la pronunciación afrancesada del término español [shampiñón]; la *ch* debe pronunciarse igual que en la voz *chambergo*. 3. El plural es regular: *champiñones*.

champú. 1. Castellanización de la voz inglesa *shampoo*, admitida por la RAE. La hispanización *shampú* no es académica: "El shampú y el jabón extienden su orografía nevada [...]" (M. Aguinis, *Profanación*, 267). 2. Pronúnciese la *ch* inicial como en *chambergo*, y no a la inglesa [shampú]. 3. Su plural casi exclusivo es *champús* (*Esbozo*, 2. 3. 3, c), aunque también existe la forma *champúes*; el DMI autoriza los dos. → **rubí**.

*****champurrear**. Forma errónea por → **chapurrar** o **chapurrear** (hablar con dificultad un idioma).

chance. 1. → **Anglicismo** (ingl. *chance*) o galicismo (fr. *chance*) que se emplea en español con dos valores: a) azar, suerte, fortuna; b) oportunidad, ocasión, posibilidad: "Se puso de inmediato en camino, pues a la gente no había que darle ninguna chance de discutir una orden." (E. Belgrano Rawson, *Fuegia*, 75). 2. En el Río de la Plata se usa como femenino.

chancearse. Construcción: —*con alguien*; —*de algo o de alguien*.

chanchada. El DRAE/92 incorpora este sustantivo con las siguientes definiciones: "f. fig. y fam. *Amér.* **cochinada**, acción grosera o desleal. Ú. m. con el verbo *hacer*. // **ser** algo **una cochinada**. fr. fig. y fam. *Argent.* Estar algo falto de limpieza o cuidado."

chandail. → **chándal**.

chándal. 1. Así ha hispanizado la RAE el vocablo francés *chandail*. Es un traje deportivo que consta de pantalón largo, ajustado al tobillo, y una chaqueta amplia (→ **jogging**), aunque el *chandail* francés es, en realidad, una tricota de lana que cubre el torso y se pone por la cabeza.

2. Si bien etimológicamente es palabra aguda, en español la RAE la considera grave.

3. Es voz inusitada en la Argentina.

chanfle. Voz que se emplea en la Argentina en lugar de *chaflán* (cara que resulta, en un sólido, de un corte en diagonal). Fue admitida, como argentinismo, en el DRAE/92, como también la locución adverbial *de chanfle*, 'oblicuamente'. Se utiliza *en chanfle* con el mismo valor.

chanflear. El DRAE/92 ha incorporado este verbo como argentinismo, pero prefiere *achaflanar*.

changa. Nombre que se da en la Argentina, Bolivia y Uruguay a un trabajo ocasional de escaso rendimiento económico. El DRAE/92 ha incorporado esta acepción, pero con vigencia sólo en la Argentina.

changador. El DRAE/92 registra esta voz, ya no como equivalente no preferido de *mozo de cordel*, sino con el valor de 'persona que en los sitios públicos se encarga de transportar equipajes' y como propia del Río de la Plata y Bolivia.

changarín. El DRAE/92 incorpora esta voz con la siguiente definición: "*Argent.* **changador**. // 2. *Argent.* Peón urbano o rural que se contrata temporalmente para realizar tareas menores."

changüí. La RAE ha incorporado, en el DRAE/92, la siguiente acepción de esta voz: "fam. *Argent.* Ventaja, oportunidad, en especial la que se da en el juego."

chantaje. 1. Hispanización del vocablo francés *chantage*. El DRAE/84 ha añadido a **chantaje** y *chantajista*, que ya figuraban en el DRAE/70, el verbo *chantajear*.

2. Siendo ya **chantaje** palabra española, no corresponde pronunciar la *ch* a la francesa [shantaje], ni escribir **chantage*.

chantillí. Así ha hispanizado la RAE el nombre francés *Chantilly* para designar una crema hecha de nata batida (*crème Chantilly*). Siendo ya palabra española, no corresponde pronunciar la *ch* inicial a la francesa [shantillí].

chantillón. Españolización de la voz francesa *échantillon*. Si bien la RAE ha admitido esta forma, prefiere *escantillón*.

Chantilly. → **chantillí**.

chao, chau. Así ha hispanizado la RAE la interjección italiana *ciao*, con preferencia por la primera forma. Según la RAE, **chau** se emplea en Perú y el Río de la Plata, aunque M. Morínigo (*Diccionario*) la localiza también en Paraguay.

En español es únicamente saludo de despedida, de uso muy frecuente, y significa 'adiós, hasta luego'.

chapó. Plural: *chapós*. → **plural, I, B, 2, b**.

chapurrar, chapurrear. La RAE admite ambas formas, pero recomienda la primera. En la Argentina es más usual la segunda: "[...] al estrechar su mano chapurreó: *À tout seigneur, tout honneur...*" (L.J. Medrano, "Visión profana de la fiesta ganadera", en VCHA, 216).

chaqué. 1. Es la única hispanización admitida por la RAE de la palabra francesa *jaquette*: "Era el Bebe, con chaqué —iría seguramente a algún casamiento— [...]" (M. Peyrou, "La doradilla", en TCAH, 205). **Chaquet* no es francés ni español: "[...] afanada en quitar las manchas a un chaquet [...]" (C.J. Cela, *El bonito crimen*, 122). *Jacquet* es el nombre, en francés, de un juego de dados; es incorrecto el empleo que hace M. Cané de esta palabra: "Por allí había que pasar, pegado el cuerpo a tierra, en mangas de camisa para no estropear el único 'jacquet' de lujo [...]" (*Juvenilia*, 29). Tampoco son correctas las formas **jaquet*: "Uno de ellos contaba por sobrino a un abogadito de jaquet [...]" (M. Booz, *Santa Fe*, 49); **jaket*: "Hubo boda con jaket, flores blancas[...]" (M. Aguinis, *Profanación*, 126); o **jaqué*: "[...] nuestros malevos de levita o jaqué [...]" (R.J. Payró, *Veinte cuentos*, 57).

2. Siendo **chaqué** palabra española, no corresponde pronunciar [shaké]. La *ch* inicial suena como en la palabra *chambergo*.

3. Plural: *chaqués*. → **plural, I, B, 2, b**.

charabón. Nombre que se da en la Argentina, Bolivia y Chile a la cría del ñandú. No figura en el DRAE/92 ni en el DMI.

charcutería. Hispanización de la voz francesa *charcuterie*, admitida en el DRAE/92, aunque la RAE prefiere *chacinería*.

charlestón. El DRAE/92 incorpora este sustantivo con la siguiente definición: "(De *Charlestón*, ciudad de Carolina del Sur.) m. Baile creado por los negros de Estados Unidos, de moda en Europa hacia 1920 y siguientes."

charlista. El DRAE/84 incorporó este vocablo, que popularizó Federico García Sanchiz, con la siguiente definición: "Persona que pronuncia charlas, conferencias."

charme. Palabra francesa (pron. [sharm]) que suele emplearse en español con su significado original de 'encanto, hechizo, atractivo'.

charnela, charneta. La RAE autoriza ambas formas, pero prefiere la primera.

charqui, charque. La RAE admite las dos formas, pero recomienda la primera. Tienen diferente distribución geográfica: **charqui** en América Meridional y **charque** sólo en la Argentina y Uruguay.

chárter. Así ha hispanizado la RAE, e incluido en el DRAE/92, la voz inglesa *charter*. Es un vuelo no regular que alquila o contrata un grupo de personas o bien fleta especialmente una empresa aérea. En la Argentina se emplea también para designar un servicio de ómnibus, fuera de las líneas regulares, que los usuarios contratan en determinadas condiciones.

chartreuse. 1. Vocablo francés que la RAE hispanizó sin modificaciones, salvo el género: en francés es femenino y en español, masculino.
2. Corrientemente se pronuncia [shartrés], imitando la pronunciación francesa.
3. La RAE ha acordado suprimir esta voz de su *Diccionario* (BRAE, t. LXIX, c. CCXLVII), pero todavía figura en el DRAE/92.

Chascomús. En sesión del 12 de julio de 1962, la AAL dictaminó que **Chascomús** tiene tres gentilicios: *chascomusero, chascomusense* y *chascomunense*. El primero ha dejado de usarse. *Chascomusense* es la forma más correcta en cuanto a su formación, pero *chascomunense* es la palabra de uso corriente que utilizan los nativos de esta ciudad de la provincia de Buenos Aires. (*Acuerdos*, III, 236-37).

chasis. 1. Aunque existe la palabra *bastidor*, la RAE consideró conveniente, dado lo extendido de su uso, castellanizar así la voz francesa *châssis* para denominar el armazón de un vehículo y el bastidor donde se colocan las placas fotográficas.
2. Plural: *los chasis*. → **plural, I, A, 2**.

chasque, chasqui. La RAE admite las dos formas, pero prefiere la primera. M. Morínigo (*Diccionario*), en cambio, se inclina por **chasqui**. L. Schallman (*Coloquios*, 170) cita ejemplos del empleo de **chasque** en D.F. Sarmiento, H. Ascasubi, L. Lugones, J.V. González y M. Gálvez.

châssis. → **chasis**.

chau. → **chao**.

chaucha. La RAE ha incluido en el DRAE/92 las siguientes acepciones de esta voz: "*Argent.* **vaina**, túnica o cáscara de algunas simientes" y "pl. *Argent.* Escasa cantidad de dinero."

chauffeur. → **chófer, chofer**.
chauvinismo. → **chovinismo**.
chauvinista. → **chovinista**.

chayar. El DRAE/92 ha incorporado este verbo con las siguientes definiciones: "*Argent. (Cuyo)*. Mojarse unos a otros durante el carnaval. // 2. *NO. Argent.* Festejar el carnaval."

chayero, -ra. El DRAE/92 ha incorporado este adjetivo con la siguiente definición: "*NO. Argent.* Perteneciente o relativo a la chaya o carnaval."

¡che! Interjección con que se llama o se pide atención a una persona y que sirve, además, para expresar sorpresa o disgusto. Según la RAE, se emplea en la Argentina, Bolivia, Uruguay y en Valencia (en esta última escrito *¡xe!*), pero M. Morínigo (*Diccionario*) afirma que se usa también en Chile y que no es desconocida, con este valor, en Paraguay.

checoslovaco, checoeslovaco. La RAE admite ambas formas, pero recomienda la primera.

Checoslovaquia, Checoeslovaquia. Es preferible, y más usual, la primera forma; es la que emplea el DRAE (s. v. *checoslovaco*).

chef. Palabra francesa; significa 'jefe' y suele emplearse en español para nombrar al jefe de cocina de un hotel, restaurante, etc. (*chef de cuisine*, en francés). Puede sustituirse por *maestro de cocina*.

chef-d'œuvre. Palabra francesa (pron. [shedévr]) que se emplea en español con el significado original de 'obra maestra'.

cheik. Palabra francesa; en español es *jeque*.

chelo, chelista. Aunque muy usuales, la RAE no ha admitido estas aféresis de *violonchelo* y *violonchelista*: "[...] flotando en los chelos suntuosos de Brahms [...]" (G. García Márquez, *Doce cuentos*, 27). Evítense las formas **cello* y **cellista*.

chequear. El DRAE/92 ha admitido este verbo con las siguientes acepciones: "tr. *Amér. Central.* Rellenar un cheque. // 2. *Amér.* Examinar, verificar, controlar. // 3. prnl. Hacerse un chequeo."

chequeo. El DRAE/84 incorporó este vocablo con el siguiente significado: "Reconocimiento médico general a que se somete una persona." La RAE no ha admitido las demás acepciones de esta palabra: *examen, revisión, comprobación, control, cotejo*, rechazadas por anglicistas, pero que se emplean con frecuencia creciente en español.

chequera. En junta del 29 de abril de 1971, la AAL propuso a la RAE que incluyera en el *Diccionario* mayor este sustantivo, como argentinismo y con el significado de 'talonario o libro de cheques' (*Acuerdos*, V, 6-7). El DRAE/84 lo incorporó, como americanismo, con las siguientes definiciones: "Talonario de cheques" y "Cartera para guardar el talonario."

chérif. El DMI incorpora esta voz como hispanización de la palabra inglesa *sheriff*. No figura en el DRAE/92.

cheviot, chevió. 1. El DRAE/84 añadió la segunda forma como hispanización de la voz inglesa *cheviot*, pero sigue prefiriendo la primera.
2. En español, la palabra **cheviot** es aguda [chebiót].

chic. 1. El DRAE/92 ha admitido esta voz, de origen francés, en su doble función de adjetivo y sustantivo, de antiguo uso en español:

"No era *chic* hablar español en el gran mundo [...]" (L.V. López, *La gran aldea*, 114); "[...] no ha tenido nunca ni la distinción aristocrática de un club inglés ni el *chic* de uno de los clubs de París." (*op. cit.*, 136). 2. Siendo ya palabra española no corresponde pronunciar [shik], a la francesa. La *ch* debe sonar como en la palabra *chambergo*.

chicana, chicanear, chicanero. El DRAE/84 incorporó estas tres voces que los puristas rechazaban por → **galicismos** (fr. *chicane, chicaner, chicaneur*).

chicanería. → **Galicismo** (fr. *chicanerie*) que no ha sido admitido por la RAE. Puede sustituirse, si se desea evitarlo, por *artimañas, embrollos*.

chicano. Se refiere al ciudadano norteamericano de origen mexicano. No se emplea para nombrar a los inmigrantes mexicanos en los Estados Unidos.

chiclé. Españolización de la voz francesa *giclée* (*chorro*). Se emplea en la Argentina para designar el pulverizador del carburador de los motores de explosión (en fr. *gicleur*). No figura en el DRAE/92.

chicle. Es la única forma admitida por la RAE para nombrar este masticatorio. Evítense las formas *chiclé y *chiclet.

chico. Tiene un diminutivo *chiquito* y, en lengua coloquial, un diminutivo de diminutivo: *chiquitito*: "[...] para coser cosas tan chiquititas [...]" (N. Lange, *Cuadernos*, 17); "Había un jarronazo así de grande y otros más chicos, más chiquitos y más chiquititos." (B. Kordon, *Sus mejores cuentos*, 76).

chifle. La RAE ha incorporado en el DRAE/92 las siguientes acepciones de esta voz: "*Argent.* y *Urug.* Asta de vacuno cerrada por un extremo y con tapa en la punta, que se empleaba como recipiente y vaso" y "*Argent.* Por ext., **cantimplora**, frasco aplanado."

chijetazo. → **como chijetazo**.

chijete. En junta del 22 de noviembre de 1984, la AAL sugirió a la RAE que incluyera esta voz en el *Diccionario* oficial, como argentinismo y con el significado de 'inquieto, entrometido' (*Acuerdos*, X, 208-11). El DRAE/92 no incorpora esta acepción. En cambio incluye, como argentinismos, los valores de 'chorro violento de un líquido' y 'corriente de aire'.

chingar. El DRAE/84 registra dos valores corrientes de este verbo en la lengua coloquial argentina: a) "Colgar un vestido más de un lado que del otro", acepción propia del Río de la Plata; b) compartida con Colombia, Chile, Perú, Uruguay y Canarias: "No acertar, fracasar, frustrarse, fallar". "El caballo tenía experiencia y sabía dónde pisar y raramente chingaba." (E. Belgrano Rawson, *Fuegia*, 147).

chingolo. El DRAE/84 incorpora, como ar-

gentinismo, esta voz con la siguiente definición: "Pájaro conirrostro de la familia de los fringílidos, de canto muy melodioso; pardo rojizo, con copete."

*chinólogo. El DRAE no registra esta voz; dígase *sinólogo*.

chip. 1. El DRAE/92 ha incorporado esta voz, de origen inglés, con la siguiente definición: "m. *Inform.* Pequeño circuito integrado que realiza numerosas funciones en ordenadores y dispositivos electrónicos." 2. La RAE no indica nada acerca de su plural; suele emplearse el anómalo *chips*.

Chipre. Gentilicios: *chipriota, chipriote, ciprino, ciprio* y *cipriota*. La RAE admite todos ellos, pero recomienda el primero.

*chiquizuela. Forma incorrecta que se emplea corrientemente en la Argentina en lugar de *choquezuela*.

chirinada. El DRAE/84 incorporó esta voz con que, despectivamente, se designa una asonada inútil, un motín frustrado, como propia de la Argentina, Paraguay y Uruguay.

chiripá. Plural: *chiripás*: "[...] otros estiraban hasta el tobillo las bombachas arrolladas o los chiripás recogidos." (J.P. Sáenz, "Mentiras", en DCA, 204). Debe evitarse el doble plural *chiripases*, cuyo uso sólo se justifica si media intención literaria: "Todo era un amasijo que chorreaba por las caras, los chiripases, los pelos [...]" (A. Bonomini, "La caída de la casa de Barro", en TCAH, 76).

chirle. En la Argentina se emplea preferentemente con el significado de 'falto de consistencia', acepción que, junto con la de 'sin gracia, de poco interés', fue incluida en el DRAE/92 como argentinismo.

chirriar. Para su acentuación, → **enviar, 1**. La diptongación *chirria, *chirrian, etc., es regional y se considera incorrecta.

chirusa, chiruza. La RAE admite las dos grafías, pero prefiere la primera.

chisgarabís. Es singular (en plural: *chisgarabises*). Es erróneo el falso singular *chisgarabí.

*chisporrear. Forma incorrecta por *chisporrotear*.

chiticallando, a la chitacallando, a la chiticallando. La RAE admite las tres formas, y las prefiere en el orden indicado.

choc. → **shock**.

chocar. 1. Con el significado de 'encontrarse violentamente una cosa con otra' es intransitivo, pero en América se lo emplea frecuentemente como transitivo: *no lo choqué porque lo vi a tiempo*. 2. Construcción: *les chocó a todos su presencia; siempre choca con sus compañeros, chocó con* (o *contra*) *la pared*.

chochear. Construcción: —*de viejo*; —*por la vejez*.

chocolatín, chocolatina. La RAE autoriza

las dos formas, pero prefiere la segunda. En la Argentina se emplea casi exclusivamente la primera.

chófer, chofer. **1**. Hispanización de la voz francesa *chauffeur*.
2. La RAE admite las dos acentuaciones, pero prefiere la primera, que es la usual en España: "[...] los guardias le pedían al chófer su certificado de chófer [...]" (J. Camba, *Sobre casi todo*, 115). En América se emplea preferentemente la segunda, que es la etimológica, sobre todo en la lengua hablada.
3. Los plurales respectivos son *chóferes* y *choferes*.
4. El femenino *choferesa* que registra Rosenblat y utiliza Cela (cf. M. Seco, *Diccionario*) es inusitado en la Argentina y no lo registra el DRAE/92.

chomba. En sesión del 9 de abril de 1981, la AAL sugiere a la RAE que añada la nota de argentinismo en el artículo **chomba** del *Diccionario* oficial, donde figura sólo como chilenismo (*Acuerdos*, IX, 1-2). En el DRAE/92 ya figura así.

chop, chopp. Hispanización no admitida por la RAE de la voz alemana *Schoppen*: "[...] y beber, chop tras chop, esta áspera cerveza germánica." (J. Camba, *Playas*, 86). Puede sustituirse, aunque no con exactitud, por *jarro de cerveza*.

choque. Así ha castellanizado la RAE la voz inglesa → **shock**, castellanización que no ha logrado hasta ahora suficiente aceptación, sobre todo en la lengua hablada.

chotis. Plural: *los chotis*. → **plural, I, A, 2**.

choucroute. Palabra francesa (pron. [shucrút]) que traduce la voz alemana *Sauerkraut* (col fermentada). Las hispanizaciones *chucrú* y *chucruta* que suelen aparecer en los diccionarios no han sido admitidas por la RAE y no figuran en el DRAE/92 ni en el DMI.

chovinismo, chauvinismo. El DRAE/92 ha incluido estas voces, con preferencia por la primera, para designar la exagerada exaltación de lo nacional frente a lo extranjero.

chovinista, chauvinista. La RAE ha incorporado estas voces al DRAE/92, con preferencia por la primera.

Chubut. Gentilicio: *chubutense*, incluido en el DRAE/84.

chucrú, chucruta. → **choucroute**.

chulengo. En junta del 28 de abril de 1983, la AAL sugiere a la RAE la inclusión de esta voz en el *Diccionario* oficial con el significado de 'guanaco o avestruz joven' (*Acuerdos*, X, 104-07). "La presencia de los guanacos duraba muy poco [...] pastaban un rato en la costa y bebían el agua salada, mientras vigilaban a los chulengos que solían alejarse de la manada." (E. Belgrano Rawson, *Fuegia*, 15). No figura en el DRAE/92.

chumar, -se. **1**. En su acuerdo del 14 de junio de 1979, la AAL solicitó a la RAE la inclusión de este verbo en el léxico oficial con el significado de 'embriagar, embriagarse'. No figura en el DRAE/92, ni en el DMI.
2. → **achumado**.

chumbo. Voz de origen portugués que se emplea en la Argentina con los valores de 'bala' y 'revólver'. En el noroeste argentino tiene, además, el significado de 'sopapo'. En junta del 22 de junio de 1978, la AAL sugiere a la RAE que incluya estas acepciones en el *Diccionario* oficial (*Acuerdos*, VIII, 166-69). La RAE incorporó al DRAE/92, como argentinismos, los valores de 'bala', 'revólver' y 'balazo'. Es palabra propia de la lengua coloquial.

chupatintas. **1**. Es la única forma que registra el DRAE; *chupatinta* es incorrecto.
2. Es singular y no varía en plural: *los chupatintas*. → **plural, I, A, 2**.

churrinche. En junta del 14 de agosto de 1975, la AAL sugirió a la RAE la inclusión del nombre vulgar de este pájaro en el *Diccionario* mayor (*Acuerdos*, VI, 175-77). El DRAE/84 lo registra con la siguiente definición: "*Arg. y Urug*. Avecita insectívora de color rojo, con las alas, lomo y cola de color pardo oscuro."

chusma, chusmear, chusmerío. En junta del 27 de octubre de 1983, la AAL sugirió a la RAE la inclusión de **chusmear** y **chusmerío** en el *Diccionario* mayor, con las siguientes definiciones: "**Chusmear**. Indagar, husmear, chismear." "**Chusmerío**. Acción y efecto de chusmear." También solicita la AAL que se incorpore en el artículo **chusma** esta acepción: "Dícese de la persona que acostumbra a indagar, entrometerse o chismear." (*Acuerdos*, X, 137-41). Ninguna de estas acepciones figura en el DRAE/92.

ciar. Para su acentuación, → **enviar, 1**.

cibelina. → **cebellina**.

cicatricial, cicatrizal. La RAE autoriza las dos formas, sin indicar preferencia alguna.

cicerone. **1**. Aunque de origen italiano, ya es palabra castellana, por lo que ha de evitarse la pronunciación [chicheróne].
2. Plural: *cicerones*.

cicloide. Es femenino: *la cicloide*.

ciclomotor. El DRAE/92 ha incluido este sustantivo como sinónimo de *velomotor*.

cíclope, ciclope. La RAE admite ambas acentuaciones, pero recomienda la primera, que es la más usual y la que responde a la prosodia griega.

ciclostil, ciclostilo. El DRAE/92 autoriza ambas formas, con preferencia por la primera.

ciego. **1**. Diminutivos: *cieguecillo, cieguecito, cieguezuelo* o *ceguezuelo* (Bello, *Gramática*,

§ 210), pero en la Argentina se emplea exclusivamente *cieguito*. → **diminutivos, 1**.

2. El DRAE/92 incluye esta nueva acepción: "*R. Plata*. Jugador que tiene malas cartas o no tiene triunfos."

cielo. Diminutivo: *cielecito*. En la Argentina se emplea exclusivamente *cielito*, voz que admite la RAE pero sólo con el significado de 'baile y tonada de los gauchos'. → **diminutivos, 1**.

***cielorraso**. Grafía no admitida por la RAE, que autoriza sólo *cielo raso*, plural: *cielos rasos*: "[...] los cielos rasos de estuco [...]" (M. Denevi, *Música*, 10).

De todos modos, la grafía ***cielorraso** es frecuente: en un aviso del diario *Clarín* se lee: "Cielorrasos térmicos y acústicos" (31-8-88, pág. 9).

ciempiés. **1**. Se emplea tanto para singular, como para plural: *el ciempiés, los ciempiés*.

2. Evítese el error ortográfico **cienpiés*.

cien. Apócope de → **ciento**.

ciencia ficción. **1**. Expresión criticada por los gramáticos, que le achacan ser traducción servil del inglés *science-fiction*, con lo que se traiciona el significado original: no se trata de una ciencia fantástica, sino de una ficción científica. De todos modos, la RAE incorporó **ciencia ficción** en la edición de 1984 de su *Diccionario*.

2. También se emplea → **fantaciencia**. Las formas *ficción científica* y *fantasía científica*, traducciones más aceptables del nombre inglés, casi no se usan. Ninguna de estas designaciones figura en el DRAE/92.

3. Evítese la grafía **ciencia-ficción*, aunque así lo escriba el DMI (el DRAE/92, s. v. *ficción*, escribe **ciencia ficción**).

cienmilésimo, cienmilímetro, cienmillonésimo. La RAE no admite las grafías **cien milésimo, *cien milímetro, *cien millonésimo*.

cien por cien. → **ciento**.

***cientifismo**. Forma errónea por *cientificismo*.

***cientismo**. → **Galicismo** (fr. *scientisme*) por *cientificismo*.

***cientista**. → **Galicismo** (fr. *scientiste*) por *cientificista*: "[...] economistas y cientistas políticos [...] le dicen deseconomía al derroche [...]" (C. Ulanovsky, *Los argentinos*, 16).

ciento. Apocopa en *cien* cuando precede a un sustantivo masculino o femenino, aunque se intercale un adjetivo: *cien pesos, cien pesetas, cien hermosas doncellas*, y delante de los numerales *mil, millón, billón*, etc.: *cien millones, cien billones*.

En los demás casos, los preceptistas recomiendan que se escriba completo: *tengo ciento, el ciento por ciento*, en lugar de *tengo cien, el cien por cien* (o, a veces, *cien por ciento*). Bello (*Gramática*, § 193) considera

que expresiones como *los muertos pasaron de cien* o *cien de los enemigos quedaron en el campo de batalla* son incorrectas, pero añade: "bien que no dejan de encontrarse en distinguidos escritores modernos". El uso actual, sobre todo en América, ha seguido esta dirección y la lengua coloquial ha consagrado la apócope censurada por los gramáticos. De todos modos, conviene recordar que la RAE sigue considerando incorrecto este uso (*Esbozo*, 2. 9. 2, 3º). No obstante, en el DRAE/92 incorpora la locución adverbial *cien por cien* (a la que prefiere sobre *ciento por ciento*) con el significado de 'en su totalidad'.

cierre relámpago. La RAE admite esta expresión como propia de la Argentina y de "algunos otros países de América", con el significado de "cremallera de prendas de vestir, bolsos, etc." (DRAE/92, s. v. *cierre*). Según M. Morínigo (*Diccionario*), se emplea en la Argentina, Paraguay y Uruguay.

cierto. **1**. Superlativo: *certísimo* (literario). El superlativo coloquial *ciertísimo* es rechazado por algunos gramáticos. M. Seco (*Diccionario*) lo admite, y M. Moliner (*Diccionario*) dice de él que es "superlativo frecuente".

2. Construcción: —*de sus razones*.

cifrar. Construcción: —*su esperanza en los hijos*.

***cigota**. Forma errónea por → **cigoto**.

cigoto. → **zigoto**.

cima. → **sima**.

cimbrar, cimbrear. La RAE admite ambas formas, pero prefiere la primera.

cimbronazo. El DRAE/92 añade esta nueva acepción: "*Argent*. **cimbrón**, tirón fuerte."

cimentar. V. irreg.; se conjuga como → **acertar, 1**. Se usan preferentemente las formas que no diptongan: *cimentaba, cimenté, cimentando*, etc.; son de escaso uso las formas que diptongan: *cimiento, cimiente*, etc.

cinc, zinc. **1**. Ambas grafías están autorizadas por la RAE, que prefiere la primera.

2. El plural de **cinc** es *cines*, de poco uso debido quizás a su homonimia con el plural de *cine*; el de *zinc* es *zines*.

cineasta. Si bien la acepción más generalizada es 'director de cine', la RAE extiende su significación a toda persona que tiene una actuación relevante en el mundo del cine: director, actor, productor, crítico de cine, etc.

cineclub. **1**. El DRAE/92 incorpora esta voz, de uso frecuente, con las siguientes definiciones: "Asociación dedicada a la difusión de la cultura cinematográfica. // 2. Lugar donde se proyectan y comentan las películas."

2. Evítese la grafía **cine-club*.

cinema. La RAE admite esta apócope de *cinematógrafo*, pero prefiere *cine*.

cinemascope. El DRAE/92 ha incorporado

esta voz, que es el nombre comercial de un procedimiento que consiste en proyectar en una pantalla panorámica imágenes con cierta deformación.

cinemateca. La RAE admite este sustantivo, pero prefiere *filmoteca*.

cinerama. El DRAE/92 ha incorporado esta voz, que es un nombre comercial registrado, con la siguiente definición: "m. Sistema de proyección cinematográfico que utiliza sobre una pantalla muy ancha la imagen yuxtapuesta de tres proyectores, o la de uno de película de 70 mm."

cinguero. Es la palabra que se emplea en la Argentina para designar al trabajador en cinc (¿galicismo?, fr. *zingueur*). Si bien no figura en el DRAE/92, la registra el DMI, sin indicar ninguna localización geográfica. La forma académica es *cinquero*.

cinia. → **zinnia**.

cipriota. → **Chipre**.

circuir. V. irreg.; se conjuga como → **huir, 1**.

circuncidar. Tiene un participio regular, *circuncidado*, y otro irregular, *circunciso*. Este último se emplea sólo como adjetivo y no para formar los tiempos compuestos del verbo. → **participio**.

circundante. → **adyacente**.

circunferir. V. irreg.; se conjuga como → **sentir, 1**.

circunscribir. El participio tiene dos formas: *circunscrito* y *circunscripto*; la RAE prefiere la primera.

circunscribirse. Construcción: —*a los temas propuestos*.

circunstanciar. En cuanto a su acentuación, → **abreviar**.

circunvolar. V. irreg.; se conjuga como → **sonar**.

Ciríaco, Ciriaco. Son admisibles las dos acentuaciones. La primera predomina en América (no en la Argentina), en zonas rurales; la segunda, en España. → **-íaco, -iaco**.

cirquero. El DRAE/92 incorpora este adjetivo con los siguientes valores: "*Argent*. Concerniente al circo, circense. // 2. fig. y fam. *Argent*. Extravagante, histriónico. Ú. t. c. s. // 3. m. y f. *Argent*. Persona que en un circo forma parte de la compañía."

cirujano. Femenino: *la cirujana*; no se justifica decir **la cirujano*.

cisma. La RAE lo consideraba → **ambiguo** en cuanto al género, pero en el DRAE/84 ya figura como masculino: *el cisma*.

Cister. 1. Nombre de una orden religiosa fundada en el siglo XI por san Roberto. **2**. El DRAE la considera palabra aguda, pero en el DMI figura como grave: *Císter*.

citadino. → **Galicismo** (fr. *citadin*) o italianismo (it. *cittadino*) por *urbano* o *ciudadano*.

citogenética. En junta del 11 de octubre de 1973, la AAL solicitó a la RAE que incluyera este término en el *Diccionario* oficial. La RAE lo ha incluido en el DRAE/92 con la siguiente definición: "f. *Biol*. Parte de la biología que trata de los cromosomas."

citólogo, -ga. La RAE ha incluido esta voz en el DRAE/92 con la siguiente definición: "m. y f. Persona especializada en citología."

city. Voz inglesa que significa 'ciudad': "Llegamos a Ushuaia, que con sus tres boliches de mala muerte nos parecía la city de Londres." (J.S. Álvarez, *En el mar austral*, 112). Pero se emplea más frecuentemente para designar la parte de la ciudad donde se hallan los bancos y demás entidades financieras. Con esta acepción, incluida en el DMI, se suele escribir con mayúscula inicial: "Los operadores de la City están expectantes por ver cómo reaccionarán los agentes económicos [...]" (*Página / 12*, 3-3-92, pág. 3).

ciudad. 1. Se escribe con minúscula inicial, salvo cuando forma parte de un nombre propio: *la ciudad de Buenos Aires*, pero: *se embarcó en el Ciudad de Montevideo*. **2**. Existe vacilación en el género de los nombres de las ciudades. Se ha intentado formular una regla según la cual los nombres terminados en -*o* serían masculinos; los terminados en -*a*, femeninos, y los terminados en otro sonido, masculinos o femeninos. Las excepciones que surgen en cuanto se quiere aplicar esta norma la inhabilitan. En general puede afirmarse que predomina el género femenino, posiblemente por concordancia mental con *ciudad*.

ciudad dormitorio. 1. El DRAE/92 incorpora esta expresión con la siguiente definición: "Conjunto suburbano de una gran ciudad cuya población laboral se suele desplazar a diario al núcleo urbano mayor." **2**. Plural: *ciudades dormitorio*. → **carta poder**.

ciudad jardín. Plural: *ciudades jardín*. → **carta poder**.

Ciudad Rodrigo. Los gentilicios correspondientes a esta ciudad española son: *mirobrigense* (del antiguo nombre *Miróbriga*) y *rodericense*.

ciudad satélite. Plural: *ciudades satélite*. → **carta poder**.

clac, claque. 1. La RAE admite ambas formas —castellanizaciones del fr. *claque*— para designar el conjunto de personas que, en los espectáculos, tienen por función aplaudir, pero prefiere la primera. La palabra **clac** fue incorporada oficialmente a la lengua en el DRAE/84. **2**. Tanto **clac** como **claque** (pron. [kláke] y no [klak]) son femeninos. **3**. El plural de las dos palabras es *claques*.

clamar. Construcción: —*al cielo*; —*por agua*. El DRAE/92 reconoce el uso transitivo de este verbo, que ya era corriente, con lo cual reciben el visto bueno académico construcciones como *clamar justicia, clamar venganza*, etc., criticadas por los puristas.

clap. Voz inglesa con que se designa en cinematografía el instrumento en el que figuran el título de la película y el número de la escena que se va a rodar. En español se llama *claqueta*, vocablo incluido en el DRAE/92.

clapman. Voz inglesa con que se designa en cinematografía a la persona que en las filmaciones maneja la *claqueta* (→ **clap**). En español se dice *claquetista*, voz incluida en el DRAE/92.

claque. → **clac**.

claqueta. → **clap**.

clarecer. V. irreg.; se conjuga como → **parecer, 1**.

claror. Actualmente es masculino: *el claror*. *La claror* es un arcaísmo literario.

claroscuro. La RAE también admite la grafía *claro oscuro* (o *claro y oscuro*) para significar "la distribución de la luz y las sombras en un cuadro". Evítense las grafías **clarooscuro* y **claro-oscuro*.

*clarovidente. Forma incorrecta por *clarividente*.

clasificaciones. Es impropio emplear este sustantivo, en lugar de *calificaciones*, cuando se trata de las notas que obtienen los alumnos en los exámenes o ejercicios. Es un viejo error argentino: "Con igualdad de inteligencia y con menos esfuerzo por nuestra parte, obteníamos mejores clasificaciones en los exámenes." (M. Cané, *Juvenilia*, 63).

clasificar. **1**. Evítese su uso cuando se trata de "Juzgar el grado de suficiencia o la insuficiencia de los conocimientos demostrados por un alumno u opositor en un examen o ejercicio". Dígase en ese caso *calificar*. **2**. Con el valor de "Obtener determinado puesto en una competición" o "Conseguir un puesto que permite continuar en una competición o torneo deportivo" es pronominal: *la Argentina se clasificó segunda* (no **clasificó segunda*).

clavado. El DRAE/92 incorpora la siguiente acepción de esta voz: "fig. Idéntico, muy semejante a otro."

clavar. Construcción: —*a* o *en un árbol*.

clave. **1**. Es femenino cuando designa la explicación del conjunto de signos que sirve para descifrar algo: *por fin se develó la clave del enigma*. Es masculino cuando nombra el instrumento musical: "Nunca se oirá un beso, jamás se oirá un clave..." (B. Fernández Moreno, *Poesía y prosa*, 11). **2**. En aposición, suele permanecer invariable: *las preguntas clave*. → **carta poder**.

clavecín. El DRAE/92 ha incorporado esta voz, pero prefiere *clavicémbalo*.

clavel. Diminutivo: *clavelito*. *Clavelcito* se considera incorrecto. → **diminutivos, 1**.

clavelina. Vocablo que no figura en el DRAE/92, ni en el DMI, pero sí en el *Diccionario* de M. Moliner, y que se emplea en la Argentina en lugar del académico *clavellina*.

claxon. **1**. Voz admitida por la RAE como sinónimo de bocina de automóvil. **2**. Es palabra grave y su plural es *cláxones*; evítese el plural anómalo **claxons*.

clearing. Voz inglesa que puede traducirse por *compensación*. *Clearing house* es *cámara compensadora* o *de compensación*. Figura en el DMI.

cleptomaníaco, cleptomaniaco. La RAE admite ambas acentuaciones, pero recomienda la primera. → **-íaco, -iaco**.

clergyman. Voz inglesa que significa *clérigo*, y que en español se usa con el valor de 'traje eclesiástico' o 'traje de clérigo' (= *clergyman suit*). No es sinónimo de *alzacuello*. Figura en el DMI, aunque escrito *cleryman* (¿error de imprenta?), con la siguiente definición: "Traje de paisano de los sacerdotes, que se lleva con alzacuello, y que substituye a la sotana."

cliché, clisé. **1**. La RAE admite ambas voces indistintamente (castellanización del fr. *cliché*), pero, con el significado de 'lugar común', recomienda la primera, siguiendo otros casos similares de españolización de vocablos franceses que contienen el sonido *ch* (*chalé, echarpe, champiñón, chantaje, chofer* y tantos otros). **2**. Plural: *clichés* y *clisés*.

clienta. El DRAE/84 admite el femenino **clienta**, tan criticado por preceptistas y gramáticos. → **-ante, -ente**.

climatérico. Es lo relativo al *climaterio* o período de la vida en que declina la actividad sexual. No debe usarse en lugar de *climático*, es decir, perteneciente o relativo al clima.

clímax. **1**. Es impropiedad emplear este vocablo en lugar de *clima*: **clímax** es 'el punto más elevado en una gradación', 'el momento culminante'. **2**. Es masculino: *el clímax* y no varía en plural: *los clímax*. → **plural, I, A, 2**.

clin. → **crin**.

clinch. Voz inglesa que se utiliza en el lenguaje del boxeo con el significado de 'trabarse cuerpo a cuerpo'.

clip. **1**. El DRAE/92 ha introducido esta voz, de origen inglés, con que se designa un utensilio que sirve para sujetar papeles y un sistema de presión para broches, horquillas, etc.: "Yo las adjunté con un clip al formulario." (A.M. Shúa, *Soy paciente*, 103). La RAE prefiere esta forma a la menos frecuente *clipe*, que también es correcta.

2. El plural de ambas palabras es *clipes* (conviene evitar el plural anómalo **clips*).

clipe. → **clip.**

clipper. Voz inglesa que designa un barco de vela, fino y ligero. La RAE la ha españolizado como *clíper*. El DRAE/92 ha incorporado una segunda acepción, más frecuente, de este vocablo: 'avión comercial de gran tamaño y velocidad'.

clisé. → **cliché.**

clocar. 1. V. irreg.; se conjuga como → **sonar.**
2. La RAE admite este verbo, pero prefiere *cloquear*.

¹clon. Plural: *clones*.

²clon. → **clown.**

clonesco. → **clownesco.**

clónico. El DMI registra esta voz, que no figura en el DRAE/92, con la siguiente definición: "Perteneciente o relativo a clon" (en su acepción biológica).

cloquear, → **clocar, 2.**

clorofila. Es palabra grave; la acentuación esdrújula, **clorófila*, es errónea.

*cloroformar, *cloroformación. El DRAE no registra ninguna de estas palabras y sí *cloroformizar* y *cloroformización*.

clóset. Así ha hispanizado la RAE la voz inglesa *closet*. Se emplea en América con el valor de 'armario empotrado'. Con el mismo significado se usa también el vocablo francés → **placard.**

clown. Palabra inglesa (pron. [kláun]) que la RAE hispanizó como *clon* (plural: *clones*) y así le dio entrada en su *Diccionario*, aunque prefiere *payaso*. En el DRAE/92 la RAE incorpora también la voz **clown**, con remisión a *clon*.

clownesco. → **Anglicismo** por *payasesco*. Aunque la RAE admite *clon* como sinónimo de payaso, no registra el derivado **clonesco*.

club, clube. 1. La RAE admite ambas formas (**clube** la incluyó en el DRAE/84), pero prefiere la primera.
2. El plural anómalo *clubs* fue durante mucho tiempo el preferido en España y, en menor medida, en América: F. Marcos Marín (*Aproximación*, § 8. 7) afirma: "Una palabra como *club* tiene en inglés su plural *clubs*, y ésta es la forma española [...]. Estas formas están muy lejos del plural regular *clubes*, que es el usado en Hispanoamérica." La RAE ha decidido dar fin a esta discrepancia. En el *Esbozo* (2. 3. 2, d) dice: "De *club* debe emplearse el plural *clubes*, muy extendido en el español de América". Si bien el *Esbozo* carece de validez normativa, sí la tiene el DRAE, en cuyas ediciones de 1984 y 1992 consigna expresamente, lo que no es habitual, que el plural de **club** es *clubes*.

clubman. Voz inglesa que designa al socio de un club. Con este significado, el DRAE registra el término *clubista*, de poco uso. Si se emplea la palabra inglesa, recordar que su plural es *clubmen*: "Entre los periodistas y los 'clubmen' fue así abriéndose paso la idea de la injusticia [...]" (A. Cancela, *Tres relatos*, 29).

coach. Voz inglesa (pron. [káuch]) que, en el léxico deportivo, significa 'entrenador', y con esta palabra española puede sustituirse.

*coalicionar. El DRAE no registra este verbo (derivado de *coalición*); dígase *coligarse*.

coaligarse. → **coligarse.**

coatí. → **cuatí.**

cobaltoterapia. El DMI incluye esta voz, que no figura en el DRAE/92, con la siguiente definición: "Terapia mediante cobalto radiactivo. Se usa especialmente para tratar los tumores malignos."

cobayo. Como sinónimo de *conejillo de Indias*, el DRAE sólo registra *cobaya*, pero en América es mucho más frecuente **cobayo**. El DMI recoge ambas formas, aunque prefiere *cobaya*.

coca. La RAE admite en el DRAE/92 este vocablo como abreviación coloquial de *cocaína*.

cocarda. → **Galicismo** (fr. *cocarde*) por *escarapela*.

cóccix, coxis. 1. La RAE admite las dos formas, pero prefiere la primera.
2. Ambas voces carecen de forma de plural: *los cóccix, los coxis*. → **plural, I, A, 2.**

cocer. 1. V. irreg.; se conjuga como → **mover.** Dígase: *cuezo, cuezas, cueza*, etc. y no **cuezco, *cuezcas, *cuezca*, etc.
2. Significa 'cocinar' y no debe confundirse con *coser*.

cochambre. Es → **ambiguo** en cuanto al género, pero se emplea más como femenino.

coche cama. 1. Los gramáticos no coinciden en la grafía de esta expresión: *coche cama, cochecama, coche-cama*. La primera es la que registra la RAE en su *Diccionario*, y la última es la menos recomendable.
2. Plural: *coches cama*; menos frecuente *coches camas*. → **carta poder.**

cociente, cuociente. La RAE admite ambas formas, pero prefiere la primera. El DRAE/92 advierte que **cuociente** es desusado.

*cocina a gas. Uso considerado incorrecto de la preposición *a*; dígase *cocina de gas*, pero → **a, III.**

cock-tail. → **cóctel.**

cocotte. Voz francesa (pron. [kokót]) que suele emplearse en español con el significado de 'mujer de vida ligera': "La verdad, no parecía la *cocotte* que me había prometido, sino más bien una de esas cantantes, viejas y gordas, [...]" (M. Denevi, *Hierba*, 72); "Yo sé que usted es una mujer decente, que no es ninguna cocotte..." (C.J. Cela, *La colmena*, 188).

*cocreta. Forma errónea por *croqueta*: "La señorita Pirula es una chica joven y con aire de ser muy fina y muy educadita, que aún no hace mucho más de un año decía 'denén', y 'leñe', y 'cocretas'" (C.J. Cela, *La colmena*, 183).

cóctel, coctel. En el DRAE/70 figura sólo la forma aguda coctel (plural: *cocteles*) —para designar la bebida— como españolización de la voz inglesa *cock-tail*. El DRAE/84 incorpora la forma grave cóctel (plural: *cócteles*), más frecuente en la pronunciación general, a la que da preferencia, y añade una segunda acepción: "Reunión o fiesta donde se toman estas bebidas, generalmente por la tarde". El DRAE/92 incorpora esta nueva acepción: "fig. Mezcla de cosas diversas."

cóctel de mariscos. El DRAE/92 ha incorporado esta expresión con la siguiente definición: "Plato a base de mariscos acompañado por algún tipo de salsa."

cóctel molotov. 1. El DRAE/92 incorpora esta expresión con la siguiente definición: "Explosivo de fabricación casera, generalmente una botella provista de mecha."
2. Se escribe todo en minúsculas.

codiciar. Para su acentuación, → abreviar.

codicioso. Construcción: —*de riquezas*.

coetáneo. Construcción: —*de Cervantes*.

coexistir. Construcción: —*con la violencia*.

cofrade. Es palabra grave; evítese la acentuación esdrújula *cófrade: "[...] se debió a cófrades de esa secta religiosa [...]" (M. Vargas Llosa, *Pantaleón*, 250).

cofto. La RAE ha suprimido esta voz del DRAE/92 por desusada.

coger. 1. Este verbo cambia la -g- de la raíz por -j- para mantener el sonido fricativo velar sordo ante -a (*coja, cojas*, etc.) y -o (*cojo*). Este cambio, meramente gráfico, no se considera irregularidad.
2. El DRAE/92 ha incluido la siguiente acepción: "vulg. *Amér.* Realizar el acto sexual." Precisamente por este significado, el uso del verbo coger en sus otras acepciones se ha limitado notablemente en América en beneficio de *agarrar* y *tomar*.
3. Construcción: —*de, por la mano*.

cogestión. El DRAE/92 ha incluido este vocablo con las siguientes definiciones: "Gestión en común. // 2. Participación del personal en la administración o gestión de una empresa."

cognac. → coñá, coñac.

cognitivo. El DRAE/92 ha incorporado este adjetivo que significa 'perteneciente o relativo al conocimiento'.

cognoscible. → conocible.

cohibir. Presente: *cohíbo*. Para su acentuación, → amohinar.

cohonestar. Los gramáticos consideran inadecuado usar este verbo como sinónimo de 'conciliar, hacer compatible una opinión con otra', como en el siguiente texto de M. Cané: "Reconocer que aquel hombre era *regular* habría sido una cobardía moral, una débil manera de cohonestar con las opiniones recíprocas." (*Juvenilia*, 82). M. Moliner avala en su *Diccionario* esta acepción, que ya recoge el DRAE/92.

Coimbra. 1. La RAE escribe sin tilde en la *i*, tanto en el DRAE como en el DMI, el nombre de esta ciudad de Portugal que, en portugués, se pronuncia [koímbra]. Si se desea mantener la pronunciación original, que coincide con la etimológica (lat. *Conímbriga*) —aunque según R. Ragucci (*Cartas*, 127), en español se pronuncia [kóimbra]—, corresponde escribir *Coímbra*. No es razón válida para omitir la tilde que en portugués se escribe sin ella: la RAE escribe Río de Janeiro (con tilde), aunque en portugués es Rio de Janeiro. El *Esbozo* (1. 8. 3, C, 3º) escribe *Coímbra*.
2. Gentilicios: *coimbricense, conimbricense* (preferido este último por la RAE) y el coloquial *coimbrano*, que no figura en el DRAE/92.

coincidir. Construcción: —*con alguien en algo*.

cok. → coque.

coke. → coque.

col. Es femenino: *la col*.

colaboracionismo. El DMI incluye esta voz que no figura en el DRAE/92, con la siguiente definición: "Actividad del colaboracionista."

colage. 1. Así ha hispanizado la RAE la voz francesa *collage*, con las siguientes definiciones: "m. Técnica pictórica consistente en pegar sobre lienzo o tabla materiales diversos. // 2. Obra pictórica ejecutada con este procedimiento."
2. La grafía colage introduce una excepción inútil, ya que las palabras francesas terminadas en -age (*bricolage, étiage, garage, péage, tatouage*, etc.) han sido castellanizadas en -aje (*bricolaje, estiaje, garaje, peaje, tatuaje*, etc.).

colar. V. irreg.; se conjuga como → sonar.

colarse. Construcción: —*a* o *en el cine* (*colarse a* es popular; *colarse en*, coloquial).

cold cream. Expresión inglesa que en el DMI aparece hispanizada bajo la forma *colcrén* (aunque precedida de asterisco, que significa → barbarismo) y con la siguiente definición: "Pomada hecha con grasa de cetáceo, aceite de almendras dulces y algún aroma, que se emplea como afeite para suavizar la piel."

colectivero. El DRAE/92 incorpora este sustantivo con la siguiente definición: "*Argent.* y *Perú.* Conductor de un colectivo, autobús de pasajeros."

colectivo. Desde 1970 el DRAE recoge esta voz que designa, en la Argentina, Bolivia y Perú, un vehículo más pequeño que el ómnibus, destinado al transporte público de pasajeros.

colectivos. Para la concordancia de los sustantivos **colectivos**, → **concordancia, I, B, 1** y **II, A, 1**.

colega. Es palabra grave; evítese la acentuación esdrújula **cólega*.

colegial. Su femenino es *colegiala*.

*colegialización. No figura en el DRAE; dígase *colegiación*.

colegiarse. Para su acentuación, → **abreviar**.

colegio. Se escribe con minúscula inicial, salvo cuando forma parte de un nombre propio: "Debía entrar en el Colegio Nacional tres meses después de la muerte de mi padre [...]" (M. Cané, *Juvenilia*, 15); "He dicho ya que mis primeros días de colegio fueron de desolación para mi alma." (*op. cit.*, 23). → **mayúsculas, B, 8**.

colegio interno. Denominación inapropiada; dígase *internado*.

colegir. 1. V. irreg.; se conjuga como → **pedir, 1**.

2. Cambia *-g-* de la raíz por *-j-* ante *-a, -o* porque es necesario para mantener el sonido fricativo velar sordo: *colijo, colija, colijas*, etc. Este cambio, meramente gráfico, no se considera irregularidad.

3. Construcción: —*de, por esto*.

cólera. Es femenino cuando significa 'ira, furia'. Es masculino cuando nombra la enfermedad.

colgar. V. irreg.; se conjuga como → **sonar**.

colibrí. Plural: *colibríes* o *colibrís*. → **rubí**.

coliflor. Es femenino: *la coliflor*.

coligarse, coaligarse. El DRAE/92 admite las dos formas, pero prefiere la primera.

colimba. 1. El DRAE/92 ha incorporado este vocablo con las siguientes definiciones: "m. fam. *Argent*. **quinto**, soldado mientras recibe la instrucción militar obligatoria. // 2. f. fam. *Argent*. Servicio militar."

2. Esta voz proviene de la inversión silábica de la palabra *milico* (miliciano): *colimi > colima > colimba*. No es, según afirma la etimología popular, acrónimo formado por las palabras COrrer, LIMpiar, BArrer.

coliseum. Voz latina. En español es *coliseo*.

colisionar. El DRAE/92 ha dado entrada a este verbo con el significado de "chocar dos o más vehículos con violencia".

colla. → **coya**.

collage. → **colage**.

colmar. Construcción: —*de favores*.

colocar. 1. Cambia la *-c-* de la raíz por *-qu-* ante *-e* porque es necesario para mantener el sonido oclusivo velar sordo: *coloqué, coloque, coloques*, etc. Este cambio, mera-

mente gráfico, no se considera irregularidad.

2. Construcción: —*en, por orden*.

coloidal, coloideo. 1. La RAE admite ambas voces, pero prefiere la primera.

2. Coloideo es palabra grave; evítese la acentuación esdrújula **colóideo*. → **-oideo**.

*Colona. Transcripción errónea del griego *Kolonós*: "En 'Edipo en Colona', obra de su vejez avanzada [...]" (W. Nestle, *Lit. griega*, 128). Dígase *Colono*.

colonia. → ***agua colonia**.

color. 1. En la actualidad es masculino, aunque antiguamente era femenino: "Cuando el rey oyó tal nueva / la color se le mudaba." (Anónimo, "Romance de la pérdida de Antequera", en R. Menéndez Pidal, *Flor nueva*, 225). Su uso moderno como femenino es un recurso literario para lograr cierto matiz arcaizante: "[...] negras ropas de ancianos que iban tomando la torcida color de las alubias [...]" (E. Larreta, *La gloria*, 135).

2. Cuando la palabra que designa el color es originariamente un nombre de cosa (rosa, amatista, sangre, café, arena, etc.) y se la utiliza como modificador del sustantivo **color**, la preceptiva más estricta exige el uso de la preposición *de*: "Harto galán le veréis, que es regalo de los ojos con su traje de color de acero [...]" (E. Larreta, *op. cit.*, 134). Sin embargo, el uso corriente suele prescindir del segundo *de*: "Era un sobre de color rosa, apaisado." (M. Denevi, *Rosaura*, 23). Es aconsejable, no obstante, no omitir el primer *de*: *su cutis (de) color nácar*, aunque no faltan ejemplos literarios de su omisión: "Llevaba una hermosa ropilla color de avellana [...]" (E. Larreta, *op. cit.*, 214); "Matilde y Geni soñaron con largas cabelleras color fuego [...]" (M. Denevi, *Hierba*, 223). "Después de un día bochornoso, una enorme tormenta color pizarra había escondido el cielo." (J.L. Borges, "Funes el memorioso", en *Narraciones*, 116); "[...] la mata color de kinoto sobre las orejas desmañadas [...]" (M.E. Walsh, *Novios*, 217).

3. → **concordancia, I, D**.

colorir. 1. Verbo → **defectivo**; se conjuga como → **abolir, 1**.

2. De muy poco uso, ha sido sustituido por *colorear*.

columpiar. Para su acentuación, → **abreviar**.

¹coma. Es femenino cuando designa el signo ortográfico. Es masculino cuando nombra el sopor que suele preceder a la muerte: *un coma profundo*.

²coma. Es un signo ortográfico (,) que indica, teóricamente, una pausa breve. En realidad, el uso de la **coma** obedece, a veces, a reglas impuestas por los preceptistas, más que a verdadera necesidad rítmica de la frase. No siempre coinciden pausa y **coma**: con frecuencia se hacen pausas en la lectura sin que haya **coma**, y, otras veces, aunque haya **coma**, no corresponde hacer pausa. Se indican a continuación los casos en que, según la *Ortografía* de la RAE (texto de 1969), corresponde usar **coma**:

1. El vocativo llevará **coma**: "Platero, si algún día me echo a este pozo, no será por matarme [...]" (J.R. Jiménez, *Platero*, 125); "Si tú vinieras, Platero, con los demás niños [...]" (*op. cit.*, 23); "¡Qué guapo estás, hombre!" (*op. cit.*, 98). (Es éste un caso de falta de coincidencia entre pausa y **coma**: no siempre se hace pausa con el vocativo y, en ocasiones, la pausa es inapropiada: *sí, señor*.)

2. Cuando se emplean dos o más elementos análogos (sustantivos, adjetivos, adverbios, verbos, o las construcciones respectivas) en forma consecutiva, se separarán con **coma**, excepto ante las conjunciones *y, ni, o*: "Predomina el elemento detectivesco con el misterio, los muertos, la fuga, la persecución, el suspenso y el castigo del criminal." (S. Menton, *El cuento hispanoamericano*, 2, 130).

3. Cuando la oración está dividida en varias proposiciones coordinadas, se usa **coma**, aunque aquéllas estén precedidas de conjunción: "Lo dejo suelto, y se va al prado, y acaricia tibiamente con su hocico [...]" (J.R. Jiménez, *op. cit.*, 13).

4. Las proposiciones y los giros incidentales se separan de la oración principal con **comas**. Se incluyen aquí la aposición y la proposición adjetiva explicativas: "[...] y el Acuerdo de San Nicolás fue, en verdad, como lo definió Sarmiento, 'un consejo de caciques' ". (E. Martínez Estrada, *Muerte*, I, 13). "[...] reemplazará al hijo de José, el carretillero, aplastado ayer por la corrida." (B. Lillo, "La compuerta número 12", en CH, I, 43); "[...] y las mariposas, que andan confundidas con las flores, parece que se renuevan..." (J.R. Jiménez, *op. cit.*, 156).

5. También suelen ir entre **comas** las siguientes palabras y locuciones: *esto es, es decir, en fin, finalmente, por último, por consiguiente, no obstante, sin embargo, pues, además, sin duda, en resumen* y otras similares: "Es verdad que él sabe, sin duda, al menos así lo dice en su misa de las cinco, [...]" (J.R. Jiménez, *op. cit.*, 63); "La cuestión 'andinista', claro está, se desató con calor." (P. Henríquez Ureña, *Las corrientes*, 126).

6. Cuando una proposición subordinada precede a la principal o un complemento a su verbo, suele separarse con **coma**: "Si no hace demasiado sueño, saco mi flauta de su estuche y ajusto sus piezas [...]" (A. D'Halman, "En provincia", en CH, 1, 154);

"Cuando llegamos a la sombra del nogal grande, rajo dos sandías [...]" (J.R. Jiménez, *op. cit.*, 150); "Con su llorosa alegría, me ofreció dos escogidas naranjas [...]" (J.R. Jiménez, *op. cit.*, 92).

Hasta aquí las normas establecidas por la RAE. Los preceptistas han agregado otros casos:

7. Se emplea **coma** para señalar la omisión de un verbo: "Te vi en Cazorla nacer; / hoy, en Sanlúcar morir." (A. Machado, "Nuevas canciones", en *Antología*, 179).

8. Es práctica no colocar **coma** entre sujeto y predicado, aunque normalmente se hace una breve pausa. Sin embargo, se admite el uso de la **coma** cuando el sujeto es muy extenso: "Los españoles que tomaron parte en las conquistas y vieron los dos imperios en todo su esplendor, jamás llegaron a dudar de la grandeza de aquellas civilizaciones [...]" (P. Henríquez Ureña, *op. cit.*, 26).

9. *Pero* (o *mas*) suele llevar **coma** antepuesta: "Los indios eran los 'verdaderos dueños' del territorio que ocupaban [...], pero el rey de España podía gobernarlos [...]" (P. Henríquez Ureña, *op. cit.*, 24). Nunca lleva **coma** pospuesta ante oraciones interrogativas o admirativas: *pero ¿quién fue?*; *pero ¡qué disparate!*

10. En España es habitual poner **coma** entre calle y número: "[...] F. Sempere y Cía., editores, calle del Palomar, 10 [...]" (C.J. Cela, *La colmena*, 93), (otro caso de falta de correlación entre pausa y **coma**). En América este empleo es muy poco frecuente y en la Argentina, desconocido.

11. En algunos casos, el uso u omisión de la **coma** puede modificar el sentido. Recuérdense al respecto las palabras del Doctor: "Mi previsión se anticipa a todo. Bastará con puntuar debidamente algún concepto... Ved aquí: donde dice... 'Y resultando que si no declaró...', basta una coma y dice: 'Y resultando que sí, no declaró...' Y aquí: 'Y resultando que no, debe condenársele...', fuera la coma y dice: 'Y resultando que no debe condenársele...' (J. Benavente, *Los intereses creados*, acto segundo, escena última).

Finalmente, dos aclaraciones: la primera, que, de todos los signos de puntuación, la **coma** es el más subjetivo en su uso, lo que significa que es también el más discutido; la segunda, que una lectura inteligente y melodiosa de un texto obligará, sin duda, a dejar de lado no pocas de estas reglas.

comandante. Tiene un femenino *comandanta* para designar a la mujer del **comandante** y a la nave tripulada por el jefe de la escuadra: *la nave comandanta*. La RAE no indica femenino para el cargo, que deberá ser *la comandante*. → **-ante, -ente**.

combatir. Construcción: —*con* o *contra los insurgentes*; —*por sus derechos*.

comechingón. En junta del 12 de setiembre de 1974, la AAL consideró de interés que figurara, en el *Diccionario* oficial, este término, que nombra al individuo de una parcialidad indígena que habitaba el oeste de la provincia de Córdoba, en la República Argentina (*Acuerdos*, VI, 127-29). El DRAE/84 incorporó esta voz, aunque bajo la forma *comechigón*, error de imprenta que fue salvado en el DRAE/92.

comediante. Femenino: *la comedianta*. No se justifica decir **la comediante*. → **-ante, -ente.**

comediógrafo. Femenino: *comediógrafa*. No corresponde, por tanto, decir **la comediógrafo*.

comedirse. 1. V. irreg.; se conjuga como → **pedir, 1.**
2. El DRAE/92 incorpora una nueva acepción: "*Amér*. Ofrecerse o disponerse para alguna cosa."
3. Construcción: —*en sus expresiones*.

comenzar. V. irreg.; se conjuga como → **acertar, 1.**

comerciante. Carece de forma propia de femenino: *la comerciante*. → **-ante, -ente.**

comerciar. 1. Para su acentuación, → **abreviar.**
2. Construcción: —*al por mayor*; —*en cueros*.

cometa. Es masculino cuando nombra el astro: *el cometa Halley*. Es femenino cuando designa el juguete también llamado *barrilete*.

comezón. Es femenino: *la comezón*.

cómic. 1. Hispanización de la voz inglesa *comic*, que la RAE ha incluido en el DRAE/92 con las siguientes definiciones: "m. Serie o secuencia de viñetas con desarrollo narrativo. // 2. Libro o revista que contiene estas viñetas."
En su primera acepción puede sustituirse por *historieta* o *tira cómica*. La denominación *tebeo*, corriente en España, es prácticamente desconocida en la Argentina.
2. Nada dice la RAE acerca de su plural. La única solución posible parece ser el anómalo *cómics*, salvo que se prefiera dejarlo invariado: *los cómic*.

comicios. Carece de singular; es incorrecta, por tanto, la forma **el comicio*.

comida. Se llama así a la que se efectúa al mediodía en las regiones donde → **almuerzo** nombra el desayuno. En otras regiones, **comida** es equivalente de → **cena**: "[...] desde el almuerzo hasta la comida, unas ocho horas." (M. Vargas Llosa, *La ciudad*, 46).

comidas. → **almuerzo; cena; comida; merienda.**

comillas. Signo ortográfico que tiene dos formas:

A. *Comillas dobles* (" "). Se emplean:
1. Para encerrar un texto que se transcribe textualmente: *Dijo Unamuno: "El vascuense se muere y no se logrará resucitarlo con certámenes ni cátedras."*
2. Para indicar que se usa una palabra o expresión con doble sentido o con alguna intención especial: irónica, despectiva, etc.: *esa juventud "intelectual", que es incapaz de leer un libro completo.*
3. Para encerrar una palabra o expresión empleada con un significado que no es el propio: *creyó haber hecho un buen negocio hasta que se dio cuenta de que le "habían vendido un buzón".*
4. Para encerrar una palabra o expresión cuando se la emplea prescindiendo de su significado: *no encontré "solución" en el diccionario.* Sin comillas significaría que no pude solucionar mi problema consultando el diccionario.
5. En las citas bibliográficas, para señalar las partes de una obra (capítulo de un libro, cuento de una antología, artículo de un periódico, etc.) cuando se citan conjuntamente con el título general: Bonet, Carmelo M. "El gringo en la literatura rioplatense", en *Boletín de la Academia Argentina de Letras*, t. XVIII, n. 66, Buenos Aires, 1948, 621.

B. *Comillas simples* (' '). Se emplean:
1. Cuando se debe entrecomillar una palabra o frase dentro de un texto más extenso ya entrecomillado: *Dice Henríquez Ureña: "No todos los indios eran, en verdad, 'nobles salvajes' como los taínos que encontró en las Antillas."*
2. Para indicar que se emplea una palabra como definición de otra palabra: *atelier significa 'taller'.*
Observación. Modernamente se prefiere emplear la letra cursiva, en lo impreso, y el subrayado, en lo manuscrito, para destacar los títulos de libros, películas, obras de teatro, nombres de periódicos, los → **neologismos**, las palabras y expresiones en idiomas extranjeros y las locuciones y cláusulas que, en los libros de enseñanza, se ponen como ejemplo.

comisario de a bordo. Denominación que se da en la Argentina al *sobrecargo*.

comiscar, comisquear. La RAE autoriza ambas formas, pero prefiere la primera.

*comisería. Forma incorrecta por *comisaría*.

comisquear. → **comiscar.**

commedia dell'arte. Expresión italiana que se aplica a un género de farsas en las que sólo se componía la trama o asunto (*commedia a soggetto*); el diálogo quedaba librado a la improvisación de los actores (*all'improviso*). Sus personajes eran tipos fijos: Arlequín, Pierrot, Colombina, Polichinela, Pantaleón, el Capitán (*miles gloriosus*), el Doctor, etc.

comme il faut. Locución francesa (pron. [komi(l)fó]) que significa 'como es debido'. Se aplica especialmente a lo que se considera elegante: *una persona comme il faut*.

como. 1. Cuando no es interrogativo ni exclamativo, es átono y no lleva tilde: *como quieras*; *eres como tu padre*; *algunos países, como España y Francia*.

2. A partir de una construcción académica en que **como**, entre el sustantivo y el adjetivo o entre el verbo y su régimen equivale a 'parecido a': *se quedó como muerto*; *se encontró con dos como estudiantes* (ejemplos del DRAE); *tiene un aspecto como enfermizo*, se ha ampliado el significado de este nexo a 'un poco, algo': *llegaron como cansados; el examen fue como difícil; su conversación es como más agradable*. En algunos casos, **como** es totalmente superfluo: *estoy como muy contento* (= estoy muy contento). En la Argentina se abusa hasta el cansancio de esta construcción, que Kany (*Sintaxis*, 344) registra también en Colombia. Al respecto satiriza A. Bioy Casares: "Modo adverbial muy usado en Chile y de reciente [1978] aceptación en nuestros círculos exclusivos: 'Estas ranas a la provenzal están como ricas.' 'La Chita dijo: Mi novio es como cansador', etcétera." (*Diccionario*, 40). Este uso de **como** es censurado también por A. Santamaría (*Diccionario*) en España.

3. Es → **anglicismo** (traducción servil de *as*) el uso de **como** en lugar de *en el papel de*: **Greta Garbo como Ana Karenina*.

4. Si el sujeto de una oración está formado por dos sustantivos en singular enlazados por **como**, el verbo debe ir en plural: *el perro como el intruso echaron a correr* (Bello, *Gramática*, § 838).

5. → **como + gerundio**.

cómo. 1. Lleva tilde cuando es interrogativo o exclamativo directo (*¿cómo dijiste?; ¡cómo ha crecido!*) o indirecto (*no sabía cómo hacerlo; no te imaginas cómo me gusta*). → **acentuación ortográfica, II, G**.

2. → **cómo + verbo + adjetivo o adverbio**.

como chijetazo. En sesión del 22 de noviembre de 1984, la AAL sugirió a la RAE la inclusión de esta locución adverbial en el *Diccionario* oficial, como argentinismo y con el significado de 'prontamente' (*Acuerdos*, X, 208-10). No figura en el DRAE/92.

como + gerundio. Es correcto su uso con valor comparativo (equivale a *como si*): *le preguntó, como riéndose de él* (= como si se riera de él), *si había ganado el concurso*. Se incurre, en cambio, en → **galicismo** cuando se emplea esta construcción con valor cau-

sal: **rechazó el pedido como siendo improcedente*; dígase: *porque era improcedente*. Es → **anglicismo** el empleo, menos frecuente, con el valor de *que* + proposición adjetiva: **unas señoras como preocupándose por la llegada del tren no advirtieron el peligro*; debe sustituirse por: *unas señoras que se preocupaban....*

cómo + verbo + adjetivo o adverbio. La construcción del tipo *¡cómo es hermoso!* o *¡cómo es tarde!* es antigua en la lengua, pero fue remplazada por la moderna *¡qué hermoso es!, ¡qué tarde es!* No obstante ha sobrevivido en el habla popular, sobre todo de América (Kany, *Sintaxis*, 342). Su supervivencia quizá se deba también a influencia del italiano y, en los escritores argentinos de la generación del 80, del francés: "[...] ¡cómo se pavonea don Polidoro! ¡Cómo es feliz!" (L.V. López, "Don Polidoro", en VCHA, 37).

cómo no. En el español modélico equivale a *¿cómo podría ser de otro modo?*, pero, en América sobre todo, modificó ese valor y se redujo al significado de *sí*, a veces levemente enfático: *—¿Puedo entrar? —¡Cómo no!* En la Argentina se emplea irónicamente para expresar una negativa más enfática que el simple *no*: *—¿Me vas a prestar ese dinero? —¡Cómo no!* (= de ninguna manera). Kany (*Sintaxis*, 480) registra este empleo también para Costa Rica, Guatemala y México.

como que. Esta locución conjuntiva causal es correcta: *lo sé de fijo, como que el lance ocurrió delante de mí* (ejemplo del DRAE).

como quiera, comoquiera. Este adverbio de modo figura en el DRAE escrito **comoquiera**. M. Seco (*Diccionario*) y M. Moliner (*Diccionario*) dicen que se puede escribir también **como quiera**. En cuanto a la locución conjuntiva, en el DRAE figura escrita *como quiera que*, pero el *Esbozo* (3. 22. 2, 2, g) dice: "La locución *como quiera que* se escribe también *comoquiera que*."

*como ser. Expresión incorrecta empleada en lugar de *por ejemplo, como es o como son, tal o tales como*, o simplemente, *como*: "Nos dieron penitencias atroces, como ser levantarnos a media noche en invierno y salir desnudos al claustro [...]" (M. Cané, *Juvenilia*, 119). Se usa sobre todo en la Argentina y Chile, pero Kany registra también ejemplos de Perú, Venezuela y Panamá (*Sintaxis*, 305).

compact disk. Expresión inglesa de uso habitual en español. Suele traducirse por *disco compacto* o, simplemente, *compacto*. Ambas denominaciones fueron admitidas en el DRAE/92.

compacto. 1. El DMI advierte que es → **galicismo** aplicado a las personas y cosas

inmateriales: *muchedumbre compacta,
voces compactas.
2. → **compact disk.**
compadecer. V. irreg.; se conjuga como →
parecer, 1.
compadecerse. Construcción: —*de los ac-
cidentados*; —*una cosa con otra.*
compadrada. El DRAE/84 incorporó este
vocablo con la siguiente definición: "*Argent.
y Urug.* Acción de compadrear, jactancia."
compadre, compadrito, compadrón. En
junta del 25 de agosto de 1977, la AAL
sugirió a la RAE que incorporara en el
artículo **compadre** de su *Diccionario* una
acepción en la que se describieran los caracteres de este tipo social. Solicitó también la
incorporación de las voces **compadrito** y
compadrón. En el DRAE/84 la RAE dio
curso a ese pedido.
comparanza. Aunque algunos preceptistas
la consideran, erróneamente, → **barbarismo,** figura en el DRAE como sinónimo de
comparación. M. Moliner la incluye en su
Diccionario como forma popular.
comparar. Construcción: —*una cosa a, con
otra.*
comparecer. V. irreg.; se conjuga como →
parecer, 1.
*comparecimiento. El DRAE no registra
este vocablo; dígase *comparecencia* o
comparición (menos frecuente).
*comparencia. Forma errónea por *comparecencia* o *comparición* (esta última menos
usada): "[...] debe permitir la comparencia
ante el Parlamento de los ministros." (*Página / 12*, 3-6-92, pág. 7).
comparendo. Significa 'despacho en que se
manda a uno comparecer'. Es, por lo tanto,
incorrecto usarlo como sinónimo de *comparecencia*: **el juez ordenó el comparendo del
detenido*; dígase: *la comparecencia del detenido.*
compartimiento, compartimento. La RAE
admite las dos formas, pero prefiere la primera.
compartir. Construcción: —*con los compañeros;* —*entre varios.*
compatibilizar. El DRAE/92 ha incorporado este verbo; significa 'hacer compatible'.
compeler. Construcción: —*a alguien a declarar.*
compendiar. Para su acentuación, → **abreviar.**
compensar. 1. Aunque compuesto de *pensar,* es regular (Bello, *Gramática,* § 522).
2. Construcción: —*el daño con una indem-
nización;* —*de las molestias;* —*por los daños.*
competencia. El DRAE admite esta voz
como sinónimo de *competición deportiva,*
usual en la Argentina, Colombia, México,
Paraguay, Perú y Venezuela.

competer. 1. Es verbo regular: *ese tema me
compete* (no: **me compite*) y → **defectivo:**
sólo se emplea en las terceras personas
(singular y plural).
2. → **competir.**
competición. → **competencia.**
competir. 1. V. irreg.; se conjuga como →
pedir, 1.
2. Significa 'contender': *los dos rivales compiten con hidalguía,* y no debe confundirse
con → **competer,** que significa 'corresponder, concernir': *esto no te compete.*
competitivo. El DRAE/84 incorporó esta
voz, acusada de → **anglicismo** (ingl.
competitive), con las siguientes definiciones: "Perteneciente o relativo a la competición. // 2. Capaz de competir. Ú. especialmente en economía. *Precios competitivos.*"
complacer. 1. V. irreg. Aunque compuesto
de *placer,* se conjuga, según Bello (*Gramática,* § 562), enteramente como → **parecer,
1.** De acuerdo con ello, la tercera persona del
singular del pretérito perfecto simple es
complació, y no *complugo,* que gustaba
emplear M. de Unamuno: "[...] pero luego,
volviendo sus ojos a la afrenta que devoraba
su corazón, se *complugo* en la proverbial
pella de barro." (*El espejo,* 125). Del mismo
modo, la tercera persona del singular del
presente de subjuntivo es *complazca* y no
complega o *complegue,* que, según el *Esbozo*
(2. 12. 5, **[Q]**) alternan con aquélla. Sin
duda, las formas *complugo, complega* y
complegue son literarias y arcaizantes; la
lengua hablada emplea en exclusividad
complació y *complazca.*
2. Construcción: —*con la noticia;* —*en alguna cosa.*
complemento directo. Uso de la preposición *a* con complemento directo, → **a, I.**
cómplice. Construcción: —*de los delincuentes;* —*en la estafa.*
complot. 1. La RAE ha incorporado al español esta voz francesa sin modificar su escritura, aunque en numerosas españolizaciones de vocablos franceses suprimió la
-t final (que en francés no se pronuncia) de
las formas originales: *bidé, carné, corsé,
quinqué, parqué, tupé,* etc. (pero no en →
argot). En el caso de **complot,** quizás haya
inducido a la RAE a mantener la *-t* la formación de los derivados *complotado* y →
complotar (aunque → **corset**). De todos
modos, el *Esbozo* (2. 3. 2, c) considera que
sería mejor hispanizarlo en *compló,* que es
la forma que corresponde a la pronunciación no sólo francesa, sino también española de este término.
2. Plural: *complots* o *los complot* (invariable). Si bien este último es preferible, el
plural *complots* es, sin duda alguna, el más
empleado: "En los dos últimos siglos Gran

Bretaña ha estado al frente de complots y traiciones contra el Islam y los musulmanes, dijo el Ministerio de Relaciones Exteriores iraní" (*La Nación*, 8-3-89, pág. l); "[...] le susurran paranoicas ideas sobre complots extranjeros [...]" (*Página / 12*, 3-8-90, pág. 24). El plural regular *complotes* es inusitado.

complotar, -se. El DRAE/84 ha incorporado este verbo, en sus formas activa y pronominal, con la siguiente definición: "Confabularse, tramar una conjura, por lo general con fines políticos."

componente. Como sustantivo, es masculino o femenino: *el, la componente*.

componer. V. irreg.; se conjuga como → **poner, 1**. El imperativo singular es *compón* (→ **voseo**: *componé*), pero nunca *compone.

componerse. Construcción: —*con los acreedores*; —*de varias partes*.

comportar. El DRAE/92 ha añadido la acepción de 'implicar, conllevar', de uso frecuente, aunque tachada anteriormente de galicista.

compost. Voz inglesa (pron. [kómpoust]) que puede traducirse por *abono, estiércol*.

comprar a crédito. → **a crédito**.

compraventa. Evítense las grafías *compra venta y *compra-venta.

comprensible. Construcción: —*a, para* (más frecuente) *los menos inteligentes*.

comprobar. V. irreg.; se conjuga como → **sonar**.

comprometerse. Construcción: —*a llegar temprano*; —*con los amigos*; —*en su trabajo*.

compte rendu. Expresión francesa que puede traducirse por *informe, reseña*: *redactó el compte rendu de su viaje; presentó un excelente compte rendu de la novela*.

compungir. Según el *Esbozo* (2. 12. 13, c) es verbo → **defectivo**. La forma más empleada, además del infinitivo (**compungir**), es el participio *compungido*.

computación. La RAE admite este término en el DRAE/92, como americanismo, con el significado de *informática*.

computador, computadora. Según el DRAE es tanto masculino como femenino. En el uso corriente se emplea también indistintamente como masculino o femenino: "Cada procesadora tiene la potencia de una microplaca de una computadora regular." (*Clarín*, 16-3-88, pág. 42); "[...] entregó ayer en comodato [...] un computador que será destinado a [...]" (*íd.* 27-8-88, pág. 34). Sin embargo, en la lengua hablada, por lo menos en la Argentina, es más frecuente la forma femenina.

computarización, computadorización. Ninguno de los dos vocablos figura en el DRAE/92. Dado que el léxico oficial registra → **computarizar** y *computadorizar*, las dos formas son aceptables.

computarizar, computadorizar. El DRAE/92 registra ambas formas, con preferencia por la primera. En la Argentina se emplean indistintamente las dos: "[...] el sector en que se halla un moderno tomógrafo computarizado [...]" (*Clarín*, 31-8-88, pág. 38); "Informó que cuentan con un sistema computadorizado [...]" (*íd*, 16-9-88, pág. 24).

común. Construcción: —*a toda la familia*.

comunicación social. → **mass media**.

comunicar. Construcción: —*una habitación con otra*.

comunicarse. Construcción: —*los hombres entre sí*; —*por carta*.

comunicatividad. El DRAE/92 incluye esta voz con la siguiente definición: "Calidad de comunicativo."

comunicología. El DRAE/92 incorpora este vocablo con la siguiente definición: "Ciencia interdisciplinaria que estudia la comunicación en sus diferentes medios, técnicas y sistemas." *Comunicólogo, -ga* es la persona versada en esta ciencia.

con. **1**. El uso de **con** en lugar de *a* con verbos como → **acusar** (*te voy a acusar con el profesor*), → **presentar** (*presentó a su nueva mecanógrafa con el gerente*), → **quejarse** (*vuelve a quejarse con el profesor*) y otros, es regional de algunas zonas de América y no se registra en el español estándar.
También es regional su empleo en lugar de la preposición *de*: *era muy amigo con mi padre*. Es conveniente evitarlo en lengua cuidada.
2. La preposición **con** se emplea a veces en lugar de *y*: *el Presidente con su comitiva asistieron* (o *asistió*) *a la ceremonia*. Sin embargo, según Bello (*Gramática*, § 838), el verbo en plural es obligatorio cuando, como en este caso, los sustantivos están inmediatamente enlazados.
3. **con** + infinitivo. a) Tiene valor concesivo: *con estar cansado* (= aunque está cansado), *no deja de trabajar*. b) Cuando esta construcción puede sustituirse por una proposición con la conjunción *que*, indica el medio que permite la realización de lo que expresa el verbo principal: *con subirte a la silla* (con que te subas a la silla), *lo alcanzarás*.
4. Para el uso de *a* por **con**, → **a, IV, 1**. Para otros usos de esta preposición, → **con mí; con o sin; con que; obsequiar, 2; tirar**.

*con beneficio de inventario. Dígase *a beneficio de inventario*.

concatenar, concadenar. El DRAE/92 admite ambas formas, pero prefiere la primera.

concebido. Es → **galicismo** emplearlo por *redactado*: *un telegrama así concebido* es traducción servil del fr. *un télégramme ainsi conçu*.

concebir. V. irreg.; se conjuga como → **pedir, 1**.

concejal. El femenino *concejala* se aplica tanto a la mujer del concejal como a la que ejerce dicho cargo: "[...] concejala que también pertenece al radicalismo." (*Página/12*, 27-2-93, pág. 7). No hay razón para decir **la concejal*.

concejo, consejo. **Concejo** es sinónimo de *ayuntamiento*; es una corporación elegida por el pueblo e integrada por los concejales: *Concejo Deliberante*. **Consejo**, además de *dictamen* o *parecer*, es una corporación cuyos miembros, llamados *consejeros*, son designados por el gobierno o por entidades particulares con fines consultivos y administrativos: *Consejo Nacional de Educación*, *Consejo de Administración del Banco Cooperativo*.

concepción del mundo. → **cosmovisión**.

conceptuado. Construcción: —*de inteligente*.

conceptuar. 1. Para su acentuación, → **atenuar**.
2. Construcción: —*de mentiroso*.

*concerner. Forma errónea por → **concernir**.

concernir. 1. Verbo → **defectivo**. En las inflexiones que admite, se conjuga como → **discernir, 1**. Se usan el gerundio (*concerniendo*) y las terceras personas del singular y del plural de los presentes de indicativo y subjuntivo (*concierne, conciernen; concierna, conciernan*), de los pretéritos imperfectos de indicativo y subjuntivo (*concernía, concernían; concerniera, -se, concernieran, -sen*) y, con menor frecuencia, del condicional (*concerniría, concernirían*).
2. Evítese el → **barbarismo** **concerner*.

concertar. 1. V. irreg.; se conjuga como → **acertar, 1**.
2. Construcción: —*con el comprador*; —*en género y número*.

concha. El DRAE/92 agrega la siguiente acepción de esta palabra: "*Amér*. **coño**, parte externa del aparato genital femenino. Es voz malsonante."

conchabarse. Construcción: —*con unos malvivientes*; —*como peón*.

conchudo. El DRAE/92 añade las siguientes acepciones de este vocablo: "fam. *Amér*. Sinvergüenza, caradura. // fig. y fam. *Méj*. Desobligado, desentendido, indolente, indiferente."

conciencia, consciencia. La RAE admite ambas formas, pero prefiere la primera.

concienciar. 1. V. irreg.; se conjuga como → **abreviar**.
2. El DRAE/92 registra este verbo con la siguiente definición: "Hacer que alguien sea consciente de algo. Ú. t. c. prnl. // 2. prnl. Adquirir conciencia de algo."

conciente. Aunque prefiere → **conciencia**, la RAE no admite **conciente**. La única forma académica es *consciente*. → **inconciencia**.

concientizar. → **Neologismo** que no figura en el DRAE/92, aunque es de uso muy frecuente en la jerga política. Lo registra el DMI, pero prefiere → **concienciar**.

conciliar. Vacila en su acentuación entre *concilío* (como → **enviar, 1**) y *concilio* (como → **abreviar**); esta última es, sin duda, la acentuación más frecuente y acreditada.

concitar. Construcción: —*el odio contra el ministro*.

conclave, cónclave. La RAE autoriza las dos acentuaciones, pero recomienda la primera en su *Diccionario*, por ser ésta la acentuación etimológica, pero en el *Esbozo* (1. 5. 7, e) dice que **cónclave** es más usada que la forma antigua **conclave**. También T. Navarro Tomás (*Manual*, § 171) afirma que "lo corriente en la pronunciación es la acentuación esdrújula".

concluir. 1. V. irreg.; se conjuga como → **huir, 1**. Tiene dos participios: uno regular, *concluido*, y otro irregular, *concluso*, de uso poco frecuente. → **participio**.
2. El empleo de la forma pronominal de este verbo, *concluirse*, como sinónimo de *concertar, pactar un acuerdo*, se considera → **anglicismo**: *se concluyó un importante acuerdo comercial entre los dos países*. Sin embargo, podría justificarse este uso, ya que **concluir** significa 'acabar o finalizar una cosa', 'rematar minuciosamente una obra'.

concordancia. Es la coincidencia en los accidentes gramaticales comunes entre dos o más palabras. Hay dos tipos de concordancia: *nominal* y *verbal*; ambas presentan algunas dificultades que se consideran a continuación. Bello esquematizó en su *Gramática* (§ 814-855) este tema; seguimos al genial gramático en su desarrollo.

I. Concordancia nominal. Es la coincidencia en género y número entre el sustantivo y el adjetivo que lo modifica: *color hermoso; vela encendida; párrafos cortos; frutas cítricas*. Dos o más sustantivos equivalen a un sustantivo en plural; si esos sustantivos son de distinto género, predomina el masculino para la concordancia: *un saco y un pantalón nuevos; una directora y una maestra enérgicas; el gesto y la palabra destemplados*. Pero estas reglas sencillas sufren no pocas excepciones.

A. *Género gramatical y sexo*

1. Con los títulos y tratamientos como *usted, usía, merced, señoría, eminencia, excelencia, majestad, alteza*, etc., el adjetivo toma el género masculino o femenino según corresponda al sexo de la persona a quien se dirigen: *usted es bueno* (o *buena*); *Su Santidad está muy afectado; Su Majestad está satisfecho* (el rey) o *satisfecha* (la reina).

Concuerda, en cambio, en género el adjetivo atributo que forma parte del título: *Su Eminencia Reverendísima es generoso*; *Su Majestad Católica quedó agradecido*; "Sea vuestra merced servido, señor don Quijote mío [...]" (*Quijote*, I, cap. X)
2. El adjetivo puede tomar el género que corresponde al sexo de una persona cuando ésta es designada ocasionalmente con un sustantivo de género diferente: "¡Bien sea venido la flor y la nata de los caballeros andantes!" (*Quijote*, II, cap. XXXI). "Yo siempre digo que las visitas son todos unos inconscientes." (A.M. Shúa, *Soy paciente*, 54).
B. *Sustantivos colectivos*
1. Un sustantivo colectivo en singular (*multitud, número, infinidad, gente, pueblo*, etc.) puede concertar con un adjetivo en plural cuando el colectivo está modificado por un complemento en plural introducido por la preposición *de*: *una multitud de turistas impacientes* (o *impaciente*) *se agolpó en la estación*.
2. Los sustantivos *parte, mitad, resto* y otros similares pueden concordar con el adjetivo en plural: *se retiraron los asistentes, parte confiados, parte descreídos*.
3. Dos sustantivos en singular pueden pensarse como un todo unitario y constituir así una suerte de colectivo. En tal caso, el adjetivo puede ir en singular: *este flujo y reflujo constante*; *la llegada y partida de aviones está suspendida*; *lengua y cultura griega* (pensadas como una unidad conceptual y como una asignatura); *el alojamiento y comida era excelente*. Esta unidad se destruye cuando los dos sustantivos están determinados (por el artículo o un demostrativo): *este flujo y este reflujo constantes*; *el alojamiento y la comida eran excelentes*.
C. *Posición del adjetivo*
El adjetivo puede estar antepuesto o pospuesto a los sustantivos a los que modifica.
1. *Adjetivo pospuesto.* Cuando el adjetivo sigue a los sustantivos concuerda con ellos normalmente en plural (y en masculino si los sustantivos son masculinos o de distinto género): *atrevimiento y desparpajo únicos*; *elegancia y distinción exquisitas*; *engaño e impostura maliciosos*, salvo que todos los sustantivos nombren a la misma persona: *marido y padre ejemplar*.
Pero si se quiere calificar sólo al sustantivo más cercano, el adjetivo se pondrá en singular y en el mismo género por dicho sustantivo: "[...] de aquí nasce esta sed y hambre canina [...]" (Fr. L. de Granada, *Guía*, 131). También es posible, sobre todo en la lengua literaria, la concordancia de proximidad: el adjetivo concuerda con el sustantivo más próximo (aunque modifica a todos): "¿Otra

vez queréis que vea / entre sombras y bosquejos / la majestad y la pompa / desvanecida del viento?" (P. Calderón, *La vida es sueño*, jornada III, vv. 123-25). Pero razones de claridad aconsejan la concordancia normal: *la majestad y la pompa desvanecidas del viento*.
2. *Adjetivo antepuesto*
a) Cuando el adjetivo antecede a los sustantivos, concierta con el que le sigue inmediatamente (concordancia de proximidad): "[...] su afabilidad y hermosura atrae los corazones [...]" (*Quijote*, I, cap. XII). "¡Qué tristes y qué pequeñas las calles, las plazas, la torre, los caminos de los montes!" (J.R. Jiménez, *Platero*, 21).
Si los sustantivos son nombres propios de persona o cosa, o bien apelativos de persona, la concordancia se hará en plural: *los geniales Calderón y Lope de Vega*; *las poderosas Francia e Inglaterra*; *mis queridas esposa e hija*.
b) Los adjetivos *mismo, dicho, referido* y otros similares pueden concordar en plural con dos o más sustantivos en singular que siguen: *los mismos reo y testigo*; *(los) dichos marido y mujer*; *los referidos encuentro y reconciliación*.
D. *Adjetivos que indican color.* La idea de color se puede expresar por adjetivos que indican originaria y exclusivamente tal idea: *amarillo, azul, verde*, etc., o bien por sustantivos, adjetivados o no, que son originariamente nombres de cosas: *rosa, amatista, sangre, café, rubí, fuego, naranja*, etc. En el primer caso se trata de adjetivos que concuerdan normalmente con el sustantivo al que modifican: *una tela amarilla, lunares azules*. En el segundo caso, el nombre de color puede considerarse adjetivo (sustantivo adjetivado) y entonces seguirá las reglas generales: *moños violetas*; "[...] mocasines borravinos y medias azules [...]" (M. Denevi, *Hierba*, 147), o bien puede mantener su condición plena de sustantivo y añadirse apositivamente en singular al sustantivo principal: *moños violeta*; *unos pantalones arena*; "Era negro, con tornasoles grana, verdes y azules [...]" (J.R. Jiménez, *Platero*, 42); "Un rictus amargo crispa sus labios carmesí." (R. Fontanarrosa, *Nada del otro mundo*, 21).
Si el nombre de color, cualquiera que sea su calidad, lleva un modificador que expresa un matiz de ese color, funciona siempre como aposición y permanece invariable: "[...] sobre mares azul índigo como las cartas de tía Alexia [...]" (M. Denevi, *Hierba*, 220).
E. *Otros casos*
1. Cuando un sustantivo en plural está modificado por adjetivos que se aplican a un objeto del grupo, estos adjetivos van en

singular: *los espectadores llenaban sólo las filas primera y segunda*.

2. En los adjetivos compuestos únicamente concuerda el último miembro: *ejercicios teórico-prácticos*.

3. Evítese el error frecuente de concordar en singular con los numerales *veintiún, treinta y un*, etc.: **cuarenta y un herido*, en lugar de *cuarenta y un heridos*.

4. → **tipo**.

II. Concordancia verbal. Es la coincidencia en número y persona entre el sujeto y el verbo: *tú llegaste tarde; el rosal floreció; llegaron unos caminantes*. Dos o más sustantivos equivalen a un sustantivo plural, y si esos sustantivos corresponden a distintas personas gramaticales, la segunda predomina sobre la tercera y la primera sobre las otras dos: *tú y él veréis maravillas; tú, él y yo regresaremos juntos*. Esta concordancia regular se ve modificada en algunos casos especiales.

A. *Colectivos*

1. Cuando el sujeto es un sustantivo colectivo en singular, el verbo concuerda habitualmente en singular. Sin embargo, puede usarse el verbo en plural: "[...] otra mucha gente de casa le pellizcaron [...]" (*Quijote*, II, cap. LXIX), donde el plural *pellizcaron* tiene por sujeto el singular *gente*. Este uso es por lo general literario, pero puede darse en lengua no literaria: "Para eso el matrimonio charlaba mucho, se ponían de acuerdo." (*Página / 12*, 15-4-92, pág. 15) (obsérvese la doble concordancia). El *Esbozo* (3. 6. 5) aconseja "usar con parsimonia y tino de tales licencias". Más frecuente es la concordancia en plural cuando el sustantivo colectivo que oficia de sujeto recibe un complemento en plural encabezado por la preposición *de*: "[...] que andaban por aquel valle paciendo una manada de hacas galicianas [...]" (*Quijote*, I, cap. XV); "Un grupo de turistas ingleses de pantalones cortos y sandalias de playa dormitaban en una larga fila de poltronas de espera." (G. García Márquez, *Doce cuentos*, 116). Pero también en este caso se puede emplear la concordancia en singular: "Es como si un enjambre de claras rosas de cristal se enredara, queriendo retenerlo, a su trote..." (J.R. Jiménez, *Platero*, 22).

2. Los sustantivos *parte, mitad, resto* y otros similares pueden concordar con el verbo en plural: *parte llegaron en auto, el resto vinieron caminando*. Pero es más natural la concordancia en singular.

3. Puede darse el mismo caso que se analiza en → **I, B, 3**: *la llegada y partida de trenes se produce con retraso*. La presencia del artículo o de un demostrativo ante cada uno de los sustantivos restablece la concordancia en plural: *la llegada y la partida de trenes se producen con retraso*.

B. *Concordancia con el predicativo*

El verbo *ser* en función copulativa concuerda normalmente con el sujeto: *los prisioneros eran una chusma indeseable*, pero, por atracción del predicativo, la concordancia puede hacerse con éste: "Todos los encamisados era gente medrosa y sin armas [...]" (*Quijote*, I, cap. XIX). "[...] la demás chusma del bergantín son moros y turcos [...]" (*Quijote*, II, cap. LXIII).

C. *Posición del verbo*. El verbo puede estar antepuesto o pospuesto a su sujeto compuesto, o bien intercalado.

1. *Verbo pospuesto*. Cuando el verbo sigue a un sujeto compuesto, concuerda con él en plural: *la soledad y el silencio causaban pavor*; salvo que el último núcleo del sujeto resuma a los anteriores, en este caso el verbo va en singular: "Los preceptos de los doctores, las lágrimas de su hija, nada había sido bastante a detenerle en el lecho." (G.A. Bécquer, "Maese Pérez el organista", en *Obras completas*, 28).

2. *Verbo antepuesto*. Cuando el verbo precede a un sujeto compuesto, puede ponerse en singular o plural si los sustantivos nombran cosas: "Aquí comenzó el gran bullicio, la confusión y las carcajadas." (G.A. Bécquer, "La creación", en *Obras completas*, 20); "En su seno viven el silencio, la majestad, la poesía del misticismo y un santo horror [...]" (G.A. Bécquer, "La ajorca de oro", en *Obras completas*, 48); "Durante toda la jornada prevaleció el nerviosismo y las especulaciones." (*Página / 12*, 4-8-93, pág. 3). Pero si los sustantivos nombran personas, la concordancia en plural es obligatoria: "En Florencia [...] vivían Anselmo y Lotario [...]" (*Quijote*, I, cap. XXXIII); "Confusas estaban la ventera y su hija y la buena de Maritornes [...]" (*Quijote*, I, cap. XVI).

3. *Verbo intercalado*

Cuando el verbo está colocado entre varios núcleos de un sujeto compuesto, suele ponerse en singular: *su fidelidad me comprometía, y su permanente ayuda, para no abandonarlo*. Es de uso literario.

D. *Otros casos*

1. Dos o más infinitivos pueden ser sujeto de un verbo en singular o plural: *comer y beber en demasía arruina* (o *arruinan*) *la salud*.

2. Cuando el sujeto está formado por dos o más sustantivos enlazados por la conjunción *o*, es más lógica la concordancia en singular: *vendrá Juan o Pedro*, ya que sólo uno vendrá. El uso, no obstante, autoriza el plural, sobre todo si los sustantivos preceden al verbo: *la envidia o el despecho provocaron la tragedia*.

3. Con la conjunción *ni* la concordancia es indistintamente en singular o plural, ya sea que el verbo preceda o siga al sujeto (*Esbozo*, 3. 6. 9, c): "Cuando no existían ni el espacio ni el tiempo [...]" (G.A. Bécquer, "La creación", en *Obras completas*, 16).

4. Además, → **así como, 3; como, 4; con, 2; contigo; cuyo, 2; junto con; ninguno, 4; tanto... como; yo soy el que dijo**.

concordar. **1**. V. irreg.; se conjuga como → **sonar**.

2. Construcción: —*en todo con los demás*.

***concrección**. →**Ultracorrección** por *concreción*.

concretización. El DRAE/92 ha incorporado este sustantivo; es sinónimo de *concreción*.

concretizar. El DRAE/92 incluye este verbo como sinónimo de *concretar*.

conculcar. En su uso corriente, sólo se refiere a leyes, normas, principios, etc.

concurrencia. Es → **galicismo** (fr. *concurrence*) emplear este sustantivo como sinónimo de *competencia* o *rivalidad*: *los industriales temen la concurrencia de los artículos importados*.

concurrente. Es → **galicismo** emplear este sustantivo en lugar de *competidor, rival*.

concurrir. Construcción: —*a la fiesta*; —*a la victoria de sus compañeros*; —*con su familia*; —*en el parecer*.

con cuyo objeto. → **cuyo, 4**.

conde. Como todos los nombres de cargos o dignidades, se escribe con minúscula inicial: *el conde de Keyserling*, salvo que forme parte de un nombre propio: *la calle Conde de Keyserling*.

condecir. V. irreg.; se conjuga como → **decir, 1**. El imperativo singular, como en todos los compuestos de *decir*, es regular: *condice* (y no *condí*).

condenar. Construcción: —*a un año de cárcel*; —*con una multa* (raro).

condescender. **1**. V. irreg.; se conjuga como → **tender, 1**.

2. Construcción: —*a los deseos de alguien*; —*con lo pedido*; —*en saludar* (raro).

condición. Es el nombre de una danza argentina. En su sesión de 9 de noviembre de 1978, la AAL sugiere a la RAE la inclusión de esta nueva acepción del vocablo **condición** en el *Diccionario* mayor (*Acuerdos*, VIII, 180-82). Figura en el DRAE/92.

condicional. **A**. El **condicional** (llamado también *potencial*) forma parte del modo indicativo (Bello, *Gramática*, § 452; *Esbozo*, 2. 11. 1, a) y consta de dos tiempos: a) el *condicional* (*cantaría, comería, viviría*), llamado también *potencial simple, pospretérito* (Bello, *Gramática*) y *futuro hipotético* (Gili y Gaya, *Curso*, § 129); b) el *condicional perfecto* (*habría cantado, habría comido*,

habría vivido), también llamado *potencial compuesto, antepospretérito* (Bello) y *antefuturo hipotético* (Gili y Gaya).

B. *Usos principales*

1. Su empleo más frecuente es en la apódosis de las oraciones condicionales: *si tuviera* (o *tuviese*) *dinero, compraría el libro*; *si lloviera* (o *lloviese*), *se salvaría la cosecha*; *si lo hubiera* (o *hubiese*) *visto, lo habría* (o *hubiera*) *saludado* (→ **pretérito, I, A, 2, d** y **II, A, 5**).

Bello (*Gramática*, § 721) y Cuervo (*Notas*, 99) critican la sustitución de *habría* o *hubiera saludado* por *hubiese saludado*, pero la RAE lo ha admitido en el *Esbozo* (3. 14. 10, b). Debe evitarse cuidadosamente —es error descalificante— el empleo del condicional en la prótasis: *si tendría dinero, compraría el libro*; *si llovería, se salvaría la cosecha*; *si lo habría visto, lo habría saludado*. → **¹si, 2**.

2. *Condicional de cortesía o de modestia*. Se emplea el **condicional** para suavizar la formulación de un pedido o un deseo: *me interesaría* (= me interesa) *conocer su opinión*; *desearía* (= deseo) *salir más temprano hoy* (→ **pretérito, I, A, 2, c**).

3. Con los verbos *deber, querer, poder* y *saber*, el **condicional** puede intercambiarse con el pretérito imperfecto de subjuntivo en *-ra*: *deberías* (o *debieras*) *estudiar más*; *querría* (o *quisiera*) *ayudarte*.

4. El **condicional** expresa la posibilidad con referencia al pasado o al futuro: *por esa fecha ya habría comenzado a construir su casa*; *me sorprendería verlos juntos*; o bien señala un dato aproximado: *serían las cuatro cuando llegó* (llegó aproximadamente a las cuatro); *tendría veinte años en aquella época*; *habrían pasado quince minutos* (→ **pretérito, II, C, 2**).

5. *Condicional del rumor*. Los preceptistas rechazan por galicista el uso del **condicional** para referirse a una posibilidad dudosa o a un rumor: *el ministro habría firmado el decreto*; *el juez dictaría la prisión preventiva de los acusados*.

Esta construcción es muy frecuente en el lenguaje periodístico, sobre todo en América.

condición sine qua non. → **conditio sine qua non**.

cóndilo. Es palabra esdrújula; la acentuación grave [kondílo] es errónea.

conditio sine qua non. Expresión latina que significa 'condición sin la cual no', y que se emplea para referirse a una condición indispensable, sin la cual no puede darse o conseguirse algo. Es más frecuente *condición sine qua non*. También suele emplearse *sine qua non* aplicado a otros sustantivos: *requisito, formalidad*, etc.

condolerse. 1. V. irreg.; se conjuga como → **mover**.
2. Construcción: —*del dolor ajeno*.
condón. El DRAE/92 incorpora esta voz con la siguiente definición: "(Del apellido de su inventor, el inglés *Condom.*) m. **preservativo**, funda elástica."
condottiere. La RAE ha hispanizado este vocablo italiano en la forma *condotiero*. No se justifica, entonces, emplear la voz italiana, ni su plural *condottieri*, en lugar de *condotieros*.
conducir. 1. V. irreg. (ver cuadro). Evítense formas como *conducí, *conduciste, *condució, *conducieron (o *condujieron); *conduciera,*conduciese (o *condujiera, *condujiese) en lugar de *conduje, condujiste, condujo, condujeron, condujera, condujese*.
2. De la acepción de 'guiar o dirigir un negocio' pasó en la jerga televisiva a significar 'dirigir un programa'; *conductor* se llama la persona que se ocupa de tal tarea.
conductor. → **conducir, 2.**
con excepción de, a excepción de. Ambas construcciones son correctas y tienen el mismo significado.
***conexionar.** El DRAE registra sólo la forma pronominal de este verbo: *conexionarse*. En lugar de ***conexionar**, forma criticada por el DMI, puede emplearse *conectar, ligar, enlazar*.
confabularse. Construcción: —*con los traidores*.
confeccionar. Desde 1970 la RAE admite el uso de este verbo aplicado a la preparación de obras de entendimiento. Es correcto, por tanto, su empleo en *confeccionar un presupuesto* o *una estadística*.
confederarse. Construcción: —*con otro estado*.
cónfer. Palabra latina que significa 'comparad'. Se emplea para remitir a un texto o un pasaje. Se abrevia *cf.* y, a veces, *cfr.*
conferencia cumbre. 1. La RAE ha incorporado en el DRAE/92 esta expresión con la siguiente definición: "(calco del ing. *summit conference.*) La celebrada entre jefes de Estado o de gobierno para consultar o decidir cuestiones importantes."
2. Plural: *conferencias cumbre*. → **carta poder**.
conferencia de prensa. La RAE admite en el DRAE/92 esta expresión, pero prefiere *rueda de prensa*.
conferenciante, conferencista. La RAE admite ambas formas, aunque prefiere la primera. En América se emplea preferentemente **conferencista**.
conferenciar. Para su acentuación, → **abreviar**.
conferir. V. irreg.; se conjuga como → **sentir, 1.**

confesar. V. irreg.; se conjuga como → **acertar, 1.** Tiene un participio irregular *confeso* que se emplea sólo como adjetivo o sustantivo, especialmente en la locución *convicto y confeso*. En los tiempos compuestos aparece siempre el participio regular *confesado*: *había confesado*.
confesonario, confesionario. En la acepción de 'mueble, generalmente de madera, donde se instala el sacerdote para confesar', la RAE prefiere la primera forma, aunque la segunda es más frecuente.
confeti. 1. Así ha hispanizado la RAE la voz italiana *confetti* (plural de *confetto*), que designa los pedacitos de papel que se arrojan las personas en carnaval (*papel picado* en América).
2. En el DRAE/84 figura un plural *confetis*, que fue eliminado del DRAE/92.
3. La forma *conffetti no es italiana ni, mucho menos, española.
confiar. 1. Para su acentuación, → **enviar, 1.**
2. Construcción: —*a un amigo*; —*en su hijo*; —*en el regreso*. En este último caso, cuando el complemento es una proposición encabezada por *que*, se suele omitir, indebidamente, la preposición *en*: "[...] confiando que Manuel Taboada sería su vicepresidente." (F. Luna, *Soy Roca*, 70.)
confidente. Femenino: *confidenta*. Según R.J. Cuervo (*Notas*, § 20), este femenino lo usan, desde el siglo XVIII, escritores respetables. → **-ante, -ente**.
confinar. Construcción: *la Argentina confina al norte con Bolivia y Paraguay*; *está confinado en su domicilio*.
confinarse. Construcción: —*en su casa*.
confirmar. Construcción: *su actitud me confirma en mis recelos*; *esas palabras me confirman en que es un hombre sagaz*; *su trabajo lo confirma como un excelente investigador*.
confirmarse. Construcción: —*en sus dichos*.
confitería. En la Argentina designa, además de 'casa donde se hacen y se venden confites', lo que en España lleva el nombre de *cafetería, café* o *salón de té*. Por ello, la AAL, en su acordada del 23 de marzo de 1972, solicitó a la RAE que incluyera en su *Diccionario*, como argentinismo, esa extensión del término (*Acuerdos*, V, 65-66). El DRAE/84 modificó la redacción del artículo **confitería** de la siguiente manera: "Establecimiento donde los confiteros hacen y venden los dulces; en algunos lugares estos establecimientos son también salones de té, cafeterías o bares."
confluir. V. irreg.; se conjuga como → **huir, 1.**
confluyente. El DRAE no registra este término, aunque es de uso relativamente frecuente: "[...] la situación es distinta, aunque todavía confluyente [...]" (*Página / 12*, 8-12-89, pág. 4). Dígase, mejor, *confluente*.

CONDUCIR
(conjugación de los tiempos simples irregulares)

MODO INDICATIVO

Presente	Pretérito perfecto simple
conduzco	conduje
conduces	condujiste
conduce	condujo
conducimos	condujimos
conducís	condujisteis
conducen	condujeron

MODO SUBJUNTIVO

Presente	Pretérito imperfecto	Futuro imperfecto
conduzca	condujera/condujese	condujere
conduzcas	condujeras/condujeses	condujeres
conduzca	condujera/condujese	condujere
conduzcamos	condujéramos/condujésemos	condujéremos
conduzcáis	condujerais/condujeseis	condujereis
conduzcan	condujeran/condujesen	condujeren

conformar. Construcción: —*una cosa a* o *con otra*.

conformarse. Construcción: —*con poco*.

conforme a, conforme con. Locuciones prepositivas que equivalen a *según*: *los clasificaremos conforme a (con) sus edades*. En este uso, *conforme* es invariable, y no debe omitirse la preposición *a* (o *con*): *conforme a (con) sus deseos, le enviamos la mercadería*.

confort. Palabra francesa, o → **anglicismo** (ingl. *comfort*) que significa 'comodidad, bienestar material', muy usual en español. En la Argentina se emplea desde la segunda mitad del siglo pasado. La RAE no la ha admitido hasta el momento, si bien registra en su *Diccionario* el término *confortable* (aunque derivándolo de *confortar*) con la siguiente acepción: "Se aplica a lo que produce comodidad." En cuanto a su hispanización, y para evitar el final -*rt*, extraño al español, se ha propuesto, sin éxito, *conforte* (M. Moliner, *Diccionario*, s. v. *confort*), voz que ya existe en español, aunque en desuso y con otro significado. La AAL, en su acordada del 22 de octubre de 1981, sugiere la forma *confor*, con una reducción similar a la de *standard > estándar* (*Acuerdos*, IX, 23-26). El DMI registra **confort** como vocablo inglés, con el significado de 'comodidad' y como masculino. "Tienen ustedes una casa muy grata, con mucho confort, como dicen los ingleses." (C.J. Cela, *La colmena*, 134)

confortabilidad. El DRAE/92 incorpora esta voz con la siguiente definición: "Cualidad de confortable."

*****confraternal**. Vocablo que no figura en el DRAE; dígase *fraternal*.

confrontar. Construcción: —*la copia con el original*.

confucianismo, confucionismo. La RAE admite ambas formas, pero prefiere la primera.

confundir. 1. Tiene dos participios: *confundido* y *confuso*; este último es sólo adjetivo y no se emplea para formar los tiempos compuestos del verbo. → **participio**.

2. Construcción: —*una cosa con otra*.

confundirse. Construcción: —*en sus juicios*.

congelador. Es sustantivo masculino; el DRAE no registra el femenino *congeladora*.

congeniar. 1. Para su acentuación, → **abreviar**.

2. Construcción: —*con alguien*.

congestión. El uso de la preposición *a* (congestión a la nariz) es un americanismo criticado por los preceptistas, quienes prefieren *congestión de la nariz* o *congestión nasal*. → **dolor**.

Congo. Gentilicios: *congoleño* y *congolés*; la RAE prefiere el primero.

congraciar. Para su acentuación, → **abreviar**.

congraciarse. Construcción: —*con los amigos*.

congratularse. 1. Es error frecuente emplearlo con el significado de 'congraciarse': **me regaló un libro para congratularse conmigo*, cuando, en realidad, este verbo significa 'manifestar alegría y satisfacción'. **2.** Construcción: —*con los suyos*; —*de* o *por su éxito*; —*de que hayan ganado* (es recomendable, en este caso, no omitir la preposición *de*).

*congregacionista. El DMI advierte que es un → **barbarismo** por *congregante*.

congresista, congresal. La RAE autoriza las dos formas, pero recomienda la primera. La forma **congresal** fue admitida en el DRAE/70 (Suplemento) como americanismo.

congreso. El DRAE/92 ha agregado una nueva acepción: "En algunos países, como Estados Unidos, conjunto de las dos cámaras legislativas." Entre esos países puede incluirse a la Argentina.

conjeturar. Construcción: —*de* o *por las noticias recibidas*.

conjuntamente. → **juntamente**.

con la condición de que. Es recomendable no omitir la preposición *de*: **con la condición que*. Con el mismo significado se emplea → **a condición de que**.

conmemorar. → **celebrar**.

*con mí, *con mí mismo. Formas incorrectas por *conmigo, conmigo mismo*.

conmover. V. irreg.; se conjuga como → **mover**.

conmutar. Construcción: —*una pena con, en* o *por otra*.

connacional. El DRAE/92 no registra este vocablo, aunque sí figura en el *Diccionario* de M. Moliner. Quien desee evitarlo puede emplear *compatriota*.

conocer. 1. V. irreg.; se conjuga como → **parecer, 1**. **2.** Construcción: —*de, en un asunto*; —*por su hidalguía*.

conocible, cognoscible. La RAE admite ambas formas, pero prefiere la primera. → **gn-, -gn-**.

con o sin, con y sin. Aduciendo que la preposición no puede ir separada de la palabra a que se refiere, los preceptistas rechazan construcciones como: *con o sin manteca*; *llegaron hombres con y sin saco*, y recomiendan remplazarlas por: *con manteca o sin ella*; *llegaron hombres con saco y sin él*. Aunque la razón es válida, las construcciones criticadas se han impuesto, no sólo en el habla corriente, sino también entre especialistas dedicados al estudio del idioma: "También en el lenguaje informal, con o sin tono humorístico, se aplica a cosas [...]" (M. Moliner, *Diccionario*, s. v.

amor); "El contenido del predicado se expresa con el nombre, adjetivo o sustantivo, con o sin complementos [...]" (A. Alonso y P. Henríquez Ureña, *Gramática*, primer curso, 38).

cono sur. → **mayúsculas (uso de), B, 10**.

conque. Se escribe en una sola palabra cuando es conjunción consecutiva: *no puedes quedarte, conque vete enseguida*. Se la reconoce fácilmente porque puede sustituirse por *así que, de modo que, por consiguiente, por lo tanto*. → **con que**.

con que. Escrito en dos palabras tiene los valores siguientes: **1.** Preposición *con* + pronombre relativo *que*: *aquí tienes la ropa con que viajarás*. El relativo *que* puede remplazarse por *el cual, la cual* y sus plurales: *aquí tienes la ropa con la cual viajarás*. **2.** Preposición *con* + conjunción *que*: *con que te subas a la silla, lo alcanzarás*. En este caso, la proposición encabezada por *que* (*que te subas a la silla*) puede ser sustituida por una construcción de infinitivo: *con subirte a la silla, lo alcanzarás*. También puede intercambiarse la locución **con que** con *con tal que*: *con tal que te subas a la silla, lo alcanzarás*. → **con, 3, b**.

con qué. Cuando *qué* es pronombre interrogativo o exclamativo directo (*¿con qué lo hiciste?*; *¡con qué desfachatez lo dijo!*) o indirecto (*no sé con qué lo hiciste*; *no te imaginas con qué desfachatez lo dijo*), se escribe separado de la preposición *con*.

con relación a. → **en relación a**.

con respecto a, con respecto de. Ambas locuciones son correctas; el empleo de cualquiera de ellas es cuestión de preferencia personal.

*consanguineidad. La RAE no admite esta forma, que avala M. Seco (*Diccionario*), sino sólo *consanguinidad*.

consciencia. → **conciencia**.

consciente, conciente. La RAE admite sólo la primera forma. → **conciente**.

conscripción. Voz que fue rechazada por los preceptistas como → **galicismo** (fr. *conscription*). La RAE la ha admitido, con nota de argentinismo, con el valor de 'servicio militar'.

conscripto. Voz que fue considerada → **galicismo** (fr. *conscrit*). El DRAE la registra como propia de la Argentina, Bolivia, Colombia, Chile, Ecuador, Paraguay y Perú, con el significado de "**quinto**, soldado mientras recibe la instrucción militar obligatoria."

consecuente. Construcción: —*con sus principios* (**consecuente a* es → **galicismo**).

conseguir. V. irreg.; se conjuga como → **pedir, 1**. El cambio de *-gu-* por *-g-* ante *-a, -o* (*consig-o, consig-an*, etc.) es meramente gráfico y no debe considerarse irregularidad.

consejo. → concejo.

consejo de Estado. → estado.

consensuar. 1. El DRAE/92 incluye este verbo con la siguiente definición: "tr. Adoptar una decisión de común acuerdo entre dos o más partes."
2. Las formas más empleadas son el infinitivo **consensuar** y el participio *consensuado*. Para la acentuación de las formas personales, → **atenuar**.

consentir. 1. V. irreg.; se conjuga como → **sentir, 1**.
2. Construcción: *consiente sus extravagancias* (también: *le consiente sus extravagancias*); *consiento en modificar la situación*; *no consintieron en que se vendiera la casa* (en este último caso, es recomendable no omitir la preposición *en* delante de *que*).

conservadurismo, conservadorismo. La RAE admite ambas variantes, pero prefiere la primera.

*conservatismo**. Esta voz no figura en el DRAE, que registra → **conservadurismo** y *conservadorismo*.

*con sí, *con sí mismo**. Formas incorrectas por *consigo, consigo mismo*.

considerar. Construcción: *considero que no es posible* (*considero de que... es incorrecto. → **dequeísmo**); *lo consideró en* o *bajo todos los aspectos*. En *lo podemos considerar como un buen amigo*, es innecesario el uso de *como*.

consistir. Construcción: *el tratamiento consiste en la aplicación de dos inyecciones diarias*. El empleo de la preposición *de*: *consiste de*, es → **anglicismo** (ingl. *to consist of*).

consola. Es palabra grave; evítese la acentuación esdrújula *cónsola*.

consolar. 1. V. irreg.; se conjuga como → **sonar**.
2. Construcción: —*a alguien en su aflicción*. **consolarse.** Construcción: —*con sus amigos*.

consommé. La RAE ha hispanizado esta voz francesa bajo la forma *consomé*.

consonar. V. irreg.; se conjuga como → **sonar**.

consorte. Es masculino y femenino: *el consorte* y *la consorte*.

conspirar. Construcción: —*al fracaso de la obra*; —*con los compañeros*; —*contra el gobierno*; —*en la sedición*; —*para derrocar al presidente*.

Constantinopla. Gentilicio: *constantinopolitano*.

constar. Construcción: —*de varias partes*; —*de* o *en autos*; —*en acta*; —*por escrito*.

constatar, constatación. Censurados ambos términos por galicistas, fueron admiti-

dos por la RAE en el Suplemento del DRAE/70.

constelación de estrellas. → **Pleonasmo**; dígase simplemente *constelación*, que es un conjunto de estrellas.

constelar. El DRAE/92 admite este verbo con la acepción de 'cubrir, llenar', criticada por los preceptistas y por el DMI como galicista. Son correctas, entonces, construcciones como *el cielo se consteló de estrellas, un manto constelado de pedrería*.

constipado. Significa sólo 'catarro' y 'acatarrado, resfriado', y el sustantivo *constipación*, 'catarro, resfriado', aunque la RAE admite *constipación de vientre* con el valor de *estreñimiento*.

constitución. Se escribe con mayúscula inicial cuando se trata de la ley fundamental de un Estado: *jurar la Constitución*.

constituir. V. irreg.; se conjuga como → **huir, 1**.

constreñir. 1. V. irreg.; se conjuga como → **teñir, 1**.
2. Evítense formas como *constriñió, *constriñeron* (por *constriñó, constriñeron*); *constriñera, *constriñiese*, etc. (por *constriñera, constriñese*, etc.), o *constriñiendo* (en lugar de *constriñendo*).
3. La forma *costreñir* es anticuada.

construir. V. irreg.; se conjuga como → **huir, 1**.
2. La forma *costruir* es anticuada.

consubstanciarse. 1. El DRAE/92 incorpora este verbo con la siguiente definición: "*Argent*. Identificarse íntimamente un ser con otro o con una particular interpretación de la realidad."
2. La RAE no admite la forma *consustanciarse*.

cónsul. La RAE admite dos femeninos, *cónsula* y *consulesa*, para referirse a la mujer del cónsul, aunque el DRAE/92 aclara que *consulesa* designa también, en algunos países, a la mujer que ejerce el cargo de cónsul. M. Moliner (*Diccionario*) aplica ambos femeninos a la mujer que ejerce el cargo y M. Seco (*Diccionario*) sostiene que el femenino es *consulesa*.

consultar. Construcción: —*a* o *con un amigo*; —*con el diccionario*; —*para decidirse*.

consulting. Voz inglesa que puede remplazarse por *empresa consultora* o, simplemente, *consultora*. El vocablo *consultoría*, que también suele emplearse, fue incorporado en el DRAE/92 para designar la actividad del consultor o el despacho donde trabaja.

consumirse. Construcción: —*con* o *por las llamas*; —*de envidia*.

contactar. 1. El DRAE/84 ha incorporado este verbo con la siguiente definición: "Establecer contacto o comunicación."
2. Construcción: —*a alguien* (según la RAE);

—*con alguien* (según el uso más general). En la Argentina se usa también como pronominal: *contactarse con*.

contagiar. Para su acentuación, → **abreviar**.

container. La RAE ha utilizado el vocablo español *contenedor*, ya existente, para traducir esta voz inglesa. Se trata de un embalaje metálico que se utiliza para el transporte de mercaderías en aviones, barcos, ferrocarriles y camiones.

con tal de que, con tal que. 1. Ambas variantes de la locución conjuntiva condicional son correctas, y las registra el DRAE/92.
2. Se construyen las dos con verbo en subjuntivo: *te lo regalo con tal (de) que lo cuides bien*.

contaminarse. Construcción: —*con* o *de la desconfianza de los demás*.

contar. 1. V. irreg.; se conjuga como → **sonar**.
2. Construcción: a) Cuando este verbo se construye con una proposición objeto directo introducida por la conjunción *que*, no admite la preposición *de*: *contó que lo había visto muy alegre* (y no *contó de que...*). → **dequeísmo**.
b) Es incorrecto *contamos que vendrán*; dígase: *contamos con que vendrán*.
c) Es → **galicismo** *cuento sobre usted*, traducción servil de *je compte sur vous*, en lugar de *cuento con usted*.
d) Los preceptistas condenan la construcción *contar con los dedos* y sostienen que debe sustituirse por *contar por los dedos*, que es la que figura en el DRAE. No obstante, la forma criticada es muy frecuente y está avalada por M. Moliner en su *Diccionario* (s. v. *dedo*).

contemporizar. Construcción: —*con la oposición*.

contencioso administrativo. El DRAE (s. v. *recurso*) escribe estas dos palabras sin guión entre ellas (aunque en el DMI figura escrito *contencioso-administrativo*).

contendedor, contendor. La RAE admite ambas formas, pero prefiere la primera.

contender. 1. V. irreg.; se conjuga como → **tender, 1**.
2. Construcción: —*con* o *contra su adversario*; —*en honestidad*; —*por el premio*; —*sobre cuál es mejor*.

contendor. → **contendedor**.

contener. 1. V. irreg.; se conjuga como → **tener, 1**. Imperativo singular: *contén* (→ **voseo**: *contené*), pero nunca *contiene*.
2. → **conteniendo**.

contenerse. Construcción: —*en sus ímpetus*.

conteniendo. En oraciones como *trajeron una caja conteniendo botellas de licor*, los gramáticos critican insistentemente el uso del gerundio **conteniendo** que, sostienen, debe remplazarse por *que contenía*. Este uso galicista es de larga data y parece que tiende a consolidarse. Es corriente en el habla coloquial y ha pasado a la lengua literaria: "[...] y la chuspa tradicional [...] conteniendo todos los útiles de fumar." (J.S. Álvarez, *Viaje*, 34); "[...] millares de folletos conteniendo la descripción del conejo [...]" (A. Cancela, *Tres relatos*, 17). De todos modos, conviene perseverar en la crítica, aunque cada día con menos esperanzas de erradicar este uso. → **gerundio, III, 2**.

contento. Construcción: —*con* o *de su nuevo trabajo*; —*con que* o *de que lo hayan ascendido* (es recomendable no omitir la preposición *con* o *de* delante de *que*).

contentura. La RAE le ha quitado, en el DRAE/92, la marca de chilenismo, y lo define: "**contento**, alegría, satisfacción."

conterráneo, coterráneo. La RAE admite las dos formas, pero prefiere la primera, que es actualmente la menos usada.

contestar, contestación. 1. El DRAE/84 añadió las acepciones de 'oponerse o protestar con violencia' y 'oposición o protesta, a veces violenta', respectivamente, de estos vocablos.
El DRAE/92 ha incorporado la siguiente acepción del verbo **contestar**: 'replicar, impugnar', que los preceptistas y el DMI consideran galicista: *estos hechos no pueden ser contestados*.
2. Construcción: —*a la pregunta*; —*a la carta*. Es incorrecto el uso de la preposición *de* ante proposición introducida por la conjunción *que*: *contestó de que no podía venir*; dígase: *contestó que no podía venir*. → **dequeísmo**.

contestatario. El DRAE/84 incorporó esta palabra con la siguiente definición: "Que polemiza, se opone o protesta, a veces violentamente, contra algo establecido."

contextuar. Para su acentuación, → **atenuar**.

con ti, con ti mismo. Formas incorrectas por → **contigo**, *contigo mismo*.

contigo. Es incoherente usar esta forma pronominal con las formas verbales del → **voseo**: *sabés que iré contigo* (por: *sabés que iré con vos*).

contiguo. Construcción: —*a la casa*.

continuar. Para su acentuación → **atenuar**.

con todo y. Locución que deriva, por trasposición de términos, del más general → **y todo**. Se emplea especialmente en América Central, México, Colombia y Venezuela, con dos valores: a) como sinónimo de *y todo*: *vinieron con todo y muebles* (= vinieron con muebles y todo); b) con el significado de *a pesar de* (de uso regional también en

España): "[...] usted no dio en el blanco, con todo y ser muy buen tirador [...]" (R. Gallegos, *Doña Bárbara*, 17).

contonearse, cantonearse. La RAE admite las dos formas, pero prefiere la primera.

contorcerse. V. irreg.; se conjuga como → **mover**.

contornear, contornar. La RAE admite ambas formas, pero prefiere la primera.

contra 1 Su empleo con el valor de *junto a* es frecuente en la lengua coloquial y en la literatura gauchesca argentinas: "vide una fila de coches / contra el tiatro de Colón" (E. del Campo, *Fausto*). Aunque no es desconocido en España, no pertenece al español general.
2. Es criticable el uso de **contra** en lugar de *cuanto*: **contra más quieran, menos van a tener* debe sustituirse por *cuanto más quieran....*
3. Como sustantivo, es femenino cuando significa 'dificultad, inconveniente': *este negocio tiene muchas contras*, lo mismo que en las expresiones *hacer la contra, llevar la contra*; pero en la expresión *el pro y el contra* es masculino (→ **pro, 2**).
4. → **contra mío**.

*contraalmirantazgo. El DRAE sólo registra la forma *contralmirantazgo*.

contraalmirante, contralmirante. La RAE admite ambas formas, pero prefiere la primera.

*contracepción. Voz tachada de → **anglicismo** (ingl. *contraception*). La RAE ha incorporado en el DRAE/92 *contraconcepción* y *anticoncepción*, con preferencia por la segunda voz, para nombrar la acción y el efecto de impedir la concepción.

*contraceptivo. Voz tachada de → **anglicismo** (ingl. *contraceptive*). La RAE admite *anticonceptivo, anticoncepcional* y *contraconceptivo* (esta última incluida en el DRAE/92), con preferencia por la primera, para designar la práctica o el agente que impide a la mujer quedar embarazada.

contraconcepción. → ***contracepción**.

contracto. → **contraer**.

*contradecido. Forma incorrecta por *contradicho*:* *hasta ahora nadie me ha contradecido*.

contradecir. V. irreg.; se conjuga como → **decir, 1**, salvo el imperativo singular que es *contradice*: *si puedes, contradice a tus padres* (no **contradí*).
Aunque no faltan ejemplos ilustres, evítese conjugar como regulares el futuro y el condicional: **contradeciré, *contradeciría*, etc. (por *contradiré, contradiría*, etc.). El participio es *contradicho* (y no **contradecido*).

*contra el reloj. La forma académica de esta locución es → **contra reloj**.

contraer. V. irreg.; se conjuga como → **traer, 1**. Tiene dos participios: *contraído* (regular) y *contracto* (irregular). Este último se emplea como término gramatical: *verbos contractos*.

contraerse. El DMI advierte que es → **galicismo** por *dedicarse, aplicarse*: **se contrae a los negocios de su empresa, *se contrae al estudio*, pero esta acepción es frecuente en América.

contrahacer. V. irreg.; se conjuga como → **hacer, 1**.

contralor. No se justifica emplear este término en lugar de *control, inspección, fiscalización*. **Contralor** es un funcionario encargado de examinar la contabilidad oficial.

contraluz. 1. Según la RAE es femenino: *la contraluz*, aunque en la edición de 1984 de su *Diccionario* añade que se usa más como masculino.
2. Evítese escribir **contra luz*.

contra mío. Los gramáticos aconsejan que se usen las formas *contra mí* o *en contra de mí*; *contra ti* o *en contra de ti*; *contra nosotros* o *en contra de nosotros*, etc., en lugar de **contra mío** o *en contra mío*; *contra tuyo* o *en contra tuyo*; *contra nuestro* o *en contra nuestro*, etc., formas frecuentes.
También son frecuentes: *en contra mía, en contra tuya, en contra nuestra*, etc., en las que el pronombre posesivo concuerda con *contra* (M. Moliner, *Diccionario*, s. v. *contra*): "[...] me convenzo de que las porteñas ya no somos lo que éramos; ¡qué unión! ¿Quién se atreve a hablar en contra nuestra?" (L.V. López, *La gran aldea*, 35). En este caso, *contra* no es preposición, sino sustantivo y *en contra* se asimila a construcciones como *a pesar de, en beneficio de*, etc. → **cerca mío**.

contraorden. Evítese la grafía **contra orden*.

contraponer. V. irreg.; se conjuga como → **poner, 1**. El imperativo singular es *contrapón* (→ **voseo**: *contraponé*), pero nunca **contrapone*.

contrapropuesta. El DMI registra este sustantivo, que no figura en el DRAE/92, con la siguiente definición: "Propuesta que se establece en oposición o como complemento a otra que ha sido presentada anteriormente para ser aprobada."

contra reembolso. 1. Expresión que no figura en el DRAE/92, pero sí en el *Diccionario* de M. Moliner.
2. Evítese la grafía **contrarreembolso*.

contra reloj, contrarreloj. 1. Con el significado de 'carrera en la que los participantes corren distanciados desde la salida y se clasifican según el tiempo que tardan en llegar a la meta', la RAE admite ambas formas (la segunda fue incluida en el DRAE/92), sin indicar preferencia.

La grafía **contra reloj** es la única autorizada por la RAE para referirse a lo que se hace o resuelve en un plazo muy breve: *trabajamos contra reloj y logramos terminar*. **2.** Evítense las grafías *contra-reloj* y *contrareloj*. → **r, 4**.

contrariar. **1**. V. irreg.; se conjuga como → **enviar, 1**.
2. El DRAE/92 no registra la acepción *causar disgusto, enfadar*, muy frecuente, de este verbo, la que sí figura en el DMI: *su actitud me contraría*.

contrario. **1.** Construcción: —*a la violencia*; —*a mis intereses*; —*a o de muchos*; —*en gustos*.
2. → **por lo contrario**.

contrarreloj. → **contra reloj**.

contrarréplica. Evítense las grafías *contra réplica* y *contraréplica*. → **r, 4**.

contrarrestar. Evítese la grafía *contrarestar*. → **r, 4**.

contrarrevolución. Evítese la grafía *contrarevolución*. → **r, 4**.

contrarrevolucionario. El DRAE/92 incorpora esta voz con las siguientes definiciones: "adj. Perteneciente o relativo a la contrarrevolución. // 2. m. y f. Persona que favorece o es partidaria de la contrarrevolución."

*****contratacante**, *****contratacar**, *****contrataque**. La RAE no autoriza la reducción de las dos aes en estas palabras. La grafía académica, por tanto, es *contraatacante, contraatacar* y *contraataque*.

contravenir. **1**. V. irreg.; se conjuga como → **venir, 1**. El imperativo singular *contravén* es poco usado.
2. Construcción: —*a la ley*. También puede usarse como transitivo: —*la ley*.

contreras. **1**. El DRAE/92 ha incorporado este sustantivo con la siguiente definición: "m. Individuo que lleva la contraria en sus actos o en sus palabras."
2. Es singular y no varía en plural: *el contreras, los contreras* (en la Argentina se emplea, en lengua coloquial, el singular *contrera*).

contribuir. **1**. V. irreg.; se conjuga como → **huir, 1**.
2. Construcción: —*a la solución de un problema*; —*con su esfuerzo*; —*para la construcción del hospital*.

*****contricción**. → **Ultracorrección** por *contrición*.

control antidoping. Puede sustituirse por *control de drogas*.

*****controverter**. El DRAE no registra esta forma: dígase: → **controvertir**.

controvertir. V. irreg.; se conjuga como → **sentir, 1**.

contusionar. La RAE ha incluido este verbo

en el DRAE/92 con la siguiente definición: "**magullar**, producir contusión. Ú. t. c. prnl."

convalecer. **1**. V. irreg.; se conjuga como → **parecer, 1**.
2. Evítese la grafía *convalescer*.
3. Construcción: —*de una enfermedad*.

*****convalescencia**, *****convalesciente**. Error ortográfico frecuente por *convalecencia, convaleciente*: "[...] la convalescencia le había conferido cierto estado atérmico [...]" (R. Fontanarrosa, *El mundo*, 291); "Algunos se ponen contentos de enterarse que [el Director] está convalesciente." (A.M. Shúa, *Soy paciente*, 34).

convencer. **1**. El cambio de -*c*- en -*z*- en la primera persona *convenzo* y en el presente del subjuntivo (*convenza, convenzas*, etc.) no es, en sentido estricto, irregularidad. Se trata tan sólo de una adaptación gráfica para mantener el sonido *s* del infinitivo.
2. Este verbo tiene dos participios: *convencido* y *convicto*. Este último se emplea sólo como adjetivo (no forma los tiempos compuestos) y aplicado al reo a quien se le ha probado legalmente su delito, especialmente en la expresión *convicto y confeso*. → **participio**.
3. El DRAE/92 no registra la acepción *gustar o satisfacer*, frecuente, de este verbo: *leí el libro, pero no me convenció*.
4. Construcción: —*de algo*. Conviene mantener la preposición *de* cuando el verbo está complementado por una proposición encabezada por *que*: *me convenció de que no era necesario*; pero la omisión es frecuente, aun en lenguaje literario: "Si usted pretende convencerme que es el difunto quien llama, puede continuar." (G. Guerrero Estrella, "El número cuatro", en VCAM, 148). → **acordarse**.

convencerse. Construcción: —*con las razones*; —*de los argumentos*.

convencional. El DRAE/92 agrega la siguiente acepción: "Dícese de personas, actitudes, ideas, etc., poco originales y acomodaticias."

conveniencias. El DMI advierte que es → **galicismo** (fr. *convenances*) por *decoro, urbanidad*: *faltar a las conveniencias*.

convenir. **1**. V. irreg.; se conjuga como → **venir, 1**. El imperativo singular *convén* es poco usado.
2. El DMI registra la siguiente acepción, que no figura en el DRAE/92: "Concertar, pactar, ponerse de acuerdo con otra u otras personas."
3. Construcción: —*a mis intereses*; —*con los amigos*; —*en las condiciones del préstamo*; —*en que nos reuniríamos el martes*. Si bien la RAE considera que este verbo es siempre intransitivo, el uso lo ha convertido en transitivo en los dos últimos casos: *convini-*

mos las condiciones del préstamo y convinimos que nos reuniríamos el martes.

convergir, converger. **1**. La RAE admite ambas formas, pero prefiere la primera.
2. Las dos son regulares; debe evitarse, por tanto, convertir la raíz *converg-* en **convirg-*: **convirgió*, en lugar de *convergió*.
La sustitución de *-g-* por *-j-* no constituye irregularidad: es una adecuación ortográfica para mantener el sonido velar fricativo sordo de la raíz ante *-a*, *-o*: *converja, converjo*.
3. Construcción: —*en cierto punto*.

conversacional. El DRAE/92 ha incorporado este adjetivo con la siguiente definición: "Perteneciente o relativo a la conversación." // **2. coloquial**, dicho del lenguaje."

conversar. Construcción: —*con el vecino*; —*sobre un tema interesante*.

convertir. **1**. V. irreg.; se conjuga como → **sentir, 1**. Tiene dos participios: *convertido* y *converso*; este último se emplea sólo como adjetivo y no forma los tiempos compuestos. → **participio**.
2. Construcción: —*a los infieles*; —*al islamismo*; —*en humo*.

convidar. Construcción: —*a comer*; —*a* o *con un vaso de vino*. En América se suele omitir la preposición: *nos convidó un vaso de vino*. Conviene evitar este uso en lengua cuidada. → **invitar**.

convocar. Rige complemento directo de persona: *convocar a los ciudadanos a elecciones*. Pero es frecuente, y no se considera incorrecto, cuando se calla el complemento directo de persona, convertir en complemento directo la cosa convocada: *el gobierno convocará elecciones*; *se ha convocado esta reunión*; "Su Excelencia, el Presidente de la República, se halla decidido a convocar elecciones en breve plazo" (*Esbozo*, 3. 6. 4).

convoy. Plural: *convoyes*: "[...] las rutas que seguirán sus convoyes [...]" (M. Vargas Llosa, *Pantaleón*, 42). Evítense los plurales **convoys* o **convois*. → **plural, I, B, 3, a**.

convulsa, convulsiva. → **tos convulsa**.

con y sin. → **con o sin**.

*cónyugue. Grafía y pronunciación incorrectas por *cónyuge* (pron. [kónyuje]). Por ser término técnico y culto no se justifica el error apuntado: "[...] apartóse Volpe de su cónyugue [...]" (A. Cancela, *Historia*, II, 128).

coñá, coñac. **1**. Así ha hispanizado la RAE la voz francesa *cognac*. De estas formas, la RAE recomienda la primera. No se justifica seguir escribiendo *cognac* como suele hacerse: "Me parece que el cognac me puede hacer mal." (A.M. Shúa, *Soy paciente*, 33).
2. Plural: *coñás* y el infrecuente, pero bien formado, *coñaques*, patrocinado por R. Ragucci (*Más cartas*, 214). M. Seco prohíja

en su *Diccionario* el plural anómalo *coñacs*, lo mismo que la AAL. Tampoco falta el plural invariable *coñac*: "[...] el mozo se equivocó o no se equivocó y nos trajo dos coñac [...]" (M. Denevi, *Hierba*, 148).

coolie. Voz inglesa que ha sido hispanizada por la RAE bajo la forma *culi* (plural: *culis*), con la siguiente definición: "En la India, China y otros países de Oriente, trabajador o criado indígena."

cooperar. Construcción: —*a* o *en la colecta* (*en* es más frecuente); —*con las autoridades*.

copera. La RAE ha incluido en el DRAE/92 como segunda acepción: "Mujer que atiende a la clientela en bares y cafés." Aunque figura como colombianismo, también se emplea en la Argentina.

copete. En junta del 13 de mayo de 1982, la AAL solicitó a la RAE la inclusión de una nueva acepción de esta voz en el *Diccionario* académico: resumen de una información que suele incluirse en los periódicos entre el título y la información propiamente dicha (*Acuerdos*, X, 49-51). La RAE la ha incluido, como argentinismo, en el DRAE/92.

copetona. En su junta del 11 de agosto de 1977, la AAL solicitó a la RAE la inclusión, en el *Diccionario* mayor, de este sustantivo, que designa al ave también llamada *martineta* (*Eudromia elegans*) (*Acuerdos*, VIII, 103-05). Figura en el DRAE/84 como voz propia de la Argentina y Uruguay.

copey. Plural: *copeyes*: "[...] por sobre cúpulas de ceibas y de copeyes [...]" (J.E. Rivera, *La vorágine*, 22). → **plural, I, B, 3, a**.

copia. Los preceptistas recomiendan no emplear este sustantivo en lugar de *ejemplar* de un impreso: *de este libro tenía dos copias*. Lo consideran → **anglicismo** (ingl. *copy*). No obstante, el DMI ha añadido esta acepción, que no figura en el DRAE/92: "Cada ejemplar de los que se hacen iguales de un escrito, un dibujo, cliché fotográfico, etc."

copia lavender. Dígase *copia intermedia*.

copiar. **1**. Para su acentuación, → **abreviar**.
2. Construcción: —*del original*.

coprofagia. **1**. El DRAE/84 incorporó este vocablo con la siguiente definición: "Ingestión de excrementos."
2. La sílaba final contiene diptongo; es incorrecta la pronunciación **coprofagía*, aunque figure así, por error gráfico, en el DRAE/84: el DRAE/92 acentúa correctamente **coprofagia**. → **-fagia**.

copyright. Palabra inglesa (pron. [kopiráit]), de uso universal, que significa 'propiedad literaria'. Se abrevia con el signo ©.

coque, cok. **1**. La RAE admite ambas formas (castellanizaciones del vocablo inglés *coke*), pero prefiere la primera, que es la más usada.
2. El plural de las dos palabras es *coques*.

*coqueluche. → **Galicismo** (fr. *coqueluche*) por *tos ferina* o *tos convulsiva* (o *convulsa*), y así lo advierte el DMI. Es de uso frecuente en la Argentina, aun en lengua literaria: "Un traqueteo en diagonal y una hebra de humo, todo ello trémulo y agitado entre ataque y ataque de coqueluche." (B. Fernández Moreno, "La patria desconocida", en *Vida*, 21).

Corán. → **Alcorán.**

corbatita. 1. En junta del 12 de junio de 1980, la AAL sugirió a la RAE la posibilidad de incorporar, en el *Diccionario* mayor, este sustantivo que designa un pájaro, perteneciente al género *Sporophila*, cuya distribución abarca casi toda la América meridional (*Acuerdos*, VIII, 320-23). No figura en el DRAE/92.
2. Es sustantivo masculino: *el corbatita.*

Córcega. Gentilicio: *corso.*

corchetes. 1. Signo ([ ]) también denominado paréntesis cuadrados o rectangulares. La RAE, en su *Ortografía* (56, f) y en el *Diccionario* (s. v. *corchete* y *llave*) los identifica indebidamente con las llaves ({}).
2. Usos principales. Los corchetes se emplean:
a) Para encerrar la transcripción fonética de una palabra: *chronique, pronúnciese [kroník].*
b) Para encerrar palabras o frases dentro de un conjunto mayor ya encerrado entre paréntesis: *el adverbio do, en lugar de donde, es anticuado (forma permitida en verso [A. Bello, Gramática, § 395]).*
c) En la reproducción de textos, para indicar que lo que va entre ellos incluido es agregado del editor y no figura en el original, o bien que es una de las varias lecciones posibles: "es[s]a rrabia llevaron los que [luego] non morieron." (Anónimo, *Poema de Fernán González*, I, 3d).
d) En las citas, para encerrar los puntos suspensivos que indican que se omite una parte del texto transcrito: "[...] altas bandadas perezosas de livianos dragones surgían cada atardecer [...] y se posaban con delicadeza en el agua y en las cubiertas enemigas[...]" (J.L. Borges, *Historia*, 49).

*corcoveo. Forma incorrecta por *corcovo.*

cordon-bleu. Expresión francesa (plural: *cordons-bleus*), que significa literalmente *cordón azul*, con que se designa a una cocinera muy hábil. En español suele usarse para nombrar a un excelente cocinero de restaurante.

corega, corego. La RAE admite ambas formas, pero recomienda la primera. Las dos voces son masculinas.

corifeo. Era la persona que, en las tragedias clásicas, guiaba al coro y, en ocasiones, hablaba por él. Por extensión, se le llama **corifeo** a quien asume la representación de otros, habla por ellos y, en cierto modo, los dirige. Es impropio aplicar este término como sinónimo de *partidario, adepto* o *secuaz*: **corifeo** es el que es seguido por otros, no el que sigue a otros.

coriza. Es sustantivo femenino: *la coriza*, pero la RAE autoriza también su uso como masculino.

córner. 1. Así ha hispanizado la RAE la palabra inglesa *corner*, como equivalente de 'saque de esquina' y para nombrar el lance del juego del fútbol en el que la pelota es sacada fuera del campo de juego por una de las líneas de meta impulsada por un jugador del bando defensor.
2. El plural, de acuerdo con las normas generales del español, deberá ser *córneres*, pero es más frecuente el anómalo *córners*.

cornúpeta, cornúpeto. 1. La RAE admite las dos formas, pero prefiere la primera. De la segunda dice que es forma popular.
2. Cornúpeta, como sustantivo, es masculino o femenino, según el sexo del animal. **Cornúpeto**, en cambio, es siempre masculino y designa al toro de lidia.

Cornwall. En español, la península y el condado de Gran Bretaña se llaman *Cornualles.*

coronar. Construcción: —*con* o *de flores.*

coronelato. El DMI registra esta voz, que no figura en el DRAE/92, como sinónimo de *coronelía.*

corpiño. Argentinismo por *sostén* (prenda interior femenina). Con esta acepción no figura en el DRAE, ni en el DMI.

córpore insepulto. Expresión latina que puede traducirse por *de cuerpo insepulto* o *de cuerpo presente*: *misa córpore insepulto* (no **de córpore insepulto*).

corporeizar, corporizar. 1. El DRAE/92 ha incorporado ambas formas, con preferencia por la primera. Significa 'dar cuerpo a una cosa no material'.
2. Para la acentuación de **corporeizar.** → **ahijar.**

corpus. En su acuerdo del 14 de junio de 1977, la AAL define este término, desde el punto de vista lingüístico, como "muestra o conjunto de enunciados de una lengua que constituye el material de base para la descripción lingüística" y sugiere a la RAE la conveniencia de incluir esta voz en el *Diccionario* mayor (*Acuerdos*, VII, 227-30). Fue incluida en el DRAE/92.

corpus delicti. Expresión latina que significa 'cuerpo del delito'.

corredizo. El DRAE llama *de corredera* a las puertas y ventanas que "en lugar de abrirse girando sobre goznes lo hacen deslizándose vertical o lateralmente por carriles o ranuras." En la Argentina es poco usual esta denominación y, en su lugar, se dice *puerta* o *ventana corrediza*, designación que no parece objetable.

corregir. V. irreg.; se conjuga como → **pedir**, **1**. La *-g-* de la raíz cambia en *-j-*, delante de *a, o*, para conservar el sonido velar fricativo sordo: *corrijo, corrija*, etc. (pero: *corriges, corregiré, corrigiendo*, etc.).

corregirse. Construcción: —*de un error*.

correlacionar. El DRAE/92 no registra este verbo derivado de *correlación*. Es de uso frecuente y no parece criticable (figura en el DMI). De todos modos, quien desee evitarlo puede recurrir a *relacionar*.

correr. Construcción: —*a toda prisa*; —*a contarlo*; —*a su perdición*; —*con los gastos*; —*con la administración*; —*de norte a sur*; —*en busca de auxilio*; —*por la calle*.

correr la coneja. El DRAE/84 ha incorporado esta expresión, como argentinismo, con el significado de: "Pasar hambre".

corresponder. Construcción:—*a los hechos*; —*a la descripción*; —*con un regalo*.

correveidile, correvedile. La RAE admite ambas formas, pero prefiere la primera, que es más usual.

corrigenda. Palabra latina, plural del adjetivo neutro *corrigendum*; significa literalmente 'cosas que deben ser corregidas'. → **addenda; addenda et corrigenda**.

corroer. Según el *Esbozo* (2. 12. 5, **[S]**) es verbo regular. No admite otro presente de subjuntivo que *corroa, corroas*, etc. (Bello, *Gramática*, § 594). Pero, según el DMI, es irregular como → **roer**.

corromper. Tiene dos participios, uno regular, *corrompido*, y otro irregular, *corrupto*. El segundo se emplea sólo como adjetivo: *un gobernante corrupto*, nunca para formar los tiempos compuestos del verbo. → **participio**.

*****corrosionar**. Este verbo, derivado de *corrosión*, no figura en el DRAE, ni en el DMI; puede sustituirse por *corroer*.

corsario. Como sinónimo de *pirata*, el DRAE lo considera exclusivamente masculino, pero no es desconocido el femenino *corsaria*: "Sin embargo, ha habido corsarias; mujeres hábiles en la maniobra marinera, en el gobierno de tripulaciones bestiales y en la persecución y saqueo de naves de alto bordo." (J.L. Borges, *Historia*, 41).

corset. La RAE ha hispanizado este vocablo francés bajo la forma *corsé* (plural: *corsés*), sin *-t* final, que se mantiene, sin embargo, en los derivados *corsetería* y *corsetero*. → **complot**.

corso. El DRAE no registra la acepción, que se emplea en la Argentina, Chile y Uruguay, de 'desfile de carrozas y máscaras durante el carnaval'. Es voz italiana: *corso mascherato* (paseo de máscaras en carruaje).

cortacircuitos. Nombre del aparato que interrumpe automáticamente la corriente eléctrica cuando la intensidad aumenta peligrosamente. Es masculino: *el cortacircuitos*. M. Moliner admite también *cortacircuito*. No confundir con → **cortocircuito**.

cortado. → **café cortado**.

cortafierro. Voz que se emplea en la Argentina y Uruguay, y, según M. Morínigo (*Diccionario*), también en Paraguay, en lugar de *cortafrío*. Está admitida por la RAE.

cortapapeles. Es la única forma que registra el DRAE, aunque aclara que en América se usa más en singular: *un cortapapel*.

cortaplumas. **1**. Es la única forma que admite la RAE. *Cortapluma* es americanismo. **2**. Es masculino: *el cortaplumas*.

cortarse solo. La RAE ha incluido esta locución en el DRAE/92 con el significado de 'apartarse de un grupo'. Aunque figura como uruguayismo, se emplea también, y con frecuencia, en la Argentina.

corte. Con el significado de 'tribunal de justicia' es un americanismo admitido por la RAE.

cortinado. La RAE admite esta voz, propia del Río de la Plata, como sinónimo de *cortinaje*.

corto. La RAE admite el empleo de esta voz como sinónimo de *cortometraje* y de *cortocircuito*.

cortocircuito, corto circuito. **1**. La RAE autoriza las dos formas desde 1984 y recomienda la primera. **2**. Es el contacto entre dos conductores eléctricos que suele provocar una descarga. No debe confundirse con → **cortacircuitos**. Se emplea también en sentido figurado: "[...] y hasta algún cortocircuito entre el ministro [...] y su tradicional amigo [...]" (*La Nación*, 7-8-89, pág. 8).

cortometraje. **1**. En su sesión del 13 de noviembre de 1975, la AAL sugirió a la RAE la inclusión de esta voz en el *Diccionario mayor* (*Acuerdos*, V, 252-55). Figura en el DRAE/84. **2**. Plural: *los cortometrajes*. **3**. Puede abreviarse en la forma *corto*.

cosa de [que]. Locución prepositiva, usual en América y España con el valor de 'alrededor de': *murió hace cosa de dos años*. También es frecuente su uso en América con el significado de 'para': *salió en seguida, cosa de no llegar tarde*. Como locución conjuntiva (= para que), entra en competencia con → **cosa que**: *levántelo más, cosa de que pueda verlo bien*. Todas estas expresiones son propias de la lengua coloquial y se sienten como poco elegantes.

cosa que. Locución conjuntiva de uso frecuente en América, equivalente a *para que, a fin de que, de modo que*: *levántelo más,* *cosa que pueda verlo bien.* Es propia de la lengua coloquial. → **cosa de [que].**

coser. No confundir con *cocer,* que es sinónimo de *cocinar.*

coserí. → **causerie.**

cosmetología. El DRAE/92 incorpora esta voz como sinónimo de *cosmética,* pero prefiere esta última.

cosmetólogo, -ga. El DRAE/92 incorpora este vocablo con el significado de 'especialista en cosmética'.

cosmonauta, cosmonáutica, cosmonáutico, cosmonave. El DRAE/92 remite estos términos a → **astronauta, astronáutica, astronáutico, astronave,** es decir que admite ambas series, pero prefiere *astronauta,* etc.

cosmovisión. En su sesión del 11 de julio de 1985, la AAL sugiere a la RAE la conveniencia de incluir en el *Diccionario* oficial esta voz, traducción del alemán *Weltanschauung,* con la siguiente definición: "Conocimiento intuitivo o concepción general del mundo y de la vida" (*Acuerdos,* IX, 190-92). Fue incluida en el DRAE/92.

coso. Forma vulgar de nombrar a una persona o cosa cuyo nombre no se recuerda o se desconoce: *vino un coso que no sé quién es; dame ese coso que está ahí.* También se emplea, despectivamente, para nombrar a una persona cuyo nombre se conoce y se recuerda: *ese coso era mi amigo.* Es de uso frecuente en la Argentina: "[...] y ahí, [...] es cuando cae este coso." (R. Fontanarrosa, *No sé si he sido claro,* 198).

cospel. 1. Según la RAE es el molde en que se acuñan las monedas. En la Argentina se emplea corrientemente para designar la ficha que se utiliza en los molinetes del subterráneo y en los teléfonos públicos para obtener el acceso a estos servicios. **2.** Es voz aguda [kospél] y su plural es *cospeles.*

cosquillas. Sólo tiene forma plural.

costa. En su sesión del 10 de octubre de 1974, la AAL sugirió a la RAE que, con nota de argentinismo, ampliara en su *Diccionario* la acepción de **costa,** que sólo se refería hasta entonces a la orilla del mar, a "orilla de un río, arroyo o lago." Así mismo le solicitó la inclusión de una nueva acepción de esta voz: "faja de terreno que se extiende a lo largo de la ladera de una sierra." (*Acuerdos,* VI, 135-39). Ambas acepciones fueron incluidas en el DRAE/92, la primera, sin ninguna localización geográfica, y la segunda, como argentinismo.

costa, coste, costo. Para designar la cantidad que se paga por alguna cosa, el DRAE/92 admite las tres palabras, aunque prefiere **coste** o **costo.** En la Argentina se usa casi exclusivamente **costo,** y es muy poco frecuente **coste. Costa** se emplea en plural para nombrar los gastos judiciales y, en singular, en las expresiones *a costa de* y *a toda costa.*

Costa de Marfil. Gentilicios: *marfileño* y *marfilense.* El DRAE/92 no registra ninguno de los dos.

costanera. La RAE ha incorporado, en el DRAE/92, esta nueva acepción: "*Argent.* Avenida o paseo que se extiende a lo largo de una costa."

costar. V. irreg.; se conjuga como → **sonar.**

Costa Rica. Gentilicios: *costarricense, costarriqueño* (la RAE prefiere el primero) y, familiarmente, *tico.*

coste, costo. → **costa, coste, costo.**

cotejar. Construcción: —*con los documentos.*

coterráneo. → **conterráneo.**

cotí. → **cutí.**

*cotidianeidad. Forma errónea por *cotidianidad.*

cotidiano, cuotidiano. La RAE autoriza ambas formas, pero prefiere la primera, que es más usual.

cotillón. El DRAE/92 incluye esta nueva acepción: "Fiesta y baile que se celebra en un día señalado como el de fin de año o Reyes."

cotín. Voz que se emplea corrientemente en la Argentina en lugar de → **cutí** o *cotí:* "[...] con el colchón de cotín rosado, tan magro que podía abrazarlo." (L. Barletta, "Cuento de hadas", en VCAM, 156). Está admitida por la RAE, que prefiere *cutí.*

couché. Voz francesa que la RAE ha hispanizado *cuché: papel cuché.*

coup de théâtre. Expresión francesa que puede traducirse por *golpe de efecto.*

coupé. 1. Voz francesa que ha sido castellanizada bajo la forma *cupé.* **2.** Es sustantivo masculino, lo mismo que en francés: "[...] el cupé de don Benito estaba a la puerta [...]" (L.V. López, *La gran aldea,* 134), pero en la actualidad, en la Argentina por lo menos, se usa como femenino para designar cierto tipo de automóvil. **3.** Plural *cupés.* → **plural, I, B, 2, b.**

couplet. 1. Palabra francesa que ha sido hispanizada bajo la forma *cuplé.* **2.** Plural: *cuplés.* → **plural, I, B, 2, b.**

cover girl. Expresión inglesa que puede traducirse por *chica de portada* (en la Argentina: *chica de tapa*).

cowboy. Palabra inglesa (pron. [káuboi]) que puede traducirse por *vaquero.*

coxis. → **cóccix.**

coy. Según el *Esbozo* (2. 3. 3, b), el plural es *cois* o *coyes.* El DRAE utiliza *coyes* (s. v. *batayola*). → **plural, I, B, 3.**

coya, colla. 1. No deben confundirse: **coya** es la mujer del emperador entre los antiguos peruanos: "[...] era ley entre los Incas que el señor que entre todos ellos quedaba por emperador, tomase á su hermana por muger, la cual tenía por nombre Coya, ques nombre de reyna [...]" (P. de Cieza de León, *Del señorío*, 73). **Colla** (del quichua *kolla*, el que habita en las tierras altas) es el indio de las mesetas andinas de Bolivia: "Los Collas, como supieron que Tupac Inca venía contra ellos tan poderoso, buscaron favores de sus vecinos, y juntáronse los más dellos con determinacion de le aguardar en el campo á le dar batalla." (*op. cit.*, 253).

2. Coya es sustantivo femenino, y **colla** es adjetivo invariable con respecto al género: *un indio colla, una india colla*.

crack. 1. Palabra inglesa que se emplea en español con los siguientes significados: a) en la jerga deportiva (sobre todo futbolística), jugador destacado, figura importante dentro del equipo (por extensión, suele aplicarse a quien se destaca en cualquier actividad); b) quiebra comercial, quiebra de la Bolsa (especialmente la de la Bolsa de Nueva York de 1929); c) caballo de carrera de cualidades excepcionales; d) cierto tipo de droga derivado de la cocaína.

2. En el DMI figura hispanizada bajo la forma *crac*, con el valor de 'quiebra comercial'.

craneoscopia. Debe acentuarse en la sílaba -*co*-; la acentuación **craneoscopía* es incorrecta. → **-scopia**.

crasis. El DMI incorpora este sustantivo, que no figura en el DRAE/92, como sinónimo de *contracción* (término gramatical).

cratera, crátera. Hasta la edición de 1970 de su *Diccionario*, la RAE sólo admitía la acentuación esdrújula, pero el DRAE/84 recoge también la forma grave, que es la que ahora prefiere la Academia.

crawl. La RAE ha hispanizado esta voz inglesa bajo la forma *crol*.

crayón. → **Galicismo** (fr. *crayon*) por *carboncillo de dibujar*.

crear, criar. Aunque etimológicamente provienen de la misma palabra latina y en épocas pasadas fueron sinónimos, en la lengua actual ya no lo son. **Crear** es 'producir algo de la nada', en tanto que **criar** se emplea con los valores de 'alimentar la madre a sus hijos o un animal a su cría', 'instruir, educar' y 'cuidar y cebar animales'.

creatura, criatura. Según la RAE **creatura** es sinónimo anticuado de **criatura**. Pero habiéndose especializado el término **criatura** en el sentido de *niño*, es admisible, y aun recomendable, usar **creatura** para designar toda cosa creada, en particular los personajes de ficción de un autor: *don Quijote y Sancho Panza son inmortales creaturas de Cervantes*.

crecer. V. irreg.; se conjuga como → **parecer, 1**.

creces. Se emplea sólo en plural: *retribuyó con creces el favor recibido*.

creer. 1. Para la RAE (siguiendo a Bello, *Gramática*, § 499), es verbo regular. Las formas aparentemente irregulares (ver cuadro) como *creyó, creyeron, creyera, creyese, creyendo*, etc. "obedecen a principios generales fonológicos del sistema español [...]" (*Esbozo*, 2. 12. 1, f). Cuando la -*i*- inacentuada se encuentra entre vocales se convierte en *y* consonante: *cre-i-ó > creyó*. Ello no sucede cuando la -*i*-está acentuada: *creía, creías*, etc. (fenómeno similar al de los plurales de *rey, ley*, etc.: *reyes, leyes*, etc.).

2. Construcción: —*a los amigos* (darles crédito); —*en los amigos* (tener fe en ellos); —*que está bien* (no,*de que está bien, → **dequeísmo**); —*sobre la palabra*.

crema. → **diéresis**.

crema a la glicerina. Uso considerado galicista de la preposición *a*; dígase *crema con glicerina*, pero → **a, IV, 1**.

cremar. La RAE admite los sustantivos *cremación* y *crematorio*; el verbo **cremar** fue introducido en el DRAE/92 como sinónimo de *incinerar*, pero sólo en México. En la Argentina se emplea corrientemente con el significado de 'quemar o incinerar un cadáver'.

crêpe. Palabra francesa (pron. [crep]) que se emplea en español: a) para designar una especie de tortilla muy delgada hecha de leche, harina y huevos, similar a los → **panqueques** sudamericanos; b) para nombrar un tipo de caucho que se emplea para suelas de calzado: *suelas de crêpe*; c) para nombrar un tejido liviano de seda o lana fina de textura rugosa. En estas dos últimas acepciones, M. Moliner españoliza la voz francesa bajo la forma *crep* (*Diccionario*, s. v.), que no figura en el DRAE/92. (→ **georgette**). La RAE ha hispanizado esta voz, en el DRAE/92, bajo la forma *crepe*, pero únicamente para la primera de las acepciones mencionadas, aunque prefiere *filloa*, voz prácticamente desconocida en la Argentina.

crêpé. Palabra francesa (pron. [crepé]) que se emplea en español con el significado de 'añadido, pelo postizo, relleno para el peinado'. M. Moliner españoliza esta voz bajo la forma *crepé* (*Diccionario*, s. v.), que no figura en el DRAE/92.

crespín. En junta del 12 de agosto de 1976, la AAL sugirió a la RAE la incorporación, en el *Diccionario* oficial, del nombre vulgar de este pájaro (*Tapera naevia chochi*) cuya distribución abarca varias provincias argentinas, Paraguay y el sur de Bolivia

---

CREER
(conjugación de los tiempos con dificultades)

MODO INDICATIVO

Pretérito perfecto simple

creí
creíste
creyó
creímos
creísteis
creyeron

MODO SUBJUNTIVO

Pretérito imperfecto	*Futuro*
creyera/creyese	creyere
creyeras/creyeses	creyeres
creyera/creyese	creyere
creyéramos/creyésemos	creyéremos
creyerais/creyeseis	creyereis
creyeran/creyesen	creyeren

FORMAS NO PERSONALES

Gerundio

creyendo

(*Acuerdos*, VIII, 25-29). No figura en el DRAE/92.

Creta. Gentilicios: → **cretense** y *crético*.

cretense, crético. La RAE admite ambas formas, pero recomienda la primera, que es la más usual.

Creúsa. Lleva acento prosódico y tilde en la *-u-*.

criar. 1. Para su acentuación, → **enviar, 1**.
2. → **crear**.

cricket. Voz inglesa con que se designa un juego de pelota. La RAE la había hispanizado bajo la forma *criquet*, pero eliminó esta voz del DRAE/92, sin indicar ninguna otra forma.

crin, clin. 1. La RAE admite las dos formas, pero prefiere la primera, que es la más usual.
2. Ambos sustantivos son femeninos.

crinolina. → **Galicismo** (fr. *crinoline*) que se emplea en español para designar un tejido de crin o mezcla de ésta con algodón, usado para entretelas, que en castellano se denomina *crudillo*. También se empleó **crinolina** como sinónimo de *miriñaque*.

criquet. → **cricket**.

crisantemo, crisantema. La RAE admite las dos formas, pero prefiere la primera, que es la más frecuente.

crisis. Plural *las crisis*. → **plural, I, A, 2**.

crisma. Con el significado de 'óleo sagrado' es de género → **ambiguo** (preferentemente masculino, aunque en lenguaje familiar se usa más como femenino). En lengua informal se emplea como sinónimo de *cabeza* y, entonces, es femenino: *te voy a romper la crisma*.

cristalizar, cristalizarse. Construcción: —*en prismas*.

crítico. En función de sustantivo y con el significado de 'persona que escribe críticas' tiene un femenino *crítica: una crítica de arte*.

Croacia. Gentilicio: *croata* (no, **croato*).

crochet. Voz francesa que la RAE ha castellanizado como *croché*, en la doble acepción de 'ganchillo, labor de gancho' y 'gancho' (en boxeo).

croissant. Palabra francesa (pron. [kruasán]) que equivale a → **medialuna** (repostería).

crol. → **crawl**.

cromlech. **1**. Voz francesa que la RAE ha hispanizado bajo la forma *crónlech*.

2. Su plural regular sería el cacofónico *crónleches*. También se ha propuesto el plural anómalo *crónlechs* (que es puramente gráfico, ya que resulta casi imposible, dentro de los hábitos fonéticos del español, pronunciar la *s* final). La solución más prudente parece ser dejar invariable el sustantivo: *los crónlech*.

cromosfera. Es palabra llana; la acentuación esdrújula, **cromósfera*, es incorrecta. → **sfera**.

crónlech. → **cromlech**.

cronograma. Palabra que se emplea frecuentemente en la Argentina con el significado de 'programación de determinadas actividades para lograr un fin': *cronograma electoral*; *cronograma de pagos a los jubilados*; "Fujimori anunciará un cronograma para el retorno a la democracia [...]" (*Página / 12*, 21-4-92, pág. 18). Esta voz no figura en el DRAE/92.

cross. **1**. Palabra inglesa que se emplea en español para designar, en el boxeo, el golpe al mentón que da un boxeador cruzando otro de su adversario. Puede traducirse por *puñetazo cruzado*.

2. El DRAE/92 la incluye, sin modificaciones ortográficas, con el siguiente significado: "m. Carrera de larga distancia a campo traviesa."

cross-country. Expresión inglesa que puede traducirse por *carrera de obstáculos* o *a campo traviesa*.

*crosta. Forma vulgar e incorrecta por *costra*.

croupier. **1**. Palabra francesa que la RAE ha hispanizado bajo la forma *crupier*, con la siguiente definición: "m. Persona contratada en los casinos para dirigir el juego, repartir las cartas, controlar las apuestas, etcétera."

2. Como voz española le corresponde el plural *crupieres*.

crucero. La RAE admitió en el DRAE/84 la acepción 'viaje marítimo de recreo' que había sido criticada por anglicista (ingl. *cruise*) o galicista (fr. *crosière*). Esta acepción ya figuraba en el *Diccionario* de M. Moliner.

*crucificación. Forma incorrecta por *crucifixión*.

cruel. **1**. Superlativos: *crudelísimo* y *cruelísimo*. El primero se emplea muy poco; el segundo es de uso más generalizado, tanto en la lengua literaria como coloquial: "Sería una medida cruelísima que habría de

ocasionar grandes sinsabores [...]" (M. de Unamuno, "Acerca de la reforma de la ortografía castellana", en *El caballero*, 96).

2. Construcción: *—con, para* o *para con sus hijos*; *—de condición*.

crúor. Es palabra bisílaba (crú-or), acentuada en la penúltima sílaba.

crupier. → **croupier**.

-ct-. Debe evitarse cuidadosamente la simplificación del grupo **-ct-** en interior de palabra: **dotor, *Hétor*, en lugar de *doctor, Héctor*.

cuadrar. Construcción: *—algo a una persona*; *—con los muebles*.

cuadríceps. **1**. Lleva tilde en la *-i-*, como *bíceps*.

2. Plural: *los cuadríceps*. → **plural, I, B, 2**.

3. El DRAE/92 no registra esta voz.

cuadrienio. → **cuatrienio**.

cuadriga. Es palabra grave; la acentuación esdrújula, **cuádriga*, es incorrecta.

cuadrilátero. Voz que se ha propuesto para sustituir la palabra inglesa *ring*, y que, con esta acepción, ya figura en el DRAE/92.

*cuadrimotor. El DRAE no registra esta palabra; dígase *cuatrimotor*.

cuadriplejía. **1**. Este vocablo no figura en el DRAE/92, ni en el DMI, pero sí en el Dorland. Es una parálisis que afecta a los cuatro miembros.

2. En cuanto a su acentuación se plantean dudas (→ **-plejía, -plejia**). Parece preferible **cuadriplejía**, pero existe también *cuadriplejia*: "... una cuadriplejia originada, tal vez, por una mielitis [...]" (R. Fontanarrosa, *El mayor de mis defectos*, 77).

cuadrumano, cuadrúmano. La RAE admite ambas acentuaciones, pero prefiere la primera, que es la más usada (*Esbozo*, 1. 5. 7, e).

cuákero. → **cuáquero**.

cuál. Lleva tilde cuando es interrogativo o exclamativo directo (*¿cuál película te gustó más?*; *¡cuál no sería mi asombro!*) o indirecto (*dime cuál película te gustó más*; *imagínate cuál no sería mi asombro*). También lleva tilde cuando se emplea con valor distributivo: *cuál llega, cuál se va, cuál se queda*. Este uso es poco frecuente. → **acentuación ortográfica, II, G**.

cualquiera. **1**. Apocopa en *cualquier* delante de sustantivo masculino o femenino: *cualquier hombre; cualquier mujer*. **Cualquiera** ante sustantivo femenino es cada vez menos frecuente, salvo cuando se intercala el adjetivo *otra*: "[...] pero ni ésta ni cualquiera otra incomodidad [...]" (N. Lange, *Cuadernos*, 9). Delante de un modificador encabezado por la preposición *de* se mantiene actualmente la forma plena: *cualquiera de ellos*.

2. El plural es *cualesquiera* y *cualesquier*

respectivamente, formas que deben usarse con sustantivo en plural: *elige dos libros cualesquiera, por cualesquier motivos*. Pero ha de advertirse que este uso es exclusivamente literario; la lengua coloquial prefiere el singular: *elige dos libros cualquiera*. La RAE (*Esbozo*, 2. 8. 3, 3º) critica este empleo, aunque limita su objeción a la lengua literaria. No se justifica, en cambio, el caso contrario: emplear el plural por el singular: "Es como una pintura cualesquiera." (I. Blaisten, *Cerrado*, 124); "[...] cualesquiera sea la orientación del partido político que eventualmente acceda al gobierno [...]" (O. Álvarez Guerrero, en *Página / 12*, 24-2-93, pág. 6). **3.** Con el significado despectivo de 'cualquier persona' o 'persona de baja categoría' es sustantivo común y su plural es *cualquieras*: *se creen importantes y son unos cualquieras; tanto la madre como la hija son unas cualquieras*.

*cualquiera sea. Es incorrecto; dígase *cualquiera que sea* y, en plural, *cualesquiera que sean*.

cualquier otro que. Es galicista la siguiente frase: **cualquier otro que su padre* (fr. *tout autre que son père*). Dígase *cualquier otro menos su padre*.

cuán. Se escribe con tilde cuando es interrogativo o exclamativo directo (*¿cuán grande es?*; *¡cuán crecido está!*) o indirecto (*dime cuán grande era*; *mira cuán arruinado está*). → **acentuación ortográfica, II, G.**

¹**cuándo.** Lleva tilde cuando es adverbio interrogativo o exclamativo directo (*¿cuándo lo viste?*; *¡cuándo llegarán!*) o indirecto (*te pregunté cuándo lo viste*). También se escribe con tilde en el uso poco frecuente como adverbio distributivo: "La mitología es la flor de los tiempos. Trasciende en ella lo mejor del alma de un pueblo: cuándo lo piadoso, cuándo lo heroico, cuándo lo sentimental, o bien todo junto." (A. Capdevila, *Tierras nobles*, 133) (equivale a *unas veces... otras veces*).→ **acentuación ortográfica, II, G.**

²**cuándo.** En su sesión del 27 de octubre de 1977, la AAL sugirió a la RAE la inclusión de este sustantivo, nombre de una danza popular argentina, en el *Diccionario* mayor. Dado el matiz interrogativo que la palabra tiene en su contexto, la AAL es de opinión que debe escribirse con tilde (*Acuerdos*, VIII, 86-89), y así la ha incluido la RAE en el DRAE/92.

cuando quiera. La grafía **cuandoquiera* es errónea.

cuánto. Lleva tilde cuando es interrogativo o exclamativo directo (*¿cuánto vale?*; *¡cuánta gente!*) o indirecto (*me pregunto cuánto valdrá*; *no te imaginas cuánto derroche de luces*). → **acentuación ortográfica, II, G.**

¹**cuanto.** Aunque frecuente en la lengua informal de los argentinos, es poco recomendable el uso de *cuanto* en lugar de *en cuanto*: **cuanto llegue te avisaré*.

²**cuanto.** → **quantum.**

*cuanto que. Es poco recomendable su uso en lugar de *en cuanto*: **cuanto que consiga el dinero te pagaré*.

cuanto quiera. Se escribe separado; es errónea la grafía **cuantoquiera*.

cuáquero, cuákero. La RAE autoriza las dos grafías, pero recomienda la primera.

cuartel maestre. Es errónea la grafía **cuartelmaestre*.

cuásar. → **quásar.**

cuasi. La RAE lo considera sinónimo de *casi*. Aunque el DRAE no lo aclara, en este sentido es anticuado y ya lo daba como tal Bello en 1847 (*Gramática*, § 1231). **Cuasi** se aplica hoy como partícula compositiva para indicar que el nombre es aplicado a una cosa en forma aproximada: *cuasicontrato, cuasidelito, cuasiusufructo*.

cuatí, coatí. 1. La RAE admite ambas voces, pero prefiere la primera. **2.** Plural: *cuatíes, coatíes* o *cuatís, coatís*: "Los coatís son casi refractarios, como se dice, al veneno de las víboras." (H. Quiroga, *Cuentos de la selva*, 72). → **rubí.**

cuatrienio, cuadrienio. La RAE admite las dos formas, pero recomienda la primera.

cuatrillizo. Voz duramente criticada por los preceptistas, a los que se sumó la AAL (*Acuerdos*, II, 30), que propusieron diversos remplazos: *cuatro mellizos, cuatro gemelos, cuatrigéminos, cuatrimellizos*. Teniendo en cuenta, sin duda, la difusión del término **cuatrillizo**, la RAE lo ha admitido y figura en el DRAE/84.

cuatripartito. El DRAE/92 ha incorporado este adjetivo con el valor de 'que consta de cuatro partes'.

cubalibre. 1. Esta voz, con que se designa una bebida mezcla de ron, ginebra o coñá con un refresco cola, fue incluida en el DRAE/92. **2.** Evítese la grafía **cuba-libre*. **3.** Es masculino y su plural es *cubalibres*.

cubeta. El DRAE/92 ha incorporado esta nueva acepción: "Recipiente de diversas formas para obtener el hielo en frigoríficos, neveras, etc." En la Argentina se lo llama *cubetera*.

cubitera. La RAE ha incorporado este sustantivo en el DRAE/92 con la siguiente definición: "Recipiente para cubitos de hielo." En la Argentina se emplea comúnmente *balde para hielo*.

cubito. La RAE ha incorporado, en el DRAE/92, este sustantivo, con la siguiente definición: "Trozo pequeño de hielo, generalmente en forma de cubo, que se añade a una bebida para enfriarla." La RAE no indica ninguna localización geográfica del término, por lo que esta voz pertenece al español general.

*__cubrefuego__. → __Galicismo__ (fr. *couvre-feu*) innecesario por *toque de queda*.

__cubrir__. La única forma irregular de este verbo es su participio: *cubierto*.

__cucha__. El DRAE/84 incorporó esta voz con el valor de 'casilla de perro' y el significado figurado y humorístico de 'cama'. La RAE no indica ninguna localización geográfica, por lo cual considera que esta voz pertenece al español común.

__cuché__. → __couché__.

__cuchichiar__. **1**. Para su acentuación, → __enviar, 1__.
2. Significa 'cantar la perdiz' y no debe confundirse con *cuchichear*.

__cuelgue__. El DMI registra esta voz, que no figura en el DRAE/92, con la siguiente definición: "Estado producido por una droga."

__Cuenca__. Gentilicios: *conquense* (de la ciudad y provincia de España) y *cuencano* (de la ciudad del Ecuador).

__cuerpo__. **1**. Diminutivos: *corpecico, corpecillo, corpecito, corpezuelo, corpiño* y *cuerpecito*, pero en la Argentina se emplea casi exclusivamente *cuerpito*. → __diminutivos, 1__.
2. Aumentativos: *corpachón, corpanchón* y *corpazo*.

*__cuerpoespín__. Forma errónea por → __puerco espín__.

*__cuete__. Incorrección fonética y ortográfica por *cohete*: "[...] y se escapó como si tuviera cuetes en la cola." (R.J. Payró, *Pago Chico*, 200). → __al cuete__.

__cui__. Así registra el DRAE el nombre de este roedor, como voz propia de la Argentina, Chile y Ecuador, y con la aclaración de que existen dos plurales: *cuis* y *cuises*. Para la Argentina y Chile registra también el singular *cuis* (plural *cuises*), pero prefiere la grafía *cuy*.

__cuidadoso__. Construcción: —*con sus cosas*; —*de los detalles*.

__cuidar__. Construcción: —*de sus intereses*.
__cuidarse__. Construcción: —*del qué dirán*.

__cuis__. → __cui__

*__culandrillo__. Nombre que suele darse en la Argentina a una hierba que crece en sitios húmedos, en lugar del académico *culantrillo*.

__culeca__. La RAE admite este americanismo, no desconocido en España, por *clueca*.

__culi__. → __coolie__.

__culminar__. **1**. No debe emplearse indiscriminadamente como sinónimo de *terminar*. __Culminar__ significa 'llegar una cosa a su grado más elevado', en sentido recto o figurado, lo que puede suceder sin que esa cosa haya finalizado: *la fiesta culminó a las dos de la madrugada y terminó a las cuatro*.

2. Construcción: —*con* o *en un escándalo*.

__culote__. Así ha hispanizado la RAE la voz francesa *culotte*. Figura en el DRAE/92 como uruguayismo y sinónimo de *braga femenina*.

*__culpabilizar__. El DRAE/92 no registra este verbo; dígase → __culpar__.

__culpar__. Construcción: —*de descuidado*; —*en uno lo que se disculpa en otro*; —*por lo que dijo*.

__cultismo__. La RAE ha introducido esta acepción en el DRAE/92 con la siguiente definición: "*Ling*. Vocablo procedente de una lengua clásica que penetra por vía culta en una lengua moderna sin pasar por las transformaciones fonéticas normales en las voces populares."

__cumbre__. La RAE ha introducido en el DRAE/92 esta acepción: "fig. Reunión de máximos dignatarios nacionales o internacionales, para tratar asuntos de especial importancia."

__cum laude__. Expresión latina que suele emplearse en la calificación de las tesis doctorales con el significado de 'con opción a premio extraordinario'. Evítese la forma errónea **cum laudem*.

__cumpleaños__. Es singular: *el cumpleaños*; *hoy es mi cumpleaños*, y plural: *festeja todos sus cumpleaños*. Evítese el falso singular: **cumpleaño*.

__cumplimentación__. Aunque muy frecuente, sobre todo en la jerga administrativa, no figura en el DRAE; puede sustituirse por *cumplimiento*.

__cumplimentar__. A pesar de que deriva de *cumplimiento*, es regular y no diptonga: *yo cumplimento*, etc.

__cumplir__. Construcción: —*con alguien*; —*con sus deberes* (también transitivo: —*sus deberes*).

__cuociente__. → __cociente__.

__cuota parte__. → __Galicismo__ (fr. *quote-part*) innecesario: la simple voz *cuota* expresa lo que la forma francesa.

__cuotidiano__. → __cotidiano__.

__cupé__. → __coupé__.

__cuplé__. → __couplet__.

__cupletista__. El DMI incorpora este vocablo, que no figura en el DRAE/92, con las siguientes definiciones: "f. Artista que canta cuplés. // m. El que los compone."

__Curaçao__. El DRAE desconcierta en cuanto a la designación española de esta isla antillana: __Curaçao__ (s. v. *curazao*) y *Curasao* (s. v. *curazoleño*). Según M. Seco (*Diccionario*), el nombre español de esta isla es *Curazao*.

__curalotodo__. → __acentuación ortográfica, II, J, 5__.

__curasao, curazao__. Para designar el licor de naranja y otros ingredientes, la RAE admite las dos grafías, pero recomienda la primera.

Curdistán. Gentilicio: *curdo* o *kurdo*, con preferencia por el primero.

cureta. → **curetaje**.

curetaje. → **Galicismo** (fr. *curetage*) por *raspado*. El empleo de esta voz ha sido criticado (por ejemplo, AAL, *Acuerdos*, III, 136-37), pero su uso está muy difundido, en la Argentina por lo menos, y, técnicamente, designa un tipo especial de raspado que se efectúa con un instrumento quirúrgico llamado *cureta* (del fr. *curette*), así como *legrado* es el raspado que se efectúa con la *legra*. Ni **curetaje** ni *cureta* figuran en el DRAE/92, pero sí en el Dorland.

curioso. Construcción: —*de noticias*; —*por ver qué pasa*.

currículum. Voz latina que se emplea en español con el significado de 'plan de estudios'. Presenta problemas para su pluralización: el inaceptable *currículums*; el invariable *los currículum* y el plural latino *los currícula*. Este último se suele emplear como singular y se le adjudica el género femenino: "[...] en casi todos los aspectos que contempla la currícula escolar [...]" (*Clarín*, 9-4-88, pág. 28), y aun un plural **currículas*: "[...] flexibilidad de currículas y amplia libertad de cátedra." (*Página/12*, 25-10-92, pág. 12). La mejor solución es utilizar la hispanización *currículo* (que figura en el DRAE) y formar normalmente su plural: *currículos*.
Debe mantenerse la forma latina en la expresión *currículum vitae*, relación de títulos, cargos y honores de una persona. En este caso, puede quedar invariable en plural: "[...] impulsó la creación de un registro de aspirantes a la magistratura donde los postulantes pueden acercar sus currículum [...]" (*Página/12*, 6-3-92, pág. 3).

cursi. Superlativo: *cursilísimo*.

custodiar. Para su acentuación, → **abreviar**.

cutí, cotí. La RAE autoriza ambas formas, aunque prefiere la primera (pero, → **cotín**).

cuy. → **cui**.

cuyo. 1. Pronombre relativo y posesivo. Equivale a *de quien* o *de que*. En la lengua moderna establece una idea de posesión o pertenencia entre un sustantivo antecedente y un sustantivo consecuente: *las voces cuyos ecos oíamos cesaron* (*voces* es el antecedente y *ecos* el consecuente); *cuyos ecos oíamos* equivale a *oíamos los ecos de las voces*. Por lo general el antecedente precede inmediatamente a **cuyo**, pero esto no es indispensable: "Veinte y dos años ha que vivo con ella mártir, sin haber sido jamás confesor de sus insolencias, de sus voces y de sus fantasías, y ya va para dos años que cada día me va dando vaivenes y empujones hacia la sepultura, a cuyas voces me tiene medio

sordo [...]" (M. de Cervantes, "Entremés del juez de los divorcios", en *Entremeses*, 7). El antecedente de *cuyas* es *ella*.

2. *Concordancia*. **Cuyo** es un adjetivo que concuerda siempre en género y número con su consecuente: *el hombre cuya mirada nos asustó; la mujer cuyos pasos escuchamos*. Cuando el consecuente está formado por dos o más sustantivos, **cuyo** concuerda únicamente con el primero: *el anciano cuyo gesto y mirada nos emocionaron* (es incorrecto: **cuyos gesto y mirada*).

3. **Cuyo** es de muy escaso uso en la lengua coloquial —se lo siente como literario— y se lo suele suplantar, indebidamente, por *que su* o *que*: **el niño que su madre es enfermera* (en lugar de *cuya madre es enfermera*); "[...] mercadería que no se puede determinar el origen." (en boca de un periodista de televisión), en lugar de *cuyo origen no se puede determinar*. Ambas construcciones deben evitarse en la lengua oral cuidada y, sobre todo, en la lengua escrita.

4. *Usos incorrectos*. Es incorrecto el uso de **cuyo** sin antecedente o sin valor posesivo en lugar de *que, el cual, este*: **le regalaron un libro, cuyo obsequio agradeció* (en lugar de *le regalaron un libro, obsequio que agradeció*); **llegaron unos campesinos, cuyos campesinos vestían ropas adecuadas* (en lugar de: *llegaron unos campesinos, los cuales vestían ropas adecuadas*); "Con cuyas palabras guardó el reloj [...]" (A. Cancela, *Historia*, I, 56) (en lugar de: *con estas palabras guardó el reloj*). Si bien se pueden citar ejemplos de este uso en escritores antiguos, la lengua actual rechaza este empleo: "[...] con astucia sotyl, lo que texia de dia deshazia de noche, en cuya lauor pasaron veynte años." (D. de San Pedro, *Cárcel de amor*, 71.) Un caso particular son las fórmulas establecidas del tipo: *por cuya causa* (= a causa de esto); *para cuyo fin* (= para el fin de que); *en cuyo caso* (= en el caso de que); *a cuyo efecto; con cuyo objeto*, etc., criticables desde un punto de vista estricto, pero frecuentes aun en buenos escritores.

5. → **del cual**.

cúyo. Lleva tilde cuando es pronombre interrogativo. Equivale a *¿de quién?*: "Tu dulce habla, ¿en cúya oreja suena?" (Garcilaso, *Égloga primera*, v. 127).
Este pronombre, ya limitado en su uso porque debía referirse sólo a personas, ha desaparecido totalmente de la lengua hablada y es raro en la lengua literaria. Con estas limitaciones, se emplea en época moderna generalmente como predicativo con el verbo *ser*: "¿Cúya es la doble faz, candor y hastío, / y la trémula voz y el gesto llano, / y esa noble apariencia de hombre frío / que corrige la fiebre de la mano?" (A. Machado,

"Nuevas canciones", en *Antología*, 185); "¿Cúya es esta cabeza soberbia?" (R. Darío, "Retratos", I, 1, en *Cantos*, 61).

Cuzco. El gentilicio correspondiente a esta ciudad del Perú es *cuzqueño*.

*czar. Este sustantivo y sus derivados **czarevitz*, **czariano* y **czarina* figuraban en el DRAE hasta la edición de 1970. Desde el DRAE/84, la Academia sólo admite las formas *zar, zarevitz, zariano* y *zarina*.

D

d. 1. Cuarta letra del alfabeto español (quinta si se considera la *ch* letra independiente). Su nombre es *de*, plural: *des*. Representa un fonema oclusivo (o fricativo, según los casos) dental sonoro.
2. *Pronunciación*. En general, se considera vulgar la pérdida de la **d** en cualquier posición: [benío] por *venido*, [abogáo] por *abogado*, [amirár] por *admirar*, [ensalá] por *ensalada*, [tó] por *todo*. Sin embargo, en dos casos se tolera la relajación extrema de la **d**: a) En la terminación *-ado*, que en el habla corriente y rápida llega a *-ao*: [apuráo, kansáo] en lugar de *apurado, cansado*. Es frecuente en el habla coloquial tanto de América como de España, pero debe evitarse en el habla cuidada y formal. El cierre de *-ao* en *-au* [apuráu, kansáu] es decididamente rústico. b) En posición final absoluta [usté, paré, verdá], en lugar de *usted, pared, verdad*. Pero no se tolera la pérdida de la **d** final en vocablos de uso poco frecuente: *adalid, ardid, abad*.
En algunas regiones de España (Castilla la Vieja, León), la **d** final de sílaba o palabra se trasforma en *z* [azquirír, madríz, ustéz] por *adquirir, Madrid, usted*, y aun en *t* [madrít]. Es de advertir, no obstante, que la pronunciación con una articulación plena de la **d** sonaría, en todos los casos, afectada y pedante; la pronunciación culta articula una **d** apenas perceptible.
D. Es abreviatura de *don*, no de *doctor* (*Dr.*).
dacha. Hispanización de un vocablo ruso que significa 'casa de campo'. En su sesión del 8 de mayo de 1975, la AAL le sugirió a la RAE la inclusión de este vocablo en el *Diccionario* oficial (*Acuerdos*, V, 210-11). No figura en el DRAE/92.
dactilografiar. 1. Para su acentuación, → **enviar, 1**.
2. Aunque la RAE ha admitido *dactilografía, dactilográfico* y *dactilógrafo*, ni el DRAE/92, ni el DMI registran el verbo

dactilografiar. Quien desee evitarlo puede usar *mecanografiar*.
dado. En las expresiones con este participio, la concordancia en género y número es obligatoria: *dado el caso*; *dadas las circunstancias*; *dados los resultados*.
*dado a que. Forma incorrecta por *dado que*.
daiquiri. 1. El DRAE/92 incorpora esta voz con la siguiente definición: "(Del nombre de un barrio de El Caney, en Cuba.) m. Cóctel preparado con zumo de limón, ron y azúcar."
2. Es palabra grave; la RAE no acepta la acentuación aguda **daiquirí*.
dalai-lama. La RAE ha incorporado esta voz en el DRAE/92 con la siguiente definición: "(Del mongol *dalai*, océano, y el tibetano *lama*, sacerdote.) m. Nombre que recibe el sumo sacerdote budista, dirigente espiritual y jefe del Estado en el Tíbet."
damasceno, damaceno. La RAE admite ambas grafías, pero prefiere la primera.
Damasco. El gentilicio correspondiente a esta ciudad de Asia es → **damasceno**.
Damocles. Se acentúa corrientemente como grave, y así lo escribe el DRAE (s. v. *espada*).
dan. El DRAE/92 recoge este vocablo con la siguiente definición: "(Del japonés *dan*.) m. Cada uno de los diez grados superiores en las artes marciales tradicionales concedidos a partir del cinturón negro."
Dánae. Es esdrújula; la acentuación grave, **Danae*, es errónea.
dancing. Voz inglesa que suele emplearse en español: "[...] se les ve [...] dirigirse a los teatros, asomarse a los *dancings*." (M. Abella Caprile, *Geografías*, 32). Puede sustituirse por *sala* (o *salón*) *de baile*.
dandi. 1. Así ha hispanizado la RAE la voz inglesa *dandy* e incorporado al DRAE/84, juntamente con *dandismo*.
2. Plural: *dandis* (no se justifica el plural *dandies*).
Dante. No es correcto, aunque sí frecuente, anteponer el artículo, **el Dante*, ya que no

es apellido, sino nombre de pila. La RAE escribe: "Propio y característico de Dante." (DRAE/92, s. v. *dantesco*). → **artículo, II, A, 2, c)**.

danzante. Femenino: *danzanta*. → **-ante, -ente**.

dar. 1. Verbo irregular (ver cuadro).

2. El uso de *dar, darse + sustantivos verbales* en *-ada, -ida* está muy extendido en América: *dar una mirada, una barrida, una leída, darse una escapada, una corrida*, etc. Señalan una rápida terminación de la acción indicada por el sustantivo verbal y son propias del lenguaje familiar y popular.

3. Pertenecen al español común y son también frecuentes las construcciones *dar, darse + sustantivo*, formas perifrásticas que se utilizan en lugar del verbo simple: *dar un baño, un suspiro, alegría, comienzo*, etc., por *bañar, suspirar, alegrar, comenzar*, etc.; *darse cita, darse un baño*, etc., por *citarse, bañarse*, etc. Conviene no abusar de estas construcciones.

4. Construcción: *—a conocer; —a la manija; —el balcón al patio; —con alguien o con algo; —contra una columna; —de barniz, de manteca; —de beber* (el uso de la preposición *a* en este caso no es académico: "[...] alguien con guardapolvo dándole a beber un trago que lo alivió [...]" [J. Cortázar, *Final del juego*, 170]); *—de bofetones; —de espaldas; —de lleno con una cosa; —en el clavo; —en la manía de; —en la respuesta; —en tierra con los bultos; —por bueno, por inocente; —por venir todos los días; —que hablar, que hacer, que pensar*.

5. → **dé; *dea; di; dio; dio las diez**.

darse. Construcción: *—a la buena vida; —a su familia; —a la bebida; —a conocer; —la cabeza contra la pared; —de golpes; —por enterado, por muerto; dárselas de virtuoso*.

dar abasto. 1. Se usa preferentemente en oraciones negativas.

2. Construcción: *—a, con* (con sustantivos): *el alumno no da abasto a, con su tarea; —para* (con verbos): *los médicos no daban abasto para curar a los heridos*.

dar batalla. La expresión académica es *dar la batalla*.

dar gusto. Puede construirse con la preposición *de* o sin ella: *me da gusto (de) recibir sus cartas*. Es más frecuente el uso sin preposición.

dar la casualidad que. Es preferible: *dar la casualidad de que*.

darla de, dárselas de. Son expresiones sinónimas, ambas de uso familiar, pero en la primera el pronombre va en singular y en la segunda, en plural: *darla de generoso; dárselas de generoso*.

dar la salsa. La RAE ha incluido esta expresión en el DRAE/92, como argentinismo y con la siguiente definición: "fig. y fam. Dar una paliza, maltratar."

dar lástima. Puede construirse con la preposición *de* o sin ella: *me da lástima (de) verlo así*. Es más corriente la construcción sin preposición.

dar palabra. Se construye con la preposición *de: me dio palabra de que vendría*.

dar pena. Puede construirse con la preposición *de* o sin ella: *le dio pena (de) que se enteraran de la verdad*. Es más corriente el uso sin preposición.

darse cuenta de que. Es muy corriente la omisión de la preposición *de*, tanto en lengua coloquial como literaria: "[...] me di cuenta que me había casado con una cacatúa." (O. Girondo, "Espantapájaros 6", en *Obras completas*, 167); "Después me di cuenta que venía de Aguirre." (M. Benedetti, *Esta mañana*, 24); "[...] y en seguida me di cuenta que una ciega podía oír [...]" (F. Hernández, "El balcón", en AEL, 32); "[...] me di cuenta que la máquina pesaba mucho [...]" (J. Cortázar, *Final del juego*, 25).

No es infrecuente encontrar las dos construcciones en un mismo texto, lo que pone de manifiesto la indiferencia ante una u otra: "Enseguida me di cuenta que el abuelo no había leído *Corazón* [...]" (M. Benedetti, *La borra*, 22); "De pronto nos dimos cuenta de que en esa jornada [...]" (*op. cit.*, 27).

dárselas de. → **darla de**.

dar vergüenza. Puede construirse con la preposición *de* o sin ella: *le dio vergüenza (de) lo que había dicho*. Es más frecuente el uso sin preposición.

darvinismo, darvinista, darviniano. → **darwinismo**.

dar vuelta(s) a. Se considera incorrecta la omisión de la preposición *a* en esta expresión: **dar vuelta el colchón; *dar vueltas el sombrero*, ya que *colchón* y *sombrero* son complementos indirectos que deben construirse con la preposición *a*. La construcción sin *a* es propia, según Kany (*Sintaxis*, 21), de Bolivia, Chile y la región del Río de la Plata.

darwinismo. A pesar de que en el apellido inglés *Darwin* la *w* se pronuncia *u* y no *v*, la RAE derivó de él un sustantivo *darvinismo*. En el DRAE/92 incluyó **darwinismo** como forma preferida. No obstante, admite sólo las formas *darvinista* y *darviniano*.

de. En los siguientes casos pueden presentarse dudas en el empleo de esta preposición:

1. *Omisión*:

a) Ciertos verbos y adjetivos exigen la preposición **de**: *acordarse de, alegrarse de, seguro de, convencido de: se acordó de venir, me alegré de verlo, estaba seguro de ti*. No

---

D A R
(conjugación de los tiempos simples)

MODO INDICATIVO

Presente	Pret. imperf.	Pret. perf. simple	Futuro	Condicional
doy	daba	di	daré	daría
das	dabas	diste	darás	darías
da	daba	dio	dará	daría
damos	dábamos	dimos	daremos	daríamos
dais	dabais	disteis	daréis	daríais
dan	daban	dieron	darán	darían

MODO SUBJUNTIVO

Presente	Pret. imperf.	Futuro
dé	diera/diese	diere
des	dieras/dieses	dieres
dé	diera/diese	diere
demos	diéramos/diésemos	diéremos
deis	dierais/dieseis	diereis
den	dieran/diesen	dieren

MODO IMPERATIVO

Presente

da
dad

FORMAS NO PERSONALES

Infinitivo	Gerundio	Participio
dar	dando	dado

obstante, se suele omitir esta preposición ante una proposición sustantiva: *se acordó (de) que vendrían; me alegré (de) que estuvieras bien; está seguro (de) cómo lo hizo.* → **acordarse.**

b) No debe omitirse **de** en las locuciones prepositivas *cerca de, dentro de, delante de,* etc.: **se oían gritos dentro la casa.*

c) Evítese la omisión de la preposición **de** en las fechas: **2 enero 1993* o **enero 2, 1993*; dígase: *2 de enero de 1993.*

2. *Uso superfluo:*

a) → **dequeísmo.**

b) En el Río de la Plata y Chile sobre todo, se emplea en construcciones como: → ***de parado,** **de sentado, *de callado: *comía siempre de parado,* criticadas como incorrectas por los preceptistas.

3. *Su uso en lugar de otras preposiciones:* La preposición **de** suele emplearse indebidamente en lugar de otras preposiciones, sobre todo en los siguientes casos:

a) En lugar de *a*: **diputado de la Asamblea,* por *diputado a la Asamblea; *ir de Pedro, *ir del médico,* → **ir de.**

b) En lugar de *en*: **mucho gusto de saludarlo,* por *mucho gusto en saludarlo; *quedamos de que iríamos,* por *quedamos en que iríamos.*

c) En lugar de *para*: **regalos de señoras,* por *regalos para señoras.*

4. *Otros casos:*

a) *Tener de* + *infinitivo* es correcto, pero poco usual en el español común, sobre todo en la lengua coloquial: *tengo de salir.* Es más corriente *tengo que salir*. (En la Argentina, la construcción con **de** suele ser utilizada por personas poco letradas, por lo que se la tacha sin más de incorrecta y vulgar).

b) La preposición **de** + infinitivo tiene valor condicional: *de comprarlo, no lo usaré* (si lo compro...); *de haberlo sabido, te lo habría dicho* (si lo hubiera sabido...). Este uso, criticado por algunos preceptistas, está avalado por el *Esbozo* (3. 22. 6, b) y por M. Seco y M. Moliner en sus respectivos Diccionarios.

c) Conviene respetar la correlación *de... a*: *de Buenos Aires a Montevideo* (no: *hasta*). → **desde... hasta**.

5. → *agua Colonia; baño de María; calle, 2; color, 2; de a; deber + infinitivo; *hacerse del rogar*.

dé. 1. Lleva tilde cuando es inflexión del verbo *dar: es preciso que le dé la llave.*

2. Esta forma verbal conserva la tilde cuando se le añade un pronombre enclítico: *déme su nombre, déle la mercadería*.

de a. 1. En el español americano es frecuente el uso de la preposición *de* en expresiones como *de a traición, *de a buenas, *de a malas*, etc., que el español estándar omite: *a traición, a buenas, a malas*, etc. No obstante, tres construcciones, que entran en esta categoría criticada por los preceptistas, son de uso habitual, aun entre personas cultas, en la Argentina: *de a poco* (= poco a poco), *de a ratos* (= a ratos) y *de a pedazos* (= a pedazos).

2. → **de a caballo; de a dos; *de adrede; de a pie; *de de veras**.

***dea, *dean.** Formas erróneas por *dé, den*, que deben ser cuidadosamente evitadas: **no quiero que le dean nada*.

***de abajo a arriba.** Dígase *de abajo arriba*. → **arriba, 3**.

***de a buenas.** → **de a**.

de a caballo. Esta locución es correcta cuando se refiere a personas que usan normalmente caballo: *soldados de a caballo; es un hombre de a caballo* (en este último caso se encarece la habilidad para montar): "[...] usaba un cinto de cuero de gato, facón, espuelas de plata, revólver 45 y era muy de a caballo." (L. Gudiño Kramer, *La creciente*, 94). La RAE la registra en las expresiones *coracero de a caballo, lancero de a caballo, con mil de a caballo*, que figuran en el DRAE (s. v. *caballo*). Pero la preposición *de* es superflua en la locución adverbial de modo *a caballo*: **andar de a caballo, *ir o venir de a caballo*, etc., frecuentes en el Río de la Plata y Chile. Dígase *andar a caballo, ir o venir a caballo*, etc. "Y, de a caballo, nomás, hubiésemos abierto la tranquera [...]" (G. House, "Trenzando", en DCA, 149).

de acuerdo a. Los preceptistas y gramáticos

insisten en que lo correcto es *de acuerdo con*, pero en el Río de la Plata, tanto el lenguaje hablado como el periodístico, y aun el literario, prefieren **de acuerdo a**: "De acuerdo a la composición de la Legislatura jujeña [...]" (*Clarín*, 24-8-88. pág. 10); "De acuerdo a cada especialidad varía la calidad y la soltura expresiva [...]" (J.E. Clemente, "Estilística del lunfardo", en *El lenguaje de Buenos Aires*, 97); "[...] de acuerdo a lo reglamentado en el Digesto." (R. Arlt, "Pequeños propietarios", en VCHA, 141); "[...] una voz de acuerdo a su idiosincrasia [...]" (S. Ocampo, "La gallina de membrillo", en VCHA, 180); "[...] una España trágica o eufórica de acuerdo a sus estados de ánimo [...]" (P. O'Donnell, *Copsi*, 57); "Y de acuerdo a lo que usted dijo de los objetos [...]" (F. Hernández, "El balcón", en AEL, 38), y se podrían multiplicar los ejemplos.

***de a de balde.** Construcción incorrecta; dígase *de balde*.

***de a de veras,*de a deveras.** Construcciones incorrectas; dígase *de veras*: "Parece que te van a matar de a veras." (J. Rulfo, *El llano en llamas*, 195); "[...] esta vez como un regalo de a deveras [...]" (M. Vargas Llosa, *La ciudad*, 209).

de a dos, de a tres. Construcción frecuente en América, que los preceptistas recomiendan sustituir por *de dos en dos, de tres en tres*, etc.: *deben entrar de dos en dos*. También es usual emplearla en lugar de *entre dos, entre tres: este trabajo tienen que hacerlo de a dos*.

***de adrede.** Uso incorrecto de la preposición *de*, frecuente en América; dígase *adrede: lo hizo adrede*. No debe de ser ajena a este uso la influencia de locuciones de significación análoga: *de intento, de propósito*.

de alguna manera. Muletilla de la que se abusa *ad náuseam: salió temprano y volvió de alguna manera un poco tarde*. Se la suele emplear para relativizar lo afirmado. Como todas las muletillas, conviene evitarla.

***de a malas.** → **de a**.

deanato, deanazgo. La RAE admite ambas formas, pero prefiere la primera.

de antemano. La grafía **de ante mano* es incorrecta.

de a pedazos. → **de a**.

de a pie. Esta locución es correcta cuando se aplica a personas que, para sus ocupaciones, no usan del caballo, por contraposición a las que sí lo emplean: *venían soldados de a pie*. La RAE la registra en el DRAE (s. v. *pie*). La preposición *de* es incorrecta, en cambio, en la locución adverbial de modo *a pie*, que se aplica a la manera de andar sin caballería ni carruaje: **ir de a pie, *andar de a pie*, etc., frecuentes en el Río de la Plata y Chile. Dígase *ir a pie, andar a pie*, etc.

de a poco. → **de a.**

***de aquí tres meses.** Dígase *de aquí a tres meses, de aquí a diez días, de aquí a cinco años*, etc. La omisión de la preposición *a* es incorrecta.

de a ratos. → **de a.**

de arriba. Locución adverbial de uso muy frecuente en la Argentina con el significado de 'gratis, sin pagar': *todo lo consigue de arriba*.

***de arriba a abajo.** Uso incorrecto de la preposición *a*: "[...] mirada corta, de arriba a abajo, nada más [...]" (I. Blaisten, *Cerrado*, 51); "La viejecita se acercó a mirarla de arriba a abajo [...]" (L. Barletta, "Cuento de hadas", en VCAM, 160). Dígase: *de arriba abajo.* → **abajo, 2.**

***de a traición.** → **de a.**

de auditu. Expresión latina que significa 'de oídas': *lo sabe de auditu.*

debacle. **1**. Así ha hispanizado la RAE la voz francesa *débâcle*, como sinónimo de *desastre*. Equivale también a *ruina, derrota, catástrofe, calamidad, hecatombe, bancarrota* (en los negocios), *devastación, derrumbe, cataclismo*, según los casos. Como se ve, la incorporación de este vocablo no aporta ninguna novedad al léxico español. **2**. Es palabra femenina, *la debacle*, y grave [debákle]. En su pronunciación no debe omitirse el sonido *e* final.

debajo. Adverbio que exige la preposición *de* cuando precede a un nombre: *debajo de la parra*. Los gramáticos critican la construcción *debajo mío, debajo nuestro*, en lugar de *debajo de mí, debajo de nosotros*, pero → **cerca mío.**

de balde. Los preceptistas insisten en distinguir esta expresión, que significa 'gratis, sin pagar' de la locución adverbial *en balde* (= en vano, sin motivo). Sin embargo, en América se usa *de balde* con ambos significados, empleo que la RAE ha legitimado a partir del DRAE/70: *conseguí esta camisa de balde* (= gratis); *es de balde que lo traigas, porque ya no lo necesito* (= en vano).

debatirse. El DRAE/92 ha legitimado el uso de esta forma pronominal por *agitarse, forcejear, luchar: se debatía en la desesperación; se debaten contra las dificultades.* Los preceptistas lo consideraban → **galicismo** (fr. *se débattre*).

¹**deber.** Los preceptistas criticaban por galicado el uso de este sustantivo con el valor de 'ejercicio, trabajo escolar que el alumno realiza en su casa'. La RAE ha admitido este significado, especialmente en plural, y lo ha incluido en el DRAE/84.

²**deber.** Es un verbo regular; las formas sincopadas de futuro y condicional **debré, *debrás*, etc. y **debría, *debrías*, etc. en lugar de *deberé, deberás*, etc. y *debería,*

deberías, etc. son arcaicas y su uso está hoy desprestigiado.

deber, deber de (+ infinitivo). La lengua cuidada, sobre todo la escrita, distingue estas dos construcciones: **deber + infinitivo**, que expresa obligación: *debe volver a las ocho* (equivale a *tiene la obligación de volver a las ocho*), y **deber de + infinitivo**, que indica posibilidad: *debe de volver a las ocho* (es lo mismo que: *posiblemente vuelva a las ocho*). No obstante, es frecuente y está extendida a todo el ámbito del español la unificación, en favor generalmente de la forma sin preposición, de ambos significados; así: *debía traer el equipaje consigo* puede significar tanto probabilidad (*quizá trajera el equipaje consigo*), como obligación (*estaba obligado a traer el equipaje consigo*), y hasta un crítico tan estricto del habla rioplatense como es Américo Castro incurre en ella: en una nota a *Juvenilia*, de M. Cané, escribe, refiriéndose al vocablo *álea* que el autor argentino emplea: "Cané debe haberlo tomado a través del francés", donde utiliza la forma sin preposición para indicar posibilidad.

Si bien en la lengua oral la entonación y el contexto pueden establecer la distinción entre ambos valores, en la lengua escrita conviene respetar la diferencia de construcción **deber/deber de**. Su pérdida empobrece indudablemente el lenguaje.

Menos admisible es el uso de **deber de** por **deber** para expresar obligación: "Antes de acostarnos debíamos de poner los juguetes en su sitio." (N. Lange, *Cuadernos*, 148).

debido a. El DRAE/92 incorpora esta locución prepositiva con el valor de 'a causa de'.

débil. Construcción: *—de carácter*.

debilidad. El DRAE/92 añade una tercera acepción de este sustantivo: "**afecto**, cariño. *Sentía por él una gran debilidad*", criticada hasta entonces por galicista.

debilitación, debilitamiento. La RAE admite ambas voces, sin indicar preferencia alguna.

debitar. → **Anglicismo** (ingl. *to debit*) ya consagrado en América con el valor de 'anotar una partida en el debe'. El DRAE, que no registra este verbo, sólo admite para este significado *cargar* y *adeudar*.

débito. La acepción 'suma que se carga en el debe de una cuenta' es considerada → **anglicismo** (ingl. *debit*) y no figura en el DRAE/92. El DMI registra esta acepción: "Suma de todas las partidas del debe."

de buces. La RAE admite esta forma de la locución adverbial, pero prefiere *de bruces*, que es la que se usa habitualmente.

de burla. Así se dice corrientemente en la Argentina, pero la forma académica es *de burlas*.

debut. **1**. Así ha hispanizado la RAE la voz francesa *début* y la ha incorporado en el DRAE/84 con las siguientes definiciones: "Presentación o primera actuación en público de una compañía teatral o de un artista. // 2. Por ext., primera actuación de alguien en una actividad cualquiera."
2. El plural regular *debutes* es inusitado y se emplea el anómalo *debuts*.

debutante. Vocablo que la RAE ha incorporado al DRAE/84.

debutar. **1**. Verbo que ha sido incorporado al DRAE/84 con las siguientes definiciones: "Presentarse por primera vez ante el público una compañía teatral o un artista. // 2. Presentarse por primera vez ante el público una persona en cualquier otra actividad. // 3. Ser presentada en sociedad una joven." (Esta última acepción fue eliminada del DRAE/92).
2. Aunque admitida recientemente por la RAE, es voz que se emplea en la Argentina desde el siglo pasado con los valores académicos apuntados y con el de 'comenzar': "Jacques *debutó* por un revés, que fue hábilmente parado [...]" (M. Cané, *Juvenilia*, 54).

década. → **cardinales (numerales), 3**.

decaer. **1**. V. irreg.; se conjuga como **caer, 1**.
2. Construcción: —*en fuerzas*.

decagramo. Es voz llana; la acentuación esdrújula, **decágramo*, es incorrecta.

décalage. Voz francesa que puede sustituirse por *desfase, desnivel, diferencia, descalce, desajuste, desacuerdo, disconformidad*, según los casos.

decalcificación. → **descalcificación**.

decalitro. Es palabra llana; la acentuación esdrújula, **decálitro*, no es académica, aunque, según T. Navarro Tomás (*Manual*, § 171), es ésta la pronunciación general.

decámetro. Es voz esdrújula. La acentuación llana, **decametro*, es incorrecta.

decatlón. **1**. En su acuerdo del 19 de noviembre de 1970, la AAL se pronunció en favor de la acentuación aguda, **decatlón**, de esta voz (*Acuerdos*, IV, 257-60), y así fue incluida por la RAE en el DRAE/92. No es correcta, entonces, la acentuación esdrújula **décatlon*.
2. Evítese la forma etimológica *dékathlon*.

de Ceca en Meca, de la Ceca a la Meca. **1**. Ambas locuciones son equivalentes.
2. El DRAE no registra la grafía *de la ceca a la meca*: "[...] los doce pesquisantes andaban de la ceca a la meca, preguntando, averiguando, sonsacando [...]" (A. Cancela, *Historia*, I, 81).

decenio. → **cardinales (ordinales), 3**.

decentar. V. irreg.; se conjuga como **acertar, 1**.

decididamente. El DRAE/92 ha añadido la acepción 'definitivamente': *decididamente*

no hay ninguna solución, considerada galicista (fr. *décidément*) hasta entonces.

decidido. El DRAE/92 ha incorporado esta voz con el significado de: "Resuelto, audaz, que actúa con decisión."

decidir. Construcción: —*de nuestro futuro*; —*en este problema*; —*en favor del acusado*; —*sobre qué haremos*.

decidirse. Construcción: —*a regresar*; —*a* (o *en*) *favor del candidato*; —*por la última propuesta*.

decigramo. Es voz grave; la acentuación esdrújula, **decígramo*, es errónea.

decilitro. Es palabra llana. La acentuación esdrújula, **decílitro*, es incorrecta.

decímetro. Es voz esdrújula; la acentuación grave, **decimetro*, es errónea.

decimo-. De acuerdo con las nuevas normas de ortografía (1959), cuando este vocablo entra a formar parte de un compuesto como primer elemento, debe escribirse sin la tilde que como palabra simple le habría correspondido: *decimoquinto, decimoséptimo*, etc.

décimo. → **diez**.

decimoctavo. La grafía **decimooctavo* es errónea.

decimonoveno, decimonono. La RAE admite ambas formas, pero prefiere la primera, que es la más empleada.

*****decimoprimero, *decimosegundo**. Vocablos que no registra el DRAE; dígase → **undécimo** y → **duodécimo**, respectivamente.

decimotercera, decimatercera. **1**. La RAE admite las dos formas, pero recomienda la primera. Lo mismo para *decimocuarta* / *decimacuarta*; *decimoquinta* / *decimaquinta*, etc.
2. → **decimo-**.

decimotercio, decimotercero. La RAE admite las dos formas, pero recomienda la primera, que es la menos usada.

decir. **1**. Verbo irregular (ver cuadro). Tiene cinco raíces: *dig-, dic- [dis], dec- [des], dij-* y *dir-*. El imperativo singular no sólo pierde la *-e* desinencial, sino también la consonante *c* final de la raíz: *di*. En los compuestos de **decir**, ambos sonidos se mantienen: *contradice, desdice* (y no **contradí, *desdí*).
El futuro y el condicional tienen forma irregular: *diré, diría* (pero → **bendecir** y **maldecir**).
2. En la conjugación de este verbo deben evitarse cuidadosamente las formas vulgares **dijieron* (por *dijeron*) y **dijiera* / *dijiese*, **dijieras* / *dijieses*, etc. (por *dijera* / *dijese*, *dijeras* / *dijeses*, etc.).
3. El imperativo *di* nunca lleva tilde: *di lo que sabes* (tampoco cuando agrega un pronombre enclítico: *dime lo que sabes*).

decir de + infinitivo. Es corriente en la

D E C I R
(conjugación de los tiempos simples)

MODO INDICATIVO

Presente	Pret. imperf.	Pret. perf. simple	Futuro	Condicional
digo	decía	dije	diré	diría
dices	decías	dijiste	dirás	dirías
dice	decía	dijo	dirá	diría
decimos	decíamos	dijimos	diremos	diríamos
decís	decíais	dijisteis	diréis	diríais
dicen	decían	dijeron	dirán	dirían

MODO SUBJUNTIVO

Presente	Pret. imperf.	Futuro
diga	dijera/dijese	dijere
digas	dijeras/dijeses	dijeres
diga	dijera/dijese	dijere
digamos	dijéramos/dijésemos	dijéremos
digáis	dijerais/dijeseis	dijereis
digan	dijeran/dijesen	dijeren

MODO IMPERATIVO

Presente

di
decid

FORMAS NO PERSONALES

Infinitivo	Gerundio	Participio
decir	diciendo	dicho

lengua coloquial esta construcción en lugar de *decir* + *subjuntivo* o *condicional*: *¿has dicho de castigarlo?* (por: ¿has dicho que lo castiguemos?); *dijeron de venir temprano* (por: dijeron que vendrían temprano).

*decir de que. Es incorrección grave encabezar con la preposición *de* una proposición complemento directo del verbo *decir*: **dijo de que no podía venir* (en lugar de: dijo que no podía venir). Este uso vicioso es frecuente en América. → **dequeísmo**.

decodificación. → **descodificación**.

decodificar. → **descodificar**.

decolaje, decolar. → **Galicismos** (fr. *décollage, décoller*) por *despegue, despegar* (un avión).

decolorar. → **descolorar**.

*de conformidad a, *en conformidad a. Dígase *de conformidad con, en conformidad con*.

decorado. Es el participio del verbo *decorar*. Como sustantivo es sinónimo de *decoración*, voz esta última que la RAE prefiere: *la decoración* (o *el decorado*) *de una obra teatral*.

*de córpore insepulto. → **córpore insepulto**.

decrecer. V. irreg.; se conjuga como → **parecer, 1**.

decreto ley. Plural: *decretos leyes*. → **carta poder**.

decuplicar, decuplar. La RAE autoriza ambas formas, pero prefiere la primera.

*de de veras. Construcción incorrecta, frecuente en América; dígase *de veras*: *te lo digo de veras*.

dedicación exclusiva. → **full-time**.

dedocracia, dedocrático. La RAE ha incluido los dos vocablos en el DRAE/92 con las siguientes definiciones: "f. fam. Práctica de nombrar personas a dedo, abusando de autoridad" y "adj. fam. Perteneciente o relativo a la dedocracia", respectivamente.

deducir. 1. V. irreg.; se conjuga como → **conducir, l.** Evítense cuidadosamente las formas **dedujieron* (por *dedujeron*) y **dedujiera / dedujiese,*dedujieras / dedujieses*, etc. (por *dedujera / dedujese, dedujeras / dedujeses*, etc.).
2. Es incorrecto el uso de la preposición *de* delante de *que* + proposición complemento directo: **deduzco de que no quiere aceptar mi oferta* (por: *deduzco que no quiere...*). → **dequeísmo**.

de entrecasa. Locución adjetiva, usual en la Argentina, que no figura en el DRAE/92 ni en el DMI. Significa 'común, ordinario, sin adornos, propio de la intimidad del hogar': *llevaba puesto un sencillo vestido de entrecasa*.

*de escondidas. Forma errónea; dígase *a escondidas*.

*de ex profeso. Forma incorrecta; dígase → **ex profeso**. Habla un personaje de escasa cultura: "[...] quiero dejar bien sentado de exprofeso que lo que vino después no lo voy a contar." (I. Blaisten, *Cerrado*, 54).

de facto. 1. Locución adverbial latina que significa 'de hecho', por oposición a *de iure*.
2. Si bien la RAE escribía *defacto*, modificó su criterio y el DRAE/92 registra la grafía **de facto**.

defalcar. → **desfalcar**.

*defasaje. → **Galicismo** (fr. *déphasage*) que significa 'diferencia de fase entre dos fenómenos alternativos de la misma frecuencia'. Dígase: *desfase*.

defeccionar. Según el DMI es → **galicismo**, pero ni el *Larousse de la langue française* ni el *Dictionnaire alphabétique et analogique de la langue française*, de Paul Robert, registran un verbo **défectionner*, por lo que **defeccionar** parece más bien un verbo formado correctamente a partir del sustantivo español *defección* (como *accionar, solucionar, condicionar, estacionar*, etc. derivan de *acción, solución, condición, estación*, etc.). De todos modos, el verbo **defeccionar** no figura en el DRAE/92 y quien desee evitarlo puede recurrir a los equivalentes propuestos por el DMI: *desertar, abandonar uno su puesto, hacer defección* (este último sí con un cierto dejo galicista: *faire défection*).

defectivo. Es el verbo que no se usa en algunos de sus modos, tiempos o personas, como *abolir, soler*, etc.

defender. V. irreg.; se conjuga como → **tender, 1**.

defensor del pueblo. El DRAE/92 ha incorporado esta expresión con la siguiente definición: "Persona cuya función institucional, en varios países, consiste en la defensa de los derechos de los ciudadanos frente a los poderes públicos." → **ombudsman**.

deferir. 1. V. irreg.; se conjuga como → **sentir, 1**.
2. No confundir este verbo con *diferir*.
3. Construcción: —*al dictamen de otro*.

déficit. Aunque suele verse escrito un plural **déficits*, esta voz carece de forma propia de plural: *los déficit*. Es ésta la doctrina de Bello (*Gramática*, § 124), de R. Menéndez Pidal (*Manual*, 212, nota), de la RAE (DRAE/92 y DMI) y de la AAL (*Acuerdos*, IV, 88).

*deflacción. → **Ultracorrección** por *deflación*.

deflagración. Se lo emplea impropiamente como sinónimo de *explosión*, cuando, en realidad, es la acción y efecto de arder una sustancia con llama y sin explosión.

deforestar, desforestar. La RAE admite ambas formas, pero prefiere la primera.

defraudar. Construcción: —*en las esperanzas*.

degenerar. Construcción: *la libertad degeneró en libertinaje*.

*deglutición. Forma incorrecta por *deglución*.

degollar. V. irreg.; se conjuga como → **sonar**. Las formas diptongadas llevan diéresis: *degüello, degüelles*, etc.

degradar. En su sesión del 26 de abril de 1983, la AAL sugirió a la RAE agregar como nueva acepción de este verbo la de "Transformar una sustancia compleja en otra de constitución más sencilla." (*Acuerdos*, IX, 145-48). Figura, con esta misma definición, en el DRAE/92.

degradé. 1. → **Galicismo** (fr. *dégradé*) que suele emplearse en español con su significado original de 'atenuación progresiva de la intensidad de un color o una luz': *un azul degradé*.
2. En función adjetiva es generalmente invariable respecto del número: *unos tonos degradé*.

*de gratis. Construcción incorrecta: **entramos de gratis*. Dígase: *entramos gratis*.

degresivo. → **Galicismo** (fr. *dégressif*) por *regresivo*.

de gusto. Locución adverbial que se emplea en el Río de la Plata con el valor de 'sin motivo': *lo reprendió de gusto*. No figura en el DRAE/92.

deíctico, díctico. La RAE admite las dos formas, aunque recomienda la primera: *la función deíctica de los pronombres demostrativos*.

de iure, de jure. 1. El DRAE/92 autoriza las dos formas, pero recomienda la primera. **2.** Esta locución adverbial latina significa 'de derecho', por oposición a → **de facto**: *un gobierno de iure*.

dejar. Construcción: —*algo en manos de otro*; —*a alguien por loco*; —*a un lado* o *de lado*; —*de hacer*; —*mucho que desear*.

dejarse. Construcción: —*de rodeos*.

dejar planchado. La RAE ha incorporado esta expresión en el DRAE/92 con el significado de 'dejar a alguno sin poder reaccionar por alguna palabra o hecho inesperado'.

dejar saber. → **Anglicismo** (ingl. *to let know*) por *informar, avisar*: *cuando lleguen los invitados, déjame saberlo*.

de jure. (pron. [de iure]). → **de iure**.

del. 1. La escritura evita dos contracciones seguidas, disolviendo la primera: "De este parecer no estoy tan seguro como de el del Consejo reunido" (Quintana, *Memoria sobre su proceso y prisión en 1814*, cit. por R.J. Cuervo, *Notas*, § 53). Pero conviene evitar este tipo de construcciones por inelegantes. **2.** Para otros casos de disolución de la contracción, → **al**.

delante de. Evítese la omisión de la preposición *de*: **iba delante los peones*. Este uso, aunque normal en el español clásico, es propio hoy del lenguaje rústico. → **delante mío**.

delante mío. 1. A pesar de su difusión en Hispanoamérica y de no ser desconocidas en España, los gramáticos censuran formas como **delante mío**, *delante tuyo, delante nuestro*, etc., y recomiendan sustituirlas por *delante de mí, delante de ti, delante de nosotros*, etc. El uso criticado es muy frecuente en el Río de la Plata: "En ese instante vimos delante nuestro una canoa indígena [...]" (J.S. Álvarez, *En el mar austral*, 83); "El callejón, delante mío, se tendía oscuro." (R. Güiraldes, *Don Segundo*, 16). **2.** → **adelante**; **cerca mío**.

del cual, del que, de quien. Por inadecuada traducción del *dont* francés, se comete a veces el error de emplear estas formas en lugar de *cuyo*: **es ésta una mercadería de la cual el precio es exorbitante* (por: *cuyo precio es exorbitante*).

déle. → **dé, 2**.

delegar. Construcción: —*en el secretario* (no: **al secretario*).

deleitarse. Construcción: —*con, en la música*.

delenda Carthago. Expresión latina que se utiliza para referirse a algo que es la mayor preocupación de alguien, quien lo repite insistentemente. Se cuenta que Marco Porcio Catón, el Censor, preocupado por el grave peligro que, en su opinión, representaba Cartago para Roma, finalizaba todos sus discursos, cualquiera que fuera el tema de ellos, con la frase: *Ceterum censeo Carthaginem esse delendam* (Por otra parte, considero que Cartago debe ser destruida).

deleznable. Entre los valores que el DRAE registra para este adjetivo ('que se disgrega fácilmente'; 'que se desliza con facilidad' y 'poco durable, inconsistente') no figura, como se ve, el significado de 'abominable, aborrecible, execrable, digno de repulsa', que es el más frecuente.

deliberar. Construcción: —*en sesión ordinaria*; —*entre parientes*; —*sobre un problema familiar*.

*deligencia, *deligenciar. Formas incorrectas por *diligencia, diligenciar*.

delinear. Es verbo regular y se acentúa como → **pasear**: *delineo, delineas, delinee*, etc., con acento prosódico en la segunda -*e* de la raíz. Es viciosa la acentuación: **delíneo, *delíneas, *delínee*, etc. → **alinear**.

delírium trémens. Expresión latina que significa literalmente 'delirio temblón'. Es el delirio con temblor y alucinaciones ocasionado por el consumo excesivo de bebidas alcohólicas.

de llapa. → **de yapa**.

del que. → **del cual**.

delta. Es femenino cuando designa la cuarta letra del alfabeto griego: *una delta minúscula*, y masculino cuando nombra el accidente geográfico: *el delta del Paraná*.

demagogia. Tiene diptongo final (se acentúa en la sílaba -*go*-). La acentuación **demagogía* es errónea.

demagogo. Femenino: *demagoga*. No se justifica, por tanto, decir **la demagogo*.

demandar. Construcción: —*ante los tribunales*; —*en juicio*; *por* (menos frecuente, *de*) *daños*.

de manera de. Locución conjuntiva final que se suele emplear en la Argentina en lugar del modélico *de manera que*; se construye con infinitivo: *se escondía de manera de no poder ser descubierto*. No es forma académica.

*de manera de que. Construcción incorrecta por *de manera que*.

demás, de más. Deben distinguirse cuidadosamente. El primero es un adjetivo indefinido que equivale a 'los otros, los restantes': *y los demás visitantes*. **De más** es una locución formada por la preposición *de* y el adverbio *más* y significa 'de sobra': *me dio cien pesos de más*; *aquí estamos de más*. Es errónea la grafía **demás** en los siguientes textos: "Demás está decir que jamás perdieron una tarde en el café de la esquina jugando al billar." (R. Arlt, *Aguafuertes*, 8); "—Ninguna precaución está demás, querida [...]" (A. Cancela, *Historia*, I, 28); "Demás está añadir [...]" (J.C. Dávalos, "Los cazadores de chinchillas", en DCA, 28).

de más en más. → **Galicismo** (fr. *de plus en plus*) por *cada vez más*.

demasiado. Cuando es adjetivo (= modificador de un sustantivo) varía en género y número: *demasiado talento; demasiada gente; demasiados libros; demasiadas personas*. Cuando es adverbio (= modificador de un verbo, de un adjetivo o de otro adverbio) es invariable en género y número: *habló demasiado; demasiado alta; demasiado aprisa; demasiado pocos habitantes; demasiado pocas posibilidades*.

déme. → **dé, 2**.

demediar. Para su acentuación, → **abreviar**.

*****de medida**. La norma académica exige *a medida*: *un traje a medida*.

demencial. El DRAE/92 recoge el significado de 'caótico, absurdo, incomprensible' de este adjetivo.

de mentas. En su sesión del 28 de julio de 1983, la AAL sugirió a la RAE que incluyera esta locución adverbial en el *Diccionario mayor* (*Acuerdos*, X, 143-46). La RAE la ha incorporado en el DRAE/92 con la siguiente definición: "rur. *Argent*. **de oídas**. *Lo conozco de mentas*."

democristiano, democratacristiano. El DRAE/92 incorpora estas dos voces, con preferencia por la primera.

demodé. → **Galicismo** (fr. *démodé*) que se usa a veces en español con su valor original: 'que ya no está de moda, pasado de moda': "Puro anarquismo. Para peor, ingenuo y demodé [...]" (M. Aguinis, *Profanación*, 69).

demoler. V. irreg.; se conjuga como → **mover**.

demoníaco, demoniaco. La RAE autoriza las dos acentuaciones, pero recomienda la primera. → **-íaco, -iaco**.

demonomancia, demonomancía. La RAE admite ambas formas, pero recomienda la primera. → **-mancia, -mancía**.

demorarse. En el español americano suele emplearse en lugar de *tardarse*: *me demoré en venir porque estuve muy ocupado*. La RAE no avala este uso.

demoscopia. **1**. El DRAE/92 registra este sustantivo con la siguiente definición: "(Del al. *Demoskopie*.) f. Estudio de las opiniones, aficiones y comportamientos humanos mediante sondeos de opinión."
2. Esta palabra contiene diptongo final [demoskópia]; la pronunciación con hiato final [demoskopía] es errónea. → **-scopia**.

demostrar. V. irreg.; se conjuga como → **sonar**.

*****de motu proprio**. → **motu proprio**.

denegar. V. irreg.; se conjuga como → **acertar, 1**.

de no. Se usa con frecuencia en el español americano popular con el significado de 'si no, de lo contrario': "Y empriéstenmé su atención / si ansí me quieren honrar, / de no tendré que callar" (J. Hernández, *Martín Fierro*, II, vv. 145-47). → **¿y de no?**

de nosotros. → **nuestro**.

denostar. **1**. V. irreg.; se conjuga como → **sonar**.
2. Construcción: —*a los adversarios*.

dentar. V. irreg.; se conjuga como → **acertar, 1**.

*****dentrífico**. Forma incorrecta por *dentífrico*.

dentro. **1**. En el español americano este adverbio ha sido desplazado por → **adentro**. El uso de **dentro** tiene sabor literario y, en el lenguaje coloquial, se ha reducido a la locución temporal → **dentro de**: *volverá dentro de un año; las clases comienzan dentro de poco*.
2. → **dentro mío**.

dentro de. Es decididamente rústica la omisión de la preposición *de* en esta locución prepositiva: **volveré dentro unos días*.

dentro mío. Los gramáticos aconsejan que se usen las formas *dentro de mí, dentro de ti, dentro de nosotros*, etc., en lugar de **dentro mío**, *dentro tuyo, dentro nuestro*, etc., pero las formas criticadas son muy usuales, sobre todo en el Río de la Plata: "Siento dentro mío que esta fiesta es algo especial [...]" (M. Benedetti, *Primavera*, 180). → **cerca mío**.

dentudo, dientudo. La RAE admite ambas formas, pero prefiere la primera. En el Río de la Plata es más usual la segunda: "[...] exhibía una sonrisa dientuda y caballeresca [...]" (Damocles, "Una encuesta popular", en AM, 2, 60).

denunciar. Para su acentuación, → **abreviar**.

Deo volente. Locución latina que significa literalmente 'queriendo Dios'. Puede traducirse por: *Dios mediante, si Dios quiere*: *llegaremos mañana, Deo volente*.

*****de parado**. Uso superfluo de la preposición *de*: **al mediodía come de parado en un boliche*. Dígase: *come parado* (o *de pie*).

departamento. → **apartamento**.

departir. Construcción: —*con su esposa*; —*de* o *sobre política*.

*****depauperizar, *depauperización**. El DRAE no registra estos vocablos. Dígase: *depauperar, depauperación*.

de pedo. Expresión malsonante, usual en el Río de la Plata. Significa 'por casualidad': "Yo la emboqué de pedo. No van a encontrarla jamás." (E. Belgrano Rawson, *Fuegia*, 48).

dependencia. Construcción: —*de* o *respecto de sus padres*.

dependiente. Cuando es sustantivo, su femenino es *dependienta*: *me atendió una dependienta muy amable*. → **-ante, -ente**.

de perilla, de perillas. La RAE admite ambas formas de esta locución adverbial.

**de perla. La forma académica es *de perlas*.

de pie, de pies. La RAE admite ambas formas (aunque prefiere *en pie*), pero el uso general ha optado por **de pie**: "[...] la criada, con los brazos cruzados, se estaba muy queda, de pie, como una buena discípula [...]" (A. Capdevila, *Córdoba*, 12).

deponer. 1. V. irreg.; se conjuga como → **poner**, 1. El imperativo singular es *depón* (→ **voseo**: *deponé*), pero nunca **depone*. 2. Construcción: —*contra el ministro*; —*a alguien de su puesto*; —*en juicio*.

**de por fuerza. Construcción incorrecta; dígase *por fuerza* o *a la fuerza*.

depreciar. Para su acentuación, → **abreviar**.

deprisa, de prisa. La RAE admite las dos formas, pero prefiere la primera.

de propósito. → **a propósito**.

de puro. Es una locución adverbial y como tal invariable respecto del género y el número. El español estándar rechaza, por consiguiente, la concordancia con el adjetivo que se produce en los siguientes ejemplos: **tropezó de pura atolondrada*; **estos niños se lastimaron de puros traviesos*. Dígase: *de puro atolondrada* y *de puro traviesos*. No obstante, las formas censuradas son frecuentes en el habla coloquial.

dequeísmo. 1. Consiste en anteponer indebidamente la preposición *de* a una proposición sujeto o complemento directo: **es preciso de que paguen*, por *es preciso que paguen* (*que paguen* es sujeto de la oración); **dijo de que no podía hacerlo*, en lugar de: *dijo que no podía hacerlo* (*que no podía hacerlo* es complemento directo). Es éste un error muy extendido, sobre todo en el español americano, que conviene evitar tanto en la lengua hablada como escrita, donde ya se está infiltrando: "[...] una investigadora universitaria sospecha de que las cámaras empresariales [...]" (*Clarín*, 8-11-93, pág. 19).

La preocupación por evitar el **dequeísmo** puede hacer incurrir en el vicio contrario: omitir la preposición *de* cuando ella es necesaria: *me acordé que hoy es tu cumpleaños*, cuando el español modélico recomienda: *me acordé de que hoy es tu cumpleaños*.

Se puede emplear un método muy simple para orientarse en esta cuestión: remplazar por el neutro *esto* la proposición encabezada por la conjunción *que*. La nueva construcción nos indicará si debemos o no emplear *de*: *es necesario [de] que vengas* (= es necesario esto); *pensó [de] que no llegaría* (= pensó esto); por lo tanto debemos omitir el *de*. *Estoy seguro [de] que no es posible* (= estoy seguro de esto), *me acordé [de] que no lo*

querías (= me acordé de esto); por consiguiente, es lícito emplear la preposición *de*. En los artículos correspondientes de este *Diccionario* se indica el régimen recomendable de los principales verbos que pueden presentar este problema.

2. La RAE ha incorporado en el DRAE/92 el término **dequeísmo**.

de quien. → **del cual**.

de quita y pon, de quitapón. La RAE admite las dos grafías de esta locución adjetiva, pero prefiere la primera.

derbi. → **derby**.

derby. Palabra inglesa que se aplica, en la jerga hípica internacional, a determinadas competiciones importantes. El plural inglés es *derbies*. La RAE la ha hispanizado bajo la forma *derbi* (pl. *derbis*), y así la ha incluido en el DRAE/92, pero sólo con el significado de 'encuentro deportivo, generalmente futbolístico, entre equipos de la misma ciudad o ciudades vecinas'.

derechazo. El DRAE/92 registra esta voz con las siguientes definiciones: "Golpe dado con la mano o el puño derechos.// 2. *Taurom.* Pase de muleta dado con la mano derecha."

derecho al pataleo, derecho de pataleo. El DRAE/92 admite las dos construcciones, con preferencia por la primera.

derecho a réplica, derecho de réplica. 1. El español estándar prefiere *de*, pero en la Argentina predomina *a*: " 'La implementación del derecho a réplica tiene que ser muy restrictiva', dijo ayer el ministro de Justicia [...]" (*Página / 12*, 19-7-92, pág. 6). "Derecho a réplica" es el título de un artículo de Andrés D'Alessio en la revista *Noticias* (12-7-92, pág. 69). Cuando la palabra *derecho* no está precedida del artículo, parece más usual la preposición *a*: *tengo derecho a opinar, tengo derecho a que me devuelvan lo mío*. En el caso contrario predomina *de*: *tengo el derecho de opinar, tengo el derecho de que me devuelvan lo mío*. De todos modos, es bastante fluctuante la preferencia por una u otra preposición. El DRAE/92 registra sólo **derecho de réplica**.

2. → **obligación**.

de repente. El único significado académico de esta locución adverbial es 'repentinamente', pero en la Argentina se emplea, en la lengua coloquial, con el valor de 'a lo mejor, posiblemente': *de repente vienen y podemos ir con ellos*.

derivar. Construcción: —*a* o *hacia otro asunto*; —*de lo dicho*.

dermis. Es femenino: *la dermis*.

derramar. Construcción: —*en* o *por el suelo*; —*sobre el mantel*.

derrapaje. El DRAE admite el verbo → **derrapar**, pero no el sustantivo **derrapaje**, → **galicismo** (fr. *dérapage*) por *patinazo*.

En la Argentina se emplea corrientemente *patinada*, voz que no registra el DRAE.

derrapar. El DRAE/84 incorporó este verbo con la siguiente definición: "Patinar un vehículo desviándose lateralmente de la dirección que llevaba."

derrenegar. V. irreg.; se conjuga como → **acertar, 1**.

derrengar. Según la RAE (DMI) es irregular (como → **acertar, 1**), pero ya Cuervo lo consideraba regular (*Notas*, § 76, I). Aunque de escaso uso, actualmente es regular.

derretir. V. irreg.; se conjuga como → **pedir, 1**.

derribar. Construcción: —*en* o *por tierra*.

derrocar. En los clásicos era irregular (como → **sonar**) y Bello admitía las formas *derroco* y *derrueco* (*Gramática*, § 533), pero desde fines del siglo XVIII predominan las formas regulares (*Esbozo*, 2. 12. 3, nota 50), que son las que hoy se han impuesto.

derruir. V. irreg.; se conjuga como → **huir, 1**.

desabastecer. V. irreg.; se conjuga como → **parecer, 1**.

desabillé. Así figura castellanizada en el DMI la voz francesa → **déshabillé**, como → **galicismo** por *traje de casa*.

desabrir. Verbo → **defectivo** del que sólo están en uso el participio, *desabrido*, y, menos frecuentemente, el infinitivo **desabrir** (*Esbozo*, 2. 12. 13, c).

desacatar. El DRAE/92 ha incluido, como segunda acepción de esta voz: "No acatar una norma, ley, orden, etc."

desacertar. V. irreg.; se conjuga como → **acertar, 1**.

*desacompasado. Forma errónea por *descompasado*.

desacralización. Con el significado de 'acción y efecto de desacralizar' es voz legítima. En su sesión del 22 de junio de 1978, la AAL sugirió a la RAE su inclusión en el *Diccionario* académico (*Acuerdos*, VII, 163-666). No figura en el DRAE/92.

desacreditar. Construcción: —*a alguien* o *algo*; —*ante sus superiores*; —*en su profesión*; —*entre los amigos*.

desafectar. El DRAE/92 no registra este verbo, que se emplea con frecuencia en la Argentina con el significado de 'dejar de destinar algo o a alguien a cierta función o servicio': *fueron desafectados alrededor de cien automóviles oficiales*.

desafiar. Para su acentuación, → **enviar, 1**.

desaforar. V. irreg.; se conjuga como → **sonar**.

desagradable. Construcción: —*al paladar*; —*con sus compañeros*; —*de hacer*.

desagradecer. V. irreg.; se conjuga como → **parecer, 1**.

desagradecido. Construcción: —*al favor*; —*con* o *para con sus padres*.

desagraviar. Para su acentuación, → **abreviar**.

desaguar. Para su acentuación, → **averiguar**.

desahogarse. Construcción: —*con alguien*; —*de su indignación*; —*en llanto*.

desahuciar. 1. Para su acentuación, → **abreviar**. Para algunos (A. Alonso y P. Henríquez Ureña, *Gramática*, primer curso, 151; R. Ragucci, *Cartas*, 172, 182, 192) el grupo *-ahu-* no forma diptongo y debe pronunciarse [desaúcio, desaúcias], que es la acentuación etimológica y clásica. No obstante, la pronunciación moderna ha impuesto [desáucio, desáucias].
2. Para la correcta grafía de esta palabra, recuérdese que proviene de un antiguo *desafuciar* (con *f* > *h*).

desalentar. V. irreg.; se conjuga como → **acertar, 1**.

desalinear. → **alinear**.

desalojamiento, desalojo. La RAE admite ambas formas, pero prefiere la primera. En la Argentina es más frecuente la segunda.

desamueblar, desamoblar. 1. La RAE autoriza las dos formas, pero prefiere la primera.
2. **Desamoblar** es irregular y se conjuga como → **sonar**. **Desamueblar** es regular.

desandar. V. irreg.; se conjuga como → **andar**.

desapercibido. Los puristas, a los que se suma el DMI, rechazan en general el empleo de esta voz con el valor de *inadvertido*, y lo califican de → **galicismo** (fr. *inaperçu*), en la expresión *pasar desapercibido*. No obstante, el uso lo ha consagrado este valor: "Dos parejas salieron al medio de la rueda. La segunda, que era puramente decorativa, pasaba desapercibida [...]" (J.S. Álvarez, *Memorias*, 58); "[...] podía, como un actor, representar cualquier papel, el que los otros me reservaban o el que yo, para pasar desapercibido, me elegía a mí mismo." (M. Denevi, *Un pequeño café*, 8); "[...] otra anormalidad que no pudo pasar desapercibida [...]" (E. Pellicer, "El botón del calzoncillo", en AP, 80); "Pasaba desapercibida entre los muebles ordinarios [...]" (I. Allende, *Cuentos*, 25); "A fin de que la presencia del convoy pase desapercibida [...]" (M. Vargas Llosa, *Pantaleón*, 148). M. Moliner avala este uso en su *Diccionario*.
La RAE ha modificado su criterio y, en el DRAE/92, define **desapercibido** como "no apercibido". → **apercibir**.

desarraigar. Construcción: —*de la patria*.

desarrapado. → **desharrapado**.

desasimilar. El DMI registra este verbo, que no figura en el DRAE/92, con la siguiente definición: "Eliminar un organismo algunas sustancias que lo constituyen."

desasir. V. irreg.; se conjuga como → **asir, 1**. Este verbo es de muy poco uso, especialmente en sus formas irregulares.

desasosegar. V. irreg.; se conjuga como → **acertar, 1**.

desatarse. Construcción: —*en insultos*.

desataviar. Para su acentuación, → **enviar, 1**.

desatentar. V. irreg.; se conjuga como → **acertar, 1**.

desatornillar, destornillar. La RAE admite ambas formas, pero prefiere la primera.

*desaveniencia. Forma incorrecta por *desavenencia*.

desavenir. V. irreg.; se conjuga como → **venir, 1**.

desayunar. El DRAE/84 admite el uso transitivo (*desayuné un café con leche*) e intransitivo (*esta mañana desayuné temprano*), además del pronominal (*me desayuné con un café con leche*), que era el único que admitía hasta entonces. La forma pronominal se emplea también con el valor de 'enterarse o tener la primera noticia de algo que se ignoraba'.

desazón. Es femenino: *la desazón*.

descafeinar. **1**. La RAE ha incorporado este verbo en el DRAE/92 con las siguientes definiciones: "tr. Extraer o reducir el contenido de cafeína en el café. // 2. fig. Mermar, atenuar lo que se considera peligroso o violento." **2**. Presente: *descafeíno, descafeínas*, etc.

descalcificación, decalcificación. La RAE admite las dos formas, pero prefiere la primera.

descaminar, desencaminar. La RAE admite ambas formas, sin indicar preferencia.

descampar. → **escampar**.

descangallar. **1**. El DRAE/92 incorpora este verbo con la siguiente definición: "(del gall. y port. *escangalhar*.) tr. Descoyuntar, descomponer, desmadejar. Ú. t. c. prnl." **2**. La RAE admite, como variante no preferida, la forma *descangayar*.

descansar. Construcción: —*del viaje*; —*en los hijos*; —*sobre una base sólida*.

descargar. Construcción: —*su mal humor sobre los alumnos*.

descargarse. Construcción: —*con alguien*; —*contra sus adversarios*; —*de resentimientos*; —*en los subordinados*.

descarriar. Para su acentuación, → **enviar, 1**.

descender. **1**. V. irreg.; se conjuga como → **tender, 1**. **2**. Construcción: —*de italianos*; —*en el favor*; —*por trechos*.

desciframiento. En su sesión del 21 de octubre de 1971, la AAL solicitó a la RAE la incorporación de este sustantivo en el *Diccionario* mayor (*Acuerdos*, V, 48-49). El DRAE/84 lo incluye, pero prefiere *descifre*.

descodificación, decodificación. El DRAE/92 ha incorporado ambos términos, con preferencia por el primero.

descodificar, decodificar. La RAE admite las dos formas, pero prefiere la primera.

descolar. Es verbo regular (no es compuesto de *colar*, sino un derivado de *cola*, significa 'quitar la cola o rabo'); evítense formas como **descuelo, *descuelen*, etc.

descolgar. V. irreg.; se conjuga como → **sonar**.

descolgarse. Construcción: —*con un extraño pedido*; —*de o desde el balcón*; —*hasta el suelo*; —*por la casa de alguien*.

descolonización, descolonizar. El DRAE/92 ha incorporado estas voces con las siguientes definiciones: "Supresión de la condición colonial de un territorio" y "Poner fin a una situación colonial", respectivamente.

descolorar, decolorar, descolorir. La RAE admite las tres formas, pero prefiere la primera.

descollar. **1**. V. irreg.; se conjuga como → **sonar**. **2**. Construcción: —*en el estudio*; —*entre o sobre sus compañeros*.

descomedirse. V. irreg.; se conjuga como → **pedir, 1**.

descomponer. V. irreg.; se conjuga como → **poner, 1**. El imperativo singular es *descompón* (→ **voseo**: *descomponé*), pero nunca **descompone*.

descompresión. El DRAE/92 incorpora este sustantivo con la siguiente definición: "Reducción de la presión a que ha estado sometido un gas o un líquido."

descompresor. Vocablo que ha sido incorporado al DRAE/92 con la siguiente definición: "Aparato o mecanismo para disminuir la presión."

descomprimir. El DRAE/92 registra este verbo con la siguiente definición: "Aminorar o anular la compresión en un cuerpo o espacio cerrado."

desconcertar. V. irreg.; se conjuga como → **acertar, 1**.

desconfiar. **1**. Para su acentuación, → **enviar, 1**. La forma diptongada **desconfio* es regional y se considera incorrecta. **2**. Construcción: —*de alguien* o *de algo*.

desconforme. → **disconforme**.

descontento. Construcción: —*con su suerte*; —*de sí mismo*.

descontrolarse. Verbo de uso frecuente, tanto en América como en España, que ha sido incorporado en el DRAE/92 con las siguientes definiciones: "Perder el dominio de sí mismo. // 2. Perder su ritmo normal un aparato."

descordar. V. irreg.; se conjuga como → **sonar**.

descornar. V. irreg.; se conjuga como → **sonar**.

descote. → **escote**.

descrito, descripto. La RAE admite ambas formas del participio irregular del verbo *describir*, pero prefiere la primera.

descuajeringar. Forma empleada en América y que ha sido incluida en el DRAE/92, aunque la RAE recomienda *descuajaringar*.

descuidarse. Construcción: —*de* o *en sus tareas*.

desdecir. V. irreg.; se conjuga como → **decir, 1**, salvo el imperativo singular, que es *desdice*: *desdice a tu hermano si puedes* (y no *desdí*).
A pesar de algunos ejemplos ilustres y de la opinión de M. Moliner (*Diccionario*), el *Esbozo* (2. 12. 5, [**P**]) sostiene que el futuro y el condicional siguen en su irregularidad al verbo simple: *desdiré, desdiría*, etc., y no *desdeciré, desdeciría*, etc., formas éstas, sin embargo, que ya no pueden considerarse decididamente incorrectas.
El participio es *desdicho* (y no *desdecido*).

desdecirse. Construcción: —*de sus palabras*.

desde el momento que, desde el momento en que. La primera construcción es locución conjuntiva causal (= puesto que): *desde el momento que usted hizo eso, merece el castigo*. La segunda es locución conjuntiva temporal (= desde que): *desde el momento en que lo vimos, lo admiramos*.

desde... hasta. Conviene respetar las correlaciones **desde... hasta** y *de... a*: *desde Buenos Aires hasta Montevideo* y *de Buenos Aires a Montevideo*.

desde hoy. Los preceptistas censuran el empleo de esta expresión en lugar de *desde hace rato, desde esta mañana*, etc.: *te estoy esperando desde hoy*. → **hoy**.

desde luego. Tiene dos significados: 'inmediatamente' y 'por supuesto, indudablemente'. En la Argentina, el primero es poco usado, y frecuente el segundo, que ya fue recogido por el DRAE/92.

desdentar. V. irreg.; se conjuga como → **acertar, 1**, pero, según el *Esbozo* (2.12.3, [**B**], nota 23), hay tendencia a emplearlo con diptongo en toda su conjugación.

desde que. En el español modélico es una locución exclusivamente temporal: *desde que llegó no ha dejado de hablar*. En América (sobre todo en el Río de la Plata), por influencia del francés *dès que* (influencia reforzada quizá por la locución portuguesa *desde que*), adquirió, especialmente en el habla popular, valor causal: "y dende que todos cantan / yo también quiero cantar." (J. Hernández, *Martín Fierro*, I, vv. 29-30). Conviene evitar este uso, sobre todo en lengua formal.

desde ya. Locución adverbial corriente en el Río de la Plata y Chile. Los gramáticos la rechazan como → **portuguesismo** (port. *desde já*): "[...] un 'desde ya' portuguizante." (J.E. Clemente, "El idioma de Buenos Aires", en *El lenguaje de Buenos Aires*, 61), pero la RAE la ha admitido en el DRAE/92 con el valor de 'ahora mismo, inmediatamente' y sin ninguna localización geográfica, por lo que pertenece al español general.

desear. **1**. Es incorrecto el uso de la preposición *de* delante de la conjunción *que* que introduce una proposición complemento directo: *deseo de que se hallen bien*; dígase: *deseo que...* → **dequeísmo**.
2. Evítense las formas diptongadas *desiamos, desiaba, desié, desiara*, etc., en lugar de *deseamos, deseaba, deseé, deseara*, etc. → **pasear**.

desecho. Es un sustantivo derivado de *desechar* y significa 'residuo': *arrojaron los desechos al río*. No debe confundirse en su grafía con *deshecho*, participio irregular del verbo *deshacer*: *después de un trabajo tan penoso quedé deshecho*.

de seguido. Americanismo por *de seguida*: *viene de seguido por aquí*.

desempedrar. V. irreg.; se conjuga como → **acertar, 1**.

desencaminado. El DRAE no registra esta voz, aunque admite *desencaminar*. Dígase *descaminado*.

desenredar. → **enredar**.

de sentado. Uso superfluo de la preposición *de*: *lo recibió de sentado*. Dígase: *lo recibió sentado*.

desentendimiento. Figura en el DRAE como sustantivo anticuado, con el significado de 'desacierto, despropósito, ignorancia'. No es académico, aunque sí frecuente, el valor de 'desacuerdo'.

desenvolver. V. irreg.; se conjuga como → **mover**.

desertar. **1**. Es verbo regular; evítese conjugarlo como → **acertar, 1**: *desierto, desiertes*, etc.
2. Aunque es poco frecuente, se usa también como pronominal: "[...] cuando nos desertamos de las filas del brick aquel con que hacíamos el crucero de Buena Esperanza [...]" (J.S. Álvarez, *En el mar austral*, 54).
3. Construcción: —*al bando enemigo*; —*de sus obligaciones*.

desestabilidad. El DRAE/92 no registra este sustantivo; dígase *inestabilidad*.

desestimiento. Forma errónea por *desistimiento*.

desfalcar, defalcar. La RAE admite las dos formas, pero prefiere la primera, que es la que se emplea corrientemente.

desfallecer. V. irreg.; se conjuga como → **parecer, 1**.

*desfasaje. Forma incorrecta por *desfase*.

*desfenestrar, *desfenestración. Formas incorrectas por *defenestrar, defenestración*.

desfibrilación. Voz que no figura en el DRAE/92, pero sí en el DMI con la siguiente definición: "Detención de la fibrilación cardíaca, con reanudación del ritmo cardíaco normal."

desfibrilador. El DMI registra este sustantivo, que no figura en el DRAE/92, con la siguiente definición: "Instrumento para la práctica de la desfibrilación."

desflocar. V. irreg.; se conjuga como → **sonar**. Es poco usado; se emplea más el regular *desflecar*.

desforestar. → **deforestar**.

desgana, desgano. La RAE admite las dos formas, pero prefiere la primera. En la Argentina es más usual la segunda: "Pero me guardé de mostrar desgano y mantuve mi decisión." (J.P. Echagüe, "El marucho fantasma", en DCA, 120).

desgraciar. Para su acentuación, → **abreviar**.

desguarnecer. V. irreg.; se conjuga como → **parecer, 1**.

desguazar. La RAE ha añadido como tercera acepción de este verbo: "Por ext. deshacer o desbaratar cualquier cosa." El sentido figurado es frecuente, y así se habla en la actualidad de desguazar el Estado.

desguince. → **esguince**.

déshabillé. Voz francesa que se usa con frecuencia en español con su significado original de 'salto de cama': "En el tiempo que ocupó la buena moza en cambiar su *deshabillé* profesional por el *tailleur* callejero [...]" (A. Cancela, *Historia*, I, 82); "[...] ahora tenía puesto un deshabillé ciruela [...]" (L. Heker, *Los bordes*, 93); "[...] vestida con un *deshabillé* de raso acolchado [...]" (M. Denevi, *Música*, 73). → **desabillé**.

deshacer. V. irreg.; se conjuga como → **hacer, 1**. El imperativo singular es *deshaz* (→ **voseo**: *deshacé*). J.B. Selva (*Crecimiento*, 168, nota 1) considera aceptable la forma *deshace*.

deshacerse. Construcción: —*de alguna cosa*; —*en llanto*.

desharrapado, desarrapado. La RAE autoriza ambas formas, pero prefiere la primera.

deshecho. → **desecho**.

deshelar. V. irreg.; se conjuga como → **acertar, 1**.

desherbar. V. irreg.; se conjuga como → **acertar, 1**.

deshuesar. → **desosar**.

desiderata. La RAE ha incorporado este sustantivo femenino en el DRAE/92 con las siguientes definiciones: "(Del lat. *desiderata*, pl. de *desideratum*.) Conjunto de lo que se echa de menos, ya sea material o inmaterial. // 2. Relación de objetos que se echan de menos."

desiderátum. **1**. Palabra latina que significa 'lo más o lo mejor que se puede apetecer': *obtener esa beca era el desiderátum para él*. **2**. Plural: *los desiderata* (forma latina) o *los desiderátum* (invariable). La forma *desiderátumes* que propone R. Ragucci (*Cartas*, 230) es inusual y cacofónica. El plural anómalo *desiderátums* es poco recomendable → **plural (formación del), III**.

desimantar, desimanar. La RAE admite las dos formas, pero recomienda la primera, que es la más usual.

desinfestar, desinfestación. No figuran en el DRAE/92 (aunque figuran *infestar* e *infestación*), pero son perfectamente admisibles. No son sinónimos de *desinfectar, desinfección*. → **infectar**.

desinflamación. El DMI registra esta voz, que no figura en el DRAE/92, con la siguiente definición: "Acción y efecto de desinflamar o desinflamarse."

desinformar. El DRAE/92 incorpora este verbo con las siguientes definiciones: "Dar información intencionadamente manipulada al servicio de ciertos fines. // 2. Dar información insuficiente u omitirla."

desinteligencia. El DRAE/92 no registra este sustantivo; puede sustituirse por *desacuerdo, desavenencia, discordia*.

desistir. Construcción: —*de sus propósitos*.

desleal. Construcción: —*a* o *con sus compañeros*.

desleír. **1**. V. irreg.; se conjuga como → **reír, 1**. **2**. Construcción: —*en agua*.

desliar. Para su acentuación, → **enviar, 1**.

deslizarse. Construcción: —*a* o *en la habitación*. Mientras en España es más frecuente la preposición *en*, en América se prefiere *a*: "[...] deslizándome al templo de San Ignacio [...]" (M. Cané, *Juvenilia*, 25).

deslucir. V. irreg.; se conjuga como → **parecer, 1**.

desmedirse, V. irreg.; se conjuga como → **pedir, 1**.

desmembrar. V. irreg.; se conjuga como → **acertar, 1**. Evítese conjugarlo como regular: **me desmembro, *se desmembran*, etc.

desmemoriarse. Para su acentuación, → **abreviar**.

desmentido, desmentida. El DRAE/92 admite indistintamente ambas formas: *un desmentido, una desmentida*.

desmentir. V. irreg.; se conjuga como → **sentir, 1**.

desmerecer. V. irreg.; se conjuga como → **parecer, 1**.

desmirriado. → **esmirriado**.

desnate. El DMI registra este sustantivo,

que no figura en el DRAE/92, con la siguiente definición: "Acción y efecto de desnatar."

desnudismo, desnudista. → **nudismo.**

*de sobras. Forma incorrecta por *de sobra.*

desodorante. → **antisudoral.**

desodorizante. El DRAE/92 incorpora este adjetivo con la siguiente definición: "Dícese de la sustancia que se usa en las industrias químicas, cosméticas y alimentarias para desodorizar."

desodorizar. La RAE ha incluido este verbo en el DRAE/92 con la siguiente definición: "Eliminar ciertos olores."

desoír. V. irreg.; se conjuga como → **oír, 1**.

desolar. V. irreg.; se conjuga como → **sonar**, aunque son muy poco frecuentes las formas con *-ue-*. Según el *Esbozo* (2. 12. 3, **[C]**, nota 49), de este verbo se emplea sobre todo el participio *desolado.*

desoldar. V. irreg.; se conjuga como → **sonar.**

desollar. V. irreg.; se conjuga como → **sonar.**

desopilante. La RAE admitió, en el DRAE/84, el significado de 'cómico, reidero, divertido, jocoso' con que se emplea corrientemente este participio activo del verbo *desopilar*, y que fue censurado como → **galicismo** (fr. *désopilant*).

desosar. V. irreg.; se conjuga como → **sonar**. Las formas en que la *-o-* de la raíz diptonga en *-ue-* se escriben con *h* medial: *deshueso, deshuesas, deshuese*, etc. (pero: *desosamos, desosáis*, etc.). Este verbo ha sido prácticamente remplazado por el regular *deshuesar*.

despabilar, espabilar. La RAE admite las dos formas, pero prefiere la primera, que es la más usual también en la Argentina.

despacio. El significado académico de este adverbio es 'lentamente'. Sin embargo, se lo emplea también con el valor de 'en voz baja, quedo': *hablaba muy despacio para que no lo oyeran*. Este uso, reiteradamente criticado por gramáticos y preceptistas, se da en España y en América. Kany (*Sintaxis*, 356) lo ha registrado en la Argentina (donde aparece incluso en la lengua culta), Bolivia, Chile, Colombia, Ecuador, Nicaragua, Perú, Uruguay y Venezuela. Quizá ya sea hora de admitirlo.

despavorir. Verbo → **defectivo**. Teóricamente se conjuga, como → **abolir**, en aquellas personas cuyas desinencias comienzan con *i*, pero en la práctica se usa sólo o casi solamente el participio *despavorido* (*Esbozo*, 2. 12. 13, b).

despechado. El DRAE/92 ha incorporado este adjetivo con el valor de 'lleno de despecho'.

despedir. V. irreg.; se conjuga como → **pedir, 1**.

despejo, despeje. La RAE admite ambas voces, pero esta última sólo con el significado de 'acción y efecto de despejar, en ciertos deportes'.

despelotarse, despelote. La RAE define el verbo **despelotarse** en el DRAE/92 de la siguiente manera: "prnl. fam. Desnudarse, quitarse la ropa. // 2. fam. Alborotarse, disparatar, perder el tino o la formalidad." En la Argentina se emplea sólo esta segunda acepción.

En cuanto a **despelote**, ha sido incluido en el DRAE/92 con esta definición: "fam. Acción y efecto de despelotarse."

despeluzar, despeluchar. La RAE admite las dos formas, pero prefiere la primera. En la Argentina se emplea corrientemente la segunda con el significado de 'desplumar, pelar a alguien, dejarlo sin dinero', que el DRAE/92 incorpora, aunque localizado sólo en Cuba y Nicaragua.

despeñarse. Construcción: —*al* o *en el mar*; —*por la pendiente del vicio.*

desperdiciar. Para su acentuación, → **abreviar.**

*desperfeccionar. El DMI considera → **barbarismo** este verbo que, con los valores de 'deteriorar, menoscabar' se emplea en Chile y Ecuador.

despernar. V. irreg.; se conjuga como → **acertar, 1**.

despertar. V. irreg.; se conjuga como → **acertar, 1**. Tiene dos participios: uno regular, *despertado*, con el que se forman los tiempos compuestos, y otro irregular, *despierto*, que se emplea únicamente como adjetivo: *estábamos despiertos cuando entró; es un niño muy despierto*. → **participio.**

despiece. La RAE incorpora este sustantivo en el DRAE/92 como sinónimo de *despiezo*, pero prefiere este último.

despiporre, despiporren. La RAE admite ambas formas en el DRAE/92, pero prefiere la primera.

despiste. El DRAE/92 incorpora este sustantivo con las siguientes definiciones: "Calidad de despistado. // 2. Distracción, fallo, olvido, error." Es voz frecuente en la Argentina y ya figuraba en el *Diccionario* de M. Moliner.

desplacer. V. irreg.; se conjuga como → **parecer, 1**. Se usa casi exclusivamente en las terceras personas del presente y pretérito imperfecto del indicativo: *desplace, desplacen; desplacía, desplacían.*

desplayado. El DMI incluye esta voz, que no figura en el DRAE/92, con las siguientes definiciones: "*Argent.* Playa de arena que deja descubierta el mar en la marea baja. //*Argent.* Descampado en un bosque."

desplaye. El DMI incorpora este sustantivo, que no figura en el DRAE/92, con la siguiente definición: "*Chile.* Acción y efecto de desplayar."

desplegar. V. irreg.; se conjuga como → **acertar, 1**, pero su empleo como verbo regular está reconocido por Bello: "[...] *desplegar* se conjuga *yo desplego* o *yo despliego* [...]" (*Gramática*, § 523), y por el *Esbozo* (2. 12. 3, **[B]**, nota 33).

despoblar. V. irreg.; se conjuga como → **sonar**.

despolitizar. Verbo que ha sido incluido en el DRAE/92 con la siguiente definición: "Quitar carácter o voluntad política a una persona o a un hecho. Ú. t. c. prnl."

despreciar. Para su acentuación, → **abreviar**.

desprecio. Construcción: —*de* o *por las leyes*. En América se prefiere *a las leyes*, construcción indebidamente considerada galicista.

desprestigiar. Para su acentuación, → **abreviar**.

desproveer. → **proveer, 1**.

después de que, después que. 1. Ambas construcciones son correctas, tanto en la lengua literaria como en el habla coloquial: el DRAE/92 (s. v. *después*) registra el siguiente ejemplo: *después (de) que llegue*. → **antes de que**.
2. → **después mío**. Para **más después*, → **más, 4**.

despuesito. El DRAE/92 incorpora este diminutivo de *después*, en uso en Guatemala, México y Puerto Rico. → **diminutivos, 2**.

después mío. Los preceptistas critican esta construcción y recomiendan decir *después de mí, de ti, de nosotros*, etc., en lugar de **después mío**, *después tuyo, después nuestro*, etc., muy frecuentes en el Río de la Plata. → **cerca mío**.

desquiciar. Para su acentuación, → **abreviar**.

desquicio. El DRAE/84 incluyó esta voz con el valor de 'desorden, barullo', como propia del Río de la Plata y Guatemala. Según M. Morínigo (*Diccionario*), se emplea además en Paraguay.

destape. El DRAE/92 ha incorporado este sustantivo con las siguientes definiciones: "Acción y efecto de destapar o destaparse. // 2. En una película, espectáculo, etc., acción de desnudarse los actores." Lamentablemente la RAE ha suprimido la tercera acepción que figura en el DMI: "Liberalización de prohibiciones, restricciones, etc.", que caracteriza mejor la voz **destape**.

destemplar. → **templar**.

desteñir. → **teñir, 1**.

desternillarse. El DRAE/92 ha añadido una segunda acepción de esta voz, que es la que más se emplea: 'reírse mucho, sin poder contenerse'. Evítese decir, incorrectamente, *destornillarse*. → ***destornillarse de risa**.

desterrar. V. irreg.; se conjuga como → **acertar, 1**.

destituir. V. irreg.; se conjuga como → **huir, 1**.

destornillar. → **desatornillar**.

*destornillarse de risa. Dígase *desternillarse de risa*. Este verbo está formado sobre la palabra *ternilla* (cartílago) y no sobre *tornillo*.

*destrancar. El DMI lo considera → **barbarismo** por *desatrancar*.

destrocar. V. irreg.; se conjuga como → **sonar**.

destroyer. Voz inglesa que puede sustituirse por *destructor, cazatorpedero*.

destructividad. El DMI registra este sustantivo, que no figura en el DRAE/92, con la siguiente definición: "Calidad de destructivo. *La destructividad del tiempo*."

destruir. V. irreg.; se conjuga como → **huir, 1**.

desubicar. El DRAE/92 incorpora este verbo con la siguiente definición: "tr. Situar a una persona o una cosa fuera de lugar. Ú. m. c. prnl. y especialmente en América."

desvaír. 1. Verbo → **defectivo**; se conjuga como o → **abolir**. De este verbo se emplea sólo o casi solamente el participio *desvaído* (*Esbozo*, 2. 12. 13, b).
2. Desvaír fue incluido en el DRAE/92 con la siguiente definición: "tr. Hacer perder el color, la fuerza o la intensidad. Ú. m. c. prnl."

desvanecer. V. irreg.; se conjuga como → **parecer, 1**.

desvariar. Para su acentuación, → **enviar, 1**.

desvasar. El DMI registra este verbo, que no figura en el DRAE/92, con la siguiente definición: "*Argent.* Cortar o arreglar el casco o vaso de una caballería." Con similar definición incluye este verbo el *Diccionario* de M. Moliner.

*desvastar. Forma incorrecta por *devastar*. Del mismo modo, deberá decirse *devastador* y *devastación* y no **desvastador* y **desvastación*.

desvelar. El DRAE/84 recoge el significado de 'develar, descubrir, revelar' frecuente de este verbo.

desvestir. V. irreg.; se conjuga como → **pedir, 1**.

desviar. Para su acentuación, → **enviar, 1**.

desvirtuar. Para su acentuación, → **atenuar**.

detall. → **al detall**.

*detectación. Forma incorrecta por *detección*.

detener. V. irreg.; se conjuga como → **tener, 1**. El imperativo singular es *detén* (→ **voseo**: *detené*), pero no **detiene*.

detenerse. Construcción: —*a investigar los hechos*.

detenido. El DRAE/92 añade la siguiente acepción: "Privado provisionalmente de libertad por una autoridad competente. Ú. t. c. s." Es de uso muy frecuente en la Argentina.

detentar. Significa 'retener alguien ilegítimamente una cosa, título, representación, empleo, etc. que no le corresponde'. La idea de ilegitimidad es fundamental en este verbo, por lo que no debe usarse como sinónimo de *ostentar, ocupar, desempeñar, ejercer*. Detenta el poder quien se apodera indebidamente de él; en cambio, quien lo ha recibido por medios legales lo ejerce o desempeña. Un deportista detenta el título de campeón si lo ha obtenido fraudulentamente; en caso contrario, lo ostenta.

détente. Voz francesa (pron. [detánt]) que se emplea sobre todo en el lenguaje diplomático. Puede sustituirse por *distensión*.

determinarse. Construcción: —*a viajar*; —*en favor de alguien*.

*__de toda evidencia__. Construcción galicada (fr. *de toute évidence*) que puede sustituirse por *evidentemente*.

detraer. V. irreg.; se conjuga como → **traer, 1**.

detrás mío. **1**. Los gramáticos aconsejan que se usen las formas *detrás de mí, detrás de ti, detrás de nosotros*, etc., en lugar de **detrás mío**, *detrás tuyo, detrás nuestro*, etc., que son las más frecuentes en el Río de la Plata: "Detrás suyo alguien miraba por encima de su hombro." (I. Blaisten, *Cerrado*, 103); "[...] cuando se dio vuelta halló al muchacho detrás suyo [...]" (E. Belgrano Rawson, *El náufrago*, 164). "De inmediato, María marchó detrás suyo." (R. Fontanarrosa, *"La gansada"*, 100). → **cerca mío**.

2.→ **atrás**.

detrito, detritus. **1**. El DRAE/92 admite las dos formas, pero prefiere la españolización *detrito*.

2. **Detritus** no varía en plural: *los detritus*.

deuda externa. Es la forma más usada, por lo menos en la Argentina, pero para la RAE es *deuda exterior*.

deudor. Construcción: —*a* o *del fisco*; —*en* o *por varios millones*.

de un periquete. "Varela que se apodera de un periquete de todo el oeste del país [...]" (F. Luna, *La última montonera*, 48). Académicamente esta locución adverbial es *en un periquete*.

deus ex machina. Expresión latina que significa literalmente 'un dios [bajado] por medio de una máquina'. Deriva de un artificio del teatro antiguo, en el cual se solucionaba una situación crítica mediante la intervención de un dios que descendía al escenario por medio de un mecanismo (ex machina). Esta expresión se emplea en la vida corriente para referirse a una persona o cosa que interviene en forma inesperada o poco verosímil y resuelve una situación complicada que ha llegado a un punto muerto.

devaluar. Para su acentuación, → **atenuar**.

develar. El DRAE/84 incluye este verbo con las siguientes definiciones: "Quitar o descorrer el velo que cubre alguna cosa. // 2. Descubrir, revelar lo oculto o secreto."

devenir. **1**. V. irreg.; se conjuga como → **venir, 1**.

2. **Devenir** es un verbo lamentablemente poco usado; se lo remplaza por sus equivalentes *sobrevenir, suceder, llegar a ser, convertirse*, según el caso. El infinitivo, que es casi la única forma que se emplea, sólo es usado como sustantivo: *para Heráclito el devenir es la única realidad*.

3. Construcción: *la situación devino peligrosa; sus ilusiones han devenido en decepciones*.

*__de vera__. Forma errónea por *de veras*.

de visu. Expresión latina que se suele emplear en español con el significado de 'por haberlo visto, de vista': *para hablar con seriedad es preciso conocer los hechos de visu*.

devolver. V. irreg.; se conjuga como → **mover**. Su participio es *devuelto*.

de vuelta. El único significado académico de esta locución adverbial es 'de retorno': *ya estamos de vuelta*. En el Río de la Plata se suele emplear con el valor de 'nuevamente, de nuevo': "—Mirá —le dije—; se mueve de vuelta, sigue tejiendo para el mismo lado que se cortó." (J. Lanata, *Polaroids*, 28).

dexteridad. → **Galicismo** (fr. *dextérité*) por *destreza*.

de yapa. El DRAE/84 incorpora esta locución adverbial con las siguientes definiciones: "Por añadidura, de propina. // 2. Gratuitamente, sin motivo." Es propia del Río de la Plata, Bolivia, Chile, Ecuador y Perú. También existe la grafía *de llapa*.

di. Forma de los verbos *dar* (*le di los datos*) y *decir* (*di la verdad*). En ninguno de los dos casos lleva tilde, aunque algunos autores han creído conveniente atildar uno de ellos para distinguirlo del otro. Esto se opone a la teoría general de acentuación de monosílabos sustentada por la RAE, que exige que los dos monosílabos iguales en sus formas cumplan distinta función y que una de las formas sea átona (→ **acentuación ortográfica, II, A**). En este caso ambos **di** son verbos y tónicos. Tampoco llevan tilde, por supuesto, cuando se les añade un pronombre enclítico: *dile los libros que me pidió; dime la verdad*.

día. **1**. Se usa en plural en la expresión *los otros días* (frente al académico *el otro día*) para señalar vagamente un tiempo pasado.

Esta expresión es propia del Río de la Plata y de algunas zonas del Caribe (Kany, *Sintaxis*, 31). También se dice *días pasados*.
2. → **buen día**.

día a día. → **año a año**.

diabetes. 1. Es femenino: *la diabetes*, y no varía en plural: *las diabetes*. → **plural, I, A, 2**.
2. Son incorrectas las formas **diabete* y **diabetis*.

diablo. Femeninos: *diabla* y *diablesa*.

diácono. Femenino: *diaconisa*.

día de hoy. Aunque pleonástica, es expresión correcta, lo mismo que *día de ayer* y *día de mañana*.

día onomástico. → **onomástico**.

diariero, diarero. El DRAE registra ambos, el primero como propio de la Argentina, Chile, Guatemala y Uruguay; el segundo, de uso en la Argentina y Uruguay: "[...] gritó un diarero que pasó a su lado [...]" (P. O'Donnell, *Copsi*, 74). Los preceptistas argentinos se inclinan en general por **diariero** y consideran vulgar **diarero**. "[...] Nicolás saludó al diariero [...]" (L. Heker, *Los bordes*, 95); "[...] aguardando el rumor del periódico que el diariero desliza por debajo de la puerta." (J. Gómez Bas, *La gotera*, 69).

día sándwich. Expresión que puede sustituirse por *día puente*, que figura en el DRAE con la siguiente definición: "El laborable comprendido entre dos festivos y al que, por esta circunstancia, se amplía la vacación."

días de la semana. La RAE recomienda, no preceptúa, que, cuando no encabecen párrafo o escrito, o no formen parte de título, los nombres de los días de la semana se escriban con minúscula inicial: lunes, martes, etc. (RAE, *Ortografía*, II, 9). Esta recomendación coincide con el uso moderno.

diástole. Es femenino: *la diástole*.

diatriba. Es palabra grave; la acentuación esdrújula, **diátriba*, es errónea.

dibujante. M. Seco (*Diccionario*) admite el femenino *dibujanta*, pero según la RAE el femenino de este vocablo no tiene forma propia: *la dibujante*.

díceres. Es un americanismo por *rumores, habladurías*, admitido por la RAE.

dictamen. Es incorrecto ponerle tilde: **dictámen*. → **acentuación ortográfica, I, B, 1**.

dictar. Algunos preceptistas critican el uso americano de este verbo en lugar de *dar* o *explicar* (un curso, clase, lección o conferencia), pero la RAE ha incluido en el DRAE/92 esta acepción.

díctico. → **deíctico**.

diecinueve. → **dieciséis**.

dieciocho. → **dieciséis**.

dieciochoavo, dieciochavo. 1. La RAE autoriza las dos formas, pero prefiere la primera, admitida en 1984.
2. Es un numeral fraccionario y designa cada una de las dieciocho partes iguales en que se divide un todo (1/18). No es correcto emplearlo como numeral ordinal: **ocupaba el dieciochoavo lugar*; dígase: *el decimoctavo lugar*.

dieciséis. Los cardinales de 16 a 19 se escriben: *dieciséis, diecisiete, dieciocho* y *diecinueve*. La grafía **diez y seis, *diez y siete, *diez y ocho* y **diez y nueve* es incorrecta. → **cardinales, 1**.

diecisiete. → **dieciséis**.

diente. Diminutivos: *dentecillo* y *dentezuelo*. En la Argentina se emplea exclusivamente *dientito*, que no figura en el DRAE/92. → **diminutivos, 1**.

dientudo. → **dentudo**.

diéresis. Signo ortográfico (¨) también llamado *crema*. En español se emplea obligatoriamente sobre la *u* de las sílabas *gue, gui* para indicar que esa vocal debe pronunciarse: *vergüenza, pingüino*.
A veces, se usa en forma optativa en poesía sobre la primera vocal de un diptongo cuyas vocales deban pronunciarse separadamente debido a la licencia poética llamada también *diéresis*: "privilegio tan süave" (P. Calderón de la Barca, *La vida es sueño*, Jornada primera); "No las francesas armas odïosas" (Garcilaso de la Vega, Soneto XVI, en *Poesía*).

dieron las diez. → **dio las diez**.

Diesel. La RAE escribe con mayúscula y sin acento este vocablo, normas que se respetan en el siguiente texto: "Llegó en su flamante Ford (era uno de esos colonos progresistas, y se decía que en su chacra había hecho instalar un motor Diesel)". (V. Barbieri, *El río*, 152). Pero siguiendo otros casos de nombres propios que, aplicados a objetos se convirtieron en sustantivos comunes (*rémington*, por ejemplo), convendría escribir esta palabra con minúscula inicial. Por otra parte, en la Argentina al menos, se pronuncia exclusivamente como voz llana: *diésel* (o *dísel*, si se quiere mantener la pronunciación original).

diestro. 1. Superlativo: *destrísimo* (literario) o *diestrísimo* (coloquial). Este último no figura en el DRAE/92, pero sí en el DMI.
2. Construcción: —*en mentir*.

dietista. La RAE ha incorporado al DRAE/92 este sustantivo con que se designa al especialista en dietética.

diez. 1. Referido a reyes o siglos, puede remplazar a *décimo*: *Alfonso X* puede leerse *Alfonso décimo* o *Alfonso diez*; *siglo X*: *siglo décimo* o *siglo diez*. Pero es preferible *décimo*.
2. Plural: *los dieces*.
3. → **dieciséis**.

diferencia. Construcción: —*de un licor a otro* o *entre un licor y otro*; —*en más* (o *en menos*); —*por defecto* (o *por exceso*); *con la diferencia de que* (es preferible no omitir la preposición *de*).

diferenciar. 1. Para su acentuación, → **abreviar**.

2. Construcción: —*una calidad de otra*.

diferenciarse. Construcción: —*uno de otro*; —*en* (o *por*) *el carácter*.

diferendo. El DRAE/70 (Suplemento) incorporó esta voz, criticada por galicista (fr. *différend*) como propia del Río de la Plata y Colombia. El DRAE/92 añadió Perú y modificó la definición: "Diferencia, desacuerdo, discrepancia entre instituciones ó Estados."

diferente. Aunque algunos preceptistas insisten en que sólo puede emplearse la preposición *de* con este adjetivo (diferente de los demás), se usa también, sobre todo en América, la preposición *a*, uso que este ejemplo jerarquiza: "[...] se articula de un modo diferente a todas las otras consonantes [...]" (R. Menéndez Pidal, *Manual*, § 35, 6], d). Evítese *diferente que: *la situación de Bolivia es diferente que la de Paraguay*.

diferir. 1. V. irreg.; se conjuga como → **sentir, 1**.

2. Construcción: —*a* o *para el lunes*; —*de otros*; —*de hoy a mañana*; —*en el aspecto*; —*entre sí*; —*hasta el mes que viene*; —*por algunos días*.

difícil. 1. Superlativos: *dificílimo* (literario y anticuado) y *dificilísimo* (de uso general).

2. Construcción: —*de hacer*; —*para los novatos*.

difluir. V. irreg.; se conjuga como → **huir, 1**.

difundir. Tiene dos participios: uno regular, *difundido*, con el que se forman los tiempos compuestos, y otro irregular, *difuso*, que se emplea sólo como adjetivo: *un argumento difuso*. → **participio**.

diga. Como forma vocativa: *diga, ¿aquí vive el carpintero?* se suele emplear para dirigirse a una persona desconocida. En la Argentina alterna con *maestro, jefe*, etc. y es forma popular: "¿Le lustro diga?" (B. Kordon, *Sus mejores cuentos*, 65).

digerir. V. irreg.; se conjuga como → **sentir, 1**.

dignarse. Actualmente se usa sin preposición: *ni siquiera se dignó mirarlo*. El empleo de la preposición *a* o *de* es anticuado, aunque no faltan ejemplos en la lengua actual: "[...] seguía al tranco sin dignarse a mirar." (E. Belgrano Rawson, *No se turbe*, 14).

dile. No lleva tilde, puesto que la forma verbal de base (→ **di**) no lo lleva.

dilema. El DRAE/92 incorpora el significado de 'duda, disyuntiva' con que se emplea

corrientemente este sustantivo: *se vio en el dilema de callarse o renunciar*.

diletante. El DRAE/84 admitió esta voz (castellanización del it. *dilettante*) como sinónimo de *aficionado*. Su plural es, normalmente, *diletantes*, no *dilettanti* (plural italiano) ni *diletanti, *diletantis* o *dilettantes*. La RAE incorporó también el derivado *diletantismo*.

diligenciar. Para su acentuación, → **abreviar**.

diligente. Construcción: —*en su trabajo*; —*para trabajar*.

diluir. V. irreg.; se conjuga como → **huir, 1**.

diluviar. Para su acentuación, → **abreviar**.

dimanar. Construcción: —*una cosa de otra*.

dime. No lleva tilde, puesto que la forma verbal de base (→ **di**) no lo lleva.

diminutivos. 1. El español dispone de una notable cantidad de sufijos diminutivos. Sobre los cuatro básicos: *-ico, -illo, -ito* y *-uelo*, se forman numerosos derivados: *-cico, -cillo, -cito, -zuelo, -ecico, -ecillo, -ecito, -ezuelo, -achuelo, -echuelo, -cecico, -cecillo, -cecito, -cezuelo, -ececico, -ececillo, -ececito, -ecezuelo* y sus respectivos femeninos. Existen aún otros sufijos menos productivos, como *-ín* (pequeñín), *-eta* (avioneta), *-ote* (islote), *-ino* (palomino), etc.

Complicadas reglas pretenden determinar el uso de uno u otro sufijo según la cantidad de sílabas, el sonido final y la acentuación de la palabra base.

En la Argentina se emplean casi exclusivamente los sufijos *-ito* (niñito, limpito), *-cito* (trencito, florcita), y, con menor frecuencia, *-ecito* (pececito, vocecita). Los otros sufijos son de uso excepcional o puramente literario. Respecto de este tema y ante las críticas de algunos preceptistas a esta formación de diminutivos (*piececillo, piececito, piececico* o *piececuelo*, pero no *piecito*; *tececito*, pero no *tecito*) conviene recordar las prudentes palabras de la RAE que siguen a las reglas de formación de los diminutivos: "Las indicaciones precedentes no han de entenderse como reglas exclusivas. El uso culto de unos u otros países del mundo hispánico admite *hierb-ita, huev-ito, flor-cita, cafe-cito, mam-ita, mama-cita, ind-ito* e *indi-ecito*, etc." (DRAE/92).

El uso culto de la Argentina autoriza *piecito* y *tecito*, por lo que estas formas (y otras similares que se aclaran en los artículos correspondientes de este *Diccionario*) deben considerarse correctas.

2. Es frecuente en la lengua coloquial americana el uso de diminutivos de adverbios, sobre todo de lugar y de tiempo: *lueguito, ahorita, aquicito, ahicito*, etc.: "—Despuesito de las seis, creo." (S. Ramírez, "El centerfielder", en DCL, 148).

Dinamarca. Gentilicio: *danés* o *dinamarqués* (el DRAE/92 prefiere el primero).

dinamitar. El DRAE/84 incorporó este verbo con la siguiente definición: "Volar con dinamita alguna cosa", y el DRAE/92 añadió una segunda acepción: "fig. Destruir, aniquilar."

dinamo, dínamo. 1. La RAE autoriza ambas acentuaciones, pero recomienda la primera. En la Argentina se emplea casi exclusivamente la segunda.
2. Es femenino en sus dos variantes, aunque en la Argentina es frecuente oír *el dínamo*, aun entre personas cultas.

dinar. Es palabra aguda [dinár]; la pronunciación grave [dínar] es errónea.

dintel. Es la parte superior de las puertas y ventanas. No debe confundirse con *umbral* (parte inferior de las puertas, contrapuesta a **dintel**), confusión corriente tanto en América como en España.

dio. No lleva tilde; la grafía *dió es incorrecta. → **acentuación ortográfica, II, A**.

dio las diez, dieron las diez. La expresión inicial fue *el reloj dio las diez*, en la que el verbo concuerda en singular con el sujeto *reloj*. Cuando se calló el sujeto por innecesario, el complemento directo *las diez* se convirtió en el sujeto psicológico de la oración, la que, entonces, pasó a **dieron las diez**, que es la forma usual actualmente. Ambas construcciones son correctas.

dionisíaco, dionisiaco. La RAE admite ambas formas, pero recomienda la primera. → **-íaco, -iaco**.

Dioniso. Es el nombre griego del dios Baco. La forma **Dioniso**, empleada por la RAE (s. v. *dionisíaco*), es preferible a *Dionisos*.

dioptría. Se acentúa, prosódica y ortográficamente, en la *-i-*; evítese la forma con diptongo final *dioptria.

Dióscuros, Dioscuros. Ambas acentuaciones son correctas; la primera es etimológica; la segunda, la más usual.

diplejía. No figura en el DRAE/92, pero sí en el Dorland. Es una parálisis que afecta partes simétricas del cuerpo.

dipsomaníaco, dipsomaniaco. La RAE admite las dos formas, pero recomienda la primera. → **-íaco, -iaco**.

diputado. 1. Femenino: *diputada*. No se justifica decir *la diputado.
2. Construcción: —*al* o *en el Congreso*; —*por Buenos Aires*.

directivas. → **directriz**.

director. Como sustantivo tiene un femenino *directora*: *la directora de la escuela*. Como adjetivo tiene dos femeninos: *directora* y → **directriz**.

***directorial**. Forma errónea por *directoral*.

directriz. Es el femenino del adjetivo → **director**. Se emplea sobre todo en geometría: *una línea directriz*. Como sustantivo se utiliza en la acepción geométrica indicada: *la directriz* y, además, con el significado de 'conjunto de normas o instrucciones' (generalmente en plural): *impartieron nuevas directrices*. Con este último valor es poco usado en la Argentina, donde se lo remplaza normalmente por *directivas*, que es también correcto.

discapacitado. Como este vocablo "está bien constituido en cuanto a los elemenos que lo forman" y, por otra parte, es preferible a *lisiado* o *inválido*, palabras que contienen una fuerte carga negativa, la AAL resolvió, en su sesión del 23 de noviembre de 1972, aceptarlo en principio y esperar, antes de adoptar una resolución definitiva, la difusión futura del vocablo (*Acuerdos*, V, 100-02).
En su dictamen del 13 de octubre de 1977, la AAL retoma el tema y dice: "Como en los cinco años transcurridos ha podido verificarse que el uso del término se ha afianzado [...] esta Academia considera definitivamente aceptable el empleo de la palabra *discapacitado*." (*Acuerdos*, VII, 121).
La RAE recoge, en el DRAE/92, este adjetivo, pero recomienda *minusválido*.

discerner. Forma anticuada; dígase → **discernir**.

discernir. 1. V. irreg. en el presente de indicativo: *discierno, disciernes, discierne, discernimos, discernís, disciernen*; el presente de subjuntivo: *discierna, disciernas, discierna, discernamos, discernáis, disciernan* y el imperativo: *discierne, discernid*.
2. El DRAE/84 agregó la siguiente acepción: "Conceder u otorgar un cargo, distinción u honor", considerada incorrecta hasta entonces. Los preceptistas censuran como → **anglicismo** (ingl. *to discern*) el uso de este verbo con los significados de 'ver' y 'observar'.
3. Construcción: —*una cosa de otra*.

disc-jockey. → **pinchadiscos**.

discografía. El DRAE/92 ha incluido una segunda acepción de este término: "Conjunto de discos de un tema, un autor, etc."

discográfico. La RAE ha incluido esta voz en el DRAE/92 con la siguiente definición: "Perteneciente o relativo al disco o a la discografía."

disconforme, desconforme. La RAE admite ambas formas, pero prefiere la primera. En la Argentina es también frecuente la segunda.

discordar. 1. V. irreg.; se conjuga como → **sonar**. Es un verbo poco frecuente y sus formas irregulares son inusitadas. Se lo remplaza por *desentonar, desafinar* o por *disentir, discrepar*, según los casos.
2. Construcción: —*de sus amigos*; —*en las opiniones*.

*discrección, *discreccional, *discreccionalidad. 1. → **Ultracorrección** por *discreción, discrecional* y *discrecionalidad*.

2. **Discrecional** no es, académicamente, sinónimo de *arbitrario*. Se refiere a un poder o facultad que no está reglado con precisión y que se deja, por lo tanto, sujeto a la discreción —no al capricho o gusto— de quien ha de aplicarlo.

discrepar. Construcción: *—de alguien en determinados aspectos*. La construcción con la preposición *con*, que es la más frecuente, se considera incorrecta: "El titular del arma discrepó con su Estado Mayor [...]" (*Clarín*, 9-2-92, pág. 2).

disculpar. Construcción: *—a un compañero con el profesor*; *—de un error*.

disculparse. Construcción: *—con el jefe*; *—de hacer algo*; *—por haberse equivocado*.

discurrir. Construcción: *—en varias materias*; *—sobre arte*.

discutir. Construcción: *—las condiciones* (o *sobre las condiciones*); *—de política*; *—entre sí*; *—por cuestiones sin importancia*.

disecar, diseccionar. Con el significado de 'dividir en partes un vegetal o un cadáver para su examen', la RAE admite las dos formas, pero prefiere la primera.

disección, disecación. La RAE autoriza ambas formas, pero prefiere la primera.

disentir. 1. V. irreg.; se conjuga como → **sentir, 1**.

2. Construcción: *disiento de usted en* (o *acerca de, sobre*) *la interpretación del hecho*. En la Argentina la preposición *con* remplaza a *de*, tanto en la lengua coloquial como en el lenguaje literario y aun entre gramáticos: "[...] cierto vivo sentimiento de delicadeza que no me permitió disentir públicamente con un gran amigo y doctísimo filólogo [...]" (R. Ragucci, *Más cartas*, 46); "[...] a disentir con ideologías psicoanalíticas." (P. O'Donnell, *Copsi*, 273). No obstante, escritores muy cuidadosos suelen atenerse al uso modélico: "[...] yo disiento de ellos [...]" (A. Bioy Casares, "El perjurio de la nieve", en AP, 153).

disfagia. Es incorrecta la acentuación **disfagía*. → **-fagia**.

disfamar, disfamación, disfamador, disfamatorio. La RAE admite estas formas, muy poco usadas, pero prefiere *difamar, difamación, difamador, difamatorio*, que son las que se utilizan actualmente.

disfrazarse. Construcción: *—con una sábana*; *—de arlequín*.

disfrutar. Construcción: *—con la conversación*; *—de la playa*; *—en el ejercicio de la profesión*.

*digresión. Forma incorrecta por *digresión*. Es un error muy frecuente que se ha deslizado a la lengua literaria: "Hablando de mujeres, no puedo dejar de hacer una disgresión [...]" (F. Luna, *Soy Roca*, 48).

disgustar, disgusto. Evítese la pronunciación incorrecta [dijustár, dijústo]. → **-sg-**.

disgustarse. Construcción: *—con alguien*; *—de la respuesta*; *—por niñerías*.

disimular. No confundir con *simular*. **Disimular** es ocultar lo que se es o se siente; *simular* es fingir que se es o se siente lo que no se es o no se siente. Se disimulan los defectos; se simulan las virtudes.

diskette. → **disquete**.

*dislacerar. El DMI advierte que es un → **barbarismo** por *dilacerar*.

disléxico. El DRAE/92 registra este adjetivo con las siguientes definiciones: "Perteneciente o relativo a la dislexia. // 2. Que padece dislexia. Ú. t. c. s."

disminuir. V. irreg.; se conjuga como → **huir, 1**.

*disminutivo. Forma incorrecta por *diminutivo*.

disociar. Para su acentuación, → **abreviar**.

disolver. V. irreg.; se conjuga como → **mover**. Su participio es irregular: *disuelto*.

disonar. 1. V. irreg.; se conjuga como → **sonar**.

2. Construcción: *—del resto de los oradores*; *—en la reunión*.

disorexia. El DMI registra este sustantivo, que no figura en el DRAE/92, como sinónimo de *inapetencia*.

disparar. Construcción: *—al aire*; *—contra el enemigo*.

dispendioso. Según el DRAE, significa sólo 'costoso', pero el DMI agrega la acepción de 'gastoso, manirroto', que es la más frecuente de este adjetivo.

dispensar. Construcción: *—a alguien de una obligación*; *dispénseme por mi insistencia*.

*dispépsico. Forma incorrecta por *dispéptico*.

displacer. 1. V. irreg.; se conjuga como → **parecer, 1**. Se usa casi exclusivamente en las terceras personas del presente y pretérito imperfecto del indicativo: *displace, displacen*; *displacía, displacían*.

2. La RAE admite esta forma, pero prefiere *desplacer*, que se emplea más.

displasia. La RAE ha incluido este sustantivo en el DRAE/92 con la siguiente definición: "Anomalía en el desarrollo de un órgano."

displástico, displásico. La RAE ha incluido en el DRAE/92 ambas formas (con preferencia por la primera), con la siguiente definición: "Perteneciente o relativo a la displasia."

display. En su sesión del 24 de noviembre de 1977, la AAL se expidió acerca de la traducción de esta voz inglesa. Para la acepción que tiene en el lenguaje de la publicidad, la

AAL propone *exhibidor*, palabra que si bien no figura en el DRAE, es de formación correcta.

Pantalla es la traducción adecuada para el uso que del vocablo **display** se hace en el lenguaje de la computación. Para el caso de las calculadoras, se suele emplear también *visor* (*Acuerdos*, VII, 139-41).

disponer. 1. V. irreg.; se conjuga como → **poner, 1**. El imperativo singular es *dispón* (→ **voseo**: *disponé*), pero no **dispone*. **2.** Construcción: —*de sus cosas*.

disponerse. 1. El imperativo es *dispónte* (→ **voseo**: *disponéte*). La forma **dispónete* se considera incorrecta, a pesar del siguiente ejemplo de Fray Luis de León (*Égloga* 8): "Dispónete, que tuya es la ventura" (cit. J.B. Selva, *Crecimiento*, 168). **2.** Construcción: —*a* o *para combatir*.

disputar. Construcción: —*con el vecino*; —*acerca de, por* o *sobre un asunto baladí*.

disquete. El DRAE/92 ha introducido este sustantivo con la siguiente definición: "*Inform*. Disco magnético portátil, de capacidad reducida, que se introduce en un ordenador para su grabación o lectura."

disquetera. El DRAE/92 incorpora este sustantivo con que se designa el dispositivo donde se inserta el disquete.

distanciar. Para su acentuación, → **abreviar**.

distanciarse. Construcción: —*de los amigos*.

distender. 1. V. irreg.; se conjuga como → **tender, 1**. **2.** Este verbo significa 'aflojar, relajar', que es su acepción más corriente, y, como término médico, 'causar una tensión violenta en los tejidos'.

distinguir. Construcción: —*una cosa de otra*.

distinguirse. Construcción: —*de sus compañeros*; —*en los deportes*; —*entre todos*; —*por laborioso*.

distinto. Aunque algunos preceptistas insisten en que sólo puede emplearse la preposición *de* con este adjetivo: "La primera visión de una ciudad distinta de la suya [...]" (G. García Márquez, *Doce cuentos*, 226), se usa también, y con mayor frecuencia, la preposición *a*: "Era preciso hacerlo con caracteres góticos, en un alfabeto distinto al de toda la gente." (A. Capdevila, *Córdoba*, 72); "No parecía un bosque distinto a los otros." (E. Belgrano Rawson, *Fuegia*, 144); "[...] una España distinta a la que él había conocido [...]" (P. O'Donnell, *Copsi*, 57); "[...] pero es una sombra distinta a la de los árboles." (M. Benedetti, *Primavera*, 62); "[...] un sitio distinto a todos los sitios señalados [...]" (J. Camba, *Sobre casi todo*, 155).

*distoccia, *distóccico. Formas incorrectas por *distocia* y *distócico*.

distorsionar. La RAE ha incluido este verbo en el DRAE/92 con la siguiente definición: "Causar distorsión. Ú. t. c. prnl."

distraer(se). V. irreg.; se conjuga como → **traer, 1**.

distribuir. V. irreg.; se conjuga como → **huir, 1**.

disuadir. Construcción: —*a alguien de algo*; —*a alguien de que haga algo*. Es conveniente no omitir la preposición *de* en este último caso.

disyuntiva. Cuando se quiere afirmar que se está ante dos posibilidades, por una de las cuales es preciso optar, dígase: *estoy ante una disyuntiva* (no: **ante dos disyuntivas*, ni **entre dos disyuntivas*).

*diverger. Variante no autorizada por la RAE del verbo → **divergir**.

divergir. Es verbo regular, por consiguiente son incorrectas formas como **divirgió*, **divirgiendo*, etc., en lugar de *divergió*, *divergiendo*, etc.

El cambio de *-g-* por *-j-* ante *a, o* para mantener el sonido fricativo velar sordo de la raíz (divergir/diverjo) es puramente gráfico y no constituye irregularidad.

diverso. Construcción: —*de los demás*; —*en carácter*.

divertir. V. irreg.; se conjuga como → **sentir, 1**. Son incorrectas las formas **divertió*, **divertieron* (por *divirtió, divirtieron*) y **divertiera* / **divertiese*, **divertieras* / **divertieses*, etc. (en lugar de *divirtiera* / *divirtiese, divirtieras* / *divirtieses*, etc.).

divertirse. Construcción: —*con sus compañeros*; —*con el juego*; —*en leer*.

divorciar. Para su acentuación, → **abreviar**.

dixit. Forma verbal latina que significa 'dijo'. → **magister dixit**.

diz que. Es una supervivencia del antiguo español *dize que, dizen que* (= *dice que, dicen que*) que se mantiene en el habla popular de toda América (en algunas regiones, incluso en el habla culta). También se escribe *dizque*: "Y la viuda pronto murió también dizque de pena." (J. Rulfo, *El llano en llamas*, 197).

do. Nota musical. Es masculino: *el do*, y su plural, según el *Esbozo* (2. 3. 3, d), es exclusivamente *dos*. Para R. Ragucci (*Más cartas*, 222 y 224), en cambio, el plural es *does*.

doblar a muerto. Es una forma pleonástica muy empleada. Puede decirse sólo *doblar*, que significa 'tocar a muerto'.

doblez. Como sinónimo de *falsedad, mala fe* es de género → **ambiguo**, y, si bien se emplea más el femenino: "[...] es más común que aparezca la doblez: que pienses algo pero digas lo contrario." (M. Benedetti, *La borra*, 79), no faltan ejemplos de su uso como masculino: "Esta conducta de los capi-

tanes [...] llegaba al corazón de la viuda como una prueba más del doblez de los hombres [...]" (E. Belgrano Rawson, *Fuegia*, 17); "Con muchos dobleces y olvidos, y con el escondido anhelo de ver caído al vecino [...]" (H.V. Morel, "Un consuelo para muchos", en VCPA, 151).
Cuando significa 'efecto de doblar', 'pliegue', es exclusivamente masculino.

doce. Plural: *los doces*.

doceavo, dozavo. **1**. Numeral fraccionario. La RAE autoriza las dos formas, pero recomienda la primera, admitida en 1984.
2. También puede emplearse → **duodécimo** como fraccionario: *tomaremos la duodécima parte*.

docientos. → **doscientos**.

dock. Voz inglesa, innecesaria en español ya que puede sustituirse por *dársena, muelle*. En la Argentina fue de uso corriente: "Y desde el fondo del dock / gimiendo en lánguido lamento" (J. González Castillo, "Silbando", en ACTC, 299).

doctor. El femenino es *doctora*; no se justifica decir *la doctor*.

dólar. Su plural es *dólares*. No se justifica el plural anómalo *dólars*.

dolce far niente. Expresión italiana (pron. [dólche]) que significa literalmente 'dulce no hacer nada', 'dulce ociosidad'. El DMI escribe *dolce farniente*.

dolce vita. Expresión italiana (pron. [dólche]) con que se designa una vida viciosa y libertina.

doler. V. irreg.; se conjuga como → **mover**. Deben evitarse formas arcaicas como *doldré*, *doldría* (por *doleré, dolería*), que hoy se consideran incorrectas.

dolerse. Construcción: —*de la desdicha ajena*.

dolicocefalia. Tiene diptongo final; la forma *dolicocefalía* es errónea. → -**cefalia**.

dolmen. Es voz grave (evítese la pronunciación [dolmén]), y su plural es *dólmenes*.

dolor. El uso de la preposición *a* en expresiones como *dolor al hígado, dolor a los pies*, en lugar de *dolor de hígado, dolor de pies*, es americanismo. El español peninsular prefiere las construcciones con *de*. Lo mismo puede decirse de los sustantivos *afección, congestión* y *enfermedad*.

Dolores. Diminutivo: *Dolorcitas* (no: *Dolorcita*).

dolorosa. El DRAE/92 añade esta acepción en el artículo *doloroso, -sa*: "f. irón. fam. Con el artículo *la*, factura, cuenta que hay que pagar", popular en la Argentina.

doméstico. No tiene en español el significado de 'interno, nacional' que, por → **anglicismo** (ingl. *domestic*) se le suele asignar: *un embajador no debe inmiscuirse en los asuntos domésticos del país donde está acreditado*.

domiciliar. Para su acentuación, → **abreviar**.

domingo a domingo. → **año a año**.

dominico. La RAE sólo autoriza esta forma para designar al religioso de la Orden de Santo Domingo. En América se emplea frecuentemente la forma esdrújula *domínico*.

dominio. El DRAE/84 incorpora como nueva acepción de esta palabra la de 'ámbito, campo o terreno de una actividad o conocimiento': *el dominio de las bellas artes, el dominio de las matemáticas*, considerada galicista hasta entonces.

dominó. Plural: *dominós*. → **rubí**.

domo. En español significa sólo 'cúpula' y no 'catedral', por lo que no corresponde decir *el domo de Milán*, como suele hacerse por traducción servil del it. *duomo*, sino *la catedral de Milán*.

don. **1**. Con minúscula inicial cuando se escribe con todas sus letras, salvo, claro está, que inicie escrito o vaya después de punto. La abreviatura, en cambio, va con mayúscula: *mañana llega D. Carlos*.
2. En el español modélico se usa sólo ante nombre: *don Pedro*, o ante nombre y apellido: *don Pedro de Mendoza*. En la Argentina, se emplea frecuentemente, en lenguaje coloquial, ante apellido: "—Vamos a ver cómo se porta, don Mendoza [...]" (M. Booz, *Santa Fe*, 92); "Buenas tardes, don Sosa; dice mi mamá qué pasó que se cortó el agua." (Quino, *Mafalda*, vol. 8); "Pero mire, don Casale, usted tiene que estar, es una cita de honor." (R. Fontanarrosa, *Nada del otro mundo*, 245). Es supervivencia de un antiguo uso español. No sucede lo mismo con *doña*, que se antepone solamente a nombre propio: *doña Juana*. También es frecuente el uso de **don**, *doña*, a secas, aunque el interlocutor conozca el nombre de la persona a quien se dirige. Este uso es más popular: "—No le miento, don." (E. Belgrano Rawson, *No se turbe*, 76).

donde. **1**. Los preceptistas y gramáticos recomiendan el uso de **donde** para indicar reposo: *aquí es donde estamos*, y el de *adonde* para indicar movimiento: *vamos adonde nos tratan bien*. Pero el uso moderno suele hacer caso omiso de esta distinción. → **adonde, 2**.
2. Es bastante frecuente, por lo menos en la lengua oral de la Argentina, el uso de **donde** en lugar del relativo *que*. Los siguientes son algunos de los ejemplos escuchados por televisión en Buenos Aires: "Es un actor excepcional donde tiene gran versatilidad"; "En la Aduana hay presuntos ilícitos donde el gobierno está investigando hace tiempo" (en boca de un importante funcionario nacional); "Se debe a la intransigencia de los empresarios donde nos niegan todos nues-

tros pedidos". Conviene evitar cuidadosamente este uso abusivo.

3. Dos usos del español antiguo han sobrevivido en el español americano popular. Uno es el empleo de **donde** en lugar de *cuando*. De la antigüedad de este uso da cuenta el siguiente verso del *Cantar de Mio Cid*: "Don [= donde] llegan los otros, a Minaya se van homillar" (v. 1516). En el otro extremo cronológico se halla este ejemplo: "Uno, de animales, conoce al perrito de la novia, que le larga unos brutos lengüetazos a las orejas y donde quiera evitarlos hay lío, porque la piba va a chillar ofendida y celosa [...]" (El Hachero, "1963: Nada menos que gran climatérico", en AM, 2, 15).

El otro valor antiguo de **donde** es su empleo como preposición con el valor de *a casa de*: *mañana iré donde Juan*, o *en casa de*: *estábamos donde mi hermano*. Este uso se mantiene en casi toda América, aunque con diferente suerte: mientras en la Argentina, por ejemplo, es propio del lenguaje rústico, en Bolivia, Chile, Colombia, Ecuador, Panamá, Perú, América Central y la zona del Caribe es corriente, y en México es casi desconocido (Kany, *Sintaxis*, 422). "El General se fue en seguida donde el Gobernador [...]" (C. Droguett, "Los asesinados del Seguro Obrero", en AEL, 72); "La conoció anoche, donde Aladino Pandulo y quedó bizco." (M. Vargas Llosa, *Pantaleón*, 114); "[...] le había dicho [...] que pasaran a buscarme para ir donde Renato [...]" (R. Soto, "Uno en la llovizna", en DCL, 78).

dónde. Cuando este adverbio se emplea como interrogativo o exclamativo —directo o indirecto— lleva acento escrito: *¿dónde estabas?* (interrogativo directo); *te pregunté dónde estabas* (interrogativo indirecto); *¡dónde lo encontré!* (exclamativo directo); *ni te imaginas dónde lo encontré* (exclamativo indirecto). → **acentuación ortográfica, II, G**.

dondequiera, donde quiera. **1**. La RAE admite las dos grafías, pero prefiere la primera.

2. Es incorrecto omitir el relativo *que* en casos como: *dondequiera que lo hayas puesto, dondequiera que estén*.

donjuán, don juan. La RAE admite las dos formas, pero prefiere la primera para designar a un seductor de mujeres.

doña. → **don, 2**.

dopado. El DRAE/92 incorpora este vocablo con el significado de 'acción y efecto de dopar o doparse'.

dopar. La RAE ha incorporado este verbo en el DRAE/92 con las siguientes definiciones: "tr. *Dep*. Administrar fármacos o sustancias estimulantes para potenciar artificialmente el rendimiento. Ú. t. c. prnl. // **2**.

Electrón. Introducir en un semiconductor impurezas con el fin de modificar su comportamiento."

doping. Voz inglesa usual en la jerga deportiva. La Federación Internacional de Medicina Deportiva la definió oficialmente en octubre de 1964: "Doping es la administración a un atleta (o el uso por el atleta) de cualquier sustancia ajena al cuerpo o cualquier sustancia fisiológica en cantidades anormales o por una ruta de ingestión anormal, con la sola intención de aumentar artificial y deslealmente su rendimiento en una competición." Es de uso frecuente: "Lo que se insinuaba como el mayor escándalo de dóping en el atletismo mundial [...]" (*Clarín*, 16-2-92, pág. 54). También se emplea aplicado a caballos de carrera. Puede sustituirse por *dopaje*, vocablo recientemente admitido por la RAE e incorporado al DRAE/92.

doquiera, do quiera. La RAE admite las dos grafías, pero prefiere la primera.

*dormamos. → **dormir**.

dormir. Verbo irregular (ver cuadro). Concurren en este verbo, y en *morir*, que es el único que sigue su conjugación, dos irregularidades: la -o- de la raíz diptonga en -ue-, cuando es tónica, en los presentes, y cambia en -u- en la segunda y tercera personas del plural del presente de subjuntivo, en las terceras personas del pretérito perfecto simple, en el pretérito imperfecto y futuro de subjuntivo y en el gerundio. Evítese cuidadosamente la forma **dormamos*, en lugar de *durmamos*.

dos. Plural: *doses* (no confundir con *doces*, que es el plural de *doce*), pero → **cardinales (numerales), 5**.

*dosaje. → **Galicismo** (fr. *dosage*) por *dosificación*.

doscientos, docientos. La RAE admite las dos grafías, pero prefiere la primera, que es la más usual.

dos piezas. **1**. El DMI registra esta expresión, que no figura en el DRAE/92, con las siguientes definiciones: "Precedido de un artículo masculino, bikini. // Traje femenino compuesto de falda y chaqueta o blusa." **2**. Evítese la grafía **dos-piezas*.

dos puntos. Signo ortográfico (:). Son sus usos principales en la actualidad:

1. Ante una enumeración explicativa: "Habiendo considerado que todos dedican sus libros con dos fines, que pocas veces se apartan: el uno, de que la tal persona ayude para la impresión con su bendita limosna; el otro, de que ampare la obra de los murmuradores [...]" (F. de Quevedo, *Los sueños*, 9).

2. Ante una cita textual: "Gustaba de repetir las palabras de Puck: '¡Qué locos son

DORMIR
(conjugación de los tiempos simples)

MODO INDICATIVO

Presente	Pret. imperf.	Pret. perf. simple	Futuro	Condicional
duermo	dormía	dormí	dormiré	dormiría
duermes	dormías	dormiste	dormirás	dormirías
duerme	dormía	durmió	dormirá	dormiría
dormimos	dormíamos	dormimos	dormiremos	dormiríamos
dormís	dormíais	dormisteis	dormiréis	dormiríais
duermen	dormían	durmieron	dormirán	dormirían

MODO SUBJUNTIVO

Presente	Pretérito imperfecto	Futuro
duerma	durmiera/durmiese	durmiere
duermas	durmieras/durmieses	durmieres
duerma	durmiera/durmiese	durmiere
durmamos	durmiéramos/durmiésemos	durmiéremos
durmáis	durmierais/durmieseis	durmiereis
duerman	durmieran/durmiesen	durmieren

MODO IMPERATIVO

Presente

duerme
dormid

FORMAS NO PERSONALES

Infinitivo	Gerundio	Participio
dormir	durmiendo	dormido

estos mortales!' " (P. Henríquez Ureña, *Corrientes literarias*, 163).

3. Ante una oración que comprueba y explica lo afirmado anteriormente: "Por lo demás, el poema no tiene unidad, ni plan ni concierto: el autor va y viene a merced de sus recuerdos [...]" (M. Menéndez y Pelayo, *Historia*, 22).

4. Ante una oración que es resumen o consecuencia de la oración anterior: "[...] estas calles por donde se cruzan vuestros semejantes con alegre diligencia, todo es perdido para vosotros: llorad, pero sean lágrimas de resignación, de salvación." (J. Montalvo, *El regenerador*, I, 33).

La RAE establece que, después de dos puntos, se escribe indistintamente con letra mayúscula o minúscula la palabra que sigue. No obstante, el uso prefiere emplear minúscula en los casos 1, 3 y 4 y mayúscula en el restante.

dossier. Así ha incorporado la RAE la voz francesa *dossier* en el DRAE/92, como sinónimo de *informe* o *expediente*. También puede decirse *legajo* o *sumario*.

dotar. Construcción: *—a una hija con varios millones*; *—a un hospital del instrumental necesario*.

dote. La RAE sigue considerando que este vocablo es de género → **ambiguo** cuando designa el caudal que la mujer lleva al matrimonio: *el* o *la dote*. Sin embargo, ya decía Bello en 1847 que es más comúnmente femenino (*Gramática*, § 172). Cuando significa 'prenda, calidad de una persona' es siempre femenino, y por lo general se usa en plural: *las dotes personales*. No es normal este uso: "[...] porque la sutileza política no es el dote de los simples." (R.J. Payró, *Divertidas aventuras*, 15).

do ut des. Expresión latina que significa 'doy para que des'. Indica la exigencia de reciprocidad de quien hace algo en forma interesada.

dozavo. → **doceavo**.

dracma. Es femenino: *una dracma*.

***dragaje**. → **Galicismo** (fr. *dragage*) por *dragado*.

dramaturgo. Según la RAE es sustantivo masculino y designa al autor de obras teatrales. No aclara la RAE cómo se ha de llamar a la mujer que escribe obras teatrales.

Dresden. Es el nombre alemán de la ciudad que en español se llama *Dresde*.

dríade, dríada. 1. La RAE admite ambas formas, pero recomienda la primera. 2. Las dos palabras son esdrújulas.

drogadicción, drogadicto. En su sesión del 8 de agosto de 1974, la AAL sugirió a la RAE la inclusión, en el *Diccionario* oficial, de estos dos términos (*Acuerdos*, V, 173-77). El DRAE/84 incorporó **drogadicto** con la siguiente definición: "Dícese de la persona habituada a las drogas", y el DRAE/92 el sustantivo **drogadicción**: "f. **adicción**, hábito de quienes se dejan dominar por alguna droga."

drogodependencia, drogodependiente. La RAE ha incorporado estos vocablos en el DRAE/92 con los significados que son fácilmente deducibles.

-dromo. Las voces que contienen este sufijo (del gr. *drómos*, 'carrera') son esdrújulas: *aeródromo, autódromo, canódromo, hipódromo, palíndromo, pródromo, velódromo*.

drosera. Es palabra grave; la acentuación esdrújula, ***drósera**, es errónea.

Dublín. Es palabra aguda. La pronunciación [dúblin] es incorrecta en español.

ducho. Construcción: —*en engaños*.

duda. En las frases *no hay duda de que, no cabe duda de que*, es preferible, en lenguaje cuidado, no omitir la preposición *de*. Pero, de todos modos, la construcción sin *de* es también correcta. → **dudar**.

dudar. Construcción: —*de algo o alguien*; —*en ir*; —*entre comprar o alquilar*. Ante *que* + proposición sustantiva puede omitirse la preposición *de*: *dudo de que vengan* y *dudo que vengan*: "No dudo que usted será mi cliente." (R. Arlt, *El jorobadito*, 15). Aunque ambas formas son correctas, es preferible, en lenguaje cuidado, la primera.

duelo. En psicoanálisis, término empleado en español para traducir técnicamente la voz alemana *Trauer*. En la sesión del 4 de noviembre de 1971, la AAL solicitó a la RAE la inclusión en el *Diccionario* oficial del sustantivo **duelo** con el sentido psicoanalítico que se describe en el informe (*Acuerdos*, V, 54-56). No figura en el DRAE/92.

duermevela. Es de género → **ambiguo**: *el* o *la duermevela*, pero se usa más frecuentemente como femenino.

dumdum. 1. El DMI incorpora esta voz, que no figura en el DRAE/92, con la siguiente definición: "adj. Dícese de una especie de bala explosiva. Ú. t. c. s." 2. Es palabra aguda.

dumping. Voz inglesa que se emplea con frecuencia en español para indicar la rebaja artificial del precio de uno o más productos, incluso por debajo de su costo de producción, para conquistar fraudulentamente un mercado. Se ha propuesto, para traducirla, la expresión *abaratamiento anormal*.

duodécimo. 1. Se emplea como numeral ordinal: *ocupa el duodécimo lugar*, y como numeral fraccionario: *cuatro es la duodécima parte de cuarenta y ocho*. Con este último valor equivale a → **doceavo**. 2. → ***decimoprimero**.

dúplex. 1. La RAE ha incorporado en el DRAE/92 la siguiente acepción: "m. Vivienda constituida por la unión, mediante escalera interior, de dos pisos o apartamentos, de los cuales uno está superpuesto al otro"." "Laura había ofrecido el confortable dúplex de su familia [...]" (A.M. Shúa, *Los amores*, 76). 2. Carece de forma propia de plural: *los dúplex*. → **plural, I, A, 2**.

dura lex, sed lex. Expresión latina que significa literalmente 'la ley es dura, pero es la ley' y que se aplica para indicar que, por penosa que sea una regla o norma, es necesario o preferible someterse a ella.

durante. Este antiguo participio activo del verbo *durar* se emplea en la lengua moderna con el valor de preposición, y así lo admite la RAE al incluir esta voz en la lista de preposiciones que figura en el *Esbozo* (1. 5. 4, 7º). El DRAE/92 también la registra como preposición.

duty free. Expresión inglesa (pron. [diúti fri]), abreviación de *duty free shop*, con que se designa el local, ubicado en la zona internacional de los aeropuertos, que vende a los pasajeros productos libres de impuestos y gravámenes. En la Argentina es más general *free shop*. Puede traducirse por *zona franca, tienda franca*, o refiriéndose a las operaciones que en él se realizan, *venta franca* o *venta libre*.

duvet. Voz francesa que puede sustituirse por *plumón, vello* o *bozo*: "[...] habiendo sido fabricada para hacer desaparecer el ligerísimo *duvet* del brazo de las damas [...]" (M. Cané, *Juvenilia*, 104).

dux. **1**. No tiene forma propia de plural: *los dux.* → **plural, I, A, 2**.
2. El femenino es *dogaresa*.

E

¹e. Quinta letra del alfabeto español (sexta si se considera la *ch* letra independiente). Su plural es *ees*, según algunos, y *es*, según otros. El *Esbozo* (2. 3. 3, d) excluye la **e** cuando habla del plural de las vocales: "Más frecuente y más culto es el empleo de la desinencia *-es* para los nombres de las vocales: *aes, íes, oes, úes*", de lo que pareciera deducirse que, por omisión, admite el plural *es*.

²e. Conjunción copulativa. Remplaza a la conjunción *y* ante palabra que empieza por *i-* o *hi-*: *odio e ira, peras e higos*. Sin embargo, se mantiene la *y* cuando la palabra siguiente comienza por el diptongo *hie-*: *flores y hierbas*, y en principio de interrogación y exclamación: *¿y Inocencio?, ¡y Hipólito también se fue!*

eccehomo. Forma hispanizada del latín *ecce homo* (*ecce*, 'he aquí', *homo*, 'el hombre'). Se refiere a la imagen de Jesucristo como lo presentó Pilatos al pueblo: "Y salió Jesús fuera, llevando la corona de espinas y la ropa de grana. Y díceles Pilatos: He aquí el hombre." (san Juan, XIX, 5). Suele utilizarse para señalar a una persona herida y de aspecto lastimoso: "Al sargento Virasoro y a los tres agentes que estaban hechos unos eccehomos [...]" (A. Cancela, *Historia*, II, 115).

eccema, eczema. 1. La RAE admite ambas grafías, pero recomienda la primera.
2. Es masculino: *el eccema*.

echar. Construcción: —*a, en, por tierra*; —*de ver*; —*del empleo*. *Echar a* + infinitivo de algunos verbos tiene valor incoativo: *echó a llorar* (= comenzó a llorar).

echar de menos, echar menos (a una persona o cosa). La RAE autoriza las dos formas, pero recomienda la primera, que es la más usual.

echarla de, echárselas de. Son expresiones sinónimas, pero en la primera el pronombre va en singular y en la segunda, en plural: *echarla de inteligente, echárselas de inteligente*.

echar menos. → **echar de menos.**

echarpe. Así ha hispanizado la RAE e incluido en el DRAE/92, el vocablo francés *écharpe*, con la siguiente definición: "m. Chal, prenda femenina de vestir que cubre hombros y espalda." En la Argentina se usa como sinónimo de *bufanda*.

echárselas de. → **echarla de.**

eclesial. En su sesión del 9 de diciembre de 1976, la AAL sugirió a la RAE la inclusión de este término en el vocabulario oficial (*Acuerdos*, VII, 56-58). El DRAE/84 lo incorpora con la siguiente definición: "Perteneciente a la comunidad cristiana o Iglesia de todos los fieles, a diferencia de *eclesiástico* en su referencia particular a los clérigos."

écloga, égloga. → **eclógico.**

eclógico, eglógico. La RAE admite las dos formas, pero recomienda la primera (aunque considera arcaica la forma *écloga* y prefiere *égloga*). Sin embargo, es más frecuente la forma **eglógico**: "mi corazón eglógico y sencillo" (C. Nalé Roxlo, *El grillo*, 15); "El primer término es un paisaje eglógico [...]" (D. Alonso, *Poesía española*, 96).

ecografía. La RAE ha incluido este sustantivo en el DRAE/92 con las siguientes definiciones: "Técnica de exploración del interior de un cuerpo mediante ondas electromagnéticas o acústicas, que registra las reflexiones o ecos que producen en su propagación las discontinuidades internas. Se emplea en medicina. // 2. Imagen que se obtiene por este método."

ecologismo. La RAE ha incluido esta voz en el DRAE/92 con la siguiente definición: "Movimiento sociopolítico que, con matices muy diversos, propugna la defensa de la naturaleza y, en muchos casos, la del hombre en ella."

ecologista. La RAE ha introducido en el DRAE/92 la siguiente enmienda en el artículo correspondiente a esta voz: "Que propugna la necesidad de preservar la naturaleza y ponerla a salvo de las perturbaciones ocasionadas con la moderna industrialización. Apl. a pers., ú. t. c. s. // 2. com. Persona que profesa la ecología como ciencia."

ecu. 1. El DRAE/92 ha incorporado este sustantivo, sigla de *European Currency Unit*, con la siguiente definición: "m. Unidad monetaria de la Comunidad Económica Europea."
2. Plural: *ecus*.

ecualizar. La RAE ha incluido este verbo en el DRAE/92 con la siguiente definición: "(Del ing. *to equalize*, igualar.) tr. En alta fidelidad, ajustar dentro de determinados valores las frecuencias de reproducción de un sonido con el fin de igualarlo a su emisión originaria."
El DRAE/92 ha incorporado también *ecualización* y *ecualizador*, con los significados que son fácilmente deducibles.

eczema. → eccema.

*eczematoso. Aunque la RAE admite la forma *eczema*, no autoriza *eczematoso (sólo *eccematoso*).

edad. Los nombres de las edades históricas se escriben todo en minúscula: *edad de cobre, edad antigua, edad media, edad moderna, edad atómica*, etc. → era.

edema. Es masculino: *el edema*.

edición ne variétur. → ne variétur.

edificación. El DMI incorpora la siguiente acepción, que no figura en el DRAE/92: "Construcciones, conjuntos de edificios."

edil. En su acepción de 'concejal', el femenino, poco frecuente, es *edila*.

edilicio. En su sesión del 28 de agosto de 1980, la AAL sugirió a la RAE que incluyera, en el *Diccionario* oficial, una nueva acepción de esta voz: "Lo concerniente a los edificios o a la construcción" (*Acuerdos*, VII, 291-93). La RAE la incorporó en el DRAE/84 con esa definición y como argentinismo. Sin embargo, en el DRAE/92 aparece modificada esa segunda acepción de la siguiente manera: "*Argent.* y *Urug.* Perteneciente o relativo a las obras o actividades de carácter municipal." Es de hacer notar que, en la Argentina al menos, se emplea el adjetivo **edilicio** con el significado que indica la AAL en su informe mencionado. Por otra parte, la administración de un teatro o de escuelas pueden ser actividades de "carácter municipal" que a nadie se le ocurriría calificar de edilicias.

Edinburgh. Nombre inglés de la capital de Escocia; en español es *Edimburgo*.

editor. Es, en español, el empresario que publica obras, por lo general ajenas, o bien la persona que prepara un texto ajeno siguiendo técnicas filológicas. Darle el nombre de **editor** al director de un periódico es → anglicismo que conviene evitar.

editorial. Es masculino cuando significa 'artículo de fondo no firmado': *el periódico publicó un sesudo editorial*. Es femenino en el sentido de 'casa editora': *la editorial va a reimprimir esta novela*.

educir. V. irreg.; se conjuga como → conducir, 1.

-ee-. La RAE no mantiene siempre el mismo criterio respecto de la reducción de -ee- en -e- en fin de prefijo y comienzo de raíz. En unos casos no admite la reducción (reedificar, reenviar) y en otros admite sólo la reducción (restablecer, rempujar). Cuando autoriza ambas variantes, tampoco es unitario su criterio para establecer la forma preferida: admite *sobreentender* y *sobreesdrújulo*, pero prefiere *sobrentender* y *sobresdrújulo*. En el caso de sobrexcitar, rembolsar, remplazar, autoriza estas formas, pero recomienda *sobreexcitar, reembolsar* y *reemplazar*. En las entradas correspondientes de este *Diccionario* se analizan los casos particulares.

EE.UU. 1. Abreviatura de → Estados Unidos. Es la que corresponde emplear en español y no la sigla → USA.
2. → americano.

efecto invernadero. La RAE ha incluido esta expresión en el DRAE/92 con la siguiente definición: "Elevación de la temperatura de la atmósfera próxima a la corteza terrestre, por la dificultad de disipación de la radiación calorífica, debido a la presencia de una capa de óxidos de carbono procedentes de las combustiones industriales."

efectuar. Para su acentuación, → abreviar.

efeméride, efemérides. 1. No significan lo mismo. En singular, **efeméride** es 'acontecimiento notable que se recuerda en cualquier aniversario del mismo' o 'conmemoración de dicho aniversario'. En plural, significa 'sucesos notables ocurridos en diferentes épocas, pero un número exacto de años antes de un día determinado', además de 'libro en que se refieren los hechos de cada día'.
2. Efemérides no es un singular con apariencia de plural, como *la caries* o *el tétanos*, sino plural: *las efemérides*.

Éfeso. 1. El nombre de esta antigua ciudad del Asia Menor es esdrújulo. La acentuación [eféso] es errónea.
2. Gentilicios: *efesino* y *efesio* (la RAE prefiere este último).

éfeta. El DRAE/92 considera esdrújula, y no grave como anteriormente, esta palabra, que designa a cada uno de los varios jueces que hubo antiguamente en Atenas.

eficaz. → eficiente.

eficiencia. El DMI añade la siguiente acepción que no figura en el DRAE/92: "Aptitud, competencia, en el cargo que se ocupa o trabajo que se desempeña."

eficiente, eficaz. El primero se aplica preferentemente a personas o instituciones: *un funcionario eficiente, una empresa eficiente.* **Eficaz** se aplica más a cosas: *un remedio eficaz.*

eflorecerse. V. irreg.; se conjuga como → **parecer, 1**.

éforo. Es palabra esdrújula, en lo que sigue la prosodia tanto griega como latina.

efracción. → **Galicismo** (fr. *effraction*) por *fractura, rotura*: *robo con efracción.* Puede sustituirse también por *violencia.* No figura en el DRAE/92, pero M. Moliner lo admite en su *Diccionario*.

efractor. Voz derivada de → **efracción**. El DMI la rechaza como → **barbarismo**, con la siguiente definición: "Persona que roba con efracción." M. Moliner la admite en su *Diccionario*.

Efraín, Efraím. La RAE escribe **Efraín** en el DRAE/84 (s. v. *efraimita*) y **Efraim** —incomprensiblemente sin la tilde que indica el hiato— en el DMI (s. v. *efraimita*). La misma alternancia entre *-m* y *-n* finales puede observarse en diversos autores. La tendencia de la lengua a eliminar la *-m* final hace preferible la forma **Efraín**.

égida, egida. La RAE admite las dos acentuaciones, esdrújula y grave, pero recomienda la primera.

egipciaco, egipcíaco. La RAE autoriza ambas pronunciaciones, con diptongo y con hiato, pero prefiere la primera. En el español americano se prefiere la segunda. → **-íaco, -iaco**.

égira. Esta variante ortográfica de → **hégira** fue suprimida en el DRAE/56, no obstante figura en el DMI.

eglógico. → **eclógico**.

-eír. → **infinitivos en -aír, -eír, -oír**.

ejecutar. Construcción: *—al* o *en el piano una sonata.*

ejemplarizador. Adjetivo, usual en América, que no figura en el DRAE/92: *castigo ejemplarizador.* Quien desee evitarlo puede sustituirlo por *ejemplar.*

ejercitarse. Construcción: *—en las armas.*

ejido. Es palabra grave. La RAE no admite la acentuación esdrújula, **éjido*, usual en la Argentina.

él, el. Para la acentuación de estos monosílabos, → **acentuación ortográfica, II, A**.

el, un. → **artículo**.

elastizar. En su sesión del 13 de octubre de 1983, la AAL sugirió a la RAE la conveniencia de incluir este verbo en el *Diccionario* oficial, con el significado de 'dar elasticidad' (*Acuerdos*, IX, 123-24). No figura en el DRAE/92.

El Cairo. Gentilicios: *cairino* o *cairota* (la RAE prefiere el segundo).

El Callao. El gentilicio que corresponde al natural de esta ciudad y puerto del Perú es *chalaco*.

eleccionario. La RAE admitió este americanismo en el DRAE/70 (Suplemento), con la siguiente definición: "Perteneciente o relativo a la elección o elecciones."

electo. **1**. Participio irregular del verbo → **elegir**. Se emplea únicamente como adjetivo (o como adjetivo sustantivado) para referirse al elegido para un cargo mientras no toma posesión: *los diputados electos jurarán pasado mañana; los electos se reunieron para estudiar el problema.* No debe usarse en la formación de los tiempos compuestos del verbo: **han electo a los diputados; *fueron electos los concejales.* Es incorrecto el uso de este participio en las siguientes noticias: "Tras ser electo como miembro comunista en el Parlamento griego [...]" (*Clarín*, 24-10-88, pág. 35); "Las nuevas autoridades fueron electas con sus propios votos [...]" (*Página/12*, 7-3-92, pág. 7). → **participio**; **elegir**.
2. Se dice *los alumnos elegidos* y no *electos*, porque alumno no es un cargo.

electoralismo, electoralista. La RAE ha incluido estas voces en el DRAE/92 con las siguientes definiciones: "m. Consideración de razones puramente electorales en la política de un partido" y "adj. Dícese de lo que tiene claros fines de propaganda electoral", respectivamente.

eléctrodo, electrodo. La RAE autoriza las dos acentuaciones, pero da preferencia a la forma esdrújula, admitida en el DRAE/70 (Suplemento).

electrodoméstico. No es recomendable la grafía **electro-doméstico*.

electrólisis. Es palabra esdrújula; la acentuación grave, **electrolisis*, es errónea.

electrólito. Es palabra esdrújula; evítese la acentuación grave: **electrolito*.

electroshock. → **Anglicismo** por *electrochoque*, forma esta última poco corriente, sobre todo en la lengua hablada. → **shock**.

elefancia, elefancía. La RAE autoriza las dos acentuaciones, pero recomienda la primera, introducida en el DRAE/92.

elefancíaco, elefanciaco. La RAE autoriza las dos acentuaciones, pero prefiere la primera. → **-íaco, -iaco**.

elefante. Femenino: *la elefanta.*

elefantiasis. Es la única forma que autoriza el DRAE/92. No obstante el DMI registra también *elefantíasis*.

elegíaco, elegiaco. La RAE autoriza ambas acentuaciones, pero recomienda la primera. → **-íaco, -iaco**.

elegir. **1**. V. irreg.; se conjuga como → **pedir, 1**.
2. Tiene dos participios, uno regular, *elegido*, y otro irregular, → **electo**. El participio regular, además de formar los tiempos compuestos: *ha elegido, serán elegidos*, puede

funcionar como adjetivo: *los regalos elegidos*.

3. Este verbo cambia la consonante *g* de la raíz por *j*, delante de *a* y *o*, para mantener el sonido fricativo velar sordo, lo cual no constituye irregularidad: *elegimos, eligen*, pero *elija, elijo*, etc.

elepé. 1. El DMI registra esta voz, que no figura en el DRAE/92, con la siguiente definición: "m. Disco de larga duración". "[...] el tema que da título al elepé [...]" (*Página / 12*, 25-10-90, pág. 17). **2.** Proviene de la abreviatura *L.P.* (long play). **3.** Plural: *elepés*.

El Escorial. Gentilicio: *escurialense*.

elevador. El DRAE/92 ha añadido las siguientes acepciones, que eran consideradas anglicistas hasta entonces: "m. y f. Vehículo destinado a subir, bajar o desplazar, mediante un dispositivo especial, mercancías en almacenes, construcciones, etc." y "m. En varios países americanos, **ascensor**."

elevador de granos. → **Anglicismo** (ingl. *grain elevator*) muy usual en la Argentina. En su sesión del 8 de abril de 1976, la AAL sugirió a la RAE la inclusión de esta expresión en el *Diccionario* mayor (*Acuerdos*, VII, 1-3). No figura en el DRAE/92.

elevar. Construcción: —*al pontificado*; —*un objeto en* o *por el aire*.

elevarse. Construcción: —*a dos mil metros de altura*; —*en éxtasis*; —*hasta las nubes*; —*por los aires*; —*sobre la medianía general*.

El Havre. 1. Nombre español de la ciudad francesa de *Le Havre*. **2.** → **al, 1**.

elipse. Es femenino: *la elipse*.

Eliseo, Elíseo. El primero es nombre de varón. La forma esdrújula nombra el lugar donde, según la mitología griega, residían los muertos que habían merecido esa bienaventuranza: *los Campos Elíseos*.

elite. 1. Así ha hispanizado la RAE la voz francesa *élite* (pron. [elít]) y la ha incluido en el DRAE/84 con la siguiente definición: "Minoría selecta o rectora". "En varios de esos procedimientos participaron efectivos del Grupo de Operaciones Especiales (GOE), cuerpo de elite de la policía bonaerense [...]" (*Clarín*, 30-4-88, pág. 15); "Hay un público de mayoría y otro de elite." (C. Ulanovsky, *Los argentinos*, 115). No corresponde utilizar la grafía francesa *élite* en español. **2.** Es palabra grave en español. La acentuación esdrújula es antietimológica, ya que en francés es palabra aguda. **3.** Es sustantivo femenino: *la elite*, y su plural es, normalmente, *elites*.

elitismo. El DRAE/92 incorpora este sustantivo con la siguiente definición: "Sistema favorecedor de las elites."

elixir, elíxir. La RAE autoriza ambas acentuaciones, aguda y grave, pero prefiere la primera, que es la más usual.

el mismo, la misma. → **mismo, 3**.

elogiar. Para su acentuación, → **abreviar**.

Eloísa. Contiene → **hiato** [e-lo-í-sa] y se acentúa en la *-i-*. La pronunciación con diptongo [e-lói-sa] es regional.

¿el qué? Conviene evitar, por poco elegante, el uso de **¿el qué?** en lugar del simple *¿qué?*: "—¿Qué? ¿El qué, mamá?..." (B. Lynch, "El potrillo roano", en AEL, 24). → **¿lo qué?**

elucubración, elucubrar. La RAE incorporó estos vocablos en el DRAE/84, pero prefiere *lucubración* y *lucubrar*, menos usuales.

embadurnar. Construcción: —*con barro*; —*de tinta*.

embaír. Verbo → **defectivo**; se conjuga como → **abolir, 1**. De este verbo se usa casi exclusivamente el participio *embaído* (*Esbozo*, 2. 12. 13, b).

embajador. El femenino es *embajadora*; no se justifica decir: **la embajador*.

embarcarse. Construcción: —*de pasajero*; —*en un buque*; —*en una aventura*; —*para Europa*.

embarrar. La RAE ha incorporado las siguientes acepciones de este verbo: "*Amér. Central* y *Méj.* Complicar a uno en un asunto sucio"; "fig. *Amér.* Calumniar, desacreditar a alguien"; "*Amér.* Causar daño, fastidiar" y "*Amér.* Cometer un delito." En todas estas acepciones se emplea también como pronominal.

embaucar. Se conjuga *embauco, embauque*, etc. (con diptongo). Las formas **embaúco*, **embaúque*, etc. son incorrectas.

embaular. Este verbo presenta vacilación en cuanto a su acentuación: *embaúlo* o *embaulo*. Según A. Rosenblat (*Actuales normas*, 73), la acentuación correcta es *embaúlo*.

embebecer. V. irreg.; se conjuga como → **parecer, 1**. De este verbo se usa casi exclusivamente el participio *embebecido* (*Esbozo*, 2. 12. 13, b).

embelesar. Construcción: —*con su conversación*.

embelesarse. Construcción: —*con una mujer*; —*en oír*.

embellecer. V. irreg.; se conjuga como → **parecer, 1**.

embestir. 1. V. irreg.; se conjuga como → **pedir, 1**. **2.** Construcción: —*a* o *contra alguien* o *algo*.

embicharse. La RAE ha incorporado este argentinismo en el DRAE/92 con la siguiente definición: "Llenarse de larvas de moscas las heridas de los animales."

emblandecer. V. irreg.; se conjuga como → **parecer, 1**.

emblanquecer. V. irreg.; se conjuga como → **parecer, 1**.

embobarse. Construcción: —*con, de, en algo*.

embobecer. V. irreg.; se conjuga como → **parecer, 1**.

emborracharse. Construcción: —*con* o (menos frecuente) *de cerveza*.

emboscar. Es 'ocultar gente para atacar por sorpresa': *el capitán emboscó a veinte soldados*. No debe emplearse con el valor de 'hacer caer en una emboscada': **emboscaron a los delincuentes en la espesura*.

embravecer. V. irreg.; se conjuga como → **parecer, 1**.

embriagarse. Construcción: —*con aguardiente*; —*de felicidad*.

embrutecer. V. irreg.; se conjuga como → **parecer, 1**.

embutir. Construcción: —*de carne picada*; —*en la pared*.

***emergir**. Variante no autorizada por la RAE de *emerger*.

Eminencia. → **concordancia, I, A, 1**.

eminencia, eminente. Evítese cuidadosamente emplear estas voces en lugar de *inminencia, inminente*: **ante la eminencia del peligro* y **un peligro eminente* deben sustituirse por *ante la inminencia del peligro* y *un peligro inminente*. → **inminente**.

empacar. La RAE ha incluido en el DRAE/92, como segunda acepción de este verbo: "intr. *Amér*. Hacer el equipaje. Ú. t. c. tr."

empalidecer. **1**. V. irreg.; se conjuga como → **parecer, 1**.
2. Ha sido incorporado en el DRAE/92 como variante de *palidecer*, aunque la RAE prefiere este último.

empalmar. Construcción: —*(un tubo) con, en otro*.

empapar. Construcción: —*con, de* o *en sangre*.

emparedado. → **sándwich**.

emparentar. Según el DMI y el *Esbozo* (2. 12. 3, **[B]**), es irregular y se conjuga como → **acertar, 1**. Sin embargo, y como advierte el mismo *Esbozo* (*loc. cit.*), desde el siglo XIX se emplea casi siempre como regular: *emparento, emparentas*, etc.

empatía. **1**. En su sesión del 24 de julio de 1980, la AAL sugirió a la RAE la inclusión en el *Diccionario* oficial de este término con la siguiente definición: "Participación afectiva, y por lo común emotiva, de un sujeto humano en una realidad ajena al sujeto." (*Acuerdos*, VII, 283-84). La RAE incorporó este vocablo en el DRAE/84 prácticamente con la misma definición.
2. El DMI registra, además, *empático*: "Que se refiere a la empatía", que no figura en el DRAE/92.

empático. → **empatía**.

empedernido. En el DRAE/84 figuraba con la sola definición de: "Insensible, duro de corazón." El DRAE/92 añade estas dos acepciones: "fig. Extremadamente duro, hablando de cosas" y "fig. Obstinado, tenaz, que tiene un vicio o costumbre muy arraigados. *Fumador empedernido. Habladora empedernida.*"

empedernir. Verbo → **defectivo**; se conjuga como → **abolir, 1**. Según la RAE (*Esbozo*, 2. 12. 13, b), se emplea casi exclusivamente el participio → **empedernido**.

empecer. V. irreg.; se conjuga como → **parecer, 1**.

empedrar. **1**. V. irreg.; se conjuga como → **acertar, 1**.
2. Construcción: —*con* o *de adoquines*.

empeñarse. Construcción: —*en una disputa*; —*en hablar*.

empequeñecer. V. irreg.; se conjuga como → **parecer, 1**.

emperador. Femenino: *emperatriz* (el DRAE registra *emperadora* como → **arcaísmo**).

empero. Conjunción adversativa; significa 'pero' o 'sin embargo'. Es desusada en el lenguaje coloquial y se emplea sólo en lengua literaria.

empezar. **1**. V. irreg.; se conjuga como → **acertar, 1**.
2. Construcción: —*a trabajar*; —*a los golpes*; —*con la lectura*; —*por decir la verdad*.

empilchar. En el DRAE/92 figura como transitivo y con la siguiente definición: "fam. *Argent*. y *Urug*. Vestir, particularmente si es con esmero. Ú. t. c. prnl."

empobrecer. V. irreg.; se conjuga como → **parecer, 1**.

emporcar. V. irreg.; se conjuga como → **sonar**.

emprestar. El DRAE registra este verbo con nota de anticuado. Es de uso vulgar en América y España. Prefiérase *prestar*.

empujada. La RAE considera anticuado este sustantivo, en lugar de *empujón*, aunque aclara en el DRAE/92 que se emplea en la Argentina, Guatemala, Uruguay y Venezuela.

empujar. Construcción: —*a, hacia, hasta la calle*; —*contra algo o alguien*.

emular. Construcción: —*con alguno*.

en. Éstos son los principales errores que suelen cometerse en el uso de esta preposición:
1. *Uso de* **en** *con verbos de movimiento*. Se empleó antiguamente en español: "[...] pues en esta tierra eres venido [...]" (D. de San Pedro, *Cárcel de amor*, 14); "[...] quería que el ausencia fuese que los dos nos viniésemos en casa de mi padre [...]" (*Quijote*, I, XXIV). Este uso antiguo subsiste en expresiones como *volver en sí, venir en ayuda de*, etc., pero la lengua estándar actual rechaza construcciones del tipo: *ir en casa de, y exige: *ir*

a casa de. En el Río de la Plata, este uso incorrecto fue influido por el italiano.

2. Por → **galicismo**, se emplea **en** por *de* para indicar materia: **busto en mármol, *casa en madera* (fr. *buste en marbre, maison en bois*). Dígase *busto de mármol, casa de madera*.

3. También es galicista el empleo de **en** en lugar de *como*: **habla en profesor* (fr. *il parle en professeur*).

4. Los preceptistas critican el uso de **en** por *dentro de* en expresiones temporales: *volveré en cinco minutos*. Este uso es corriente en el Río de la Plata, incluso entre personas cultas.

5. Se omite indebidamente la preposición **en** con la palabra *ocasión*, cuando ésta significa 'vez', y otras semejantes (momento, instante): "esa ocasión eché el resto" (J. Hernández, *Martín Fierro*, I, v. 374). Este uso es frecuente en el habla popular de varias regiones americanas (Kany, *Sintaxis*, 426): "Risulta que una ocasión [...] jué alcanzao por la gripe [...]" (S. Bobadilla, *Todos los cuentos*, 85).

6. → **apresurarse; apurarse; atar; en la mañana; examinar; sentarse**.

en absoluto. El DRAE/84 recoge el valor negativo de esta locución adverbial: "No, de ningún modo." → **absolutamente**.

en activo, en actividad. Según la norma académica, la primera expresión se aplica a personas y la segunda a cosas: *militar en activo; volcán en actividad*.

enagua. Según Bello (*Gramática*, § 127), carece de singular: *enaguas*. Para M. Moliner este uso es más bien popular. El DRAE/92 registra esta voz en singular, pero aclara que se usa más en plural.

enajenarse. Construcción: *—de sí; —por la ira*.

enálage. Es sustantivo femenino: *la enálage*.

enaltecer. V. irreg.; se conjuga como → **parecer, 1**.

en aras de. Significa 'en obsequio de, en honor de'. No corresponde emplear esta expresión como simple sinónimo de *para, con el fin de*.

enardecer. V. irreg.; se conjuga como → **parecer, 1**.

en balde. → **de balde**.

*en base a. Los preceptistas rechazan esta locución prepositiva y recomiendan emplear en su lugar: *sobre la base de, basándose en, basado en, a partir de, según*: **en base a esta definición, podemos afirmar que estamos en lo cierto*. Sin embargo, la locución impugnada parece tener gran vitalidad.

en busca mía. Los gramáticos aconsejan que se usen las formas *en busca de mí, en busca de ti, en busca de nosotros*, etc., en lugar de **en busca mía**, *en busca tuya, en busca nuestra*, etc. Pero, → **cerca mío**.

encabriar. Para su acentuación, → **abreviar**.

encajar. Construcción: *—una cosa con o en la otra*.

encallecer. V. irreg.; se conjuga como → **parecer, 1**.

encalvecer. V. irreg.; se conjuga como → **parecer, 1**.

encanecer. V. irreg.; se conjuga como → **parecer, 1**.

encanecimiento. El DRAE/92 registra esta voz con el significado de "Efecto de encanecer" (la entrada *encanecimientos* parece ser error de imprenta).

encantado, -da. 1. Fórmula de cortesía empleada en presentaciones y despedidas en sustitución de *mucho gusto*. Con esta acepción la recoge M. Moliner en su *Diccionario*. En sesión del 9 de agosto de 1984, la AAL sugirió a la RAE su inclusión en el *Diccionario mayor* (*Acuerdos*, IX,161-63). No figura en el DRAE/92.

2. Construcción: *—de* (no: *en*) *conocerlo*.

en cantidad. El DMI registra esta locución adverbial, que no figura en el DRAE/92, como sinónimo de *en abundancia*: *compraron víveres en cantidad*.

encapricharse. Construcción: *—con una alhaja*.

encaramarse. Construcción: *—a o en un árbol*.

encararse. Construcción: *—a o con alguien*.

encarecer. V. irreg.; se conjuga como → **parecer, 1**.

*encargue. Forma frecuente en la Argentina, pero no admitida por la RAE. Dígase *encargo*.

encarnecer. 1. V. irreg.; se conjuga como → **parecer, 1**.

2. Significa 'hacerse más corpulento y grueso' y no debe confundírselo con → **escarnecer**.

encarnizarse. Construcción: *—con o en los vencidos; —contra los enemigos*.

en casa de. → **en, 1**.

en caso de que. Locución conjuntiva condicional: *en caso de que venga* (= si viene), *avísenme*. Es incorrecta la omisión de la preposición *de*: **en caso que*. También puede utilizarse, con el mismo valor, → **caso de** y → **caso (de) que**.

encefalalgia. El DMI registra esta voz, que no figura en el DRAE/92, con la siguiente definición: "Cefalea muy intensa."

encenagarse. Construcción: *—en la corrupción*.

encender. V. irreg.; se conjuga como → **tender, 1**.

encenderse. Construcción: *—de o en ira*.

encerrar. V. irreg.; se conjuga como → **acertar, 1**.

enceste. El DRAE/92 incluye este sustantivo

con la siguiente definición: "Acción y efecto de encestar en el juego del baloncesto."

enchinchar. El DRAE/92 incluye este verbo con las siguientes definiciones: "tr. *Guat.* Chinchar, fastidiar. // 2. *Méj.* Hacer perder el tiempo."
En la Argentina se emplea la forma pronominal *enchincharse* como sinónimo de *enojarse*.

en cierne, en ciernes. Con el significado de 'en flor' (algunas plantas), la RAE sólo admite **en cierne,** pero con el valor de 'estar una cosa muy en sus principios' autoriza las dos formas: *la revolución estaba en cierne* o *en ciernes*.

encima de. La omisión de la preposición *de* cuando esta locución funciona con valor preposicional es propia del lenguaje rústico: **lo puse encima la mesa*.

encima mío. 1. Los gramáticos aconsejan que se usen las formas *encima de mí, encima de ti, encima de nosotros,* etc., en lugar de **encima mío,** *encima tuyo, encima nuestro,* etc., pero las formas criticadas son frecuentes en América: "[...] y yo veía las sombras encima mío [...]" (M. Vargas Llosa, *La ciudad,* 60). → **cerca mío.**
2. La concordancia del adjetivo posesivo (**encima mía*) no se justifica de ningún modo, ya que *encima* es adverbio y, por lo tanto, invariable.

encinta. 1. La grafía **en cinta*, para referirse a una mujer embarazada, es incorrecta y debe evitarse cuidadosamente.
2. Este adjetivo no es invariable respecto del número: *mujeres encintas* es el plural de *mujer encinta*.

énclisis, enclisis. En el DRAE/92, la RAE admite las dos acentuaciones, aunque recomienda la primera.

énclisis del pronombre. → **pronombres personales átonos, A, 1.**

enclocar, encluecar, aclocar. 1. La RAE admite las tres formas, pero prefiere la primera.
2. Enclocar y **aclocar** son irregulares y se conjugan como → **sonar.**

encolar. Es verbo regular: *encolo, encolas,* etc. Es incorrecto conjugarlo como compuesto de *colar* (no lo es): **encuelo, *encuelas,* etc.

encomendar. V. irreg.; se conjuga como → **acertar, 1.**

encomendarse. Construcción: *—a Dios; —a la benevolencia de alguno; —en manos de su benefactor*.

encomiar. Para su acentuación, → **abreviar.**

enconarse. Construcción: *—con alguien.*

*en conformidad a. → ***de conformidad a.**

en consideración. Construcción: *—a sus esfuerzos*.

en contra mío, en contra mía. → **contra mío.**

encontrar. V. irreg.; se conjuga como → **sonar.**

encordar. V. irreg.; se conjuga como → **sonar.**

encrucijada. La RAE ha incluido una tercera acepción de esta voz en el DRAE/92: "fig. Situación difícil en que no se sabe qué conducta seguir."

encrudecer. V. irreg.; se conjuga como → **parecer, 1.**

encuadernar. Construcción: *—en tela.* La RAE autoriza también *a la tela,* construcción desusada.

encuadre. El DRAE/92 ha incorporado esta voz con las siguientes definiciones: "m. Acción y efecto de encuadrar. // 2. *Cinem.* y *Fotogr.* Espacio que capta en cada toma el objetivo de una cámara fotográfica o cinematográfica."

*en cuanto que. Forma incorrecta por *en cuanto*: **en cuanto que llegue, le avisaré*; dígase: *en cuanto llegue, le avisaré*. → ¹**cuanto.**

encuentro. El DRAE/92 incorpora dos nuevas acepciones de esta voz: "Discusión, pelea o riña" y "Entrevista entre dos o más personas, con el fin de resolver o preparar algún asunto", esta última muy criticada por algunos preceptistas.

en cuestión. El DRAE/84 incorpora esta locución adjetiva criticada hasta entonces como galicista (fr. *en question*): *el asunto en cuestión, el autor en cuestión*.

en cuyo caso. → **cuyo, 4.**

endeble. Superlativo: *endeblísimo*.

en defecto de. La RAE ha incluido esta locución prepositiva en el DRAE/92 con la siguiente definición: "A falta de algo o de alguien, especialmente un requisito."

endemoniar. Para su acentuación, → **abreviar.**

enderezar. Es verbo regular; evítense formas como **enderiezo, *enderiecen,* etc.

en derredor de. El uso consagrado exige **en derredor de** y rechaza **en derredor a*: *en derredor de la cama del enfermo*. Esta locución prepositiva es de uso literario y significa 'alrededor de'.

en derredor mío. Los gramáticos recomiendan que se usen las formas *en derredor de mí, en derredor de ti, en derredor de nosotros,* etc., en lugar de **en derredor mío,** *en derredor tuyo, en derredor nuestro,* etc. Pero → **cerca mío.**

endocrino. Es la única acentuación admitida por la RAE. La forma esdrújula, **endócrino,* aunque muy frecuente, al menos en la Argentina, se considera incorrecta.

endoscopia. 1. El DRAE/92 registra este

sustantivo con las siguientes definiciones: *"Med.* Exploración visual de cavidades o conductos internos del organismo. // 2. Técnica de esta exploración." **2.** Tiene diptongo final [endoskópia]. Sin embargo, en la Argentina está muy difundida entre los médicos la forma con hiato, **endoscopía,* que ha pasado incluso a la lengua literaria: "También pasé por varias endoscopías [...]" (A.M. Shúa, *Soy paciente,* 104). → **-scopia.**

endósmosis, endosmosis. La RAE admite las dos formas, pero prefiere la primera.

*enduido, *induido. Ninguna de las dos voces figura en el DRAE/92. Para designar la capa (de yeso, estuco, etc.) que se aplica a una pared para obtener una superficie tersa, dígase *enlucido.*

endurecer. V. irreg.; se conjuga como → **parecer, 1.**

endurecerse. Construcción: *—con, en* o *por el trabajo.*

en el caso de que. Es incorrecta la omisión de la preposición *de: *en el caso que.*

en el momento en que. Es conveniente no omitir la preposición *en: *en el momento que.*

enema. Desde el DRAE/84, la Academia considera masculino este sustantivo en su acepción de 'lavativa': *el enema.* Se lo emplea con mucha frecuencia como femenino. Hasta 1970 la RAE lo consideraba así.

enemigo. Superlativos literarios: *enemicísimo* e *inimicísimo.* En lenguaje coloquial se emplea *muy enemigo.*

en equipo. La RAE ha incluido esta locución adverbial en el DRAE/92 con la siguiente definición: "Coordinadamente entre varios."

energúmeno. Femenino: *energúmena.*

enervar. Significa 'debilitar, quitar las fuerzas'. Es, pues, antónimo de *excitar, poner nervioso,* valores con que suele usarse frecuentemente este verbo. El error se debe a una traducción servil del fr. *énerver.* De todos modos, este uso está muy difundido, tanto en América como en España.

El español parece estar siguiendo la dirección del francés, idioma en el cual el significado de 'priver de toute énergie, affaiblir' del verbo *énerver* es anticuado, mientras que modernamente se emplea con los valores de 'exciter, provoquer de la nerviosité, impatienter'. Esta situación se ve reflejada en el DRAE/92, que incorpora la acepción 'poner nervioso', aunque con la inusual aclaración de "galicismo frecuente", con lo que queda en duda si la RAE considera correcta o no esta acepción.

*en especies. Forma incorrecta de la locución adverbial *en especie,* que significa 'en frutos y no en dinero'.

enfadarse. Construcción: *—con* o *contra su hermano; —por una insignificancia.*

enfant gâté. Expresión francesa (pron. [anfán gaté]) que puede traducirse por *niño mimado.* Cuando se refiere a adultos, designa a una persona acostumbrada a obtener todo lo que se propone. Ser el **enfant gâté** significa 'ser el preferido': *era el enfant gâté del grupo.*

enfant terrible. Expresión francesa (pron. [anfán teríbl]) que se emplea para designar a un niño malcriado. Puede referirse también a adultos y, en este caso, significa 'persona indisciplinada o rebelde': *todo partido político tiene su enfant terrible.*

énfasis. En el DRAE/92 figura como masculino este sustantivo al que, hasta 1984, la RAE consideraba de género → **ambiguo.**

en favor de, en favor mío. → **a favor de.**

enfermar(se). 1. La forma pronominal es prácticamente la única usada en América: *se enfermó de gravedad.* En España, en cambio, es más frecuente el uso no pronominal de este verbo: *enfermó de gravedad.* Las dos formas son igualmente correctas. **2.** Construcción: *—del corazón.*

enfermedad. El uso de la preposición *a (enfermedad al hígado)* es un americanismo criticado por los preceptistas, quienes prefieren *enfermedad del hígado* o *enfermedad hepática.* → **dolor.**

enfermedad de Chagas. En su sesión del 27 de abril de 1978, la AAL sugirió a la RAE que incluyera en su *Diccionario* esta expresión, que designa una enfermedad endémica que abarca la América Central y Meridional (*Acuerdos,* VII, 150-54). No figura en el DRAE/92.

enfermedad del sueño. En su sesión del 27 de abril de 1978, la AAL sugirió a la RAE que incluyera en su *Diccionario* esta expresión que designa una enfermedad que abarca la región de África comprendida entre los dos trópicos (*Acuerdos,* VII, 150-54). La RAE la incluyó en el DRAE/92.

en fija. → **a la fija.**

en flagrante. Locución adverbial que significa 'en el mismo momento de estar cometiendo el delito de que se trata': *la policía lo sorprendió en flagrante.* Es traducción de la locución latina → **in flagranti.**

enflaquecer. V. irreg.; se conjuga como → **parecer, 1.**

en fragante. La RAE admite esta locución adverbial como variante de → **en flagrante,** forma esta última que prefiere.

enfrascarse. Construcción: *—en el juego.*

enfrentarse. Construcción: *—con* (no: *a) alguien o algo.*

enfrente, en frente. 1. La RAE admite ambas grafías, pero recomienda la primera. **2.** Los preceptistas censuran construcciones como *en frente mío, en frente tuyo, en frente nuestro,* etc., y recomiendan decir:

enfrente de mí, enfrente de ti, enfrente de nosotros, etc. Pero → **cerca mío**.

enfriar. Para su acentuación, → **enviar**, 1.

*en función a. → **Solecismo** por *en función de*.

enfurecer. V. irreg.; se conjuga como → **parecer**, 1.

enfurecerse. Construcción: —*con* o *contra el oponente*; —*de* o *por estar recluido*.

engalanar(se). Construcción: —*con alhajas*.

engañapichanga. El DRAE/92 incorpora este sustantivo con la siguiente definición: "com. *Argent*. **engañabobos**, cosa que engaña o defrauda con su apariencia."

engañar. El DRAE/92 añade esta acepción: "Incurrir en infidelidad conyugal."

engañarse. Construcción: —*con* o *por las apariencias*; —*en las cuentas*.

engastar. Construcción: —*con perlas*; —*en oro*.

engolfarse. Construcción: —*en la lectura*.

engominarse. El DRAE/84 incluye este verbo con la siguiente definición: "Darse gomina." Según M. Morínigo (*Diccionario*), es voz propia de la Argentina, Paraguay, Perú y Uruguay, pero la RAE la registra sin localización geográfica alguna, por lo que debe entenderse que pertenece al español general.

engrampar. Aunque la RAE admite → **grampa**, no figura en el DRAE el derivado **engrampar**, sino sólo *engrapar* (de *grapa*).

engrandecer. V. irreg.; se conjuga como → **parecer**, 1.

en gran escala. El DMI incluye esta locución adverbial, que no figura en el DRAE/92, con la siguiente definición: "Por mayor, en montón, en grueso, con exceso."

engreír. V. irreg.; se conjuga como → **reír**, 1.

engreírse. Construcción: —*con* o *de su memoria*.

engriparse. → **agriparse**.

engrosar, engruesar. 1. La RAE admite en su *Diccionario* las dos formas con el significado de 'hacer más grueso algo'. Con el valor de 'engordar' sólo autoriza **engrosar**, aunque en el *Esbozo* dice que **engruesar** parece especializarse hoy en la significación de 'engordar' (2. 12. 3, **[C]**, nota 56).

2. **Engrosar** era irregular como → **sonar**, pero modernamente se emplea como regular con el significado de 'acrecentar el número de algo': *el ejército engrosa el número de sus efectivos* (*Esbozo, loc. cit.*).

3. Ya R.J. Cuervo advertía que **engrosar** va cediendo el puesto a **engruesar** (*Notas*, § 76).

engrumecerse. V. irreg.; se conjuga como → **parecer**, 1.

engullir. Para su conjugación, → **bullir**. Evítense formas como *engulló, **engullie-*

ron, *engulliera, *engulliendo, etc. (por *engulló, engulleron, engullera, engullendo*, etc.).

enhestar. V. irreg.; se conjuga como → **acertar**, 1. En la actualidad se usa casi exclusivamente el participio irregular *enhiesto*.

en hombros. → **a hombros**.

en honor. Construcción: —*a la verdad*; —*de los visitantes*.

en hora buena, enhorabuena. Cuando tiene carácter adverbial, la RAE autoriza ambas grafías, aunque recomienda la primera: *váyase usted en hora buena*. El uso, sin embargo, prefiere la segunda forma. Cuando es sinónimo de *felicitación*, se escribe en una sola palabra: *recibe mi enhorabuena*.

en hora mala, enhoramala. La RAE admite las dos grafías, pero prefiere la primera: *cállate en hora mala*.

enjuiciar. Para su acentuación, → **abreviar**.

en la mañana, en la tarde, en la noche. Uso antiguo de la preposición *en* que ha sobrevivido en América. En España se prefiere la preposición *por*: *por la mañana*, etc.: *llegaron por la mañana*.

en (la) mitad de, en medio de. Ambas expresiones son correctas. La primera es quizá más popular: *en (la) mitad del río*.

en la noche. → **en la mañana**.

en las rocas. Traducción servil del inglés *on the rocks*: **whisky en las rocas*. Dígase: *con hielo*.

en la tarde. → **en la mañana**.

enlazar. Construcción: —*una cosa a* o *con otra*.

enlobreguecer. V. irreg.; se conjuga como → **parecer**, 1.

en lo que. Locución conjuntiva temporal, equivale a *mientras, al tiempo que*, y es propia del lenguaje popular de América Central: "En lo que alisto la cena pueden ir a la casa" (cit. Kany, *Sintaxis*, 438). No es desconocida en la lengua familiar actual de España: "Ah, no; no comerán mis ovejas en Vaciamadrid, en lo que yo sea pastor [...]" (R. Sánchez Ferlosio, *El Jarama*, cit. R. Eberenz, "Las conjunciones temporales").

enloquecer. V. irreg.; se conjuga como → **parecer**, 1.

en los, en las antípodas. → **antípoda**, 2.

enlucir. V. irreg.; se conjuga como → **parecer**, 1.

enmagrecer. V. irreg.; se conjuga como → **parecer**, 1.

*en manga de camisa. La locución adverbial correcta es *en mangas de camisa*.

en medio de. 1. El español modélico rechaza la omisión de la preposición *de* en esta locución adverbial: *en medio el mar; dígase: *en medio del mar*.

2. M. Moliner asimila el caso *en seguida* /

enseguida a esta locución y sostiene que es correcta la variante ortográfica *enmedio* (*Diccionario*, s. v. *enmedio* y *medio*), pero ni la RAE ni el uso avalan este criterio.

enmendar. V. irreg.; se conjuga como → **acertar**, 1.

enmendarse. Construcción: —*de sus errores*.

en mitad de. → **en (la) mitad de**.

enmohecer. V. irreg.; se conjuga como → **parecer**, 1.

enmudecer. V. irreg.; se conjuga como → **parecer**, 1.

enmugrecer. V. irreg.; se conjuga como → **parecer**, 1.

ennegrecer. V. irreg.; se conjuga como → **parecer**, 1.

ennoblecer. V. irreg.; se conjuga como → **parecer**, 1.

en obsequio a, en obsequio de. Locuciones prepositivas que significan 'en atención a'. Ambas construcciones son correctas.

en ocasión de. Construcción frecuente, tanto en América como en España, que los preceptistas recomiendan sustituir por *con ocasión de*: *lo saludé con ocasión de su cumpleaños*.

enojarse. Construcción: —*con* o *contra alguien*; —*de* o *por lo que dicen*.

en orden a. El DRAE/84 incluye esta locución adverbial con el único valor de 'respecto a, en relación con': *los dos gobernantes llegaron a un acuerdo en orden a la paz mundial*. Los preceptistas consideran → **anglicismo** (ingl. *in order to*) emplear **en orden a** + infinitivo con el valor de 'para, a fin de': **se están estudiando las medidas en orden a racionalizar las empresas estatales*.

enorgullecer. V. irreg.; se conjuga como → **parecer**, 1.

en pedo. Locución adjetiva que significa 'borracho, ebrio'; se usa generalmente con los verbos *andar, estar* o *ponerse*: "El otro debía estar en pedo." (R. Güiraldes, *Don Segundo*, 102). Es un argentinismo que no figura en el DRAE. Se la considera expresión malsonante.

en pelota. Locución adverbial que significa 'desnudo, en cueros'. Aquí *pelota* deriva de *pelo*. En la Argentina es frecuente *en pelotas*, con el mismo significado, pero donde *pelotas* tiene otra referencia, y por ello se la considera expresión malsonante.

en picada. Aunque el DRAE recoge sólo para Colombia esta locución adverbial (en lugar de *en picado* para el resto del dominio español), en la Argentina se emplea únicamente **en picada** para expresar el vuelo de un avión casi verticalmente hacia abajo y a gran velocidad.

en pie. Forma literaria y poco usada por → **de pie**: "[...] saltó de la cama y se puso en pie

en medio de la habitación [...]" (C.J. Cela, *El bonito crimen*, 76).

en pos mío. Los preceptistas rechazan construcciones como **en pos mío**, *en pos tuyo, en pos nuestro*, etc. y recomiendan decir *en pos de mí, en pos de ti, en pos de nosotros*, etc. Pero → **cerca mío**.

en puntillas. El DRAE registra sólo la locución adverbial *de puntillas*: *caminaba de puntillas*, pero en la Argentina suele decirse **en puntillas**: "Entraron [...] en puntillas." (A. Yunque, "El Ají", en VCBA, 177).

enquiciar. Para su acentuación, → **abreviar**.

*enquilosar. Dígase *anquilosar*.

enrabiar. Para su acentuación, → **abreviar**.

enragé. Voz francesa (pron. [anrayé]) que puede traducirse por *exaltado, intransigente, rabioso, furioso, apasionado, furibundo, fanático, a rabiar*: "Yo era crudo, y crudo *enragé*." (M. Cané, *Juvenilia*, 114).

enraizar. Presente: *enraízo*. Para su acentuación, → **ahijar**.

en ralentí. → **al ralenti**.

enranciar. Para su acentuación, → **abreviar**.

enrarecer. V. irreg.; se conjuga como → **parecer**, 1.

en razón a, en razón de. La RAE admite las dos formas con el significado de 'por lo que pertenece o toca a alguna cosa' (DRAE/92, s. v. *razón*).

enredar. Es verbo regular, por lo que deben evitarse formas como **enriedo, *enrieden*, etc. (en lugar de *enredo, enreden*, etc.).

enredarse. Construcción: —*con una mujerzuela*; —*en sus argumentos*.

en relación a. Se considera poco recomendable esta locución. Es preferible *en relación con* o *con relación a*.

enrevesado. → **revesado**.

*enriedo. Forma incorrecta; dígase *enredo*: "Se trata de un enriedo flor." (M. Aguinis, *Profanación*, 44).

enripiar. Para su acentuación, → **abreviar**.

enriquecer. V. irreg.; se conjuga como → **parecer**, 1.

enrojecer. V. irreg.; se conjuga como → **parecer**, 1.

enrolamiento. El DRAE/84 recoge este sustantivo, de uso frecuente en la Argentina, y condenado hasta entonces por galicista, con el siguiente significado: "Acción y efecto de enrolar." El DRAE/92 añade la siguiente remisión: "*Argent*. V. **libreta de enrolamiento** o **enrolarse**."

enronquecer. V. irreg.; se conjuga como → **parecer**, 1.

enrubiar. Para su acentuación, → **abreviar**.

enrudecer. V. irreg.; se conjuga como → **parecer, 1**.

ensangrentar. V. irreg.; se conjuga como → **acertar, 1**: "[...] sin que yo me ensangriente las manos." (J.L. Borges, *El Aleph*, 69).

ensayar. Se ha tildado de → **galicismo** (fr. *essayer*) el uso de este verbo como sinónimo de 'intentar, procurar'. No obstante, el DRAE registra este significado, aunque con la nota de anticuado: *ensayó una réplica, pero no tuvo éxito*.

en seguida, enseguida. Ambas grafías son correctas; la RAE prefiere la primera forma.

ensenada. En sesión del 26 de setiembre de 1974, la AAL propició la inclusión de este sustantivo en el DRAE, como argentinismo y sinónimo de *corral, potrero* (*Acuerdos*, VI, 139-42). El DRAE/84 recoge esta voz con la siguiente definición: "*Argent*. **corral**, lugar destinado a encerrar animales."

enseñorearse. Construcción: —*de la casa*.

enseres. Carece de singular: *los enseres*.

ensoberbecer. V. irreg.; se conjuga como → **parecer, 1**.

ensobrar. En el DMI figura la acepción de "Meter en un sobre cartas, impresos, etc.", que no figura en el DRAE/92.

ensombrecer. V. irreg.; se conjuga como → **parecer, 1**.

ensoñar. V. irreg.; se conjuga como → **sonar**.

ensordecer. V. irreg.; se conjuga como → **parecer, 1**.

ensuciar. Para su acentuación, → **abreviar**.

en su defecto. La RAE ha incluido en el DRAE/92 esta locución adverbial con la siguiente definición: "A falta de la persona o cosa, especialmente requisito, de que se habla."

entallecer. V. irreg.; se conjuga como → **parecer, 1**.

en tanto que. → **Galicismo** (fr. *en tant que*) cuando se lo emplea con el valor de 'en cuanto, como, considerado como': **estudiaremos la literatura en tanto que testimonio social*.

entendederas. Se emplea sólo en plural: *las entendederas*.

entender. 1. V. irreg.; se conjuga como → **tender, 1**.
2. Construcción: —*de música*; —*en un asunto*.

entente. Voz francesa (pron. [antánt], aunque se oye con frecuencia [enténte], hispanizada fonéticamente). Si bien es bastante usual, sobre todo en el lenguaje diplomático, no tiene por qué desplazar a sus numerosos equivalentes españoles: *armonía, acuerdo, entendimiento, inteligencia, convenio, pacto, trato secreto, concierto, conni-*

vencia, liga, alianza, asociación, etc., según los casos.

enterarse. Construcción: —*de algo*. Cuando el complemento es una proposición encabezada por *que*, se omite con frecuencia la preposición *de*: "Después me enteré que el enemigo había perdido [...]" (F. Luna, *Soy Roca*, 59); "Nos enteramos que esta noche te vas de vacaciones." (Quino, *Mafalda*, vol. 2); "Me enteré que no había caído antes [...]" (E.M. Urricelqui, "El Ingeniero", en VCPA, 199). El español modélico no admite esta omisión que, si bien no es grave en la lengua coloquial, debe evitarse en la lengua cuidada y, sobre todo, escrita.

enternecer. V. irreg.; se conjuga como → **parecer, 1**.

enterrar. V. irreg.; se conjuga como → **acertar, 1**.

entibiar. Para su acentuación, → **abreviar**.

entimema. Es sustantivo masculino: *el entimema*.

en todo. Es → **galicismo** (fr. *en tout*) emplear esta expresión como equivalente de *en total*: "Éramos siete en todo [...]" (M. Cané, *Juvenilia*, 109).

entontecer. V. irreg.; se conjuga como → **parecer, 1**.

en torno a, en torno de. Ambas son correctas con el valor de 'alrededor de'. **En torno a**, criticada por algunos preceptistas, ha recibido ya la oficialización académica en el DRAE/92.

en torno mío. Los gramáticos recomiendan que se usen las formas *en torno de mí, en torno de ti, en torno de nosotros*, etc. en lugar de **en torno mío**, *en torno tuyo, en torno nuestro*, etc. que son más frecuentes en el Río de la Plata: "Juan Andrés echó una mirada en torno suyo." (G. Guerrero Estrella, "El dueño del incendio", en VCHA, 99); "[...] quita el sueño en torno nuestro [...]" (M. Fernández, *Papeles*, 35); "a que se hiciese toda la sombra en torno suyo" (B. Fernández Moreno, "Una estrella", en *Las cien mejores poesías*, 34).

entorpecer. V. irreg.; se conjuga como → **parecer, 1**.

entortar. V. irreg.; se conjuga como → **sonar**.

entrada. 1. Construcción: —*a o en el casino*. → **entrar**.
2. → **boleto, 2**.

en tránsito. El DRAE registra sólo *de tránsito*: *pasajeros o mercancías de tránsito*.

entrar. Construcción: —*a o en la casa*; —*a regir la ley*; —*de novicio*; —*por la ventana*. El uso de la preposición *a* en *entrar a la casa*, que fue criticado por los puristas, se remonta a los orígenes mismos del español: "entrados son a Molina, buena e rica casa" (*Cantar de Mio Cid*, v. 1550); "Mandó a los ministros la casulla traer, / por entrar a la missa la confession fazer" (G. de Berceo, *Milagros*, I), y era frecuente en el período clásico: "Entraron al patio principal del castillo [...]" (*Quijote*, II, cap. LXVIII). *Entrar a* se ha mantenido vivo en América, mientras que en España se ha restringido en favor de *entrar en*. Ambas construcciones son correctas.

Como bien advierte Kany (*Sintaxis*, 397), estas mismas observaciones pueden aplicarse a verbos de significación semejante: *penetrar, internarse, ingresar, introducir, deslizarse,* etc. En los artículos correspondientes de este *Diccionario* se analizan los casos particulares.

entrar adentro. Forma pleonástica, usual sobre todo en la lengua hablada, lícita cuando se quiere dar así mayor vigor a la expresión: *es la última vez que te lo digo: ¡entra adentro!*

entrecôte. Voz francesa (pron. [antrekót]) que designa el trozo de carne vacuna cortado entre costilla y costilla. La RAE la hispanizó en la forma *entrecot* y así la incorporó en el DRAE/92.

entredecir. V. irreg.; se conjuga como → **decir.** El imperativo singular, como en todos los compuestos de *decir,* es regular: *entredice* (no **entredí*). El participio es *entredicho.*

entregarse. Construcción: —*a la policía, al estudio, a la bebida, al descanso;* —*en brazos del destino.*

entremeter, entrometer. 1. La RAE admite las dos formas, pero prefiere la primera. **2.** Construcción: —*una cosa con* o *entre otras.*

entremeterse. Construcción: —*en lo que no le atañe.*

entrenar. Es sinónimo de *adiestrar* y debe emplearse como transitivo (con complemento directo): *el entrenador entrenó al equipo,* o pronominal: *los deportistas se entrenan.* Es incorrecto su uso como intransitivo: **el campeón entrena todos los días* (en lugar de *se entrena*). Sin embargo, es frecuente en el lenguaje periodístico.

en tren de. → **Galicismo** (fr. *en train de*). Se emplea con un infinitivo: *salieron en tren de bromear,* o un sustantivo: *estoy en tren de paseo.* Puede sustituirse por *en actitud de, con ánimo de, en trance de, dispuesto a.*

entresacar. Construcción: —*palabras de un texto.*

entre tanto, entretanto. La RAE admite las dos formas, pero prefiere, con valor adverbial, la primera: *le pidieron que esperara y entre tanto podía leer una revista.* Es sinónimo de la locución adverbial *en tanto.* Cuando es sustantivo, se escribe en una palabra: *en el entretanto comenzó a llover.*

entretelones. Vocablo usual en el Río de la Plata, donde se emplea con los mismos valores que *entre bastidores*: 'parte del escenario no visible para el espectador' y, en sentido figurado, 'factores ocultos de un hecho', según Celia Mieres y otros, *Diccionario uruguayo documentado,* Montevideo, 1966 (cit. AAL, *Acuerdos,* V, 96). No figura en el DRAE/92 ni en el DMI.

entretener. V. irreg.; se conjuga como → **tener, 1.** El imperativo singular es *entretén* (→ **voseo**: *entretené*), pero nunca **entretiene.*

entretenerse. Construcción: —*con escuchar la radio;* —*en leer* o *leyendo.*

entrever. V. irreg.; se conjuga como → **ver, 1.**

entristecer. V. irreg.; se conjuga como → **parecer, 1.**

entristecerse. Construcción: —*con, de, por cualquier cosa.*

entrometer. → **entremeter.**

entubamiento. Vocablo usual en la Argentina, que no figura en el DRAE/92 ni en el DMI. La RAE sólo admite *entubación.*

entullecer. V. irreg.; se conjuga como → **parecer, 1.**

entumecer. V. irreg.; se conjuga como → **parecer, 1.**

enturbiar. Para su acentuación, → **abreviar.**

entusiasta, entusiástico. Son sinónimos en la acepción de 'perteneciente o relativo al entusiasmo; que lo denota o expresa', referido a cosas: *el autor recibió aplausos entusiastas* (o *entusiásticos*) *del público.* Referido a personas, debe emplearse **entusiasta**: *mi amigo era un entusiasta admirador de Cortázar,* adjetivo que puede sustantivarse: *los entusiastas de Cortázar.*

enunciar. Para su acentuación, → **abreviar.**

en un descuido. Locución adverbial usual en el Río de la Plata y, según Kany (*Sintaxis,* 354), también en México y zona del Caribe. Significa 'cuando menos se espera o se piensa': *en un descuido apareció la policía,* y 'quizá': *dijo que venía solo, pero en un descuido llega acompañado.* No figura en el DRAE/92.

envanecer. V. irreg.; se conjuga como → **parecer, 1.**

envanecerse. Construcción: —*con, de, por sus éxitos.*

envejecer. 1. V. irreg.; se conjuga como → **parecer, 1.** **2.** Construcción: —*de dolor;* —*en el cargo;* —*por los disgustos.*

enverdecer. V. irreg.; se conjuga como → **parecer, 1.**

*en vía de. Se emplea sólo en plural: *en vías de un arreglo definitivo.*

enviar. 1. Pertenece al grupo de verbos terminados en -*iar* que tienen la -*í*- de la raíz acentuada prosódicamente (y ortográficamente) en las tres personas del singular y en la tercera del plural del presente del indicativo (*envío, envías, envía, envían*), del subjuntivo (*envíe, envíes, envíe, envíen*) y en el singular del imperativo: *envía*.

2. Construcción: —*de mensajero*; —*por algo* o *alguno*.

enviciar. Para su acentuación, → **abreviar**.

enviciarse. Construcción: —*con* o *en la bebida*.

envidiar. Para su acentuación, → **abreviar**.

envilecer. V. irreg.; se conjuga como → **parecer, 1**.

en vista de que. Locución conjuntiva causal. Es recomendable no omitir la preposición *de*: *en vista de que no vienen, vayámonos*.

envoltijo. El DMI rechaza este vocablo que suele emplearse en lugar de *envoltorio*. Sin embargo, **envoltijo** añade un matiz despectivo que *envoltorio* no tiene. No figura en el DRAE/92.

envolver. **1**. V. irreg.; se conjuga como → **mover**. Su participio es *envuelto*.

2. Construcción: —*con, en* o *entre papeles*.

enzarzarse. Construcción: —*en una disputa*.

enzima. **1**. La RAE lo considera de género → **ambiguo**, pero en el uso general es femenino: *la enzima*.

2. No existe la variante ortográfica *encima* para nombrar la **enzima**.

enzootia. Tiene diptongo final (pron. [ensoótia]). La acentuación *enzootía* es incorrecta.

enzurdecer. V. irreg.; se conjuga como → **parecer, 1**.

Eólide. En el DRAE/84 figuraba *Eólida* como nombre de esta antigua región del Asia Menor, pero el DRAE/92 (s. v. *eólico*) modificó por **Eólide**.

Éolo, Eolo. El DRAE/92 (s. v. *eólico*) admite las dos formas, con preferencia por la primera.

epatante. → **Galicismo** (fr. *épatant*) innecesario por *asombroso, maravilloso, admirable, deslumbrante, estupendo, despampanante*.

epatar. → **Galicismo** (fr. *épater*) que se emplea innecesariamente en lugar de *asombrar, pasmar, dejar estupefacto, maravillar, admirar, deslumbrar* y, a veces, *escandalizar* o *espantar*.

Epicteto. Es palabra grave; la acentuación esdrújula, *Epícteto*, es errónea.

epidermis. Es sustantivo femenino: *la epidermis*.

epifito. Es sustantivo grave; la acentuación esdrújula, *epífito*, muy difundida, es errónea.

epifonema. El DRAE registra este término

como femenino: *la epifonema*, pero según el uso general y el *Diccionario* de M. Moliner, es masculino.

epiglotis. Es palabra llana; la acentuación esdrújula, *epíglotis*, es incorrecta.

epigrama. **1**. Es actualmente sustantivo masculino: *el epigrama*.

2. Ha prevalecido la acentuación latina, grave: **epigrama**, sobre la griega, esdrújula: *epígrama*.

epilepsia. Tiene diptongo final (pron. [epilépsia]). La acentuación *epilepsía* es errónea.

epizootia. Tiene diptongo final (pron. [episoótia]); la pronunciación con hiato, *epizootía*, es errónea.

epodo, epoda. **1**. La RAE admite las dos formas, pero prefiere la primera, que es la más usual.

2. Ambas palabras son graves; la acentuación esdrújula *épodo, époda* es errónea.

eppur si muove. Expresión italiana que significa 'y sin embargo se mueve'. Estas palabras se atribuyen a Galileo y las habría pronunciado después de retractarse ante la Inquisición de su teoría de la rotación de la Tierra alrededor del Sol. Suelen aplicarse cuando se trata de ratificar la validez de algo, aunque deba negarse por razones de conveniencia o necesidad.

épsilon. **1**. La acentuación aguda *epsilón* es incorrecta.

2. Es sustantivo femenino: *la épsilon*, y su plural es *epsílones*.

equipar. **1**. La RAE ha incorporado una tercera acepción de esta voz en el DRAE/92: "Proveer del equipo necesario a industrias, urbanizaciones, sanatorios u otros establecimientos."

2. Construcción: —*a alguien con* o *de ropa*.

equiparar. Construcción: —*un producto a* o *con otro*.

equivalente. Cuando es adjetivo, se construye con la preposición *a*: *recibió una cantidad equivalente a la perdida*. Cuando es sustantivo, puede emplearse *a* o *de*: *repuso el equivalente a* (o *de*) *la mercadería vendida*.

equivaler. **1**. V. irreg.; se conjuga como → **valer**.

2. Construcción: —*un medicamento a otro*.

equivocarse. Construcción: —*de casa*; —*en el precio*.

era. La RAE escribe *Era cristiana* (*Ortografía*, § 6, Nº 12) y *era cristiana* (DRAE/92, s. v. *era, milenario* y *neoplatonismo*). Es preferible la minúscula inicial.

erario público. → **Redundancia**; dígase *erario* a secas, que es el conjunto de los bienes públicos pertenecientes a una nación, una provincia o un municipio.

erebo. La RAE ha adoptado la acentuación grave para esta palabra, aunque etimológi-

---

ERGUIR
(conjugación de los tiempos simples según la RAE)

MODO INDICATIVO

Presente	Pret. imperf.	Pret. perf. simple	Futuro	Condicional
yergo o irgo	erguía	erguí	erguiré	erguiría
yergues o irgues	erguías	erguiste	erguirás	erguirías
yergue o irgue	erguía	irguió	erguirá	erguiría
erguimos	erguíamos	erguimos	erguiremos	erguiríamos
erguís	erguíais	erguisteis	erguiréis	erguiríais
yerguen o irguen	erguían	irguieron	erguirán	erguirían

MODO SUBJUNTIVO

Presente	Pretérito imperfecto	Futuro
yerga o irga	irguiera/irguiese	irguiere
yergas o irgas	irguieras/irguieses	irguieres
yerga o irga	irguiera/irguiese	irguiere
(yergamos) o irgamos	irguiéramos/irguiésemos	irguiéremos
(yergáis) o irgáis	irguierais/irguieseis	irguiereis
yergan o irgan	irguieran/irguiesen	irguieren

MODO IMPERATIVO

Presente

yergue o irgue
erguid

FORMAS NO PERSONALES

Infinitivo	Gerundio	Participio
erguir	irguiendo	erguido

---

camente correspondería la acentuación esdrújula: érebo.

ergástulo, ergástula. La RAE autoriza las dos formas; prefiere la primera, que es la etimológica, pero **ergástula** es más usada.

erguir. Verbo irregular (ver cuadro). Respecto de la forma *yergamos* dice R.J. Cuervo (*Notas*, § 84): "No sé si está comprobada la forma *yergamos* que trae la Academia, pero estélo o no, es tan contraria a nuestra fonética como lo serían adviertamos, sientamos." El *Esbozo* (2. 12. 3, [D], nota 67), por su parte, agrega: "No parecen existir, en cambio, testimonios de diptongación de las formas débiles: yergamos, yergáis [...]".

erigir. 1. El cambio de -*g*- por -*j*- delante de *a, o*: *eriges, erijo*, para mantener el sonido fricativo velar sordo de la raíz es puramente gráfico y no se considera irregularidad.
2. Construcción: *lo erigieron árbitro* (o *en árbitro*) de sus rencillas.

erigirse. Construcción: —*en juez*.

eritema. Es sustantivo masculino: *el eritema*.

erizado. Construcción: —*de obstáculos*.

erke, erkencho. En su sesión del 8 de noviembre de 1979, la AAL sugirió a la RAE la posibilidad de incorporar en el *Diccionario* oficial, y como argentinismos, estos dos vocablos y sus variantes ortográficas *erque, erquencho*, que designan dos instrumentos

musicales de viento de origen quechua
(*Acuerdos*, VIII, 262-65). No figuran en el
DRAE/92 ni en el DMI.

ermitaño. Femenino: *ermitaña*.

erogación. La acepción 'gasto' de este sustantivo es frecuente en la Argentina.

erogar. El DRAE/92 añade una segunda
acepción: "*Bol.* Gastar el dinero."

erógeno, erotógeno. La RAE admite ambas formas, pero prefiere la primera.

Eróstrato. El DRAE (s. v. *erostratismo*) emplea la forma esdrújula. La acentuación
llana, **Erostrato*, es errónea.

erotización, erotizar. El DMI incluye estas
voces, que no figuran en el DRAE/92, con los
significados que son fácilmente deducibles.

erotógeno. → **erógeno**.

erque, erquencho. → **erke, erkencho**.

erradicar. Construcción: —*la pobreza de
una región*.

errar. **1**. Verbo irregular (ver cuadro). Se
conjuga como → **acertar, 1**, con la variante
de que la *i-* inicial se sustituye por *y-*:
[*ierro, ierras*] > *yerro, yerras*. En la Argentina, y según el *Esbozo* (2. 12. 3, **[B]**, nota 27)
también en Colombia, Costa Rica y Chile,
está muy extendido el uso de este verbo sin
diptongar, pero, en la Argentina al menos,
se lo considera error que debe evitarse.

2. Construcción: —*en la respuesta*.

-érrimo. → **superlativo, 1, b**.

Ersatz. Voz alemana que puede traducirse
por *sustitutivo* o *sucedáneo*.

eructar, eructo. → **erutar, eruto**.

*erudicción. → **Ultracorrección** por *erudición*.

erudito. **1**. Es vocablo llano; la forma esdrújula, **erúdito*, es incorrecta.

2. Construcción: —*en estudios orientales*.

*eruptar, *erupto. Formas incorrectas en
lugar de *eructar* (o *erutar*) y *eructo* (o *eruto*),
que deben evitarse cuidadosamente.

erutar, eruto. La RAE autoriza estas formas, pero recomienda *eructar, eructo*.

*es a esto que. Construcción incorrecta: **es
a esto que vino*. Dígase: *es a esto a lo que
vino*, si se quiere enfatizar; si no, simplemente: *a esto vino*. → **que galicado**.

*es ahora que. Caso de → **que galicado**: **es
ahora que se acuerdan*. Dígase: *es ahora
cuando se acuerdan*, si se quiere enfatizar;
si no, simplemente, *ahora se acuerdan*.

*es aquí que. Caso de → **que galicado**: **es
aquí que se produjo el accidente*. Dígase: *es
aquí donde se produjo el accidente*, si se
quiere enfatizar; si no, simplemente, *aquí
se produjo el accidente*.

*es así que. Caso de → **que galicado**: **es así
que sucedió*. Dígase: *es así como sucedió*, si
se quiere enfatizar; si no, simplemente, *así
sucedió*.

*es a usted que. Caso de → **que galicado**:

*es a usted que le hablo. Dígase: *es a usted
a quien le hablo*, si se quiere enfatizar; si no,
simplemente, *a usted le hablo*.

esbirro. La RAE ha añadido una tercera
acepción a esta voz en el DRAE/92: "Secuaz
a sueldo o movido por interés."

escabullirse. **1**. Para su conjugación, →
bullir. Evítense formas como **se escabulló,
*se escabulliera, *escabulliéndose*, etc., por
se escabulló, se escabullera, escabulléndose,
etc.

2. Construcción: —*de la fiesta*; —*de entre* o
por entre la gente.

escafandra, escafandro. La RAE admite
las dos formas, pero recomienda la primera,
que es la que se emplea corrientemente.

escala. **1**. La RAE ha incluido en el DRAE/92
la siguiente acepción, de empleo muy frecuente, de esta voz: "*Aer.* y *Mar.* Lugar
donde tocan las embarcaciones o las aeronaves entre su punto de origen y el de
destino."

2. → **a escala**.

escaldo. Es la única forma que registra el
DRAE para designar a cada uno de los
antiguos poetas escandinavos. La forma
*escalda no se justifica.

escalofriarse, calosfriarse. **1**. La RAE admite las dos formas, pero prefiere la primera.

2. Para la acentuación de estos verbos, →
enviar, 1.

escalofrío, calofrío, calosfrío. La RAE
admite las tres formas, pero prefiere la
primera.

escalpelo, escarpelo. La RAE admite ambas formas, pero prefiere la primera, para
nombrar el instrumento de cirugía en forma
de cuchillo pequeño (la segunda es anticuada en esta acepción). El instrumento de
hierro que emplean carpinteros y escultores se llama **escarpelo**.

escampar, descampar. La RAE admite
ambas formas, pero prefiere la primera.

escanciar. Para su acentuación, → **abreviar**. Las formas con hiato (**escancío*, etc.)
son regionales y se consideran incorrectas.

escáner. **1**. Así ha hispanizado la RAE la voz
inglesa *scanner*, aparato que se utiliza para
la exploración radiográfica.

2. Plural: *escáneres*.

escanógrafo. La RAE ha incluido esta voz
en el DRAE/92 con el mismo significado que
→ **escáner**, pero prefiere este último.

escantillón. → **chantillón**.

escapar. Construcción: —*a la calle*; —*a mis
deseos*; —*a la justicia*; —*con vida*; —*de la
cárcel*; —*de morir ahogado*.

escaparse. Construcción: —*de entre las
manos*; —*de casualidad*.

(es) capaz que. → **capaz, 2**.

escarmentar. **1**. V. irreg.; se conjuga como →
acertar, 1.

E R R A R
(conjugación de los tiempos irregulares)

MODO INDICATIVO	MODO SUBJUNTIVO	MODO IMPERATIVO
Presente	*Presente*	*Presente*
yerro	yerre	yerra
yerras	yerres	errad
yerra	yerre	
erramos	erremos	
erráis	erréis	
yerran	yerren	

---

2. Construcción: —*con el fracaso*; —*en cabeza ajena*.

escarnecer. 1. V. irreg.; se conjuga como → **parecer, 1**.
2. Significa 'mofarse, burlarse' y no debe confundírselo con → **encarnecer**.

escarpelo. → **escalpelo**.

escaut. → **boy scout**.

Escaut. El nombre español de este río de Francia es *Escalda*.

*escencia, *escencial. Error ortográfico por → **ultracorrección**, en lugar de *esencia, esencial*: "[...] vamos a defender la escencia liberal de la Constitución [...]" (*Página / 12*, 25-2-94, pág. 6).

esclarecer. V. irreg.; se conjuga como → **parecer, 1**.

esclerosado. El DRAE/92 no recoge el valor metafórico de este término: 'inmovilizado, paralizado, petrificado': *esclerosado en el pasado*.

escocer. V. irreg.; se conjuga como → **mover**.

escoger. Construcción: —*del montón*; —*entre* o *de entre varias cosas*; —*por esposa*.

escolaridad. 'Conjunto de cursos que sigue un estudiante en un instituto docente'. Es también el 'tiempo durante el cual el alumno asiste a un instituto docente para completar los estudios en él'. No debe confundirse con → **escolarización**.

escolarización. La RAE ha incluido este sustantivo en el DRAE/92 con la siguiente definición: "Acción y efecto de escolarizar." → **escolarizar**.

escolarizar. La RAE ha incluido este verbo en el DRAE/92 con la siguiente definición: "Proporcionar escuela a la población infantil para que reciba la enseñanza obligatoria."

escólex. Carece de forma propia de plural: *los escólex*. → **plural, I, A, 2**.

escoliar. Para su acentuación, → **abreviar**.

escolta. La RAE ha incluido en el DRAE/92, como cuarta acepción de este vocablo: "Persona o conjunto de personas que protegen a determinadas personalidades, en previsión de posibles atentados."

esconder. Es verbo regular; evítense formas como **escuendo, *escuendan*, etc., en lugar de *escondo, escondan*, etc.

esconderse. Construcción: —*de los perseguidores*; —*en el ropero*.

*es con esto que. Construcción incorrecta: **es con esto que le pegó*. Dígase: *es con esto con lo que le pegó*, si se quiere enfatizar; si no, simplemente, *con esto le pegó*.

escor. Castellanización posible y deseable de la voz inglesa *score*. No está admitida por la RAE. Puede sustituirse por *tanteo*.

escoriación. → **excoriación**.

escoriar. → **excoriar**.

escote, descote. La RAE autoriza las dos formas, pero prefiere la primera, que es la más frecuente en la Argentina. La segunda recibe en el DRAE/92 la nota de poco usada.

escribano. El DRAE registra un femenino *escribana*: 'mujer que ejerce la escribanía' como voz propia de la Argentina, Paraguay y Uruguay.

escribido. → **escribir, 1**.

escribir. 1. La única forma irregular de este verbo es su participio: *escrito*. El participio regular *escribido* sólo se emplea en la expresión familiar *leído y escribido*, que califica, generalmente con sentido irónico, al que tiene algo de instrucción y lo exhibe en forma pedante: "Hacía gala de noble abolengo intelectual, era hombre bastante 'leído y escribido' [...]" (R.J. Payró, *Veinte cuentos*, 5).
2. Construcción: —*a máquina*; —*con sangre*; —*de* o *sobre arte*; —*en español*; —*en los periódicos*; —*para el teatro*; —*por avión*.

escribirse. Construcción: —*con los amigos*.

escudería. El DMI es más amplio que el DRAE/92 en la definición: "Organización que posee automóviles y motocicletas de carrera y cuenta con pilotos profesionales. // Local o taller en que se halla instalada esta organización."

escuelero. El DMI registra esta voz, que no figura en el DRAE/92, aunque como vocablo de uso poco correcto, con la siguiente definición: "*Argent. Escolar.*" En realidad, es un término corriente, en la Argentina, sólo en las zonas rurales: "El rostro de la criadita se convierte en tiznado espejo de las morisquetas con que la saludan los changos escueleros." (A.M. Vargas, "Chango sin espuelas", en DCA, 66).

esculpir. Construcción: —*a cincel*; —*en mármol*.

escupir. Construcción: —*a* o *en la cara*; —*en el suelo*; —*por el colmillo*.

escurrirse. Construcción: —*de, entre* o *de entre las manos*.

escúter. **1**. Españolización posible y deseable de la voz inglesa *scooter*, con que se designa un tipo de motocicleta. No figura en el DRAE/92.
2. Plural: *los escúteres*.

escutismo, escutista. → **boy scout**.

ese, -a, -o, -os, -as. **1**. Pronombre demostrativo. Señala lo que está cerca física o mentalmente de la persona a la que se habla: *muéstrame ese anillo que tienes en la mano*. En América es frecuente emplear **ese** en lugar de → **aquel**: *observa esas nubes, allá en el horizonte*.
2. Para su acentuación, → **acentuación ortográfica, II, D**.

esfinge. La RAE lo consideraba sustantivo → **ambiguo**, pero en el DRAE/92 lo da como femenino únicamente.

esforzar. V. irreg.; se conjuga como → **sonar**.
	esforzarse. Construcción: —*en* o *por trabajar*; —*en recordar*; —*para mantenerse tranquilo*.

esguince, desguince. Con las acepciones 'movimiento ágil del cuerpo para evitar un golpe', 'gesto de desagrado' y 'distensión de una articulación', la RAE admite las dos palabras, pero prefiere **esguince**.

eslalon. Así ha castellanizado la RAE en el DRAE/92 la voz noruega *slalom*, con la siguiente definición: "m. *Dep.* Competición de esquí a lo largo de un trazado con pasos obligados."

eslip. Hispanización posible y deseable del término inglés → **slip**.

eslogan. **1**. Españolización de la voz inglesa *slogan*, que figura en el DRAE/92 con la siguiente definición: "m. Fórmula breve y original, utilizada para publicidad, propaganda política, etc."
2. Su plural es, de acuerdo con las normas de pluralización del español, *eslóganes*: "[...] así lo demostró la gigantesca manifestación que, coreando eslóganes, [...]" (*Página / 12*, 31-3-89, pág. 10); "[...] venden infinidad de camisetas con letreros increíbles y distintos

de los clásicos eslóganes." (C. Rico-Godoy, *Cómo ser una mujer*, 34).

esmaltar. Construcción: —*con* o *de arabescos*.

esmerarse. Construcción: —*en el estudio*; —*por complacer a las visitas*.

esmirriado, desmirriado. La RAE admite las dos formas, pero prefiere la primera.

esmog. Castellanización posible de la voz inglesa → **smog**. No figura en el DRAE/92 ni en el DMI.

esmoquin. **1**. Así ha castellanizado la RAE la voz inglesa *smoking*, por lo que no se justifica ya el empleo de la forma inglesa.
2. Plural: *esmóquines*, de acuerdo con las reglas de pluralización del español.

esnob. **1**. Españolización de la voz inglesa *snob*, que registra el DRAE/92 con la siguiente definición: "Persona que imita con afectación las maneras, opiniones, etc., de aquellos a quienes considera distinguidos. Ú. t. c. adj.". "—Y con lo esnob que es él [...]" (C. Rico-Godoy, *Cómo ser una mujer*,179).
2. Es tanto masculino como femenino: *el esnob, la esnob, un hombre esnob, una mujer esnob*.
3. De acuerdo con las normas de pluralización españolas, el plural sería el inusitado *esnobes*. El plural anómalo *esnobs* (mezcla de españolización y de plural inglés) resulta poco convincente. Queda una tercera opción: dejar este vocablo inflexionado en plural: *los esnob*, lo que parece, por el momento, la solución más recomendable.

esnobista. El DMI registra este adjetivo, que no figura en el DRAE/92, con la siguiente definición: "Dícese del que sigue el esnobismo. Ú. t. c. s.". "[...] el elogio superficial, el asedio esnobista [...]" (M. Benedetti, *El recurso*, 152).

eso. En ningún caso lleva tilde. → **acentuación ortográfica, II, D**.

esotérico, exotérico. No deben confundirse, son antónimos: **esotérico** es 'oculto, secreto'; **exotérico**, en cambio, significa 'común, accesible para la generalidad de la gente'.

espabilar. → **despabilar**.

espaciar. Para su acentuación, → **abreviar**. Las formas con hiato (*espacío*, etc.) son regionales y se consideran incorrectas.

espagueti. **1**. Españolización admitida por la RAE del sustantivo plural italiano *spaghetti*.
2. En castellano es nombre singular, y pluraliza *espaguetis*.

*espamento. Forma incorrecta por *aspaviento*. Es muy frecuente en la Argentina: "[...] el logro de nuestras reivindicaciones provendrá de la eficacia para acortar la distancia con el objetivo planteado, y no del espamento de un reclamo absolutamente hueco." (*Página / 12*, 21-3-89, pág. 6); "Siempre hacen un poco de espamento cuando llega uno nuevo, pero son buena gente." (A.M. Shúa, *Soy paciente*, 22); "[...] para lo cual hace un espamento bárbaro." (I. Blaisten, *Cerrado*, 48); "—Pero si vos cocinás más rico, sin tanto espamento." (M.E. Walsh, *Novios*, 234). Suele decirse también → *aspamento.

espantarse. Construcción: —*al* o *con el estruendo*; —*de* o *por los relámpagos*.

español. → **castellano**.

*esparcer. Forma incorrecta; dígase *esparcir*.

esparrin. 1. Hispanización posible de la voz inglesa *sparring*, que designa al boxeador que, actuando de contrincante, sirve para que otro boxeador se entrene. No figura en el DRAE/92 ni en el DMI.
2. En cuanto a su plural, es preferible dejar inflexionado el singular: *los esparrin*. No parece aceptable el plural anómalo *esparrins*: "[...] los muchachos sudaban la gota gorda haciendo de esparrins [...]" (A. Rodríguez Muñoz, "Los murciélagos", en VCAM, 301).

espástico. El DMI incluye esta voz, que no figura en el DRAE/92, con la siguiente definición: "Rígido a causa de un espasmo permanente."

espatulomancia, espatulomancía. La RAE admite las dos acentuaciones, pero prefiere la primera. → **-mancia, -mancía**.

espaviento. → **aspaviento**.

especia. Evítese el error de llamar *especie*, en vez de **especia**, a cualquiera de los condimentos, como el azafrán, la pimienta, etc., que se emplean para sazonar las comidas.

especialista. 1. La RAE ha añadido en el DRAE/92 una segunda acepción de esta palabra: "com. *Cinem*. Persona que realiza escenas peligrosas o que requieren cierta destreza; suele sustituir como doble a los actores principales."
2. Construcción: —*de* o *en niños*.

especificidad. El DRAE/92 ha incorporado este sustantivo con el significado de: "Cualidad y condición de **específico**, propio de una especie."

espécimen. 1. Es palabra esdrújula; la acentuación grave *especimen* es errónea.
2. El plural es *especímenes*, aunque el DMI asegura que no se usa en plural.

espectroscopia. Tiene diptongo final [espektroskópia]. Sin embargo, en la Argentina está muy difundida la forma con hiato *espectroscopía*. → **-scopia**.

especular. 1. El DMI registra esta acepción, considerada anglicista por los preceptistas y que no figura en el DRAE/92: "Hacer cábalas, suposiciones." Por otra parte, la RAE ha incluido en el DRAE/92 las siguien-

tes acepciones: "fig. Perderse en sutilezas o hipótesis sin base real." y "fig. Efectuar operaciones comerciales o financieras, con la esperanza de obtener beneficios basados en las variaciones de los precios o de los cambios. Ú. frecuentemente con sentido peyorativo."
2. Construcción: —*con su cargo*; —*con las posibilidades de una derrota electoral*; —*en bienes raíces*.

esperanza. Construcción: *tengo esperanzas de que suceda*. No es correcta la omisión de la preposición *de*: *tengo esperanzas que suceda*, ni su sustitución por *en*: *tengo esperanzas en que suceda*. La preposición *en* es correcta cuando su término es un sustantivo: *tengo esperanzas en el futuro, puse mi esperanza en él*.

esperar. Construcción: *espero a que me llamen* (= estoy dispuesto a permanecer en tal lugar o situación hasta que me llamen; suele tener un cierto matiz de amenaza); *espero que me llamen* (= tengo la esperanza de que me llamen); —*en Dios*. Es incorrecto el empleo de la preposición *de* ante una proposición sustantiva encabezada por *que*: *espero de que vengan temprano*. → **dequeísmo**.

esperma. Es → **ambiguo** en cuanto al género: *el esperma, la esperma*. El uso parece preferir el masculino; el DRAE/92, s. v. *espermateca, espermático* y *espermiograma* emplea el masculino, pero s. v. *espermatorrea*, el femenino.

espermatograma. El estudio para determinar la calidad del líquido espermático se llama, según el Dorland, *espermograma* y no **espermatograma**. Ninguno de los dos vocablos figura en el DRAE/92, que incorpora, en cambio, *espermiograma*.

espermiograma. → **espermatograma**.

espiar. Para su acentuación, → **enviar, 1**.

espichar. → **Anglicismo** (ingl. *speech*), corriente en América, por *discursear, arengar*. Este significado no figura en el DRAE/92.

espiche. → **Anglicismo** (ingl. *speech*) usado en América con el valor de *discurso, arenga, perorata*. No figura en el DRAE/92.

espinosismo, espinosista. Así escribe la RAE, y no *espinozismo, espinozista*, estos vocablos derivados del nombre del filósofo holandés Baruch Spinoza, que la Academia españoliza Benito Espinosa.

espíquer. Castellanización innecesaria de la voz inglesa → **speaker**: "Por lo general lo dice igualito que el espíquer." (Damocles, "Introducción a la infancia", en AM, 2, 141). Dígase *locutor*.

espirar. Significa 'expeler el aire aspirado' y no debe confundirse con → **expirar**.

espiritoso, espirituoso. La RAE admite las dos formas, pero prefiere la primera.

espiritual. → **Galicismo** (fr. *spirituel*) cuando se lo usa con el valor de 'ingenioso, agudo': "[...] hablaba con maravillosa facilidad, era espiritual, chispeante [...]" (M. Cané, *Juvenilia*, 65).

esplín. Así ha hispanizado la RAE la voz inglesa *spleen*, por lo que no se justifica emplear la grafía original.

espoliación. → **expoliación.**

espoliar. → **expoliar.**

*es por esto que. Caso de → **que galicado**: **es por esto que se enojaron.* Dígase: *es por esto por lo que se enojaron*, si se desea enfatizar la expresión; si no, simplemente, *por esto se enojaron.*

esprit. Voz francesa (pron. [esprí]) que suele emplearse en español con sus valores originales de *gracia, agudeza, ingenio, chispa, sal.*

*espúreo. → **Ultracorrección** por *espurio.* Este error se ha extendido al periodismo y aun al lenguaje literario: "Eso, en un país como Italia, donde cada fortuna es sospechosa de ligaduras espúreas, es bastante." (*Página / 12*, 9-10-91, pág. 17); "No es posible que esos espúreos ciudadanos, esos advenedizos despreciables [...]" (R.J. Payró, *Pago Chico*, 144).

espurrear, espurriar. 1. La RAE admite las dos formas sin indicar preferencia.
2. **Espurriar** se acentúa como → **enviar, 1**, según algunos preceptistas, y como → **abreviar**, según otros.

¿es que? Locución de probable origen francés (fr. *est-ce que?*): *¿es que no van a llegar nunca?* Añade énfasis a la expresión, o marca cierta impaciencia.

es... que, fue... que, será... que. 1. El empleo de esta construcción con un antecedente adverbio (o construcción equivalente) del pronombre relativo *que* constituye una incorrección que se analiza bajo la entrada → **que galicado**: **es aquí que sucedió, *fue entonces que lo vimos, *será así que se hace.*
2. La locución *es que*, en la cual *que* no tiene antecedente, es castiza y correcta y no debe confundirse con la anterior: "[...] y si es que tanto temes, retírate a una parte y déjame solo [...]" (*Quijote*, I, cap. XVIII).

Esquel. La AAL considera correcto y bien formado el gentilicio *esquelense* correspondiente a esta ciudad de la provincia del Chubut (República Argentina). (*Acuerdos*, VII, 225-26).

esquí. Su plural casi exclusivo es *esquís* (*Esbozo*, 2. 3. 3, c), que es el que emplea la RAE en su *Diccionario*: "Patinador que usa esquís" (s. v. *esquiador*); "Patinar con esquís" (s.v. *esquiar*). "Cerca de allí, varios patinadores, llevando al hombro largos esquís, se dirigían a la pista de sus difíciles proezas." (M. Abella Caprile, *Geografías*, 8). También se emplea el plural *esquíes.*

esquí acuático. El DRAE/92 incluye esta expresión con la siguiente definición: "Deporte que consiste en deslizarse rápidamente sobre el agua mediante esquís, aprovechando la tracción de una lancha motora."

esquiar. 1. Para su acentuación, → **enviar, 1**.
2. Evítense grafías como **skiar* o **squiar*.

esquiciar. Para su acentuación, → **abreviar.**

esquinero. Nombre que se da en la Argentina al mueble que, en el español general, se llama *rinconera*. Según el DRAE, en América y Canarias se emplea *esquinera*.

esquivada. El DMI incluye este vocablo, que no figura en el DRAE/92, con la siguiente definición: "*Amér.* Acción de rehuir o esquivar un encuentro."

esquizoide. En su sesión del 24 de junio de 1982, la AAL sugirió a la RAE la posibilidad de incluir esta voz en el *Diccionario mayor* (*Acuerdos*, IX,47-49). La RAE la ha incorporado en el DRAE/92 con la siguiente definición: "Se dice de una constitución mental que predispone a la esquizofrenia."

establecer. V. irreg.; se conjuga como **parecer, 1**.

establishment. 1. Voz inglesa (pron. [estáblishment] y en el habla coloquial [estáblisment]) que suele emplearse en español para designar al grupo de personas económicamente poderosas que defienden sus intereses y su posición social y presionan para mantenerlos. Es palabra de difícil traducción (la versión *establecimiento* es literal y poco convincente), por lo que se justifica, por el momento, su empleo en los medios de comunicación y en el lenguaje de la sociología y la política.
2. Su plural es el que corresponde en inglés: *establishments.*

estacionamiento. El DRAE/92 ha incluido la siguiente acepción de este sustantivo: "Lugar o recinto reservado para estacionar vehículos."

estacionar. La RAE ha incluido en el DRAE/92 la siguiente acepción: "Dejar un vehículo detenido y, normalmente, desocupado, en algún lugar. Ú. t. c. prnl.", con lo cual ha convertido a este verbo en sinónimo de → **aparcar.**

estaciones del año. La RAE recomienda, no preceptúa, que, cuando no encabecen párrafo o escrito, o no formen parte de título, los nombres de las **estaciones del año** se escriban con minúscula inicial: *primavera, verano*, etc. (RAE, *Ortografía*, II, 9º). Esta recomendación coincide con el uso moderno.

estacionómetro. → **parquímetro.**

estadio. 1. En todas sus acepciones tiene la misma acentuación [estádio]. Es error fre-

cuente entre los médicos, por lo menos en la Argentina, la acentuación *estadío* para referirse a la acepción médica de este vocablo.
2. → **estádium**.

estádium. Latinismo (lat. *stadium*) innecesario en español; dígase → **estadio**.

estado. Se escribe con mayúscula inicial cuando se hace referencia al cuerpo político de una nación. Así, se escribirá: *el Estado argentino, consejo de Estado, golpe de Estado, hombre de Estado, razón de Estado, secreto de Estado*, etc.
Cuando con esta palabra se nombra la división administrativa de un país con régimen federativo, se escribe con minúscula inicial: *el estado de Santa Catarina, el estado de California*.

Estados Unidos. 1. República de Norteamérica cuyo nombre oficial es *Estados Unidos de América* (*United States of America*). La sigla inglesa es *USA* y la abreviatura española → **EE.UU**.
2. Concuerda con el verbo en singular cuando se emplea este nombre sin artículo: "Estados Unidos pretende realmente un asfixiante incremento de la presión contra Cuba [...]" (*Clarín*, 26-4-92, pág. 34), y en plural cuando se emplea con artículo: "El vocero añadió que los Estados Unidos están impulsando la suspensión de Serbia de la ONU [...]" (*Clarín*, 25-6-92, pág. 43).
3. Gentilicios, → **americano**.

estadounidense. → **americano**.

estadual. → **Neologismo** no admitido por la RAE. Es útil para distinguir lo referente al estado, como división administrativa de un país (equivale a *provincial*), de lo relativo al Estado, cuerpo político de una nación: "Para la ley federal norteamericana, y las diversas adaptaciones estaduales, el sistema piramidal es delito [...]" (*Página / 12*, 27-9-92, pág. 15); "[...] se adjudicó [...] la victoria en 13 de las 22 gobernaciones estaduales que estaban en juego." (*La Nación*, 7-12-92, pág. 1).

estaliniano, estalinismo, estalinista. El DRAE/92 incorpora estos vocablos, derivados del apellido *Stalin*, con los significados que son fácilmente deducibles.

estambre. La RAE lo sigue considerando de género → **ambiguo**: *el estambre, la estambre*, aunque aclara que se usa más como masculino. Este uso es ya antiguo: "[...] en *estambre*, al contrario, el género masculino es el que hoy [1847] predomina [...]" (Bello, *Gramática*, § 172).

estámetro. → **parquímetro**.

estampar. Construcción: —*a mano*; —*en plancha de metal*; —*sobre papel*.

estándar. 1. Así ha castellanizado la RAE la voz inglesa *standard*, como sinónimo de *tipo, modelo, patrón, nivel*. Además, ha enmendado de la siguiente manera, en el DRAE/92, la definición de este vocablo: "adj. Dícese de lo que sirve como tipo, modelo, norma, patrón o referencia. Ú. sólo en sing. // 2. m. Tipo, modelo, patrón, nivel. *Estándar de vida*."
2. A pesar de lo que dice la RAE, el plural *estándares* es frecuente, tanto en función sustantiva como adjetiva: "[...] las aeronaves fueron retiradas del servicio por no cumplir con los estándares de mantenimiento [...]" (*Página / 12*, 5-6-92, pág.7); "[...] enmarca a un estudio con sillones de pana marrón, estándares, sin lujo especial [...]" (*Clarín*, 14-8-88 [sección Espectáculos], pág. 1).

estandarización, estandardización. La RAE admite las dos formas, pero prefiere la primera, que está mejor formada.

estandarizar, estandardizar. La RAE admite las dos formas, pero prefiere la primera, que está mejor formada.

estanflación. → **Neologismo** que traduce la voz inglesa *stagflation*: "Se está dando una situación que en teoría lleva nombre: estanflación. Quiere decir que el país vive en el estancamiento, pero con inflación." (*Clarín*, 19-8-88 [Suplemento Económico], pág. 12).

estante. El DRAE/84 incorporó esta voz como sinónimo de *anaquel*, pero prefiere esta última, menos usual en la Argentina.

estantería. El DRAE/84 incorporó esta voz. En el DRAE/92 modifica de la siguiente manera la definición: "Mueble compuesto de estantes o de anaqueles."

estaquear, estaqueo, estaqueadero, estaqueador. En sesión del 10 de octubre de 1985, la AAL sugirió a la RAE la conveniencia de incluir estas voces en el *Diccionario* oficial con las siguientes definiciones: **estaquear**: "tr. *Argent*. estacar, estirar un cuero, fijándolo entre estacas, para que se seque. // 2. *Argent*. Forma de castigo que consistía en estirar a un hombre entre cuatro estacas por medio de correas atadas a los pies y a las manos"; **estaqueo**: "m. *Argent*. Acción y efecto de estaquear"; **estaqueadero**: "m. *Argent*. Lugar donde se estaquean cueros"; **estaqueador**: "m. *Argent*. Peón que estaquea" (*Acuerdos*, X, 240-43). La RAE incorporó estas cuatro voces en el DRAE/92 con definiciones similares a las propuestas por la AAL.

¹estar. 1. Verbo irregular (ver cuadro). Por influjo de *sea* y *vea* se comete la incorrección de decir *estea*, *estean*, en lugar de *esté, estén*.
2. Construcción: —*al corriente*; —*al salir*; —*a lo que se decida*; —*a 15 de agosto*; —*a o bajo las órdenes de alguien*; —*con ganas de salir*; —*con el gobierno*; —*de regreso*; —*de*

charla; —*de director*; —*en lo cierto*; —(*algo*) *en mil pesos*; —*para llegar*; —*para bromas* (generalmente en oraciones negativas); —*por venir*; —*por las rubias* (= preferir); —*sobre algo* o *alguien* (= vigilarlo); —*tras el éxito*.

²estar. Forma abreviada de *cuarto de estar*: *nos quedamos conversando en el estar*. No figura en el DRAE/92.

estar al abrigo de. → **al abrigo de.**

estar al + infinitivo. Con el valor de *estar a punto de*, su uso en la Argentina está limitado en general a unos pocos verbos de movimiento: *estar al caer, estar al llegar, estar al salir.*
Con otros verbos, aunque usual en algunas regiones de América, resulta extraño en la Argentina: *estar al pedir, estar al morir de hambre, estar al casarse* (Kany, *Sintaxis*, 401).

estar a mano. En el español americano significa 'estar iguales' o 'estar en paz': *con esto te devuelvo el favor, ya estamos a mano.*

estar convencido. → **estar persuadido.**

*estar demás. Grafía incorrecta por *estar de más*: *tus preguntas están de más*. → **demás.**

estar frito. La RAE incluye, en el DRAE/92, esta expresión familiar, usual en la Argentina, Chile y Perú, con la siguiente definición: "Hallarse en situación difícil, estar inutilizado o fracasado."

estar + gerundio. → **gerundio, II, 5; presente, 1, a**

estar persuadido. Conviene no omitir, en lengua cuidada, la preposición *de* delante de *que* + proposición: "[...] estaban persuadidos que el triunfo porteño los había salvado de una catástrofe." (F. Luna, *Soy Roca*, 32). Hubiera sido preferible decir: *estaban persuadidos de que el triunfo...* Sin embargo, no puede considerarse incorrecta la construcción sin *de*. → **acordarse.**

estar por + infinitivo. Los preceptistas rechazan esta construcción, que se emplea en la Argentina con el valor de *estar a punto de, estar al*: *el tren está por salir*. Prefieren en estos casos la preposición *para*: *el tren está para salir.*

estar seguro. Aunque es frecuente, conviene no omitir, en lengua cuidada, la preposición *de* antes de *que* + proposición: *estoy seguro de que podremos* es preferible a *estoy seguro que podremos*. Sin embargo, no se puede considerar incorrecta esta última construcción: "Y estoy segura que haremos un mundo mejor [...]" (Quino, *Mafalda*, vol. 2); "Estoy seguro que se van a aprobar [...]" (D. Sáenz, *No*, 36); "¿Usted está seguro que tiene ganas de trabajar?" (C.J. Cela, *La colmena*, 58). → **acordarse.**

estar siendo + participio. Construcción considerada anglicista: *la ciudad está siendo bombardeada por la aviación enemiga.*

Es muy frecuente en América y rara, aunque no desconocida, en España. Los preceptistas recomiendan sustituirla por la forma activa: *la aviación enemiga está bombardeando la ciudad.*

estar tentado. Construcción: —*a* o *de decir*. La AAL admite ambas, pero recomienda la segunda: *estoy tentada de decir* (*Acuerdos*, III, 217). M. Moliner (*Diccionario*) sólo registra la construcción con *de*.

estasis. 1. Es sustantivo femenino: *la estasis*. **2.** La acentuación esdrújula, **éstasis*, es errónea.

estatificar. → **estatizar.**

estatizar. El DRAE/92 no registra este verbo, de uso corriente en la Argentina. La RAE sólo admite *estatificar*, vocablo inusitado para los argentinos, con el significado de 'poner bajo la administración del Estado'.

estatúder. Así ha castellanizado la RAE la voz holandesa *Stadhouder*, nombre con que se designaba al jefe supremo de la antigua república de los Países Bajos.

estatuir. V. irreg.; se conjuga como → **huir, 1.**

estay. Plural *estáis* y, más frecuentemente, *estayes* (*Esbozo*, 2. 3. 3, b). La RAE emplea *estayes* (DRAE, s. v. *bauprés*). → **plural, I, B, 3.**

este. Punto cardinal. → **mayúsculas (uso de), B, 14, a).**

este, -a, -o, -os, -as. 1. Pronombre demostrativo. Señala lo que está cerca física o mentalmente de la persona que habla. **2.** Para su acentuación, → **acentuación ortográfica, II, D.**

*estea. → **estar, 1.**

esténcil. Castellanización posible de la voz inglesa *stencil*, hoja de papel especial que se emplea para sacar copias con mimeógrafo. No figura en el DRAE/92. Esta palabra está perdiendo vigencia debido a la sustitución del mimeógrafo por la fotocopiadora.

estéreo. La RAE incluye en el DRAE/92 esta abreviatura de *estereofonía* y de *estereofónico*.

estereoscopia. 1. Es incorrecta la pronunciación con hiato final: **estereoscopía*. → **-scopia. 2.** Este sustantivo no figura en el DRAE/92, pero sí en el DMI.

estereotipo. La RAE incluye este sustantivo en el DRAE/92, con las siguientes definiciones: "m. *Impr.* Plancha utilizada en estereotipia. // 2. fig. Imagen o idea aceptada comúnmente por un grupo o sociedad con carácter inmutable."

esteticista. El DRAE/84 incorpora este sustantivo, que traduce la voz francesa *esthéticien* y con la que se designa a la persona que profesionalmente presta cui-

ESTAR
(conjugación de los tiempos simples)

MODO INDICATIVO

Presente	Pret. imperf.	Pret. perf. simple	Futuro	Condicional
estoy	estaba	estuve	estaré	estaría
estás	estabas	estuviste	estarás	estarías
está	estaba	estuvo	estará	estaría
estamos	estábamos	estuvimos	estaremos	estaríamos
estáis	estabais	estuvisteis	estaréis	estaríais
están	estaban	estuvieron	estarán	estarían

MODO SUBJUNTIVO

Presente	Pretérito imperfecto	Futuro
esté	estuviera/estuviese	estuviere
estés	estuvieras/estuvieses	estuvieres
esté	estuviera/estuviese	estuviere
estemos	estuviéramos/estuviésemos	estuviéremos
estéis	estuvierais/estuvieseis	estuviereis
estén	estuvieran/estuviesen	estuvieren

MODO IMPERATIVO

Presente

está
estad

FORMAS NO PERSONALES

Infinitivo	Gerundio	Participio
estar	estando	estado

dados de embellecimiento a sus clientes. En la Argentina se llama *cosmetólogo*.

estetoscopia. Tiene diptongo final [estetoskópia]. Sin embargo, en la Argentina está muy difundida la forma con hiato *estetoscopía*. → **-scopia**.

estetóscopo. Voz que no figura en el DRAE/92; dígase *estetoscopio*.

***Esther**. Grafía debida más a influencia inglesa o francesa que a afán etimológico. En español es *Ester*.

estigma. Es sustantivo masculino: *el estigma*.

estilóbato. La RAE ha optado por la acentuación esdrújula, de acuerdo con la prosodia latina: "[...] unos se encaramaban al estilóbato del templo [...]" (J.L. Borges, *El Aleph*, 68), pero en los libros de arte suele encontrarse esta voz como grave, según la prosodia griega: "La columna dórica no tiene basa; reposa directamente sobre el basamento, llamado estilobato [...]" (H. Martin, *Arte antiguo*, 16).

estilo directo e indirecto. No es conveniente mezclar ambos procedimientos, lo que es muy frecuente en el lenguaje periodístico: "[...] explicó que 'lo que quiero es volver a mis cosas por lo menos por un período de 4 a 6 años [...]' " (*Clarín*, 25-6-92, pág. 11). Debiera haberse dicho: *explicó que lo que quería era volver a sus cosas...* (**estilo indirecto**), o bien: *explicó: "lo que quiero es volver a mis cosas..."* (**estilo directo**).

estimular. Construcción: —*a los que trabajan*; —*con aplausos*.

estipendiar. Para su acentuación, → **abreviar**.

esto. No se acentúa en caso alguno, aunque por error pueda aparecer con tilde: "Mañana me va a parecer tan idiota ésto." (L. Heker, *Los bordes*, 112). → **acentuación ortográfica, II, D**.

Estonia. Gentilicio: *estonio*.

estor. El DRAE/92 incluye esta españolización de la voz francesa *store* con la que se designa una cortina de una sola pieza que se recoge verticalmente.

estrás. Castellanización posible y deseable de *strass* (de Stras, nombre del inventor de este cristal coloreado que imita el diamante y otras piedras preciosas): "Y una vincha de estrás en el pelo." (M. Denevi, *Hierba*, 68). No figura en el DRAE/92 ni en el DMI.

estratega, estratego. 1. La RAE admite las dos formas sin indicar preferencia. La AAL aconseja usar la forma **estratego**, más conforme con la etimología (gr. *strategós*), aunque reconoce la gran difusión de **estratega**. **2.** Según la RAE, **estratega** es sustantivo común de dos: *el estratega, la estratega*; **estratego**, en cambio, es sólo masculino.

estratosfera. La RAE sólo admite la forma llana. La acentuación esdrújula, **estratósfera*, es frecuente en la Argentina. → **-sfera**.

estrecho. Se escribe con minúscula inicial, como todos los nombres de accidentes geográficos: *el estrecho de Magallanes*. → **mayúsculas, O**.

estregar. 1. V. irreg.; se conjuga como → **acertar, 1**. Las formas sin diptongar (*estrego, estregue*, etc.) son exclusivamente populares o dialectales (*Esbozo*, 2. 12. 3, **[B]**, nota 18). **2.** En la Argentina se emplea preferentemente → **restregar**.

estrella de mar, estrellamar. 1. La RAE admite las dos formas, pero en el DRAE/92 prefiere la primera para designar al equinodermo. **2. Estrellamar** es sustantivo femenino: *la estrellamar*.

estrellarse. Construcción: —*con alguien*; —*contra* o *en una columna*.

estrellato. El DRAE/92 incluye esta voz con la siguiente definición: "Condición de estrella del espectáculo."

estremecer. V. irreg.; se conjuga como → **parecer, 1**.

estrenarse. Construcción: —*con la medicina*.

estreñir. V. irreg.; se conjuga como → **teñir, 1**. Evítense formas como **estriñó, *estriñieron, *estriñiera, *estriñiendo*, etc. (en lugar de *estriñó, estriñeron, estriñera, estriñendo*, etc.).

estrés. 1. La RAE ha hispanizado así e incorporado al DRAE/84 la voz inglesa *stress*, con esta definición: "m. *Med*. Situación de un individuo vivo, o de alguno de sus órganos o aparatos, que por exigir de ellos un rendimiento superior al normal, los pone en riesgo próximo de enfermar." No se justifica ya emplear la grafía inglesa. **2.** Plural: *estreses*.

estresante. El DRAE/84 registra este derivado de → **estrés** con la siguiente definición: "adj. *Med*. Que produce estrés. *Reacción estresante; situación estresante*."

estresar. Verbo de uso frecuente que no figura en el DRAE/92: "¿Usted no está sometido a muchas presiones? ¿No está estresado?" (*Clarín*, 25-4-88, pág. 13).

estriar. Para su acentuación, → **enviar, 1**.

estribar. 1. En su sesión del 8 de noviembre de 1979, la AAL sugirió a la RAE que incluyera en el *Diccionario* mayor la siguiente acepción de este verbo: 'meter el pie en los estribos de la montura' (*Acuerdos*, VIII, 265-67). La RAE la incluyó como argentinismo en el DRAE/92. **2.** Construcción: *su éxito estriba en su simpatía*.

estriptís. Españolización posible de la voz inglesa → **striptease**: "Mientras se pasaban una botella de vino empezaron a cantar esa musiquita que se oye en los estriptís." (A.M. Shúa, *Soy paciente*, 88). Aunque, si **estriptís** es singular, en plural debiera haber usado *estriptises*.

estructuralismo. El DRAE/92 incorporó este sustantivo con la siguiente definición: "Teoría y método científico que considera un conjunto de datos como una estructura o sistema de interrelaciones."

estructuralista. El DRAE/92 incluye este adjetivo con las siguientes definiciones: "Perteneciente o relativo al estructuralismo. // 2. Adepto a esta corriente científica. Ú. t. c. s."

estudiado. El DRAE/92 ha admitido la acepción de *afectado, amanerado*, tan criticada por galicista hasta entonces.

estudiante. Académicamente y en la lengua estándar carece de forma propia de femenino: *el estudiante, la estudiante*. En la lengua coloquial el femenino es *estudianta*: "Además, estudianta, y por eso tiene ideas concretas sobre 'los distintos matices del verde' [...]" (El Hachero, "1963: Nada menos que gran climatérico", en AM, 2, 16). → **-ante, -ente**.

estudiar. Para su acentuación, → **abreviar**.

*estupefacciente. → **Ultracorrección** por *estupefaciente*.

esvástica, swástica. 1. El DRAE/92 admite ambas formas, pero prefiere la primera. **2.** La RAE no autoriza la forma **suástica*.

et al. Abreviatura de *et alii* (y otros) que,

puesta después de un nombre de persona, indica, en las referencias bibliográficas, que la obra de que se trata ha sido escrita, además, por otras personas. Puede sustituirse por *y col.* (y colaboradores).

etarra. El DRAE/92 incorpora esta voz con la siguiente definición: "adj. Perteneciente o relativo a la organización terrorista ETA. Apl. a pers., ú. t. c. s."

etcétera. **1**. Su abreviatura es *etc.*, que puede ir a final de párrafo o de línea, pero no a principio de línea.
2. Es redundante su repetición: *etc., etc.*, pero suele emplearse para enfatizar: "[...] el afán de no perjudicarla, el otro afán de no parecer ridículo, el goce del presente, mis tres hijos, etc., etc." (M. Benedetti, *La tregua*, 110).
3. Evítese la pronunciación incorrecta [eksétera].

ético. → **hético**.

etilismo. El DRAE/92 incorpora este sustantivo con la siguiente definición: "m. *Med.* Intoxicación aguda o crónica por el alcohol etílico."

etíope, *etiope. El DRAE/92 autoriza sólo la forma **etíope**.

etnia. **1**. El DRAE/92 incorpora este vocablo con la siguiente definición: "Comunidad humana definida por afinidades raciales, lingüísticas, culturales, etc."
2. La acentuación *etnía es incorrecta.

EUA. Sigla poco empleada de *Estados Unidos de América*.

*eucaliptus. Esta voz no figura en el DRAE/92. La forma española que corresponde al latín *eucalyptus* es *eucalipto*: "Vivía suelto y pasaba casi todo el día en los naranjos y eucaliptos del jardín." (H. Quiroga, *Cuentos de la selva*, 27). Sin embargo, *eucaliptus es frase bastante usual: "Estaba sentada en un banquito de cocina, junto a un eucaliptus, y pelaba papas." (M. Benedetti, *La tregua*, 44); "También es común verlos sobre eucaliptus de gran altura [...]" (CEAL, *Aves*, t. 3, Cotorra/15).

*euclideano. → **Ultracorrección** por *euclidiano*.

Euclides. Es voz grave y así figura en el DRAE (s. v. *euclidiano*). La forma esdrújula, *Éuclides*, es errónea.

Éufrates. R. Ragucci (*Cartas*, 53) y A. Alonso y P. Henríquez Ureña (*Gramática*, primer curso, 155), siguiendo a Bello, sostienen que esta palabra es grave [eufrátes], según la prosodia griega y latina, pero el uso ha impuesto la acentuación esdrújula antietimológica.

eufuismo. Este vocablo no figura en el DRAE/92, pero está admitido en el DMI con la siguiente definición: "Afectada elegancia de dicción, especie de culteranismo puesto de moda en Inglaterra por la novela de J. Lilly, *Euphues*, que se publicó en 1578."

eurasiático. → **euroasiático**.

eureka. **1**. Voz que incorpora el DRAE/92 y que se usa como interjección para mostrar alegría cuando se halla o descubre algo que se ha estado buscando con mucho interés.
2. Aunque etimológicamente debiera ser palabra esdrújula, el uso ha consagrado la forma llana.

euroasiático, eurasiático. La RAE admite las dos formas con el mismo significado, pero prefiere la primera.

europeizar. Presente: *europeízo*. Para su acentuación, → **ahijar**.

éuscaro, -a. **1**. Es palabra esdrújula. La forma llana [euskáro] es errónea.
2. Como adjetivo significa 'perteneciente al lenguaje vascuence': *el sufijo éuscaro, la gramática éuscara*. Como sustantivo es sinónimo de *vascuence, lengua vasca*.

eusquera, euskera. **1**. La RAE admite las dos grafías, pero recomienda la primera.
2. Es sustantivo: *el eusquera* (= la lengua vasca, el vascuence) y adjetivo invariable en cuanto al género: *el sufijo eusquera* (no es correcta la forma *eusquero), *la gramática eusquera*.

evacuar. Para su acentuación, → **adecuar**. Las formas con hiato: **evacúo, *evacúe*, etc. están muy difundidas tanto en la lengua hablada como en textos literarios: "Es un relevo —se dijo— o evacúan la posición." (R.J. Payró, *Veinte cuentos*, 222); "[...] donde se evacúan las fantasías [...]" (P. O'Donnell, *Copsi*, 322). Incluso a la misma Academia se le escapa este gazapo: "Excremento que sale cada vez que se evacúa el vientre" (DMI, s. v. *cagada*). El DRAE/92, en cambio, escribe *evacua*.

eventual. Significa 'sujeto a contingencia'. Es → **anglicismo** (ingl. *eventual*) utilizar este vocablo con el valor de 'final, definitivo'.

eventualmente. Es → **anglicismo** (ingl. *eventually*) emplear este adverbio con el valor de 'finalmente, definitivamente'. → **eventual**.

evidencia. El DMI añade la siguiente acepción, que no figura en el DRAE/92: "*Amér. Merid.* Prueba judicial."

evidenciar. Para su acentuación, → **abreviar**.

evónimo. Evítense la forma latina *evonymus* y la semiespañolización *evónimus.

ex. **1**. Prefijo inseparable que significa fundamentalmente 'fuera', 'más allá': *extraer, excéntrico*.
2. Cuando **ex** se antepone a nombres de cargos, dignidades u ocupaciones, indica que la persona de que se trata ha dejado de ser lo que era. Aunque algunos preceptistas

y gramáticos sostienen que también en este caso debe escribirse unido al nombre, o al menos con guión, la RAE lo escribe separado: *ex ministro* (o *ex Ministro*), *ex discípulo* (pero → **excombatiente**).

3. Puede anteponerse también a adjetivos: "[...] la presencia de las tropas ex soviéticas [...]" (*La Nación*, 5-10-92, pág. 4).

exabrupto, ex abrupto. **1**. La RAE escribe **exabrupto** cuando es sustantivo ('salida de tono', 'dicho o ademán inconveniente o inesperado'): *contestó con toda tranquilidad al exabrupto de su oponente*, y **ex abrupto** cuando tiene valor adverbial ('bruscamente, arrebatadamente'): *interrumpió al orador ex abrupto*. M. Moliner deja de lado esta distinción y propone ambas grafías con la misma significación.

2. La grafía **ex-abrupto* es errónea.

****exaedro**. Variante ortográfica de *hexaedro*, no admitida por la RAE.

ex aequo. **1**. Expresión latina que significa 'con igual mérito', 'en partes iguales': *los dos recibieron el primer premio ex aequo*.

2. La grafía **ex-aequo* es errónea.

exagonal. La RAE ha incorporado este adjetivo en el DRAE/92, pero dándole preferencia a la forma etimológica *hexagonal*. También existe la forma menos usada *sexagonal*.

exágono. La RAE ha incorporado este sustantivo en el DRAE/92, pero dándole preferencia a la forma etimológica *hexágono*.

examen. Se escribe sin tilde; la forma **exámen* trasgrede las reglas generales de acentuación (→ **acentuación ortográfica, I, B, 1**). No es ninguna excepción, como a veces se argumenta. Está tan arraigada esta falta de ortografía que no es extraño que se deslice incluso en el periodismo: "[...] lo golpearon como para dejarle las marcas que el exámen médico posterior encontró en un ojo y la zona lumbar." (*Página / 12*, 21-6-92, pág. 9). El plural *exámenes* sí lleva tilde por ser palabra esdrújula.

examinar. La RAE sólo admite la construcción con *de*: *examinar de inglés, examinarse de física*. El empleo de la preposición *en*: *examinarse en geografía*, es corriente en el Río de la Plata, Costa Rica, Guatemala, México, Venezuela y en algunas partes de España (Kany, *Sintaxis*, 425).

exantema. Es sustantivo masculino: *el exantema*.

ex cáthedra, ex cátedra. **1**. Locución adverbial latina que significa 'desde la cátedra'. En sentido propio se dice cuando el Papa define principios relativos a la fe católica. En sentido figurado, y generalmente irónico, se emplea para referirse al que habla dogmáticamente, en tono doctoral: *siempre está hablando ex cáthedra*.

2. La forma **ex cátedra** fue incorporada al DRAE/92.

****excedentario**. → **Galicismo** (fr. *excédentaire*): **la producción excedentaria*. Dígase: *la producción excedente*.

exceder. Construcción: —*una cosa a otra*; —*del nivel*; —*en rapidez*.

excederse. Construcción: —*en el precio*.

excelencia. → **concordancia, I, A, 1**.

excepción. **1**. Evítese cuidadosamente el error fonético de pronunciar la *p* como *k* [ekseksión].

2. Construcción: *a* o *con excepción de los menores*; —*de la regla* (no: **a la regla*).

****excéptico**. → **Ultracorrección** por *escéptico*. Esta voz no está formada con el prefijo → **ex,** sino que proviene de la palabra latina *scepticus*. A Unamuno, que tronaba contra la intrusión de la x impertinente en palabras como **excéptico, *explendor, *expontáneo*, etc. (*El Caballero*, 102), un corrector despistado le hace escribir: "[...] mucho más cursi, excéptico y soberanamente cursi, desesperado." (*El espejo*, 48).

exceptuar. **1**. Para su acentuación, → **atenuar**.

2. Construcción: —*de una obligación*.

excerpta, excerta. La RAE admite las dos grafías, pero prefiere la primera.

****excisión**. → **Ultracorrección** por *escisión*. Esta voz no está formada con el prefijo → **ex,** sino que deriva del latín *scissio*.

exclamación. → **signos de exclamación**.

excluir. **1**. V. irreg.; se conjuga como → **huir, 1**. El participio irregular *excluso* es desusado.

2. Construcción: —*a alguien del grupo*.

exclusive. Es adverbio y, como tal, invariable: *entre el seis y el veinte, ambos exclusive*.

excombatiente. A pesar de que la RAE escribe separado el prefijo → **ex** antepuesto a "nombres o adjetivos de persona para indicar que esta ha dejado de ser lo que aquellos significan" (DRAE, s. v. *ex*), escribe **excombatiente** en una sola palabra.

excoriación, escoriación. La RAE admite ambas formas, pero prefiere la primera.

excoriar, escoriar. **1**. La RAE admite las dos formas, pero prefiere la primera.

2. Para su acentuación, → **abreviar**.

excrecencia, excrescencia. La RAE autoriza las dos formas, pero recomienda la primera.

excrex. En el derecho de Aragón es la donación que un cónyuge hace a otro. Es sustantivo masculino y su plural, único en español, es *excrez*.

excusarse. Construcción: —*con sus superiores*; —*de* o *por su inasistencia*.

exegesis, exégesis. La RAE admite ambas acentuaciones, pero en el DRAE/92 prefiere la primera, menos usual en la Argentina.

exegeta, exégeta. La RAE ha incorporado en el DRAE/92 la forma esdrújula *exégeta*, pero prefiere la acentuación grave, menos usual en la Argentina.

exención. → **eximición**.

exento. Es participio irregular de *eximir*. Significa 'libre' (generalmente de algo molesto o perjudicial): *exento de culpa, exento de impuestos*. Es impropio usar este adjetivo como sinónimo de 'carente, falto': **era una mujer exenta de belleza*.

exequátur. **1**. Castellanización de la forma verbal latina *exsequatur*, que significa 'ejecútese'. Es la autorización que da el poder civil de un Estado para las bulas pontificias. También designa el permiso que da el jefe de Estado para que los agentes extranjeros puedan ejercer sus cargos en el país. **2**. Carece de forma propia de plural: *los exequátur* (Bello, *Gramática*, § 124).

exequias. Se emplea sólo en plural: *las exequias*.

exfoliar. Para su acentuación, → **abreviar**.

exhibición. El DMI incluye esta acepción, que no figura en el DRAE/92: "*Cinem.* Operación de proyectar una película cinematográfica."

exhibicionismo. La RAE ha añadido, en el DRAE/92, como segunda acepción de esta palabra: "Perversión consistente en el impulso a mostrar los órganos genitales."

*exhorbitante. Error ortográfico por *exorbitante*. Esta voz tiene relación con *órbita*, que se escribe sin *h*.

exhortar. Construcción: —*a la humildad*; —*con bellas palabras*.

*exhuberante. Error ortográfico por *exuberante*: "Me asombra que un hombre [...] pueda interesarse por un país donde la vegetación es exhuberante y tropical." (A.M. Shúa, *Soy paciente*, 115). Esta voz tiene relación con *ubérrimo*, que se escribe sin *h*.

*exilar, *exilado. La RAE no admite estas formas, que fueron muy frecuentes: "[...] lo había conocido en Montevideo, hará de esto veinte años, cuando vino exiliado (en aquel entonces se decía exilado) a Uruguay [...]" (M. Benedetti, *Primavera*, 89). L. Schallman (*Coloquios*, 261-62) registra también ejemplos de G. Marañón, C. Sánchez Albornoz, R. Rojas y O.R. Amadeo. Dígase: → **exiliar**, *exiliado*, formas más conformes con la palabra de la cual derivan: *exilio*.

exiliar. Para su acentuación, → **abreviar**.

eximente. Usado como sustantivo es femenino: *la eximente*.

eximición, exención. El DRAE/92 registra ambas formas; califica a la primera de anticuada y remite a la segunda. En la Argentina, **eximición** no es un sustantivo anticuado, sino muy usual en el ambiente escolar: *no pudo lograr la eximición*. **Exención**, en cambio, es más corriente en el lenguaje administrativo: *se aprobó la exención de impuestos a los jubilados*.

eximir(se). **1**. Tiene dos participios, uno regular, *eximido*, y otro irregular, → **exento**, que se utiliza sólo como adjetivo. → **participio**. **2**. Construcción: —*de recargos*.

exitoso. La RAE ha incorporado este adjetivo en el DRAE/92 con la siguiente definición: "Que tiene éxito".

ex libris. **1**. Locución latina que significa 'de los libros de'. Se aplica a la etiqueta que el dueño coloca en sus libros y, más corrientemente, al dibujo o emblema que el editor imprime en sus obras. **2**. Tiene la misma forma para singular y plural: *el ex libris, los ex libris*. **3**. Aunque algunos preceptistas consideran más correctas las formas *exlibris* y *ex-libris*, la RAE escribe **ex libris**.

*exófago. Forma incorrecta por *esófago*. Esta voz no está compuesta con el prefijo → **ex,** sino que proviene de la palabra griega *oisóphagos*.

exoftalmia, exoftalmía. La RAE admite, en el DRAE/92, las dos acentuaciones, pero prefiere la primera.

exonerar. Construcción: —*a alguien de sus funciones*.

exosfera. **1**. La RAE ha incluido esta voz en el DRAE/92 con la siguiente definición: "f. *Cosmogr.* Espacio interplanetario, exterior a la atmósfera terrestre." **2**. Es voz grave; la acentuación esdrújula, **exósfera*, es errónea. → **-sfera**.

exósmosis, exosmosis. La RAE autoriza las dos acentuaciones, pero recomienda la primera.

exotismo. El DRAE/84 ha incorporado este vocablo con la siguiente definición: "Calidad de exótico" y a él remite las formas menos usuales de *exoticidad* y *exotiquez*.

*expander. Forma incorrecta por *expandir*.

expatriarse. En cuanto al acento, se conjuga como → **enviar, 1**: *me expatrío, te expatrías*, etc., o como → **abreviar**: *me expatrio, te expatrias*, etc. Según el *Esbozo* (2. 13. 5), se usan más las formas en *-ío*.

expedir. V. irreg.; se conjuga como → **pedir, 1**.

expedito. Es palabra grave; la acentuación esdrújula, **expédito*, es incorrecta.

expeler. **1**. Tiene dos participios, uno regular, *expelido*, y otro irregular, *expulso*. El primero se emplea para formar los tiempos compuestos: *hemos expelido, hubieras expelido* → **participio**. **2**. Construcción: —*de su interior*; —*por un tubo*.

expensas. **1**. Se emplea sólo en plural: *las expensas*.

2. Construcción: *vive a expensas de sus padres*; *vive a sus expensas*.

expiar. Para su acentuación, → **enviar, 1**.

expirar. Significa 'morir' y 'acabarse un período de tiempo'; no debe confundirse con → **espirar**: "[...] inspiraba y expiraba el oxígeno [...]" (C.J. Cela, *El bonito crimen*, 169). También es incorrecto el empleo de *expiración* en lugar de *espiración* cuando no se la usa con los valores anotados: "[...] apoyó la mano sobre el hombro de Carolina y dijo con una profunda expiración: —Lo siento. No es para mí." (M. Aguinis, *Profanación*, 40).

*expléndido, *explendor. → **Ultracorrección** por *espléndido, esplendor*. Estas palabras no están formadas con el prefijo → **ex**, sino que provienen de las palabras latinas *splendidus, splendor*.

explicar. Este verbo no se construye con la preposición *de*; es incorrecta la construcción: **me explicó de que*; dígase: *me explicó que*. → **dequeísmo**.

explosionar, explotar. La RAE los considera sinónimos con el valor intransitivo de 'hacer explosión': *la bomba explosionó* o *explotó*. Pero con el valor transitivo de 'provocar una explosión' autoriza sólo **explosionar**: *los técnicos explosionaron la bomba* (también es correcto, y más usual, el giro: *hicieron explotar la bomba*). No es correcto el empleo de **explotar** como transitivo: **los terroristas explotaron la central hidroeléctrica*. El verbo **explosionar** es poco frecuente en la Argentina.

expoliación, espoliación. La RAE admite las dos grafías, pero prefiere la primera.

expoliar, espoliar. 1. La RAE admite las dos grafías, pero prefiere la primera.

2. Para su acentuación, → **abreviar**.

exponer. 1. V. irreg.; se conjuga como → **poner, 1**. El imperativo singular es *expón* (→ **voseo**: *exponé*), pero nunca **expone*.

2. Construcción: —*a su familia*; —*a la acción del sol*; —*ante sus alumnos*.

exponerse. Construcción: —*a un peligro*.

*expontáneo. → **Ultracorrección** por *espontáneo*. Esta voz no está formada con el prefijo → **ex**, sino que proviene de la palabra latina *spontaneus*.

exprés. La RAE incluye esta voz en el DRAE/92 con las siguientes definiciones: "adj. **rápido**, dicho de ciertos electrodomésticos y del café. *Olla, cafetera, exprés*. // 2. **expreso**, dicho del tren. Ú. t. c. s."

expresar. Es incorrecto construir este verbo con la preposición *de*: **le expresé de que no estaba conforme*. Dígase: *le expresé que no estaba conforme*. → **dequeísmo**.

ex profeso. 1. Así ha españolizado la RAE la locución latina *ex professo*, y no **exprofeso* ni **ex-profeso*.

2. Es incorrecto anteponerle a esta locución la preposición *de*: **lo hizo de ex profeso*. Dígase: *lo hizo ex profeso* (la idea de la preposición *de* se halla en la preposición latina *ex*). Puede sustituirse por *a* (o *de*) *propósito*.

expropiar. Para su acentuación, → **abreviar**.

extasiarse. Para su acentuación, → **enviar, 1**. La forma diptongada **me extasio* es regional y se considera incorrecta.

extender. V. irreg.; se conjuga como → **tender, 1**.

extenderse. Construcción: —*en explicaciones*.

extenuar. Para su acentuación, → **atenuar**.

extinguidor. Este vocablo, de uso corriente en la Argentina, no figura en el DRAE/92. El español estándar utiliza *extintor* y *matafuego*, este último usual en la Argentina.

extinguir. Tiene dos participios, uno regular, *extinguido*, y otro irregular, *extinto*, que se emplea casi exclusivamente como sinónimo de *muerto, fallecido* → **participio**.

extra. 1. La acepción que figura en séptimo lugar en el DRAE/84 ha sido enmendada de la siguiente manera en el DRAE/92: "En el cine, personaje que interviene como comparsa, o que actúa ante la cámara sin papel destacado."

2. Como sinónimo de *gaje, plus* es masculino, pero en la Argentina se usa preferentemente como femenino: *puede vivir decorosamente gracias a algunas extras*.

3. Cuando funciona como aposición suele permanecer invariable: *horas extra, platos extra*.

*extradicción. → **Ultracorrección** por → **extradición**.

extradición. Construcción: —*de un delincuente*.

extradir. Verbo que no figura en el DRAE/92. M. Seco (*Diccionario*, s. v. *extraditar*) defiende su validez.

extraditado, extraditar. La RAE ha incluido estas voces en el DRAE/92 con las siguientes definiciones: "p. p. de extraditar. //2. adj. Dícese de la persona objeto de una extradición. Ú. t. c. s."; y "(del ingl. *to extradite*.) tr. Conceder un gobierno la extradición de un reclamado por la justicia de otro país", respectivamente.

extraer. V. irreg.; se conjuga como → **traer, 1**.

*extrangular. → **Ultracorrección** por *estrangular*. Este verbo no está formado con el prefijo → **ex**, sino que proviene de la palabra latina *strangulare*.

*extrategia. → **Ultracorrección** por *estrategia*. Este sustantivo no está formado con el prefijo → **ex**, sino que proviene de la palabra latina *strategia*.

extraviar. Para su acentuación, → **enviar, 1**.

*extremecer, *extremecimiento. → **Ultracorrección** por *estremecer, estremecimiento*, aunque etimológicamente corresponderían las formas consideradas incorrectas.

*extricto. → **Ultracorrección** por *estricto*. Este adjetivo no está formado con el prefijo → **ex**, sino que proviene de la palabra latina *strictus*.

extrovertido, extroversión. El DRAE/92 admite estas formas, consideradas incorrectas hasta entonces, pero prefiere *extravertido* y *extraversión*.

exultante. Si bien no figura en el DRAE/92, lo registra el DMI como participio activo de *exultar*. También lo recoge M. Moliner en su *Diccionario*.

exultar de alegría. Es construcción pleonástica, ya que *exultar* significa 'saltar de alegría, transportarse de gozo'. En general, como todas estas construcciones, puede utilizarse con moderación y en determinados contextos para dar mayor énfasis a la expresión.

exvoto. Así escribe la RAE esta palabra. No son académicas, por tanto, las formas *ex voto* y **ex-voto*.

F

f. 1. Sexta letra del alfabeto español (séptima si se considera la *ch* letra independiente). Su nombre es *efe*, plural: *efes*.
2. Corresponde a un fonema fricativo labiodental sordo. La pronunciación de **f** como fricativa velar sorda (*j*) es ruralismo que conviene evitar: [jusíl, jué, juégo], en lugar de *fusil, fue, fuego*.

fa. Nota musical. Es sustantivo masculino: *el fa*, y su plural es *los fas*.

Fabiola, Fabíola. La AAL considera que las dos acentuaciones de este nombre propio son correctas: la primera porque es la impuesta por el uso, y la segunda porque es la forma etimológica (*Acuerdos*, IV, 193-94).

fachismo, fachista. Se utilizan con valor peyorativo en lugar de *fascismo* y *fascista*: "—Si no detenemos al fachismo en España la humanidad estará perdida [...]" (P. O'Donnell, *Copsi*, 27). No son voces académicas.

facies. Es femenino y singular: *la facies*. El plural no tiene forma propia: *las facies*. → **plural, I, A, 2**.

fácil. Construcción: *—de aprender*; *—en creer todo lo que dicen*; *—para los alumnos*; *es fácil que venga hoy* (la construcción con *de* es incorrecta: **es fácil de que venga hoy*). → **dequeísmo**.

facineroso. → ***fascineroso**.

facsímile, facsímil. 1. La RAE admite ambas formas, pero prefiere la primera, aunque la segunda es más usual.
2. Plural: *facsímiles* (de las dos palabras).

factótum. Carece de forma propia de plural: *el factótum, los factótum*: "[...] saludaron al tecnócrata de gruesos anteojos como uno de los factótum del triunfo oficialista [...]" (*Página / 12*, 1º-4-89, pág. 4).

factura. El DRAE/84 ha incorporado, como argentinismo, la siguiente acepción de esta palabra: "Nombre que se da a toda clase de bollos que suelen fabricarse y venderse en las panaderías."

facultad. Cuando designa un instituto de enseñanza universitaria, se escribe con mayúscula inicial: *la Facultad de Derecho*; *comenzaron los cursos en la Facultad*. → **mayúsculas, B, 8**.

-fagia. Desde la edición de 1956 de su *Diccionario*, la RAE unificó la acentuación de este sufijo (del gr. *phaguéin*, comer): *antropofagia, polifagia*, etc. Es incorrecta, pues, la pronunciación con hiato **-fagía* (**antropofagía, *polifagía*, etc.)

fagocitar. El DRAE/92 registra este verbo con la siguiente definición: "tr. *Biol*. Alimentarse por fagocitosis ciertas células u organismos unicelulares."

fagocitario. Voz que figura en el DMI, pero no en el DRAE/92, con la siguiente definición: "adj. *Biol*. Perteneciente o relativo a los fagocitos."

fagot. 1. Plural: *fagotes* (no se justifica el plural anómalo **fagots*).
2. La forma *fagote*, que también se emplea, no figura en el DRAE/92, pero sí en el DMI.

fair play. Expresión inglesa de antiguo uso en español: "[...] exige *fair play* como los luchadores ingleses." (L.V. López, *La gran aldea*, 124). Se emplea internacionalmente en el lenguaje deportivo con el significado de 'juego limpio', y, aplicado a la conducta humana en general, 'leal proceder', expresiones por las que puede sustituirse.

fait accompli. Expresión francesa (pron. [fetacomplí]) que puede traducirse por *hecho consumado*.

*fakir. Grafía incorrecta por *faquir*: "Yo dormía solo en mi cama para fakires." (E. Galeano, *Contraseña*, 14).

falacia. El DMI recoge la siguiente acepción de este sustantivo, que no figura en el DRAE/92: "Refutación falsa, basada en una prueba inadecuada, con argumento aparente, que se usa para confundir al contrario, teniendo conciencia de su falsedad."

falbalá. Plural: *falbalás* o *falbalaes*: "De golpe hacía flamear todos sus falbalás." (M. Denevi, *Hierba*, 218). → **rubí**.

falencia. En sesión del 8 de agosto de 1985, la AAL sugirió a la RAE la posibilidad de incluir, en el *Diccionario* académico, la acepción 'carencia, defecto' de esta voz. La RAE ha incorporado en el DRAE/92 una tercera acepción con la definición sugerida por la AAL y como argentinismo.

fallecer. V. irreg.; se conjuga como → **parecer, 1**.

fallir. Verbo → **defectivo**. Se halla en uso sólo el participio *fallido*.

faltar. Construcción: —*a la fidelidad*; —*a la cita*; —*a su promesa*; —*a su mujer*; —*al respeto* (no *el respeto*); —*de su casa*; —*de palabra y de obra*; —*a alguien en algo*; —*diez centavos para el peso*; —*por reparar las cañerías*; —*por saber*.

falto. Construcción: —*de dinero*.

*****familial**. → **Galicismo** (fr. *familial*) por *familiar*.

fan. El DMI incluye este vocablo, que no figura en el DRAE/92, con la siguiente definición: "(voz inglesa) com. Aficionado al extremo a una cosa o admirador incondicional de una persona. // Su plural es fans." Se trata de la apócope inglesa de *fanatic*, que suele emplearse en español: "Un grupo de fans provocó incidentes anoche a la puerta del tribunal marplatense [...]" (*Página/12*, 4-7-89, pág. 2).
En la Argentina se usa también la apócope *fana*: "El fana del fútbol" (*Humor*, Nº 237, febrero de 1989, pág. 19); "El chico tenía 17 años y era fana de los Redondos." (*Página/12*, 27-4-91, pág. 13); "Claro, dijimos, seguro que va a estar, si es fana de Central [...]" (R. Fontanarrosa, *Nada del otro mundo*, 244). Puede sustituirse por *fanático, partidario* o *admirador entusiasta*, y si se trata de deportes, *hincha*.

fana. → **fan**.

fané. Voz francesa que se emplea en español con el significado de 'ajado, gastado, estropeado, mustio'.

fanfarria. En su sesión del 10 de abril de 1969, la AAL propuso a la RAE la incorporación, al *Diccionario* mayor, de la acepción 'cuerpo de músicos militares que ejecuta instrumentos casi exclusivamente de metal' de este vocablo (*Acuerdos*, IV, 164-65). El DRAE/84 incorporó las siguientes definiciones: "Conjunto musical ruidoso, principalmente a base de instrumentos de metal" y "Música interpretada por estos instrumentos".

fantaciencia. Españolización de la voz italiana *fantascienza*, que se emplea en ocasiones en español con el valor de → **ciencia ficción**. No figura en el DRAE/92.

fantasía. El DMI advierte que es → **galicismo** (fr. *fantaisie*) emplear este sustantivo con el valor de 'gusto, capricho, voluntad': *vive a su fantasía, actúa según su fantasía*.

fantasía científica. → **ciencia ficción**.

fantasma. Es sustantivo masculino salvo, según el DRAE, cuando significa 'espantajo o persona disfrazada que sale por la noche para asustar a la gente', en que se emplea como femenino. No obstante, el DMI advierte que, con este significado, se usa más como masculino. El DRAE/92 añade la siguiente acepción: "Como aposición, indica la inexistencia o el carácter falso de algo. *Una venta fantasma, un éxito fantasma.*"

*****farol a querosén**. Uso criticado, aunque muy frecuente, de la preposición *a* (→ **a, III**): "Mi consultorio, piso de tierra y farol a querosén [...]" (E. Galeano, *Contraseña*, 14). Los preceptistas recomiendan decir *farol de querosén*.

fárrago, farrago. La RAE admite las dos formas, aunque prefiere la primera. La acentuación etimológica es el desusado **farrago**, pero la forma esdrújula lo ha desplazado.

farsante. Su femenino es *farsanta*, en sus dos acepciones: 'mujer que tenía por oficio representar farsas' y 'mujer que disfraza sus opiniones o sentimientos'. → **-ante, -ente**.

fasces. La RAE lo considera femenino a pesar de las protestas de Bello: "[...] yo a lo menos no alcanzo razón alguna para que la voz latina *fasces*, que no es de uso popular, varíe de género en castellano, ni para que un haz de varas sea femenino en manos de los lictores, siendo masculino en cualesquiera otras." (*Gramática*, § 185).

*****fascineroso**. → **Ultracorrección** por *facineroso* (del lat. *facinerosus*). Son incorrectos los siguientes textos: "[...] esperaba la vuelta de aquellos fascinerosos." (E. Belgrano Rawson, *No se turbe*, 70); "[...] se volvió a Francia con los otros tres fascinerosos." (M. Denevi, *Música*, 86).

fastidiar. Para su acentuación, → **abreviar**.

fatigar. Construcción: —*a alguien con sus preguntas*.

fatigarse. Construcción: —*al subir una cuesta*; —*de pedir*; —*en el esfuerzo*; —*por cumplir*.

fauces. Carece de forma de singular: *las fauces*.

favorable. Construcción: —*a o para alguien*.

favor de. El DRAE/70 (Suplemento) ha incluido la expresión **favor de** + infinitivo con el significado de 'hazme, hágame el favor de', como mexicanismo: *favor de llegar puntualmente*. En la Argentina se está difundiendo, sobre todo en el lenguaje estereotipado de los anuncios públicos: *favor de abordar el avión por puerta cuatro*; *favor de no fumar*.

favorecer. V. irreg.; se conjuga como → **parecer, 1**.

favorecido. Construcción: —*de* o *por la suerte*; —*en el retrato*.

fax. 1. (abreviatura de la palabra inglesa *facsimile*). Es el nombre de un equipo electrónico que permite transmitir textos respetando su formato original a través de la línea telefónica hacia un aparato similar. Por extensión se llama también **fax** el texto transmitido por dicho equipo. La RAE ha incorporado esta voz al DRAE/92, juntamente con → **telefax**, vocablo que prefiere. **2**. Es sustantivo masculino: *el fax*, y en plural puede quedar invariado: *los fax*.

fayenza. → **Galicismo** (fr. *faïence*) por *loza*.

faz. Es femenino en todas sus acepciones.

*febriciente. Forma incorrecta por *febricitante, febril*.

fecha. Para indicar una fecha es tradicional en español el orden día-mes-año: *2 de enero de 1993*. La inversión mes-día (*enero 2*), aunque puedan rastrearse algunos antecedentes españoles, se debe en América a indudable influencia del inglés. Es un uso que conviene evitar.
Es incorrecto omitir la preposición *de*: **2 enero 1993*, como también colocar un punto detrás del millar en los años: **1.993*.
La indicación de la fecha puede abreviarse así: *2-1-1993, 2-I-1993* o *2-1-93*.
→ **uno de enero; mayúsculas, D**.

fecundo. Construcción: —*en conclusiones*.

fedayin. Es el plural de la voz árabe *feday* (guerrillero palestino): *el feday, los fedayin*. Es incorrecto, por tanto, el doble plural **fedayines*.

feed-back. Expresión inglesa (pron. [fídbak]) que puede traducirse por *retroalimentación* o *retroacción*.

feeling. Palabra inglesa (pron. [fíling]) que suele emplearse con los valores de 'sensación, sensibilidad, presentimiento': "Pero en la City cada vez se cree menos en las lógicas financieras, y los operadores se guían por su *feeling* como denominan a 'la sensación' que tienen sobre qué va a pasar en el mercado." (*Página / 12*, 2-9-90 [Suplemento económico], pág. 4).

feérico. En sesión del 23 de octubre de 1980, la AAL consideró que esta voz cubre "un aspecto semántico tan rico como el que supone la calidad de perteneciente al mundo de las hadas (*fée* en francés), no abarcado en realidad por ninguno de los adjetivos que proponen los puristas." (*Acuerdos*, VII, 300-01). Este vocablo fue incorporado al DRAE/92 con la siguiente definición: "Relativo a las hadas."

Feijoo. Según las nuevas normas de ortografía, no debe escribirse con tilde: **Feijóo*.

femenino. → **género**.

femineidad, feminidad. Con el significado de 'cualidad de femenino' pueden emplearse indistintamente los dos vocablos: *la femineidad* (o *feminidad*) *de sus ademanes*.

fenecer. V. irreg.; se conjuga como → **parecer, 1**.

fénix. 1. Es sustantivo masculino: *el fénix*. **2**. El plural *los fénices* es antiguo; actualmente esta palabra se ha adecuado a las reglas generales y es invariable en plural: *los fénix*. → **plural, I, A, 2**.

fenomenal. La RAE ha incorporado las siguientes acepciones de esta voz en el DRAE/92: "fig. Estupendo, admirable, muy bueno. *Es un chico fenomenal*" y "adv. m. **estupendamente**. *Lo pasamos fenomenal aquella tarde*".

fenómeno. El DRAE/92 incorpora la siguiente acepción: "adj. fig. y fam. Muy bueno, magnífico, sensacional. *Es un tío fenómeno*. Ú. t. c. adv. *Lo pasamos fenómeno*."
Esta acepción ha sido duramente criticada: A. Herrero Mayor, que creía que era un argentinismo —"moderno dislate porteño", lo llama—, afirma que es necesario "exterminar el 'fenómeno', aunque sólo sea por la salud estética del idioma." (*Problemas*, 74). A. Bioy Casares, por su parte, dice: "Usado como adverbio es vulgarismo o, mejor dicho, vulgarísimo. Significa *muy bien*." (*Diccionario*, 85).

feriar. Para su acentuación, → **abreviar**.

ferry. Forma abreviada de la voz inglesa *ferryboat* (pron. [ferribóut]) que puede traducirse por *transbordador*. El DMI la incorpora, aunque escribiendo incomprensiblemente *ferri-boat*, con la siguiente definición: "(voz inglesa). m. Barco transportador de materiales, vehículos y personas. Este servicio se establece entre las orillas de un estrecho, río, etc."

fértil. 1. Superlativo: *fertilísimo*. **2**. Construcción: —*en ocurrencias*.

ferviente. Superlativos: *ferventísimo* y *fervientísimo*, ambos literarios.

festonear, festonar. La RAE admite las dos formas, pero prefiere la primera.

feta. 1. Es un → **italianismo** (it. *fetta*) muy usual en la Argentina. Designa un trozo ancho y poco grueso de cosas comestibles, especialmente embutidos: *una feta de jamón*. **2**. En su sesión del 22 de octubre de 1981, la AAL sugirió a la RAE que considerara la oportunidad de incluir este sustantivo, con nota de argentinismo, en el *Diccionario mayor* (*Acuerdos*, X, 14-16). La RAE lo ha incluido en el DRAE/92.

fetén. La RAE ha incluido esta voz en el DRAE/92 con las siguientes definiciones: "adj. invar. fam. Sincero, auténtico, verdadero, evidente. // 2. Bueno, estupendo, excelente. *Conocí a una chica fetén en Sevilla*. // **la fetén**. expr. fam. la verdad."

En la Argentina suele emplearse reduplicado: "Gonzalo es un nombre fetén fetén [...]" (M. Denevi, *Hierba*, 112), con cierto sabor lunfardo.

fiambrera. La RAE admite este sinónimo de *fresquera* como voz propia de la Argentina y Uruguay, pero según M. Morínigo (*Diccionario*), su uso se extiende también al Paraguay.

fiambrería. → **charcutería**.

fiar. **1**. Para su acentuación, → **enviar, 1**. **2**. Construcción: —*a alguien*; —*en su seriedad*; —*algo a la experiencia de alguien*.

fiarse. Construcción: —*de alguien*; —*en sus promesas*.

fíat. Carece de forma propia de plural: *el fíat, los fíat* (Bello, *Gramática*, § 124).

fíat lux. Expresión latina que significa 'hágase la luz'.

fibrilación. El DRAE/92 registra este sustantivo con la siguiente definición: "*Med*. Contracción espontánea e incontrolada de las fibras del músculo cardíaco."

fibrilar. El DRAE/92 ha incorporado este verbo con la siguiente definición: "intr. *Med*. Contraerse espontánea e incontroladamente las fibras del músculo cardíaco."

ficción científica. → **ciencia ficción**.

fideicomiso, fidecomiso. La RAE autoriza las dos formas, pero prefiere la primera.

fiel. ¹Superlativo: *fidelísimo* (literario). → **superlativos**. **2**. Construcción: —*a su esposo*; —*a, con, para, para con sus compañeros*.

field. Voz inglesa (pron. [fild]) cuyo uso es totalmente prescindible en español; dígase *campo de juego* o *cancha*.

fierro. El DRAE lo registra como → **arcaísmo** usado hoy en América y en algunas partes de España: "*hierro*, que en América se pronuncia corrientemente *fierro* [...]" (R. Menéndez Pidal, *Manual*, § 38). "[...] el color es de fierro pintado de negro [...]" (H. Bustos Domecq, "Los ociosos", en VCHA, 134); "Vi una sufrida verja de fierro [...]" (J.L. Borges, *El Aleph*, 107); "[...] en una alcancía de fierro en forma de libro [...]" (M.E. Walsh, *Novios*,150). En español estándar se dice *hierro*.

figaza. En sesión del 10 de noviembre de 1983, la AAL acordó sugerir a la RAE la inclusión de esta voz en el *Diccionario* académico, con la siguiente definición: "(del genovés *fügassa*). F. *Argent*. Pan de elaboración manual de pequeñas dimensiones y forma redondeada y chata." (*Acuerdos*, IX, 126-28). No figura en el DRAE/92.

figurante. Femenino: *figuranta*. → **-ante, -ente**.

figurita. En sesión del 12 de noviembre de 1981, la AAL solicitó a la RAE que incluyera, en el léxico mayor, esta voz con que se designa la estampa que utilizan los niños para jugar y coleccionar. (*Acuerdos*, X, 7-10). Así lo hizo la RAE y figura en el DRAE/92. También se denomina *carita*.

fija. El DRAE/92 (s. v. *fijo, -ja*) añade las siguientes acepciones de esta voz: "f. *Argent*. En el lenguaje hípico, triunfo seguro que se adjudica a un competidor, y por ext., el propio competidor. *Tener la fija. Ser una fija*" y "*Argent*. Por ext., información pretendidamente cierta respecto de algún asunto controvertido o posible".

fijar. **1**. Tiene dos participios, uno regular, *fijado*, y otro irregular, *fijo*. Este último se emplea sólo como adjetivo (a veces sustantivado). → **participio**. **2**. Construcción: —*a o en la pared*.

fijarse. Construcción: —*en lo que hacen los demás*; —*en una mujer*.

filete. Así ha hispanizado la RAE la voz francesa y catalana *filet*, con el valor de 'lonja delgada de carne de pescado'. En la Argentina se mantienen la escritura (*filet*) y la pronunciación (*filé*) francesas.

filiar. Hay vacilación en su acentuación: como → **enviar, 1** (*filío*) o como → **abreviar** (*filio*). Esta última es la más usada.

film. → **filme**.

filmar. El DRAE/92 prefiere este verbo a *cinematografiar*.

filme, film. La RAE admite las dos voces como castellanización de la palabra inglesa *film*, con preferencia por la primera. La segunda forma fue incorporada en el DRAE/92. El plural de ambas voces es *filmes*: "Los premios entregados anoche se atribuyeron a filmes 'independientes' rodados con escasos medios [...]" (*Clarín*, 15-9-92 [Sección Espectáculos], pág.7). No obstante, perdura aún el plural anómalo *films*, que de ningún modo se justifica ya: "Libros y films de aventuras [...]" (*La Nación*, 6-1-87); "[...] ninguno de los dos films en cuestión [...]" (*Página/12*, 25-7-90, pág. 19).

fílmico. El DRAE/92 registra este adjetivo con la siguiente definición: "Perteneciente o relativo al filme".

filmina. La RAE ha incorporado este sustantivo en el DRAE/92 con las siguientes definiciones: "f. Cada una de las diapositivas de una serie organizada con propósitos pedagógicos. // 2. **diapositiva**."

filólogo. Femenino: *filóloga*. No se justifica, entonces, decir *la filólogo*.

filósofo. Femenino: *filósofa*. Es incorrecto decir *la filósofo*.

fin. Según la RAE es sustantivo → **ambiguo**: *el fin, la fin*, aunque se emplea más como masculino. En la Argentina se siente vulgar su uso como femenino.

final. **1**. Es masculino cuando significa 'terminación' o 'desenlace' y femenino con el

valor de 'última competición en un campeonato o concurso': *la final de Wimbledon*.
2. → **a la final**.

finalísima. El DMI incluye este sustantivo, que no registra el DRAE/92, con la siguiente definición: "f. *Dep*. Última fase de una competición eliminatoria."

financiar. Para su acentuación, → **abreviar**.

financista. Voz que no figura en el DRAE/92. Con el significado de 'persona versada en los asuntos de finanzas', el español modélico exige el nombre *financiero*. En la Argentina se usa **financista** preferentemente para designar a la persona que financia, que aporta dinero para una empresa.

fingir. Cambia la *g* de la raíz por *j*, ante *a, o*, porque es necesario para mantener el sonido fricativo velar sordo: *finge / finjo*. Este cambio, meramente gráfico, no se considera irregularidad.

finitud. El DRAE/92 incluye este sustantivo con la definición siguiente: "f. Cualidad de finito."

Finlandia. Gentilicio: *finés* o *finlandés*.

fiordo. Así ha hispanizado la RAE la voz escandinava *fjord*. No se justifican en español las formas **fiord* o **fjord*: "[...] con un magnífico golfo central y dos discretos fjords laterales [...]" (M. Benedetti, *Esta mañana*, 91).

*fiorentino. Es palabra italiana; en español se dice *florentino*.

Firenze. El nombre español de esta ciudad italiana es *Florencia*.

firme. Construcción: —*de hombros*; —*en sus decisiones*.

fiscal. No varía en femenino: "Apelado el pronunciamiento por la fiscal federal Livia C. Pombo [...]" (*Clarín*, 23-4-88, pág. 10).

fisiatra. Es la única acentuación admitida por la RAE. La forma **fisíatra* es incorrecta. → **-iatra, -íatra**.

fisurar. No figura este verbo en el DRAE/92, pero es preferible al giro *producir fisuras*.

fixture. Voz inglesa que se emplea en español con el significado de 'calendario deportivo'.

fjord. → **fiordo**.

flácido, flacidez. El DRAE/92 prefiere estas formas a *fláccido, flaccidez*: Todas ellas son usuales: "[...] sus senos flácidos casi ni se insinúan [...]" (V. Cáceres Lara, "Paludismo", en CH, 2, 92); "[...] y ve sus pechos fláccidos y arrugados [...]" (A.M. Shúa, *Los amores*, 29).

flaco. Construcción: —*de memoria*; —*en sus decisiones*.

flagrante. → **en flagrante**.

Flandes. Gentilicio: *flamenco*.

*flanear. → **Galicismo** (fr. *flâner*) por *vagar, callejear, deambular, pasear por la* calle *para pasar el tiempo*: "[...] perdía su tiempo en *flanear* en las calles [..]" (L.V. López, *La gran aldea*, 115).

flas. Hispanización de la voz inglesa *flash* que la RAE ha incorporado al DRAE/92 con las siguientes definiciones: "m. *Fotogr*. Dispositivo luminoso con destello breve e intenso, usado cuando la luz es insuficiente. // 2. *Fotogr*. Resplandor provocado por este dispositivo. // 3. fig. En periodismo, noticia importante de última hora."
Para la segunda acepción, también pueden utilizarse *fogonazo* y *destello*.

flash. → **flas**.

flauta traversa. Aunque muy común, esta designación no figura en el DRAE/92, que recoge solamente *flauta travesera*.

flébil. Palabra de la lengua poética. Significa 'triste, digno de ser llorado' y no 'débil', como la emplean algunos.

flete. El DRAE/92 ha incluido las siguientes acepciones de esta voz: "*Argent*. Vehículo que, por alquiler, transporta bultos o mercancías" y "*Argent*. El transporte mismo."

flexible. Construcción: —*a la opinión de sus amigos*; —*de talle*.

flirt. Palabra inglesa cuyo empleo en español ya no se justifica: la RAE la ha hispanizado bajo las formas *flirtear* y *flirteo*.

flojo. Construcción: —*de carácter*; —*en, para el estudio*.

flor. 1. Diminutivos: *florecita* y *florecilla*, en el español peninsular. En América, y sobre todo en la Argentina, sólo circula *florcita*: "Sus florcitas amarillas se cuentan por miríadas." (M. Denevi, *Araminta*, 58). → **diminutivos, 1**.
2. Así se llama también, en la Argentina, al bulbo perforado por donde sale el agua de la ducha o de la regadera, y que equivale a la *alcachofa* del español peninsular. En su sesión del 12 de agosto de 1982, la AAL sugirió a la RAE que le diera cabida en el *Diccionario* mayor (*Acuerdos*, IX, 53-54). La RAE incluyó esta acepción en el DRAE/92.

florecer. V. irreg.; se conjuga como → **parecer, 1**.

floreciente. Superlativo literario: *florentísimo*.

Florencia. Gentilicio: *florentino*.

florería, floristería. La RAE admite las dos formas, pero prefiere la primera.

*Florianápolis. La capital del estado brasileño de Santa Catarina es *Florianópolis* y no **Florianápolis*, como se oye con frecuencia en la Argentina (quizá por contaminación con *Nápoles, Indianápolis*): "Hemos realizado un par de excursiones a Laguna y Florianápolis." (M. Aguinis, *Profanación*, 201).

Florida. 1. Es palabra llana en español; eví

floristería

tese la acentuación esdrújula, *Flórida*, del nombre de este estado norteamericano.

2. En español se emplea precedido por el artículo: *natural de la Florida*.

3. Gentilicio: *floridano*.

floristería. → **florería**.

fluctuar. Para su acentuación, → **atenuar**.

fluido. Se escribe sin acento ortográfico; así lo prescribe la RAE desde la edición del *Diccionario* de 1956. → **acentuación ortográfica, II, C**.

fluir. V. irreg.; se conjuga como → **huir, 1**.

fluminense. → **Río de Janeiro**.

flúor. Es palabra bisílaba y grave: *flú-or*.

fóbico. La AAL, en su sesión del 13 de setiembre de 1979, sugirió a la RAE la inclusión, en el *Diccionario* oficial, de este adjetivo con el valor de 'propio de la fobia o relativo a ella'. No figura en el DRAE/92.

fogarada, fogarata. La RAE admite las dos formas, pero, en el DRAE/92, prefiere la primera.

fogón. La RAE ha incluido las siguientes acepciones en el DRAE/92: "*Argent., C. Rica y Urug.* Fuego de leña u otro combustible que se hace en el suelo"; "*Argent.* Lugar donde en ranchos y estancias se hace el fuego para cocinar" y "*Argent.* Rueda de amigos."

foguista. Voz usual en la Argentina, Paraguay y Uruguay en lugar de *fogonero*: "El ciudadano que ocupaba el anca desempeñaba las funciones de foguista: él debía suministrar, con medios a su arbitrio, los elementos necesarios para producir el movimiento." (M. Cané, *Juvenilia*, 94).

foie gras. El DMI registra esta expresión francesa con la siguiente definición: "(voz fr.) m. Pasta alimenticia preparada a base de hígado animal."

folclor, folclore. Castellanización de la voz inglesa *folklore*. La RAE admite las dos formas, pero prefiere la primera. En 1984 suprimió la forma **folklore* de su *Diccionario*.

folclórico, folclorista. Son las únicas formas admitidas por la RAE a partir de la edición de 1984 de su *Diccionario*. Las formas con *-k-* fueron suprimidas: **folklórico*, **folklorista*: "Lejos de implicancias folclóricas o novelescas [...]" (R. Fontanarrosa, *El mayor de mis defectos*, 79).

foliar. Para su acentuación, → **abreviar**.

folíolo, foliolo. La RAE admite las dos acentuaciones en el DRAE/92, pero prefiere la primera.

*folklore. → **folclor**.

*folklórico, *folklorista. → **folclórico, folclorista**.

fondero. Americanismo por *fondista* (persona que tiene a su cargo una fonda), considerado incorrecto por el DMI.

fondista. La RAE ha incluido la siguiente acepción en el DRAE/92: "com. *Dep.* Deportista que participa en carreras de largo recorrido."

foniatra. La RAE completa en el DRAE/92 la unificación de la pronunciación de los sustantivos con el sufijo → **-iatra** y elimina la forma con hiato **foníatra* que figuraba en el DRAE/84. La única acentuación correcta es, entonces, [foniátra].

fontanero. → **plomero**.

foot-ball. → **fútbol**.

footing. Palabra inglesa (pron. [fúting]) que registra el DMI con la siguiente definición: "m. *Dep.* Forma de entrenamiento atlético, especialmente adecuado para carreras de resistencia y larga duración." En realidad se trata de una caminata que se realiza con fines higiénicos.

forcejear, forcejar. La RAE admite ambas formas sin indicar preferencia, pero la primera es la más usual.

forcejeo, forcejo. La RAE admite ambas formas sin indicar preferencia, pero la primera es la más usual.

fórceps. 1. Lleva tilde en la *-o-*. → **acentuación ortográfica, I, B, 3**.

2. Es singular y carece de forma propia de plural: *el fórceps, los fórceps*. → **plural, I, A, 2**.

forestación. Aunque el DRAE/92 la registra como voz propia de Chile, Perú y Uruguay, es de uso corriente también en la Argentina.

forfait. Voz francesa (pron. [forfé]) empleada en español, sobre todo en la expresión *declarar forfait*. Significa que no se ha de participar en una competición deportiva en la cual se está inscrito: *ese caballo fue declarado forfait*. Por extensión significa también 'renunciar a algo, retirarse, abandonar'.

formatear. La RAE ha incluido este verbo en el DRAE/92 con la siguiente definición: "tr. *Inform.* Dar un formato o presentación a una tabla numérica o a un documento."

formica. 1. La RAE ha incorporado este sustantivo en el DRAE/92 con la siguiente definición: "(Marca registrada.) f. Conglomerado de papel impregnado y revestido de resina artificial, que se adhiere a ciertas maderas para protegerlas."

2. En la Argentina se pronuncia como palabra esdrújula: *fórmica*.

formulario. El DRAE/92 agrega la siguiente acepción de esta voz: "Impreso con espacios en blanco." Es palabra de uso muy frecuente en la Argentina.

forrar. Construcción: *—con, de, en seda*.

fortalecer. V. irreg.; se conjuga como → **parecer, 1**.

fórum. Voz latina que debe sustituirse por *foro*.

forúnculo, furúnculo. La RAE admite las dos formas, pero prefiere la voz *divieso*.

forward. Voz inglesa que puede remplazarse, en la jerga futbolística, por *delantero*.

forzar. V. irreg.; se conjuga como → **sonar**.

fosforescer, fosforecer. **1**. La RAE admite las dos grafías, pero prefiere la primera. **2**. Ambas formas son irregulares y se conjugan como → **parecer, 1**.

fotocomponedora, fotocomposición. En su sesión del 27 de setiembre de 1979, la AAL sugirió a la RAE la conveniencia de incluir estos dos nuevos vocablos en el *Diccionario* oficial (*Acuerdos*, VII, 246-48). La RAE los incorporó en el DRAE/92 con las siguientes definiciones: "*Impr.* Máquina de fotocomposición" e "*Impr.* Sistema de composición que proyecta sobre una película fotosensible los caracteres gráficos", respectivamente.

fotocopiar. Para su acentuación, → **abreviar**.

fotografiar. Para su acentuación, → **enviar, 1**.

fotógrafo. Femenino: *fotógrafa*.

fotolitografiar. Para su acentuación, → **enviar, 1**.

fotosfera. Es palabra grave. La acentuación esdrújula, **fotósfera*, es incorrecta. → **-sfera**.

foul. Palabra inglesa (pron. [fául], pero es más frecuente oír [ful]) que se emplea en español en la jerga futbolística. Puede remplazarse, según la AAL (*Acuerdos*, IX, 40), por *falta*.

foulard. Voz francesa que la RAE ha hispanizado bajo la forma → **fular**: "[...] una americana de corte inglés y una corbata de *foulard* [...]" (J. Camba, *Sobre casi todo*, 71).

fovismo. **1**. El DRAE/92 incluye este vocablo con la siguiente definición: "(Del fr. *fauvisme*.) m. Movimiento pictórico que exaltaba el color puro, y se desarrolló en París a comienzos del siglo XX." **2**. La grafía **fauvismo* es incorrecta.

foxterrier. Palabra inglesa que designa una raza de perros. Fue incluida en el DRAE/92 con remisión a *perro foxterrier*, donde no figura.

foyer. Palabra francesa (pron. [fuaié]) con que se designa la sala de los teatros a la que salen los espectadores durante los entreactos: "Muchas personas corrían hacia el foyer, para tragar a toda velocidad una cerveza o una naranjada." (J. Cortázar, *Final del juego*, 61). No figura en el DRAE/92, pero el DMI la registra con la siguiente definición: "(voz fr.) m. Sala de descanso o vestíbulo amplio de los teatros."

frac, fraque. **1**. La RAE autoriza las dos formas, aunque prefiere la primera. **2**. El plural de ambas palabras es *fraques*, pero todavía tiene vigencia el plural anómalo **fracs*, de **frac**.

fragante. → **en flagrante**.

fraganti. → **in fraganti**.

fraguar. Para su acentuación, → **averiguar**.

franco. Construcción: —*con, para todos*; —*de carácter*; —*de servicio* (Argentina y Uruguay); —*en el hablar*.

francocanadiense. La RAE ha incorporado esta voz en el DRAE/92 con la siguiente definición: "Canadiense de ascendencia y lengua francesas. Ú. t. c. s."

francotirador. La RAE ha incorporado en el DRAE/92 las siguientes acepciones de esta voz: "Persona aislada que, apostada, ataca con armas de fuego" y "fig. Persona que actúa aisladamente y por su cuenta en cualquier actividad sin observar la disciplina del grupo."

Frankfurt. Es el nombre alemán de dos ciudades alemanas que en español se llaman *Francfort del Main* o *del Meno* y *Francfort del Oder*.

franquear. El DRAE/92 incluye la siguiente acepción: "Pasar de un lado a otro o a través de algo. *Franquear la puerta*."

franquearse. Construcción: —*con los amigos*.

franquismo. La RAE ha incluido este sustantivo en el DRAE/92 con la siguiente definición: "m. Movimiento político y social de tendencia totalitaria, iniciado en España durante la guerra civil de 1936-39, en torno al general Franco, y desarrollado durante los años que ocupó la Jefatura del Estado. // 2. Período histórico que comprende el gobierno del general Franco."

franquista. La RAE ha incluido este adjetivo en el DRAE/92 con la siguiente definición: "Perteneciente o relativo al franquismo. // 2. com. Partidario del franquismo o seguidor de él."

fraque. → **frac**.

*fratacho, *fratachar. Formas no académicas usadas en la Argentina en lugar de *fratás, fratasar*. La forma **frataso* tampoco tiene el respaldo de la RAE: "Con la plancha, la aguja y hasta con el frataso era una artista consumada." (M. Denevi, *Hierba*, 176).

*fraticida, *fraticidio. Formas incorrectas por *fratricida, fratricidio*.

free shop. → **duty free**.

freezer. Voz inglesa (pron. [fríser]) que puede sustituirse por *congelador*.

fregar. V. irreg.; se conjuga como → **acertar, 1**.

Freiburg. Nombre alemán de dos ciudades, una alemana y otra suiza. En español se llaman *Friburgo*.

freír. V. irreg.; se conjuga como → **reír, 1**. Tiene dos participios: *freído* (regular) y *frito* (irregular). Con los dos pueden formarse los tiempos compuestos: *he freído* o *he frito*, pero la segunda construcción es más frecuente.

2. El infinitivo **freír** se escribe con tilde en la -*i*-, tilde que debe conservarse cuando se le añade un pronombre enclítico: *freírlo.* → **infinitivos en -aír, -eír, -oír.**
3. Construcción: —*con o en aceite.*
fréjol. → **frijol.**
frenada. La RAE ha incorporado en el DRAE/92 las acepciones de 'frenazo, acción y efecto de frenar bruscamente' y 'reto, llamada de atención', ambas corrientes en la Argentina.
frenesí. Plural: *frenesíes* o *frenesís* (*Esbozo,* 2. 3. 3, c). → **rubí.**
frente. Es femenino cuando designa la parte superior de la cara: *una frente despejada,* y preferentemente masculino en las demás acepciones: *el frente de un edificio, el frente de combate.*
frescor. Es sustantivo masculino: *el frescor.*
freudiano. 1. La RAE ha incorporado este adjetivo en el DRAE/92 con la siguiente definición: "Perteneciente o relativo a Freud o a sus doctrinas, en particular al psicoanálisis. En esta voz el diptongo *eu* se pronuncia *oi.*"
2. En cuanto a la pronunciación de esta palabra, la RAE sigue un inesperado criterio antifonético que es de esperar que no prospere. El tema presenta una dificultad que no se nos escapa: en el adjetivo derivado o se respeta la grafía del nombre propio que le da origen y se escribe **freudiano**, con lo cual se traiciona la pronunciación alemana del nombre propio, o se escribe *froidiano,* respetando la pronunciación del nombre propio, y se traiciona la grafía de éste. La tercera posibilidad es la que adoptó la RAE y que nos parece la menos feliz. En efecto, no resulta convincente desde el punto de vista del español, idioma que tiende con relativo éxito a la escritura fonética, el caso de una palabra española en la que sea necesario aclarar que *eu* se pronuncia *oi.*
Algo similar sucede con otros vocablos incorporados recientemente en el DRAE sin españolización de su escritura, como *blues* y *boutique,* en los que la RAE se ve obligada a advertir que se pronuncian [blus] y [butík], introduciendo así en el español, arbitrariamente, normas de pronunciación de otras lenguas. Pero en este caso, *blues* y *boutique* siguen siendo vocablos extranjeros aunque figuren en el DRAE y quienes los empleen se hacen cargo de su pronunciación, que dependerá de los conocimientos que tengan de los idiomas respectivos.
Más grave es el caso de **freudiano**, ya que se trata de un adjetivo con todas las características fonéticas y morfológicas de un vocablo español.
Por todo ello, dándole prioridad a la lengua hablada sobre la escrita, parece ser más conveniente escribir y pronunciar *froidiano.* Téngase en cuenta que la Academia deja de lado la grafía original del apellido cuando determina que los adjetivos correspondientes a los nombres del pedagogo Pestalozzi y del pintor Picasso son *pestalociano* y *picasiano* respectivamente.
fricandó. Plural: *fricandós* (Bello, *Gramática,* § 110). → **plural, I, B, 2.**
fricasé. Así ha hispanizado la RAE la voz francesa *fricassé,* cierto tipo de guisado.
frigidaire. Palabra francesa (pron. [friyidér]). Nombre comercial de una heladera o nevera, que se empleó en América y España para designar una heladera de cualquier marca. En la Argentina al menos, ha caído en desuso.
frigidez. La RAE ha agregado en el DRAE/92 la siguiente acepción de este sustantivo: "Ausencia anormal de deseo o de goce sexual."
frigoría. La RAE ha incorporado este sustantivo en el DRAE/92 con la siguiente definición: "f. Unidad de medida de absorción del calor, empleada en la técnica de la refrigeración; corresponde a la absorción de una kilocaloría."
frijol, fríjol, fréjol. La RAE admite las tres formas, pero prefiere la tercera. **Frijol** se usa en gran parte de América y en algunas regiones de España frente a las variantes **fréjol** o **fríjol** (*Esbozo,* 1. 5. 7, c). En la Argentina ninguna de las tres palabras tiene casi uso: fueron sustituidas por la voz quechua *poroto.*
Frine. Etimológicamente es palabra grave; sin embargo, el uso corriente la ha convertido en aguda: *Friné.*
frío. 1. Diminutivos: *friecito* y *friecillo.* En la Argentina se emplea casi exclusivamente *friíto.* → **diminutivos, 1.**
2. Superlativos: *frigidísimo* (literario) y *friísimo* (coloquial).
frisar. Construcción: "Frisaba en los setenta y cinco años [...]" (M. Booz, *Santa Fe,* 47). Con la preposición *en* aparece construido este verbo en el DMI y en los diccionarios de M. Moliner y M. Seco. No obstante, en la época clásica se empleaba la preposición *con:* "Frisaba la edad de nuestro hidalgo con los cincuenta años [...]" (*Quijote,* I, cap. I), preposición que puede encontrarse también en la literatura moderna: "Frisarían los dos con los veinticinco años [...]" (F. Burgos, "Dos amigos", en DCA, 20). **Frisar** es, con esta acepción, verbo intransitivo, por ello es incorrecta la construcción transitiva **frisaba los treinta años.*
frufrú. 1. El DRAE/92 registra esta voz con la siguiente definición: "m. Onomatopeya del ruido que produce el roce de la seda o de otra tela semejante."

2. Evítese la grafía *fru-frú*.

3. Plural: *frufrúes* o *frufrús*. → **rubí.**

*fruicción. → **Ultracorrección** por *fruición*.

fruir. V. irreg.; se conjuga como → **huir, 1.**

*frustro. El DMI advierte que es → **galicismo** (fr. *fruste*) en lugar de *desgastado, borroso, imperfecto.*

fruta abrillantada. Llámase así en la Argentina a la *fruta confitada* o *escarchada.* El argentinismo no está registrado en el DRAE/92, como tampoco estos dos últimos nombres.

frutecer. V. irreg.; se conjuga como → **parecer, 1.**

fucsia. Como nombre de color, → **concordancia, I, D.**

fue. Inflexión de los verbos *ser* e *ir.* Se escribe sin tilde: *fue diputado*; *fue a su casa.* → **acentuación ortográfica, I, E.**

*fue entonces que. Caso de → **que galicado**: **fue entonces que lo vi.* Dígase: *fue entonces cuando lo vi*, si se quiere enfatizar; si no, simplemente, *entonces lo vi.* No obstante, la construcción criticada está difundida: "Fue entonces que nacieron, y se fueron extendiendo, aunque truncadas, Magda y su vida." (J.C. Onetti, *Cuando entonces*, 15).

fuego. Diminutivos: *fueguecillo* y *fueguezuelo.* En la Argentina se emplea únicamente *fueguito.* → **diminutivos, 1.**

fuel oil. La RAE admitió en su *Diccionario* (ed. 1970, Suplemento) la voz *fuel* para designar lo que en inglés se llama **fuel oil**: fracción de petróleo natural que se destina a la calefacción.

fuera. Como adverbio de lugar indica situación; su empleo es más frecuente en España que en América, donde su uso es casi exclusivamente literario; se lo remplaza por → **afuera**: *están todos fuera* (en América: *están todos afuera*).

fuera borda. Locución adjetiva. La RAE admite indistintamente *motor fuera borda, fuera bordo, fuera de borda* o *fuera de bordo.* Como forma no preferida figura también en el DRAE/92 *motor fueraborda*.

fuera de sí. Es error frecuente extender a la primera y segunda personas el pronombre reflexivo de tercera persona *sí*: **yo estaba fuera de sí, *tú estabas fuera de sí*, en lugar de *yo estaba fuera de mí, tú estabas fuera de ti.* → **¹sí, 3.**

fuerte. 1. El superlativo literario es *fortísimo*: "—Quisiera, sin embargo, ser fuerte, fortísimo." (C.J. Cela, *La colmena*, 52). En lengua coloquial se usa más *fuertísimo*.

2. Construcción: —*con los débiles*; —*en geografía.*

*fuete, *fuetazo. El DMI advierte que son → **galicismos** (fr. *fouet*) por *látigo* y *latigazo*, respectivamente.

fugarse. En su uso actual es siempre pronominal: *cinco presos se fugaron del presidio.* La forma no pronominal es incorrecta: **cinco presos fugaron del presidio.*

fugaza. En sesión del 10 de noviembre de 1983, la AAL sugirió a la RAE la inclusión de esta voz, en el *Diccionario* oficial, con la siguiente definición: "(del genovés *fügassa*) *Argent.* Pizza de cebolla." (*Acuerdos*, IX, 126-28). No figura en el DRAE/92.

fui. Inflexión de los verbos *ser* e *ir.* Se escribe sin tilde: *fui su amigo*; *fui a Roma.* → **acentuación ortográfica, I, E.**

fular. Así ha hispanizado la RAE la voz francesa *foulard.* Designa una tela de seda muy fina con dibujos estampados.

*fulgurecer. Este verbo no figura en el DRAE/92; dígase *fulgurar, resplandecer.*

full-time. Expresión inglesa (pron. [fultáim]) que puede traducirse por *plena dedicación, dedicación exclusiva* (DMI). También suele remplazarse, más literalmente, por *tiempo completo.*

fumoir. Voz francesa (pron. [fumuár]) que puede traducirse por *salón de fumar.*

funambulesco. La RAE ha incluido este adjetivo en el DRAE/92 con las siguientes definiciones: "Perteneciente o relativo al funámbulo. // 2. fig. Grotesco, extravagante."

funcionario. 1. Femenino: *funcionaria.*

2. Como en la Argentina significa 'empleado de cierta categoría o importancia' (acepción aceptada por la RAE), no es → **pleonasmo** decir *funcionario público.*

fundido. El DRAE/92 incorpora la siguiente acepción de este adjetivo: "*Argent.* Muy cansado, abatido."

funeral, funerales. Pueden emplearse indistintamente sin diferencia de significado (Bello, *Gramática*, § 129).

fungicida, funguicida. La RAE admite las dos formas, pero prefiere la primera.

furcio. Error que consiste en trabucar sonidos o palabras. Se comete **furcio** cuando se dice, por ejemplo, *unos remos de flores* en lugar de *unos ramos de flores.* Este término se aplica sobre todo a las equivocaciones de este tipo en que suelen incurrir actores y locutores. Esta voz no figura en el DRAE/92.

furor. El DMI condena por incorrectas las acepciones *frenesí, locura, afición extraordinaria*, de este vocablo.

furúnculo. → **forúnculo.**

*fuseiforme. Forma incorrecta por *fusiforme.*

*fuselage. Grafía incorrecta por *fuselaje.*

fusil ametralladora. 1. El DRAE registra solamente *fusil ametrallador*, expresión en la cual *ametrallador* es un adjetivo que concuerda en masculino con *fusil.* El uso, por lo menos en la Argentina, prefiere *fusil ametralladora* (donde *ametralladora* es sustantivo), compuesto del tipo → **carta poder**, *hombre rana, buque escuela* y tantos otros.

2. Plural: *fusiles ametralladora*.

fútbol, futbol. 1. Castellanización de la voz inglesa *foot-ball*. La RAE admite las dos formas, pero prefiere la primera. Evítense las formas **fóbal, *fúlbol, *fulbo*.

2. La voz **fútbol** designa, académicamente, sólo el juego. En la Argentina suele emplearse, además, para nombrar la pelota con que se practica este deporte. En el siguiente texto se usan las dos palabras como sinónimas: "Lo suyo era tan sólo la caricia tierna de la capellada de su botín zurdo en la pelota, el toque, la volea, la suela que aprieta el fútbol indómito y lo convence [...]" (R. Fontanarrosa, *Nada del otro mundo*, 236).

fútil. Es voz grave. Evítese la pronunciación aguda [futíl].

*futileza. Voz incorrecta; dígase *futilidad* o *futesa*.

fúting. → **footing**.

futuro. **A**. *Futuro de indicativo (cantaré, comeré, viviré; habré cantado, habré comido, habré vivido)*. Expresa una acción venidera: *mañana iremos a pasear*. Además de este valor fundamental, se emplea el **futuro** para indicar:

1. *mandato*. Sustituye, entonces, al imperativo: *me dirás* (= dime) *ahora la verdad*; *le devolverás* (= devuélvele) *el libro*. Se emplea con frecuencia en oraciones negativas: *no matarás*. Este **futuro** agrega cierto matiz de compulsión o de amenaza;

2. *ruego cortés*. En oraciones interrogativas: *¿vendrás conmigo?* Se destaca más la idea de ruego que la de futuridad;

3. *probabilidad*. Expresa conjetura: *serán las cinco* (= posiblemente sean las cinco); *ahora estará disfrutando de la playa*;

4. *asombro*. En oraciones interrogativas y exclamativas: *¿será posible que haya dicho eso?*; *¡si será mentiroso!*

B. *Futuro de subjuntivo (cantare, comiere, viviere; hubiere cantado, hubiere comido, hubiere vivido)*. Estos dos tiempos han desaparecido totalmente del habla coloquial, tanto americana como peninsular, y tienen una precaria vitalidad en el lenguaje forense y en la lengua literaria.

Al futuro imperfecto se lo sustituye por el presente de indicativo o de subjuntivo: *si alguien desobedeciere* (desobedece), *será castigado*; *al que desobedeciere* (desobedezca) *le será impuesto un castigo*.

En lugar del futuro perfecto se emplea en la actualidad el pretérito perfecto de indicativo o de subjuntivo: *si el año próximo no lo hubiere conseguido* (he conseguido), *perded las esperanzas*; *cuando hubieres regresado* (hayas regresado), *lo verás*.

C. *Otras maneras de expresar el futuro*. El **futuro** es una forma verbal muy inestable. El actual futuro simple español es originariamente una perífrasis: *cantaré < cantar he* (= he de cantar). La lengua recurre de nuevo a la perífrasis para expresar acción venidera:

a) → **haber de + infinitivo**. Se usa como simple futuro: *he de volver temprano* (= volveré temprano), y para remplazar al futuro de mandato: *si lo ves, has de decirle* (le dirás = dile) *toda la verdad*.

b) → **ir a + infinitivo**. Esta perífrasis está muy extendida en América (en la Argentina, puede decirse que se emplea en forma casi exclusiva para expresar acción venidera): *voy a salir* (= saldré) *dentro de un rato*.

c) → **deber de + infinitivo**. Remplaza al futuro de probabilidad: *deben de ser las cinco* (= serán las cinco).

→ **presente, 1, d**.

G

g. **I**. Séptima letra del alfabeto español (octava si se considera la *ch* letra independiente). Su nombre es *ge* [je], plural: *ges*.

II. Representa dos fonemas:

1. Ante *a, o, u* y consonante (en los grupos *gl, gn, gr*) es oclusiva (o, según su posición, fricativa) velar sonora: *gato, gota, gula, globo, gnóstico, grande*. Ante *e, i*, la representación de este fonema requiere la grafía *gu*: *guerra, guinda*. En los casos en que la *u* se pronuncia debe colocársele diéresis: *antigüedad, pingüino*.

2. Ante *e, i* la **g** es fricativa velar sorda (= j): *gemir, afligido*.

III. Suelen cometerse algunos errores de pronunciación con respecto a esta consonante, que es conveniente evitar:

1. Supresión de la **g** intermedia: **aúja, *aujerear*, por *aguja, agujerear*.

2. Introducción de una **g** ante el diptongo *ue* inicial: **güevo, *güérfano*, en lugar de *huevo, huérfano*.

3. Pronunciación del fonema /b/ (grafía *b* o *v*) como **g** ante el diptongo *ue*: **agüelo, *regüelto, *güeno*, por *abuelo, revuelto, bueno*.

4. → **disgustar**.

IV. *Ortografía*. Puede producirse duda ortográfica cuando la **g** tiene el sonido de → **j**, es decir, delante de las vocales *e, i*.

Se escriben con **g**:

A. Las palabras que comienzan por:

1. geo-: *geografía, georgiano*.

2. ang-: *ángel, angina*. Excepción: *anjeo*.

B. Las palabras que terminan en:

1.-gir (infinitivos): *corregir, elegir*. Excepciones: *crujir* y *brujir*.

2. -igerar (infinitivos): *aligerar, morigerar*.

3. -gia, -gio, -gión: *estrategia, refugio, religión*.

4.-ogía, -ógico: *antología, pedagógico*. Excepción: *paradójico*.

5. -gésimo, -gesimal: *vigésimo, sexagesimal*.

C. Las palabras que contienen:

1. el grupo **gen** (forme sílaba o no): *gente, agenda, origen, general, genealogía*. Excepciones: *jengibre, comején, jején, ojén, jenabre* y *jenízaro* (aunque también es correcto *genízaro*).

2. el grupo **gest**: *gestor, digestión*. Excepción: *majestad* (y sus derivados).

gachó. Plural: *gachós*.

gafas. Con el significado de 'anteojos' se emplea sólo en plural: *las gafas*.

gaffe. Palabra francesa (pron. [gaf]) que se emplea frecuentemente en lugar de *torpeza, pifia, plancha, equivocación*: "[...] cometemos muchas gaffes porque alcanzar la inflación de un dígito nos produce mucho júbilo." (*Página / 12*, 6-11-90, pág. 5); "Pero el interrogado salvó la 'gaffe' con inesperada cortesía [...]" (F. Luna, *La última montonera*, 51); "Y por favor, [...] no vayan a cometer hoy la gaffe de hacer sopa." (Quino, *Mafalda*, vol. 3). *Cometer una gaffe* equivale a *meter la pata*.

gag. **1**. Palabra inglesa de uso frecuente. Equivale a *situación cómica, efecto cómico rápido, golpe ingenioso, chiste*.

2. Plural: *gags*.

gagá. → **Galicismo** (fr. *gaga*) por *chocho, lelo*.

*galáxico. Forma incorrecta por *galáctico*.

galguear. El DMI recoge la siguiente acepción que no figura en el DRAE/92: "intr. *Amér. Central, Argent.* y *Urug.* Ir de un sitio a otro buscando qué comer."

galicismo, anglicismo. En este *Diccionario* se emplean los términos **galicismo, anglicismo**, *italianismo*, etc. con el valor de 'palabra francesa, inglesa, italiana, etc., que, modificada en su estructura fonética o gráfica, o en ambas a la vez, se emplea en español sin haber sido admitida por la RAE'. Así, *maquereau* es palabra francesa, *macró* es **galicismo** (palabra no admitida por la RAE), en tanto que *avalancha* es una palabra española de origen francés (está admitida por la RAE).

Estos términos se aplican también a construcciones y significados propios del francés, inglés, etc., que se emplean en español no habiendo sido consagrados por el uso académico.

galo. Gentilicio correspondiente a la Galia. No es, estrictamente, sinónimo de *francés* ya que la antigua Galia comprendía los territorios que hoy ocupan Francia y Bélgica y parte de los de Alemania, Holanda, Italia y Suiza, pero el uso general ya ha consagrado esta sinonimia.

galopar, galopear. La RAE admite las dos formas, pero prefiere la primera.

game. 1. Voz inglesa (pron. [guéim]) que significa 'juego'. En el tenis es el conjunto de cuatro puntos obtenido por un jugador. **2.** → **videogames.**

gametófito, gametofito. 1. La RAE ha incluido este sustantivo, con sus dos variantes, en el DRAE /92 y lo define así: "m. *Bot.* Fase que en la alternancia de generaciones de la mayoría de los vegetales origina los gametos." **2.** La RAE prefiere la acentuación esdrújula.

gammaglobulina. Con esta grafía incorporó el DRAE/84 este término. La AAL, en su sesión del 28 de noviembre de 1974, se había pronunciado por la grafía *gamaglobulina* (*Acuerdos*, V, 191-93), dando así prioridad a la forma fonética sobre la etimológica.

ganapierde. Es sustantivo → **ambiguo** en cuanto al género: *el* o *la ganapierde*. Es más frecuente la forma masculina.

ganar. Construcción: *—al ajedrez; —con el cambio; —en destreza; —para su causa; —por la mano* (Río de la Plata: *de mano*: "[...] le agradezco que me haya ganado de mano." [M. Benedetti, *La muerte*, 27]).

Gand. En español esta ciudad belga se llama *Gante.*

gangrena, gangrenarse. La RAE admite también, pero no recomienda, las formas *cangrena, cangrenarse.*

gángster. Hispanización de la voz inglesa *gangster* que la RAE ha introducido en el DRAE/92 con la siguiente definición: "m. y f. Miembro de una banda organizada de malhechores que actúa en las grandes ciudades."

gangsterismo. El DMI ha incorporado este sustantivo, que no figura en el DRAE/92, con las siguientes definiciones: "m. Existencia continuada de gangsters. // 2. Sistema, método o manera de proceder del gangster."

Ganimedes. Es palaba grave; la acentuación esdrújula, *Ganímedes*, es errónea.

gañir. Para su conjugación, → **bullir.**

garage. Voz francesa que ha sido castellanizada por la RAE bajo la forma *garaje*, única que corresponde utilizar. Debe pronunciarse [garáje], y no a la francesa.

garantir. 1. Según la RAE es un verbo → **defectivo** que se conjuga como → **abolir, 1.** Las formas que faltan a **garantir** (**garanto, *garantes, *garante, *garanten* y todo el presente del subjuntivo: **garanta, *garantas*, etc.) se suplen con las de → **garantizar.** No obstante, estas formas consideradas incorrectas se usan en América, sobre todo en el Río de la Plata. **2. Garantir** y *garantizar* significan 'dar garantía'. El DMI advierte que es → **galicismo** emplear estos verbos con el valor de 'preservar, librar, defender': **esas precauciones nos garantían* (o *garantizaban*) *de cualquier peligro.*

garantizar. 1. Construcción: *—por un año; —para la compra de la casa.* **2.** → **garantir.**

garapiña, garapiñar. Formas preferidas por la RAE a las también académicas *garrapiña, garrapiñar*, más frecuentes en América.

garçonnière. Voz francesa (pron. [garsonniér]). Se trata de un departamento o cuarto para una persona sola.

garrapiña, garrapiñar. → **garapiña.**

garuar. Para su acentuación, → **atenuar.**

*gaseoducto. Forma incorrecta por *gasoducto.*

gas grisú. El grisú es un gas, así que puede decirse *grisú* a secas.

gas-oil. La RAE ha hispanizado este nombre inglés bajo la forma *gasóleo*, pero con poca fortuna ya que la forma **gas-oil** (escrita también *gasoil*) sigue predominando.

gastar. Construcción: *—de su peculio; —en libros.*

gastroenterología. El DRAE/92 incluye esta voz con la siguiente definición: "Rama de la medicina que se ocupa del estómago y de los intestinos y de sus enfermedades. Por ext., se aplica también a la rama de la medicina que se ocupa de todo el aparato digestivo y de sus enfermedades."

gastroenterólogo. 1. El DRAE/92 registra este vocablo con la siguiente definición: "Persona especializada en gastroenterología." **2.** El femenino es *gastroenteróloga.*

gay. 1. El DMI incluye este vocablo, que no figura en el DRAE/92, con la siguiente definición: "(voz del argot ing.) adj. homosexual. ú. t. c. s.". **2.** El plural es *gays*: "[...] la semana se realiza en recordación a una fecha histórica para gays y lesbianas [...]" (*Página / 12*, 30-6-92, pág. 16).

géiser. 1. Así ha castellanizado la RAE la voz inglesa *geyser* (del islandés *geysir*). **2.** Plural: *géiseres.*

gemir. V. irreg.; se conjuga como → **pedir, 1**.
***gene, *geno. 1**. Variantes de *gen* no autorizadas por la RAE. M. Moliner (*Diccionario*) considera más corriente la forma **gene** que *gen*.
2. Es más frecuente en plural: *los genes*.
generador. Femeninos: *generadora* y, en geometría, *generatriz*: *línea generatriz*.
género. El español dispone de dos géneros: masculino y femenino. Quedan muy escasos restos del género neutro latino en algunos pronombres (*ello, esto, eso, aquello*) y en el artículo (*lo*).
Poseen género los sustantivos y los adjetivos.
A. *Sustantivos*. Los sustantivos que nombran objetos asexuados tienen un género gramatical determinado por la etimología, el uso, etc.: *el banco, el problema, la mano, la silla*, y, normalmente, no lo modifican.
Los sustantivos que designan seres sexuados (personas y animales) admiten en su mayoría variación de género: *el gato, la gata*.
Para formar el femenino de estos sustantivos la lengua se vale de los siguientes procedimientos:
1. Cambio de la terminación *-o* por *-a*: *hermano/hermana, perro/perra*.
2. Cambio de la terminación *-e* por *-a*: *monje/monja, jefe/jefa, presidente/presidenta, sirviente/sirvienta*. Pero *príncipe* hace *princesa*.
3. El femenino agrega a la forma masculina la terminación *-a*: *profesor/profesora, león/leona, dios/diosa, marqués/marquesa*; aunque hay sustantivos terminados en *-or* que forman el femenino con la desinencia *-triz*: *actor/actriz, emperador/emperatriz*.
4. En otros casos cambia la terminación del masculino por *-esa, -isa, -ina*: *conde/condesa, poeta/poetisa, gallo/gallina, héroe/heroína*.
En algunos casos el cambio de género del nombre de persona o animal se expresa mediante el género del artículo: *el* o *la dentista, el* o *la guía, el* o *la testigo, el* o *la intérprete*.
La diferencia de sexo se indica en otros casos con el cambio de palabra: *hombre/mujer, yerno/nuera, toro/vaca*.
Los sustantivos que nombran seres sexuados, pero que no determinan su género ni por cambio de la terminación ni del artículo, se denominan *epicenos*: *la hormiga, el gorrión, el personaje*. En el caso de animales, para diferenciar el sexo se suele agregar las palabras macho o hembra: *la ballena macho, el hipopótamo hembra*.
En algunos casos, el cambio de género del artículo implica cambio de significación del sustantivo: *el papa/la papa, el cura/la cura*.
Esto no ocurre con los nombres → **ambi-**

guos: *el azúcar/la azúcar, el calor/la calor, el mar/la mar*.
B. *Adjetivos*
En cuanto al género, existen dos clases de adjetivos:
1. de dos terminaciones, una para masculino y otra para femenino: *bello/-a, haragán/-a*;
2. de una terminación, que concuerda tanto con sustantivos masculinos como femeninos: *hombre/mujer ágil, mono/mona veloz, padre/madre joven*. Pertenecen a este grupo los adjetivos cuya terminación no sea *-o, -án, -ín, -ón, -or, -ete* y *-ote*.
Los adjetivos del primer grupo forman su femenino según las reglas siguientes:
1. Los terminados en *-o* cambian esta vocal por *-a*: *bello/bella, bueno/buena*.
2. Los que acaban en *-án, -ín, -ón* y *-or* agregan la terminación *-a*: *holgazán/holgazana, pequeñín/pequeñina, adulón/adulona, trabajador/trabajadora*.
3. Los terminados en *-ete* y *-ote* cambian *-e* por *-a*: *regordete/regordeta, grandote/grandota*.
4. La mayoría de los gentilicios terminados en consonante añaden *-a*: *cordobés/cordobesa, alemán/alemana, sajón/sajona, andaluz/andaluza*.
5. En los adjetivos compuestos sólo el último recibe la marca de femenino: *guerra franco-prusiana, literatura hispanoamericana*.
Para los casos no contemplados aquí, consúltense los artículos correspondientes en este *Diccionario*.
generoso. Construcción: —*con, para* o *para con sus servidores*.
genesíaco, genesiaco. La RAE admite ambas formas, pero prefiere la primera. → **-íaco, -iaco**.
génesis. Es femenino cuando significa 'origen, principio': *la génesis de los acontecimientos*. El nombre del primer libro de la Biblia es masculino y se escribe con mayúscula inicial: *el Génesis contiene la narración de la creación del mundo*.
genetlíaco, genetliaco. La RAE admite las dos formas, pero recomienda la primera. → **-íaco, -iaco**.
Genève. El nombre español de esta ciudad suiza es *Ginebra*: "[...] con sede en Geneve (sic), Suiza." (*Página/12*, 19-7-89, pág. 10).
***gengibre, *genjibre**. Formas incorrectas por *jengibre*.
genízaro. → **jenízaro**.
gente bien. El DMI considera galicista esta expresión en lugar de *personas distinguidas, de clase elevada, bien portadas*, pero → **bien, 3**.
gentilhombre. Plural: *gentileshombres*.
gentleman. Palabra inglesa que significa

'caballero, hombre de bien, persona distinguida'. Su uso en español es innecesario, pero si se la emplea recuérdese que el plural es *gentlemen*.

genuflexo. El DRAE/92 registra este adjetivo con el solo valor de 'arrodillado', pero no con el usual en la Argentina de *servil, adulador*.

geógrafo. Femenino: *geógrafa*.

geólogo. Femenino: *geóloga*.

geomancia, geomancía. La RAE admite las dos acentuaciones, pero prefiere la primera. → **-mancia, -mancía**.

georgette. Voz francesa (pron. [yoryét]), simplificación de la expresión *crêpe georgette*, que designa una tela semejante a una gasa acresponada. → **crêpe**.

geotermal. El DMI registra este adjetivo, que no figura en el DRAE/92, con la siguiente definición: "Dícese de las aguas que se calientan al pasar por capas profundas del suelo."

geotermia. El DMI registra este sustantivo, que no figura en el DRAE/92, con la siguiente definición: "f. Estudio de los fenómenos térmicos que tienen lugar en el interior del globo terrestre."

*geráneo. Forma incorrecta por *geranio*.

gerente. Académicamente carece de forma propia de femenino: *el* y *la gerente*, pero ocasionalmente puede oírse un femenino *gerenta*.
Podría incluirse esta palabra entre los sustantivos en → **-ante, -ente** cuya forma femenina es admisible, pero que todavía no está generalizada ni aceptada por la RAE.

geriatra. Es la única acentuación admitida por la RAE. La forma **geríatra* es errónea. → **-iatra, -íatra**.

germano. No es estrictamente sinónimo de *alemán*, pero el uso ha impuesto esta sinonimia.

germicida. El DRAE/92 incluye este adjetivo con la siguiente definición: "Dícese de lo que destruye gérmenes, especialmente los dañinos. Ú. t. c. s."

germinicida. La RAE ha incorporado este vocablo en el DRAE/92 con la siguiente definición: "adj. *Biol*. Dícese del producto químico capaz de destruir la capacidad germinativa de las semillas. Ú. t. c. s. m."

gerundio. **I**. Es una forma verbal (verboide) que carece de variaciones morfológicas. Cumple funciones de adverbio y, en ocasiones, de adjetivo. Presenta las terminaciones *-ando* en los verbos de la primera conjugación, y *-iendo* en los de segunda y tercera conjugaciones. Cuando la *i* de la terminación *-iendo* queda entre vocales, se convierte en *y*: de traer, *trayendo*; de oír, *oyendo*; de huir, *huyendo*. Lo mismo sucede con el verbo *ir*, cuyo gerundio es *yendo*.

El gerundio simple (*amando*) denota acción durativa e imperfecta y expresa simultaneidad o bien anterioridad o posterioridad inmediatas respecto del tiempo del verbo de la oración en que se halla (→ **III, 1**): "El lacayo volvió y quedóse alzando la antepuerta." (E. Larreta, *La gloria*, cap. 20).

El gerundio compuesto (*habiendo amado*), menos frecuente que el simple, denota acción acabada y expresa anterioridad mediata o inmediata respecto del verbo principal: "[...] era el portugués Diego Franco [...] que, habiendo trabajado de pelaire en Segovia, fue más tarde tamborilero en Brujas [...]" (E. Larreta, *op. cit.*, cap. 4).

El gerundio admite pronombres pospuestos (enclíticos): *hablándole, mirándonos*, pero no antepuestos (proclíticos): **le hablando*.
De algunos pocos gerundios se pueden formar diminutivos en el lenguaje familiar: *callandito, andandito, corriendito*, etc. Este uso es más frecuente en el español americano que en el peninsular.
Sólo la preposición *en* puede preceder al gerundio: *en llegando*, pero su uso actual, aun en lengua literaria, se siente arcaico.

II. USOS DEL GERUNDIO

1. *Entró gritando*. El gerundio *gritando* modifica, como un adverbio de modo, al verbo principal *entró*. En este uso, el gerundio, además de expresar *modo*, puede indicar: a) *causa*: *no queriendo ser descubierto, salió sigilosamente*, donde la construcción de gerundio equivale a: *porque no quería ser descubierto*...; b) *condición*: *saliendo a las cuatro, llegaremos a tiempo* (= si salimos a las cuatro...); c) *concesión*: *viviendo en el mismo pueblo, no se conocían* (= aunque vivían en el mismo pueblo...) y d) *tiempo*: *llegando a su casa, se encontró con la patrulla* (= cuando llegaba a su casa...). Cuando se emplea el gerundio con estos valores, es necesario cuidarse de no incurrir en imprecisión o en anfibología (→ **III, 4**). Los gramáticos no admiten el gerundio que expresa consecuencia, ya que toda consecuencia es posterior al hecho que la origina, y el gerundio no está habilitado para señalar posterioridad (pero, **III, 1**).

2. *El niño, llorando desconsoladamente, se tiró al suelo*. El gerundio puede referirse al sujeto de la oración en que se halla, enunciando una acción colateral a la del verbo principal. Para que la construcción sea correcta, el gerundio debe tener carácter explicativo, con lo que adquiere un valor adjetivo; la oración del epígrafe equivale a *el niño, que lloraba desconsoladamente, se tiró al suelo*. Es incorrecto, en este caso, el gerundio especificativo: **se aprobó el decreto estableciendo nuevas normas administrativas* (→ **III, 2**).

3. *Vi a María hablando con Pedro.* El sujeto del gerundio es también el complemento directo (*María*) del verbo principal. Cuervo (*Notas,* § 72) señala que esta construcción es correcta sólo "cuando el gerundio denota una actitud que se toma, una operación que se está ejerciendo o un movimiento que se ejecuta ocasionalmente en la época señalada por el verbo principal". Y añade que este uso del gerundio es posible solamente cuando el verbo principal indica "percepción" o "comprensión" (*sentir, ver, oír, observar, distinguir, hallar, notar, encontrar, recordar,* etc.) o "representación" (*pintar, grabar, representar, fotografiar,* etc.). Estas limitaciones establecen la diferencia entre construcciones correctas como *observaban a los escolares desfilando por el patio*; *fotografió al presidente entrando al Congreso* y la incorrecta **despachó una caja conteniendo libros* (→ **III, 2**). En este uso es muy fácil incurrir en anfibología (→ **III, 4**).

Para el caso del gerundio referido a un sustantivo que no es sujeto ni complemento directo del verbo principal, → **III, 3**.

4. *Estando todos presentes, el director entregó los premios.* El sujeto del gerundio (*todos*) no es el sujeto ni el complemento directo (*director* y *los premios* respectivamente) del verbo principal. Este gerundio, que tiene un sujeto independiente, se llama *gerundio absoluto*, y puede expresar los valores ya vistos de *modo, causa, condición, concesión* y *tiempo* (→ **II, 1**). En estos casos, la construcción de gerundio equivale a una proposición subordinada circunstancial.

5. *Está leyendo.* El gerundio puede integrar *frases verbales* con verbos que ocasionalmente tomen el carácter de auxiliares. Estos verbos son, entre otros, *estar, andar, venir, ir: está estudiando mucho; anduvo comentando intimidades; vengo diciendo que no puede ser; va progresando en sus estudios.* Todas estas frases verbales tienen valor durativo o progresivo.

6. *El Presidente inaugurando las obras.* En este caso, el gerundio, que no tiene verbo principal al cual referirse, expresa una acción en su trascurso, como si estuviera sucediendo ante los ojos del lector. Es muy frecuente el empleo de este *gerundio independiente* en títulos de obras literarias o pictóricas: *Las ranas pidiendo rey; San Martín cruzando los Andes; Hombres trabajando,* y en epígrafes de fotografías de periódicos: *El Presidente inaugurando las obras.*

Tiene el mismo carácter el gerundio que aparece en exclamaciones como: *¡siempre mintiendo!; ¡un ladrón trepando por la pared!*

7. *Ardiendo* e *hirviendo.* Ambos gerundios pueden lícitamente unirse a un sustantivo, cualquiera que sea la función que éste cumpla: *debió asirse a un clavo ardiendo*; *se volcó la leche hirviendo*; "[...] achicharrado por el agua hirviendo." (P. O'Donnell, *Copsi,* 11). Estos dos gerundios adquieren así pleno valor de adjetivos. Es error frecuente considerar incorrecto el uso de estos gerundios y que deben remplazarse por *ardiente* e *hirviente.*

8. *¡Circulando!* El gerundio se emplea también, en el habla coloquial, con valor de imperativo: *¡corriéndose hacia el interior!; ¡andando!; ¡rápido, despejando la calle!* Es una orden perentoria, y quien la emite presume que la acción ordenada ya tiene comienzo de ejecución.

III. USOS INCORRECTOS DEL GERUNDIO

1. **Recibió una carta, contestándola al día siguiente.* El gerundio simple puede expresar simultaneidad (*cruzaba la calle deslizándose en silencio*) o anterioridad inmediata (*acercándose a los invitados, los saludó cordialmente*) respecto del tiempo del verbo principal. Los gramáticos no admiten, en general, el gerundio que expresa posterioridad (**recibió una carta, contestándola al día siguiente*). Bello (nota al § 446) descalificó este uso como "una de las degradaciones que deslucen el castellano moderno". La norma académica indica que, en este último caso, se deben enlazar ambas acciones mediante conjunciones coordinantes: *recibió una carta y (pero) la contestó al día siguiente.* Sin embargo, el gerundio de posterioridad es cada día más frecuente. Se admite ya el gerundio que indica posterioridad inmediata: *retiró el libro de la estantería, entregándoselo en el momento a su alumno; se votó la ley, aprobándose por unanimidad,* es decir, cuando ambas acciones son casi simultáneas. De todos modos, se sigue considerando incorrecto, y conviene evitarlo, el gerundio que expresa posterioridad mediata: **se casó muy joven, enviudando años después,* construcción que debe sustituirse por otras como: *se casó muy joven y enviudó años después* o *habiéndose casado muy joven, enviudó años después.*

2. **Despachó una caja conteniendo libros.* Cuando el gerundio se refiere a un sustantivo, debe tener carácter explicativo (→ **II, 2**), con la sola excepción ya apuntada en → **II, 3**. El gerundio usado especificativamente, es decir, para individualizar a un ser entre los de su especie, es considerado incorrecto por los gramáticos y la RAE. Bello (*Gramática,* § 1128) fue particularmente tajante en su rechazo: "Envió cuatro fardos conteniendo veinte piezas de paño: este modo de hablar es uno de los más repugnantes galicismos que se cometen hoy día". Construcciones como: *despachó una caja conteniendo libros* deben remplazarse por: *despachó una caja que contenía libros* o, simplemente, *despachó una caja con libros*. (→ **conteniendo**).

Se comete también la misma incorrección en oraciones de este tipo: *se publicó el decreto estableciendo nuevas normas administrativas* o *será aprobada mañana la ley sancionando los delitos económicos*. La norma académica exige que se sustituyan estas construcciones con gerundio por proposiciones adjetivas: *se publicó el decreto que establece nuevas normas administrativas; será aprobada mañana la ley que sanciona los delitos económicos*.

No obstante, el uso literario de este gerundio adjetivo se extiende cada vez más y hay escritores prestigiosos que, por razones estilísticas, dejan de lado esta norma; pero es preciso un muy buen manejo de la lengua para lograr un uso adecuado de esta licencia.

3. *Estuvimos con el diputado, explicándonos sus declaraciones.* Según la norma académica, el gerundio sólo puede estar referido al sujeto o al complemento directo del verbo principal. Por tanto, son incorrectas estas oraciones: *estuvimos con el diputado, explicándonos sus declaraciones; es un excelente actor, desempeñándose con gran comprensión de su personaje*, porque *diputado* y *actor* no son sujeto ni complemento directo de los respectivos verbos principales. Deben modificarse: *estuvimos con el diputado, quien nos explicó...; es un excelente actor, que se desempeña...*

Sin embargo, el mismo Cuervo, que critica estas construcciones, encuentra que "sería demasiado rigor condenar este pasaje de Cervantes: 'En un instante se coronaron todos los corredores del patio de criados y criadas de aquellos señores diciendo a grandes voces: Bien sea venido la flor y nata de los caballeros andantes' (*Quijote*, II, XXXI)" (*Notas*, § 72), donde el gerundio *diciendo* está referido a *criados y criadas*, que no es sujeto ni complemento directo del verbo principal. Claro está que, si bien los límites pueden ser algo imprecisos, se requiere gran habilidad estilística para que la infracción no resulte chocante.

4. *El comerciante vio a los ladrones pasando por la calle.* El gerundio es una forma invariable que no tiene la posibilidad de indicar morfológicamente sus relaciones. En consecuencia, resulta imprescindible construir la oración de modo tal que no queden dudas acerca de a qué sustantivo se refiere el gerundio, y evitar, así, la anfibología. En *el comerciante vio a los ladrones pasando por*

la calle, no se sabe quién pasaba por la calle, si el comerciante o los ladrones; *me encontré con Mario saliendo de la confitería* (¿quién salía de la confitería?). Estas oraciones deben redactarse de otra manera: *el comerciante, cuando pasaba por la calle, vio a los ladrones* o *el comerciante vio a los ladrones, que pasaban por la calle; saliendo yo de la confitería, me encontré con Mario* o *me encontré con Mario, que salía de la confitería*, según sea el caso.

5. *Estando viendo esa película, se quedó dormido.* Aunque no es incorrecto, es inelegante el empleo de dos gerundios seguidos. En lugar de la oración del epígrafe, dígase, expresando el matiz circunstancial que corresponda, *mientras* (aunque, porque, como) *estaba viendo esa película, se quedó dormido*.

Así mismo, conviene no acumular construcciones con gerundios, que quitan fluidez al discurso y revelan, por lo general, pobreza de recursos.

6. Para otras construcciones con gerundio, → **como + gerundio**; **estar siendo + participio**.

Gestapo. El DMI incluye esta voz, que no figura en el DRAE, con la siguiente definición: "n. p. f. Organización policíaca alemana, establecida por el régimen nacionalsocialista, y dedicada a la represión política."

geyser. → **géiser**.

ghetto. Voz italiana (pron. [guéto]) que significa 'judería'. La RAE la ha hispanizado bajo la forma → **gueto**.

Gibraltar. Gentilicios: *gibraltareño*, *jibraltareño* (forma no preferida), *calpense* y el familiar *llanito*.

gicleur. → **chiclé**.

gigante. Es adjetivo de una sola terminación: *hombre gigante, mujer gigante*, pero como sustantivo y con el significado de 'mujer que excede mucho del tamaño ordinario' tiene forma propia de femenino: *esa mujer es una giganta*.

gigoló. 1. Hispanización de la voz francesa *gigolo* que la RAE ha incorporado al DRAE/92 con la siguiente definición: "Amante joven de una mujer de más edad y que lo mantiene."

2. Siendo ya palabra española conviene evitar la pronunciación francesa [yigoló] y pronunciar [jigoló].

3. Plural: *gigolós*: "[...] todos con nombres de galanes de cine y sobrenombres de gigolós y de macrós." (M. Denevi, *Hierba*, 140). → **rubí**.

gilí. Su plural casi exclusivo es *gilís* (*Esbozo*, 2. 3. 3, c). → **rubí**.

gilipollas. El DRAE/92 incluye esta voz con la siguiente definición: "adj. vulg. **gilí**, tonto lelo. Ú. t. c. s."

gilipollez. El DRAE /92 incluye esta voz con la siguiente definición: "f. vulg. Dicho o hecho propios de un gilipollas."

gillette. Nombre comercial de cierta hoja de afeitar que, como muchos otros, se convirtió en sustantivo común al pasar a designar cualquier objeto de la especie. Puede encontrarse con su grafía original: "[...] las muchachas le regalamos una gillette último modelo para que se afeitara los pelos del mentón [...]" (Damocles, "Señorita en picada", en AM, 2, 209); o bien bajo las formas *yilé* o *yilet*: "[...] y con una yilé corté el cordón de un tajo [...]" (E. Galeano, *Contraseña*, 20); "[...] saqué (ayudándome con la yilet) las letras de la plancha de aluminio [...]" (I. Blaisten, *Cerrado*, 113). Ninguna de estas formas figura en el DRAE/92.

gin. Palabra inglesa (pron. [yin]) que puede sustituirse por *ginebra*.

ginecólogo. El femenino es *ginecóloga*. No se justifica decir *la ginecólogo*.

gineta. → **jineta.**

gira, jira. No deben confundirse. **Gira** significa 'viaje o excursión por distintos sitios': *hicimos una gira por España*. Una segunda acepción de este vocablo es 'serie de actuaciones sucesivas de un artista o de un grupo de artistas en diferentes localidades': *la compañía teatral realizó una exitosa gira por el interior del país*.
Jira, en cambio, es 'comida o merienda campestre acompañada de bulla y regocijo'. Es poco usada, al menos en la Argentina, y ha sido sustituida en el lenguaje coloquial por la voz inglesa → **picnic.**

girl scout. Femenino de → **boy scout.**

*glacé.** Forma errónea por → **glasé.**

gladíolo, gladiolo. La RAE admite las dos acentuaciones, pero prefiere la primera, que es la etimológica. Si bien en la Argentina se sigue la pronunciación con hiato en este tipo de palabras (*período* y no *periodo*), en el caso de esta voz se ha impuesto la forma diptongada: **gladiolo:** "Un florero con gladiolos naranjados [...]" (S. Ocampo, *El pecado mortal*, 44).

glamoroso. → **Neologismo** derivado de → **glamour.** Puede remplazarse por *seductor, que tiene fascinación* o *hechizo*. No está admitido por la RAE.

glamour. Palabra inglesa que puede sustituirse por *encanto, hechizo, fascinación*. Por lo general se refiere al que ejerce la mujer.

glasé. 1. Así ha hispanizado la RAE la voz francesa *glacé*, que designa un tafetán de mucho brillo.
2. → **papel glasé.**

glasnost. Palabra rusa que puede sustituirse por *apertura, transparencia informativa.*

*glicemia, *glicógeno.** El DRAE no registra estas formas, sino *glucemia, glucógeno* (según *glucosa*).

glicinia, glicina. La RAE admite ambas formas en el DRAE/92, pero prefiere la primera. Designa una planta con flores muy perfumadas que, en la Argentina, se llama exclusivamente **glicina.**

globalización. El DMI incluye este sustantivo, que no figura en el DRAE/92, con la siguiente definición: "Acción y efecto de globalizar. // 2. Método didáctico que consiste en aprehender una totalidad para luego comprender los elementos que la integran."

globalizar. El DMI incorpora este verbo, que no registra el DRAE/92, con la siguiente definición: "Integrar una serie de datos, hechos, referencias, etc. en un planteamiento global."

globe-trotter. Voz inglesa. Es innecesario su empleo en español, que dispone del equivalente *trotamundos*.

globo sonda. Plural: *globos sonda*. → **carta poder.**

gloriar. Se vacila en su acentuación entre *glorio* (como → **abreviar**) y *glorío* (como → **enviar, 1**). Según el *Esbozo* (2. 13. 5), se emplea más *glorío* que *glorio* y el DRAE/92 (s. v. *gloriar*) emplea *glorío*: "el padre se gloría de las acciones del hijo."

gluglú. 1. Voz admitida en el DRAE/84. Evítese la grafía *glu-glu.*
2. Plural: *gluglúes* o *gluglús*. → **rubí.**

gn. 1. *Grupo inicial.* Son pocas las palabras españolas que comienzan por el grupo **gn-.** La RAE ha admitido su simplificación en algunas (*gnomo / nomo*) y en otras no (*gnosis*). Los casos particulares se tratan en los artículos correspondientes de este *Diccionario.*
2. *Grupo interior.* En general no se produce simplificación cuando el grupo **-gn-** está en posición interior de palabra: *indino, *inorante*, por *indigno, ignorante*, no sólo no están permitidas, sino que se sienten como formas francamente vulgares. No obstante, la RAE autoriza en algunos casos la simplificación: *cognoscible / conocible* (con preferencia incluso por esta última) y aun autoriza sólo la forma sin *g*: *irreconocible*, que el uso ha impuesto.

gneis, gnéisico. 1. La RAE admite también las formas simplificadas *neis, néisico*, sin indicar ninguna preferencia.
2. De acuerdo con las reglas generales, el plural del sustantivo es *gneises, neises* (como *tos / toses*).

gnetáceo, netáceo. La RAE admite las dos formas, pero prefiere la primera.

gnocchi. → ñoqui.

gnómico, nómico. La RAE autoriza ambas formas, pero prefiere la primera.

gnomo, nomo. La RAE admite las dos formas, pero recomienda la primera.

gnomon, nomon. 1. La RAE admite ambas formas, pero prefiere la primera.

2. Plural: *gnómones, nómones.*

gnomónica, nomónica. La RAE admite las dos formas, aunque prefiere la primera.

gnomónico, nomónico. La RAE autoriza las dos grafías, pero prefiere la primera.

gnoseología, gnoseológico, gnosis. La RAE no admite las formas simplificadas **noseología, *noseológico, *nosis.*

gnosticismo, gnóstico. La RAE admite también las formas simplificadas *nosticismo, nóstico*, pero recomienda las formas con *g*.

goal average. → gol averaje.

gobernanta. 1. Con el significado de 'institutriz, aya' es → anglicismo (ingl. *governess*).

2. El DRAE/92 incorpora esta acepción: "Encargada de la administración de una casa o institución."

gobernar. V. irreg.; se conjuga como → acertar, 1.

goethiano, goetheano. La RAE introduce ambas formas en el DRAE/92, pero prefiere la primera.

gol averaje. Castellanización innecesaria de la expresión inglesa *goal average*; dígase *promedio de goles* o *de tantos*. → average.

golfista. El DRAE/84 registra la palabra *golf* y el DRAE/92 incorpora su derivado **golfista**, pero no *golfístico*, → neologismo correcto que no hay inconveniente en utilizar.

golfístico. → golfista.

golfo. Como todos los nombres comunes geográficos, se escribe con minúscula inicial, salvo que forme parte de un nombre propio: *el golfo de México*, pero: *la Corriente del Golfo.*

golpe. Las perífrasis con **golpe** no son incorrectas en español: *golpe de vista, golpe de fortuna, golpe de gracia, golpe de mar, golpe de tos*, etc. son admisibles y figuran en el DRAE. Pero cuando el término **golpe** se emplea en su sentido recto de 'encuentro repentino y violento de dos cuerpos', se debe recordar que en castellano se emplean los sufijos *-azo* y *-ada* con el significado de 'golpe de': *codazo, patada*. Algunas expresiones tienen, sin duda, fuerte sabor galicista (fr. *coup de*): "[...] como el pintor que, después de un golpe de pincel, se aleja para ver el efecto [...]" (M. Cané, *Juvenilia*, 4).

golpe de efecto. La RAE ha incluido esta expresión en el DRAE/92 con la siguiente definición: "Acción por la que se sorprende al público del teatro o del cine, o se causa en

él impresión inesperada. También puede ser cómico, para provocar la risa."

golpe de Estado. → estado.

golpe de teléfono. → Galicismo (fr. *coup de téléphone*) que puede sustituirse por *telefonazo* o *llamada telefónica.*

golpismo, golpista. El DRAE/84 incorpora ambos vocablos definiéndolos: "m. Actitud favorable al golpe de Estado. // 2. Actividad de los golpistas." y "adj. Perteneciente o relativo al golpe de Estado. // 2. Que participa en un golpe de Estado o que lo apoya de cualquier modo. Ú. t. c. s.", respectivamente. La RAE no da ninguna localización geográfica, por lo que las dos voces pertenecen al español común.

golpiza. Voz que se emplea en Ecuador y México como sinónimo de *paliza*. Se empieza a oír en la Argentina por influencia de la televisión. No figura en el DRAE/92.

gomaespuma. El DMI incluye este sustantivo, que no figura en el DRAE/92, con la siguiente definición: "f. Caucho celular."

gomería. El DRAE/92 incorpora este sustantivo con la siguiente definición: "*Argent.* Lugar de venta o reparación de neumáticos."

gomina. El DRAE/70 (Suplemento) incluyó esta voz con la siguiente definición: "Fijador del cabello." M. Morínigo la registra en su *Diccionario* como propia de la América Meridional, pero la RAE la incorporó sin indicar ninguna localización geográfica, por lo que debe entenderse que pertenece al español general.

*gomitar. Forma incorrecta por *vomitar.* Dice un personaje de escasa cultura idiomática: "[...] estaba tratando de hacerla gomitar sobre el almácigo de las lechugas." (I. Blaisten, *Cerrado*, 58).

gónada. Es palabra esdrújula; la acentuación grave, **gonada*, es incorrecta.

-**gong, gongo. 1.** La RAE admite las dos formas, sin indicar preferencia. La primera es la más empleada.

2. El plural de **gong** es la forma anómala *gongs*: "Un coro mixto de campanas, de tambores, de cañonazos, de imprecaciones, de gongs y de profecías, acompañó la acción." (J. L. Borges, *Historia*, 47). El plural de **gongo** no ofrece dificultad: *gongos.*

gordinflón, gordiflón. La RAE admite ambas formas, pero en el DRAE/92 se inclina por la primera.

gorjeo. El DRAE/92 ha incorporado como tercera acepción de este vocablo: "Canto o voz de algunos pájaros."

Göteborg. Ciudad sueca. En español es *Gotemburgo.*

*gotiera. → Galicismo (fr. *gouttière*) por *férula* o *canal.*

Göttingen. Ciudad alemana. En español es *Gotinga*.

gourmand. Voz francesa (pron. [gurmán]) con que se designa a la persona que gusta de la buena y abundante cocina. No es sinónimo de → **gourmet**.

gourmet. Palabra francesa (pron. [gurmé]) que significa 'persona de gusto refinado en materia de comidas y bebidas'. En sentido figurado puede significar 'conocedor exquisito'. No es sinónimo de → **gourmand**.

gozar. Construcción: —*con la música*; —*de una buena renta*; —*de excelente salud*.

gozarse. Construcción: —*en el bien común*.

gozoso. Construcción: —*con su presencia*; —*de la victoria*.

Graal. En español es *Grial*.

grabar. 1. Construcción:—*al agua fuerte*; —*en cobre*.
2. No confundir con *gravar* (= imponer un gravamen).

***gracias que.** Construcción incorrecta por *gracias a que*.

graduar. Para su acentuación, → **atenuar**.

graduarse. Construcción: —*de abogado*; —*en Medicina*.

graffiti. 1. Palabra italiana, plural de *graffito*. Las grafías **graffitto*, **graffitti*, **grafitto* y **grafitti* son incorrectas. Si se quiere usar la palabra italiana, es preciso respetar el carácter de plural de **graffiti** y no emplearlo como singular: "[...] que nada tiene que ver con la banda de humor que supo incursionar en el graffitti [...]" (*Página / 12*, 19-8-89, pág. 14); "[...] pintaron en un puente de Milán un expresivo grafitti [...]" (*La Nación*, 1-2-93, pág. 10, en un artículo titulado "Auge y caída de los grafitti"), ni formar un doble plural (**graffitis*), que no se justifica: "La pared de enfrente del bar [...] es una mezcla de graffittis superpuestos." (*Página / 12*, 29-8-90, pág. 24); "La declinación del parque de grafittis [...]" (*La Nación*, loc. cit.)
2. En español puede decirse *grafito* o *pintada*.

grafila, gráfila. La RAE admite las dos acentuaciones, pero prefiere la forma llana.

grafito. → **graffiti**.

***grajea.** Error ortográfico por *gragea*.

-gramo, -grama. Los compuestos con los sufijos **-gramo**, **-grama** forman palabras graves: *centigramo, hectogramo, kilogramo, paralelogramo, epigrama, telegrama, audiograma*, etc. La RAE admite, pero no prefiere, → **pentágrama**.

grampa, grapa. Para denominar la pieza de metal cuyos dos extremos se clavan en la pared u otro objeto, la RAE admite ambas formas, pero prefiere la segunda. En América se emplea casi exclusivamente la primera → **grapa**.

gran. → **grande, 3**.

grana. Como nombre de color, → **concordancia, I, D**.

Granada. 1. Los gentilicios de esta ciudad española son *granadino* y, por el antiguo nombre, Ilíberis o Iliberris, *iliberitano* o *iliberritano* (con preferencia por el primero).
2. El gentilicio que corresponde a la isla de las Antillas es *granadino*.

granate. Como nombre de color, → **concordancia, I, D**.

Gran Buenos Aires. En su sesión del 25 de agosto de 1977, la AAL dictaminó que es aceptable y gramaticalmente correcta la denominación **Gran Buenos Aires**.

grande. 1. Superlativos: *grandísimo* y *máximo* (admitido este último por Bello y la RAE, pero objetado por Cuervo, *Notas*, § 45).
2. Comparativo: *mayor*, y en lengua coloquial, *más grande*.
3. Este adjetivo apocopa en *gran* delante de sustantivo masculino o femenino en singular: *gran edificio, gran población*. La apócope no se produce cuando **grande** integra la perífrasis de superlativo *el / la más grande*: *el más grande destrozo; la más grande desilusión*, y cuando entre **grande** y el sustantivo se intercalan otras palabras: "La sala de la casilla tenía en su centro una grande y fornida mesa [...]" (E. Echeverría, *El matadero*, 78). Fuera de estos casos, conservar la forma plena de **grande** es propio actualmente de la lengua literaria y enfática: *es un grande hombre*.

***grandielocuencia, *grandielocuente.** Formas incorrectas por *grandilocuencia, grandilocuente*.

grandulón. El DRAE/92 incorpora esta voz como argentinismo y sinónimo de *grandullón*.

granja modelo. Plural: *granjas modelo*. → **carta poder**.

granjearse. Construcción: —*la antipatía de sus vecinos*.

grapa. El DRAE/92 incorpora una nueva acepción de este sustantivo con el valor de 'pieza metálica pequeña que se utiliza en cirugía para unir los bordes de una herida'.

grappa. Voz italiana que significa 'aguardiente': "El marinero nos dejó una botella de grappa." (E. Galeano, *Contraseña*, 21). En la Argentina es muy usual la castellanización *grapa*, que el DRAE/92 no registra.

gratén. El DMI incluye esta voz, que no figura en el DRAE/92, con la siguiente definición: "(voz franc.) Salsa espesa hecha con besamela y queso, que cubre algunas viandas y que se dora al horno antes de servirla." En francés se escribe *gratin*.

grátil, gratil. La RAE autoriza las dos acentuaciones, pero prefiere la primera.

gratin. → **gratén**.

gratinar. La RAE ha incluido este verbo en el DRAE/92, con la siguiente definición: "(del fr. *gratiner*.) tr. Hacer que un alimento se tueste por encima en el horno."

gratis. En su empleo más corriente es adverbio: *viaja gratis*, pero es frecuente emplearlo también como adjetivo invariable, aunque este uso no está avalado por la RAE: *la bebida es gratis, entradas gratis*; "Las metáforas son gratis [...]" (C. Ulanovsky, *Los argentinos*, 80). La doctrina académica más estricta exige, en estos casos, el uso del adjetivo *gratuito*. → ***de gratis**.

gravar. Significa 'imponer un gravamen' y no debe confundirse con → **grabar**.

gravídico. El DMI registra este adjetivo, que no figura en el DRAE/92, con la siguiente definición: "Relacionado con la gravidez o embarazo."

gravitacional. El DMI incluye este adjetivo, que el DRAE/92 no registra, con la siguiente definición: "Perteneciente o relativo a la gravitación."

gravoso. Construcción: —*a la economía*.

grecolatino. Plural: *grecolatinos*.

grecorromano. Cuando el compuesto se refiere a una entidad en la que se han fundido caracteres griegos y romanos, se escribe sin separación de sus elementos: *arquitectura grecorromana, estilo grecorromano* (evítese la grafía **grecoromano*). Cuando, en cambio, se denota oposición o contraste, se unen los dos elementos con → **guión**: *la guerra greco-romana*.

Grenada, Grenade. El nombre español de este país americano es *Granada*.

grifería. El DRAE/92 incluye esta voz que significa 'conjunto de grifos o llaves' y 'tienda donde se venden'.

grill. Voz inglesa que puede sustituirse por *parrilla*.

grillos. En la acepción de 'conjunto de dos grilletes y cadena que impiden el andar de los presos' carece de singular: *le colocaron los grillos al prisionero*.

gripe. Así ha hispanizado la RAE la voz francesa *grippe*. No corresponde, entonces, utilizar la grafía francesa ni pronunciar [grip].

grisalla. → **Galicismo** (fr. *grisaille*) por *claroscuro*.

griseta. → **Galicismo** (fr. *grisette*) en la acepción de 'modistilla de costumbres livianas': "quien diría / que tu poema de griseta / sólo una estrofa tendría" (J. González Castillo, "Griseta", en ACTC, 140).

gritería, griterío. La RAE admite las dos formas, sin indicar preferencia.

gro. La RAE ha hispanizado así la voz francesa *gros*.

groggy. → **grogui**.

grogui. Hispanización de la voz inglesa *groggy*. La RAE la ha incluido en el DRAE/92, con las siguientes definiciones: "adj. *Dep*. En el boxeo, aturdido, tambaleante. // 2. Atontado por el cansancio o por otras causas físicas o emocionales. // 3. Casi dormido." "[...] y lo tiene grogui, y está por caer [...]" (A. Rodríguez Muñoz, "Los murciélagos", en VCAM, 304).

groom. Palabra inglesa (pron. [grum]). Puede traducirse por *botones, recadero*.

gros. → **gro**.

grosso modo. Locución adverbial latina. Significa 'aproximadamente, en líneas generales, poco más o menos'. Es incorrecto anteponerle la preposición *a*: → ***a grosso modo**.

grueso. Superlativos: *grosísimo* (literario) y *gruesísimo* (coloquial) (*Esbozo*, 2. 4. 8, d).

gruir. V. irreg.; se conjuga como → **huir, 1**.

gruñir. Para su conjugación, → **bullir**. Evítense las formas incorrectas **gruñió, *gruñiendo*, etc., en lugar de *gruñó, gruñendo*, etc.

grupal. El DRAE/92 incorpora este adjetivo con el significado de 'perteneciente o relativo al grupo'.

grupí, gurupí. Voces que se emplean en la Argentina para nombrar a la persona que, en las subastas públicas, eleva, en connivencia con el vendedor, el precio de lo que se ofrece en venta. Ninguna de las dos palabras figura en el DRAE/92.

gruyer. Así ha hispanizado la RAE e incluido en el DRAE/92 la palabra francesa *gruyère*, que designa un tipo de queso que se comenzó a fabricar en la región suiza de este nombre.

Guadalajara. Los gentilicios correspondientes a la ciudad española son: *caracense* (del antiguo nombre *Caracca*) y *guadalajareño*. El que se aplica a la ciudad mexicana del mismo nombre es *guadalajarense*.

Guadix. 1. Es palabra aguda; evítese la acentuación grave [guádix].
2. Gentilicios: *accitano* (del antiguo nombre *Acci*) y *guadijeño*.

gualdo. Para referirse al color amarillo de la flor de la gualda existe en español el adjetivo *gualdo, -a*: *el color gualdo, la bandera gualda*.

gualicho. El DRAE/84 ha incorporado esta voz rioplatense con sus valores de 'hechizo dañino' y 'amuleto, talismán': "Yo le pido [...] que me dé un gualicho para podérmelas conseguir." (R. Güiraldes, *Don Segundo*, 76).

Guanahaní. El nombre de esta isla, la primera descubierta por Colón, es palabra aguda. La acentuación grave, **Guanahani*, es errónea.

*guardaagujas. Forma incorrecta por → **guardagujas**. → **-aa- > -a-**.

guardabarrera. 1. Es sustantivo común de dos: *el* y *la guardabarrera*.
2. La forma *guardabarreras* es plural y no corresponde utilizarla como singular: **el guardabarreras*.
guardabarros. Según la RAE no varía en plural: *el guardabarros* y *los guardabarros*, pero, como señala la AAL, es corriente en la Argentina llamar *guardabarro* a cada una de las planchas que van sobre las ruedas de los vehículos (*Acuerdos*, V, 171).
guardabosque. Según la RAE, en singular es **guardabosque**, pero el DMI advierte que se usa más en la forma *guardabosques*: *el guardabosques*.
guardabrisa. Es el fanal de vidrio donde se colocan las velas para evitar que el aire las apague. Para designar el parabrisas de un automóvil se emplea, en singular, la forma *guardabrisas*: *el guardabrisas está sucio*.
guardacoches. La RAE ha incorporado esta acepción en el DRAE/92: "Persona que aparca y vigila los automóviles a la puerta de algunos establecimientos."
guardacostas. Es singular y no varía en plural: *el* y *los guardacostas*.
guardaespaldas. Es singular y no varía en plural: *el* y *los guardaespaldas*.
guardagujas. Es singular y no varía en plural: *el* y *los guardagujas*.
guardamuebles. Es singular y no varía en plural: *el* y *los guardamuebles*.
guardar. Construcción: —*bajo, con llave*; —*en el recuerdo*; —*entre algodones*.
guardarse. Construcción: —*de alguien*; —*del agua mansa*; —*de hacer algo*.
guardarropa. Es sustantivo masculino: *el guardarropa*.
guardavalla. En el DRAE/84 ya figura como sinónimo de *portero, guardameta, arquero*, según había solicitado la AAL en sesión del 27 de setiembre de 1973 (*Acuerdos*, VI, 72-74). Es americanismo.
guardia civil. Plural: *guardias civiles*.
guardia marina, guardiamarina. 1. La RAE admite ambas grafías en el DRAE/92, pero prefiere la primera.
2. Plural: *guardias marinas* y *guardiamarinas*, respectivamente.
guarecer. V. irreg.; se conjuga como → **parecer, 1**.
guarecerse. Construcción: —*bajo el pórtico*; —*del sol*; —*en la casa*.
guarnecer. V. irreg.; se conjuga como → **parecer, 1**.
guasada. El DRAE/92 incorpora este argentinismo con la siguiente definición: "Acción grosera, torpe o chabacana."
Guatemala. Gentilicios: *guatemalense* y *guatemalteco*. La RAE prefiere el segundo, que es el más usado.

guay. Cuando se emplea como sustantivo su plural es *guayes*: *se oían muchos guayes*.
Guayana. Gentilicio: *guayanés*.
guerra mundial. Se escribe con mayúsculas iniciales cuando se trata de alguna de las dos que se produjeron en el siglo XX. El adjetivo ordinal que las distingue se escribe todo en minúsculas: *la primera Guerra Mundial, la segunda Guerra Mundial*.
gueto. Hispanización de la voz italiana *ghetto*, con que se designa el barrio en que vivían o eran obligados a vivir los judíos, y, en general, el lugar donde vive cualquier minoría segregada del resto de la sociedad.
guiado. Construcción: —*de, por alguien*.
guiar. Para su acentuación, → **enviar, 1**.
guiarse. Construcción: —*por un experto*.
guignol. Voz francesa (pron. [guiñól]) que la RAE ha hispanizado bajo la forma *guiñol*.
guinche, guinchero. En sesión del 10 de octubre de 1985, la AAL sugirió a la RAE la inclusión de estos términos en el *Diccionario* oficial con las siguientes definiciones: "m. *Argent.* grúa." y "m. y f. Persona que maneja el guinche", respectivamente (*Acuerdos*, X, 243-45). El DRAE/92 los recoge con las definiciones sugeridas por la AAL, aunque con el agregado de la nota de *poco usado* para **guinche**.
Guinea. Gentilicios: *guineano* y *guineo*, con preferencia por el primero.
Guinea Ecuatorial. Gentilicio: *ecuatoguineano* (no incluido en el DRAE/92). Según el *Manual* de la Agencia Efe, es término despectivo.
guiñol. → **guignol**.
guiñolesco. El DMI incluye este adjetivo, que no figura en el DRAE/92, con la siguiente definición: "Propio del guiñol."
guión. Se emplea guión:
A. Al final del renglón cuando no cabe el vocablo entero. En este caso podrá dividirse la palabra siguiendo las reglas del → **silabeo ortográfico**.
B. En las palabras compuestas:
1. *De dos o más adjetivos*:
a) La RAE (*Ortografía*, § 53, 8º) establece que se escribirán con guión: *teórico-práctico, técnico-administrativo*. El *Esbozo* (1. 5. 5, 3º) dice que la tendencia de la escritura actualmente es no aglutinar sus componentes en una palabra, sino separarlos mediante un guión, pero agrega: "En este punto se observa cierta vaguedad: *democristiano* o *demo-cristiano, judeoespañol* o *judeo-español, variables socioeconómicas* o *socio-económicas, técnicos agropecuarios, síntomas oral-depresivos, estudios histórico-crítico-bibliográficos*." M. Moliner (*Diccionario*, s. v. *guión*) admite como indistintas ambas grafías: *anteroposterior* o *ántero-posterior, teoricopráctica* o *teórico-práctica* y

afirma que el uso de una u otra depende del gusto personal.

b) Si los adjetivos son gentilicios, la RAE (*Ortografía*, § 53, 7º) da las siguientes reglas: se escriben con guión entre los elementos componentes cuando no hay fusión entre ellos para constituir una nueva entidad (unión accidental): *guerra franco-prusiana, acuerdo greco-chipriota*. Cada gentilicio conserva su identidad. En cambio, cuando los gentilicios forman un nuevo compuesto en el que se funden determinadas características de ambos pueblos y se indica así una nueva entidad (unión permanente), el compuesto se escribe sin separación de sus elementos: *cultura grecorromana, literatura hispanoamericana*.

2. *De dos sustantivos*. Algunos admiten el guión entre dos sustantivos que forman el nombre de una cosa; así, M. Moliner dice que pueden escribirse "en dos palabras separadas o con guión: *pájaro mosca* o *pájaro-mosca* [...]" (*Diccionario, loc. cit.*). La AAL escribe estos compuestos con guión: *carta-poder, granja-modelo, globo-sonda*, etc. (*Acuerdos*, III, 223-25), lo mismo que M. Seco en su *Diccionario*.

La RAE no se refiere a los sustantivos en sus indicaciones sobre el uso del guión, pero en el DRAE no figuran palabras compuestas de dos sustantivos unidos por guión.

En este *Diccionario* se omite el guión en este tipo de compuestos. → **carta poder**.

guirigay. Su plural, según el *Esbozo* (2. 3. 3, b), es *guirigáis*. → **plural, I, B, 3**.

güisqui. Castellanización de la voz inglesa *whisk(e)y*, que no ha tenido mucho éxito ya que se sigue escribiendo *whisky*. Esta última forma también ha sido admitida por la RAE, aunque la preferida es **güisqui**.

Gulf Stream. En español se dice *Corriente del Golfo*.

*****guñuelo**. Forma incorrecta por *buñuelo*.

gurí, -sa. 1. En el Uruguay y el NE argentino, *niño, muchacho*: "Y nosotros esperando, con la gurisa cabeza abajo, y nada." (E. Galeano, *Contraseña*, 20).

2. Aunque desde un punto de vista académico es incorrecto, se emplea corrientemente el doble plural *gurises*, en lugar de las formas regulares *gurís* o *guríes*.

gurú. 1. Plural: *gurús*: "[...] desde el retorno de los brujos al advenimiento de los gurús [...]" (M. Benedetti, *El recurso*, 157).

2. El DRAE/92 no registra este vocablo.

gurupí. → **grupí**.

gustar. En el español peninsular se construye con la preposición *de* cuando no lleva pronombre pleonástico: *Pedro gusta de vestir bien; ¿gusta de servirse algo?* El español americano prefiere la construcción sin *de*: *gusta vestir bien*. Con pronombre pleonástico se omite siempre *de*: *a Pedro le gusta vestir bien; a mi hermano le gusta que lo inviten* (la construcción: **le gusta de que lo inviten* es → **dequeísmo**).

gusto. 1. No es académico emplear este sustantivo como sinónimo de *surtido, variedad, color, dibujo*, etc.: **tenía telas de varios gustos*.

2. Construcción: —*de* o *en saludarlo*; —*para vestir*; —*por la buena música*.

Guyana. Gentilicio: *guyanés*.

H

h. A. Octava letra del alfabeto español (novena si se considera la *ch* letra independiente). Su nombre es *hache*, plural: *haches*.
B. El nombre *hache* es sustantivo femenino y exige el artículo *la*: *la hache* (es una de las excepciones a la regla que establece que ante *ha-* tónica se emplea la forma *el* del artículo. → **agua, 2**).
C. En la pronunciación estándar actual, la **h** no representa ningún sonido. En otras épocas, y en determinados casos, representó una aspiración laríngea (**h** aspirada, cf. ingl. *hall*), que hoy día se mantiene sólo en el habla regional de algunas zonas de América y de España. Únicamente ante diptongo que comienza por *u* se oye un sonido consonante, muy tenue en el habla cuidada y francamente *g* (velar sonora) en habla rústica: **güérfano, *güevo, *desgüesar, *vigüela*, por *huérfano, huevo, deshuesar, vihuela*.
D. La **h** no tiene la capacidad de indicar hiato. Por lo tanto, la acentuación ortográfica prescinde de esta letra, y así como llevan tilde *raído, oído, maúlla, dúo, reúno, sonreír*, etc., deben llevarlo también *vahído, mohíno, tahúr, búho, rehúyo, vehículo*, etc.
E. *Ortografía.* Se escriben con **h** inicial:
1. Todas las formas de los verbos *haber* y *hacer*: *he, había, hubo, hago, hicimos, harían*, etc.
2. Las palabras que comienzan:
a) por los diptongos **hia-, hie-, hue-, hui-**: *hiato, hierro, hueso, huida.* (*Nota:* Los derivados de *hueso, huevo, hueco* y *huérfano* sin diptongo inicial no llevan **h**: *óseo, ovíparo, oquedad, orfanato*;
b) por los sufijos de origen griego:
hema-, hemo- (sangre): *hematoma, hemofilia*;
hemi- (medio): *hemiciclo, hemisferio*;
hepta- (siete): *heptasílabo, heptaedro*;
hetero- (otro): *heterodoxo, heterocigoto*;
hecto-, hect- (cien): *hectómetro, hectárea*;
hexa- (seis): *hexápodo, hexagonal*;

hiper- (sobre): *hipertensión, hipercrítico*;
hipo- (debajo): *hipodermis, hipofosfito*;
hipo- (caballo): *hipódromo, hipopótamo*;
hidro- (agua): *hidroavión, hidrógeno*;
homo- (igual): *homófono, homogéneo*.
ha-. Sustantivos que comienzan por **ha-** tónica, → **agua, 2**.
ha. → **haber, A, 1, a**).
haba. Es sustantivo femenino, pero en singular lleva la forma *el, un* del artículo: *el haba, un haba*, pero *las habas, unas habas*. → **agua, 2**.
Habana. El nombre de esta ciudad, capital de Cuba, es → **La Habana**, aunque, posiblemente por → **anglicismo**, se diga **Habana**, sin artículo.
habe, habed. → **haber, A, 3**.
hábeas corpus. 1. Expresión latina que significa literalmente 'ten tu cuerpo'. Son las palabras con las que comienza una ley inglesa de 1679, que le otorgaba a todo ciudadano detenido el derecho de ser llevado inmediatamente ante un juez, quien debía determinar la legalidad del arresto.
2. Es incorrecto omitir el tilde de la primera palabra: *hábeas*.
habemos. → **haber, A, 1, b**).
haber. Verbo irregular (ver cuadro). Tiene tres raíces: *hab-, hub-* y *habr-*.
A. *Observaciones sobre las formas de este verbo*
1. *Modo indicativo*
a) *ha / hay.* La primera forma se usa como auxiliar (→ **B, 1**) en la conjugación de la tercera persona de singular del pretérito perfecto compuesto: *ha salido, ha llegado*, etc., y en algunas expresiones: *veinte años ha, ha mucho tiempo* (exclusivamente literarias) y *ha lugar, no ha lugar* (de la jerga forense).
La forma *hay* se emplea como impersonal (→ **B, 2**): *hay una persona en la sala; hay varios días de fiesta.*
b) *hemos / habemos.* Sólo la primera forma está en uso en la lengua estándar actual y

se emplea como auxiliar: *no lo hemos visto; hemos caminado mucho.*

La forma *habemos* se usa a veces en lugar de *somos*: **habemos tres candidatos para el puesto*; o de *tenemos*: **habemos poco dinero.* Pero estas construcciones, propias del habla rústica de algunas regiones, se consideran incorrectas.

2. *Modo subjuntivo*

a) **haiga.* Aunque empleadas por los clásicos españoles, esta forma, lo mismo que **haigas* y **haigan*, son incorrectas y reciben todas ellas una fuerte sanción social. Las formas aceptadas hoy son: *haya, hayas* y *hayan.*

b) **háyamos.* Es incorrecta la acentuación esdrújula: **espero que háyamos ganado*, por *hayamos ganado.*

3. *Modo imperativo.* Las dos formas, *habe* y *habed*, han caído totalmente en desuso.

B. *Usos.* Este verbo tiene dos usos:

1. Como auxiliar: a) sus formas simples se emplean en la formación de los tiempos compuestos de todos los verbos: *has comido, habíamos escrito, hubo hecho, habrán salido*, etc.; b) todos sus tiempos pueden formar frases verbales: → **haber de + infinitivo; haber + participio; haber menester; haber que + infinitivo.**

2. Como impersonal: se emplean sólo las terceras personas de singular de los tiempos simples y compuestos: *hay una persona, hay varias personas, había varios libros, hubo grandes fiestas, ha habido copiosas lluvias*, etc. En este uso el verbo **haber** carece de sujeto; el sustantivo que lo acompaña es complemento directo, y es incorrecto establecer concordancia con él: **habían poco regalos, *hubieron grandes exclamaciones, *han habido tormentas.* Dígase: *había pocos regalos, hubo grandes exclamaciones, ha habido tormentas.*

3. → **he; hube de + infinitivo.**

haber de + infinitivo. Esta frase verbal puede indicar: a) obligación: *has de decir la verdad*; b) intención o propósito: *a las cinco he de ponerme a estudiar*; c) futuro, sin perder del todo alguno de los valores anteriores: *con el tiempo me he de liberar de esta carga.*

Estos usos son predominantemente literarios; la lengua coloquial prefiere la perífrasis *tener que + infinitivo*: *tienes que decir la verdad.*

Haber de + infinitivo indica, además, en el lenguaje coloquial de varios países de América —entre ellos la Argentina—: a) posibilidad: *han de ser las cuatro, han de ser tus padres* (= deben de ser las cuatro, deben de ser tus padres), y b) actitud o comportamiento habituales en una persona (generalmente reforzado por el adver-

bio *siempre* o similar): *siempre he de ser yo el que llega temprano; ustedes permanentemente han de pedir lo imposible; como de costumbre has de mentir.*

haber + participio. Esta frase verbal añade a su valor condicional irreal: *haberlo traído* (= si lo hubieras traído), un matiz de reproche: *¿Llegaste tarde? Haber salido antes*, o de queja: *¿La entrada era gratuita? ¡Haberlo sabido!*

haber menester. Frase verbal de uso exclusivamente literario; equivale a *necesitar.* Según la RAE, se construye sin preposición: *haber menester una cosa* (no: *de una cosa*). M. Moliner (*Diccionario*, s. v. *menester*) admite la construcción *haber menester de*, que es más frecuente: *he menester de tu consejo.*

haber que + infinitivo. Esta frase verbal impersonal indica obligación o conveniencia: *hay que salir en seguida; habrá que rehacer el trabajo; ha habido que castigarlo.*

habían regalos. → **haber, B, 2.**

hábil. Construcción: —*en* o *para los negocios*; —*para contraer matrimonio.*

habilitar. Construcción: —*(a alguien) con fondos*; —*de ropa para un viaje*; —*para comparecer en un juicio.*

habitacional. → **Neologismo** frecuente que no registra el DRAE/92: *se tomarán medidas para solucionar el problema habitacional.*

hábitat. 1. Es palabra esdrújula y lleva tilde en la primera *a.*

2. Puede formar un plural anómalo *hábitats* o quedar invariable: *los hábitat.* Es preferible esta última solución.

habituar. Para su acentuación, → **atenuar.**

habituarse. Construcción: —*a las nuevas condiciones.*

habitué. Voz francesa de uso generalizado: "Acá, en cambio, no hay más que un grupito de habitués [...]" (*Página / 12*, 3-12-91, pág. 5); "[...] tan discretas como el público habitué." (R. Modern, "Seducido por un pavo", en TCAH, 168). Puede remplazarse por *cliente, parroquiano, concurrente asiduo, contertulio*, según los casos, y como adjetivo por *habitual.*

habla. Es sustantivo femenino, pero en singular lleva la forma *el, un* del artículo: *el habla* (pero: *las hablas*). → **agua, 2.**

hablar. Construcción: —*con alguien*; —*de, sobre un asunto*; —*entre dientes*; —*por otro*; —*por señas. Hablar inglés* no es lo mismo que *hablar en inglés.* El primero indica conocimiento en general de la lengua: *no tuvo inconvenientes en Londres porque habla inglés*; el segundo indica una acción puntual: *escuché a unos turistas hablar en inglés.*

Cuando este verbo está complementado por

HABER
(conjugación de los tiempos simples)

MODO INDICATIVO

Presente	*Pret. imperf.*	*Pret. perf. simple*	*Futuro*	*Condicional*
he	había	hube	habré	habría
has	habías	hubiste	habrás	habrías
ha/hay	había	hubo	habrá	habría
hemos	habíamos	hubimos	habremos	habríamos
habéis	habíais	hubisteis	habréis	habríais
han	habían	hubieron	habrán	habrían

MODO SUBJUNTIVO

Presente	*Pretérito imperfecto*	*Futuro*
haya	hubiera/hubiese	hubiere
hayas	hubieras/hubieses	hubieres
haya	hubiera/hubiese	hubiere
hayamos	hubiéramos/hubiésemos	hubiéremos
hayáis	hubierais/hubieseis	hubiereis
hayan	hubieran/hubiesen	hubieren

FORMAS NO PERSONALES

Infinitivo	*Gerundio*	*Participio*
haber	habido	habiendo

---

una proposición encabezada por *que*, no debe omitirse la preposición *de*: *habla de que siempre hace grandes negocios*.

hablillas. El *Esbozo* (2. 3. 4, a) cita esta voz entre los sustantivos que carecen de singular o que se emplean casi siempre en plural. Sin embargo, el DRAE/92 y el DMI registran sólo la forma singular *hablilla*.

hacen veinte días. → **hacer, 2, a.

hacer. 1. Verbo irregular (ver cuadro). Tiene cuatro raíces: *hac-* [as], *hag-, hic-* [is] y *har-*.

2. *Usos*

a) Se emplea como personal (*hicimos el trabajo*) e impersonal (*hizo buen tiempo, hace frío*). En este último caso es preciso recordar que se usan sólo las terceras personas de singular; el verbo carece de sujeto, el sustantivo que lo acompaña es complemento directo y es incorrecto establecer concordancia con él: **hicieron grandes calores, *hacen veinte días* (el uso que los escritores clásicos hicieron de estas construcciones no impide que actualmente se

las considere viciosas). Dígase: *hizo grandes calores, hace veinte días*.

b) Evítese emplear la forma *hace* en lugar de *haz* (→ **voseo:** *hacé*), segunda persona singular del imperativo.

3. Construcción: *—de bufón; —de las suyas; —para salvarse; —por venir*.

4. → **hacer bien (mal); hacer(se) de cuenta; hacer mención**.

hacerse. 1. Construcción: *—a la buena vida; —a la mar; —a la nueva situación; —a todo; —a un lado; —con o de unos pesos; —de día*. → **hacerse rogar**.

2. → **se me (te, le) hace**.

hacer a. Es poco recomendable el empleo de esta construcción en lugar de: *contribuir, corresponder, atañer, referirse a, tener relación con, tocar a, competer, incumbir, importar, formar parte, constituir*: "[...] no se pusieron de acuerdo sobre la posibilidad de ajustar el salario mínimo, en lo que hace a porcentaje y tiempo de vigencia [...]" (*Clarín*, 17-8-88, pág. 3). Podría haberse

HACER
(conjugación de los tiempos simples)

MODO INDICATIVO

Presente	Pret. imperf.	Pret. perf. simple	Futuro	Condicional
hago	hacía	hice	haré	haría
haces	hacías	hiciste	harás	harías
hace	hacía	hizo	hará	haría
hacemos	hacíamos	hicimos	haremos	haríamos
hacéis	hacíais	hicisteis	haréis	haríais
hacen	hacían	hicieron	harán	harían

MODO SUBJUNTIVO

Presente	Pretérito imperfecto	Futuro
haga	hiciera/hiciese	hiciere
hagas	hicieras/hicieses	hicieres
haga	hiciera/hiciese	hiciere
hagamos	hiciéramos/hiciésemos	hiciéremos
hagáis	hicierais/hicieseis	hiciereis
hagan	hicieran/hiciesen	hicieren

MODO IMPERATIVO

Presente

haz
haced

FORMAS NO PERSONALES

Infinitivo	Gerundio	Participio
hacer	haciendo	hecho

dicho: en lo que atañe a, en lo que toca a, en lo que se refiere a porcentaje...
Otros casos: *esto hace a mis intereses* (esto compete o importa a mis intereses); *ello hace a nuestra formación* (ello contribuye o incumbe a nuestra formación); *condiciones que hacen a una buena administración* (que tienen relación con una buena administración), etc.
M. Moliner admite en su *Diccionario* (s. v. *hacer*) la construcción *por lo que hace a*, que no figura en el DRAE/92, con el valor de: *por lo que se refiere a*.

hacera. → **acera**.
hacer abstracción. → **hacer + sustantivo**.
hacer alusión. → **hacer + sustantivo**.

hacer bien (mal). Es preferible la preposición *en* (*hizo bien en venir*) a la preposición *de* (*hizo bien de venir*).
hacer cancha. Expresión corriente en la Argentina; significa 'dar lugar, abrir paso': "La gente hizo cancha a aquellos mocetones incómodos, acostumbrados a andar golpeándose por todos los rincones." (R. Güiraldes, *Don Segundo*, 31). También se dice *abrir cancha*. El DRAE/92 registra, con esta acepción, *abrir, dar* o *pedir cancha*, pero no **hacer cancha**.
hacer(se) de cuenta. Forma utilizada en el español americano, frente a *hacer(se) cuenta* que predomina en España: *hizo de cuenta que no sabía nada*.
hacer escombro. El DRAE/92 incorpora

este argentinismo con la siguiente definición: "loc. fig. y fam. Magnificar la importancia de un hecho o el modo de realizarlo para llamar la atención."

hacer España. Conviene sustituir el verbo *hacer* por *visitar* o *recorrer*: **en este viaje sólo haremos España y Francia.*

hacer(se) la rata. En su sesión del 24 de marzo de 1983, la AAL sugirió a la RAE la incorporación de esta expresión en el *Diccionario* oficial, con nota de argentinismo (*Acuerdos*, X, 107-09). La RAE la ha incluido con la siguiente definición: "*Argent.* Hacer novillos, faltar a clase."

hacer + sustantivo. Se ha tachado indebidamente de galicista la construcción formada por el verbo *hacer* más sustantivo, equivalente al verbo correspondiente: *hacer gestiones* (= gestionar), *hacer abstracción* (= abstraer), etc.

Estas construcciones están convalidadas por la RAE: "Junto con algunos nombres, [hacer] significa la acción de los verbos que se forman de la misma raíz que dichos nombres; así, *hacer estimación* es *estimar*, *hacer burla*, *burlarse*." (DRAE/92, s. v. *hacer*). El DRAE registra algunas de estas expresiones, y otras, que no figuran, son empleadas, sin embargo, en la definición de alguna palabra. A título de ejemplo se puede citar el caso de *hacer abstracción*, que no aparece en el DRAE, pero, s. v. *prescindir*, la RAE define: "Hacer abstracción de una persona o cosa."

De todos modos, conviene no abusar de estas formas, que quizá impliquen una cierta pereza mental, y recordar que pueden sustituirse por un verbo (*hacer conquistas* = *conquistar*) o que, a veces, conviene remplazar *hacer* por un verbo más descriptivo: *hacer presión* = *ejercer presión*.

hacer mención. Los preceptistas recomiendan que se diga *hacer mención de* y no *hacer mención a*: *hizo mención de sus bienes.*

*hacer parte. → **Galicismo** (fr. *faire partie*); dígase *formar parte*: **ellos hacen parte de la sociedad.*

hacer presión. → **hacer + sustantivo.**

hacer público. Recordar que *público* es adjetivo y debe concordar con el sustantivo al que se refiere: *hicieron públicos sus sentimientos; harán públicas las inquietudes de los perjudicados.*

*hacerse del rogar. Construcción vulgar por → **hacerse rogar** o *hacerse de rogar.*

hacerse ilusiones. Frase que la RAE considera → **solecismo** y recomienda sustituir por *forjarse ilusiones*, con metáfora de herrería, según J.L. Borges ("El idioma de los argentinos", en *El lenguaje*, 25).

hacerse rogar. Según las normas debe de-

cirse *hacerse de rogar* y así lo registra el DRAE. Pero en América se emplea casi exclusivamente sin preposición: **hacerse rogar**, forma que registra M. Moliner en su *Diccionario*, y que no ha de considerarse incorrecta.

hacha. Es sustantivo femenino, aunque en singular lleva la forma *el*, *un* del artículo: *el hacha, un hacha* (pero: *las hachas, unas hachas*). Debe evitarse cuidadosamente usar este sustantivo con adjetivos masculinos: **este hacha, *un hacha pequeño*, en lugar de *esta hacha, un hacha pequeña.* → **agua, 2.**

hachador. El DMI registra este sustantivo, que no figura en el DRAE/92, con la siguiente definición: "m. *Argent., Cuba* y *Guat.* Peón que trabaja con el hacha."

hache. Se dice *la hache*, no **el hache.* → **h, II.**

*hachich, *hachisch. → **hachís.**

hachís. Así ha hispanizado la RAE el nombre de este estupefaciente. Evítense las grafías **hachich, *hachisch, *haschis, *haschisch* y **haxix* (propiciada esta última por la RAE hasta 1956). Según el DRAE/92, la *h* a veces es aspirada.

hacia. Preposición que señala dirección sin indicar destino: *íbamos hacia la estación cuando lo vimos.* No es sustituible por la preposición *a*: no es lo mismo *ir hacia la plaza* que *ir a la plaza.* También señala lugar o tiempo aproximados: *miraba hacia la casa; fue hacia 1940.*

hada. Es sustantivo femenino, pero en singular lleva la forma *el*, *un* del artículo: *el hada, un hada* (pero: *las hadas, unas hadas*). → **agua, 2.**

*haiga. → **haber, A, 2, a).**

halitosis. El DRAE/92 incorpora este sustantivo con el significado de 'fetidez del aliento'.

hall. Voz inglesa (pron. [jol]) que se emplea corrientemente en español: "El hall alto de un cine le parecía una prodigiosa creación humana [...]" (B. Verbitsky, *Octubre maduro*, 17); "Con dos minutos para alcanzar el tren, corríamos [...] por el hall de la estación Victoria." (M. Abella Caprile, *Geografías*, 39). Puede sustituirse por *vestíbulo, recibimiento, recepción, entrada*, según los casos.

halla. → **haya.**

hallarse. Construcción: —*con un obstáculo;* —*en todo.*

halterofilia. El DRAE/84 incorporó esta voz con la siguiente definición: "f. Deporte olímpico de levantamiento de peso."

hamaca. La RAE ha incluido en el DRAE/92 la siguiente acepción de este sustantivo: "Asiento consistente en una armadura graduable, generalmente de tijera, en la que se sujeta una tela que forma el asiento y el respaldo."

hamacarse. El DRAE/92 ha incorporado las siguientes acepciones de este verbo: "*Dep. Argent.* Dar al cuerpo un movimiento de vaivén" y "*Argent.* Afrontar con esfuerzo una situación difícil. *Hay que hamacarse para lograrlo*".

hamadríade. Es palabra esdrújula; la acentuación grave, **hamadriade*, es errónea. La RAE admite también las formas *hamadría* y *hamadriada*.

hambre. Es sustantivo femenino, aunque en singular lleva la forma *el, un* del artículo: *el hambre, un hambre*. Es incorrecto, si bien muy frecuente, considerar masculino este vocablo y hacerlo concordar con adjetivos en masculino: **este hambre, *mucho hambre, *hambre atrasado*, en lugar de *esta hambre, mucha hambre, hambre atrasada*. Esta incorrección, frecuente en la lengua hablada, se extiende también, a veces, a la lengua escrita: "Neville Chamberlain ofrendó Checoslovaquia para calmar el sanguinario hambre de Hitler." (*Página/12*, 20-4-89, pág. 15). → **agua, 2.**

hamburguesa. La RAE ha incluido este sustantivo en el DRAE/92 con la siguiente definición: "f. Tortita de carne picada, con diversos ingredientes, frita o asada."

hampa. Es sustantivo femenino, aunque en singular lleva la forma *el, un* del artículo: *el hampa, un hampa*. → **agua, 2.**

handball. Este deporte puede denominarse en español *balonmano*, voz que la RAE ha incorporado en el DRAE/92.

handicap. Voz inglesa (pron. [jándikap]) que figura en el DMI con las siguientes definiciones: "m. Carrera, concurso, etc. en que algunos participantes reciben una ventaja para nivelar las condiciones de la competición. // Por ext. desventaja de un participante. // fig. Condición o circunstancia desventajosa." Su plural inglés es *handicaps*.
Fuera del lenguaje deportivo, donde su empleo parece más necesario, puede sustituirse por *obstáculo, desventaja* o *inferioridad*.

hansa, hanseático. El DRAE/92 recomienda esta grafía, con preferencia a *ansa, anseático*.

*harakiri, *hara-kiri. La única grafía admitida por la RAE de esta voz de origen japonés es *haraquiri*.

haras. Palabra francesa con que se designa el establecimiento dedicado a la reproducción y cría de caballos, en particular de carrera. Las voces *acaballadero* y *cabaña*, que se han propuesto para remplazarla, no significan exactamente lo mismo. Dado que el vocablo **haras** se usa corrientemen-

te desde antigua data, por lo menos en el Río de la Plata, la AAL, en sesión del 12 de julio de 1979, sugirió a la RAE su incorporación en el *Diccionario* oficial (*Acuerdos*, VII, 231-32). No figura en el DRAE/92.

hardware. Palabra inglesa de uso frecuente en informática. Puede sustituirse por *soporte físico*.

harén, harem. 1. La RAE autoriza las dos grafías, pero recomienda la primera.
2. El plural más frecuente es *harenes*.

harmonía. → **armonía.**
harmonio. → **armonio.**
harmónium. → **armónium.**
harpa. → **arpa.**
harpía. → **arpía.**
harpillera. → **arpillera.**
harre. → **arre.**
harrear. → **arrear.**
harriero. → **arriero.**
hartar. 1. Tiene dos participios: uno regular, *hartado*, que forma los tiempos compuestos: *nos han hartado de mentiras*, y otro irregular, *harto*, que funciona como adjetivo: *están hartas de esperar*. Este último puede adverbializarse y entonces es invariable: *llegaron harto cansadas; la comida era harto escasa*. Es de uso preferentemente literario.
2. Construcción: —*con* o *de comida, agasajos*.

hartarse. Construcción: —*de aguantar*.
*haschis, *haschisch. → **hachís.**
hasta. En Chile, Venezuela y, sobre todo, Colombia, México y América Central, es frecuente la omisión de la negación *no* en construcciones como: *hasta las diez comí*, en lugar de *hasta las diez no comí*, según el español estándar (Kany, *Sintaxis*, 428). Véanse los siguientes ejemplos, de autor mexicano los dos primeros y nicaragüense el tercero: "Hasta después de una hora, el chubasco amainó." (J. Ferretis, "Hombres en tempestad", en CH, 2, 40); "Habló de Juárez que nosotros teníamos levantado en la plaza y hasta entonces supimos que era la estatua de Juárez, pues nunca nadie nos había podido decir quién era el individuo que estaba encaramado en el monumento aquél." (J. Rulfo, *El llano*, 243); "Entraron a tu casa y salieron hasta las diez de la noche [...]" (S. Ramírez, "El centerfielder", en DCL, 151).
Este uso, desconocido en la Argentina, puede inducir a error: *la tienda abre hasta las cinco* significa en el español modélico que la tienda cierra a partir de las cinco. En cambio, según el uso comentado, significa que la tienda abre a partir de las cinco.
*hasta el tuétano. Académicamente, esta locución adverbial es: *hasta los tuétanos*.
hastiar. Para su acentuación, → **enviar, 1.**

hatajo. → **atajo.**
Havre, El. → **El Havre.**
*__*haxix.__ → **hachís.**
hay. → **haber, A, 1, a).**
haya. Es sustantivo femenino, aunque se le antepone la forma *el, un* del artículo: *el haya,* pero: *las hayas.* → **agua, 2.**
haya, halla. No deben confundirse. **Haya** es la primera o tercera persona de singular del presente del subjuntivo del verbo *haber* y se emplea como auxiliar: *yo/él haya venido, yo/él haya saludado,* etc.
Halla es la tercera persona de singular del presente del indicativo del verbo *hallar*: *él no halla la razón de tanta alegría.*
Haya, La. → **La Haya.**
*__*háyamos.__ → **haber, A, 2, b).**
haz. Es masculino cuando significa 'leña atada' y 'rayo luminoso': *el haz de leña, el haz de luz.* Con el significado de 'tropa ordenada' se contradice la RAE: según el *Esbozo* (2. 2. 7, d) es femenino; para el DRAE/92, en cambio, es masculino. Finalmente, con el valor de 'cara, rostro, superficie', 'cara de una tela o de otras cosas' es femenino, pero la RAE no es coherente en cuanto al artículo: el DRAE emplea unas veces el artículo *la*: *fianza de la haz* (s. v. *haz*), *desde la haz al envés* (s. v. *tisú*) y recientemente, en un artículo incorporado en la edición de 1992, *tejido de pelo largo por la haz* (s. v. *peluche*) y otras veces, *el*: *en el haz* (s. v. *haz*), *que tiene pelo por el haz* (s. v. *felpa*). M. Seco (*Diccionario*, s. v.) sostiene que lleva el artículo *el* y considera errados un texto de P. Salinas y otro de P. Laín Entralgo en que estos autores escriben *la haz.* M. Moliner (*Diccionario*) adjudica el artículo *la* a **haz** con el significado de 'cara'. J. Camba, por su parte, escribe en *Sobre casi todo*, 64: "[...] desaparecido del haz de la Tierra hace miles de años [...]".
he. En *he ahí, he allí, he aquí* es una voz sobre cuya categoría gramatical no hay acuerdo. Para Bello es la segunda persona de singular del imperativo de *haber*, pero el que se pueda emplear como singular y plural "parece dar a esta forma el carácter de interjección" (*Gramática*, § 581). El DRAE (s. v.) considera que es adverbio y según M. Seco (*Diccionario*, s. v.) es un verbo → **defectivo** e impersonal que no tiene más forma que ésta. Parece darle la razón el hecho de que lleva siempre un complemento directo y un complemento adverbial y, a veces, complemento predicativo; además, como sólo los verbos pueden hacerlo, admite pronombres enclíticos (*-me, -lo, -nos,* etc.): *he aquí el problema; helo aquí; henos ya en casa; henos ahora alegres y decididos.* Es de uso casi exclusivamente literario.

hebraizar. Para su acentuación, → **ahijar.**
hecho. Se construye con la preposición *de: el hecho de venir, el hecho de que viniera.*
héctico, hético. La RAE admite las dos formas, pero prefiere la segunda.
hectiquez, hetiquez. La RAE admite las dos formas, pero prefiere la primera.
hectogramo. Es voz grave; la acentuación esdrújula, *__*hectógramo,__ es errónea.
hectolitro. Es palabra grave; la acentuación esdrújula, *__*hectólitro,__ es errónea.
hectómetro. Es palabra esdrújula; la acentuación grave, *__*hectometro,__ es errónea.
heder. V. irreg.; se conjuga como → **tender, 1.**
hégira, héjira. La RAE autoriza las dos grafías, pero prefiere la primera. La variante *__*égira__ fue suprimida en el DRAE/56.
heladera. Sinónimo de *nevera* que, según M. Morínigo (*Diccionario*), se emplea en la Argentina, Paraguay y Uruguay. Pero el DRAE/70 incorpora este vocablo sin ninguna localización geográfica, por lo que se entiende que pertenece al español común.
helar. V. irreg.; se conjuga como → **acertar, 1.**
helarse. Construcción: *—de frío.*
helenización. El DRAE/92 registra este sustantivo con la siguiente definición: "f. Acción y efecto de helenizar o helenizarse."
helespontíaco, helespontiaco. La RAE admite las dos acentuaciones, pero prefiere la primera. → **-íaco, -iaco.**
helíaco, heliaco. La RAE admite las dos acentuaciones, pero prefiere la primera. → **-íaco, -iaco.**
heliolatría. El DMI registra este sustantivo, que no figura en el DRAE/92, con la siguiente definición: "f. Culto o adoración del Sol."
helioscopia. 1. El DMI incluye este sustantivo, que no registra el DRAE/92, con la siguiente definición: "f. Astron. Observación y estudio del Sol."
2. Evítese la acentuación *__*helioscopía.__ → **-scopia.**
helióstato. Es palabra esdrújula; evítese la acentuación grave *__*heliostato.__
helipuerto. La RAE admitió este vocablo en la edición de 1984 de su *Diccionario*, con la siguiente definición: "m. Pista destinada al aterrizaje y despegue de helicópteros."
hemático. En su sesión del 23 de octubre de 1975, la AAL sugirió a la RAE la inclusión de este adjetivo en el *Diccionario* oficial con la siguiente definición: "Relativo o perteneciente a la sangre." (*Acuerdos*, V, 246-47). No figura en el DRAE/92.
hematíe. El plural *hematíes* no debe hacer pensar en un inexistente singular *__*hematí.__

hematuria. El DRAE/92 ha enmendado así la definición de este sustantivo: "Presencia de sangre en la orina."

hemiplejía, hemiplejia. La RAE autoriza ambas formas, aunque prefiere la primera. Es el único compuesto de → **-plejía** que admite doble acentuación.

hemorroide. Bello incluye este sustantivo entre los que tienen sólo forma de plural: *hemorroides* (*Gramática*, § 126), pero el DRAE lo registra en singular.

hemorroísa, hemorroisa. La RAE admite ambas acentuaciones en el DRAE/92, pero prefiere la primera.

hemos. → **haber, A, 1, b)**.

hemostasis. Es palabra grave; la acentuación esdrújula, **hemóstasis*, es errónea.

henchir. **1**. V. irreg.; se conjuga como → **pedir, 1**. Este verbo admite la supresión de la *-i*-desinencial (→ **bullir**) en las terceras personas del pretérito perfecto simple (*hinchió* o *hinchó; hinchieron* o *hincheron*), en el pretérito imperfecto del subjuntivo (*hinchiera / hinchiese*, etc. o *hinchera / hinchese*, etc.) en el futuro del subjuntivo (*hinchiere*, etc. o *hinchere*, etc.), y en el gerundio (*hinchiendo* o *hinchendo*).
2. Construcción: *—de aire los pulmones*.

henchirse. Construcción: *—de gozo*.

hendedura. → **hendidura**.

hender, hendir. **1**. La RAE admite en su *Diccionario* las dos formas, pero recomienda la primera. El *Esbozo*, sin embargo, afirma que **hendir** se prefiere a **hender** desde el siglo XIX en España y América (2. 12. 3, nota 36).
2. Los dos son irregulares: **hender** se conjuga como → **tender, 1**, y **hendir** como → **discernir, 1**. Ambos verbos difieren en sus desinencias cuando así lo exigen los paradigmas de sus respectivas conjugaciones. Es erróneo conjugar **hendir** como *sentir*, por lo que deben evitarse formas como **hindió, *hindieron*, en lugar de *hendió, hendieron*.
(Para la conjugación de estos dos verbos puede consultarse la de *cerner, cernir*, que tienen las mismas particularidades.)

hendidura, hendedura. La RAE admitía ambas formas sin indicar preferencia, pero en el DRAE/92 recomienda la primera, que define así: "Abertura o corte profundo en un cuerpo sólido cuando no llega a dividirlo del todo. // 2. Grieta más o menos profunda en una superficie."

heñir. V. irreg.; se conjuga como → **teñir, 1**. Evítense por incorrectas formas como **hiñió, *hiñieron* (por *hiñó, hiñeron*), **hiñiera, *hiñiese, *hiñiere* (por *hiñera, hiñese, hiñere*) e **hiñiendo* (por *hiñendo*).

heraclida. Es palabra grave; la acentuación esdrújula, **heráclida*, es errónea.

herbecer. V. irreg.; se conjuga como → **parecer, 1**.

herborista. Aunque es de uso frecuente, el DMI advierte que es → **galicismo** (fr. *herboriste*) por *herbolario*.

herciano, hertziano. La RAE admite las dos formas, pero prefiere la primera.

heredar. Construcción: *—de sus padres; —en la propiedad; —en, por línea recta*.

herir. **1**. V. irreg.; se conjuga como → **sentir, 1**.
2. Construcción: *—de muerte; —en la estimación*.

hermafrodita, hermafrodito. La RAE admite las dos formas: **hermafrodita** es tanto masculino como femenino; **hermafrodito**, en cambio, es sustantivo masculino.

Heródoto, Herodoto. Se vacila en la acentuación de este nombre. Es preferible la forma esdrújula, **Heródoto**, que responde a la pronunciación etimológica, tanto griega como latina, pero la acentuación llana, **Herodoto**, está muy extendida.

héroe. Femenino: *heroína*.

heroida. Debe pronunciarse con diptongo [eróida]; la forma **heroída* es errónea.

herpes, herpe. **1**. La RAE admite las dos formas, pero prefiere la primera, que es también singular: *el herpes*, aunque se emplea más en plural: *los herpes*.
2. En cuanto al género, es sustantivo → **ambiguo**: *el* o *la herpes, el* o *la herpe*, pero el uso general lo hace masculino.

herrar. **1**. V. irreg.; se conjuga como → **acertar, 1**.
2. Construcción: *—a fuego; —en frío*.

herrumbre. Es sustantivo femenino: *la herrumbre*.

hertziano. → **herciano**.

hervir. **1**. V. irreg.; se conjuga como → **sentir, 1**.
2. Es correcto el uso del gerundio de este verbo como adjetivo: *aceite hirviendo*. → **gerundio, II, 7**.
3. Construcción: *—de, en gente; —en, de celos*.

Hesíodo, Hesiodo. Ambas acentuaciones son correctas, pero parece preferible la forma esdrújula, **Hesíodo**, que refleja la acentuación etimológica griega y latina.

hetera, hetaira. La RAE admite las dos formas, pero recomienda la primera. La acentuación **hetaíra* es errónea.

heteróclito. Es voz esdrújula; evítese la acentuación llana [eteroklíto].

heteromancia, heteromancía. La RAE autoriza las dos acentuaciones, pero prefiere la primera. → **-mancia, -mancía**.

hético, héctico, ético. La RAE admite las tres formas, como sinónimos de *tísico*, aunque prefiere la primera.

hetiquez, hectiquez. La RAE admite las dos formas, pero prefiere la segunda.

hexagonal, sexagonal. 1. La RAE admite las dos formas, pero en el DRAE/92 prefiere la primera. **2.** → **exagonal.**

hez. Es sustantivo femenino: *la hez.*

Híades, Híadas. La RAE admite las dos formas, aunque prefiere la primera.

hialoideo. Es voz grave [ialoidéo]. La acentuación esdrújula [ialóideo] es incorrecta. → **-oideo.**

hiato. Consiste en pronunciar en sílabas distintas dos vocales contiguas: *caída: ca-í-da.*

hibernar. 1. V. irreg.; se conjuga como → **acertar, 1,** aunque, según el *Esbozo* (2. 12. 3, **[B]**, nota 29), hoy se emplea más como regular, sin diptongar. **2.** Es un verbo poco frecuente, remplazado por → **invernar.**

hibisco. El DRAE/92 incluye este sustantivo con que se designa una planta ornamental, que se cultiva en zonas cálidas y que tiene hermosas flores rojas y de otros colores. En la Argentina se le suele llamar corrientemente *rosa de la China.*

hibridar. El DMI incluye este verbo, que no figura en el DRAE/92, con la siguiente definición: "tr. Producir híbridos de modo artificial por parte del hombre. // prnl. Engendrarse híbridos espontáneamente."

hic et nunc. Palabras latinas que significan 'aquí y ahora': *hay que decidirlo hic et nunc* (es decir, en el mismo lugar e inmediatamente).

***hicieron calores.** Forma incorrecta por *hizo calores.* → **hacer, 2, a.**

hidrácida, hidracida. La RAE admite ambas formas, aunque prefiere la primera.

***hidremia.** El DMI advierte que es → **barbarismo** por → **hidrohemia.**

hidrocefalia. Lleva acento prosódico en la primera *a*; es incorrecta la forma **hidrocefalía.* → **-cefalia.**

hidrogenar. El DMI registra esta voz, que no figura en el DRAE/92, con la siguiente definición: "tr. Combinar una sustancia con hidrógeno o agregarlo a ella."

hidrohemia. El DMI registra este sustantivo, que no figura en el DRAE/92, con la siguiente definición: "f. *Pat.* Enfermedad de la sangre por exceso de suero."

hidrólisis. Es palabra esdrújula; la acentuación llana, **hidrolisis,* es incorrecta.

hidromancia, hidromancía. La RAE admite las dos acentuaciones, pero prefiere la primera. → **-mancia, -mancía.**

hidromel, hidromiel. 1. La RAE admite las dos formas, pero prefiere la primera. **2.** Los dos vocablos son masculinos: *el hidromel, el hidromiel.*

hidroscopia. Tiene diptongo final. La acentuación **hidroscopía* es incorrecta. → **-scopia.**

hidrosfera. Es voz llana; la acentuación esdrújula, **hidrósfera,* es incorrecta. → **-sfera.**

hidroxilo. Es palabra llana; la acentuación esdrújula, **hidróxilo,* es errónea.

hiedra, yedra. La RAE admite las dos formas, pero prefiere la primera.

hierba, yerba. 1. La RAE autoriza ambas, aunque prefiere la primera. **2.** Diminutivos: *hierbecita, hierbezuela,* pero en la Argentina se prefiere *hierbita.* → **diminutivos, 1. 3.** → **yerba.**

hierofante, hierofanta. La RAE admite las dos formas, pero recomienda la primera.

hierosolimitano, jerosolimitano. La RAE autoriza ambas formas, sin indicar preferencia.

hi-fi. Abreviación de las palabras inglesas *high fidelity,* cuya traducción es → **alta fidelidad.**

high life. Expresión inglesa (pron. [jái láif]) que significa 'gran mundo, aristocracia, alta sociedad, gente distinguida'. También se aplica, como locución adjetiva, a la persona que tiene gustos refinados. Se empleó mucho en Buenos Aires a fines del siglo pasado y comienzos del actual y se llegó a hispanizar su grafía bajo la forma *jailaife.*

higroscopia. 1. Tiene diptongo final; la pronunciación **higroscopía* es incorrecta. → **-scopia. 2.** La RAE admite este sustantivo, pero prefiere *higrometría.*

higuana. → **iguana.**

hijodalgo. Voz anticuada que ha sido desplazada por *hidalgo.* Su plural es *hijosdalgo* y su femenino *hijadalgo* (plural: *hijasdalgo).*

***hijo primogénito.** → **Pleonasmo,** ya que *primogénito* es el hijo que nace primero: *lo sucedió al frente de la empresa su primogénito.*

***hilación.** Error ortográfico por *ilación.* Proviene del latín *illatio,* y no de *hilar.*

hilemorfismo. El DRAE/92 incorpora este término y lo prefiere a *hilomorfismo.*

hindú. 1. Según la RAE es tanto el partidario o adepto del hinduismo como el natural de la India. **2.** Plural: *hindúes.* → **rubí.**

hinterland. El DMI incluye este vocablo, que no figura en el DRAE/92, con la siguiente definición: "(Voz alem.) m. Entorno, zona de influencia." Se han propuesto para su traducción *trastierra y traspaís.*

hioideo. Es voz grave [ioidéo]. La acentuación esdrújula [ióideo] es errónea.

hipérbaton. La RAE ha zanjado la cuestión

del plural de este sustantivo al consagrar en el DMI y posteriormente, ya con validez normativa, en el DRAE/92, la forma *hipérbatos*. "Observamos en seguida que entre estos hipérbatos tolerables hay otros que la lengua no soporta." (D. Alonso, *Poesía española*, 357).

Debe rechazarse decididamente el plural anómalo **hipérbatons*, y en cuanto a las formas *hiperbátones* o *hiperbatones* son, como bien dice el *Esbozo* (2. 3. 2, c, nota 12), desapacibles para el oído español.

hipérbola. Término geométrico que designa una variedad de curva. No debe confundirse con → **hipérbole**.

hipérbole. **1**. Aunque se ha usado como masculino, actualmente es sustantivo femenino: *la hipérbole*.
2. Significa 'exageración' y no debe confundirse con el término geométrico → **hipérbola**.

hipercorrección. → **Ultracorrección**.

hipercultismo. → **Ultracorrección**.

hiperdulía. Lleva acento prosódico y ortográfico en la última *i*. La acentuación [iperdúlia] es errónea.

hiperestesiar. Para su acentuación, → **abreviar**.

hipermercado. El DRAE/92 ha incorporado este sustantivo con la siguiente definición: "m. Gran supermercado, localizado generalmente en la periferia de las grandes ciudades, que trata de atraer a gran número de clientes con precios relativamente bajos."

hiperrealismo. En su sesión del 8 de setiembre de 1983, la AAL sugirió a la RAE la inclusión de este sustantivo en el *Diccionario* oficial, con la siguiente definición: "Término empleado en artes plásticas para designar una tendencia figurativa de la segunda mitad del siglo XX que se caracteriza por la exacerbada representación de lo real partiendo de la nitidez de la imagen fotográfica. En escultura alude a un acentuado verismo." (*Acuerdos*, IX, 115-17). No figura en el DRAE/92.

hipertiroideo. Voz que no figura en el DRAE, pero que es de uso frecuente en medicina. Es palabra grave [ipertiroidéo]; la acentuación esdrújula [ipertiróideo] es errónea.

hipertrofiarse. **1**. Para su acentuación, → **abreviar**.
2. La forma **hiperatrofiarse* es incorrecta.

hipocondría. Lleva acento prosódico y tilde en la última *i*. La acentuación [ipokóndria] es incorrecta.

hipocondríaco, hipocondriaco. La RAE admite las dos acentuaciones, pero prefiere la primera. → **-íaco, -iaco**.

hipogrifo. Es voz grave; la acentuación esdrújula, **hipógrifo*, es errónea.

hipostasiar. **1**. El DMI registra este verbo, que no figura en el DRAE/92, con la siguiente definición: "tr. *Fil*. Considerar algo como sustrato real o verdadero, distinguiéndolo de lo accidental."
2. Para su acentuación, → **abreviar**.

hipotaxis. El DMI incluye este sustantivo, que no figura en el DRAE/92, con la siguiente definición: "f. *Gram*. subordinación."

hippy. **1**. El DMI registra esta voz inglesa, que no figura en el DRAE/92, con la siguiente definición: "adj. Dícese de un movimiento iniciado alrededor de 1965 en EE. UU. que propugna una actitud de protesta e inconformismo hacia las estructuras sociales vigentes en general. (En esta palabra se aspira la *h*.) Ú. t. c. s."
2. El plural inglés es *hippies*.

Híspalis. Antiguo nombre de la ciudad española de Sevilla. Es palabra esdrújula; la acentuación grave [ispális] es errónea.

hispano. Nombre que se les da a las personas de habla española residentes en los Estados Unidos. Esta acepción no figura en el DRAE/92.

Hispanoamérica. Para designar a los países americanos con exclusión de los de habla inglesa y holandesa se suelen utilizar indistintamente las denominaciones de **Hispanoamérica** o *América Hispana, Iberoamérica* y *Latinoamérica* o *América Latina*. Sin embargo estos nombres aluden a realidades distintas: **Hispanoamérica** (o *América Hispana*) se refiere a los países americanos de habla española, e *Iberoamérica* a los de habla ibérica, es decir, español y portugués. Estas denominaciones apuntan en especial al aspecto lingüístico y cultural. *Latinoamérica* (o *América Latina*) es un concepto preferentemente político y geográfico y se refiere a los países que han sido colonizados por potencias latinas: España, Portugal y Francia. Finalmente, quienes cuestionan la colonización europea reniegan de todos estos nombres y prefieren la denominación de *Indoamérica*.

*hispanófono. Esta voz no figura en el DRAE; es preferible *hispanohablante*.

*hispanoparlante. El DRAE no registra este término; dígase *hispanohablante*.

histamina. En su sesión del 11 de octubre de 1973, la AAL sugirió a la RAE que incluyera en su *Diccionario* este vocablo con que se designa una amina existente en los tejidos animales y vegetales (*Acuerdos*, V, 156-57). No figura en el DRAE/92.

histerismo, histeria. La RAE admite las dos voces, pero prefiere la primera, aunque es más frecuente la segunda.

histólisis. Es la desintegración o descomposición de los tejidos. Es palabra esdrújula;

la acentuación grave, *histolisis*, es errónea. Este vocablo no figura en el DRAE.

historia. Se escribe con mayúscula inicial cuando designa la disciplina escolar: *lo aplazaron en Historia*. En los demás casos, se escribe todo en minúsculas: *la historia moderna; la historia de América; se dedica a estudiar historia; historia natural.* → **mayúsculas, 13**.

historiar. Puede conjugarse como → **abreviar** (historio) o como → **enviar, 1** (historío) (*Esbozo*, 2. 13. 5).

historieta. En junta del 14 de octubre de 1976, la AAL sugirió a la RAE que incluyera en el artículo **historieta** de su *Diccionario* una nueva acepción en que se definiera este vocablo con el sentido de *tebeo* (*Acuerdos*, VII, 41-44). La RAE incluyó en el DRAE/92 la siguiente acepción de esta voz: "Serie de dibujos que constituyen un relato, con texto o sin él."

histrión. Femenino: *histrionisa*.

hit. Voz inglesa (pron. [jit]). En su empleo más frecuente significa 'éxito, triunfo', referido a discos y obras musicales de carácter popular: "[...] una canción que años atrás había sido un *hit* [...]" (M. Benedetti, *Despistes*, 82), pero puede aplicarse también a otros contextos: "Los hits" titula el diario *Página / 12* (30-10-92) la lista de acciones que lograron mejor porcentaje de aumento en sus cotizaciones.

hobby. 1. El DMI registra esta palabra, que no figura en el DRAE/92, con la siguiente definición: "(Voz ingl.) m. Distracción predilecta, pasatiempo favorito." Es una actividad secundaria, manual o intelectual, libremente elegida, que se practica, por lo general sin fines de lucro, en el tiempo que deja libre la ocupación principal. Las traducciones que se han propuesto a este término no satisfacen, unas por falta de brevedad (afición favorita, distracción predilecta, pasatiempo favorito, ocupación predilecta) y otras por falta de precisión (manía, pasión). Ello, agregado a la difusión de la voz inglesa en casi todas las lenguas de cultura, determina la conveniencia de su incorporación al español. Se plantea, entonces, el problema de su adaptación. En junta del 6 de octubre de 1966, la AAL admitió la adopción de esta palabra sin modificación alguna: **hobby** (*Acuerdos*, IV, 17-21). R . Alfaro (*Diccionario*, s. v.) la hispaniza bajo la forma *jobi*. M. Seco (*Diccionario*, s. v.) dice: "[...] el lingüista colombiano Luis Flórez (*Temas*, 270) propuso, con acierto, que se españolice en la forma *jobi*." Esta propuesta no ha dado sus frutos, pues se sigue empleando mayoritariamente la forma **hobby**.
2. Su plural inglés es *hobbies*: "No tengo

hobbies. No sé qué es un hobby." (J. Lanata, *Polaroids*, 150).

hocicar. Construcción: —*con, contra, en algo*.

hockey. El DMI incluye esta palabra, que no figura en el DRAE/92, con la siguiente definición: "(Voz ingl.) m. Especie de juego de pelota que se practica, generalmente, en un campo de hierba. También puede jugarse en pista de hielo y en pista de cemento, usando los patines apropiados. En esta voz se aspira la *h*." También se escribe *hóckey*: "[...] el seleccionado de hóckey se prepara con varios partidos previos ante Malasia [...]" (*Clarín*, 26-4-92, pág. 66).

hodómetro. → **odómetro**.

hogaño, ogaño. La RAE admite las dos grafías, aunque prefiere la primera, que es la que se emplea casi exclusivamente.

hojaldre, hojaldra, hojalde. 1. La RAE admite las tres formas, pero prefiere la primera.
2. Hojaldre es sustantivo → **ambiguo**: *el* o *la hojaldre*. Bello (*Gramática*, § 171) lo da como femenino, pero en el uso actual es preferentemente masculino. **Hojaldra** es femenino y **hojalde**, masculino.

hojear, ojear. No deben confundirse, ya que significan cosas distintas. **Hojear** (de *hoja*) significa 'pasar las hojas de un libro o revista, leyendo a la ligera'. **Ojear** (de *ojo*), en cambio, es 'mirar con detención a determinada parte'.

Holanda. Gentilicios: *holandés* y *neerlandés*. La RAE y el uso general prefieren el primero.

holding. El DMI incorpora esta palabra, que no figura en el DRAE/92, con la siguiente definición: "(Voz ingl. Se aspira la *h*). m. *Econ*. Forma de organización de empresas, según la cual una compañía financiera se hace con la mayoría de las acciones de otras empresas, y estas reciben a su vez acciones de la primera, y son controladas por ella." Puede sustituirse por *grupo financiero* o *industrial*.

holgar. V. irreg.; se conjuga como → **sonar**.
holgarse. Construcción: —*con, de sus éxitos*.

holgorio. → **jolgorio**.

hollar. V. irreg.; se conjuga como → **sonar**.

hológrafo, ológrafo. La RAE admite las dos grafías, pero recomienda la primera, que es la que responde a la etimología.

hombre de Estado. → **estado**.

hombre rana. Plural: *hombres rana*. → **carta poder**.

homenajeado, -da. El DMI registra esta voz, que no figura en el DRAE/92, con la siguiente definición: "p. p. de homenajear. // m. y f. Persona que recibe un homenaje."

homeóstasis, homeostasis. La RAE incorporó, en el DRAE/92, la segunda forma, pero sigue prefiriendo la acentuación esdrújula.

*homogenidad, *homogenizar. Formas incorrectas; dígase *homogeneidad, homogeneizar.*

*homóplato. Error ortográfico por *omóplato.*

honor. Construcción: —*a su dama*; *en honor a* o *de la verdad*; *en honor de los huéspedes.*

honrarse. Construcción: —*con la amistad de alguien*; —*de* o *en complacer a la visita.*

hora. Para expresiones del tipo *veinte minutos para las diez*, en lugar de *las diez menos veinte*, → **para.**

hora a hora. → **año a año.**

hora extra. → **extra, 3.**

hora pico. 1. Expresión que se emplea en la Argentina en lugar de *hora punta* (plural: *horas punta*), que es la forma académica. El argentinismo fue avalado por la AAL en su sesión del 31 de agosto de 1967 (*Acuerdos*, IV, 83-84).
2. Plural: *horas pico.* → **carta poder.**

hora punta. → **hora pico.**

horas. "Hecho esto, y llegadas las once horas de la noche, halló don Quijote una vihuela en su aposento [...]" (*Quijote*, II, cap. XLVI). A pesar de este ilustre ejemplo, hoy se considera → **galicismo** agregar la palabra **horas** al numeral: **son las diez horas.* Por lo demás, decir *llegaré a las nueve horas* no añade ni aclara nada respecto de *llegaré a las nueve.* En la lengua coloquial de la Argentina suena afectada esta construcción.

hormiguear. El DMI advierte que es → **galicismo** (fr. *fourmiller*) por *abundar.*

*horondo. Error ortográfico por *orondo.*

hors-d'œuvre. Palabra francesa (pron. [ordevr]) que puede sustituirse por *entremeses* o *entrada* (en una comida).

*hortiga. Error ortográfico por *ortiga.*

hostil. Es voz aguda; la acentuación grave [óstil] es incorrecta.

*hostilización. El DRAE/92 no registra este sustantivo; dígase *hostilidad.*

hot dog. Expresión inglesa que significa literalmente 'perro caliente'. Es un emparedado de salchicha que, en la Argentina, se conoce con el nombre de *pancho.*

hotentote. Femenino: *hotentota.*

hovercraft. El DMI registra este sustantivo, que no figura en el DRAE/92, con la siguiente definición: "(Voz ingl.) m. Vehículo que se desplaza sobre una superficie de agua sustentado por una capa de aire a presión." Puede sustituirse por *aerodeslizador.*

hovero. → **overo.**

hoy. Los preceptistas y gramáticos critican el empleo de **hoy** por *poco antes, hace poco*: **lo vi hoy* (= lo vi hace poco).
→ **desde hoy.**

hoy día, hoy en día. 1. Ambas construcciones son correctas con el significado de 'en esta época, en estos días en que vivimos'. La RAE admite ambas, aunque prefiere la primera.
2. Como sinónimo de *hoy* es americanismo, usual en el habla coloquial de la Argentina: *hoy día es 3 de octubre.*

hoy por hoy. Es construcción correcta con el significado de 'por ahora'.

hube de + infinitivo. Remplaza en el español estándar al pretérito perfecto simple: *cuando cruzaba la calle hube de resbalar* (= resbalé) *y caí.*
En la Argentina, en cambio, significa en cierto modo lo contrario: equivale a *estar a punto de*: *hubo de pedirle ayuda, pero se arrepintió.*

*hubieron regalos. → **haber, B, 2.**

hueso. Diminutivos: *huesezuelo, huesillo, osecico, osecillo, osecito.* En la Argentina se usa corrientemente *huesito.* → **diminutivos, 1.**

huésped. 1. Femenino: *huéspeda* (forma antigua y poco usada). También se usa **huésped** como femenino: "Eterna huésped del verano" (M. Menéndez Pelayo, cit. *Esbozo*, 2. 2. 6, c, nota 16); "Usted es mi nueva huésped." (M. Denevi, *Rosaura*, 100).
2. Académicamente **huésped** es tanto la persona alojada en casa ajena como la persona que hospeda a otra en su casa. En la práctica se reserva este nombre para la primera acepción, y para la segunda se prefiere la palabra *anfitrión.*
3. Construcción: —*de sus parientes*; —*en casa de sus parientes.*

hueste. Este sustantivo tiene forma singular, pero se emplea corrientemente en plural: *las huestes.*

huevo. Diminutivos: *huevecito, huevecillo, huevezuelo, ovecico y ovezuelo*, pero en la Argentina se prefiere *huevito.* → **diminutivos, 1.**

hugonote. Femenino: *hugonota.*

huincha. → **vincha.**

huir. 1. Verbo irregular (ver cuadro). Las terceras personas del pretérito perfecto simple (*huyó, huyeron*); el pretérito imperfecto (*huyera / huyese*, etc.) y el futuro de subjuntivo (*huyere*, etc.) no son estrictamente irregulares (la *y* no es un agregado como en *huyo*, sino la palatalización de la vocal *-i-* de la desinencia: *hu-ió > huyó*).
2. Construcción: —*a Chile*; —*de la Argentina.*

hujier. → **ujier.**

*humadera. Forma incorrecta por → **humareda.**

humareda, humarada. La RAE admite las dos formas, sin indicar preferencia.

HUIR
(conjugación de los tiempos simples)

MODO INDICATIVO

Presente	Pret. imperf.	Pret. perf. simple	Futuro	Condicional
huyo	huía	huí	huiré	huiría
huyes	huías	huiste	huirás	huirías
huye	huía	huyó	huirá	huiría
huimos	huíamos	huimos	huiremos	huiríamos
huís	huían	huisteis	huiréis	huiríais
huyen	huían	huyeron	huirán	huirían

MODO SUBJUNTIVO

Presente	Pretérito imperfecto	Futuro
huya	huyera/huyese	huyere
huyas	huyeras/huyeses	huyeres
huya	huyera/huyese	huyere
huyamos	huyéramos/huyésemos	huyéremos
huyáis	huyerais/huyeseis	huyereis
huyan	huyeran/huyesen	huyeren

MODO IMPERATIVO

Presente

huye
huid

FORMAS NO PERSONALES

Infinitivo	Gerundio	Participio
huir	huyendo	huido

humedecer. V. irreg.; se conjuga como → **parecer, 1**.

humillarse. Construcción: —*a alguna persona o cosa*; —*ante los poderosos*.

humour. Voz inglesa que suele emplearse en español con el significado de 'sátira ingeniosa, ironía' y también de 'humorismo'.

hurí. Plural: *huríes* o *hurís* (*Esbozo*, 2. 3. 3, c). → **rubí**.

hurraca. Forma desusada por *urraca*.

I

i. Novena letra del alfabeto español (décima si se considera la *ch* letra independiente). Su plural es *íes*. En oposición a la *i griega* (y), suele llamársela *i latina*.

-íaco, -iaco. La RAE admite las dos acentuaciones en los vocablos terminados en estos sonidos: *amoníaco / amoniaco, cardíaco / cardiaco.* En el español americano predomina netamente la acentuación esdrújula (amoníaco), que es la etimológica, y se llega a considerar vulgar o viciosa la pronunciación con → **diptongo.** En el español peninsular se ha impuesto la acentuación grave (amoniaco).

En cuanto a la preferencia académica, se ha producido un notable vuelco entre las ediciones de 1970 y de 1984 del DRAE. En la primera se da preferencia a las formas con diptongo: *policiaco, amoniaco, maniaco, cardiaco, demoniaco, iliaco, elegiaco, dipsomaniaco, paradisiaco,* etc. Todas ellas, y muchas más, fueron sustituidas en la preferencia académica, a partir de la edición de 1984, por las formas con → **hiato:** *policíaco, amoníaco, maníaco,* etc., tendencia que se mantiene en el DRAE/92.

-iasis. Este sufijo, que significa proceso o estado, especialmente si es morboso, contiene diptongo (debe acentuarse la *-a-*): *midriasis, satiriasis,* etc. La RAE considera incorrecto *-íasis,* aunque ésta es la acentuación etimológica, tanto griega como latina.

-iatra, -íatra. La RAE vacilaba en la acentuación de los sustantivos formados con este sufijo (del gr. *iatér,* médico) y admitía los pares *pedíatra / pediatra, psiquíatra / psiquiatra.* En el DRAE/84 unifica la acentuación en favor de la forma *-iatra: pediatra, psiquiatra, fisiatra, geriatra.* Pero, quizá por error, mantuvo la alternancia → **foníatra/foniatra.** En el DRAE/92 aparece admitida sólo la forma *foniatra.*

iatrogenia. El DMI incorpora este sustantivo, que no figura en el DRAE/92, con la siguiente definición: "f. *Pat.* Producción de efectos nocivos debidos a la actuación médica."

ibero, íbero. La RAE admite ambas acentuaciones, pero recomienda la primera, a pesar de que prefiere → **celtíbero.**

Iberoamérica. → **Hispanoamérica.**

ibídem. Palabra latina que significa 'en el mismo lugar'. Se la emplea, con ese valor, en citas bibliográficas. Suele abreviarse *ibíd.* o *ib.*

Ícaro. Palabra esdrújula; la acentuación grave [ikáro] es errónea.

iceberg. 1. Es palabra ya incorporada al español por la RAE; en consecuencia no corresponde la pronunciación, muy difundida, [áisberg], sino [isebérg].
2. Para la pluralización de este sustantivo se presentan dos opciones: dejar invariado el singular: *el iceberg, los iceberg,* que parece ser la mejor solución, o recurrir al plural anómalo *icebergs.* De todos modos, es un problema puramente gráfico, pues en la pronunciación espontánea no se deja sentir esa *-s* final.

En cuanto al plural regular *iceberges,* debe desecharse por inusitado.

icono, ícono. 1. La RAE admite en el DRAE/92 las dos acentuaciones, pero prefiere la primera.
2. La RAE ha incluido en el DRAE/92, como segunda acepción: "Signo que mantiene una relación de semejanza con el objeto representado. Así, las señales de cruce, badén o curva en las carreteras."

iconoclasia. El DMI registra esta voz, que no figura en el DRAE/92, con la siguiente definición: "f. Doctrina de los iconoclastas."

*ictiricia. Forma incorrecta por *ictericia.*

ídem. 1. Voz latina que significa 'el mismo, lo mismo' y que se emplea para evitar repeticiones.
2. Su abreviatura es *íd.*
3. Se escribe con acento en la *i-.* → **acentuación ortográfica, III, A.**

idéntico. Construcción: —*a su padre.*

idioma nacional. → **castellano.**

idiosincrasia. Deben evitarse dos errores: a) *ideosincrasia: el primer elemento no tiene relación con *idea,* sino con *idio-* (= propio); b) *idiosincracia: la terminación no tiene nada que ver con la de *aristocracia, democracia,* etc.

ídisch. → **yídish.**

idóneo. Construcción: —*para esa tarea.*

idus, idos. 1. La RAE admite ambas formas, pero prefiere la primera, que es la más usada. **2.** Los dos vocablos se emplean sólo en plural: *los idus, los idos.*

iglesia. Se escribe con mayúscula inicial cuando se refiere a una confesión religiosa: *la Iglesia católica, la Iglesia anglicana.* Con el significado de 'templo' se escribe todo en minúsculas: *la iglesia del Sagrado Corazón.*

iglú. 1. El DRAE/84 incorpora este vocablo, de origen esquimal, con la siguiente definición: "Vivienda de forma semiesférica construida con bloques de hielo, donde habitan los esquimales y otros pueblos de análogas características durante el invierno." **2.** Descártese la grafía *igloo. **3.** Plural: *iglúes* o *iglús.* → **rubí.**

ignaro. Es palabra grave; la acentuación esdrújula, *ígnaro, es errónea: "[...] con esos paisanos ígnaros [...]" (F. Luna, *Soy Roca,* 45).

ignorar. Significa sólo 'no saber, desconocer algo'. Es anglicista (ingl. *to ignore*) su empleo con los valores de *pasar por alto, prescindir, no hacer caso de, despreciar:* *el gobierno ha decidido ignorar las protestas gremiales. No obstante, este uso es muy frecuente.

igual. Construcción: —*a su padre;* —*que su padre* (en construcción comparativa); —*en destreza.* Cuando **igual** es sustantiva, se construye con la preposición *de: se considera el igual de los mejores.*

igualar. Construcción: *su brillo iguala al* (*con el*) *del oro.*

igualarse. Construcción: —*a, con los ricos;* —*en destreza.*

iguana, higuana. La RAE admite las dos grafías, pero prefiere la primera, que es la más usual.

ikebana. En sesión del 14 de agosto de 1978, la AAL sugirió a la RAE la inclusión, en el *Diccionario* oficial, de este término de origen japonés, con el que se designa el arte del arreglo floral (*Acuerdos,* VII, 185-87). No figura en el DRAE/92.

*ilegitimizar. Este verbo no figura en el DRAE; dígase *ilegitimar.*

íleon, ilion. **Íleon** es la tercera porción del intestino delgado y también el nombre de un hueso de la cadera. En esta última acepción puede decirse **ilion**, voz ésta que la RAE prefiere. Evítense las acentuaciones *ileón, *ilión.

ilíaco, iliaco. La RAE admite las dos acentuaciones, pero recomienda la primera. → **-íaco, -iaco.**

Ilíada, Iliada. Ambas acentuaciones son correctas, pero la primera es la más frecuente.

ilion. → **íleon.**

iliquidez. Si bien el DRAE registra los términos *liquidez, líquido* e *ilíquido* con los valores que tienen en el lenguaje económico, la RAE no ha admitido aún el sustantivo **iliquidez:** 'falta de liquidez, dificultad para la conversión de activos en dinero efectivo'. La AAL, en sesión del 23 de marzo de 1972, solicitó a la RAE su inclusión en el *Diccionario* oficial (*Acuerdos,* V, 67-68). No figura en el DRAE/92.

ilustrísima. → **concordancia, I, A, 1.**

imagen. Es incorrecto escribir esta palabra con tilde: *imágen. → **acentuación ortográfica, I, B, 1.**

imaginar. Es incorrecto construir la proposición sustantiva que complementa a este verbo con la preposición *de:* *imaginé de que no era posible. Dígase: *imaginé que no era posible.* → **dequeísmo.**

imán, imam. Para designar al jefe religioso musulmán la RAE admite las dos formas, aunque en el DRAE/92 prefiere la primera.

imbricar. El DRAE/92 ha incorporado este verbo con la siguiente definición: "tr. Disponer una serie de cosas iguales de manera que queden superpuestas parcialmente, como las escamas de los peces."

imbuir. 1. V. irreg.; se conjuga como → **huir, 1. 2.** Construcción: *les imbuyen grandes ideales* o *los imbuyen de grandes ideales.*

imitación. 1. El DMI añade las siguientes acepciones, que no figuran en el DRAE/92: "Objeto o cosa hecha a imitación de otra" y "Por ext. producto fabricado para substituir a otro en ciertos usos y que se parece a ese bastante. *Tela imitación cuero*". **2.** Construcción: —*cuero* o *de cuero.*

impaciente. Construcción: —*por leer la carta.* Aunque puede encontrarse este adjetivo con las preposiciones *con* y *de,* este uso es menos frecuente.

impacto. El DRAE/84 incorpora los sentidos figurados 'golpe emocional producido por una noticia desconcertante' y 'efecto producido en la opinión pública por un acontecimiento o noticia', considerados anglicistas hasta entonces.

impago. La RAE ha incluido en el DRAE/92 la siguiente acepción: "Omisión del pago de una deuda vencida."

impasse. 1. Voz francesa (pron. corriente [impás]) que incluye el DMI con la siguiente definición: "Punto muerto o situación en la que no se encuentra salida." Puede sustituirse por *atolladero, atasco, estancamiento, callejón sin salida, punto muerto* o *crisis*. También se emplea con el significado de 'compás de espera': "[...] y resolvió hacer una impasse hasta que se apacigüe la expectativa periodística." (*Página/12*, 7-8-91, pág. 3).
2. En francés es sustantivo femenino. En español es corriente emplearlo como masculino, aunque no es infrecuente el femenino: "[...] plantearon fórmulas alternativas para superar la impasse en la negociación [...]" (*Página/12*, 25-10-90, pág. 2).
impedido. Construcción: —*de una mano;* —*para moverse.*
impedir. V. irreg.; se conjuga como → **pedir, 1**.
impeler. Construcción: —*a alguien a hacer algo.*
impelido. Construcción: —*de* (poco frecuente) o *por la necesidad.*
impelir. El DMI registra este verbo, que no figura en el DRAE/92, con la siguiente definición: "tr. *Chile*. Impeler".
impenetrable. Construcción: —*a las miradas;* —*en el secreto.*
imperativo. 1. Es el modo verbal que expresa mandato y ruego: *ven inmediatamente; ven, te lo suplico.*
Tiene formas propias sólo en las personas *tú* y *vosotros*: *canta, cantad; come, comed; vive, vivid.* Cuando el verbo está en otra persona que la segunda (*él, nosotros, ellos*), y con los pronombres *usted* y *ustedes*, se emplea el subjuntivo: *cante usted, cante él, cantemos nosotros, canten ustedes, canten ellos.*
Con negación se emplea también el subjuntivo: *no cantes, no cantéis, ninguno coma.*
2. Los pronombres átonos se añaden enclíticamente al **imperativo**: *tráeme el libro; sacadlo de aquí.*
3. El mandato puede expresarse, además, con el → **futuro, 1**; con el → **presente, 1, f**; con el → **gerundio, II, 8** y con el infinitivo solo: *sentarse* (para segunda persona plural) o precedido por la preposición *a*: *a dormir* (para la segunda persona singular o plural).
4. → **voseo, B, 2, b**.
impétigo. Es palabra esdrújula; la acentuación grave, **impetigo*, es errónea.
impetrar. Construcción: —*algo de* (no *a*) *las autoridades.*
implacable. Construcción: —*en sus acusaciones.*
implante. El DRAE/92 no registra este término, de uso frecuente, sino sólo *implanta-*

ción, con el significado de 'inserción o injerto de un tejido u órgano en otro'.
implementación. Este sustantivo no figura en el DRAE/92, pero está bien formado y su empleo es útil. → **implementar.**
implementar. La RAE ha incorporado en el DRAE/92 este verbo con la siguiente definición: "tr. *Inform*. Poner en funcionamiento, aplicar métodos, medidas, etc., para llevar algo a cabo."
implicar. Construcción: —*a alguien en un asunto;* —*una cuestión en otra.*
implicarse. Construcción: —*con alguien;* —*en algún asunto.*
imponderable. 1. La RAE ha incluido la siguiente acepción en el DRAE/92: "Circunstancia imprevisible o cuyas consecuencias no pueden estimarse."
2. En esta acepción es masculino: *los imponderables.*
imponer. 1. V. irreg.; se conjuga como → **poner, 1**. El imperativo singular es *impón* (→ **voseo**: *imponé*), pero nunca **impone.*
2. Construcción: —*a alguien de un asunto.*
imponerse. Construcción: —*a los demás.*
importar. 1. El infinitivo o la proposición sustantiva que oficien de sujeto de este verbo no pueden estar encabezados por la preposición *de*: **no le importa de admitirlo; *le importa de que lo vean así.* Dígase: *no le importa admitirlo; le importa que lo vean así.* → **dequeísmo.**
2. Construcción: —*a* o *en la Argentina;* —*de Brasil.*
impositivo. El DRAE/92 incorpora este vocablo con las siguientes definiciones: "adj. Que impone. // 2. Relativo al impuesto público."
impotente. Construcción: —*contra el destino;* —*para mantener el orden.*
impredecible. El DRAE/92 incluye este adjetivo con la siguiente definición: "Que no se puede predecir."
impregnar. Construcción: —*con, de* o *en petróleo.*
imprimátur. Se escribe con tilde en la -*a*-. → **acentuación ortográfica, III, A.**
imprimir. El participio más empleado actualmente es el irregular *impreso*: *ya han impreso la nueva edición.* El participio regular *imprimido* puede encontrarse esporádicamente: "[...] anunció que 'se está averiguando si los formularios [...] fueron imprimidos este año.'" (*Página/12*, 26-6-93, pág. 3).
impropio. Construcción: —*a, de, en, para su situación.*
impugnado. Construcción: —*de* (menos frecuente) o *por la opinión pública.*
in absentia. Expresión latina que significa 'en ausencia'.

inaccesible. 1. No debe confundirse con *inasequible*. → **accesible**.
2. Construcción: —*a, para los interesados*.
in aetérnum. 1. Expresión latina que significa 'para siempre, para toda la eternidad'. Es redundante, aunque frecuente, anteponerle la preposición *para*: "[...] o aflojaba los veinticinco francos [...] o me quedaba allí, tal vez para *in eternum*." (B. Mitre y Vedia, "El Vesubio", en VCHA, 27).
2. La grafía *eternum* es inadecuada, ya que no es latina ni española. Además, debe escribirse con tilde: *aetérnum*. → **acentuación ortográfica, III, A**.
in albis. Locución adverbial latina que significa literalmente 'en blanco'. Se emplea en español con los significados de 'sin lograr lo que se esperaba' y, especialmente, 'sin comprender lo que se oye': "Pero como pronunció el latín a la francesa, su interlocutor quedóse *in albis*, o sea sin entender ni medio [...]" (A. Cancela, *Historia*, II, 63). El DMI incluye la siguiente acepción, que no figura en el DRAE/92: "Se dice también con estos verbos [dejar, estar y quedarse] para indicar la falta de dinero."
inapercibido. → **Galicismo** (fr. *inaperçu*) por *inadvertido*: "¿Por qué Sarmiento notaba lo que había pasado inapercibido para los otros?" (N. Avellaneda, *Escritos literarios*, 64).
*inapto, *inaptitud. Formas incorrectas por *inepto, ineptitud*.
in artículo mortis. Expresión latina que significa 'en el momento de la muerte': *contrajo matrimonio in artículo mortis*.
inasequible. No debe confundirse con *inaccesible*. → **accesible**.
incapaz. Construcción: —*de mentir*; —*para el cargo*.
incásico. El DMI registra este adjetivo, que no figura en el DRAE/92, con el valor de 'incaico' y sin ninguna localización geográfica.
incautarse. 1. Según la RAE es sólo pronominal, no es correcta la forma *incautar*: *la policía se incautó de la mercadería robada* (no: *la policía incautó...*).
2. El DMI agrega la siguiente acepción, que no figura en el DRAE/92: "Apoderarse alguien de una cosa arbitrariamente."
incendiar. Para su acentuación, → **abreviar**.
incensar. V. irreg.; se conjuga como → **acertar, 1**.
incentivar. El DRAE/92 le quitó a este vocablo la nota de ecuatorianismo, por lo que debe entenderse que pertenece al español común.
incidente. 1. El DRAE/92 agrega la siguiente acepción: "Disputa, riña, pelea entre dos o más personas."
2. → **accidente**.

incierto. 1. Significa 'dudoso', 'falso' y 'desconocido'. Como este adjetivo se emplea generalmente en la primera acepción: *es incierto* (= dudoso) *que se hayan presentado nuevos postulantes*, conviene tener en cuenta la posible confusión cuando se lo use en las otras acepciones menos frecuentes.
2. Superlativo: *incertísimo* (literario).
incipiente. → **insipiente**.
incitar. Construcción: —*a la rebelión*; —*contra las autoridades*.
inclinarse. Construcción: —*a la adulación*; —*hacia la derecha*; —*hasta el suelo*.
incluir. 1. V. irreg.; se conjuga como → **huir, 1**. Tiene dos participios, uno regular, *incluido*, y otro irregular, → **incluso**. → **participio**.
2. Construcción: —*en el índice*; —*entre los premiados*.
inclusive. Es adverbio y, por tanto, invariable. Es incorrecto pluralizarlo: *llegaron todos, inclusives los niños*. Dígase *inclusive los niños*.
*inclusivemente. Forma errónea por *inclusivamente*.
incluso. Participio irregular de *incluir* que se emplea, al igual que el regular, como adjetivo, aunque no forma los tiempos compuestos del verbo: *los nombres inclusos* (o *incluidos*) *en la lista*, pero *hemos incluido* y no *hemos incluso*.
Puede funcionar también como adverbio con los valores de '→ **inclusive**, *también*': *incluso trabajamos los domingos*, y como preposición (= hasta, aun): *incluso los mejores se equivocan*. Cuando funciona como adverbio o como preposición es, naturalmente, invariable.
incoar. Es verbo → **defectivo**: no se usa en la primera persona de singular del presente de indicativo (Bello, *Gramática*, § 595).
incompatible. Construcción: —*con los demás*.
incomprensible. Construcción: —*a o para los hombres*.
inconciencia, inconciente. Aunque la RAE admite —y prefiere— → **conciencia**, no registra **inconciencia** ni **inconciente** en su *Diccionario*. Las únicas formas académicas son *inconsciencia* e *inconsciente*. Las formas no reconocidas por la RAE fueron defendidas por M. de Unamuno: "¿Por qué se ha de escribir y decir *inconsciente* e *incognoscible* en vez de *inconciente* e *inconocible*, ya que todos escribimos y decimos *conciencia* y *conocer* y nunca *consciencia* ni *cognoscer*?" ("Acerca de la reforma de la ortografía castellana", en *El Caballero*, 101). También se emplean en la lengua literaria: "Mis recuerdos de ese período de inconciencia tienen el carácter de los de la primera infancia [...]" (A.M. Shúa,

Soy paciente, 68); "—Con lo mal que está usted, tendría que estar inconciente y no charlando [...]" (*op. cit.*, 69).

inconducta. → **Galicismo** (fr. *inconduite*) que suele emplearse en español con el significado de 'mala conducta' desde un punto de vista moral: *las palabras y los hechos del diputado ponen de manifiesto su inconducta.*

inconsecuente. Construcción: *—con, para, para con sus ideas.*

inconstante. Construcción: *—en sus actos.*

inconsútil. **1**. Es voz grave; la acentuación aguda [inkonsutíl] es errónea.
2. Significa 'sin costura'. Su empleo con valores vinculados con *sutil*, palabra con la que no tiene relación, es incorrecto.

inconveniente. Construcción: *no tuvo inconveniente en prestármelo.*

incordiar. Para su acentuación, → **abreviar.**

incorporar. Construcción: *—a alguien* o *algo a* o *en la lista.*

Incorporated. Voz inglesa que equivale a *Sociedad Anónima*. Se abrevia *Inc.*

increíble. Construcción: *—a, para la mayoría.*

incrustar. Construcción: *—con oro; —en madera.*

incrustarse. Construcción: *—en la pared.*

inculcar. Construcción: *—algo en la mente.*

incurrir. **1**. Tiene dos participios, uno regular, *incurrido*, y otro irregular, *incurso*. El primero se emplea para la formación de los tiempos compuestos: *he incurrido, habían incurrido*, etc. El segundo funciona sólo como adjetivo: *incurso en la pena de muerte.* → **participio.**
2. Construcción: *—en el delito de traición.*

indeciso. Construcción: *—acerca de, respecto a, o sobre qué hacer; —en, para resolver.*

indemnizar. Construcción: *—a alguien de* o *por los daños.*

independiente. Construcción: *—de todos; —en sus decisiones.*

indexación, indexar. La RAE ha incluido estas voces en el DRAE/92 como formas no preferidas de *indización, indizar*. Se hace necesario, sin embargo, incorporar al diccionario académico una acepción que exprese la acción y el efecto de vincular las variaciones de un valor a las de un índice determinado, para indicar lo cual debe el español recurrir a extensos circunloquios: *coeficiente de desvalorización monetaria, ajustamiento de la variación*, etc.

India. Gentilicios: → **hindú**, *indio* y el menos usado *indo*.

indicar. Evítese construir este verbo con la preposición *de*: **le indicó de que se retirara*. Es: *le indicó que se retirara*. → **dequeísmo.**

indiciar. Para su acentuación, → **abreviar.**

indiferente. Construcción: *—a todo* (no **de todo*).

indignarse. Construcción: *—con, contra los corruptos; —de, por la situación.*

*indiscrección. → **Ultracorrección** por *indiscreción.*

indisponer. **1**. V. irreg.; se conjuga como → **poner, 1**. El imperativo singular es *indispón* (→ **voseo**: *indisponé*), pero nunca **indispone*.
2. Construcción: *—a alguien con* o *contra los demás.*

individuar. Para su acentuación, → **atenuar.**

individuo. Femenino: *individua* (poco usado y generalmente con valor despectivo): *vino la individua de que te hablé.*

Indoamérica. → **Hispanoamérica.**

índole. Es sustantivo femenino: *de índole económica.*

Indonesia. Gentilicio: *indonesio* (no: **indonésico*).

Indostán. Gentilicio: *indostanés* o *indostano*. La RAE admite los dos, sin indicar preferencia.

inducir. **1**. V. irreg.; se conjuga como → **conducir, 1**. Evítese cuidadosamente formas como **indujió, *indujieron* (por *indujo, indujeron*), **indujiera, *indujiese*, etc. (por *indujera, indujese*, etc.) o **indujiere*, etc. (por *indujere*, etc.): "[...] cosa que desmintió en la audiencia echándole la culpa al juez García Collins 'que me indujió', dijo en lugar de 'indujo', y que el tribunal entendió como 'engrupió' " (*Página / 12*, 1º-7-89, pág. 11).
2. Construcción: *—a mentir; —a* o *en error.*

*induido. → ***enduido.**

indulgente. Construcción: *—con, para, para con el prójimo; —en sus opiniones.*

indultar. Construcción: *—a alguien de la pena de muerte.*

inestabilidad. → **instabilidad.**

inestable. → **instable.**

*inexcrupuloso. → **Ultracorrección** por *inescrupuloso.*

*inexcrutable. → **Ultracorrección** por *inescrutable.*

inexorable. El DRAE/92 añade la acepción 'que no se puede evitar' a la de 'que no se deja vencer con ruegos'. Es lícito, entonces, el empleo de este adjetivo en oraciones como: *la inexorable pérdida de vidas humanas que produce toda guerra.*

in extenso. Locución adverbial latina que significa 'por extenso, circunstanciadamente'. No confundir con *inextenso*: 'que carece de extensión'.

in extremis. Locución latina que significa 'en los últimos momentos de la existencia' y no: 'en circunstancias extremas'. Es inadecuado el empleo de esta expresión en el texto siguiente: "[...] el diplomático escribió que *'in extremis*, EE.UU. podría dar por finalizado el entendimiento' " (*Página / 12*, 28-2-93, pág. 3).

*inextrincable. Forma incorrecta por *inextricable*.

infante. Femenino: *la infanta*. → **-ante, -ente**.

infatigable. Construcción: *—en, para el estudio*.

infatuar. Para su acentuación, → **atenuar**.

infatuarse. Construcción: *—con los elogios*.

infectación. Forma incorrecta por *infección*. No confundir con *infestación*. → **infectar**.

infectar. Significa 'transmitir un organismo a otro los gérmenes de una enfermedad': *por falta de precauciones, infectó a su familia*. No debe confundirse con *infestar*: 'llenarse un lugar de una plaga, en sentido propio o figurado': *las ratas infestan el barrio*; *una propaganda malintencionada ha infestado la ciudad*.

inferior. 1. Es incorrecto **más inferior que*: **su capacidad de trabajo es más inferior que la de sus compañeros*; dígase: *inferior a la de sus compañeros*.
2. Construcción: *—a sus hermanos* (nunca *que sus hermanos*), *—en inteligencia*.

inferir. 1. V. irreg.; se conjuga como→ **sentir, 1**.
2. Construcción: *—una cosa de* o *por otra*.

infernar. V. irreg.; se conjuga como → **acertar, 1**.

infestar. 1. → **infectar**.
2. Construcción: *—con, de ratas*; *—con, de propaganda*.

*inficcionar. → **Ultracorrección** por → **inficionar**.

inficionar. Construcción: *—con un virus*; *—con malos ejemplos*.

infiel. Construcción: *—a, con, para con sus amigos*; *—en su relación*.

in fíeri. Locución latina que se emplea para indicar que una cosa está en vías de hacerse, que está sólo pensada. Puede traducirse por *en germen, en embrión*.

ínfimo. 1. Superlativo de *bajo*: *un precio ínfimo*, y de *malo*: *es de ínfima calidad*.
2. Por su condición de superlativo no debiera recibir el modificador *más*; sin embargo, no es infrecuente que se olvide esa condición y se lo considere adjetivo positivo: *pertenecía a las clases más ínfimas de la sociedad*. De todos modos, conviene evitar este uso.

infinitivos en -aír, -eír, -oír. En 1952 la RAE había suprimido la tilde en estos infinitivos (*embair, reir, oir*) y así figuran en la edición de 1956 del *Diccionario* oficial. Posteriormente, en 1959, restableció esas til-

des y en las ediciones posteriores del *Diccionario* estos infinitivos están escritos con acento ortográfico para indicar el hiato (*embaír, reír, oír*). → **acentuación ortográfica, II, B, 1**.

*inflacción, *inflaccionario. → **Ultracorrección** por *inflación, inflacionario*.

in flagranti. Expresión latina que significa 'en el mismo momento de estar cometiendo el delito de que se trata'. Esta expresión se ha deformado en → **in fraganti**, que es la habitualmente empleada. → **en flagrante**.

inflamar(se). Construcción: *—de* o *en cólera*.

inflexible. Construcción: *—a los ruegos*; *—en sus decisiones*.

infligir. Significa 'aplicar un castigo', 'causar un daño': *le infligieron un castigo ejemplar*. No debe confundirse con *infringir*: 'no cumplir una norma': *infringió la ley*.

*inflingir. Forma incorrecta por → **infligir** o por *infringir*.

influenciar. 1. Para su acentuación, → **abreviar**.
2. Este verbo fue censurado por largo tiempo como galicista (fr. *influencer*) o neológico (derivado de *influencia*), y proscrito por los preceptistas. La RAE lo admitió en 1984 como sinónimo de → **influir**, pero prefiere este último.
Influenciar tiene vigencia desde hace tiempo en español: "[...] hasta la imaginación parecía influenciada por aquel medio [...]" (J. S. Álvarez, *Viaje*, 52); "Fue a raíz de esas charlas que Raucho acertó a influenciarme con aficiones suyas." (R. Güiraldes, *Don Segundo*, 181); "Y envidio todavía más a esos otros que no sólo no se dejan influenciar, sino que van captando la voluntad ajena [...]" (M. Denevi, *Un pequeño café*, 6).

influenza. La RAE admite esta palabra, ya de poco uso, pero prefiere *gripe*.

influir. 1. V. irreg.; se conjuga como → **huir, 1**.
2. → **influenciar**.
3. Construcción: *—con, en el director*; *—en, sobre la calidad*; *—para lograr algo*.

informar. Construcción: *—algo a alguien*; *—de, sobre la situación*. Existe vacilación en el régimen de este verbo cuando está complementado por una proposición sustantiva encabezada por *que*: *informar que* o *informar de que*, según puede verse en esta noticia periodística: "[...] fue llamado anoche a la cancillería soviética e informado de que once británicos [...] deberán dejar Moscú en 14 días. El día anterior, el embajador soviético en Londres [...] fue informado por el subsecretario, sir John Fretwell, que once soviéticos participaron en 'actividades incompatibles con su status' y que tenían 14 días para dejar el Reino." (*La Nación*, 22-5-89, pág. 2). Esta vacilación lleva a algunos a recomendar *informar que* (Lacau-Rosetti, *Nuevo Castellano 3*, 127) y a otros, *informar de que* (El País, *Libro de estilo*).

Según la RAE, este verbo es transitivo cuando significa 'dar noticia de una cosa' e intransitivo con el significado de 'dar un organismo o un funcionario un informe sobre un asunto de su competencia'. En el primer caso, no debe construirse con la preposición *de* la proposición sustantiva que funciona como complemento directo: *le informo que se agotó mi paciencia* (no: *le informo de que...*). En el segundo caso, el uso de la preposición es necesario, ya que el verbo es intransitivo: *el ministro informó a la comisión de que el presupuesto ya estaba confeccionado*.

informatizar, informatización. El DRAE/92 ha incluido estas voces con las siguientes definiciones: "tr. Aplicar los métodos de la informática en un negocio, proyecto, etc." y "f. Acción y efecto de informatizar", respectivamente.

infra. Adverbio latino que significa 'debajo, más abajo'. Se emplea en un escrito para remitir al lector a un texto que figura más adelante. → **supra**.

in fraganti, infraganti. 1. La RAE admite las dos grafías, pero prefiere la primera, que es la más corriente. La AAL considera que debería escribirse en una sola palabra: **infraganti** (*Acuerdos*, V, 222).
2. Significa 'en el mismo momento de estar cometiendo el delito de que se trata' y es la forma más empleada entre sus sinónimas, → **in flagranti, en flagrante, en fragante**, para decir: *con las manos en la masa*.
3. Evítense por incorrectas las expresiones *en fraganti* e *in fragante*.

infrascrito, infrascripto. 1. La RAE admite las dos formas, pero recomienda la primera. → **pt**.
2. Sólo en forma humorística cabe utilizar este término para referirse a sí mismo el que habla.

*infrigir**. Forma incorrecta por → **infligir** o por *infringir*.

infringir. → **infligir**.

ínfulas. Con el significado de 'presunción, orgullo, vanidad, pretensiones exageradas', que es el más frecuente, se emplea sólo en plural: *siempre habla con muchas ínfulas*.

infundir. Tiene dos participios, uno regular, *infundido* (con el que se forman los tiempos compuestos: *habían infundido, habremos infundido*, etc.), y otro irregular, *infuso*, que funciona sólo como adjetivo, aplicado particularmente a la ciencia o sabiduría que se tiene por gracia divina: *ciencia infusa*. → **participio**.

infusión. La RAE ha incluido en el DRAE/92 la siguiente acepción: "Bebida que se obtiene de diversos frutos o hierbas aromáticas, como té, café, manzanilla, etc., introduciéndolos en agua hirviendo."

infuso. → **infundir**.

ingeniarse. 1. Para su acentuación, → **abreviar**.
2. Construcción: —*con poco*; —*en todo*; —*para salir de apuros*. Se emplea más *ingeniárselas*.

ingeniero. Femenino: *ingeniera*. No es correcto *la ingeniero*.

*ingerencia**. Grafía incorrecta por *injerencia* (acción y efecto de *injerirse*). La acción de → **ingerir** es *ingestión*.

ingerir. 1. V. irreg.; se conjuga como → **sentir, 1**.
2. Este verbo proviene del latín *ingerere* y significa 'introducir alimentos por la boca'. No debe confundirse con → **injerir** (del latín *inserere*), que, en su forma pronominal, *injerirse*, significa 'entremeterse, inmiscuirse'. La acción de *injerirse* es *injerencia* (no: → *ingerencia*).

Inglaterra. En sentido estricto es sólo una de las regiones, si bien la más importante, que integran el país oficialmente denominado Reino Unido de Gran Bretaña e Irlanda del Norte. No obstante, un uso muy difundido da el nombre de **Inglaterra** a todo el país.

ingrato. Construcción: —*con, para, para con los amigos*.

ingresar. Construcción: —*a la escuela* (en el español americano); —*en la escuela* (en el español peninsular); "[...] yo ingresaba al territorio de Norberto [...]" (M. Benedetti, *La borra*, 40). → **entrar**.

ingreso. Construcción: —*a* o *en la escuela*. → **ingresar**.

inhábil. Construcción: —*en sus asuntos*; —*para el empleo*.

inhabilitar. Construcción: —*a alguno para un empleo*.

inherente. Construcción: —*a sus funciones*.

inhibirse. Construcción: —*(un juez) de* o *en el conocimiento de una causa*.

iniciado, iniciático. En sesión del 8 de octubre de 1981, la AAL sugirió a la RAE que incluyera estos términos en el *Diccionario* oficial (*Acuerdos*, IX, 18-21).

Iniciado se dice de la persona que tiene suficientes conocimientos de una ciencia o técnica o de alguna cosa secreta como para ser admitido en determinado grupo.

Iniciático se refiere sobre todo a las ceremonias mediante las cuales un individuo es admitido en determinado grupo: *ritos iniciáticos*.

El DRAE/92 ha incorporado **iniciado**, pero no **iniciático**.

iniciar. **1**. Para su acentuación, → **abreviar**.

2. Construcción: —*a alguien en una técnica*.

inicuo. Superlativo: *iniquísimo* (literario) o *muy inicuo*.

in illo témpore. Locución latina que significa literalmente 'en aquel tiempo'. Se suele emplear en español con el sentido de 'hace mucho tiempo', 'en una época lejana': *sucedió in illo témpore*.

injerencia. Evítese la grafía errónea → *****ingerencia**.

injerir. **1**. V. irreg.; se conjuga como → **sentir, 1**.

2. → **ingerir, 2**.

injerirse. Construcción: —*en la vida de los demás*.

injuriar. Para su acentuación, → **abreviar**.

inmediato. Construcción: —*a la plaza*.

in memóriam. Locución latina que significa 'en memoria de'.

inminente. Significa 'que está a punto de ocurrir': *se prevén cambios inminentes*. Evítese emplear esta voz en lugar de *eminente*, que significa 'ilustre, sobresaliente': **Felipe II fue un personaje inminente*. → **eminencia, eminente**.

inmiscuir. V. irreg.; se conjuga como → **huir, 1**. La RAE admite ahora el carácter de irregular de este verbo, aunque sin derogar la regla que le atribuye la conjugación regular. Son entonces correctas las formas *inmiscuyo* e *inmiscuo*, *inmiscuyes* e *inmiscues*, etc.; *inmiscuya* e *inmiscua*, *inmiscuyas* e *inmiscuas*, etc.; *inmiscuye* e *inmiscue*. Pero las formas irregulares son las más empleadas y se han impuesto, al punto de que el *Esbozo* (2. 12. 4, **[O]**) incluye directamente a **inmiscuir** entre los verbos que se conjugan como *huir* y elimina de esta manera las formas regulares *inmiscuo*, *inmiscuas*, etc.

Las formas *inmiscuyó*, *inmiscuyeron*; *inmiscuyera* / *inmiscuyese*, *inmiscuyeras* / *inmiscuyeses*, etc. e *inmiscuyere*, *inmiscuyeres*, etc. son regulares (→ **huir, 1**).

inmiscuirse. Construcción: —*en los asuntos ajenos*.

inmoral. → **amoral**.

***innaccesible**. → **Ultracorrección** por *inaccesible*.

innocuidad, innocuo. La RAE autoriza estas formas (aunque considera que **innocuo** es poco usado), pero prefiere la grafía *inocuidad, inocuo*.

inobjetable. Derivado correcto de *objetar*; no hay razón para rechazarlo, aunque no figure en el DRAE.

inocente. Construcción: —*del crimen*; —*en su conducta*.

inocuidad, inocuo. → **innocuidad, innocuo**.

in péctore. Expresión latina que se emplea en español para indicar que se mantiene en secreto una idea o resolución ya adoptada: "[...] trae también *in péctore* sus proyectos malévolos [...]" (L.V. López, "Don Polidoro", en VCHA, 36). También se emplea con el mismo valor la locución italiana *in petto*.

in perpétuum. Locución adverbial latina que significa 'para siempre, perpetuamente'.

in petto. → **in péctore**.

in promptu. Locución adverbial latina que significa 'de pronto, repentinamente'.

inquietarse. Construcción: —*con, de* (menos frecuente), *por las noticias*.

inquirir. **1**. V. irreg.; se conjuga como → **adquirir, 1**.

2. Construcción: —*algo de alguien*.

insaciable. Construcción: —*de placeres*; —*en sus deseos*.

in sáecula saeculórum. Locución adverbial latina que significa 'por los siglos de los siglos'. No debe anteponérsele la preposición *para*.

insania. Tiene diptongo final; la pronunciación con hiato, **insanía*, es incorrecta, aunque frecuente: "[...] la estrategia de la insanía mental [...]" (*Noticias*, 4-8-91, título de tapa).

inscribir. Su participio es *inscrito* o *inscripto*. La RAE admite las dos formas, aunque prefiere la primera.

inscrito, inscripto. → **inscribir**.

insensible. Construcción: —*al dolor*.

inseparable. Construcción: —*de su mujer*.

insertar. **1**. Tiene dos participios, uno regular, *insertado*, con el que se forman los tiempos compuestos (*he insertado*), y otro irregular, *inserto*, que se emplea sólo como adjetivo: *el documento inserto*. → **participio**.

2. Construcción: —*la hoja en el mango*.

insidiar. Para su acentuación, → **abreviar**.

insinuar. Para su acentuación, → **atenuar**.

insinuarse. Construcción: —*a, con alguien*; —*en el ánimo de alguien*.

insipiente, incipiente. No deben confundirse. **Insipiente** es un adjetivo poco usual que significa 'ignorante'. **Incipiente**, en cambio, significa 'que comienza'.

insistir. Construcción: —*en, sobre lo mismo*. Los gramáticos consideran → **solecismo** la construcción **insisto que*, en lugar de *insisto en que*, pero es error frecuente: "[...] insisto que algunas integrantes del sexo débil eran en el interior las claves de la política local." (F. Luna, *Soy Roca*, 48).

Obsérvese la vacilación: "[...] aunque ella insistía que la enfermedad no era contagiosa." (M. Aguinis, *Profanación*, 39); "Su familia insistía en que se casase [...]" (*op. cit.*, 40).

No es normal el uso de la preposición *con*: "[...] insiste con que ya tiene los votos necesarios." (*Página / 12*, 20-10-92, pág. 4).

ínsito. Es palabra esdrújula; la acentuación grave, **insito*, es errónea.

in situ. Locución adverbial latina que significa 'en el mismo sitio': *el juez realizó una inspección in situ*.

in sólidum. Expresión latina que puede traducirse por *solidariamente*: *el comprador y su garante son deudores in sólidum*.

inspirar. Construcción: —*una idea a* (menos frecuentemente, *en*) *alguien*.

inspirarse. Construcción: —*en la música de Bach*.

instabilidad, inestabilidad. La RAE admite las dos formas, pero prefiere la segunda. La primera forma es literaria: "Todo el cielo se ha movido sobre la instabilidad de los sueños humanos [...]" (A. Capdevila, *Vísperas*, 141).

instable, inestable. La RAE admite las dos formas, pero prefiere la segunda. La primera forma es literaria.

instar. Construcción: —*a, para que acepten*.

in statu quo. Expresión latina que tiene el mismo valor que la forma más empleada → **statu quo**.

institucionalizar. El DRAE/92 incorpora este verbo con las siguientes definiciones: "tr. Convertir algo en institucional. Ú. t. c. prnl. // 2. Conferir el carácter de institución." Incluye también los derivados *institucionalidad* e *institucionalización*, con los significados que son fácilmente deducibles.

instituir. V. irreg.; se conjuga como → **huir, 1**.

instruir. **1**. V. irreg.; se conjuga como → **huir, 1**.
2. Construcción: —*a alguien en* o *sobre alguna cosa*.

instrumentalizar. El DMI registra este verbo, que no figura en el DRAE/92, con la siguiente definición: "tr. fig. Utilizar algo o a alguien como instrumento para conseguir sus propios fines."

integrar. Construcción: —*un grupo*.

integrarse. Construcción: —*en un grupo*. La construcción con la preposición *a* (*integrarse a un grupo*), aunque criticada por los preceptistas, es muy frecuente.

íntegro. Superlativos: *integérrimo* (evítese la pronunciación [integuérrimo]) en el lenguaje literario, e *integrísimo* en la lengua coloquial.

intelligentsia. Palabra rusa con que se designa al conjunto de los intelectuales de un país. También se la ve escrita *intelligentzia*.

intendente. **1**. El DRAE/84 incorpora *intendente municipal* con la definición de "titular de la intendencia municipal" como denominación propia del Uruguay, desconociendo que tiene también vigencia en la Argentina, con ese significado, desde el siglo XIX. Por otra parte, la AAL le sugirió a la RAE su inclusión en el *Diccionario* oficial en sesión del 13 de octubre de 1977 (*Acuerdos*, VII, 124-29).
2. El femenino es *intendenta*, tanto en la acepción de 'mujer del intendente' como en la de 'mujer que ejerce el cargo': "[...] pero no faltaban [...] las madres de los niños preparados para declamar o pronunciar discursos alusivos, ni las dignas esposas de los más dignos representantes del gobierno comunal, con la intendenta a la cabeza." (R.J. Payró, *Pago Chico*, 131); "La intendenta de esa ciudad cordillerana, María Severino de Costa, informó que un poco como reacción a la nueva onda ecológica (ecoturismo) se buscó potenciar las posibilidades que ofrece la naturaleza de la región." (*La Nación*, 9-11-92, pág. 19).

intercalar. Construcción: —*una palabra en un texto*.

interceder. Construcción: —*ante, con las autoridades*; —*por un amigo*.

*intercepción. Vocablo incorrecto. La acción de interceptar es *interceptación*.

interclubes. Americanismo no admitido por la RAE. Se refiere a las competencias deportivas entre dos o más clubes.

interdecir. V. irreg.; se conjuga como → **decir, 1**, salvo el imperativo singular: *interdice* (y no **interdí*).

interdisciplinario. En sesión del 4 de noviembre de 1971, la AAL solicitó a la RAE la inclusión de este adjetivo en el *Diccionario* oficial (*Acuerdos*, V, 53). Figura en el DRAE/84 con la siguiente definición: "Dícese de los estudios u otras actividades que se realizan mediante la cooperación de varias disciplinas." También se emplea el término *multidisciplinario*, no avalado por la RAE: "El CEDILIJ se formó en julio de 1983 como equipo multidisciplinario de trabajo [...]" (*Lectura y Vida*, año VI, Nº 4, pág. 38).

interesarse. Construcción: —*en un asunto*; —*por el enfermo*.

*interface, *interfase. Formas incorrectas por *interfaz*, plural: *interfaces*.

interfecto. Significa 'muerto de muerte violenta'. Suele emplearse humorísticamente, como sinónimo de *individuo*, para referirse a una persona viva de la cual se está hablando: *ese día el interfecto no estaba de buen humor*.

invertir

interferir. 1. V. irreg.; se conjuga como → **sentir, 1.**
2. Construcción: —*la conversación* o *en la conversación.*
interferirse. Construcción: —*en los asuntos de otro.*
interfoliar. Para su acentuación, → **abreviar.**
ínterin. 1. Es palabra esdrújula; la acentuación aguda, **interín*, muy corriente en la Argentina, es incorrecta. También es incorrecta la grafía **ínterim.*
2. Se emplea raramente en plural, y cuando se emplee puede quedar invariable: *los ínterin* (*Esbozo*, 2. 3. 2, c).
intermediar. Para su acentuación, → **abreviar.**
internarse. Construcción: —*en algún lugar.*
ínter nos. Expresión latina, pronunciada frecuentemente [internós], que significa 'entre nosotros'. Se la emplea a menudo en español con el valor de 'confidencialmente': *los hechos, ínter nos, sucedieron de esta manera.*
interpolar. Construcción: —*una cosa en* o *entre otras;* —*en un texto.*
interponer. 1. V. irreg.; se conjuga como → **poner, 1.** El imperativo singular es *interpón* (→ **voseo**: *interponé*), pero nunca **interpone.*
2. Construcción: —*su influencia con alguien;* —*sus buenos oficios por un necesitado.*
interponerse. Construcción: —*en su camino;* —*entre los litigantes.*
interrogación. → **signos de interrogación.**
interrogante. Como sustantivo y con el significado de 'pregunta' es → **ambiguo**: *el, la interrogante*, pero se emplea casi siempre como masculino.
intervalo. Es palabra grave; la acentuación esdrújula, **intérvalo*, es incorrecta y está desprestigiada.
intervenir. 1. V. irreg.; se conjuga como → **venir, 1.** El imperativo singular es *intervén* (→ **voseo**: *intervení*), pero nunca **interviene.*
2. Construcción: —*en la conversación.*
interview. → **interviú.**
*interviewar. → **interviuvar.**
interviú. 1. Así ha hispanizado la RAE la voz inglesa *interview.*
2. Es un sustantivo de género → **ambiguo**: *el* o *la interviú*, pero se usa preferentemente como femenino: "[...] su interlocutor les está haciendo una interviú [...]" (J. Camba, *Sobre casi todo*, 125).
interviuvador. Hispanización de la voz inglesa *interviewer.* No figura en el DRAE/92. Puede sustituirse por *entrevistador.*
interviuvar. El DRAE/92 ha incorporado este verbo con la siguiente definición: "tr.

Mantener una conversación con una o varias personas, para informar al público de sus respuestas". "[...] si alguien me viene a interviuvar no encontraré absolutamente nada que decirle." (J. Camba, *Sobre casi todo*, 125). Evítese la forma **interviewar.*
intimar. Construcción: —*la rendición* (no **a la rendición*); —*con desconocidos.*
intolerante. Construcción: —*con, para, para con los demás;* —*en sus gustos.*
intríngulis. No tiene forma propia de plural: *el, los intríngulis.* → **plural, I, A, 2.**
introducir. 1. V. irreg.; se conjuga como → **conducir, 1.** Evítense cuidadosamente formas como **introducí, *introduciste, *introdució, *introducimos, *introducieron* (o **introdujieron*), en lugar de: *introduje, introdujiste, introdujo, introdujimos, introdujeron; *introduciera/introduciese/introducíese* o **introdujiera/introdujiese*, etc., por *introdujera/introdujese*, etc.
2. Construcción: —*a* o *en la casa* (→ **entrar**); —*por la ventana.*
introyección. En su sesión del 3 de mayo de 1973, la AAL solicitó a la RAE que incluyera en el *Diccionario* oficial este término psicoanalítico que designa el mecanismo inconsciente de identificación mediante el cual la imagen de una persona se incorpora al yo y al superyó. No figura en el DRAE/92.
intuir. V. irreg.; se conjuga como → **huir, 1.**
inundar. Construcción: —*de agua.*
inusual. El DRAE/92 no registra este adjetivo. Significa 'poco usual' y no hay razones serias para rechazarlo. No obstante, puede recurrirse también a *raro, desusado, inusitado.*
invariante. Es sustantivo femenino: *la invariante.*
inventariar. Existe vacilación en cuanto a su acentuación: para algunos se acentúa como → **abreviar** (*inventario*), para otros, como → **enviar, 1** (*inventarío*). El *Esbozo* (2. 13. 3, 7º) se inclina por esta última solución.
invernación. No figura esta voz en el DRAE/92, pero, como dice la AAL: "También se emplea *invernación* como equivalente de *hibernación.*" (*Acuerdos*, III, 50). La RAE sólo avala *hibernación.*
invernar. V. irreg.; se conjuga como → **acertar, 1**, aunque, según el *Esbozo* (2. 12. 3, [B], nota 29), hoy se emplea más como regular, sin diptongar.
inverso. 1. Participio irregular de → **invertir.** Se emplea sólo como adjetivo: *dirección inversa.*
2. Construcción: *una cosa inversa a* o *de otra.*
invertir. 1. V. irreg.; se conjuga como → **sentir, 1.**
2. Construcción: —*en bienes raíces.*

investir. 1. V. irreg.; se conjuga como →
pedir, 1.

2. Construcción: —*con el título de profesor*;
—*de profesor*.

inviable. La RAE ha incorporado este adjetivo en el DRAE/92 con las siguientes definiciones: "Dícese de lo que no tiene posibilidades de llevarse a cabo. // 2. *Med*. Dícese
especialmente del recién nacido que no
tiene aptitud para vivir."

invitar. Construcción: —*a sentarse*; —*a,
con una copa*. En América se suele omitir
la preposición (*a, con*): "Venga, le invito un
trago." (M. Vargas Llosa, *La ciudad*, 321).
Conviene evitar este uso en lengua cuidada. → **convidar**.

in vitro. Expresión latina que significa literalmente 'en el vidrio'. Se emplea para
referirse a los estudios o experimentos biológicos hechos en tubos de ensayo: *experimento in vitro*. Se opone a → **in vivo**.

in vivo. Expresión latina que significa 'en el
ser vivo'. Se emplea para referirse a los
estudios o experimentos biológicos hechos
en un organismo vivo: *experimento in vivo*.
Se opone a → **in vitro**.

Íñigo. Es voz esdrújula; la acentuación grave, **Iñigo*, es errónea.

*iodo. Forma incorrecta por *yodo*. Lo mismo
sus derivados **iodado, *ioduro*, etc. (por
yodado, yoduro, etc.).

ion. Es monosílabo, por consiguiente no corresponde ponerle tilde: **ión*. → **acentuación ortográfica, I, E**.

ionosfera. Es palabra grave; la acentuación esdrújula, **ionósfera*, es incorrecta. →
-sfera.

ípsilon. Es voz esdrújula; la acentuación
aguda, **ipsilón*, es errónea. → **ypsilon**.

ipso facto. Locución latina que significa
literalmente 'por el mismo hecho'. Se emplea en español con ese valor: *todos los
ciudadanos son ipso facto electores*, y, con
mayor frecuencia, con el significado de
'inmediatamente, en el acto': *tomó sus cosas e ipso facto se marchó*.

ipso jure. Locución latina (pron. [ípso iúre])
que significa 'por imperio de la ley'.

ir. l. Verbo irregular (ver cuadro). La segunda persona de plural del imperativo no
pierde la —*d* final cuando añade un pronombre enclítico: *id, idos* (frente a *mirad,
miraos; contened, conteneos; escribid, es-
cribíos*, etc.).

2. Construcción: —*a Buenos Aires*; —*a caballo*; —*a la reunión*; —*a pie*; —*con chismes*;
—*contra* o *en contra de la corriente*; —*de
compras*; —*de gran señor*; —*de un lugar a
otro*; —*de uniforme*; —*detrás de* o *tras la
gloria*; —*en burro*; —*en perjuicio de alguien*; —*en serio*; —*en tren*; —*hacia la
plaza*; —*hasta la estación*; —*para largo*;

—*para tu casa*; —*para viejo*; —*por la calle*;
—*por leña* (no, **a por leña*); —*sobre alguien*;
—*sobre ruedas*.
Construcciones incorrectas: → **en, 1**; **ir de**.

3. Para otros usos de **ir**: → **ir a + infinitivo**;
→ **ir y + verbo**.

Irak, Iraq. 1. El DRAE/92 utiliza la primera
forma (s. v. *iraquí*).

2. El único gentilicio admitido por la RAE es
iraquí, plural: *iraquíes*. "[...] los aviones
iraquíes volaron sobre barcos de guerra
[...]" (*La Nación*, 16-5-88, pág. 3).

ir a + infinitivo. Esta perífrasis se emplea
en todo el dominio del español, aunque en
América en forma más amplia, para indicar futuro (inmediato o no): *voy a interrum-
pirte un momento*; *¿vas a venir mañana?*
También se usa para señalar intención o
propósito de hacer lo que indica el infinitivo:
¿ibas a salir solo?

Irán. El natural del moderno Estado de Irán
se llama *iraní* (plural: *iraníes*). El gentilicio correspondiente al natural de Irán antiguo es *iranio*.

iranio. → **Irán**.

Iraq. → **Irak**.

ir de. Evítense cuidadosamente construcciones como **ir de Pedro, *ir del médico*, que
son incorrectas y suenan vulgares. Deben
sustituirse por *a* o *a casa de*: *ir a casa de
Pedro*; *ir al médico* o *a casa del médico*. No es
recomendable *ir a lo del médico*.

irradiar. Para su acentuación, → **abreviar**.

irreducible, irreductible. La RAE admite ambas formas, pero prefiere la primera.

irrelevante. Significa 'que carece de importancia'. Es → **anglicismo** (ingl. *irrelevant*)
emplear este adjetivo con el significado de
'improcedente, que está fuera de lugar', uso
frecuente en América.

irrestricto. Americanismo, frecuente en el
lenguaje periodístico, que no ha recogido el
DRAE/92: *ofreció su ayuda irrestricta*. Puede sustituirse por *incondicional*.

irrogar. → **arrogarse, 2**.

irruir. V. irreg.; se conjuga como → **huir, 1**.

irse al humo. Frase figurada que incorpora el
DRAE/84 con la siguiente definición: "Dirigirse rápida y directamente a una persona,
generalmente para atacarla o pedirle explicaciones." Es usual en la Argentina y
Uruguay. Significa también 'atropellar',
'encarar a una persona para lograr algo de
ella': "Asigún lo que presumo, / la rubia
aflojaba laso, / porque el dotor, amigaso, / se
le quería ir al humo" (E. del Campo, *Fausto*,
vv. 833-36). También se dice *venirse al humo*:
"Y ya se me vino al humo / como a buscarme
la hebra, / y un golpe le acomodé / con un
porrón de giñebra" (J. Hernández, *Martín
Fierro*, I, vv. 1183-86).

I R
(conjugación de los tiempos simples)

MODO INDICATIVO

Presente	Pret. imperf.	Pret. perf. simple	Futuro	Condicional
voy	iba	fui	iré	iría
vas	ibas	fuiste	irás	irías
va	iba	fue	irá	iría
vamos	íbamos	fuimos	iremos	iríamos
vais	ibais	fuisteis	iréis	iríais
van	iban	fueron	irán	irían

MODO SUBJUNTIVO

Presente	Pretérito imperfecto	Futuro
vaya	fuera/fuese	fuere
vayas	fueras/fueses	fueres
vaya	fuera/fuese	fuere
vayamos	fuéramos/fuésemos	fuéremos
vayáis	fuerais/fueseis	fuereis
vayan	fueran/fuesen	fueren

MODO IMPERATIVO

Presente

ve
id

FORMAS NO PERSONALES

Infinitivo	Gerundio	Participio
ir	yendo	ido

irse al tacho. La RAE ha incluido esta expresión, en el DRAE/92, como argentinismo y con las siguientes definiciones: "fr. fig. y fam. Derrumbarse, fracasar una persona o negocio. // 2. Morirse."

ir y + verbo. En lengua coloquial se emplea esta perífrasis para dar mayor vigor al verbo que sigue. El verbo *ir* pierde su valor semántico: *cuando entra a la casa, va y se cae; me alcanzó el espejo y voy y lo rompo*. En el uso argentino de esta expresión puede advertirse, además, un valor ingresivo: *le dije que no podía y él va y se enoja* (= comienza a enojarse).

isagoge. Es palabra grave; la acentuación esdrújula, **iságoge*, es errónea.

isiaco, isíaco. La RAE admite las dos acentuaciones, pero prefiere la primera. → **-íaco, -iaco**.

-ísimo. → **superlativo, 1, a**.

isla. Como todos los nombres de accidentes geográficos, se escribe en minúsculas: *las islas Malvinas*, salvo que forme parte de un nombre propio: *Isla de Francia*.

islero. La RAE admite sólo *isleño* para referirse al natural de una isla, pero en la Argentina, sobre todo en la zona del delta del Paraná, se emplea también **islero**, como adjetivo y sustantivo: "Conoce la historia de casi todas las familias isleras." (E. Castro, *Los isleros*, 10); "[...] las transacciones comerciales que por cuenta de su patrón mantiene con los isleros." (*op. cit.*, 10); "[...] uno de los isleros que vive a unos 20 minutos de lancha del Antequera [...]" (*Página / 12*, 27-4-94, pág. 3). En el mismo texto se emplea también, indistintamente, *isleño*.

isóbara, isobara. El DRAE/92 incorpora ambas variantes, con preferencia por la primera.

isóbata. 1. El DRAE/92 ha incorporado este sustantivo con el que se designa la línea de puntos de igual profundidad en océanos y mares.
2. Es palabra esdrújula; la acentuación grave, **isobata*, es errónea.

isoyeta. 1. La RAE ha incorporado este sustantivo en el DRAE/92; designa la curva de los puntos de la Tierra con el mismo índice de pluviosidad media anual.
2. El DRAE/92 no registra la forma *isohieta*.

isquion. Es voz grave [ískion]; la acentuación aguda, **isquión*, es errónea.

Israel. Gentilicio: → **israelí**.

israelí. 1. Es el natural o ciudadano del Estado de Israel. No es sinónimo de → **israelita**.
2. Plural: *israelíes*.

israelita. Es sinónimo de *judío, hebreo*. Se refiere al natural del antiguo reino de Israel. No debe utilizarse como sinónimo de → **israelí**.

istmo. En esta palabra no se pronuncia la *-t-* [ísmo] (T. Navarro Tomás, *Manual*, § 98).

Itaca, Ítaca. Si se considera la prosodia griega, el nombre de esta isla del mar Jónico, patria de Ulises, es grave [itáka]. Según la prosodia latina, en cambio, es esdrújula [ítaka].

italianismo. → **galicismo**.

ítem. 1. Es preferible dejar inflexionado el plural, antes que utilizar el plural anómalo *ítems*: "Otros de los ítem contemplan aumentos anuales del 7 por ciento [...]" (*Página / 12*, 6-10-92, pág. 4). "En el acuerdo figuran cuatro ítem." (*Clarín*, 15-11-93, pág. 3). → **plural, III**.
2. Debe escribirse con tilde en la *i*.

*itsmo. Forma incorrecta por *istmo*.

izar. Para designar el acto de izar la bandera, el DRAE/84 registra *izada* e *izamiento*. También admite *izado*, pero prefiere *izada*.

J

1. Décima letra del alfabeto español (undécima si se considera la *ch* letra independiente). Su nombre es *jota*, plural: *jotas*.
2. Corresponde a un sonido velar fricativo sordo. En pronunciación relajada se reduce a una simple aspiración (sobre todo en el español americano). En final de palabra, el sonido de **j** es muy débil y, en lengua coloquial, desaparece en la palabra *reloj*.
3. Pueden producirse vacilaciones ortográficas al dudarse ente *g* y **j** delante de *e, i*. Se escribe **j** en estos casos:
a) En palabras derivadas de otras que terminan en *-ja, -jo*: *orejera* (de *oreja*), *tajito* (de *tajo*);
b) en sustantivos terminados en *-jero, -jería*: *consejero, pasajero, cerrajería, conserjería*;
c) en palabras terminadas en *-aje*: *equipaje, pasaje*. Excep. *ambages, enálage* y, recientemente, → **colage**;
d) en palabras que empiezan por *aje-*: *ajetreo, ajedrez*. Excep. *agenesia, agerasia* y *agérato*;
e) en los infinitivos que terminan en *-jear*: *canjear, homenajear*;
f) Se representan con **j** los sonidos *je, ji* de las formas irregulares de los verbos en cuyo infinitivo no aparecen ni *g* ni **j**: *conduje* (de *conducir*), *redujeron* (de *reducir*), *dijimos* (de *decir*).

jab. Voz inglesa (pron. [yab]) que se emplea en español en el lenguaje boxístico: "[...] pero su rival lo sentó en el piso con un respetable jab de derecha." (*Página / 12*, 22-7-89, pág. 12). Puede traducirse por *puñetazo directo*.

jabalí. 1. Femenino: *jabalina* (poco frecuente).
2. Plural: *jabalíes* o *jabalís*. → **rubí**. Evítese el doble plural **jabalises*.

jabón. En la Argentina, México y Puerto Rico tiene el significado no académico de 'susto, miedo': "No soy manco pa la guerra / pero tuve mi jabón" (J. Hernández, *Martín Fierro*, I, vv. 549-50).

jacarandá. Plural: *jacarandás* o *jacarandaes*: "bajo la absolución de sus árboles / —jacarandás, acacias—" (J.L. Borges, "La plaza San Martín", en *Obra poética*, 25); "[...] que percibió la belleza porteña de los jacarandaes en flor [...]" (*Página / 12*, 30-11-91, pág. 4). → **rubí**.

jacquet. → **chaqué**.

jactarse. Construcción: —*de generoso*.

jagüel. También existe la grafía no académica *jahuel*: "Un jahuel, unas cuantas plantas terrosas y peladas [...]" (J.P. Echagüe, "El marucho fantasma", en DCA, 121).

Jamaica. Gentilicios: *jamaicano* y *jamaiquino*. La RAE admite las dos formas, aunque prefiere la segunda.

jamás. 1. Cuando sigue al verbo, tiene que preceder a éste una palabra negativa (no, nunca, nada, nadie): *no iremos jamás; nadie lo verá jamás*. No ocurre esto cuando **jamás** recobra su antiguo valor positivo y equivale a *alguna vez, en algún tiempo* (generalmente en interrogaciones retóricas): *¿veremos jamás realizados nuestros sueños?* (es decir, *¿veremos alguna vez realizados nuestros sueños?*).
En cambio, cuando **jamás** precede al verbo, no admite la negación *no*: es incorrecto decir: **jamás no iremos*.
2. Funciona como sustantivo y admite un plural *jamases* en la locución: *jamás de los jamases*.

*jaqué. → **chaqué**.

jaquette. → **chaqué**.

jardín. Diminutivos: *jardincillo* y *jardinillo*. En la Argentina se emplea *jardincito*. → **diminutivos, 1**.

jardín de infantes. El DRAE/92 registra esta expresión, con que se designa el establecimiento donde se adiestran niños de edad preescolar, como propia de la Argentina y Uruguay. En el español peninsular se denomina *jardín de infancia*.

jardín zoológico. El DRAE/92 ha incluido esta expresión, considerada hasta entonces galicista, como sinónimo de *parque zoológico*, aunque prefiere esta última.

jazmín. Diminutivos: *jazminito, jazminillo* y *jazmincillo*. En la Argentina se emplea *jazmincito*. → **diminutivos, 1**.

jazz. → **yaz**.

jeans. Voz inglesa (pron. [yins]): "Un grupo de muchachones en jeans [...]" (M. Aguinis, *Profanación*, 63). Puede suplantarse por *vaqueros* o *tejanos*, denominaciones admitidas por la RAE.

jeep. Voz inglesa (pron. [yip]) con que se designa un tipo de vehículo. Se han propuesto diversas hispanizaciones: *yip, yipe, jip*, ninguna de ellas aceptada por la RAE: "Tú estabas arreglando un yip y te acercaste." (J.E. Pacheco, "La reina", en DCL, 137). → **campero**.

jefa. → **jefe**.

jefe. Femenino: *jefa*. No se justifica decir *la jefe*: "[...] bajo la dirección de nuestra jefe de personal, doña Leonor Curinchila [...]" (M. Vargas Llosa, *Pantaleón*, 153).

jenízaro, genízaro. La RAE admite ambas formas, pero prefiere la primera.

*****jenjibre**. Error ortográfico por *jengibre*.

*****jerifalte**. Error ortográfico por *gerifalte*.

jerigonza, jeringonza. La RAE admite las dos formas, pero recomienda la primera. "Su idioma es una jerigonza selvática." (A. Capdevila, *Vísperas*, 102).

jeringa. El DRAE/92 incluye la siguiente acepción de esta voz: "com. *Argent.*vulg. p. us. Persona molesta, inoportuna. Ú. t. c. adj."

*****jeringoza, *jeringoso**. Formas incorrectas, aunque usuales (sobre todo la primera). Dígase → **jerigonza**.

jerosolimitano, hierosolimitano. La RAE admite ambas formas, sin indicar preferencia.

jersey. **1**. Así ha hispanizado la RAE la voz inglesa *jersey* (pron. [yérsi]), con que se designa una prenda de vestir, de punto, con mangas, que cubre desde los hombros hasta la cintura: "[...] llevaba siempre un jersey de punto color beige [...]" (C.J. Cela, *La colmena*, 24). → **yérsey**.
2. En el español peninsular es voz aguda [jerséi] (*Esbozo*, 1. 4. 9, c) y su plural es *jerséis* (*Esbozo*, 2. 3. 3, b). "[...] salgo sorteando paquetes, comics, jerséis y zapatillas." (C. Rico-Godoy, *Cómo ser una mujer*, 87).
3. En la Argentina es voz inusitada; se prefiere → **pullover**, → **suéter** o → **tricota**, aunque esta última está cayendo en desuso.

Jerusalén. **1**. Es incorrecta en español la grafía *Jerusalem*.
2. Gentilicio: → **jerosolimitano** o *hierosolimitano*.

jet. **1**. Palabra inglesa (pron. [yet]), que significa 'chorro', con la que se designa un avión con motor de reacción. Es de uso frecuente y parece ya incorporada al español. De todos modos, quien desee evitarla puede suplantarla por *reactor*, admitida por la RAE, o por las expresiones *avión de reacción* o *avión a chorro*, más corrientes, pero no registradas en el DRAE/92.
2. En cuanto a su hispanización, M. Moliner registra en su *Diccionario* la forma *yet*, poco usual hasta el presente.

jibraltareño, gibraltareño. → **Gibraltar**.

jineta, gineta. La RAE admite ambas grafías cuando se nombra al animal, pero prefiere la primera.

jineteada. La RAE ha incluido este vocablo en el DRAE/92 con las siguientes definiciones: "f. *Argent*. Acción y efecto de jinetear. // 2. *Argent*. Fiesta de campo donde los jinetes exhiben su destreza."

jinetear. El DRAE/92 incluye la siguiente acepción de este verbo: "*Argent*. Montar potros luciendo el jinete su habilidad y destreza."

jip. → **jeep**.

jira. → **gira**.

jiu-jitsu. Nombre japonés de un tipo de combate sin armas. Puede sustituirse por *lucha japonesa*. No es lo mismo que → **yudo**.

jockey. → **yóquey**.

jogging. Voz inglesa (pron. [yóguing]) con que se designa una carrera pedestre hecha con fines higiénicos. El nombre se extendió a un tipo de vestimenta que suele usarse en esta práctica y que consta de pantalón, generalmente ajustado a los tobillos, y de chaqueta: "El gerente tenía jogging azul y creo que se maldijo porque justo esa mañana salió sin saco y corbata." (J. Lanata, *Polaroids*, 18). Con esta acepción puede sustituirse por → **chándal**.

*****jogourt, *jogurt, *joghurt**. Formas incorrectas por → **yogur**.

joint venture. **1**. Expresión inglesa que puede traducirse por *proyecto conjunto* o *riesgo compartido*.
2. Plural: *joint ventures*.

jolgorio, holgorio. La RAE admite las dos formas, pero en el DRAE/92 prefiere la primera, que es la más empleada.

Jorge. Diminutivo: *Jorgecito*. En la Argentina se emplea *Jorgito*. → **diminutivos, 1**.

joven. Es muy poco recomendable, según el *Esbozo* (2. 4. 8, c), el superlativo *jovencísimo*; es preferible *jovenísimo*. Estos superlativos son exclusivamente literarios, el coloquial es *muy joven*.

jovencísimo. → **joven**.

Juan, Juana. En el español estándar los diminutivos son *Juanito* (o *Juanillo*) y *Juanita*. Para el masculino, en la Argentina se prefiere *Juancito*. → **diminutivos, 1**.

jubilarse. Construcción: —*de ferroviario.*
judaizar. Presente: *judaízo.* Para su acentuación, → **ahijar.**
judío. Es sinónimo de *israelita* y de *hebreo,* pero no de → **israelí.**
judo. → **yudo.**
juego. Diminutivos: *jueguezuelo* y *jueguecito,* pero en la Argentina se emplea casi exclusivamente *jueguito.* → **diminutivos, 1.**
juez. El DRAE/92 sigue manteniendo el carácter de sustantivo común de dos de este vocablo: *el juez, la juez.* No obstante, introduce la voz *jueza* con los valores de 'mujer del juez' y 'mujer que ejerce la función de juez'. *La juez* y *la jueza* son, pues, igualmente correctos. En la Argentina se está abriendo paso el femenino *jueza,* forma que consideramos preferible: "[...] la jueza federal [...] hizo lugar a una denuncia [...]" (*Clarín,* 23-4-88, pág. 10).
jugar. 1. V. irreg. La vocal -*u*- diptonga en -*ue* en las formas acentuadas en la raíz de los presentes de indicativo (*juego, juegas, juega, jugamos, jugáis, juegan*) y del subjuntivo (*juegue, juegues, juegue, juguemos, juguéis, jueguen*) y en el imperativo (*juega, jugad*). Es el único verbo que presenta esta alternancia *u / ue.*
2. Conviene evitar la construcción galicada **jugar un papel* o *un rol* (*jouer un rôle*): "[..] jugó un papel importante en el origen de la poesía de los trovadores [...]" (M. Aguinis, *Profanación,* 261). Dígase *desempeñar un papel.* También es galicista la expresión **jugar una comedia,* por *representar una comedia.*
3. Construcción: —*un alfil;* —*a las cartas;* —*con los amigos;* —*de manos.*
Cuando se trata de partidas de juego, este verbo puede emplearse transitivamente: *jugar tresillo.* Este uso, sobre todo en América, se ha extendido y es frecuente: *jugar tenis, jugar fútbol,* etc.
Cuando el nombre del juego está precedido por *un partido de, una partida de,* **jugar** se construye sin preposición: *jugamos un par-*

tido de fútbol, jugarán una partida de ajedrez.
juglar. Femenino: *juglaresa. Juglara* es anticuado.
Julio. Diminutivo: *Juliecito.* En la Argentina se usa *Julito.* → **diminutivos, 1.**
jumper. Voz inglesa (pron. [yómper]) que, pronunciada corrientemente [yúmper], designa un vestido femenino, sin mangas, muy escotado, que suele usarse con una blusa debajo.
júnior. Palabra latina, que significa 'más joven', y que ha sido reintroducida en el español por influencia del inglés. Esta influencia se advierte en la pronunciación corriente de esta voz [yúnior] y en su plural, anómalo para el castellano, *júniors.*
Se emplea sobre todo en el lenguaje deportivo para designar una determinada categoría.
juntamente, conjuntamente. La RAE admite ambos adverbios, aunque prefiere el primero.
juntar. Construcción: —*una cosa a* o *con otra.*
junto a. Locución prepositiva que indica proximidad y significa 'cerca de': *déjalo junto a la silla.* Es incorrecto emplearla como sinónimo de *con, junto con: *presentó la renuncia junto a sus compañeros.*
junto con. Esta locución prepositiva, a diferencia de la preposición → **con, 2,** no enlaza sustantivos con el valor copulativo de *y: el hijo, junto con el padre, prepara el terreno.* El sujeto es *el hijo,* por lo que el verbo debe ir en singular.
jurar. Construcción: —*en falso;* —*por su honor;* —*sobre la Biblia.*
jurárselas. Construcción: —*a un rival.*
justificarse. Construcción: —*con el jefe;* —*de una falta.*
justipreciar. Para su acentuación, → **abreviar.**
juzgar. Construcción: —*a* o *por deshonra;* —*de algo;* —*en juicio sumario;* —*por las apariencias;* —*sobre las apariencias.*

K

k. 1. Undécima letra del alfabeto español (duodécima si se considera la *ch* letra independiente). Su nombre es *ka*, plural: *kas*.
2. Representa siempre un fonema oclusivo, velar y sordo.
3. Se emplea sólo en voces de origen extranjero, que, en algunos casos, también es correcto escribir con *c* o *qu*: *kappa* o *cappa*, *kermés* o *quermés*. En los artículos correspondientes de este *Diccionario* se señalan los diversos casos.
*kabila. → **cabila**.
kacharpaya. → **cacharpaya**.
káiser. 1. Es la única grafía que admite la RAE.
2. Por ser palabra grave terminada en -*r*, debe llevar tilde.
*kaki, *kaqui, *caki. Grafías incorrectas; escríbase *caqui*.
kakuy. → **cacuy**.
*kaleidoscopio. Grafía errónea por → **calidoscopio**.
kamikaze. → **camicace**.
kan, can. La RAE admite las dos grafías, pero prefiere la primera.
*kanako. Grafía incorrecta por *canaco*.
kappa, cappa. La RAE admite las dos formas para designar la décima letra del alfabeto griego, pero prefiere la primera.
kárate. 1. El DRAE/92 ha incorporado esta voz con la siguiente definición: "m. *Dep.* Modalidad de lucha japonesa, basada en golpes secos realizados con el borde de la mano, los codos o los pies. Es fundamentalmente un arte de defensa."
2. Si bien la RAE la considera palabra esdrújula, en la Argentina es más usual la acentuación grave [karáte], defendida por M. Seco en su *Diccionario* y empleada por la AAL en su informe sobre esta voz (*Acuerdos*, VII, 35-38).
3. La grafía *carate* no está reconocida por la RAE.
karateka. El DRAE/92 no registra este vocablo, con el que se designa a quien

practica *kárate,* pero así lo escribe la AAL en su informe sobre esta voz (*Acuerdos*, VII, 35-38).
kart. 1. Palabra inglesa con la que se designa un vehículo de motor, con cuatro ruedas, sin carrocería ni caja de cambios y con una cilindrada máxima de 100 cm^3. Se lo emplea en carreras. Carece de equivalente en español, salvo la denominación popular *carrito*. En la Argentina se lo suele llamar → **karting**.
2. Su plural inglés es *karts*.
karting. Palabra inglesa que designa un tipo de carreras automovilísticas en que intervienen *karts* (→ **kart**).
kasbah. En español es *alcazaba*.
kayak. 1. Grafía que adopta la AAL en su informe sobre esta palabra (*Acuerdos*, IX, 173-75), aunque, al sugerir a la RAE que la incluya en el *Diccionario* mayor, aclara que convendría consultar a las demás Academias de habla española acerca de su grafía más adecuada. No figura en el DRAE/92.
2. El plural debiera ser *kayaques*.
*kedive, *khedive. Formas incorrectas por *jedive*.
kéfir. 1. Palabra de origen ruso con que se designa un tipo de leche fermentada. Es ésta la única grafía admitida por la RAE.
2. Es voz grave y su plural es *kéfires*.
*Kenya. 1. Forma incorrecta por *Kenia*.
2. Gentilicios: *keniano, keniata* o *keniota*; ninguno de ellos figura en el DRAE/92.
*kepí, *kepi, *kepis. Formas incorrectas por → **quepis**: "[...] un kepí con vivos colorados [...]" (J.S. Álvarez, *Memorias*, 63); "[...] obliga a sombrear los ojos con la visera del kepis." (R. Juan, "Las razones del capitanejo", en VCAM, 240).
kermés, quermés. Hispanización de la voz francesa *kermesse*. La RAE admite las dos grafías, aunque recomienda la primera.
kermesse. → **kermés**.
kerosene, kerosén. La RAE no admite estas formas, que son corrientes en la Ar-

gentina: "La lámpara de kerosén pendía de uno de los tirantes [...]" (J.L. Borges, "El Sur", en VCAM, 266); "[...] un aliento a kerosén barato [...]" (R. Fontanarrosa, *El mundo*, 29). → **queroseno**.

Key West. El nombre en español de este puerto de la Florida (EE.UU.) es *Cayo Hueso*.

Khartoum, Khartum. El nombre en español de esta ciudad, capital del Sudán, es *Jartum*.

kif. → **quif**.

***kilate**. La única grafía autorizada por la RAE es *quilate*.

kilo-, quilo-. 1. Prefijo que significa 'mil'. La RAE admite en algunos casos ambas formas, pero prefiere la primera. En otros casos, autoriza sólo la forma **kilo-**. 2. No lleva acento en las palabras que contribuye a formar: *kilogramo, kilolitro*, excepto *kilómetro*.

kilocaloría. Es la única forma autorizada por la RAE; la grafía *quilocaloría* no figura en el DRAE.

kilociclo. Es la única grafía admitida por la RAE; la forma *quilociclo* no figura en el DRAE.

kilográmetro, quilográmetro. La RAE admite las dos grafías, pero prefiere la primera.

kilogramo. 1. Su abreviatura es *kg* (con minúscula inicial y sin punto). 2. La RAE admite también *quilogramo*, pero prefiere **kilogramo**. 3. Evítese la acentuación esdrújula **kilógramo*.

kilohercio. Es la única grafía autorizada por la RAE; la forma *quilohercio* no figura en el DRAE.

kilolitro, quilolitro. 1. La RAE admite ambas grafías, pero recomienda la primera. 2. Evítese la acentuación esdrújula **kilólitro*.

kilométrico, quilométrico. La RAE autoriza ambas grafías, pero prefiere la primera.

kilómetro. 1. Su abreviatura es *km* (con minúscula inicial y sin punto). 2. La RAE admite también la grafía *quilómetro*, pero prefiere **kilómetro**.

kilopondio. Es la única grafía autorizada por la RAE; la forma *quilopondio* no figura en el DRAE.

kilotex. La RAE autoriza sólo esta grafía; *quilotex* no figura en el DRAE.

kilovatio. Es la única grafía autorizada por la RAE; *quilovatio* no figura en el DRAE.

***kilowat, *kilowatio**. Formas incorrectas; en español es → **kilovatio**.

***kimono**. Grafía incorrecta por *quimono*.

Kindergarten. Voz alemana que ha sido traducida como *jardín de infantes* en el Río de la Plata y *jardín de infancia* en España.

kinesiología, kinesiólogo. El DRAE/92 registra estas formas, pero prefiere *quinesiología, quinesiólogo*.

kinesioterapia, kinesiterapia. El DRAE/92 autoriza estas dos formas, pero prefiere *quinesioterapia, quinesiterapia*.

kiosco. → **quiosco**.

***kiosko**. Grafía errónea por → **quiosco**.

kirie, quirie. La RAE autoriza ambas grafías, pero prefiere la primera.

kiwi. La RAE admite esta voz en el DRAE/92, pero para designar el ave de Nueva Zelanda prefiere *kivi*, y para nombrar el arbusto y su fruto comestible recomienda → **quivi**.

klaxon. Voz inglesa que la RAE ha hispanizado bajo la forma → **claxon**.

knock out. 1. Expresión inglesa (pron. [nocáut]) que puede sustituirse por *fuera de combate*. Se utiliza sobre todo en el lenguaje del boxeo y se abrevia *K.O.* 2. Se suele emplear la castellanización, no académica, *nocaut*: "Vapuleado, como un boxeador a punto del nocaut [..]" (*Página/12*, 1-3-89, pág. 4).

Koblenz. El nombre español de esta ciudad alemana es *Coblenza*.

Köln. El nombre español de esta ciudad alemana es *Colonia*.

kremlin. La RAE ha incorporado esta voz en el DRAE/92 con la siguiente definición: "(Del ruso *kreml*, ciudadela.) m. Recinto amurallado de las antiguas ciudades rusas. Por antonomasia, el de Moscú." La RAE también incluye los términos *kremlinología*, 'estudio de la política soviética' y *kremlinólogo*, 'persona experta en kremlinología'.

kril. Hispanización de la voz noruega *krill*, que la RAE ha incorporado en el DRAE/92 con la siguiente definición: "m. Conjunto de varias especies de crustáceos marinos, de alto poder nutritivo, que integran el zooplancton."

Kümmel. Voz alemana que la RAE ha hispanizado en *cúmel*.

Kurdistán. El DRAE (s. v. *curdo*) utiliza la forma *Curdistán*.

Kuwait. Gentilicio: → **kuwaití**: "[...] y devaluó el dinar kuwaití para ponerlo en paridad con el de Irak [...]" (*Página/12*, 8-8-90, pág. 2).

kuwaití. Plural: *kuwaitíes*. → **rubí**.

L

l. 1. Duodécima letra del alfabeto español (decimotercera si se considera la *ch* letra independiente). Su nombre es *ele*, plural, *eles*.

2. Representa un fonema apicoalveolar, lateral, fricativo y sonoro.

3. Debe evitarse cuidadosamente pronunciar *l* como *r* en final de sílaba: **gorpe, *mardecir*, en lugar de *golpe, maldecir*.

¹la. 1. Cuando designa la nota musical es masculino: *el la* y su plural es *los las*.

2. → **acentuación ortográfica, II, A, 3**.

²la. Artículo. → **el; agua, 2**.

³la. 1. Es frecuente y correcto el uso del pronombre *la, las* con antecedente no expreso: *la vamos a pasar bien, tendrá que arreglárselas solo*.

2. Para su empleo en lugar de *le* (complemento indirecto), → **laísmo**.

labor. Es el único sustantivo abstracto acabado en *-or* que mantiene el género femenino: *la labor*. Todos los demás, aunque femeninos en castellano antiguo, son actualmente masculinos: *el dolor, el amor, el temor*, etc.

lachiguana. → **lechiguana**.

*lacinante. Forma errónea por *lancinante*: *un dolor lancinante*.

ladear. Construcción: —*a o hacia otra parte*.

ladero. La RAE ha incluido en el DRAE/92 la siguiente acepción de esta voz: "m. fig. *Argent*. Persona que secunda a otra, particularmente a un caudillo político."

lady. 1. La RAE había hispanizado esta voz inglesa (pron. [léidi]) bajo la forma *ladi*, pero, con buen criterio, eliminó esta forma del DRAE/92.

2. El plural inglés es *ladies*.

lagaña. → **legaña**.

lago. Se escribe todo en minúsculas: *el lago Gutiérrez*, salvo cuando forma parte de un nombre propio: *Villa del Lago*.

La Habana. 1. Gentilicio: *habanero*.

2. → **Habana**.

La Haya. No se aplica en el caso del nombre de esta ciudad holandesa la regla que preceptúa que delante de *ha*-tónica se emplea la forma *el* del artículo. → **agua, 2**.

laísmo. Consiste en el uso del pronombre femenino *la, las* como complemento indirecto en lugar de *le, les*: **la regalé un libro*. Se emplea en España, en la lengua coloquial de Castilla y León, especialmente en Madrid. La lengua literaria, en cambio, evita el **laísmo**, salvo cuando, por costumbrismo, quiere reproducir el habla familiar: "Pues, madre, lo que la tengo que decir es que ya no estoy solo [...]" (C.J. Cela, *La colmena*, 160).

En América, no se emplea en la lengua hablada: "[...] entre americanos jamás he oído *la* por *le* [...]" (R.J. Cuervo, *Notas*, § 121), pero, aunque excepcional, puede verse usado el **laísmo** en la literatura, quizá por influencia del español peninsular: "[...] y pronto extrajo la centolla, que ignorante del fin que la esperaba, estiraba y recogía sus enormes patas [...]" (J. S. Álvarez, *En el mar austral*, 73); "[...] osó pasarla el brazo sobre el cuello y tomarla suavemente la garganta [...]" (E. Larreta, *La gloria*, 34); "[...] las sienes la martillaban más recio [...]; la hacía sentir una voz de consuelo y resignación [...]" (V. Cáceres Lara, "Paludismo", en CH, 2, 89); "El marido la había pegado." (J. Bosch, "La mujer", en CH, 2, 97).

Para M. Seco "[...] debe hacerse todo lo posible para evitar el **laísmo**, al menos cuando se habla o se escribe para un público, ya que es un uso que está al margen de la norma general del idioma." (*Diccionario*, s. v. *él*).

La RAE condenó el **laísmo** ya en la 4ª edición de su *Gramática* (1796) y lo sigue haciendo en la actualidad: "Es forma propia del complemento directo y no puede usarse correctamente como complemento indirecto" (DRAE/92, s. v. *la*); "Es grave incorrección emplear en este caso para el género masculino la forma *los*, propia del acusa-

tivo, y en femenino tampoco debe emplearse la forma *las*, aunque lo hayan hecho escritores de nota." (DRAE/92, s. v. *les*).
Bello, en cambio, admite el **laísmo** cuando "convenga a la claridad de la sentencia [...]" (*Gramática*, § 930).

lamber. 1. → **Arcaísmo** por *lamer*, que ha sobrevivido en América y en algunas regiones de España. En la Argentina se lo considera forma vulgar y está sancionado socialmente. Conviene evitarlo.
2. Además de su valor propio: 'pasar la lengua repetidamente por una cosa', tiene en América el significado de 'adular servilmente', acepción que figura en el DMI, pero no en el DRAE/92.

lambetada. → **lambetazo**.

lambetazo. El DRAE admite esta voz como perteneciente al español general, no así *lambetada*, que figura ésta figura en el DMI.

lambetear. Es americanismo; significa 'lamer una cosa con complacencia'. No figura en el DRAE/92.

lambida. La RAE admite esta voz, pero le agrega la nota de anticuada. Para la Argentina, se le pueden aplicar las mismas observaciones que a → **lamber, 1.** Puede sustituirse por *lamida* o *lamedura*.

lamé. Voz francesa que se emplea en español para nombrar un tipo de tela muy fina y brillante: "Aquel tapado de armiño / todo forrado en lamé" (M. Romero, "Aquel tapado de armiño", en ACTC, 42).

La Meca. 1. Gentilicio: *mecano*.
2. → **Meca**.

lamentar. Construcción: *lamento haber sido tan torpe*; *lamento que no hayas podido venir*. **Lamento de que no hayas podido venir* es incorrecto → **dequeísmo**.

lamentarse. Construcción: —*de, por sus desdichas*.

*lampalagua. 1. Forma incorrecta del nombre de una especie de serpiente que habita en los territorios de la Argentina, Chile, Paraguay y Uruguay. Dígase *ampalagua* o *ampalaba*, forma esta última que la RAE prefiere.
2. El DMI registra la voz **lampalagua** con las siguientes definiciones: "adj. *Argent.* Tragón, glotón. Ú. t. c. s. // m. *Chile*. Monstruo fabuloso que seca los ríos bebiéndoseles toda el agua."

*lámpara a querosén. Uso criticado de la preposición **a**; dígase *lámpara de querosén*, pero → **a, III**.

lancéola. Es palabra esdrújula; la acentuación grave [lanseóla] es errónea.

*lancha a vapor, a motor, a nafta. Uso criticado de la preposición *a*; dígase *lancha de vapor, de motor, de nafta*. No obstante, es cada día más frecuente la forma objetada: "[...] cuando disparaban de una vieja

lancha a vapor que buscaba cazadores furtivos." (E. Belgrano Rawson, *Fuegia*, 19); "[...] la otra casa comercial por la cual corretea en la lancha a motor." (E. Castro, *Los isleros*, 10). → **a, III**.

landó. Plural: *landós*. → **rubí**.

langostino, langostín. La RAE admite las dos formas, pero prefiere la primera.

languidecer. V. irreg.; se conjuga como → **parecer, 1.**

lanzallamas. Es masculino y singular: *el lanzallamas*. No varía en plural: *los lanzallamas*. → **plural, I, A, 2.**

lanzar. Construcción: —*a* o *contra alguien o algo*; —*al* o *en el mar*.

lanzarse. Construcción: —*al vacío*; —*a la lucha*; —*sobre el enemigo*.

Laos. Gentilicio: *laosiano*.

laparoscopia. Contiene diptongo final [laparoskópia]; la acentuación en la *-i-* [laparoskopía] es incorrecta. → **-scopia**.

La Paz. El gentilicio correspondiente a esta ciudad boliviana es *paceño*.

lapicera. El DRAE/92 ha incorporado este argentinismo como sinónimo de *portaplumas* y de *estilográfica*.

lápiz. Evítese el plural incorrecto **los lápiz*. → **capaz, 1.**

La Plata. El gentilicio correspondiente a esta ciudad argentina de la provincia de Buenos Aires es *platense*.

lapso. → **lapsus**.

lapso de tiempo. Expresión pleonástica (*lapso* significa 'espacio de tiempo') que se ha impuesto tanto en el habla coloquial como literaria: "Por fin, después de largo lapso de tiempo, difícil de apreciar, se detuvo." (E. Larreta, *La gloria*, 71). La RAE lo aprueba: "Dícese del lapso de tiempo en que se ha tenido ajetreo o diversidad apresurada y anormal de quehaceres" (DRAE/92, s. v. *movido*).

lapsus. Significa 'falta o equivocación involuntaria'. No debe confundirse con *lapso*, que significa 'espacio de tiempo entre dos límites'.

lapsus cálami. Expresión latina que significa 'error o falta involuntaria que se comete al escribir'.

lapsus linguae. Expresión latina que significa 'error o falta involuntaria que se comete al hablar'.

lapsus memoriae. Expresión latina que significa 'error involuntario de la memoria'.

laqué. Voz francesa que puede suplantarse por *laqueado*.

largarse. En el español americano es frecuente su uso como verbo auxiliar incoativo, con el significado de 'comenzar a hacer alguna cosa': *se largó a llorar, nos largamos a conversar*. En el español peninsular se emplea *soltarse a*.

largavista. Esta voz, de uso corriente en la Argentina, no figura en el DRAE/92. La RAE lo llama *anteojo de larga vista* y *gemelos*.

largometraje. 1. En su sesión del 13 de noviembre de 1975, la AAL sugirió a la RAE la inclusión de esta voz en el *Diccionario* mayor (*Acuerdos*, V, 252-55). Fue incluida en el DRAE/84 con la siguiente definición: "Película cuya duración sobrepasa los 60 minutos."
2. Plural: *largometrajes*.

largos años. Algunos preceptistas critican el uso de esta expresión, pues, dicen, todos los años tienen la misma duración. Evidentemente, **largos años** tiene un valor subjetivo que no se puede ignorar: *a unos pocos años de felicidad siguieron largos años de infortunio*. Por lo demás, la RAE admite su uso: en su *Diccionario*, s. v. *largo*, se puede leer: "fig. Aplicado en plural a cualquier división del tiempo, como días, meses, etc. suele tomarse por muchos. *Estuvo ausente largos años*."

laringoscopia. Tiene diptongo final. La pronunciación *laringoscopía* es incorrecta. → **-scopia**.

lasagna. → **lasaña**.

lasaña. Hispanización de la voz italiana *lasagna*. La RAE ha introducido en el DRAE/92 una segunda acepción: "Plato de origen italiano, consistente en carne o verdura picada recubierta de cuadrados o tiras de pasta y espolvoreada de queso rallado."

láser. 1. Sigla de *light amplification by stimulated emission of radiations*, que la RAE ha incorporado al español como sustantivo masculino: *el láser*, plural: *los láseres*. **2.** Debe escribirse con tilde por ser palabra grave terminada en *-r*, el singular, y palabra esdrújula, el plural.

laso, lasitud. Significan 'flojo, desfallecido, falto de fuerzas' y 'flojedad, desfallecimiento, falta de fuerzas', respectivamente: "Todo lo que le rodeaba tenía una indudable equivalencia en esa lasitud en que se dejaba estar, maravillado y solo." (V. Barbieri, *El río*, 38). No deben confundirse con → **laxo, laxitud**.

látex. No varía en plural: *los látex*. → **plural, I, A, 2**.

Latinoamérica. → **Hispanoamérica**.

lato sensu. 1. Expresión latina que significa 'en sentido lato, en sentido amplio'; se aplica a las palabras que deben ser tomadas en su sentido más general. Se opone a → **stricto sensu**.
2. Evítese decir *latu sensu*.

laucha. El DRAE/92 incorpora la siguiente acepción de esta voz: "fig. y fam. *Argent*. Persona lista, pícara. Ú. t. c. adj."

laudátor témporis acti. Frase latina que puede traducirse libremente por *nostálgico de los tiempos idos* y que se encuentra en Horacio (*Epístola a los Pisones*, v. 173). Equivale a los versos de J. Manrique: "cualquiera tiempo pasado / fue mejor" ("Coplas" (vv. 11-12), en *Cancionero*).

laureola, lauréola. La RAE autoriza ambas acentuaciones, pero prefiere la primera.

Lausanne. El nombre español de esta ciudad suiza es *Lausana*.

lavacoches. Es singular y no varía en plural: *el lavacoches, los lavacoches*. → **plural, I, A, 2**.

lavanda. Término que durante mucho tiempo fue criticado por galicista (fr. *lavande*), pero que el DRAE/84 ya admite como sinónimo de *lavándula, espliego* y *alhucema*. De hecho, queda legitimada la expresión *agua de lavanda*, que los preceptistas recomendaban sustituir por *agua de espliego* o *agua de alhucema*.

lavar. Construcción: —*la ofensa con* o *en sangre*.

lavarropa. El DRAE/92 no registra esta voz, de uso corriente en la Argentina. También se emplea en singular *lavarropas*: "Las manchas de vino, me preguntaba yo, ¿saldrán en el lavarropas?" (A.M. Shúa, *Soy paciente*, 87).

lawn-tennis. En español se dice sencillamente *tenis*.

laxo, laxitud. Significan 'relajado' y 'relajación', respectivamente: "Lentamente, a medida que sus nervios se ordenaban en una laxitud reparadora, se puso a pensar en el sueño de la despedida [...]" (V. Barbieri, *El río*, 87).
Metafóricamente se puede hablar de *opiniones laxas* o de *una moral laxa*.
No deben confundirse estos términos con → **laso, lasitud**.

lay. Plural: *lais* (*Esbozo*, 2. 3. 3, b).

le. 1. Es incorrecto emplear el singular **le** cuando este pronombre se refiere a un sustantivo en plural. Es error frecuente tanto en América como en España: "Comentan los progresos (o regresiones) de sus enfermos respectivos y le sacan el cuero a los médicos y las enfermeras." (A. M. Shúa, *Soy paciente*, 30); "[...] le había dicho a Juan Carlos y a la Poison que pasaran a buscarme[...]" (R. Soto, "Uno en la llovizna", en DCL, 78); "Es que cada una de vosotras hace un mundo de algo que le pasa a todas por igual." (C. Rico-Godoy, *Cómo ser una mujer*, 167); "[...] que le hacía versos a las muchachas [...]" (J. Camba, *Playas*, 55). Obsérvese la indecisión en el uso del singular y del plural en el siguiente texto: "[...] ya que persistía en arrojarle pedradas a las lochas o prenderles broches plásticos en el pelaje a los monos proboscídeos." (R. Fontanarrosa, *El mayor de mis defectos*, 50).

2. Uso de **le** como complemento directo en lugar de *lo, la,* → **leísmo**.

3. Uso de *la* como complemento indirecto en lugar de **le,** → **laísmo**.

4. Uso de *lo* como complemento indirecto en lugar de **le,** → **loísmo, 1**.

leader. → **líder**.

leading case. Expresión inglesa (pron. [líding kéis]) de uso frecuente en la jerga periodística. Puede sustituirse por *caso piloto*.

leasing. Voz inglesa (pron. [lísing]) que significa 'arrendamiento con opción a compra'.

lecanomancia, lecanomancía. La RAE admite las dos acentuaciones, pero prefiere la primera. → **-mancia, -mancía**.

lechiguana. En sesión del 22 de setiembre de 1977, la AAL sugirió a la RAE la inclusión de esta voz en el *Diccionario* mayor, con el carácter de argentinismo (*Acuerdos*, VIII, 91-94). Se trata de una avispa (*Brachygastra lecheguana*) que produce una miel que puede resultar tóxica. Existe también la forma *lachiguana*. Ninguno de los dos términos figura en el DRAE/92, pero el DMI recoge **lechiguana**, aunque localizándola erróneamente sólo en Bolivia.

leer. Según Bello (*Gramática*, § 499), doctrina que sigue el *Esbozo* (2. 12. 1, f), es verbo regular, ya que la aparente anomalía del cambio de la *i* átona intervocálica en *y* obedece a principios generales fonológicos del sistema español y no constituye irregularidad. Este cambio se produce en las terceras personas del pretérito perfecto simple: *leyó* (por: le-ió), *leyeron*; en el pretérito imperfecto: *leyera / leyese, leyeras / leyeses*, etc. y el futuro de subjuntivo: *leyere, leyeres*, etc. y en el gerundio: *leyendo*.

legaña, lagaña. La RAE admite las dos formas, pero prefiere la primera.

legible, leíble. La RAE admite las dos formas, pero recomienda la primera, que es la más usual.

*legitimizar. Forma incorrecta por *legitimar*.

Le Havre. El nombre español de esta ciudad francesa es → **El Havre**.

leísmo. Consiste en el uso de *le* como complemento directo: *en cuanto le vi, le reconocí*.
Etimológicamente, el español dispone de dos series de pronombres personales átonos de tercera persona: *lo, la, los, las* para el complemento directo y *le, les* para el complemento indirecto: *lo encontré* (a mi amigo), *la encontré* (a tu novia), *le regalé unos libros* (a mi hijo o a mi hija).
Sin embargo, por el olvido del origen de estas formas y también por la tendencia de la lengua a introducir la diferenciación genérica en el pronombre *le* (que se emplea

tanto para masculino como para femenino), desde época temprana se produjeron confusiones en este esquema tan simple: *lo* se emplea como complemento indirecto (→ **loísmo, 1**), *la* también como complemento indirecto (→ **laísmo**) y *le* como complemento directo (**leísmo**).
La extensión del **leísmo** depende de las regiones, de las épocas y del origen (castellano o no) de los escritores. La forma más amplia de **leísmo** consiste en su empleo como complemento directo masculino y femenino, de persona y cosa, tanto en singular como en plural: *le vi* (a Juan, a María, el libro o la carpeta) en lugar de *lo vi* o *la vi*; *les vi* (a ellos o ellas, los libros o las carpetas) en lugar de *los vi* o *las vi*.
En su forma más restringida, se usa *le* sólo como complemento directo masculino referido a persona: *le vi* (a Juan). Este empleo suele llamarse **leísmo** correcto. Todas las otras formas se consideran incorrectas o regionales (**leísmo** incorrecto).
La RAE admite esta forma restringida, pero recomienda a los escritores que presten más atención a la etimología que al uso y empleen *le* sólo para complemento indirecto (*Esbozo*, 3.10.5, c).
En términos generales, puede decirse que *le* como complemento directo de cosa (*perdí un libro y aún no le he encontrado*) es frecuente en la lengua hablada, en las regiones leístas, pero raro en la literatura.
El plural *les* en lugar de *los, las* (*saludé a mis parientes en cuanto les vi*) es infrecuente en la lengua literaria y corriente en la lengua coloquial de Castilla y León.
El uso de *le* por *la* como complemento directo de persona o cosa (*si ves a María salúdale de mi parte; esa carta todavía no le he escrito*) es mayoritariamente rechazado.
Ésta es la situación actual del **leísmo**:
1. *En España.* El **leísmo**, en cualquiera de sus variedades, está impuesto en la zona central: Castilla y León. Se emplea, en cambio, *lo* como complemento directo (loísmo correcto) en la región sudoriental (especialmente Andalucía), en Asturias, Aragón, Navarra, Extremadura e islas Canarias, pero la influencia de Castilla ha extendido considerablemente el **leísmo**, sobre todo en el lenguaje literario.
2. *En América.* El **leísmo** no se emplea en la lengua coloquial, salvo en Ecuador (Kany, *Sintaxis*, 134), en Paraguay y en la provincia argentina de Corrientes. Es muy frecuente, en cambio, en la lengua literaria, en parte por influencia del español peninsular, en parte por la creencia que circuló durante algún tiempo de que el **leísmo** era lo correcto frente al vulgar loísmo. Recuérdense a este respecto las palabras de Manuel

Román: "En Chile somos más loístas que leístas; pero ya nos iremos enmendando" (cit. Kany, *Sintaxis*, 138).

Este **leísmo** literario y artificial produce incoherencias en su empleo al aplicarse con poco rigor; baste un ejemplo entre los muchos que podrían citarse: refiriéndose a la misma persona, dice A. Cancela en la misma página: "Era que abajo le aguardaban los tres miembros de la comisión de agasajo para llevarle al almuerzo ofrecido en su honor [..]"; "No lo dejaban ni a sol ni a sombra y lo llevaban de una reunión en el hipódromo a una recepción en el Consejo Nacional de Mujeres." (*Historia*, I, 26).

Para ejemplificar la sensación del hablante argentino ante el **leísmo**, nada mejor que este fragmento: "Y después: le quiero, le conocí, el dativo en lugar del acusativo. ¿Por qué no decía llanamente: *lo* quiero, *lo* conocí? Creería que así se expresaba con más finura, que se ponía a la altura de las circunstancias. Y era justamente al revés. Su cursilería lo arruinaba todo." (M. Denevi, *Un pequeño café*, 38).

En conclusión, siguiendo las normas de la RAE y el uso espontáneo de los hablantes americanos en general y de buena parte de España, no hay motivo para mantener el uso de *le* como complemento directo en la lengua literaria (en la lengua coloquial no se logró introducirlo: los chilenos no "se enmendaron") por ser antietimológico e ir en contra de la tendencia natural del español americano.

leitmotiv. Palabra alemana (pron. [laitmotíf]) que significa 'motivo conductor'. Es el tema principal que se repite en una obra musical o el tema o frase que se reitera en una obra literaria, reiteración a la que se le adjudica una significación especial. También se denomina así el tema o idea sobre la cual se insiste con frecuencia: "Esta idea radical reaparece de continuo, como estribillo o *leitmotiv*, en la obra de Hume." (M. de Unamuno, *Viejos y jóvenes*, 60). Puede traducirse por *motivo guía, motivo central* o *motivo conductor*.

lejano. Construcción: —*de mis intereses*. La construcción con *a* es incorrecta.

lejos. **1**. Diminutivo: *lejitos* (→ **diminutivos, 2**) y superlativo: *lejísimos* son las formas normales hoy en uso. Santa Teresa usa el superlativo *lejísimo*: "Y con parecerme que está entonces lejísimo Dios [...]" (*Su vida*, cap. XX).

2. Construcción: —*de tu casa*. → **lejos mío**.

lejos de. Los preceptistas criticaban por galicista (fr. *loin de*) esta locución prepositiva cuando, precediendo a un infinitivo, indica que no ocurre lo que éste expresa, sino todo lo contrario. La RAE le ha dado acogida en

el DRAE/92: *lejos de mejorar, íbamos de mal en peor*.

lejos mío. Los gramáticos aconsejan que se usen las formas *lejos de mí, lejos de ti, lejos de nosotros*, etc., en lugar de **lejos mío**, *lejos tuyo, lejos nuestro*, etc., pero → **cerca mío**.

lengua. Diminutivos: *lengüecita, lengüezuela*; en la Argentina se emplea casi exclusivamente *lengüita*. → **diminutivos, 1**.

Lenin. Es palabra grave, tiene acento prosódico en la primera sílaba, y así la considera la RAE (DRAE/92, s. v. *leninismo, leninista*). No obstante, en la Argentina es muy frecuente la acentuación aguda *Lenín*.

lente. **1**. Según el DRAE es sustantivo → **ambiguo** en cuanto al género. Sin embargo, el *Esbozo* (2. 2. 7, d), siguiendo el uso general, asocia este sustantivo a otros en los que el cambio de género indica cambio de significación (*el cólera / la cólera, el frente / la frente*, etc.). **Lente** es femenino cuando significa 'cristal cóncavo o convexo que se emplea para aparatos de óptica': *una lente convergente*. Se usa como masculino, y generalmente en plural, para designar cierto tipo de anteojos: *se colocó los lentes y leyó cuidadosamente*.

2. → **lente de contacto**.

lentecer. V. irreg.; se conjuga como → **parecer, 1**.

lente de contacto. La RAE ha incorporado esta denominación en el DRAE/92, por lo que ya no es necesario recomendar que se sustituya por la voz *lentilla*, prácticamente desconocida en la Argentina.

lento. Construcción: —*en decidirse*; —*para comprender*.

***leprosario**. El DRAE/92 no registra esta voz; dígase *leprosería* o *lazareto*.

leso. Es un adjetivo que significa 'agraviado, lastimado' y que se aplica en contadas expresiones: *delito* (o *crimen*) *de lesa humanidad, de lesa majestad, de lesa patria, de leso derecho natural* y alguna otra.

Lesoto. El gentilicio correspondiente a este Estado del África meridional es *basuto*. No figura en el DRAE/92.

letrado. Femenino: *letrada*. No se justifica decir **la letrado* para referirse a una abogada.

leucémico. El DMI registra esta voz, que no figura en el DRAE/92, con las siguientes definiciones: "adj. Relativo a la leucemia. // Que padece esta enfermedad."

levantar. Construcción: —*la mirada al cielo*; —*en alto*; —*por las nubes*.

levantarse. Construcción: —*con lo ajeno*; —*contra el gobierno*; —*del suelo*; —*en armas*.

lexicón. Es palabra aguda. Por influencia de su sinónimo *léxico*, se la suele pronunciar, indebidamente, como esdrújula: **léxicon*.

liar. Para su acentuación, → **enviar, 1**.

Líbano. El nombre de este país del Oriente

Medio va siempre con artículo: *el Líbano.* Su omisión constituye → **anglicismo.**

líbero. El DMI registra esta voz de origen italiano, que no figura en el DRAE/92, con la siguiente definición: "m. En el fútbol, jugador que refuerza la línea de defensa y se halla situado detrás de esta."

libido. 1. Es palabra grave [libído]; la acentuación esdrújula, **líbido,* es viciosa: "La líbido siempre hambrienta lo atormentaba [...]" (M. Denevi, *Música,* 53).
2. Es femenino: *la libido.*

líbor. Sigla de *London interbanking offered rate,* que designa el tipo de interés interbancario en el mercado bursátil de Londres.

librar. Construcción: —*contra un banco;* —*a alguien de un peligro;* —*sobre una plaza.*
    librarse. 1. Es → **galicismo** (fr. *se livrer*) emplear esta forma pronominal por *entregarse, abandonarse.*
    2. Construcción: —*de la tiranía.*

libre. Superlativo literario: *libérrimo;* coloquial: *muy libre.*

librecambio, libre cambio. La RAE autoriza las dos grafías, pero prefiere la primera cuando se quiere nombrar el sistema económico que propugna la supresión de las trabas al comercio internacional, especialmente las aduanas. Recomienda la grafía **libre cambio** cuando se trata del régimen aduanero fundado en la doctrina del **librecambio.**

librería. 1. La RAE admite la acepción 'biblioteca' de esta voz, para nombrar tanto el local como el conjunto de libros y el mueble con estantes para colocarlos. Esta acepción suele ser tachada de → **anglicismo** (ingl. *library*) por los preceptistas.
2. El DRAE/92 incorpora como argentinismo la siguiente acepción: "Comercio donde se venden papeles, cuadernos, lápices y otros artículos de escritorio."

libreta cívica. El DRAE/92 ha incluido esta expresión con la siguiente definición: "*Argent.* Documento oficial con el que la mujer acredita su identidad a efectos electorales y de la vida cotidiana."

libreta de enrolamiento. El DRAE/92 ha incluido esta expresión con la siguiente definición: "*Argent.* Documento oficial con que el varón acredita su identidad a efectos militares, electorales o de la vida cotidiana."

licenciar. Para su acentuación, → **abreviar.**

licuar. Para su acentuación, → **averiguar.** Aunque lo correcto es *licuo, licuas, licua,* etc., se está difundiendo la acentuación **licúo, *licúas, *licúa,* etc.: "[...] que se licúa en el chorro generoso [...]" (M. Aguinis, *Profanación,* 267). → **adecuar.**

líder. 1. La RAE ha hispanizado así la voz inglesa *leader,* por lo que no corresponde emplear la grafía original. Significa 'jefe, conductor, dirigente, guía, caudillo, cabecilla, cabeza'.
2. Su plural es *líderes.*
3. La RAE ha admitido, además, los derivados *liderato, liderazgo* y, en el DRAE/92, *liderar.*

lidiar. 1. Para su acentuación, → **abreviar.**
2. Construcción: —*con los alumnos;* —*con* o *contra los enemigos;* —*por sus ideales.*

lied. 1. Voz alemana (pron. [lit]) con que se designa un tipo de canción popular, generalmente romántica.
2. Plural: *lieder* (pron. [líder]).

Liège. El nombre español de esta ciudad belga es *Lieja.*

liendre. Es sustantivo femenino: *la liendre.*

ligar. Construcción: —*una cosa a* o *con otra.*

ligur. Es palabra aguda [ligúr]; la acentuación grave, **lígur,* es errónea.

ligustro, ligustre. **Ligustro** es la planta; **ligustre,** la flor. Evítese la forma latina *ligústrum.*

Lille. El nombre español de esta ciudad francesa es *Lila.*

limnología, limnólogo. En sesión del 10 de julio de 1975, la AAL sugirió a la RAE la inclusión de estas voces en el *Diccionario mayor* (*Acuerdos,* V, 225-28). La primera de ellas fue incorporada en el DRAE/92 con las siguientes definiciones: "f. Estudio científico de los lagos y lagunas. // 2. Por ext., biología de las aguas dulces, en general, y estudio de los factores no biológicos de ellas."

limpiar. 1. Para su acentuación, → **abreviar.**
2. Construcción: —*con un trapo;* —*la tierra de maleza;* —*de culpas;* —*un traje en seco.*

limpiada. El DMI registra este americanismo, que no figura en el DRAE/92, como sinónimo de *limpieza.*

*limpieza a seco. La norma académica exige que se diga *limpieza en seco.*

limpio. Diminutivo: *limpiecito.* En la Argentina se emplea *limpito.* → **diminutivos, 1.**

linde. Es sustantivo → **ambiguo** en cuanto al género: *el linde, la linde,* pero se usa casi exclusivamente en femenino: "[...] esa linde a la que los vapores azules del alcohol nos aproximan." (O. Cerruto, "El círculo", en DCL, 53).

linimento, linimiento. La RAE admite las dos formas, pero prefiere la primera.

link. Palabra inglesa que puede sustituirse por *campo de golf.*

linóleum. El DRAE no registra esta palabra; dígase *linóleo.*

linotipia. Tiene diptongo final [linotípia]; la acentuación **linotipía* es incorrecta.

lipemaniaco, lipemaníaco. La RAE admite ambas acentuaciones, pero recomienda la primera, aunque prefiere *maníaco* a *maniaco*. → **-íaco, -iaco.**

*liquefacción, *liquefacer. Formas incorrectas por *licuefacción, licuefacer.*

lírico. En América es frecuente el empleo de esta voz para referirse a la persona que acomete desinteresadamente empresas utópicas o poco prácticas. Si bien este significado no figura en el DRAE/92, lo recoge el DMI.

lis. Es femenino, pero, como advierte el DRAE/92, modernamente se usa también como masculino. *El lis* y *la lis*, entonces, son ambos correctos.

Lisboa. Gentilicios: *lisbonés, lisbonense* y *lisboeta*: "[..] un gigantesco torbellino negro que se elevaba hacia el cielo lisboeta [...]" (*Clarín*, 26-8-88, pág. 40). La RAE recomienda el primero.

lisiar. Para su acentuación, → **abreviar.**

Lisístrata. Es palabra esdrújula; la acentuación grave [lisistráta] es errónea.

litiasis. Es palabra llana [litiásis]; la acentuación esdrújula, **litíasis*, es errónea. → **-iasis.**

litigar. Construcción: —*con, contra el deudor*; —*sobre una propiedad.*

litografiar. Para su acentuación, → **enviar, 1.**

litosfera. Es palabra grave; la acentuación esdrújula,**litósfera*, es incorrecta. → **-sfera.**

lítotes, litotes, litote. 1. La RAE admite, en el DRAE/92, las tres formas y las prefiere en el orden indicado.

2. Los tres sustantivos son femeninos.

-litro. Sus derivados no llevan tilde (son palabras llanas): *centilitro, hectolitro, kilolitro*, etc.

lividecer. V. irreg.; se conjuga como → **parecer, 1.**

lívido. Los preceptistas rechazaban por impropia la acepción de 'pálido' de esta voz, que está admitida por la RAE desde 1984.

living. Abreviación del ingl. *living room* (pron. [líving rum]). En la Argentina ha sustituido a sus equivalentes *cuarto de estar* y al antañón *sala*: "[...] la encargada de uno de los almuerzos se instala en el living de una comensal [...]" (S. Walger y C. Ulanovsky, *TV, Guía negra*, 165); "La casa seguía silenciosa; ni siquiera se oían las voces desde el living." (J. Lanata, *Polaroids*, 26); "[...] entré en el living [..]" (M. Aguinis, *Profanación*, 56).

Puede remplazarse por → **estar** o *estar diario*: "Atravesé la puerta del estar diario que comunica el parque con el resto del edificio [...]" (M. Aguinis, *Profanación*, 15).

Livorno. En español, esta ciudad italiana se llama *Liorna*, aunque este nombre está cayendo en desuso.

ll. 1. Secuencia de letras cuyo nombre es *elle*, plural *elles*. No se justifican las denominaciones *ele doble* o *doble ele*, que no responden a la realidad fonética del español.

2. Representa un fonema palatal lateral fricativo sonoro y, en las regiones yeístas (→ **yeísmo**), un fonema palatal africado sonoro [kabáyo, gayína, síya].

3. Desde 1803, la RAE la consideraba una letra doble, independiente, y la alfabetizaba entre la *l* y la *m*. Este modo de alfabetización es criticado por quienes propician que, siguiendo el uso de todas las lenguas de cultura, la **ll** sea considerada una combinación gráfica de *l* + *l* y se la alfabetice entre *li-* y *lo-* (→ **ch, 2**). La RAE ha revisto su criterio y, en el X Congreso de Academias (Burgos, 1994), reordena la **ll** dentro de la *l*.

4. Cuando hubiere de escribirse con mayúscula la letra inicial de una palabra que comienza por **ll**, sólo se formará de carácter mayúsculo el primer elemento: *Llavallol, Llorente.*

5. Esta secuencia de letras se considera indivisible, por lo tanto no pueden separarse sus componentes en el silabeo al final de renglón: *re-lle-no, ca-ba-lle-ro.*

llamar. Construcción: —*a la conciliación*; —*a la puerta*; —*al orden*; —*a voces*; —*con la mano*; —*de tú a otros*; —*por señas*. El complemento directo de este verbo lleva siempre la preposición *a*, aunque sea de cosa: *llaman a la esmeralda piedra preciosa.*

llamarse. Construcción: —*a engaño.*

llanisto. La RAE ha incorporado este vocablo en el DRAE/92 con las siguientes definiciones: "adj. *NO. Argent.* Para el montañés, natural de las tierras bajas, en particular de los llanos de La Rioja. Ú. t. c. s. // 2. Perteneciente a esta región de la Argentina."

llapa, yapa. La RAE admite las dos grafías sin indicar preferencia. En la Argentina es más usual la segunda forma. En las regiones yeístas (→ **yeísmo**) no hay diferencia de pronunciación.

llevar. Construcción: —*a alguien a creerlo*; —*con resignación*; —*una cosa en sí a otra*; —*sobre el corazón.*

llevarse. Construcción: —*a uno por delante* (= atropellarlo; ofenderlo); —*bien con los vecinos*; —*de una pasión.*

llevar el apunte. Argentinismo que significa 'interesarse en, hacer caso, tener en cuenta, atender': *le avisé que tuviera cuidado, pero no me llevó el apunte.* Esta expresión, propia de la lengua familiar, no figura en el DRAE.

llevar + participio. Indica insistencia o repetición de la acción expresada por el

participio y agrega, además, la idea de que
se seguirá haciendo lo que el participio
indica: *este arquitecto lleva hechas cincuenta casas* significa que ya tiene construidas esas casas y que ha de seguir cons-
truyendo, sin duda, más.
llover. 1. V. irreg.; se conjuga como → **mover.**
2. Construcción: —*a cántaros*; —*bendicio-
nes sobre una familia*; —*sobre mojado.*
¹lo. Artículo neutro. Puede unirse a un adjetivo calificativo singular o plural, con forma
masculina o femenina: *lo viejo; no te imaginas lo hermosa que es; lo nerviosas que
estaban*; "[...] ayuda a comprender lo unidos
que fueron." (J. L. Borges, *El Aleph*, 172).
También se une a proposiciones de relativo:
entonces entendí lo que me había dicho, y a
la preposición *de* y su término: *lo de antes,
arreglé lo del auto.*
²lo. 1. Pronombre personal. Su empleo como
complemento indirecto, en lugar de *le*, es
incorrecto: **lo he traído la mercadería.* →
loísmo, 1.
2. Cuando **lo** se refiere a un sustantivo en
singular, debe mantener la forma singular. Es incorrecta su pluralización en casos
como éstos: **traje el regalo y se los di;
sabía la verdad y se las dijo. En estos
ejemplos, *los* y *las* se refieren a 'el regalo' y
'la verdad', respectivamente. Se produce
aquí una atracción del número: la pluralidad corresponde a *se* (= les), pero como no
puede expresarla (no existe el plural **ses*),
se traslada indebidamente al pronombre
siguiente.
3. El uso anafórico del pronombre **lo**: *lo miré
a Juan, la cortejaba a Luisa*, es corriente en
la lengua coloquial, pero conviene evitarlo
en lengua cuidada.
lobby. 1. Voz inglesa que suele emplearse en
español con los dos valores que tiene en su
idioma original: a) 'vestíbulo' (de un hotel),
'corredor, pasillo' (del Parlamento) y b) 'grupo de presión': "Insiste en sus charlas con
los hombres del campo que la industria
tiene su lobby y sabe presionar sobre el
Gobierno." (*Página/12*, 14-3-89, pág. 2).
También aparecen formas semicas-
tellanizadas como *lobbista* y *lobbismo.*
2. El plural inglés es *lobbies.*
lobuno. En sesión del 11 de setiembre de
1980, la AAL sugirió a la RAE la inclusión
de esta voz, con nota de argentinismo, en
el *Diccionario* mayor (*Acuerdos*, VIII, 338-
40). La RAE la ha incorporado al DRAE/
92. Designa el caballo cuyo pelaje es grisá-
ceo en el lomo, más claro en las verijas y
hocico, y negro en la cara, las crines, la
cola y los remos.
loc. cit. → **loco citato.**
lock-out. Expresión inglesa (pron. [lokáut]),

que significa literalmente 'dejar fuera'. Puede traducirse por *paro* o *cierre patronal.*
loco. Construcción: —*con sus hijos*; —*de amor*;
—*por el automovilismo.*
loco citato. Expresión latina que significa
'en el lugar citado'. Se emplea en citas
bibliográficas y se abrevia *loc. cit.*
locomotor. Femenino: *locomotora* y *loco-
motriz.*
lo de. La equivalencia *lo de = casa de* (*voy a
lo de Pedro = voy a casa de Pedro*), aunque
antigua en español, se ha ido perdiendo. Ha
sobrevivido en América, especialmente en
el Río de la Plata. Su uso es admisible en
lengua familiar, pero conviene evitarlo en
lengua cuidada.
loess. 1. Es el nombre que se da en geología a
un limo muy fino, de color pardo amarillento. En su sesión del 25 de abril de 1985, la
AAL consideró conveniente sugerir a la
RAE la inclusión de esta voz en el *Diccionario* oficial bajo la forma *loes* y con la
siguiente definición: "Formación de polvo
de textura limosa que arrastrado por el
viento llega a cubrir grandes extensiones y
que en condiciones favorables puede constituir suelos fértiles." (*Acuerdos*, IX, 182-83).
No figura en el DRAE/92.
2. Su plural no varía: *los loess* o *los loes.*
logogrifo. Es vocablo llano; la acentuación
esdrújula, **logógrifo*, es errónea.
Loire. El nombre español de este río de
Francia es *Loira.*
loísmo. 1. Consiste en el uso del pronombre *lo*
como complemento indirecto en lugar de *le*:
*lo he dado los regalos (**loísmo** incorrecto).
Este uso, considerado vulgar en España, es
desconocido en América.
2. En las regiones leístas (→ **leísmo**) se le
llama también **loísmo** al empleo del pronombre *lo* como complemento directo: *lo vi
y lo saludé*, en oposición a la construcción
leísta *le vi y le saludé* (**loísmo** correcto).
London. El nombre español de la capital de
Gran Bretaña es → **Londres.**
Londres. Gentilicio: *londinense.*
loneta. La RAE ha incluido esta voz en el
DRAE/92 con las siguientes definiciones:
"*Argent.* y *Chile.* Lona delgada que se
emplea en velas de botes y otros usos. //
Argent. Pieza de este tejido y de distintas
formas, destinada a diversos usos."
loor. Es sustantivo masculino: *el loor.*
lo que. Su uso como locución conjuntiva
temporal (= cuando, en cuanto) se considera vulgar: "se le había erizao la mota / lo
que empezó la reyerta" (J. Hernández,
Martín Fierro, II, vv. 2585-86); "Luego, lo
que lleguemos, le voy a hacer hablar y
verás [...]" (J. S. Álvarez, *En el mar austral*, 121).→ **a lo que, 1.** Conviene evitarlo
en lengua cuidada.

¿lo qué? Forma vulgar por *¿qué?*: —*¿Viste el cometa? —¿Lo qué?* En la Argentina, este uso se considera descalificante. → **¿el qué?**

***lo que soy yo.** El sujeto de esta oración es *lo que*, por lo tanto el verbo debe concordar con él en tercera persona: *lo que es yo, lo que es tú, lo que es nosotros*, etc. En el español americano es frecuente hacer concordar el verbo con el pronombre que le sigue: **lo que soy yo, *lo que eres tú, *lo que somos nosotros*, etc.

lora. El DRAE/92 ha añadido la siguiente acepción de esta voz: "fig. y fam. *Argent., Chile, Col., Par.* y *Urug.* Mujer charlatana."

lord. La RAE la ha admitido como voz española e indica que su plural es *lores*: "[...] fueron tratados por el mozo como verdaderos lores ingleses." (*Página / 12*, 8-12-93, pág. 16).

Lorraine. El nombre español de esta región francesa es *Lorena*.

Louisiana. El nombre español de este estado de los Estados Unidos de América es *Luisiana*.

Louvain. El nombre español de esta ciudad belga es → **Lovaina**.

Lovaina. Gentilicio: *lovaniense*.

lubricar, lubrificar. La RAE admite las dos formas, sin indicar preferencia para la acepción 'hacer lúbrica o resbaladiza una cosa', pero para la de 'suministrar lubricante a un mecanismo para mejorar las condiciones de deslizamiento de las piezas', la RAE sólo autoriza **lubricar**. Lo mismo sucede con los pares *lubricante / lubrificante* y *lubricación / lubrificación*.

Lucas. Diminutivo: *Luquitas* y no **Luquita*.

luchar. Construcción: —*con* o *contra la corrupción*; —*por sus ideales*.

luciente. Superlativo literario: *lucentísimo*.

lucir. V. irreg.; se conjuga como → **parecer, 1**.

lucubrar, elucubrar. La RAE admite las dos formas, pero prefiere la primera, que es la menos usual. Lo mismo sucede con el par *lucubración / elucubración*.

lúdico, lúdrico. La RAE admite las dos formas, pero en el DRAE/92 recomienda la primera.

***lúe.** → **lúes**.

luego. Diminutivo familiar: *lueguito*. (→ **diminutivos, 2**). En América se emplea como sinónimo de *en seguida, al instante*.

luego de que, luego que. Ambas construcciones son correctas, tanto en la lengua literaria como en el habla coloquial. → **antes de que**.

lúes. 1. El DRAE/92 ha suprimido la entrada *lúe*, a la que ha sustituido por **lúes**, que es la forma etimológica. También modificó la acepción que figuraba anteriormente ('infección, contagio') por la más adecuada de 'sífilis'.

2. Es sustantivo femenino: *la lúes*, y no varía en plural: *las lúes*.

lujurioso. Significa 'libidinoso'; debe evitarse el error, por mala traducción del inglés *luxurious*, de darle el significado de 'lujoso'.

***lumbriz.** Forma incorrecta por *lombriz*.

lumen. 1. Es palabra grave y no corresponde ponerle tilde.

2. Su plural es *lúmenes*.

lumpen. 1. Castellanización de la voz alemana *Lumpen* que significa 'harapo, andrajo'. Se emplea en español para nombrar a las clases más menesterosas de la sociedad. No figura en el DRAE/92.

2. Plural: *lúmpenes*.

luna. Según la RAE es nombre propio y, por consiguiente, corresponde escribirlo con mayúscula inicial. En efecto, usamos *Luna* cuando nos referimos científicamente a este satélite, desde un punto de vista astronómico, pero cuando se emplea el sustantivo literariamente, se escribe con minúscula: "porque tú eres, oh luna, la máscara del sol." (L. Lugones, *Lunario sentimental*, 53); "[...] mis esclavos dormían, la luna tenía el mismo color de la infinita arena." (J.L. Borges, *El Aleph*, 8); "[...] salí al patio iluminado por la luna llena." (N. Lange, *Cuadernos*, 142).

lunch. Voz inglesa (pron. corrientemente [lanch] o [lonch]) de uso frecuente en español. Si se prefiere evitarla, puede sustituirse por *ambigú, comida fría* o por alguna de las voces que figuran en el texto siguiente: "[...] les sirvió una frugal merienda o refrigerio o colación o tentempié o refección o piscolabis —que de todos estos modos se dice en español a lo que los ingleses llaman *lunch*— [...]" (A. Cancela, *Historias*, II,100).

lunes. La RAE recomienda, no preceptúa, escribir con minúscula inicial los nombres de los días de la semana, salvo que encabecen escrito o estén después de punto.

luneta. En respuesta a una consulta de la RAE, la AAL, en sesión del 22 de octubre de 1981, acordó que esta voz se emplea en la Argentina con el significado de 'cristal o ventanilla ubicada en la parte posterior de ciertos vehículos' (*Acuerdos*, IX, 21-22). Esta acepción no figura en el DRAE/92.

lunfardía. → **Neologismo** necesario que la RAE no ha admitido todavía, aunque ya ha incorporado a su *Diccionario* las voces *lunfa, lunfardismo* y *lunfardo*.

lustrabotas. Es singular y no varía en plural: *el lustrabotas, los lustrabotas*. → **plural, I, A, 2**.

lustradora. Voz de uso frecuente en la Argentina para designar un aparato eléctrico, de uso doméstico o industrial, que se utiliza para lustrar. No figura en el DRAE/92.

luz verde. La RAE ha incluido en el DRAE/92 esta locución sustantiva con la siguiente definición: "(fig.) Camino o procedimiento abierto y dispuesto para el logro de un asunto, empresa, etc."

Lyon. 1. La RAE considera que el nombre de esta ciudad francesa es monosilábico y no le pone tilde en el DRAE/92 (s. v. *lionés*), aunque en el DMI figura *Lyón*.
2. Gentilicio: *lionés* y *lugdunense*.

M

m. 1. Decimotercera letra del alfabeto español (decimoquinta si se consideran la *ch* y la *ll* letras independientes). Su nombre es *eme*, plural *emes*.

2. Representa un fonema bilabial, nasal, oclusivo y sonoro.

3. El sonido nasal que precede a *b* y *p* es siempre **m** (y no *n*): *combustión, rembolso, amparo, implora*.

4. En unas pocas palabras, que contienen un elemento griego que significa 'memoria', aparece el grupo inicial → **mn-**: *mnemotecnia, mnemónico*, etc. La RAE autoriza la simplificación *nemotecnia, nemónico*, etc., pero prefiere las formas con *mn-*.

5. La pronunciación española no admite -**m** final de palabra y sustituye este sonido por -*n*. No es incorrecto, como suele creerse, pronunciar [álbun]: *álbum costoso, álbum histórico* [álbun kostóso, álbun istóriko]. La pronunciación [álbum] en estas condiciones resultaría afectada.

La -**m** final se pronuncia como tal si la palabra que sigue comienza por *p* o *b*: álbum bonito, álbum pequeño [álbum boníto, álbum pekéño].

macá. 1. En junta del 11 de noviembre de 1982, la AAL sugirió a la RAE la posibilidad de incorporar en el *Diccionario* oficial el nombre de esta ave americana, que corresponde al somorgujo de España (*Acuerdos*, X, 74-77). La RAE la ha incluido en el DRAE/92 como voz propia de la Argentina, Paraguay y Uruguay.

2. Plural: *macaes* (evítese la grafía *macáes) o *macás*: "Dentro de las distintas especies de macaes que habitan en nuestro país [...]" (CEAL, *Aves*, t. 4, pág. 1). → **rubí**.

macadán, macadam. La RAE admite las dos formas, aunque prefiere la primera. No obstante, el verbo derivado de este sustantivo es *macadamizar*.

macana. A los valores de 'desatino, embuste' que ya figuraban en el DRAE con anterioridad, la RAE ha incorporado, en la edición de 1992 de su *Diccionario*, las siguientes acepciones: "*Argent*. Regalo de poca importancia. Ú. m. en d. // **¡qué macana!** loc. fig. *Argent*. Exclamación con la que se expresa contrariedad."

También ha incluido, como argentinismo, el sustantivo *macaneador*: 'persona que suele decir macanas, embustero'.

No registra la RAE otros valores corrientes en la Argentina del término **macana**: 'chanza, broma' (que sí registra para Aragón) y 'disparate, despropósito'.

macaneador. → **macana**.

macarrón. Castellanización de la palabra italiana dialectal *maccarone* (plural *maccaroni*), que designa cierto tipo de pasta alimenticia. Se usa más en plural, *macarrones*, y su sustitución por *macarroni, además de incorrecta, es innecesaria.

macetudo. El DMI registra este adjetivo, que no figura en el DRAE/92, con las siguientes definiciones: "*Argent*. Aplícase a las personas de piernas gruesas y cortas. // *Argent*. Dícese del caballo de paso largo y pesado."

machete, machetear. La RAE ha incorporado en el DRAE/92 las siguientes acepciones de estas voces: "m. fig. y fam. *Argent*. **chuleta**, papelito con apuntes que los estudiantes llevan oculto para usar disimuladamente en los exámenes" y "prnl. *Argent*. fam. Valerse el estudiante de machete durante un examen. *Me macheteé toda la lección*", respectivamente.

machismo. El DRAE/84 ha incorporado este sustantivo con la siguiente definición: "m. Actitud de prepotencia de los varones respecto de las mujeres."

machista. El DRAE/92 ha incorporado este adjetivo con las siguientes definiciones: "Perteneciente o relativo al machismo. // 2. Partidario del machismo. Ú. t. c. s."

macramé. La RAE ha incorporado al español esta voz de origen francés con las siguientes definiciones: "m. Tejido hecho con nudos más o menos complicados, y que se asemeja al encaje de bolillos. // 2. Hilo con que se prepara este tejido."

macró. 1. Hispanización no admitida por la RAE de la voz francesa *maquereau*. Puede sustituirse por *rufián, proxeneta*. **2.** Plural *macrós*: "[...] todos con nombres de galanes de cine y sobrenombres de gigolós y de macrós." (M. Denevi, *Hierba*, 140).

macrocefalia. Lleva acento prosódico en la segunda *-a-* [makrosefália]; la acentuación [makrosefalía] es incorrecta.

macrocosmo, macrocosmos. La RAE admite ambas formas, pero prefiere la primera.

Madagascar. Gentilicio: *malgache*.

made in. Locución inglesa (pron. [méid in]) empleada internacionalmente para indicar *fabricado* o *manufacturado en*.

*madrasta. Forma incorrecta por *madrastra*.

madrejón. Por sugerencia de la AAL (*Acuerdos*, VIII, 94-97), la RAE ha incorporado esta voz en el DRAE/92 con la siguiente definición: "*Argent.* Cauce seco de un río". "El madrejón desnudo ya sin una sé de agua" (J.L. Borges, "El general Quiroga va en coche al muere", en *Obra poética*, 78).

madreperla. La grafía **madre perla* es incorrecta.

Madrid. Gentilicios: *madrileño* y *matritense*.

*maffia, *maffioso. Esta grafía no es española ni italiana: "[...] es una ciudad llena de contrabandistas y de maffiosos." (M. Denevi, *Música*, 65). Escríbase: *mafia, mafioso*.

magacín, magazín. La RAE ha incluido las dos voces en el DRAE/92, con preferencia por la primera, para designar una publicación periódica dirigida al público en general y un programa de televisión en el que se tratan temas diversos. Ambas palabras son inusuales en la Argentina.

magazine. Esta voz inglesa ha caído en desuso, por lo menos en la Argentina, desplazada por su equivalente *revista*. La RAE ha incorporado en el DRAE/92 la hispanización → **magacín**.

*Maghreb. → **Magreb.**

magiar. Evítese la grafía **magyar*: "—Precisamente, húngara, algo magyar, estaba pensando [...]" (R. Fontanarrosa, *El mundo*, 182).

magíster díxit. Expresión latina que significa 'el maestro lo dijo'. Los filósofos escolásticos la empleaban en la Edad Media para reforzar sin apelación un argumento, invocando al maestro, Aristóteles principalmente, u otra persona de autoridad reconocida. También suele usarse irónicamente para burlarse de la pretendida autoridad de una persona, mencionando su nombre: "[...] es usted una de las delicias

del género humano (Barrios *dixit*) y un anfitrión insuperable." (J. Cortázar, *Final del juego*, 97).

magistrado. El DRAE considera que este sustantivo es exclusivamente masculino y no incluye la forma femenina. No obstante, la AAL aceptó el femenino *magistrada* en sesión del 3 de abril de 1964 (*Acuerdos*, IV, 152).
Siguiendo la tendencia a formar el femenino correspondiente en nombres de profesiones y actividades que hasta no hace mucho eran desempeñadas en exclusividad por hombres y que en la actualidad ejercen corrientemente las mujeres, no hay inconveniente en decir *la magistrada*.

magma. Es sustantivo masculino: *el magma*.

magneto. Según la RAE es femenino: *la magneto*, pero en América se emplea corrientemente como masculino.

magnificar. Su empleo con el valor de 'exagerar' no es estrictamente académico: para la RAE **magnificar** es *engrandecer, alabar, ensalzar*.

Magreb. 1. Gentilicio: *magrebí*, plural *magrebíes*. **2.** Evítese la grafía **Maghreb*.

*magyar. Grafía incorrecta por → **magiar**.

mahonesa, mayonesa. Como adjetivo, la RAE prefiere el primero: *salsa mahonesa*. Como sustantivo, en el DRAE figura sólo el segundo: *una mayonesa*. En la Argentina se usa exclusivamente **mayonesa**.

maicena. 1. El DRAE/92 ha incorporado este sustantivo que significa 'harina fina de maíz'. **2.** La grafía **maizena* es errónea, aunque ésta sea la grafía del nombre comercial del que deriva este sustantivo.

maillot. El DRAE/92 incluye esta voz francesa con los significados de 'traje de baño femenino de una pieza' y 'camiseta deportiva de ciclista'. Es voz que está cayendo en desuso en español.

Mainz. El nombre español de esta ciudad alemana es *Maguncia*.

maître d'hôtel. Expresión francesa (pron. [metr dotél]) que puede sustituirse por *jefe de comedor* (de restaurante o de hotel), aunque la expresión francesa está consagrada internacionalmente, sobre todo en su forma abreviada *maître*: "[...] requería la presencia del maître para asentar su protesta [...]" (R. Fontanarrosa, *Best Seller*, 42).

maíz. Evítese la acentuación [máis]. Esta palabra se acentúa, prosódica y ortográficamente, en la *-i-*.

mal. Apócope de → **malo, 3.**

malacara. Por sugerencia de la AAL (*Acuerdos*, VIII, 185-87), la RAE incorporó este sustantivo en el DRAE/92 con la siguiente definición: "m. *Argent.* Caballo que tiene blanca la mayor parte de la cara."

malcriar. Para su acentuación, → **enviar, 1**.

maldecir. 1. V. irreg.; se conjuga como → **decir, 1**, salvo en el imperativo singular (*maldice*), el futuro imperfecto de indicativo (*maldeciré, maldecirás*, etc.) y el condicional (*maldeciría, maldecirías*, etc.). Tiene dos participios: uno regular, *maldecido*, y otro irregular, *maldito*. El primero se emplea para formar los tiempos compuestos (*he maldecido, haya maldecido*, etc.) y la voz pasiva (*soy maldecido, fui maldecido*, etc.). El participio irregular se emplea como adjetivo: *una casa maldita*, y en exclamaciones: *¡malditos sean los asesinos!*
2. Construcción: —*a los enemigos*; —*de su suerte*.

*****maledicente**, *****maldicente**. Formas incorrectas por *maldiciente*.

*****maledicencia**. Forma incorrecta por *maledicencia*.

maleficiar. Para su acentuación, → **abreviar**.

*****maleficiencia**. Forma incorrecta por *maleficencia*.

malentendido. 1. La grafía *****mal entendido** es errónea.
2. Plural: *malentendidos*.

malgrado. → **Galicismo** (fr. *malgré*) empleado literariamente: "No pudimos contener la risa, malgrado el asombro que nos causaba esa tranquilidad [...]" (R. Güiraldes, *Don Segundo*, 20). Puede sustituirse por *a pesar de, no obstante, a despecho de*.

mal haya. El DRAE no registra la grafía *****malhaya**.

malherido. La grafía *****mal herido** es errónea.

malherir. V. irreg.; se conjuga como → **sentir, 1**.

mal humor, malhumor. La RAE admite ambas grafías, pero recomienda la primera.

Malí. Gentilicios: *malí* (plural *malíes*) y *maliense*. Ninguno de los dos figura en el DRAE/92.

maliciar. 1. Para su acentuación, → **abreviar**.
2. La forma *****maliceo** (como si el infinitivo fuera *****malicear**) es vulgar.

malla. La acepción de 'bañador, traje de baño' ha sido admitida por la RAE como propia de la Argentina, Perú y Uruguay.

mallín. Por sugerencia de la AAL (*Acuerdos*, VIII, 275-78), la RAE ha incorporado esta voz en el DRAE/92 con la siguiente definición: "(Del araucano *malliñ*, lago.) m. *Argent*. Pradera cenagosa propia de la región semidesértica de la Patagonia."

malo. 1. Superlativos: *malísimo* y *pésimo*.
2. Comparativo: *peor*, y con frecuencia, en lengua coloquial, *más malo*.
3. Malo apocopa en *mal* delante de sustantivo masculino singular o palabra que haga

sus veces: *mal gesto; un mal aprovechar*. La apócope no se produce ante sustantivo femenino: *****una mal mujer** debe sustituirse por *una mala mujer*.
4. Construcción: —*con, para con sus padres*; —*de condición*.

malpensado, mal pensado. La RAE admite las dos grafías, sin indicar preferencia.

malquerer. V. irreg.; se conjuga como → **querer**.

malquistarse. Construcción: —*con los vecinos*.

maltraer. V. irreg.; se conjuga como → **traer, 1**.

malva. Como nombre de color puede concordar o no en número con el sustantivo al que se refiere: *unas blusas malvas* o *unas blusas malva*. → **concordancia, I, D**.

Malvinas. Gentilicios: *malvinero* y *malvinense*. La RAE admite ambos, pero prefiere el primero.

malviviente. Adjetivo que la RAE da como anticuado, pero que es de uso habitual en la Argentina, sobre todo en el lenguaje periodístico: "Las informaciones recogidas indican que el grupo de malvivientes trató con cierta consideración a los pasajeros [...]" (*La Nación*, 22-2-93, pág. 14).

mama, mamá. 1. La RAE admite las dos formas, pero prefiere la primera, que en la Argentina es propia del lenguaje rústico, en unos casos, y debida a influencia del italiano, en otros.
2. Los plurales respectivos son *mamas* y *mamás*.

mamboretá. Plural: *mamboretaes* y *mamboretás*: "Abandoné [...] los madrigales por los mamboretás [...]" (O. Girondo, "Espantapájaros Nº 4", en *Obras Completas*, 163). → **rubí**.

mameluco. Nombre de un traje de trabajo, de una pieza, que usan ciertos operarios. Esta voz se emplea en la Argentina, Chile, Ecuador, Paraguay, Perú y Uruguay, y es equivalente de *mono*, que se usa en España (y también en la Argentina) y del americanismo *overol*: "En los bolsillos del mameluco del obrero [...]" (B. Kordon, *Sus mejores cuentos*, 90).
El DRAE/92 ha incluido una tercera acepción de este sustantivo: "*Méj*. Pijama de una sola pieza para bebés o niños y que les cubre hasta los pies." Con este significado se usó también en la Argentina, pero actualmente ha caído en desuso, remplazada por *osito*.

mampara. Es voz llana [mampára]; la acentuación esdrújula, *****mámpara**, es incorrecta y debe evitarse cuidadosamente.

mamut. 1. Plural: *mamutes* (evítese la forma *****mamuts**).
2. La grafía *****mamuth** es incorrecta.

maná. Es sustantivo masculino: *el maná*.

manager. Palabra inglesa (pron. [máneyer]) que puede traducirse por *gerente* o *administrador* cuando está referida al campo de la administración de empresas.

También se emplea esta voz para designar a la persona encargada de cuidar los intereses económicos y de dirigir profesionalmente a un artista o deportista. En este caso la traducción del término inglés es más difícil ya que las palabras *representante, apoderado, agente, administrador, promotor, empresario* o *director técnico* no cubren individualmente todos los aspectos de la actividad del **manager**.

manar. Construcción: —*(agua) del manantial*.

mancha. Por pedido de la AAL (*Acuerdos*, VIII, 188-89), la RAE ha incluido en el DRAE/92 la siguiente acepción de esta voz: "**la mancha**. *Argent*. Juego de niños en el que uno, que es **mancha**, corre a los demás hasta tocar a otro, que es entonces **mancha**."

manchar(se). Construcción: —*(la ropa) con, de barro*.

Manchuria. Gentilicio: *manchú*, plural *manchúes*.

-mancia, -mancía. Elemento compositivo pospuesto (del gr. *mantéia*, adivinación) que entra en la formación de numerosos vocablos: *cartomancia / cartomancía, quiromancia / quiromancía*, etc. La RAE admite ambas acentuaciones, pero prefiere la primera, que es la más corriente.

mancomunarse. Construcción: —*con otros*.

mancornar. V. irreg.; se conjuga como → **sonar**.

mandamás. El plural es invariable: *los mandamás*, pero familiarmente se emplea *los mandamases*.

mandar. Construcción: —*de mensajero*; —*por vino*.

mandarse. **1**. En la América meridional este verbo funciona como auxiliar unido a algunos infinitivos, como *mudar, cambiar, largar*, para indicar que se cumple lo indicado por el infinitivo: *se mandó mudar = se mudó*, es decir, *se fue, se largó*: "pensé en mandarme mudar / como cosa más segura" (J. Hernández, *Martín Fierro*, I, vv. 833-34; "A ver si te mandás mudar muchacho y dejás tranquilos a los mayores." (R. Güiraldes, *Don Segundo*, 14). En la construcción **mandarse a mudar*, la preposición *a* es superflua.

La RAE ha incluido estas expresiones en el DRAE/92, s. v. *mandar*.

2. **Mandarse** tiene en la Argentina y en otras regiones de América el significado de 'servirse', y también los de 'comer' y 'beber': "Tomo y obligo, mándese un trago / que necesito el recuerdo matar" (M. Romero, "Tomo y obligo", en ACTC, 316).

mandar + infinitivo, mandar a + infinitivo. No deben confundirse estas construcciones: **mandar + infinitivo** significa 'ordenar': *el juez mandó traer el expediente = el juez ordenó que trajeran el expediente*; **mandar a + infinitivo** significa 'enviar': *el juez mandó a traer el expediente = el juez envió a alguien a que trajera el expediente*.

mandatario. La RAE ha incluido en el DRAE/92 la siguiente acepción, de uso frecuente en América: "En política, el que por elección ocupa un cargo en la gobernación de un país."

mando. En la Argentina se confunde *estar al mando de* (que académicamente significa *estar a las órdenes de*) con *tener el mando de*: *un coronel estaba al mando de la tropa* significa, académicamente, que la tropa mandaba al coronel, cuando lo que se quiso decir es que el coronel tenía el mando de la tropa.

mandolina. → **bandolina**.

mandubay. Plural: *mandubayes*: "[...] muy experto para asar dorados y mandubayes [...]" (M. Booz, "La casa solariega", en VCHA, 83). → **plural, I, B, 3**.

maneador. El DMI incluye esta voz, que no figura en el DRAE/92, con la siguiente definición: "*Amér. Merid*. Tira larga de cuero que sirve para atar el caballo, apiolar animales y otros usos."

manes. Carece de singular: *los manes*.

manga. Por sugerencia de la AAL (*Acuerdos*, X, 245-47), la RAE ha incluido, en el DRAE/92, las siguientes acepciones de esta voz: "*Argent*. Nube de langostas" y "despect. *Argent*. Grupo de personas. *Una manga de atorrantes*."

mangangá. Plural: *mangangaes* o *mangangás*. → **rubí**.

mangrullo. A solicitud de la AAL (*Acuerdos*, VIII, 97-102), la RAE ha incluido este sustantivo en el DRAE/92 con la siguiente definición: "m. *Argent*. Torre rústica que servía de atalaya en las proximidades de fortines, estancias y poblaciones de la pampa y otras regiones llanas."

manguear. El DRAE/92 incluye una segunda acepción de este verbo, de uso coloquial en la Argentina, como equivalente de la expresión *tirar la manga* (= pedir dinero prestado).

maní. Plural: *manís* o *maníes*. → **rubí**. Evítese, en lengua formal, el doble plural **manises*, que puede encontrarse, como recurso literario, para caracterizar a un personaje: "Compré manises y caramelos [...]" (J. Cortázar, *Final del juego*, 156).

maníaco, maniaco. La RAE autoriza ambas acentuaciones, pero recomienda la primera, que predomina en América. En España se emplea preferentemente la segunda:

"—¿Cómo me voy a olvidar yo de semejante maniaco?" (C. Rico-Godoy, *Cómo ser una mujer*, 173) → **-íaco.**

maniatar. Significa 'atar las manos' y no debe emplearse como sinónimo del simple *atar*. Es redundante decir *le maniataron las manos*, y absurdo, **le maniataron los pies.*

manicuro, -a. Es palabra llana; la acentuación esdrújula, **manícuro*, es incorrecta.

manierismo, manierista. La RAE ha incluido, en el DRAE/92, estas dos palabras, muy usuales en historia del arte.

manifestar. V. irreg.; se conjuga como → **acertar, 1.** Tiene dos participios: uno regular, *manifestado*, y otro irregular, *manifiesto*. → **participio.**

*manipulear. Forma incorrecta por *manipular*.

maniquí. Plural: *maniquíes* o *maniquís* (*Esbozo*, 2. 3. 3, c). → **rubí.**

manir. Verbo defectivo; la única forma actualmente en uso es el participio *manido*.

mano. Diminutivos *manecita* (Bello, *Gramática*, § 210 y DMI), *manecilla, manezuela* y *manita* (DRAE). En América es corriente la forma *manito*, criticada por algunos preceptistas, pero admitida por la RAE: "[...] *mano* hace *manecilla* y *manita* (o *manito*, según uso admitido en extensas zonas de América)" (DRAE, Observaciones sobre la formación de los diminutivos).
En la Argentina, los autores más puristas usan *manita*: "[...] trájola con presteza la estufilla de martas, donde Beatriz introdujo una y otra manita [...]" (E. Larreta, *La gloria*, 134); "[...] su blanca manita [...]" (A. Capdevila, *Tierras nobles*, 179), pero, como dice la AAL: "[...] *manito* es hoy, prácticamente, el único diminutivo de *mano* usado en la Argentina, tanto en la lengua oral como escrita." (*Acuerdos*, IV, 127). "[...] estoy por casarme y quisiera que usted me diese una manito para conseguir un empleo." (A. Cancela, *Historia*, I, 141); "[...] 'vino a dar una manito en lo que se ofreciera'[...]" (J.P. Sáenz, "Mentiras", en DCA, 205).

mansarda. → **Galicismo** (fr. *mansarde*) por *buharda, buhardilla, desván*: "Nosotros, como dormíamos en la mansarda, no alcanzábamos a ver ni a oír nada [...]" (M. Denevi, *Hierba*, 134).

mansión. En sesión del 23 de noviembre de 1978, la AAL sugirió a la RAE que incluyera en el *Diccionario* las connotaciones de *suntuosidad, lujo* que tiene este vocablo cuando designa una morada (*Acuerdos*, VII, 207-08). La RAE incorporó en el DRAE/92 la acepción 'casa suntuosa'.

manteca, mantequilla. Para designar el producto obtenido por batido de la leche de vaca, la RAE admite ambos términos, sin indicar preferencia.

mantención. → **manutención.**

mantener. 1. V. irreg.; se conjuga como → **tener, 1.** El imperativo singular es *mantén* (→ **voseo**: *mantené*), y no: **mantiene.*
2. Construcción: —*como rehenes.*

mantenerse. Construcción: —*con* o *de leche*; —*en paz.*

mantequilla. → **manteca.**

Mantova. El nombre español de esta ciudad italiana es *Mantua.*

manu militari. Expresión latina que significa literalmente 'con mano militar'. Puede traducirse: *por la fuerza de las armas, por la fuerza pública, por la fuerza armada* o, con un sentido más amplio, *drásticamente, violentamente*: "[...] a doña Remedios [...] no sólo porque *manu militari* arregla cuanto conflicto le someten o no, la llamamos Remedio Heroico." (A. Bioy Casares, "El calamar opta por su tinta", en VCHA, 192).

manutención, mantención. La RAE admite ambas formas, pero prefiere la primera. El DRAE/92 le agrega a **mantención** la nota de poco usado.

mañana. Se usa en plural en la expresión *las otras mañanas* para indicar vagamente una mañana pasada. Es propia del Río de la Plata (Kany, *Sintaxis*, 31).

mañana a mañana. → **año a año.**

maorí. Plural: *maoríes.*

maquette. En español existe la voz *maqueta* para traducir esta palabra francesa.

maquillage. La RAE ha castellanizado esta palabra bajo la forma *maquillaje*, por lo que no se justifica emplear la voz francesa.

*máquina a vapor. Uso considerado incorrecto de la preposición *a*; dígase *máquina de vapor.* → **a, III.**

máquina herramienta. 1. Evítese la grafía **máquina-herramienta.*
2. Plural: *máquinas herramienta.* → **carta poder.**

maquinar. Construcción: —*algo contra alguien.*

maquis. Palabra francesa (pron. [makí]) que designa el lugar cubierto por un tipo de vegetación densa e intrincada. Bajo la ocupación alemana, durante la segunda Guerra Mundial, se aplicó al lugar poco accesible, por lo general boscoso o montañoso, donde, entre 1940 y 1944, se refugiaban y combatían los franceses que luchaban en la clandestinidad contra los alemanes. Posteriormente, fueron llamados así los guerrilleros antifranquistas españoles.

mar. A. Es sustantivo → **ambiguo** en cuanto al género: *el mar, la mar.*
1. Es masculino:
a) En el uso corriente: *me gusta el mar*;
b) cuando se emplea con los adjetivos

geográficos *Adriático, Atlántico, Mediterráneo*, etc.: *el mar Mediterráneo* (Bello, *Gramática*, § 179);
c) en plural: *los mares* (no existe el plural *las mares*).
2. Es femenino:
a) En términos profesionales: *alta mar, mar picada, mar gruesa, hacerse a la mar*, etc.;
b) en la locución ponderativa *la mar de*: *le dijo la mar de cosas; había la mar de gente; se puso la mar de contento; la mar en coche*: "Sí, señor, me acuerdo la mar de bien [...]" (C.J. Cela, *El bonito crimen*, 179).
3. Se emplea indistintamente como masculino o femenino en lengua literaria o poética: "[...] a mis espaldas tenía a Nápoles, el golfo, la mar, el mundo [...]" (B. Mitre y Vedia, "El Vesubio", en VCHA, 27); "¡Qué altos los balcones de mi casa! / Pero no se ve la mar." (R. Alberti, "Marinero en tierra", en *Antología poética*, 13); "El mar. La mar. / El mar. ¡Sólo la mar!" (R. Alberti, *op. cit.*, 11).
B. Como todos los nombres de accidentes geográficos, se escribe con minúscula inicial, salvo que forme parte de un nombre propio: *el mar Negro, el mar Adriático*, pero: *la ciudad de Mar del Plata, la laguna de Mar Chiquita*. → **mayúsculas (uso de), C, 2**.
marabú. Plural: *marabús*.
Maracaibo. Los gentilicios correspondientes a esta ciudad de Venezuela son: *maracaibero* y el despectivo *maracucho*.
maratón. Es sustantivo masculino y a veces femenino (DRAE/92). La forma femenina es la más usual en la Argentina: "Pero su maratón —en la que logró sortear dos interpelaciones en el Parlamento [...]" (*Página / 12*, 1-4-89, pág. 4); "[...] algunos enfermos se están preparando para competir en una maratón interhospitalaria." (A.M. Shúa, *Soy paciente*, 58); "[...] lo tuyo se parece más a una maratón [...]" (E. Pinti, *Salsa criolla*, 11).
maratoniano, maratónico. La RAE ha incorporado estos dos adjetivos en el DRAE/92; prefiere el primero y da al segundo como argentinismo.
maravedí. El plural más frecuente es *maravedís*. La RAE también admite el doble plural *maravedises* (que se rechaza para *manises*) y *maravedíes*, este último el menos usado.
maravillarse. Construcción: *—con, de tanto talento*.
marcapaso, marcapasos. **1**. La RAE admite las dos formas (en singular), pero recomienda la primera.
2. El plural es *los marcapasos*, para ambas palabras.
marcar. Construcción: *—a fuego; —con tinta*.

marchante. El DRAE/92 incluye las siguientes acepciones: "com. Persona que comercia especialmente con cuadros u obras de arte"; y "p. us. *Argent*. **buhonero**, vendedor ambulante", en el primer artículo de esta voz, y "**a la marchanta**. loc. adv. fam. *Argent*. y *Bol*. **a la rebatiña**. // 2. *Argent*. de cualquier manera, descuidadamente" y "**tirarse a la marchanta**. fr. fig. y fam. *Argent*. Abandonarse, dejarse estar", en el segundo artículo.
Marcos. Diminutivo: *Marquitos* (no *Marquito*).
mare mágnum, maremagno. **1**. La RAE admite ambas formas, pero prefiere la primera.
2. Los plurales son: *mare mágnum* (invariable) y *maremagnos*, respectivamente.
3. La grafía *maremágnum* no está admitida por la RAE.
4. Los antiguos llamaban *Mare Mágnum* al gran mar que, según creían, rodeaba la tierra habitada.
margen. **1**. Según la RAE es sustantivo → **ambiguo** en todas sus acepciones: *el margen, la margen*. El uso, no obstante, prefiere el femenino cuando esta voz significa 'orilla de una cosa': *la margen derecha del río*, y el masculino en las demás acepciones (espacio en blanco en cada uno de los lados de una página; oportunidad, ocasión; ganancia que se obtiene entre el precio de costo y el de venta), pero no es regla absoluta: "Las márgenes de los libros no son capaces de encauzar mi aburrimiento y mi dolor." (O. Girondo, "Espantapájaros Nº 6", en *Obras Completas*, 167); "[...] hasta la ciudad de Bragado, ubicada casi sobre el margen del Salado." (*Página / 12*, 12-5-93, pág. 13).
2. Es palabra grave terminada en *-n* y no corresponde ponerle tilde. → **acentuación ortográfica, I, B, 1**.
*marimonia. → **Ultracorrección** por *marimoña*.
marketing. La RAE ha incluido esta voz inglesa en el DRAE/92, pero prefiere *mercadotecnia*. También se ha propuesto *comercialización*.
marlo. El DRAE/92 ha incorporado esta voz con las siguientes acepciones: "m. *Argent*. **zuro**, espiga de maíz desgranada. // 2. rur. *Argent*. **maslo**, tronco de la cola de los caballos."
marrón. Ha desplazado casi totalmente a su sinónimo → **castaño**. La RAE ha admitido el vocablo **marrón**, de origen francés, a partir del DRAE/70, con la aclaración de que "no se aplica al cabello de las personas ni al pelo de los animales".
marron glacé. Expresión francesa de uso frecuente en español; puede traducirse por *castaña confitada*.

marroquí. → **Marruecos**.

Marruecos. Gentilicio: *marroquí*, plural *marroquíes*.

*Martha. Esta grafía se debe más a influencia inglesa o francesa que a preocupación etimológica. En español es *Marta*.

Martí, José. La RAE admite *martiano* como adjetivo correspondiente al apellido de este poeta cubano. "[...] definir de una manera cabal la poesía martiana [...]" (J.A. Portuondo, *Bosquejo*, 43), y ha eliminado, a partir del DRAE/84, **martiniano*, indudablemente mal formado.

martillar, martillear. La RAE admite ambas formas, sin indicar preferencia, salvo para la acepción 'repetir algo insistentemente', para la que prescribe **martillear**.

martineta. En junta del 11 de agosto de 1977, la AAL solicitó a la RAE la inclusión, en su *Diccionario*, de esta voz que designa el ave (*Eudromia elegans*) también llamada *copetona* (*Acuerdos*, VIII, 103-05). Figura en el DRAE/84 como voz propia de la Argentina y Uruguay, aunque, según M. Morínigo (*Diccionario*), se la conoce también en Bolivia, Paraguay y Perú.

mas. **1**. Conjunción adversativa de uso literario; equivale a *pero*.
2. Es siempre átona y no lleva tilde: *me lo dijo, mas no lo recuerdo*. → **acentuación ortográfica, II, A, 1**.

más. **1**. Cuando funciona como adverbio (*más bonita*), adjetivo *(más libros)* o sustantivo (*todo tiene sus más y sus menos*), lleva tilde. → **acentuación ortográfica, II, A, 1**.
2. Se construye con *que* en las construcciones comparativas: *es más inteligente que sus compañeras*.
3. Se construye con *de*:
a) en construcciones comparativas encabezadas por *lo que*: *resultó más duradero de lo que esperábamos*;
b) en las construcciones en las que se expresa el grado superlativo relativo: *es el más inteligente de sus compañeras*. En este caso, puede construirse también con *entre*;
c) cuando no tiene valor comparativo: *cobró más de cien pesos*.
4. Evítese el uso de **más** delante de adjetivos comparativos: **más mejor, *más peor, *más mayor, *más menor*, o de adverbios que tienen valor comparativo: **más antes, *más después, *más luego*.
5. Es también incorrecto anteponer **más** a un superlativo absoluto: **más cansadísimo, *más cerquísima*.
6. El español modélico rechaza construcciones como *más nada, más nadie, más nunca*, que son frecuentes en la lengua coloquial americana y han pasado al lenguaje literario: "Ella se quedó allí, sin decir más nada." (D.J. Kohon, "El moscón", en VCBA, 80).

Conviene sustituirlas, en lenguaje cuidado, por *nada más, nadie más, nunca más*.
7. En el Río de la Plata es frecuente emplear **más** en oraciones negativas, donde el español estándar emplea *ya*: *lo tenía, pero no lo tengo más*, en lugar de *lo tenía, pero ya no lo tengo*. Puede admitirse como regionalismo.
8. *Más...más...* Si bien acusada de → **galicismo** (fr. *plus... plus...*), no se ve claro por qué la de rechazarse esta construcción: *más comía, más quería comer*. De todos modos, quien desee evitarla puede decir: *cuanto más comía, más quería comer*.
9. → **demás, de más**; **de más en más**.

masacrar, masacre. Severa y repetidamente criticadas por galicistas (M. Seco las sigue rechazando en la novena edición [1986] de su *Diccionario*), ambas voces, de uso frecuente en América, han sido admitidas por la RAE, e incluidas en el DRAE/84, con el significado de 'cometer una matanza humana' y 'matanza de personas, por lo general indefensas', respectivamente.

*más allí, *muy allí, *tan allí. Expresiones incorrectas: el adverbio → **allí** —a diferencia de → **allá**— no admite grados de comparación.

*más anterior. Construcción incorrecta: **su llegada fue más anterior*. Dígase *muy anterior* o, simplemente, *anterior*.

*más antes. → **más, 4**.

*más aquí, *muy aquí, *tan aquí. Expresiones incorrectas: el adverbio → **aquí** —a diferencia de → **acá**— no admite grados de comparación.

más bueno. Comparativo perifrástico de *bueno*, corriente en la lengua coloquial, pero que conviene sustituir en lenguaje cuidado por *mejor*: *Juan es más bueno (mejor) que Pedro*.

mascar. → **masticar**.

*más después. → **más, 4**.

más de uno. Debe concordar con el verbo en plural: *más de uno fueron alcanzados por las balas*; *más de uno se salvaron*.

más grande. Comparativo perifrástico de *grande*, usual en la lengua coloquial, pero que conviene sustituir en lenguaje cuidado por *mayor*: *Juan es más grande (mayor) que Pedro*.

*más luego. → **más, 4**.

más malo. Comparativo perifrástico de *malo*, usual en la lengua coloquial, pero que conviene sustituir en lenguaje cuidado por *peor*: *Juan es más malo (peor) que Pedro*.

*más mayor, *más menor. → **más, 4**.

*más mejor. → **más, 4**.

más mínimo. → **mínimo**.

más nada, más nadie. → **más, 6**.

más nunca. → **más, 6**.

*más peor. → **más, 4**.

más pequeño. Comparativo perifrástico de

pequeño, corriente en la lengua coloquial, pero que conviene sustituir en lenguaje cuidado por *menor*: *Juan es más pequeño (menor) que Pedro*.

mass media, mass communication. La AAL ha propuesto, para traducir estas expresiones inglesas, como también *mass media of communication* y *mass communication media*, las expresiones *comunicación social* y *medios de comunicación social* (*Acuerdos*, IV, 227-30). La RAE ha incorporado, en el DRAE/92, la expresión *medio de comunicación*, con la siguiente definición: "Órgano destinado a la información pública."

masticar. Es sinónimo de *mascar* con el valor de 'triturar la comida con los dientes', pero con el sentido figurado de 'rumiar, meditar', se emplea sólo **masticar**: *masticó largamente su venganza*.

matado, muerto. 1. **Matado** es participio de *matar*, y **muerto**, de *morir*. Sin embargo, referido a persona, **muerto** se emplea casi siempre, en la voz pasiva, en lugar de **matado** (*Esbozo*, 2. 12. 11, e): *el delincuente fue muerto por la policía*. Con los tiempos compuestos de la voz activa, este uso es literario: *he muerto un conejo* (en lengua corriente decimos: *he matado un conejo*).
2. **Matado** se emplea exclusivamente como participio en la formación de los tiempos compuestos: *había matado, hubieran matado*. En el uso como adjetivo o adjetivo sustantivado es también sustituido por **muerto**: no se dice **el matado*, sino *el muerto*: "[el perro] con el tiro en las entrañas [...] cayó muerto bajo una acacia." (J.R. Jiménez, *Platero*, 69).

matambre. La RAE ha incorporado, en el DRAE/92, una nueva acepción de esta voz: 'fiambre hecho con la capa de carne que se saca de entre el cuero y el costillar de los vacunos (llamada también **matambre**), rellena y adobada'. Es argentinismo.

matar. → **matado**.

matarse. Construcción: —*trabajando*; —*con el estudio*; —*de la risa*; —*por lograrlo*.

match. Palabra inglesa cuyo uso en español es totalmente innecesario. Puede sustituirse por *encuentro, partido, partida, competencia, cotejo, contienda, competición, combate, lucha, pelea*, según los casos.

matemática, matemáticas. Pueden emplearse correctamente las dos formas. El DRAE entra este vocablo por **matemática**, aunque advierte que se usa más en plural. La AAL considera imposible optar en forma exclusiva por una u otra forma, pero recomienda el empleo del singular en los escritos científicos (*Acuerdos*, IV, 75).

matete. La RAE ha incluido esta voz en el DRAE/92 con las siguientes definiciones: "*Argent*. y *Urug*. Confusión, enredo. // 2.

Argent. y *Urug*. Reyerta, disputa. // 3 *Argent*. y *Urug*. Mezcla de sustancias deshechas en un líquido formando una masa inconsistente."

matinée. Voz francesa, muy usual hace algunos años en español: "Segundos después, la localidad de la matinée en la mano [...]" (R. Modern, "Seducido por un pavo", en TCAH, 167); "[...] era el cinematógrafo al que sólo concurríamos cuando algún circo realizaba una matinée." (N. Lange, *Cuadernos*, 44). La RAE ha incluido en el DRAE/92 la forma hispanizada *matiné* con la siguiente definición: "(Del fr. *matinée*.) f. Fiesta, reunión, espectáculo, que tiene lugar en las primeras horas de la tarde." La forma castellanizada ya era usada años atrás: "[..] películas viejas y cortadas, vistas en oscuras matinés hacía muchos años [...]" (G. Rozenmacher, *Cuentos completos*, 106). Este vocablo, en sus dos formas, está cayendo en desuso.

matrerear. El DMI incluye este verbo, que no figura en el DRAE/92, con la siguiente definición: "intr. *Argent*. y *Urug*. Andar por los montes huyendo de la justicia."

matrimoniar. Para su acentuación, → **abreviar**.

maullar. Presente: *maúllo*. Para su acentuación, → **ahumar**.

máuser. Plural: *máuseres* (evítese la forma **máusers*): "Detrás, de pie, dos filas de infantes cargaban sus máuseres." (T.E. Martínez, en *Página / 12*, 19-7-92, pág. 32); "Ah, decíle al mayor Ferriño que ahí le mando los máuseres [...]" (R. Walsh, "Las fotos", en CAC, 102).

máximum. 1. Se emplea como sustantivo con el significado de 'límite a que puede llegar algo': *esto es el máximum del descaro*. También puede decirse *el máximo*.
2. Evítese el plural **máximums* (→ **memorándum, 2**). Si es preciso emplear el plural, sustitúyase esta voz por *máximo*, cuyo plural no presenta inconvenientes.

Mayence. Nombre francés de la ciudad alemana de Mainz. En español es *Maguncia*. La forma **Mayenza* es incorrecta.

mayonesa. → **mahonesa**.

mayor. 1. Comparativo de *grande*. Puede sustituirse, en lengua coloquial, por → **más grande**. En construcción comparativa, **mayor** lleva *que*: *es mayor que su hermano*. Evítese la construcción con *a*: **la superficie de Francia es mayor a la de Italia*. Cuando integra una construcción de superlativo relativo, lleva *de* o *entre*: *es el mayor de (entre) sus hermanos*.
2. Es incorrecta la construcción **más mayor que*: **Pedro es más mayor que Juan*. Es correcto, en cambio, *mucho mayor*.

3. Se emplea sin valor comparativo en dos casos:

a) Cuando significa 'muy importante': *ésas son palabras mayores*; *esto no te causará mayores problemas*;

b) con el sentido de 'persona vieja': *un señor mayor, una señora mayor.* En este caso puede ir precedido por el adverbio *muy*: *es un señor muy mayor.*

4. Existe el diminutivo *mayorcito.*

mayormente. Significa 'principalmente'. Aunque no es objetable desde un punto de vista gramatical, su uso se siente poco elegante.

mayúsculas (uso de). A. *Introducción.* El uso de mayúsculas ocasiona frecuentes problemas en español, y ello se debe a varias razones. En primer lugar, la RAE, que trata el tema en su *Gramática de la lengua española*, en el capítulo II de su *Ortografía* y en el *Esbozo*, (1.8.4) (que reproduce casi textualmente las normas de la *Ortografía*), lo hace en forma incompleta, ya que las reglas académicas dejan numerosos casos sin considerar. Además, no existe coincidencia de criterios a este respecto entre los buenos escritores ni entre los usuarios en general. Influye también en la anarquía que se observa en este terreno la convicción ingenua de que la mayúscula inicial acrecienta la importancia de lo nombrado o de que su supresión, aun en los casos en que indudablemente corresponde, es signo de modernidad. Finalmente, no puede desconocerse el problema de la preferencia personal por el uso de mayúsculas o minúsculas. Se tratará a continuación de pasar revista a todos los casos posibles. Como observación previa puede decirse que, en cualquier posición dentro del texto, sólo llevan siempre mayúscula inicial los sustantivos que funcionan como nombres propios. Para las otras categorías, el empleo de mayúscula está limitado a casos concretos, que se analizan más adelante.

Conviene advertir también que no se debe abusar del uso de mayúsculas iniciales. Precisamente, este uso abusivo ha determinado que se indiquen aquí los casos en que debe emplearse minúscula inicial.

B. *Llevan mayúscula inicial:*

1. La primera palabra de un escrito y la que sigue después de punto.

2. Toda palabra que vaya después de puntos suspensivos y de signos de interrogación y de exclamación, si éstos cierran la oración igual que un punto: "Mira, Platero, qué de rosas caen por todas partes: rosas azules, rosas blancas, sin color... Diríase que el cielo se deshace en rosas." (J.R. Jiménez, *Platero*, 33); "¿Te acuerdas? Aquella dorada y blanca, como un poniente anubarrado de

mayo..." (*op. cit.*, 142); "¡Pobre nube vana, rayo ayer, templado y sólido! Iba como un libro desencuadernado." (*op. cit.*, 43).

No se empleará mayúscula, en cambio, si a los signos mencionados sigue coma: "Hija mía..., aquí, aquí." (B. Pérez Galdós, *Marianela*, 88).

3. La primera palabra después de dos puntos, cuando inicia una explicación extensa o una cita textual (real o fingida): "También se oía esto: 'Vete a tu rincón... ¡Qué criatura! Ni hace ni deja hacer a los demás'." (B. Pérez Galdós, *op. cit.*, 44).

4. Los nombres propios

a) de personas y animales: *Juan, Godoy, Rocinante, Platero.*

También los apodos y sobrenombres de personas o cosas: *Isabel la Católica, el Caballero de la Triste Figura, la Casa Rosada, la Ciudad Luz;*

b) de continentes, países, ciudades, mares, ríos, etc. *América, Perú, Córdoba, Mediterráneo, Paraná, los Andes.* Algunos nombres geográficos tienen el artículo incorporado y, en este caso, también el artículo va con mayúscula: *La Rioja, La Habana, El Havre, El Cairo, La Pampa* (provincia argentina), *El Salvador.*

(Las palabras *ciudad, provincia*, etc. se escriben con minúscula: *la ciudad de Lima, la provincia de Corrientes.*) (→ **C, 2**).

5. Los sustantivos comunes cuando están personificados: "Después de todo, la Pelada debía ser la misma Muerte." (A. Capdevila, *Córdoba*, 16).

6. Las palabras que designan a Dios o a la Virgen María: *el Creador, el Redentor, el Salvador, el Hacedor, el Mesías, Él, la Madre del Salvador, Ella* (Academia).

7. Los títulos y nombres de dignidad, sobre todo cuando designan a una persona en particular y no van acompañados del nombre de esa persona: *el Rey* (es decir, Juan Carlos I) *asistió a la ceremonia; el Papa* (es decir, Juan Pablo II) *se refirió a la situación mundial; el Presidente* (es decir, F. Mitterrand) *defendió el tratado.*

Aunque según la Academia estos títulos sólo pueden escribirse con minúscula cuando están usados en sentido genérico: *los papas son elegidos por los cardenales*, actualmente se emplea minúscula cuando acompañan al nombre propio o están seguidos por un complemento: *el presidente Clinton, el duque de Osuna, la reina de Inglaterra.*

a) *Sumo Pontífice* se escribe siempre con mayúsculas iniciales;

b) también se escriben con mayúscula los tratamientos cuando están en abreviatura: *Ud., Sr., D., Prof., Dr.* Cuando están escritos con todas sus letras, pueden llevar mayúscula, pero es más frecuente la minúscula: *usted, señor, don, profesor, doctor*.

8. Los sustantivos y adjetivos que componen el nombre de instituciones, cuerpos o establecimientos: *Corte Suprema de Justicia, Academia Argentina de Letras, Colegio Nacional de Buenos Aires* (pero: *estudió en un colegio nacional*), *Ministerio de Relaciones Exteriores, Poder Ejecutivo de la Nación, Facultad de Filosofía y Letras*.

9. Los sustantivos y adjetivos que forman el nombre de cualquier obra: *Tratado de Química, Gramática de la Lengua Española*, salvo que el título sea muy largo.

Ésta es la teoría académica; sin embargo, el uso actual prefiere escribir con mayúscula inicial sólo la primera palabra del título: *La novela de un novelista, El último perro, Lo que el viento se llevó, Las cuatro estaciones*. Se exceptúan los nombres de publicaciones periódicas: *La Nación, El País, El Mercurio, Mecánica Popular*.

10. Los sustantivos y adjetivos que constituyen el nombre de regiones geográficas: *Cercano Oriente, América Meridional, el lenguaje del Río de la Plata*, o con significación ideológica: *el Tercer Mundo*. No obstante, la RAE escribe con minúscula *cono sur* para referirse a la región de América del Sur integrada por la Argentina, Chile y Uruguay, y a veces Paraguay, aunque de acuerdo con estas reglas debiera escribirse con mayúsculas iniciales.

11. En documentos oficiales, las palabras que expresan poder público, dignidad o cargo importante: *República, Presidente, Ministro, Gobernador, Secretario*, etc. (Academia).

12. La numeración romana: *VI, XII*, aunque alguna moda pasajera haya utilizado las minúsculas: *vi, xii*.

13. Los nombres de disciplinas curriculares: *aprobó Historia; es profesor de Derecho Civil II*.

Los nombres de ciencias, en cambio, se escriben con minúscula: *la historia es la maestra de la vida; le gusta la química*.

14. Los puntos cardinales.

La RAE distingue entre:

a) puntos cardinales (*Norte, Sur, Este* y *Oeste*), a los que considera sustantivos propios, por lo que han de escribirse con mayúscula inicial: "Algunas nubes altas y blancas marchaban hacia el Sur." (J. Rodríguez, "El niño y los toros", en URCE, 133). También se escriben con mayúscula sus abreviaturas: *N., S., E.* y *O*.

Estos nombres van con minúscula inicial cuando designan parte de una zona: *el sur del Brasil*, o una situación relativa: *Mendoza está al este de la cordillera de los Andes*. No es inusual, sin embargo, escribir estos sustantivos con minúscula en todos los ca-

sos, y así lo hace M. Moliner en su *Diccionario*, salvo, claro está, cuando integran un nombre propio: *Cruz del Sur, Estrella del Norte*. En textos literarios es frecuente el uso de minúsculas: "Del oeste al sur, largas agujas de nubes de dulzón color corinto. Del oeste al norte, el templado azul del atardecer. Al este las fachadas pálidas [...]" (I. Aldecoa, "Balada del Manzanares", en URCE, 107); "Daba igual tirar al norte que al sur." (E. Ruiz García, "La diabla muerte", en URCE, 153). Parecería conveniente reservar el empleo de mayúscula inicial a las obras científicas.

b) puntos del horizonte (*nordeste, sudoeste*, etc.), que son sustantivos comunes para la RAE y se escriben, por consiguiente, con minúscula inicial. Las abreviaturas van con mayúsculas: *NE., SO.*, etc.

C. *Llevan minúscula inicial:*

1. Las palabras *calle, avenida, plaza, parque* y los nombres de edificios y lugares públicos: *la calle Perú, avenida de Mayo, plaza San Martín, parque de los Patricios, iglesia del Sagrado Corazón, cine Luxor, teatro Colón*, salvo que formen parte de un nombre propio: *el barrio de Parque de los Patricios*.

2. Los nombres de los accidentes geográficos: *el mar Negro, el golfo Pérsico, el río de la Plata, el estrecho de Magallanes, la bahía de Hudson, la ría de Arosa*, salvo que formen parte de un nombre propio: *la ciudad de Bahía Blanca, la guerra del Golfo Pérsico, la región del Río de la Plata*.

3. Los nombres de personas o lugares aplicados en forma genérica a objetos: *máuser, braille* (de sus inventores Mauser y Braille), *coñac, oporto* (de las ciudades de Cognac y Oporto).

4. Los nombres de los vientos. → **viento**.

D. *Otros casos:*

1. La RAE recomienda, no prescribe, escribir con minúscula inicial los nombres de los días de la semana, de los meses y de las estaciones del año: *lunes, octubre, verano*, pero, como bien dice A. Rosenblat (*Actuales normas*, 83): "Es un uso tan general, que bien se podría prescribir."

Deben exceptuarse las fechas históricas, en las que el uso de mayúscula es obligatorio: *14 de Julio, 25 de Mayo, 12 de Octubre*.

2. La RAE recomienda mantener la tilde en las mayúsculas cuando la acentuación ortográfica lo exige. Las dificultades que la omisión de esta tilde origina en nombres propios, nombres geográficos y en listas de palabras en general aconsejan que, como en el caso anterior, la recomendación se transforme en prescripción.

3. Para las abreviaturas, siglas y acrónimos no hay reglas generales. En caso de dudas, se pueden consultar las listas que figuran en el apéndice.

4. El uso de mayúsculas al comienzo de cada verso (de allí el nombre de *versales* que también reciben las mayúsculas) era común antiguamente, pero el uso actual prefiere la minúscula: "La última brisa/es suspiradora; / el sol rojo irisa / al pino que llora." (J.R. Jiménez, *Antolojía poética*, 63).

5. Si es preciso escribir con mayúscula la letra inicial de palabras que comienzan por *ch* o *ll*, sólo se formará de carácter mayúsculo la *C* o la *L*: *Chile, Llavallol*.

mazurca. La grafía *mazurka es incorrecta.

me. → **pronombres personales átonos**.

mea culpa. 1. Expresión latina que significa 'por mi culpa'. Se utiliza para admitir los propios errores y reconocerse culpable de ellos: "[...] comprendía la inutilidad de ese *mea culpa* y el humillante renuncio." (O. Cerruto, "El círculo", en DCL, 49).

2. Suele expresarse como locución sustantiva con el artículo masculino y, en este caso, no varía en plural: *los mea culpa*.

3. Evítese la construcción errónea *por mea culpa.

Meca. 1. No corresponde omitir el artículo que, en español, lleva el nombre de esta ciudad: *una peregrinación a La Meca*.

2. Con el significado figurado de 'lugar que se destaca por ser el centro donde una actividad tiene su mayor o mejor cultivo', acepción incluida en el DRAE, se escribe con minúsculas: *Hollywood es la meca del cine*.

3. → **La Meca**.

mecanografiar. Para su acentuación, → **enviar, 1**.

mecenas. En el DRAE figura sólo como masculino: *el mecenas*, pero no es inusual su uso también como femenino: "[...] nos vinculamos a un interesante grupo internacional, integrado por Mme. Verniaz, la mecenas de Ginebra [...]" (A. Bioy Casares, "Encrucijada", en TCAH, 53).

mecer. Es verbo regular: *mezo, meces, meza* (el cambio de *c* por *z*, para mantener el mismo sonido según la pronunciación del español peninsular, no constituye irregularidad). En la lengua actual es raro conjugar este verbo como → **parecer, 1**: *mezco, mezca*, etc., aunque así se haya conjugado en época antigua y clásica (*Esbozo*, 2. 12. 4, **[J]**).

mediagua, media agua. La RAE admite, en el DRAE/92, las dos grafías —la segunda como americanismo— para designar una construcción con el techo inclinado, de una sola vertiente.

medialuna. Es la única grafía que registra la RAE para la acepción 'bollo en forma de media luna'. Su plural es *medialunas*. En la Argentina, donde este vocablo tiene

amplia difusión, se escribe también *media luna* (plural *medias lunas*).

medianoche, media noche. La RAE autoriza las dos grafías, pero prefiere la primera para designar la hora en que el Sol está en el punto opuesto al del mediodía. Se empleará exclusivamente **media noche** cuando se quiera indicar la mitad de una noche: *se pasó media noche buscándolo*.

mediar. 1. Para su acentuación, → **abreviar**.

2. Construcción: —*con alguno*; —*en la discusión*; —*entre los adversarios*; —*por su hijo*.

***medical**. → **Galicismo** o anglicismo por *medicinal* o *médico*: *especialidades medicinales* o *médicas*.

***medicamentación**. Forma incorrecta por **medicación**.

medicamentar. → **medicar(se)**.

medicar(se). Según el DRAE/92, es un → **arcaísmo** que se emplea en Ecuador. Es de advertir que también en la Argentina es de uso corriente. M. Moliner (*Diccionario*) registra este verbo sin nota de arcaísmo ni localización geográfica alguna, y lo prefiere a *medicinar*. Esta última forma, de empleo muy restringido en la Argentina, es la que indica el DRAE como de uso general. J. Casares incluye, en su *Diccionario*, *medicamentar* (que no figura en el DRAE), pero prefiere *medicinar*.

medicinar. → **medicar(se)**.

médico. Femenino: *médica*. Es incorrecto decir *la médico.

medida. → **a medida**.

medieval, medievo. Son las formas preferidas por la RAE frente a las también correctas *medioeval, medioevo*. No obstante, *medioevo* es más frecuente que **medievo**.

medio. Cuando es adverbio (es decir, modificador de un adjetivo), es invariable: *estaba medio cansada; llegamos medio asustados*. Si bien la concordancia con el adjetivo (*media cansada*) se está generalizando: "No me hagas caso, soy media loca." (M. Benedetti, *Quién de nosotros*, 96), se sigue considerando incorrecta.

medioambiental. → **medio ambiente**.

medio ambiente. Como dice irónicamente A. Bioy Casares, es un "pleonasmo que hizo fortuna y llegó a tener una Secretaría propia" (*Diccionario*, 125). En efecto, *medio* y *ambiente* significan lo mismo: 'conjunto de circunstancias y condiciones en que se desenvuelven las personas, animales o cosas', por lo que su unión no agrega nada a lo que cada uno de ellos por separado indica. De todos modos, el pleonasmo se impuso y recibió la aprobación académica desde la edición de 1984 del *Diccionario* oficial. El DRAE/92 incorpora el adjetivo derivado *medioambiental*, que es lo perteneciente o relativo al **medio ambiente**.

medio de comunicación. → **mass media**.

mediodía, medio día. Para designar la hora en que el Sol alcanza su mayor altura sobre el horizonte, la RAE sólo autoriza la forma **mediodía**. Su plural es *mediodías*. **Medio día** es, en su acepción más frecuente, la mitad de un día de trabajo: *los sábados trabaja medio día; le pagaron los tres medios días que le debían*.

medioeval, medioevo. → **medieval**.

mediometraje. En su sesión del 13 de noviembre de 1975, la AAL sugirió a la RAE que incluyera esta voz en el *Diccionario mayor* (*Acuerdos*, V, 252-55). No figura en el DRAE/92, pero sí en el DMI, con la siguiente definición: "Cinem. Filmación con una duración que oscila entre el corto y el largometraje, es decir, aproximadamente de 60 minutos."

medio relieve. Aunque la RAE admite como correctas las formas *alto relieve / altorrelieve* y *bajo relieve / bajorrelieve*, no sucede lo mismo con **medio relieve**, ya que ésta es la única forma que registra el DRAE.

medir. V. irreg.; se conjuga como → **pedir, 1**.

medirse. Construcción: —*con el adversario*; —*en las palabras*.

meditar. Construcción: —*en* o *sobre estos problemas*.

médium. 1. Para formar el plural de esta palabra existen tres posibilidades: a) dejarla invariada: *los médium*; b) formar el plural anómalo *los médiums*; c) sustituir la forma latina por su equivalente español *medio*, cuyo plural *medios* no presenta inconvenientes.

La primera solución parece ser la mejor; la segunda es la más frecuente en lengua escrita, pero es rechazada por la RAE, para quien el plural *médiums* debe desecharse, existiendo como existe *medios* (*Esbozo*, 2. 3. 2, c). → **memorándum**.

2. Es tanto masculino como femenino: *el médium, la médium*.

medula, médula. La RAE admite ambas acentuaciones, pero prefiere la forma llana [medúla], que es la etimológica. No obstante, el uso general, tanto en América como en España, opta por la acentuación esdrújula **médula** (T. Navarro Tomás, *Manual*, § 171).

meeting. Palabra inglesa que ha sido castellanizada por la RAE en → **mitin**, por lo que no corresponde emplear la forma **meeting**.

megalópolis. La RAE ha incluido este sustantivo en el DRAE/92 con el significado de 'ciudad gigantesca'.

Méjico, mejicano. → **México**.

mejor. 1. Comparativo del adjetivo *bueno*.

Puede sustituirse, en lengua coloquial, por → **más bueno**.

a) En construcción comparativa, lleva *que*: *es mejor que su hermano*. Evítese la construcción con *a*: **estos zapatos son mejores a aquéllos*. Cuando integra una construcción de superlativo relativo, lleva *de* o *entre*: *es el mejor de* (o *entre*) *sus hermanos*.

b) Evítese el uso de la construcción **más mejor*, que, aunque puede hallarse en los clásicos, se siente hoy decididamente vulgar: **era más mejor volver*; dígase simplemente *era mejor volver*. También es incorrecto **muy mejor*, pero no: *mucho mejor*.

c) La construcción de **mejor** con el verbo *ser* en tercera persona del singular, expreso o no: *[es] mejor que te calles* ha sido incluida en el DRAE/92. También es frecuente en América **mejor** + verbo en indicativo o imperativo: *mejor me callo; mejor cállate*. Según M. Seco (*Diccionario*), esta construcción es bastante popular hoy en España, aunque no asimilada por el uso culto.

d) Existe un diminutivo *mejorcito*.

e) → **mucho; para mejor**.

2. Comparativo y superlativo relativo del adverbio *bien*: *canta mejor que su compañero; canta mejor que todos*. En esta función, **mejor** es siempre adverbio y, por tanto, invariable: *eran los mejor ubicados* (la construcción **eran los mejores ubicados* es incorrecta).

mejora, mejoría. Son en general sinónimos, pero para indicar 'alivio en una dolencia o enfermedad' se emplea **mejoría**. **Mejora**, y no **mejoría**, se aplica, en cambio, al 'aumento de precio que cada licitador ofrece en una subasta'.

mejunje, menjunje, menjurje. La RAE admite las tres formas, pero prefiere la primera. A la tercera le agrega, en el DRAE/92, la nota de poco usada. En la Argentina es más usual **menjunje**: "[...] por una de esas chiripas de nuestros menjunjes políticos [...]" (J.B. Ambrosetti, "El abuso de la historia", en TCAH, 13); "Los arrabales llenábanse de 'médicas' que recetaban hierbas y menjunjes [...]" (A. Capdevila, *Córdoba*, 30); "[...] ya me puse a hacer mis menjunjes [...]" (R.J. Payró, *El casamiento*, 29).

melar. V. irreg.; se conjuga como → **acertar, 1** (*Esbozo*, 2. 12. 3, **[B]**).

memo. → **memorándum, 3**.

memorándum. 1. La RAE ha incorporado, en el DRAE/92, esta nueva acepción: "Informe en que se expone algo que debe tenerse en cuenta para una acción o un determinado asunto."

2. El plural de esta palabra, como el de otras de estructura semejante, presenta algunas dificultades. Se han propuesto los siguientes plurales:

a) *los memorándum*, es decir, dejar invariado el singular. Es la solución que adopta el *Esbozo* (2. 3. 2, c); es la más espontánea en la lengua hablada y puede encontrarse escrita: "[...] el expediente judicial incluye varios memorándum [...]" (*Página / 12*, 15-4-92, pág. 10);

b) *los memorándums*. Es el más frecuente (M. Seco, *Diccionario*), pero también el menos recomendable. En general conviene evitar, cuando se pueda, estos plurales anómalos, que son más ortográficos que fonéticos (la pronunciación de *-s* final después de consonante es ajena a los hábitos fonéticos del español, salvo en contados casos, como *bíceps, fórceps, tórax*, etc.);

c) *los memorándumes*. Lo propician R. Ragucci (*Cartas*, 230) y la AAL (*Acuerdos*, III, 21), pero lo rechaza el *Esbozo*: "El plural *-es* que les correspondería por terminar en consonante produce una estructura insólita y desapacible para el oído español: *hiperbátones, memorándumes*, etc." (2. 3. 2, c, nota 12);

d) *los memoranda*. Es el plural latino. Ha sido rechazado por R. Ragucci (*Cartas*, 230) y la AAL (*Acuerdos*, III, 21) porque es una formación contraria a la índole del español y porque puede tomarse por un femenino singular y crearse un plural *memorandas* (→ **currículum**). Además, podría agregarse que este plural resulta afectado;

e) *los memorandos*. Es el plural de la forma castellanizada *memorando*. La RAE se inclina, en el DRAE/92, por esta forma.

La mejor solución en cuanto al plural específico de **memorándum** parece ser la primera. *Memorandos* no es, en realidad, más que el plural de la castellanización *memorando*.

3. Es de uso frecuente en la Argentina la forma abreviada *memo* (plural *memos*), que ha pasado al lenguaje periodístico: "Una comisión coordinada por los abogados [...] elabora un memo explicativo [...]" (*Página / 12*, 30-3-89, pág. 7). La RAE no respalda esta forma.

memorial. Con el significado de 'monumento' es una mala traducción del inglés *memorial*.

menaje. En la Argentina se emplea sólo con el significado de 'vajilla, servicio de mesa'. De las otras acepciones, 'muebles y accesorios de una casa' es rara, y 'material pedagógico de una escuela', desconocida.

mención. → **hacer mención**.

mendigo. Es voz llana [mendígo]; la acentuación esdrújula, *méndigo, es incorrecta.

mendrugo de pan. → **Pleonasmo** criticado por los preceptistas: *mendrugo* es 'pedazo de pan sobrante y desechado', por lo que no se agrega ni aclara nada al añadírsele *de pan*: "Hoy no queda mendrugo que llevarse

a la boca." (M. Mujica Láinez, *Misteriosa Buenos Aires*, 10).
De todos modos, aunque no admitido por la RAE, lo ha consagrado el uso.

menester. → **haber menester; ser menester**.

menguante. Como sustantivo es femenino: *la menguante de la Luna*.

menguar. Para su acentuación, → **averiguar**.

menjuí. → **benjuí**.

menjunje, menjurje. → **mejunje**.

menopáusico. El DMI registra este adjetivo, que no figura en el DRAE/92, con la siguiente definición: "Perteneciente o relativo a la menopausia, o que se halla en este período de la vida."

menor. 1. Comparativo del adjetivo *pequeño*. Puede sustituirse, en lengua coloquial, por → **más pequeño**. En construcción comparativa, **menor** lleva *que*: *es menor que su hermano*. Evítese la construcción con *a*: **pagó una cantidad menor a mil pesos*. Cuando integra una construcción de superlativo relativo, lleva *de* o *entre*: *es el menor de* (o *entre*) *sus hermanos*.
2. Es incorrecta la construcción *más menor que: **Pedro es más menor que Juan*. Es correcto, en cambio *mucho menor*.
3. Carece de idea de comparación en dos casos:
a) en oraciones negativas, cuando equivale a *ninguno*: *no tiene la menor importancia; no le dieron la menor oportunidad*;
b) cuando significa 'niño' (menor de edad): *el menor iba hacia el colegio*.
4. Existe un diminutivo *menorcito*.

menos. 1. Lleva *que* en las construcciones comparativas: *es menos inteligente que sus compañeros*.
2. Lleva *de*:
a) en construcciones comparativas encabezadas por *lo que*: *resultó menos duradero de lo que esperábamos*;
b) en las construcciones en las que se expresa el grado superlativo relativo: *es el menos inteligente de sus compañeros*. En este caso, puede construirse también con *entre*;
c) cuando no tiene valor comparativo: *cobró menos de cien pesos*.

menospreciar. Para su acentuación, → **abreviar**.

menstruar. Para su acentuación, → **atenuar**.

mensú. Plural: *mensús* o *mensúes*: "De estos primeros mensús formó parte el negro Joao Pedro [...]" (H. Quiroga, *Los desterrados*, 34). También es usual el plural invariable *los mensú*: "[...] los dos mensú devoraban con los ojos la capital del bosque [...]" (H. Quiroga, *Cuentos de amor*, 84); "Y los mensú —ropa nueva, / nuevo cuchillo en la faja,

/ olvidan por un instante / que la selva está en la playa" (J.E. Acuña, *Romance del mensú en coche*).

mensuario. En la Argentina se emplea con el significado de 'periódico mensual': "Es autor de 15 libros y editor del mensuario *Index on Censorship* [...]" (*Humor Registrado*, nº 301, octubre de 1991, pág. 42). No figura en el DRAE/92.

menta. En su sesión del 28 de julio de 1983, la AAL sugirió a la RAE la inclusión de este vocablo, como argentinismo, en el *Diccionario* mayor, y con los valores de 'noticia, fama' (*Acuerdos*, X, 143-46). La RAE lo ha incluido en el DRAE/92 con la siguiente definición: "f. rur. *Argent*. Fama, reputación. Ú. m. en pl." Según M. Morínigo (*Diccionario*), *mentas* se usa también en Bolivia y Uruguay. → **de mentas**.

mentalizar, mentalización. La RAE ha incorporado estos vocablos en el DRAE/92 con las siguientes definiciones: "tr. Preparar o predisponer la mente de alguien de modo determinado. Ú. t. c. prnl." y "Acción y efecto de mentalizar o mentalizarse", respectivamente.

mentar. 1. V. irreg.; se conjuga como → **acertar, 1**. Sin embargo, "es muy frecuente el uso de las formas sin diptongar" (*Esbozo*, 2. 12. 3, nota 30). En apoyo de esta afirmación, puede citarse el siguiente ejemplo: "La primera menta aquello que nos está permitido [...]" (A. D'Alessio, *Noticias*, 12-7-92, pág. 69).
2. La RAE ha modificado, en el DRAE/92, la definición de este verbo: "Nombrar o mencionar a una persona o cosa."

mentas. → **menta**.

-mente(adverbios en). La mayor parte de los adjetivos calificativos pueden formar adverbios de modo añadiendo **-mente** a su forma femenina, cuando la tienen: *plenamente, rígidamente, tenazmente*.

Estos adverbios presentan las siguientes características:
a) Son las únicas palabras en español que tienen dos acentos: uno sobre el adjetivo y otro sobre el morfema **-mente** [rigurósaménte]. En pronunciación cuidada deben dejarse oír ambos acentos.
b) Debido a esta peculiaridad, estos adverbios conservan el acento ortográfico del adjetivo del cual derivan, si éste lo tenía como palabra simple; así, los adverbios derivados de *cortés, inútil, rápido* se escribirán *cortésmente, inútilmente, rápidamente* (es erróneo considerar a *cortésmente* palabra esdrújula y a las otras, sobresdrújulas).
c) Cuando se empleen dos o más adverbios en **-mente** seguidos, podrá llevar **-mente** sólo el último: *lisa y llanamente*.

mentir. V. irreg.: se conjuga como → **sentir, 1**.

mentís. Es palabra aguda; la acentuación grave [méntis] es incorrecta.

menú. **1**. Así ha hispanizado la RAE la voz francesa *menu* y la ha incluido en el DRAE/84. En el DRAE/92 añade estas dos nuevas acepciones: "Comida de precio fijo que ofrecen hoteles y restaurantes, con posibilidad limitada de elección" e "*Inform*. Lista presentada en pantalla que sirve de guía para la selección de las operaciones que puede realizar una computadora y un determinado programa."
2. El plural casi exclusivo es *menús* (*Esbozo*, 2. 3. 3, c). "Nunca he conseguido averiguar cuál es el mecanismo mental retorcido y extraño con el que los españoles leemos los menús." (C. Rico-Godoy, *Cómo ser una mujer*, 51). El plural *menúes*, si bien no es incorrecto, resulta extraño: "[...] siguiendo los menúes de los organismos multilaterales de crédito [...]" (*Página / 12*, 28-2-93, pág. 3).

Mercedes. Diminutivo: *Merceditas* y no **Mercedita*.

merecer. V. irreg.; se conjuga como → **parecer, 1**.

merendar. V. irreg.; se conjuga como → **acertar, 1**.

Mérida. Gentilicios: *merideño* (de la ciudad venezolana); *emeritense* y *merideño* (de la ciudad española). Los gentilicios *meridano* (de la ciudad mexicana) y *meridense* (de la ciudad venezolana) no figuran en el DRAE/92.

merienda. **1**. Designa habitualmente la comida ligera que se hace por la tarde, pero en algunas regiones es la comida que se hace al mediodía.
2. Diminutivo: *merendita*.

merituar. → **Neologismo** empleado preferentemente en América. Según L. Schallman (*Coloquios*, 56) se conjuga como *acentuar*: *meritúo, meritúas*, etc., aunque A. Bioy Casares, despectivo en general con los neologismos, afirma que la conjugación de este verbo queda a cargo de quien lo usa (*Diccionario*, 126). En su sesión del 26 de octubre de 1978, la AAL sugirió a la RAE la consideración de este verbo, previa consulta a las academias correspondientes (*Acuerdos*, VII, 199). No figura en el DRAE/92.

mero. En el español estándar es un adjetivo que significa 'puro, simple' (*fue una mera casualidad*) e 'insignificante, sin importancia' (*lo descubrió por un mero detalle*). Todo otro uso es regional.
Mero se emplea, según Kany (*Sintaxis*, 57), en una amplia zona que abarca sobre todo México, pero también América Central, Colombia, Venezuela y Perú, en la que tie-

ne, con diversa distribución, los siguientes valores:

1. Como adjetivo:

a) mismo: *yo mero lo hice*;

b) principal o verdadero: *él es el mero amo*;

c) preciso, exacto: *llegó a las meras ocho*.

2. Como adverbio:

a) mismo: *ya mero* (= ahora mismo);

b) casi: *mero me caía*;

c) muy: *es mero jovencito*.

(Los ejemplos de los usos regionales han sido tomados de Kany, *loc. cit.*).

mesa. Diminutivos: *mesilla* y *mesita*. En la Argentina se emplea casi exclusivamente el segundo. → **diminutivos, 1**.

mesa de luz. Por sugerencia de la AAL (*Acuerdos*, X, 215-17), la RAE incluyó este giro, como argentinismo, en el DRAE/92; es sinónimo de *mesa de noche*. En lengua coloquial es también frecuente *mesita de luz*: "[...] se pone a pelarlo sobre la mesita de luz." (A.M. Shúa, *Soy paciente*, 10).

mes a mes. → **año a año**.

mescolanza. → **mezcolanza**.

meses. La RAE recomienda, no preceptúa, que, cuando no encabecen párrafo o escrito, o no formen parte de título, los nombres de los meses se escriban con minúscula inicial: 29 de octubre de 1993 (RAE, *Ortografía*, II, 9º). Esta recomendación coincide con el uso moderno. En las fechas históricas se escribirán con mayúscula inicial: *25 de Mayo, 14 de Julio, Primero de Mayo*.

mesocefalia. Se acentúa prosódicamente en la primera *a*; la acentuación **mesocefalía* es incorrecta. → **-cefalia**.

mesosfera. **1**. Es palabra llana [mesosféra]; la acentuación esdrújula, **mesósfera*, es incorrecta. → **-sfera**.

2. El DRAE/92 no registra esta voz.

mesquino. → **mezquino**.

mester. Es palabra aguda; la acentuación grave, **méster*, es incorrecta.

meta. Imperativo del verbo *meter*, que se emplea en el habla popular del Río de la Plata con dos valores:

a) + *infinitivo*, como sinónimo de → **meta y meta**: *estaba meta reír* (= reía en forma continuada);

b) + *sustantivo*, para encarecer la cantidad y la repetición: *y meta sopapos* (= muchos sopapos, uno tras otro).

Ninguna de estas acepciones figura en el DRAE/92.

metamorfosis. **1**. La acentuación grave es la única admitida por la RAE. La forma esdrújula, **metamórfosis*, ya fue suprimida en la edición de 1956 del *Diccionario* académico.

2. Carece de forma propia de plural: *las metamorfosis*. → **plural, I, A, 2**.

meta y meta. Expresión corriente en el habla popular del Río de la Plata, que expresa una acción continuada: *pasaba meta y meta saludar*. No figura en el DRAE/92.

¡metéle!, ¡métale! Imperativos + el pronombre *le* del verbo *meter*, que se emplean en el habla popular del Río de la Plata como equivalentes de *¡vamos!, ¡adelante!*: *¡metéle que llegamos tarde!; ¡métale, salga rápido!*

metempsicosis, metempsícosis. La RAE admite las dos acentuaciones, pero prefiere la primera, grave según la prosodia latina. Sin embargo, la segunda forma, esdrújula, según la prosodia griega, es más frecuente.

meteoro, metéoro. La RAE admite ambas acentuaciones, pero prefiere la primera, que es la más usual.

meter. **1**. Construcción: *—en el cofre* (*al cofre* se siente vulgar en la Argentina).

2. → **meta; meta y meta; ¡metéle!**

meterse. Construcción: *—monja* (ingresar en ese estado; en la Argentina es más frecuente *meterse a monja*); *—a redentor*; *—a enseñar lo que no se sabe*; *—al agua*; *—con los demás*; *—en la casa* (*a la casa* se siente vulgar en la Argentina).

*metereología, *metereológico, *metereólogo. Formas incorrectas, que conviene evitar cuidadosamente, por *meteorología, meteorológico, meteorólogo* (las tres derivan de *meteoro*).

meticuloso. Significa 'miedoso, pusilánime' y 'escrupuloso, concienzudo'. El primer valor, que es el etimológico, ha dejado de usarse y se ha impuesto el segundo, que es posterior. Así lo reconoce la RAE al añadirle, en el DRAE/92, a la primera acepción, la nota de poco usada.

métier. Voz francesa (pron. [metié]) que suele emplearse en español con sus valores originales de 'oficio, profesión, trabajo': *conoce su métier*.

metomentodo. Se escribe sin ninguna tilde. → **acentuación ortográfica, II, J, 5**.

metopa, métopa. La RAE admite las dos acentuaciones, pero prefiere la primera.

metrópoli. Su plural es *metrópolis*. El uso de *metrópolis* como singular es anticuado.

México. Es la grafía arcaizante que los mexicanos han elegido para su país, llamado oficialmente *Estados Unidos Mexicanos*, y que parece adecuado respetar. La pronunciación es [méjiko] y debe evitarse en español pronunciar [méksiko]. Lo mismo puede decirse de sus derivados *mexicano* [mejikáno] y mexicanismo [mejikanísmo].

La RAE admite ambas grafías *México / Méjico, mexicano / mejicano, mexicanismo / mejicanismo*, pero prefiere las formas con *j*. La AAL, en su resolución del 4 de junio de 1936 (*Acuerdos*, I, 33-34) y en junta del 25 de julio de 1957 (*Acuerdos*, III, 39), dictaminó que "las dos grafías son correctas".

mezclar. Construcción: —*una cosa con otra* (no *a otra*).

mezclarse. —*con mala gente*; —*en asuntos turbios*; —*entre el público*.

mezcolanza, mescolanza.La RAE autoriza las dos grafías, pero prefiere la primera.

mezquino, mesquino. La RAE admite las dos grafías, pero recomienda la primera. El DRAE registra la forma **mesquino** como anticuada.

¹mi. 1. Sustantivo (nota musical). Su plural es exclusivamente *mis* (*Esbozo*, 2. 3. 3, d). **2**. No lleva acento ortográfico: *el mi*. → **acentuación ortográfica, II, A**.

²mi. Forma apocopada del adjetivo posesivo *mío*. Se escribe sin tilde: *mi libro, mi carpeta*. → **acentuación ortográfica, II, A**).

mí. Pronombre personal. Lleva tilde: *me lo diste a mí*. → **acentuación ortográfica, II, A**.

miasis. 1. Está acentuada prosódicamente en la *a*; la acentuación **míasis* es incorrecta. → **-iasis**. **2**. Es una forma alternativa de → **miiasis**, que es preferible. Ninguna de las dos formas figura en el DRAE/92.

miasma. Es masculino y se usa generalmente en plural: *los miasmas*. Su empleo como femenino, **las miasmas*, inducido por la terminación -*a*, aunque no académico, es muy frecuente.

micado. → **mikado**.

michelín. La RAE ha incorporado este vocablo en el DRAE/92 con la siguiente definición: "(De *Michelin*, marca comercial anunciada con una figura humana formada con neumáticos.) m. fam. Pliegue de gordura que se forma en alguna parte del cuerpo."

microbús. El DRAE/92 ha incorporado este sustantivo con la siguiente definición: "Autobús de menor tamaño que el usual."

microcefalia. Lleva acento prosódico en la primera *a* [mikrosefália]; la acentuación **microcefalía* es incorrecta. → **-cefalia**.

microfilme. Si bien la RAE admite → **filme** y *film*, en el DRAE sólo figura la forma **microfilme**, plural *microfilmes*.

microómnibus. En la Argentina se le da paradójicamente este nombre a un ómnibus de gran tamaño que efectúa el servicio regular entre ciudades. Esta voz no figura en el DRAE/92.

microscopia. Tiene diptongo final. La pronunciación **microscopía* es incorrecta. → **-scopia**.

midriasis. Se acentúa prosódicamente en la *a* [midriásis]; la acentuación **midríasis* es incorrecta. → **-iasis**.

mientras. Puede funcionar como:
a) *adverbio de tiempo*. Equivale a *entre tanto*: *Pedro trabaja, Juan, mientras, pierde el tiempo*;

b) *adverbio de cantidad*. Equivale a *cuanto*. Se emplea, en la correlación comparativa, preferentemente en América: *mientras más (menos) se esfuerza, más (menos) rinde*. En el español peninsular se prefiere *cuanto... (tanto)*: *cuanto más (menos) se esfuerza, (tanto) más (menos) rinde*;
c) *conjunción temporal*. Equivale a *durante el tiempo en que* e indica simultaneidad: *Pedro trabaja mientras Juan pierde el tiempo*. Ésta es la construcción más frecuente; también puede utilizarse *mientras que*: *Pedro trabaja mientras que Juan pierde el tiempo*. "[...] los brazos proyectados hacia atrás en un movimiento elástico, mientras que los cuerpos rozaban entre los andariveles, y serenos los rostros blancos, con los pelos mojados sobre los ojos y abiertas las bocas ávidas de aire, mientras él tragaba aire y se le crispaba la cara." (B. Kordon, *Sus mejores cuentos*, 25).

mientras que. Puede funcionar como:
a) *locución conjuntiva temporal*, → **mientras, c**);
b) *locución conjuntiva adversativa*. Equivale a *en cambio* y señala un fuerte contraste entre lo indicado por la proposición principal y la subordinada: *murió un pasajero, mientras que los otros dos tuvieron sólo heridas leves*.

migración. La RAE ha incorporado esta nueva acepción en el DRAE/92: "Desplazamiento geográfico de individuos o grupos, generalmente por causas económicas o sociales."

migrar. La RAE ha incluido este verbo en el DRAE/92 con las siguientes definiciones: "intr. **emigrar**, cambiar el lugar de residencia. // 2. **inmigrar**, llegar a un país para establecerse en él."

miiasis. 1. Se acentúa prosódicamente en la *a*; la acentuación **miíasis* es incorrecta. → **-iasis**.
2. Esta voz, con la que se designa el "estado infeccioso provocado por larvas de moscas o moscas, que penetran en el cuerpo y parasitan en él" (Dorland, *Diccionario*, s. v.), no figura en el DRAE/92.

mikado, micado. 1. La RAE autoriza las dos grafías, sin indicar preferencia.
2. Según la RAE, es el título que se da al emperador del Japón. Para la AAL (*Acuerdos*, III, 75), algunos lingüistas ven en esta palabra una alusión al palacio imperial: *mi*, sublime, *kado*, puerta.

Milano. El nombre español de esta ciudad italiana es *Milán*.

Milcíades. Puede decirse **Milciades** (grave), según la prosodia griega, o *Milcíades* (esdrújula), según la prosodia latina.

milibar. Es voz aguda [milibár]; la acentuación llana, **milíbar*, es incorrecta.

miligramo. La acentuación llana [miligrámo] es la única admitida por la RAE.

mililitro. La acentuación llana [mililítro] es la única admitida por la RAE.

milímetro. Es palabra esdrújula.

militancia. La RAE ha incorporado este sustantivo en el DRAE/92 con las siguientes definiciones: "f. Acción y efecto de militar en un partido o en una colectividad. // 2. Conjunto de los militantes de un partido o de una colectividad."

milonguear. El DMI registra este verbo, que no figura en el DRAE/92, con las siguientes definiciones: "intr. *Argent.* y *Urug.* Cantar o bailar la milonga. // Bailar en general."

milord. Voz de origen inglés incorporada al español. Plural *milores*.

mimar. Es frecuente el uso de este verbo con el significado, no académico, de 'representar imitando'. Los preceptistas lo tachan de galicista (fr. *mimer*) y la AAL, que lo ha rechazado, recomienda sustituirlo por *representar* o *animar* 'dar vida' (*Acuerdos*, III, 198). Pero ninguno de los dos verbos propuestos expresa con propiedad la imitación mediante gestos, peculiar de las representaciones de los mimos, por lo que sería interesante considerar la posibilidad de incorporar al español oficial esta nueva acepción del verbo **mimar**.

mimbre. Según la RAE es sustantivo → **ambiguo** en cuanto al género: *el mimbre, la mimbre*. No obstante es mucho más frecuente su empleo como masculino.

mimesis, mímesis. El DRAE/92 admite las dos acentuaciones, pero prefiere la primera, que sigue la prosodia latina; la forma esdrújula responde a la acentuación griega, y es más usual en la Argentina.

mimetizar. El DMI registra este verbo, que no figura en el DRAE/92, con la siguiente definición: "Adquirir el color, la apariencia, etc., de las cosas o seres del contorno. Ú. m. c. prnl."

mimosear. El DMI registra este verbo, que no figura en el DRAE/92, como sinónimo de *mimar, halagar*. Es voz propia de la Argentina, Paraguay y Uruguay.

mina. El DRAE/92 incorpora esta acepción como vulgarismo en uso en la Argentina, y con el significado de 'mujer'. En realidad, este término ha pasado ya al lenguaje familiar.

minifalda. La RAE ha incorporado este sustantivo en el DRAE/92 con la siguiente definición: "f. Falda corta que queda muy por encima de las rodillas." Ya figuraba como → **neologismo** en el *Diccionario* de M. Moliner.

mínimo. Superlativo absoluto de *pequeño*. En la lengua coloquial ha perdido su valor superlativo y a ello se debe la posibilidad de la construcción *el (la) más mínimo (-a* en oraciones negativas: *no obtuvo el más mí-*

nimo apoyo; no tiene la más mínima intención de hacerlo, construcciones duramente criticadas por algunos preceptistas, pero que han recibido la aprobación académica en el DRAE/92. El uso de **mínimo** precedido de *más* se extiende a oraciones afirmativas: *explicó el plan en sus más mínimos detalles; investigaremos hasta la más mínima pista para hallarlo*.

mínimum. 1. Forma latina que suele emplearse en construcciones como *un mínimum de decencia, un mínimum de consideración*. Puede remplazarse por *mínimo*. **2.** Deséchese el plural anómalo **mínimums*.

ministro. Femenino: *ministra*: "[...] quien tenazmente se negó a mandar a su ministra de Educación [...]" (*Clarín*, 23-4-88, pág. 3). No se justifica emplear **la ministro*. También se dirá *la primera ministra* y no *la primer ministro*.

minorar. → **aminorar**.

minuta. No figura en el DRAE la acepción, muy usual en la Argentina, de 'comida, rápida, que no requiere elaboración previa'. Se dice, sobre todo, de platos que se sirven en restaurantes.

minuto. La abreviatura es *m.* cuando se refiere a tiempo: *empleó 1 h. 20 m*. Cuando se trata de medida angular, el signo es: 20'.

mío, mía. Ambas formas apocopan en *mi* ante sustantivo masculino o femenino singular: *mi libro, mi casa*. Esta apócope pluraliza en *mis* ante sustantivo plural, masculino o femenino: *mis libros, mis casas*. La intercalación de otro adjetivo entre el posesivo y el sustantivo no impide la apócope: *mi reciente libro, mis nuevas amistades*.

miope. Lleva acento prosódico en la *o* [miópe]. La acentuación **míope* no responde etimológicamente a la prosodia griega ni a la latina.

miosotis, miosota. 1. La RAE admite las dos formas, pero prefiere *raspilla* para designar la planta cuyas flores se llaman *nomeolvides*. **2.** La voz **miosotis** fue incluida en el DRAE/92. Evítese la grafía **myosotis*.

miraje. → **Galicismo** (fr. *mirage*) por *espejismo*: "A medida que nos acercábamos, la realidad iba acentuándose y borrando los mirajes del deseo." (J.S. Álvarez, *Viaje*, 102).

mirar. Construcción: —*a sus hijos*; —*al sur*; —*(la casa) a la calle*; —*con buenos ojos*; —*de reojo*; —*por sus hijos* (= cuidarlos); —*por encima del hombro*.
No pertenece al español estándar el régimen con la preposición *para*: "[...] levanta la cabeza, mira para la amiga y dice [...]" (C. J. Cela, *La colmena*, 26).

mirarse. Construcción: —*al espejo*; —*en el agua*.

miríada. La acentuación esdrújula es la única que admite la RAE.

miriñaque. Por sugerencia de la AAL (*Acuerdos*, X, 24-26), la RAE ha incorporado en el DRAE/92 esta nueva acepción, con nota de argentinismo: "Armadura de hierro que llevan las locomotoras en la parte delantera para apartar a un lado los objetos que impiden la marcha."

misachico. Por sugerencia de la AAL (*Acuerdos*, VIII, 280-82), la RAE ha incorporado este vocablo en el DRAE/92 con la siguiente definición: "(De un híbrido quechua-español.) m. *NO. Argent.* **romería**, ceremonia de campesinos que, entre festejos, realizan una procesión en honor de un santo." Falta en la definición académica un elemento importante: la procesión se realiza para, al final de ella, hacerle rezar una misa al santo de que se trata (el componente español de esta palabra es, precisamente, *misa*).

mise en scène. Expresión francesa (pron. [misansén]) que puede traducirse por → **puesta en escena**, *dirección escénica, aparato escénico, escenificación* o *escenografía*.

mísero. Superlativos: *misérrimo* (literario) y *muy mísero* (coloquial).

misil, mísil. 1. La RAE admite las dos formas, pero prefiere la primera. La acentuación grave **mísil** es la que corresponde a la etimología de este vocablo, pero el uso ha impuesto la forma aguda **misil**.
2. Plural: *misiles* y *mísiles*.
3. Evítese la grafía **missil, *missiles*.

mismo. 1. La única función que cumple como adverbio es la de modificar a otro adverbio o a un sustantivo (en este caso, integra un complemento de lugar), pospuesto siempre a la palabra que modifica: *delante mismo del profesor; estaba aquí mismo; así mismo; vi lo que sucedía desde la plaza mismo*. En este último ejemplo, es más frecuente el uso de **mismo** como adjetivo, es decir, variable: *desde la plaza misma*.
2. El empleo de **mismo** como adverbio equivalente de *aun, hasta* es un → **galicismo** (fr. *même*) frecuente en la Argentina: **mismo los niños lo saben* debe sustituirse por *aun (hasta) los niños lo saben*.
3. *el mismo, la misma*. El uso de *el mismo, la misma* en función anafórica (es decir, refiriéndose a una parte del discurso ya emitida) es gramaticalmente correcto, tiene numerosos antecedentes literarios y ha sido convalidado por gramáticos y por la misma Academia en su *Diccionario*. Otra cosa es el uso abusivo o innecesario de esta construcción: "Si al final de la misma, al usuario le sobran tarjetas, las mismas podrán ser canjeadas por dinero o por cospeles." (*Clarín*, 10-8-88, pág. 30), pésima redacción donde la repetición es cacofónica y *las mismas* podía haberse suprimido sin alterar la claridad de lo enunciado. En otros casos, *el mismo* puede remplazarse fácilmente —y aun es preferible hacerlo— por un pronombre personal: *cuando los desconocidos encontraron la casa, entraron en la misma (entraron en ella); lea atentamente el formulario y llene el mismo con letra clara (y llénelo con letra clara)*; o por un pronombre posesivo: *la casa se incendió, pero los ocupantes de la misma resultaron ilesos (pero sus ocupantes resultaron ilesos); la distribución de la uva y la venta de la misma (la distribución de la uva y su venta* o *la distribución y venta de la uva)*.
El *Esbozo* (2. 5. 8, b) es terminante en su juicio acerca de esta construcción: "Conviene llamar la atención sobre el empleo abusivo que la prosa administrativa, periodística, publicitaria, forense y algunas veces la prosa técnica hacen hoy del anafórico *el mismo, la misma*, por considerarlo acaso fórmula explícita y elegante. Pero no pasa de vulgar y mediocre [...]". Como sucede con todos los giros cuestionados, se requiere cierta maestría en el manejo del idioma para no caer en el empleo abusivo que critica el *Esbozo*.

Mississipi. La hispanización más conveniente del nombre de este río de los Estados Unidos es *Misisipí* (aguda).

Missouri. El nombre en español del río y el estado norteamericanos es *Misuri*.

mistificar, mistificador, mistificación. La RAE también admite *mixtificar, mixtificador, mixtificación*, pero prefiere las formas con *s*.

mitad. → **concordancia, I, B, 2**.

mitin. 1. Castellanización de la voz inglesa *meeting*.
2. Es palabra grave [mítin]; la acentuación aguda **mitín* es incorrecta.
3. Plural *mítines*: "[...] se han celebrado ya seis importantísimos mítines antiforales [...]" (J. Camba, *Playas*, 38).
4. Este vocablo está cayendo en desuso en la Argentina, suplantado por *acto [político]* y *concentración*.

mitomanía, mitómano. Por sugerencia de la AAL (*Acuerdos*, IX, 171-73), la RAE incorporó en el DRAE/92 estos dos vocablos con las siguientes definiciones: "Tendencia morbosa a desfigurar, engrandeciéndola, la realidad de lo que se dice" y "Dícese de la persona dada a la mitomanía", respectivamente.

mixtificar, mixtificador, mixtificación. → **mistificar**.

mn-, -mn-. La RAE autoriza la reducción del grupo inicial **mn-** en *n-*: *mnemotecnia* o *nemotecnia*, aunque con preferencia por **mn-**.

No es correcta, en cambio, y debe evitarse cuidadosamente, la reducción en interior de palabra, donde el grupo -**mn**- se reparte en dos sílabas: *alumno, indemne*. Una única excepción son los pares *somnánbulo / sonámbulo* y *somnanbulismo / sonambulismo*, pero las formas con -**mn**- están prácticamente fuera de uso.

mnemotecnia, mnemotécnica. 1. La RAE admite ambas formas, pero, en función de sustantivo, prefiere la primera.
2. También puede decirse *nemotecnia* y *nemotécnica*.

moaré. → **muaré**.

moblaje, mueblaje. La RAE admite las dos formas, pero en el DRAE/92 prefiere *mobiliario*.

mocionar. → **Neologismo** derivado de *moción*. Está bien formado, como *accionar, posicionar*, etc., derivados de *acción, posición*, etc., pero no ha recibido el reconocimiento de la RAE. El DMI lo registra como vocablo propio de la América Central y México, aunque también es usual en la Argentina.

modélico. La RAE ha incorporado este adjetivo en el DRAE/92 con la siguiente definición: "Que sirve o puede servir de modelo". Aunque de uso no muy frecuente en la Argentina, ya puede leerse en los periódicos: "[...] el gobierno español —tenido por modélico en cuanta oportunidad se presenta— [...]" (*Página / 12*, 18-6-92, pág. 23).

moderarse. Construcción: —*en las palabras*; —*en el comer*.

modista. El sufijo -*ista* que forma, entre otros, sustantivos que indican oficio o profesión: *dentista, pianista, periodista*, etc., es invariable respecto del género y se emplea tanto para masculino como para femenino: *el o la dentista, el o la modista*. El cambio de -*ista*, considerado erróneamente femenino, por -*isto* es peculiar del habla rural americana: **el cuentisto, *el pianisto*, etc.
No obstante, en el caso de *modisto* (por **modista**), el uso generalizado logró imponer este masculino, admitido por la RAE ya en el DRAE/84. No faltan, sin embargo, ejemplos en que se restablece la regularidad: "[...] el modelo y modista Ante Garmaz [...]" (*Página / 12*, 29-8-91, pág. 23).

modisto. → **modista**.

modus operandi. Expresión latina que significa 'modo de obrar, de trabajar'.

modus vivendi. 1. Expresión latina que significa 'modo de vivir'. Se aplica a un acuerdo transitorio que permite la convivencia de intereses contrapuestos. Se emplea referido particularmente a pactos internacionales.
2. La forma **modus vivendis* es incorrecta.

mogol, mogólico. La RAE admite estas formas, pero recomienda *mongol, mongólico*. En la Argentina también se usan predominantemente estas últimas; sin embargo, para referirse a la enfermedad se prefiere **mogólico**:"[...] pero nadie le hizo caso porque era mogólica y se pasaba el día chillando [...]" (P. O'Donnell, *Copsi*, 33). También se emplean *mogolismo* y *mogoloide*, formas que no figuran en el DRAE/92, que registra sólo *mongolismo* y *mongoloide*.

moiré. Voz francesa (pron. [muaré]) que la RAE ha hispanizado bajo las formas *muaré* y *moaré*, sin indicar preferencia.

moisés. Este sustantivo común, que designa una cesta que sirve de cuna portátil, tiene, según las normas gramaticales, un plural *moiseses*. En la Argentina este plural es inusitado y esta palabra queda invariada en plural: *venden unos moisés muy prácticos*.

*moka. Grafía incorrecta por *moca*, nombre de un tipo de café.

moler. V. irreg.; se conjuga como → **mover**.

molestar. Construcción: —*con preguntas*.

molestarse. Construcción: —*en averiguar*.

molesto. Construcción: —*a o para los vecinos*; —*en el trato*.

molinete. En la Argentina se le da este nombre, en lugar del académico *torniquete*, a la especie de torno que se coloca en las entradas por donde han de pasar una a una las personas.

molotov. → **cóctel molotov**.

momento a momento. → **año a año**.

Mónaco. Gentilicio: *monegasco*. La forma **monaguesco* es incorrecta.

mondadientes. Permanece invariado en plural: *el mondadientes, los mondadientes*.

mongol, mongólico. → **mogol**.

monitorear. En sesión del 14 de noviembre de 1985 (*Acuerdos*, IX, 202-03), la AAL sugirió a la RAE la consulta ante las demás academias de la lengua en vistas a la posible inclusión, en el *Diccionario* oficial, de este verbo de uso ya corriente: "[...] técnicos de organismos internacionales que monitorean la evolución del programa de gobierno." (*Página / 12*, 5-9-90, pág. 6). Es sinónimo de *monitorizar*. No figura en el DRAE/92.

monitoreo. En su acuerdo del 14 de noviembre de 1985 (*Acuerdos*, IX, 202-03), la AAL no encuentra inconvenientes en que se emplee este vocablo, que no figura en el DRAE/92, para expresar la acción y efecto de supervisar mediante un monitor.

monitoring. Voz inglesa que puede sustituirse por → **monitoreo**.

monitorizar. En sesión del 14 de noviembre de 1985 (*Acuerdos*, IX, 202-03), la AAL sugirió a la RAE la consulta ante las restantes academias de la lengua en vistas a la posible inclusión de este verbo, sinónimo de → **monitorear**, en el *Diccionario* oficial. No figura en el DRAE/92.

monocromo. Es palabra grave [monokrómo]; la acentuación esdrújula, **monócromo*, es incorrecta.

monodia. La acentuación con diptongo final [monódia] es la única admitida por la RAE; la forma **monodía* es incorrecta. → **-odia**.

monogámico. El DRAE/92 no registra este adjetivo. Quien desee evitarlo puede utilizar *monógamo*: *familia monógama*.

monograma. Es palabra llana [monográma]; la acentuación esdrújula, **monógrama*, es incorrecta.

monomaniaco, monomaníaco. La RAE admite ambas acentuaciones, pero prefiere la primera. En América es más frecuente la segunda. → **-íaco, -iaco**.

monopatín. La RAE ha incluido este sustantivo en el DRAE/92 con la siguiente definición: "Juguete consistente en una tabla relativamente larga sobre ruedas, con la que se deslizan los niños tras impulsarse con un pie contra el suelo." Esta definición corresponde, estrictamente, al juguete conocido con la voz inglesa *skate*. El **monopatín**, en la Argentina, tiene dos ruedas, más grandes que las del *skate*, y la delantera se orienta mediante un manillar.

monoplejía. Vocablo que no figura en el DRAE/92, aunque sí lo registra el Dorland. Es la parálisis de una sola parte del cuerpo.

monorraíl. La RAE ha incorporado este adjetivo en el DRAE/92 con la siguiente definición: "Dícese del tren que se desplaza por un solo raíl. Ú. t. c. s. m."

monseñor. Para el uso de mayúscula o minúscula inicial, → **mayúsculas (uso de), B, 7**.

monstruo. La RAE ha incorporado, en el DRAE/92, la siguiente acepción: "fig. y fam. Persona de extraordinarias cualidades para desempeñar una actividad determinada."

montacargas. Se emplea tanto para singular como para plural: *el montacargas, los montacargas*. La forma **montacarga* es incorrecta.

montaje. La RAE ha enriquecido este artículo en el DRAE/92 con los siguientes agregados: "Combinación de las diversas partes de un todo"; "En el cine, ordenación del material ya filmado para constituir la versión definitiva de una película", por sugerencia de la AAL (*Acuerdos*, V, 147-48); "En el teatro, ajuste y coordinación de todos los elementos de la representación, sometiéndolos al plan artístico del director del espectáculo"; "fig. Lo que solo aparentemente corresponde a la verdad"; "*Acúst*. Grabación compuesta conseguida por la com-

binación de dos o más grabaciones"; "*Orfebr*. Ajuste y acoplamiento de las diversas partes de una joya"; "**fotográfico**. Fotografía conseguida con trozos de otras fotografías y diversos elementos con fines decorativos, publicitarios, informativos, etc.".

montaña, monte. Como todos los nombres de accidentes geográficos, se escriben con minúscula inicial, salvo que formen parte de un nombre propio: *el monte Everest*, pero *el Sermón de la Montaña, Monte Caseros* (ciudad argentina).

montar. Construcción: *—a caballo; —en burro; —en cólera*.

montepío, monte pío. **1**. La RAE admite las dos grafías, pero prefiere la primera, que es la más usada.
2. Plural: *montepíos*.

montés. En el uso corriente carece de forma de femenino, lo mismo que *cortés*: "[...] una pobre gallina montés." (A. Ambrogi, "La caza de la serpiente", en HA, 23). El femenino *montesa* se usa sólo en lengua literaria.

monzón. Es → **ambiguo** en cuanto al género: *el* y *la monzón*, pero el uso lo ha hecho masculino, posiblemente por influencia del sustantivo *viento*.

moqueta. → **moquette**.

moquette. La RAE ha hispanizado esta palabra francesa (pron. [mokét]) bajo la forma *moqueta*, y así figura ya en el DRAE/70. Sin embargo, es frecuente el uso de la forma francesa: "[...] que reiniciaba sus idas y venidas sobre la moquette impecable." (P. O'Donnell, *Copsi*, 124); "[...] me quité los zapatos para que mis pasos sobre la moquette no turbaran su sueño." (M. Benedetti, *Primavera*, 44).

mórbido. Es incorrecto su empleo en lugar de *turgente, terso*. **Mórbido** significa 'blando, delicado, suave' y 'enfermizo'.

morbilidad, morbididad. La RAE admitía ambas formas sin indicar preferencia, pero en el DRAE/92 suprimió la segunda.

morder. V. irreg.; se conjuga como → **mover**.

mordisco. El DRAE/92 registra una nueva acepción de este vocablo: "fig. Beneficio que se saca de alguna cosa."

morgue. → **Galicismo** (fr. *morgue*) por *depósito de cadáveres*. Si bien es vocablo de uso frecuente en América, no figura en el DRAE/92, aunque sí en el DMI.

morir. **1**. V. irreg.; se conjuga como → **dormir**. Su participio es *muerto*.
2. → **matado**.
3. Construcción: *—a manos de un asesino; —a, de mano airada; —de viejo; —por sus ideales*.

morirse. Construcción: *—de calor; —por lograrlo*.

morrocotudo. La RAE ha añadido, en el DRAE/92, la siguiente acepción: "fam. *Argent.* Fornido, corpulento."

morsa. El DRAE/92 incluye un segundo artículo con la siguiente definición: "*Argent.* **torno**, instrumento que sirve para sujetar piezas que se trabajan en carpintería, herrería, etc., compuesto de dos brazos paralelos unidos por un tornillo sin fin que, al girar, las acerca."

morse. El DRAE/92 incluye este vocablo, como sustantivo común, con la siguiente definición: "(Del nombre del inventor.) m. Sistema de telegrafía que utiliza un código consistente en la combinación de rayas y puntos. // 2. Alfabeto utilizado en dicho sistema."

Moscú. Gentilicio: *moscovita*.

mostrar. V. irreg.; se conjuga como → **sonar**.

motejar. Construcción: —*(a alguien) de tonto*.

motivación. Se ha criticado indebidamente el uso de este vocablo en lugar de *motivo*, *causa*: *el funcionario explicó las motivaciones de su decisión* es correcto, aunque pueda resultar algo afectado.

motobomba. El DMI registra este vocablo, que no figura en el DRAE/92, con la siguiente definición: "Bomba impulsada por un motor."

motocarro. El DRAE/92 ha incorporado este sustantivo con la siguiente definición: "m. Vehículo de tres ruedas, con motor, para transportar cargas ligeras."

motonáutica. En sesiones del 24 de junio de 1976 (*Acuerdos*, VII, 19-20) y del 13 de diciembre de 1984 (*Acuerdos*, IX, 173-75), la AAL sugirió a la RAE la inclusión de este sustantivo en el *Diccionario* oficial con la siguiente definición: "Navegación deportiva o recreativa en embarcaciones ligeras de propulsión a motor." No figura en el DRAE/92.

motonave. 1.Evítese la grafía*moto-nave*. 2. Plural: *motonaves*.

motor. Como adjetivo tiene dos femeninos: *motora* y → **motriz**.

*****motor a nafta, a reacción, a propulsión**, etc.** Uso criticado de la preposición *a*; dígase: *motor de nafta, de reacción, de propulsión*, etc. → **a, III**.

motricidad. El DMI registra este sustantivo, que no figura en el DRAE/92, con la siguiente definición: "f. Acción del sistema nervioso central, que determina la contracción muscular."

motriz. Forma femenina del adjetivo *motor* (= que mueve). Por las normas generales de concordancia, debe emplearse únicamente con sustantivos femeninos: *la fuerza motriz, una idea motriz*. Por error suele usarse, incorrectamente, con sustantivos masculinos: **el desarrollo motriz*, *un impulso motriz*. Debe evitarse cuidadosamente esta incoherencia.

motu proprio. Locución adverbial latina que significa literalmente 'con movimiento propio' y se emplea con el valor de 'voluntariamente, de propia y libre voluntad': *lo hice motu proprio*. También se designa con ella un tipo de documento papal. Evítese la forma incorrecta **motu propio*: "[...] a quien Chamijo heredó *motu propio* [...]" (R.J. Payró, *Chamijo*, 55).

Esta locución no debe ir precedida de ninguna preposición; son erróneas, entonces, las construcciones **de motu proprio*: "Con respecto al testimonio del diputado justicialista Rafael Flores —quien pidió declarar de motu proprio— [...]" (*Página / 12*, 28-4-92, pág. 7); "[...] el señor Nieto ha decidido, *de motu proprio*, faltar con aviso [...]" (M. Benedetti, *Despistes*, 48) y **por motu proprio*: "[...] muchas lo hacen por motu propio [...]" (M. Vargas Llosa, *Pantaleón*, 50).

mover. Verbo irregular. Cuando la -o- de la raíz es tónica, diptonga en -ue- en los presentes. MODO INDICATIVO: *muevo, mueves, mueve, movemos, movéis, mueven*. MODO SUBJUNTIVO: *mueva, muevas, mueva, movamos, mováis, muevan*. MODO IMPERATIVO: *mueve, moved*.

muaré, moaré. La RAE admite las dos formas (hispanización del fr. *moiré*), sin indicar preferencia.

mucho. 1. Cuando precede a *más* o a *menos*, la construcción así formada puede modificar a:

a) un sustantivo. En este caso, **mucho** funciona como adjetivo y debe concordar en género y número con dicho sustantivo: *comió muchos más pasteles que yo; tenía muchas menos páginas que el original*. Es incorrecto el uso de **mucho** en el siguiente texto: "[...] porque entonces me pasarán sin duda mucho menos cosas que ahora [...]" (M. Benedetti, *La tregua*, 14);

b) un adjetivo. Funciona entonces como adverbio y permanece invariable: *está mucho más alta; resultaron mucho menos generosas*.

Cuando precede a *mayor* y a *menor* es adverbio y no varía: *con una rapidez mucho mayor*.

2. Mucho se apocopa en → **muy** delante de un adjetivo: *estaba muy triste*, de un adverbio: *llegó muy temprano*, o de una palabra o construcción que cumpla estas funciones:*es muy hombrecito; ya era muy de día*. → **mayor, 3, b**.

No se produce apócope cuando precede a los adverbios *antes, después, más* y *menos*: *lo vi mucho antes*, y a los adjetivos *mejor* y *peor*: *es mucho mejor*.

mucilago, mucílago. La RAE autoriza las dos acentuaciones, pero recomienda la primera. En la Argentina es más frecuente la segunda.

mudar. Construcción: —*de intento*; —*(una cosa) en otra*.

mudarse. Construcción: —*de casa*; —*de ropa*.

mueblero. El DRAE/92 no registra este vocablo, usual en la Argentina para designar a la persona que hace o vende muebles. El término académico es *mueblista*.

muerto. **1.** → **matado**.

2. Diminutivo: *muertecito*. En la Argentina, *muertito*. → **diminutivos, 1**.

muestra. Los preceptistas critican como → **italianismo** (it. *mostra*) el uso de este sustantivo en lugar de *exposición*.

muestreo. El DRAE/92 ha incorporado una nueva acepción de este sustantivo con la siguiente definición: "Selección de una pequeña parte estadísticamente determinada, utilizada para inferir el valor de una o varias características del conjunto."

multidisciplinario. → **interdisciplinario**.

mullir. Para su conjugación, → **bullir**.

München. El nombre de esta ciudad alemana es → **Múnich** en español.

Múnich. **1**. Hispanización del nombre alemán *München*, ciudad de Alemania. De acuerdo con las reglas generales de acentuación ortográfica, debe escribirse con tilde (la RAE corrigió en el DRAE/92 el error de escribir esta voz sin tilde, cometido en el DRAE/84).

2. Se pronuncia [múnich] y en España [múnik]. De ningún modo corresponde pronunciar esta palabra española a la alemana [münij].

3. Gentilicio: *muniqués*.

munido. → **munir**.

munificente, munífico. La RAE admite ambas formas, pero prefiere la primera, cuyo superlativo absoluto es *munificentísimo*.

munir. El DRAE/92 no registra este verbo. Es una voz francesa que se ha incorporado al lenguaje burocrático de la Argentina. Se emplean casi exclusivamente el participio *munido* y el infinitivo pronominal *munirse*: *deberá concurrir munido del certificado de habilitación*. Puede sustituirse por *proveer*.

murmurar. Construcción: —*palabras ininteligibles*; —*de los vecinos*.

musicar, musicalizar. Ninguno de estos dos verbos figura en el DRAE/92. El primero fue defendido por R. Ragucci (*Más cartas*, 202). Pueden sustituirse por *poner música*.

music-hall. Expresión inglesa (pron. [miúsik jol]) que puede traducirse por *café cantante* o *revista musical*.

mutatis mutandis. Locución latina que significa 'cambiando lo que se deba cambiar': "Y contó Laurent, mutatis mutandis, de este modo: [...]" (A. Capdevila, *Vísperas*, 33). Evítese la forma **mutatis mutandi*: "Bueno, y esto, mutatis mutandi, es lo que hacía él." (M. Denevi, *Rosaura*, 131).

muy. **1**. Es frecuente en el habla popular tanto de América como de España unir **muy** a un superlativo absoluto: **es muy buenísimo*. Conviene evitar esta construcción.

2. → **mucho, 2**.

muy mucho. Esta construcción tiene ilustre prosapia: "[...] y uno de ellos, que era un poco burlón y muy mucho discreto [...]" (*Quijote*, I, cap. IV) (cit. Kany, *Sintaxis*, 366). En la actualidad sobrevive en el habla popular de América y de la península, pero sin modificar a adjetivos: *habla muy mucho, paseamos muy mucho*. Conviene evitarla en lenguaje cuidado.

N

n. 1. Decimocuarta letra del alfabeto español (decimosexta si se consideran la *ch* y la *ll* letras independientes). Su nombre es *ene*, plural *enes*.

2. Representa un fonema alveolar nasal sonoro.

3. Ante *f* y *v* se escribe siempre **n**: *enfermo, inválido*, aunque se pronuncia como *m*: [emférmo, imbálido].

-n enclítica. Consiste en añadir indebidamente una *-n* final a la tercera persona de plural del presente del subjuntivo, con valor de imperativo, seguida de pronombre enclítico: *-se, -me, -lo, -la, -le*. También es frecuente el desplazamiento de la *-n* final del verbo: *cállensen o *cállesen en lugar de *cállense*; *tráiganlon o *tráigalon por *tráiganlo*. En el Río de la Plata se suele cometer un segundo error, prosódico esta vez, al acentuar el pronombre enclítico: *callensén, *callesén; *traiganlón, *traigalón, que puede dar origen a graciosos juegos de palabras: *corralón* (= córranlo), *quemelón* (= quémenlo).

R.J. Payró, entre otros muchos autores, reproduce el habla vulgar: "¡Mirelón! ¡Saquelén el molde al gringo diarista!" (*Veinte cuentos*, 59).

Esta incorrección está extendida en toda el área del español y, por su carácter descalificante, conviene evitarla cuidadosamente.

nacarado, anacarado. La RAE autoriza ambas formas, sin indicar preferencia. **Nacarado**, además de significar 'del color del nácar', significa también 'adornado con nácar'.

nacer. V. irreg.; se conjuga como → **parecer, 1.** Tiene dos participios: *nacido* y → **nato**. Este último se emplea sólo como adjetivo: *es un poeta nato*. → **participio**.

nada. 1. Cuando sigue al verbo, tiene que preceder a éste una palabra negativa (*no, nunca, jamás, nadie*): *no tenía nada; nadie sabe nada*. No se cumple esta condición cuando **nada** recobra su antiguo valor positivo y equivale a *algo* (generalmente en interrogaciones retóricas): *¿Hay nada mejor que la sencillez?* (es decir, *¿hay algo mejor que la sencillez?*).

Cuando **nada** precede al verbo, no admite la negación *no*: es incorrecto decir *nada no tenía.

2. El español americano popular emplea el diminutivo *nadita*. → **diminutivos, 2.**

3. Para *más nada*, → **más, 6.**

nadie. 1. El español modélico rechaza la construcción de **nadie** con un modificador encabezado por la preposición *de*: **nadie de los presentes*; **nadie de nosotros*. Es preferible: *ninguno de los presentes; ninguno de nosotros*. → **alguien**.

2. Cuando **nadie** sigue al verbo, tiene que preceder a éste una palabra negativa (*no, nunca, jamás, nada*): *no vino nadie; nunca veíamos a nadie*. No sucede esto cuando **nadie** recobra su antiguo valor positivo y equivale a *alguien* (generalmente en interrogaciones retóricas): *¿Podrá acusarme nadie de tal insensatez?* (es decir, *¿podrá acusarme alguien de tal insensatez?*).

Cuando **nadie** precede al verbo, no admite la negación *no*; es incorrecto decir: *nadie no vino.

3. Evítese el vulgarismo *nadies.

4. Para *más nadie*, → **más, 6.**

*nadies. Forma incorrecta por *nadie*.

nadir. En su acepción de 'opuesto al cenit' es palabra aguda [nadír]. La palabra grave *nádir* nombra a un funcionario marroquí.

nafta. Voz de origen griego que en algunos países de América, entre ellos la Argentina, es sinónimo de *gasolina*.

Nahuel Huapí. Existe vacilación en la acentuación de este topónimo argentino. En su acuerdo del 24 de marzo de 1977, la AAL rechaza la acentuación [nauél uápi], que "puede considerarse como una forma alternante de poco uso y casi siempre de origen libresco" y aconseja la pronunciación [nauél uapí] porque responde a "una antigua y asentada tradición oral argentina" (*Acuerdos*, VIII, 64-66).

naïf. Voz francesa que significa 'espontáneo, ingenuo' y que se emplea en español para designar cierto estilo artístico caracterizado por la espontaneidad y la ingenuidad. El femenino es *naïve*.

nailon, nilón. Así ha hispanizado la RAE la voz inglesa *nylon* (pron. [náilon]), aunque dando preferencia a la primera. "[...] a través del camisón de nailon [...]" (I. Blaisten, *Cerrado*, 87); "[...] algo de ese nilón que consuela a las mujeres pobres [...]" (J.C. Onetti, *Cuando entonces*, 26); "En la bolsa de nilón [...]" (A. Martínez-Menchén, "La bordadora", en URCE, 197). No se justifica la grafía *naylon*: "Del bolsillo de su bata saca una bolsa de naylon [...]" (A.M. Shúa, *Soy paciente*, 32).

naranja. Como nombre de color, → **color, 2** y **concordancia, I, D**.

Narbonne. El nombre español de esta ciudad francesa es *Narbona*.

narcotraficante, narcotráfico. La RAE ha incluido estas voces en el DRAE/92 con las siguientes definiciones: "adj. Que trafica en drogas tóxicas. Ú. t. c. s." y "m. Comercio de drogas tóxicas en grandes cantidades", respectivamente.

narguile. Es palabra llana [narguíle]. La acentuación aguda, *narguilé*, es galicista.

narrativa. La RAE ha incluido en el DRAE/92 una nueva acepción de este sustantivo: "Género literario constituido por la novela, la novela corta y el cuento."

nato. La RAE ha incluido en el DRAE/92 una nueva acepción de este adjetivo: "Dícese de las aptitudes, cualidades y defectos connaturales."

Nausícaa, Nausica. Ambas formas tiene este nombre de mujer, siempre con acento prosódico en la *i*.

nave espacial. El DRAE/92 ha incorporado esta expresión con la siguiente definición: "Máquina provista de medios de propulsión y dirección que le permiten navegar en el espacio exterior a la atmósfera terrestre con o sin tripulantes, y que se destina a misiones científicas o técnicas."

náyade. Es voz esdrújula; la acentuación llana [nayáde] es incorrecta.

necesario. Construcción: —*a* o *para la salud*.

neceser. → **nécessaire**.

necesitado. Construcción: —*de dinero*.

necesitar. Puede construirse transitivamente: *necesitar auxilio*, o con la preposición *de*: *necesitar de auxilio*. La primera construcción es la más frecuente.

nécessaire. En su acepción de 'caja con objetos varios de tocador, costura, etc.', esta voz francesa ha sido castellanizada bajo la forma *neceser*: "El pijama debe de estar en el neceser." (C.J. Cela, *El bonito crimen*, 70).

necromancia, necromancía. La RAE autoriza ambas acentuaciones, pero prefiere la primera. → **-mancia, -mancía**.

necroscopia. Tiene diptongo final [nekroskópia]. La pronunciación *necroscopía* es incorrecta. → **-scopia**.

negar. 1. V. irreg.; se conjuga como → **acertar, 1**.
2. Este verbo no admite la preposición *de* delante de una proposición encabezada por la conjunción *que*: *niega de que lo haya recibido* es incorrecto; dígase: *niega que lo haya recibido*. → **dequeísmo**.

negarse. Construcción: —*a concurrir*.

négligé. Voz francesa (pron. [negliyé]) que suele emplearse en español con el valor de 'descuidado, desaliñado, pero con cierta elegancia'. También designa una prenda femenina que se usa en la intimidad de la casa. En esta última acepción puede sustituirse por *bata, traje de casa* o *peinador*.

negligente. Construcción: —*en, para el estudio*.

negociar. 1. Para su acentuación, → **abreviar**.
2. Construcción: —*con papel*; —*en granos*.

negrecer. V. irreg.; se conjuga como → **parecer, 1**.

negritud. Por sugerencia de la AAL (*Acuerdos*, VII, 224-25), la RAE ha incorporado este sustantivo en el DRAE/92 con la siguiente definición: "(Del fr. *négritude*.) f. *Sociol.* Conjunto de características sociales y culturales atribuidas a la raza negra."

negro. El superlativo literario es *nigérrimo*. Las formas coloquiales son *negrísimo* y *muy negro*.

negruzco. La grafía *negrusco* es errónea. → **-usco, -uzco**.

neis, néisico. → **gneis, gnéisico**.

némesis. Es sustantivo femenino: *la némesis*, y significa 'castigo, venganza'.

némine discrepante. Expresión latina que significa literalmente 'sin que nadie discrepe'. Se emplea en español con el valor de 'por unanimidad'.

nemo-, mnemo-. → **m, 4; mn-**.

nemotecnia. → **mnemotecnia**.

neocelandés. → **neozelandés**.

neocolonialismo. El DRAE/92 ha incluido este vocablo con la siguiente definición: "Predominio e influencia económica, cultural, política, etc., sobre los países descolonizados o subdesarrollados en general por parte de antiguas potencias coloniales o de países poderosos."

neodarvinismo. 1. La RAE ha incluido esta voz en el DRAE/92 con la siguiente definición: "*Biol.* Teoría que supone que en la evolución de las especies actúan los procesos de selección propugnados en el darwinismo, más los de mutación y otros factores genéticos concurrentes."

2. A pesar de que la RAE prefiere la forma → **darwinismo**, no registra el DRAE/92 la variante *neodarwinismo*.

neologismo. Palabra o acepción nueva en la lengua, que no ha sido admitida aún por la RAE.

neonatal. → **Neologismo** admisible para referirse a lo relativo al recién nacido: *terapia neonatal*.

neoplatonismo, neoplatonicismo. La RAE admite las dos formas, pero prefiere la primera, que es la más usual.

***neoyorkino.** Grafía incorrecta por *neoyorquino*.

neozelandés, neocelandés. La RAE admite las dos grafías, pero prefiere la primera.

Nepal. Gentilicio: *nepalés*. El DRAE/92 no registra la forma *nepalí*.

neroli, nerolí. La RAE autoriza las dos acentuaciones, pero recomienda la primera.

netáceo. → **gnetáceo.**

neumo-. La RAE ha simplificado este formante, derivado del gr. *pnéumon* (pulmón), suprimiendo la *p* inicial. No son académicas las formas **pneumogástrico*, **pneumología*, **pneumonía*, etc. En el DRAE figuran sólo *neumogástrico*, *neumología, neumonía*, etc.

neumonía. Tiene acento prosódico, y ortográfico, en la *i*; la acentuación [neumónia] es incorrecta.

Neuquén, Neuquen. 1. Según un informe de la AAL producido en la sesión del 26 de junio de 1958 (*Acuerdos*, III, 51-52), "la voz Neuquen ha de acentuarse como grave [néuken], de acuerdo con la pronunciación tradicional de los habitantes y con la fonética araucana". No obstante, la acentuación **Neuquén** está muy difundida y así escribe esta voz el DRAE (s. v. *neuquino*).

2. Dígase *provincia del Neuquén* o *del Neuquen* y *el Neuquén* o *el Neuquen*: "El Neuquen busca socios para hacer buenos negocios petroleros y apoyar a YPF"; "La provincia del Neuquén pone a disposición de quienes [...]" dice el texto de un aviso publicado por el Gobierno Provincial del Neuquén (*Clarín*, 29-9-88, pág. 22); "[...] pasaba sus vacaciones en el Neuquén [...]" (M. Denevi, *Música*, 14).

3. Gentilicio: *neuquino*.

neurisma. → **aneurisma.**

neuroendocrino. Es voz llana; la acentuación esdrújula, **neuroendócrino*, es incorrecta.

nevar. V. irreg.; se conjuga como → **acertar, 1.**

ne variétur. Voces latinas que significan literalmente 'no sea modificado' y que se emplean en la expresión *edición ne variétur* para referirse a una edición definitiva que no será corregida ni modificada por el autor.

New England. El nombre español de esta región de los Estados Unidos es *Nueva Inglaterra*.

Newfoundland. En español esta isla canadiense se llama *Terranova*.

new look. Expresión inglesa (pron. [niúluk]) que puede traducirse por *nueva imagen, nuevo aspecto*.

New York. El nombre en español de esta ciudad de los Estados Unidos es → **Nueva York.**

***newyorquino.** Forma incorrecta por *neoyorquino*.

ni. Conjunción copulativa que une dos proposiciones negativas: *ni él lo propuso, ni yo lo acepté*; o dos o más vocablos de una oración negativa: *no vimos ni a la madre ni a la hija*. Cuando el verbo precede a los elementos enlazados por **ni**, lleva negación y el primer **ni** puede suprimirse: *no concurrieron (ni) los partidarios ni los adversarios*. En cambio, si el verbo se enuncia después, la lengua modélica actual rechaza la negación delante del verbo y el primer **ni** es obligatorio: *ni los partidarios ni los adversarios concurrieron*.

Cuando dos o más verbos están unidos por **ni**, el primer **ni** puede sustituirse por un vocablo negativo: *ni como ni duermo (no como ni duermo); ni mientas ni engañes a los demás (nunca mientas ni engañes a los demás)*, etc.

ni aun. En esta locución, *aun* se escribe sin tilde: *ni aun los amigos lo toleran*.

Nicaragua. Gentilicio: *nicaragüense* o *nicaragüeño*. La RAE prefiere el primero.

nictalopía. La RAE no admite la acentuación [niktalópia]. → **-opía.**

niebla tóxica. → **smog.**

nieto. Diminutivos: *nietecito* y *nietezuelo*, pero en la Argentina se emplea casi exclusivamente *nietito*. → **diminutivos, 1.**

nieve. El plural de este sustantivo indica abundancia o extensión: *las nieves eternas*. → **agua, 3.**

Nieves. Diminutivo: *Nievecitas* (no **Nievecita*).

night-club. Expresión inglesa ([pron. naitkláb]) que puede sustituirse por → **cabaré**, *sala de fiestas* o *club nocturno*.

nigromancia, nigromancía. La RAE admite ambas acentuaciones, pero recomienda la primera. → **-mancia, -mancía.**

níhil óbstat. Fórmula latina que significa 'nada se opone' y que emplea la censura eclesiástica para autorizar la publicación de un libro. También se escribe *nil óbstat*.

nilón. → nailon.

nimio. Etimológicamente significa 'excesivo', pero el uso le ha dado el valor de 'pequeño, insignificante', que es el único que se emplea en la actualidad. La RAE autoriza ambos significados.

ninguno. 1. Pronombre indefinido. Tiene variaciones de género y número: *ninguno, ninguna, ningunos, ningunas*, aunque las formas en plural son muy poco frecuentes. **2.** Cuando **ninguno** sigue al verbo, tiene que preceder a éste la negación *no*: *no es ninguna tonta*. En cambio, cuando precede al verbo, no admite la negación: *ninguna excusa te servirá* (**ninguna excusa no te servirá* es imposible en español). **3. Ninguno** se apocopa en *ningún* delante de sustantivo masculino singular, aunque se intercale otro adjetivo: *ningún motivo, ningún absurdo motivo*. Bello (*Gramática*, §156) admite también la apócope delante de sustantivo femenino que comience por *a* o *ha* acentuadas: *ningún hada*. **4.** Cuando **ninguno** lleva un modificador en plural encabezado por la preposición *de*, puede concordar con el verbo en singular o plural: *ninguno de nosotros puede* (o *podemos*) *hacerlo*; *ninguno de los presentes sabía* (o *sabían*) *la verdad*. El habla llana prefiere la concordancia en singular. **5. Ninguno** puede adquirir valor positivo y equivaler a *alguno*, especialmente en interrogaciones retóricas: *¿podrá hombre ninguno explicar tales misterios?* (es decir: *¿podrá algún hombre explicar tales misterios?*).

niño bien. → bien, 3.

niño probeta. 1. La RAE ha introducido esta expresión en el DRAE/92 con la siguiente definición: "Aquel que, por esterilidad de la madre u otras razones, ha sido concebido mediante una técnica de laboratorio que consiste en la implantación de un óvulo fecundado en el útero materno." En la Argentina se lo llama *niño de probeta*. **2.** Plural: *niños probeta*. → **carta poder**.

niño prodigio. Plural: *niños prodigio*. → **carta poder**.

Níobe, Niobe. El nombre de este personaje mitológico admite las dos acentuaciones, pero es preferible la primera forma.

ni papa. La RAE ha incluido esta locución adverbial en el DRAE/92 con la siguiente definición: "Con los verbos *saber, entender*, y semejantes, en frases negativas, nada". "[...] no hablaba ni papa de español." (M.E. Walsh, *Novios*, 41).

*nistagmus. Para nombrar esta afección del globo ocular dígase *nistagmo*.

*ni tan siquiera. Dígase *ni siquiera*.

nivel. → a nivel de.

níveo. Es palabra esdrújula; la acentuación [nibéo] es incorrecta.

Niza. Gentilicio: *nizardo*.

-nn-. Evítese la simplificación del grupo -nn-: **inumerable* por *innumerable*.

¹no.1. En ciertos casos, este adverbio de negación carece de valor negativo: a) en algunas construcciones comparativas: "Más quiero exponerme a que me caiga un aguacero, que no estarme encerrado en casa" (Bello, *Gramática*, § 1140); b) en algunas oraciones exclamativas: *¡cuánto no le habrá costado ese auto!*; c) con valor de *que* en proposiciones subordinadas a un verbo de temor: *temo no vayan a venir hoy* (= temo que vayan a venir hoy). **2.** Contrariamente, puede darse el caso de oraciones negativas en las que se omite el adverbio **no**: *en mi vida lo volveré a saludar*; *en parte alguna lo pudieron hallar*. Se da este caso cuando se emplean palabras o frases que se utilizan para corroborar una negación, como, en los ejemplos citados, *en mi vida, en parte alguna* (Bello, *Gramática*, § 1134). **3.** Debe tenerse cuidado con la posición de este adverbio de negación en oraciones como: *el domingo no puedo salir* y *el domingo puedo no salir*. En el primer caso, indico que el domingo me es imposible salir. En el segundo, tengo la opción de salir o no, según elija. **4.** Este adverbio se usa como prefijo negativo de sustantivos abstractos y de adjetivos, con los valores de *in-, des-, dis-, a-*. En este caso se escribe separado y sin guión intermedio: *la no existencia* (= la inexistencia), *la no conformidad* (= la disconformidad), *la no actual* (= inactual). Como aclara el *Esbozo* (3. 2. 3, l), "este uso es, en general, moderno, culto y muy restringido [...]. Algunos de estos casos son calcos evidentes de lenguas extranjeras." **5.** La preposición *sin* precedida de **no** equivale a *con*: *lo dijo no sin gracia* (= con gracia). Es una afirmación atenuada. **6.** Cuando funciona como sustantivo tiene un plural *noes*: "[...] su cabecita fluctuante entre síes y noes [...]" (M. Benedetti, *Esta mañana*, 35). **7.** → **no bien que; no más; hasta*.

²no. Nombre de una forma teatral japonesa. En sesión del 11 de noviembre de 1976 (*Acuerdos*, VII, 51-53), la AAL sugirió a la RAE su inclusión en el *Diccionario* oficial. No figura en el DRAE/92.

Nobel. El uso más generalizado prefiere la acentuación grave *Nóbel*, pero en sueco, este apellido, que proviene de la forma latina *Nobelius*, con acento prosódico en la sílaba *be*, se pronuncia como voz aguda [nobél]. La RAE también lo considera agudo y escribe **Nobel** (DRAE, s. v. *nobelio*).

*no bien que. Construcción incorrecta: **no bien que llegaron*. Dígase: *no bien llegaron*.

noble. Superlativo: *nobilísimo* (literario) y *muy noble* (coloquial).

no cabe duda de que. Conviene no omitir la preposición *de*: *no cabe duda de que no sabía nada*.

nocaut. → knock-out.

noche. Se usa en plural en la expresión *las otras noches* para indicar vagamente una noche pasada. Esta expresión es propia del Río de la Plata y de algunas zonas del Caribe (Kany, *Sintaxis*, 31). También se emplea *noches pasadas*.

noche a noche. → año a año.

nochebuena, noche buena. La RAE admite las dos grafías, pero prefiere la primera.

nochero. Aunque la RAE la da como voz propia de Chile y Uruguay, es palabra corriente también en la Argentina con el significado que figura en el DRAE: "Vigilante nocturno de un local, obra, etc."

no le hace. Frase corriente en la lengua familiar de América, aunque no es desconocida en España, sobre todo en Andalucía. Equivale a *no importa*: *no le hace que lleguemos tarde*.

nómada, nómade. La RAE admite ambas formas, pero recomienda la primera, aunque es más usual, por lo menos en la Argentina, la segunda.

no más, nomás. Con el significado de 'solamente' se emplea en España y, con mayor frecuencia, en América. Con este valor la RAE lo escribe en dos palabras: "me dio cincuenta pesetas no más" (DRAE), aunque para la Argentina, México y Venezuela (habría que agregar Uruguay) el DRAE/92 registra también la grafía nomás: "—Decí que eran locas, nomás." (M.E. Walsh, *Novios*, 95); "—¿Qué Estela? —Estela nomás. Para vos hubo una sola." (M. Benedetti, *Despistes*, 95).

En México es más frecuente que no más encabece la construcción: "A nosotros no nos pertenece averiguar lo que es *motivao* a esas desgracias... ¡no más pedir por el alma del difunto!" (R. Delgado, "El desertor", en HA, 80).

En América, escrito nomás, según el DRAE/92, pero también no más, se emplea con otros valores, desconocidos en España. Los más extendidos son:

a) con adjetivos y adverbios, equivale a 'mismo, precisamente': *ahora nomás* (= ahora mismo); *ahí nomás* (= ahí precisamente); "Cómo no, aquí cerquita nomás [...]" (R. Güiraldes, *Don Segundo*, 38); o se emplea como simple refuerzo expresivo: —*¿Cómo le va? —Lindo nomás*; "Un hecho simple, positivo, nomás." (A. Roa Bastos, "Bajo el puente", en AEL, 142);

b) con formas verbales, especialmente en oraciones exhortativas, sirve para dar mayor énfasis a la expresión: *tráigalo nomás, siéntese nomás*, "Vamos iendo nomás..." (A. Lorusso y R.J. de Rosa, "Mandinga en las sierras", en BHTA, t. VIII, 55);

c) significa 'en cuanto, no bien' con formas verbales personales: "La secretaria de Madame Celine sopesó los inconvenientes nomás la vio [...]" (L. Heker, *Los bordes*, 71). El DRAE/92 registra los valores a) y b), no así el c).

nombres propios. Artículo con nombres propios de personas, → artículo, II, A.
Artículo con nombres propios geográficos, → artículo, II, B.
Acentuación de los nombres propios extranjeros, → acentuación ortográfica, III, B, 2.
Plural de los apellidos, → plural, II.

-nomía. Componente final de voces castellanas, derivado del griego *nómos* (ley, norma): *agronomía, astronomía, autonomía, economía, gastronomía*, etc. En un solo caso se pronuncia con diptongo final: *antinomia*.

nómico. → gnómico.

nominación. → Anglicismo (ingl. *nomination*) por *candidatura, proclamación como candidato*. → nominar.

nominar. Significa 'nombrar, dar nombre a una persona o cosa'. Es → anglicismo (ingl. *to nominate*) emplear este verbo con el significado de 'proponer, proclamar candidato': *esta película será nominada para el Oscar*, aunque el uso ya ha consagrado esta acepción.

nomo. → gnomo.

nomon. → gnomon.

nomónica. → gnomónica.

nomónico. → gnomónico.

non plus ultra. Expresión latina que significa 'no más allá' y que se emplea para indicar que algo constituye el límite máximo, más allá del cual no es posible ir. En general, es una forma hiperbólica de ponderación: *esta obra es el non plus ultra*.

noosfera. Es palabra llana [noosféra]; la acentuación esdrújula, *noósfera*, es incorrecta. → -sfera.

noque. La RAE ha incorporado en el DRAE/92 una nueva acepción de este sustantivo: "m. *Argent., Bol. y Urug.* Recipiente de variado tamaño, hecho de cuero o de madera, destinado a la elaboración de la aloja o del vino, a la conservación y transporte de líquidos, sustancias grasas, cereales, etc."

noquear, noqueador. El DMI incluye estas voces, que no figuran en el DRAE/92, con las siguientes definiciones: "Dejar fuera de combate al adversario en el deporte del boxeo" y "Que noquea", respectivamente.

nordeste. 1. Es la única forma admitida por la RAE. En el DRAE/92 no figura *noreste*, aunque es usual.
2. → mayúsculas (uso de), B, 14, b).

normar. Es usual en América con el significado de 'dar normas', pero el DRAE/92 no lo registra.

nornordeste. Evítese la grafía *nor-nordeste.

nornoroeste, nornorueste. 1. La RAE admite ambas formas, pero prefiere la segunda, aunque entre *norueste* y *noroeste* recomienda esta última.
2. Es inadecuada la grafía *nor-noroeste* o *nor-norueste*.

noroeste, norueste. 1. La RAE admite las dos formas, pero recomienda la primera.
2. En el DRAE no figura la forma *nordoeste*.
3. → **mayúsculas (uso de), B, 14, b)**.

norte. → **mayúsculas (uso de), B, 14, a)**.

norteamericano. → **americano**.

North Carolina. En español este estado norteamericano se llama *Carolina del Norte*.

North Dakota. El nombre en español de este estado de los Estados Unidos es *Dakota del Norte*.

-nos. Cuando la forma enclítica -nos se une a la primera persona de plural de un verbo, ésta pierde la -s final de su desinencia: *vámonos* (= *vamos + nos*), *sentémonos, verémonos* y no *vámosnos, *sentémosnos, *verémosnos*.

***noseología, *noseológico, *nosis.** → **gnoseología**.

no sin. → **no, 5**.

nosticismo, nóstico. → **gnosticismo, gnóstico**.

notable. Superlativo: *notabilísimo* (literario) y *muy notable* (coloquial).

no tener gollete. Expresión familiar que significa 'carecer de buen sentido': *lo que dijeron no tiene gollete*. El DRAE la registra como propia del Uruguay, pero también es usual en la Argentina.

noticia bomba. El DRAE/92 ha incorporado esta expresión con la siguiente definición: "fig. La que impresiona por ser imprevista y muy importante."

noticiar. Para su acentuación, → **abreviar**.

noticiario, noticiero, noticioso. Las tres palabras se emplean correctamente para referirse a la emisión de noticias por medio del cine, la radio o la televisión.
Según la AAL (*Acuerdos*, V, 140-43), refiriéndose a la Argentina, "*Noticiero* es probablemente la forma más usada hoy, sobre todo en la televisión, pero también en la radio y en el cine [...]. La palabra *noticiero* es también la más usada por el periodismo culto."
Para la RAE, la voz **noticioso**, con el significado de 'programa de radio o de televisión en que se transmiten noticias' es americanismo, y así lo consigna el DRAE/92. "Mientras se bañaba en su departamento, escuchando el noticioso [...]" (J. Cortázar, *Final del juego*, 113).

novel. Es palabra aguda [nobél]; evítese la pronunciación grave *nóvel*.

noviar. En sesión del 25 de julio de 1985 (*Acuerdos*, X, 226-27), la AAL sugirió a la RAE la inclusión de este verbo en el *Diccionario* oficial con la siguiente definición: "intr. *Argent*. Ser novio de alguien. Ú. m. en la expresión *andar noviando*." Lamentablemente, la RAE modificó esta definición al incluir **noviar** en el DRAE/92: "intr. p. us. *Argent*. **flirtear**. Ú. m. en formas no personales." La idea de **noviar** implica cierta formalidad y compromiso que faltan en *flirtear*.

nubloso, nuboso. Con el significado de 'cubierto de nubes', la RAE admite las dos formas, sin indicar preferencia.

nuclear. Su uso como verbo, en lugar de *congregar, reunir, agrupar*, es un → **neologismo** no convalidado por la RAE.

nucléolo. Es sustantivo esdrújulo; su acentuación como palabra grave, *nucleolo*, es incorrecta.

nudismo, nudista. La RAE prefiere, en el DRAE/92, estas formas a *desnudismo, desnudista*.

***nudo por hora.** La expresión es redundante e incorrecta porque *nudo* significa, en este caso, 'milla por hora'. Debe decirse: *el barco navega a quince nudos*, lo que equivale a decir que navega a quince millas por hora.

nuestro. Es frecuente en el habla popular americana sustituir **nuestro** por *de nosotros*: *la casa de nosotros se incendió*. Es un uso que conviene evitar.

Nueva York. Gentilicio: *neoyorquino*. Evítense las formas *neoyorkino* y *newyorquino* o *newyorkino*.

***Nueva Zelandia. 1.** Forma incorrecta por *Nueva Zelanda*: "El primer ministro de Nueva Zelanda [...]" (*La Nación*, 7-8-89, pág. 2).
2. Gentilicio: → **neozelandés**. Los aborígenes se llaman *maoríes*.

***nuevecientos.** Forma incorrecta por *novecientos*, que conviene evitar cuidadosamente.

nuevo. 1. Superlativo: *novísimo* (literario) y *nuevísimo* (coloquial).
2. Diminutivo: *nuevecito*. En la Argentina se emplea casi exclusivamente *nuevito*: "[...] otro ojo, redondo, nuevito [...]" (L. Devetach, *La torre*, 70). → **diminutivos, 1**.

numen. 1. Como palabra grave terminada en -n, no le corresponde llevar tilde. → **acentuación ortográfica, I, B, 1**.
2. Plural: *númenes*.

numerales. → **cardinales (numerales); ordinales (numerales)**.

número. → **plural (formación del)**.

númida. Es palabra esdrújula; la acentuación grave [numída] es incorrecta.

nunca. 1. Cuando sigue al verbo, tiene que preceder a éste una palabra negativa (*no, jamás, nada, nadie*): *no llegarán nunca; nadie lo verá nunca*. Si **nunca** precede al verbo, no admite la negación *no*: es incorrecto decir: **nunca no llegarán*.
2. En el español americano es usual el diminutivo popular *nunquita*. → **diminutivos, 2**.

nupcias. Sólo se emplea en plural: *las nupcias*.

Nürnberg. El nombre español de esta ciudad alemana es *Núremberg* (o el menos usual *Nuremberga*). Siendo *Núremberg* una adaptación española, no corresponde pronunciar la *-u-* a la francesa o a la alemana (*ü*).

nurse. Voz inglesa que se emplea en español con los valores de 'niñera, nodriza' y, especialmente, de 'enfermera que atiende una nursery'. Suele pronunciarse a la española [núrse] y no como en inglés [ners].

nursery. Voz inglesa (pron. [nérseri]) que se emplea en español para designar la sala destinada en los hospitales al cuidado de los recién nacidos. En la Argentina se pronuncia corrientemente [nurserí].

nutricionista. → **Neologismo** con que se designa al especialista en nutrición. En su sesión del 13 de diciembre de 1962 (*Acuerdos*, III, 262), la AAL lo considera correcto y, por lo tanto, admisible.

nylon. → **nailon**.

Ñ

ñ. 1. Decimoquinta letra del alfabeto español (decimoséptima si se consideran la *ch* y la *ll* letras independientes). Su nombre es *eñe*, plural *eñes*.
2. Representa un fonema palatal nasal sonoro.

ñandú. Plural: *ñandúes* o *ñandús*. Evítese el doble plural *ñanduses. → **rubí**.

ñandubay. Plural: la mejor solución parece ser *ñandubayes*. Se puede encontrar también la forma *ñandubays*: "Los nidos pueden encontrarse en montes naturales de talas, ñandubays [...]" (CEAL, *Aves*, t. 3, Cotorra/15).

ñandutí. Plural: *ñandutís* o *ñandutíes*. → **rubí**.

ñoqui. 1. La RAE introdujo este sustantivo en el DRAE/92 como forma singular: *el ñoqui*. Es hispanización del plural italiano *gnocchi*.
2. Plural: *los ñoquis*.

O

¹**o**. Decimosexta letra del alfabeto español (decimoctava si se consideran la *ch* y la *ll* letras independientes). Plural: *oes*.

²**o**. **1**. Conjunción disyuntiva: *blanco o negro*. Cuando la palabra que le sigue comienza por *o-*, *ho-*, adopta la forma *u*: *diez u once*; *ayer u hoy*.

2. Cuando la conjunción **o** coordina dos o más miembros, va generalmente delante del último: *Juan o Pedro*; *bueno, malo o regular*; *tómalo ahora o déjalo para siempre*. Sin embargo, para dar mayor énfasis, puede encabezar a todos: *o Juan o Pedro*; *o bueno o malo o regular*; *o tómalo ahora o déjalo para siempre*.

3. → **acentuación ortográfica, II, F**.

4. → **concordancia, II, D, 2**.

oasis. Carece de forma propia de plural: *el oasis, los oasis*. → **plural, I, A, 2**.

Oaxaca. **1**. La toponimia mexicana conserva en la escritura la *x* arcaizante, que debe pronunciarse *j*. El nombre de este estado y ciudad de México se pronuncia [oajáka]. → **México**.

2. Gentilicio: *oaxaqueño* [oajakéño].

obedecer. V. irreg.; se conjuga como → **parecer, 1**.

óbelo. La RAE ha modificado su criterio sobre la acentuación de este sustantivo, que significa 'obelisco'. De la forma llana, *obelo*, que patrocinaba en el DRAE/84, ha pasado, en el DRAE/92, a la acentuación esdrújula.

obispo. → **mayúsculas (uso de), B, 7**.

__objeción__. → **Ultracorrección** por *objeción*.

objetable. Derivado correcto de *objetar*, que no hay razón para rechazar aunque no figure en el DRAE/92. M. Moliner lo registra en su *Diccionario*.

oblar. Verbo que suele emplearse en la Argentina como sinónimo de *pagar, satisfacer una deuda*. No figura en el DRAE/92 ni en el *Diccionario* de M. Moliner.

obligación. **1**. Es propio del lenguaje vulgar emplear **obligación** en lugar de *derecho*: *__¡usted no tiene obligación a insultarme!__* Este uso es corriente también en España y M. Seco lo critica en su *Diccionario* (s. v. *derecho*).

2. Construcción: —*de avisar* (no: *a avisar*).

obligar. Construcción: —*a retirarse*; —*con amenazas*; —*por la fuerza*.

oboe, obué. La RAE admite las dos formas, pero prefiere la primera, que es la más usual. Evítese la acentuación esdrújula *__óboe__*.

obscurecer. → **oscurecer**.

obscuro, oscuro. La RAE ha modificado su criterio y, en el DRAE/92, siguiendo el uso más generalizado, otorga su preferencia a las formas sin *b* de esta palabra y todos sus derivados: *oscuro, oscuridad, oscurecer, oscurantismo, oscurecimiento*, etc. De todos modos, las formas con *b*: *obscuro, obscuridad*, etc. siguen siendo correctas, aunque no son ya las recomendadas por la RAE.

obsequiar. **1**. Para su acentuación, → **abreviar**.

2. Construcción: En España se construye con la preposición *con*: *lo obsequié con un libro*. En América, la construcción de este verbo fue atraída por la de *regalar* y se eliminó la preposición (además de convertir a la persona obsequiada de complemento directo en indirecto): *le obsequié un libro*. Esta construcción, criticada por algunos preceptistas, es la normal en América: "[...] obsequiándole de paso un frasquito de agua de Colonia." (M.E. Walsh, *Novios*, 53).

obsequioso. Construcción: —*con, para, para con sus huéspedes*.

obsoleto. No significa 'antiguo', sino 'inadecuado para el uso actual'.

obstar. Verbo que se emplea sólo en oraciones negativas. Se construye con la preposición *para*: *eso no obsta para que lo rechacen*.

obstinarse. Construcción: —*contra su mujer*; —*en el error*.

__obstruccionar__. El DRAE no registra este verbo; dígase → **obstruir**.

obstruir. V. irreg.; se conjuga como → **huir, 1**.

obtener. V. irreg.; se conjuga como → **tener, 1**. El imperativo singular es *obtén* (→ **voseo**: *obtené*), pero nunca **obtiene*.

obús. El DRAE/92 admite el uso no técnico de esta voz para designar cualquier proyectil disparado por una pieza de artillería, que ha sido criticado por los puristas.

obviar. No hay acuerdo entre los especialistas respecto de la acentuación de este verbo: para unos sigue a → **abreviar** (*yo obvio*), para otros a → **enviar, 1** (*yo obvío*). El *Esbozo* (2. 13. 3, 1º y 2. 13. 4, 1º) incluye este verbo entre los que se acentúan como *abreviar*. M. Moliner y M. Seco, en sus respectivos diccionarios optan también por esta acentuación, que parece ser la más generalizada.

ocasión. No debe omitirse la preposición *en* cuando **ocasión** significa 'vez': **una ocasión nos encontramos en la calle*; **esa ocasión lo vi muy apenado*. Dígase: *en una ocasión... y en esa ocasión...* "Una ocasión cayó Maique a la estancia'e los Antúnez [...]" (S. Bobadilla, *Todos los cuentos*, 134).

occidental. Se escribe con minúscula inicial, salvo que forme parte de un nombre propio: *Europa occidental*; *las Indias Occidentales*.

occidente. Se escribe con mayúscula inicial cuando se designa el grupo de naciones políticamente incluidas en ese concepto: *los intereses económicos de Occidente*. En los demás casos lleva minúscula inicial: *el occidente de América*.

océano. **1**. Es palabra esdrújula; la acentuación llana, *oceano*, se admite sólo en poesía, aunque el DRAE no la registra. **2**. Como todos los nombres de accidentes geográficos, se escribe con minúscula inicial: *el océano Atlántico, cruzamos el océano*. → **mayúsculas (uso de), C, 2**.

ocluir. V. irreg.; se conjuga como → **huir, 1**.

ocre. Como nombre de color puede concordar o no con el sustantivo al que se refiere: *paredes ocres* o *paredes ocre*. → **concordancia, I, D; color, 2**.

ocultar. Construcción: *—(alguna cosa) a o de la vista de alguien*.

ocuparse. Los puristas, inspirados en la *Gramática* académica, han criticado severamente el uso de la preposición *de*, en lugar de *en*, con este verbo: *se ocupa en varios asuntos* debería decirse, y no: *se ocupa de varios asuntos*. Aunque pueden encontrarse ejemplos del uso académico: "[...] se ocupa ya en solventar el problema económico [...]" (J.J. Arreola, "En verdad os digo", en AEM, 14), actualmente, aun los mejores hablantes utilizan la preposición *de*, tanto en América como en España, y la construc-

ción con *en* resulta extraña, por lo que parece inoportuno insistir en la crítica.

-odia. Este sufijo contiene diptongo en la pronunciación actual [-ódia]: *rapsodia, parodia, salmodia*, etc. La única excepción es *melodía*.

odiar. **1**. Para su acentuación, → **abreviar**. **2**. Construcción: *—a o de muerte*.

odómetro, hodómetro. La RAE admite las dos grafías, aunque prefiere la primera.

odre. Es sustantivo masculino: *el odre*.

oeste. → **mayúsculas (uso de), B, 14, a)**.

oferta. La RAE ha incluido en el DRAE/92 dos nuevas acepciones de este sustantivo: "Puesta a la venta de un producto rebajado de precio" y "Este mismo producto".

ofertante. Vocablo que no figura en el DRAE/92. Puede sustituirse por *oferente*.

office. **1**. Palabra francesa (pron. [ofís]) que puede sustituirse por → **antecocina**. **2**. La acentuación [ófis], por considerar erróneamente que, con el significado de *antecocina*, la palabra **office** es inglesa, no es correcta. **3**. El DMI registra la hispanización → **ofís**, que no figura en el DRAE/92.

offset. Voz inglesa con que se designa un sistema de impresión litográfica. Es palabra de uso internacional. La AAL (*Acuerdos*, IV, 28-30) ha propuesto mantenerla en su forma original o simplificando su grafía (*ofset*). Los sustitutos propuestos en el mismo informe: *impresión directa* y *rotolito* (o *rotólito*) no se han difundido.

offside. Voz inglesa (pron. [ofsáid]), de uso frecuente en algunos deportes de equipo, especialmente en el fútbol. Puede sustituirse por *fuera de juego*. La forma popular es *orsay* u *orsái*.

off the record. Expresión inglesa que puede traducirse por *a título confidencial, extraoficialmente*: "La ética profesional puede reducirse al cotejo de tres fuentes o al mantenimiento del off the record." (Susana Viau, en *Página / 12*, 11-7-93, pág. 5).

oficial. Cuando funciona como sustantivo, forma un femenino *oficiala*: *las aprendizas y las oficialas*.

oficiar. **1**. Para su acentuación, → **abreviar**. **2**. Construcción: *—la misa*; *—de mediador*.

ofís. En el DMI figura esta hispanización de → **office**, que no registra el DRAE/92, con la siguiente definición: "(Voz francesa.) m. Antecocina."

ofrecer. V. irreg.; se conjuga como → **parecer, 1**.

ofrecerse. Construcción: *—a acompañar a alguien*; *—de instructor*; *—en holocausto*; *—para traerlo*.

oftalmia, oftalmía. La RAE admite, en el DRAE/92, las dos acentuaciones, pero prefiere la primera.

oftalmoscopia

oftalmoscopia. Tiene diptongo final. La acentuación *oftalmoscopía* es incorrecta. → **-scopia**.

ogaño. → **hogaño**.

ogro. El DRAE lo considera sustantivo masculino y no registra las formas femeninas *ogra* ni *ogresa*. Sin embargo, puede leerse: "Los tres se atornillaban a las sillas y cuando iban a limpiarse las mugrientas fauces con el mantel, las hermanitas avanzaban como ogresas." (M.E. Walsh, *Novios*, 160).

-oideo. Sufijo que significa 'parecido a', 'en forma de'. Se acentúa prosódicamente en la *-e-* [oidéo], y no en la *-o-* [óideo]. Evítese la acentuación esdrújula de las palabras que contienen este formante: **sigmóideo, *lipóideo*, etc., en lugar de la grave *sigmoideo, lipoideo*, etc.

-oír. → **infinitivos en -aír, -eír, -oír**.

oír. **1**. Verbo irregular (ver cuadro).
2. El infinitivo **oír** lleva acento ortográfico. → **infinitivos en -aír, -eír, -oír**.
3. Construcción: —*bajo secreto*; —*con, por sus propios oídos*; —*de persona autorizada*; —*en justicia*.
Cuando este verbo está seguido por una proposición encabezada por *que*, no admite la preposición *de*: **oí de que te vas a Chile*. Dígase: *oí que te vas a Chile*. → **dequeísmo**.

ojalá. **1**. Es palabra aguda; la acentuación grave [ojála] es incorrecta.
2. En la Argentina, Bolivia y Colombia suele emplearse como sinónimo de *aunque*: *no iré, ojalá me obliguen*. No es acepción académica.
3. En la expresión de un deseo puede emplearse esta interjección sola o acompañada de *que*: *ojalá los veamos* u *ojalá que los veamos*. En este último caso evítese la construcción con *de*: **ojalá de que lo veamos*. → **dequeísmo**.

ojear. → **hojear**.

ola verde. El DRAE/92 incorpora esta expresión, como colombianismo, con la siguiente definición: "fig. Adecuación de las señales de tránsito que permite, al encenderse sucesivamente con luz verde y al marchar los vehículos a una velocidad establecida, que estos avancen sin parar en largos trechos de calles y avenidas de las ciudades." En la Argentina se la conoce como *onda verde*.

óleo, olio. La RAE admite las dos formas, pero recomienda la primera, que es la que se emplea corrientemente.

oler. **1**. V. irreg.; se conjuga como → **mover**. Las formas que comienzan por el diptongo *ue* llevan *h*: *huelo, huelan*.
2. Construcción: —*a rosas*.

*olfación. Forma incorrecta; la acción de oler es *olfacción*.

olimpiada, olimpíada. La RAE autoriza las dos acentuaciones, pero prefiere la primera. En la Argentina se emplea más la segunda.

olio. → **óleo**.

oliváceo. El DMI incluye este adjetivo, que no figura en el DRAE/92, con la siguiente definición: "Se aplica al color semejante a la aceituna."

olla a presión. Aunque criticada por gramáticos y preceptistas, que prefieren *olla de presión*, la construcción con la preposición *a* ha sido incorporada al DRAE/92 (s. v. *olla*). → **a, III**.

ológrafo. → **hológrafo**.

olvidar. El empleo de la preposición *de* delante de *que* + proposición constituye → **dequeísmo**: **olvidaste de que te lo había pedido*; dígase *olvidaste que te lo había pedido*.
La forma pronominal *olvidarse*, en cambio, requiere en el español modélico la preposición *de* en las mismas circunstancias: "[...] no se me olvide usted de que me prometió dos pastillas de jabón [...]" (C.J. Cela, *La colmena*, 157), pero su omisión es frecuente: "[...] pero nos olvidábamos que eso no lo podía querer el pueblo de arriba [...]" (C. Droguett, "Los asesinados del Seguro Obrero", en AEL, 58). No obstante, conviene emplear, en lengua cuidada, la construcción con *de*. → **acordarse**.

ombú. Plural: *ombúes* u *ombús* (*Esbozo*, 2. 3. 3, c). → **rubí**.

ombudsman. Voz sueca con la que se designa a un funcionario cuya misión es recibir las denuncias de los ciudadanos contra las autoridades u organismos oficiales y darles curso. En la ciudad de Buenos Aires recibe el nombre oficial de *controlador general comunal*: "El 'ombudsman', Antonio Cartañá, cuyo cargo oficial es 'controlador general comunal', acaba de recomendar a la Municipalidad metropolitana [...]" (*Clarín*, 26-8-88, pág. 38), pero se lo conoce corrientemente como → **defensor del pueblo**: "Antonio Cartañá iniciará sus funciones de 'defensor del pueblo' en la Capital Federal" (*Clarín*, 23-4-88, pág. 28).

ómicron. **1**. El nombre de esta letra griega es esdrújulo en español; la acentuación aguda, **omicrón*, es considerada incorrecta.
2. Es femenino: *la ómicron*.
3. Plural: *omicrones*.

ómnibus. Como todos los sustantivos no agudos terminados en *-s*, carece de forma propia de plural: *el ómnibus, los ómnibus*. El plural **omnibuses* es incorrecto. → **plural, I, A, 2**.

omóplato, omoplato. La RAE admite ambas acentuaciones, pero recomienda la primera.

OÍR
(conjugación de los tiempos simples)

MODO INDICATIVO

Presente	Pret. imperf.	Pret. perf. simple	Futuro	Condicional
oigo	oía	oí	oiré	oiría
oyes	oías	oíste	oirás	oirías
oye	oía	oyó	oirá	oiría
oímos	oíamos	oímos	oiremos	oiríamos
oís	oíais	oísteis	oiréis	oiríais
oyen	oían	oyeron	oirán	oirían

MODO SUBJUNTIVO

Presente	Pretérito imperfecto	Futuro
oiga	oyera/oyese	oyere
oigas	oyeras/oyeses	oyeres
oiga	oyera/oyese	oyere
oigamos	oyéramos/oyésemos	oyéremos
oigáis	oyerais/oyeseis	oyereis
oigan	oyeran/oyesen	oyeren

MODO IMPERATIVO

Presente

oye
oíd

FORMAS NO PERSONALES

Infinitivo	Gerundio	Participio
oír	oyendo	oído

---

ona. En sesión del 10 de agosto de 1978 (*Acuerdos*, VIII, 189-94), la AAL solicitó a la RAE la inclusión, en el *Diccionario mayor*, de este vocablo, que designa al individuo de una parcialidad indígena que habitaba el archipiélago de Tierra del Fuego. No figura en el DRAE/92.

onceavo, onzavo. **1**. Numeral fraccionario. La RAE autoriza las dos formas, pero prefiere la primera, admitida en 1984.
2. También puede emplearse → **undécimo** como fraccionario: *recibió la undécima* (o *la onceava*) *parte de la herencia*.

onda verde. → **ola verde**.

oneroso. Construcción: —*a los amigos*; —*para el Estado*.

onicomancia, onicomancía. La RAE admite las dos acentuaciones, pero prefiere la primera. → **-mancia, -mancía**.
oniromancia, oniromancía. La RAE admite las dos acentuaciones, pero prefiere la primera. → **-mancia, -mancía**.
ónix, ónice, ónique. **1**. La RAE admite las tres formas, pero recomienda la segunda. En la Argentina se emplea más la primera.
2. Según la RAE los tres vocablos son femeninos. En la Argentina, **ónix** se emplea corrientemente como masculino.
3. **Ónix** carece de forma propia de plural: *el ónix, los ónix*. → **plural, I, A, 2**. **Ónice** y **ónique** siguen las reglas generales: *ónices, óniques*.

onomancia, onomancía. La RAE admite las dos formas, pero recomienda la primera. → **-mancia, -mancía**.

onomástico. Día onomástico es el día del santo de una persona. Es error corriente emplearlo como sinónimo de cumpleaños.

onzavo. → **onceavo**.

opción. Construcción: —*a comprar*; —*a un paseo por la ciudad*.

op. cit. Abreviatura de → **ópere citato**.

open. La RAE ha incluido este sustantivo en el DRAE/92 con la siguiente definición: "(Del ing. *open*.) m. *Dep.* Competición deportiva en que pueden participar todas las categorías."

operador. La RAE ha añadido, en el DRAE/92, dos nuevas acepciones de esta voz: "m. y f. Persona que se ocupa de establecer las comunicaciones no automáticas de una central telefónica" y "Persona o mecanismo que realiza determinadas acciones."

ópere citato. Expresión latina que significa 'en la obra citada'. Se emplea para referirse, en un escrito, a una obra citada con anterioridad. Suele abreviarse *op. cit*.

-opía. Sufijo que lleva siempre acento, prosódico y ortográfico, en la *-i-: diplopía, miopía, nictalopía,* etc.

opimo. Es palabra llana [opímo] y significa 'fértil, abundante': "Es el tiempo propicio de las pescas opimas" (E. Banchs, "Las barcas", en *Obra poética*, 46). Es incorrecta la acentuación esdrújula **ópimo*, por influencia de *óptimo*.

opinar. Construcción: —*de* o *sobre algo* o *alguien*. El uso de la preposición *en* (opinar *en este tema*) es poco frecuente.
No corresponde encabezar con *de* la proposición sustantiva subordinada: **opino de que no es posible*; dígase: *opino que no es posible*. → **dequeísmo**.

oponente. El DRAE/92 incorpora este adjetivo con las siguientes definiciones: "adj. Que opone o se opone. // 2. Dícese de la persona o el grupo de personas que se opone a otra u otras en cualquier materia. Ú. t. c. s."

oponer. **1**. V. irreg.; se conjuga como → **poner, 1**. El imperativo singular es *opón* (→ **voseo**: *oponé*), pero nunca **opone*.
2. Construcción: —*una cosa a otra*.

oponerse. Construcción: —*a la traición*.

oportuno. Construcción: —*a, para la situación*; —*en las respuestas*.

opositar. Construcción: —*la cátedra* (o *a la cátedra*) *de literatura*.

opreso. → **oprimir**.

oprimir. Tiene dos participios: el regular *oprimido* y el irregular *opreso*. Este último se emplea sólo como adjetivo: "[...] están todos invadidos por un malestar creciente, con el pecho opreso, jadeantes y sudorosos

[...]" (R.J. Payró, *Pago Chico*, 17). → **participio**.

oprobiar. Para su acentuación, → **abreviar**.

optar. Construcción: —*a un empleo*; —*entre varias soluciones*; —*por el auto más lujoso*; —*por retirarse*.

optimar, optimizar. La RAE admite ambas formas, pero prefiere la primera.

óptimo. → **bueno, 1**.

Orcadas. El nombre de estas islas es palabra grave [orkádas]. La AAL defendió la acentuación esdrújula [órkadas] en su dictamen del 21 de julio de 1949 (*Acuerdos*, II, 218).

orden. Por su condición de palabra grave terminada en *-n*, no le corresponde llevar tilde; la grafía **órden* es incorrecta. → **acentuación ortográfica, I, B, 1**.

ordenar. Construcción: —*de sacerdote*; —*en filas*; —*por materias*. No corresponde el uso de la preposición *de* delante de una proposición introducida por *que*: **le ordenó de que viniera*. Dígase: *le ordenó que viniera*. → **dequeísmo**.

ordenarse. Construcción —*de sacerdote*.

orden del día. Es masculino cuando significa 'serie de asuntos que ha de tratar una asamblea o un cuerpo colegiado'. Es femenino con el valor de 'mandato que se da diariamente a los cuerpos de un ejército'. Con el significado figurado de 'estar una cosa de moda' se emplea en la expresión *estar* (dicha cosa) *a la orden del día*.

ordeñe. Esta forma, usual en la Argentina, no figura en el DRAE, que registra *ordeño* y, para Nicaragua, *ordeña*.

ordinales (numerales). **1**. Apócope: → **primero, 1**.
2. Se emplean normalmente los ordinales del 1 al 10. Tienen doble forma *primero* (o *primo*), *tercero* (o *tercio*) y *noveno* (o *nono*). Del 11 en adelante, se suele remplazar el ordinal por el cardinal correspondiente: *siglo XVIII* (dieciocho), *Juan XXIII* (veintitrés), *Luis XV* (quince).
Los ordinales del 13 al 19 suelen escribirse en una sola palabra: *decimotercero, decimocuarto*, etc. (sin tilde el primer elemento), o, menos frecuentemente, separados: *décimo tercero, décimo cuarto*, etc. Los femeninos son *decimotercera, decimocuarta*, etc., o los menos usados *décima tercera, décima cuarta, etc., y decimatercera, decimacuarta*, etc.
La RAE llama a la edición de 1970 de su *Diccionario* decimonovena edición.
Los ordinales del 20 al 99 (*vigésimo, trigésimo, cuadragésimo, quincuagésimo, sexagésimo, septuagésimo, octogésimo y nonagésimo*) son mucho menos usuales y sus compuestos se escriben también juntos o separados: *vigesimoséptimo* o *vigésimo séptimo*. La RAE prefiere esta segunda forma y lla-

ma a la edición de 1992 de su *Diccionario vigésima primera edición*.

Los ordinales del 200 al 999 (*ducentésimo, tricentésimo, cuadringentésimo, quingentésimo, sexcentésimo, septingentésimo, octingentésimo, noningentésimo* [o *nongentésimo*]) son casi desconocidos: *el cuadringentésimo sexagésimo cuarto aniversario* se dice, y se escribe, *el aniversario cuatrocientos sesenta y cuatro* o *el cuatrocientos sesenta y cuatro aniversario*, pero esta última forma, con el sustantivo pospuesto, ha sido censurada por incorrecta (A. Alonso y P. Henríquez Ureña, *Gramática*, segundo curso, § 87).

orfelinato. Es la voz que se emplea corrientemente en la Argentina a pesar de la tacha de → **galicismo** (fr. *orphelinat*) que recae sobre ella. Los preceptistas insisten en que debe decirse *orfanato*, que es la palabra admitida por la RAE.

organdí. Plural: *organdíes* y *organdís*. → **rubí**.

orgía, orgia. La RAE admite las dos acentuaciones, pero prefiere la primera. La acentuación **orgia**, aunque es la etimológica, es desusada.

orgulloso. Construcción: —*con, para con todos*; —*de, por sus éxitos*; —*en el hablar*.

oriental. Se escribe con minúscula inicial, salvo que forme parte de un nombre propio: *Europa oriental*; *las Indias Orientales*.

oriente. Se escribe con mayúscula inicial cuando designa el grupo de naciones políticamente incluidas en este concepto: *los intereses económicos de Oriente*. En los demás casos lleva minúscula inicial: *el oriente de Brasil*.

origen. Por ser palabra grave terminada en -*n* no lleva tilde. La grafía **orígen*, aunque frecuente, es incorrecta: "Según versiones de orígen castrense" (*La Nación*, 5-7-93, pág. 5). → **acentuación ortográfica, I, B, 1**.

orín, orina, orines. **1**. Para nombrar el líquido secretado en los riñones, la RAE admite **orín** y **orina**, pero prefiere esta última voz. Con esta acepción, la primera se usa generalmente en plural: *los orines*. **2**. **Orín** es, además, sinónimo de *herrumbre*.

Orkney. El nombre de estas islas es → **Orcadas** en español.

Orléans, Orleans. Puede escribirse a la francesa, **Orléans**, o a la española, **Orleans**, sin acento ninguno. → **acentuación ortográfica, III, B, 2**.

ornitomancia, ornitomancía. La RAE admite las dos acentuaciones, pero prefiere la primera. → **-mancia, -mancía**.

orondo. Es la única grafía que admite la RAE. La forma **horondo* es incorrecta.

orquestra. Si bien es la forma etimológica y

está admitida por la RAE como variante no preferida de *orquesta*, en la Argentina se la rechaza por incorrecta, aunque indebidamente, como se ve. De todos modos, no se justifica usarla.

orsay. → **offside**.

-os. Cuando la forma enclítica -os se une a la segunda persona de plural del imperativo, ésta pierde la -*d* final: *amaos* (= amad + os), *poneos, salíos*. La única excepción es *idos*, del verbo *ir*.

Oscar. Este nombre propio es palabra aguda en español [oskár]. No obstante, cuando se nombra el premio que concede anualmente la Academia de Ciencias y Artes Cinematográficas de Hollywood, suele pronunciarse, lo mismo que en inglés, como grave [óskar], aunque sin colocarle tilde en la escritura.

En cuanto al plural, es preferible dejarlo invariado: *se otorgaron los Oscar*, antes que recurrir al plural anómalo *Oscars*.

oscurecer. **1**. V. irreg.; se conjuga como → **parecer, 1**. **2**. La RAE también admite, pero no recomienda, la forma *obscurecer*. → **obscuro**.

oscuro. → **obscuro**.

o sea. **1**. Locución conjuntiva que equivale a *es decir, esto es*: *el delfín, o sea, el hijo del rey*. **2**. Debe evitarse cuidadosamente el empleo abusivo de esta locución como muletilla, desprovista de su significado propio: **cuando yo estaba en el almacén, o sea, entraron los dos ladrones*.

ósmosis, osmosis. La RAE autoriza las dos acentuaciones, pero prefiere la primera. Lo mismo sucede con sus compuestos: *endósmosis, exósmosis* son formas preferidas a *endosmosis, exosmosis*.

ostentar. Conviene evitar el uso de este verbo con el valor de 'ocupar, desempeñar': **ostentó dos veces el cargo de ministro*. **Ostentar** significa 'mostrar o hacer patente algo' y 'hacer gala de grandeza, lucimiento y boato'.

otoscopia. Tiene diptongo final. La pronunciación **otoscopía* es incorrecta. → **-scopia**.

otro. Es incorrecto emplear la forma masculina **otro** delante de un sustantivo femenino que comienza por *a*- o *ha* acentuadas: **no veíamos otro águila*, error debido a la influencia del artículo *el* (*el águila*). Dígase: *no veíamos otra águila*.

otro que, otra que. Cuando se lo emplea delante de un sustantivo o adjetivo para indicar que la cosa o el hecho de que se trata es muy distinto de lo que parece o se cree, es un → **italianismo** (it. *altro che*) que conviene evitar: **¡otro que inteligente!*; "Pero otra que adagio, si con la primera luz se nos vinieron encima por todas partes [...]" (J.

Cortázar, *Todos los fuegos*, 76). Se lo considera vulgar.

overall. La RAE ha hispanizado esta voz inglesa bajo la forma *overol*, que es la grafía que se debe emplear.

overbooking. El DMI registra esta voz inglesa (pron. [overbúking]), que suele emplearse en el lenguaje de la industria turística, con la siguiente definición: "m. Práctica ilegal de contratar más plazas que las disponibles, especialmente en los hoteles." Puede sustituirse por *sobrecontratación*.

overo, hovero. La RAE admite las dos grafías, aunque prefiere la primera, que es la más usual.

Oviedo. Gentilicio: *ovetense* (de *Ovetum*, antiguo nombre latino de esta ciudad española): "¡Cuánto menos iban a andarse atentos a seguir los modos ovetenses de hablar!" (A. Alonso, *Castellano*, 10).

OVNI. Sigla formada con las iniciales de las palabras *objeto volador no identificado*. Las siglas no tienen plural; es incorrecto escribir *OVNIS* y, menos aún, a la inglesa *OVNIs*. Escríbase: *los OVNI*.

Se puede admitir un plural *ovnis* (así escrito, con minúsculas) si se considera esta sigla sustantivo común, como lo usa el *Libro de Estilo* de El País: "[...] se escribirá ufología o ufólogo para el estudio o estudioso de los ovnis."

Oxford. Gentilicio: *oxoniense* (del antiguo nombre latino *Oxonium*).

oxímoron. **1**. Es una figura retórica que consiste en unir dos conceptos contrapuestos: *una oscura claridad, una dulce amargura*. De acuerdo con su etimología griega es voz esdrújula, pero si se atiende a la etimología latina, es grave, y así la emplea J.L. Borges: "Beatriz era alta, frágil, muy ligeramente inclinada; había en su andar (si el oximoron es tolerable) una como graciosa torpeza [...]" (*El Aleph*, 157). **2**. Plural: *oxímoros* (del mismo modo que → **hipérbaton** forma un plural *hipérbatos*). **3**. La AAL, en sesión del 11 de diciembre de 1975 (*Acuerdos*, V, 256-59), sugirió a la RAE la inclusión de este sustantivo en el *Diccionario* mayor. No figura en el DRAE/92.

P

p. 1. Decimoséptima letra del alfabeto español (decimonovena si se consideran la *ch* y la *ll* letras independientes). Su nombre es *pe*, plural *pes*.

2. Representa un fonema oclusivo bilabial sordo.

3. Respecto de la permanencia o pérdida de la **p** con *c, n, s* y *t*, → **pc, pn, ps** y **pt**, respectivamente.

pabilo, pábilo. La RAE admite las dos acentuaciones, pero recomienda la primera, que es la predominante.

pacay. Plural: *pacayes* o *pacaes*, según aclaraba el DRAE/84, nota que el DRAE/92 suprimió. El *Esbozo* (2. 3. 3, b) escribe, inexplicablemente, *pacáes*.

pacer. V. irreg.; se conjuga como → **parecer, 1**.

pachá. La RAE admite esta voz, de origen francés, pero prefiere *bajá*, que es la que conviene emplear, salvo en la expresión figurada *vivir como un pachá*, 'vivir con lujo y opulencia'.

pachanga. En el DRAE/92 figura la acepción 'alboroto, fiesta, diversión bulliciosa' como mexicanismo. Esta acepción también se emplea en la Argentina.

pachorriento. Voz que se emplea en la Argentina, Paraguay, Perú y Uruguay (M. Morínigo, *Diccionario*). "[...] una vida que transcurre pachorrienta." (M.E. Walsh, *Novios*, 173). El DRAE/92 no la registra. La forma académica es *pachorrudo*.

pactar. Construcción: —*(alguno) con alguien*; —*entre sí*.

pacú. Plural: *pacúes* o *pacús*. Sólo la intención de reproducir el lenguaje regional puede explicar el uso del doble plural **pacuses* (y **patises*): "[...] un río lleno de sábalos y de pacuses, de dorados y de patises..." (L. Gudiño Kramer, "Noche de Reyes", en VCAM, 219). → **rubí**.

padecer. 1. V. irreg.; se conjuga como → **parecer, 1**.

2. Construcción: —*de los riñones*; —*en su*

amor propio; —*por sus hermanos*; —*por no poder jugar*.

Padova. El nombre de esta ciudad italiana es, en español, → **Padua**.

*padrasto. Forma incorrecta por *padrastro*.

padrenuestro. 1. También se puede escribir *padre nuestro*, pero es menos frecuente: "[...] mientras rezaba el padrenuestro [...]" (M.E. Walsh, *Novios*, 9).

2. Plural: *padrenuestros* y *padres nuestros*, respectivamente.

padrillo. Por sugerencia de la AAL (*Acuerdos*, X, 109-11), la RAE ha incluido este vocablo en el DRAE/92 con el significado de 'caballo padre'. Se usa en la Argentina, Chile, Paraguay, Perú y Uruguay.

Padua. Gentilicios: *paduano* y *patavino* (del antiguo nombre latino *Patavium*).

paganini. El DMI registra esta voz, que no figura en el DRAE/92, con la siguiente definición: "vulg. El que paga los gastos que se originan entre varios."

pagar. Construcción: —*con promesas*; —*de sus ahorros*; —*en dinero*.

pagos. El uso del plural por el singular *pago* es corriente en el Río de la Plata: *hace mucho que uno a estos pagos*. → **casas**.

pailebote, pailebot. 1. La RAE admite las dos voces, pero prefiere la primera.

2. El plural de ambas es *pailebotes*.

paipái. Plural: *paipáis*.

país. 1. Se escribe con minúscula inicial, salvo que forme parte de un nombre propio: *los países de América; los Países Bajos*.

2. Evítese la pronunciación rústica [páises].

3. Lleva tilde en la *i* para indicar la falta de diptongo (hiato). → **acentuación ortográfica, II, B, 1**.

paisajista. La RAE ha incorporado una nueva acepción de este vocablo en el DRAE/92: "Dícese del especialista en la creación de parques y jardines y en la planificación y conservación del entorno natural. Ú. t. c. s."

Paisandú. Así figura escrito en el DRAE (s. v. *sanducero*) el nombre de la ciudad uruguaya de → **Paysandú**.

Pakistán. → **Paquistán**.

palabra. → **dar palabra**.

palabrería, palabrerío. La RAE admite las dos formas, pero prefiere la primera. En la Argentina es más usual la segunda.

paladial, palatal. La RAE admite las dos formas, sin indicar preferencia. Es más usual la segunda.

palancana, palangana. La RAE admite ambas formas, sin indicar preferencia. En la Argentina se emplea casi exclusivamente la segunda.

palco balcón. Plural: *palcos balcón*: "[...] frente a las aberturas de los palcos balcón [...]" (J. Cortázar, *Final del juego*, 68). → **carta poder**.

palenque. Por sugerencia de la AAL (*Acuerdos*, X, 51-53), la RAE agregó en el DRAE/92 una nueva acepción de este sustantivo: "Poste liso y fuerte clavado en tierra, que sirve para atar animales." Es palabra usual en la Argentina, Bolivia, Paraguay y Uruguay.

palenquear. Por sugerencia de la AAL (*Acuerdos*, 51-53), la RAE incorporó, en el DRAE/92, este verbo con la siguiente definición: "Sujetar animales al palenque." Es voz usual en la Argentina y Uruguay.

Palermo. Gentilicios: *palermitano* y *panormitano* (de *Panormus*, antiguo nombre latino de esta ciudad italiana).

paletó. Plural: *paletós*: "[...] donde nos sacamos los paletós [...]" (L.V. López, *La gran aldea*, 135).

paliar. 1. Discrepan los especialistas acerca de la acentuación de este verbo: para unos sigue a → **abreviar** (*yo palio*); para otros, se acentúa como → **enviar, 1** (*yo palío*). El *Esbozo* (2. 13. 5) indica ambas formas, sin tomar partido. Parece más extendida la acentuación *palio* (quizás influya en esta preferencia el sustantivo *palio*).

2. Construcción: —*el dolor con un placebo*.

palidecer. V. irreg.; se conjuga como → **parecer, 1**.

palier. 1. Por sugerencia de la AAL (*Acuerdos*, X, 201-03), la RAE ha incorporado al DRAE/92, como argentinismo, la siguiente acepción de este sustantivo: "Rellano de las escaleras al que se abren diversos departamentos o pisos, y, modernamente, el ascensor."

2. Siendo ya una palabra española, no se justifica su pronunciación a la francesa [palié].

palinodia. La acentuación con diptongo final [palinódia] es la única admitida por la RAE; la forma *palinodía es incorrecta. → **-odia**.

pallada. 1. El DRAE/92 ha incluido esta voz con la siguiente definición: "f. *Amér. Merid.* Canto del pallador."

2. La RAE admite, para la Argentina, Chile y Uruguay, la grafía *payada* y *payador*.

pallana. → **payana**.

pallar. 1. La RAE ha incorporado esta nueva acepción en el DRAE/92: "*Amér. Merid.* Improvisar coplas, en controversia con otro cantor."

2. La RAE registra, para la Argentina, Chile y Uruguay, la grafía *payar*.

palmarés. El DRAE/92 ha incorporado esta voz con las siguientes definiciones: "(Del francés *palmarès*.) m. Lista de vencedores en una competición.// 2. Historial, relación de méritos, especialmente de deportistas."

paloma torcaz. El adjetivo *torcaz* es invariable en cuanto al género, por lo que no es académico decir *paloma torcaza*. No obstante, ésta es la forma que se oye corrientemente en la Argentina, aun entre personas cultas. También es frecuente la sustantivación del adjetivo: *las torcazas*.

pan. Diminutivo: *panecillo*. En la Argentina se emplea casi exclusivamente *pancito*. → **diminutivos, 1**.

panaché. El DMI registra este sustantivo, que no figura en el DRAE/92, con la siguiente definición: "(Voz francesa.) m. Mezcla de diversos vegetales cocidos." De esta definición se desprende que la expresión *panaché de verduras* es pleonástica.

pancho. El DMI registra la siguiente acepción de este vocablo, que no figura en el DRAE/92: "*Argent.* Bocadillo de pan y chorizo asado o frito." En realidad, en la Argentina se le llama **pancho** al bocadillo de pan y salchicha. El bocadillo de pan y chorizo se denomina, popularmente, *choripán*, voz que no registra el DRAE/92.

pandán. Hispanización de la voz francesa *pendant*, que la RAE ha incluido en el DMI, aunque no en el DRAE/92, con la siguiente definición: "m. Se usa en la fr. **hacer pandán**, por formar pareja, tener correlación o correspondencia."

pandantif. Hispanización de la voz francesa *pendentif*, que la RAE ha incorporado en el DMI, pero no en el DRAE/92, como sinónimo de *pinjante* o *dije*.

pan de azúcar. → **pan de jabón**.

pan de jabón. Esta expresión ha sido criticada como argentinismo por algunos puristas, para quienes debe decirse *pastilla de jabón*. No obstante, **pan de jabón** figura en el DRAE (s. v. *pan*). Por extensión corresponde admitir también *pan de azúcar* y *pan de manteca*.

pan de manteca. → **pan de jabón**.

pandemónium. El DRAE/92 no registra la forma *pandemonio*.

pane. Hispanización de la voz francesa *panne* que figura en el DMI, pero no en el DRAE/92, con la siguiente definición: "f. Parada o detención en el mecanismo de un automóvil."

panel. En junta del 9 de diciembre de 1981 (*Acuerdos*, IX, 82-85), la AAL sugirió a la RAE la conveniencia de hacer extensivo a la Argentina el uso que de **panel** registra para Puerto Rico: "Lista de jurados" y "Grupo de personas que discuten un asunto en público". En el DRAE/92 aparece incluida Cuba, pero no la Argentina, donde es corriente el empleo de este vocablo en la segunda de las acepciones apuntadas. También es usual el derivado *panelista*, 'participante de un panel', que no figura en el DRAE.

pangaré. En sesión del 11 de marzo de 1978 (*Acuerdos*, VIII, 194-99), la AAL sugirió a la RAE la inclusión, en el *Diccionario* mayor, de este vocablo que se emplea en la Argentina "para designar al caballo cuyo pelaje presenta una decoloración en algunas regiones del cuerpo como el hocico, la vecindad del párpado, axilas, bajo vientre, entrepiernas y verijas. Se trata de una especie de desteñido, de un color más o menos amarillento, que puede aparecer en pelajes cuya capa básica tiene ya tal tonalidad." Esta voz no figura en el DRAE/92.

panne. → **pane**.

panqueque. Hispanización, que no figura en el DRAE/92, de la voz inglesa *pancake*, con la que se designa una especie de tortilla muy delgada hecha de harina, leche y huevos. → **crepe**.

pantalón. Esta prenda de vestir puede ser designada tanto en singular como en plural: *el pantalón, los pantalones*. El plural, para designar una unidad, es más empleado que el singular: *se puso los pantalones*.

pantalón tejano. → **vaquero**.

pantalón vaquero. Plural: *pantalones vaqueros*: "Vestía una blusa blanca, pantalones vaqueros, sandalias." (M. Benedetti, *Primavera*, 17), pero puede pluralizarse también *pantalones vaquero*. → **carta poder**; **vaquero**.

***pantomina**. Forma incorrecta por *pantomima*.

pantuflo, pantufla. La RAE admite las dos formas, pero prefiere la primera, que es casi desconocida en la Argentina, donde se emplea corrientemente **pantufla**.

papá. **1**. Plural: *papás*.
2. Diminutivo: en el DRAE figura *papaíto*; en América son más usuales *papito* (el único que se emplea en la Argentina) y *papacito*. → **diminutivos, 1**.

¹**papa**. **1**. Se escribe con mayúscula inicial cuando designa a una persona en particular

y no va acompañado del nombre: *el Papa* (es decir, Juan Pablo II) *presidió la ceremonia*. Cuando acompaña al nombre propio, el uso actual prefiere la minúscula inicial: *el papa Juan Pablo II*.
2. Femenino: *papisa*.

²**papa**. → **ni papa**.

papanatas. Única forma para singular y plural: *el papanatas, los papanatas*.

***papel de astraza**. → ***astraza**.

papelerío. Por sugerencia de la AAL (*Acuerdos*, X, 146-47), la RAE ha incluido este sustantivo en el DRAE/92, con la siguiente definición: "m. *Amér*. **papelería**, conjunto de papeles desordenados." Tiene connotación peyorativa.

Como se ve, en España se prefiere, para la misma acepción, el femenino *papelería*, voz que, en la Argentina, se reserva para designar el conjunto de la documentación necesaria para un fin: *ya reunió toda la papelería para gestionar la jubilación*; *la papelería de una empresa* (no tiene valor peyorativo). Además se nombra con la voz *papelería* la "tienda en que se vende papel y otros objetos de escritorio" (DRAE), a la que se denomina también, con poca precisión, *librería*.

papeleta. La RAE ha incluido en el DRAE/92 esta nueva acepción: "Papel en el que figura cierta candidatura o dictamen, y con el que se emite el voto en unas elecciones."

***papel glasé**. → **Galicismo** (fr. *papier glacé*) por *papel glaseado*.

paper. Voz inglesa (pron. [péiper]) que suele emplearse con el significado de 'informe por escrito'. Equivale a → **memorándum** o a su abreviación no académica *memo*: "Desde el martes pasado, el Presidente viene recibiendo papers de sus ministros en los que estos sintetizaron la situación de su área [...]. Estos memos expresan básicamente las diferencias vigentes en el gabinete [...]" (*Página / 12*, 8-7-92, pág. 3).

papiro. Es palabra llana [papíro]; la acentuación esdrújula, *pápiro*, es incorrecta.

papiroflexia. El DRAE/92 ha incorporado esta voz con la siguiente definición: "f. Arte y habilidad de dar a un trozo de papel, doblándolo convenientemente, la figura de determinados seres u objetos." El adjetivo correspondiente es *papirofléxico*.

papirola. El DRAE/92 ha incluido este sustantivo con la siguiente definición: "f. Figura que se hace doblando una y otra vez una hoja de papel."

páprika. La RAE ha incorporado en el DRAE/92 este sustantivo con la siguiente definición: "(De or. húngaro.) f. Pimentón."

papú, papúa. **1**. La RAE admite ambas formas, pero prefiere la primera.
2. Plural: *papúes* y *papúas*, respectivamente.

Papuasia. Gentilicio: → **papú** o *papúa*.

paquebote, paquebot. 1. La RAE admite las dos formas, pero prefiere la primera.
2. El plural de ambas voces es *paquebotes*.

paquete. Como adjetivo, y con el significado de 'elegante, bien vestido', tiene un femenino *paqueta*: *unas señoras muy paquetas*. Es un argentinismo admitido por la RAE.

paquete de medidas. El DRAE/92, s. v. *paquete*, ha incorporado esta expresión con la siguiente definición: "fig. Conjunto de disposiciones tomadas para poner en práctica alguna decisión. *El Gobierno presentó un paquete de medidas económicas.*"

Paquistán. 1. Es la única grafía que admite el DRAE/92, aunque *Pakistán* está muy difundida.
2. Gentilicio: *paquistaní* (mejor que *pakistaní*); plural: *paquistaníes*.

par. El femenino de **par**, 'título de alta dignidad', es *paresa*.

para. El uso de expresiones como *veinte minutos para las diez*, en lugar de *las diez menos veinte*, es → **anglicismo** que puede oírse en algunas regiones de América. En la Argentina resulta afectado este modo de hablar, que suelen utilizar algunos locutores de televisión, pero que no se emplea en la lengua estándar.

parabólico, -ca. La RAE ha incluido en el DRAE/92 la siguiente acepción de este adjetivo: "Dícese de la antena de televisión que permite captar emisoras situadas a gran distancia. Ú. t. c. s. f."

parabrisas. En América se usa preferentemente *parabrisa* para designar el cristal que los automóviles llevan en la parte delantera para resguardar del viento a sus ocupantes.

parachispas. El DRAE/92 incorpora este sustantivo con la siguiente definición: "m. Especie de pantalla metálica que se coloca en las bocas de las estufas o chimeneas de calefacción para impedir la salida de las chispas."
Se emplea tanto para singular como para plural: *el parachispas, los parachispas*.

para cuyo fin. → **cuyo**, 4.

paradisíaco, paradisiaco. La RAE admite las dos acentuaciones, pero prefiere la primera. → **-íaco, -iaco**.

parado. Ha sido muy criticado por los puristas el uso de este adjetivo por *de pie*: *come siempre parado*. No obstante, figura admitido, como americanismo, en el DRAE. Evítese, eso sí, la locución **de parado*.

*paradojal. Esta forma, tachada de galicista (fr. *paradoxal*), no figura en el DRAE. Dígase *paradójico*.

parafernalia. La RAE ha incorporado este sustantivo en el DRAE/92 con la siguiente definición: "f. Conjunto de ritos o de cosas que rodean determinados actos o ceremonias."

*paragoje. Grafía incorrecta por *paragoge*.

paragolpes. Voz que se emplea en la Argentina, Paraguay y Uruguay en lugar del académico *parachoques*. No figura en el DRAE/92.

paraguas. 1. Se emplea tanto para singular como para plural: *el paraguas, los paraguas*.
2. El DRAE no registra la forma *paragua*, singular morfológico empleado en América. Conviene evitarlo.

paralaje. Es femenino: *la paralaje*.

paralelogramo. Es palabra grave; la acentuación esdrújula, *paralelógramo*, es incorrecta. → **-gramo**.

*paralepípedo. Forma incorrecta por *paralelepípedo*.

*paralis. Forma incorrecta por *parálisis*. Debe evitarse cuidadosamente.

para mejor. Forma popular que se emplea en América con el significado de 'mejor que mejor, tanto mejor, mejor todavía'. Cuando se usa irónicamente, significa precisamente lo contrario.

paramilitar. La RAE ha incluido esta voz en el DRAE/92 con la siguiente definición: "adj. Dícese de ciertas organizaciones civiles con estructura o disciplina de tipo militar." Estas organizaciones suelen estar a las órdenes o respaldadas por organismos militares.

paramnesia. En sesión del 11 de octubre de 1973 (*Acuerdos*, V, 155-56), la AAL sugirió a la RAE la inclusión de este término en el *Diccionario* mayor. Es el recuerdo que se presenta a la mente en forma falseada. No figura en el DRAE/92.

paranomasia. → **paronomasia**.

para peor. Forma popular que se emplea en América con el significado de 'peor que peor, tanto peor, peor todavía'.

paraplejía, paraplejia. El DRAE/92 registra ambas acentuaciones, pero prefiere la primera. → **-plejía, -plejia**.

parar. Construcción: —*a la puerta*; —*en casa de unos parientes*.

pararse. 1. La acepción 'estar o ponerse de pie', muy usada en América, es correcta: *cuando entraron los visitantes, se paró para saludar*.
2. Construcción: —*a mirar*.

pararrayos, pararrayo. La RAE admite las dos formas, aunque prefiere la primera, que se emplea tanto para singular como para plural: *el pararrayos, los pararrayos*.

parasismo. → **paroxismo**.

parásito, parasito. La RAE admite ambas en el DRAE/92 y en el *Esbozo* (1.5.7, b), pero prefiere la primera. Se ha impuesto la forma esdrújula, de acuerdo con la prosodia griega. La acentuación llana [parasíto], según la prosodia latina, ha caído en desuso.

parasitosis, parasitólogo. En junta del 14 de setiembre de 1978 (*Acuerdos*, VII, 190-91), la AAL sugirió a la RAE la inclusión de estos términos en el *Diccionario* oficial, **parasitosis** como 'proceso morboso o enfermedad originada por parásitos' y **parasitólogo** con su significación fácilmente deducible. Ninguno de estos vocablos figura en el DRAE/92.

parco. Superlativos: *parcísimo* y *parquísimo* (literarios); *muy parco* (coloquial).

pardusco, parduzco. La RAE admite solamente la primera forma. M. Moliner (*Diccionario*, s. v.) y M. Seco (*Diccionario*, s. v. *-sco*) admiten las dos. → **-usco, -uzco**.

parecer. **1**. Verbo irregular. Cambia la [s] de la raíz por [sk] (en la escritura *c* por *zc*) en la primera persona de singular del presente de indicativo (*parezco*) y en todo el presente de subjuntivo (*parezca, parezcas, parezca, parezcamos, parezcáis, parezcan*).
2. La proposición sujeto de **parecer**, introducida por la conjunción *que*, no admite estar encabezada por la preposición *de*: **parece de que no salen*; dígase: *parece que no salen*. → **dequeísmo**.
3. Si **parecer** está negado, el verbo de la proposición introducida por *que* va en subjuntivo: *no parece que sean ellos*.

parecerse. Construcción: —*a su padre*; —*de cara*; —*en los gestos*.

pared. Diminutivo: *paredita*. En América es frecuente el diminutivo *parecita*: "[...] todos mis hermanos están detrás de la parecita blanca [...]" (A. Roa Bastos, "Bajo el puente", en AEL, 147). → **diminutivos, 1**.

paréntesis. Existen dos clases:
1. *Curvos* [( )]. Se emplean:
a) Para incluir una oración aclaratoria o incidental, especialmente si es extensa o tiene poca conexión con el texto principal: "El 22 de enero de ese año, al norte del Río Salado y a unos cincuenta kilómetros de Chascomús (donde a la sazón vivía Guillermo Enrique Hudson), en el Rincón de San Gregorio [...]" (E. Martínez Estrada, *Muerte y transfiguración*, I, 14).
En este uso, es frecuente hoy sustituir los paréntesis por las rayas: "Pero de todos ellos, el lenguaje verbal —que llamaremos más propiamente *el lenguaje articulado*— es el más universal." (D. Tavarone, *Fundamentos*, 15).
Cuando dentro de una aclaración entre paréntesis se inicia otra, esta última irá entre rayas: "[...] la finca en Belgrano (calles Luis Ma. Campos —antes Cañitas—, Cabildo, Olleros y José Hernández —antes Esteco—)." (E. Martínez Estrada, *op.cit.*, I, 26);
b) para encerrar noticias o datos aclaratorios,

entre ellos las referencias bibliográficas de una cita: "[...] Héctor S. Soto (hijo de Nicanor, que dirigía *La Reforma Pacífica*) [...]" (E. Martínez Estrada, *op. cit.*, I, 24); " 'El hijo prefiere renunciar al padre, que lo deshereda' (Carlos A. Leumann, en *El Diario*, 10 de noviembre de 1934)" (E. Martínez Estrada, *op. cit.*, I, 9);
c) en las obras dramáticas para encerrar las indicaciones escénicas: "HORACIO. —(*Sacando el reloj*) ¿Ves? Ahora, tengo que correr en media hora, o si no perder el turno... (*Váse habitación de doña Magdalena*)" (A. Novión, "Los primeros fríos", en AGCC, 47).
2. *Paréntesis rectangulares* o *corchetes* ([ ]). Se emplean:
a) en la transcripción de textos:
— para encerrar letras o palabras que faltan en el original y que el erudito que fija el texto considera que es preciso reponer: "es[s]a rrabia llevaron que [luego] non morieron" (*Poema de Fernán González*, v. 4a);
—para encerrar los puntos suspensivos que indican que se omite voluntariamente una parte del texto, cuyo contenido no interesa a los efectos de la cita: *En los siglos XVI y XVII se había simplificado el grupo* -ct: *"Mas, en efeto [...]"* (*Quijote, I, cap. II, 30*);
b) en lingüística, para encerrar una transcripción fonética.

pareo. La RAE ha incluido esta voz en el DRAE/92 con la siguiente definición: "m. Pañuelo grande que, anudado a la cintura o bajo los brazos, usan las mujeres, generalmente sobre el bañador, para cubrir su cuerpo."

pariente. Femenino: *parienta*. → **-ante, -ente**.

Paris. El nombre del héroe mitológico griego es palabra llana [páris].

París. Gentilicios: → **parisiense**, *parisién* y *parisino*.

parisiense, parisién, parisino. La RAE admite las tres formas, pero recomienda la primera. El adjetivo **parisién** se emplea sólo en singular.

parking. Voz inglesa cuyo empleo en español es innecesario existiendo los vocablos *estacionamiento* y *aparcamiento*, que significan lo mismo. → **estacionar**; **aparcar**.

parmesano. El DRAE/92 ha incorporado la siguiente acepción de este vocablo: "m. Queso de pasta dura, fabricado con leche de vaca y originario de la llanura de Lombardía en Italia."

parodiar. Para su acentuación, → **abreviar**.

paronomasia, paranomasia. La RAE admite ambas voces, pero recomienda la primera, que es la forma etimológica. **Paranomasia** es poco usada.

paroxismal, paroxístico. La RAE admite las dos formas, pero prefiere la primera.

paroxismo, parasismo. La RAE admite las dos formas, pero recomienda la primera. **Parasismo** es voz antigua, de poco uso actualmente: "Es una libertad encarcelada / que dura hasta el postrero parasismo" (F. de Quevedo, "Definiendo el amor", en *Antología poética*, 22).

parque. 1. Se escribe todo en minúsculas, salvo cuando forma parte de un nombre propio: *el parque Lezama*; *Villa del Parque*. **2.** → **plaza, 2.**

parqué. → **parquet.**

parquear. La RAE admite este verbo, como americanismo, pero prefiere → **aparcar.**

parquet. 1. Voz francesa que ha sido hispanizada por la RAE como *parqué* (plural *parqués*). No corresponde, por consiguiente, emplear la forma francesa. Es el entarimado hecho con maderas finas. **2.** El DRAE/92 añade una segunda acepción de esta palabra: "En el lenguaje financiero, conjunto de valores bursátiles."

parquímetro. 1. Por solicitud de la AAL en su sesión del 12 de abril de 1984 (*Acuerdos*, X, 164-67), la RAE incluyó esta voz en el DRAE/92 con la siguiente definición: "Máquina destinada a regular mediante pago el tiempo de estacionamiento de los vehículos." **2.** Las voces *estacionómetro* y *estámetro*, que también se han propuesto para designar esta máquina, no han tenido suficiente difusión y no figuran en el DRAE/92. En la Argentina, en la lengua corriente, se emplea sólo **parquímetro.**

parte. → **concordancia, I, B, 2.**

partenaire. Voz francesa (pron. [partenér]) que suele emplearse en español, especialmente con el significado de *pareja* (sobre todo de baile) o *compañero*.

partición de palabras. → **silabeo ortográfico.**

participar. Construcción: —*de, en el negocio* (**participar a* es → **galicismo**).

participio. Algunos verbos admiten dos participios: uno regular (o *débil*, según la terminología del *Esbozo*) y otro irregular (o *fuerte*): *imprimido* e *impreso* (de *imprimir*); *elegido* y → **electo** (de *elegir*), etc. En este caso, el participio regular se utiliza para la formación de los tiempos compuestos: *hemos elegido, hayan elegido*, etc. (voz activa); *fueron elegidos*, etc. (voz pasiva). Además, el participio regular puede funcionar en algunos casos como adjetivo: *los artículos elegidos eran muy caros*.

El participio irregular sólo se emplea como adjetivo: *el gobernador electo asumirá el mes que viene*. Esta norma general puede presentar excepciones. Los casos particulares se analizan en las entradas correspondientes de este *Diccionario*.

particularizarse. Construcción: —*en alguna cosa*.

parti pris. Expresión francesa (pron. [partí pri]) que se usa en español con su significado original de 'opinión formada sin examen suficiente, prejuicio': "Este año he vuelto a la Rural sin parti pris [...]" (L.J. Medrano, "Visión profana de la fiesta ganadera", en VCHA, 217).

partir. Construcción: —*a* o *para Bolivia*; —*los bienes entre los hijos*.

partisano. 1. El DRAE/92 ha incorporado este sustantivo con la siguiente definición: "Guerrillero, miembro de un grupo armado de gente civil." **2.** El femenino es *partisana*.

partner. Voz inglesa que suele emplearse en español con el significado de 'pareja' (generalmente de baile) y de 'socio', según los casos.

party. Voz inglesa que puede sustituirse por *fiesta social, reunión*.

parvenu. Voz francesa que suele emplearse en español con su significado original de 'advenedizo, nuevo rico, piojo resucitado'.

pasacalle. El DRAE no registra la acepción con que se usa en la Argentina: cartel de propaganda que se coloca al través de la calle.

pasacasete. Voz que se usa corrientemente en la Argentina como sinónimo de *casetera*. También se emplea, como singular, la forma *pasacasetes*: "[...] surgieron por la defensa de un pasacasetes [...]" (*Página / 12*, 24-7-90, pág. 12). No figura en el DRAE/92. → **casete.**

*pasa Corinto. Forma incorrecta por *pasa de Corinto*.

pasamano, pasamanos. La RAE admite las dos formas para el singular, en la acepción 'listón sobre las barandillas', pero prefiere la primera.

pasamontañas. 1. Se usa tanto para singular como para plural: *el pasamontañas, los pasamontañas*. → **plural, I, A, 2.** **2.** El DRAE no registra el falso singular **pasamontaña*.

pasar. Construcción: —*a desarrollar un tema*; —*a otra cosa*; —*de cien pesos el gasto*; —*de un lado a otro*; —*de cadete a jefe*; —*en silencio una ofensa*; —*por alto una indirecta*; —*por generoso*; —*por entre los árboles*. Conviene evitar la construcción *pasar por* con el significado de *depender*: **la solución del problema pasa por la decisión del ministro*.

pasarse. Construcción: —*al enemigo*; —*con poco*; —*de atrevido*; —*(algo) de la memoria*; —*(la fruta) de madura*; —*en claro*.

pasar de castaño oscuro. Frase proverbial que significa 'ser intolerable, abusivo o demasiado grave': "[...] famoso [...] por una sentencia salomónica que no sabemos cómo contar porque pasa de castaño oscuro." (R. J. Payró, *Pago Chico*, 31). La forma *pasar de castaño a oscuro* no es correcta.

pasar desapercibido. → **desapercibido.**

pasarela. La RAE ha añadido en el DRAE/92 las siguientes acepciones de este sustantivo: "Puentecillo para peatones, destinado a salvar carreteras, ferrocarriles, etc." y "Pasillo estrecho y algo elevado, destinado al desfile de artistas, modelos de ropa, etc., para que puedan ser contemplados por el público."

pasar el Rubicón. Expresión que significa 'tomar una decisión irrevocable que puede traer graves consecuencias'. El Rubicón es un pequeño río de Italia, que señalaba el límite entre Italia y la Galia Cisalpina. Al vadearlo en el 49 a. C., sin autorización del Senado romano y sin haber licenciado previamente sus tropas, Julio César incurrió en gravísima falta que lo convertía en enemigo de Roma. → **álea jacta est.**

pasarla. La forma **pasarla**, frecuente en América, está menos prestigiada que el estándar *pasarlo*: *la estamos pasando muy mal*; *se la pasa de fiesta en fiesta.*

pasear. En este verbo, como en todos los terminados en *-ear*, debe evitarse, sobre todo en lengua cuidada, el cierre de la *-e-* de la raíz en *-i-*: **pasiamos, *pasiaba, *pasié, *pasió, *pasiaré, *pasiara,* etc., en lugar de *paseamos, paseaba, paseé, paseó, pasearé, paseara,* etc.

pasiva refleja. Se llama así la forma pasiva que se construye con el verbo en voz activa y el pronombre *se*: *se arreglan bicicletas.*

La **pasiva refleja** existe desde los orígenes literarios del español: "Dixo Raquel e Vidas: non se faze assí el mercado" (*Cantar de Mio Cid*, v. 139) y tiende a remplazar a la voz pasiva con auxiliar *ser*: *en esta casa se vende ropa usada* es mucho más frecuente que *en esta casa es vendida ropa usada.* Para la construcción de esta forma pasiva deben tenerse en cuenta dos posibles dificultades:

a) En *se vende esta casa*, el sujeto es *esta casa* (= esta casa es vendida), por lo que debe concordar en número con el verbo. Es incorrecto, entonces, **se vende estas casas* (salvo que se la quiera interpretar como oración impersonal) en lugar de *se venden estas casas.*

b) El sujeto de estas oraciones no puede ser un sustantivo que nombre personas cuando es posible la confusión con las formas reflexiva o recíproca: *los reyes se miran* significa *los reyes se miran a sí mismos*

(reflexiva) o *los reyes se miran entre sí* (recíproca), pero no *los reyes son mirados* (pero puede decirse, sin inconvenientes, *se necesitan cocineros*). Esta anfibología no se produce cuando el sujeto es nombre de cosa.

pasmarse. Construcción: —*de frío.*

pasodoble. 1. Es la única forma que registra el DRAE/92. M. Moliner (*Diccionario*) admite, y prefiere, la grafía *paso doble.*
2. Plural *pasodobles* (o *pasos dobles*).

*paso nivel, *paso de nivel. Formas incorrectas por *paso a nivel.*

pasquín. El significado académico de este vocablo es "escrito anónimo que se fija en sitio público, con expresiones satíricas contra el gobierno o contra una persona particular o corporación determinada". En América se le da particularmente el nombre de **pasquín** al periódico escandaloso, poco serio y agraviante en sus informaciones y comentarios.

pássim. Adverbio latino que significa literalmente 'aquí y allí', 'en lugares diversos'. Se emplea en español, en las referencias bibliográficas, para indicar que el tema de que se trata se halla en varios lugares de la obra citada.

*pasta frola, *pastafrola. → **Italianismo** (it. *pasta frolla*) muy usado en la Argentina: "Bueno, entonces una pasta frola, dijo." (M.E. Walsh, *Novios*, 249). En el español estándar es *pastaflora*, forma casi desconocida en la Argentina.

*pastenaca. Forma incorrecta, usual en la Argentina, en lugar de *pastinaca.*

pasterizar, pasterización, pasterizado. La RAE admite estas formas, aunque prefiere *pasteurizar, pasteurización, pasteurizado.*

pastiche. El DRAE/92 ha incorporado esta voz con la siguiente definición: "(Del fr. *pastiche*.) m. Imitación o plagio que consiste en tomar determinados elementos característicos de la obra de un artista y combinarlos de forma que den la impresión de ser una creación independiente."

paté. Así ha hispanizado la RAE la voz francesa *pâté* y la ha incorporado al DRAE/92 con la siguiente definición: "m. Pasta comestible hecha de carne o hígado picado, generalmente de cerdo o aves."

paternóster. El DRAE no registra la grafía **páter nóster.*

patí. 1. El DRAE/92 ha incorporado este sustantivo con la siguiente definición: "(De or. guaraní.) m. *Argent.* Pez de río, sin escamas, de color gris azulado, con manchas verdosas y carne amarilla. Alcanza los 7 kg de peso, y es apreciado por su sabor."
2. Plural: *patíes* o *patís*. Evítese el doble plural **patises.* → **pacú.**

pátina. Es voz esdrújula; la acentuación llana [patína] es incorrecta.

patio. Diminutivos: *patiecillo, patín, patinillo* y *patizuelo*. En la Argentina se emplea casi exclusivamente *patiecito*. → **diminutivos, 1**.

patotero. El DRAE/92 ha añadido la siguiente acepción de este vocablo: "*Argent., Par., Perú* y *Urug*. Que manifiesta o posee los caracteres propios de una patota."

patrullaje. → **Neologismo** bien formado y necesario para indicar la acción de patrullar.

pavonearse. Construcción: —*del éxito*.

pavo real. La grafía *pavorreal* es errónea, a pesar de los textos siguientes: "[...] una pluma de pavorreal [...]" (J. Cortázar, *Final del juego*, 29); "[...] canuto de la pluma de pavorreal." (*op. cit.*, 34).

payada, payador. → **pallada**.

payar. → **pallar**.

payana. **1**. La RAE ha incorporado este sustantivo en el DRAE/92 como sinónimo del juego llamado en España *de los cantillos*. Es argentinismo.

2. La grafía *pallana* es poco frecuente y el DRAE no la registra.

Paysandú. Gentilicio: *sanducero*: "[...] a su profesora de música en la escuelita sanducera..." (R. Fontanarrosa, *El mayor de mis defectos*, 61).

-pc-. **1**. El español estándar no admite la simplificación del grupo -pc-: **suscrición, *descrición*, aunque en el habla fluida la *p* se suele relajar y se convierte en *b* fricativa [suskribsión, deskribsión]. No es conveniente, por afectada, la pronunciación plena de la *p* en estas palabras.

2. Evítese pronunciar *p* como *k*: [oksión], en lugar de *opción*.

peatonal. La RAE ha incorporado este adjetivo en el DRAE/92 con la siguiente definición: "Perteneciente o relativo al peatón. *Calle peatonal*." Se emplea también como sustantivo: *paseábamos por la peatonal*.

pecar. Construcción: —*con la intención*; —*contra la ley*; —*de confiado*; —*de palabra*; —*en alguna cosa*; —*por omisión*.

pecarí. Plural: *pecaríes* o *pecarís*. → **rubí**.

pecblenda, pechblenda. La RAE autoriza las dos formas, pero recomienda la primera.

peccata minuta. Expresión latina que significa 'falta, error leve'. En latín es plural: *no le perdonaban ni los peccata minuta*.

peceto. **1**. Por sugerencia de la AAL (*Acuerdos*, IX, 125-26), la RAE ha incorporado este sustantivo en el DRAE/92, como argentinismo y con la siguiente definición: "Corte de carne extraído del cuarto trasero de los vacunos."

2. Evítense las grafías **pecheto, *pesceto* y **pesheto*.

pechada. El DRAE/92 incorpora una segunda entrada de esta voz: "*Amér*. Golpe, encontrón dado con el pecho o con los hombros. // 2. *Amér*. Golpe que da el jinete con el pecho del caballo. // 3. *Argent*. y *Chile*. Atropello, empujón."

pechar. El DRAE/92 incorpora, como americanismo, una nueva entrada de este verbo: "Dar pechadas."

pechazo. La RAE ha incluido este sustantivo en el DRAE/92 con las siguientes definiciones: "aum. de **pecho**. // 2. Golpe dado con el pecho. // 3. *Amér. Merid*. Sablazo, estafa."

pechblenda. → **pecblenda**.

*pecheto. → **peceto**.

pecíolo, peciolo. La RAE admite las dos acentuaciones, pero prefiere la primera.

pediatra. A partir del DRAE/84, la RAE autoriza sólo la acentuación grave [pediátra], habiendo dejado de lado la forma esdrújula **pedíatra*. → **-iatra, -íatra**.

pedicuro. Es palabra llana [pedikúro]; la acentuación esdrújula **pedícuro* es errónea.

pedigree. **1**. La RAE ha hispanizado esta voz inglesa bajo la forma *pedigrí*, con los significados de 'genealogía de un animal' y 'documento en que consta'.

2. Es sustantivo masculino: *el pedigrí*.

pedir. **1**. Verbo irregular (ver cuadro). Este verbo y los que siguen su conjugación mantienen la -*e*- de la raíz cuando la vocal de la sílaba siguiente es -*i*-: *pe-dí, pe-dí-a, pe-di-re-mos*, pero la cambian en -*i*- cuando esa vocal no es -*i*- o no es simplemente -*i*-: *pi-do, pi-die-ra, pi-dió* (*Esbozo*, 2. 12. 3).

2. Construcción: + infinitivo *(le pedí traerlo)*; + *que* y subjuntivo *(le pedí que lo trajera)*. En este último caso, evítese la construcción con *de*: **le pedí de que lo trajera*. → **dequeísmo**.

*pedrazo. → ***piedrazo**.

pedregullo. La RAE ha incluido en el DRAE/92 dos artículos (sin numerar) encabezados por la palabra **pedregullo**: "(Del port. *pedregulho*, pedrusco) m. *Argent*. **ripio**, piedras menudas", el primero, y "(De piedra.) m. Ripio, casquijo, conjunto de pedrezuelas para hacer rellenos o mortero", el segundo.

No queda clara la diferencia entre las dos acepciones, ya que en ambos casos se trata de ripio y de piedras menudas (o pedrezuelas).

pedrusco. La grafía **pedruzco* es incorrecta. → **-usco, -uzco**.

pegar. Construcción: —*(una cosa) a* o *con otra*; —*a, contra, en la pared*.

Pekín. → **Pequín**.

pelambre. Según el DRAE/92 es → **ambiguo** en cuanto al género: *el pelambre, la*

P E D I R
(conjugación de los tiempos irregulares)

MODO INDICATIVO

Presente	*Pret. perf. simple*
pido	pedí
pides	pediste
pide	pidió
pedimos	pedimos
pedís	pedisteis
piden	pidieron

MODO SUBJUNTIVO

Presente	*Pret. imperfecto*	*Futuro*
pida	pidiera/pidiese	pidiere
pidas	pidieras/pidieses	pidieres
pida	pidiera/pidiese	pidiere
pidamos	pidiéramos/pidiésemos	pidiéremos
pidáis	pidierais/pidieseis	pidiereis
pidan	pidieran/pidiesen	pidieren

MODO IMPERATIVO

Presente

pide
pedid

FORMAS NO PERSONALES

Gerundio

pidiendo

---

pelambre. El uso general, tanto en América como en España, prefiere el femenino.

pelear(se). Construcción: —*a trompadas*; —*con, contra todos*; —*en defensa de su familia*; —*por una presa*.
En algunas regiones de América se emplea como transitivo: *pelearon la presa; lo pelea por cualquier causa*, en lugar del estándar *pelearon por la presa; pelea con él por cualquier causa*.

pelerina. Así ha hispanizado la RAE la voz francesa *pèlerine* y la ha incluido en el DRAE/92 con la siguiente definición: "f. Toquilla de punto, como capa corta, que usan las mujeres. Se ha llamado así a las diferentes formas de esclavina."

pelícano, pelicano. La RAE admite las dos acentuaciones de este sustantivo para designar el ave acuática, pero prefiere la primera, que es la más usual.
Pelicano, palabra llana y adjetivo, significa 'canoso'.

peloponesiaco, peloponesíaco. La RAE admite las dos acentuaciones, pero prefiere la primera. → **-íaco, -iaco**.

peluche. Hispanización de la voz francesa con la misma ortografía, que la RAE ha incorporado al DRAE/92 con las siguientes definiciones: "(Del fr. *peluche*.) m. **felpa**, tejido con pelo largo por la haz, hecho de diversas fibras. // 2. Juguete hecho de este tejido."

Es palabra de uso frecuente: "[...] con la cabeza apoyada en el respaldo de peluche [...]" (C. J. Cela, *La colmena*, 24).

penalti. **1**. Hispanización de la palabra inglesa *penalty*, que la RAE ha incorporado en el DRAE/92 con la siguiente definición: "m. En el fútbol y otros deportes, máxima sanción que se aplica a ciertas faltas del juego cometidas por un equipo dentro de su área." En la Argentina se emplea corrientemente la voz *penal*, pero el DRAE no registra la acepción deportiva de este vocablo.
2. Plural: *penaltis*. Evítese emplear el plural inglés *penalties*.

penar. Construcción: —*de amores*; —*por alguien o algo*.

penates. Se emplea solamente en plural: *los penates*.

pendentif. → **pandantif**.

pender. Construcción: —*de un hilo*; —*en la cruz*; —*sobre tu cabeza*.

penetrar. Construcción: —*en la casa*; —*por la ventana*.
La construcción *penetrar a la casa* es un americanismo lícito. → **entrar**.

penetrarse. Construcción: —*de sus responsabilidades*.

***penible.** Forma incorrecta; dígase *penable*.

península. Como todos los nombres de accidentes geográficos, se escribe con minúscula inicial: *la península Valdés*. Sólo lleva mayúscula inicial cuando designa a la península Ibérica sin nombrarla: *desembarcamos en la Península*. → **mayúsculas (uso de), C, 2**.

***penitenciería.** Forma incorrecta cuando designa un establecimiento correccional; dígase *penitenciaría*.

Pennsylvania. En español el nombre de este estado de los Estados Unidos es *Pensilvania*.

pensar. 1. V. irreg.; se conjuga como → **acertar, 1**.
2. Construcción: —*en alguien*; —*en hablarle*; —*en, sobre algo*, —*entre sí o para sí*.
Es incorrecto el uso de la preposición *de* delante de *que*: **pienso de que es mejor*; dígase: *pienso que es mejor*. → **dequeísmo**.

pensil, pénsil. La RAE admite las dos acentuaciones, pero prefiere la primera.

***pentacampeón.** Forma incorrecta, aunque muy usada, para designar a quien ha sido cinco veces campeón. El prefijo *penta-* significa 'cinco' y no 'cinco veces'. Dígase *quíntuple campeón*.

pentagrama, pentágrama. La RAE admite las dos acentuaciones, pero prefiere la primera. Conviene evitar la segunda, que no deja de ser una forma poco prestigiosa.

pentatlón. 1. En su sesión del 19 de noviembre de 1970 (*Acuerdos*, IV, 257-60), la AAL se pronunció en favor de la acentuación aguda, **pentatlón**, de esta palabra, y así la ha incorporado la RAE en el DRAE/92. No es correcta, entonces, la acentuación esdrújula **péntatlon*.
2. Evítese la forma etimológica **péntathlon*, ajena a los hábitos gráficos del español.

penthouse. Voz inglesa (pron. [péntjaus]) que puede sustituirse por *ático* (de una casa).

peor. A. Comparativo del adjetivo *malo*. Puede sustituirse, en lengua coloquial, por → **más malo**.
1. En construcción comparativa, lleva *que*: *es peor que su hermano*. Evítese la construcción con *a*: **estos zapatos son peores a aquéllos*. Cuando integra una construcción de superlativo relativo, lleva *de* o *entre*: *es el peor de* (o *entre*) *sus hermanos*.
2. Evítese el uso de la construcción **más peor*: **era más peor volver*; dígase: *era peor volver*. También es incorrecto **muy peor*, pero no *mucho peor*.
3. Existe un diminutivo *peorcito*. → **diminutivos, 2**.
4. → **para peor**.
B. Comparativo y superlativo relativo del adverbio *mal*: *juega peor que sus compañeros; juega peor que todos*.
En esta función, **peor** es siempre adverbio y, por tanto, invariable: *son los peor ubicados* (la construcción **eran los peores ubicados* es incorrecta).

peperina, piperina. En sesión del 13 de octubre de 1977 (*Acuerdos*, VIII, 117-19), la AAL sugirió a la RAE la inclusión en el *Diccionario* oficial, como argentinismo, del término **peperina** y su variante **piperina**, que designan una planta aromática (*Minthostachys verticillata* Griseb.), que se utiliza en la preparación de infusiones. No figuran en el DRAE/92.

peppermint. Palabra inglesa que la RAE ha castellanizado bajo la forma *pipermín*. Así figura en el DRAE/92, con la siguiente definición: "m. Licor de menta que se obtiene mezclando alcohol, menta y agua azucarada."

pequeño. 1. Diminutivos: *pequeñín* y *pequeñuelo*. En la Argentina se usa más *pequeñito*. → **diminutivos, 1**.
2. Comparativo → **menor**.
3. Superlativos: *pequeñísimo* y *mínimo*.
4. El español posee una amplia variedad de sufijos para formar → **diminutivos**. Conviene evitar, siempre que se pueda, la formación de diminutivos perifrásticos con **pequeño**, de influencia francesa: *un pequeño jarrón, una pequeña taza*; es preferible: *un jarroncito, una tacita*.

Pequín. 1. En el DRAE no figura la grafía, muy extendida, *Pekín*.

2. El gentilicio correspondiente a esta ciudad china es *pequinés*. La forma **pekinés* no es académica.

per cápita. Locución adverbial latina que significa 'por cabeza': *renta per cápita; la cena salió cincuenta pesos per cápita*.

percusionista. 1. El DRAE/92 ha incluido este sustantivo con el que se designa a la persona que toca instrumentos de percusión. **2.** Se emplea tanto para masculino como para femenino: *el percusionista, la percusionista*.

perder. 1. V. irreg.; se conjuga como → **tender, 1**. **2.** Construcción: *—al* o *en el juego; —(algo) de vista*.

perderse. Construcción: *—de vista; —en razonamientos inútiles; —por atolondrado*.

perecer. V. irreg.; se conjuga como → **parecer, 1**.

perenne. Evítese la pronunciación viciosa [perémne].

perfeccionable. Este adjetivo no figura en el DRAE/92; dígase *perfectible*.

performance. Palabra inglesa (pron. [perfórmans]) que significa 'ejecución, desempeño, cumplimiento'. Se utiliza frecuentemente en español con los valores de 'hecho notable, hazaña, actuación destacada'. En el lenguaje deportivo señala el resultado obtenido por un deportista o por un caballo de carrera. Es incorrecta la forma **perfomance*.

pergeño, pergenio. La RAE admite las dos formas, pero prefiere la primera.

*pergueñar. Forma incorrecta por *pergeñar* (pron. [perjeñár]).

periferia. Se pronuncia acentuada en la sílaba *fe*. La acentuación **periferia* es incorrecta.

perífrasis. Con *golpe*: → **golpe**; con *pequeño*: → **pequeño, 4**.

período, periodo. La RAE admite las dos acentuaciones, pero prefiere la primera.

periplo. Aunque etimológicamente significa 'viaje por mar, circunnavegación', se aplica, extendiendo su significación, a cualquier viaje, también por tierra o por aire, con regreso al punto de partida. Este uso ha sido convalidado por la RAE en la última edición de su *Diccionario* (1992).

peristilo. Es palabra grave [peristílo]. Es la única, de las varias voces compuestas con el formante *-stilo* (columna), que tiene esta acentuación, las demás son esdrújulas: *diástilo, próstilo, sístilo*, etc.

perito. El femenino es *perita*, por lo que no corresponde decir **la perito*: "El padre juega a descubrir estrellas errantes, y María se hace perita en ellas [...]" (M.E. Walsh, *Novios*, 270).

peritoneo. Es palabra llana [peritonéo]. La acentuación esdrújula [peritóneo] es incorrecta.

perjudicial. Construcción: *—a* o *para la salud*.

perjuicio, prejuicio. Debe tenerse cuidado en no confundirlas: **perjuicio** significa 'daño'; **prejuicio**, en cambio, es 'juicio u opinión sobre algo antes de tener cabal conocimiento de ello'.

perlé. Voz francesa que la RAE ha incorporado al español e incluido en el DRAE/92 con la siguiente definición: "m. Fibra de algodón mercerizado, más o menos gruesa, que se utiliza para bordar, hacer ganchillo, etc."

permanecer. V. irreg.; se conjuga como → **parecer, 1**.

permisividad. El DRAE/92 añade la acepción 'tolerancia excesiva' con que se venía usando esta palabra.

permiso. Construcción: *—para salir*.

permutar. Construcción: *—una cosa con* o *por otra*.

pero. Evítese su empleo galicista como sinónimo de *sino*: **entonces me di cuenta de que la casa no estaba derruida, pero solamente desmantelada*.

Perogrullo. 1. Se escribe con mayúscula inicial: *verdad de Perogrullo*, pero no sus derivados *perogrullada* y *perogrullesco*. **2.** La grafía **Pero Grullo* es incorrecta.

perpetuar. Para su acentuación, → **atenuar**.

Perpignan. El nombre de esta ciudad francesa se escribe, en español, *Perpiñán*.

per se. Expresión latina que significa 'por sí mismo': "Y si bien la reflexión del senador peronista tiene asidero 'per se', hay un elemento que la refuerza [...]" (*La Nación*, 5-10-92, pág. 6).

perseguir. V. irreg.; se conjuga como → **pedir, 1**.

persistir. Construcción: *—en el error*.

persona bien. → **bien, 3**.

persuadido. Se construye con la preposición *de*: *¿estás persuadido de mis razones?; quedé persuadido de que no era posible entrar*.

persuadir(se). Construcción: *—a* o *para hacer algo; —a alguien de algo; —con buenas razones*.

Cuando este verbo está complementado por una proposición sustantiva introducida por *que*, lleva la preposición *de*: *me he persuadido de que tenías razón*.

pertenecer. V. irreg.; se conjuga como → **parecer, 1**.

pertrecharse. Construcción: *—con, de lo indispensable*.

pervertir. V. irreg.; se conjuga como → **sentir, 1**.

*pesceto, *pesheto. → **peceto**.

pese a. Locución prepositiva que equivale a *a pesar de*. Cuando le sigue una proposición encabezada por la conjunción *que*, debe mantenerse la preposición *a*: *salimos, pese a que llovía* (no, **pese que llovía*).

peso pluma. Plural: *pesos pluma*, → **carta poder**.

pespuntar, pespuntear. La RAE admite las dos formas, sin indicar preferencia.

Pestalozzi. El adjetivo correspondiente al nombre de este pedagogo suizo es *pestalociano*.

pesticida. El DRAE/92 incorpora este vocablo con la siguiente definición: "adj. Que se destina a combatir plagas. Ú. t. c. s."

pesto. En junta del 6 de octubre de 1983 (*Acuerdos*, X, 147-49), la AAL solicitó a la RAE la inclusión de este sustantivo en el *Diccionario* oficial con las siguientes definiciones: "Salsa compuesta de albahaca, ajo y nuez machacados que se liga con aceite. // 2. fig. y vulg. *paliza*." Esta voz no figura en el DRAE/92.

pesuña, pezuña. La RAE admite las dos grafías, sin indicar preferencia.

peticionante. En sesión del 8 de setiembre de 1977 (*Acuerdos*, VII, 106-11), la AAL solicitó a la RAE la inclusión de este vocablo en el *Diccionario* mayor. No figura en el DRAE/92, que registra *peticionario*, palabra de escaso uso en la Argentina.

petizo, petiso. La RAE admite ambas grafías, pero prefiere la primera. En la Argentina se emplean indistintamente: "[...] llenándose de más mañas que un petiso viejo." (J.B. Ambrosetti, "El abuso de la historia", en TCAH, 14); "El peoncito Jacobo, [...] trenza la cola del petizo amaestrado por él." (A. Gerchunoff, *Los gauchos judíos*, 15).

petrodólar. El DRAE/92 incluye este vocablo con la siguiente definición: "m. Unidad monetaria empleada para cuantificar las reservas de divisas acumuladas por países productores de petróleo, y especialmente las depositadas en bancos europeos."

petroleoquímica, petroquímica. La RAE admite las dos palabras, con preferencia por la primera, para designar la industria que utiliza el petróleo o el gas natural como materias primas para la obtención de productos químicos. La forma **petroquímica** fue admitida por la RAE en el DRAE/92, y es la que se emplea corrientemente en la Argentina.

petroquímica. → **petroleoquímica**.

peyorativo. La RAE ha incluido en el DRAE/92 la siguiente acepción de este adjetivo: "Dícese de aquellas palabras o modos de expresión que indican una idea desfavorable."

pez. Diminutivos: *pececillo, pececito* y *pecezuelo*.

pez espada. Plural: *peces espada*. → **carta poder**.

pezuña. → **pesuña**.

Philadelphia. El nombre de esta ciudad norteamericana se escribe, en español, *Filadelfia*.

piafar. Suele emplearse corrientemente este verbo como sinónimo de *relinchar*. No es éste, sin embargo, su significado académico, sino 'alzar el caballo una mano dejándola caer con fuerza y rapidez'.

piamadre. De acuerdo con la norma 6ª de las *Nuevas normas* de la RAE, esta palabra debe escribirse sin ningún acento ortográfico. → **acentuación ortográfica, II, J**.

piar. 1. Para su acentuación, → **enviar, 1**. 2. Las formas *pío, pían, pié, pió*, etc. son bisílabas y deben escribirse con tilde.

picada. La RAE ha incorporado, en el DRAE/92, una nueva acepción de esta palabra: "*Argent*. **tapa**, acompañamiento de una bebida por lo común alcohólica."

picadero. Por sugerencia de la AAL (*Acuerdos*, X, 111-13), la RAE incluyó, en el DRAE/92, una nueva acepción de esta palabra: "*Argent*. Pista de arena en el circo." La AAL había propuesto como definición: "pista o arena del circo", que parece más adecuada.

picárselas. La RAE ha incluido, en el DRAE/84, esta locución verbal con la siguiente definición: "fig. *Argent.* y *Perú*. Irse, por lo común rápidamente." Aunque el DRAE no lo aclare, en la Argentina al menos, se la considera vulgar.

Picasso. El adjetivo correspondiente al nombre de este pintor español es *picasiano* (DRAE/92).

picazón. Es sustantivo femenino: *la picazón*.

pichincha, pichinchero. Por sugerencia de la AAL (*Acuerdos*, VI, 180-84), la RAE ha incluido estas voces en el DRAE/92 con las siguientes definiciones: "(Del port. *pechincha*.) *Argent*. Ganga, ocasión" y "m. y f. *Argent*. Persona que busca pichinchas", respectivamente.

pichulear. Por sugerencia de la AAL (*Acuerdos*, VIII, 68-72), la RAE ha modificado de la siguiente manera, en el DRAE/92, la redacción de la segunda acepción de esta palabra: "*Argent.* y *Urug*. Buscar afanosamente ventajas o ganancias pequeñas en compras o negocios." Así mismo ha incorporado los derivados *pichuleador, pichuleo* y *pichulero*, con los significados que son fácilmente deducibles.

picnic. Palabra inglesa muy corriente en español. A pesar de los sustitutos propuestos: *jira, comida a escote, comida campes-*

tre, día de campo, se sigue empleando **picnic**, plural *picnics*: "[...] románticos picnics en islas del Tigre [...]" (M.E. Walsh, *Novios*, 115).

pie. 1. El sustantivo **pie** es monosílabo y no lleva tilde. → **acentuación ortográfica, I, E.** *Pié*, en cambio, es una forma verbal bisílaba (pi-é) y le corresponde llevar tilde por ser aguda terminada en vocal (→ **piar**).
2. Plural: *pies*. Evítese cuidadosamente el doble plural **pieses*, considerado vulgar.
3. Diminutivos: *pecezuelo, piececico, piececillo, piececito, piecezuelo*. En la Argentina se emplea casi exclusivamente *piecito*. → **diminutivos, 1.**
4. → **de a pie; de pie; en pie.**

piedra. Diminutivos: *pedreta, pedrezuela, piedrecita, piedrecilla* y *piedrezuela*. En la Argentina se emplea casi exclusivamente *piedrita*: "Usábamos piedritas escondidas en la mano [...]" (J. Cortázar, *Final del juego*, 184). → **diminutivos, 1.**

*piedrazo, *pedrazo. Formas incorrectas por *pedrada*: "El tiempo en que estallaban por piedrazos las ventanillas de los trenes [...]" (*Página/12*, 24-9-91, pág. 12).

piel roja. Plural: *pieles rojas*. Es incorrecto dejar invariado el plural: "[...] recomendó hoy una antigua medicina natural utilizada por los piel roja [...]"; "[...] según la fórmula tradicional de los piel roja [...]" (*Clarín*, 22-10-88, pág. 27).

pierna. 1. Diminutivos: *perneta, pernezuela, piernecita*. En la Argentina se emplea casi exclusivamente *piernita*: "[...] monigotes negros de piernitas flacas [...]" (L. Devetach, *La torre*, 89). → **diminutivos, 1.**
2. La RAE añadió, en el DRAE/92, como argentinismos, las siguientes acepciones de esta voz: "Figura que en el juego del póquer se forma con tres cartas del mismo valor"; "com. Cada uno de los individuos que se reúnen para jugar, particularmente a la baraja"; "Persona dispuesta a prestar compañía" y "Persona lista, avispada".

pieza. Diminutivos: *pecezuela, piececita, piecezuela*. En la Argentina se usa casi exclusivamente *piecita*: "Joaquín construyó una piecita sin presentar los planos a la municipalidad [...]" (R. Arlt, "Pequeños propietarios", en VCHA, 141). → **diminutivos, 1.**

pifiar. Para su acentuación, → **abreviar.**

pijama. → **piyama.**

pilca. → **pirca.**

pilcha. El DRAE/92 ha incorporado una nueva acepción de este vocablo: "*Argent.* Prenda de vestir, particularmente si es elegante y cara. Ú. m. en pl."

piloto. Según la RAE es sustantivo masculino, por lo que los adjetivos que lo modifiquen tendrán que tomar el género masculino. No es académico el siguiente texto: "[...] Myriam Stefford, piloto loca cuyo monumento había visto en las sierras de Córdoba [...]" (M.E. Walsh, *Novios*, 157). Indudablemente, la RAE deberá cambiar la calificación de masculino por la de común de dos.

pimpón, ping-pong, tenis de mesa. La RAE admite las tres denominaciones de este juego, pero prefiere la primera. No obstante, **ping-pong** es la más usual.

pinchadiscos. La RAE ha incluido esta voz en el DRAE/92 con la siguiente definición: "com. Persona encargada del equipo de sonido de una discoteca y de la selección de las piezas." Es la palabra que se propone como traducción del inglés *disc-jockey*, que es la realmente usada.

pinchar. El DRAE/92 ha incluido la acepción 'intervenir un teléfono' con que suele emplearse este verbo.

pinche. En la Argentina suele usarse indebidamente en lugar de *pincho*, 'punta aguda de hierro u otro material'.

ping-pong. → **pimpón.**

pingüinera. La RAE ha incorporado este sustantivo en el DRAE/92 con la siguiente definición: "*Argent.* Lugar de la costa donde los pingüinos se reúnen en la época en que hacen los nidos y en la de la cría."

pintalabios. El DRAE/92 ha incorporado este sustantivo con la siguiente definición: "m. Cosmético usado para colorear los labios que se presenta generalmente en forma de barra guardada en un estuche." En la Argentina esta denominación es inusitada; se emplea corrientemente *lápiz de labios* (admitida por la RAE) o la voz francesa *rouge*.

pintar. Construcción: —*al pastel*; —*a la acuarela*; —*de rojo*.

pintarrajar, pintarrajear. La RAE admite ambas formas, pero prefiere la primera. Con el valor de 'pintarse o maquillarse mucho y mal', el DRAE/92 registra sólo *pintarrajearse*.

pinza. Para designar una unidad del instrumento que sirve para sujetar cosas, puede emplearse tanto el singular como el plural: *la pinza, las pinzas*.

pío. Superlativo: *piísimo* (literario); *muy pío* (coloquial).

pipermín. → **peppermint.**

pipí, pis. 1. La RAE admite las dos formas, pero prefiere la primera.
2. Las dos son masculinas: *el pipí, el pis*.

pipiar. Para su acentuación, → **enviar, 1.**

pique. El DRAE/92 ha añadido las siguientes acepciones de esta palabra: "*N. Argent., Nicar.* y *Par.* Senda estrecha que se abre en la selva" y "*Argent.* En competencias, y refiriéndose por lo común a animales y automotores, aceleración inicial".

pirámide. Por sugerencia de la AAL (*Acuerdos*, IX, 155-57), la RAE incluyó en el DRAE/92 la siguiente acepción de esta voz: "*Arq.* Monumento, por lo común de piedra o ladrillo, con forma de **pirámide**. *Las pirámides egipcias. Las pirámides aztecas.*"

pirata. 1. La RAE considera masculino este sustantivo. En consecuencia, los adjetivos que lo modifiquen deberán tener la forma masculina. Por ello, no es académico el siguiente texto: "Otra pirata de esos mares fue Anne Bonney, que era una irlandesa resplandeciente [...]" (J.L. Borges, *Historia*, 42). → **piloto**.
2. El DRAE/92 incorpora una nueva acepción: 'clandestino': *edición pirata*.

pirata aéreo. → **aeropirata**.

pirca, pilca. La RAE admite las dos formas, sin indicar preferencia.

pírex. (De *Pyrex*, marca registrada). Nombre de un tipo de vidrio muy resistente que puede llevarse al fuego. En la pronunciación corriente es palabra llana y debe escribirse con tilde. No figura en el DRAE/92.

Pirineos. 1. Se usa en plural: *los Pirineos*; su empleo en singular, *el Pirineo*, es propio del lenguaje literario.
2. El adjetivo correspondiente es *pirenaico*.

*pirinola. Forma incorrecta por *perinola*.

piromancia, piromancía. La RAE admite las dos acentuaciones, pero prefiere la primera.

pirulí. Su plural casi exclusivo es *pirulís* (*Esbozo*, 2. 3. 3, c). → **rubí**.

pis. → **pipí**.

pisadero. La RAE ha incorporado este sustantivo en el DRAE/92 con la siguiente definición: "m. rur. *Argent.* Lugar donde se pisa el barro para la fabricación de adobe."

pispar, pispiar. Por sugerencia de la AAL, la RAE ha incorporado el verbo **pispar** y su variante **pispiar** en el DRAE/92, con la siguiente definición: "tr. *Argent.* Indagar, oír, u observar curioseando."
Según M. Morínigo (*Diccionario*), la forma **pispar** se emplea además en Chile, Paraguay y Uruguay.

pistilo. Es voz llana [pistílo]; la acentuación esdrújula, **pístilo*, es errónea.

pitecántropo. Es palabra esdrújula; la acentuación grave [pitekantrópo] es errónea.

pitiriasis. Es palabra grave: lleva acento prosódico en la *a*; la acentuación esdrújula **pitiríasis* es incorrecta. → **-iasis**.

pituco. La RAE ha incluido este adjetivo en el DRAE/92, con la nota de poco usado

y la siguiente definición: "Dícese del petimetre. Ú. t. c. s." Esta voz, que efectivamente está cayendo en desuso, se emplea en la Argentina, Chile, Paraguay, Perú y Uruguay.

piyama, pijama. 1. La RAE admite las dos formas, pero prefiere la segunda, que es la usual en España: "[...] no quiero ponerme el pijama [...]" (C. Rico-Godoy, *Cómo ser una mujer*, 87); "El pijama debe de estar en el neceser." (C.J. Cela, *El bonito crimen*, 70).
En América es más frecuente la primera forma: "Si estuviese en mi casa ya me hubiera sacado el piyama." (A.M. Shúa, *Soy paciente*, 7); "[...] él iba vestido con una especie de piyama callejero de algodón crudo." (G. García Márquez, *Doce cuentos*, 115); "[...] le hizo poner el piyama y meterse en la cama." (J. Cortázar, *Todos los fuegos*, 87); "[...] eran espectros en piyamas grises [...]" (M.E. Walsh, *Novios*, 258), y aun cuando se escriba **pijama** ("[...] de blusa bordada o saco pijama [...]" [B. Kordon, *Sus mejores cuentos*, 10]), se suele pronunciar [piyáma].
2. Ambos vocablos son masculinos, pero en algunas regiones de América se usan como femeninos: *la piyama*, por influencia, sin duda, de la terminación del sustantivo.
3. No corresponde usar, en singular, la forma **pijamas*, que no deja de ser un remedo del inglés *pyjamas*: "Todos hablan del misterioso pijamas [...]" (*Clarín*, 13-3-88, pág. 32).

pizza, pizzería. La RAE ha incorporado estas palabras al español con la grafía original italiana, que es la que se usa corrientemente: "[...] afirma extrañar la pizza y ciertas calles de la ciudad." (A. M. Shúa, *Soy paciente*, 116); "Sito trabajaba en una pizzería del barrio [...]" (B. Verbitsky, *Octubre maduro*, 51).

pizzicato. La RAE ha incorporado esta palabra al español con la grafía original italiana.

placard. 1. Voz francesa que significa 'armario empotrado', 'armario fijo': "[...] empezó a colgar los trajes en las perchas del placard [...]" (A. Cancela, *Historia*, I, 26).
2. El plural corriente es *placares* entre hispanohablantes.

pláceme. Es más frecuente su uso en plural: *los plácemes* (*Esbozo*, 2. 3. 4, a).

placer. V. irreg.; se conjuga como → **parecer, 1**, pero presenta peculiaridades. Como puede verse en el cuadro, algunas personas tienen dos formas (y hasta tres). Es de advertir que las formas con -g- (*plugo, pluguiera*, etc.) son exclusivamente literarias y no se emplean en la lengua hablada. El *Esbozo* (2. 12. 5, **[Q]**) registra la

---

PLACER
(conjugación de los tiempos irregulares)

MODO INDICATIVO

Presente	*Pret. perf. simple*
plazco	plací
places	placiste
place	plació (o plugo)
placemos	placimos
placéis	placisteis
placen	placieron

MODO SUBJUNTIVO

Presente	*Pret. imperf.*	*Futuro*
plazca	placiera/placiese	placiere
plazcas	placieras/placieses	placieres
plazca (o plega o plegue)	placiera/placiese (o pluguiera/pluguiese)	placiere (o pluguiere)
plazcamos	placiéramos/placiésemos	placiéremos
plazcáis	placierais/placieseis	placiereis
plazcan	placieran/placiesen	placieren

---

forma *plegue*, que Bello (*Gramática*, § 561) y A. Alonso (*Gramática*, segundo curso, 147) critican como errónea.

plácet. **1**. El DRAE/92 ha incluido esta palabra, usual en el lenguaje diplomático, con la siguiente definición: "m. Aprobación, opinión favorable." **2.** Contra lo que suele creerse, no es palabra francesa, sino latina (forma verbal que significa 'agrada'). Es voz llana, debe pronunciarse la -t final y lleva tilde (→ **acentuación ortográfica, III, A**): "El gobierno español otorgó el plácet para la designación de [...]" (*La Nación*, 28-6-93, pág. 9). **3.** Carece de forma propia de plural: *el plácet, los plácet* (*Esbozo*, 2. 3. 2, c).

plafón. La RAE ha añadido, en el DRAE/92, dos nuevas acepciones de esta voz: "Adorno en la parte central del techo de una habitación, en el cual está el soporte para suspender la lámpara" y "Lámpara plana traslúcida, que se coloca pegada al techo para disimular las bombillas."

plafond. Voz francesa que la RAE ha hispanizado bajo la forma → **plafón**.

plagar. Construcción: —*de citas un texto*.

plagarse. Construcción: —*de ratas la ciudad*.

*plagiador. El DRAE no registra este vocablo; dígase *plagiario*.

plagiar. **1**. Para su acentuación, → **abreviar**. **2.** La RAE admite el significado de 'raptar, secuestrar' (a una persona) como americanismo. En la Argentina este valor es desconocido, salvo por los doblajes de la televisión.

*plantal. El DRAE no registra este vocablo; dígase *plantar*: *callo plantar*.

planta piloto. Plural: *plantas piloto*. → **carta poder**.

plantel. Por sugerencia de la AAL (*Acuerdos*, X, 203-06), fueron incluidas en el DRAE/92, como argentinismos, las siguientes acepciones de este sustantivo: "Conjunto de animales seleccionados pertenecientes a un establecimiento ganadero"; "Personal con que cuenta una institución" y "Conjunto de integrantes de un equipo deportivo".

planteo. La RAE ha incluido este argentinismo en el DRAE/92 con la siguiente definición: "Protesta, exigencia colectiva o individual."

plañir. Para su conjugación, → **bullir**.

-plastia. Evítese la acentuación **-plastía* en las voces formadas con este sufijo: *rinoplastia*.

plastificar. La RAE ha incorporado este verbo en el DRAE/92 con la siguiente definición: "Recubrir con una lámina de material plástico, papeles, documentos, telas, gráficos, etc." Incluyó también *plastificación* y *plastificado*, con los significados que son fácilmente deducibles.

Plata. → **río de la Plata**.

plató. 1. Hispanización de la voz francesa *plateau*, admitida por la RAE.
2. Plural: *platós*.

plato extra. → **extra**, 3.

plausible. Significa 'digno de aplauso' y 'atendible, recomendable'. Es incorrecto su empleo como sinónimo de *posible*.

play-back. Palabra inglesa que significa 'interpretación mediante mímica de un sonido grabado con anterioridad'. La RAE da como equivalente el sustantivo *previo*, voz de escaso uso. Podría emplearse también *pregrabado*, aunque no la registra el DRAE/92.

playboy. Voz inglesa con la que se designa al hombre atractivo y mundano que busca la conquista de mujeres, generalmente ricas o famosas, y la vida fácil. Podría sustituirse, en algunos casos, por *donjuán*.

playero. La RAE ha incluido en el DRAE/92, como argentinismo, la siguiente acepción: "Peón encargado de una playa de estacionamiento o de maniobras."

plaza. 1. Se escribe con minúscula inicial, salvo cuando es nombre propio: *plaza Lavalle*; "[...] cerca ya de la plaza de Chamberí [...]" (C.J. Cela, *La colmena*, 152); "[...] se sentó en un banco de piedra de la plaza de los Dos Congresos." (M. Denevi, *Música*, 75). En la Argentina es tradicional escribir Plaza de Mayo: "No sé qué hacen aquí, tan lejos de Plaza de Mayo." (A.M. Shúa, *Soy paciente*, 29); "A mí me gusta mucho la Plaza de Mayo [...]" (J. Cortázar, *Final del juego*, 153).
2. Con los nombres de plazas y de parques se está extendiendo la omisión de la preposición *de* que exige el español tradicional (salvo cuando el nombre de la plaza o parque es un adjetivo): *plaza de Santa Ana*. En la Argentina, la omisión se ha generalizado: *plaza España, parque Lezama*, pero en algunos pocos casos se ha mantenido la preposición: *plaza de Mayo, parque de los Patricios*.
3. Diminutivos: *placeta* y *plazuela*, pero en la Argentina y Uruguay se emplea exclusivamente *placita*: "El indio Panta ya no vuelve, pero su sombra ha cruzado muchas veces en las noches de luna por la placita del pueblo [...]" (J.V. González, *Mis montañas*, 20); "Busqué algunas placitas de mi infancia, que eran de puro barro [...]" (E. Galeano, *Contraseña*, 101). → **diminutivos**, 1.

pleamar, plenamar. 1. La RAE admite las dos formas, pero prefiere la primera.
2. El género de ambas palabras es femenino: *la pleamar, la plenamar*.

plegar. V. irreg.; se conjuga como → **acertar**, 1. Así lo considera Bello (*Gramática*, § 523), pero el *Esbozo* (2. 12. 3, **[B]**) dice que se ha usado y se usa también sin diptongar (plego).

pleitear. Construcción: —*con* o *contra alguien*.

-plejía, -plejia. La RAE admite *hemiplejía* y *hemiplejia, paraplejía* y *paraplejia* (con preferencia por las formas con hiato), pero sólo *apoplejía*. *Cuadriplejía, diplejía, monoplejía* y *tetraplejía* no figuran en el DRAE/92, aunque sí en el Dorland.

plenamar. → **pleamar**.

pleonasmo. Figura de construcción que consiste en emplear palabras que no son necesarias para el sentido cabal de la oración, pero que le agregan gracia, fuerza o expresividad: *lo oí con mis propios oídos; volaba por los aires*.
No debe confundirse con la *redundancia*: sobra o repetición de palabras sin intención expresiva.

*plesbicito. Forma errónea por *plebiscito*.

pléyade. 1. Es sustantivo femenino: *la pléyade*.
2. El DRAE/92 no registra las formas *pléyada* (admitida por M. Moliner en su *Diccionario*), *pleyades* o *pléyadas*, para designar un grupo de personas famosas, generalmente escritores, de una misma época.

plomero. La RAE admite este término, de uso corriente en América y Andalucía. En el español estándar de la Península se dice *fontanero*: "Soy obrero. Plomero o fontanero, según los países." (M. Benedetti, *Primavera*, 64).

pluma cucharita. Plural: *plumas cucharita*, mejor que *plumas cucharitas*: "[...] dos plumas cucharitas, un cuaderno borrador [...]" (E. Belgrano Rawson, *No se turbe*, 116). → **carta poder**.

plural (formación del). Las reglas de formación del plural son comunes a sustantivos y adjetivos (nombres).

I. REGLAS GENERALES DE FORMACIÓN DEL PLURAL
En español existen tres procedimientos para formar el plural de los nombres: añadir -*s*, añadir -*es* o dejar el nombre invariado. La adopción de uno u otro procedimiento depende del sonido final de la palabra y de su estructura acentual.
A. Nombres terminados en consonante
1. Los nombres terminados en consonante añaden -*es*: *verdad / verdades, lateral / laterales, álbum / álbumes, galpón / galpones, reloj / relojes, cortés / corteses, compás / compases, mes / meses, cantor / cantores, carcax / carcaxes*.

a) Los nombres terminados en -z cambian además la z en c: *feliz / felices, cruz / cruces*.
b) Los sustantivos terminados en -c cambian la c en *qu* para mantener el sonido final del singular: *vivac / vivaques, frac / fraques, coñac / coñaques*.
c) Cambian de lugar el acento al pasar al plural los siguientes sustantivos: *carácter / caracteres, espécimen / especímenes, régimen / regímenes*.
2. Quedan invariables los nombres no agudos terminados en -s y en -x: *el / los lunes, la / las crisis, el / los análisis, el / los tórax*, y los sustantivos terminados en -s precedida de otra consonante: *el / los fórceps, el / los bíceps*.
B. *Nombres terminados en vocal*
1. Nombres terminados en vocal inacentuada: añaden -s: *mesa / mesas, alegre / alegres, camino / caminos*.
2. Nombres terminados en vocal acentuada:
a) Nombres terminados en -*á, -í, -ú* acentuadas: toman, en lenguaje cuidado, el morfema -*es*: *ananá / ananaes, alelí / alelíes, ombú / ombúes*. Sin embargo, en la lengua coloquial se usa corrientemente el morfema -*s* (*ananás, alelís, ombús*), y ésta es la tendencia actual del idioma, especialmente en lo que se refiere a los nombres terminados en -*í* (excepto los gentilicios: *iraníes, israelíes*, etc.).
Los sustantivos *mamá, papá* y *sofá* forman su plural con -s: *mamás, papás, sofás*. Hay que advertir que algunos plurales son más frecuentes en -s que en -es (y viceversa); ello se aclara en los artículos correspondientes de este *Diccionario*.
b) Nombres terminados en -*é* y -*ó*: han consolidado el plural en -s: *café / cafés, dominó / dominós*.
3. Nombres terminados en diptongo con -y:
a) Por regla general añaden -*es*: *rey / reyes, ley / leyes, convoy / convoyes, aguaribay / aguaribayes, ñandubay / ñandubayes*.
b) Algunos nombres en -*ay*, -*ey* agregan -*s*, previo cambio de y por i: *estay / estáis, jersey / jerséis*.
C. *Plural de los compuestos*
No existen reglas fijas para formar el plural de estas palabras. Pueden presentarse cuatro casos:
1. Pluralizan el último elemento: *ferrocarril / ferrocarriles, montepío / montepíos*. También los adjetivos compuestos: *estudios teórico-prácticos, escritores hispanoamericanos*.
2. Pluralizan el primer elemento: *cualquiera / cualesquiera, hijodalgo / hijosdalgo*.
3. Pluralizan ambos elementos: *casaquinta / casasquintas, gentilhombre / gentileshombres*.

4. Quedan invariables: *el / los sacacorchos, el / los paraguas, el / los lavarropas*.
(En los artículos respectivos de este *Diccionario* se encontrarán los plurales de los compuestos más frecuentes.)
II. PLURAL DE LOS APELLIDOS
1. Se pluralizan, según las reglas generales, los apellidos cuando se emplean en sentido genérico: *no abundan hoy los Góngoras ni los Calderones*.
2. Cuando se pluraliza para indicar una familia, se deja invariable el apellido: *vinieron los Heredia*.
3. Reciben sufijo de plural los nombres históricos latinos y los nombres de dinastías: *los Escipiones, los Curcios, los Gracos, los Austrias, los Borbones, los Habsburgos*.
4. Los apellidos extranjeros quedan invariables: *los Mozart, los Shakespeare* (se pueden exceptuar algunos apellidos italianos, sobre todo de personajes antiguos: *los Ariostos*).
5. En todos los demás casos existe vacilación: numerosos autores antiguos y modernos pluralizan los apellidos y muchos otros no lo hacen. La tendencia actual de la lengua señala preferencia por dejar invariados los apellidos: *los Machado* (y, sin duda alguna, cuando el apellido va precedido de la palabra *hermanos*: *los hermanos Machado*).
III. PLURAL DE SUSTANTIVOS GRIEGOS Y LATINOS
En el cuerpo de este *Diccionario* se consideran en particular la mayoría de los sustantivos griegos y latinos usados en español. Como norma general puede decirse que la mejor solución es dejarlos invariados: *el / los memorándum, el / los déficit, el / los polisíndeton*.
IV. PLURAL DE PALABRAS EXTRANJERAS
(sobre todo inglesas y francesas)
Muchas palabras extranjeras, al castellanizarse, sufrieron modificaciones que favorecen su pluralización de acuerdo con las normas del español: fr. *carnet, chalet* fueron castellanizadas *carné, chalé*, plural *carnés, chalés*.
Otras palabras extranjeras, no castellanizadas, que contienen grupos consonánticos finales extraños al español, constituyen un problema, para el que se han propuesto dos soluciones: a) agregar -s (como generalmente en la lengua original): *los tests, los shocks*; b) dejar inflexionado el plural: *los test, los shock*, dado que el artículo, o cualquier otro adjetivo acompañante, alcanza para establecer la pluralidad. Como el problema es fundamentalmente gráfico y no fonético (ya que no se pronuncia la -s final de estos grupos consonánticos complejos) es más

razonable adoptar la segunda solución, que parece propiciar la RAE: "El empleo de nombres extranjeros no espa ñolizados posee también en parte el car ácter de cita, cita de una palabra de otra lengua, como lo prueba la frecuente escritura en bastardilla o entre comillas. Por eso cuando se emplean en plural es preferible [...] escribirlos en singular antes que acudir a un morfema extraño a nuestros usos." (*Esbozo*, 2. 3. 5, a), que es el criterio que se ha adoptado en este *Diccionario*.

plus. El plural de este sustantivo es *pluses*: "[...] y harán caer, total o parcialmente, los pluses por productividad y presentismo." (*Página / 12*, 10-11-92, pág. 8).

plusmarquista. La RAE ha incluido este sustantivo en el DRAE/92 con la siguiente definición: "com. Persona que ostenta la mejor marca en una especialidad atlética."

pluviómetro, pluvímetro. La RAE admite las dos formas, pero prefiere la primera.

pn-, -pn-. La RAE ha simplificado el grupo **pn-** inicial procedente del griego *pneuma* (soplo, respiración): *neumogástrico, neumotórax*, etc. El DRAE no registra las formas con *p*: **pneumogástrico, *pneumotórax*, etc. En cuanto al grupo -**pn-** interior, se mantiene la *p* en *apnea*, pero no en *disnea*.

poblada. → **pueblada**.

poblar. V. irreg.; se conjuga como → **sonar**.

pobre. Superlativos: *paupérrimo* (literario) y *pobrísimo* (coloquial).

poco. **1**. Como adjetivo es variable: *tiene pocos amigos*; como adverbio, invariable: *éramos poco amigos*.
2. → **a poco; a poco de; de a; por poco; una poca de**.

poder. **1**. Verbo irregular (ver cuadro). Tiene cuatro raíces: *pod-, pued-, pud-* y *podr-*. Evítese cuidadosamente la forma incorrecta **puédamos*, en lugar de *podamos*.
2. *No puede venir, puede no venir*. No significan lo mismo: la primera construcción indica imposibilidad (= le es imposible venir); la segunda presenta el hecho como posible (= quizá no venga).
3. → **pueda (ser) que**.

podiatra. La acentuación **podíatra* es incorrecta. → **-iatra, -íatra**.

podio, pódium. **1**. La RAE admite las dos formas, pero recomienda la primera.
2. El DRAE/92 no atilda la voz **pódium**, lo que no es coherente con la grafía de otras voces latinas en el mismo *Diccionario*. → **acentuación ortográfica, III, A**.

podredumbre, pudredumbre. La RAE admite ambas formas, pero prefiere la primera y considera anticuada **pudredumbre**, usual en América.

podrir. → **pudrir**.

poeta. El femenino es *poetisa*: "En 1938 apareció su antología poética, en la que la poetisa [Alfonsina Storni] seleccionó su obra." (J. Pinto, *Breviario*,146); "Su vigor —vigor de poeta más que de poetisa— no se debe a las cosas que canta." (E. Anderson Imbert, *Historia*, 331); "Más vale dejar en el silencio lo que la poetisa y la mujer quisieron dejar en el silencio." (R. Xirau, *Sor Juana Inés de la Cruz*, 158); "A principios de 1920 la poetisa hace su primer viaje a Montevideo [...]" (C. Nalé Roxlo, *Alfonsina Storni*, 89); "Por centenares se cuentan las imitadoras de estas poetisas [...]" (P. Henríquez Ureña, *Las corrientes literarias*, 267); "La poetisa representa el mejor estilo [...]" (C. M. Bowra, *Historia de la lit. griega*, trad. de Alfonso Reyes, 45); "Ella no es poetisa en el papel." (W. Schadewaldt, *Safo*, trad. de M.R. Labastie de Reinhardt, 121), y se podrían multiplicar los ejemplos.

No obstante, por razones que poco tienen que ver con la gramática, se va abriendo paso hoy el uso de *poeta*, como forma femenina: "Es difícil, muy difícil, separar en el caso de Delmira Agustini, la verdad de la leyenda; el poeta, de la mujer [...]" (L.A. Sánchez, *Escritores*, II, 232).

La AAL considera que *poetisa* es el único femenino correcto (*Acuerdos*, III, 240).

poetisa. → **poeta**.

pogrom. Palabra rusa (de *po-*, completamente, y *gromit*, destruir), que la RAE ha españolizado en *pogromo*: "Usted trata de exonerarse con esa recordación del pogromo de noviembre pero envía a otros a pogromos." (*Clarín*, 11-11-88, pág. 30).

poker. Voz inglesa que designa cierto juego de naipes. La RAE la ha hispanizado bajo la forma *póquer*. De todos modos, la grafía original **poker** goza de prestigio internacional. Evítese la castellanización a medias *póker*.

pólder. Voz de origen holandés, incorporada al español. El plural es *pólderes* (evítese el plural anómalo **pólders*).

polichinela, pulchinela. La RAE admite las dos formas, sin indicar preferencia. En la Argentina es más frecuente la primera.

policíaco, policiaco. La RAE admite las dos acentuaciones, pero recomienda la primera. → **-íaco, -iaco**.

policlínica. Voz con que se designa el establecimiento privado provisto de diversas especialidades médicas y quirúrgicas. En la Argentina se emplea corrientemente la forma **policlínico*, que el DRAE no registra.

policromo, polícromo. La RAE admite las dos acentuaciones, pero prefiere la primera, que es la más usual.

poliéster. **1**. Por sugerencia de la AAL

P O D E R
(conjugación de los tiempos simples)

MODO INDICATIVO

Presente	Pret. imperf.	Pret. perf. simple	Futuro	Condicional
puedo	podía	pude	podré	podría
puedes	podías	pudiste	podrás	podrías
puede	podía	pudo	podrá	podría
podemos	podíamos	pudimos	podremos	podríamos
podéis	podíais	pudisteis	podréis	podríais
pueden	podían	pudieron	podrán	podrían

MODO SUBJUNTIVO

Presente	Pretérito imperfecto	Futuro
pueda	pudiera/pudiese	pudiere
puedas	pudieras/pudieses	pudieres
pueda	pudiera/pudiese	pudiere
podamos	pudiéramos/pudiésemos	pudiéremos
podáis	pudierais/pudieseis	pudiereis
puedan	pudieran/pudiesen	pudieren

MODO IMPERATIVO
(poco usado por significación)

Presente

puede
poded

FORMAS NO PERSONALES

Infinitivo	Gerundio	Participio
poder	pudiendo	podido

(*Acuerdos*, IX, 183-85), la RAE ha incluido este sustantivo, hispanización del inglés *polyester*, en el DRAE/92, con la siguiente definición: "m. *Quím.* Resina termoplástica obtenida por polimerización del estireno, y otros productos químicos. Se endurece a la temperatura ordinaria y es muy resistente a la humedad, a los productos químicos y a las fuerzas mecánicas. Se usa en la fabricación de fibras, recubrimientos de láminas, etc."
2. Plural: *poliésteres*.

polietileno. La RAE ha incluido este sustantivo en el DRAE/92 con la siguiente definición: "(De *poli-* y *etileno*.) m. Polímero preparado a partir de etileno. Se emplea en la fabricación de envases, tuberías, recu-

brimientos de cables, objetos moldeados, etc."

polifagia. La acentuación *polifagía es incorrecta. → **-fagia**.

políglota, polígloto. El DRAE/92 define **políglota** de la siguiente manera: "com. Persona versada en varias lenguas. // 2. f. La Sagrada Biblia impresa en varios idiomas". Mantiene, además, el adjetivo **polígloto, poligloto** —con preferencia por la primera forma— , que significa 'escrito en varias lenguas' y 'persona versada en varias lenguas'.

De manera que, para designar a la persona que conoce varios idiomas, puede decirse, correctamente, *el* y *la políglota*, o *el polígloto* o *poligloto* y *la políglota* o *poligloto* y *la políglota* o *poligloto*.

polio. Apócope familiar de *poliomielitis*. Es femenino: *la polio*.

polisíndeton. 1. Es masculino, si bien S. Gili y Gaya lo emplea como femenino: "[...] significa la polisíndeton una intensificación creciente de sumandos [...]" (*Curso*, § 209). **2.** En plural queda invariado: *los polisíndeton*.

polizón. → **polizonte.**

polizonte. Es término despectivo para nombrar a un agente de policía. Evítese su empleo en lugar de *polizón* 'persona que se embarca clandestinamente'.

***polka.** Grafía no admitida por la RAE; escríbase *polca*.

polla. La RAE ha incorporado, en el DRAE/92, las siguientes acepciones de este sustantivo: "*Amér.* **apuesta**, especialmente en carreras de caballos" y "*Amér.* Carrera de caballos donde se corre la **polla**".

pollera. La acepción 'falda externa del vestido femenino' es un americanismo aceptado por la RAE.

pollera pantalón. Plural: *polleras pantalón*. → **carta poder.**

polo. La RAE ha incluido, en el DRAE/92, una nueva acepción de este sustantivo: "Prenda de punto que llega hasta la cintura, con cuello, y abotonada por delante desde arriba hasta la altura del pecho." En la Argentina se la conoce con el nombre de *remera*.

pololo. El DRAE/92 registra una nueva acepción de esta palabra: "Pantalón corto, generalmente bombacho, que usan los niños pequeños. Ú. m. en pl."

***polvadera.** Forma incorrecta y vulgar por *polvareda*.

pomo. Por sugerencia de la AAL (*Acuerdos*, X, 149-51), la RAE ha incorporado, en el DRAE/92, las siguientes acepciones de esta voz, con nota de argentinismos: "Recipiente cilíndrico de material flexible en que se expenden cosméticos, fármacos, pinturas, etc., de consistencia líquida o cremosa" y "Juguete, por lo común cilíndrico y flexible, con el que se arroja agua durante el carnaval."

poner. 1. Verbo irregular (ver cuadro). Tiene cuatro raíces: *pon-, pong-, pus-* y *pondr-*. El imperativo singular es *pon* (→ **voseo**: *poné*), pero nunca **pone*. **2.** Construcción: —*a bien* (*a mal*) *a una persona con otra*; —*a un menor bajo tutela*; —*como* o *por ejemplo*; —*a su hija de sirvienta*; —*en escena*; —*por testigo*.

ponerse. Construcción: —*a dormir*; —*al aparato*; —*en* o *por medio*.

poni, póney. 1. La RAE admite las dos formas para designar cierto tipo de caballo de poca alzada, pero recomienda la primera. **2.** Plurales: *ponis* y *poneis*, respectivamente.

pontificar. La RAE ha añadido, en el DRAE/92, una nueva acepción de esta voz: "fig. Exponer opiniones con tono dogmático y suficiente."

pop. La RAE ha incluido esta palabra inglesa en el DRAE/92 con la siguiente definición: "adj. invar. Dícese de un cierto tipo de música ligera y popular derivado de estilos musicales negros y de la música folclórica británica. Ú. t. c. s. m."

Popayán. El gentilicio correspondiente a esta ciudad de Colombia es *payanés*.

popelina, popelín. La RAE admite ambas palabras, que designan cierto tipo de tela delgada, pero recomienda la primera. Es hispanización de la palabra francesa *popeline*.
En América se emplea preferentemente *poplín* (no figura en el DRAE), voz tomada del inglés *poplin*.

poplín. → **popelina.**

popurrí. Plural: *popurrís*.

póquer. → **poker.**

por. 1. Es incorrecto el uso de la preposición **por** en expresiones como *un hombre por tres mujeres*; dígase: *un hombre cada tres mujeres*. **2.** Para el uso de *a* en lugar de *por*, → **a, IV, 3. 3.** → **estar por + infinitivo.**

***porch.** Forma incorrecta; dígase *porche*: "Subió los tres peldaños del porche y entró." (J. Cortázar, *Final del juego*, 10).

***porciento.** El DRAE no registra esta palabra y es incorrecto emplearla en lugar de *tanto por ciento* o *porcentaje*: **es un porciento muy bajo*.

por ciento. Locución que significa 'de cada ciento': *el 20 por ciento* (= veinte de cada ciento). Es incorrecto escribir **porciento*.

***por cuanto que.** El *que* está de más: *no puede ser culpable, por cuanto no estaba presente.*

por cuya causa. → **cuyo, 4.**

por de contado, por descontado. Con el valor de 'por supuesto, de seguro, sin duda alguna', la RAE admite las dos formas sin indicar preferencia alguna. La segunda es la más usada, tanto en América como en España.

por defecto. El DRAE/92 añade esta locución con la siguiente definición: "loc. que, referida a una inexactitud, indica que no llega al límite que debiera."

por demás, por lo demás. 1. Por demás significa 'en vano, inútilmente': *es por demás que quieras ayudarlo*, y 'en demasía': *habla por demás*.
Por lo demás es sinónimo de 'aparte de eso': *es algo atolondrado, pero por lo demás, trabaja bien.* **2.** Son incorrectas las grafías **por de más* y **por lo de más*.

P O N E R
(conjugación de los tiempos simples)

MODO INDICATIVO

Presente	Pret. imperf.	Pret. perf. simple	Futuro	Condicional
pongo	ponía	puse	pondré	pondría
pones	ponías	pusiste	pondrás	pondrías
pone	ponía	puso	pondrá	pondría
ponemos	poníamos	pusimos	pondremos	pondríamos
ponéis	poníais	pusisteis	pondréis	pondríais
ponen	ponían	pusieron	pondrán	pondrían

MODO SUBJUNTIVO

Presente	Pretérito imperfecto	Futuro
ponga	pusiera/pusiese	pusiere
pongas	pusieras/pusieses	pusieres
ponga	pusiera/pusiese	pusiere
pongamos	pusiéramos/pusiésemos	pusiéremos
pongáis	pusierais/pusieseis	pusiereis
pongan	pusieran/pusiesen	pusieren

MODO IMPERATIVO

Presente

pon
poned

FORMAS NO PERSONALES

Infinitivo	Gerundio	Participio
poner	poniendo	puesto

---

por el contrario. → **por lo contrario.**

porfiar. **1.** Para su acentuación, → **enviar, 1.**

2. Construcción: —*con su esposa*; —*en abrir la puerta*; —*hasta morir*; —*sobre un mismo tema*.

por las dudas. Expresión coloquial que se emplea en algunas regiones de América (entre ellas la Argentina) con el significado de 'por si acaso' (Kany, *Sintaxis*, 372). El DRAE no la registra.

por lo contrario, por el contrario, al contrario. Las tres locuciones son correctas.

por lo menos. → **al menos.**

por lo que respecta a. El DRAE/92 incluye esta locución prepositiva con el valor de 'en lo que toca o atañe a'.

por lo tanto, por tanto. Ambas locuciones son correctas y tienen significados similares: las dos expresan una consecuencia de lo que antes se ha dicho: *te equivocaste, por tanto* (o *por lo tanto*) *debes retractarte*.

pormenor, por menor. Pormenor es sustantivo, sinónimo de *detalle*: *no prestó atención a ese pormenor*. Se emplea más frecuentemente en plural: *pormenores*. **Por menor** es una locución adverbial que significa 'menudamente, por partes, por extenso': *se refirió por menor a la cuestión*.

*por motu proprio. → **motu proprio.**

porno. Apócope familiar de *pornográfico*. Es invariable en cuanto al género: *un espectáculo porno, una película porno*.

por poco. Locución adverbial que significa 'casi': *por poco lo pierdo de vista*.

porque. Es conjunción causal y final. Carece de acento prosódico (palabra átona).

1. *Conjunción causal*. Es su empleo más frecuente: *lo acompañé porque tenía miedo*. La RAE admite, aunque no prefiere, la escritura en dos palabras, *por que*, pero el uso general rechaza la opción.

2. *Conjunción final*. Equivale a *para que*: *se lo di porque no siguiera llorando*. Se construye con subjuntivo. La RAE autoriza también en este caso la grafía en dos palabras, pero no la recomienda. M. Moliner (*Diccionario*) considera que es más lógica la escritura en dos palabras.

3. Cuando *que* es pronombre relativo, la grafía → **por que** es obligatoria: *el asunto por que vine a verte es muy importante* (el asunto por el cual vine a verte).

porqué. 1. Es sustantivo masculino y equivale a *causa, motivo, razón*: *ignoro el porqué de su conducta*.

2. Plural: *los porqués*.

3. No debe confundirse con → **porque**, ni con → **por qué**.

por que. 1. La grafía **por que** es obligatoria cuando *que* es pronombre relativo, equivalente a *el que, la que, el cual, la cual*, etc.: *no veo la causa por que se enojó* (= por la cual se enojó); *éstas son las razones por que lo he rechazado* (= por las cuales lo he rechazado).

2. Locución conjuntiva causal y final, → **porque**, 1 y 2.

por qué. Locución interrogativa, en la cual *qué* está acentuado prosódica y ortográficamente: *¿por qué me has hecho esto?* (interrogación directa); *me gustaría saber por qué me has hecho esto* (interrogación indirecta).

Debe ponerse especial cuidado en no confundir esta locución con la conjunción causal *porque*, que puede estar incluida en una oración interrogativa (sin ser ella misma interrogativa): *¿porque calla lo has condenado?* Se distinguen por su entonación y ortografía.

porta-. → **-aa-** y **-a-**.

portabandera. Designa una especie de bandolera para llevar la bandera. Es sustantivo femenino: *la portabandera*.

*portable. El DRAE no registra esta voz; dígase *portátil*.

portación. Voz que no registra el DRAE y que se emplea corrientemente en la Argentina en la expresión *portación de armas*. Puede sustituirse por *tenencia*, pero no son conceptos idénticos.

portaequipaje, portaequipajes. La RAE admite las dos formas como singular, con preferencia por la primera.

portafolio, portafolios. El DRAE/92 incorpora **portafolios** como forma no preferida. Además, le quita a esta voz la nota de americanismo que tenía en el DRAE/84.

portalámpara, portalámparas. La RAE admite las dos formas como singular, con preferencia por la primera.

por tanto. → **por lo tanto**.

Port-au-Prince. El nombre de la capital de Haití es, en español, *Puerto Príncipe*.

*portaviones. La RAE no admite la reducción de las dos aes; la grafía académica es *portaaviones*.

pórtland. → **cemento Pórtland**.

portorriqueño, puertorriqueño. → **Puerto Rico**.

Portugal. Gentilicios: *portugués, lusitano* y *luso*.

portuguesismo. → **galicismo**.

por un casual. Equivalente no recomendable de *quizá, acaso*.

pos-. 1. Prefijo que significa 'detrás de', 'después de'. Según el DRAE, "a veces conserva la forma latina post-".

Lamentablemente la RAE no indica cuál es su criterio para el uso de una u otra forma: en unos casos emplea **pos-**; en otros *post-* y en otros, finalmente, autoriza ambos.

Los preceptistas propician el empleo de **pos-** delante de palabra que comienza por consonante, y el de *post-* cuando la palabra comienza por vocal, pero no es ésta la doctrina del DRAE, que registra, por ejemplo, *postdiluviano, postpalatal* y *posguerra, posventa*.

La falta de un criterio cierto dificulta la formación de compuestos que no figuran en el DRAE, como, por ejemplo, el caso de palabras que comienzan por *s*. ¿Se deberá optar por *possocialismo* o por *postsocialismo*? Se ha propuesto la solución poco convincente *pos-socialismo* (El País, *Libro de estilo*). En cuanto a las palabras que comienzan por *t*, la única solución posible es **pos-**: *postibial*.

En los artículos correspondientes de este *Diccionario* se encontrarán las formas propiciadas por la RAE de los principales de estos compuestos.

2. **Pos-** y *post-* son prefijos inseparables, por lo que es incorrecta la grafía **pos-fecha*, **post-dorsal*.

posbélico. El DRAE no registra la grafía *postbélico*.

poscomunión. El DRAE no registra la forma *postcomunión*.

posdata, postdata. La RAE admite ambas formas, pero prefiere la primera.

posdiluviano. → **postdiluviano**.

posdorsal. → **postdorsal**.

pose. La RAE ha admitido este sustantivo y lo ha incluido en el DRAE/92 con la siguiente definición: "(del fr. *pose*.) f. Postura poco natural, y por ext., afectación en la manera de hablar y comportarse."

poseer. Según la RAE (siguiendo a Bello, *Gramática*, § 499), es verbo regular (→ **leer**). Tiene un participio regular, *poseído*, y otro irregular, *poseso*, que funciona sólo como adjetivo. → **participio**.

posfecha. El DRAE no registra la forma *postfecha*.

posguerra. El DRAE no registra la grafía *postguerra*.

posicionar, posicionamiento. La RAE ha incluido estos vocablos en el DRAE/92 con las siguientes definiciones: "Tomar posición. Ú. t. c. prnl." y "Acción y efecto de posicionar", respectivamente.

posmeridiano. → **postmeridiano**.

posnominal. → **postnominal**.

posoperatorio. → **postoperatorio**.

pospalatal. → **postpalatal**.

posponer. **1**. V. irreg.; se conjuga como → **poner**, **1**. El imperativo singular es *pospón* (→ **voseo**: *pisponé*), pero no, **pospone*.
2. Construcción: —*una cosa a otra*.

posposición, pospositivo, pospuesto. El DRAE no registra las formas *postposición, postpositivo, postpuesto*.

pospretérito. El *Ésbozo* utiliza **pospretérito** y no *postpretérito* (voces que el DRAE no registra), de acuerdo con la terminología de Bello.

posromántico, postromántico. El DRAE no registra ninguna de las dos formas. Es preferible la primera.

post-. → **pos-**.

postbélico. → **posbélico**.

postcomunión. → **poscomunión**.

*Postdam. Forma incorrecta. El nombre de esta ciudad alemana es *Potsdam*. El error se debe, quizás, a influencia del prefijo *post-*.

postdata. → **posdata**.

postdiluviano. El DRAE no registra la forma *posdiluviano*.

postdorsal. El DRAE no registra la grafía *posdorsal*.

postema, apostema. **1**. La RAE admite las dos formas, pero prefiere la primera.
2. Ambas formas son femeninas: *la postema, la apostema*.

póster. **1**. La RAE ha incorporado este sustantivo en el DRAE/92 con la siguiente definición: "(Del ing. *poster*.) m. Cartel que se cuelga en la pared como elemento decorativo."
2. Plural: el único en uso es el anómalo *pósters*: "[...] su imagen exterior sirvió, por ejemplo, para ilustrar posters [...]" (S. Walger y C. Ulanovsky, *TV Guía Negra*, 136); "[...] compré los cincuenta posters de los delfines [...]" (I. Blaisten, *Cerrado*, 116).

poste restante. Expresión francesa que,

pronunciada a la española, es de uso frecuente en la Argentina. Puede sustituirse por *lista de correos* o *apartado de correos*.

posterior. **1**. Es incorrecto **más posterior* y **mucho posterior*, este último frecuente en la lengua coloquial de la Argentina y que debe remplazarse por *muy posterior*.
2. Construcción: —*a la guerra*. Evítese la construcción con *que*: **era posterior que estos hechos*.

*posternarse. Forma incorrecta por *prosternarse*.

postfecha. → **posfecha**.

postguerra. → **posguerra**.

postmeridiano, posmeridiano. La RAE admite las dos formas, pero prefiere la primera.

postnominal. El DRAE no registra la grafía *posnominal*.

postoperatorio. El DRAE no registra la forma *posoperatorio*.

postpalatal, pospalatal. La RAE admite las dos formas, pero prefiere la primera.

postpretérito. → **pospretérito**.

postrarse. Construcción: —*a los pies de alguien*, —*ante los poderosos*; —*de dolor*; —*en cama*; —*por el suelo*.

postrero. Se apocopa en *postrer* en las mismas condiciones que → **primero, 1**.

postromántico. → **posromántico**.

post scríptum. Locución latina que significa 'después de lo escrito'. Se emplea como equivalente de *posdata*. Suele abreviarse *P.S.*

postulante. El femenino *postulanta* se aplica sólo, según la RAE, a la mujer que pide ser admitida en una comunidad religiosa. Para M. Moliner (*Diccionario*) se aplica, en general, a la mujer que postula. → **-ante, -ente**.

postventa. → **posventa**.

postverbal. El DRAE no registra la forma *posverbal*.

posventa. El DRAE no registra la forma *postventa*.

posverbal. → **postverbal**.

potencial. → **condicional**.

potenciar. Para su acentuación, → **abreviar**.

potiche. Voz francesa que se usa en la Argentina, pronunciada a la española, para designar una vasija o jarrón de porcelana: *un potiche chino*.

pot-pourri. Esta voz francesa ha sido hispanizada como → **popurrí**, por lo que no corresponde emplear la grafía francesa: "[...] en un potpourri alucinado [...]" (G. Rozenmacher, *Cuentos completos*, 89).

pouf. Palabra francesa (pron. [puf]) con que se designa un taburete acolchado, bajo y generalmente cilíndrico. La forma castellanizada *puf* no ha sido recogida por el DRAE, pero sí por M. Moliner en su *Diccionario*.

pozo ciego. El DRAE/92 incluye este argentinismo, como sinónimo de *pozo negro*.

prácrito. Es la única acentuación que admite ahora la RAE. La acentuación llana [pracríto], que figuraba como preferida hasta el DRAE/84, fue eliminada del DRAE/92.

prácticamente. El DRAE/92 ha añadido la acepción 'casi, por poco' de este adverbio: *ya tengo la casa prácticamente arreglada*.

practicante. El femenino *practicanta* se aplica sólo, según la RAE, para designar a la mujer que hace curas en los hospitales y a la que en las boticas prepara medicamentos. → **-ante, -ente**.

praliné. La RAE ha incorporado este vocablo en el DRAE/92 con la siguiente definición: "(Del fr. *praline*.) Crema de chocolate y almendra o avellana."

pre-. Es prefijo inseparable, por lo cual es incorrecta la grafía *pre-helénico*, *pre-hispánico*, etc., en lugar de *prehelénico*, *prehispánico*, etc.

***preanunciar, *preanuncio**. El DRAE no registra estas voces; dígase → **prenunciar**, *prenuncio*.

preaviso. Esta voz, muy frecuente en la Argentina, no figura en el DRAE/92. Si se desea evitarla, puede sustituirse por *aviso previo*.

precalentamiento. La RAE ha incluido esta voz en el DRAE/92 con las siguientes definiciones: "Ejercicio que efectúa el deportista como preparación para el esfuerzo que posteriormente ha de realizar. // 2. Calentamiento de un motor, aparato, etc., antes de someterlo a la función que debe desempeñar."

precario. La RAE ha agregado, en el DRAE/92, una nueva acepción de este adjetivo: "Que no posee los medios o recursos suficientes."

***precaucional**. Dígase *precautorio*.

preceder. Construcción: —*a alguien* o *a algo en importancia*.

preceptuar. Para su acentuación, → **atenuar**.

preces. Es sustantivo femenino y se emplea siempre en plural: *las preces*.

preciar. Para su acentuación, → **abreviar**.
   preciarse. Construcción: —*de generoso; de sus virtudes*.

preciosismo. El DRAE/92 ha incorporado una segunda acepción de este sustantivo: "Tendencia al refinamiento y frivolidad excesivos del lenguaje y comportamiento, característicos de la sociedad francesa a mediados del siglo XVII."

precipitación pluvial. En una de sus acepciones, *precipitación* es sinónimo de lluvia. Es innecesario, si el contexto no lo exige, hablar de **precipitación pluvial**. Puede usarse *precipitación* a secas, o bien en plural: *precipitaciones*, sobre todo cuando se trata de lluvias abundantes.

precipitarse. Construcción: —*a la puerta*; —*al* o *en el vacío*; —*de, desde, por la ventana*.

preconcebir. V. irreg.; se conjuga como → **pedir, 1**.

predecir. V. irreg.; se conjuga como → **decir, 1**, salvo el imperativo singular, que es *predice*, (→ **voseo**: *predecí*) pero nunca **predí*.
   Según Bello (*Gramática*, § 578) y la RAE (*Esbozo*, 2. 12. 5, [**P**]), este verbo es irregular en el futuro de indicativo (*prediré, predirás, predirá, prediremos, prediréis, predirán*) y en el condicional (*prediría, predirías, prediría, prediríamos, prediríais, predirían*).
   Sin embargo, M. Seco (*Diccionario*) sostiene que estos tiempos son regulares: *prediciré, predecirás*, etc.; *predeciría, predecirías*, etc., y que las formas irregulares son raras. También para M. Moliner (*Diccionario*) el futuro y el condicional son regulares. El uso corriente parece darles la razón.
   De este modo, **predecir** pasaría a integrar, junto con *bendecir* y *maldecir*, el grupo de compuestos de *decir* que forman el futuro y el condicional regularmente.

predisponer. V. irreg.; se conjuga como → **poner, 1**. El imperativo singular es *predispón* (→ **voseo**: *predisponé*), pero no **predispone*.

preeminencia. Construcción: —*de una persona* o *cosa sobre otra*.

preferencial. Aunque es un derivado correctamente formado de *preferencia* (como *demencial, diferencial, presencial*, etc. lo son de *demencia, diferencia, presencia*, etc.), no figura en el DRAE. Quien desee evitarlo puede recurrir a la locución *de preferencia*.

preferente. Voz que no figura en el DRAE, que sin embargo registra el adverbio *preferentemente*. Puede sustituirse por la locución *de preferencia*.

preferible. → **ser preferible**.

preferir. 1. V. irreg.; se conjuga como → **sentir, 1**.
   2. Construcción: —*Juan a Pedro*; —*el vino a la cerveza*; —*a María entre todas las compañeras*; —*a alguien para el cargo*.
   No es correcto suplantar la preposición *a* que introduce el segundo término por *que*: **prefiere salir con los amigos que quedarse en casa*; dígase: *a quedarse en casa*.

***prehensil**. Forma incorrecta por → **prensil**: "Tienen la cola prehensil [...]" (H. Quiroga, *Cuentos de la selva*, 57). También son incorrectas las formas **prehensión* y *prehensor*, en lugar de *prensión* y *prensor*.

prejuicio. → **perjuicio.**

preludiar. Para su acentuación, → **abreviar.**

premamá. La RAE ha incorporado este adjetivo en el DRAE/92 con la siguiente definición: "Aplícase a la ropa o accesorios destinados a las mujeres embarazadas."

prematrimonial. La RAE ha incorporado este adjetivo en el DRAE/92 con la siguiente definición: "Dícese de lo que se realiza inmediatamente antes del matrimonio o como preparación a él. *Relaciones prematrimoniales; cursillos prematrimoniales.*"

prematuro. El DRAE/92 ha agregado una nueva acepción de este adjetivo: "Dícese del niño que nace antes del término de la gestación. Ú. t. c. s."

premiar. Para su acentuación, → **abreviar.**

premier. Palabra inglesa de origen francés con la que se designa, en el Reino Unido, al primer ministro. Se usa en español sólo en este caso.

première. Voz francesa que significa 'primera representación de una pieza teatral o de un filme'. Su uso en español es innecesario, ya que equivale a *estreno.*

premio. Construcción: —*a, de, por tantos esfuerzos.*

prender. Construcción: —*con un alfiler*; —*una planta en la tierra.*

prensil. Es palabra aguda [prensíl]; la acentuación llana, **prénsil*, es errónea.

prenunciar. Para su acentuación, → **abreviar.**

preocuparse. Construcción: —*de, por la situación.* El empleo de la preposición *con*, aunque académico, es poco frecuente: *se preocupa con lo que puede suceder.*

prepararse. Construcción: —*a, para la batalla*; —*contra la inundación.*

preponer. V. irreg.; se conjuga como → **poner, 1.** El imperativo singular es *prepón* (→ **voseo:** *preponé*), pero nunca **prepone.*

preposición inseparable. El DRAE/92 ha enmendado la definición de la siguiente manera: "Prefijo que funcionaba primitivamente como **preposición.** No se pueden utilizar solas: *intra, extra,* etc."

prepotente, prepotencia. El DRAE/92 ha incorporado una nueva acepción del adjetivo **prepotente:** "Que abusa de su poder o hace alarde de él. Ú. t. c. s. com." **Prepotencia** es la 'cualidad de prepotente'.

presagiar. Para su acentuación, → **abreviar.**

présbita, présbite. La RAE admite las dos formas, pero prefiere la primera.

prescribir. El participio es irregular: → **prescrito.**

prescrito, prescripto. La RAE admite ambas formas, pero recomienda la primera.

preselección, preseleccionar. La RAE ha incluido estos vocablos en el DRAE/92 con los significados de 'selección previa' y 'seleccionar previamente'.

presenciar. Para su acentuación, → **abreviar.**

presentar. Construcción: —*un amigo a sus padres*; —*un trabajo a un concurso*; —*en sociedad*; —*(a uno) para un obispado.*
El uso de la preposición *con* en lugar de *a* en el caso de *presentar un amigo a sus padres* (presentar un amigo con sus padres) es un regionalismo americano, sobre todo de México y América Central: "Flores Marín presentó a su nueva secretaria con el señor de Casasola" (cit. por Kany, *Sintaxis*, 405).

presentarse. Construcción: —*a un concurso*; —*a* o *ante el juez*; —*de, como candidato*; —*en sociedad*; —*para un cargo.*

presente. 1. *Indicativo (canto, como, vivo).* Expresa una acción no terminada que se produce simultáneamente con el acto de hablar. Tiene, además, otros valores que no se ajustan a esta definición.
a) *presente actual:* es el que corresponde estrictamente a la definición dada: *miro el paisaje.* Como el presente tiene otros significados, éste se ha debilitado y, sobre todo en lengua coloquial, ha sido sustituido por la perífrasis *estar + gerundio: estoy mirando el paisaje;*
b) *presente habitual:* indica una acción que no se produce en el momento actual, pero que se ha producido antes y se seguirá produciendo después, en forma discontinua: *estudia Bellas Artes;*
c) *presente histórico:* actualiza, figuradamente, una acción pasada, la que, de esta manera, se presenta en forma más vívida. Se emplea en las descripciones históricas: *San Martín cruza los Andes y entra en Chile,* y también en la lengua coloquial: *bajo del tren, lo encuentro en la plaza y nos vamos a tomar un café;*
d) *presente por futuro:* se expresa en presente una acción futura, en cuya realización estamos vivamente interesados: *el mes que viene me voy a España; vienen a casa la semana próxima;*
e) *presente gnómico:* expresa hechos que tienen una duración indefinida o que son verdades científicas: *Buenos Aires está a orillas del río de la Plata; la Luna es el satélite de la Tierra.* Es el tiempo de los refranes: *quien mal anda mal acaba;*
f) *presente de mandato:* expresa una orden y sustituye, así, al imperativo: *vas a la cocina y traes la fuente.*
2. *Subjuntivo (cante, coma, viva).* a) Puede expresar tiempo presente o futuro: *le man-*

daron que estudie la lección (ahora o en el futuro);

b) *subjuntivo exhortativo*: sólo en primera persona del plural: *cantemos, salgamos*;

c) *subjuntivo de mandato*: complementa las dos formas propias del imperativo (*canta, cantad*): *cante usted, canten ustedes, cante él, canten ellos.*

presentir. V. irreg.; se conjuga como → **sentir, 1.**

preservar(se). Construcción: —*del calor.*

preservativo. La RAE ha añadido, en el DRAE/92, una segunda acepción de este vocablo: "m. Funda fina y elástica para cubrir el pene durante el coito, a fin de evitar la fecundación o el posible contagio de enfermedades."

presidente. El femenino es *presidenta*, tanto para referirse a la mujer del presidente como a la que ejerce tal cargo: jefa del Estado, cabeza de un consejo, tribunal, junta, sociedad, etc. (DRAE/92). Es innecesario, además de incorrecto, recurrir a la forma **la presidente*, para indicar el femenino. → **-ante, -ente.**

prestigiar. Para su acentuación, → **abreviar.**

presto. Construcción: —*a, para correr*; —*en las respuestas.*

presumido. La RAE ha incorporado una nueva acepción en el DRAE/92: "Dícese de la persona que se compone o arregla mucho."

presumir. 1. El DRAE/92 registra una tercera acepción de este verbo: "Cuidar mucho su arreglo una persona para parecer atractiva."

2. Tiene dos participios: *presumido* y *presunto*. Este último se emplea sólo como adjetivo: *el presunto ladrón.*

3. Construcción: —*de inteligente.*

presuponer. V. irreg.; se conjuga como → **poner, 1.** El imperativo singular es *presupón* (→ **voseo:** *presuponé*), pero no **presupone.*

pretencioso, pretensioso. La RAE autoriza las dos grafías, pero prefiere la primera. "[...] y la T, que había sido una mayúscula pretenciosa [...]" (E. Mallea, "Conversación", en CH, 2, 234); "[...] admitió que efectivamente tenían fama de pretensiosas" (E. Belgrano Rawson, *No se turbe*, 57).

La grafía **pretencioso** está justificada por la etimología (fr. *prétentieux*). La forma **pretensioso** evoca la palabra → **pretensión**, con la que está relacionada por significación.

pretender. El DRAE/92 incluye una nueva acepción de este verbo: "Cortejar un hombre a una mujer para hacerse novios o para casarse con ella."

pretendido. M. Moliner (*Diccionario*) avala

el significado de 'supuesto' con que se emplea corrientemente este participio: *el pretendido cliente se interesó por una costosa joya.* Este uso no figura en el DRAE/92 y se lo ha criticado por galicista (fr. *prétendu*).

pretendiente. 1. El DRAE/92 incorpora una nueva acepción de este vocablo: "Que aspira al noviazgo o al matrimonio con una mujer. Ú. m. c. s."

2. El femenino *pretendienta* se aplica sólo a la mujer que pretende o solicita una cosa.

pretensión. El DRAE/92 incluye una nueva acepción de este sustantivo: "Aspiración ambiciosa o desmedida. Ú. m. en pl."

pretensioso. → **pretencioso.**

preterintencional. La RAE ha incorporado, en el DRAE/92, este adjetivo, usual en el lenguaje jurídico. Significa 'que causa un daño superior al deseado o planeado'.

pretérito. La riqueza de matices y experiencias del pasado se manifiesta, en la conjugación española, en la diversidad de tiempos que la expresan. Se pasa revista a continuación a los significados y usos principales de los diversos pretéritos.

I. Modo indicativo.

A. *Pretérito imperfecto* (*cantaba, comía, vivía*).

1. Expresa una acción inacabada en el pasado, que coincide con otra acción pasada: *cuando entrabas, yo salía*; *Juan demostró que estabas equivocado.*

El pretérito imperfecto enfatiza la duración de la acción, sin tomar en cuenta su principio ni su fin, por lo que es especialmente apto para las narraciones y descripciones: "Caía la tarde. De Huelva llegaba un olor a marisma, a brea, a pescado... Los naranjos redondeaban, sobre el poniente rosa, sus apretados terciopelos de esmeralda. En una lila, lila y verde, el loro, verde y rojo, iba y venía curioseándonos con sus ojitos redondos. "Al pobre cazador se le llenaban de sol las lágrimas saltadas; a veces dejaba oír un ahogado grito." (J.R. Jiménez, *Platero*, 54).

2. *Otros usos*

a) *Imperfecto de conato.* Expresa una acción pasada que no llega a su realización completa: *entraba a la confitería y me encontré con él*; la acción de entrar no se ha completado. *Ya me iba cuando lo vi*; la acción de irse ni siquiera ha comenzado.

b) *Imperfecto habitual* o *de reiteración.* Se emplea el imperfecto para señalar una acción que se repite en el pasado: *se levantaba temprano, se duchaba, desayunaba y salía* (→ **presente, 1, b**).

c) *Imperfecto de cortesía.* Lo mismo que el condicional (→ **condicional, B, 2**), se emplea el imperfecto para suavizar una pregunta, un pedido o un deseo: *¿buscaba a alguien?*; *quería hablar con usted* son fórmulas más corteses que *¿busca a alguien?*; *quiero hablar con usted.*

d) *Imperfecto irreal.* Remplaza al condicional en la apódosis de las oraciones condicionales: *si tuviera dinero, me lo compraba* (= me lo compraría). Esta sustitución puede producirse aunque no esté plenamente enunciada la oración condicional: *debían castigarlos a todos* (= deberían). Como observa acertadamente M. Seco (*Diccionario,* s.v. *pretérito imperfecto*), es éste el imperfecto que "emplean los niños en sus juegos: *yo era el bueno y vosotros me atacabais.*"

e) Conviene evitar, en lenguaje cuidado, el uso del imperfecto en lugar del pretérito pluscuamperfecto: *todavía no entraban* (=no habían entrado), *cuando ya empezaron a pelear.*

B. *Pretérito perfecto simple* (*canté, comí, viví*). Llamado antes *pretérito indefinido,* es el *pretérito perfecto* de Bello y el *pretérito perfecto absoluto* de Gili y Gaya.

1. Expresa una acción pasada completa, que termina en el pasado y no tiene relación con el presente: *cuando llegué, me abrió la puerta.* Es un tiempo que está en competencia con el pretérito perfecto compuesto (→ **I, C**), del que se distingue, según la teoría gramatical, en que este último indica una acción completa en el pasado, pero que tiene, objetiva o subjetivamente, relación con el presente, o cuyas consecuencias se manifiestan en el presente: *han traído este regalo para ti.*

El lenguaje espontáneo no tiene en cuenta esta distinción: "[...] modernamente existe la tendencia a fundir los usos [...]" (A. Alonso y P. Henríquez Ureña, *Gramática,* segundo curso, § 195).

En efecto, hay regiones, tanto en España como en América, donde predomina el empleo de uno u otro tiempo para indicar la acción pasada completa.

Al respecto dice F. Hanssen: "[...] la distinción exacta entre *hablé* y *he hablado* se ha establecido sólo en la época moderna por influencia de la gramática teórica, y el pueblo no la acepta." (*Gramática,* § 573).

2. El pretérito perfecto simple se emplea a veces para denotar una acción inminente: cuando en una estación ferroviaria se divisa en la lejanía el tren en que viene una persona a la que esperamos con impaciencia, exclamamos *¡ya llegó!* Se deja de lado, en este caso de anticipación mental, la condición de pretérito de este tiempo verbal.

En varios países americanos, entre ellos Chile, Colombia, Cuba y México, es frecuente oír *nos fuimos, me fui,* en lugar de *nos vamos, me voy.*

3. Para el uso de la forma *-ra* del pretérito

imperfecto de subjuntivo en lugar del pretérito perfecto simple, → **II, A, 2**.

4. La terminación *-s* de la segunda persona de singular con el pronombre *tú* (**tú cantastes, *tu comistes, *tú vivistes*) es vulgarismo. En el voseo (*vos cantastes, vos comistes, vos vivistes*) es sobrevivencia de un uso antiguo (→ **voseo, B, 2, a**).

C. *Pretérito perfecto compuesto* (*he cantado, he comido, he vivido*). Llamado antes *pretérito perfecto,* es el *antepresente* de Bello y el *pretérito perfecto actual* de Gili y Gaya.

1. Sobre su relación con el pretérito perfecto simple, → **I, B, 1**.

2. Según las normas gramaticales, se emplea, además, para expresar una acción pasada ocurrida en un lapso aún no concluido: *hoy he almorzado en casa; este mes hemos trabajado poco.*

3. Los preceptistas critican como galicista la intercalación de un adverbio entre el auxiliar y el participio: **hemos ya terminado el trabajo* (fr. *nous avons déjà fini le travail*); en lugar de *ya hemos terminado el trabajo.* Esta norma se aplica a todas las formas compuestas del verbo.

D. *Pretérito pluscuamperfecto* (*había cantado, había comido, había vivido*). Es el *antecopretérito* de Bello.

1. Expresa una acción anterior a otra acción mediata o inmediatamente pasada: *relató detalladamente lo que había visto.*

2. Para la sustitución del pluscuamperfecto por la forma *-ra* del imperfecto de subjuntivo, → **II, A, 2**.

3. En varios países de América, sobre todo en la Argentina, es frecuente el empleo del pluscuamperfecto *había sido* para expresar sorpresa o admiración: *¡había sido usted!* (= ¡así que es o era usted!) (Kany, *Sintaxis,* 205).

E. *Pretérito anterior* (*hube cantado, hube comido, hube vivido*). Es el *antepretérito* de Bello y de Gili y Gaya.

Expresa una acción inmediatamente anterior a otra acción pasada: *cuando se hubo levantado, se marchó.*

Debido a que el pluscuamperfecto (→ **D, 1**) también puede denotar anterioridad inmediata, el pretérito anterior ha ido perdiendo vigencia; en la actualidad ha desaparecido de la lengua coloquial y sólo se mantiene precariamente en la lengua literaria.

II. Modo subjuntivo.

A. *Pretérito imperfecto* (*cantara / cantase, comiera / comiese, viviera / viviese*). Es el *pretérito* de Bello.

1. En América la forma *-ra* se emplea mucho más que la forma *-se* (Cuervo, *Notas,* § 94; Kany, *Sintaxis,* 222).

En España, en cambio, predomina *-se* en la conversación ordinaria, aunque *-ra* es muy usada entre personas cultas y en la lengua escrita (Gili y Gaya, *Curso*, § 137).

2. La forma *-ra* suele emplearse con valor de pluscuamperfecto de indicativo: *nunca viera* (= había visto) *espectáculo tal*, y aun de pretérito perfecto simple: *la vida es sueño, como dijera* (= dijo) *el poeta*.

Los gramáticos critican, en algunos casos severamente, este uso: "Yo miro este empleo de la forma en *ra* como un arcaísmo que debe evitarse, porque tiende a producir confusión. *Cantara* tiene ya en el lenguaje moderno demasiadas acepciones para que se le añada otra más." (Bello, *Gramática*, § 720). "Este empleo [...] sobrevive ahora como afectación, y en general lo evitan los mejores escritores y hasta los poetas, a pesar de que el lenguaje poético ha conservado mayor número de formas arcaicas que la prosa." (A. Alonso y P. Henríquez Ureña, *Gramática*, segundo curso, § 199). Kany (*Sintaxis*, 208-11) justifica etimológicamente este uso, que se encuentra en excelentes escritores americanos y es frecuente en el lenguaje periodístico, pero, también hay que decirlo, es ajeno a la lengua oral, donde se lo siente afectado.

No se puede justificar, en cambio, el uso de la forma *-se* en este caso como equivalente de *-ra*: **pensó en el anciano que viese* (= había visto) *poco antes*.

3. Evítese cuidadosamente la sustitución del pretérito imperfecto de subjuntivo por el condicional en la prótasis de las oraciones condicionales: **si los invitaríamos, vendrían*; en lugar de *si los invitáramos, vendrían* (→ **condicional, B, 1**).

4. Es correcto, en cambio, el empleo de la forma *-ra* (no el de la forma *-se*) en lugar del condicional: *¡bueno fuera!* (= ¡bueno sería!); *¡quién lo dijera!* (= ¡quién lo diría!). Este uso es más frecuente en la lengua literaria que en la coloquial.

5. El empleo de la forma *-ra* en la apódosis de las oraciones condicionales, en lugar del condicional, aunque correcto, se justifica sólo en lenguaje literario: *si quisiese hacerlo, lo hiciera*; en lenguaje corriente se dice: *si quisiese hacerlo, lo haría*.

B. *Pretérito perfecto* (*haya cantado, haya comido, haya vivido*). Es el *antepresente* de Bello.

Expresa una acción pasada y terminada: *no creo que haya cometido ese error*.

Puede indicar además acción futura y terminada, anterior a otra acción también futura: *espero que hayas terminado cuando regresemos*.

C. *Pretérito pluscuamperfecto* (*hubiera / hubiese cantado, hubiera / hubiese comido, hubiera / hubiese vivido*). Es el *antepretérito* de Bello.

1. Expresa una acción pasada anterior a otra acción pasada dentro de los valores de irrealidad del subjuntivo: *ignoraba que hubiera* (o *hubiese*) *venido*.

2. Lo mismo que el condicional (→ **condicional, B, 4**), puede indicar posibilidad: *me hubiera* (o *hubiese*) *sorprendido verlos juntos* (= me habría sorprendido verlos juntos).

3. Evítese cuidadosamente la sustitución del pluscuamperfecto de subjuntivo por el condicional en la prótasis de las oraciones condicionales: **si los habríamos invitado, habrían venido*; en lugar de *si los hubiéramos* (o *hubiésemos*) *invitado, habrían venido*. (→ **condicional, B, 1**).

pretexto. → **a pretexto de**.

prevalecer. 1. V. irreg.; se conjuga como → **parecer, 1**.
2. Construcción: —*entre todos*; —*una idea sobre las demás*.

*prevalente. No figura en el DRAE. La voz *prevaleciente*, con la que puede sustituirse, figuraba en el *Diccionario* oficial hasta la edición de 1984, pero fue eliminada del DRAE/92.

prevalerse. 1. V. irreg.; se conjuga como → **valer**. El imperativo es comúnmente regular: *preválete* (Bello, *Gramática*, § 564).
2. Construcción: —*de sus prerrogativas*.

*preveer. Forma incorrecta por → **prever**.

prevenir. 1. V. irreg.; se conjuga como → **venir, 1**. El imperativo singular es *prevén* (→ **voseo**: *prevení*), pero nunca **previene*.
2. Puede emplearse con el significado de *prever* cuando se trata de un daño o perjuicio: *fue capaz de prevenir el peligro, pero no le hicieron caso*. También es lícito su uso con el valor de 'precaver, evitar, impedir una cosa'.

prevenirse. Construcción: —*contra una enfermedad*; —*de ropa adecuada*; —*para un viaje*.

prever. V. irreg.; se conjuga como → **ver, 1**. Evítense formas como **preveyó, *preveyera, *preveyendo*, etc., en lugar de *previó, previera, previendo*, etc., error que se produce por confundir este verbo con *proveer*.

prever de antemano. Se debe tener conciencia de que es un → **pleonasmo** y usarlo, en consecuencia, tan sólo cuando se le quiera dar mucho énfasis a la expresión.

prez. Es sustantivo → **ambiguo** en cuanto al género: *el prez, la prez*. Significa 'honor, estima', y se emplea solamente en lengua literaria.

prima facie. Locución adverbial latina. Significa 'a primera vista': *prima facie el acuerdo es conveniente*. Evítese la forma incorrecta **a prima facie*.

primera ministra. Evítese el femenino impropio **la primer ministro*. "[...] según la ex primera ministra Margaret Thatcher." (*La Nación*, 14-12-92, pág. 4).

primerísimo. Superlativo enfático del adjetivo *primero*: "[...] cuento con usted en primerísimo término [...]" (J. Cortázar, *Final del juego*, 95). Aunque criticado por algunos preceptistas, es lícito.

primero. 1. Se apocopa en *primer* delante de sustantivo en singular, aunque entre ambas palabras se intercale otro adjetivo: *el primer hallazgo*; *el primer sorprendente hallazgo*. No se produce la apócope cuando ambos adjetivos están enlazados por la conjunción *y*: *el primero y sorprendente hallazgo*; y tampoco cuando funciona como sustantivo: *el primero de los descubridores*, o como adverbio: *primero, amigo; después, enemigo*. La apócope ante sustantivo masculino es obligatoria; ante sustantivo femenino, en cambio, es optativa: *la primera mujer* o *la primer mujer*. Bello (*Gramática*, § 157) y la RAE (*Esbozo*, 2. 9. 5, b) admiten la forma apocopada, más usual en América que en España, aunque advierten que es poco frecuente.

2. → **uno de enero**.

principiante. Femenino: *principianta*. → **-ante, -ente**.

principiar. 1. Para su acentuación, → **abreviar**.

2. Construcción: —*con, por hermosas palabras*.

pringue. Es sustantivo → **ambiguo** en cuanto al género: *el pringue, la pringue*.

prior. Femenino: *priora*.

prioritar. → **Neologismo** que puede sustituirse por *dar prioridad*.

prístino. 1. Es palabra esdrújula; la acentuación llana [pristíno] es incorrecta.

2. Significa 'antiguo, primitivo, original' y no 'puro, precioso, extraordinario'.

privacía, privacidad. Voces de uso frecuente en la Argentina, sobre todo ésta última. En sesión del 24 de mayo de 1979 (*Acuerdos*, VIII, 222-24), la AAL sugirió a la RAE la consulta a las demás Academias acerca de la conveniencia de su inclusión en el *Diccionario* oficial. No figuran en el DRAE/92.

privatizar, privatización. La RAE ha incluido estos vocablos en el DRAE/92 con las siguientes definiciones: "Transferir una empresa o actividad pública al sector privado" y "Acción y efecto de privatizar", respectivamente.

privilegiar. Para su acentuación. → **abreviar**.

pro. 1. Preposición que significa 'en favor de'. Con sustantivos sin artículo se escribe separado y sin guión intermedio: *colecta pro construcción del hospital*. Con adjetivos suele escribirse en una sola palabra:

prorruso (no **proruso*), *probritánico*, etc. En este caso funciona como prefijo.

2. Sustantivo masculino: *el pro*. Es femenino en la expresión anticuada *buena pro*. Según el *Esbozo* (2. 3. 3, d),vacila en la formación del plural: *proes*; pero se usa corrientemente la forma *pros*, sobre todo en la expresión *el pro y el contra*: "Hice una evaluación incorrecta de los pros y los contras." (M. Vargas Llosa, *Pantaleón*,305). Es incorrecto **los pro y los contra*: "[...] sobre los pro y los contra de manejarse de manera poco transparente [...]" (*Página/12*, 31-1-93, pág. 29).

probar. 1. V. irreg.; se conjuga como → **sonar**.

2. Construcción: —*a levantarse*; —*todo o de todo*.

proceder. Construcción: —*al recuento de votos*; —*contra los evasores*; —*en justicia*.

procesador. El DRAE/92 ha incorporado este sustantivo con la siguiente definición: "*Inform.* Elemento de un sistema informático capaz de llevar a cabo procesos."

procesar. El DRAE/92 incluye una nueva acepción de este verbo: "*Tecnol.* Someter datos o materiales a una serie de operaciones programadas."

procurador. Femenino: *procuradora*.

pro domo sua. Expresión latina que significa literalmente 'por su casa'. Es el título que suele darse a un discurso de Cicerón, en el que reclamó la restitución de su casa, que le habían incendiado, y de sus bienes, confiscados durante el exilio del orador. Puede traducirse por *en su propio beneficio*. También se dice *pro domo mea* (en mi beneficio) si se trata de la primera persona.

producir. V. irreg.; se conjuga como → **conducir, 1**.

proferir. V. irreg.; se conjuga como → **sentir, 1**.

profeta. Femenino: *profetisa*.

profiláctico. El DRAE/92 ha incorporado este término como sinónimo de *preservativo*, voz ésta que prefiere.

programa. El DRAE/92 incluye las siguientes acepciones de este sustantivo: "Cada una de las operaciones que, en un orden determinado, ejecutan ciertas máquinas"; "*Inform.* Conjunto de instrucciones que permite a una computadora realizar determinadas operaciones."

programador. La RAE ha incorporado, en el DRAE/92, la siguiente acepción de esta palabra: "m. y f. Persona que elabora programas de ordenador."

programar. La RAE ha incorporado, en el DRAE/92, las siguientes acepciones de este verbo: "Preparar ciertas máquinas por anticipado para que empiecen a funcionar en el momento previsto"; "*Inform*. Elaborar programas para los ordenadores."

prohibir. Presente: *prohíbo*. Para su acentuación, → **ahijar**.

prohijar. Presente: *prohíjo*. Para su acentuación, → **ahijar**.

prolegómeno. En el DRAE/92 figura una nueva acepción de este sustantivo: "fig. Preparación, introducción excesiva o innecesaria de algo. Ú. m. en pl. *Déjate de prolegómenos y ve al grano*."

promediar. Para su acentuación, → **abreviar**.

prominente. El DRAE/92 incorpora una nueva acepción de este adjetivo: "fig. Ilustre, famoso, destacado."

promiscuar. Para su acentuación, → **adecuar**. Por la tendencia de los verbos en *-cuar* a regularizar su acentuación (**adecúo, *licúo*), en lugar de *adecuo, licuo*), existe vacilación: *promiscuo, *promiscúo* (*Esbozo*, 2. 13. 7).

promiscuo. La RAE ha agregado, en el DRAE/92, una nueva acepción de este adjetivo: "Se dice de la persona que mantiene relaciones sexuales con otras varias, así como de su comportamiento, modo de vida, etc."

*promisor. El DRAE no registra este adjetivo; dígase: *promisorio*.

promover. **1**. V. irreg.; se conjuga como → **mover**.

2. Construcción: *—al cargo de jefe*.

pronombres demostrativos. → **este; ese; aquel; acentuación ortográfica, II, D**.

pronombres personales átonos. Son los siguientes: para la primera persona singular *me*, plural, *nos*; para la segunda persona singular *te*, plural, *os*; para la tercera persona singular *lo, la, le, se*, plural, *los, las, les, se*. Estos pronombres carecen de acento prosódico, por lo que se apoyan siempre en un verbo como proclíticos, es decir, colocados delante: *me vio, lo vi*, o enclíticos, es decir, colocados después: *viome, vilo*.

A. *Posición de estos pronombres*
1. Son obligatoriamente enclíticos:
a) con el modo imperativo: *alcánzame el libro; dejadlo tranquilo*. Para las órdenes negativas, → **A, 2, a**;
b) con el subjuntivo con valor de imperativo: *míreme, tráiganlo*;
c) con las formas simples de gerundio e infinitivo: *buscándolo, acompañarme*. Con las formas compuestas el pronombre se pospone al auxiliar: *habiéndome ayudado; haberlo visto*.
Cuando el infinitivo depende de otro verbo, el pronombre puede ser proclítico y colocarse delante del verbo conjugado: *te vinieron a buscar; lo quiero ver*, o bien puede ser enclítico y soldarse al infinitivo: *vinieron a buscarte; quiero verlo*. Ambas construcciones son correctas y el uso de una u otra depende del gusto del hablante.

2. Son obligatoriamente proclíticos:
a) en oraciones negativas: *no lo creo* (nunca, **no créolo*); *no me alcances el libro* (**no alcáncesme el libro* es imposible en español);
b) con indicativo, cuando el verbo no es la primera palabra de la oración: *ayer lo saludé* (no **saludélo*);
c) con los tiempos simples del subjuntivo en oraciones subordinadas: *cuando lo veas, avisa; quiero que me ayuden*.

3. Pueden ser optativamente proclíticos o enclíticos:
a) cuando el verbo está en indicativo y es la primera palabra de la oración: *trájome buenas noticias* o *me trajo buenas noticias*;
b) cuando el verbo tiene valor de imperativo: *dirásle que venga* o *le dirás que venga*;
c) cuando al verbo preceden nexos como *y, o, pero, mas*: *le entregan el paquete, pero dícenle que no lo abra* (o *le dicen que no lo abra*);
d) cuando el verbo sigue inmediatamente a una oración subordinada o después de participio o gerundio absolutos: *cuando lo vieron llegar, saludáronlo efusivamente* (o *lo saludaron efusivamente*); *conocido el peligro, tomáronse las medidas adecuadas* (o *se tomaron*).
La lengua hablada prefiere en todos estos casos la posición proclítica; las formas enclíticas se sienten afectadas y hasta pedantes. Por otra parte, la eufonía y el buen gusto proscriben formas gramaticalmente correctas como: *traeréte* (te traeré), *mirásese* (se mirase), *calculólo* (lo calculó), *olvidástete* (te olvidaste), etc.
B. *Concurrencia de varios pronombres*. Cuando un verbo está acompañado de dos o tres pronombres átonos, rigen las siguientes normas:
1. Todos los pronombres preceden o siguen al verbo: *se nos cayó* o *cayósenos; se me lo busque* o *búsquesemelo*.
2. El pronombre de segunda persona va siempre delante del de primera, y cualquiera de estos dos delante del de tercera; el pronombre *se* precede a todos, tanto en posición proclítica como enclítica: *te me quieren arrebatar* o *quieren arrebatárteme; me lo quitaron* o *quitáronmelo; se me nota* o *nótaseme; se te nota* o *nótasete*.
Es incorrección grave que debe evitarse cuidadosamente anteponer *me* o *te* a *se*: **me se escapó; *te se olvida todo; "[...] ya te se ha caído un borrón."* (J. Camba, *Playas*, 59).
C. *Alteraciones fonéticas*
1. El imperativo plural seguido del pronombre *-os* pierde la *-d* final: *miraos, callaos* (<

mirad + os; callad + os). La única excepción
es *idos*.

2. La primera persona del plural del subjuntivo pierde la *-s* final:

a) ante el pronombre *-nos*: *sentémonos,
vayámonos* (< sentemos + nos, vayamos +
nos). Evítense cuidadosamente formas
como **sentémosnos, *vayámosnos*;

b) ante el pronombre *-se*: *entreguémosela* (<
entreguemos + se + la).

3. En el habla popular se suelen desplazar
el acento y la *-n* desinencial en la tercera
persona de plural del presente del subjuntivo: **larguelón*. → **-n enclítica**.

pronombres posesivos. **1**. Para el empleo
de los **pronombres posesivos** con adverbios, → **cerca mío**.

2. Sobre apócope de los **pronombres posesivos**, → **mío; tuyo; suyo**.

3. → **su, 2; nuestro**.

pronto. Construcción: —*a enojarse*; —*de genio*; —*en la réplica*; —*para aceptar*.

pronunciar. **1**. Para su acentuación, → **abreviar**.

2. La RAE ha incluido, en el DRAE/92, dos
nuevas acepciones de este verbo: "Resaltar, acentuar, destacar. Ú. t. c. prnl. *Esa
falda blanca pronuncia tus caderas*" y "prnl.
Declararse o mostrarse a favor o en contra
de alguien o de algo."

propagar(se). Construcción: —*a, en, por
toda la región*; —*entre los habitantes*.

propender. **1**. Tiene dos participios: *propen-
dido* y *propenso*. Este último se emplea sólo
como adjetivo. → **participio**.

2. Construcción: —*a la paz*.

propiciar. Para su acentuación, → **abreviar**.

propicio. Construcción: —*al perdón*; —*para
un paseo*.

propileo. Es palabra llana [propiléo]; la acentuación esdrújula, **propíleo*, es errónea.

propio. Construcción: —*del tiempo*; —*para
el caso*; —*para viajar*.

propóleos. Es sustantivo singular: *el propóleos* y no varía en plural: *los propóleos*.

proponer. **1**. V. irreg.; se conjuga como →
poner, 1. El imperativo singular es *propón*
(→ **voseo**: *proponé*), pero no **propone*.

2. Construcción: —*como, por árbitro*; —*(a
alguien) para un cargo*.

propugnar. Construcción: —*la paz* (no **por
la paz*).

propulsión a chorro. Expresión admitida
por la RAE ya en el DRAE/70.

pro rata, pro rata parte, prorrata. La
RAE admite las tres formas, pero prefiere
la última.

prorrata. → **pro rata**.

prorrumpir. Construcción: —*en sollozos*.

proscribir. Su participio es irregular: →
proscrito o *proscripto*.

proscrito, proscripto. La RAE admite las
dos formas, sin indicar preferencia.

proseguir. **1**. V. irreg.; se conjuga como →
pedir, 1.

2. Construcción: —*con, en su empecina-
miento*.

prospecto. La RAE ha incluido, en el DRAE/
92, una segunda acepción de este sustantivo con la siguiente definición: "Papel o
folleto que acompaña a ciertos productos,
especialmente los farmacéuticos, en el que
se explica su composición, utilidad, modo de
empleo, etc."

prostituir. V. irreg.; se conjuga como →
huir, 1.

protagónico. Este adjetivo no figura en el
DRAE/92, pero está bien formado y su empleo no parece objetable.

protagonista. Es el personaje principal de
una obra literaria o de un suceso cualquiera. Resulta redundante hablar de **protagonista principal* o de **primer protagonista*.

protestar. Construcción: —*contra* o *de la
comida* (quejarse de ella); —*de su patriotis-
mo* (afirmarlo).

Respecto de la primera acepción, la RAE
no admite la preposición *de*; y, aunque los
preceptistas lo rechazan, es muy frecuente
el uso de la preposición *por*: *protestan por
la comida*.

proveer. **1**. Para su conjugación, → **creer,
1**. Como bien observa Bello, (*Gramática*,
§ 604), el uso de los dos participios, *proveído*
y *provisto*, no es del todo indistinto. *Proveído* se emplea preferentemente para la
acepción de 'preparar las cosas necesarias
para un fin': *el Gobierno ha proveído lo
necesario ante el peligro de invasión*. *Provisto*, en cambio, se prefiere para las acepciones de 'conferir un empleo, cargo, etc.':
se ha provisto el cargo de director general,
y de 'suministrar lo necesario para un fin':
se ha provisto de víveres a la ciudad.

2. Construcción: —*a todas las necesidades*;
—*con, de ropa*; —*en justicia*.

proveído. → **proveer**.

Provence. El nombre en español de esta
región de Francia es *Provenza*.

provenir. V. irreg.; se conjuga como → **venir, 1**.

providenciar. Para su acentuación, → **abreviar**.

provincial. Femenino: *provinciala*, únicamente para designar a la religiosa que go-
bierna las casas de una provincia.

provisorio. Aunque criticada repetidas veces por galicista (fr. *provisoire*), la RAE ha
incluido este adjetivo en el DRAE/92 como
sinónimo de *provisional*, si bien recomienda esta última voz. En América se prefiere
provisorio.

provisto. → **proveer.**

próximo. Construcción: —*a mi casa.*
La construcción con *de* es galicista (fr. *proche de*): "[...] al provinciano que tuviera más próximo de mi cama [...]" (M. Cané, *Juvenilia*, 74).

proyeccionista. El DRAE/92 incorpora este sustantivo con la siguiente definición: "com. Persona que profesionalmente maneja un proyector de cine, de iluminación o un aparato análogo."

proyectista. La RAE ha incorporado al DRAE/92 este vocablo con las siguientes definiciones: "com. Persona que se dedica a hacer proyectos y a facilitarlos. // 2. Persona que dibuja planos de diversa naturaleza, proyectos artísticos, industriales, etc."

prudencial. El DRAE/92 añade una nueva acepción de este adjetivo: "Que no es exagerado ni excesivo."

prunela. El DRAE/92 incorpora, como argentinismo, una nueva acepción de esta voz: "Tela de lana gruesa y tupida, empleada en la confección de prendas que requieren gran resistencia o solidez."

ps-, -ps-, -ps. Comportamiento del grupo **ps** en posición inicial, interior y final.
A. ps-. La RAE autoriza la supresión de la *p* en el grupo inicial **ps-**: "En la combinación inicial de palabra *ps-,* como en *psicología, psitacismo* puede suprimirse la *p* y escribir *sicología, sitacismo*. No obstante, la Academia considera preferible conservar la *p.*" (RAE, *Ortografía*, § 27, b).
Pero la posición de la RAE no es tan clara como parece desprenderse de este texto de la *Ortografía*, al que no siempre respeta en el DRAE.
Para aclarar la cuestión, se estudian por separado los diversos derivados de palabras griegas con letra *psi* inicial.
1. de *psico-* (gr. *psykhé*, alma):
a) de un grupo numeroso, el DRAE registra ambas formas, con *p* y sin *p*: *psicoanálisis / sicoanálisis, psicología / sicología, psicosis / sicosis;*
b) en otros casos, el DRAE registra la doble forma en la palabra base, pero no en sus derivados: *psicoterapia / sicoterapia,* pero *psicoterapeuta, psicoterapéutico;*
c) finalmente, de numerosas palabras el DRAE registra sólo la forma con *p*: *psicólogo, psicopedagogía, psicosomático, psiquis,* etc. En general, puede observarse cierta resistencia a eliminar la *p* en palabras de este grupo.
2. de *pseudo-* (gr. *pseud-,* falso). El DRAE registra las formas sin *p*: *seudónimo, seudópodo, seudohermafrodita,* etc., pero sólo *pseudología* (la variante *seudología* no figura en el DRAE/92).
3. de *psitaco-* (gr. *psittakós*, papagayo). El

DRAE registra las dos formas *psitácida / sitácida, psitacosis / sitacosis,* etc., con preferencia por la primera, pero sólo *psitaciforme.*
4. de *psor-* (gr. *psora*, sarna). La única palabra es *psoriasis.* El DRAE/92 no registra *soriasis.*
En realidad se trata tan sólo de un problema ortográfico, ya que: "No se pronuncia la *p* en el grupo inicial *ps: psicólogo-sikólogo;* en los compuestos con *pseudo* llega ya a omitirse la *p* hasta en la escritura: *seudoerudito, seudocrítica* [...] en *psicología* y *psicólogo* suele oírse, sin embargo, la *p* en pronunciación afectada y ceremoniosa." (T. Navarro Tomás, *Manual*, § 79).
B. -ps-. En posición interior, este grupo se mantiene en pronunciación esmerada: *cápsula, eclipse* [kápsula, eklípse], pero en la pronunciación corriente, la *p* se relaja en *b* fricativa [kábsula, eklíbse] (*op. cit.*, § 79). La supresión total de la *p* [kásula, eklíse] es propia de una pronunciación muy descuidada y conviene evitarla.
C. -ps. En posición final, este grupo aparece en unas pocas palabras de carácter culto: *bíceps, tríceps, fórceps* y las menos frecuentes *corps* y *reps.* En todas estas voces, la *p* tiene sonido pleno.

pseudo-, seudo-. 1. La RAE admite las dos formas de este elemento compositivo, pero recomienda la segunda. No obstante, en el DRAE registra *pseudología* y no *seudología.* → **ps-, A, 2.**
2. En cualquiera de sus dos formas debe escribirse unido al segundo formante del compuesto: *seudomédico* (no *seudo-médico).

pseudología. Es la única forma admitida por la RAE. *Seudología* no figura en el DRAE.

pseudónimo. → **seudónimo.**

pseudópodo. → **seudópodo.**

psicagogia. 1. En el DRAE/92 no figura la variante *sicagogia.* → **ps-, A, 1.**
2. A pesar de *pedagogía,* **psicagogia** lleva acento prosódico en la sílaba *go.*

psicastenia, psicasténico. En el DRAE/92 no figuran las formas *sicastenia, sicasténico.* → **ps-, A, 1.**

psico-. Aunque la RAE admite la simplificación del grupo *ps-* inicial, el DRAE no registra la forma *sico-* de este formante. → **ps-, A** y **A, 1.**

psicoanálisis, sicoanálisis. 1. La RAE admite las dos formas, aunque prefiere la primera.
2. Según el DRAE, es → **ambiguo** en cuanto al género, pero se emplea corrientemente como masculino.

psicoanalista, psicoanalítico. Aunque la RAE admite el par *psicoanálisis / sicoa-*

nálisis, los derivados *sicoanalista* y *sicoanalítico* no figuran en el DRAE/92.

psicoanalizar. 1. El DRAE/92 ha incorporado este verbo con la siguiente definición: "Aplicar el psicoanálisis a una persona. Ú. t. c. prnl." **2**. Aunque la RAE admite el par *psicoanálisis / sicoanálisis*, el derivado *sicoanalizar* no figura en el DRAE/92.

psicodélico. 1. El DRAE/92 ha incorporado una tercera acepción de este vocablo: "fig. y fam. Raro, extravagante, fuera de lo normal." **2**. El DRAE/92 no registra la variante *sicodélico*. → **ps-, A, 1**.

psicodrama. En el DRAE/92 no figura la variante *sicodrama*. → **ps-, A, 1**.

psicofármaco. 1. La RAE ha incluido este sustantivo en el DRAE/92 con la siguiente definición: "Medicamento que actúa sobre la actividad mental." **2**. El DRAE/92 no registra la forma *sicofármaco*. → **ps-, A, 1**.

psicofísica, sicofísica. La RAE admite las dos formas, pero prefiere la primera. → **ps-, A, 1**.

psicofísico, -ca. No figura en el DRAE/92 la variante *sicofísico, -ca*. → **ps-, A, 1**.

psicogénico, psicógeno. 1. La RAE admite las dos formas, pero prefiere la primera. **2**. El DRAE/92 no registra las formas *sicogénico, sicógeno*. → **ps-, A, 1**.

psicokinesia. → **psicoquinesia**.

psicolingüística. En sesión del 14 de mayo de 1981 (*Acuerdos*, IX, 5-8), la AAL sugirió a la RAE la inclusión de esta voz en el *Diccionario* mayor con el valor de "disciplina lingüística que estudia, desde un punto de vista predominantemente cuantitativo, los procesos psíquicos inherentes a la comunicación humana". No figura en el DRAE/92.

psicología, psicológico, psicólogo. La RAE admite también las variantes *sicología, sicológico, sicólogo*, pero prefiere las formas con *p*. → **ps-, A, 1**.

psicómetra, psicometría. 1. La RAE ha incluido estos términos en el DRAE/92 con las siguientes definiciones: "Especialista en psicometría" y "Medida de los fenómenos psíquicos. // 2. En parapsicología supuesto conocimiento de una persona o un acontecimiento que obtiene un médium a través del contacto con un objeto relacionado con ellos", respectivamente. **2**. El DRAE/92 no registra las variantes *sicómetra, sicometría*. → **ps-, A, 1**.

psicópata, psicopatía. La RAE admite también la grafía *sicópata, sicopatía*, pero prefiere las formas con *p*. → **ps-, A, 1**.

psicopático, psicopatología. El DRAE/92

no registra las formas *sicopático, sicopatología*. → **ps-, A, 1**.

psicopedagogía, psicopedagógico. El DRAE/92 no registra las formas *sicopedagogía, sicopedagógico*. → **ps-, A, 1**.

psicoquinesia, psicokinesia. 1. La RAE admite las dos grafías, pero recomienda la primera. **2**. No figuran en el DRAE/92 las variantes *sicoquinesia, sikoquinesia*. → **ps-, A, 1**.

psicosis, sicosis. La RAE admite las dos formas, pero prefiere la primera. → **ps-, A, 1**.

psicosomático. El DRAE/92 no registra la forma *sicosomático*. → **ps-, A, 1**.

psicotecnia, psicotécnico. El DRAE/92 no registra las variantes *sicotecnia, sicotécnico*. → **ps-, A, 1**.

psicoterapeuta, psicoterapéutico. En el DRAE/92 no figuran las formas *sicoterapeuta, sicoterapéutico*. → **ps-, A, 1**.

psicoterapia, sicoterapia. La RAE admite las dos grafías, pero prefiere la primera. → **ps-, A, 1**.

psicoterápico. El DRAE/92 no registra la variante *sicoterápico*. → **ps-, A, 1**.

psicrómetro, sicrómetro. La RAE admite las dos formas, pero prefiere la primera. → **ps-, A, 1**.

psique, psiquis. 1. La RAE admite las dos formas, pero prefiere la primera. **2**. El DRAE/92 no registra las variantes *sique, siquis*. → **ps-, A, 1**.

psiquiatra, psiquiatría. 1. La RAE admite también las variantes simplificadas *siquiatra, siquiatría*, pero prefiere las formas con *p*. **2**. A partir del DRAE/84 la RAE sólo autoriza la acentuación grave **psiquiatra**, habiendo dejado de lado la acentuación esdrújula **psiquíatra*. → **-iatra, -íatra**.

psiquiátrico. 1. La RAE ha introducido este vocablo en el DRAE/92 con la siguiente definición: "adj. Perteneciente o relativo a la psiquiatría. // 2. m. Hospital o clínica donde se trata a los enfermos mentales." **2**. El DRAE/92 no registra la variante *siquiátrico*. → **ps-, A, 1**.

psíquico, síquico. La RAE autoriza ambas formas, pero prefiere la primera. → **ps-, A, 1**.

psiquis. → **psique**.

psiquismo. El DRAE/92 no registra la forma *siquismo*. → **ps-, A, 1**.

psitácida, sitácida. La RAE admite ambas formas, pero recomienda la primera. → **ps-, A, 3**.

psitaciforme. El DRAE/92 no registra la variante *sitaciforme*. → **ps-, A, 3**.

psitacismo, sitacismo. La RAE admite las dos formas, pero prefiere la primera. → **ps-, A, 3**.

psitacosis, sitacosis. La RAE admite ambas formas, pero recomienda la primera. → **ps-, A, 3**.

psoriasis. 1. El DRAE/92 no registra la variante *soriasis*. → **ps-, A, 4**.
2. La acentuación **soríasis* es incorrecta. → **-iasis**.

pt-, -pt-. En el grupo *pt* la suerte de *p* es diversa.
1. pt-. La RAE no es consecuente en el tratamiento de este grupo inicial: en unos casos autoriza las formas con *p* y sin *p*: *pteridofito / teridofito*; en otros, el DRAE registra sólo la forma con *p*: *pterodáctilo, ptosis*; y, más frecuentemente, sólo la forma sin *p*: *tialina, tialismo, tomaína*, etc.
2. -pt-. Cuando este grupo está en posición interior, la *p* suele mantenerse: *coleóptero, himenóptero, helicóptero, hemoptisis, septicemia*, etc. En *septiembre, séptimo* y *suscriptor*; la RAE admite las variantes *setiembre* (muy empleada), *sétimo* (rara) y *suscritor* (menos frecuente), pero prefiere las formas con *p*.
Un caso especial lo forman las palabras de la familia del verbo *escribir*. Por influencia de *escrito* (*escripto* es forma anticuada, totalmente en desuso) se han impuesto las formas sin *p*: *adscrito, descrito, inscrito, infrascrito, prescrito, suscrito, transcrito*, etc., que la RAE prefiere a las también correctas con *p*. La única excepción es → **rescripto**, en función de sustantivo, preferida a *rescrito* (que el DRAE considera anticuada).

pteridofito, teridofito. La RAE admite las dos formas, pero prefiere la primera. → **pt-, 2**.

pterodáctilo. El DRAE/92 no registra la variante *terodáctilo*. → **pt-, 1**.

ptolemaico. La RAE admite sólo la grafía *tolemaico*. → **pt-, 1**.

Ptolomeo. El DRAE/92 escribe *Tolomeo* (s.v. *tolemaico*). → **pt-, 1**.

ptosis. El DRAE/92 no registra la forma *tosis*, → **pt-, 1**.

publicitar. Verbo correctamente formado a partir del sustantivo *publicidad*, y de uso frecuente en la Argentina. En sesión del 10 de julio de 1975 (*Acuerdos*, V, 223-24), la AAL sugirió a la RAE su inclusión en el *Diccionario* oficial. No figura en el DRAE/92.

pucará. Plural: *pucarás*. → **rubí**.

pudding. La RAE ha castellanizado esta voz inglesa en → **budín** o *pudín*.

pudicia, pudicicia. La RAE admite las dos formas, pero prefiere la primera, que fue incorporada en el DRAE/92.

pudín. → **budín**.

pudredumbre. → **podredumbre**.

pudrir, podrir. Verbo irregular. El infinitivo presenta la alternancia *u/o*: **pudrir** —preferida por la RAE—, y **podrir**, muy frecuente en América: "De otra manera puede podrirse." (J. Ardiles Gray, "La sospecha", en TCAH, 34); "[...] con esa madurez que tienen los tomates diez segundos antes de empezar a podrirse." (M. Benedetti, *La tregua*, 89).
El participio es siempre *podrido*.
Las demás formas tienen *u* en la raíz: *pudro, pudra, pudriré*, etc. y así lo considera el *Esbozo* (2. 12. 3, **[E]**, nota 68), donde se afirma que el participio es "la única forma que se ha salvado hasta ahora de la nivelación vocálica". No obstante, en América, la vocal *o* de la raíz, cuando es átona, se mantiene en algunas formas en competencia con *u*: *podrimos* (presente y pretérito perfecto simple del indicativo), *podrís* (presente del indicativo), *podrid* (imperativo).
En el pretérito imperfecto de indicativo se prefiere *pudría* para distinguirlo del condicional del verbo *poder* (*podría*). Bello exige *podrí, podriste, podrimos, podrieron* (*Gramática*, § 548, nota) y Cuervo en sus *Notas* no lo objeta. De todos modos, el uso actual en el español modélico prefiere *pudrí, pudriste, pudrimos, pudrieron*.

pueblada. La forma académica es *poblada*, pero en la Argentina se prefiere **pueblada**: "No descartamos una pueblada en una ciudad con una gran concentración de personas viviendo en villas de emergencia [...]" (*Página / 12*, 8-12-89, pág. 8).

pueblo. Diminutivos: *poblezuelo, pueblecito*; pero en América se prefiere *pueblito*: "Y hasta vienen comisiones de protesta de los pueblitos más perdidos." (M. Vargas Llosa, *Pantaleón*, 14). → **diminutivos, 1**.

pueda (ser) que. Forma coloquial, no recomendable, usada en América y menos frecuentemente en España, en lugar de *puede (ser) que*. En unos casos expresa duda y en otros deseo: *pueda (ser) que lleguen mañana* (Kany, *Sintaxis*, 218).

puente. En el uso actual es exclusivamente masculino.

puerco espín, puerco espino. La RAE admite las dos formas. Se escribe sin guión intermedio. Evítese la grafía incorrecta **puercoespín*: "[...] don Domingo Luna, hecho un puercoespín, exclamaba [...]" (R.J. Payró, *Pago Chico*, 58).

puerta. Diminutivos: *puertecica, puertecita, puertezuela*, pero en la Argentina se emplea casi exclusivamente *puertita*: *Las puertitas del señor López* (nombre de una historieta y de una película argentinas); "[...] salió por la puertita de atrás [...]" (L. Devetach, *La torre*, 62). → **diminutivos, 1**.

puertaventana. Es la única grafía admitida por la RAE. Evítense las formas **puerta* *ventana* y, sobre todo, **puerta-ventana*.

puerto. Diminutivos: *portezuelo* y *puertezuelo*. En la Argentina se emplea casi exclusivamente *puertito*. → **diminutivos, 1**.

Puerto Barrios. El gentilicio correspondiente a esta ciudad de Guatemala es *barrioporteño*.

Puerto Montt. El gentilicio correspondiente a esta ciudad chilena es *puertomontino*.

Puerto Rico. Gentilicios: *puertorriqueño* o *portorriqueño* (la RAE prefiere el primero) y *borincano* o *borinqueño* (la RAE prefiere el segundo), de Borinquén, antiguo nombre de la isla de Puerto Rico.

puesta. **1**. Las perífrasis con este sustantivo: *puesta al día, puesta en práctica*, etc. han sido criticadas por los puristas como traducción servil del francés: *mise au jour, mise en pratique*. No obstante, se están abriendo paso en español y, a las construcciones ya admitidas por la RAE: *puesta de largo* y *puesta en marcha*, el DRAE/92 agrega ahora → **puesta a punto** y → **puesta en escena**.
2. La RAE ha incorporado en el DRAE/92, como argentinismo, una nueva acepción de esta voz: "En carreras de caballos, empate."

puesta a punto. La RAE ha incorporado esta expresión en el DRAE/92 con la siguiente definición: "Operación consistente en regular un mecanismo, dispositivo, etc., a fin de que funcione correctamente."

puesta en escena. En sesión del 10 de mayo de 1979 (*Acuerdos*, VII, 221-22), la AAL sugirió a la RAE la inclusión de esta expresión en el *Diccionario* académico. La RAE la ha incorporado en el DRAE/92 con la siguiente definición: "Montaje y realización escénica de un texto teatral o de un guión cinematográfico."

*puesto de que. Forma incorrecta. La locución conjuntiva causal es *puesto que*: *puesto que es tarde, debemos apurarnos*.

pugnar. Construcción: —*en defensa de su honor*; —*por salvarse*.

pujar. Construcción: —*con, contra alguien* o *algo*; —*en, sobre el precio*; —*por algo*.

pulchinela. → **polichinela**.

pulcro. Superlativos: *pulquérrimo* (literario); *pulcrísimo* y *muy pulcro* (coloquiales).

*pulenta. Forma incorrecta por *polenta*.

*pulimiento. Forma errónea por *pulimento*.

pullman. Voz inglesa, de uso frecuente en español con los significados de 'coche de lujo en el ferrocarril' (a veces, también 'coche cama') y 'autobús'.

pullover. **1**. Voz inglesa (pron. [pulóver]), de uso frecuente en español.
En el Río de la Plata se usa a veces la grafía inglesa: "[...] encontró un pullover y un gabán." (L. Heker, *Los bordes*, 94); "[...] que ya está poniéndose el pullover [...]"

(A.M. Shúa, *Los amores*, 109); "Sobre el escritorio de persiana estaba su pullover azul [...]" (G. Rozenmacher, *Cuentos completos*, 76); y otras veces, la hispanización *pulóver*, plural *pulóveres* (no admitida por la RAE): "Te estoy tejiendo un pulóver [...]" (R. Walsh, "Las fotos", en CAC, 82); "[...] para ponernos los pulóveres [...]" (M. Benedetti, *Primavera*, 118); "Había unos pocos pulóveres [...]" (J. Cortázar, *Todos los fuegos*, 32).
En el Río de la Plata se usan también → **suéter** y → **tricota** para designar esta prenda de vestir, aunque la última está en franca decadencia. La voz → **jersey**, empleada en España, es prácticamente desconocida en la Argentina.
2. La grafía **pull-over* no corresponde.

pulmoníaco, pulmoniaco. La RAE admite las dos acentuaciones, pero prefiere la primera (con hiato). → **-íaco, -iaco**.

pulóver. → **pullover**.

púlsar. En sesión del 4 de mayo de 1972 (*Acuerdos*, V, 78-80), la AAL solicitó a la RAE la inclusión de este sustantivo en el *Diccionario* oficial como palabra aguda [pulsár].
La RAE la incorporó en el DRAE/92, con acentuación grave, **púlsar**, respetando la acentuación inglesa, y con la siguiente definición: "m. *Astron*. Estrella de neutrones, caracterizada por la emisión, a intervalos regulares y cortos, de energía radiante muy intensa."

pulsión. → **Neologismo** necesario, traducción del al. *Trieb*. Se ha propuesto *impulso* para remplazarla, pero esta palabra no es equivalente del término psicoanalítico: elemento dinámico de la actividad psíquica inconsciente.

punk. El DMI registra esta voz inglesa, que no figura en el DRAE/92, con la siguiente definición: "Dícese del movimiento juvenil de la década de los setenta, musical, de protesta ante el convencionalismo y se caracteriza por el uso de los vestidos estrafalarios, cabellos teñidos y peinados antinaturalmente y accesorios incrustados en el cuerpo de forma masoquista. Sus seguidores son violentos."

Punta Arenas. El gentilicio correspondiente a estas ciudades de Chile y de Costa Rica es *puntarenense*.

puntada, punzada. Para designar un dolor agudo, repentino y pasajero ambos vocablos son correctos.

*punteagudo. → **Ultracorrección** por *puntiagudo*.

punto. Signo ortográfico (.) que se emplea en los siguientes casos:
1. Para señalar que un período tiene sentido completo y constituye una oración.

La pausa que indica el punto es mayor que la de la coma y el punto y coma.

Tiene dos variedades:

a) *punto y aparte*. Cuando el texto continúa en el renglón siguiente, y un poco más adentro que los demás de la plana (sangría); b) *punto y seguido*. Cuando el texto continúa en el mismo renglón o, si ello no es posible, en el renglón siguiente sin blanco inicial.

En general, cuando hay mayor independencia entre los períodos que el punto separa, se usa punto y aparte, pero esta apreciación es subjetiva.

2. Para señalar:

a) los millares en las cantidades numéricas escritas con cifras: *2.368*; *120.531*; *23.478.500* (pero no debe ponerse punto en las cifras que indican años: *nació en 1941*, ni en las que señalan los números de calles: *calle Moreno 1550* o los de páginas: *página 1012*);

b) las fracciones de hora: *son las 17.45* (no corresponde el uso de coma: **17,45*);

c) las abreviaturas: *Dr., cap.* (no llevan punto los → **símbolos** ni las → **siglas**).

punto acápite. → **acápite**.

punto aparte, punto y aparte. La RAE admite las dos formas, pero prefiere la segunda. Lo mismo sucede con *punto seguido, punto y seguido*. La indiferencia ante una u otra forma puede advertirse en el texto siguiente: "Este signo registra dos usos: punto seguido y punto y aparte." (AAL, *Puntuación*, 5).

puntos cardinales. → **mayúsculas (uso de), B, 14**

punto seguido. → **punto, 1, b; punto aparte**.

puntos suspensivos. Signo ortográfico (...) que se emplea en los siguientes casos:

1. Para indicar que queda incompleto el sentido de una oración porque el lector ya conoce el resto: *en casa de herrero...*

2. Para indicar una pausa inesperada mediante la cual se desea expresar titubeo, duda, temor, extrañeza o cualquier otro sentimiento que justifique la suspensión transitoria del discurso: "Un olor penetrante a naranjas..., humedad y silencio... La cañada de las Brujas..." (J.R. Jiménez, *Platero y yo*, 22).

3. En la transcripción de un texto, para señalar que se ha omitido una parte. En este caso, y para evitar que se confundan con puntos suspensivos pertenecientes al texto transcrito, se suelen incluir entre corchetes: "¡Sombra terrible de Facundo, voy a evocarte para que [...] te levantes a explicarnos la vida secreta [...]!" (D.F. Sarmiento, *Facundo*, 27).

4. En lugar de la palabra *etcétera* (o *etc.*),

pero no inmediatamente después de ella: "Olía a vino nuevo, a chorizo en regüeldo, a tabaco..." (J.R. Jiménez, *op. cit.*, 137).

5. Para sustituir a una palabra entera, generalmente malsonante: "—Son para esa bruja: a la m..." (E. Echeverría, *El matadero*, 72).

Después de los puntos suspensivos puede ir coma, punto y coma o dos puntos, si son necesarios.

punto y aparte. → **punto, 1, a; punto aparte**.

punto y coma. Signo ortográfico (;) que se emplea en los siguientes casos:

1. Para separar oraciones dentro de un período más extenso, especialmente si en dichas oraciones hay comas: "Facundo ha jugado desde la infancia; el juego ha sido su único goce, su desahogo, su vida entera." (D.F. Sarmiento, *Facundo*, 145).

2. En períodos extensos, delante de las conjunciones *pero, mas, sino, aunque*: "La hipótesis vuela, el hecho camina; a veces el ala rumbea mal, el pie pisa siempre en firme; pero el vuelo puede rectificarse, mientras el paso no puede volar nunca." (J. Ingenieros, *El hombre mediocre*, 31). Si el período es breve, alcanza con una coma: "[...] son fríos, aunque ignoren la serenidad [...]" (*op. cit.*, 77).

3. Delante de una oración que resuma o abarque varias oraciones anteriores: *los niños gritaban, la mujer reñía con la criada, el teléfono sonaba sin cesar; todo estaba listo para recibir al paciente dueño de casa*. En muchos casos, el uso de punto y coma depende del gusto personal y puede dudarse en remplazarlo unas veces por la coma, otras veces por el punto.

punto y seguido. → **punto, 1, b; punto aparte**.

puntuación. → **coma, dos puntos; punto; puntos suspensivos; punto y coma**.

puntuar. Para su acentuación, → **atenuar**.

punzó. Plural: *punzós* o *punzoes*. → **rubí**. Evítese la grafía **punzóes*: "[...] comenzaban a llenarse de chalecos punzóes [...]" (A. Capdevila, *Vísperas*, 64).

pupo. La RAE ha introducido este sustantivo en el DRAE/92 con la siguiente definición: "m. fam. *Argent., Bol. y Chile*. **ombligo**, cicatriz."

puquio. En el DRAE/92 figura con diptongo final [púkio], mientras que el DRAE/84 la registraba con hiato final, *puquío*.

purasangre. 1. La RAE ha introducido este sustantivo en el DRAE/92 con la siguiente definición: "m. Caballo de una raza que es producto del cruce de la árabe con las del Norte de Europa. Ú. t. c. adj."

2. Plural: *purasangres*.

puro. 1. Antepuesto al sustantivo puede

significar 'sin más, solamente': *lo que dicen son puros cuentos*; o bien indicar una mayoría abrumadora de lo que señala el sustantivo: *en la fiesta eran puras mujeres*. En función adverbial, **puro** significa 'muy': *les pasó eso por puro distraídos*. En este caso, **puro** es invariable.

2. → **de puro.**

pus. Es sustantivo masculino: *el pus*. Debe evitarse cuidadosamente emplearlo como femenino: **la pus*.

puteada. La RAE ha incorporado esta voz en el DRAE/92 con la siguiente definición: "*Amér.* Acción y efecto de putear, injuriar."

putear. El DRAE/92 registra dos nuevas acepciones de este verbo: "*Amér.* Injuriar, dirigir palabras soeces a alguien" y "*vulg.* Fastidiar, perjudicar a alguien".

putsch. Voz alemana (en al. *Putsch*), usada en español con sus significados originales de 'intentona, pronunciamiento'.

puzzle. Voz inglesa que la RAE ha incorporado al DRAE/92, sin modificar la grafía, y como sinónimo de *rompecabezas*.

Q

q. 1. Decimoctava letra del alfabeto español (vigésima si se consideran la *ch* y la *ll* letras independientes). Su nombre es *cu*, plural *cus*.

2. Representa, lo mismo que *c* (ante *a, o, u*) y *k*, un fonema oclusivo velar sordo.

3. En la escritura esta letra nunca aparece sola; va siempre acompañada por el signo *u*, que no representa ningún sonido. Esta combinación *qu* se escribe sólo delante de las vocales *e, i*: *queso, quimera* [késo, kiméra], salvo en unas pocas palabras extranjeras recientemente incorporadas al español: *quark, quásar, quáter*, y la más antigua *quórum*, en las que la *u* se pronuncia.

Es, en realidad, una letra doble, como la *ch*, la *ll* o la *rr*.

quantum. Voz latina (pron. [kuántum]) que se emplea internacionalmente en física para designar el salto que experimenta la energía de un corpúsculo cuando absorbe o emite radiación. Su plural es *quanta* (pron. [kuánta]). La RAE ha decidido hispanizarla bajo la forma *cuanto*, plural *cuantos*, y ésta es la única forma que figura en el DRAE.

quark. La RAE ha introducido este sustantivo en el DRAE/92 con la siguiente definición: "(Del ing. *quark*.) m. *Fís.* Tipo teórico de partículas elementales con las que se forman otras partículas, como son el protón y el neutrón. No hay prueba experimental de su existencia aislada."

quásar. 1. En sesión del 22 de junio de 1967 (*Acuerdos*, IV, 63-65), la AAL sugirió a la RAE la inclusión de la voz *cuasar*, con acentuación aguda [kuasár] en el *Diccionario* oficial.

La RAE incorporó la voz **quásar**, grave según la acentuación inglesa, y su variante *cuásar*, en el DRAE/92, expresando su preferencia por la primera, con la siguiente definición: "(Del ing. QUAS*istell*AR *radio source*.) m. *Astron.* Cuerpo celeste de apariencia estelar en las fotografías y de color azulado, cuyo espectro se caracteriza por líneas de emisión anchas y muy desplazadas hacia el rojo, lo que indica que se aleja a velocidad muy considerable."

2. El plural de *cuásar* es *cuásares*. En cuanto a **quásar**, su aspecto extranjero induce a pensar en un plural anómalo *quásars*.

que. 1. Cuando **que** funciona como pronombre relativo debe construirse con la preposición que le corresponda por su función dentro de la proposición que encabeza: "[...] pidiendo por fin un bife al mozo apurado, *que* ellos desde el principio habían tratado de señor." (D. Sáenz, *No*, 130), en lugar de *al que* (**que** es complemento directo personal); **éste es el mismo puñal que cometieron el homicidio* (*con que cometieron el homicidio*); **el auto que vinieron* (*en que vinieron*). Si **que** funciona como complemento de tiempo, puede llevar o no la preposición *en*: *el día que* (o *en que*) *llegaste a Madrid*.

2. Uso de **que** en lugar de *cuyo*, → **cuyo, 3**.

3. Sustitución de **que** por *donde*, → **donde, 2**.

4. Uso indebido de la preposición *de* ante **que**, → **dequeísmo**.

5. → **que accesorio; que anunciativo; que galicado.**

qué. Lleva acento prosódico y ortográfico cuando es interrogativo o exclamativo directo (*¿qué pasó?; ¡qué gracioso!*) o indirecto (*quiero saber qué pasó; me sorprendió saber qué lejos estaba*). El hecho de que esté entre signos de interrogación o de exclamación no indica que ha de llevar necesariamente tilde: *¿que te lastimaste?* no es lo mismo que *¿qué te lastimaste?* La entonación indica la diferencia.

que accesorio. Así llama Kany (*Sintaxis*, 458-63) al uso innecesario de *que* en algunas construcciones.

1. En oraciones exclamativas encabezadas por *qué* o por *cuánto*: *¡qué mal que juega!; ¡cuántas medallas que ganaste!* Este uso es propio de la lengua familiar y conviene evitarlo en lenguaje cuidado.

2. Con cierto valor de relativo en expresiones como: *yo que entro y él que sale* (Kany, *Sintaxis*, 468). Este uso puede considerarse correcto.

que anunciativo. La RAE admite la supresión del **que anunciativo** entre un verbo subordinante y otro subordinado "especialmente con verbos de voluntad y de temor: *Le rogó fuese a Cádiz; Temieron se perdiese la ocasión*" (*Esbozo*, 3. 19. 4, d). Bello (*Gramática*, § 982) también la admite, pero precisando ciertas condiciones: ambos verbos, subordinante y subordinado, deben estar contiguos, y el segundo preferentemente en subjuntivo; además, entre ellos sólo pueden mediar un enclítico, pronombres personales átonos y el adverbio *no*: *temíase aparecieran los enemigos*; *rogaban se lo diéramos.*

En los demás casos es preferible no omitir el *que*: *creo que ellos ya habrán salido.*

Quebec. El gentilicio correspondiente a esta provincia y ciudad de Canadá es *quebequés*.

quebrar. V. irreg.; se conjuga como → **acertar, 1**.

quechua, quichua. La RAE admite las dos formas, pero prefiere la primera.

quedar. Construcción: —*a deber algo*; —*(en algo) con un amigo*; —*de pie*; —*en contestar* (en América: —*de contestar*); —*en ridículo*; —*en la miseria*; —*para contarlo*; —*por* o *como avaro*; —*por contestar varias cartas*; —*veinte minutos para terminar el partido*.

quedarse. Construcción: —*a servir*; —*con el dinero ajeno*; —*en cama*; —*para vestir santos*; —*por dueño de todo*.

qué dirán. En esta locución, *qué* se escribe con tilde: *no le importa el qué dirán*.

que galicado. Preceptistas y gramáticos critican severamente el uso de construcciones del tipo: **es allí que vivimos*; **era entonces que nos veíamos*; **fue así que lo hicimos*, en lugar de *es allí donde vivimos*; *era entonces cuando nos veíamos*; *fue así como lo hicimos*, o más sencillamente, *allí vivimos*; *entonces nos veíamos*; *así lo hicimos.*

Estas construcciones se originaron en malas traducciones del francés: "crudos galicismos" las llama Bello (*Gramática*, § 812), aunque se ha sostenido que, en realidad, son antiguas formas españolas que, si bien abandonadas en español, prepararon el camino para la consolidación del moderno uso galicado (Kany, *Sintaxis*, 297).

Están muy extendidas en todo el territorio del español, y en América son particularmente frecuentes: "[...] era de Buenos Aires que habían salido las expediciones represoras de Rosas [...]" (F. Luna, *Soy Roca*, 37); "Fue entonces que Rosaura Pringles adquirió ese hábito [...]" (S. Ocampo, "La gallina de membrillo", en VCHA, 180); "Es a partir de ahora que la pieza puede ponerse mejor." (J. Cortázar, *Todos los fue-*

gos, 130); "Fue precisamente en la casa de la calle Capurro que empecé a sentirme integrante de una familia mayor." (M. Benedetti, *La borra*, 21).

¿qué horas son? Plural frecuente en América, frente al singular en España: *¿qué hora es?* No es incorrecto, como suele afirmarse. Atenta, en cambio, contra la concordancia decir: *¿qué hora son?*

quejarse. Construcción: —*al profesor*; —*de alguien o de algo*.

El uso de la preposición *con* en lugar de *a* con este verbo: *quejarse con alguien* (en lugar de *quejarse a alguien*) es un regionalismo americano, sobre todo de México y la América Central: "Vuelven a quejarse con el profesor" (cit. por Kany, *Sintaxis*, 406).

quemazón. Es sustantivo femenino: *la quemazón.*

quepis. 1. Es palabra grave [képis] y no varía en plural: *el quepis, los quepis*: "[...] lo montaba un robusto jinete que no llevaba quepis [...]" (M. Benedetti, *Primavera*, 28).
2. Son incorrectas las formas → **kepí* y **quepí*: "[...] coge su quepí, se lo pone [...]" (M. Vargas Llosa, *Pantaleón*, 121), y el plural **quepíes*: "Vestían las casacas largas y los quepíes con toldito de la Legión Extranjera." (B. Kordon, *Sus mejores cuentos*, 94).

querer. Verbo irregular (ver cuadro). Tiene cuatro raíces: *quer-, quier-, quis-* y *querr-*. Es error bastante frecuente usar **querramos, *querráis* y *querrás* (voseo) como formas del subjuntivo en lugar de *queramos, queráis, querás* (voseo): "Él sentó las bases para que nosotros ahora podamos hacer lo que querramos." (*Página / 12*, 9-3-89, pág. 20).

quermés. → **kermés**.

*quermese. Forma incorrecta por → **kermés**.

querosén. → **queroseno**.

queroseno, querosén. El DRAE admite las dos formas, pero prefiere la primera; registra la segunda, por sugerencia de la AAL (*Acuerdos*, IV, 59-62), como americanismo general. "[...] sentada junto a la lámpara de querosén [...]" (J.J. Hernández, "Como si estuvieras jugando", en CAC, 121); "En el rancho se tambaleó el farol a querosén." (E. Galeano, *Contraseña*, 19).

La voz **queroseno** es prácticamente desconocida en la Argentina. En Ecuador, Nicaragua y Panamá se emplea la forma *querosín*.

querosín. → **queroseno**.

*querramos, *querráis, *querrás. → **querer**.

quichua. → **quechua**.

quid. Palabra latina (pron.[kuid]) que significa literalmente 'qué cosa' y que se emplea en español con el valor de 'punto más importante o clave de una cosa': *éste es el quid del problema.*

QUERER
(conjugación de los tiempos simples)

MODO INDICATIVO

Presente	Pret. imperf.	Pret. perfecto simple	Futuro	Condicional
quiero	quería	quise	querré	querría
quieres	querías	quisiste	querrás	querrías
quiere	quería	quiso	querrá	querría
queremos	queríamos	quisimos	querremos	querríamos
queréis	queríais	quisisteis	querréis	querríais
quieren	querían	quisieron	querrán	querrían

MODO SUBJUNTIVO

Presente	Pretérito imperfecto	Futuro
quiera	quisiera/quisiese	quisiere
quieras	quisieras/quisieses	quisieres
quiera	quisiera/quisiese	quisiere
queramos	quisiéramos/quisiésemos	quisiéremos
queráis	quisierais/quisieseis	quisiereis
quieran	quisieran/quisiesen	quisieren

MODO IMPERATIVO

Presente

quiere
quered

FORMAS NO PERSONALES

Infinitivo	Gerundio	Participio
querer	queriendo	querido

quídam. Palabra latina (pron. [kuídam]) que significa literalmente 'uno, alguno' y que se emplea en español con los valores de 'persona indeterminada' y 'persona sin importancia, insignificante'.

quid pro quo. Expresión latina (pron. [kuid pro kuo]) que significa literalmente 'una cosa por otra' y que se emplea en español para referirse a una confusión, un equívoco, producto de la sustitución de una persona o cosa por otra.

quien. 1. En la lengua moderna este pronombre relativo puede referirse sólo a un antecedente personal: *vimos a una mujer, con quien no pudimos hablar*. En el español clásico era posible la referencia a cosas: "[...] la estera de enea sobre quien se había vuelto a echar [...]" (*Quijote*, I, cap. XVII).
2. Antiguamente no era estricta la concordancia en número de este relativo con su antecedente; hoy, en cambio, es obligatoria: *llegaron varios extranjeros, quienes no entendían nada*.
3. Este relativo es propio del lenguaje cuidado. En lengua familiar se lo suele remplazar por *que, el que*.

quién. Lleva acento prosódico y ortográfico cuando es interrogativo o exclamativo directo (*¿quién me llama?*; *¡quién lo hubiera dicho!*) o indirecto (*no sé quién me llama*; *ni te imaginas quién vino*).
También es tónico y lleva tilde con el valor

distributivo de *uno(s)... otro(s)*: *quién aconseja la retirada, quién morir peleando* (DRAE). Este uso es poco frecuente.

quienquiera. 1. Pronombre indefinido de uso literario. Es siempre antecedente del relativo *que*: *quienquiera que hable, debe decir la verdad*. No corresponde omitir el relativo: **quienquiera hable*. **2**. Su plural es *quienesquiera*. **3**. El *Esbozo* (2. 8. 3, 3º) y el DRAE mencionan una forma apocopada *quienquier* de muy poco uso.

quieto. Diminutivo: *quietecito*, pero en la Argentina se emplea casi exclusivamente *quietito*. → **diminutivos, 1**.

quif, kif. La RAE admite las dos grafías, pero prefiere la primera.

quijote. 1. Como sustantivo común y con el valor de 'hombre desinteresado que se compromete en la defensa de causas que considera justas' y 'hombre cuyo aspecto y carácter recuerdan al héroe de Cervantes', se escribe con minúscula inicial: *un quijote*. **2**. Para referirse a la mujer que posee las cualidades morales de un quijote, el DRAE/ 92 ha incorporado el femenino *quijotesa*.

quijotesa. → **quijote, 2**.

quillay. El plural más adecuado parece ser *quilláis*.

quilo-. → **kilo-**.

quilográmetro. → **kilográmetro**.

quilogramo. → **kilogramo, 2**.

quilolitro. → **kilolitro, 1**.

quilométrico. → **kilométrico**.

quilómetro. → **kilómetro, 2**.

quimono. Es la única grafía autorizada por la RAE. El DRAE no registra la forma **kimono*.

quinceañero. La RAE ha incluido esta voz en el DRAE/92 con la siguiente definición: "adj. Que tiene quince años o alrededor de esa edad. Ú. t. c. s."

quinceavo, quinzavo. 1. La RAE autoriza ambas formas, pero prefiere la primera, admitida en 1984. **2**. Es un numeral fraccionario y designa cada una de las quince partes iguales en que se divide un todo (1/15). No es correcto usarlo como numeral ordinal: **obtuvo el quinceavo puesto*; dígase: *el decimoquinto puesto*.

quincho. Por sugerencia de la AAL (*Acuerdos*, VIII, 209-12), la RAE incluyó este sustantivo en el DRAE/92 con la siguiente definición: "m. *Argent*. Construcción usada como resguardo en comidas al aire libre que consiste comúnmente en un techo de paja sostenido por columnas de madera."

quinesiología, quinesiólogo. → **kinesiología**.

quinesioterapia, quinesiterapia. La

RAE admite las dos formas, pero prefiere la primera.

quinesioterápico, quinesiterápico. La RAE admite las dos formas, pero prefiere la primera.

quinoto. La RAE ha incluido este sustantivo en el DRAE/92, como argentinismo y con las siguientes definiciones: "(Del it. *chinotto*.) m. Arbusto de la familia de las rutáceas, con flores perfumadas y frutos pequeños, de color anaranjado, muy usados para la preparación de dulces y licores. // 2. Fruto de este arbusto."

quintaesencia, quinta esencia. La RAE admite las dos grafías con el valor figurado de 'lo más puro, más fino y acendrado de alguna cosa'. Para el significado de 'última esencia o extracto de alguna cosa', prescribe la forma **quintaesencia**.

quintaesenciar. Para su acentuación, → **abreviar**.

quintillizos. Voz duramente criticada por los puristas, a los que se agregó la AAL (*Acuerdos*, II, 30), que propusieron diversos remplazos: *cinco mellizos, cinco gemelos, quintigéminos, quinquegéminos, quinquemellizos*. Teniendo en cuenta, sin duda, la brevedad y la difusión del término **quintillizos**, la RAE lo ha admitido y figura en el DRAE desde 1984.

quíntuplo, quíntuple. La RAE admite las dos formas en el DRAE/92, pero prefiere la primera.

quiosco, kiosco. La RAE admite las dos grafías, pero recomienda la primera.

quiosquero. La RAE ha incluido este sustantivo en el DRAE/92 con la siguiente definición: "Persona que trabaja en un quiosco, especialmente de periódicos."

quiquiriquí. Plural: *quiquiriquíes* o *quiquiriquís*. → **rubí**.

quirie. → **kirie**.

quiromancia, quiromancía. La RAE admite las dos acentuaciones, pero prefiere la primera. → **-mancia, -mancía**.

Quito. El gentilicio correspondiente a la capital del Ecuador es *quiteño*.

quivi. 1. El DRAE/92 introduce esta voz con las siguientes definiciones: "m. Arbusto trepador originario de China, de hojas alternas y redondeadas y flores blancas o amarillas, con cinco pétalos. El fruto, de piel ligeramente vellosa y pulpa de color verde, es comestible, y muy apreciado. // 2. Fruto de esta planta." **2**. La RAE admite también, pero no prefiere, la grafía *kiwi*.

quizá, quizás. La RAE admite las dos formas, pero recomienda la primera, que es la etimológica.

quórum. Carece de forma propia de plural: *los quórum*.

R

r. 1. Decimonovena letra del alfabeto español (vigesimoprimera si se consideran la *ch* y la *ll* letras independientes). Su nombre es *ere* o *erre*, plural *eres* o *erres*.

2. Corresponde a dos fonemas:

a) un fonema apicoalveolar, vibrante simple y sonoro, que se escribe **r** cuando no es inicial de palabra ni está precedida de *n*, *l* o *s*: *cara, burla, brusco, crema, frío, grande, compra, traje*;

b) un fonema apicoalveolar, vibrante múltiple y sonoro, que tiene dos grafías: *rr* en posición intervocálica: *torre, arrojar*, y **r** cuando es inicial de palabra o está precedida de *b*, con la que no forme sílaba, o de *l*, *n* o *s*: *reina, subrayar, alrededor, enriquecer, israelita*.

El carácter de simple o múltiple es un rasgo fonético relevante de estos fonemas, es decir que una u otra pronunciación puede hacer variar la significación de una palabra. Se mencionan, entre muchos otros, estos ejemplos para advertir a los extranjeros acerca de la necesidad de distinguir cuidadosamente entre ambos sonidos: *cero/cerro, moro/morro, para/parra, pera/perra*, etc.

3. La *rr* es una secuencia de letras que representa siempre el fonema vibrante múltiple. Por tanto, lo mismo que → **ch, 4** y **ll, 5**, es indivisible y no pueden separarse sus componentes en el silabeo al final de renglón: *ca-rri-to, a-rro-llar*.

4. Las palabras que tienen **r** inicial la duplican en *rr* cuando, al formar parte de un compuesto, quedan en las condiciones indicadas en → **2, b**: *antirracista, hispanorromano, contrarréplica*; pero: *posrevolucionario, sinrazón*. La **r** no se duplica cuando el compuesto está separado por un guión: *germano-ruso*; tampoco cuando el segundo elemento del compuesto pasa al renglón siguiente.

rabiar. 1. Para su acentuación, → **abreviar**.

2. Construcción: —*contra alguien*; —*de hambre*; —*por lucirse*.

radar. Es palabra aguda [radár] y su plural es *radares*.

radarista. El DRAE/92 ha incorporado este sustantivo con la siguiente definición: "com. Especialista encargado del funcionamiento, conservación y reparación de los aparatos de radar."

radiactivo, radiactividad. El DRAE no registra las formas *radioactivo, *radioactividad.

radiar. Para su acentuación, → **abreviar**.

radical. Es sustantivo masculino, tanto en su acepción gramatical (= raíz), como matemática.

radicar. 1. La RAE ha incluido en el DRAE/92 una nueva acepción de este verbo: "fig. **consistir**, estar fundada una cosa en otra. *El problema radica en su falta de generosidad*."

2. Construcción: —*en algún lugar*.

radiestesista. La RAE ha incorporado este sustantivo en el DRAE/92 con el significado de 'persona que practica la radiestesia'. Es masculino y femenino: *el radiestesista, la radiestesista*.

radio. Como apócope de *radiotelegrama* (o *radiograma*) y de *radiotelegrafista* es masculino: *el radio*.

Cuando es apócope de *radiodifusión*, es femenino.

Con el significado de *radiorreceptor* es sustantivo ambiguo: *el radio, la radio*. En la parte septentrional de Sudamérica, América Central, México y Antillas se emplea como masculino: "[...] con un radio a todo volumen iba dejando por las calles un reguero de música [...]" (G. García Márquez, *Doce cuentos*, 52). En América meridional es femenino.

*radioactivo, *radioactividad. → **radiactivo**.

radiocasete. El DRAE/92 registra este sustantivo con la siguiente definición: "m. Aparato electrónico que consta de una radio y un casete."

radiodifusora. La RAE ha incluido este argentinismo en el DRAE/92, como sinónimo de *radiodifusión* (empresa).

radiografiar. Para su acentuación, → **enviar, 1**.

radionovela. Por sugerencia de la AAL (*Acuerdos*, X, 151-55), la RAE ha incluido este sustantivo en el DRAE/92, como argentinismo, con nota de poco usado y con la siguiente definición: "**serial**, obra que se difunde por radiofonía en emisiones sucesivas."

*radiooyente. → **radioyente**.

radioscopia. Tiene diptongo final. La pronunciación **radioscopía* es incorrecta. → **-scopia**.

radioteatro. Por sugerencia de la AAL (*Acuerdos*, X, 151-55), la RAE ha incluido este argentinismo en el DRAE/92, como sinónimo de *serial, radionovela*.

radioterapia, radiumterapia. La RAE admite las dos formas, pero prefiere la primera, que es la que conviene usar, ya que el DRAE/92 no registra la voz *rádium*.

radioyente. Es la única grafía autorizada por la RAE; la forma **radiooyente* no figura en el DRAE.

rádium. → **radioterapia**.

radiumterapia. → **radioterapia**.

raer. V. irreg.; se conjuga como → **caer, 1**. La forma *raigo*, del presente de indicativo, alterna con *rayo*; y todo el presente de subjuntivo: *raiga, raigas, raiga, raigamos, raigáis, raigan* alterna con *raya, rayas, raya, rayamos, rayáis, rayan*. Estas segundas formas tienen la misma irregularidad que → **huir, 1**.

raglán, ranglán, ranglan. La RAE admite las tres formas para designar el gabán que se usaba a mediados del siglo pasado, pero prefiere la primera. Aplicado a la manga que empieza en el cuello y cubre el hombro, el DRAE/92 registra *manga raglán* o *manga ranglan*.

ragoût. → **ragú**.

ragú. Así ha hispanizado la RAE la voz francesa *ragoût* y la ha incluido en el DRAE/92 con la siguiente definición: "m. Guiso de carne con patatas y verduras."

raid. **1**. Voz inglesa (pron. [réid], pero corrientemente [ráid]) que suele emplearse en español con el significado de 'bombardeo, incursión, correría' y también 'hazaña' y 'carrera de resistencia'.
2. Siendo palabra inglesa corresponde usar, si se la emplea, el plural *raids* y no **raides*.

raigambre. Es sustantivo femenino: *la raigambre*.

raíl, rail. **1**. La RAE admite las dos acentuaciones, pero prefiere la primera.
2. En la Argentina se usa corrientemente *riel*, con el mismo significado: 'carril de las vías férreas'.

rajá. Plural: *rajaes* o *rajás*. → **rubí**.

ralenti. → **al ralenti**.

ralentizar, ralentización. El DRAE/92 incorpora el verbo **ralentizar** como sinónimo de *lentificar*. También incluye el sustantivo **ralentización**: 'acción y efecto de ralentizar'.

rallar. → **rayar**.

rally. **1**. Voz inglesa (pron. corrientemente [ráli]) que significa 'reunión' y que se emplea en el léxico deportivo internacional para designar un tipo de carrera en el que los participantes, generalmente automovilistas, deben reunirse en un punto determinado.
2. El plural inglés es *rallies*.
3. La forma *rallye* (pron. [ralí]) es francesa.

rallye. → **rally, 3**.

ramazón. Es sustantivo femenino: *la ramazón*.

ranchera. La RAE ha incluido este sustantivo en el DRAE/92 con la siguiente definición: "f. Canción y danza populares de diversos países de Hispanoamérica."

ranciar. Para su acentuación, → **abreviar**.

ranglan, ranglán. → **raglán**.

rango. Nombre que recibe en la Argentina el juego de muchachos que en español general se llama *salto, pídola* o *fil derecho*. Esta acepción no figura en el DRAE/92.

ranking. Voz inglesa que puede sustituirse por *lista, clasificación* o *categoría*. Cuando se la emplea en español suele atildarse: "[...] ascendió en forma vertiginosa en el ránking del Consejo Mundial de Boxeo [...]" (*Clarín*, 2-3-88, pág. 42).

rapport. Voz francesa (pron. [rapór]) que puede sustituirse por *informe, relación* o *reseña*, según los casos.

raptor, -ra. El DRAE/92 incluye una nueva acepción de esta voz: "m. y f. Persona que secuestra a otra, por lo general, con el fin de obtener un rescate."

rara avis. Expresión latina que significa literalmente 'ave rara'. Forma parte de un verso de Juvenal: "ave rara de la Tierra, comparable a un cisne negro" (*Sátira* VI, v. 165). Se emplea en español aplicada a personas o cosas muy difíciles de hallar.

rasguñar, rasguño. Evítese la pronunciación [rajuñar, rajuño]. → **-sg-**.

raso. La RAE ha añadido, en el DRAE/92, una nueva acepción de este vocablo: "Completamente lleno, sin exceder los bordes. *Una cucharada rasa.*"

raspaje. Aunque usual, esta voz no figura en el DRAE. Puede sustituirse por *raspado* y, en su acepción quirúrgica, por *legrado*.

rastacuero. Los franceses tomaron del español americano el término *rastracueros* (aféresis de *arrastracueros*) y lo trasformaron, hacia 1880, en *rastaquouère* para de-

signar al individuo, generalmente extranjero, dueño de una fortuna cuyos orígenes se
desconocen, que lleva una vida fastuosa:
"Los franceses, siempre espirituales, repre-
sentaron el año pasado [1879] una pieza en
el *Palais Royal* en que explotaban, bajo el
apodo de *rastaquaire* (*sic*), estos tipos de la
América del Sur." (L.V. López, "Don
Polidoro", en VCHA, 46).
El término francés volvió al español, que lo
readaptó bajo la forma **rastacuero**: "Es de
rastacueros, por ejemplo, según los viejos
ricos, el dar en el restaurante propinas del
veinticinco por ciento [...]" (J. Camba, *Sobre
casi todo*, 82); "[...] reunía a veraneantes
rastacueros con changos de patas sucias
[...]" (M.E. Walsh, *Novios*, 32).
La RAE lo incluyó en el DRAE/92 con la
siguiente definición: "(Del fr. *rastaquouère*.)
m. Vividor, advenedizo. // 2. com. *Amér.*
Persona inculta, adinerada y jactanciosa."
rastrillaje. La RAE ha incorporado en el
DRAE/92, como argentinismo, una nueva
acepción de este sustantivo: "Acción y efecto
de rastrillar o batir."
rastrillar. El DRAE/92 incluye, como argentinismo, una nueva acepción de este verbo:
"En operaciones militares o policiales, batir
áreas urbanas o despobladas para reconо-
cerlas o registrarlas."
rata parte. Locución latina que equivale a
prorrata.
ratificar, rectificar. No deben confundirse: **ratificar** es 'confirmar'; **rectificar**, 'corregir, enmendar'.
Ratisbona. Nombre hispanizado de la ciudad alemana de *Regensburg*.
ratona. **1**. Por sugerencia de la AAL (*Acuerdos*, VI, 167-68), la RAE ha incorporado
este sustantivo en el DRAE/92 con la siguiente definición: "f. *Argent.* Ave pequeña,
cuyo plumaje tiene coloración pardusca, pa-
recida a la de los ratones de campo. Tiene
menos de 10 centímetros de longitud. Es
muy vivaz e inquieta. Se alimenta de insec-
tos y anida en huecos de paredes y cornisas."
2. También se emplea este vocablo en la
Argentina referido a muebles de menor
altura que la habitual: *una mesa ratona*.
Esta acepción no figura en el DRAE/92.
Ravena. **1**. Así ha hispanizado la RAE el
nombre de la ciudad italiana de Ravenna.
Es palabra grave [rabéna]: "[...] antes de la
rendición de Ravena [...]" (J.L. Borges, *El
Aleph*, 48). La acentuación esdrújula,
Rávena, no es recomendable.
2. Gentilicio: *ravenés*.
Ravenna. → **Ravena**.
ravioles, raviolis. **1**. La RAE admite las
dos formas, pero prefiere la primera, que es
la más usual.
2. Esta voz se usa preferentemente en plu-

ral, pero es posible la necesidad de enun-
ciarla en singular. En este caso, el singular
de **ravioles** es *raviol*, y no *raviolo* como
sostiene la AAL (*Acuerdos*, III, 184), cuyo
plural sería un inexistente **raviolos*. En
cuanto a **raviolis**, el singular en español tiene que ser *ravioli* (que es plural en
italiano).
3. La forma **rabioles*, patrocinada alguna
vez por la RAE, se considera incorrecta
actualmente.
ravioli. Sustantivo plural italiano que la
RAE ha hispanizado bajo las formas →
ravioles, raviolis.
raya. Signo ortográfico (—). Es un poco más
largo que el guión y se emplea en dos casos:
1. Para incluir una oración aclaratoria o
incidental, con el mismo valor que los →
paréntesis, 1, a.
2. En obras de teatro, novelas y cuentos
señala el comienzo de cada una de las frases
dichas por los interlocutores:
"—¿Te casarás inmediatamente?
—En cuanto sea posible.
—¿Me das tu palabra?
—Sí".
(R.J. Payró, *Divertidas aventuras*, 99.)
rayar. **1**. Significa 'hacer rayas' y 'deteriorar
una superficie lisa con incisiones'. No debe
confundirse con *rallar*, que significa 'des-
menuzar una cosa restregándola con el ra-
llador'.
2. Construcción: *—en* o *con lo ridículo*.
rayo láser. Plural: *rayos láser*. → **carta
poder**.
razia, razzia. La RAE admite las dos grafías, pero prefiere la primera.
razón de Estado. → **estado**.
re-. → **superlativo, 2, a**.
re. Segunda nota musical. Es sustantivo
masculino: *el re*, y su plural es *los res*.
rea. → **reo**.
reacción en cascada. La RAE ha incorporado esta expresión en el DRAE/92 con la
siguiente definición: "*Biol.* Secuencia de reacciones en la que cada producto recién
formado cataliza la transformación subsi-
guiente de otro."
La expresión se ha extendido a otros dominios, además de la biología.
reacio. Construcción: *—a los cambios*.
reafirmar. → **refirmar**.
realismo mágico. El DRAE/92 ha incorporado esta expresión con la siguiente definición: "Movimiento literario hispanoamericano surgido a mediados del siglo XX, caracterizado por la introducción de elementos
fantásticos inmersos en una narrativa rea-
lista."
realizar. **1**. La RAE ha incluido, en el DRAE/
92, dos nuevas acepciones de este verbo:
"Dirigir la ejecución de una película o de un

programa televisivo" y "prnl. Sentirse satisfecho por haber logrado cumplir aquello a lo que se aspiraba."

2. Sigue siendo incorrecto el uso anglicista de este verbo con el valor de 'darse cuenta, percatarse'.

reaparecer. V. irreg.; se conjuga como → **parecer, 1**.

reargüir. V. irreg.; se conjuga como → **huir, 1**.

reasumir. Significa 'asumir de nuevo, especialmente un cargo, una función'. Es impropio emplearlo en lugar de *resumir*: **reasumiendo lo dicho*.

*rebarba. Forma incorrecta por relación errónea con *barba*. Dígase *rebaba* para nombrar el sobrante irregular de los bordes de un objeto.

rebasar. 1. → **rebosar**.
2. Construcción: —*los límites* o *de los límites*.

rebelar, revelar. Distíngase cuidadosamente la ortografía de ambos verbos.
Rebelar, que se emplea de ordinario como pronominal —*rebelarse*—, significa 'sublevar': *rebelar a los soldados, rebelarse contra la autoridad*.
Revelar, en cambio, significa 'descubrir o manifestar un secreto' y también 'hacer visible la imagen impresa en una placa fotográfica'.

reblandecer. V. irreg.; se conjuga como → **parecer, 1**.

rebosar. Significa 'derramarse un líquido por encima de los bordes de un recipiente por no caber en él': *el agua rebosa de la fuente* (el sujeto puede ser el recipiente: *la fuente rebosa de agua*), y 'abundar con demasía una cosa': *rebosa de* (o *en*) *alegría*.
No debe confundirse con → **rebasar**, que significa 'pasar o exceder de cierto límite'.

rebullir. Para su conjugación, → **bullir**.

rebuscársela. La RAE ha incorporado esta forma verbal en el DRAE/92 con la siguiente definición: "fr. fam. *Argent., Chile* y *Par* Ingeniarse para enfrentar y sortear dificultades cotidianas."

rebusque. El DRAE/92 incluye este sustantivo con las siguientes definiciones: "m. *Argent.* y *Par*. Acción y efecto de **rebuscársela**. // 2. *Argent.* y *Par*. Solución ocasional e ingeniosa con que se sortean las dificultades cotidianas."
En la Argentina se emplea también con el significado de 'trabajo poco remunerativo, generalmente ocasional y transitorio, que ayuda a cubrir las necesidades económicas de una persona o familia'.

recabar. Construcción: —*(algo) de alguno*.

recaer. 1. V. irreg.; se conjuga como → **caer, 1**.
2. Construcción: —*en el vicio; —el premio en*

el mejor alumno; —el acento en o *sobre la última sílaba; —las sospechas sobre la esposa*.

recauchutar, recauchar. La RAE admite las dos formas, pero en el DRAE/92 prefiere la primera, que es la más usual.

recelar. Construcción: —*de sus compañeros*.

recepcionar. → **Neologismo** con que se suele remplazar, en la Argentina, a *recibir* y que "por razones principalmente de eufonía conviene evitar" (AAL, *Acuerdos*, IX, 165).

recibir. Construcción: —*a cuenta; —algo de alguien; —de manos de alguien; —por esposa*.

recibirse. Construcción: —*de arquitecto*.

reciclamiento, reciclaje. La RAE admite las dos formas, pero prefiere la primera.

recién. 1. Forma apocopada de *reciente* (RAE; R. Lenz, *La oración*, § 140, nota 2; Kany, *Sintaxis*, 378) o de *recientemente* (Bello, *Gramática*, § 379).
La norma tradicional limitaba su empleo sólo ante participios: *recién nacido, recién escrito*, y censuraba todo otro empleo: "Es una corrupción emplear esta apócope con verbos, como hacen algunos diciendo, v. gr. *recién habíamos llegado; recién estaba yo despierto; recién se descubrió el Nuevo Mundo cuando*, etc. En este último caso hay además la impropiedad de emplear a *recientemente* en el significado de *apenas*." (Bello, *Gramática*, § 379, nota).
No obstante, y como perduración, probablemente, de un antiguo uso, este adverbio se emplea en América con formas verbales conjugadas, tanto en tiempo pasado, como presente y futuro: *recién entró* (o *entró recién*), *recién llega* (o *llega recién*), *recién lo veremos el sábado* (o *lo veremos recién el sábado*). Se emplea también con adverbios, especialmente de tiempo: *recién ahora; recién entonces; recién mañana*.
En el uso americano tiene fundamentalmente tres valores:
a) *recientemente, ahora mismo, hace poco, acabar de*: "[...] para el joven provinciano que recién llega de su provincia [...]" (L.V. López, *La gran aldea*, 134); "Estaba hasta recién." (D. Sáenz, *Treinta treinta*, 21);
b) *sólo, sólo entonces, no... hasta, no antes*: "[...] recién en este momento caigo en la cuenta de que los jueces que nos tocaron en suerte no eran ingleses." (L.J. Medrano, "Visión profana de la fiesta ganadera", en VCHA, 217); "[...] y recién se dio cuenta una cuadra más allá [...]" (P. O'Donnell, *Copsi*, 76);
c) *apenas, tan pronto como* (es el menos frecuente): "Recién salía de casa cuando llegó un viejo amigo" (J.D. Forgione, cit. por Kany, *Sintaxis*, 380).

En la Argentina se emplea **recién** con estas acepciones desde, por lo menos, el siglo pasado: A. Capdevila cita el siguiente ejemplo del año 1814: "Hoy recién he podido hablar a Cobos" (carta de M. Belgrano al general San Martín). Otros ejemplos: "[...] recién me apercibo que en esta larga carta sólo me he detenido en Sarmiento [...]" (carta de N. Avellaneda al doctor B. Vallejo, año 1859, en *Escritos literarios*, 66); "[...] los que recién llegan a la tierra de promisión donde no hay piquete de seguridad ni comisarios [...]" (J.S. Álvarez, *Viaje*, 30 [año 1897]). L. Schallman (*Coloquios*, 97-100) cita ejemplos de su uso por escritores como R. Obligado, P.B. Palacios, B. Lynch, A. Cháneton, J. L. Borges, A. Korn, L. Lugones, O.R. Amadeo, R. Güiraldes, N. Lange, E. Carpena, R. Rojas y A. Ponce. También está incorporado al lenguaje periodístico: "Recién en setiembre se conocería la lista de productos brasileños alcanzados por la sanción" (*Clarín*, 11-8-88, pág. 28).

Por todo ello, se había llegado a creer, indebidamente, que el uso no académico de **recién** era un argentinismo: "En el Río de la Plata [recién] se usa en lugar de *recientemente*, con el significado de 'acabar de' [...] Estos usos son desconocidos en las otras naciones de lengua española." (A. Alonso y P. Henríquez Ureña, *Gramática*, segundo curso, 161).

En realidad su empleo es también corriente en Bolivia, Chile, Colombia, Ecuador, México, Paraguay, Perú, Uruguay y Venezuela, y no es desconocido en los demás países americanos.

Por sugerencia de la AAL (*Acuerdos*, X, 79-86), la RAE reconoció este uso en el DRAE/92, donde introdujo la siguiente enmienda: "En América se usa también antepuesto al verbo en forma conjugada. *Recién lo vi entrar en el cine.* // 2. Ante verbos conjugados y adverbios, equivale a *hasta... no; apenas; solo en.* Úsase en algunas partes de América. *Recién cuando estuve dentro me di cuenta. Vicenta tiene recién una semana en casa. Lo vi recién llegó.*"

2. Diminutivo: *reciencito* (frecuente en el Río de la Plata): "¡En esa rama estaba reciencito!" (J.W. Ábalos, *Terciopelo*, 17); "[...] la trajo Bartolo reciencito [...]" (B. Lynch, *El inglés*, 131). → **diminutivos, 2.**

reciente. Superlativo: *recentísimo* (literario) y *recientísimo* (coloquial).

***recipiendiario**. Forma incorrecta por *recipiendario*.

recitante. El femenino es *recitanta*. → **-ante, -ente**.

reclamar. Construcción: —*algo a o de alguien*; —*ante un tribunal*; —*contra alguien*; —*contra una multa*; —*en juicio*; —*para sí*.

reclame. El DRAE/92 ha incorporado una nueva acepción de esta voz: "f. *Amér.* Publicidad de carácter general. En *Argent.* y *Urug.* Ú. c. s. m."

Aunque el DRAE no lo aclara, es hispanización de la palabra francesa *réclame*. En la Argentina es palabra anticuada: "Registraron el nombre y la marca e inundaron los periódicos de 'reclames' de toda especie." (R. J. Payró, *Veinte cuentos*, 216). Ha caído en desuso, desplazada por *propaganda*.

reclinarse. Construcción: —*en o sobre alguien o algo*.

recluir. 1. V. irreg.; se conjuga como → **huir, 1.** Tiene dos participios: *recluido* y *recluso*; este último se emplea solamente como nombre. → **participio.**

2. Construcción: —*en la cárcel.*

recoleto. El DRAE/92 registra una nueva acepción de este adjetivo: "fig. Dícese del lugar solitario o poco transitado."

recomendar. 1. V. irreg.; se conjuga como → **acertar, 1.**

2. Construcción: —*el amigo al director* (no **al amigo al director*). → **a, I, B, 3.**

recomenzar. → **volver, 3.**

recomponer. V. irreg.; se conjuga como → **poner, 1.** El imperativo singular es *recompón* (→ **voseo:** *recomponé*), pero no **recompone.*

reconciliar. Para su acentuación, → **abreviar.**

reconocer. 1. V. irreg.; se conjuga como → **parecer, 1.**

2. Construcción: —*(a alguien) como o por amigo.*

reconvenir. 1. V. irreg.; se conjuga como → **venir, 1.** El imperativo singular es *reconvén* (→ **voseo:** *reconvení*), pero no **reconviene.*

2. Construcción: —*(a alguien) con severas palabras;* —*por sus actos.*

récord. 1. Así ha hispanizado la RAE la voz inglesa *record*, y la ha incluido en el DRAE/92 con las siguientes definiciones: "m. **marca**, el mejor resultado en competiciones deportivas. // 2. Por ext., resultado máximo o mínimo en otras actividades. Construyese frecuentemente en aposición. *Tiempo récord.*"

2. La RAE no indica qué plural le corresponde. Corrientemente se emplea el plural anómalo *récords*: "[...] cuyas muestras de arrepentimiento batieron todos los récords." (E. Belgrano Rawson, *El náufrago*, 88). Quizá por influencia de *lores* (plural de *lord*), puede verse un plural *récores*: "Bate récores de boletería." (M.R. Muller, "Chaplin vino, vio y venció", en AM, 2, 23).

3. → **off the record.**

recordar. 1. V. irreg.; se conjuga como → **sonar.**

2. Como verbo transitivo, no admite la construcción con la preposición *de* ante una proposición sustantiva encabezada por *que*: **recordó de que no me había llamado.* → **dequeísmo.**

3. En la Argentina y México se conserva la acepción de 'despertar' como arcaísmo ("Recuerde el alma dormida" [J. Manrique, *Cancionero*, 89]): "Más de una noche me he recordado en el sofá al alcance de su mano, donde me tendía vestido [...]" (M. Cané, *Juvenilia*, 35). En la actualidad, este uso es, en la Argentina, regional.

recordarse. El español modélico rechaza el uso del verbo **recordar** como reflexivo en la acepción de 'traer a la memoria': *me recuerdo de todo*, en lugar del estándar *recuerdo todo*. Esta forma, usada por los clásicos españoles, se ha mantenido en América. Admisible en lengua familiar, conviene evitarla en lenguaje cuidado.

recordman. Falso anglicismo con que se designa al hombre que ha logrado batir un récord. Se usa también, aunque menos, el femenino *recordwoman*.
Para suplantar a ambos, pueden emplearse *plusmarquista* o *campeón*.

recorrida. El DRAE registra sólo el masculino *recorrido*. En la Argentina se emplea el femenino **recorrida** con el significado de 'acción de inspeccionar o de buscar algo andando de una parte a otra': *el gerente da una recorrida por las oficinas cada dos o tres horas; en mi recorrida por varias ferreterías encontré la pieza que buscaba.*

recostar(se). 1. V. irreg.; se conjuga como → **sonar.**
2. El DRAE/92 añade una nueva acepción de este verbo: "prnl. Acostarse durante un breve período de tiempo."
3. Construcción: —*en* o *sobre la cama.*

recrearse. Construcción: —*con la lectura;* —*en mirar* (o *mirando*) *el paisaje.*

recrudecer. V. irreg.; se conjuga como → **parecer, 1.**

rectificar. → **ratificar.**

rectoscopia. Tiene diptongo final [rektoskópia]. La acentuación con hiato, **rectoscopía*, es errónea. → **-scopia.**

recuperar. El DRAE/92 ha enriquecido la significación de este verbo con los siguientes agregados: "Trabajar un determinado tiempo para compensar lo que no se había hecho por algún motivo"; "Aprobar una materia o parte de ella después de no haberla aprobado en una convocatoria anterior" y "prnl. Volver alguien o algo a un estado de normalidad después de haber pasado por una situación difícil."

redacción. La RAE ha incluido, en el DRAE/92, una nueva acepción de este sustantivo: "Escrito redactado como ejercicio, especialmente en una escuela."

redargüir. V. irreg.; se conjuga como → **huir, 1.**

redición. → **reedición, 2.**

redituar. Para su acentuación, → **atenuar.**

redomado. El DRAE/92 registra una nueva acepción de este adjetivo: "Que tiene en alto grado la cualidad negativa que se le atribuye. *Pillo redomado, embustero redomado.*"

redondear. La RAE ha incluido, en el DRAE/92, una nueva acepción de este verbo: "fig. Terminar o completar algo de modo satisfactorio. *Si todo sale bien, esta tarde redondearemos el negocio.*"

reducir. 1. V. irreg.; se conjuga como → **conducir, 1.** Evítense cuidadosamente formas incorrectas como **redují, *redujieron, *redujiera*, etc., en lugar de *reduje, redujeron, redujera*, etc.
2. Construcción: —*(algo) a la mitad.*

reducirse. Construcción: —*a lo indispensable;* —*en los gastos.*

redundar. Construcción: —*en beneficio de la sociedad.*

reedición. 1. La RAE ha incluido este sustantivo en el DRAE/92 con las siguientes definiciones: "Acción y efecto de reeditar. // 2. Nueva edición de un libro o publicación."
2. No debe confundirse con *redición*, que es 'repetición de lo que se ha dicho'.

reembolsable. El DRAE/92 no registra la forma *rembolsable*.

reembolsar, reembolso. La RAE admite también las formas contractas *rembolsar, rembolso*, pero prefiere las formas sin contraer.

reemplazable, reemplazante. En el DRAE/92 no figuran las formas contractas *remplazable, remplazante*.

reemplazar. 1. La RAE admite también como correcta, aunque no recomienda, la forma contracta *remplazar*. Lo mismo sucede con *reemplazo* y su variante *remplazo*.
2. Construcción: —*a alguien en su empleo;* —*una cosa por* (o, menos frecuentemente, *con*) *otra.*

refacción, refección. Ambas voces son sinónimas en los valores de 'compostura o reparación de lo estropeado' y 'alimento moderado para reparar las fuerzas'. No obstante, en la Argentina se emplea preferentemente **refacción** para el primer significado y **refección** para el segundo.

refaccionar. La RAE ha incluido este verbo en el DRAE/92, como americanismo, con la siguiente definición: "Restaurar o reparar. Ú. especialmente hablando de edificios."
No debe confundirse con *refeccionar*, verbo anticuado que significa 'alimentar para reponer fuerzas'.

refección. → **refacción.**

refeccionar. → **refaccionar.**

referee. Voz inglesa (pron. [referí]). Tiene

acento principal en la última sílaba y secundario en la primera, lo que origina la doble acentuación de las formas castellanizadas: *referí* y *réferi*, no reconocidas por la RAE. Puede sustituirse por *árbitro* o *juez*.

referéndum, referendo. 1. La RAE admite las dos formas, pero prefiere la primera. **2.** En cuanto al plural de **referéndum**, la RAE ha zanjado la cuestión: en el DRAE/92 dice que es *referendos*.

referí, réferi. → **referee**.

referir. 1. V. irreg.; se conjuga como → **sentir, 1**. **2.** Evítese encabezar con *de* la proposición sustantiva complemento directo de este verbo: **refirió de que aquel día...*; dígase: *refirió que aquel día...* → **dequeísmo**.

refinarse. El DRAE/92 recoge la acepción: "Hacerse más fino en el hablar, comportamiento social y gustos."

refirmar, reafirmar. No son estrictamente sinónimos: **refirmar** significa 'confirmar, ratificar'; **reafirmar** es 'afirmar de nuevo'.

reflejo. La RAE ha incorporado, en el DRAE/92, dos nuevas acepciones de este sustantivo: "Aquello que reproduce, muestra o pone de manifiesto otra cosa. *Las palabras son el reflejo de su pensamiento.*" y "pl. fig. Capacidad que tiene alguien para reaccionar rápida y eficazmente ante algo."

reflexionar. Construcción: —*sobre el asunto.* El uso de la preposición *en* es menos frecuente.

refluir. V. irreg.; se conjuga como → **huir, 1**.

refocilarse. El DRAE/92 registra la acepción de "Regodearse, recrearse en algo grosero" de esta forma pronominal.

reformarse. Construcción: —*en la conducta.*

reforzar. V. irreg.; se conjuga como → **sonar**.

refregar. V. irreg.; se conjuga como → **acertar, 1**.

refreír. V. irreg.; se conjuga como → **reír, 1**. Tiene dos participios: *refreído* (regular) y *refrito* (irregular). → **freír, 1**.

*refrendamiento. Forma incorrecta por *refrendación* o *refrendo*.

refugiarse. 1. Para su acentuación, → **abreviar**. **2.** Construcción: —*bajo sagrado*; —*en su casa.*

regalado. El DRAE/92 registra una nueva acepción de este adjetivo: "Extremadamente barato."

regar. V. irreg.; se conjuga como → **acertar, 1**.

regenerar. La RAE ha incluido, en el DRAE/92, dos nuevas acepciones de este verbo: "Hacer que una persona abandone una conducta o unos hábitos reprobables para llevar una vida moral y físicamente ordenada.

Ú. t. c. prnl." y "*Tecnol.* Someter las materias desechadas a determinados tratamientos para su reutilización."

Regensburg. En español, el nombre de esta ciudad alemana es *Ratisbona*.

regente. La RAE admite un femenino *regenta* para designar a la mujer del regente y a la profesora en algunos establecimientos de educación. → **-ante, -ente**.

régimen. Plural: *regímenes*.

regimentar. 1. V. irreg.; se conjuga como → **acertar, 1**. **2.** La acepción 'organizar militarmente a la sociedad civil' no figura en el DRAE.

regir. V. irreg.; se conjuga como → **pedir, 1**. Cuando la desinencia comienza por *a* o por *o*, cambia la *g* de la raíz por *j* para mantener el sonido velar fricativo sordo: *rijas, rijo*, etc. (pero *riges, regimos*, etc.).

*registración. Forma incorrecta; dígase: *registro*.

regodearse. 1. El DRAE/92 registra una nueva acepción de este verbo: "fam. Complacerse maliciosamente con un percance, apuro, etc., que le ocurre a otro." **2.** Construcción: —*con el fracaso de otro.*

regoldar. V. irreg.; se conjuga como → **sonar**.

regresar. El DRAE/92 registra, con nota de americanismo, dos usos de este verbo: como transitivo, con el significado de *devolver*: *debes regresar ese dinero*; y como pronominal, equivalente de **regresar**: *fui a Montevideo, pero me regresé al día siguiente.* Ambas construcciones, corrientes en varios países de América, son prácticamente desconocidas en la Argentina, salvo por los doblajes de las series de televisión.

regresión. La RAE ha incluido, en el DRAE/92, una nueva acepción de esta voz: "*Psicol.* Retroceso a estados psicológicos o formas de conducta propios de etapas anteriores, a causa de tensiones o conflictos no resueltos."

rehacer. V. irreg.; se conjuga como → **hacer, 1**. El imperativo singular es *rehaz* (→ **voseo**: *rehacé*). J.B. Selva (*Crecimiento*, 168, nota 1) considera aceptable la forma *rehace*.

rehilar. 1. Para la acentuación de este verbo debe tenerse en cuenta que cuando la *-i-* de la raíz está acentuada prosódicamente, debe llevar tilde de acuerdo con las nuevas normas de prosodia y ortografía de la RAE: *rehílo, rehílen* (pero *rehilamos, rehilaba*). **2.** → **reilar, 1**.

rehuir. 1. V. irreg.; se conjuga como → **huir, 1**. **2.** Para la acentuación de este verbo debe tenerse en cuenta que cuando la *-u-* de la raíz está acentuada prosódicamente, debe llevar tilde de acuerdo con las nuevas normas de prosodia y ortografía de la RAE:

rehúyo, rehúyas (pero *rehuyamos, rehuimos*).

rehusar. 1. Para la acentuación de este verbo debe tenerse en cuenta que cuando la -*u*- de la raíz está acentuada prosódicamente, debe llevar tilde de acuerdo con las nuevas normas de prosodia y ortografía de la RAE: *rehúso, rehúsen* (pero *rehusamos, rehusaremos*). **2.** Este verbo carece de forma reflexiva: **rehusarse*, por lo que son erróneas las construcciones del tipo **se rehúsa a venir,*se rehúsa a la evidencia*, debidas a influencia del francés *se réfuser à* o del español *negarse a*. Las construcciones censuradas deben sustituirse por *rehúsa venir* (o *se niega a venir*), *rehúsa la evidencia* (o *se niega a la evidencia*).

reilar, rehilar. 1. Con el significado de 'moverse una persona o cosa como temblando', la RAE admite las dos grafías sin indicar preferencia. **2.** Para la acentuación de **reilar,** → **rehilar, 1.**

Reims. El gentilicio correspondiente a esta ciudad de Francia es *remense*.

reina mora. Por sugerencia de la AAL (*Acuerdos*, X, 53-55), la RAE ha incluido, en el DRAE/92, el nombre de este pájaro, como argentinismo y con la siguiente definición: "Ave de la familia de los fringílidos, de plumaje azul brillante, de melodioso canto, fácilmente domesticable."

reinar. Construcción: —*en* o *sobre España*; —*la miseria entre la población*.

reincidir. Construcción: —*en el error*.

reingreso. Construcción: —*a* o *en la escuela*.

reiniciar. Verbo usual, pero no figura en el DRAE. Aunque no existen motivos para excluirlo, quien desee evitarlo puede recurrir a *reanudar* o *recomenzar*.

reinserción, reinsertarse. Vocablos de uso corriente que no figuran en el DRAE, pero no existen motivos para excluirlos.

reintegrar. Construcción: —*a alguien a* o *en su empleo*.

reintegrarse. Construcción: —*a sus actividades*.

reír. 1. Verbo irregular (ver cuadro). Tiene dos raíces: *re-* y *ri-*. Evítense las formas **riyó, *riyeron, *riyera*, etc., usuales en la lengua medieval y clásica, pero consideradas regionales e incorrectas en la actualidad. **2.** El infinitivo **reír** debe escribirse con tilde para señalar el hiato; lo mismo sucede con *río, ríes, ríe, reímos*, etc. (→ **acentuación ortográfica, II, B, 1**). *Reí, rió* (palabras bisílabas) llevan tilde por ser agudas terminadas en vocal.

reírse. Construcción: —*con alguien*; —*con los chistes*; —*de los vecinos*; —*de los defectos de alguien*.

reiterar. Evítense las construcciones **reiteró en que* y **reiteró de que*. Dígase: *reiteró que*. → **dequeísmo**.

reivindicar. La RAE ha ampliado, en el DRAE/92, las acepciones de este verbo añadiendo las siguientes: "Reclamar algo como propio" y "Reclamar para sí la autoría de una acción." De este modo, quedan reconocidas como correctas expresiones del tipo: *reivindicar un atentado, reivindicar un crimen*, criticadas hasta entonces por los preceptistas.

rejuvenecer. V. irreg.; se conjuga como → **parecer, 1.**

relais. Palabra francesa que ha sido hispanizada por la RAE bajo la forma *relé*, plural *relés*.

relativamente. La RAE ha incorporado la acepción de 'aproximadamente' en el DRAE/92.

relativizar. El DRAE/92 incluye este verbo con la siguiente definición: "Introducir en la consideración de un asunto aspectos que atenúan su importancia."

relax. La RAE ha incorporado este sustantivo al DRAE/92 con la siguiente definición: "(De or. ing.) m. Relajamiento físico o psíquico producido por ejercicios adecuados o por comodidad, bienestar o cualquier otra causa."

relé. → **relais.**

relentecer. V. irreg.; se conjuga como → **parecer, 1.**

reló. La RAE suprimió, en el DRAE/92, esta forma, que había incluido en el DRAE/84. Algunos autores la emplearon: "Suenan las nueve y media en el viejo reló de breves numeritos [...]" (C.J. Cela, *La colmena*, 69).

reloj. El plural es, normalmente, *relojes*. El plural **relós*, sobre la forma fonética → **reló**, es incorrecto.

reloj pulsera. La forma académica es *reloj de pulsera*. No obstante, en la Argentina es muy frecuente el compuesto apositivo **reloj pulsera**, del tipo *traje sastre, casa cuna*, etc. El plural es *relojes pulsera*. → **carta poder**.

relucir. V. irreg.; se conjuga como → **parecer, 1.**

remangar, arremangar. La RAE admite las dos formas, pero prefiere la primera.

remanido. Voz que no figura en el DRAE. *Manido* es sinónimo de *sobado*, y así como se forma un compuesto *resobado* (= muy trillado), es lícito el compuesto **remanido**, con el mismo significado. Esta palabra, por otra parte, es de uso corriente.

*remarcable. → **Galicismo** (fr. *remarquable*) innecesario. Puede sustituirse por *notable, eminente, señalado, destacado, conspicuo, relevante, sobresaliente, importante, singular, digno de mención*, según los casos.

REÍR
(conjugación de los tiempos simples)

MODO INDICATIVO

Presente	Pret. imperf.	Pret. perf. simple	Futuro	Condicional
río	reía	reí	reiré	reiría
ríes	reías	reíste	reirás	reirías
ríe	reía	rió	reirá	reiría
reímos	reíamos	reímos	reiremos	reiríamos
reís	reíais	reísteis	reiréis	reiríais
ríen	reían	rieron	reirán	reirían

MODO SUBJUNTIVO

Presente	Pretérito imperfecto	Futuro
ría	riera/riese	riere
rías	rieras/rieses	rieres
ría	riera/riese	riere
riamos	riéramos/riésemos	riéremos
riáis	rierais/rieseis	riereis
rían	rieran/riesen	rieren

MODO IMPERATIVO

Presente

ríe
reíd

FORMAS NO PERSONALES

Infinitivo	Gerundio	Participio
reír	riendo	reído

remarcar. En español significa 'volver a marcar'. Es → **galicismo** (fr. *remarquer*) muy corriente emplearlo como sinónimo de *destacar, subrayar, recalcar, poner de relieve, poner de manifiesto, observar*, etc.

rematar. El DRAE/92 registra una nueva acepción de este verbo: "*Argent., Bol., Chile* y *Urug.* Comprar o vender en subasta pública. En Argentina sólo significa *vender*."

remate. El DRAE/92 ha incorporado una nueva acepción de este sustantivo: "*Argent., Bol., Chile, Méj., Par.* y *Urug.* Subasta pública."

rembolsable. → **reembolsable.**
rembolsar, rembolso. → **reembolsar.**
remecer. → **mecer.**

remediar. Para su acentuación, → **abreviar.**

Remedios. Diminutivo: *Remeditos*. No son normales las formas *Remedito, *Remeditas* o *Remedita.

remendar. V. irreg.; se conjuga como → **acertar, 1.**

remera. → **polo.**

rémington. La RAE ha admitido este sustantivo proveniente del apellido del inventor de este tipo de fusil (Philo Remington). Su plural regular en español, *remíngtones*, es inusitado. Es preferible, entonces, dejar inflexionado el plural: "Se trataba de algunos rémington y una culebrina [...]" (E. Belgrano Rawson, *No se turbe*, 108), antes

que recurrir al plural anómalo *rémingtons*.
→ **plural, IV**.

remisión. Es → **galicismo** (fr. *rémission*)
corriente en el lenguaje médico su empleo
como sinónimo de *atenuación, alivio, disminución temporaria de una enfermedad* o
*dolor: *la remisión matinal de la fiebre*.

remo. Por sugerencia de la AAL (*Acuerdos*,
IX, 173-75), la RAE ha incluido, en el DRAE/
92, la siguiente acepción de este sustantivo:
"Deporte que consiste en recorrer una determinada distancia sobre el agua en una embarcación impulsada por medio de **remos**."

remontarse. Construcción: —*al* o *hasta el
cielo*; —*en alas de la fantasía*; —*por los
aires*; —*sobre los demás*.

remorder. V. irreg.; se conjuga como → **mover**.

remover. 1. V. irreg.; se conjuga como →
mover.
2. Construcción: —*a alguien de su empleo*.

removerse. Construcción: —*en la silla*.

remplazable, remplazante. → **reemplazable**.

remplazar, remplazo. → **reemplazar**.

remuneración, remunerar. El DRAE/92
registra la acepción de 'retribución' y 'retribuir, pagar un servicio', respectivamente,
de estos vocablos.

renacer. 1. V. irreg.; se conjuga como →
parecer, 1.
2. Construcción: —*a la vida*.

renco. → **rengo**.

rendez-vous. Expresión francesa (pron.
[randevú]) que significa 'cita, entrevista' y
'lugar de una cita'.
En español existe la forma hispanizada
rendibú, pero con el significado de 'muestra
de cortesía que se hace a una persona,
generalmente con la intención de adularla'.

rendibú. → **rendez-vous**.

rendir. V. irreg.; se conjuga como → **pedir, 1**.

rendirse. Construcción: —*a la evidencia*;
—*con la carga*; —*de fatiga*.

renegar. 1. V. irreg.; se conjuga como →
acertar, 1.
2. Construcción: —*de alguien* o *de algo*.

rengo, renco. La RAE admite las dos formas, pero prefiere la primera, que es la más
usual.

renguear, renguera. La RAE admite estas
formas (**renguera** como americanismo),
pero prefiere *renquear* y *renquera*.

renovar. V. irreg.; se conjuga como → **sonar**.

renquear, renquera. → **renguear**.

rentar. Empleado con el significado de 'alquilar' es → **anglicismo** (ingl. *to rent*).

rentoy. Según el *Esbozo* (2. 3. 3.), el plural es
rentóis, pero también se han propuesto
rentoys (M. Seco, *Diccionario*) y *rentoyes*.

renumeración, renumerar. En la Argentina se las oye empleadas indebidamente por
→ **remuneración, remunerar**.

renunciar. 1. Para su acentuación, → **abreviar**.
2. Construcción: —*a un beneficio*; —*(algo)
en otro*.

reñir. 1. V. irreg.; se conjuga como → **teñir, 1**.
Es *riñó, riñeron* (no *riñió, *riñieron*); *riñera*
o *riñese* (no *riñiera* o *riñiese*) y *riñendo* (no
riñiendo).
2. Construcción: —*al niño* (= regañarlo);
—*con su mujer* (= disputar con ella).

reo. 1. Como sustantivo, carece de forma
propia de femenino: *el reo, la reo*. Como
adjetivo, y con el valor de 'acusado culpado',
tiene un femenino *rea*.
2. Construcción: —*contra la sociedad*; —*de
alta traición*; —*de muerte*.

reóstato. Es palabra esdrújula; la acentuación grave, *reostato*, es incorrecta.

reparar. Construcción: —*(daños) con favores*; —*en minucias*.

repartija. Por sugerencia de la AAL (*Acuerdos*, X, 86-87), la RAE ha incluido esta
voz en el DRAE/92 con la siguiente definición:
"m. fam. *Argent*. y *Chile*. Reparto desorde-
nado, a la rebatiña. Ú. m. con sentido peyorativo." (Por error, figura como masculino,
cuando en realidad es sustantivo femenino.)
Aunque el DRAE no lo registra, **repartija**
se emplea también en el Uruguay (AAL,
loc. cit., y M. Morínigo, *Diccionario*).

repartir. Construcción: —*a domicilio*; —*a,
entre los alumnos*; —*(el postre) en trozos
iguales*.

repatriar. Existe vacilación en la acentuación de este verbo: para la RAE es más
frecuente la acentuación como → **enviar, 1**:
repatrío (*Esbozo*, 2. 13. 5), pero se pronuncia
también con diptongo final: *repatrio*.

repetir. V. irreg.; se conjuga como → **pedir, 1**.

repisa. La RAE ha incluido, en el DRAE/92,
las siguientes acepciones de este sustantivo: "Estante, placa de madera, cristal u otro
material, de cualquier forma, colocada hori-
zontalmente contra la pared para servir de
soporte a cualquier cosa" y "Parte superior
de la caja de las chimeneas, francesas o
análogas, donde se colocan cacharros y otros
útiles."

replección. → **Ultracorrección** por *reple-
ción*.

replegar. V. irreg.; se conjuga como → **acertar, 1**, pero, según el *Esbozo* (2. 13. 3, **[B]**,
nota 33), se usa también sin diptongar
(*replego*).
Para Bello (*Gramática*, § 523), "*replegar*,
volver a plegar, se conjuga como el simple",
es decir, con diptongación (*repliego*); *reple-*

garse, en cambio, puede conjugarse *yo me replego* o *yo me repliego*.

repoblar. V. irreg.; se conjuga como → **sonar**.

repodrir. → **repudrir**.

reponer. 1. V. irreg.; se conjuga como → **poner, 1**. El imperativo singular es *repón* (→ **voseo**: *reponé*), pero nunca *repone.
2. Significa 'poner de nuevo' y 'sustituir', pero el pretérito perfecto simple (*repuse, repusiste*, etc.), el pretérito imperfecto de subjuntivo (*repusiera/repusiese, repusieras/repusieses*, etc.) y el futuro de subjuntivo (*repusiere, repusieres*, etc.) se emplean también con el significado de 'replicar, contestar': *a esto repuso que no quería hacerlo*.

reportar. La RAE ha incorporado, al DRAE/92, dos nuevas acepciones de este verbo: "Producir una cosa algún beneficio o ventaja; o por el contrario, dificultades o disgustos" e "Informar, noticiar."

reportear. La RAE ha incorporado este verbo en el DRAE/92 con las siguientes definiciones: "*Amér.* Entrevistar un periodista a una persona importante para hacer un reportaje. // 2. *Amér.* Tomar fotografías para realizar un reportaje gráfico."

repórter. → **Anglicismo** (ingl. *reporter*) que conviene sustituir por *reportero*, femenino *reportera*.

reprehender, reprehensible, reprehensión. La RAE admite estas formas, pero prefiere *reprender, reprensible, reprensión*.

represalia. Tiene diptongo final [represália]. Debe evitarse cuidadosamente la pronunciación con hiato final: *represalía.

representante. El femenino *representanta* se aplica sólo a *comedianta, actriz*. → **-ante, -ente**.

reprise. Voz francesa (pron. [reprís]) empleada, sobre todo en el ambiente teatral, con el significado original de 'reestreno, reposición de una obra'.

reprobar. V. irreg.; se conjuga como → **sonar**.

reproducir. V. irreg.; se conjuga como → **conducir, 1**.

reptil, réptil. La RAE admite las dos acentuaciones, pero recomienda la primera. La acentuación grave **réptil** es etimológica, pero ha caído en desuso.

repudiar. Para su acentuación, → **abreviar**.

repudrir, repodrir. La RAE admite las dos formas, pero prefiere la primera. En la acepción metafórica de 'consumirse interiormente por un sentimiento que se mantiene oculto', suele preferirse la conjugación regular con *-u-* (Bello, *Gramática*, § 548; *Esbozo*, 2. 12. 3, **[E]**, nota 68). El participio es siempre *repodrido*. → **pudrir**.

repuntar. La RAE ha incorporado tres nue-

vas acepciones de este verbo en el DRAE/92: "*Amér. Merid.* Aparecer alguien de improviso"; "rur. *Argent.* Reunir los animales que están dispersos en un campo" y "*Argent.* Recuperar algo o alguien una posición favorable."

reputar. Puede construirse sin preposición: *lo reputan idóneo para la función*, o con las preposiciones *de* y, menos frecuentemente, *por*: *reputar (a alguien) de (por) inteligente*.

requebrar. V. irreg.; se conjuga como → **quebrar, 1**.

requerir. 1. V. irreg.; se conjuga como → **sentir, 1**.
2. Construcción: *—de amores*; *—a alguien para que declare*.
requerirse. Construcción: *—(algo) en* o *para una actividad*.

requete-. → **superlativo, 2, b**.

réquiem. Es raro que se lo emplee en plural, pero si ello es necesario, conviene dejarlo invariado: *el/los réquiem*. → **plural, III**.

requintar. El DRAE/92 incluye una nueva acepción de este verbo: "*Argent.* Doblar o levantar el ala del sombrero hacia arriba."

resabiar. Para su acentuación, → **abreviar**.

resaca. El DRAE/92 registra dos nuevas acepciones de este sustantivo: "Limo o residuos que el mar o los ríos después de la crecida dejan en la orilla" y "fig. Persona de baja condición o moralmente despreciable."

rescripto, rescrito. La RAE admite las dos formas. Como participio irregular de *rescribir*, prefiere **rescrito**. En función de sustantivo y con el valor de 'escrito de un soberano para resolver una consulta o responder a una petición', la RAE recomienda **rescripto**.

resentir. V. irreg.; se conjuga como → **sentir, 1**.
resentirse. Construcción: *—con, contra alguien*; *—de la mano*; *—por una ofensa*.

reserva. La RAE ha incorporado, en el DRAE/92, las siguientes acepciones de este vocablo: "Acción de destinar un lugar o una cosa, en un modo exclusivo, para un uso o una persona determinados"; "Actitud de recelo, desconfianza o desacuerdo ante algo o alguien"; "Vino o licor que posee una crianza mínima de tres años en envase de roble o en botella" y "com. *Dep.* Jugador que no figura en la alineación titular de su equipo, y que aguarda para actuar a que el entrenador sustituya a otro jugador."

reservorio. La RAE ha incorporado este sustantivo en el DRAE/92 con las siguientes definiciones: "(Del fr. *réservoire*, ing. *reservoir*.) m. *Bot.* y *Zool.* Depósito de sustancias nutritivas o de desecho destinadas a ser utilizadas o eliminadas por la célula o el organismo. // 2. *Amér.* Depósito, estanque."

resfriar. Para su acentuación, → **enviar, 1**.

resguardar(se). Construcción: —del frío.

residenciar. Para su acentuación, → **abreviar.**

resignarse. 1. El DRAE/92 incluye una nueva acepción de esta forma pronominal: "Conformarse con las adversidades."
2. Construcción: —a sufrir; —con su suerte; —en la adversidad.

resistencia. El DRAE/92 registra estas nuevas acepciones: "Capacidad para resistir" y "Conjunto de las personas que, clandestinamente de ordinario, se oponen con violencia a los invasores de un territorio o a una dictadura."

resistir. Construcción: —la o a la tentación; —al tirano; —al sueño.

resistirse. Construcción: —a ir.

resollar. V. irreg.; se conjuga como → **sonar.**

resolver. V. irreg.; se conjuga como → **mover.** El participio es resuelto.

resolverse. Construcción: —a estudiar; —(el agua) en vapor; —por tal opinión.

resonar. V. irreg.; se conjuga como → **sonar.**

respecto a, respecto de. 1. Ambas locuciones son correctas; el empleo de una u otra depende de la preferencia personal.
2. → *al respecto de; con respecto a.

resplandecer. 1. V. irreg.; se conjuga como → **parecer, 1**.
2. Construcción: —de alegría; —por sus méritos.

responder. Construcción: —a nuestras preguntas; —ante sus superiores; —con sus bienes; —del pago; —por su socio.

resquebrajadura, resquebradura. La RAE admite las dos formas, pero en el DRAE/92 prefiere la primera.

resquebrar. V. irreg.; se conjuga como → **acertar, 1**.

restablecer. V. irreg.; se conjuga como → **parecer, 1**.

restaurant. Voz francesa (pron. [restorán]) que la RAE ha hispanizado en las formas restaurante (creación artificial) y restorán (plural: restoranes), con preferencia por la primera de ellas.

restituir. V. irreg.; se conjuga como → **huir, 1**.

resto. → **concordancia, I, B, 2**.

restorán. → **restaurant.**

restregar. 1. V. irreg.; se conjuga como → **acertar, 1**.
2. → **estregar.**

resultar. Construcción: —(una cosa) de otra.

resumen. Es palabra grave terminada en -n, por lo que no corresponde ponerle tilde: la grafía *resúmen es incorrecta.

resumir. → **reasumir.**

retahíla. Debe escribirse con tilde en la -i- para indicar el hiato. → **acentuación ortográfica, II, B, 1**.

***retardatario.** → **Galicismo** (fr. retardataire) por retrógrado.

rete-. → **superlativo, 2, b**.

retener. V. irreg.; se conjuga como → **tener, 1**. El imperativo singular es retén (→ **voseo:** retené), pero no *retiene.

reticencia. El DRAE/92 registra la acepción de 'reserva, desconfianza' de este sustantivo.

reticente. El DRAE/92 registra la acepción de 'reservado, desconfiado' de este adjetivo.

retirar. El DRAE/92 recoge las siguientes acepciones de este verbo: "fig. Desdecirse, declarar alguien que no mantiene lo dicho. Retiro mis palabras"; "fig. Negar, dejar de dar alguna cosa. Le retiró el saludo"; "Abandonar un ejército el campo de batalla"; "Abandonar un trabajo, una competición, una empresa"; "Resguardarse, ponerse a salvo. Se retiraron a las montañas" y "Hablando de militares, funcionarios, etc., pasar a la situación de retirado."

retobado. El DRAE/92 incorpora una nueva acepción de este adjetivo: "Argent., Méj. y Urug. Enojado, airado, enconado."

retobarse. El DRAE/92 registra, como argentinismo, una nueva acepción de este verbo: "Rebelarse, enojarse."

retomar. 1. La RAE ha incorporado este verbo en el DRAE/92 con la siguiente definición: "Volver a tomar, reanudar algo que se había interrumpido."
2. Evítese la redundancia *volver a retomar.

retorcer. 1. V. irreg.; se conjuga como → **mover.**
2. El DRAE/92 registra una nueva acepción de este verbo: "prnl. Hacer movimientos, contorsiones, etc., por un dolor muy agudo, risa violenta, etc."

retorcijón, retortijón. La RAE admite ambas formas, y no indica preferencia en la acepción de 'retorcimiento o retorsión grandes, especialmente de alguna parte del cuerpo'. Pero para el dolor breve y agudo que se siente en las tripas, el DRAE registra sólo retortijón de tripas.
En la Argentina se prefiere **retorcijón** para las dos acepciones: "Todavía no se habían ido cuando empecé a sentir los primeros espasmos y retorcijones." (A.M. Shúa, Soy paciente, 90); "Entre unas bascas y otras y entre los intervalos de los retorcijones de tripas [...]" (A. Cancela, Historia, I, 136); "[...] había bebido furtivamente algunos sorbos de agua de mar. Esto le daba retorcijones [...]" (E. Belgrano Rawson, El náufrago, 13).

retractación, retratación. La RAE admite las dos formas, pero prefiere la primera.

retraer. V. irreg.; se conjuga como → **traer, 1**.

retratación. → **retractación.**

retribuir. V. irreg.; se conjuga como → **huir**, 1.

retroceder. 1. El DRAE/92 incluye una nueva acepción de este verbo: "Detenerse ante un peligro u obstáculo."

2. Construcción: —*a* o *hacia tal sitio*; —*de un lugar a otro.*

retrotraer. 1. V. irreg.; se conjuga como → **traer**, 1.

2. La RAE ha incorporado, en el DRAE/92, una nueva acepción de este verbo: "Retroceder a un tiempo pasado para tomarlo como referencia o punto de partida de un relato. *Retrotrajo su relato a los primeros años de su estancia allí.* Ú. t. c. prnl. *Se retrotrajo a los tiempos de su infancia.*"

reuma, reúma. 1. La RAE autoriza las dos acentuaciones, pero prefiere la primera.

2. En cuanto al género, es → **ambiguo**: *el* o *la reuma*, pero se emplea más el masculino.

reunir. Cuando la *-u-* es tónica, debe llevar tilde para señalar el hiato: *reúno, reúna.* → **acentuación ortográfica, II, B, 1**.

revancha. Este vocablo, rechazado durante mucho tiempo por los preceptistas, que lo tachaban de galicista, fue incorporado al español en el DRAE/84, junto con su derivado *revanchismo.*

El DRAE/92 registra ahora *revanchista* con las siguientes definiciones: "adj. Perteneciente o relativo al revanchismo. // 2. com. Partidario del revanchismo."

revelar. → **rebelar**.

reventado. El DRAE/92 registra esta palabra, como argentinismo, con la siguiente definición: "adj. fam. Dícese de la persona de carácter sinuoso, malintencionada e intratable."

reventar. 1. V. irreg.; se conjuga como → **acertar**, 1.

2. Construcción: —*de vanidad*; —*por decir todo.*

rever. Es un compuesto de → **ver, 1** y se conjuga como éste.

reverdecer. V. irreg.; se conjuga como → **parecer**, 1.

reverenciar. Para su acentuación, → **abreviar**.

reverter. 1. V. irreg.; se conjuga como → **tender**, 1.

2. → **revertir**, 2.

revertir. 1. V. irreg.; se conjuga como → **sentir**, 1.

2. Significa 'volver una cosa al estado que tuvo antes', 'convertirse una cosa en otra' y 'volver una cosa a la propiedad que tuvo antes, o pasar a un nuevo dueño'. No debe confundirse con *reverter*, que significa 'rebosar'.

revesado, enrevesado. La RAE admite las dos formas, pero prefiere la primera.

revestir. 1. V. irreg.; se conjuga como → **pedir**, 1.

2. Construcción: —*con* o *de facultades extraordinarias*; —*de madera.*

revisación. El DRAE no registra este sustantivo, usual en la Argentina. Puede sustituirse por *revisión*. En lugar de *revisación médica* puede decirse *examen médico.*

revitalizar. El DRAE/92 registra este verbo con la siguiente definición: "Dar más fuerza y vitalidad a una cosa."

revival. Voz inglesa (pron. [riváival]) que puede sustituirse por *evocación* o *repetición*, según los casos.

revolcar. V. irreg.; se conjuga como → **sonar**.

revolcarse. Construcción: —*en el fango*; —*por el suelo.*

revoltijo, revoltillo. La RAE admite las dos formas, pero prefiere la primera.

revolver. 1. V. irreg.; se conjuga como → **mover**.

2. Construcción: —*(algo) en la cabeza.*

revolverse. Construcción: —*contra el vecino.*

revólver. El plural es *revólveres*. Debe desecharse por completo el plural anómalo **revólvers.*

rezar. Construcción: —*a todos los santos*; —*por los difuntos.* Cuando significa 'referirse a', se emplea la preposición *con*, y el verbo generalmente está negado: *esta disposición no reza con usted.*

Rhein, Rhin. Nombres alemán y francés respectivamente del río europeo que en español se llama *Rin.*

Rhodesia. En español el nombre de esta región africana es *Rodesia.*

Rhône. Este río francés se llama, en español, *Ródano.*

ribera, rivera. Significan cosas distintas. **Ribera** es sinónimo de *orilla, borde* (del mar o río). **Rivera**, palabra de uso menos frecuente, significa 'arroyo'.

ricota. La RAE ha incluido este argentinismo en el DRAE/92 como sinónimo de *requesón*. Es castellanización del it. *ricotta.*

riesgoso. La RAE ha incorporado este adjetivo en el DRAE/92, como americanismo y con la siguiente definición: "Aventurado, peligroso, que entraña contingencia o proximidad de un daño."

rimmel. Nombre de una marca comercial de cosmético para las pestañas. Convertido en sustantivo común, fue hispanizado por la RAE bajo la forma *rimel* (aguda [rimél]), y así figura en el DRAE/84. Posteriormente, la RAE modificó su criterio, y en el DRAE/92 figura como voz grave, *rímel*, que, además de ser la acentuación etimológica, es la más corriente.

No se justifica emplear la grafía **rimmel**: "[...] se mezclaban [...] el rimmel con lapiceras [...]" (C. Wargon, *El descabellado,*

80); "[...] un toque de rubor y una pizca de rimmel le bastan y sobran [...]" (*Página / 12*, 17-6-93, pág. 3).

rinde. La RAE ha incorporado este sustantivo en el DRAE/92, como argentinismo y con la siguiente definición: "m. En economía, **rendimiento.**" Es voz de uso frecuente: "[...] y que hubieran permitido lograr un rinde aproximado de doce millones de toneladas." (*Clarín*, 15-9-88, pág. 24).

ring. Palabra inglesa con que se designa el tablado donde combaten los boxeadores: "¿Que un día te maten en el ring para que al fin se hable de vos en este mundo?" (L. Heker, *Los bordes*, 83). Puede remplazarse por *cuadrilátero*.

rinoplastia. Tiene diptongo final [rinoplástia]. La pronunciación con hiato final, **rinoplastía*, es errónea.

rinoscopia. Se acentúa en la sílaba -*co*- [rinoskópia]. La pronunciación con hiato final, **rinoscopía*, es errónea. → **-scopia**.

río. Se escribe todo en minúsculas cuando designa el accidente geográfico: *el río Gallegos desemboca en el océano Atlántico*, y con mayúscula inicial cuando forma parte de un nombre propio: *la ciudad de Río Gallegos es la capital de la provincia de Santa Cruz*. Si bien el uso indebido de mayúscula es frecuente, conviene evitarlo: "[...] en una cueva a orillas del Río Negro." (B. Kordon, *Sus mejores cuentos*, 18).

Río de Janeiro. **1**. El gentilicio que corresponde a la ciudad de **Río de Janeiro** es *carioca*: "Do, ou pertencente ou relativo a cidade do Rio de Janeiro. // Natural ou habitante da cidade do Rio de Janeiro." (A. Buarque, *Novo dicionário*, s. v. *carioca*). *Fluminense*, en cambio, es el gentilicio que se aplica al estado de **Río de Janeiro**: "Do, ou pertencente ou relativo ao RJ. // Natural ou habitante daquele estado." (*op. cit.*, s. v. *fluminense*).
2. La RAE españoliza la primera parte de este nombre (escribe *Río* con tilde) y deja sin traducir la segunda (*Janeiro*, no *Enero*), como ya es tradicional nombrar a esta ciudad y al estado.
3. Evítense las formas **Rio Janeiro* y **Río do Janeiro*.

río de la Plata. Corresponde escribir la palabra *río* todo en minúsculas cuando se designa el accidente geográfico: *el imponente río de la Plata*, y así lo hace Bello en su *Gramática* (§ 162, nota), aunque contra esta norma conspira una larga tradición, que respeta la RAE al escribir *Río de la Plata* (DRAE/92, s. v. *sudestada*). Este río suele denominarse, en lenguaje literario, *el Plata*: "El Plata, creciendo embravecido [...]" (E. Echeverría, *El matadero*, 67); "[...] como arribados a Buenos

Aires la primera vez buscábamos el Plata [...]" (A. Capdevila, *Tierras nobles*, 145). El nombre de la región geográfica es *Río de la Plata*: *la literatura del Río de la Plata*.

Río Negro. Gentilicios: *rionegrino* (de la provincia argentina) y *rionegrense* (del departamento uruguayo).

rioplatense. Este gentilicio, correspondiente a la región del Río de la Plata, se escribe sin ninguna tilde. → **acentuación geográfica, II, J, 1**.

ripiar. Para su acentuación, → **abreviar**.

rivera. → **ribera**.

roanés, ruanés. Para referirse al natural de la ciudad francesa de Ruán, la RAE admite las dos formas, sin indicar preferencia.

roastbeef. Palabra inglesa que conviene suplantar por su hispanización *rosbif*.

róbalo, robalo. La RAE admite las dos acentuaciones del nombre de este pez, pero prefiere la primera.

robot. **1**. Es palabra aguda [robót]. Evítese la acentuación grave **róbot*.
2. La RAE ha admitido esta palabra, pero no indica su plural. Es corriente el plural anómalo *robots*, aunque, respetando la pronunciación real, puede quedar invariado: *los robot*. La forma regular *robotes* es inusitada.
3. Si se desea recurrir a un sinónimo, puede utilizarse *autómata*.

robótica. La RAE ha incorporado este sustantivo en el DRAE/92 con la siguiente definición: "f. Técnica que aplica la informática al diseño y empleo de aparatos que, en sustitución de personas, realizan operaciones o trabajos, por lo general en instalaciones industriales."

robustecer. V. irreg.; se conjuga como → **parecer, 1**.

rocambolesco. La RAE ha incluido este adjetivo en el DRAE/92 con la siguiente definición: "(Por alusión a *Rocambole*, personaje creado por Ponson du Terrail.) Dícese de la serie de hechos o circunstancias extraordinarios, exagerados o inverosímiles."

rociar. Para su acentuación, → **enviar, 1**. La forma diptongada **rocio* [rósio] es regional y se considera incorrecta.

rodar. **1**. V. irreg.; se conjuga como → **sonar**.
2. Construcción: —*de* o *desde lo alto*; —*por la pendiente*; —*por el mundo*.

rodear. Construcción: —*con los brazos*; —*de* (menos frecuente, *con*) *murallas*.

roer. Verbo irregular (ver cuadro). Según Bello (*Gramática*, § 594), la primera persona del singular del presente de indicativo es enteramente desusada. Sin embargo, la RAE afirma que existen las formas *roo, roigo* y *royo*, y que es preferible *roo* (*Esbozo*, 2. 12. 5, **[S]**).

R O E R
(conjugación de los tiempos irregulares)

MODO INDICATIVO

Presente	*Pret. perfecto simple*
roo, roigo o royo	roí
roes	roíste
roe	royó
roemos	roímos
roéis	roísteis
roen	royeron

MODO SUBJUNTIVO

Presente	*Pret. imperf.*	*Futuro*
roa, roiga o roya	royera/royese	royere
roas, roigas o royas	royeras/royeses	royeres
roa, roiga o roya	royera/royese	royere
roamos, roigamos o royamos	royéramos/royésemos	royéremos
roáis, roigáis o royáis	royerais/royeseis	royereis
roan, roigan o royan	royeran/royesen	royeren

FORMAS NO PERSONALES

Gerundio

royendo

---

rogar. 1. V. irreg.; se conjuga como → **sonar**.
2. Construcción: —*a los santos*; —*por un amigo*.
Cuando este verbo está complementado por una proposición sustantiva, puede omitirse el *que* introductor: *le ruego que venga en seguida* o *le ruego venga en seguida* (→ **que anunciativo**). En América es usual remplazar la proposición por el infinitivo: *le ruego venir en seguida*.
Es incorrecto anteponer a *que* la preposición *de*: **le ruego de que venga en seguida*. → **dequeísmo**.
rol. Es → **galicismo** (fr. *rôle*) muy extendido emplear este sustantivo en lugar de *papel*: *desempeña un rol importante en la película* (en: *juega un rol importante* se incurre en doble galicismo. → **jugar, 2**).
Este galicismo ya está impuesto como tecnicismo en el lenguaje de la psicología: *el rol paterno*. En este caso puede sustituirse por *función*.
romance. En español es *novela*, pero sólo de caballerías. Aplicar este término a cual-

quier otro tipo de novela es → **galicismo** o anglicismo (fr. o ingl. *romance*): "Las novelas, durante toda mi permanencia en el Colegio, fueron mi salvación contra el fastidio, pero al mismo tiempo me hicieron un flaco servicio como estudiante. Todo libro, que no fuera romance, me era insoportable [...]" (M. Cané, *Juvenilia*, 27).
La RAE ha incorporado, al DRAE/92, la acepción de 'relación amorosa pasajera', que era criticada por los preceptistas como anglicismo.
romper. 1. Ha caído en desuso, y hoy se considera incorrecto su empleo no literario, el participio regular *rompido*, usual en el español clásico: "[...] que si él rompió el cuero de los zapatos que vos pagastes, vos le habéis rompido el de su cuerpo [...]" (*Quijote*, I, cap. IV).
Actualmente se emplea sólo el participio irregular *roto*. En todas sus demás formas, este verbo es regular.
2. Construcción: —*a llorar*; —*con su amigo*; —*en llanto*.

rompiente. Según la RAE es masculino, pero el uso general lo hace femenino: *la rompiente.*

rondó. Se ha consolidado el plural *rondós* (*Esbozo*, 2. 3. 3, c). → **plural, I, B, 2, b.**

rosa. Usado como nombre de color, → **color, 2; concordancia, I, D.**

Rosario. El nombre de esta ciudad de la Argentina solía llevar artículo: "[...] las mercancías que traían al Rosario los buques de ultramar [...]" (J.S. Álvarez, *Viaje*, 41); "¡Desde que viniste del Rosario, te has vuelto muy señorona!..." (F. Sánchez, *La gringa*, acto I, escena IV). Esta costumbre ha caído en desuso.

Roterdam. 1. Es palabra aguda [roterdám]. **2.** El gentilicio correspondiente a esta ciudad de Holanda es *roterodamense.*

rotisería. → **Galicismo** (fr. *rôtisserie*) muy empleado en la Argentina para designar el local donde se preparan y se venden carnes asadas y otras viandas.
El DRAE registra, para México y Nicaragua, el término *rosticería* (del it. *rosticceria*), que es un establecimiento donde se asan y se venden pollos.

Rouen. En español, el nombre de esta ciudad francesa es *Ruán*: "En lo alto de una de las más bellas iglesias góticas de Ruán [...]" (M. Abella Caprile, *Geografías*, 13).

rouge. Voz francesa que, como nombre de un cosmético, puede sustituirse por *carmín, lápiz de labios* o *pintalabios*. Esta última, prácticamente desconocida en la Argentina, es la que recomienda la RAE.

round. Voz inglesa (pron. [ráund]) que se emplea en español como término boxístico: "En el cuarto round dijo gracias Dios mío y fue a llamar a los hijos." (L. Heker, *Los bordes*, 85).
Puede sustituirse por *vuelta* o *asalto*: "Esta pelea, programada a 10 vueltas [...]" (*Clarín*, 2-3-88, pág. 42).

royalty. Voz inglesa (pron. [róialti]) que puede sustituirse por *patente, canon* o *regalía.*

rr. Esta secuencia de letras se considera indivisible, por lo tanto no pueden separarse sus componentes en el silabeo al final de renglón: *ca-rri-to.*

Ruán. Gentilicio: → **roanés** o *ruanés.*

ruanés. → **roanés.**

ruano. La RAE ha añadido, en el DRAE/92, una nueva acepción de este adjetivo: "*Argent.* Dícese del caballo que presenta crines y cola blancas, en particular del alazán. Ú. t. c. s."

rubéola. Es palabra esdrújula; evítese la acentuación grave: [rubeóla].

rubí. Los sustantivos terminados en vocal acentuada, en particular *-á, -í, -ú* pueden formar su plural en *-es* o *-s*: *rubíes* o *rubís*. Ya Bello admitía el plural en *-s* cuando decía: "[...] los poetas están en posesión de decir cuando les viene a cuento, alelís, rubís." (*Gramática*, § 110). A. Alonso y P. Henríquez Ureña (*Gramática*, segundo curso, 68) afirman que modernamente se prefiere la *-s*. Finalmente, la RAE, en su *Esbozo* (2. 3. 3, c) dice: "Gran parte de los polisílabos agudos terminados en una sola vocal, especialmente *-á, -í, -ú*, han adoptado la desinencia *-es* de plural, en competencia [...] con la desinencia *-s*. La primera parece gozar hoy de mayor prestigio literario, en contraste con la segunda, más coloquial y espontánea."
Los gentilicios en *-í* mantienen con mayor vigor la desinencia *-es: israelíes, iraníes, paquistaníes* (no se oye *israelís, iranís, paquistanís*). → **plural, I, B, 2.**

*rubiola. Forma errónea por → **rubéola**: "[...] pero el embajador estaba con rubiola." (Mónica, *Mónica por Mónica*, 33).

rueda de prensa, conferencia de prensa. La RAE admite las dos expresiones, pero prefiere la primera.

rulemán. Por sugerencia de la AAL (*Acuerdos*, X, 129-32), la RAE ha incluido este argentinismo en el DRAE/92 como sinónimo de *rodamiento*, voz esta última que prefiere.

rum. Voz inglesa. Corresponde utilizar su castellanización *ron.*

Rumania. La acentuación [rumánia] es preferible a la también correcta *Rumanía*, y es la que emplea el DRAE (s. v. *rumano*).

rumiar. Para su acentuación, → **abreviar.** La forma con hiato **rumío* es regional y se considera incorrecta.

ruta. El DRAE/92 incorpora como nueva acepción la de 'carretera', pero prefiere esta última palabra.

S

s. 1. Vigésima letra del alfabeto español (vigesimosegunda si se consideran la *ch* y la *ll* letras independientes). Su nombre es *ese*, plural *eses*.

2. Representa un fonema fricativo sordo, con dos variantes principales:

a) *predorsal*, en la mayor parte de América y en Andalucía y Canarias;

b) *apical*, en la Península (excepto Andalucía) y en parte de México y del Perú.

3. La **s** se suele aspirar en final de sílaba, o de palabra ante palabra que comienza por vocal. Esta aspiración consiste en darle a la **s** el sonido de la *h* inglesa: [bóhke, unoh animáleh], por *bosque, unos animales*. Esta modalidad está tolerada en América y en Andalucía en la lengua coloquial.

En algunas regiones de la Argentina, esta aspiración puede llegar a convertir a la **s** en una *j* franca: [bójke, unoj animaleh].

Se rechaza como vulgarismo la supresión total de las eses finales: [lo ómbre, ehtámo konténto], por *los hombres, estamos contentos*.

4. → **ceceo** y **seseo**.

sabelotodo. → **acentuación ortográfica, II, J, 5**.

saber. 1. Verbo irregular (ver cuadro). Tiene cuatro raíces: *sab-, sep-, sup-* y *sabr-*.

2. Es frecuente en el español americano, especialmente en el Río de la Plata, el empleo de este verbo en lugar de *soler*: "Sí, señor, sabía comer aquí." (B. Kordon, *Sus mejores cuentos*, 19). Este uso ha sido criticado por los preceptistas. La AAL, en sesión del 26 de octubre de 1972 (*Acuerdos*, V, 92-95), considera que éste es un hecho consumado y que es tan representativo del habla americana como otros regionalismos que la RAE ya ha incluido en su *Diccionario*.

3. Construcción: —*a miel*; —*de sus anhelos*. Cuando este verbo está complementado por una proposición sustantiva, no debe anteponerse la preposición *de* al *que* anunciativo: **sé de que no vas a venir*; dígase: *sé que no vas a venir*. → **dequeísmo**.

sabiondo, sabihondo. La RAE admite las dos grafías, pero recomienda la primera.

sacacorchos. Carece de forma propia de plural: *el sacacorchos, los sacacorchos*.

sacapuntas. Carece de forma propia de plural: *el sacapuntas, los sacapuntas*.

sacar. 1. El cambio de *c* por *qu* (*sacas, saqué*) es un recurso ortográfico para conservar el sonido oclusivo velar sordo [k] ante *e*, y no constituye irregularidad.

2. En América está muy extendido el empleo de *sacarse* en casos en que el español peninsular usa *quitarse*: *sacarse los guantes, sacarse un peso de encima, sacarse la edad*.

3. Construcción: —*a bailar*; —*a la calle*; —*a pulso*; —*con bien*; —*de alguna parte*; —*de pobre*; —*de sí*; —*en claro*; —*en hombros*; —*por consecuencia*.

sacar afuera. → **Pleonasmo** que conviene evitar, salvo que se quiera enfatizar, sobre todo en una orden: *¡Apúrate, sácalo afuera!*

sacerdote. Femenino: *sacerdotisa*.

saciar. Para su acentuación, → **abreviar**. Las formas con hiato *sacío, *sacías son regionales y se consideran incorrectas.

safari. Es sustantivo masculino y su plural es *safaris*.

saga. El DRAE/92 añade una segunda acepción de esta palabra: "Relato novelesco que abarca las vicisitudes de dos o más generaciones de una familia."

sagrado. El superlativo *sacratísimo* es literario.

Sahara. Es palabra grave según la RAE y el uso general: "Hubo acuerdo para el Sahara occidental." (*Clarín*, 31-8-88, pág. 29). La acentuación esdrújula, *Sáhara*, es libresca.

sahumar. Presente: *sahúmo*. Para su acentuación, → **ahumar**.

sainete. La RAE incluye, en el DRAE/92, como argentinismo, la siguiente acepción de esta voz: "fig. y fam. Situación o aconte-

---

S A B E R
(conjugación de los tiempos simples)

MODO INDICATIVO

Presente	Pret. imperf.	Pret. perf. simple	Futuro	Condicional
sé	sabía	supe	sabré	sabría
sabes	sabías	supiste	sabrás	sabrías
sabe	sabía	supo	sabrá	sabría
sabemos	sabíamos	supimos	sabremos	sabríamos
sabéis	sabíais	supisteis	sabréis	sabríais
saben	sabían	supieron	sabrán	sabrían

MODO SUBJUNTIVO

Presente	Pret. imperfecto	Futuro
sepa	supiera/supiese	supiere
sepas	supieras/supieses	supieres
sepa	supiera/supiese	supiere
sepamos	supiéramos/supiésemos	supiéremos
sepáis	supierais/supieseis	supiereis
sepan	supieran/supiesen	supieren

MODO IMPERATIVO

Presente

sabe
sabed

FORMAS NO PERSONALES

Infinitivo	Gerundio	Participio
saber	sabiendo	sabido

---

cimiento grotesco o ridículo y a veces tragicómico."

salamanca. En sesión del 9 de agosto de 1979 (*Acuerdos*, VIII, 289-92), la AAL sugirió a la RAE la posibilidad de incorporar en el *Diccionario* oficial la acepción 'cueva donde la bruja practica sus hechicerías'. No figura en el DRAE/92.

Salamanca. Gentilicios: *salmantino* (del antiguo nombre *Salmántica*), *salamanquino* y *salamanqués*. La RAE prefiere el primero.

salamín. El DRAE/92 registra, como argentinismo, la siguiente acepción de esta voz: "fig. y fam. Tonto, persona de escaso entendimiento."

saledizo, salidizo. La RAE admite las dos formas, sin indicar preferencia, para denominar la parte que sobresale de la pared maestra de un edificio.
Con el significado de 'saliente, que sobresale', la RAE prescribe **saledizo**.

salir. 1. Verbo irregular (ver cuadro). Tiene tres raíces: *sal-*, *salg-* y *saldr-*. El imperativo singular carece de vocal desinencial: *sal*.
2. Construcción: —*a cinco pesos el metro*; —*a escena*; —*a su abuelo*; —*con una mujer*; —*con una tontería*; —*de un apuro*; —*de pobre*; —*en defensa de alguien*.

salirse. Construcción: —*con la suya*; —*de quicio*.

salir afuera. Forma pleonástica, usual en la lengua hablada y aun en la literaria, tanto de América como de España: "[...] se pusie-

---

SALIR
(conjugación de los tiempos irregulares)

MODO INDICATIVO

Presente	*Futuro*	*Condicional*
salgo	saldré	saldría
sales	saldrás	saldrías
sale	saldrá	saldría
salimos	saldremos	saldríamos
salís	saldréis	saldríais
salen	saldrán	saldrían

MODO SUBJUNTIVO

Presente

salga
salgas
salga
salgamos
salgáis
salgan

MODO IMPERATIVO

sal
salid

---

ron de pie y salieron afuera, lanza en mano."
(F. Luna, *La última montonera*, 25); "Salí
afuera y fui hacia el coche [...]" (C. Rico-
Godoy, *Cómo ser una mujer*, 16).

salival, salivar. No deben confundirse. El
primero es adjetivo: *glándula salival*; el
segundo es verbo y significa 'secretar sali-
va'.

salmodia. La acentuación con diptongo final
[salmódia] es la única admitida por la RAE;
la forma *salmodía* es incorrecta. → **-odia**.

salmodiar. Para su acentuación, → **abreviar**.

salpicar. Construcción: —*con* o *de barro*.

salpimentar. V. irreg.; se conjuga como →
acertar, 1.

salpullido. → **sarpullido**.

salpullir. → **sarpullir**.

saltar. **1**. No es académico el uso de este
verbo, en lugar de *saltear*, con el significado
de 'sofreír un manjar en manteca o aceite
hirviendo': *verduras salteadas* (no, *saltadas*).
2. Construcción: —*(algo) a los ojos*; —*a* o *en
tierra*; —*con una tontería*; —*de alegría*; —*de*

la cama; —*en paracaídas*; —*por la ventana*;
—*sobre alguien*.

salubre. Superlativos: *salubérrimo* (literario) y *muy salubre* (coloquial).

saludar. En el español americano es frecuente el uso de la forma pronominal *salu-
darse* con la preposición *con*: *no me saludo
con los vecinos*, en lugar del español peninsular: *no saludo a los vecinos*. Este uso
coloquial no puede ser calificado, en América, de vulgar.

salvaguarda. → **salvaguardia**.

salvaguardar. Evítese la forma incorrecta
**salvaguardiar*.

salvaguardia, salvaguarda. La RAE admite las dos formas, pero prefiere la primera.

salvataje. → **Galicismo** (fr. *sauvetage*) por
salvamento.

samba. **1**. La RAE ha incorporado este sustantivo en el DRAE/92 con las siguientes
definiciones: "f. Danza popular brasileña,
de influencia africana, cantada, de compás
binario. // 2. Música con que se acompaña
esta danza."

2. Para la RAE es sustantivo femenino, pero en la Argentina se usa como masculino, que es el género que esta voz tiene en portugués.

samurái, samurai, samuray. La RAE vacilaba en la grafía de esta palabra: **samurai** (*DRAE*/70) y **samurái** (*Esbozo*, 1. 8. 3, B, 4º). Posteriormente, incluyó esta voz en la norma general de escribir con *y* las palabras agudas terminadas en los diptongos [ái], [éi], [ói] y a partir del DRAE/84 preceptúa la grafía **samuray**, con un plural *samuráis*.

san. → **santo.**

sanalotodo. → **acentuación ortográfica, II, J, 5.**

sandía. Lleva acento prosódico y ortográfico en la -*i*-. Evítese la pronunciación [sándia].

sándwich. 1. Hispanización de la voz inglesa *sandwich*, que la RAE ha incorporado al DRAE/92 con la siguiente definición: "m. Emparedado hecho con dos rebanadas de pan de molde entre las que se coloca jamón, queso, embutido, vegetales u otros alimentos." **2.** La pronunciación corriente es [sángüich]. **3.** El plural es *sándwiches*. Evítese el plural anómalo **sandwichs*, de difícil pronunciación, además.

San José. El gentilicio correspondiente a esta ciudad y departamento del Uruguay es *maragato*. No figura en el DRAE/92, que aplica el término exclusivamente al natural de la Maragatería (España).

San Luis. *Puntano, sanluiseño* y *sanluisero* son los gentilicios correspondientes a la provincia y ciudad argentinas de este nombre.

sánscrito. La RAE suprimió, en el DRAE/92, la forma desusada *sanscrito*.

San Sebastián. Los gentilicios correspondientes a esta ciudad española son *donostiarra* (del vascuence *Donostia*) y *easonense* (del antiguo nombre latino *Oeason*). La RAE prefiere el primero.

sans-façon. Expresión francesa (pron. [sanfasón]) que significa 'desenvoltura, desenfado, sin ceremonia'. Suele emplearse, castellanizada, en la expresión → **a la sanfasón.**

santa. → **santo.**

Santa Fe. Los naturales de la ciudad o de la provincia argentina de este nombre se llaman → **santafesinos.** El gentilicio correspondiente a la ciudad colombiana de Santa Fe de Bogotá es *santafereño*.

santafesino, santafecino. Mucho se ha vacilado, y se vacila, respecto de la ortografía de esta palabra. R. Ragucci defiende la forma **santafesino** en *Más cartas*, II, 46-73, y A. Herrero Mayor justifica su opción por **santafecino** en su libro *Problemas del idioma*, 93-111. Las buenas razones de ambos preceptistas

explican que la RAE haya admitido las dos grafías, aunque dando su preferencia a **santafesino.**
En una misma noticia periodística pueden verse empleadas las dos formas: "[...] presidente del PJ santafesino [...]"; "[...] llegar a manejar la estructura del PJ santafecino [...]" (*Página / 12*, 20-6-93, pág. 5). De todos modos, puede advertirse, en el uso argentino, franca preferencia por la forma con -*s*-.

Santander. Gentilicios: *santandereano* (del departamento de Colombia); *santanderino* (preferido) y *santanderiense* (de la ciudad española).

Santiago. Gentilicios: *santiaguense* (de la provincia y la ciudad de la República Dominicana); *santiagueño* (de la provincia y la ciudad argentinas de Santiago del Estero o de la provincia y ciudad de Panamá); *santiaguero* (de la ciudad cubana); *santiagués* (de la ciudad gallega de Santiago de Compostela); *santiaguino* (de la ciudad chilena).

santidad. → **concordancia, I, A, 1.**

santiguar. Para su acentuación, → **averiguar.**

santo. 1. Apocopa en *san* cuando precede inmediatamente a nombre propio de varón: *san Antonio, san Juan*, excepto *Tomás, Tomé, Toribio* y *Domingo*: *santo Tomás, santo Domingo*. No se produce apócope cuando el sustantivo no es nombre de varón: *un santo anacoreta, el santo apóstol*. El femenino *santa* no se apocopa: *santa Isabel*. **2.** Es preferible escribir este adjetivo, tanto en su forma plena (masculino o femenino) como apocopada, con minúscula inicial, de acuerdo con las normas de la Biblioteca Vaticana: "Para unos se trataba de san Miguel; para otros de santo Domingo o de san Bartolomé [...]" (M. Benedetti, *La borra*, 166); salvo cuando integra un nombre propio: *el Santo Oficio*; "[...] mi madre me metió pupilo en el colegio San Carlos." (M.E. Walsh, *Novios*, 78); "[...] las balas incrustadas en la iglesia de Santo Domingo." (M.E. Walsh, *op. cit.*, 77).
No obstante, la RAE los escribe siempre con mayúscula inicial, en el DRAE (*San Juan*, s. v. *anticristo*; *San Marcos, San Mateo, San Lucas*, s. v. *evangelio*; *San Miguel*, s. v. *sanmiguelada*; "[...] en las obras de Santo Tomás de Aquino [...]", s. v. *tomismo*, etc.) y en el *Esbozo* (2. 4. 7, b).

sapucay. Existe vacilación para formar el plural: *sapucáis* o *sapucayes*, y no es inusual dejar invariado el sustantivo: "Goya fue sólo una estación, pero los sapucay y el chamamé que lo aguardaban convirtieron de nuevo a esta caravana [...]" (*Página / 12*, 7-5-89, pág. 6). No falta tampoco el plural *sapucays*. → **amancay.**

sarpullido, salpullido. La RAE admite las dos formas, pero recomienda, en el DRAE/92, la primera.

sarpullir, salpullir. 1. Para su conjugación, → **bullir**.
2. La RAE admite las dos formas, pero, en el DRAE/92, prefiere la primera.
3. De este verbo se usa casi sólo el participio → **sarpullido** o *salpullido* (*Esbozo*, 2. 12. 13, b).

sartén. En el español modélico es femenino: *la sartén*, pero el DRAE/92 admite que en muchos lugares de América y España es masculino.

sastre. Femenino: *sastra* (prácticamente desconocido en la Argentina).

satén. Hispanización de la voz francesa *satin*, con que se designa un tejido parecido al raso. Evítese la forma *satín*.

satiriasis. Lleva acento prosódico en la última *a* [satiriásis]. La acentuación *satiríasis* es errónea. → **-iasis**.

satisfacer. Verbo irregular (ver cuadro). Se conjuga como *hacer*, manteniendo la *f* etimológica (*facer*) y añadiendo *satis-*: *satisfago, satis-faciendo*. La única diferencia con *hacer* es que el imperativo singular tiene dos formas: *satisfaz* y *satisface*.
Evítense cuidadosamente las formas erróneas *satisfací, *satisfació, *satisfaceré, *satisfacería, *satisfaciera, etc., en lugar de *satisfice, satisfizo, satisfaré, satisfaría, satisficiera*, etc., formas que suelen deslizarse aun en el lenguaje literario: "[...] como si el éxito obtenido la satisfaciera plenamente [...]" (N. Lange, *Cuadernos*, 47).

saúco. Tiene acento prosódico y ortográfico en la *-u-*. Evítese la acentuación viciosa [sáuko].

saudade. Palabra de origen portugués, admitida por la RAE con el significado de 'soledad, nostalgia, añoranza': "Será que la saudade depende de las lunas [...]" (M. Benedetti, *Primavera*, 39).

saudita, saudí. Ninguno de los dos vocablos figura en el DRAE/92. En la Argentina predomina la forma **saudita**: *Arabia Saudita*.

saxófono, saxofón. La RAE admite las dos formas como correctas, pero prefiere la primera.

scanner. → **escáner**.

science-fiction. → **ciencia ficción**.

scooter. → **escúter**.

-scopia. Sufijo (del gr. *skopiá*, 'observación') que entra, con este significado, en la formación de palabras españolas: *laringoscopia, radioscopia, microscopia*, etc. Tiene diptongo final [skópia], pero en el uso corriente de la Argentina, tanto de médicos como de profanos, se pronuncia generalmente con hiato [skopía]: *laringoscopía*, etc. Conviene evitar esta pronunciación viciosa.

score. Palabra inglesa (pron. [skor]) que puede remplazarse por *tanteo*.

scout. → **boy scout**.

se. 1. Cuando es pronombre personal, es palabra átona y no lleva tilde: *se saludaron cordialmente*. → **acentuación ortográfica, II, A**.
2. Evítese cuidadosamente la inversión *me se escapó*, en lugar de *se me escapó*. → **pronombres personales átonos, B, 2**.
3. En la Argentina, sobre todo en Buenos Aires, se puede oír **se** en lugar de *nos*, por posible influencia italiana: "[...] que allá en el horno se vamo a encontrar." (E.S. Discépolo, *Cambalache* [tango]). Aunque utilizada literariamente en el ejemplo citado, es construcción que se considera muy vulgar y que se rechaza aun en lengua familiar.
4. → **pasiva refleja**.

sé. Lleva tilde cuando es inflexión de los verbos *saber* o *ser*: *sé que vendrán*; *sé atento*. → **acentuación ortográfica, II, A**.

sea lo que sea. Aunque criticada por algunos preceptistas, quienes insisten en que debe decirse *sea lo que fuere*, la expresión **sea lo que sea** figura en el DRAE como sinónima de aquélla.

sección. Por sugerencia de la AAL (*Acuerdos*, X, 191-96), la RAE ha incorporado en el DRAE/92, como argentinismos, las siguientes acepciones de esta voz: "Cada una de las partes, actos o piezas independientes que integraban una función teatral" y "**función**, cada una de las presentaciones diarias de un programa teatral o cinematográfico. *Sección vermú*" (para esta acepción, el español peninsular emplea → **sesión**, según la adición en el DRAE/92).
No figura en el DRAE/92 la tercera acepción propuesta por la AAL (*loc. cit.*): "Parte fija de una publicación donde se incorporan notas de un mismo carácter. *Sección sociales, sección política nacional*."

seco. Es *limpiar en seco*, y no *a seco*.

secoya. → **secuoya**.

sécretaire. → **secreter**.

secreter. Así ha españolizado la RAE la voz francesa *sécretaire*, y la ha incluido en el DRAE/92 con la siguiente definición: "m. Mueble con tablero para escribir y con cajones para guardar papeles."

secreto de Estado. → **estado**.

secuela. El DRAE/92 ha incorporado la siguiente acepción, muy frecuente, de esta palabra: "Trastorno o lesión que queda tras la curación de una enfermedad o un traumatismo, y que es consecuencia de los mismos."

secundario. La RAE ha incorporado la siguiente acepción en el DRAE/92: "Aplícase a la segunda enseñanza." Con este valor, es palabra muy empleada en la Argentina.

SATISFACER
(conjugación de los tiempos simples)

MODO INDICATIVO

Presente	*Pret. imperf.*	*Pret. perf. simple*
satisfago	satisfacía	satisfice
satisfaces	satisfacías	satisficiste
satisface	satisfacía	satisfizo
satisfacemos	satisfacíamos	satisficimos
satisfacéis	satisfacíais	satisficisteis
satisfacen	satisfacían	satisficieron

Futuro	*Condicional*
satisfaré	satisfaría
satisfarás	satisfarías
satisfará	satisfaría
satisfaremos	satisfaríamos
satisfaréis	satisfaríais
satisfarán	satisfarían

MODO SUBJUNTIVO

Presente	*Pret. imperfecto*	*Futuro*
satisfaga	satisficiera/satisficiese	satisficiere
satisfagas	satisficieras/satisficieses	satisficieres
satisfaga	satisficiera/satisficiese	satisficiere
satisfagamos	satisficiéramos/ satisficiésemos	satisficiéremos
satisfagáis	satisficierais/satisficieseis	satisficiereis
satisfagan	satisficieran/satisficiesen	satisficieren

MODO IMPERATIVO

Presente

satisfaz o satisface
satisfaced

FORMAS NO PERSONALES

Infinitivo	*Gerundio*	*Participio*
satisfacer	satisfaciendo	satisfecho

secuoya, secoya. La RAE admite las dos formas, pero prefiere la primera.

sedan. 1. Palabra inglesa que se aplica a cierto tipo de automóvil de carrocería cerrada. El uso corriente la ha españolizado *sedán*, respetando la acentuación original. No figura en el DRAE/92, pero la registra M. Moliner en su *Diccionario*.

2. Plural: *sedanes*: "[...] le presentó media docena de sedanes y cupés de esa firma." (*Página / 12*, 24-12-91, pág. 6).

*sediciente. Forma incorrecta por *sedicente*.

seducir. V. irreg.; se conjuga como → **conducir, 1**.

sefardí, sefardita. La RAE admite las dos formas, pero recomienda la primera.

segar. V. irreg.; se conjuga como → **acertar, 1**.

segregar. Construcción: —*(una cosa) de otra*.

seguidilla. Por sugerencia de la AAL (*Acuerdos*, X, 169-71), la RAE ha incluido en el DRAE/92, como argentinismo, la siguiente acepción de esta voz: "Sucesión de hechos u objetos que se perciben como semejantes y próximos en el tiempo."

seguir. 1. V. irreg.; se conjuga como → **pedir, 1**.
2. Construcción: —*a algo* o *a alguien*; —*con el negocio*; —*de cerca*; —*en el intento*; —*para Montevideo*.
seguirse. Construcción: —*(una cosa) a otra* (= ir a continuación); —*(una cosa) de otra* (= inferirse).

según. 1. Con valor de preposición se construye con las formas *yo, tú* (y no *mí, ti*) del pronombre personal: *según yo, las cosas no sucedieron así*.
2. Como adverbio, puede construirse con la conjunción *que* y formar la locución adverbial *según que*, con valor modal: *según que lo prueba la experiencia* (ejemplo del DRAE), o temporal: *según que iban llegando, se acomodaban en los sillones*.
3. → **según y como**.
según y como. En esta locución conjuntiva, la voz *como* se escribe sin tilde.

seguro. 1. Construcción: a) como adjetivo: —*de conseguirlo*; —*en sus creencias*; b) como sustantivo: —*de vida* o *sobre la vida*; —*contra robo*.
2. → **estar seguro; ser + adjetivo**.

Seine. El nombre, en español, de este río francés es *Sena*.

seis. Plural: *seises*, pero → **cardinales (numerales), 5**.

seísmo, sismo. La RAE admite las dos formas, sin indicar preferencia. Si bien la primera es la forma etimológica (gr. *seismós*), el uso ha impuesto la segunda. Por lo demás, todos sus derivados lo son a partir de *sismo: sísmico, sismógrafo, sismología*, etc.

selección. La RAE ha incluido en el DRAE/92 la siguiente acepción de este sustantivo: "*Dep*. Equipo que se forma con atletas o jugadores de distintos clubes para disputar un encuentro o participar en una competición, principalmente de carácter internacional."

self-service. Palabra inglesa (pron. [selfsérvis]) que puede traducirse por *autoservicio*.

selvicultura. → **silvicultura**.

semana. → **días de la semana**.

semana a semana. → **año a año**.

Semana Santa. Se escribe con mayúsculas iniciales.

semántico. Significa 'referente a la significación de las palabras'. Debe evitarse emplear esta palabra con el significado abusivo de 'simplemente formal, terminológico' o 'gramatical': *no se pusieron de acuerdo aunque las diferencias eran meramente semánticas* es incorrecto si con ello se quiere indicar que las diferencias eran meramente de forma o de terminología.

sembrar. 1. V. irreg.; se conjuga como → **acertar, 1**.
2. Construcción: —*(el camino) con* o *de flores*; —*en tierra fértil*.

se me (te, le) hace. El DRAE (s. v. *hacer*) registra esta expresión con el valor de 'me (te, le) parece, me figuro (te figuras, se figura)': *se me hace que vamos a llegar tarde*. Kany (*Sintaxis*, 279), citando a Lisandro Sandoval, dice: "en Guatemala esta frase tiene un significado adicional: 'hacérsele a uno una cosa = satisfacer uno un deseo. Cumplírsele a uno algo que anhelaba conseguir, poseer, etc.'". También en la Argentina se emplea con este valor: *¡se me hizo!, me voy a Europa*.

semejante. Construcción: —*a su padre*; —*en el carácter*. Cuando funciona como sustantivo, se construye con la preposición *de*: *el rey es el semejante de sus súbditos*.

semejar(se). Construcción: —*(una cosa) a otra*; —*en algo*.

semi-. Este elemento compositivo se une sin guión a la palabra principal: *semicilíndrico, semiconsonante, semidiós, semihombre*, etc., y, con elisión de una -*i*-, *seminternado*.
Recuérdese que cuando la palabra principal comienza por *r*-, debe escribirse *rr* en el compuesto para mantener el sonido vibrante múltiple: *semirrecta*.

semita. Variante ortográfica de → **cemita**, pan de harina morena.

senador. Femenino: *senadora*. Es incorrecto decir *la senador o designar *el senador* a una mujer que ocupa este cargo.

sendos. Este adjetivo distributivo significa 'uno para cada una de otras cosas o personas': "Uno y otro, entonces, a la vez, sacando sendos trozos de tiza, trazaron sendas rayas sobre la baldosa." (A. Capdevila, *Córdoba*, 74); esto es, cada uno sacó un trozo de tiza y trazó una raya sobre la baldosa.
Es error grave emplear **sendos** con el significado de 'grandes, abundantes, fuertes, muchos' y similares: **Luis se comió sendas porciones de torta*.
La impropiedad se agrava en **el ladrón portaba sendo revólver*, ya que, por su propia significación, este adjetivo carece de singular.

senil. Es palabra aguda [seníl]. Evítese la pronunciación grave *sénil.

senilidad. La RAE ha incluido este sustantivo en el DRAE/92 con las siguientes definiciones: "Condición de senil. // 2. Edad

---

S E N T I R
(conjugación de los tiempos irregulares)

MODO INDICATIVO

Presente	*Pret. perfecto simple*
siento	sentí
sientes	sentiste
siente	sintió
sentimos	sentimos
sentís	sentisteis
sienten	sintieron

MODO SUBJUNTIVO

Presente	*Pret. imperfecto*	*Futuro*
sienta	sintiera/sintiese	sintiere
sientas	sintieras/sintieses	sintieres
sienta	sintiera/sintiese	sintiere
sintamos	sintiéramos/sintiésemos	sintiéremos
sintáis	sintierais/sintieseis	sintiereis
sientan	sintieran/sintiesen	sintieren

MODO IMPERATIVO

Presente

siente
sentid

FORMAS NO PERSONALES

Gerundio

sintiendo

---

senil. // **3**. Degeneración progresiva de las facultades físicas y psíquicas debida a una alteración de los tejidos."

sénior. 1. Voz latina que, por intermedio del inglés, ha reingresado al español. Se aplica, en lenguaje deportivo, al deportista que ha sobrepasado la edad de los → **júniors**.
2. Debe escribirse con tilde, ya se la considere palabra castellanizada (→ **acentuación ortográfica, I, B, 2**), ya conserve el carácter de palabra latina (**acentuación ortográfica, III, A**).
3. El plural en uso es el anómalo *séniors*.
4. Evítese la pronunciación [sínior].
sensible. Superlativos: *sensibilísimo* (literario) y *muy sensible* (coloquial).

sentar. V. irreg.; se conjuga como → **acertar, 1**.
sentarse. Construcción: —*a la mesa*; —*a trabajar*; —*en la cama*; —*sobre un cajón*. Si bien los preceptistas insisten en que es incorrecto *sentarse en la mesa* cuando se quiere expresar *sentarse a la mesa para comer* (*en la mesa* equivale a *sobre la mesa*), es muy frecuente el uso de la expresión criticada, incluso en textos literarios, tanto en América como en España: "Me siento en la mesa porque me revienta hacer barra." (C. Rico-Godoy, *Cómo ser una mujer*, 190); "[...] sentados en la mesa de aquel bar [...]" (P. O'Donnell, *Copsi*, 291); "[...] sentado en la mesa frente a mí, con sus manos enormes,

crispadas sobre el mantel." (M. Benedetti, *Quién de nosotros*, 19); "Juan se sienta en una mesa contigua [...]" (C.J. Cela, *El bonito crimen*, 84).

En otros casos, puede advertirse indiferencia ante una u otra construcción: "Acostumbrado a sentarse diariamente en una mesa verdaderamente ática como manifestación culinaria [...]" (L.V. López, *La gran aldea*, 146); "[...] debía sufrir mucho cuando mi tía Medea lo sentaba a su mesa a comer aquellos platos dignos sólo de su robusta pepsina de ñandú." (*op. cit.*, 147); "Se sientan en una mesa próxima a la ventana [...]" (A.M. Shúa, *Los amores*, 10); "[...] mientras se sentaban a la mesa de una pizzería." (*op. cit.*, 29).

sentenciar. 1. Para su acentuación, → **abreviar**.

2. Construcción: —*a cadena perpetua.*

sentir. 1. Verbo irregular (ver cuadro). Concurren en este verbo, y en los que siguen su conjugación, dos irregularidades: la *-e-* de la raíz diptonga en *-ie-*, cuando es tónica, en los presentes, y cambia en *-i-* en las terceras personas del pretérito perfecto simple; en la primera y segunda persona del plural del presente, en el pretérito imperfecto y el futuro de subjuntivo, y en el gerundio.

2. El uso de **sentir** en lugar de *oír*, aunque poco preciso, no es incorrecto. Su empleo está documentado desde el siglo XIV en España, aparece en Cervantes: "[...] y ellos llegaron con tanto silencio, que dél no fueron sentidos [...]" (*Quijote*, I, cap. XXVIII), y se ha mantenido especialmente vigoroso en el habla coloquial del Río de la Plata.

señor, señora. Con minúscula inicial cuando se escriben con todas sus letras: *señor Herrera, señora Pérez*. Abreviados, se escriben con mayúscula inicial: *el Sr. Herrera, la Sra. Pérez.*

señora bien. → **bien, 3**.

señoría. → **concordancia, I, A, 1**.

septiembre, setiembre. La RAE admite las dos formas, pero, en el DRAE/92, prefiere la primera. No obstante, es cada vez más frecuente la segunda. → **-pt-, 2**.

séptimo, sétimo. La RAE admite las dos formas, pero prefiere la primera. La forma **sétimo** es de poco uso, y en la Argentina, aunque indebidamente como se ve, se la considera incorrecta.

*sequoia. Forma incorrecta por → **secuoya** o *secoya*.

ser. 1. Verbo irregular (ver cuadro). Las formas *fue, fui* no llevan tilde. Evítese la pronunciación viciosa **séamos*.

2. Construcción: —(*algo*) *a gusto de todos*; —*de desear*; —*de la misma opinión.*

3. → ***como ser**; **¿es que?**; **es... que, 2**; **estar siendo + participio**; ***lo que soy yo**; **o sea**; **ser + adjetivo**; **ser menester**;

ser preferible; ***somos lunes**; ***soy de los que pienso**.

serbio, servio. La RAE admite las dos grafías, pero prefiere la primera.

serial. Con el significado de 'obra radiofónica o televisiva que se difunde en emisiones sucesivas', es sustantivo masculino: *el serial.*

seriar. Para su acentuación, → **abreviar**.

serie. Por sugerencia de la AAL (*Acuerdos*, X, 151-55), la RAE ha incluido en el DRAE/92, una nueva acepción de esta palabra, como sinónimo de *serial*, obra de radio o televisión que se difunde en emisiones sucesivas.

ser + adjetivo. 1. En las construcciones formadas por el verbo *ser* + un adjetivo predicativo (*es necesario, es preciso, es seguro*, etc.), es incorrecto el uso de la preposición *de* ante una proposición encabezada por la conjunción *que*: *es evidente que, es preciso que*, etc., y no **es evidente de que, *es preciso de que*, etc. Se incurre en este error en el texto siguiente: "[...] y fue evidente de que si a ellos también les había sucedido eso [...]" (P. O'Donnell, *Copsi*, 177). → **dequeísmo**.

2. En construcciones del tipo *es necesario un refuerzo, un refuerzo* es sujeto, con el cual deberá concordar el verbo en número y el adjetivo predicativo en género y número: *es necesaria tu ayuda, son necesarios los refuerzos, son necesarias todas las opiniones.*

ser menester. Locución verbal de uso literario; equivale a *ser necesario*. Se construye sin preposición: *es menester tu opinión*. Por consiguiente, es incorrecta la construcción **es menester de que vengas*; dígase *es menester que vengas*. → **dequeísmo**.

seroterapia, sueroterapia. Puede emplearse una u otra indistintamente.

ser preferible. Construcción: *es preferible estar solo a estar mal acompañado*. Es incorrecto sustituir *a* por *que*: ... *que estar mal acompañado.*

serrar. V. irreg.; se conjuga como → **acertar, 1**.

serrín. → **aserrín**.

ser una chanchada. → **chanchada**.

servio. → **serbio**.

servir. 1. V. irreg.; se conjuga como → **pedir, 1**.

2. Construcción: —*de mucama*; —*en una casa*; —*para el caso.*

servirse. Construcción: —*de algo* o *de alguien.*

seseo. Consiste en pronunciar *c* (ante *e, i*) y *z* como *s* dorsal. Es la pronunciación normal en América y, en España, en Andalucía y Canarias.

El **seseo** es correcto y está admitido en la pronunciación culta (R. Menéndez Pidal,

---

S E R
(conjugación de los tiempos simples)

MODO INDICATIVO

Presente	Pret. imperf.	Pret. perf. simple	Futuro	Condicional
soy	era	fui	seré	sería
eres	eras	fuiste	serás	serías
es	era	fue	será	sería
somos	éramos	fuimos	seremos	seríamos
sois	erais	fuisteis	seréis	seríais
son	eran	fueron	serán	serían

MODO SUBJUNTIVO

Presente	Pret. imperfecto	Futuro
sea	fuera/fuese	fuere
seas	fueras/fueses	fueres
sea	fuera/fuese	fuere
seamos	fuéramos/fuésemos	fuéremos
seáis	fuerais/fueseis	fuereis
sean	fueran/fuesen	fueren

MODO IMPERATIVO

Presente

sé
sed

FORMAS NO PERSONALES

Infinitivo	Gerundio	Participio
ser	siendo	sido

Manual, § 35, 4, b; T. Navarro Tomás, *Manual*, § 93 y DRAE, s. v. *z*). No obstante, la ortografía mantiene la distinción entre *s, c* y *z*.

sesión. La RAE ha incorporado, en el DRAE/92, la siguiente acepción de esta voz: "Cada una de las funciones de teatro o cinematógrafo que se celebran a distintas horas, en un mismo día." → **sección**.

sesión continua. La RAE ha incluido esta construcción en el DRAE/92 con la siguiente definición: "Aquella en que se proyecta repetidamente el mismo programa de cine, de tal modo que el espectador puede presenciarlo de principio a fin, o completar la parte que no ha visto aguardando a la proyección siguiente, sin tener que abandonar la sala ni pagar otra vez por ello." En la Argentina se emplea la voz *continuado*, que, con esta acepción, no figura en el DRAE/92.

set. 1. Voz inglesa que se emplea en español en varias de sus acepciones:

a) en el deporte del tenis, partida en la que el jugador debe ganar al menos seis juegos para ser declarado vencedor. Se ha propuesto la palabra *ronda* para remplazarla, pero, además de ser inusual, con esta acepción, no figura en el DRAE/92;

b) en cinematografía y televisión, recinto cubierto de un estudio que sirve de escenario. Con este valor puede emplearse *plató* (poco frecuente) o *estudio*, que es más usual;

c) con el significado de 'conjunto o juego': *un set de viaje* (valijas y bolsas haciendo juego); *un set de zapatos y cartera*; "Por último, tenemos un set de ejercicios [...]" (*Página / 12*, 27-6-93, pág. 12). Como se ve, el uso de la palabra inglesa es, en este caso, totalmente superfluo.
2. Como palabra inglesa que es, el único plural que le corresponde es el original: *sets*.
setiembre. → septiembre.
sétimo. → séptimo.
seudo-. → pseudo- y ps-, A, 2.
seudónimo. El DRAE no registra la forma *pseudónimo.* → ps-, A, 2.
seudópodo. El DRAE no registra la forma *pseudópodo.* → ps-, A, 2.
severo. 1. Se aplica a personas y, excepcionalmente a cosas: *un invierno severo, un paisaje severo.* Es → anglicismo (ingl. *severe*) emplearlo en lugar de *grave*: **una severa derrota;*una severa lesión orgánica.*
2. Construcción: —*con, para, para con sus subordinados*; —*de aspecto*; —*en sus juicios.*
Sevilla. Gentilicios: *sevillano* e *hispalense* (de su antiguo nombre romano *Híspalis*).
sexagonal. → hexagonal.
sex appeal. Palabra inglesa (pron. [séxapil], con acento principal en *sex* y secundario en la última sílaba. En áreas del español la acentuación corriente es [sexapíl]). Equivale a *atracción* o *atractivo sexual.* Puede vérsela hispanizada como *sexapil*: "[...] tiene menos sexapil que un trolebús [...]" (Damocles, "Señorita en picada", en AM, 2, 209). Evítese la grafía **sexapíl*: "[...] Juan dijo que tenía mucho sexapíl." (J. Goytisolo, *Fin de fiesta*, 74).
sexismo. La RAE ha incorporado esta voz en el DRAE/92 con las siguientes definiciones: "Atención preponderante al sexo en cualquier aspecto de la vida. // 2. Discriminación de personas de un sexo por considerarlo inferior al otro."
sexista. La RAE ha incorporado este adjetivo en el DRAE/92 con las siguientes definiciones: "Perteneciente o relativo al sexismo.// 2. Dícese de la persona partidaria del sexismo. Ú. t. c. s."
*sextercio. → Ultracorrección por *sestercio.*
sexy. Voz inglesa que puede traducirse por *erótico.*
-sfera. Las voces que contienen este sufijo (proveniente del gr. *spháira*, esfera) son llanas: *hidrosfera, ionosfera*, etc. La única excepción es *atmósfera*, aunque la RAE autoriza también la forma mucho menos usual *atmosfera.*
-sg-. Es incorrección que debe evitarse cuidadosamente pronunciar el grupo interior -sg- con un sonido fricativo velar sordo (j):

*dijusto, *rajuño, etc., en lugar de *disgusto, rasguño*, etc.
sha. El DRAE no registra esta forma para denominar al soberano de Persia, sino *sah.*
shamán, shamanismo. → chamán, chamanismo.
shampoo. → champú.
sheik. Palabra inglesa con que se designa al gobernador de un territorio entre los árabes. En español es *jeque.*
sheriff. → chérif.
shock. 1. Voz inglesa, término médico que la RAE ha hispanizado como → choque. Esta forma ha tenido escaso éxito, quizá debido a posible confusión con sus otras acepciones; en lengua hablada se prefiere **shock**, que también predomina en textos literarios: "Todavía estás en estado de shock." (A.M. Shúa, *Soy paciente*, 69); "Nadie sabe si esto es debido al *shock* de llegar a una redacción como la nuestra [...]" (C. Rico-Godoy, *Cómo ser una mujer*, 142). Así mismo, los médicos, en general, prefieren la forma inglesa.
2. Puede dejarse invariado en plural: *los shock*, o recurrirse al plural inglés *shocks.*
shoot. Voz inglesa (pron. [shut]) que significa 'tirar, disparar'. Ha sido tomada como base para formar el verbo español **chutar**, que, en la jerga futbolística, significa 'lanzar fuertemente el balón con el pie'.
shopping center. Expresión inglesa que se ha difundido notablemente, sobre todo en su forma simplificada *shopping*. Equivale a *centro de compras.*
shorts. Voz inglesa con que se designa un tipo de pantalones cortos, confeccionados con tela liviana, que usan, en épocas calurosas, hombres y mujeres: "[...] con un viejo barbudo y en shorts [...]" (M. Benedetti, *Primavera*, 26); "[...] Elvira, que para peor de males, entrecasa anda siempre de shorts." (M. Benedetti, *La tregua*, 50).
show. Voz inglesa; su gran difusión no debe hacer olvidar la vieja palabra española *espectáculo.*
¹sí. 1. Pronombre personal. Es monosílabo tónico y lleva tilde (Æ **acentuación ortográfica, II, A**): *habló para sí.*
2. Se construye siempre con preposición y suele estar reforzado por *mismo*: *se interrogó a sí mismo, siempre habla de sí [mismo].* Cuando la preposición es *con*, adopta la forma especial *consigo*: *lo trajo consigo.*
3. Sí es pronombre de tercera persona; no puede, por tanto, utilizarse como pronombre de primera o de segunda persona (en lugar de *mí, ti*): **cuando volví en sí; *cuando volviste en sí; *yo estaba fuera de sí; *estabas fuera de sí*; por *cuando volví en mí; cuando volviste en ti; yo estaba fuera de mí; estabas fuera de ti.*
²sí. 1. Adverbio de afirmación. Es monosílabo

tónico y lleva tilde (→ **acentuación orto-gráfica, II, A**): *me dijo que sí.*
2. El plural es *síes*: "[...] su cabecita fluc-tuante entre síes y noes [...]" (M. Benedetti, *Esta mañana*, 35).

¹**si. 1.** Conjunción condicional. Es monosílabo átono y no lleva tilde (→ **acentuación ortográfica, II, A**): *si vienen, avísame.*
2. Introduce una proposición condicional que no puede construirse con verbo en con-dicional: **si yo tendría ganas, iría; *si ha-bría tenido ganas, hubiera ido,* por *si tuvie-ra* (o *tuviese*) *ganas, iría; si hubiera* (o *hubie-se*) *tenido ganas, hubiera* (o *habría* o *hubie-se*) *ido.* Este error está muy difundido en la Argentina y conviene evitarlo cuidadosa-mente. → **condicional, 1.**
3. No deben confundirse las proposiciones anteriormente tratadas con las introducidas por el *si* llamado *anunciativo.* En éstas, el *si anunciativo* encabeza una proposición inte-rrogativa indirecta que funciona como com-plemento directo del verbo principal, y que puede construirse con el verbo en condicio-nal cuando aquél está en pasado: *no sabía si iría; me pregunté si me estaría esperando.*
4. → **sino, 2.**

²**si. 1.** Sustantivo, nombre de la nota musical. Es palabra tónica (posee acento propio), pero la RAE la escribe sin tilde, lo que parece contradecir la regla especial de los monosílabos (→ **acentuación ortográfi-ca, II, A**).
2. Es masculino y su plural es *los sis.*

si anunciativo. → ¹**si, 3.**

sic. Adverbio latino que significa 'así, de esta manera'. Se emplea, escrito entre parénte-sis, en las transcripciones de textos escritos u orales para indicar que una palabra o frase es textual y no un error o una aprecia-ción de quien transcribe: *dijo que renacía de sus cenizas, como el gato Félix* (sic); "El señor Matta pide una interrupción para exponer que [...] su marido [...] siempre había sido considerado un tarado (sic), y, en opinión de los más severos, un imbécil (sic)" (M. Benedetti, *Despistes*, 46).

sicagogia. → **psicagogia.**
sicastenia, sicasténico. → **psicastenia.**
Sicilia. Gentilicios: *siciliano* y *sículo.*
sico-. → **psico-.**
sicoanálisis. → **psicoanálisis.**
sicoanalista, sicoanalítico. → **psicoana-lista.**
sicoanalizar. → **psicoanalizar.**
sicodélico. → **psicodélico.**
sicodrama. → **psicodrama.**
sicofanta, sicofante. La RAE admite las dos formas, pero prefiere la primera.
sicofármaco. → **psicofármaco.**
sicofísica. → **psicofísica.**
sicofísico, -ca. → **psicofísico, -ca.**

sicogénico, sicógeno. → **psicogénico.**
sicokinesia. → **psicoquinesia.**
sicología, sicológico, sicólogo. → **psico-logía.**
sicómetra, sicometría. → **psicómetra.**
sicomoro, sicómoro. En el DRAE/92, la RAE admite las dos acentuaciones, pero prefiere la primera.
sicópata, sicopatía. → **psicópata.**
sicopático, sicopatología. → **psicopático.**
sicopedagogía, sicopedagógico. → **psicopedagogía.**
sicoquinesia. → **psicoquinesia.**
sicosis. → **psicosis.**
sicosomático. → **psicosomático.**
sicotecnia, sicotécnico. → **psicotecnia.**
sicoterapeuta, sicoterapéutico. → **psico-terapeuta.**
sicoterapia. → **psicoterapia.**
sicoterápico. → **psicoterápico.**
sicrómetro. → **psicrómetro.**
sicu. 1. Por sugerencia de la AAL (*Acuerdos*, X, 116-19), la RAE ha incluido esta voz en el DRAE/92 con la siguiente definición: "m. *Argent.* **siringa**, instrumento musical com-puesto por una doble hilera de tubos de longitud decreciente."
2. Ni la AAL ni la RAE recogen la grafía *siku*, frecuente en obras referentes al folclo-re musical argentino.
sicuri. Por sugerencia de la AAL (*Acuerdos*, X, 116-19), la RAE ha incluido esta palabra en el DRAE/92 con las siguientes definicio-nes: "m. *NO. Argent.* Tañedor de sicu. // 2. *NO. Argent.* sicu."
sida. El DRAE/92 registra este sustantivo con la siguiente definición: "(De las siglas de síndrome de *i*nmuno*d*eficiencia *a*dquirida, traducción del ing. *acquired inmunode-ficiency syndrome.*) m. *Med.* Enfermedad viral consistente en la ausencia de respues-ta inmunitaria."
sidecar. 1. Voz de origen inglés, incorporada hace tiempo al español, por lo que debe pronunciarse [sidekár] y no a la inglesa [sáidkar].
2. El plural se forma normalmente: *sidecares.*
*setecientos. Forma incorrecta por *sete-cientos*, que conviene evitar cuidadosa-mente.
sifonero. Por sugerencia de la AAL (*Acuer-dos*, VIII, 221-25), la RAE incorporó este sustantivo al DRAE/92 con la siguiente de-finición: "m. p. us. *Argent.* **sodero**, persona que vende y reparte soda."
sigilo. La RAE añadió, en el DRAE/92, como cuarta acepción de este sustantivo: "fig. Silencio cauteloso."
sigla. Es la letra inicial que sirve de abrevia-tura. También se llama **sigla** al conjunto de las iniciales de varias palabras que forman

una nueva denominación. Las observaciones que siguen se refieren a esta última acepción.

1. Las **siglas** se escriben con mayúsculas y sin punto alguno: *FMI* (Fondo Monetario Internacional). A veces, la **sigla** constituye una nueva palabra, legible, y el uso la ha consagrado como sustantivo propio. En tal caso, se la suele escribir con minúsculas, salvo la letra inicial: *Fiat* (Fabbrica Italiana Automobili Torino); *Unicef* (United Nations International Children's Emergency Found). Hay **siglas** que se consideran sustantivos comunes y se escriben con todas sus letras minúsculas: *pal* (phase alternating line), *sida* (síndrome de inmunodeficiencia adquirida).

2. Las **siglas** no tienen plural. No es necesario seguir la costumbre inglesa de agregarles una -s: **OVNIs*, ya que en español el artículo impide toda confusión: *el OVNI, los OVNI*.

3. → **acrónimo**.

4. En el apéndice figura la lista de **siglas** más frecuentes.

sigmoideo. Es palabra grave [sigmoidéo]. Evítese la acentuación esdrújula **sigmóideo*. → **-oideo**.

signos auxiliares. → **apóstrofo; asterisco; comillas; corchetes; diéresis; guión; paréntesis; raya**.

signos de exclamación y de interrogación. Los signos de exclamación (¡ !) y de interrogación (¿ ?) se ponen al comienzo y al final del segmento exclamativo o interrogativo que deba llevarlos.

Los signos de apertura (¡ ¿) son una característica del español. Por influencia de otras lenguas, que carecen de ellos, se los suele omitir en español. Es conveniente insistir en que deben usarse, ya que, además de ser lo correcto, facilitan la entonación en la lectura. Para el uso de estos signos deben tenerse en cuenta las normas siguientes:

1. Nunca va punto después de estos signos, pero sí coma o punto y coma: "¿Hoy? ¡Precisamente hoy, no! Sin decirlo, lo confesaba compungiéndose." (G. Miró, *El obispo*, 97); "Señoras, y también, ¿por qué no?, señores [...]" (S. de Madariaga, *La jirafa*, 17).

2. La exclamación y la interrogación pueden abarcar sólo una parte de la oración: "Mi pobre hijo no se ha enterado hasta ayer de que el padre de su mujer ¡es pianista!" (A. Ossorio, *Mujeres*, 97); "Después de lo que he sufrido, ¿qué puede hacerme ya Martín?" (A. Casona, *La dama*, 85).

3. El *y* exclamativo o interrogativo debe incluirse dentro de los signos: "No puede ser. Una aparición en estos tiempos... ¡y con esa facha!" (A. Casona, *La barca*, 102); "¿Y quién puede tenerla cuando el grito de alar-

ma ha salido de este mismo despacho?" (*op. cit.*, 100).

4. La primera palabra después de signo de exclamación o de interrogación se escribirá con mayúscula inicial sólo si le corresponde de acuerdo con las normas generales que rigen el empleo de mayúsculas (→ **mayúsculas [uso de]**): "¡Qué ufana debe estar usted de tener tal marido! Tan razonable, y tan sensato, [...]" (S. de Madariaga, *La jirafa*, 202); "¿Tú no te acuerdas? Tú hablabas del río como de un abuelo [...]" (G. Miró, *op. cit.*, 203).

5. Si lo que sigue a una exclamación o pregunta fuera complemento de ella, no comenzará con mayúscula: "—¡Hijo, hijo! —suplica el anciano Diego Laínez." (M.T. León, *El Cid*, 20); "—¿Quiénes han sido esos traidores? —vocifera el infante don Sancho." (*op. cit.*, 21).

6. En las oraciones que son simultáneamente exclamativas e interrogativas, se emplea el signo de interrogación al comienzo y el de exclamación al final, o viceversa: *¿Y ahora me lo dices?* También admiten la combinación de los dos signos: ¡¿...?! o ¿¡...!?: "¡¿Qué voy a hacer, dejarlo en casa mirando televisión mientras trabajo?!" (*Noticias*, 27-6-93, pág. 131).

7. Un signo de exclamación entre paréntesis (!) indica asombro; el de interrogación (?), duda. En ambos casos se usan los signos de cierre: "A la defensa de éste acudieron —¿patrióticamente?— Quevedo, Góngora (!), Mira de Amescua [...]" (L.A. Sánchez, *Escritores*, I, 73); "De entre el léxico de Oña, destaquemos algunos vocablos típicos de un incipiente barroquismo, que Oroz denomina *culteranismo* (?), distinto del gongorismo, [...]" (*op. cit.*, 57).

En las biografías suele indicarse con un signo de interrogación sin paréntesis que la fecha de nacimiento o de muerte es incierta: "Bernardo de Balbuena (1561?-1627)" (*op. cit.*, 40).

signos de puntuación. → **coma; dos puntos; punto; puntos suspensivos; punto y coma**.

silabeo ortográfico. En la escritura, la separación de palabras al final de renglón se hace de acuerdo con determinadas reglas de **silabeo ortográfico**, que no siempre coinciden con el silabeo fonético. Las normas más importantes son las siguientes:

1. Las vocales de los diptongos y triptongos ortográficos no deben separarse: *tro-pie-zo, ac-tuéis*.

2. Nada se opone gramaticalmente a la separación de las vocales concurrentes que no forman diptongo: *le-a, flu-í-a, Ra-úl*, pero la práctica tipográfica prefiere no separar estas vocales.

3. Una consonante entre dos vocales se agrupa con la segunda vocal: *me-sa, re-po-se-ra*.
4. Los grupos de consonante licuante y líquida (*bl-, br-, cl-, cr-, dr-, fl-, fr-, gl-, gr-, pl-, pr-, tr-*) funcionan como consonante simple a los efectos del silabeo ortográfico y se agrupan con la vocal siguiente: *ha-blar, co-bre, re-cla-mo, re-cri-mi-na-ción, cua-dra-do, des-gra-cia, a-trás*, etc. (Para el grupo *tl-*, → **10**). Excepciones: *sub-li-mi-nar, sub-lin-gual, sub-lu-nar*, en que el silabeo fonético impone la separación de *b* y *l*.
5. En todo otro grupo de dos consonantes, la primera se agrupa con la vocal anterior y la segunda con la vocal siguiente: *cas-pa, rec-tor, jun-to*.
6. Cuando concurren tres consonantes, las dos primeras forman grupo con la vocal anterior y la última, con la vocal siguiente: *cons-pi-ra-ción, obs-ti-na-do*.
Pero si las dos últimas son licuante y líquida, se comportan como consonante simple y se agrupan con la vocal siguiente: *som-bra, res-plan-dor, com-pra, ros-tro, in-glés*.
7. Cuando concurren cuatro consonantes, las dos últimas son necesariamente licuante y líquida y se agrupan con la vocal siguiente. Las dos primeras forman grupo con la vocal anterior: *cons-truir, abs-trac-ción, trans-cri-bir*.
8. En las palabras formadas por los elementos compositivos *ab-, ad-, des-, en-, in-, nos-, sub-*, etc., la RAE autoriza un doble silabeo: el fonético: *de-sobediente, no-sotros*, y el etimológico: *des-obediente, nos-otros*. El silabeo etimológico sólo es posible cuando el segundo elemento existe además como palabra independiente; así, se podrá silabear ortográficamente *sub-orden, sub-urbano*, pero no **sub-urbio*. En caso de duda es aconsejable recurrir al silabeo fonético.
9. La *h* interior funciona, para el **silabeo ortográfico**, como si fuera consonante con sonido, y las palabras que la contienen siguen las reglas expuestas en **3**: *pro-hi-bir, re-hu-sar*, y en **5**: *in-hu-ma-no, des-ha-cer*.
10. La RAE admite el silabeo *trasa-tlántico* (según la pronunciación americana del grupo *-tl-*) o *trasat-lántico* (según la pronunciación peninsular), pero exige *at-las, at-leta* y *At-lántico* (no *a-tlas, a-tleta, A-tlántico*), cualquiera que sea la pronunciación, para no infringir la regla de no escribir una vocal sola a fin de renglón. Se mezcla así una costumbre tipográfica con una norma gramatical.
11. Los componentes de los dígrafos (letras dobles) son inseparables: *ha-che-ro, re-lle-no, co-rre-gir, re-gue-ro, con-se-guir, me-que-tre-fe, te-qui-la*.

silenciar. 1. Para su acentuación, → **abreviar.**
2. La RAE ha incluido en el DRAE/92 la acepción: "Hacer callar, reducir al silencio" considerada anglicista hasta entonces.
sílice. Es femenino: *la sílice*, aunque es muy frecuente asignarle a este sustantivo el género masculino.
silvicultura, selvicultura. La RAE admite las dos formas, aunque prefiere la primera.
sima, cima. No deben confundirse: **sima** es una cavidad grande y muy profunda de la tierra, equivale a *precipicio, abismo*. **Cima**, en cambio, significa 'cumbre'.
símbolo. 1. Los símbolos son letras o conjuntos de letras con que se representan las palabras técnicas de matemáticas, física, química y otras ciencias: *m* (metro); *g* (gramo).
2. Los símbolos se escriben sin punto, y no reciben, en ningún caso, el signo de plural: **30 ms*; escríbase *30 m*.
3. Algunos símbolos se escriben con mayúscula y otros con minúscula inicial. El uso es convencional. En caso de dudas, consúltese, en el Apéndice, la lista de los símbolos más usuales.
símil. Es voz grave. La acentuación aguda [simíl] es errónea.
similar. Construcción: *—a algo*.
simoniaco, simoníaco. La RAE admite las dos acentuaciones, pero prefiere la primera. → **-íaco, -iaco.**
simpatizar. Construcción: *—con alguien*. Puede construirse sin preposición, con valor recíproco: *mi contrincante y yo simpatizamos desde el primer momento*. Es regional y conviene evitar la construcción *me* (*te, le*, etc.) *simpatiza*.
simple. Superlativos: *simplicísimo* (literario) y *simplísimo* (coloquial).
*simposium. → **symposium.**
simular. → **disimular.**
sin. → **con o sin.**
sincerarse. Construcción: *—ante un juez*; *—con un amigo*.
síndrome. 1. El DRAE/92 añade una nueva acepción de esta voz: 'conjunto de fenómenos que caracterizan una situación determinada'.
2. Es palabra esdrújula; evítese la muy frecuente acentuación grave [sindróme].
sinécdoque. Es sustantivo femenino: *la sinécdoque*.
sine die. Expresión latina que se emplea con el significado de 'sin plazo fijo, sin fecha': *la asamblea fue aplazada sine die*. La RAE ha incorporado esta expresión en el DRAE/92.
sine qua non. → **conditio sine qua non.**
sinestesia. Por sugerencia de la AAL (*Acuerdos*, IX, 187-89), la RAE ha incluido, en el

DRAE/92, esta nueva acepción: "*Ret.* Tropo que consiste en unir dos imágenes o sensaciones procedentes de diferentes dominios sensoriales. *Soledad sonora; verde chillón.*"

sinfín, sin fin. Sinfín es sustantivo y significa 'infinidad, sinnúmero': *me contó un sinfín de penas.*

Sin fin es locución adjetiva (modifica a un sustantivo) y tiene dos significados: a) 'interminable': *hizo un relato sin fin* y 'muchos': *posee bienes sin fin*; b) se aplica a cables, correas, cadenas, etc. que forman figura cerrada: *una cinta sin fin.*

single. Voz inglesa que suele emplearse en español con los siguientes significados: a) disco de 17 centímetros. Puede sustituirse por *sencillo* o *simple*: "[...] seis de sus singles superaron ¡el millón de unidades! [...]. Los seis simples millonarios [...]" (*Página / 12*, 27-6-93, pág. 30); b) en el tenis, partido entre dos adversarios. Se traduce por *simple*; c) en los hoteles, habitación para una sola persona. Puede sustituirse también por *simple*.

singularizarse. Construcción: —*en todo*; —*entre sus compañeros*; —*por sus actitudes.*

singularmente. La RAE ha añadido, en el DRAE/92, una nueva acepción de este adverbio: "Especialmente, de manera notable o más destacada que otra cosa."

sinnúmero, sin número. Sinnúmero es sustantivo y significa 'gran cantidad de personas o de cosas': *hay un sinnúmero de detalles curiosos.*

Sin número es preposición + sustantivo: *una página sin número.*

sino, si no. 1. Sino es: a) sustantivo; significa 'hado, destino, suerte': *su sino lo llevó a ese desastre*;

b) conjunción adversativa mediante la cual se contrapone a una cosa que se niega, algo que se afirma en lugar de ella, de modo tal que lo que se niega queda totalmente excluido: *no es ingenuo, sino tonto.*

Cuando el segundo elemento coordinado tiene verbo, es más frecuente que se emplee la locución conjuntiva *sino que*: *no salió, sino que se quedó hasta el final.*

La conjunción **sino** carece de acento propio. Para su acentuación se apoya en la palabra siguiente: *no vino Juan, sino Pedro* [no bíno juán sino pédro]. En la Argentina se pronuncia indebidamente como voz aguda [sinó], y como reacción se comete también el error de pronunciarla como grave [síno].

2. Si no es conjunción condicional + adverbio de negación: *si no lo devuelves, no importa*; *es preciso que venga, si no lo van a castigar.*

Se acentúa la negación [si nó].

3. Para distinguir entre **sino** y **si no** se puede recurrir al artificio de intentar intercalar algún vocablo entre *si* y *no*; si ello es posible, se trata de la conjunción condicional y el adverbio de negación: *no iré si no me invitan = no iré si [ellos] no me invitan.*

sintonizar. La RAE ha incluido una nueva acepción de este verbo en el DRAE/92, con la siguiente definición: "intr. fig. Coincidir en pensamiento o en sentimientos dos o más personas."

sinvergüenza. La RAE ha incluido este adjetivo en el DRAE/92 con las siguientes definiciones: "Pícaro, bribón. Ú. t. c. s. // 2. Dícese de las personas que cometen actos ilegales en provecho propio, o que incurren en inmoralidades. Ú. t. c. s."

*sipnótico. Forma incorrecta por *sinóptico: cuadro sinóptico.*

sique, siquis. → **psique.**

siquiatra, siquiatría. → **psiquiatra.**

siquiátrico. → **psiquiátrico.**

síquico. → **psíquico.**

siquis. → **psique.**

siquismo. → **psiquismo.**

siriaco, siríaco. La RAE admite las dos acentuaciones, pero prefiere la primera. → **-íaco, -iaco.**

sirirí. La RAE ha incluido este vocablo en el DRAE/92 con las siguientes definiciones: "(De origen onomatopéyico.) m. *Argent.* Nombre vulgar de diversos patos, **yaguasa.** // 2. *Argent.* Nombre vulgar de diversas aves, como el benteveo, la tijereta, la monjita, etc."

sirviente. Femenino: *sirvienta* (*Esbozo*, 2. 2. 6, b). → **-ante, -ente.**

sismo. → **seísmo.**

sístole. Es femenino: *la sístole.*

sitácida. → **psitácida.**

sitaciforme. → **psitaciforme.**

sitacismo. → **psitacismo.**

sitacosis. → **psitacosis.**

sitiar. Para su acentuación, → **abreviar.** Las formas con hiato, **sitío, *sitías*, etc., son regionales y se consideran incorrectas.

situación límite. Plural: *situaciones límite*: "Nos decía que era para estudiar el comportamiento de aquellos simios en situaciones límite [...]" (R. Fontanarrosa, *El mayor de mis defectos*, 52). → **carta poder.**

situar. Para su acentuación, → **atenuar.**

sketch. 1. Palabra inglesa (pron. corriente [eskéch]), que significa propiamente 'esbozo, bosquejo'. Se trata de una escena unitaria y breve de teatro, cine, radio o televisión, generalmente cómica e interpretada por pocos actores.

Es palabra de difícil traducción al español; las soluciones propuestas no son satisfactorias: *apunte, sainete, piececilla, chiste escenificado, escena cómica*, por lo que el uso de la voz inglesa es aceptable.

2. Plural: *sketches.*

ski. Palabra de origen noruego, introducida en el español a través del francés. La RAE la ha hispanizado bajo la forma → **esquí**.

*skiar. Grafía incorrecta por → **esquiar**.

slalom. Voz noruega que la RAE ha hispanizado como → **eslalon**.

slide. Voz inglesa (pron. [sláid]) con que se nombra lo que en español se llama *diapositiva* o *filmina*.

slip. Palabra inglesa con que se designa cierto tipo de calzoncillo: "Referirse a un calzoncillo es todo un riesgo, se dice slip." (M.L. Livingston, en *Clarín*, 17-6-89), o una malla o bañador ajustado. Es útil la hispanización *eslip*.

slogan. Voz inglesa que ya no se justifica utilizar en español existiendo la forma hispanizada → **eslogan**. Además, puede traducirse por *consigna* o *lema*.

smog. Voz inglesa que puede traducirse por *niebla tóxica*, pero que, dada su difusión, convendría castellanizar bajo la forma → **esmog**.

smoking. → **esmoquin**.

snob. → **esnob**.

so. **1**. Preposición anticuada que, salvo un ocasional uso literario con su valor antiguo de 'bajo, debajo de', sólo se conserva en expresiones como *so pretexto de, so capa de, so color de* (= con pretexto de), *so pena de* (= bajo castigo) y alguna otra.
2. Sustantivo, contracción de *seó* (apócope de *seor*, que es a su vez síncopa de *señor*), que se antepone a adjetivos despectivos: *¡so tonto!, ¡so animal!*

sobar. Por sugerencia de la AAL (*Acuerdos*, X, 171-74), la RAE ha incluido en el DRAE/92, con nota de argentinismo, las siguientes acepciones de este verbo: "Dar masaje, friccionar. Ú. t. c. prnl." y "rur. Fatigar al caballo, exigirle un gran esfuerzo."

sobar el lomo. Por sugerencia de la AAL (*Acuerdos*, X, 171-74), la RAE ha incluido esta expresión en el DRAE/92 con la siguiente definición: "fr. fig. y fam. *Argent.* **dar coba**, adular, halagar a otro para obtener de él alguna ventaja."

soberbio. Construcción: —*con, para, para con sus subordinados;* —*de índole*.

sobre. Se critica, por galicista, el empleo de esta preposición en lugar de *de: fueron ascendidos cinco sobre veinte empleados*; según los preceptistas debe decirse: *cinco de veinte empleados.*
El uso criticado se ha impuesto en la Argentina.

sobre-. Elemento compositivo que, ante palabras que comienzan por *e-*, puede perder o no la *-e* final. En los artículos correspondientes se indican las formas admitidas y preferidas por la RAE.

sobredificar. → **sobreedificar**.

sobredosis. El DRAE/92 incorpora este sustantivo, de uso muy frecuente, con la siguiente definición: "f. Dosis excesiva de una droga o sustancia alucinógena que puede llegar a producir la muerte."

sobreedificar. La RAE no admite la forma *sobredificar*.

sobreempeine. La RAE no admite la forma *sobrempeine*.

sobreentender. → **sobrentender**.

sobreescribir. → **sobrescribir**.

sobreesdrújulo. → **sobresdrújulo**.

sobreestadía. → **sobrestadía**.

sobreestimar. → **sobrestimar**.

sobreexceder. → **sobrexceder**.

sobreexcitación, sobreexcitar. La RAE admite también la grafía *sobrexcitación* y *sobrexcitar*, pero prefiere las formas con doble *e*.

sobrehílo. Debe escribirse con tilde en la *-i-* (→ **acentuación ortográfica, II, B, 1**). En el DRAE/84 figura sin tilde, pero la RAE corrige el error en el DRAE/92.

sobre manera, sobremanera. La RAE admite las dos grafías, sin señalar preferencia alguna.

sobrempeine. → **sobreempeine**.

sobrentender, sobreentender. **1**. V. irreg.; se conjuga como → **tender, 1**.
2. La RAE admite las dos formas, pero prefiere la primera.

sobreponer. V. irreg.; se conjuga como → **poner, 1**. El imperativo singular es *sobrepón* (→ **voseo:** *sobreponé*), pero no **sobrepone*.

sobreponerse. Construcción: —*a las desdichas*.

sobrepujar. Construcción: —*(a alguien) en inteligencia*.

sobrerrealismo, sobrerrealista. → **superrealismo**.

sobresalir. **1**. V. irreg.; se conjuga como → **salir, 1**, excepto el imperativo singular, que comúnmente es *sobresale tú* (Bello, *Gramática*, § 564).
2. Construcción: —*en mérito;* —*entre todos;* —*por su intrepidez*.

sobresaltarse. Construcción: —*por, de, con la noticia*.

sobrescribir. La RAE no admite la forma *sobreescribir*.

sobresdrújulo, sobreesdrújulo. La RAE admite las dos formas, pero prefiere la primera.

sobreseer. **1**. Para su conjugación, → **creer, 1**.
2. Construcción: —*en la causa*. También funciona como verbo transitivo: *sobreseer la causa*.

sobrestadía. La RAE no admite la forma *sobreestadía*.

sobrestimar. La RAE no admite la forma *sobreestimar*.

sobrevalorar. Este verbo, de uso muy frecuente, no figura en el DRAE/92. Quien desee evitarlo puede recurrir a *supervalorar*.

sobrevenir. V. irreg.; se conjuga como → **venir, 1**.

sobrevolar. Evítese la redundancia: *el avión sobrevoló sobre la ciudad*; dígase: *el avión sobrevoló la ciudad*.

sobreexceder, sobreexceder. La RAE admite las dos formas, pero prefiere la primera.

sobrexcitación, sobrexcitar. → **sobreexcitación**.

sobrio. La RAE ha añadido dos nuevas acepciones de este adjetivo en el DRAE/92: "Que carece de adornos superfluos" y "Dícese del que no está borracho."

sociedad de fomento. En sesión del 12 de abril de 1984 (*Acuerdos*, IX, 142-44), la AAL sugirió a la RAE la conveniencia de incluir esta expresión en el *Diccionario* oficial con la siguiente definición: "*Argent*. Asociación vecinal que se ocupa del desarrollo de la comunidad." No figura en el DRAE/92.

sodero. Por sugerencia de la AAL (*Acuerdos*, VIII, 221-25), la RAE incorporó este sustantivo en el DRAE/92 con la siguiente definición: "m. *Argent*. Persona que vende y reparte soda, bebida de agua gaseosa."

sofá. El plural más usual es *sofás*, aunque también es correcto *sofaes*.

sofá cama. Plural: *sofás cama*. → **carta poder**.

*sofilar. → ***surfilar**.

sofisticado. La RAE ha incluido, en el DRAE/92, dos nuevas acepciones de esta voz, cuyo uso se ha difundido mucho: "fig. Elegante, refinado" y "fig. Complicado. Dícese de aparatos, técnicas o mecanismos."

sofreír. V. irreg.; se conjuga como → **reír, 1**.

software. Palabra inglesa de uso frecuente en informática. Puede sustituirse por *soporte lógico*.

sol. 1. Es nombre propio, y por consiguiente se escribe con mayúscula inicial, cuando nos referimos científicamente a este astro, desde un punto de vista astronómico. Cuando empleamos este sustantivo literariamente, o en sentido figurado, o nombramos la luz o el calor del Sol, se escribe con minúscula inicial: *su belleza era un sol, me gusta tomar el sol*.
2. Diminutivo: *solecito*. En el Río de la Plata se emplea casi exclusivamente *solcito*: "Tienen luz propia, son cuatro solcitos [...]" (*La Nación*, 1º-2-93 [sección Espectáculos], pág. 1); "Claudio estuvo sentado en un banco, tomando el solcito." (M. Benedetti, *La borra*, 25). → **diminutivos, 1**.

solárium. 1. La RAE ha incluido este vocablo en el DRAE/92 con la siguiente definición:

"(Del lat. *solarium*.) m. En piscinas, gimnasios, balnearios, etc., terraza o lugar reservado para tomar el sol."
2. El DRAE no registra la forma *solario*.

soldar. V. irreg.; se conjuga como → **sonar**.

solecismo. Es cualquier error de sintaxis: **cuando volviste en sí* (en lugar de: *en ti*), **creyó de que era tarde* (por: *creyó que era tarde*); **no te se importa* (en lugar de: *no se te importa*), etc.

soler. V. irreg.; se conjuga como → **mover**. Es también → **defectivo**: se emplea principalmente en presente (*suelo*) y pretérito imperfecto (*solía*) de indicativo, y en presente de subjuntivo (*suela*). Es menos usado en pretérito perfecto simple (*solí*), pretérito perfecto compuesto (*he solido*) y pretérito pluscuamperfecto (*había solido*) de indicativo, y en pretérito imperfecto de subjuntivo (*soliera / soliese*). En los demás tiempos su uso es raro.

solicitada. Por sugerencia de la AAL (*Acuerdos*, X, 119-21), la RAE ha incluido este vocablo en el DRAE/92 como sinónimo de *remitido*: 'noticia o declaración que una persona o grupo de personas da a conocer públicamente a través de los periódicos mediante pago'.
La RAE no indica ninguna localización geográfica de esta palabra.

soliviar. Para su acentuación, → **abreviar**.

sólo, solo. → **acentuación ortográfica, II, E**.

soltar. V. irreg.; se conjuga como → **sonar**. Tiene dos participios, uno regular, *soltado*, y otro irregular, *suelto*. → **participio**.

soltarse. Construcción: —*a caminar*; —*de las ataduras*.

somatizar, somatización. En sesión del 26 de setiembre de 1985 (*Acuerdos*, IX, 196-97), la AAL sugirió a la RAE la conveniencia de incluir estos vocablos en el *Diccionario* académico, con las siguientes definiciones: "Manifestar, una persona, mediante síntomas somáticos un trastorno psíquico" y "Acción y efecto de somatizar", respectivamente. Estos vocablos no figuran en el DRAE/92.

sommelier. Esta voz francesa, con que se designa al encargado del servicio de licores en los grandes hoteles y restaurantes, ha sido hispanizada bajo la forma *sumiller*.

sommier. Voz francesa con que se designa el soporte sobre el cual se coloca el colchón. Ha sido hispanizada como *somier* (plural: *somieres*).

somnámbulo, somnambulismo. La RAE admite estas formas etimológicas, pero prefiere *sonámbulo* y *sonambulismo*, que son las realmente empleadas.

*somnoliencia. Forma errónea por *somnolencia*: "Medio adormecido por la somnoliencia de la atmósfera [...]" (J.V.

González, "La selva de los reptiles", en VCAM, 102).

somnoliento. La RAE ha introducido este adjetivo en el DRAE/92 con la siguiente definición: "Que tiene o produce sueño."

*somos lunes, *somos 20 de enero. Construcciones incorrectas que deben remplazarse por *estamos a lunes, hoy es lunes*; *estamos a 20 de enero, hoy es 20 de enero*.

sonar. Verbo irregular. Cuando la *-o-* de la raíz es tónica, diptonga en *-ue-* en los presentes. INDICATIVO: *sueno, suenas, suena, suenan*. SUBJUNTIVO: *suene, suenes, suene, suenen*. IMPERATIVO: *suena*.

*sondaje. → **Galicismo** (fr. *sondage*) por *sondeo*.

sondar, sondear. La RAE admite las dos formas, pero prefiere la primera, salvo para la acepción 'hacer las primeras averiguaciones sobre alguien o algo', que es **sondear**.

sonreír. 1. Se escribe con tilde en la *-i-*, tilde que se mantiene cuando se le agrega a este infinitivo un pronombre enclítico: *sonreírme, sonreírse*. (→ **acentuación ortográfica, II, B, 1 y II, H, 2**).
2. Construcción: —*de las costumbres modernas*.

sonsera. La RAE introduce, en el DRAE/92, la grafía **sonsera** como argentinismo, pero prefiere → **zoncera**.

sonso. → **zonzo**.

soñar. 1. V. irreg.; se conjuga como → **sonar**.
2. Construcción: —*con ladrones*. La construcción con *en* es poco frecuente: "[...] yo soñaba en Beatriz y en su compañía imposible." (J.J. Arreola, "La migala", en AEM, 25).
La proposición sustantiva que oficia de complemento directo de este verbo se construye sin preposición: *soñé que estaba en África*.

sopapa. → **Galicismo** (fr. *soupape*) muy empleado en la Argentina. El español estándar exige *válvula*.

sordo. Construcción: —*a las voces*; —*de un oído*.

sordomudo. Plural: *sordomudos* (no **sordosmudos*).

soriasis. → **psoriasis**.

sorprender. Construcción: —*con una pregunta*; —*en el hecho*.

sorprendido. Construcción: —*con* o *de la respuesta*.

sosegar. V. irreg.; se conjuga como → **acertar, 1**.

sosia. 1. Es la única forma que registra el DRAE para designar a la persona que se parece a otra al punto de poder ser confundida con ella. Sin embargo, es corriente oír, en singular, *el sosias*.
2. Tiene diptongo final [sósia] o [sósias]. La

acentuación con hiato **sosía* o **sosías*, aunque muy frecuente, es incorrecta.

sospechar. Construcción: —*(algo) de alguien*. La proposición sustantiva complemento directo que sigue a este verbo no puede ir encabezada por la preposición *de*: **sospechaba de que la criada le robaba*; dígase: *sospechaba que la criada le robaba*. → **dequeísmo**.

sospechoso. Construcción: —*a la policía*; —*de corrupción*; —*por sus actitudes*.

sostener. V. irreg.; se conjuga como → **tener, 1**. El imperativo singular es *sostén* (→ **voseo**: *sostené*), pero nunca: **sostiene*.

soterrar. V. irreg.; se conjuga como → **acertar, 1**.

sottovoce. Adverbio italiano (pron. [sotovóche]) que significa 'en voz baja, quedamente'. Se emplea en español para indicar que algo se realiza en secreto, sin hacerlo público: *el ministro nos comunicó sottovoce su decisión*. También se suele escribir separado: *sotto voce*.

South Carolina. En español, el nombre de este estado norteamericano es *Carolina del Sur*.

South Dakota. El nombre en español de este estado norteamericano es *Dakota del Sur*.

soutien. Voz francesa (pron. [sutién]) con que se designa una prenda interior femenina para ceñir el pecho. En el español estándar se emplea *sostén*, pero en la Argentina la voz corriente es → **corpiño**, o, en forma más limitada, el → **galicismo** *sutién*.

souvenir. Voz francesa (pron. [suvenír]) que puede sustituirse por *recuerdo*.

soviet. 1. Es palabra aguda [sobiét], que es su acentuación etimológica.
2. El plural más usual es el anómalo *soviets*, pero no hay inconveniente en dejarlo inflexionado: *los soviet*. → **plural, IV**.

*soy de los que pienso. Es construcción incorrecta. El sujeto de *pensar* es *los que*; por lo tanto, este verbo debe estar en plural: *soy de los que piensan*, o *soy de los que pensamos*, si el hablante quiere destacar su inclusión.

spaghetti. → **espagueti**.

sparring. → **esparrin**.

speaker. Voz inglesa (pron. [spíker] y corrientemente [espíker]). Puede traducirse por *locutor* o por *presidente* (de la Cámara de los Comunes de Gran Bretaña o de la Cámara de los Representantes de los Estados Unidos), según corresponda. Es innecesaria la españolización → **espíquer**.

speech. → **espiche**.

*spinozismo, *spinozista. → **espinosismo**.

spleen. → **esplín**.

sponsor. 1. Palabra inglesa que puede remplazarse por *patrocinador*.
2. El plural inglés es *sponsors*: "[...] con

presencia de participantes, autoridades, invitados y sponsors." (*Página/12*, 17-1-93, pág. 14).

sport. Voz inglesa, equivalente de *deporte*, que ha dejado de usarse en español, salvo en determinadas expresiones: *estaba vestido de sport, saco de sport, zapatos de sport*; en la Argentina es más frecuente la construcción apositiva: *saco sport, zapatos sport*: "[...] saco sport color miel [...]" (M. Denevi, *Hierba*, 147).
La palabra inglesa *sportsman* (deportista) y el → **anglicismo** *sportivo* (deportivo) son raros actualmente.

spray. Palabra inglesa (pron. corrientemente [esprái]) de uso frecuente en español. Puede sustituirse por *aerosol, pulverizador* o *vaporizador*.

*squiar. Grafía incorrecta por → **esquiar**.

Sri Lanka. 1. Nombre actual de la antigua República de Ceilán: "[...] permitieron financiar préstamos para los campesinos pobres de la República Dominicana y Sri-Lanka [...]" (*Clarín*, 1º-6-88, pág. 25).
2. El gentilicio es *cingalés*.

*stablishment. Grafía incorrecta por → **establishment**.

stadium. Palabra latina que es innecesario emplear en español, dado que existe la voz castiza → **estadio**.

staff. Voz inglesa que puede remplazarse por *equipo directivo, personal superior* y, en el ejército, por *estado mayor*: "[...] los funcionarios bajo sospecha pertenecen tanto al personal de planta como a hombres de los staffs políticos de anteriores administraciones [...]" (*Página/12*, 7-3-92, pág. 8).

stagflation. "Una de ellas tiene que ver con ciertos síntomas de stagflation" (*Clarín*, 28-11-88, pág. 18). → **estanflación**.

staliniano, stalinismo, stalinista. → **estaliniano**.

stand. Los términos *pabellón* y *puesto* parecen ser los mejores equivalentes de esta voz inglesa, de uso muy difundido en español: "El colorido de los *stands* de propaganda [...]" (L.J. Medrano, "Visión profana de la fiesta ganadera", en VCHA, 214).

standard. → **estándar**.

standing. Voz inglesa que puede sustituirse por *categoría* o *nivel*: *edificio gran standing* es *edificio de gran categoría* o *nivel*.

*statouder. Forma incorrecta por → **estatúder**.

statu quo. 1. Locución latina (pron. [státu kuó]), que significa literalmente 'en el estado en que'. Se emplea como sustantivo masculino, sobre todo en el lenguaje diplomático, para designar el estado de las cosas en determinado momento.
2. Evítense las grafías **statu-quo, *statuquo, *status quo*, etc.

status. Voz latina que ha sido reintroducida en el español por influencia del inglés. Puede sustituirse por *posición social, nivel económico, situación* o *estado*, según los casos.

stencil. → **esténcil**.

*stereofonía, *stereofónico. Formas incorrectas por *estereofonía* y *estereofónico*.

stock. Palabra inglesa, de uso frecuente sobre todo en el español americano. Puede sustituirse por *existencias, reservas, surtido, depósito, almacenamiento, acopio, provisión*, según los casos.

stop. Vocablo inglés que suele emplearse en español con los valores de 'alto', 'pare' y, en los telegramas, de 'punto': "Después vio brillar la luz de stop del automóvil [...]" (J. Lanata, *Polaroids*, 102).

Strasbourg. El nombre español de esta ciudad francesa es *Estrasburgo*, y no **Strasburgo*.

strass. → **estrás**.

*streetch. → **stretch**.

stress. → **estrés**.

stretch. 1. Palabra inglesa con que se designa cierto tipo de tejido caracterizado por su elasticidad y que se emplea, sobre todo, en la confección de calcetines y otras prendas de vestir. Puede sustituirse por *hilado extensible* o simplemente *extensible*.
2. **Streetch* (pron. a veces [estrech] y otras [estrich]) es un vocablo neológico inexistente en inglés.

stricto sensu. 1. Expresión latina que significa 'en sentido estricto' y se aplica a una palabra que debe ser tomada en su acepción más particular y específica. Se opone a → **lato sensu**.
2. Evítese decir **strictu sensu*.

striptease. Voz inglesa (pron. [striptís]) compuesta de *strip* (desnudarse) y *tease* (atormentar) y que significa literalmente algo así como 'desnudarse atormentando'. No corresponde, por tanto, emplearlo como simple sinónimo de *desnudarse*: *el hombre comenzó a hacer striptease en la plaza*; dígase *comenzó a desnudarse en la plaza*. **Striptease** se refiere a cierto espectáculo erótico que se presenta en algunos lugares de esparcimiento. → **estriptís**.

stud. Voz inglesa de amplia difusión en el Río de la Plata. Puede sustituirse por *caballeriza* o *cuadra*.

su. Forma apocopada del pronombre posesivo → **suyo, suya**. En su uso deben sortearse dos dificultades:
1. El empleo galicado o anglicado de este posesivo: *amar a su prójimo*, en lugar de *amar al prójimo*, especialmente con sustantivos que designan partes del cuerpo humano: *movió su cabeza de un lado a otro*, por *movió la cabeza de un lado a otro*.
2. La ambigüedad de significado de **su**: *éste*

es su libro (= de usted, de ustedes, de él, de ella, de ellos, de ellas). Para evitar la posible anfibología se puede sustituir **su** por una frase con *de* + un pronombre personal: *éste es su libro = éste es el libro de él, de ella, según usted, de ustedes, de ellos, de ellas*, según corresponda: "Algo así como su propia bahía de usted [...]" (J. Camba, *La rana*, 56). En otros casos, será preciso modificar la estructura de la oración. En: *María fue a casa de Teresa con su hijo*, puede no quedar claro si el hijo es de María o de Teresa. Para que no haya dudas, puede cambiarse por: *María, con su hijo, fue a casa de Teresa* o *María y su hijo fueron a casa de Teresa*, en el primer caso; o bien, *María fue a casa de Teresa con el hijo de ésta*, en el segundo caso. Conviene aclarar, además, que, en el español peninsular, **su** se refiere preferentemente a la tercera persona: *su libro* se interpretará, por lo común, como *su libro de él*. En América, en cambio, **su** señala, por lo general, a la segunda persona: *su libro de usted* (Kany, *Sintaxis*, 68).

suástica. El DRAE/92 no registra esta forma: "Hitler y sus mariscales llenos de monóculos y suásticas [...]" (J.E. Pacheco, "La reina", en DCL, 139). → **esvástica.**

sub-. 1. Cuando este prefijo se une a palabra que comienza por *r-*, ésta no se duplica: *subrayar, subreino*. Si la palabra base empieza por *b-*, el prefijo pierde la *-b*: *sub + branquial = subranquial*.
2. → **silabeo ortográfico, 8.**

subconciencia, subconciente. Aunque la RAE admite —y prefiere— *conciencia*, no registra en su *Diccionario* **subconciencia** ni **subconciente**. Las únicas formas académicas son *subconsciencia* y *subconsciente*. → **inconciencia.**

subdesarrollo, subdesarrollado. La RAE ha incluido estas voces en el DRAE/92 con las siguientes definiciones: "Atraso, situación de un país o región que no alcanza determinados niveles económicos, sociales, culturales, etc." y "Que sufre subdesarrollo", respectivamente.

subir. Construcción: —*a bordo*; —*a la cama*; —*de categoría*; —*en su aprecio*; —*por la pared*.

subir arriba. Es un → **pleonasmo** que conviene evitar. Salvo que se quiera enfatizar, sobre todo en una orden, dígase simplemente *subir*.

subordinado. Construcción: —*al jefe*.

subrayar. Según la RAE (*Esbozo*, 1. 8. 1, nota 32), la pronunciación [sub-rrayár] parece predominar sobre [su-brayár].

subregión. Se pronuncia [sub-rrejión]. Evítese la grafía **sub-región*.

subrogar. 1. Es preferible la pronunciación [sub-rrogár] a [su-brogár].

2. Construcción: —*(una cosa) con, por* o *en lugar de otra*.

subscribir. → **suscribir.**

subscriptor. → **suscriptor.**

subscrito, subscripto. → **suscrito.**

subseguir. V. irreg.; se conjuga como → **pedir, 1.**

subsidiar. 1. Para su acentuación, → **abreviar.**

2. La RAE incorporó este verbo en el DRAE/92 con el significado de 'conceder subsidio a alguna persona o entidad'.

subsidiariedad, subsidiaridad. La RAE ha incorporado estos términos en el DRAE/92, con preferencia por el primero y la siguiente definición: "f. *Sociol.* Tendencia favorable a la participación subsidiaria del Estado en apoyo de las actividades privadas o comunitarias."

subsistir. Construcción: —*con* o (menos frecuentemente) *de la ayuda paterna*.

substancia. → **sustancia.**

substanciar. → **sustanciar.**

substituir. → **sustituir.**

substraer. → **sustraer.**

substrato. → **sustrato.**

subte. Por sugerencia de la AAL (*Acuerdos*, X, 88-91), la RAE ha incorporado, en el DRAE/92, esta abreviación de → **subterráneo**, como argentinismo.

subterráneo. Por sugerencia de la AAL (*Acuerdos*, X, 88-91), la RAE ha incorporado, en el DRAE/92, como argentinismo, las siguientes acepciones de este vocablo: "Ferrocarril **subterráneo**" y "Por ext. Conjunto de instalaciones que posibilitan su funcionamiento."

subtítulo, subtitular. La RAE ha añadido, en el DRAE/92, las siguientes acepciones de estas palabras: "Letrero que, al proyectarse un filme, aparece en la parte inferior de la imagen, normalmente con la versión del texto hablado de la película" e "Incorporar subtítulos a un filme", respectivamente.

subvenir. V. irreg.; se conjuga como → **venir, 1.** Es verbo de muy poco uso en la mayor parte de sus formas (Bello, *Gramática*, § 575).

subversión, subversivo. La RAE admite, aunque no prefiere, las formas *suversión, suversivo*, de muy poco uso.

subvertir. 1. V. irreg.; se conjuga como → **sentir, 1.**

2. La RAE admite, pero no prefiere, la forma *suvertir*, de muy poco uso.

suceder. Construcción: —*a alguien*; —*con Luis lo que con Jaime*; —*en el cargo*.

sucedido. → **caso.**

sud, sur. Como sustantivo, la RAE admite las dos formas, pero prefiere la segunda: *iban hacia el Sur.* Como prefijo, el DRAE/92 registra sólo *sud-*;

no obstante, prefiere *suramericano* a *sud-americano*.

Sudáfrica. Ésta (y no *Suráfrica*) es la forma que registra el DRAE/92 (s. v. *sudafricano*).

sudafricano. El DRAE/92 no registra la forma *surafricano*.

Sudamérica. → **Suramérica**.

sudamericano. → **suramericano**.

sudestada. En el DRAE/92, la RAE ha mejorado la definición de este vocablo: "f. *Argent*. Viento fuerte que desde el sudeste impulsa el Río de la Plata sobre la costa. Suele acompañarlo un temporal de lluvias."

sudeste, sureste. La RAE admite las dos formas, pero prefiere la primera.

sudoeste, suroeste. La RAE admite las dos formas, pero prefiere la primera.

suelto. Construcción: —*de lengua*; —*en el decir*.

sueroterapia, seroterapia. Puede usarse una u otra indistintamente.

suertudo. Argentinismo por *suertero*, voz esta última que el DRAE registra como americanismo.

suéter. **1**. Hispanización del ingl. *sweater*, que la RAE admite, aunque prefiere *jersey*. "[...] y con ella parte de mi mano y la manga del suéter." (J. Lanata, *Polaroids*, 75). **2**. Plural: *suéteres* (evítese **suéters*).

Su Excelencia. → **concordancia, I, A, 1**.

*sufilar. → ***surfilar**.

sufragismo, sufragista. Se pronuncian [sufrajísmo, sufrajísta]. Evítese la pronunciación incorrecta [sufraguísmo, sufraguísta].

sugerir. V. irreg.; se conjuga como → **sentir, 1**.

sui géneris. **1**. Expresión latina que significa literalmente 'de su género'. Se emplea en español para denotar que aquello a que se aplica es de una especie excepcional, original. **2**. Se escribe con tilde (→ **acentuación ortográfica, III, A**).

Su Ilustrísima. → **concordancia, I, A, 1**.

suite. Voz francesa (pron. [suít]) que se emplea frecuentemente en español en dos de sus acepciones originales: a) 'serie de piezas instrumentales escritas en el mismo tono'. Es vocablo ya consagrado en el lenguaje musical; b) 'conjunto de dos o más habitaciones que se alquilan a un solo cliente en un hotel'. Con esta acepción puede sustituirse por *departamento*.

*sujección. → **Ultracorrección** por *sujeción*.

sujetapapeles. Se escribe en una sola palabra; evítese la grafía **sujeta-papeles*.

sujetar. **1**. Tiene dos participios: uno regular, *sujetado*, y otro irregular, *sujeto*. → **participio**. **2**. Construcción: —*con lazos*; —*por los brazos*.

sujetarse. Construcción: —*a alguien* o *algo*.

*sulfilar. → ***surfilar**.

sulky. **1**. Voz inglesa con que se designa un carruaje de dos ruedas, muy ligero, con o sin capota, tirado por un solo caballo. Es palabra de uso frecuente en la Argentina, sobre todo en ámbitos rurales, donde se sigue usando este tipo de carruaje: "Minutos después, el *sulky* de Jacinto doblaba el callejón de los álamos." (V. Barbieri, *El río*, 86). **2**. Es innecesario el plural inglés *sulkies*: "Bicicletas, caballos, autos, sulkies [...]" (*Página/12*, 1/10/93, pág. 10), cuando el plural corrientemente empleado en español es *sulkys*. Por lo demás, podría hispanizarse esta palabra bajo la forma *sulqui*, plural *sulquis*.

Su Majestad. → **concordancia, I, A, 1**.

sumariar. Para su acentuación, → **abreviar**.

sumergir. La *g* de la raíz se convierte en *j* delante de las vocales *a, o*, para mantener el sonido fricativo velar sordo: *sumerja, sumerjo*. Esta adaptación ortográfica no constituye irregularidad.

sumirse. Construcción: —*en el lodo*.

sumiso. Construcción: —*a las reglas*.

Su Paternidad. → **concordancia, I, A, 1**.

supeditado. Construcción: —*a alguien* o *algo*; —*en todo*; —*por las circunstancias*.

supeditar(se). Construcción: —*a alguien* o *algo*.

súper. El elemento compositivo *super-* (*superdotado, superfino*) suele emplearse, en lenguaje coloquial, como adjetivo: *nafta súper*. En este caso debe llevar tilde.

superávit. Permanece inflexionado en plural: *el superávit, los superávit*. Evítese el plural anómalo **superávits*.

superavitario. El DRAE/92 no registra este vocablo. No obstante, como está bien formado, y teniendo en cuenta que su antónimo *deficitario* goza de la aprobación académica, no parece razonable rechazarlo.

supergás. → **Neologismo** de uso corriente en la Argentina.

superior. **1**. La construcción **más superior que* es incorrecta: **era más superior que su hermano*; dígase *era superior a su hermano*. **2**. Puede ir precedido de cuantitativos como *bastante superior, poco superior, muy superior* (no **mucho superior*). **3**. Construcción: —*a todos*; —*en talento*; —*por sus conocimientos*.

superlativo. El español dispone de tres procedimientos para la formación de superlativos:

1. *Mediante sufijos*:

a) *-ísimo*. Se agrega directamente cuando el positivo termina en consonante: *cordial, cordialísimo*. Si el positivo acaba en vocal, ésta se elide: *feo, feísimo*.

Este sufijo puede unirse a la forma actual del adjetivo (*amigo, amiguísimo; bueno, buenísimo*), o bien a la forma latina: *amigo* (lat. *amicus*), *amicísimo*; *bueno* (lat. *bonus*), *bonísimo*. La segunda forma es literaria;
b) *-érrimo*. Con este sufijo se forman algunos superlativos, de uso exclusivamente literario, a partir de la forma latina del adjetivo: *pobre* (lat. *pauper*), *paupérrimo*; *pulcro* (lat. *pulcher*), *pulquérrimo;*
c) *-azo*. Es de frecuente uso popular, sobre todo en el Río de la Plata y Chile, aunque no es desconocido en otros países americanos (Kany, *Sintaxis*, 73): *bueno, buenazo; amigo, amigazo; apurado, apuradazo; lindo, lindazo*. Añade un valor ponderativo.
2. *Mediante prefijos:*
a) *re-*. Puede formar superlativos: *rebueno, regrande*, o reforzar a un superlativo: *rebuenísimo*.
Desde hace unos años se ha puesto de moda en la Argentina, sobre todo entre los más jóvenes, el uso y abuso de este tipo de superlativos;
b) *rete-* y *requete-*. Son intensificadores del anterior: *retebuenísimo, requetebueno*: "[...] y se volvió retedifícil conseguir lo que él siguió diciendo." (J. Rulfo, *El llano*, 246).
3. *Forma perifrástica:*
Es la más frecuente en el habla coloquial: *el más bueno, la más noble*.
superponer. V. irreg.; se conjuga como → **poner, 1**. El imperativo singular es *superpón* (→ **voseo**: *superponé*), pero no: **superpone*.
superproducción. La RAE ha incluido en el DRAE/92 dos nuevas acepciones de este sustantivo: "Obra cinematográfica o teatral que se presenta como excepcional y de gran costo" y "*Econ*. Proceso económico en el que se obtienen cantidades superiores a las necesarias, de un determinado producto."
superrealismo, surrealismo, sobrerrealismo, suprarrealismo. Para designar el movimiento artístico, la RAE admite las cuatro formas, pero prefiere la primera.
En cuanto al adjetivo correspondiente, la RAE autoriza *superrealista* y *surrealista* (con preferencia por el primero); el DRAE no registra *suprarrealista* ni *sobrerrealista*.
superrealista. → **superrealismo**.
superstición, supersticioso. Evítese la pronunciación [supertisión, supertisioso], omitiendo la *s* que está entre la *r* y la *t*.
superviviente. Construcción: —*del incendio*.
suplantar. En el español modélico, **suplantar** es 'falsificar un escrito' y 'ocupar con malas artes el lugar de otro'. No obstante, en América se emplea como simple sinónimo de *sustituir, remplazar*.
*supletivo. El DRAE/92 no registra este vocablo. Dígase *supletorio*.

suponer. 1. V. irreg.; se conjuga como → **poner, 1**. El imperativo singular es *supón* (→ **voseo**: *suponé*), pero nunca: **supone*.
2. La proposición sustantiva encabezada por la conjunción *que*, complemento de este verbo, no puede ir encabezada por *de*: **supongo de que estás muy ocupado*. Dígase: *supongo que estás muy ocupado*. → **dequeísmo**.
3. Evítese el uso reflexivo de este verbo: **me supongo que no están en casa*.
supra. Adverbio latino que significa 'arriba, más arriba'. Se emplea en un escrito para remitir al lector a un texto que se ha mencionado anteriormente. → **infra**.
suprarrealismo, suprarrealista. → **superrealismo**.
*supuesto de que. Forma dequeísta (→ **dequeísmo**) de la locución conjuntiva condicional *supuesto que*, de uso literario.
sur. → **sud**.
Suráfrica. → **Sudáfrica**.
surafricano. → **sudafricano**.
Suramérica. Ésta (y no *Sudamérica*) es la forma que registra el DRAE/92 (s. v. *suramericano*).
suramericano, sudamericano. La RAE admite las dos formas, pero, en el DRAE/92, prefiere la primera. En el uso general predomina la segunda.
surero. Argentinismo por *sureño*: "Estábamos en una pulpería y llegó un mozo que le decían el *surero* y comenzó a chocar a los presentes..." (J.S. Álvarez, *Viaje*, 66). No figura en el DRAE/92.
sureste. → **sudeste**.
*surfilar. → **Galicismo** (fr. *surfiler*) por *hilvanar* o *sobrehilar*, según corresponda. En lenguaje familiar se emplean también las formas **sulfilar, *sufilar* y **sofilar*.
surmenage. Palabra francesa con que se designa un conjunto de trastornos físicos y mentales que son el resultado de una actividad del organismo que excede el límite de fatiga.
Los equivalentes que se han propuesto para sustituir este vocablo no son del todo satisfactorios, y algunos son claramente insuficientes: *sobrefatiga, exceso de trabajo, agotamiento, extenuación, depresión, cansancio, desgaste*.
La voz francesa fue sustituida en el uso general por la palabra inglesa *stress*, que la RAE ha hispanizado bajo la forma → **estrés**.
suroeste. → **sudoeste**.
surrealismo, surrealista. → **superrealismo**.
surtir. Construcción: —*de lo necesario*.
suruví, surubí. La RAE admite las dos grafías, pero prefiere la primera.
Su Santidad. → **concordancia, I, A, 1**.

susceptible. → capaz, 3.

*suscinto. Grafía errónea por *sucinto*: "[...] interpolando en mis suscintos diálogos con el mozo [...]" (M. Denevi, *Un pequeño café*, 29).

suscribir, subscribir. La RAE admite las dos formas, pero, en el DRAE/92, prefiere la primera.
Lo mismo sucede con las demás palabras de esta familia: *suscripción, suscrito, suscriptor*, preferidas a *subscripción, subscrito, subscriptor*.

suscriptor, suscritor, subscriptor, subscritor. La RAE admite las cuatro grafías, aunque prefiere la primera.

suscrito, suscripto, subscrito, subscripto. La RAE admite las cuatro formas, pero prefiere la primera.

suspense. La RAE ha incluido este sustantivo en el DRAE/92, con la siguiente definición: "(De or. ing.) m. En el cine y otros espectáculos, situación emocional, generalmente angustiosa, producida por una escena dramática de desenlace diferido o indeciso." Con esta acepción, la RAE admite la voz *suspenso* como americanismo.

suspenso. → suspense.

sustancia, substancia. La RAE admite las dos formas, pero, en el DRAE/92, prefiere la primera.
Lo mismo sucede con las demás palabras de esta familia: *sustanciación, sustancial, sustanciar, sustancioso, sustantivación, sustantivar* y *sustantivo*, preferidas a las formas con *subs-*.

sustanciar. 1. Para su acentuación, → abreviar.
2. → sustancia.

sustantivo. → sustancia.

sustantivo + a + infinitivo. → a, II.

sustantivos compuestos. → plural, I, C; carta poder.

sustentarse. Construcción: —*con pescado*; —*de promesas*.

sustituir, substituir. 1. V. irreg.; se conjuga como → huir, 1.
2. La RAE admite las dos formas, pero, en el DRAE/92, prefiere la primera. Lo mismo sucede con las demás palabras de la misma familia: *sustitución, sustituible, sustituto, sustitutivo*, preferidas a las formas con *subs-*.
3. Construcción: —*(una cosa) con o por otra*.

sustraer, substraer. La RAE admite las dos formas, pero, en el DRAE/92, prefiere la primera.
Lo mismo sucede con las demás palabras de esta familia: *sustracción, sustractivo, sustraendo*, preferidas a las formas con *subs-*.

sustrato, substrato. La RAE admite las dos formas, pero prefiere la primera.

sutién. → soutien.

sutil. Es palabra aguda [sutíl]. Evítese cuidadosamente pronunciarla como grave *sútil.

suversión, suversivo. → subversión.

suvertir. → subvertir.

suyo, suya. Ambas formas apocopan en → su delante de sustantivo masculino o femenino singular: *su silencio, su carpeta*, y en *sus* ante sustantivo masculino o femenino plural: *sus silencios, sus carpetas*. La intercalación de otros adjetivos entre el posesivo y el sustantivo no impide la apócope: *su cálido silencio*.

svástica, swástica. → esvástica.

sweater. → suéter.

symposium. Palabra latina procedente del gr. *sympósion*, que la RAE castellanizó en *simposio*. La grafía *simposium no es latina ni española.

T

t. 1. Vigesimoprimera letra del alfabeto español (vigesimotercera si se consideran la *ch* y la *ll* letras independientes). Su nombre es *te*, plural *tes*.

2. Representa un fonema dental, oclusivo y sordo.

3. En los grupos → **tl**, *tm* y *tn*, la pronunciación de la **t** se relaja hasta convertirse, en el habla corriente, en una *d* fricativa: *atleta, ritmo, etnografía* se pronuncian [adléta, rídmo, ednografía]. En pronunciación enfática, la **t** recupera su articulación normal.

tabú. Plural: *tabúes* o *tabús* (→ **rubí**). En función de aposición queda invariable: *palabras tabú* (→ **carta poder**).

tachar. Construcción: *—(a alguien) de frívolo.*

tacómetro. La RAE ha incluido este vocablo en el DRAE/92 con la siguiente definición: "Aparato que mide el número de revoluciones de un eje."

táctil. 1. Es palabra grave; la acentuación aguda [taktíl] es errónea.

2. Plural: *táctiles*.

tahalí. Plural: *tahalíes* o *tahalís*. → **rubí**.

tahúr. No debe omitirse la tilde. → **acentuación ortográfica, II, B, 1**.

*tal cual como. Construcción incorrecta. Dígase *tal cual* o *tal como*, locuciones conjuntivas sinónimas.

talgo. La RAE ha incorporado este vocablo en el DRAE/92 con la siguiente definición: "(Sigla de la expresión *tren articulado ligero Goicoechea Oriol.*) m. Tipo de tren articulado de muy poco peso, fabricado en diversos modelos." Se ha convertido en sustantivo común y se escribe con minúscula inicial.

talvez. La RAE admite, como americanismo, esta grafía, pero prefiere *tal vez*.

también + negación. En oraciones en las que hay un elemento negativo, no corresponde usar *también*, sino *tampoco*: **también yo no lo vi*; **también nadie puede ir*; **ni nosotros también lo quisimos hacer*, por

tampoco yo lo vi; *tampoco nadie puede ir*; *nosotros tampoco lo quisimos hacer*.
Se trata, en realidad, de la supervivencia, en el español americano, de un uso clásico: "[...] mirábale también la hija del ventero, y él también no quitaba los ojos della [...]" (*Quijote*, I, cap. XVII).

tambo. La RAE ha añadido dos nuevas acepciones de esta voz en el DRAE/92, como argentinismos: "Establecimiento ganadero destinado al ordeño de vacas y a la venta, generalmente al por mayor, de su leche" y "Corral donde se ordeña."

tampón. La RAE ha incluido, en el DRAE/92, una nueva acepción de este sustantivo: "Rollo de celulosa que se introduce en la vagina de la mujer para que absorba el flujo menstrual."

tan. → **tanto**.

tándem. Carece de forma propia de plural: *los tándem*.

*tan es así. El adverbio → **tanto** no se apocopa delante de un verbo. Son incorrectas, entonces, construcciones como **tan es así*, **tan es verdad*, en lugar de *tanto es así* (o *tan así es*), *tanto es verdad*: "Tan es así, que el montevideano, o aguanta cualquier cambio brusco de temperatura, o muere de chico." (C. Maggi, "Todavía no estamos a tiempo", en AM, 2, 184).

tanga. La RAE ha incorporado al DRAE/92 una segunda entrada con la siguiente definición: "m. Bañador de dimensiones muy reducidas." En la Argentina se emplea como femenino: *la tanga*.

tan luego que. Locución conjuntiva que indica posterioridad inmediata. En el español americano suele remplazar al estándar *tan luego como*: *tan luego que me levante, prepararé mis cosas*. Los preceptistas critican este uso.

tan siquiera. El uso de **tan siquiera**, en lugar del simple *siquiera*, es propio del lenguaje popular: *¡Tan siquiera nos hubieran regalado algo!*

tanto. 1. Adverbio que se apocopa en *tan* delante de adjetivo o de otro adverbio, o de una construcción que haga las veces de adjetivo o de adverbio: *tan hermoso, tan lejos, tan del campo, tan en silencio.*

No se produce apócope delante de los comparativos *mejor, peor, mayor, menor, más*: *tanto mejor, tanto mayor, tanto más*; pero cuando *mayor* y *menor* carecen de valor comparativo, admiten la apócope: *un hombre tan mayor.* → *****tan es así**.

2. En estas construcciones, **tanto** es adverbio, y por consiguiente invariable. Es incorrecto: *****tenía tanta mayor razón que...*; dígase: *tenía tanto mayor razón que...*

tanto... como. Si el sujeto de una oración está formado por dos sustantivos ligados por estos adverbios, el verbo debe ir en plural: *tanto el amo como el criado salieron apresuradamente* (Bello, *Gramática*, § 838).

tanto como, tanto que. La primera construcción es comparativa: *este reloj cuesta tanto como el tuyo*; la segunda es consecutiva: *este reloj cuesta tanto que no lo puedo comprar.*

Tanzania. Gentilicio: *tanzano* o *tanzanio.*

tañer. Para su conjugación, → **bullir.** Evítense las formas *****tañió, *****tañieron, *****tañiera*, etc., en lugar de *tañó, tañeron, tañera*, etc.

tapado. La RAE ha incluido, en el DRAE/92, dos nuevas acepciones de este adjetivo: "*Amér.* Dícese del personaje o candidato político cuyo nombre se mantiene en secreto hasta el momento propicio. Ú. t. c. s." y "*Argent.* Dícese del animal o persona cuya valía se mantiene oculta. Ú. t. c. s."

tape. Voz inglesa (pron. [téip]) que puede sustituirse por *cinta.*

tapiar. Para su acentuación, → **abreviar.**

taquigrafiar. Para su acentuación, → **enviar, 1.**

taquillero. La RAE ha incorporado, en el DRAE/92, una nueva acepción de este adjetivo: "Dícese de la persona que actúa en espectáculos, o del espectáculo mismo, que suele proporcionar buenas recaudaciones a la empresa."

tarado. El DRAE/92 registra una nueva acepción de este adjetivo: "fig. Tonto, bobo, alocado. Ú. t. c. s."

taray. El plural, según el DRAE (s. v. *tarayal*), es *tarayes.*

tardar. Construcción: —*en llegar.*

tarde a tarde. → **año a año.**

tardecer. → **atardecer.**

tardo. Construcción: —*de oído*; —*en aprender.*

tarifa. La RAE ha incorporado, en el DRAE/92, las siguientes acepciones de este sustantivo: "Precio unitario fijado por las autoridades para los servicios públicos realiza-

dos a su cargo" y "Montante que se paga por este mismo servicio."

tarot. La RAE ha incluido esta voz en el DRAE/92 con las siguientes definiciones: "(Del fr. *tarot*, y este del it. *tarocco*.) m. Baraja formada por setenta y ocho naipes que llevan estampadas diversas figuras, y que se utiliza en cartomancia. // 2. Juego que se practica con esta baraja."

tartufo. La RAE ha incorporado este vocablo al DRAE/92 con la siguiente definición: "(Por alusión a *Tartufe*, protagonista de una comedia de Molière.) m. Hombre hipócrita y falso."

tatami. La RAE ha incorporado este vocablo al DRAE/92 con la siguiente definición: "(De or. japonés.) m. Tapiz acolchado sobre el que se ejecutan algunos deportes como yudo y karate."

tatuar. 1. Para su acentuación, → **atenuar.**
2. La RAE ha incluido en el DRAE/92 una nueva acepción de este verbo: "fig. Marcar, dejar huella en alguien o algo."

taumaturgo. El femenino es *taumaturga.*

taxi. La RAE ha incorporado este sustantivo al DRAE/92 con las siguientes definiciones: "(abrev. de *taxímetro*.) m. Automóvil de alquiler con conductor, provisto de taxímetro" y "vulg. Prostituta que mantiene a un proxeneta."

*taximetrista. El DRAE no registra este término. Dígase: *taxista.*

tazón. La RAE ha incorporado, en el DRAE/92, una nueva acepción de este sustantivo: "Recipiente comúnmente mayor que una taza, de contorno aproximadamente semiesférico, a veces con un pie diferenciado y generalmente sin asa."

*Tchad. Grafía incorrecta por → **Chad.**

te. 1. Pronombre personal. Es monosílabo átono y no lleva tilde: *quiero que te lo lleves.* → **acentuación ortográfica, II, A**. Se antepone a los demás → **pronombres personales átonos**: *te me escapaste, te lo dije*, etc., pero se pospone al pronombre *se*: *se te olvida todo.* Es incorrección grave invertir el orden de estos pronombres: *****te se olvida todo.*
2. Sustantivo; nombre de la letra *t*. Es monosílabo tónico, pero no lleva tilde: *una te minúscula.*

té. 1. Sustantivo. Es monosílabo tónico y se escribe con tilde: *a las cinco servían el té.* → **acentuación ortográfica, II, A**.
2. Académicamente, el **té** es sólo la infusión hecha con las hojas del arbusto de **té**. Sin embargo, en el español americano se suele llamar **té** a cualquier infusión o tisana: *té de cedrón, té de boldo, té de tilo, té de carqueja.*
3. Diminutivo: *tececito*. En América se prefiere *tecito*: "[...] y corrió a prepararle un tecito de tilo." (E. Wernicke, "La ley de

alquileres", en VCBA, 168); "[...] llorando como una Magdalena con sus radioteatros y dando tecitos [...]" (M. Vargas Llosa, *Pantaleón*, 64). → **diminutivos, 1**.
4. Plural: *tés*.

team. Voz inglesa (pron. [tim]) que puede sustituirse por *equipo, bando* o *conjunto*. En la Argentina es muy frecuente la denominación *cuadro*, que, con este significado, no figura en el DRAE/92.

*technicolor. Grafía errónea por *tecnicolor*. Tampoco corresponde acentuar [teknikólor] en lugar de [teknikolór].

techo. La RAE ha añadido, en el DRAE/92, la siguiente acepción de este sustantivo: "fig. Altura o límite máximo a que puede llegar y del que no puede pasar un asunto, negociación, evolución, etc."

tecnicolor. → ***technicolor**.

tecnificar. Por sugerencia de la AAL (*Acuerdos*, IX, 207-08), la RAE ha incorporado este verbo en el DRAE/92, con las siguientes definiciones: "tr. Introducir procedimientos técnicos modernos en las ramas de producción que no los empleaban. // 2. Hacer algo más eficiente desde el punto de vista tecnológico. Ú. t. c. intr."

tecnocracia. La RAE ha incorporado este sustantivo en el DRAE/92 con la siguiente definición: "*Polít*. Ejercicio del poder por los tecnócratas."

tecnócrata. La RAE ha incorporado este sustantivo en el DRAE/92 con las siguientes definiciones: "com. Partidario de la tecnocracia. Ú. t. c. adj. // 2. Técnico o persona especializada en alguna materia de economía, administración, etc., que ejerce su cargo público con tendencia a hallar soluciones eficaces por encima de otras consideraciones ideológicas o políticas."

tedéum. 1. Esta palabra lleva tilde en la última *e*, por lo que debe silabearse *te-dé-um*. 2. Es poco frecuente emplearla en plural, y cuando se la emplea puede quedar invariable: *los tedéum* (*Esbozo*, 2. 3. 2, c). No obstante, puede verse el plural anómalo *tedéums*: "[...] todos los actos oficiales, desfiles, tedéums." (M. Vargas Llosa, *Pantaleón*, 24).

teflón. La RAE ha incluido este sustantivo en el DRAE/92 con la siguiente definición: "(De una marca registrada.) m. Material aislante muy resistente al calor y a la corrosión, usado para articulaciones y revestimientos y especialmente conocido por su aplicación en la fabricación de ollas y sartenes."

tejanos. El DRAE/92 registra este sustantivo plural como sinónimo de *pantalón tejano*. → **vaquero**.

Tejas. Gentilicio: *tejano*. Las grafías **Texas* y **texano* no son correctas en español.

tele-. Prefijo que ha perdido, en un grupo abundante de palabras, su significado tradicional de 'lejos' (*telescopio, teléfono*) para pasar a significar 'propio de la televisión'. A los numerosos vocablos ya aceptados por la RAE pueden agregarse los siguientes, que la AAL considera legítimos aunque no figuren en el DRAE: *telescuela, telemisora, teleplatea, teleteatral, teledrama* y *telecomedia* (*Acuerdos*, IV, 84-86).

tele. La RAE registra, en el DRAE/92, esta voz como forma familiar por *televisión*.

teleaudiencia. → **televidencia**.

teleclub. El DRAE/92 registra este sustantivo con la siguiente definición: "Lugar de reunión para ver programas de televisión."

telecomedia. → **tele-**.

telediario. El DRAE/92 incluye este sustantivo con la siguiente definición: "Información de los acontecimientos más sobresalientes del día, transmitida por televisión."

teledrama. → **tele-**.

telefacsímil. La RAE admite este vocablo, pero prefiere → **telefax**.

telefax. La RAE ha incorporado al DRAE/92 este vocablo con las siguientes definiciones: "m. Sistema telefónico que permite reproducir a distancia escritos, gráficos o impresos. // 2. Documento recibido por **telefax**." → **fax**.

telegrafiar. Para su acentuación, → **enviar, 1**.

telegrama. Es palabra llana [telegráma]. La acentuación esdrújula, **telégrama*, se considera incorrecta.

telekinesia. → **telequinesia**.

telemisora. → **tele-**.

telenovela. Por sugerencia de la AAL (*Acuerdos*, X, 151-55), la RAE ha incluido este sustantivo en el DRAE/92 con la siguiente definición: "f. Novela filmada y grabada para ser retransmitida por capítulos a través de la televisión."

teleplatea. → **tele-**.

telequinesia, telekinesia. La RAE admite las dos grafías, pero recomienda la primera.

telescuela. → **tele-**.

telesilla. Es sustantivo masculino. En la Argentina, por influencia de *silla*, suele emplearse como femenino.

telespectador, televidente. 1. La RAE admite los dos vocablos, pero prefiere el primero.
2. La grafía **teleespectador* no es académica.

telesquí. Plural: *telesquís* o *telesquíes*. → **rubí**.

teleteatral. → **tele-**.

teleteatro. Por sugerencia de la AAL (*Acuerdos*, X, 151-55), la RAE ha incluido este sustantivo en el DRAE/92 con la siguiente definición: "Teatro que se transmite por televisión." Esta definición no es muy acertada. En realidad, **teleteatro** es una obra dramática generalmente escrita y filmada para ser transmitida por televisión.

teletipo. El sustantivo que designa el aparato telegráfico que permite transmitir directamente un texto es de género → **ambiguo**: *el teletipo, la teletipo.* Con el significado de 'mensaje transmitido por este aparato', es masculino.

televidencia. La RAE ha incorporado al DRAE/92 este sustantivo con las siguientes definiciones: "*Col.* Acto de ver imágenes por televisión. // 2. *Col.* Conjunto de televidentes." Para la segunda de estas acepciones, en la Argentina se emplea preferentemente *teleaudiencia*, voz que no registra el DRAE/ 92.

televidente. → **telespectador, 1**.

télex. Se escribe con tilde (→ **acentuación ortográfica, I, B, 2**) y, por ser palabra no aguda terminada en -*x*, carece de forma propia de plural: *el télex, los télex.* → **plural, I, A, 2**.

tema. Se abusa de este sustantivo cuando se lo emplea, por lo general reiteradamente, como sinónimo de *asunto, problema* o *cuestión.* Por la crítica de M. Seco en su *Diccionario*, se advierte que en España existe el mismo empleo abusivo.

tembladeral. Por sugerencia de la AAL (*Acuerdos*, VIII, 323-25), la RAE incluye este argentinismo en el DRAE/92 como sinónimo de *tremedal.*

temblar. 1. V. irreg.; se conjuga como → **acertar, 1**.
2. Construcción: —*de miedo*; —*por su dinero.*

temer. La proposición sustantiva introducida por la conjunción *que*, complemento de este verbo, no debe construirse con *de.* Es incorrecto este texto: "[...] temiendo de que fuera algo anormal [...]" (N. Lange, *Cuaderno*, 55). Debió decirse: *temiendo que fuera algo anormal.* → **dequeísmo**.

temeroso. Construcción: —*del futuro*; —*de que lo descubrieran.* Conviene no omitir la preposición *de* ante la conjunción *que*, a pesar de este ilustre ejemplo: "tu padre el gran rey Basilio / temeroso que los cielos / cumplan un hado [...]" (P. Calderón, *La vida es sueño*, jornada III, vv. 93-95).

temor. Construcción: —*a las consecuencias*; —*de mis amigos*; —*de que lleguemos tarde*: "[...] no me abandonaba el temor de que, al salir del laberinto, me rodeara otra vez [...]" (J.L. Borges, *El Aleph*, 15).
La construcción con *de* puede producir confusión: *el temor de Juan* puede significar tanto el temor que tengo a Juan, como el temor que Juan tiene, aunque, de hecho, este último valor es el más frecuente. → **amor**.

témpera. Por sugerencia de la AAL (*Acuerdos*, VII, 136-39), la RAE ha incluido este sustantivo en el DRAE/92 como sinónimo de *pintura al temple.*

temperamental. La RAE ha añadido, en el DRAE/92, la siguiente acepción de este adjetivo: "Dícese de la persona de genio vivo, y que cambia con mucha frecuencia de humor o de estado de ánimo."

templar. Se emplea más frecuentemente como verbo regular. No obstante, en algunas regiones americanas, la diptongación (como → **acertar, 1**) se considera correcta (*Esbozo*, 2. 12. 3, **[B]**, nota, 34).

tenaza, tenazas. El instrumento que sirve para sujetar fuertemente una cosa puede ser designado tanto en singular como en plural. El DRAE, en los artículos *tenazada* y *tenazazo*, emplea indistintamente **tenaza** y **tenazas**.

tendencia. Construcción: —*a hacer algo.*

tendente, tendiente. 1. La RAE admite las dos formas, pero prefiere la primera. En la Argentina se emplea casi exclusivamente la segunda.
2. Construcción: —*a recuperar lo perdido.*

tender. 1. Cuando la -*e*- de la raíz es tónica, diptonga en -*ie*- en los presentes. INDICATIVO: *tiendo, tiendes, tiende, tienden.* SUBJUNTIVO: *tienda, tiendas, tienda, tiendan.* IMPERATIVO: *tiende.* Siguen esta irregularidad los compuestos de **tender**, excepto *pretender*, que es regular.
2. Construcción: —*a crecer.*

tener. 1. Verbo irregular (ver cuadro). Este verbo tiene cinco raíces: *ten-, teng-, tien-, tuv-* y *tendr-.* El imperativo singular es *ten* (→ **voseo**: *tené*), pero nunca **tiene.*
2. Construcción: —*(algo) a honra*; —*a menos hacer algo*; —*(a alguien) como ayudante*; —*(a alguien) de secretario*; —*(a alguien) en poco*, —*(algo) entre manos*; —*para sí (alguien una cosa)*; —*(a alguien) por mentiroso*; —*sobre sí (una obligación)*; *tengo que decírselo* (también *tengo de decírselo*, que, aunque regional y poco frecuente, no es incorrecto, como suele afirmarse, usado en la primera persona del presente de indicativo).
3. → **a, I, B, 6**.

tenerse. Construcción: —*de* o *en pie*; —*por inteligente.*

tener cancha. El DRAE/92 incluye esta expresión como argentinismo y con el significado de 'tener experiencia'.

tener carpeta. → **carpeta**.

tener confianza. Construcción: —*en que todo saldrá bien.*

tener de + infinitivo. → **tener, 2**.

tener efecto. Es expresión correcta y muy frecuente en el Río de la Plata, pero no conviene usarla en forma exclusiva, con

T E N E R
(conjugación de los tiempos simples)

MODO INDICATIVO

Presente	Pret. imperf.	Pret. perf. simple	Futuro	Condicional
tengo	tenía	tuve	tendré	tendría
tienes	tenías	tuviste	tendrás	tendrías
tiene	tenía	tuvo	tendrá	tendría
tenemos	teníamos	tuvimos	tendremos	tendríamos
tenéis	teníais	tuvisteis	tendréis	tendríais
tienen	tenían	tuvieron	tendrán	tendrían

MODO SUBJUNTIVO

Presente	Pretérito imperfecto	Futuro
tenga	tuviera/tuviese	tuviere
tengas	tuvieras/tuvieses	tuvieres
tenga	tuviera/tuviese	tuviere
tengamos	tuviéramos/tuviésemos	tuviéremos
tengáis	tuvierais/tuvieseis	tuviereis
tengan	tuvieran/tuviesen	tuvieren

MODO IMPERATIVO

Presente

ten
tened

FORMAS NO PERSONALES

Infinitivo	Gerundio	Participio
tener	teniendo	tenido

olvido de equivalentes como *tener lugar, suceder, celebrarse* o *efectuarse*. No figura en el DRAE/92, pero sí la registra M. Moliner en su *Diccionario*.

tener miedo. Construcción: —*a* o *de la oscuridad*; —*de* (preferible) o *a entrar*.

tener presente. En oraciones del tipo *tengo presentes tus elogios*, el adjetivo *presente* es predicativo objetivo y debe concordar con el complemento directo *tus elogios*. Es incorrecto, por tanto, decir, en singular, **tengo presente tus elogios*.

tenienta. El DRAE/92 añade la siguiente acepción: "Mujer con grado de teniente".

tenis de mesa. → **pimpón.**

tentar. V. irreg.; se conjuga como → **acertar, 1.**

teñir. 1. Verbo irregular (ver cuadro). Presenta la alternancia *e/i* de la vocal de la raíz, lo mismo que → **pedir, 1,** y además suprime la *-i-* semiconsonante desinencial, por lo que en lugar de **tiñió, *tiñieron, *tiñiera, *tiñiese, *tiñiendo*, etc., formas que deben evitarse cuidadosamente, se dice *tiñó, tiñeron, tiñera, tiñese, tiñendo*, etc.

2. Tiene dos participios, uno regular, *teñido*, y otro irregular, *tinto*. El segundo funciona sólo como adjetivo y es de uso literario: "baja un jinete la falda / tinta de bella esmeralda" (R. Obligado, *Santos Vega*, I).

TEÑIR
(conjugación de los tiempos irregulares)

MODO INDICATIVO

Presente	Pret. perfecto simple
tiño	teñí
tiñes	teñiste
tiñe	tiñó
teñimos	teñimos
teñís	teñisteis
tiñen	tiñeron

MODO SUBJUNTIVO

Presente	Pretérito imperfecto	Futuro
tiña	tiñera/tiñese	tiñere
tiñas	tiñeras/tiñeses	tiñeres
tiña	tiñera/tiñese	tiñere
tiñamos	tiñéramos/tiñésemos	tiñéremos
tiñáis	tiñerais/tiñeseis	tiñereis
tiñan	tiñeran/tiñesen	tiñeren

MODO IMPERATIVO

Presente

tiñe
teñid

FORMAS NO PERSONALES

Gerundio	Participios
tiñendo	teñido y tinto

3. Construcción: —*de* o *en negro*; —*(sus palabras) de escepticismo*.

tequila. El DRAE/92 lo registra como sustantivo masculino.

tercermundismo, tercermundista. La RAE ha incorporado estas voces al DRAE/92 con las siguientes definiciones: "m. Condición de tercermundista" y "adj. Perteneciente o relativo al tercer mundo", respectivamente.

tercero. Se apocopa en *tercer* en las mismas condiciones que → **primero, 1**.

terciar. 1. Para su acentuación, → **abreviar**. **2**. La RAE ha añadido, en el DRAE/92, las siguientes definiciones: "*Argent., Col., Méj. y Venez.* Cargar a la espalda una cosa" y "*Chile, Col., Cuba, Ecuad., Guat. y Méj.* Mezclar líquidos, especialmente con el vino y la leche, para adulterarlos."

3. Construcción: —*en una discusión*; —*entre dos contendientes*.

teridofito. → **pteridofito**.

termes. 1. El DRAE/92 registra esta voz con la siguiente definición: "m. Insecto del orden de los isópteros, que por su vida social, se ha llamado también, erróneamente, hormiga blanca. Roen madera, de la que se alimentan, por lo que pueden ser peligrosos para ciertas construcciones." **2**. La RAE también admite las formas *termita* y *térmite*, pero prefiere **termes**.

terminal. Es sustantivo masculino cuando significa 'extremo de un conductor eléctrico' y femenino con el valor de 'extremo de una línea de transporte público'.

terminar. Construcción: —*con algo* o *alguien*; —*de hablar*; —*en punta*; —*por marcharse*. No es normal el uso de la preposición *con* en este texto: "[...] aquel continuo ir, venir, levantarse, mariposear, sentarse, volver a levantarse [...] terminaron con hartarme." (M. Denevi, *Hierba*, 57).

termita, térmite. → **termes.**

termostato, termóstato. La RAE admite las dos acentuaciones, pero prefiere la primera.

terodáctilo. → **pterodáctilo.**

terrario. La RAE ha incluido este sustantivo en el DRAE/92 con la siguiente definición: "Instalación adecuada para mantener vivos y en las mejores condiciones a ciertos animales, como reptiles, anfibios, etc."

terraza. La RAE ha incluido dos nuevas acepciones de este sustantivo en el DRAE/92: "Cubierta plana y practicable de un edificio, provista de barandas o muros" y "Cada uno de los espacios de terreno llano dispuestos en forma de escalones en la ladera de una montaña."

terrible. Superlativos: literario: *terribilísimo*; coloquial: *muy terrible*.

test. 1. La RAE admite este vocablo, en el DRAE/92, con la siguiente definición: "(Del ing. *test*.) m. Examen, prueba. // 2. *Psicol.* Prueba psicológica para estudiar alguna función." **2.** En el BRAE (t. LXIX, c. CCXLVI), la RAE establece que es voz invariable.

*testamentería. Forma errónea por *testamentaría*: "[...] le pedían al doctor Raventós [...] que se encargase de una testamentaría (pronunciaron testamentería) [...]" (M. Denevi, *Música*, 27).

testigo. Carece de forma propia de femenino: *el testigo, la testigo*.

testimoniar. Para su acentuación, → **abreviar.**

testuz. Es sustantivo → **ambiguo** en cuanto al género: *el testuz, la testuz*.

tétanos, tétano. La RAE admite las dos formas para el singular, pero prefiere la primera: *el tétanos*.

tête-à-tête. Expresión francesa (pron. [tetatét]), que puede sustituirse por *conversación a solas*.

tetraplejía. El DRAE/92 no registra este vocablo, que figura en el *Dorland*. Es sinónimo de → **cuadriplejía.**

Tevere. En español, el nombre de este río italiano es *Tíber*.

*Texas, *texano. → **Tejas.**

*Thailandia, *thailandés. Grafía inadecuada por *Tailandia, tailandés*.

Thames. En español, este río inglés se llama *Támesis*.

ti. Es errónea la costumbre muy difundida de acentuar ortográficamente este pronombre, ya que no existe ninguna posibilidad de confusión con otro monosílabo de la misma forma que cumpla otra función.

El error se debe a influencia de *mí* y *sí*, que llevan tilde para diferenciarse de *mi* y *si*. → **acentuación ortográfica, II, A.**

Tíber. Es palabra grave y lleva tilde en la *-i-*.

Tíbet. Es palabra grave y lleva tilde en la *-i-*. Evítese la acentuación aguda [tibét].

tiburón. La RAE ha añadido, en el DRAE/92, la siguiente acepción de este sustantivo: "fig. Persona que adquiere de forma solapada un número suficientemente importante de acciones en un banco o sociedad mercantil para lograr cierto control sobre él."

tic. El plural regular *tiques* es desusado. Predomina el plural anómalo *tics*: "[...] con ojos entornados, con tics nerviosos [...]" (M. Benedetti, *La muerte*, 13); "[...] con esa risita llena de tics nerviosos [...]" (H. Costantini, *Una vieja historia*, 50); "[...] tics de lo más extraños [...]" (R. Fontanarrosa, *El mundo*, 220).

ticket. La RAE ha hispanizado esta palabra inglesa bajo las formas *tique* y, para América Central y Colombia, *tiquete*.

tictac. 1. Evítense las grafías **tic tac* y **tic-tac*. **2.** Plural: *tictaques*, aunque también suele quedar invariado: *los tictac*.

tiempos verbales. → **condicional; futuro; presente; pretérito.**

tienda. Diminutivos: *tiendecita, tendezuela*. En la Argentina se emplea sobre todo *tiendita*. → **diminutivos, 1.**

tierno. 1. El superlativo *ternísimo* es de uso muy limitado. Más difundido está *tiernísimo*: "Luego escribió otras tiernísimas en que hablaba del hogar [...]" (M. de Unamuno, *El espejo*, 48); "[...] podía escribir cartas tiernísimas [...]" (A.M. Shúa, *Los amores*, 77). **2.** Diminutivos: *tiernecito, tiernecillo* y *ternezuelo*. En la Argentina se emplea *tiernito*: "[...] brotó una planta tiernita [...]" (L. Devetach, *La torre*, 23). → **diminutivos, 1.**

tierra. 1. Cuando esta voz designa el planeta, es nombre propio y se escribe con mayúscula inicial: *la Tierra gira alrededor del Sol*. Cuando significa 'materia desmenuzable de que se compone principalmente el suelo natural' es sustantivo común y va con minúscula inicial: *un montón de tierra*. **2.** Diminutivos: *tierrecita* y, en la Argentina, *tierrita*: "[...] vives en el granero del mundo, tierrita de paz [...]" (E. Pinti, *Salsa criolla*, 125). → **diminutivos, 1.**

tifoideo. Es palabra llana [tifoidéo]. La acentuación esdrújula, **tifóideo*, es errónea. → **-oideo.**

tifus, tifo. La RAE admite las dos formas, pero prefiere la primera, que es la más usada.

tigre. Es sustantivo exclusivamente masculino. El femenino es *tigra* o *tigresa* (la RAE recomienda el primero): "[...] tenían miedo de que viniera la tigra y otros tigres [...]" (H. Quiroga, *Cuentos de la selva*, 181). No corresponde decir *la tigre*.

tijera. El instrumento que sirve para cortar puede nombrarse en singular o, indistintamente, en plural.
En las significaciones metafóricas se emplea sólo el singular: *silla de tijera, ser una buena tijera, meter tijera*.

tildar. 1. Construcción: —*(a alguien) de cobarde*.
2. → **atildar**.

tilde. Es sustantivo → **ambiguo** en cuanto al género: *el tilde* y *la tilde*, pero se emplea más como femenino.

tilingo. La RAE ha enmendado, en el DRAE/92, la definición de esta palabra: "adj. *Argent., Méj.* y *Urug.* Dícese de la persona insustancial, que dice tonterías y suele comportarse con afectación." En la Argentina está cayendo en desuso.

timorato. La RAE ha añadido, en el DRAE/92, la siguiente acepción de este adjetivo: "fig. Dícese de la persona que se escandaliza con exageración de cosas que no le parecen conformes a la moral convencional."

tincar. La RAE ha incluido este verbo en el DRAE/92 con las siguientes definiciones: "(Del quechua *t'inkay*.) *NO. Argent.* Golpear o golpearse con la uña del dedo medio haciéndolo resbalar con violencia sobre la yema del pulgar. // 2. *NO. Argent.* En el juego de las canicas, impulsarlas con la uña del dedo pulgar. // 3. *NO. Argent.* Golpear una bola con otra."

tiniebla. Se emplea preferentemente en plural. El singular es poético.

tintinar, tintinear. La RAE admite las dos formas, pero prefiere la primera.

tinto. → **teñir, 2**.

tipo. 1. En oraciones como: *la vegetación es de tipo selvático*, el adjetivo *selvático* debe concordar con el sustantivo *tipo*, al que modifica, y no con *vegetación*. Es incorrecto, por tanto, decir: *la vegetación es de tipo selvática*.
2. Cuando el sustantivo **tipo** está modificado por un sustantivo femenino introducido por la preposición *de*, el adjetivo que les sigue puede concordar con cualquiera de los dos: *el tipo de maquinaria empleado* o *el tipo de maquinaria empleada*.

tique, tiquete. → **ticket**.

tiquismiquis, tiquis miquis. La RAE acepta las dos grafías, pero prefiere la primera. Se emplea sólo en plural; es incorrecto *tiquimiqui* o *tiqui miqui*.

tira cómica. → **comic**.

tirar. Construcción: —*a moreno*; —*a diputado*; —*a su madre*; —*del carro*; —*para cura*. Es poco elegante la construcción *tirar con*:

"Aquel galimatías de signos le puso furioso, y me tiró con mi propio manuscrito." (M. Cané, *Juvenilia*, 50). Es preferible omitir la preposición.

tirar la toalla. La RAE ha incorporado esta expresión (y su sinónima *arrojar la toalla*) al DRAE/92 con las siguientes definiciones: "*Dep.* En boxeo, lanzarla a la vista del árbitro el cuidador que advierte la inferioridad física de su púgil y da por terminada la pelea. // 2. fig. y fam. Por ext., darse por vencido, desistir de un empeño."

tirarse a la marchanta. Argentinismo que significa 'abandonarse, dejarse estar'. Fue incluido en el DRAE/92.

tiritar de frío. No es construcción redundante como se ha dicho, ya que también se puede tiritar de miedo o de fiebre.

tiroideo. Es palabra grave [tiroidéo]; la acentuación esdrújula, **tiróideo*, es errónea.

tisú. Según el *Esbozo* (2. 3. 3, c), su plural casi exclusivo es *tisús*. → **rubí**.

tisular. La RAE ha incorporado este adjetivo al DRAE/92 con la siguiente definición: "*Biol.* Perteneciente o relativo a los tejidos de los organismos." Durante mucho tiempo, este adjetivo fue tachado de galicista.

títere. La RAE incluye, en el DRAE/92, la acepción: "Persona que se deja manejar dócilmente por otra." Figura como ecuatorianismo, pero su extensión es, sin duda, mayor: en la Argentina, por lo menos, es de uso corriente.

tizne. Es sustantivo → **ambiguo** en cuanto al género: *el tizne* y *la tizne*, pero se emplea preferentemente como masculino.

tl. Cuando el grupo **tl** está en interior de palabra, el español americano une las dos consonantes en una sola sílaba: *a-tlas, a-tle-ta, A-tlán-ti-co*. Por el contrario, el español peninsular (salvo Castilla la Vieja y León, que silabean como en América) las pronuncia separadas: *at-las, at-le-ta, At-lán-ti-co*. Cuando este grupo inicia palabra, forma siempre sílaba con la vocal siguiente, ya que no puede ser de otra manera: *tla-pa-ne-ca, Tlax-ca-la*.

tocadiscos. Carece de forma de singular: *el tocadiscos, los tocadiscos*. La forma **tocadisco* es incorrecta.

tocante. → **Galicismo** (fr. *touchant*) por *emocionante, conmovedor, enternecedor*: "[...] evocó en frases tocantes el ya olvidado prodigio sísmico [...]" (J.C. Dávalos, "El secreto del opa", en VCAM, 134).

todo. Adjetivo que puede anteponerse o posponerse al sustantivo al que modifica, como cualquier otro adjetivo: *toda América*; *América toda* (enfático y literario), pero que tiene la particularidad de no poder intercalarse entre el artículo o un adjetivo determinativo y el sustantivo: *todo el traba-*

jo o *el trabajo todo* (pero no **el todo trabajo*, construcción imposible con este adjetivo); *toda su voluntad*; *todos estos libros*.

No puede posponerse al sustantivo cuando se lo emplea con valor de plural o con el significado de *cualquiera*: *todo hombre* (= todos los hombres, cualquier hombre) *tiene derecho a la vida*.

Tiene valor hiperbólico en *Luisa es toda una mujer*. En este caso, el adjetivo *toda* puede sustituirse por el adverbio *todo* (= enteramente), que, por su condición de tal, ha de permancer invariable: *Luisa es todo una mujer*.

Es similar el caso de construcciones del tipo: *en él todas son zalamerías*, en la cual *todas* puede ser sustituido por el sustantivo *todo*: *en él todo son zalamerías* o *todo es zalamerías* (→ **concordancia, II, B**).

*tohalla. Error ortográfico por *toalla*.

toilette. Palabra francesa (pron. [tualét]) que suele emplearse en español, con la grafía original o hispanizada bajo las formas, no académicas, *tualet* y *tualé*, con los significados de 'vestido, ropa, por lo general elegante': *lucía una original toilette*, y 'arreglo, aseo personal, tocado': "Dulcina, en su dormitorio, se hacía sus interminables tualés [...]" (M. Denevi, *Hierba*, 206).

A pesar del vocablo francés es femenino, en español se emplea como masculino con el valor de 'cuarto de baño, retrete': *ir al toilette*. También designa el mueble que, en español, se llama *tocador*: "Colecciona en el dormitorio posters y tarjetas con frases y las tiene pinchadas con chinches adactadas encima del tualet." (I. Blaisten, *Cerrado*, 51). En este texto, el autor imita el habla vulgar, por eso *adactadas*.

Tokio. Los preceptistas están de acuerdo, en general, en acentuar [tókio] y no [tokío]. Evítese la grafía **Tokyo*.

tomacorriente. El DRAE/84 incorpora este vocablo con las siguientes definiciones: "*Amér.* Toma de corriente eléctrica. // 2. *Argent.* **enchufe**, aparato para establecer una corriente eléctrica." Para la segunda acepción, el DRAE/92 extiende a Perú la localización geográfica.

tomar. Construcción: *—el sol* (en la Argentina es más frecuente sin artículo: *tomar sol*); *—a broma* (no **en broma*); *—a mal*; *—bajo su protección*; *—con, en, entre las manos*; *—en mala parte*; *—para sí*; *—(algo) por agravio*; *—(a alguien) por tonto*; *—(algo) sobre sí*; *tomarla con alguien*.

tomar a pechos. Así registra el DRAE esta expresión, pero el uso general, tanto en América como en España, prefiere, en singular, *tomar a pecho*.

tomar para la farra. El DRAE/92 incorpora esta expresión, usual en la Argentina, Paraguay y Uruguay, con el significado de 'burlarse de alguien, tomarle el pelo'.

topadora. La RAE ha añadido, en el DRAE/92, las siguientes acepciones: "f. *Argent.* Pala mecánica, acoplada frontalmente a un tractor de oruga, que se emplea en tareas de desmonte y nivelación de terrenos" y "*Argent.* Por ext., el tractor mismo."

topamiento. El DRAE/92 registra la siguiente acepción de este vocablo: "*NO. Argent.* Ceremonia del carnaval durante la cual varios hombres y mujeres que fingen encontrarse y hacerse recriminaciones se consagran públicamente como compadres."

topar. Construcción: *—con* o (menos usual) *contra una columna*.

tópico. Es → **anglicismo** (ingl. *topic*) emplear este sustantivo como sinónimo de *tema, asunto, materia*.

toposfera. Es palabra grave [toposféra]; la acentuación esdrújula, **topósfera*, es errónea: "[...] microondas que penetran en la topósfera [...]" (H. Verbitsky, *Robo*, 278). → **-sfera**. Esta voz no figura en el DRAE/92.

toracoscopia. Tiene diptongo final [torakoskópia]; la pronunciación con hiato final, **toracoscopía*, es incorrecta. → **-scopia**. Esta voz no figura en el DRAE/92.

tórax. Queda invariado en plural: *el tórax, los tórax*. → **acentuación ortográfica, I, B, 2**.

*toráxico. Forma incorrecta por *torácico*.

torcaz. → **paloma torcaz**.

torcer. V. irreg.; se conjuga como → **mover**.

torción, torsión. La RAE admite, en el DRAE/92, la primera forma con la definición siguiente: "Acción y efecto de torcer o torcerse": *la torción de una rama*.

Torsión es la acción de torcer o torcerse en forma helicoidal: *la torsión de un hilo* o *de un alambre*.

Torino. El nombre de esta ciudad italiana es, en español, *Turín*.

torta frita. Por sugerencia de la AAL (*Acuerdos*, X, 121-23), la RAE ha incluido este argentinismo, en el DRAE/92, como sinónimo de *sopaipa*. "¡Mama! ¿Qué le parece si hiciera tortas fritas?" (B. Lynch, *El inglés*, 35).

tortícolis, torticolis. **1**. La RAE admite las dos acentuaciones, pero prefiere la primera.

2. Es sustantivo masculino, pero el DRAE aclara que se emplea también como femenino, y es éste el uso más general.

tos convulsiva, tos convulsa. La RAE admite las dos expresiones, aunque prefiere la primera. En el Río de la Plata es más frecuente la segunda, de uso inclusive literario: "Un verano nos dio la tos convulsa." (B. Fernández Moreno, "La patria desconocida", en *Vida*, 21); "En seguida, el sarampión, la tos convulsa, la escarlatina." (Wimpi, "Biografía del tipo", en AM, 2, 166); "Tuve tres veces el sarampión, con eso te digo todo. Y escarlatina. Y tos convulsa." (M. Benedetti, *La muerte*, 171).

tostador, tostadora. El DRAE registra el nombre de este utensilio doméstico como sustantivo masculino, pero en la Argentina es más frecuente su empleo como femenino.

tostar. V. irreg.; se conjuga como → **sonar**.

tótem. Es voz grave y su plural es *tótemes* (mejor que *tótems*).

toupet. La RAE ha españolizado esta voz francesa bajo la forma *tupé* (plural *tupés*), con los dos significados que tiene en francés: 'cabello que cae sobre la frente' y 'atrevimiento, desfachatez'. Este último es el más usual en el Río de la Plata: "Si ustedes tuvieran vergüenza, un solo miligramo de vergüenza, no habrían puesto los pies en clase. ¡Y tienen el tupé de venir aquí!" (H. Quiroga, *A la deriva*, 64).

tour. → **tur**.

tour de force. 1. Expresión francesa (pron. [turdefórs]) que suele emplearse en español con el significado de 'alarde o exhibición de fuerza, hazaña, proeza, acción notable'.
2. En esta expresión, *tour* es sustantivo masculino: *un tour de force*; por lo tanto, es incorrecto decir: "[...] y es una verdadera tour de force." (*Página / 12*, 6-9-90, pág. 5).

tournée. Voz francesa (pron. [turné]) que puede remplazarse por *gira* (artística) o *expedición, excursión, viaje*, según los casos: "A mí cuando me dicen que se va de tourné (*sic*) por los pueblos, es que me da un vuelco el corazón." (C.J. Cela, *La colmena*, 120) (el personaje habla de un artista de variedades).
En el *Diccionario* de M. Moliner figura la hispanización no académica *turné*, con el primero de los valores apuntados.

tour operator. Expresión inglesa (pron. [tur operéitor]) que puede sustituirse por *operador turístico* o *agente de viajes*.

trabajar. Construcción: —*a destajo*; —*de carpintero*; —*en la televisión*; —*para vivir*; —*por un sueldo mísero*; —*por lograrlo*.

trabar. Construcción: —*una cosa con* o *en otra*.

trabarse. Construcción: —*de palabras*; —*en una discusión*.

trabazón. Es sustantivo femenino: *la trabazón*.

tracoma. Es sustantivo masculino: *el tracoma*.

traducir. 1. V. irreg.; se conjuga como → **conducir, 1**. Evítense cuidadosamente errores como **traduciste* (por *tradujiste*), **traducieron* o **tradujeron* (por *tradujeron*), **tradujiera* (por *tradujera*), etc.

2. Construcción: —*del inglés al francés*; —*en buen español*; —*una palabra por otra*.

traducirse. Construcción: —*(algo) en un distanciamiento*.

traer. 1. Verbo irregular (ver cuadro). Tiene tres raíces: *tra-, traj-* y *-traig-*. Deben evitarse cuidadosamente errores como **trajieron, *trajiera, *trajiese*, etc., en lugar de *trajeron, trajera, trajese*, etc.
La raíz *truj-* por *traj-* en el pretérito perfecto simple: **truje, *trujiste, *trujo*, etc., y en el pretérito imperfecto del subjuntivo: **trujera* o **trujiese*, etc., en lugar de *traje, trajiste, trajo*, etc., y *trajera* o *trajese*, etc., es un arcaísmo que se ha mantenido en el habla rústica de América. Actualmente estas formas están desprestigiadas.
2. Construcción: —*a colación*; —*a la memoria*; —*consigo*; —*en, entre manos*.

traficar. 1. La RAE ha añadido, en el DRAE/92, una nueva acepción de este verbo: "Hacer negocios no lícitos."
2. Construcción: —*con su cuerpo*; —*en drogas*. Aunque es verbo intransitivo, en la Argentina es corriente usarlo como transitivo: *trafica drogas*.

tráfico. Es correcta y está aceptada por la RAE la acepción 'tránsito de personas y circulación de vehículos por calles, caminos, etc.': "[...] lo imaginó manejando con segura eficiencia entre el tráfico apurado [...]" (D. Sáenz, *No*, 30); "[...] una calle larga [...] con poco tráfico [...]" (J. Cortázar, *Final del juego*, 169).

tragaluz. Es sustantivo masculino: *el tragaluz*.

tráiler. Así ha hispanizado la RAE la voz inglesa *trailer* y la ha incorporado al DRAE/92 con las siguientes definiciones: "m. Remolque de un camión. // 2. Avance de una película." En la Argentina se emplea, además, para designar una casa rodante remolcada por un automóvil.

training. Palabra inglesa (pron. [tréining]) que se emplea en español con su significado original de 'entrenamiento, adiestramiento'.

traje de baño. Expresión no registrada en el DRAE/92, que se emplea en la Argentina en lugar de *bañador*.

traje sastre. Plural: *trajes sastre*. → **carta poder**.

tramontar, transmontar, trasmontar. La RAE admite las tres formas, pero prefiere la primera.

trans-, tras-. El prefijo **trans-**, de origen latino, se ha reducido en muchos casos a **tras-**. En el habla corriente "se pronuncia en general una *n* débil, breve y relajada, que a veces se reduce simplemente a una pequeña nasalización de la vocal precedente, y a veces se pierde por completo; la conserva-

T R A E R
(conjugación de los tiempos simples)

MODO INDICATIVO

Presente	Pret. imperf.	Pret. perf. simple	Futuro	Condicional
traigo	traía	traje	traeré	traería
traes	traías	trajiste	traerás	traerías
trae	traía	trajo	traerá	traería
traemos	traíamos	trajimos	traeremos	traeríamos
traéis	traíais	trajisteis	traeréis	traeríais
traen	traían	trajeron	traerán	traerían

MODO SUBJUNTIVO

Presente	Pretérito imperfecto	Futuro
traiga	trajera/trajese	trajere
traigas	trajeras/trajeses	trajeres
traiga	trajera/trajese	trajere
traigamos	trajéramos/trajésemos	trajéremos
traigáis	trajerais/trajeseis	trajereis
traigan	trajeran/trajesen	trajeren

MODO IMPERATIVO

Presente

trae
traed

FORMAS NO PERSONALES

Infinitivo	Gerundio	Participio
traer	trayendo	traído

ción total de la *n* [...] tiene un carácter afectadamente culto; su pérdida es constante en el habla popular [...]" (T. Navarro Tomás, *Manual*, § 110).

Con las voces que contienen este prefijo, la RAE ha adoptado un criterio excesivamente ecléctico:

a) admitir sólo **trans-**: *transbordador, transcontinental*;

b) admitir sólo **tras-**: *trascendido, traspasar*;

c) admitir los dos prefijos, con preferencia por **trans-**: *transatlántico / trasatlántico, transbordar / trasbordar*;

d) admitir los dos prefijos, con preferencia por **tras-**: *trascender / transcender, traslaticio / translaticio*.

Esta complicada división académica busca, sin duda, seguir el uso normal del español, pero no lo logra, posiblemente debido a la amplia área de difusión del idioma, como lo advierte, entre otros, M. Seco en su *Diccionario* (s. v. *trans-*).

A todo esto se agrega una nueva dificultad: el elemento *tras-* (con el significado de 'después de, a continuación de'), que no es reducción de **trans-**, sino la forma prefija de la preposición *tras*, aunque derivado también del latín *trans*, no adopta nunca esta forma: *trasalcoba, trasaltar, trascoro, trasfondo, traspapelarse, traspatio, trastienda*, etc.

Poner orden en este mare mágnum es tarea harto difícil y querer seguir estrictamente la norma académica exige una memoria prodigiosa o, en su defecto, la consulta del diccionario cada vez que se desee emplear una palabra con estas características.

Por ello, parece prudente sugerir a la RAE que, atendiendo a la pronunciación más generalizada, autorice en todos los casos la reducción a **tras-**, o que, al menos, corrija las varias inconsecuencias que, con respecto al uso de este prefijo, se advierten en el DRAE.

Mientras tanto, el lector podrá encontrar en los artículos correspondientes de este *Diccionario* las formas académicas tal como figuran en el DRAE/92.

transalpino, trasalpino. La RAE admite las dos grafías, pero prefiere la primera.

transandino, trasandino. La RAE admite las dos formas, pero prefiere la primera.

transatlántico, trasatlántico. La RAE admite las dos formas, pero prefiere la primera.

transbordador. → **transbordar**.

transbordar, transbordo. La RAE admite, pero no prefiere, las grafías *trasbordar* y *trasbordo*. Con poca coherencia, autoriza sólo *transbordador*.

transcender. → **trascender**.

transcontinental. 1. El DRAE/92 incluye este adjetivo con la siguiente definición: "Que atraviesa un continente."
2. En el DRAE no figura la grafía *trascontinental*.

transcribir, trascribir. 1. La RAE admite las dos formas, pero prefiere la primera.
2. La única forma irregular de este verbo es su participio: *transcrito* (*trascrito*) o *transcripto* (*trascripto*). La RAE recomienda las formas sin *p*.

transcripción, trascripción. La RAE autoriza ambas formas, pero prefiere la primera.

transcrito, trascrito. → **transcribir, 2**.

transcurrir, transcurso. La RAE admite también las grafías *trascurrir* y *trascurso*, pero prefiere las formas con *trans-*.

transexual, transexualidad. 1. La RAE ha incluido estos términos en el DRAE/92 con las siguientes definiciones: "adj. Dícese de la persona que mediante tratamiento hormonal e intervención quirúrgica adquiere los caracteres sexuales del sexo opuesto. Ú. t. c. s." y "f. Calidad o condición de transexual", respectivamente.
2. La RAE no admite las grafías *trasexual, trasexualidad*.

transexualidad, transexualismo. La RAE admite las dos formas en el DRAE/92, pero prefiere la primera. → **transexual**.

transfer. Palabra inglesa usada en la industria turística con el significado de 'traslado'. Se refiere generalmente al traslado del turis-

ta, por cuenta de la agencia, del aerodromo al hotel (*in*) y viceversa (*out*).

transferir, trasferir. 1. V. irreg.; se conjuga como → **sentir, 1**.
2. La RAE admite las dos grafías, pero prefiere la primera. Lo mismo sucede con las demás palabras de esta familia: *transferencia, transferible, transferidor*, preferidas a *trasferencia, trasferible, trasferidor*.
3. Construcción: —*algo a alguien*; —*de un lugar a otro*.

transfigurar, transfigurable, transfiguración. La RAE admite también las grafías *trasfigurar, trasfigurable, trasfiguración*, pero prefiere las formas con *trans-*.

transfigurarse. Construcción: —*en otra cosa*.

transformar, trasformar. 1. La RAE admite las dos formas, pero prefiere la primera. Lo mismo sucede con las siguientes palabras de esta familia: *transformación, transformador, transformativo*, preferidas a *trasformación, trasformador y trasformativo*. La RAE sólo autoriza, en cambio, *transformable, transformacional, transformismo y transformista*.
2. Construcción: —*una cosa en otra*.

tránsfuga, trásfuga. La RAE admite las dos formas, pero recomienda la primera.

transfusión, trasfusión. La RAE autoriza ambas grafías, pero prefiere la primera. Lo mismo sucede con *transfundir y transfusor*, preferidas a *trasfundir y trasfusor*. Sólo admite, en cambio, *transfusible*.

transgredir, trasgredir. 1. Según la norma académica es verbo → **defectivo** (sólo se emplean las formas que tienen vocal -*i*- en la desinencia: *transgred-ía, transgred-í, transgred-iré*, etc.), pero en la Argentina pueden oírse y leerse las formas que no siguen estas reglas: *transgredo, transgredes, transgreden, transgreda, transgredas*, etc.
2. La RAE admite las dos formas, pero prefiere la primera. Lo mismo sucede con *transgresión y transgresor*, preferidas a *trasgresión y trasgresor*; pero, en cambio, sólo autoriza *transgresivo*.

translación. → **traslación**.

translaticio, translativo. → **traslaticio, traslativo**.

transliteración, transliterar. La RAE no admite las formas *trasliteración, trasliterar*.

translucidez. Es la única forma admitida por la RAE (en el DRAE/92 no figura *traslucidez*).

translúcido, traslúcido. La RAE admite las dos formas y recomienda la primera, pero el uso general prefiere la segunda.

transmediterráneo, trasmediterráneo. La RAE admite las dos formas, pero recomienda la primera.

transmigrar, transmigración. La RAE

admite también, aunque no prefiere, las formas *trasmigrar* y *trasmigración*. En cambio, sólo autoriza *transmigratorio*.

transmitir, trasmitir. La RAE admite las dos formas, aunque prefiere la primera. Lo mismo sucede con *transmisible* y *transmisión*, preferidas a *trasmisible* y *trasmisión*. En cambio, sólo autoriza *transmisor*.

transmontar. → **tramontar**.

transmutar, trasmutar. La RAE admite las dos formas, pero prefiere la primera. Lo mismo sucede con las demás palabras de esta familia: *transmutable, transmutación, transmutativo, transmutatorio*, preferidas a las formas con *tras-*.

transoceánico. Es la única forma admitida por la RAE (en el DRAE/92 no figura *trasoceánico*).

transpacífico. Es la única forma reconocida por la RAE (en el DRAE/92 no figura *traspacífico*).

transparencia, transparentar, transparente. 1. La RAE autoriza también las grafías *trasparencia, trasparentar, trasparente*, pero prefiere las formas con *trans-*.
2. El DRAE/92 admite **transparencia** como sinónimo de *diapositiva*, y añade, además, la siguiente acepción: "*Cinem.* Fondo proyectado cinematográficamente sobre una pantalla, usado para llevar al estudio las vistas del exterior."

transpirable, transpiración, transpirar. La RAE autoriza también las grafías *traspirable, traspiración* y *traspirar*, pero recomienda las formas con *trans-*.

transpirenaico, traspirenaico. La RAE admite las dos formas, pero prefiere la primera.

transponer, trasponer. 1. V. irreg.; se conjuga como → **poner, 1**. El imperativo singular es *transpón* (→ **voseo**: *transponé*), pero no **transpone*.
2. La RAE admite las dos grafías, pero prefiere la primera. Lo mismo sucede con *transponedor* y *transpositivo*, preferidas a *trasponedor* y *traspositivo*; pero, en cambio, prefiere *traspuesta* a *transpuesta*.

transportar, trasportar. 1. La RAE admite las dos formas, pero prefiere la primera. Lo mismo sucede con *transportación, transportador* y *transporte*, preferidas a *trasportación, trasportador* y *trasporte*. En cambio, sólo autoriza la grafía *transportista*.
2. Construcción: —*a lomo*; —*de un lugar a otro*; —*en hombros*.

transportarse. Construcción: —*de alegría*.

transubstanciación, transubstancial. En el DRAE/92 no figuran las grafías *transustanciación, transustancial*.

transubstanciar. 1. Para su acentuación. → **abreviar**.

2. En el DRAE/92 no figura la grafía *transustanciar*.

transvasar, trasvasar. La RAE autoriza también, pero no prefiere, las formas *trasvasar, trasvase*.

transverberación, trasverberación. La RAE admite las dos formas, pero recomienda la primera.

transversal, transverso. La RAE admite también las grafías *trasversal* y *trasverso*, pero prefiere las formas con *trans-*.

trapacero, trapacista. La RAE autoriza las dos formas, pero prefiere la segunda. En la Argentina se emplea más la primera.

tras, tras de. La preposición **tras** o la locución prepositiva **tras de**, usada con sustantivo, expresa posterioridad temporal o espacial (equivale a *después de, a continuación de*): *tras (de) este día renacerá la esperanza*; *llevaba tras (de) sí un fornido guardaespalda*.
Es impropio emplear **tras de** con el valor de 'detrás de', que corresponde a **tras**: "Tras de los vidrios se movían unos hombres polvorientos." (R. Arlt, *Aguafuertes*, 10).
La locución prepositiva **tras de** seguida de infinitivo significa 'además, fuera de': *tras de insultarlo, lo golpea*. Su empleo con significado temporal ('después de') es regional: *tras de saludar, se retiró*. → **tras mío; tras que**.

trascender, transcender. 1. V. irreg.; se conjuga como → **tender, 1**.
2. La RAE admite las dos formas, pero prefiere la primera. Lo mismo sucede con *trascendencia* y *trascendental*, preferidas a *transcendencia* y *transcendental*. En cambio, el DRAE sólo autoriza *transcendentalismo*. → **trascendido, 2**.
3. Construcción: —*(la cuestión) el país* o *del país*; —*(la noticia) al público*.

trascendido. 1. La RAE ha añadido, en el DRAE/92, la siguiente acepción de este vocablo: "m. *Argent.* Noticia que por vía no oficial adquiere carácter público."
2. El DRAE/92 no registra la forma *transcendido*.

trascordarse. 1. Se emplean casi exclusivamente el infinitivo **trascordarse** y el participio *trascordado*. Hay escasísimos testimonios literarios para determinar si es verbo regular o irregular (*Esbozo*, 2. 12. 3, nota 62).
2. El DRAE/92 no registra la forma *transcordarse*.

tras de. → **tras**.

trasegar. 1. V. irreg.; se conjuga como → **acertar, 1**.
2. El DRAE/92 registra una nueva acepción de este verbo: "fig. Beber en cantidad vinos y licores."
3. El DRAE/92 no registra la forma *transegar*.

trashumar, trashumancia. Únicas formas admitidas por la RAE (en el DRAE/92 no figuran *transhumar, transhumancia*).

traslación, translación. La RAE admite las dos formas, pero prefiere la primera.

trasladar, trasladable, trasladador, traslado. Son las únicas grafías admitidas por la RAE (en el DRAE/92 no figuran las formas con *trans-*).

traslaticio, traslativo. La RAE admite también, aunque no prefiere, las formas *translaticio y translativo*.

traslúcido. → **translúcido**.

traslucimiento. Es la única forma admitida por la RAE (en el DRAE/92 no figura *translucimiento*).

traslucir. **1**. V. irreg.; se conjuga como → **parecer, 1**.
2. No figura en el DRAE/92, que registra sólo la forma pronominal → **traslucirse**, pero la cita el *Esbozo* (2. 12. 4, [**J**]), junto con *translucir*.

traslucirse, translucirse. La RAE admite las dos formas, pero prefiere la primera.

trasluz. Es sustantivo masculino: *el trasluz*.

tras mío. Los gramáticos recomiendan que se usen las formas *tras de mí, tras de ti, tras de nosotros*, etc., en lugar de **tras mío**, *tras tuyo, tras nuestro*, etc. Pero → **cerca mío**.

trasmontar. → **tramontar**.

trasnochar. Es la única forma admitida por la RAE (el DRAE/92 no registra *transnochar*).

traspasar. Es la única forma autorizada por la RAE (la forma *transpasar* no figura en el DRAE/92). Lo mismo sucede con las demás palabras de la misma familia: *traspasable, traspasador, traspasamiento y traspaso*.

traspié. **1**. Plural: *traspiés*. No es normal emplear *traspiés* como singular: "[...] renuente a seguir hablando de aquel lejano traspiés de su juventud [...]" (A. Cancela, *Historia*, 33).
2. El DRAE/92 no registra la forma *transpié*.

trasplantar. Es la única forma admitida por la RAE (en el DRAE/92 no figura *transplantar*). Lo mismo sucede con las demás palabras de la misma familia: *trasplantable, trasplantador, trasplante*.

tras que. Expresión de uso popular en América, como equivalente de *tras de* (= además de): *tras que llega tarde, se enoja*. Conviene evitarla en lenguaje cuidado. → **tras, tras de**.

trastocar. **1**. V. irreg.; se conjuga como → **sonar** (*Esbozo*, 2. 12. 3, [**C**]).
2. Significa 'revolver, desordenar' (cosas): *siempre trastueca mis papeles*, y, como verbo pronominal, 'trastornarse de la cabeza': *se trastocó con la noticia*. No debe confundirse con → **trastrocar**.
3. El DRAE/92 no registra la forma *transtocar*.

trastornar. Es la única grafía autorizada por la RAE (la forma *transtornar* no figura en el DRAE/92). Lo mismo sucede con las demás palabras de esta familia: *trastornable, trastornador, trastornadura, trastornamiento y trastorno*.

trastrocar. **1**. V. irreg.; se conjuga como → **sonar** (*Esbozo*, 2. 12. 3, [**C**]).
2. Significa 'cambiar el ser o estado de una cosa, dándole otro diferente del que tenía': *este crítico ha trastrocado el mensaje de la película*. No debe confundirse con → **trastocar**.
3. El DRAE/92 no registra la forma *transtrocar*.

tratado. Se escribe con minúscula inicial: *el tratado de Tordesillas*.

tratar. Construcción: —*a golpes*; —*(a un enfermo) con antibióticos*; —*con explosivos* (= manejar explosivos); —*(un libro) de la civilización griega*; —*de ignorante*; —*de usted*; —*de incorporarse*; —*de que lo vean* (es incorrecto omitir la preposición *de*: **trata que lo vean*); —*de, sobre un negocio*; —*en vinos*.

tratarse. Construcción: —*con alguien*; *se trata de hacerlo o de que lo hagan*; *se trata de un excelente profesor*. En esta última oración, el verbo es impersonal, lo que quiere decir que no admite sujeto; es incorrecto decir: **el recién llegado se trata de un excelente profesor*; dígase: *el recién llegado es un excelente profesor*.

Trauer. → **duelo**.

*traumar. Verbo que no figura en el DRAE/92. Remplácese por *traumatizar*.

travesti. Voz francesa (pron. [travestí]) que se emplea en español con uno de sus significados originales: 'persona que toma la apariencia de otro sexo'. El uso corriente ha convertido esta palabra en llana [trabésti]. Puede sustituirse por → **travestido**.

travestido. El DRAE registra este adjetivo como derivado del it. *travestito* y con el significado de 'disfrazado con un traje que hace que se desconozca al sujeto que lo usa': "Arribaba él a caballo, travestido de mandinga [...]" (M. Booz, *Santa Fe*, 88).
Existe también el participio **travestido**, del verbo *travestir*: 'vestido con las ropas del otro sexo': "El origen de la investigación estuvo dado por la detención de un sujeto, menor de edad, que actuaba como travestido [...]" (*Clarín*, 7-6-88, pág. 39).
De todos modos la definición académica de *travestir* deberá enriquecerse para abarcar la realidad del **travestido**.

travestir. **1**. V. irreg.; se conjuga como → **pedir, 1**.
2. → **travestido**.

traza. La RAE ha incorporado al DRAE/92 la acepción 'huella, vestigio', considerada anteriormente galicista.

treceavo, trezavo. 1. La RAE autoriza ambas formas, pero recomienda la primera, admitida en 1984.
2. Es un numeral fraccionario y designa cada una de las trece partes iguales en que se divide un todo (1/13). No es correcto emplearlo como numeral cardinal: *llegó en treceavo lugar*; dígase: *en decimotercer lugar*.

trecientos, trescientos. La RAE admite las dos grafías, pero recomienda la segunda, que es la más usual.

treinta y uno. Los numerales, a partir de **treinta y uno**, se escriben por separado: *treinta y uno, treinta y dos*, etc. → **cardinales (numerales), 1.**

trekking. Palabra inglesa que se ha puesto de moda últimamente. "El 'trekking' no es otra cosa que salir a caminar por zonas poco transitadas con equipo personal (mochila, carpa, bolsa de dormir) en grupos de personas preferentemente poco numerosos. [...] La propuesta es sólo salir a caminar, recorrer y mirar." (*Página/12*, 10-11-91, pág. 23).

*tren a vapor. Uso criticado de la preposición *a*; dígase *tren de vapor*. → **a, III.**

Trento. El gentilicio correspondiente a esta ciudad italiana es *tridentino*.

tres. Plural: *treses* (no confundir con *treces*, que es el plural de *trece*), pero → **cardinales (numerales), 5.**

trezavo. → **treceavo.**

tríada, tríade. La RAE admite las dos formas, pero recomienda la primera.

tribual, tribal. La RAE admite las dos formas, pero prefiere la primera.

*tricampeón. Forma incorrecta, aunque muy usada, para designar a quien ha sido tres veces campeón. El prefijo *tri-* significa 'tres' y no 'tres veces'. Dígase *triple campeón*.

tríceps. 1. Lleva tilde en la *-i-*. → **acentuación ortográfica, I, B, 3.**
2. Es singular y carece de forma propia de plural: *el tríceps, los tríceps*. → **plural, I, A, 2.**

tricot. 1. Voz francesa (pron. [trikó]) que puede sustituirse por *punto, tejido de punto* o *labor de punto*.
2. La RAE ha admitido → **tricota** y → **tricotar**, derivados de esta palabra.

tricota. La RAE ha enmendado, en el DRAE/92, la definición de este argentinismo: "**suéter**, prenda de punto." Era palabra de uso frecuente hace unos años: "Las damas bien abrigadas con tricotas [...]" (M. Peyrou, "La doradilla", en TCAH, 197); "Mujeres, hombres, parejas, grupos de muchachos de pelo largo o de barba, camperas y tricotas rojas [...]" (B. Verbitsky, *Octubre maduro*, 16); "[...] nadie se sacaba el saco ni la tricota [...]" (J. Cortázar, *Final del juego*,120); "[...] com-

prarnos de vez en cuando alguna tricota [...]" (M. Benedetti, *La muerte*, 29). Actualmente está en decadencia, sustituida por → **pullover.**

tricotar. La RAE ha admitido esta voz, derivada del verbo francés *tricoter*, con el significado de 'tejer a mano o con máquina tejedora'.

triglifo, tríglifo. La RAE admite ambas variantes, pero recomienda la primera.

trillizos. Voz duramente criticada por los puristas, a los que se les agregó la AAL (*Acuerdos*, II, 30), que propusieron diversos remplazos: *tres mellizos, tres gemelos, trigéminos, trimellizos*. Considerando, sin duda, la difusión del término **trillizos**, la RAE lo ha admitido y figura ya en el DRAE/84.

tripanosoma, tripanosomiasis. Por sugerencia de la AAL (*Acuerdos*, VII, 150-54), la RAE ha incluido estas palabras en el DRAE/92 con las siguientes definiciones: "m. Cada uno de los flagelados parásitos, con una membrana ondulante, que engloba al flagelo adosado al borde del cuerpo. Provocan enfermedades infecciosas, en general graves, transmitidas casi siempre por artrópodos" y "f. *Med.* Enfermedad producida por los tripanosomas", respectivamente.

trípode. La RAE considera de género → **ambiguo** una de sus acepciones: 'mesa, banquillo de tres pies', pero agrega que se usa más como masculino. En general, puede decirse que se emplea siempre como masculino, en todas sus acepciones.

trisilábico, trisílabo. La RAE admite las dos formas, sin indicar preferencia.

triunfar. Construcción: *—de sus enemigos; —en la lid.*

trocar. 1. V. irreg.; se conjuga como → **sonar.** No es normal su empleo como regular: "Lo hermoso se troca en horror." (M. Aguinis, *Profanación*, 280).
2. Construcción: *—(una cosa) por otra; —lo cómico en trágico.*

trocha. Por sugerencia de la AAL (*Acuerdos*, VIII, 350-53), la RAE ha incluido, en el DRAE/92, la siguiente acepción de este sustantivo: "Ancho de las vías férreas." Si bien en el DRAE figura como voz propia de la Argentina, según el *Diccionario* de M. Morínigo se emplea además en Paraguay y Uruguay.

trofología, trofólogo. La RAE ha incorporado estas voces en el DRAE/92 con las siguientes acepciones: "f. Tratado o ciencia de la nutrición" y "m. y f. Persona versada en trofología", respectivamente.

troj, troje. 1. La RAE admite las dos formas, pero prefiere la primera.
2. Es sustantivo femenino: *la troj, la troje.*
3. El plural de ambas voces es *trojes.*

trolebús. **1**. Así ha hispanizado la RAE la voz inglesa *trolleybus*. No se justifican, entonces, otras grafías: "[...] en una ciudad como Buenos Aires, con escaleras mecánicas, cinemascope y troleybuses." (P. O'Donnell, *Copsi*, 44).
2. El plural es, siguiendo las reglas generales, *trolebuses*. No corresponde dejarlo invariado: "Atravesó la avenida Garay, entre filas de ómnibus; de trolebús y tranvías [...]" (B. Kordon, *Sus mejores cuentos*, 153).

trompezar, trompezón. El DRAE/92 añade la nota de vulgar a estos dos vocablos. Dígase → **tropezar**, *tropezón*.

tronar. V. irreg.; se conjuga como → **sonar**.

tropezar. **1**. V. irreg.; se conjuga como → **acertar**, **1**.
2. Construcción: —*con, contra algo* o *alguien*.

troposfera. Es palabra grave [troposféra]. La acentuación esdrújula, **tropósfera*, es errónea. → **-sfera**.

troupe. Palabra francesa (pron. [trup]) que puede sustituirse por *compañía* (de actores, de teatro, de circo).

trousseau. Palabra francesa (pron. [trusó]), que puede remplazarse por *ajuar* (de novia).

trucho. Adjetivo de uso muy frecuente en la Argentina: "A ellos irán dirigidas las brigadas de corte de provisión de energía eléctrica y, más tarde, las de chequeo, para evitar instalaciones truchas." (*Página/12*, 3-10-90, pág. 14). Equivale a 'falso', 'de mala calidad', 'clandestino': "En su renovada acepción, trucho es falso, alude a simulaciones y desfiguraciones en boga, a bastardeos diversos y a todo aquello que la vida actual nos presenta como engañoso ante nuestros propios ojos." (C. Ulanovsky, *Los argentinos*, 165).

truculento. La RAE ha enmendado, en el DRAE/92, la definición de este adjetivo: "Que sobrecoge o asusta por su morbosidad, exagerada crueldad o dramatismo."

trueque. El DRAE/92 registra esta nueva acepción: "Intercambio directo de bienes y servicios, sin mediar la intervención de dinero."

*truste. Hispanización de la voz inglesa *trust*, que fue incorporada al DRAE/84. En junio de 1984, la RAE decidió suprimir esta voz del *Diccionario* académico (BRAE, t. LXVI, c. CCXXXVII) y ya no figura en el DRAE/92.

Trust es voz que está cayendo en desuso en español, desplazada por → **holding**.

tú, tu. → **acentuación ortográfica, II, A, 1**.

*tualla. Forma incorrecta por *toalla*.

Tübingen. El nombre español de esta ciudad alemana es *Tubinga*.

tú eres el que dijo. → **yo soy el que dijo**.

tullir. Para su conjugación, → **bullir**.

tupé. → **toupet**.

tupí. Plural: *tupís*.

tur. Hispanización de la voz francesa *tour*, incluida en el DRAE/92 con la siguiente definición: "m. Excursión, gira o viaje por distracción." El uso de esta forma es muy limitado; en general, se sigue escribiendo *tour*.

turbio. El DRAE/92 registra una nueva acepción de este adjetivo: "fig. Deshonesto o de licitud dudosa."

turf. Voz inglesa que se suele emplear en español para designar las carreras de caballos y el conjunto de actividades relacionadas con ellas: preparación de los caballos, apuestas, etc. La palabra *hípica*, que con este mismo significado registra el DRAE/92, es de escaso uso en América.

turfista, turfístico. → **Anglicismos** (ingl. *turf*) que se emplean en América con los significados que son fácilmente deducibles.

tusar. La RAE ha incluido una nueva acepción de este verbo en el DRAE/92: "*Argent.* Cortar las crines del caballo según un modelo determinado."

tu tía. Evítese la grafía *tutía* en la expresión *no hay tu tía* (= es inevitable). *Tutía* es variante de *atutía*: óxido de cinc que se adhiere a los conductos y chimeneas donde se fabrica latón.

tutor. La RAE ha incorporado al DRAE/92 las siguientes acepciones de este sustantivo: "Persona encargada de orientar a los alumnos de un curso o asignatura" y "Profesor privado que se encargaba de la educación general de los hijos de una familia."

tutú. Hispanización de la voz francesa *tutu*, que la RAE ha incorporado al DRAE/92 con la siguiente definición: "m. Faldellín usado por las bailarinas de danza clásica."

tuyo, tuya. Ambas formas apocopan en *tu* ante sustantivo masculino o femenino singular: *tu amigo, tu amiga*. El plural es *tus*: *tus amigos, tus amigas*. La interposición de otro adjetivo entre el posesivo y el sustantivo no impide la apócope: *tu buen amigo*.

U

¹**u. 1**. Vigesimosegunda letra del alfabeto español (vigesimocuarta si se consideran la *ch* y la *ll* letras independientes). Plural *úes*.

2. No se pronuncia en dos casos:

a) en los grupos *gue, gui: guerra, diaguita*, en los que indica que la *g* tiene sonido oclusivo velar sonoro (en los grupos *ge, gi*, en cambio, la *g* es fricativa velar sorda: *general, gitano* [jenerál, jitáno]). En los casos en que la **u** deba pronunciarse, se escribirá con diéresis (*ü*): *paragüero, agüita*;

b) en los grupos *que, qui: queso, equipo* [késo, ekípo].

²**u. Conjunción disyuntiva:** → ²**o, 1**.

ubicuidad, ubiquidad. La RAE admite las dos formas, sin indicar preferencia.

ucase. 1. Es palabra llana [ukáse]; la acentuación esdrújula, *úcase*, es errónea.

2. Evítense las grafías **ukase* y **ukaze*.

ucraniano, ucranio. La RAE admite las dos formas, pero prefiere la primera.

ufanarse. Construcción: —*con, de sus éxitos*.

-ui-. → **acentuación ortográfica, II, C**.

-uir. Los infinitivos terminados en **-uir** se escriben sin tilde: *construir, destruir, rehuir*. → **acentuación ortográfica, II, C**.

ujier, hujier. La RAE admite las dos grafías, pero recomienda la primera.

*ukase, *ukaze. → **ucase**.

última ratio. Expresión latina que se emplea en español con el significado de 'recurso extremo': "[...] llevaba siempre un cuchillito en la cintura, oculto bajo la chaquetilla, pero eso era una *última ratio*; por el momento confiaba en sus puños para castigar al insultador." (A. Cancela, *Historia*, II, 110).

ultimátum. Suele usarse el plural anómalo *ultimátums*, pero es preferible dejarlo invariado: *los ultimátum*. El plural *ultimatos*, correspondiente al singular desusado *ultimato*, es raro.

último. Construcción: —*de, entre todos*; —*en llegar*.

ultra. 1. La RAE ha incluido, en el DRAE/92, dos nuevas acepciones: "adj. Aplíc. a los grupos políticos, o a las ideologías, o a las personas de extrema derecha. Ú. t. c. s." y "Dícese de las ideologías que extreman y radicalizan sus opiniones."

2. Como elemento compositivo, debe ir unido a la palabra base: *ultranacionalista*. Evítense las grafías **ultra nacionalista* y **ultra-nacionalista*.

ultracorrección. Consiste en deformar una palabra correcta por considerar, equivocadamente, que es incorrecta. Así, se oye decir **bacalado* porque el hablante cree que *bacalao* es una forma errónea similar a **cansao, *apurao*, etc., y repone, entonces, la *d* que falta en estas últimas palabras. C. Nalé Roxlo satiriza así esta **ultracorrección**: "[...] aceite de hígado de bacalado (o bacalao, como dicen los paisanos, que usted sabe que tienen la costumbre de deformar así el final de muchos verbos)." (*Sumarios*, 174).

Por influencia de *contracción, lección, reducción*, y tantas otras, se comete la **ultracorrección** de decir **inflacción*, en lugar de *inflación*.

Este fenómeno suele denominarse también *hipercorrección* o *hipercultismo*.

ultrajar. Construcción: —*con palabras*; —*de palabra*; —*en su dignidad*.

un, una. 1. Artículo indeterminante; tiene función adjetiva y la forma masculina aparece siempre apocopada en **un**: *un alumno*.

2. Delante de sustantivo femenino singular que comienza por *a* o *ha* acentuadas se emplea preferentemente la forma **un** del artículo (en lugar de **una**): *un ave canora, un hada buena*, pero si entre el artículo y el sustantivo se intercala otra palabra, aquél retoma la forma **una**: *una hermosa ave*. → **agua, 2**.

3. Evítese, por anglicado, el empleo del artículo indeterminante en los siguientes casos: a) ante nombre de profesiones sin otro modificador: "Roberto era un flautista." (C. Rico-Godoy, *Cómo ser una mujer*, 179); "Pero yo no soy un actor." (J. Cortázar, *Todos los fuegos*, 131). Si el sustantivo tiene otro modificador, aparte de **un**, el uso del artículo es correcto: *Roberto era un excelente flautista*; b) ante un sustantivo en aposición: " 'El Himalaya, *una* cordillera del Asia', es un anglicismo intolerable." (Bello, *Gramática*, § 884).

4. El español es muy sobrio en el uso del artículo indeterminante, al contrario del francés. Por ello se considera galicista el empleo excesivo de esta partícula: *es hombre de gran fortuna* suena mejor en español que *es un hombre de una gran fortuna*, y *flores de exquisita fragancia* que *flores de una exquisita fragancia*. Cuando el artículo no sea indispensable, es preferible omitirlo.

una poca de. La concordancia de *poco* con el sustantivo término de la preposición *de*: *una poca de agua*, *una poca de sal*, *una poca de gracia* es antigua: "Y mi amo comenzó a sacudir con las manos unas pocas de migajas [...]" (*Lazarillo*, Tratado III). Según Bello (*Gramática*, § 853), "quizá no deba mirarse como enteramente anticuado este modismo". En efecto, este uso sobrevive en el lenguaje rural de la Península (Kany, *Sintaxis*, 183) y en varios países americanos: "En algunos puntos de Colombia se oye todavía decir *una poca de agua*, a la manera que Santa Teresa dijo *esa poquita de virtud* [...]" (R.J. Cuervo, *Notas*, § 111). Kany (*loc. cit.*) cita ejemplos de Chile, Venezuela, México y Cuba.

una vez que. R.J. Cuervo (*Notas*, § 141) critica la omisión de *que* en oraciones del tipo *una vez le hayan derrocado*, en lugar de *una vez que le hayan derrocado*.

undécimo. 1. Se emplea como numeral ordinal: *llegó en undécimo lugar*, y como numeral fraccionario: *tomemos la undécima parte*. Con este último valor equivale a → **onceavo**.

2. → ***decimoprimero**.

ungir. 1. El cambio de *g* por *j* cuando es necesario para conservar el sonido velar fricativo sordo no se considera irregularidad: *unjo, unjas* (*ungo, *ungas* altera fonéticamente la raíz).

2. Construcción: —*con bálsamo*; —*por obispo*.

uniformar. Construcción: —*a los carteros*; —*una cosa con* o (menos frecuentemente) *a otra*.

unir. Construcción: —*una cosa a* o *con otra*.

unirse. Construcción: —*a* o *con los demás*; —*en comunidad*; —*entre sí*.

universidad. → **mayúsculas (uso de), B, 8**.

uno, una. Pronombre indefinido, tiene función sustantiva y alude a la primera persona del singular (yo): *uno ya está cansado de*

tantos abusos. Es error bastante frecuente usar la forma masculina **uno** cuando una mujer se refiere a sí misma: *si uno está apurada, todo le sale mal*.

uno de enero. Expresión que critican casi todos los preceptistas, aunque sin dar razones valederas. Según R. Ragucci: "Lo innegable es que las personas cultas dicen y escriben en general: el primero de abril, el primero de mayo, y no el uno." (*Cartas*, 145). En sesión del 3 de agosto de 1944, la AAL condenó este uso: "Al decir uno de enero, uno de mayo, etc. se comete un solecismo que deben evitar los que deseen expresarse correctamente."

M. Seco, en cambio, sostiene que el uso de *uno* "es menos 'castizo', pero no hay motivo para rechazarlo." (*Diccionario*, s. v. *fecha*). Finalmente, para el *Esbozo* (2. 9. 5, c) es indistinto "el primero o el uno de julio".

uno de los que + verbo. El verbo puede concordar en singular con *uno*: *uno de los que se levantó presentó la propuesta*, o en plural con *los que*: *uno de los que se levantaron presentó la propuesta*. Si bien ambas soluciones son aceptables, es preferible la segunda.

un poco de. → **una poca de**.

un sí es no es. 1. Locución adverbial (el DRAE, s. v. *ser*, escribe, con coma, *un sí es, no es*) que significa 'un poco': *lo miró con una expresión un sí es no es compasiva*.

2. En esta locución, *sí* se escribe con tilde, aunque es monosílabo átono.

untar. Construcción: —*con, de manteca*.

untoso, untuoso. La RAE admite las dos formas, sin indicar preferencia.

urbi et orbi. Expresión latina que significa literalmente 'a la ciudad [de Roma] y al orbe'. Se aplica, especialmente, a la bendición papal. En sentido figurado significa 'a todas partes, a los cuatro vientos': *lo divulgó urbi et orbi*.

La forma *urbi et orbe* es errónea.

urdimbre, urdiembre. La RAE admite las dos formas, pero prefiere la primera, que es la más usual.

urea. Es voz llana [uréa]. La acentuación esdrújula, *úrea*, aunque muy frecuente, es incorrecta.

urgir. 1. Este verbo no lleva sujeto personal: *los ciudadanos urgen medidas eficientes a las autoridades*. Dígase: *reclaman, solicitan*, etc.

Puede, en cambio, tener como sujeto un nombre de acción: *urge la construcción del hospital*, o un sustantivo que no signifique persona: *urgen los víveres*.

2. → **ungir, 1**.

uromancia, uromancía. La RAE admite las dos acentuaciones, pero prefiere la primera. → **-mancia, -mancía**.

uroscopia. Tiene diptongo final [uroskópia]. La pronunciación **uroscopía* es incorrecta. → **-scopia**.

USA. 1. Sigla de *United States of America*. Es inadecuado emplearla en español en lugar de → **EE. UU**.

2. → **Estados Unidos; americano**.

usar. 1. La RAE ha incluido, en el DRAE/92, estas dos nuevas acepciones: "Llevar una prenda de vestir, un adorno personal o tener por costumbre ponerse algo" y "prnl. Estar de moda."

2. Construcción: —*de artificios*.

-usco, -uzco. Dos adjetivos toman la primera terminación: → **pardusco** y *verdusco*; y tres, la segunda: *blancuzco, blanduzco* y *negruzco*.

usía. 1. Escrito con todas las letras no lleva mayúscula inicial: *usía proveerá*.

2. Abreviatura: *V.S*.

3. → **concordancia, I, A, 1**.

usina de rumores. La RAE ha incluido este argentinismo en el DRAE/92 con la siguiente definición: "fig. Medio que genera informaciones no confirmadas y tendenciosas."

usted, ustedes. 1. Con minúscula inicial cuando se escriben con todas las letras: *usted no lo sabía; ustedes se lo llevaron*. Llevan mayúscula las abreviaturas: *U*. (o *Ud.*) *no lo sabía; Uds. se lo llevaron*.

2. → **vuestro; concordancia, I, A, 1**.

usufructuar. Para su acentuación, → **atenuar**.

usura. En el sentido de *desgaste*, es → **galicismo** (fr. *usure*) que conviene evitar.

*utensillo. → **Ultracorrección** por *utensilio*.

útil. Construcción: —*a su familia*; —*para la casa*.

ut infra. Expresión latina que significa 'como abajo' y que se emplea en un escrito para remitir a algo que sigue: *las firmas ut infra*. → **ut supra**.

utopía, utopia. La RAE admite las dos acentuaciones, pero recomienda la primera, que es la más corriente.

ut supra. Expresión latina que significa 'como arriba' y que se emplea en un escrito para remitir a algo que antecede: *la fecha ut supra*. → **ut infra**.

V

v. 1. Vigesimotercera letra del alfabeto español (vigesimoquinta si se consideran la *ch* y la *ll* letras independientes). Su nombre es *ve* o *uve* (plural *ves* y *uves*). El primero predomina en América, y para evitar, en la lengua hablada, la confusión con *be*, se la suele llamar *ve corta* o, indebidamente (→ **2**) *labiodental*: "Luego resultó que la ve sonaba como efe [...]" (A. Capdevila, *Córdoba*, 72); "Después sigue el diccionario, a tres pesos mensuales, al que le falta [...] toda la 've' corta," (Damocles, "Analepsia de mi sueldo", en AM, 2, 172); "[...] pronunciaba la ve corta como u porque también eso compartían, la pronunciación del latín clásico [...]" (A.M. Shúa, *Los amores*, 44).

En España se prefiere el nombre *uve*: "El español es una lengua difícil que hay que pronunciar con toda la boca abierta. Tiene bastantes verbos irregulares y no existe en él diferencia alguna entre la be y la uve [...]" (C.J. Cela, *El bonito crimen*, 18); "[...] pronuncia igual las bes y las uves, como si fueran todas uves y lo hace con auténtica fuerza convirtiéndolas casi en efes." (C. Rico-Godoy, *Cómo ser una mujer*, 142).

2. Representa un fonema oclusivo bilabial sonoro (igual que la *be* ortográfica): *verde, caviar* [bérde, kabiár].

Contra lo que suele creerse, la **v** no representó nunca en español un fonema fricativo labiodental sonoro (el único fonema fricativo labiodental, pero sordo, es *f*): "No hay noticia de que la *v* labiodental haya sido nunca corriente en la pronunciación española [...]" (T. Navarro Tomás, *Manual*, § 91). Es impropio, entonces, llamar *ve labiodental* a esta letra, para distinguirla de la *be*. En el español modélico en general y en el de la Argentina en particular, suele ser signo de afectación distinguir, en la pronunciación, la *ve* de la *be*.

En la escritura, en cambio, se distinguen cuidadosamente, lo que responde, por lo general, a razones etimológicas.

La *n* mantiene esta grafía ante *v*, aunque se pronuncia como *m*: *enviar, convertir* [embiár, combertír].

3. *Ortografía*. Se usa **v** (y no *b*):

a) después de **ad-, ob-** y **sub-**: *adverbio, obvio, subvertir*;

b) en las terminaciones *-avo, -ave, -eve, -evo, -ivo* de adjetivos: *octavo, suave, leve, nuevo, pasivo*;

c) después de **n**: *invierno, invitar*;

d) en la terminación **-ívoro** de adjetivos: *herbívoro, carnívoro*;

e) en todos los presentes del verbo **ir**: *voy, vaya, ve*;

f) en los pretéritos perfectos simples en **-uve** y en sus formas correlativas: *anduve, estuve, tuve, anduviera, estuviera, tuviese*. Excep. *hube*;

g) en las voces que comienzan por **eva-, eve-, evi-** y **evo-**: *evadir, evento, evitar, evolución*;

h) en el formante **vice-**: *vicerrector, vicealmirante*.

vacacional. La RAE ha incorporado este adjetivo al DRAE/92 con el significado de 'perteneciente o relativo a las vacaciones'.

vaciar. Hubo vacilación durante mucho tiempo en la acentuación de este verbo. *Vacio, vacias* (como → **abreviar**) es la acentuación etimológica y clásica, que ha sido sustituida por *vacío, vacías* (como → **enviar, 1**). La primera está extendida en la lengua popular, pero "en la lengua literaria lo más general es *vacío*" (*Esbozo*, 2. 13. 5). Se puede agregar que no sólo en la lengua literaria, sino también en la coloquial.

vacilar. Construcción: —*en la respuesta*; —*entre ir o quedarse*.

vademécum. Es preferible dejar invariado el plural: *el vademécum, los vademécum*.

vade retro. Expresión latina que significa 'apártate' y que suele emplearse humorísticamente en español para rechazar a una persona o cosa a la que se considera una tentación.

V A L E R
(conjugación de los tiempos irregulares)

MODO INDICATIVO

Presente	*Futuro*	*Condicional*
valgo	valdré	valdría
vales	valdrás	valdrías
vale	valdrá	valdría
valemos	valdremos	valdríamos
valéis	valdréis	valdríais
valen	valdrán	valdrían

MODO SUBJUNTIVO

Presente

valga
valgas
valga
valgamos
valgáis
valgan

---

vagamundear, vagamundo. La RAE admite estas formas como populares, pero prefiere *vagabundear* y *vagabundo*: "En la voz culta *vagabundo*, se buscó dar sentido a su terminación alterándola en *vagamundo*." (R. Menéndez Pidal, *Manual*, § 70,1).

vagoroso. Adjetivo que no figura en el DRAE. Se emplea con el significado de 'difuso, poco claro, impreciso': *una explicación vagorosa*; "Amo los velos tenues, vagorosos / de las flotantes brumas" (R. Darío, *Azul*, 225). (¿contaminación de *vaporoso*?).

valer. Verbo irregular (ver cuadro). El imperativo irregular *val* es anticuado; actualmente se emplea el regular *vale*.

　　valerse. Construcción: —*de alguien* o *de algo*.

valiente. Superlativo: *valentísimo* (literario). "El uso común acepta ya [...] *valentísimo* [...]" (A. Alonso y P. Henríquez Ureña, *Gramática*, primer curso, § 61).

valkiria. La RAE admite, en el DRAE/92, esta grafía, pero prefiere *valquiria*. Evítese la grafía *walquiria* o *walkiria*.

Valladolid. Gentilicios: *vallisoletano* y *pinciano*.

vallisto, -ta. La RAE ha incluido este adjetivo en el DRAE/92 con las siguientes definiciones: "*Argent*. Natural de los Valles Calchaquíes. Ú. t. c. s. // 2. *Argent*. Perteneciente o relativo a esa región de la Argentina." "Un sombrero blanco, ovejuno, de industria vallista le sombreaba el rostro [...]" (J.C. Dávalos, "Los cazadores de chinchillas", en DCA, 28).

valón, walón. La RAE admite las dos grafías, pero prefiere la primera.

vals, valse. **1**. La RAE admite las dos formas, pero prefiere la primera. La segunda es más frecuente en el español americano, aunque no en la Argentina.
2. El plural de ambas voces es *valses*.
3. Evítense las grafías *wals* y *wálzer*, por lo demás ya desusadas.

valsear. Argentinismo por *valsar*. No figura en el DRAE/92.

valuar. Para su acentuación, → **atenuar**.

vampiresa. La RAE ha incorporado este sustantivo al DRAE/92 con las siguientes definiciones: "Mujer que aprovecha su capacidad de seducción amorosa para lucrarse a costa de aquellos a quienes seduce. // 2. **mujer fatal**."

vampirismo. El DRAE/92 registra este sustantivo con las siguientes definiciones: "Conducta de la persona que actúa como un vampiro. // 2. *Pat*. Necrofilia."

vampiro. Es palabra grave [bampíro]; la acentuación esdrújula, *vámpiro*, es incorrecta.

vanagloriarse. **1**. Para su acentuación, → **abreviar**.
2. Construcción: —*de* o (menos frecuente) *por sus dichos*.

vapulear, vapular. La RAE admite las dos formas, pero, en el DRAE/92, prefiere la primera.

vaquear, vaquería. La RAE ha incluido, en el DRAE/92, como argentinismos, las siguientes acepciones de estas voces: "Practicar la vaquería o caza de ganado salvaje" y "Batida del campo para cazar el ganado salvaje, que se realizó hasta los primeros años de la Independencia", respectivamente.

vaquero. Simplificación de la expresión *pantalón vaquero*, con que se designa un pantalón de tela recia, ceñido y en general azulado, usado originariamente por los vaqueros de Tejas (DRAE). También se lo denomina *pantalón tejano*. Es innecesario emplear el nombre inglés *jeans*. Se usa con frecuencia en plural.

***vaquiano**. → **baquiano**.

vareador. El DRAE/92 registra, como argentinismo, la siguiente acepción de este sustantivo: "Peón encargado de varear los caballos de competición." → **varear**.

varear. La RAE ha incorporado al DRAE/92, como argentinismos, las siguientes acepciones de este verbo: "Ejercitar un caballo de competición para conservar su buen estado físico" y "p. us. Lanzar un caballo a toda carrera."

varguéño. → **barguéño**.

variar. 1. Para su acentuación, → **enviar**, 1. 2. Construcción: —*de opinión*.

variétés. Palabra francesa que, en su acepción de 'espectáculo teatral compuesto de números diversos', puede traducirse por *variedades*.

variz, varice, várice. 1. La RAE admite las tres formas y, en el DRAE/92, las recomienda en el orden indicado. En la Argentina se emplea preferentemente *várice*, por lo general en plural: *las várices*. 2. El sustantivo **variz** es agudo [barís] y femenino: *la variz*.

vasto, basto. No deben confundirse: **vasto** significa 'amplio, dilatado, muy extendido'; **basto** es 'grosero, tosco, sin pulimento'. Indudablemente se ha cometido un error en el texto siguiente: "[...] un hombre de vocabulario limitado, por momentos vasto y más apropiado para una farra de amigos que para un funcionario del Poder Ejecutivo [...]" (*Página / 12*, 22-2-92, pág. 2).

váter. Hispanización de la voz inglesa *water*, que la RAE ha incorporado al DRAE/92 con las siguientes definiciones: "m. Inodoro. // 2. **cuarto de baño**, habitación." Es palabra de uso muy ocasional en la Argentina.

vatio, watt. La RAE admite las dos palabras, pero reserva **watt** para el nombre del **vatio** en la nomenclatura internacional.

vaudeville. → **vodevil**.

va y + verbo. → **ir y + verbo**.

vecino. Construcción: —*a* o *de mi casa*.

***vedera**. Forma errónea por → **vereda**.

veinte (los). Para referirse al segundo decenio de un siglo, → **cardinales (numerales)**, 3.

veintiuno. 1. Los numerales cardinales **veintiuno**, *treinta y uno, cuarenta y uno*, etc. se apocopan delante de sustantivo masculino: *aprobaron veintiún alumnos; hace ya treinta y un días*. → **un, una**, 1. 2. El sustantivo al que estos numerales modifican debe ir en plural: *llegaron cuarenta y un pasajeros; leyó cincuenta y una páginas*, aunque en lengua coloquial se emplea con frecuencia el singular: **llegaron cuarenta y un pasajero*. 3. → **cardinales (numerales)**, 1.

velar. Construcción: —*a un muerto*; —*en defensa de las instituciones*; —*por las leyes*.

velatorio. → **velorio**.

velis nolis. Expresión latina que se emplea en español con su significación original de 'quieras o no quieras, de grado o por fuerza'.

velódromo. Es palabra esdrújula; la acentuación llana [belodrómo] es errónea.

velorio, velatorio. La RAE admite las dos voces, aunque restringe la primera al acto de velar "especialmente a un niño difunto". En España se prefiere **velatorio**; en la Argentina se usa corrientemente **velorio**, sin la restricción que figura en el DRAE.

vencer. 1. El cambio de *c* por *z* ante *o* y *a* (*venzo, venza*) responde a la necesidad de mantener el mismo sonido de la raíz y no constituye irregularidad. 2. Construcción: —*a, por traición*; —*en inteligencia*.

vender. Construcción: —*a diez pesos el ciento*; —*al* o *por mayor*; —*con pérdida*; —*de segunda mano*; —*en* o *por mil pesos*.

vendimiar. Para su acentuación, → **abreviar**.

vengarse. Construcción: —*de alguien*; —*de* o *por lo que le hicieron*; —*en el hijo del ofensor*.

venir. 1. Verbo irregular (ver cuadro). Tiene cinco raíces: *ven-, veng-, vien-, vin-* y *vendr-*. El imperativo singular es *ven* (→ **voseo**: *vení*), pero no: **viene*. 2. Construcción: —*a casa*; —*a cuento*; —*a menos*; —*con exigencias*; —*de Montevideo*; —*en ello*; —*en conocimiento de algo*; —*por noticias*; —*por mar*. → **venir de + infinitivo; en**, 1.

venirse. En el habla popular es frecuente el uso reflexivo de **venir**: *se vinieron todos; me vine en seguida*. Conviene decir, en lengua cuidada, *vinieron todos; vine en seguida*.

venir de + infinitivo. Con el significado de

VENIR
(conjugación de los tiempos simples)

MODO INDICATIVO

Presente	Pret. imperf.	Pret. perf. simple	Futuro	Condicional
vengo	venía	vine	vendré	vendría
vienes	venías	viniste	vendrás	vendrías
viene	venía	vino	vendrá	vendría
venimos	veníamos	vinimos	vendremos	vendríamos
venís	veníais	vinisteis	vendréis	vendríais
vienen	venían	vinieron	vendrán	vendrían

MODO SUBJUNTIVO

Presente	Pretérito imperfecto	Futuro
venga	viniera/viniese	viniere
vengas	vinieras/vinieses	vinieres
venga	viniera/viniese	viniere
vengamos	viniéramos/viniésemos	viniéremos
vengáis	vinierais/vinieseis	viniereis
vengan	vinieran/viniesen	vinieren

MODO IMPERATIVO

Presente
ven
venid

FORMAS NO PERSONALES

Infinitivo	Gerundio	Participio
venir	viniendo	venido

acabar de, es construcción francamente galicista: **viene de entregarme la carta.*
venir en casa. → **en, 1.**
venirse al humo. → **irse al humo.**
ventajero. En la localización geográfica de esta voz, la RAE suprimió, en el DRAE/92, la mención de la Argentina, pero sigue siendo palabra de uso corriente en este país.
venta obsequio. Plural: *ventas obsequio.* → **carta poder.**
ventiscar, ventisquear. La RAE admite las dos formas, pero prefiere la primera.
*ventiuno, *ventidós. Formas incorrectas por *veintiuno, veintidós*, etc.
ventriloquia. Se pronuncia [bentrilókia]; la acentuación con hiato final: **ventriloquía* es incorrecta.
ver. 1. Verbo irregular (ver cuadro).
2. Las formas *vi* y *vio* se escriben sin tilde. Tampoco se distinguen, mediante la tilde diacrítica, *ve* de **ver** y de *ir.* → **acentuación ortográfica, II, A.**
3. Construcción: —*con sus propios ojos*; —*de hacer algo*; —*por, a través de la mirilla.*
verdecer. V. irreg.; se conjuga como → **parecer, 1.**
verdemar. Evítese la grafía **verde mar.*
verdusco. La grafía **verduzco* es errónea. → **-usco, -uzco.**
vereda. La acepción 'acera' está aceptada

VER
(conjugación de los tiempos simples)

MODO INDICATIVO

Presente	Pret. imperf.	Pret. perf. simple	Futuro	Condicional
veo	veía	vi	veré	vería
ves	veías	viste	verás	verías
ve	veía	vio	verá	vería
vemos	veíamos	vimos	veremos	veríamos
veis	veíais	visteis	veréis	veríais
ven	veían	vieron	verán	verían

MODO SUBJUNTIVO

Presente	Pretérito imperfecto	Futuro
vea	viera/viese	viere
veas	vieras/vieses	vieres
vea	viera/viese	viere
veamos	viéramos/viésemos	viéremos
veáis	vierais/vieseis	viereis
vean	vieran/viesen	vieren

MODO IMPERATIVO

Presente

ve
ved

FORMAS NO PERSONALES

Infinitivo	Gerundio	Participio
ver	viendo	visto

---

por la RAE como propia de la América Meridional: "[...] el bulto que el cochero y tío Carlos bajaban a la vereda." (J. Cortázar, *Final del juego*, 24).

vermouth. → **vermú.**

vermú, vermut. 1. Así ha hispanizado la RAE la voz *vermouth*, forma francesa del al. *Wermut*. De las dos grafías, recomienda la primera.

2. El plural de **vermú** es *vermús*: "[...] y le pagué dos vermús con gambas [...]" (C.J. Cela, *La colmena*, 246); "[...] para pagarse algunos vermús en el 'Iberia' [...]" (P. O'Donnell, *Copsi*, 140).

El plural más generalizado de **vermut** es el anómalo *vermuts*: "A Manuel le han enter-necido los vermuts." (I. Aldecoa, "Balada del Manzanares", en URCE, 113). El plural regular *vermutes* es inusitado.

3. El DRAE/92 ha suprimido toda localización geográfica a la acepción 'función de cine o teatro por la tarde'.

versado. Construcción: —*en historia medieval*.

Versailles. El nombre de esta ciudad francesa es, en español, *Versalles*, del que deriva el adjetivo *versallesco*.

versátil. Significa 'de genio o carácter voluble e inconstante'. No corresponde aplicar este adjetivo cuando se quiere decir *variado, polifacético*.

verso. Evítese emplear esta palabra en lugar de *poesía, poema*.

versus. Preposición latina que significa 'hacia'. Su empleo con el valor de 'contra' es un → **anglicismo** que conviene evitar.

verter. 1. V. irreg.; se conjuga como → **tender, 1**. Las formas *virtió, *virtieron* son incorrectas; dígase *vertió, vertieron*.
2. Construcción: —*al suelo*; —*al o en francés*; —*de la jarra*; —*en el vaso*; —*sobre el mantel*.

vertiente. Es sustantivo → **ambiguo** en cuanto al género, aunque se usa preferentemente como femenino. En la acepción figurada 'aspecto, punto de vista' es siempre femenino.

***vertir**. Forma incorrecta por → **verter**: "[...] es uno de los pocos artistas argentinos que jamás temió vertir sus pensamientos políticos." (S. Walger y C. Ulanovsky, *TV, Guía negra*, 136).

vesania. Tiene diptongo final; la acentuación [besanía] es errónea.

Vestfalia. → **Westfalia**.

vestir. 1. V. irreg.; se conjuga como → **pedir, 1**.
2. Construcción: —*a la moda*; —*(las paredes) de tapices*; —*de negro*.

vez pasada. Se emplea en la lengua popular de la Argentina, Chile, Paraguay y Uruguay con el significado de 'hace poco tiempo, en cierta ocasión': *vez pasada lo encontré en la plaza*. Conviene evitarlo en lengua cuidada.

vi. No lleva tilde. → **acentuación ortográfica, I, E**.

vía crucis. 1. Académicamente es masculino: "Su matrimonio con Clovis [...] fue un vía crucis." (M. Denevi, *Música*, 36); pero para el uso común es femenino.
2. El DRAE no registra la grafía *viacrucis*: "[...] no tiene ánimos para hablar por radio de su viacrucis." (M. Vargas Llosa, *Pantaleón*, 187).

viaraza. Sustantivo anticuado que, con el valor de 'arrebato, acción inconsiderada y repentina', se ha mantenido en la Argentina, Colombia, Guatemala y Uruguay: "El comisario Villoldo era de genio alegre y pacífico, pero tenía a veces unas viarazas terribles [...]" (A. Cancela, *Historia*, II, 77).

vías de hecho. → **Galicismo** (fr. *voie de fait*): "La portería [...] requería, o elementos de corrupción para el portero, o vías de hecho deplorables." (M. Cané, *Juvenilia*, 29). Puede sustituirse por *actos de violencia*.

víbora. El DRAE/92 registra esta nueva acepción: "fig. Persona con malas intenciones."

vice-. Prefijo inseparable: *vicegobernador*. Es incorrecta la grafía *vice-gobernador*.

vichar, vichador, vichadero. 1. En su sesión del 12 de setiembre de 1974, la AAL sugirió a la RAE la inclusión de estos voca-

blos en el *Diccionario mayor* (*Acuerdos*, VI, 156-59). El DRAE/84 incorporó **vichar** (**vichador** y **vichadero** no) con la siguiente definición: "tr. *Argent*. y *Urug*. Espiar, atisbar". "[...] y en las ventanas de la calle aparece 'vichando' con curiosidad [...]" (R.J. Payró, *Pago Chico*, 73); "Pensó en esa ciudad de Córdoba [...] que había vichado desde arriba [...]" (F. Luna, *La última montonera*, 30).
2. Aunque menos frecuente, existe también la grafía → **bichar**.

vichoco. → **bichoco**.

viciar. Para su acentuación, → **abreviar**.

victimar. La RAE ha incorporado este verbo al DRAE/92 como sinónimo de *asesinar, matar*.

victimario. El DRAE/92 registra una nueva acepción de este sustantivo: "**homicida**, persona que comete homicidio."

victorear. → **vitorear**.

victrola. En sesión del 25 de julio de 1985 (*Acuerdos*, X, 228-30), la AAL sugirió a la RAE la inclusión de este sustantivo como sinónimo de *gramófono*. "Compraremos una victrola y pondremos música." (M. Denevi, *Hierba*, 83). No figura en el DRAE/92. Es voz que tiene un nostálgico sabor de antigüedad.

videasta. → **Neologismo** formado sobre *cineasta*, voz ésta admitida por la RAE. "[...] una representación considerable de videastas independientes [...]" (*Página / 12*, 18-8-90, pág. 18). Equivale a *realizador de video*, denominación esta última que alterna con **videasta** en el nombre de instituciones similares: *Sociedad Argentina de Videastas, Asociación de Realizadores de Video de Córdoba*.

vídeo. La acentuación esdrújula es la única admitida por la RAE, pero en la Argentina es palabra llana [bidéo]: "[...] los realizadores de video argentinos." (*Página / 12*, 18-8-90, pág. 18).

videocasete. → **Neologismo** de significación fácilmente deducible: "[...] lograron secuestrar una importante cantidad de videocasetes copiados clandestinamente [...]" (*Clarín*, 11-5-88, pág. 39). Evítese la grafía *videocassette*. → **casete**.

videodisco. La RAE ha incorporado esta voz al DRAE/92 con la siguiente definición: "m. Disco en el que se registran imágenes y sonidos, que, mediante un rayo láser pueden ser reproducidos en un televisor."

videogames. Voz inglesa (pron. [videoguéims]) que puede sustituirse por *videojuegos* (palabra no registrada por el DRAE) o *juegos electrónicos*.

videotape. Voz inglesa (pron. [videotéip]) que puede traducirse por *videocinta*.

vidriar. El *Esbozo* (2. 13. 5) incluye este

verbo en la lista de los que vacilan entre la acentuación *-ío* (*vidrío*) y la acentuación *-io* (*vidrio*), pero aclara que la más usada es la primera.

vidriera. Aunque el DRAE no lo aclara, es voz usada preferentemente en América: "Como si me viera desde lejos en un escaparate (ya casi perdí el hábito de decir vidriera) [...]" (M. Benedetti, *Primavera*, 137).

vidurria. El DRAE/92 registra este argentinismo como sinónimo de *vidorra*, es decir, *vida regalada*.

Viedma. El gentilicio correspondiente a esta ciudad del Río Negro (República Argentina) es *viedmense*.

viejo. Diminutivos: *vejete, vejezuelo, viejecico, viejecillo, viejecito* y *viejezuelo*. En la Argentina se emplea preferentemente *viejito*: "En un rincón, cuatro viejitos jugaban al truco." (A.M. Shúa, *Soy paciente*, 19). → **diminutivos, 1**.

viento. Los nombres de los vientos se escriben con minúscula inicial: *aquilón, bóreas, cierzo, mistral, pampero, zonda*, salvo que formen parte de un nombre propio: *Sarmiento fundó el periódico El Zonda en 1839*.

vigilar. Construcción: —*a los alumnos*; —*en defensa de la ley*; —*por la salud pública*.

vilipendiar. Para su acentuación, → **abreviar**.

villa miseria. 1. Plural: *villas miseria* (AAL, *Acuerdos*, III, 224). "Se concreta en el Hospital de Niños y en dos villas miseria del Gran Buenos Aires [...]" (M. Aguinis, *Profanación*, 89). No corresponde pluralizar el segundo elemento: "[...] el estilo de las villas marginales (*poblaciones callampas* en Chile, *villas miserias* en Argentina) [...]" (M. Benedetti, *El recurso*, 162). → **carta poder**.
2. Esta expresión es un argentinismo que no figura en el DRAE/92.

vincha. La RAE admite esta forma, pero no la menos frecuente *bincha*. "La vincha sujetando la cerda negra y dura de los criollos [...]" (E. Cambaceres, *Sin rumbo*, 5). Así mismo puede encontrarse la forma etimológica *huincha*: "[...] como la huincha que sujetaba los cabellos de las mujeres indígenas y fue también el signo distintivo de los caciques." (J.V. González, *Mis montañas*, 8), que también registra el DRAE, aunque restringiendo indebidamente su empleo sólo a Chile y Perú.

vincular. Construcción: —*una cosa a otra*.

***vino rojo**. → **Galicismo** (fr. *vin rouge*) por *vino tinto*.

viñatero. Esta voz, usual en la Argentina, no figura en el DRAE/92; puede sustituirse por *viñador*.

viñeta. La RAE ha ampliado, en el DRAE/92,

la significación de este sustantivo con las siguientes definiciones: "Cada uno de los recuadros de una serie en la que con dibujos y texto se compone una historieta" y "Dibujo o escena impresa en un libro, periódico, etc., que suele tener carácter humorístico. A veces va acompañado de un texto o comentario."

vio. No lleva tilde. → **acentuación ortográfica, I, E**.

violeta. → **color, 2** y **concordancia, I, D**.

violonchelo, violoncelo. 1. La RAE admite ambas variantes, pero prefiere la primera.
2. Estando ya castellanizada la palabra italiana, no se justifica escribir *violoncello*: "[...] la gravedad del violoncello llenó la calle." (G. Rozenmacher, "Blues en la calle", en *Cuentos completos*, 79).
3. → **chelo**.

VIP. Sigla de la frase inglesa *very important person* (persona muy importante). Es incorrecta la pluralización VIPS o VIPs: "En los de abajo los VIPS tienen televisores, videos [...]" (*Página / 12*, 20-9-92, pág. 2). → **sigla, 2**.

***viquingo**. La RAE no admite esta grafía, sino sólo *vikingo*.

viral. Por sugerencia de la AAL (*Acuerdos*, VII, 29-31), la RAE ha incluido este adjetivo en el DRAE/92 con el significado de 'perteneciente o relativo a los virus'.

virar. Construcción: —*a, hacia la costa*; —*en redondo*.

viraró. Plural *virarós*. → **plural, I, B, 2, b**.

***virtió**, ***virtieron**. → **verter, 1**.

viruelas locas. Solamente en plural. Es erróneo *viruela loca.

visa, visado. 1. La RAE admite como americanismo **visa**, pero prefiere **visado**.
2. **Visa** es sustantivo → **ambiguo** en cuanto al género: *el visa* o *la visa*.

***visación**. El DRAE/92 no registra esta voz; dígase → **visa** o *visado*.

vis-à-vis. Expresión francesa (pron. [visaví]) que se emplea en español con el significado original de 'frente a frente, cara a cara': *estaban sentados vis-à-vis*.

visible. Construcción: —*a, para todos*.

visionar. La RAE ha incorporado este verbo al DRAE/92 con las siguientes definiciones: "Creer que son reales cosas inventadas. // 2. Ver imágenes cinematográficas o televisivas, especialmente desde un punto de vista técnico o crítico."

visión del mundo. → **cosmovisión**.

visitador. El DRAE/92 registra una nueva acepción de este vocablo: "m. y f. Persona que visita a los médicos para mostrar los productos farmacéuticos y las novedades terapéuticas."

visitar. La RAE ha incluido en el DRAE/92 una nueva acepción de este verbo: "Ir a algún país, población, etc., para conocerlos. *En sus vacaciones visitó París.*" Como se ve, la RAE eliminó la preposición *a* (visitó a París) que antes exigía en este caso. → **a, I, A, 2**.

vislumbre. Académicamente es sustantivo femenino, pero se emplea también, aun en lengua literaria, como masculino.

viso. Argentinismo, que no figura en el DRAE/ 92, por *enaguas*: "Tenía una falda muy amplia, de organdí blanco, con un viso almidonado [...]" (S. Ocampo, *El pecado mortal*, 43); "[...] para alzar su larga falda y su viso tosco [...]" (M.E. Walsh, *Novios*, 11).

vistear. La RAE ha incorporado este argentinismo al DRAE/92 con la siguiente definición: "intr. rur. Simular, como muestra de habilidad y destreza, una pelea a cuchillo." Se emplea también con el valor figurado de 'observar detenidamente a otro para adivinar sus intenciones'.

visto. Empleado como parte de una construcción absoluta, debe concordar en género y número con el sustantivo: *visto el expediente, vistos los expedientes, vista la causa, vistas las causas.*

visto que. Esta locución conjuntiva causal no admite la preposición *de*. *Visto de que* es un caso de → **dequeísmo**.

vitorear, victorear. La RAE admite las dos formas, pero prefiere la primera. Evítense las formas *vitoriar, *victoriar*.

vivaque, vivac. 1. La RAE admite las dos formas, pero prefiere la primera.
2. El plural de ambas es *vivaques* (**vivac** agrega -*es* después de cambiar la *c* final por *qu* para mantener el sonido oclusivo velar sordo): "En las ociosas charlas de los vivaques solíamos criticar a nuestro general en jefe por sus vacilaciones [...]" (F. Luna, *Soy Roca*, 59).
Conviene evitar el plural anómalo *vivacs: "Contarle cuentos de aparecidos en los vivacs inquietos." (R. Fontanarrosa, *El mundo*, 92).

vivir. Construcción: —*a su gusto*; —*de limosna*; —*de* o *por milagro*; —*en grande*; —*en paz*.

viviseccionar, vivisecar. Aunque la RAE admite *vivisección*, no admite **viviseccionar**, y aunque acepta *disecar*, no acepta **vivisecar**.

vizcaíno. La acentuación [biscaíno] es incorrecta.

vocativo. Palabra que sirve para llamar o invocar a una persona o cosa personificada. Puede estar al comienzo o al final de la oración, o bien intercalada en ella, y va siempre seguida o precedida de coma, o bien entre comas, respectivamente: *Pedro, ven aquí; buenos días, hijo; creo, amigo mío, que no será posible viajar.*

vodca. → **vodka**.

vodevil. 1. Hispanización de la voz francesa *vaudeville*, que la RAE ha incorporado al DRAE/92 con la siguiente definición: "m. Comedia frívola, ligera y picante, de argumento basado en la intriga y el equívoco, que puede incluir números musicales y de variedades."
2. Plural: *vodeviles*.

vodka, vodca. 1. La RAE admite las dos grafías, pero recomienda la primera.
2. Es sustantivo → **ambiguo** en cuanto al género: "Pero tal vez una vodka, entonces [...]" (R. Fontanarrosa, *El mundo*, 243); "[...] mucho whisky y coñac, mucho vodka [...]" (M. Aguinis, *Profanación*, 265).

vodú, voduismo. → **vudú**.

volar. 1. V. irreg.; se conjuga como → **sonar**.
2. Construcción: —*a contarlo*; —*al cielo*; —*a mil metros*; —*de rama en rama*; —*en avión*; —*por los aires*.

volatilizar, volatizar. La RAE admite las dos formas, pero prefiere la primera.

volcar. V. irreg.; se conjuga como → **sonar**. El cambio de *c* por *qu*, para conservar el sonido oclusivo velar sordo (*vuelque*), no constituye irregularidad.

voleibol. Para la RAE es palabra aguda [boleiból]. En la Argentina se pronuncia corrientemente como esdrújula [bóleibol]: "El seleccionado de vóleibol viaja hoy a Europa [...]" (*Clarín*, 26-4-92, pág. 66). → **balonvolea**.

volframio, wólfram, wolframio. La RAE admite las tres formas, pero prefiere la primera.

volleyball. La RAE ha hispanizado esta voz inglesa en las formas → **balonvolea; voleibol**.

volt. Es el nombre del *voltio* en la nomenclatura internacional.

volteada. La RAE ha enmendado, en el DRAE/92, la redacción de este artículo de la siguiente manera: "f. *Argent*. Acción y efecto de voltear. // 2. *Argent*. En faenas rurales, operación que consiste en derribar un animal para manearlo. // **caer en la volteada**. fr. fig. y fam. *Argent*. Verse alguien afectado por una situación más o menos ajena que lo involucra."

voltear. El DRAE/92 registra, como argentinismo, la acepción 'derribar' de este verbo.

volumen. Es palabra grave terminada en -*n* y, por tanto, no corresponde ponerle tilde. → **acentuación ortográfica, I, B, 1**.

volver. 1. V. irreg.; se conjuga como → **mover**. El participio es *vuelto*.
2. No debe emplearse el pronombre reflexivo de tercera persona *sí* (*volvió en sí*) con primera o segunda persona: *volví en sí, *volviste en sí*, en lugar de *volví en mí, volviste en ti*.

3. Evítese el uso redundante de este verbo con otro verbo que indique repetición: **volver a recomenzar, *volver a recaer, *volver a rehacer.*
4. Construcción: *—a casa; —a la derecha; —a las andadas; —al o del revés; —de Brasil; —por sus fueros; —sobre sí.*
volverse. Construcción: *—contra alguien o algo; —en contra de alguien.*
vorágine. La RAE ha incluido, en el DRAE/ 92, las siguientes acepciones de este sustantivo: "fig. Pasión desenfrenada o mezcla de sentimientos muy intensos" y "fig. Aglomeración confusa de sucesos, de gentes o de cosas en movimiento."
vos. Por sugerencia de la AAL (*Acuerdos*, IX, 55-60), la RAE ha incorporado una segunda acepción de esta voz en el DRAE/92: "*Argent*. Pronombre personal de segunda persona singular que cumple la función de sujeto, vocativo y término de complemento. Su paradigma verbal difiere según las distintas áreas de empleo."
De la definición propuesta por la AAL (*loc. cit.*, 60), la RAE suprimió, con criterio acertado, la nota de *familiar*, pero mantuvo la de *argentinismo*, lo que no corresponde, ya que el uso descrito de este pronombre no es exclusivo de la Argentina; por el contrario, está extendido, con diversas peculiaridades, por toda América. → **voseo**.
voseo. **I**. Consiste en emplear *vos* como pronombre de segunda persona singular (voseo pronominal) acompañado de formas verbales modificadas de segunda persona plural aplicadas al singular (voseo verbal): *vos cantás, vos comés.*
II. *Características*. El voseo es un fenómeno del español americano. Salvo en la Argentina, Paraguay, Uruguay y América Central, es propio del lenguaje popular y aun rústico y presenta numerosas variantes.
Para caracterizarlo, se consideran a continuación las modalidades del voseo rioplatense, el más extendido y utilizado por todas las clases sociales.
A. Está generalizado el voseo pronominal. El pronombre *vos* se emplea como sujeto de segunda persona singular: *vos sabés*; como vocativo: *a ver, vos, vení para acá*; y como término de preposición, en lugar de *ti: te lo dieron a vos*. En sectores semicultos se puede observar cierta resistencia a utilizar *con vos*, y es frecuente oír, en su lugar → **contigo**: *vos me dijiste(s) que volviese contigo.*
B. Las formas verbales acompañantes tienen las siguientes características:
1. *Presente y pretérito perfecto simple de indicativo*: se emplea la segunda persona plural, en la que se ha reducido el diptongo cuando existe: Presente: *cantás* (< cantáis) *comés* (< coméis), *vivís*. Pretérito perfecto

simple: *cantastes* (< cantasteis), *comistes* (< comisteis), *vivistes* (< vivisteis). Por → **ultracorrección**, estas formas del perfecto simple reciben una enérgica condena por parte de quienes usan todas las demás peculiaridades del voseo, y exigen el híbrido *vos cantaste, comiste, viviste*. "Percanta que me amuraste" dice el tango, junto a versos como "que vos eras mi alegría" y "me hago ilusión que volvés" (P. Contursi, "Mi noche triste", en ACTC, 233).
2. *Imperativo singular*: se emplea el imperativo plural con caída de la consonante final: *cantá* (< cantad), *comé* (< comed), *viví* (< vivid). Como el imperativo singular deriva, en el voseo, del imperativo plural, reaparece la vocal desinencial en los casos en que se ha perdido en el español modélico: *poné* (de *poned*, en lugar de *pon*), *tené* (de *tened*, en lugar de *ten*), *salí* (de *salid*, en lugar de *sal*).
3. *Pretéritos imperfectos de indicativo y de subjuntivo*: *cantabas, comías, vivías* y *cantaras, comieras, vivieras*, respectivamente. Es dudoso si se emplean las segundas personas del singular, o si, también en este caso, se ha producido reducción del diptongo de las formas en plural: *cantabais, comíais, vivíais* y *cantarais, comierais, vivierais.*
4. *Presente de subjuntivo*: presenta dos variantes: *cantes, comas, vivas* (que corresponden a *tú*) y *cantés, comás, vivás* (reducción de *cantéis, comáis, viváis*). La primera variante tiene mayor prestigio social.
5. *Futuro de indicativo*: se emplean las formas correspondientes a *tú: vos cantarás, vos comerás, vos vivirás.*
6. *Condicional*: presenta el mismo caso que los pretéritos imperfectos (→ **3**) (*cantarías, comerías, vivirías*).
7. El *presente de indicativo* de *haber* es *has* y no *habés.*
C. El pronombre personal átono es *te*, es decir, el correspondiente a *tú*, tanto complemento directo o indirecto: *te vi, pero vos no me vistes; te lo di a vos*; y como reflexivo: *vos te lavás.*
D. Como posesivo se emplea *tu/tuyo*, igual que para *tú: vos no trajistes el tuyo.*
E. Existen en la amplísima área de difusión del voseo muchas otras modalidades que es imposible examinar aquí. A título meramente ilustrativo se pueden citar como principales variantes:
1. Conservación de las formas diptongadas del plural: *vos cantáis* (Panamá).
2. Vocalismo diferente del rioplatense: *vos cantís* (NO. de la Argentina, Chile).
3. Voseo verbal, pero no pronominal: *tú cantás* (Montevideo).
4. Voseo pronominal, pero no verbal: *vos*

voseo

cantas, vos comes (N. de la Argentina, Bolivia); sobre todo con el presente de subjuntivo: *vos cantes, vos comas* (Argentina, Paraguay).

5. Futuro en *-és*: *vos cantarés* (Colombia, Guatemala) o en *-ís*: *vos cantarís* (Chile).

III. *Difusión*. Durante mucho tiempo se creyó, erróneamente, que el voseo era fenómeno propio de la Argentina o, como máximo, de la región del Río de la Plata.

En realidad, está extendido por toda América, aunque con distintos grados de penetración y de incidencia en las diversas clases sociales. Como apreciación muy general puede decirse que donde está más difundido es en la Argentina, Paraguay y Uruguay, países en los que se ha incorporado al lenguaje no sólo coloquial, sino también formal y literario de todas las clases sociales. En el resto de América, en general, el voseo está reducido al habla coloquial o popular y aun rústica o plebeya. En algunos países el *tú* mantiene mayor prestigio social que en otros. El estado actual del voseo puede describirse de la siguiente manera, siguiendo a Kany (*Sintaxis*, 77-121):

Argentina, Paraguay y Uruguay: Es la región donde se ha afincado con mayor firmeza. En ella se utiliza el voseo denominado rioplatense, que, con variaciones insignificantes, es el que se ha descrito en → **II**.

En las provincias del NO. argentino se oyen formas de voseo corrientes en Chile: *cantís*. Cuenta M. Cané, en *Juvenilia* (63), hablando de estudiantes provincianos: "Habíamos pillado un trozo de diálogo entre dos de ellos, uno que decía, con una palangana en la mano: 'Agora no más la vo a derramar'; y el otro que contestaba: '¡No la derramís!' "

En la Argentina el voseo se consolidó a mediados del siglo pasado: "Che, negra bruja, salí de aquí antes de que te pegue un tajo [...]" (E. Echeverría, *El matadero*, 72).

En el Uruguay se mantienen reductos del *tú* (departamento de Rocha, por ejemplo).

"De todo lo expuesto hasta aquí cabe deducir que la totalidad del territorio paraguayo es [...] claramente voseante [...]" (G. de Granda, *El español del Paraguay*, 80).

Bolivia. Entre las personas cultas predomina el uso del *tú*. El voseo se da en el habla popular urbana (*vos cantas*) y rural (*vos cantáis* o *vos cantás*): "—¿Conque la quieres endeveras, che? ¡Bueno! Pues yo también la quiero... ¿Sabés?" (A. Arguedas, "Venganza aymara", en ECB, 46); "Me respondes del preso con tu persona... Ya sabés ¿no? No me lo vas a dejar escapar. ¡Mirá que se me viene el pueblo encima!" (A. Flores, "El sargento Charupás", en ECB, 66).

Chile. Las personas cultas usan *tú*: "En Chile este tratamiento [voseo] ya se ha perdido por completo entre las clases cultas, que usan *tú* y *usted* casi indiferentemente. [...] los trabajadores de la capital se tratan de *usted*, pero a veces se retan usando *vos*." (R. Lenz, *La oración*, § 156).

El voseo, muy combatido, está relegado al habla vulgar y rústica que lo emplea con un vocalismo distinto del rioplatense:

Presente de indicativo: *vos cantái(s), comís, vivís*;

Presente de subjuntivo: *vos cantís, comái(s), vivái(s)*;

Futuro de indicativo: *vos cantarís, comerís, vivirís*.

"—Bien sabís que li'hace mal. —A vos también ti hace mal el trago y lo más bien que seguís poniéndole... —y con cierto recelo mira a su alrededor. Si la oyeran... Sabe que le está absolutamente prohibido. ¡Pero a ella le gusta tanto hablar como Bartolo...! (M. Brunet, *Humo*, 98); "—¿Querís que ti'ayue yo a vos? —La mina es mía —pero añade magnánima—. Pero no te aflijái, te daré un piacito. Podís bajar." (*op. cit.*, 72).

Colombia. Se oye el voseo en el habla popular del sur del país, en Bogotá y en Antioquia: "Corazón, no seás caballo: / aprendé a tener vergüenza; / al que te quiere, querélo, / y al que no, no le hagás fuerza." (J.E. Rivera, *La vorágine*, 39); "Con vos no me toy metiendo. ¡Pero si querés, pa vos también hay!" (*op. cit.*, 34).

Costa Rica. El voseo es general, como en el resto de las repúblicas centroamericanas. El uso de *tú* se siente afectado. "—¿Dónde vivís? —pude preguntarle [...]" (R. Soto, "Uno en la llovizna", en DCL, 82).

Cuba. Predomina netamente el tuteo. El *vos* está limitado al interior de Cuba oriental.

Ecuador. El voseo es corriente en la región central y septentrional, con la capital, Quito, incluida. No obstante, en la lengua popular puede advertirse, lo mismo que en otras regiones de América, la mezcla de *tú* y *vos*: "La única curpable eras vos que me habías engañao. Y tú eras la única que debía sufrir [...]" (D. Aguilera Malta, "El cholo que se vengó", en HA, 18).

El Salvador. Está muy extendido en el habla familiar, sobre todo en las clases populares. "-¡Hijo: abrí los ojos; ya hasta la color de que los tenés se me olvidó!" (S. Salazar Arrué, "La botija", en HA, 171).

Guatemala. El voseo está muy generalizado y, según el cuentista Carlos Alberto Quintana, pretender hacer hablar de tú al pueblo es un sueño (cit. Kany). "¡Ve, Pancha, abrí ligerito, date priesa; abrí, corré, ve, que es don Miguelito!" (M.A. Asturias, *El señor Presidente*, 164).

Honduras. El voseo es corriente, como en toda América Central.

México. Predomina el *tú*, salvo en los estados de Chiapas y de Tabasco, donde emplean *vos* las clases populares en la conversación familiar.

Nicaragua. El voseo está generalizado en todas las clases sociales. "—¿A qué te dedicás? [...] ¿Trabajás en taller? [...] ¿Pero vos fuiste beisbolero, o no?" (S. Ramírez, "El centerfielder", en DCL, 149).

Panamá. Se usa el voseo en el interior, sobre todo en las provincias rurales del centro.

Perú. El voseo está limitado a determinadas áreas. Una de las variedades es el uso de *vos* + segunda persona singular: "—¿Quieres ir vos también?" (C. Alegría, *El mundo*, 167); "Llévame con vos..." (*op. cit.*, 195); "Entra vos, Doro" (*op. cit.*, 199); "Quédate vos, para que avises..." (*op. cit.*, 215).

Puerto Rico y *República Dominicana*. El voseo es desconocido.

Venezuela. Está poco difundido; sólo se oye el voseo en algunas zonas de la región andina y de la región costeña. "—Salí tú primero, chica. —¿Guá y por qué no salís tú?" (R. Gallegos, *Doña Bárbara*, 40).

IV. *Consideraciones finales*. La estimación social del voseo es muy variable y depende del lugar. En algunas regiones, el prestigio del tuteo hace retroceder al voseo, pero en otras, en cambio, se observa, a través del tiempo, la consolidación del uso de *vos*. Es dudosa la influencia de los gramáticos y puristas y de la escuela en el desarraigo del voseo, invocada especialmente para Chile, donde al parecer el voseo nunca tuvo prestigio social, y de allí su escasa difusión.

En la Argentina fracasaron irremediablemente todas las acometidas contra el voseo y ya no se insiste más en pretender extirparlo de la escuela. Es significativa a este respecto la actitud de la AAL, que, en sesión del 22 de setiembre de 1960, acuerda dirigirse al ministro de Educación y Justicia para "solicitarle que se den instrucciones a los maestros y profesores del Ministerio de Educación y Justicia para que, en las clases, enseñen la lengua correcta y la apliquen en el trato diario con los alumnos.

"Los errores y desviaciones de la lengua vulgar, que se encuentran en la literatura costumbrista, han de ser explicados por los maestros y profesores y utilizados como elementos de comparación con el habla culta, pero nunca presentados como modelos que deben imitarse, fuera de este género literario.

"En especial conviene aconsejar que se destierre de la enseñanza y del trato con los alumnos el voseo y las formas verbales incorrectas con que, entre nosotros, se suele construir el pronombre *vos*. [...]

"Además, debe insistirse en que los maestros y profesores no empleen el *vos* cuando se dirijan a sus alumnos, por cuanto, al proceder así, desvirtuarían con la práctica lo que enseñan con la teoría." (*Acuerdos*, III, 154-55).

En sesión del 9 de setiembre de 1982, después de un análisis objetivo del voseo, la AAL concluye: "Un enfoque tal implica indudablemente la reconsideración del fenómeno del voseo, cuya extensión de uso en nuestro país ha sido ampliamente comprobada en niveles orales y escritos de lengua. Corresponde, en consecuencia, reconocer como legítimo el empleo del voseo siempre y cuando éste se conserve dentro de los límites que impone el buen gusto, esto es, huir tanto de la afectación como del vulgarismo." (*Acuerdos*, IX, 59).

Para finalizar, las prudentes y autorizadas palabras de Kany: "[...] parece evidente que el cáustico anatema de gramáticos y puristas no logrará tan fácilmente desarraigar el voseo, hondamente cimentado y ligado a la medula misma de la lengua." (*Sintaxis*, 121).

votar. Construcción: —*a* o *por un candidato*; —*con la mayoría*; —*en el plebiscito*.

voucher. Palabra inglesa (pron. [váucher]) que suele emplearse en la jerga de la industria turística con su significado original de 'comprobante'.

vox clamantis in deserto. Expresión latina que significa literalmente 'voz que llama en el desierto'. Se suele emplear en español para referirse a quien no es escuchado en sus advertencias o recomendaciones, a quien predica en el desierto.

vox pópuli. Expresión latina que significa literalmente 'voz del pueblo'. Se emplea en español con el valor de 'de público conocimiento, de dominio público'.

voyeur. Palabra francesa (pron. aproximadamente [vuaiér]) con la que se designa a la persona que remplaza el acto sexual por la contemplación, sin ser vista, de la manifestación de la sexualidad ajena.

Falta en español una palabra que sirva para traducirla, ya que *mirón* no abarca este valor. Se suele emplear el →**galicismo** *voyerista* (o *vuayerista*) derivado del fr. *voyeurisme* (*voyerismo* o *vuayerismo*), palabra con que se nombra la perversión sexual, pero ninguna de estas voces está reconocida por la RAE.

vudú. 1. La RAE ha incorporado este sustantivo al DRAE/92 con la siguiente definición: "(Voz de or. africano occidental que significa "espíritu".) m. Cuerpo de creencias y prácticas religiosas, que incluyen fetichismo, culto a las serpientes, sacrificios rituales y empleo del trance como medio de comunicación con sus deidades, procedente de África y corriente entre los negros de las Indias occidentales y sur de los Estados Unidos. Ú. t. c. adj."

2. La RAE admite también la voz *vuduismo*, pero prefiere **vudú**.

3. Plural: *vudúes* o *vudús*. → **rubí**.

vuelta a vuelta. → **año a año**.

vuestro. Es el posesivo correspondiente a *vosotros*: *como vosotros bien dijisteis, ésta no es vuestra opinión*.

Es incorrecto emplear **vuestro**, en lugar de *suyo* o *su*, con el pronombre personal *ustedes*: **como ustedes bien dijeron, ésta no es vuestra opinión*, por: *ésta no es su opinión o la opinión de ustedes*.

No es recurso válido para sortear la dificultad que presenta la ambigüedad de significado de *su* (→ **su, 2**).

Este error es ya epidemia en el estilo epistolar comercial: **remitimos a ustedes vuestro formulario debidamente firmado*.

W

w. 1. Vigesimocuarta letra del alfabeto español (vigesimosexta si se consideran la *ch* y la *ll* letras independientes), que se emplea solamente en palabras de origen extranjero. Su nombre, según la RAE, es *uve doble* (plural *uves dobles*): "[...] por unos fondos de retrete con su uve doble y su punto y su ce pintadas con altura de miras [...]" (F. Umbral, "Amar en Madrid", en URCE, 241). También se la llama *ve doble* (nombre que el DRAE no registra) y, en la Argentina, corrientemente, *doble ve*. Bello la llamaba *doble u* (*Gramática*, § 14).
2. Representa dos fonemas: a) fricativo labiodental sonoro (*v*) en las voces de origen alemán: *Wagner* [vágner], aunque por falta de este fonema en español (→ **v, 2**), suele remplazarse por *b* [bágner]; b) semiconsonante (*u*) en palabras de origen inglés: *Washington* [uásington].

Wagner, Wágner. Puede escribirse de las dos maneras, pero es preferible la primera. → **acentuación ortográfica, III, B, 2.**

walón. → **valón.**

***walquiria.** Forma incorrecta por *valquiria*: "La hija, en cambio, tiene el porte de una walquiria." (M. Denevi, *Un pequeño café*, 28).

Washington, Wáshington. Puede escribirse de las dos maneras, aunque es preferible la primera. → **acentuación ortográfica, III, B, 2.**

wasp. Sigla de *white anglo-saxon protestant*, con la que se designa a los colonizadores blancos, anglosajones y protestantes de los Estados Unidos y a sus descendientes: "Es el único enclave de EE. UU. donde los hispanos han hecho retroceder a los wasps, que se mueren de odio por esta causa [...]" (*Página/30*, Año I, Nº 6, enero de 1991, pág. 31).

water. → **váter.**

water-polo. Palabra inglesa (pron. [uóter pólo]), que puede sustituirse por *polo acuático*.

***watio.** Forma incorrecta por → **vatio.**

watt. → **vatio.**

way of life. Expresión inglesa (pron. [uéi ov láif]), que puede traducirse por *estilo de vida*.

weekend. Palabra inglesa (pron. [uíkend]) que puede suplantarse por *fin de semana* o *excursión de fin de semana*.

Weltanschauung. → **cosmovisión.**

Westfalia, Vestfalia. 1. La RAE admite las dos grafías, sin indicar preferencia.
2. El gentilicio correspondiente a esta región de Alemania es *westfaliano* o *vestfaliano*.

whisky. La RAE admite esta grafía, pero prefiere → **güisqui.**

***wodka.** Grafía incorrecta por → **vodka.**

wólfram, wolframio. La RAE admite estas dos formas, pero prefiere la grafía *volframio*.

X

x. 1. Vigesimoquinta letra del alfabeto español (vigesimoséptima si se consideran la *ch* y la *ll* letras independientes). Su nombre es *equis*, que se mantiene invariado en plural: *las equis*.

2. *Pronunciación.* a) En posición intervocálica y al final de palabra, representa dos fonemas /ks/: *examen* [eksámen], *boxeo* [bokséo], *tórax* [tóraks], *ónix* [óniks]. En el primer caso, es vulgar la reducción a [s]: [esámen, boséo], y está sancionada socialmente, por lo que conviene evitarla. En el segundo caso esta reducción es admisible en lengua coloquial [tóras, ónis], pero es preferible evitarla en lengua cuidada.

b) Ante otra consonante, se pronuncia corrientemente [s]: *exterior* [esteriór], *extremo* [estrémo]. Esta pronunciación es correcta; incluso darle a la **x** el sonido [ks] puede resultar, en este caso, afectado.

c) En posición inicial de palabra se pronuncia [s] o [ks]: *xenofobia* [senofóbia] o [ksenofóbia], aunque es más frecuente la primera.

d) En grafías tradicionales como → **Méxi-co**, *Xavier, Ximena*, la **x** debe pronunciarse como *j*. Estas voces también se escriben con *j*: *Méjico, Javier, Jimena*.

e) En palabras del español clásico que contienen **x** intervocálica, ésta se pronuncia como la *sh* inglesa o la *ch* francesa (sonido palatal, fricativo y sordo): *dixo* [dísho], esp. mod. *dijo*.

xantofila. Es palabra llana; la acentuación esdrújula, **xantófila*, es errónea.

Xavier. → **x, 2, d**.

xeroftalmia, xeroftalmía. En el DRAE/92, la RAE admite las dos acentuaciones, pero prefiere la primera.

xilofón. El DRAE no registra esta forma, aunque es usual. Dígase *xilófono*.

xiloprotector. La RAE ha incorporado esta voz al DRAE/92 con la siguiente definición: "Dícese del producto, sustancia, etc., que sirve o se emplea para proteger la madera. Ú. t .c. s."

Ximena. → **x, 2, d**.

Xochimilco. Nombre de un lago y de una ciudad de México. Se pronuncia [sochimílko].

Y

¹**y. 1.** Vigesimosexta letra del alfabeto español (vigesimoctava si se consideran la *ch* y la *ll* letras independientes). Sus nombres son *i griega* (plural *íes griegas*) y *ye* (plural *yes*). La RAE prefiere el primero.
2. Representa dos fonemas:
a) un fonema vocálico /i/ cuando es final de palabra: *hay, rey, estoy, muy*. También tiene sonido vocálico la conjunción *y*: *ríos y montañas*;
b) un fonema consonántico palatal fricativo sonoro cuando inicia palabra o sílaba o está en posición intervocálica: *yacer, subyugar, rayo*.
Cuando la **y** inicia sílaba y está precedida inmediatamente por *n* o *l*, es africada: *inyección, el yoga*.
La descrita es la pronunciación estándar del español modélico. Existen, además, diversas variantes regionales entre las que se pueden mencionar, en la Argentina, el rehilamiento porteño y la vocalización de la **y** intervocálica: *mayo* [máio].

²**y.** Conjunción copulativa: *niños y niñas*. Toma la forma *e* delante de palabras que comienzan por *i* o por *hi* seguida de consonante: *ilegal e inmoral; aceitunas e higos*. No se produce esta sustitución:
a) cuando el sonido *i* de la palabra que sigue a la conjunción es primer elemento de un diptongo: *épsilon y iota; acero y hierro*;
b) en principio de exclamación y de interrogación: *¡y Irene se divorció!; ¿y iban todos en el tren?*

yacente, yaciente. La RAE admite las dos formas, pero prefiere la primera.

yacer. 1. Verbo irregular. Son irregulares: a) la primera persona singular del presente de indicativo: las formas más corrientes son *yazgo* o *yazco*, pero también existe la forma *yago*: "el pan que me alimenta y el lecho en donde yago" (A. Machado, "Retrato", en *Antología poética*, 74); b) el presente de subjuntivo, con las mismas variantes: *yazga* o *yazca, yazgas* o *yazcas*, etc., además de

yaga, yagas, etc. (menos empleadas); c) el imperativo singular, que tiene dos formas: *yace* y la menos usada *yaz*, con caída de la vocal desinencial.
2. Construcción: —*en el suelo*; —*con una mujer*.

yacht. Voz inglesa que la RAE ha hispanizado como *yate*.

yachting. Voz inglesa (pron. [ióting]) de uso internacional para designar la navegación deportiva, especialmente en embarcaciones de vela. Es difícil encontrarle un equivalente en español.

yacimiento. La RAE ha añadido, en el DRAE/92, una nueva acepción de este sustantivo: "Lugar donde se hallan restos arqueológicos."

*****yanki.** Forma incorrecta por → **yanqui**.

yanqui. Así ha castellanizado la RAE la voz inglesa *yankee*. Plural: *yanquis*. → **americano**.

yaqué. Según el DRAE/92, es voz propia del Uruguay con el significado de 'chaqué'. En el DRAE/84 figuraba como argentinismo.

yarará. Plural: *yararás*: "Estaban allí fuera de Lanceolada y Terrífica, las demás yararás del país [...]" (H. Quiroga, *Anaconda*, 9). → **rubí**.

yaz. Así ha hispanizado la RAE, con poco éxito, la palabra inglesa *jazz*, grafía internacional que se sigue utilizando.

y col. → **et al.**

¿y de no? Frase afirmativa que se emplea en el habla popular del Río de la Plata con el significado de 'claro, por supuesto'. Tiene cierto matiz desafiante: —*¿Serás capaz de hacerlo? —¿Y de no?*

yedra. → **hiedra**.

yeguarizo. El DRAE/92 registra, como argentinismo, la acepción de 'caballar'.

yeísmo. 1. Consiste en pronunciar *ll* como *y*: *gallina* [gayína], *llano* [yáno].
2. *Difusión*. El **yeísmo** es la pronunciación corriente en amplias zonas de España y de América.

a) En España las principales zonas yeístas son: la mayor parte de Andalucía; el sur de Extremadura; en Castilla la Nueva, las provincias de Madrid, Ciudad Real y Toledo; en Castilla la Vieja, las provincias de Ávila, Santander y Valladolid; Murcia (en algunas ciudades); en León, las ciudades de la provincia de Salamanca, y en Asturias, las ciudades de Oviedo y Gijón.

b) En América, el **yeísmo** ha penetrado profundamente en la Argentina (salvo zonas de las provincias de Misiones, Corrientes, Formosa y Chaco fronterizas con el Paraguay, y las provincias del NO.) y el Uruguay. Chile es yeísta en la región central, incluyendo Santiago y Valparaíso. También son, en general, yeístas Venezuela, México y América Central.

Predomina, en cambio, la distinción *ll / y* en Paraguay, Bolivia (salvo el departamento de Tarija), Perú (con excepción de Lima y la zona costeña), Ecuador (excepto el litoral, con la ciudad de Guayaquil incluida) y Colombia (salvo el departamento de Antioquia).

Yemen. Gentilicio: *yemení*. Evítese la forma *yemenita*.

yen. Plural: *yenes*. Evítese el plural anómalo e injustificado **yens*.

yerba, hierba. 1. La RAE admite las dos formas, pero recomienda la segunda.

2. Yerba es, especialmente en la Argentina, Paraguay y Uruguay, el nombre de las hojas de la planta denominada *yerba mate*, que, secas e industrializadas, se emplean para hacer la infusión llamada *mate*.

yerno. Femenino: *nuera*. El DRAE/92 recoge el femenino *yerna* como propio de Colombia, Puerto Rico y Santo Domingo. En la Argentina, este femenino es humorístico.

yérsey, yersi. 1. La RAE admite, como americanismos, estos vocablos que castellanizan la voz inglesa → **jersey**, con preferencia por el primero.

2. Plural: *yerseis* y *yersis*, respectivamente.

yídish. Una de las grafías que suele emplearse para nombrar el dialecto hablado por los judíos de Europa oriental. En algunos diccionarios, entre ellos el de M. Moliner, figura *yiddish*, grafía inglesa que conviene descartar: "Isaac Bashevis Singer, el último gran escritor en lengua yiddish [...]" (*Página / 12*, 26-7-91, pág. 22).

Otra grafía es *ídisch*: "[...] la boca de la cara la injurió en español y en ídisch." (J.L. Borges, *El Aleph*, 65).

M. Seco (*Diccionario*, s. v. *yídish*) propone la castellanización *yidis*.

yilé, yilet. → **gillette**.

yip. → **jeep**.

yo. Su plural, cuando funciona como sustantivo masculino, vacila entre *yoes* y *yos* (*Esbozo*, 2. 3. 3, d): "Y hay quien dice que sus otros yoes suelen también hacerse los guarangos [...]" (Damocles, "Rango del guarango", en AM, 2, 20); "[...] ¿qué será de nuestros yos todos?" (M. de Unamuno, *Del sentimiento*, 44).

yogur. 1. Es la única castellanización admitida por la RAE de la voz turca *yoghurt*, con que se designa una variedad de leche cuajada. Deben desecharse otras grafías: **yoghourt, *yoghurt, *yogurt, *jogurt, *jogourt, *joghurt*: "Falta el yoghurt —le espetó al muchacho." (R. Fontanarrosa, *Best Seller*, 42).

2. Plural: *yogures*: "[...] mágicamente convirtió uno de los yogures en un cuadrado blanco de papel." (J. Lanata, *Polaroids*, 18).

yóquey, yoqui. 1. La RAE admite las dos formas como castellanización de la voz inglesa *jockey*, pero la grafía inglesa sigue vigente: "Por eso solteronas, jockeys, tuberculosos, colegialas [...]" (P. O'Donnell, *Copsi*, 287).

2. Plural: *yoqueis* y *yoquis*, respectivamente: "[...] caballos de raza especial montados por yoqueis." (DRAE/92, s. v. *carrera*).

yo soy de los que. El verbo que sigue a esta construcción debe ir en plural: *yo soy de los que creen* (o *creemos*).

yo soy el que dijo/yo soy el que dije. El verbo de la proposición subordinada (dijo/dije) puede concordar con el relativo *que*: *yo soy el que dijo*, uso más lógico, según Bello (*Gramática*, § 849), o con el sujeto *yo* de la proposición principal: *yo soy el que dije*.

Como muy bien observa R.J. Cuervo (*Notas*, § 110), el primer caso es "de general y oportuna aplicación en los protocolos y en las gramáticas", pero el segundo es más apropiado "en el estilo apasionado y fervoroso".

yoyó. La RAE ha introducido este sustantivo en el DRAE/92 y lo define de la siguiente manera: "m. Juguete de origen chino que consiste en dos discos de madera, metal o plástico, unidos por un eje; se le hace subir y bajar a lo largo de una cuerda atada a ese mismo eje."

ypsilon (voz esdrújula). El DRAE/92 no registra esta forma. Para designar la vigésima letra del alfabeto griego sólo admite → **ípsilon**. No obstante, el *Esbozo* (1. 8. 1, A, 5º) dice que sería preferible transcribir *ypsilón* (aguda), aunque no indica las razones.

y todo. Se utiliza como una suerte de encarecimiento o insistencia sobre lo señalado anteriormente: *la familia se trasladó con muebles y todo* (= incluso con los muebles); *se puso furioso y todo*. Es de uso corriente tanto en América como en España: "[...] no es raro que Rafael Sívori pierda la timidez y recite un largo, larguísimo poema de gauchos y todo [...]" (L. Heker, *Los bordes*, 66).

Yucatán. El gentilicio correspondiente a este estado mexicano es *yucateco*.

yudo, judo. La RAE admite las dos formas, pero prefiere la primera.

yudoca. El DRAE/92 registra este sustantivo con la siguiente definición: "com. Persona que practica el yudo."

Yugoslavia, yugoslavo. Estas formas son preferibles a las también correctas *Yugoeslavia, yugoeslavo*.

yuxtaponer. **1**. V. irreg.; se conjuga como → **poner, 1**. El imperativo singular es *yuxtapón* (→ **voseo**: *yuxtaponé*), pero no: **yuxtapone*. **2**. Construcción: —*una cosa a otra*.

Z

z. 1. Vigesimoséptima y última letra del alfabeto español (vigesimonovena si se consideran la *ch* y la *ll* letras independientes). Su nombre es *zeta* o *zeda* (plural *zetas, zedas*); la RAE prefiere el primero, que es el más usual (también admite, como forma no preferidas, *ceta* y *ceda*).
2. En las regiones donde existe el → **seseo**, representa un fonema por lo general fricativo predorsal sordo (igual que la *s*, de modo que no se distinguen, en la pronunciación, *caza* y *casa* [kása]); en las otras regiones, representa un fonema fricativo interdental sordo (como la *c* ante *e, i*).
3. Una norma ortográfica establece que ante *e, i* no se escribe **z**, sino *c*. Sin embargo, esta regla tiene dos tipos de excepciones:
a) palabras en las que la RAE autoriza la escritura con *c* o con **z**, aunque prefiere la primera: *cebra / zebra, cedilla / zedilla, cinc / zinc, circón / zircón*; pero no faltan casos en que recomienda la escritura con **z**: *zigoto / cigoto, zeta, ceta*;
b) palabras que sólo se escriben con **z**: *zigzag, zipizape, Zeus, Zenón*.
En los artículos correspondientes de este *Diccionario* se aclaran los casos particulares.
4. Se emplea **z**:
a) en las terminaciones **-az** e **-izo** de los adjetivos: *tenaz, enfermizo*;
b) en los sufijos **-azo, -aza** que forman aumentativos y despectivos: *hombrazo, madraza*; y que indican golpe: *portazo*;
c) en la terminación **-azgo** de sustantivos: *hartazgo, hallazgo*. Excep. *rasgo*;
d) en los sufijos **-ez** y **-eza** de los sustantivos abstractos formados a partir de adjetivos: *escasez, pequeñez, pureza, riqueza*;
e) en la terminación **-anza** de sustantivos abstractos derivados de verbos: *confianza, adivinanza*;
f) en la terminación **-zón** de sustantivos derivados de verbos: *quemazón, hinchazón*.
zabila, zábila. La RAE admite las dos acentuaciones, pero prefiere la primera.

zafarse. Construcción: —*de alguien* o *de algo*.
zafiro. Es palabra llana; la acentuación esdrújula, **záfiro*, es incorrecta.
zaherir. V. irreg.; se conjuga como → **sentir, 1.**
zamba. La RAE enmendó, en el DRAE/92, la redacción del artículo correspondiente a este vocablo: "f. Danza cantada popular del noroeste de Argentina. // 2. Música y canto de esta danza."
zambullir. Para su conjugación, → **bullir.** Evítense formas como **zambullió, *zambullieron, *zambulliendo*, etc., en lugar de *zambulló, zambulleron, zambullendo*, etc.
zambullirse. Construcción: —*en la piscina*.
zampalopresto. Se escribe sin tilde. → **acentuación ortográfica, II, J, 5.**
zapping. Voz inglesa que suele emplearse en español para indicar la acción de cambiar de canal televisivo durante las tandas publicitarias: "La publicidad dentro de los programas cada día se difunde más para evitar el zapping (cambio de canal durante la publicidad)[...]" (*Página / 12*, 23-9-90, pág. 24).
zaquizamí. Plural: *zaquizamíes* o *zaquizamís* (*Esbozo*, 2. 3. 3, c). Ya Bello decía que se usa el plural *zaquizamís* (*Gramática*, § 110). → **rubí.**
zar. Evítese la grafía → **czar.**
zebra. → **cebra.**
zeda. → **zeta.**
zedilla. → **cedilla.**
zéjel. Excepción a la regla ortográfica que exige *c* ante *e, i*. No existe la alternancia ortográfica **céjel*. → **z, 3.**
zelandés, celandés. La RAE admite las dos grafías para referirse al nativo de la provincia holandesa de Zelanda, pero prefiere la primera.
Zendavesta. Excepción a la regla ortográfica que exige *c* ante *e, i*. → **z, 3.**
zendo. Excepción a la regla ortográfica que exige *c* ante *e, i*. No existe la variante **cendo*. → **z, 3.**

zenit. → **cenit**.

zeta, zeda, ceta, ceda. Nombre de la letra *z*. La RAE admite las cuatro formas, pero prefiere la primera, que es la más usual.

zeugma, ceugma. 1. La RAE admite las dos grafías, aunque recomienda la primera. 2. El DRAE/70 adjudica a las dos palabras el género femenino. En el DRAE/84 y el DRAE/92, figura **ceugma** como femenino y **zeugma** como masculino, lo que, sin duda, es una errata.

zigoto, cigoto. 1. El DRAE/92 admite ambas grafías, pero prefiere la primera. 2. Las formas **cigote* y **zigote* son incorrectas.

zigurat. 1. Por sugerencia de la AAL (*Acuerdos*, VII, 254-57), la RAE ha incorporado este sustantivo al DRAE/92 con la siguiente definición: "(Del acadio *ziggurat*, torre.) m. *Arq.* Torre escalonada y piramidal, característica de la arquitectura religiosa asiria y caldea." 2. Excepción a la regla ortográfica que exige *c* ante *e, i*. No existe la variante ortográfica **cigurat*. → **z, 3**.

zigzag. 1. Esta palabra, lo mismo que *zigzaguear*, es excepción a la regla que exige *c* ante *e, i*. → **z, 3**. 2. Plural *zigzagues*, preferible al anómalo *zigzags*. 3. Evítense las grafías **zig zag* y **zig-zag*.

zinc. → **cinc**.

*zíngaro. Grafía incorrecta por *cíngaro*.

zinnia, cinia. La RAE admite las dos formas, pero prefiere la primera.

zipizape. 1. Excepción a la regla ortográfica que exige *c* ante *e, i*. → **z, 3**. 2. Evítese la grafía **zipi-zape*.

Zodiaco, Zodíaco. La RAE admite las dos acentuaciones, pero prefiere la primera. En la Argentina se emplea preferentemente la segunda. → **-íaco, -iaco**.

zombi. 1. La RAE ha incluido este sustantivo en el DRAE/92 con las siguientes definiciones: "(Voz de or. africano occidental, semejante al congolés *nzambi*, dios, y *zumbi*, fetiche, buena suerte, imagen.) m. En Haití y sur de los Estados Unidos, cuerpo del que se dice que es inanimado y que ha sido revivido por arte de brujería. // 2. Antiguamente, la deidad de la serpiente pitón en los cultos vudúes procedentes de África Occidental. // 3. Entre los criollos de América, el coco para asustar a los niños. // 4. fig. Atontado." 2. Plural: *zombis*.

zoncera. La RAE ha enmendado, en el DRAE/92, la redacción del artículo correspondiente a esta voz, de la siguiente manera: "f. *Amér.* **tontera**, simpleza. // 2. *Argent.* Dicho, hecho u objeto de poco o ningún valor." → **sonsera**.

zonda. Como todos los nombres de los vientos, se escribe con minúscula inicial. → **viento**.

zonzo, sonso. La RAE admite ambas formas, pero prefiere la primera.

zoo. La RAE ha incluido esta voz en el DRAE/92 con la siguiente definición: "Expresión abreviada, con el significado de parque o jardín zoológico."

zoogeografía, zoogeográfico. La RAE ha incluido estos vocablos en el DRAE/92 con las siguientes definiciones: "f. Ciencia que estudia la distribución de las especies animales en la Tierra" y "adj. Perteneciente o relativo a la zoogeografía", respectivamente.

zoom. → **zum**.

zorrino. En sesión del 13 de mayo de 1982 (*Acuerdos*, X, 55-57), la AAL sugirió a la RAE la inclusión de este sustantivo en el *Diccionario* oficial. Designa en la Argentina al mamífero carnicero que, en español estándar, se llama *mofeta*. No figura en el DRAE/92.

zoster, zóster. 1. La RAE admite las dos acentuaciones, pero prefiere la primera. En la Argentina se emplea preferentemente la segunda. 2. Es sustantivo femenino: *la zoster*.

zulú. Plural: *zulúes* o *zulús* (*Esbozo*, 2.3.3, c). → **rubí**.

zum. Hispanización de la voz inglesa *zoom*, que la RAE ha incluido en el DRAE/92 con las siguientes definiciones: "m. *Cinem., Fotogr.* y *TV*. Teleobjetivo especial a través del cual el tomavistas fijo puede conseguir un avance o retroceso rápido en la imagen. // 2. Efecto de acercamiento o alejamiento de la imagen obtenido con este dispositivo."

Zurich, Zúrich. 1. Ambas grafías son correctas. → **acentuación ortográfica, III, B, 2**. 2. Gentilicio: *zuriqués* (no figura en el DRAE).

zurriar. Vacila en su acentuación entre *zurrío* (como → **enviar, 1**) y *zurrio* (como → **abreviar**). Suele preferirse la primera (*Esbozo*, 2.13.5).

APÉNDICES

APÉNDICES

LISTA DE ABREVIATURAS MÁS USUALES

(a)	alias (por otro nombre)
A., AA.	autor, autores; alteza, altezas
abr.	abreviatura
A. C.	año de Cristo
a. C.	antes de Cristo
a/c.	a cuenta; a cargo
A. D.	*anno Dómini* (año del Señor)
afmo., -a., -os., -as.	afectísimo, -a, -os, -as
a. J. C.	antes de Jesucristo
Almte.	almirante
a. m.	*ante merídiem* (antes del mediodía)
ap.	aparte; apartado; apéndice
Arq.	arquitecto
art.	artículo
arz., arzbpo.	arzobispo
A. T.	Antiguo Testamento
atte.	atentamente
atto., atta.	atento, atenta
Av., Avda.	avenida
Bco.	banco
Bs. As.	Buenos Aires
c/	cargo; cuenta
©	copyright
ca.	*circa* (alrededor de)
cap.	capítulo
Cap.	capitán
c/c., cta. cte.	cuenta corriente
C. D.	cuerpo diplomático; comisión directiva
cf., cfr.	*cónfer* (compárese, confróntese)
Cía., cía.	compañía
cit.	citado
Cnel.	coronel
col.	columna; colección
C. P.	código postal
c. s. p.	cantidad suficiente para
cta.	cuenta
cte.	corriente
cts.	centavos; céntimos
c/u.	cada uno
D., Da.	don, doña (no abreviar *Dn., *Dña.)
d. C.	después de Cristo
dcha.	derecha
depto.	departamento
D. F.	Distrito Federal
d. J. C.	después de Jesucristo
D. M.	Distrito Militar
D. N. I.	documento nacional de identidad
doc.	docena; documento
Dr., Dra.	doctor, doctora
ed.	edición; editor
EE.UU.	Estados Unidos
e. g.	*exempli gratia* (por ejemplo)
ej.	ejemplo; ejemplar
E. M.	Estado Mayor
Em.ª	Eminencia

Emmo.	Eminentísimo
et al.	*et alii* (y otros)
etc.	etcétera
Exc.ª	Excelencia
Excmo., Excma.	Excelentísimo, Excelentísima
f.	folio
fasc.	fascículo
F. C.; FF. CC.	ferrocarril; ferrocarriles
fol.	folio
Fr.	fray
Gral.; gral.	General; general
h.	hijo
H. C.	Honorable Cámara
hno., hnos.	hermano, hermanos
ib., ibíd.	*ibídem* (en el mismo lugar)
íd.	*ídem* (lo mismo)
i. e.	*id est* (esto es)
Ilmo., Ilma.	Ilustrísimo, Ilustrísima
Ing.	ingeniero
ít.	ítem
izq., izqda.	izquierda
J. C.	Jesucristo
l. c.	*loco citato* (en el lugar citado)
lib.	libro; libra
Lic.	licenciado
loc. cit.	*loco citato* (en el lugar citado)
Ltda.	limitada
m/n.	moneda nacional; motonave
Mons.	monseñor
ms., M. S.; mss., M. SS.	manuscrito; manuscritos
n.	nota
N. B.	*nota bene* (nótese bien)
N. del A.	nota del autor
N. del E.	nota del editor
N. del T.	nota del traductor
N. N.	nombre desconocido
Nº	número
N. S.	Nuestro Señor
N. T.	Nuevo Testamento
núm., núms.	número, números
ob. cit.	obra citada
op.	*opus* (obra)
op. cit.	*ópere citato* (en la obra citada)
P.	padre (título)
p.	página
pág., págs.	página, páginas
párr.	párrafo
Pbro.	presbítero
Pcia.	provincia
P. D.	posdata
pdo.	pasado
P. E.	Poder Ejecutivo
p. ej.	por ejemplo
p. m.	*post merídiem* (después del mediodía)
pp.	páginas
ppdo.	próximo pasado
pral.	principal
Prof.	profesor
pról.	prólogo
Prov.	provincia
P. S.	*post scríptum* (posdata)
pta., ptas.	peseta, pesetas

pte.	presente
q. e. p. d.	que en paz descanse
R., Rev., -a., Rvdo., -a.	Reverendo, Reverenda
R. I. P.	*requiéscat in pace* (en paz descanse)
Rmo., Rma.	Reverendísimo, Reverendísima
Rp.	*récipe* (tómese)
r. s. v. p.	*répondez s'il vous plaît* (sírvase responder)
Rte.	remitente
S.	san
s.	siguiente; siglo
S. A.	Sociedad Anónima; Su Alteza
s. a.	sin año (de impresión)
S. A. R.	Su Alteza Real
s/c.	su casa; su cuenta
s. d.	sin data
S/D.	su despacho
Sdad.	sociedad
S. E.	Su Excelencia
S. en C.	Sociedad en Comandita
s. e. u o.	salvo error u omisión
s. f.	sin fecha (de impresión)
sig., sigs.	siguiente, siguientes
S. M.	Su Majestad
Smo.	Santísimo
s/n.	sin número
s/o.	su orden
Sr., Sres.	señor, señores
Sra., Sras.	señora, señoras
S. R. L.	Sociedad de Responsabilidad Limitada
S. R. M.	Su Real Majestad
Srta., Srtas.	señorita, señoritas
S. S.	Su Santidad; Su Señoría
ss.	siguientes
s. s. s.	su seguro servidor
Sto., Sta.	santo, santa
s. v.	*sub voce* (en el artículo)
t.	tomo
tel., teléf.	teléfono
tít.	título
trad.	traducción
Tte.	teniente
Ud., Uds.	usted, ustedes
v.	véase; verso
V., Vds.	usted, ustedes
Vdo., Vda.	viudo, viuda
V. E.	Vuestra Excelencia
v. g., v. gr.	verbigracia
vid.	*vide* (véase)
V. M.	Vuestra Majestad
Vº Bº	visto bueno
vol., vols.	volumen, volúmenes
V. S.	Vuestra Señoría; usía
vv.	versos

LISTA DE SIGLAS Y ACRÓNIMOS MÁS FRECUENTES

ABC	American Broadcasting Companies
ACNUR	Alto Comisionado de las Naciones Unidas para los Refugiados (en inglés UNHCR)
ADN	ácido desoxirribonucleico
AEG	Allgemeine Elektrizitäts Gesellschaft
AFL-CIO	American Federation of Labor and Congress of Industrial Organizations
AFP	Agence France Presse
Agfa	Aktiengesellschaft für Anilinfabrikation
AI	Amnistía Internacional
AID	Asociación Internacional de Desarrollo (en inglés IDA)
AIDS	Adquired Immuned Deficiency Syndrome (en español SIDA)
ALADI	Asociación Latinoamericana de Integración
ALALC	Asociación Latinoamericana de Libre Comercio (en inglés LAFTA)
ANSA	Agenzia Nazionale Stampa Associata
AP	Associated Press
APE	Asamblea Parlamentaria Europea
APRA	Alianza Popular Revolucionaria Americana
Aramco	Arabian American Oil Company
ARDE	Acción Republicana Democrática Española
Arena	Alianza Republicana Nacionalista (El Salvador)
ARN	ácido ribonucleico
ASEAN	Association of South East Asian Nations
Avianca	Aerovías Nacionales de Colombia
Aviateca	Aviación Guatemalteca
AWACS	Airborne Warning and Control System
BA	British Airways
BBC	British Broadcasting Corporation
BID	Banco Interamericano de Desarrollo (en inglés IBD)
BIRD	Banco Internacional para la Reconstrucción y el Desarrollo (en inglés IBRD)
BMW	Bayerische Motorenwerke (Fábrica bávara de motores)
CBS	Columbia Broadcasting System
CE	Comunidad Europea
CECA	Comunidad Europea del Carbón y el Acero
CEE	Comunidad Económica Europea (en inglés EEC)
Celam	Conferencia Episcopal Latinoamericana
CEPAL	Comisión Económica para América Latina
CERN	Conseil Européen pour la Recherche Nucléaire (en español OEIN; en inglés EONOR)
CES	Confederación Europea de Sindicatos
CESL	Confederación Europea de Sindicatos Libres
CFDT	Confédération Française Démocratique du Travail
CGT	Confederación General del Trabajo
CIA	Central Intelligence Agency
CICR	Comité Internacional de la Cruz Roja
CIES	Consejo Interamericano Económico y Social
CIF	Cost, Insurance and Freight
CII	Centro Internacional de la Infancia (en inglés ICC)
CINA	Comisión Internacional de la Navegación Aérea
CIOSL	Confederación Internacional de Organizaciones Sindicales Libres
CMT	Confederación Mundial del Trabajo
CNP	Consejo Nacional Palestino
Cobol	Common business oriented language
COI	Comité Olímpico Internacional (en inglés IOC)
COPEI	Comité de Organización Política Electoral Independiente (Venezuela)

DC	Democracia Cristiana
DDT	diclorodifeniltricloroetano
DKW	Deutsche Kraftfahrt-Werke (Fábrica alemana de vehículos de motor)
DPA	Deutsche Presse-Agentur
EAU	Emiratos Árabes Unidos
Ecosoc	Economic and Social Council (Naciones Unidas)
EEC	European Economic Community (en español CEE)
EFTA	European Free Trade Association
ENI	Ente Nazionale Idrocarburi
EONOR	European Organization for Nuclear Research (en español OEIN)
ETA	Euskadi ta Askatasuna (País Vasco y Libertad)
Euratom	European Atomic Energy Community
Eximbank	Export-Import Bank of Washington
FAO	Food and Agriculture Organization (en español OAA)
FBI	Federal Bureau of Investigation
FED	Fondo Europeo de Desarrollo
Fiat	Fabbrica Italiana Automobili Torino
FIEP	Federación Internacional de Editores de Periódicos
FIFA	Federación Internacional de Fútbol Asociación
FISL	Federación Internacional de Sindicatos Libres
FM	frecuencia modulada
FMI	Fondo Monetario Internacional
FOB	free on board
FORTRAN	formula translation
GATT	General Agreement on Tariffs and Trade
Gestapo	Geheime Staatspolizei
GMT	Greenwich Meen Time
HF	high frequency
HMS	His (o Her) Majesty's Ship (o Service)
IAEA	International Atomic Energy Agency (en español OIEA)
IATA	International Air Transport Association
IBD	Inter-American Development Bank (en español BID)
IBM	International Business Machines Corporation
IBRD	International Bank of Reconstruction and Development (en español BIRD)
ICC	International Children's Centre (en español CII)
IDA	International Development Association (en español AID)
IEA	International Energy Agency
ILO	International Labour Organization (en español OIT)
Intelsat	International Telecommunications Satellite Organization
Interpol	Organización Internacional de Policía Criminal
IOC	International Olympic Committee (en español COI)
IRA	Irish Republican Army
ISBN	International Standard Book Number (Número Internacional Uniforme para los Libros)
ITO	International Trade Organization (en español OIC)
ITT	International Telephone and Telegraph Corporation
ITU	International Telecommunication Union (en español UIT)
IVA	Impuesto al valor agregado
KGB	Komitet Gosudárstvennoy Bezopásnoti (Comité de Seguridad del Estado)
KLM	Koninklijke Luchtvaart-Maatschappij (Líneas Aéreas de los Países Bajos)
Komintern	Kommunistícheski Internatsional (Internacional Comunista)
ladar	laser detection and ranging
LAFTA	Latin American Free Trade Association (en español ALALC)

láser	light amplification by stimulated emission of radiations
LSD	lysergic acid diethylamide
MGM	Metro-Goldwyn-Mayer Incorporated
MIT	Massachusetts Institute of Technology
modem	modulator-demodulator
NAFTA	North Atlantic Free Trade Area (Zona de libre comercio del Atlántico Norte)
napalm	naphtenic acid and palmetate
NASA	National Aeronautics and Space Administration
NATO	North Atlantic Treaty Organization (en español OTAN)
NBC	National Broadcasting Corporation
NU	Naciones Unidas (en inglés UN)
OAA	Organización para la Agricultura y la Alimentación (en inglés FAO)
OACI	Organización de la Aviación Civil Internacional
OAPEC	Organization of Arab Petroleum Exporting Countries (en español OPAEP)
OAS	Organisation de l'Armée Secrète (Argelia)
OAS	Organization of American States (en español OEA)
OCDE	Organización para la Cooperación y el Desarrollo Económico
ODECA	Organización de Estados Centroamericanos
OEA	Organización de Estados Americanos (en inglés OAS)
OECE	Organización Europea de Cooperación Económica
OEIN	Organización Europea para la Investigación Nuclear (en inglés EONOR)
OEMA	Organización Europea de Medio Ambiente
OIC	Organización Internacional de Comercio (en inglés ITO)
OIEA	Organización Internacional de Energía Atómica (en inglés IAEA)
OIRT	Organización Internacional de Radiodifusión y Televisión
OIT	Organización Internacional del Trabajo (en inglés ILO)
OLP	Organización para la Liberación de Palestina (en inglés PLO)
OMM	Organización Meteorológica Mundial (en inglés WMO)
OMS	Organización Mundial de la Salud (en inglés WHO)
OMT	Organización Mundial de Turismo
ONU	Organización de las Naciones Unidas (en inglés UNO)
OPAEP	Organización de Países Árabes Exportadores de Petróleo (en inglés OAPEC)
OPEC	Organization of Petroleum Exporting Countries (en español OPEP)
OPEP	Organización de Países Exportadores de Petróleo (en inglés OPEC)
ORTF	Organisation de la Radio-Télévision Française
OTAN	Organización del Tratado del Atlántico Norte (en inglés NATO)
OTI	Organización de Televisiones Iberoamericanas
OUA	Organización para la Unidad de África
OVNI	Objeto Volador No Identificado (en inglés UFO)
pal	phase alternating line
Pan Am	Pan American World Airways
Pemex	Petróleos Mexicanos
PLO	Palestine Liberation Organization (en español OLP)
PSOE	Partido Socialista Obrero Español
RAE	Real Academia Española
RAF	Royal Air Force
RAI	Radio Audizioni Italia
REM	Roentgen Equivalent Man
RENFE	Red Nacional de Ferrocarriles Españoles

SALT	Strategic Arms Limitation Talks
SAR	search and rescue
SAS	Scandinavian Airlines System
secam	séquenciel couleur à mémoire
SELA	Sistema Económico Latinoamericano
SIDA	Síndrome de Inmunodeficiencia Adquirida (en inglés AIDS)
Simca	Société Industrielle de Mécanique et de Carrosserie Automobile
SJ	Societatis Jesus
SME	Sistema Monetario Europeo
SMI	Sistema Monetario Internacional
SSSR	Soyuz Soviétskij Sotsialistícheskij Respúblik (en español URSS)
Syncom	synchronous orbit communications satellite
Talgo	tren articulado ligero Goicoechea-Oriol
TAP	Transportes Aéreos Portugueses
Telam	Telenoticias Americanas (Argentina)
TV	Televisión
TVE	Televisión Española
TWA	Trans World Airlines
UEFA	Union of European Football Associations
UFO	Unidentified Flying Object (en español OVNI)
UHF	ultra high frequency
UIT	Unión Internacional para las Telecomunicaciones (en inglés ITU)
UN	United Nations
UNCTAD	United Nations Conference on Trade and Development
UNDC	United Nations Disarmement Commission
UNEF	United Nations Emergency Forces
Unesco	United Nations Educational, Scientific and Cultural Organization
UNHCR	United Nations High Commissioner for Refugees (en español ACNUR)
Unicef	United Nations International Children's Emergency Found
UNITA	Unión Nacional para la Unidad Total de Angola
UNO	United Nations Organization (en español ONU)
UPE	Unión Parlamentaria Europea
UPI	United Press International
UPU	Unión Postal Universal
URSS	Unión de Repúblicas Socialistas Soviéticas (en ruso SSSR)
USA	United States of America
VARIG	Viação Aérea Riograndense
VAT	value added tax (en español IVA)
VHF	very high frequency
VIASA	Venezolana Internacional de Aviación Sociedad Anónima
VIP	very important person
VTR	videotape recording
wasp	white anglo-saxon protestant
WHO	World Health Organization (en español OMS)
WMO	World Meteorological Organization (en español OMM)

LISTA DE SÍMBOLOS MÁS USUALES

En los casos que corresponde, se aclara si el símbolo es académico (RAE) o bien el correspondiente al Sistema Internacional de Unidades (SI) establecido por la XI Conferencia General de Pesas y Medidas (París, 1960).

a	área(s)
A	amperio
ang	ángulo
bar	bar
C	culombio; Celsio
cal	caloría(s)
cc	centímetro(s) cúbico(s) (pero es preferible cm³)
cd	candela
cg	centigramo(s)
cl (RAE), cL (SI)	centilitro(s)
cm	centímetro(s)
cos	coseno
cosec	cosecante
cot	cotangente
CV	caballo(s) de vapor
d	día
dg	decigramo(s)
Dg (RAE), dag (SI)	decagramo(s)
dl (RAE), dL (SI)	decilitro(s)
Dl (RAE), daL (SI)	decalitro(s)
dm	decímetro(s)
Dm (RAE), dam (SI)	decámetro(s)
E	este (punto cardinal)
ENE	estenordeste
ESE	estesudeste
erg	ergio
eV	electrovoltio
F	Fahrenheit; faradio
fg	frigoría
g	gramo(s)
H	henrio
h	hora
ha	hectárea(s)
Hg (RAE), hg (SI)	hectogramo(s)
Hl (RAE), hL (SI)	hectolitro(s)
Hm (RAE), hm (SI)	hectómetro(s)
HP	*horse power* (caballo(s) de vapor)
Hz	hertz (hercio)
J	julio
K	kelvin
kc	kilociclo(s)
Kg (RAE), kg (SI)	kilogramo(s)
kgm	kilográmetro(s)
khz	kilohercio(s)
Kl (RAE), kL (SI)	kilolitro(s)
km	kilómetro(s)
km/h	kilómetro(s) por hora
kw	kilovatio(s)
l (RAE), L (SI)	litro(s)
lm	lumen
Log	logaritmo neperiano, o logaritmo natural
logx	logaritmo decimal
lx	lux
m	metro(s)
mbar	milibar
mg	miligramo(s)
min	minuto(s)

ml	mililitro(s)
mm	milímetro(s)
mol	mol
N	norte; newton
NE	nordeste
NNE	nornordeste
NNO, NNW	nornorueste
NO, NW	noroeste
O	oeste
ONO, WNW	oesnorueste
OSO, WSW	oesudueste
Pa	pascal
pc	parsec
q	quintal(es)
R	Réaumur; roentgen
rad	radián
rpm	revoluciones por minuto
S	sur; siémens
s	segundo
SE	sudeste
sec	secante
sen	seno
SO, SW	sudoeste
SSE	sursudeste
SSO, SSW	sursudoeste
T	tesla
tg	tangente
Tm (RAE), t (SI)	tonelada(s)
u	unidad de masa atómica
UA	unidad astronómica
V	voltio(s)
W	vatio(s); oeste
Wb	wéber

BIBLIOGRAFÍA

Se indica la nacionalidad de los autores de obras de ficción.
Entre corchetes figura la fecha de la primera edición.

Ábalos, Jorge W. (arg.). *Terciopelo, la cazadora negra* [1971], 2ª ed., Buenos Aires, Losada, 1973.
Abella Caprile, Margarita (arg.). *Geografías* [1936], Buenos Aires, Kapelusz, 1958.
Academia Argentina de Letras. *Acuerdos acerca del idioma*, tomos I al X, Buenos Aires.
ACTC   = Rodolfo Ferrando, *Argentina, canciones tradicionales y contemporáneas*, Buenos Aires, Crisol, 1973.
AEL   = *Así escriben los latinoamericanos*. Selección y notas de Haydée Jofre Barroso. Buenos Aires, Orión, 1974.
AEM   = *Así escriben los mexicanos*, Buenos Aires, Orión, 1975.
AGCC   = *Antología del género chico criollo*. Selección hecha por Susana Marcó, Abel Posadas, Marta Speroni y Griselda Vignolo. Buenos Aires, EUDEBA, 1976.
Agencia EFE. *Manual de español urgente*, 8ª ed., Madrid, Cátedra, 1991.
Aguilera Malta, Demetrio (ecuat.). "El cholo que se vengó", en HA.
Aguinis, Marcos (arg.). *Carta esperanzada a un general* [1983], 2ª ed., Buenos Aires, Sudamericana-Planeta, 1984.
———   *Profanación del amor* [1980-81], Barcelona, Planeta, 1982.
Alberti, Rafael (esp.). *Antología poética* [1924-1952], 6ª ed., Buenos Aires, Losada, 1972.
Aldecoa, Ignacio (esp.). "Balada del Manzanares", en URCE.
Alegría, Ciro (per.). *El mundo es ancho y ajeno* [1940], Buenos Aires, Delfos, 1954.
Alfaro, Ricardo J. *Diccionario de anglicismos*, 2ª ed., Madrid, 1964.
Allende, Isabel (chil.). *Cuentos de Eva Luna*, Buenos Aires, Sudamericana, 1990.
Alonso, Amado. *Castellano, español, idioma nacional*, 2ª ed., Buenos Aires, Losada, 1949.
———   *Estudios lingüísticos. Temas españoles*, Madrid, Gredos, 1951.
———   *Estudios lingüísticos. Temas hispanoamericanos*, Madrid, Gredos, 1953.
———   y Pedro Henríquez Ureña. *Gramática castellana*, primer curso, Buenos Aires, El Ateneo, 1938; segundo curso [1939], 11ª ed., Buenos Aires, Losada, 1953.
Alonso, Dámaso. *Poesía española. Ensayo de métodos y límites estilísticos*, Madrid, Gredos, 1950.
Álvarez, José, S. (arg.). *Cuentos de Fray Mocho* [1898-1903], 2ª ed., Buenos Aires, Sopena, 1940.
———   *En el mar Austral* [1898], Buenos Aires, Kapelusz, 1983.
———   *Memorias de un vigilante* [1897], Buenos Aires, Kapelusz, 1973.
———   *Viaje al país de los matreros* [1897], Buenos Aires, Kapelusz, 1974.
AM   = *Antología de Marcha*. Los humoristas, 2. Selección y prólogo de Hugo Alfaro, Montevideo, Biblioteca de Marcha, 1971.
Ambrogi, Arturo (salv.). "La caza de la serpiente", en HA.
Ambrosetti, Juan B. (arg.). "El abuso de la historia", en TCAH.
Anderson Imbert, Enrique. *Historia de la literatura hispanoamericana*, 2ª ed., México, Fondo de Cultura Económica, 1957.
Andrade, Olegario Víctor (arg.). *Poesía de Olegario V. Andrade*. Selección y presentación por Teresita Frugoni de Fritzsche, Buenos Aires, EUDEBA, 1966.
Anónimo. *Cantar de Mio Cid* [1140]. Edición paleográfica en Ramón Menéndez Pidal, *Cantar de Mio Cid. Texto, gramática y vocabulario*, 3 tomos, Madrid, Espasa-Calpe, 1944, 1945 y 1946.
———   *La vida de Lazarillo de Tormes y de sus fortunas y adversidades* [1554], Buenos Aires, Huemul, 1961.
———   *Poema de Fernán González* [ca. 1250]. Edición, prólogo y notas de Alonso Zamora Vicente, Madrid, Espasa-Calpe, 1954.
AP   = *Asesinos de papel*. Historia, testimonios y antología por Jorge Lafforgue y Jorge B. Rivera, Buenos Aires, Calicanto, 1977.
Ardiles Gray, Julio (arg.). "La sospecha", en TCAH.
Arguedas, Alcides (bol.). "Venganza aymara", en ECB.
Arlt, Roberto (arg.). *Aguafuertes porteñas* [1933], Buenos Aires, Losada, 1958.
———   *El jorobadito* [1933], Buenos Aires, Losada, 1958.
———   "Pequeños propietarios", en VCHA.
Arreola, Juan José (mex.). "En verdad os digo", en AEM.
———   "La migala", en AEM.
Ascasubi, Hilario (arg.). *Santos Vega* [1851; ed. definitiva 1872], en *Poetas gauchescos*. → Eleuterio F. Tiscornia.

Asturias, Miguel Ángel (guat.). *El señor Presidente* [1946], 10ª ed., Buenos Aires, Losada, 1968.

Avellaneda, Nicolás (arg.). *Escritos literarios*, Buenos Aires, Kapelusz, 1967.

Ayala Gauna, B. Velmiro (arg.). *Otros cuentos correntinos* [1953], Buenos Aires, Huemul, 1966.

Balderrama, Julio y Juan Sibemhart. *Curso de castellano*, primer curso, Buenos Aires, Troquel, 1965; segundo curso, Buenos Aires, Troquel, 1965.

Banchs, Enrique (arg.). *Obra poética*, Buenos Aires, Academia Argentina de Letras, 1981.

Barbieri, Vicente (arg.). *El río distante* [1945], Buenos Aires, Huemul, 1963.

Barletta, Leónidas (arg.). "Cuento de hadas", en VCAM.

Bartholomew, Roy. *Cien poesías rioplatenses. 1800-1950*. Antología. Ordenación, prólogo y notas por Roy Bartholomew, Buenos Aires, Raigal, 1954.

Bécquer, Gustavo Adolfo (esp.). *Obras completas*, Buenos Aires, Anaconda, 1947.

Belgrano Rawson, Eduardo (arg.). *El náufrago de las estrellas*, Buenos Aires, Pomaire, 1979.

——— *Fuegia*, Buenos Aires, Sudamericana, 1991.

——— *No se turbe vuestro corazón*, Buenos Aires, Pomaire, 1981.

Bello, Andrés. *Gramática de la lengua castellana* [1847] (con notas de R.J. Cuervo, 1874), Buenos Aires, Anaconda, 1945.

Benavente, Jacinto (esp.). *Los intereses creados* [1907], 9ª ed., Buenos Aires, Espasa-Calpe Argentina, 1949.

Benedetti, Mario (urug.). *Despistes y franquezas* [1985-89], 3ª ed., Montevideo, Arca/Nueva Imagen, 1991.

——— *El recurso del supremo patriarca* [1977-78], Buenos Aires, Nueva Imagen, 1987.

——— *Esta mañana y otros cuentos* [1967], 2ª ed., Montevideo, Arca, 1968.

——— *La borra del café* [1992], Buenos Aires, Ediciones Destino, 1993.

——— *La muerte y otras sorpresas* [1968], Montevideo, Alfa, 1969.

——— *La tregua* [1960], 13ª ed., Buenos Aires, Alfa Argentina, 1974.

——— *Primavera con una esquina rota* [1982], México, Nueva Imagen, 1982.

——— *Quién de nosotros* [1953], Buenos Aires, Nueva Imagen, 1986.

——— → Damocles.

Berceo, Gonzalo de (esp.). *Milagros de Nuestra Señora* [ca. 1245], Buenos Aires, Espasa-Calpe Argentina, 1947.

Berro, Elina. → Mónica.

BHTA = *Breve historia del teatro argentino* (tomo VIII). Selección y estudio por Luis Ordaz, Buenos Aires, EUDEBA, 1966.

Bioy Casares, Adolfo (arg.). *Diccionario del argentino exquisito*, Buenos Aires, Emecé Editores, 1990.

——— "El calamar opta por su tinta", en VCHA.

——— "El perjurio de la nieve", en AP.

——— "Encrucijada", en TCAH.

Blaisten, Isidoro (arg.). *Cerrado por melancolía* [1980], Buenos Aires, Editorial de Belgrano, 1981.

——— "Mishiadura en Buenos Aires", en ECA.

Bobadilla, Simplicio [Serafín J. García] (urug.). *Todos los cuentos fogoneros*, 4ª ed., Montevideo, Arca, 1970.

Bonomini, Ángel (arg.). "La caída de la casa de Barro", en TCAH.

Booz, Mateo [Miguel A. Correa] (arg.). *Santa Fe, mi país* [1934], Buenos Aires, EUDEBA, 1963.

——— "La casa solariega", en VCHA.

Borges, Jorge Luis (arg.). *El Aleph* [1949], 6ª ed., Buenos Aires, Emecé Editores, 1966.

——— *Historia universal de la infamia* [1935], Buenos Aires, Emecé Editores, 1962.

——— *Narraciones* (edición de Marcos Ricardo Barnatán), 7ª ed., Madrid, Cátedra, 1990.

——— *Obra poética (1923-1966)*, Buenos Aires, Emecé Editores, 1966.

——— "El idioma de los argentinos" [1928], en *El lenguaje de Buenos Aires*.

——— "El Sur", en VCAM.

——— y José Edmundo Clemente, *El lenguaje de Buenos Aires*, Buenos Aires, Emecé Editores, 1965.

Bosch, Juan (dom.). "La mujer", en CH.

Bowra, C.M. *Historia de la literatura griega* (trad. de Alfonso Reyes), 2ª ed., México, Fondo de Cultura Económica, 1950.

Bratosevich, Nicolás. *Castellano*, I: Buenos Aires, Ángel Estrada, 1962; II: Buenos Aires, Ángel Estrada, 1963.

431

———— y Susana C. de Rodríguez, *Expresión oral y escrita*, Buenos Aires, Guadalupe, 1975.

Brunet, Marta (chil.). *Humo hacia el sur*, 2ª ed., Buenos Aires, Losada, 1967.

Buarque de Holanda Ferreira, Aurélio. *Novo Dicionário da língua portuguesa*, 2ª ed., Rio de Janeiro, Nova Frontera, 1986.

Burghi, Juan (urug.). "Cedro dorado", en *Textos*.

Burgos, Fausto (arg.). "Dos amigos", en DCA.

Bustos Domecq, Honorio [Jorge Luis Borges y Adolfo Bioy Casares]. "Los ociosos", en VCHA.

Cabrera Infante, Guillermo (cub.). "Delito por bailar el chachachá", en AEL.

CAC   = *El cuento argentino contemporáneo*. Selección y notas: Beatriz Sarlo, Buenos Aires, Centro Editor de América Latina, 1976.

Cáceres Lara, Víctor (hond.). "Paludismo", en CH.

Calderón de la Barca, Pedro (esp.). *La vida es sueño* [1636], Madrid, Espasa-Calpe, 1960.

Camba, Julio (esp.). *La rana viajera*, Buenos Aires, Espasa-Calpe Argentina, 1947.

————   *Playas, ciudades y montañas*, Buenos Aires, Espasa-Calpe Argentina, 1947.

————   *Sobre casi todo*, Buenos Aires, Espasa-Calpe Argentina, 1946.

Cambaceres, Eugenio (arg.). *Sin rumbo* [1885], Buenos Aires, Centro Editor de América Latina, 1968.

Campo, Estanislao del (arg.). *Fausto* [1866], en *Poetas gauchescos*. → Eleuterio F. Tiscornia.

Cancela, Arturo (arg.). *Historia funambulesca del profesor Landormy* [1944], 2 tomos, Buenos Aires, Centro Editor de América Latina, 1982.

————   *Tres relatos porteños y tres cuentos de la ciudad* [1922], 2ª ed., Buenos Aires, Espasa-Calpe Argentina, 1946.

Cané, Miguel (arg.). *Juvenilia* [1882], edición crítica por Américo Castro, Buenos Aires, Estrada, 1958.

Capdevila, Arturo (arg.). *Córdoba del recuerdo* [1923], 12ª ed., Buenos Aires, Espasa-Calpe Argentina, 1961.

————   *Las vísperas de Caseros* [1922], 3ª ed., Buenos Aires, Kapelusz, 1961.

————   *Tierras nobles. Viajes por España y Portugal* [1926], Buenos Aires, Hachette, 1946.

Capello, Francisco. *Historia de la literatura griega* (3 tomos). Publicación del Instituto de Literaturas Clásicas de la Universidad de Buenos Aires, Buenos Aires, Coni, 1941, 1943 y 1947.

Carrasco, Félix (arg.). "Las relaciones peligrosas", en VCPA.

Casares, Julio. *Diccionario ideológico de la lengua española*, 2ª ed. (18ª tirada), Barcelona, Gustavo Gili, 1992.

Casiraghi, Juan Carlos. *Anatomía del cuerpo humano* (4 tomos), 2ª ed., Buenos Aires, El Ateneo, 1970.

Casona, Alejandro (esp.). *La dama del alba* [1944]. *La barca sin pescador* [1945], 6ª ed., Buenos Aires, Losada, 1973.

Castro, Américo. *Juvenilia*. Edición crítica. → Miguel Cané.

Castro, Ernesto L. (arg.). *Los isleros* [1943], Buenos Aires, Centro Editor de América Latina, 1967.

CEAL   = Centro Editor de América Latina. *Aves* (5 tomos), Buenos Aires, 1988.

Cela, Camilo José (esp.). *El bonito crimen del carabinero*, Barcelona, Brughera, 1979.

————   *La colmena* [1951], Barcelona, Brughera, 1980.

Cepeda y Ahumada, Teresa de. → Santa Teresa de Jesús.

Cerruto, Oscar (bol.). "El círculo", en DCL.

Cervantes Saavedra, Miguel de (esp.). *El ingenioso hidalgo don Quijote de la Mancha* [1605-1615] (2 tomos), Buenos Aires, EUDEBA, 1969.

————   *Entremeses* [1615], Madrid, Espasa-Calpe, 1952.

CH   = *El cuento hispanoamericano*. Antología crítico-histórica. Selección y estudio por Seymour Menton (2 tomos), México, Fondo de Cultura Económica, 1964.

Chamico [Conrado Nalé Roxlo] (arg.). *Sumarios policiales* [1955], Buenos Aires, Compañía General Editora, 1971.

Cieza de León, Pedro de. *Del señorío de los Incas* [1553], Buenos Aires, Solar, 1943.

Clarín. Diario. Buenos Aires.

Clemente, José Edmundo. "El idioma de Buenos Aires", en J.L. Borges y J.E. Clemente, *El lenguaje de los argentinos*.

———— "Estilística del lunfardo", en J.L. Borges y J.E. Clemente, *El lenguaje de los argentinos*.

Conti, Haroldo (arg.). *Con otra gente*, Buenos Aires, Centro Editor de América Latina, 1967.

Contursi, Pascual (arg.). "Mi noche triste", en ACTC.

Correa, Miguel Ángel. → Mateo Booz.

Cortázar, Julio (arg.). *Final del juego* [1956], 4ª ed., Buenos Aires, Sudamericana, 1966.

———— *Todos los fuegos el fuego* [1966], 4ª ed., Buenos Aires, Sudamericana, 1966.

Costantini, Humberto (arg.). *Una vieja historia de caminantes*, Buenos Aires, Centro Editor de América Latina, 1967.

———— "El cielo entre los durmientes", en VCBA.

CPR = *Cien poesías rioplatenses. 1800-1950*. Antología. Ordenación, prólogo, notas sobre la poesía en el Río de la Plata y biobibliográficas de los poetas por Roy Bartholomew, Buenos Aires, Raigal, 1954.

Cuervo, Rufino José. *Notas a la Gramática de la lengua castellana de D. Andrés Bello* [1874]. → A. Bello.

Damocles [Mario Benedetti] (urug.). "Una encuesta popular", en AM.

———— "El hinchismo nacional", en AM.

———— "Verdades de mostrador", en AM.

———— "Introducción a la infancia", en AM.

———— "Señorita en picada", en AM.

———— "Analepsia de mi sueldo", en AM.

———— "Rango del guarango", en AM.

Darío, Rubén [Félix Rubén García Sarmiento] (nicar.). *Azul* [1888], Madrid, Imprenta de Juan Pueyo, s/f.

———— *Cantos de vida y esperanza, Los cisnes y otros poemas* [1905], Buenos Aires, Centro Editor de América Latina, 1967.

Dávalos, Juan Carlos (arg.). "Los cazadores de chinchillas", en DCA.

———— "El secreto del opa", en VCAM.

DCA = *Dieciséis cuentos argentinos*. Selección, prólogo y notas, Mignon Domínguez, 3ª ed., Buenos Aires, Huemul, 1966.

DCL = *16 cuentos latinoamericanos*. Dirección y edición: Martha Muñoz de Coronado, Coedición latinoamericana, 1992.

Delgado, Rafael (mex.). "El desertor", en HA.

Dellepiane, Antonio. *El idioma del delito y diccionario lunfardo* [1894], Buenos Aires, Compañía General Fabril Editora, 1967.

Denevi, Marco (arg.). *Araminta o el poder*, Buenos Aires, CREA, 1982.

———— *Hierba del cielo* [1973], 3ª ed., Buenos Aires, Corregidor, 1979.

———— *Los locos y los cuerdos* [1975], Buenos Aires, Huemul, 1975.

———— *Música de amor perdido* [1991] (nueva versión), Buenos Aires, Corregidor, 1992.

———— *Rosaura a las diez* [1955], Buenos Aires, Centro Editor de América Latina, 1966.

———— *Un pequeño café* [1966], Rojas (Bs. As.), Calatayud, 1966.

Devetach, Laura (arg.). *La torre de cubos* [1964], Buenos Aires, Colihue, 1986.

D'Halmar, Augusto (chil.). "En provincia", en CH.

Diccionario Enciclopédico El Ateneo (5 tomos), 2ª ed., Buenos Aires, El Ateneo, 1974.

Dorland = Diccionario de Ciencias médicas "Dorland", 5ª ed., Buenos Aires, El Ateneo, 1976.

Draghi Lucero, Juan (arg.). *Las mil y una noches argentinas*, Buenos Aires, Centro Editor de América Latina, 1967.

Droguett, Carlos (chil.). "Los asesinados del Seguro Obrero", en AEL.

Eberenz, Rolf. "Las conjunciones temporales del español. Esbozo del sistema actual y de la trayectoria histórica en la norma peninsular", en BRAE, t. LXII, c. CCXXVI.

ECA = *El cuento argentino. 1959-1970*. Antología. Selección, prólogo y notas por los integrantes del Seminario Crítica Literaria Raúl Scalabrini Ortiz, Buenos Aires, Centro Editor de América Latina, 1981.

ECB = *El cuento boliviano. 1900-1937*. Selección y presentación por Armando Soriano Badani, Buenos Aires, EUDEBA, 1964.

Echagüe, Juan Pablo (arg.). "El marucho fantasma", en DCA.

Echeverría, Esteban (arg.). *La cautiva* [1837]. *El matadero* [1838], 4ª ed., Buenos Aires, Sopena Argentina, 1949.

433

El Hachero [Julio César Puppo] (urug.). "1963. Nada menos que gran climatérico", en AM.
El País. Libro de estilo, 5ª ed., Madrid, El País, 1990.
Fernández, Macedonio (arg.). *Papeles de Recienvenido* [1929], *Poemas*[1953], *Relatos, Cuentos, Miscelánea*, Buenos Aires, Centro Editor de América Latina, 1966.
Fernández Moreno, Baldomero (arg.). *Las cien mejores poesías de Fernández Moreno*. Selección y prólogo de César Fernández Moreno, Buenos Aires, EUDEBA, 1961.
———— *Poesía y prosa*. Selección por Nora Dottori y Jorge Lafforgue, Buenos Aires, Centro Editor de América Latina, 1968.
———— *Vida. Memorias de Fernández Moreno*. Primera parte: *La patria desconocida*. Segunda parte: *Vida y desaparición de un médico*, Buenos Aires, Kraft, 1957.
Ferretis, Jorge (mex.). "Hombres en tempestad", en CH.
Flores, Alfredo (bol.). "El sargento Charupás", en ECB.
Flury, Lázaro (arg.). *Leyendas americanas*, Buenos Aires, Ciordia y Rodríguez, 1951.
Fontanarrosa, Roberto (arg.). *Best Seller*, Buenos Aires, Pomaire, 1981.
———— *El mayor de mis defectos y otros cuentos*, Buenos Aires, Ediciones de la Flor, 1990.
———— *El mundo ha vivido equivocado*, Buenos Aires, Ediciones de la Flor, 1983.
———— *"La gansada"*, Buenos Aires, Ediciones de la Flor, 1989.
———— *Nada del otro mundo y otros cuentos*, Buenos Aires, Ediciones de la Flor, 1987.
———— *No sé si he sido claro y otros cuentos*, Buenos Aires, Ediciones de la Flor, 1985.
Fray Mocho. → José S. Álvarez.

Galeano, Eduardo (urug.). *Contraseña*, 2ª ed., Buenos Aires, Ediciones del Sol, 1986.
Gallegos, Rómulo (venez.). *Doña Bárbara* [1929], 18ª ed., Buenos Aires, Espasa-Calpe Argentina, 1960.
Gandolfi Herrero, Arístides. → Álvaro Yunque.
García, Serafín J. → Simplicio Bobadilla.
García Lorca, Federico (esp.). *La zapatera prodigiosa* [1926], 2ª ed., Buenos Aires, Losada, 1948.
García Márquez, Gabriel (col.). *Doce cuentos peregrinos*, 2ª ed., Buenos Aires, Sudamericana, 1992.
García Sarmiento, Félix Rubén. → Rubén Darío.
Garcilaso de la Vega (esp.). *Poesía* [1543], 7ª ed., Zaragoza, Ebro, 1965.
Gerchunoff, Alberto (arg.). *Los gauchos judíos* [1910], Buenos Aires, Centro Editor de América Latina, 1968.
Gili y Gaya, Samuel, *Curso superior de sintaxis española* [1943], 4ª ed., Barcelona, Spes, 1954.
Girondo, Oliverio (arg.). *Obras completas* [1922-1956], Buenos Aires, Losada, 1968.
Gobello, José. *Diccionario lunfardo y de otros términos antiguos y modernos usuales en Buenos Aires*, Buenos Aires, Peña Lillo, 1975.
Gómez Bas, Joaquín (arg. nacido en España). *La gotera* [1969], 2ª ed., Buenos Aires, Plus Ultra, 1974.
González, Joaquín V. (arg.). *Mis montañas* [1893], 7ª ed., Buenos Aires, Kapelusz, 1965.
———— "La selva de los reptiles", en VCAM.
González Castillo, José (arg.). "Silbando", en ACTC.
———— "Griseta", en ACTC.
Gori, Gastón (arg.). "La lata de sardinas", en TCAH.
Goytisolo, Juan (esp.). *Fin de fiesta* [1962], Barcelona, Seix Barral, 1978.
Granada, Fr. Luis de (esp.). *La guía de pecadores* [1557], 4ª ed., París, Garnier, 1899.
Granda, Julián de. *El español del Paraguay. Temas, problemas y métodos*. Separata de "Estudios Paraguayos", Revista de la Universidad Católica "Nuestra Señora de la Asunción", vol. VII, Nº 1, 1979.
Grucho Marx [Juan Carlos Onetti] (urug.). "Rudorico I de Borgoña", en AM.
Gudiño Kramer, Luis (arg.). *La creciente y otros cuentos* [1940-1965]. Selección y presentación por Horacio J. Becco, Buenos Aires, EUDEBA, 1965.
———— "Noche de Reyes", en VCAM.
Guerrero Estrella, Guillermo (arg.). "El dueño del incendio", en VCHA.
———— "El número cuatro", en VCAM.
Güiraldes, Ricardo (arg.). *Don Segundo Sombra* [1926], 16ª ed., Buenos Aires, Losada, 1957.

HA   = *Hispanoamérica en cincuenta cuentos y autores contemporáneos*. Introducción, selección, notas y bibliografía de Horacio Jorge Becco y Carlota María Espagnol, Buenos Aires, Latinprens, 1973.

Hanssen, Federico. *Gramática histórica de la lengua castellana* [1913], Buenos Aires, El Ateneo, 1945.

Hechavarría, Guadalupe. *Estudio monográfico sobre la partícula QUE*, Santiago de Cuba, Oriente, 1983.

Heker, Liliana (arg.). *Los bordes de lo real*, Buenos Aires, Altea, Taurus, Alfaguara, 1991.

Henríquez Ureña, Pedro. *Las corrientes literarias en la América hispánica*, trad. de Joaquín Díez-Canedo, México, Fondo de Cultura Económica, 1949.

Hernández, Felisberto (urug.). "El balcón", en AEL.

Hernández, José (arg.). *Martín Fierro*, primera parte [1872], segunda parte [1879]. Edición con estudio, notas y vocabulario de Eleuterio F. Tiscornia, 6ª ed., Buenos Aires, Losada, 1949.

Hernández, Juan José (arg.). "Como si estuvieras jugando", en CAC.

Herrero Mayor, Avelino. *Problemas del idioma*, Buenos Aires, El Ateneo, 1945.

Hidalgo, Bartolomé (urug.). *Diálogos*, en *Poetas gauchescos*. → Eleuterio F. Tiscornia.

House, Guillermo (arg.). "Trenzando", en DCA.

Humor Registrado. Revista. Buenos Aires.

Ingenieros, José. *El hombre mediocre* [1913], Buenos Aires, Anaconda, s/f.

Jiménez, Juan Ramón (esp.). *Antolojía poética*, Buenos Aires, Losada, 1958.
———   *Platero y yo* [1907-1916], 7ª ed., Buenos Aires, Losada, 1971.
Juan, Ricardo (arg.). "Las razones del capitanejo", en VCAM.

Kany, Charles E. *Sintaxis hispanoamericana*, Madrid, Gredos, 1969.

Kordon, Bernardo (arg.). *Sus mejores cuentos porteños* [1948-1968], Buenos Aires, Siglo Veinte, 1972.

Kovacci, Ofelia. *Castellano*. Primer curso: Buenos Aires, Huemul, 1962; segundo y tercer curso: Buenos Aires, Huemul, 1963.

Lacau, María Hortensia P. M. de y Mabel V. M. de Rosetti. *Nuevo castellano, 3*, Buenos Aires, Kapelusz, 1982.

Lafforgue, Jorge y Jorge B. Rivera. *Asesinos de papel. Historia, testimonios y antología*, Buenos Aires, Calicanto, 1977.

La Nación. Diario. Buenos Aires.

Lanata, Jorge (arg.). *Polaroids*, Buenos Aires, Planeta, 1991.

Lange, Norah (arg.). *Cuadernos de infancia* [1937], 6ª ed. Buenos Aires, Losada, 1976.

Larousse de la langue française. Paris, Larousse, 1979.

Larreta, Enrique (arg.). *La gloria de don Ramiro* [1908], 3ª ed., Buenos Aires, Sopena, 1955.

Lavado, Joaquín Salvador. → Quino.

Lectura y Vida. Revista latinoamericana de lectura. Buenos Aires.

Lenz, Rodolfo. *La oración y sus partes* [1920], 4ª ed., Santiago de Chile, Nascimento, 1944.

León, María Teresa (esp.). *El Cid Campeador*, 6ª ed., Buenos Aires, Compañía General Fabril Editora, 1979.

Lida de Malkiel, María Rosa. *La originalidad artística de La Celestina*, Buenos Aires, EUDEBA, 1962.

Lillo, Baldomero (chil.). "La compuerta número 12", en CH.

López, Lucio Vicente (arg.). *La gran aldea (Costumbres Bonaerenses)* [1884], Buenos Aires, Estrada, 1948.
———   "Don Polidoro", en VCHA.

Lorusso, Arturo y Rafael José de Rosa (argentinos). "Mandinga en la sierra", en BHTA, t. VIII.

Lugones, Leopoldo (arg.). *Lunario sentimental* [1909], Buenos Aires, Centurión, 1961.

Luna, Félix (arg.). *La última montonera* [1955], 3ª ed., Buenos Aires, Huemul, 1971.
———   *Soy Roca*, Buenos Aires, Sudamericana, 1989.

Lynch, Benito (arg.). *El inglés de los güesos* [1924], Buenos Aires, Troquel, 1960.
———   *Los caranchos de la Florida* [1916], Buenos Aires, Centro Editor de América Latina, 1968.
———   "El potrillo roano", en AEL.

Machado, Antonio (esp.). *Antología poética*, Estella, Salvat, 1970.

Madariaga, Salvador de (esp.). *La jirafa sagrada*, 2ª ed., Buenos Aires, Sudamericana, 1948.

435

Maggi, Carlos (urug.). "Todavía no estamos a tiempo", en AM.
Mallea, Eduardo (arg.). "Conversación", en CH.
Manrique, Jorge (esp.). *Cancionero* [entre 1476 y 1479]. Estudio, edición y glosario por Augusto
Cortina, Madrid, Espasa-Calpe, 1952.
Marcos Marín, Francisco. *Aproximación a la gramática española* [1972], 2ª ed., Madrid,
Cincel, 1974.
Martin, Henry. *Arte antiguo*, trad. de Pablo Palant, Buenos Aires, Anaquel, 1947.
Martínez de Sousa, José. *Dudas y errores de lenguaje*, 4ª ed., Madrid, Paraninfo, 1987.
_____ *Diccionario de tipografía y del libro*, 2ª ed., Madrid, Paraninfo, 1981.
Martínez Estrada, Ezequiel. *Muerte y transfiguración de Martín Fierro*, 2 tomos, México, Fondo
de Cultura Económica, 1948.
_____ *Radiografía de la pampa* [1933], 2ª ed., Buenos Aires, Losada, 1957.
Martínez-Menchén, Antonio (esp.). "La bordadora", en URCE.
Medrano, Luis, J. (arg.). "Visión profana de la fiesta ganadera", en VCHA.
Menéndez Pidal, Ramón. *Cantar de Mio Cid. Texto, gramática y vocabulario*, 3 tomos, Madrid,
Espasa-Calpe, 1944-1946.
_____ *El Cid Campeador*, 3ª ed., Madrid, Espasa-Calpe, 1955.
_____ *Flor nueva de romances viejos*, 7ª ed., Buenos Aires, Espasa-Calpe Argen-
tina, 1948.
_____ *Manual de gramática histórica española*, 11ª ed., Madrid, Espasa-Calpe,
1962.
_____ *Orígenes del español*, en *Obras completas*, tomo VIII, 3ª ed., Madrid,
Espasa-Calpe, 1950.
Menéndez y Pelayo, Marcelino. *Historia de la poesía argentina y uruguaya* [1893-1895], Buenos
Aires, Liceo de España, 1943.
_____ *Orígenes de la novela*, 19 tomos, Buenos Aires, Glem, 1943-44.
Menton, Seymour. *El cuento hispanoamericano: antología crítico-histórica*, 2 tomos, México,
Fondo de Cultura Económica, 1964.
Miró, Gabriel (esp.). *El obispo leproso* [1928], 5ª ed., Madrid, Biblioteca Nueva, s/f.
Mitre y Vedia, Bartolomé (arg.). "El Vesubio", en VCHA.
Modern, Rodolfo (arg.). "Seducido por un pavo", en TCAH.
Moliner, María. *Diccionario de uso del español* [1966], 2 tomos, Madrid, Gredos, 1989.
Mónica [Elina Berro] (urug.). *Mónica por Mónica*, Montevideo, Arca, 1967.
Montalvo, Juan (ecuat.). *El regenerador* [1876], 2 tomos, París, Garnier, 1929.
Morel, Héctor V. (arg.). "Un consuelo para muchos", en VCPA.
Morínigo, Marcos. *Diccionario de americanismos* [1966], Barcelona, Muchnik, 1985.
Mujica Lainez, Manuel (arg.). *Misteriosa Buenos Aires* [1951], 4ª ed., Buenos Aires, Sudameri-
cana, 1971.
Muller, Mauricio R. (urug.). "Chaplin vino, vio y venció", en AM.

Nalé Roxlo, Conrado (arg.). *El grillo y otros poemas* [1923], Buenos Aires, EUDEBA, 1963.
_____ *Genio y figura de Alfonsina Storni*, Buenos Aires, EUDEBA, 1964.
_____ → Chamico.
Navarro Tomás, Tomás. *Manual de pronunciación española*, 19ª ed., Madrid, Consejo Superior
de Investigaciones Científicas, 1977.
Nestle, Wilhelm. *Historia de la literatura griega*. Trad. de Eustaquio Echauri, 2ª ed., Barcelona,
Labor, 1944.
Nieto, Ramón (esp.). "Frío de hogar", en URCE.
Noticias. Revista. Buenos Aires.
Novión, Alberto (arg.). "Los primeros fríos", en AGCC.

Obligado, Rafael (arg.). *Santos Vega* [1877-1887], Buenos Aires, Colihue, 1981.
Ocampo, Silvina (arg.). *El pecado mortal*. Selección José Bianco, Buenos Aires, EUDEBA, 1966.
_____ "La gallina de membrillo", en VCHA.
O'Donnell, Pacho (arg.). *Copsi* [1972], Buenos Aires, Sudamericana, 1982.
Onetti, Juan Carlos (urug.). *Cuando entonces*, Buenos Aires, Sudamericana, 1988.
_____ → Grucho Marx.
Ossorio, Ángel (esp.). *Mujeres*, Buenos Aires, Losada, 1944.

Pacheco, José Emilio (mex.). "La reina", en DCL.
Página / 12. Diario. Buenos Aires.
Payró, Roberto J. (arg.). *Divertidas aventuras del nieto de Juan Moreira* [1910], 4ª ed., Buenos
Aires, Losada, 1957.

—— *El casamiento de Laucha* [1906]. *Chamijo* [1930]. *El falso Inca* [1905], 6ª ed., Buenos Aires, Losada, 1966.

—— *Pago Chico* [1908] y *Nuevos cuentos de Pago Chico* [1929], 7ª ed., Buenos Aires, Losada, 1958.

—— *Teatro completo* [1900-1928], Buenos Aires, Hachette, 1956.

—— *Veinte cuentos*, Buenos Aires, Poseidón, 1943.

Pellicer, Eustaquio (arg.). "El botón del calzoncillo", en AP.

Pérez Galdós, Benito (esp.). *Marianela* [1878], 6ª ed., Buenos Aires, Troquel, 1966.

Pérez Zelaschi, Adolfo (arg.). "El arpa enfundada", en VCBA.

Peyrou, Manuel (arg.). "La doradilla", en TCAH.

Pignarre, Robert. *Historia del teatro*, trad. Francisco Javier, Buenos Aires, EUDEBA, 1962.

Pinti, Enrique (arg.). *Salsa criolla* [1992], 2ª ed., Buenos Aires, Planeta, 1993.

Pinto, Juan, *Breviario de literatura argentina contemporánea*, Buenos Aires, La Mandrágora, 1958.

Portuondo, José Antonio. *Bosquejo histórico de las letras cubanas*, La Habana, 1960.

Puppo, Julio César. → El Hachero.

Quevedo, Francisco de (esp.). *Antología poética*, Buenos Aires, Espasa-Calpe Argentina, 1943.

—— *Los sueños* [1606-1635], 2ª ed., Buenos Aires, Espasa-Calpe Argentina, 1952.

Quino [Joaquín Salvador Lavado] (arg.). *Mafalda*, 10 volúmenes, Buenos Aires, Ediciones de la Flor, 1979-1981.

Quiroga, Horacio (urug.). *A la deriva y otros cuentos*, Buenos Aires, Colihue, 1990.

—— *Anaconda* [1921], 5ª ed., Buenos Aires, Losada, 1977.

—— *Cuentos de amor, de locura y de muerte* [1917], 11ª ed., Buenos Aires, Losada, 1975.

—— *Cuentos de la selva para los niños* [1918], 3ª ed., Buenos Aires, Losada, 1957.

—— *Los desterrados* [1926], 2ª ed., Buenos Aires, Losada, 1964.

Ragucci, Rodolfo. *Cartas a Eulogio*, Buenos Aires, Sociedad Editora Internacional, 1943.

—— *Más cartas a Eulogio*, Buenos Aires, Sociedad Editora Internacional, 1943.

Ramírez, Sergio (nicar.). "El centerfielder", en DCL.

Real Academia Española. *Diccionario de la lengua española*, 19ª ed., Madrid, Espasa-Calpe, 1970.

—— *Diccionario de la lengua española*, 20ª ed., 2 tomos, Madrid, Espasa-Calpe, 1984.

—— *Diccionario de la lengua española*, 21ª ed., Madrid, Espasa-Calpe, 1992.

—— *Diccionario manual e ilustrado de la lengua española*, 3ª ed., Madrid, Espasa-Calpe, 1984.

—— *Esbozo de una nueva gramática de la lengua española* [1973], Madrid, Espasa-Calpe, 1978.

—— *Nuevas normas de prosodia y ortografía* [1959]. Publicación de la Academia Argentina de Letras, Buenos Aires.

—— *Ortografía* (en Á. Rosenblat, *Actuales normas ortográficas y prosódicas de la Academia Española*). Texto de 1969.

Rico-Godoy, Carmen (esp.). *Cómo ser una mujer y no morir en el intento* [1990], 28ª ed., Buenos Aires, Planeta Argentina, 1992.

Rivera, José Eustasio (col.). *La vorágine* [1924], La Habana, Arte y Literatura, 1981.

Roa Bastos, Augusto (parag.). "Bajo el puente", en AEL.

Robert, Paul. *Dictionnaire alphabétique et analogique de la langue française*, Paris, Société du Nouveau Littré, 1972.

Rodríguez, Josefina (esp.). "El niño y los toros", en URCE.

Rodríguez Muñoz, Alberto (arg.). "Los murciélagos", en VCAM.

Rojas, Manuel (chil.). "El vaso de leche", en CH.

Romero, Manuel (arg.). "Aquel tapado de armiño", en ACTC.

—— "Tomo y obligo", en ACTC.

Rosenblat, Ángel. *Actuales normas ortográficas y prosódicas de la Academia Española*, 2ª ed., Madrid, OEI/Promoción Cultural, 1974.

Rozenmacher, Germán (arg.). *Cuentos completos* [1962-1968], Buenos Aires, Centro Editor de América Latina, 1971.

Ruiz García, Enrique (esp.). "La diabla muerte", en URCE.

Rulfo, Juan (mex.). *Pedro Páramo* [1955] y *El llano en llamas* [1953], Buenos Aires, Planeta Argentina, 1975.

437

Sáenz, Dalmiro (arg.). *No*, Buenos Aires, Goyanarte, 1960.
——— *Treinta treinta*, Buenos Aires, Emecé Editores, 1966.
Sáenz, Justo P. (arg.). "Mentiras", en DCA.
Salas, Rodrigo. *Diccionario de los errores más frecuentes del español*, Barcelona, De Vecchi, 1985.
Salazar Arrué, Salvador (salv.). "La botija", en HA.
Sánchez, Florencio (urug.). *La gringa* [1904], Buenos Aires, Huemul, 1962.
Sánchez, Luis Alberto. *Escritores representativos de América*, 2 volúmenes, Madrid, Gredos, 1957.
San Pedro, Diego de (esp.). *Cárcel de amor* [1492], en *Orígenes de la novela*, de M. Menéndez y Pelayo, t. VI. → M. Menéndez y Pelayo.
Santamaría, Andrés y otros. *Diccionario de incorrecciones, particularidades y curiosidades del lenguaje*, 5ª ed., Madrid, Paraninfo, 1989.
Santa Teresa de Jesús [Teresa de Cepeda y Ahumada] (esp.). *Su vida* [1566], 4ª ed., Madrid, Espasa-Calpe, 1957.
Sarmiento, Domingo Faustino (arg.). *Facundo* [1845]. (Con una introducción de Joaquín V. González), Buenos Aires, Talleres Gráficos Argentinos, 1933.
——— *Mi vida*. Texto ordenado y anotado por Julio Noé, 2 tomos, 7ª ed., Buenos Aires, Estrada, 1962.
Schadewaldt, Wolfgang. *Safo. Mundo y poesía, existencia en el amor* [1950], trad. de María Rosa Labastie de Reinhardt, Buenos Aires, EUDEBA, 1973.
Schallman, Lázaro. *Coloquios sobre el lenguaje argentino*, Buenos Aires, El Ateneo, 1946.
Seco, Manuel. *Diccionario de dudas y dificultades de la lengua española*, 9ª ed., Madrid, Espasa-Calpe, 1990.
Selva, Juan B. *Crecimiento del habla*, Buenos Aires, García Santos, 1925.
Shúa, Ana María (arg.). *Los amores de Laurita* [1984], 3ª ed., Buenos Aires, Sudamericana, 1992.
——— *Soy paciente*, Buenos Aires, Losada, 1980.
Soto, Rodrigo (cost.). "Uno en la llovizna", en DCL.
Stilman, Eduardo. *Historia del tango*, Buenos Aires, Brújula, 1965.

Tallon, José Sebastián. *El tango en su etapa de música prohibida*, Buenos Aires, Instituto Amigos del Libro Argentino, 1959.
Tavarone, Domingo. *Fundamentos de lingüística para maestros y estudiantes del magisterio*, Buenos Aires, Guadalupe, 1983.
TCAH = *36 cuentos argentinos con humor. Siglo XX*. Selección y notas biobibliográficas por Fernando Sorrentino, Buenos Aires, Plus Ultra, 1977.
Textos = *Textos literarios, 2*. Antología de escritores hispanoamericanos y españoles. Selección a cargo de Jorge R. Darrigrán y María C. Krautner, Buenos Aires, Kapelusz, 1977.
Tiscornia, Eleuterio F. *Poetas gauchescos. Hidalgo. Ascasubi. Del Campo*. Edición con estudio y notas de Eleuterio F. Tiscornia, 2ª ed., Buenos Aires, Losada, 1945.
——— *Martín Fierro*. Edición con estudio, notas y vocabulario de Eleuterio F. Tiscornia, 6ª ed., Buenos Aires, Losada, 1949.

Ulanovsky, Carlos. *Los argentinos por la boca mueren*, Buenos Aires, Planeta, 1993.
Umbral, Francisco (esp.). "Amar en Madrid", en URCE.
Unamuno, Miguel de (esp.). *Amor y pedagogía* [1902], 4ª ed., Buenos Aires, Espasa-Calpe Argentina, 1946.
——— *Del sentimiento trágico de la vida*, 8ª ed., Buenos Aires, Espasa-Calpe Argentina, 1947.
——— *El Caballero de la Triste Figura* [1894-1900], 2ª ed., Buenos Aires, Espasa-Calpe Argentina, 1945.
——— *El espejo de la muerte* [1913], 4ª ed., Buenos Aires, Espasa-Calpe Argentina, 1947.
——— *Viejos y jóvenes* [1902-1904], 2ª ed., Buenos Aires, Espasa-Calpe Argentina, 1946.
URCE = *Últimos rumbos del cuento español*. Introducción y selección por Eduardo Tijeras, Buenos Aires, Columba, 1969.
Urricelqui, Evaristo Manuel (arg.). "El 'punga' ", en VCPA.
——— "El ingeniero", en VCPA.
Uslar Pietri, Arturo (venez.). "La lluvia", en CH.

Vargas, Ángel María (arg.). "Chango sin espuelas", en DCA.

Vargas Llosa, Mario (per.). *La ciudad y los perros* [1962], 6ª ed., Barcelona, Seix Barral, 1966.

——— *La señorita de Tacna* [1981], 4ª ed., Barcelona, Seix Barral, 1981.

——— *Pantaleón y las visitadoras* [1973], 11ª ed., Barcelona, Seix Barral, 1981.

VCAM = *25 cuentos argentinos magistrales. (Historia y evolución comentada del cuento argentino)*. Repertorio, prólogo, estudios, notas bibliográficas y comentarios de Carlos Mastrángelo, Buenos Aires, Plus Ultra, 1975.

VCBA = *Veinte cuentos de Buenos Aires*. Selección de Nira Etchenique y Mario Jorge de Lellis, Buenos Aires, Compañía General Fabril Editora, 1961.

VCHA = *Veinte cuentos humorísticos argentinos*. Selección y prólogo de Juan Cicco, Buenos Aires, Huemul, 1972.

VCPA = *Veinte cuentos policiales argentinos*, Buenos Aires, Plus Ultra, 1976.

Verbitsky, Bernardo (arg.). *Octubre maduro*, Buenos Aires, Macondo, 1976.

Verbitsky, Horacio. *Robo para la Corona*, Buenos Aires, Planeta, 1991.

Villamayor, Luis C. *El lenguaje del bajo fondo* [1915]. Edición crítica con prólogo y notas de Enrique R. del Valle, Buenos Aires, Schapire, 1969.

Walger, Silvina y Carlos Ulanovsky. *TV Guía negra*, Buenos Aires, Ediciones de la Flor, 1974.

Walsh, María Elena (arg.). *Novios de antaño (1930-1940)*, Buenos Aires, Sudamericana, 1990.

Walsh, Rodolfo (arg.). "Las fotos", en CAC.

Wargon, Cristina (arg.). *El descabellado oficio de ser mujer*, Buenos Aires, Ediciones de la Urraca, 1992.

Wernicke, Enrique (arg.). "La ley de alquileres", en VCBA.

Wimpi [Arthur García] (urug.). "Biografía del tipo", en AM.

Xirau, Ramón. *Genio y figura de sor Juana Inés de la Cruz*, Buenos Aires, EUDEBA, 1967.

Yunque, Álvaro [Arístides Gandolfi Herrero] (arg.). "El ají", en VCBA.

Zamora Vicente, Alonso. "Rehilamiento porteño", en *Filología*, Año I, número 1, Buenos Aires, mayo-agosto, 1949.

2